학과
바이블

Major Bible

CampusMentor
캠퍼스멘토

학·과·바·이·블·Major Bible

저자 소개 👥

한승배
양평 청운고등학교 진로전담교사

- 〈10대를 위한 직업 백과〉, 〈직업 바이블〉, 〈미리 알려주는 미래 유망직업〉, 〈교사 어떻게 되었을까?〉, 〈의사 어떻게 되었을까?〉, 〈10대를 위한 유망 직업 사전〉, 〈유 노 직업퀴즈 활동북〉, 학습 만화 〈직업을 찾아라〉 집필
- 〈교과세특 탐구주제 바이블〉, 〈교과세특 탐구주제 기재예시 바이블〉, 〈학생부 바이블〉, 〈교과세특 추천도서 300〉, 〈교과세특 탐구활동 솔루션〉, 〈학과연계 독서탐구 바이블〉, 〈진로연계 독서활동 워크북(중학교용, 고등학교용)〉 집필
- 〈미디어 활용 진로탐색 워크북〉, 〈중학생용 진로포트폴리오〉, 〈일반고용 진로포트폴리오〉, 〈특성화고용 진로포트폴리오〉, 〈나만의 진로 가이드북〉, 〈성공적인 대입을 위한 면접바이블〉, 〈중학생을 위한 고교학점제 워크북〉, 〈특성화고 학생을 위한 진학바이블〉, 〈특성화고 학생을 위한 취업바이블〉 집필
- 2022 개정 교육과정 중학교 및 고등학교 〈진로와 직업〉 교과서 집필
- 2015 개정 교육과정 중학교 및 고등학교 〈진로와 직업〉, 자유학기제용 〈진로체험과 포트폴리오〉, 〈성공적인 직업생활〉, 중학교 및 고등학교 〈기술·가정〉 교과서 집필
- 2009 개정 교육과정 중학교 및 고등학교 〈진로와 직업〉, 중학교 〈정보〉 교과서 집필
- 〈꿈 찾는 청소년을 위한 직업카드〉, 〈청소년을 위한 학과카드〉, 〈드림온 스토리텔링 보드게임〉 개발
- 네이버 카페 '꿈샘 진로수업 나눔방' 운영자

김강석
숭신여자고등학교 진로진학상담교사

- 전) 한국환경교사모임 1기 대표
- 전) 단국대학교 과학교육과 강사
- 전) 경기도진로진학상담교사협의회 부회장
- 한국교원연수원 고교학점제 대표 강사
- UN 청소년 환경 총회 자문 및 심사위원
- 교육부, 환경부, 교육과정평가원, 한국과학창의재단 자문위원
- 〈그린 멘토, 미래의 나를 만나다〉, 〈생각하는 10대를 위한 토크 콘서트: 환경〉, 〈나만의 진로 가이드북〉, 〈교과세특 탐구주제 바이블〉, 〈학생부 바이블〉 등 집필
- 2009 환경 교육과정 해설서 집필 참여, 환경과 녹색성장 성취 기준 개발 참여, 2007~2022 개정 교육과정 중학교 및 고등학교 생태와 환경, 환경과 녹색성장, 환경 교과서 개발 참여, 2022 진로와 직업 교과서 개발
- 교육부&KB은행 '진로 영상 제작' 및 '청소년 진로.직업 온라인 교육 콘텐츠_초현실 세계가 온다' 등 다수 진로 영상 및 프로그램 개발

하 희
안양서중학교 진로진학상담교사

- 경기도진로진학상담연구회 연구위원
- 전) 경기도중등진로교육연구회 연구위원
- 전) 구리남양주 진로거점학교 운영
- 전) 구리남양주 진로지원단
- 한국교원연수원 진로교육 콘텐츠 개발
- 경기도 Gseek 사이트 진로교육 콘텐츠 개발
- 2022 개정 교육과정 중학교 진로와 직업 교과서 집필
- 〈나만의 진로 가이드북〉, 〈진로 포트폴리오 스포트라이트(중학교)〉, 〈두근두근 미래직업 체험 워크북〉, 〈생기부 바이블〉, 〈직업 바이블〉, 〈교과세특 추천도서 300〉, 〈중3을 위한 진로활동 워크북 드림 페스티벌〉, 〈중학생을 위한 고교학점제 워크북〉, 〈교과세특 탐구주제 바이블〉 등 집필
- 2018 경기도교육청 중학교용 기업가정신 함양 교육을 위한 교수 학습 자료집 〈똑똑 기업가정신〉 개발

학과바이블 활용 안내

급변하는 시대, 학과와 직업 세계는 매우 빠르게 변화하고 있다.

학생들과 진로 및 진학 상담을 하다 보면, 학과에 대한 질문을 자주 받게 된다.

대학 또한 이러한 현실에 적응하기 위해 변화를 거듭하고 있는 상황 속에서,

최신 관련 정보를 모두 습득하는 것은 매우 어려운 일이다.

이에 학생 스스로 자신의 꿈을 키우기 위해 알아야 할 학과 및 대학, 고등학교에서 준비해야 할

선택 과목, 필수 역량, 추천 도서 등의 관련 정보를 공유하고자 이 책을 내게 되었다.

"제가 원하는 직업을 가지기 위해서는 어떤 학과에서 어떤 교육 과정을 이수해야 하고, 어떤 자격증을 취득해야 하나요?"

"저는 △△직업을 가지고 싶은데, 어떤 학과를 가야 할까요?"

"○○학과를 나오면 무엇을 할 수 있을까요?"

"○○학과에 가거나 △△직업을 가지려면 어떤 과목을 선택해야 할까요? 또 어떤 책을 읽어야 하고, 제가 준비해야 할 역량은 무엇일까요?"

이 책의 구성

▷ 이 책은 인문계열, 사회계열, 자연계열, 공학계열, 의약계열, 예체능계열, 교육계열 총 7개 계열의 277개 대표학과와 계약학과 및 특성화학과 53개 학과를 포함하여 총 330개 학과 정보를 수록하고 있다.

▷ 각 학과 소개, 개설 대학, 관련 학과, 진출 분야(기업체, 연구 기관, 정부 및 공공 기관), 진출 직업, 취득 가능 자격증, 학과 주요 교과목, 2022 개정 교육 과정에 따른 관련 선택 과목(필수 선택, 일반 선택, 진로 선택, 융합 선택)과 최신 추천 도서, 학과 인재상 및 역량, 그리고 진학에 도움이 되는 학교생활 및 교내외 활동 등의 정보를 제공하고 있다.

이 책의 활용

▷ 이 책은 학생들의 학과에 대한 이해를 돕고, 학생들이 희망하는 학과 및 직업에 대한 이해를 바탕으로 자신의 진로 계획을 수립하는 데 참고 자료로 활용되는 것을 목적으로 한다.

▷ 각 학과의 소개, 개설 대학과 관련 학과, 졸업 후 진출 분야와 직업, 그리고 취득이 가능한 자격증 등의 정보를 통해 진학 하고자 하는 학과에 대한 이해를 돕고, 나아가 학생들 스스로 자신이 꿈꾸는 진로를 개척할 수 있도록 하였다.

▷ 학교 차원에서 또는 학생들 스스로 희망하는 진로에 맞춰, 이 책의 내용을 응용 및 재구성하여 사용하는 것을 권장한다.

▷ 추천 도서 및 학과 인재상은 해당 학과의 특성을 고려하여 제시한 정보이므로, 융통성 있게 변형하여 사용할 수 있음을 밝힌다.

▷ 학교생활 TIP은 학생들의 학교생활기록부 관리에 도움이 될 만한 내용을 중심으로 서술하였으므로, 이를 바탕으로 학교생활에 필요한 활동을 참고할 수 있다.

선택 과목 선택 시 유의 사항

▷ 이 책에 제시된 학과별 선택 권장 과목은 2022 개정 교육과정 고등학교 보통 교과에 한정되어 있으며, 교육부 및 전국의 각 시도 교육청에서 발간한 고등학교 선택 과목 관련 자료집과 서울대 권장 이수과목, 고려대 외 5개 대학이 제시한 자연계열 핵심 권장과목, 부산대에서 제시한 2024 이후 학생부위주전형 모집단위별 인재상 및 권장과목 자료를 참고하여 2022 개정 교육과정 교과에 맞게 재구성하였다.

▷ 이 책에서 국어 교과와 영어 교과의 일반 선택 과목은 도구 교과(다른 과목을 학습하기 위한 기본적인 수단이 되는 교과 과목)이기에 선택 과목에 포함하지 않았다.

▷ 수능 필수 지정 교과인 화법과 언어, 독서와 작문, 문학, 대수, 미적분Ⅰ, 확률과 통계, 영어Ⅰ, 영어Ⅱ, 한국사, 통합사회, 통합과학, 성공적인 직업생활(직업) 교과는 수능 필수 선택 과목 영역으로 구분하여 제시하였다.

▷ 이 책에 제시된 학과 관련 선택 권장 과목은 하나의 예시 자료이다. 본 자료가 절대성을 의미하는 것은 아니며 자신이 추구하는 진로 목적 및 학교생활기록부의 방향에 따라 차이점이 존재하므로, 학생 개인의 진학 희망 대학과 학과, 진로 등을 고려하여 최종 선택하는 것이 바람직하다.

Contents

PART
03 자연계열 45개 학과

PART
04 공학계열 61개 학과

Contents

캠퍼스멘토 | 학과바이블(8계열, 335개 학과)

PART 05 의약계열 23개 학과

PART 06 예체능계열 36개 학과

PART
07 교육계열 31개 학과

PART
08 계약학과&특성화학과 53개 학과

PART

인문계열 24개 학과

HUMANITIES AFFILIATION

각 계열별 학과 게재 순서는 '가나다' 순

* 희망하는 대학의 교육과정이나 관련자료에 따라 다를 수 있으니 유의하시기 바랍니다.

고고미술사학과

학과소개

미술사학이란 시간이 지나면서 인류가 추구해 온 문화유산에 대한 역사와 가치를 논하고, 그 미적 가치의 중요성을 탐구하는 학문입니다. 미술사의 범위는 기본적으로 동양미술사와 서양미술사의 분야로 나눌 수 있으며, 회화사·조각사·건축사·공예사·도자사·사상사·박물관학 등으로 세분됩니다.

미술사학과에서는 미술사학이 가지는 체계적인 지식과 역사적인 관점의 올바른 해석을 위한 적절한 능력 증진을 목표로, 미술품을 통해 시대와 지역에 따른 인간 미술 활동의 변화상과 역사적 의의를 이해하고자 합니다. 그리고 미술사학을 보다 깊이 있게 연구하고, 더욱 넓은 영역의 학문으로 나아갈 수 있는 기초를 확립하게 합니다. 미술사학과의 교육 목표는 전통적인 학문 연구를 바탕으로 한 미래 지향적 탐구 학문과 상호 호응할 수 있는 첨단화된 교육을 지향함으로써, 21세기의 학문 연구에서 중심적인 역할을 하는 우수한 인재를 양성하는 것입니다.

개설대학

- 동국대학교(WISE)
- 서울대학교
- 충북대학교 등

관련학과

- 고고인류학과
- 고고학과
- 고고문화인류학과
- 문화인류고고학과
- 문화인류학과
- 문화재학과

진출분야

기업체	기업의 문화재 관리 부서, 마케팅·리서치 회사, 신문사, 언론사, 미술 관련 잡지사, 사회 복지 기관 등
정부 및 공공 기관	한국문화재재단, 국가유산청, 지방 자치 단체 문화재 담당과, 국립중앙박물관, 국립민속박물관, 시·도립 박물관, 대학 박물관, 미술관 등
연구 기관	전통문화 연구소, 국립문화재연구소, 국립경주문화재연구소, 민족문제연구소 등

진출직업

- 학예사(큐레이터)
- 전시 디자이너(디스플레이어)
- 자료실 연구원
- 홍보관리연구원
- 기자(미술잡지)
- 미술평론가
- 미술관련 방송인
- 미술분야 소프트웨어개발자
- 갤러리 관장
- 미술 사학자
- 대학 교수
- 중등학교 교사(역사)
- 학예 연구관(공무원)
- 문화자료연구원
- 기록과학연구원 등

취득가능 자격증

- 문화재수리기능자
- 문화재수리기술자
- 박물관 및 미술관 준학예사
- 문화예술교육사
- 아동미술지도사
- 전통놀이지도사
- 중등학교 정교사 2급(역사) 등

학과 주요 교과목

기초 과목	고고학개론, 문명의 기원, 인류문화의 기원, 고고학연구의 기초, 고고학사, 문화유산관리와 박물관, 인골고고학
심화 과목	인류문화와 환경, 현대고고학특강, 동아시아의 선사시대, 고고학방법론, 생계경제 고고학, 고고학과 사회복합화, 한국고고학, 고고학 조사방법론

학과 인재상 및 갖추어야 할 자질

- 시각 문화와 문화유산을 깊이 이해하는 학생
- 미래 문화유산을 주도할 수 있는 창의력을 지닌 학생
- 미술 실기보다는 미술 이론에 더 관심이 많은 학생
- 다양한 문화권의 역사, 생활 양식, 예술 등 문화 전반에 대한 관심을 가진 학생
- 박물관이나 미술관 관람이 즐거운 학생
- 우리 문화에 대한 자부심이 있고, 역사 전반에 관심이 있는 학생

학과 관련 선택 과목

※ 국어, 영어 교과는 모든 학문의 기초적인 성격을 가진 도구교과로 모든 학과에 이수가 필요하여 생략함.

공통 과목		공통국어1,2, 공통수학1,2, 공통영어1,2, 한국사1,2, 통합사회1,2, 통합과학1,2, 과학탐구실험1,2
수능 필수		화법과 언어, 독서와 작문, 문학, 대수, 미적분 I, 확률과 통계, 영어 I, 영어 II, 한국사, 통합사회, 통합과학, 성공적인 직업생활(직업)
일반 선택	수학, 사회, 과학	세계시민과 지리, 세계사, 사회와 문화
	체육·예술	미술
	기술·가정/정보	
	제2외국어/한문	중국어, 일본어, 한문
	교양	
진로 선택	수학, 사회, 과학	한국지리 탐구, 동아시아 역사 기행, 윤리와 사상, 인문학과 윤리
	체육·예술	미술 감상과 비평
	기술·가정/정보	
	제2외국어/한문	한문 고전 읽기
	교양	인간과 철학, 삶과 종교
융합 선택	수학, 사회, 과학	여행지리, 사회문제 탐구, 윤리문제 탐구
	체육·예술	미술과 매체
	기술·가정/정보	
	제2외국어/한문	중국 문화, 일본 문화, 언어생활과 한자
	교양	

추천 도서 목록

- 사랑방 고동 이야기, 정의찬, 상고재(想古齋)
- 감정의 미술사, 성곰, SWAC
- 뚱미샘의 미술 수다, 서인숙, 지식과감성
- 미술관 옆 박물관, 황경식, 행복에너지
- 조상의 얼이 담긴 미술사, 월드해피북스 편집부, 월드해피북스
- 나만의 도슨트, 오르세 미술관, 서정욱, 큐리어스(Qrious)
- 미술사 연대기, 이언 자체크, 마로니에북스
- 20세기 후반 미국 미술사 다시 읽기, 김진아, 지식과 감성
- 아름다워 보이는 것들의 비밀 우리 미술 이야기 3, 최경원, 더블북
- 불편한 시선, 이윤희, 아날로그
- 우리의 첫 미술사 수업, 강은주, 이봄
- 그림 속 그림 읽기, 수지 호지 외, 뒤란
- 미술사, 한 걸음 더(큰글자도서), 미술사문화비평연구회, 이담북스

- 미술사의 신학 2, 신사빈, W미디어
- 조상의 얼이 담긴 미술사, 탑이미지 편집부, 탑이미지
- 다시 쓰는 착한 미술사, 허나영, 타인의사유
- 진중권의 서양미술사, 진중권. 휴머니스트
- 미술사의 신학, 신사빈, W미디어
- 새롭게 읽는 서양미술사, 박송화, 메이트북스
- 처음 읽는 한국고고학 이선복, 사회평론아카데미
- 재밌어서 밤새 읽는 국보 이야기, 이광표, 더숲
- 박물관에서 서성이다, 박현택, 통나무
- 어느 인류학자의 박물관 이야기, 최협, 민속원
- 일상이 고고학, 나 혼자 분청사기 여행, 황윤, 책읽는고양이
- 고고학으로 살펴본 신라·가야 갑주, 김혁중, 진인진
- 카파도키아 미술, 조수정, 아카넷

학교생활 TIPS

- 미술사학과 관련이 깊은 국어, 미술, 사회(사회·문화, 역사, 한국사 등) 교과의 우수한 학업 성취를 올릴 수 있도록 하고, 각 수업 활동에 적극적으로 참여하여 학업 역량, 문제 해결 능력, 탐구력 등이 학교생활기록부 교과 세부능력 및 특기사항에 기록될 수 있도록 합니다.
- 전공과 관련 있는 다양한 진로 활동(박물관, 학과 탐방, 큐레이터 인터뷰 등)에 참여하여 새롭게 알게 된 사실이나 느낀 점을 중심으로 자신의 진로 역량을 키울 것을 권장합니다.
- 미술, 전통문화재 연구, 문화 탐구, 역사 연구 등의 교내 동아리에서 국가유산과 관련된 내용을 조사, 전시, 발표하는 등 전공 관련 활동을 주도적으로 하여 의미 있는 역할을 했음을 드러냅니다.

- 학급이나 학생회의 임원 활동, 교내외 도서관이나 박물관에서의 봉사 활동(정리·행사 보조·홍보 등), 지역 문화재 지킴이 활동, 돌봄 활동, 학습 도우미 활동(복지관, 방과 후 학교 등)과 같이 학교 교육계획에 의해 진행되는 봉사 활동이나 행사 활동, 수련 활동, 체험 활동에 적극적으로 참여하여 협업과 소통 능력, 나눔과 배려, 성실성과 규칙 준수, 리더십 등을 보이는 것이 중요합니다.
- 미술학, 역사학, 문화인류학, 철학, 유물학, 화학 등 폭넓은 분야의 독서를 통해 기본적인 소양을 키울 것을 추천합니다.

학과소개

고고학은 과거 인간이 남긴 흔적 즉, 유물이나 유적 등의 물질 자료를 통해서 고대 인류의 문화를 복원하고 해석하는 학문입니다. 문자 기록이 없던 선사 시대를 연구하는 것뿐만 아니라, 역사시대의 무덤이나 건물 등을 비롯한 여러 역사적 물질 자료를 통해 문헌만으로는 밝힐 수 없는 역사적 문제들을 해결하고자 하므로 학문의 시간 폭과 활동 영역이 대단히 넓습니다. 실내 연구 외에도 유적 발굴 조사 등과 같은 야외 합동 연구 조사를 지속적으로 하므로 협동심과 사회생활 등의 역량이 필요합니다. 또한 유물과 유적을 직접 다룸으로써 사물에 대한 뛰어난 관찰력과 분석력도 갖추게 됩니다.

고고학과는 역사적 사고방식과 지식을 습득하여 학문에 대한 응용력을 함양하고 올바른 역사의식을 정립하게 하며, 인류사를 통해 인본주의 정신을 고취하기 위한 기초 지식을 배우는 학과입니다.

개설대학

- 부산대학교
- 충남대학교 등

관련학과

- 사학과
- 국사학과
- 역사문화학부 고고미술사학 전공
- 역사학과
- 한국사학과
- 인문학부 국사학전공
- 고고미술사학과
- 고고인류학과
- 문화인류고고학과
- 고고문화인류학과 등

진출분야

기업체	기업체의 문헌 자료실, 기업체의 사무직, 유네스코, 유네스코한국위원회 등 국제기구, 한국문화재보호재단, 기업의 문헌 자료실, 방송사, 사설 미술관, 언론사, 출판사 등
정부 및 공공 기관	중앙 정부 및 지방 자치 단체의 문서실, 국공립 도서관, 국립 대학 도서관, 문화체육관광부, 행정자치부, 국립중앙박물관, 국립민속박물관, 시·도립 박물관, 대학 박물관, 국가유산청, 미술관, 각 지역 문화원, 국가기록원, 중고등학교 등
연구 기관	국가유산 및 관련 문화 연구소(국립문화재연구소, 국립경주문화재연구소, 민족문제연구소 등) 등

진출직업

- 교수
- 중등학교 교사(역사)
- 연구원
- 학예사(큐레이터)
- 학예연구사
- 문화재보존가
- 박물관장
- 언론인(기자, PD, 아나운서 등)
- 작가 등

취득가능 자격증

- 박물관 및 미술관 준학예사
- 중등학교 정교사 2급(역사)
- 문화재수리기술(기능)사
- 역사체험지도사
- 역사논술지도사
- 역사미술지도사
- 창의역사지도사 등

학과 주요 교과목

기초 과목	고고학개론, 고고학사, 박물관학개론, 한국문화재의이해, 한국미술사개론, 한국선사고고학, 서양고고학강독, 한국도자사, 형질인류학, 인류의 기원과 고고학, 서양고고학 등
심화 과목	석기문화, 야외고고학, 한국민속학, 한국불교미술, 백제고고학, 일본고고학개설, 중국고고학 개설, 고고학연구법, 고분문화, 민족지고고학, 중국동북지방의 고고학, 한일교섭의 고고학, 고고학연습, 박물관학특강, 청동기문화, 한국고대의 기술, 한국의 성곽, 고고학현지조사 등

학과 인재상 및 갖추어야 할 자질

- 인류 문명의 변천사를 비롯해 동서양 고금의 역사에 대해 지적 호기심이 많은 학생
- 과거를 공부함으로써 오늘날을 탐구하고, 우리가 나아가야 할 방향에 대해 고민해 보고 싶은 학생
- 한마디의 말, 그림, 표시 속에 숨은 의미를 읽고 탐구하고자 하는 학생
- 올바른 역사관과 개방적 자세, 종합적 사고와 판단력으로 시대 변화를 선도하려는 자세를 가진 학생
- 정치, 경제학, 철학 등 인접 학문에 대한 지적 호기심과 흥미가 있는 학생
- 각종 문헌 자료를 통해 역사를 탐구해야 하므로 영어, 한문, 일본어 등 외국어에 관심을 지닌 학생

학과 관련 선택 과목

※ 국어, 영어 교과는 모든 학문의 기초적인 성격을 가진 도구교과로 모든 학과에 이수가 필요하여 생략함.

공통 과목		공통국어1,2, 공통수학1,2, 공통영어1,2, 한국사1,2, 통합사회1,2, 통합과학1,2, 과학탐구실험1,2
수능 필수		화법과 언어, 독서와 작문, 문학, 대수, 미적분Ⅰ, 확률과 통계, 영어Ⅰ, 영어Ⅱ, 한국사, 통합사회, 통합과학, 성공적인 직업생활(직업)
일반 선택	수학, 사회, 과학	확률과 통계, 세계시민과 지리, 세계사, 사회와 문화
	체육·예술	
	기술·가정/정보	
	제2외국어/한문	중국어, 일본어, 한문
	교양	
진로 선택	수학, 사회, 과학	한국지리 탐구, 동아시아 역사 기행, 윤리와 사상, 인문학과 윤리
	체육·예술	
	기술·가정/정보	
	제2외국어/한문	한문 고전 읽기
	교양	인간과 철학, 삶과 종교
융합 선택	수학, 사회, 과학	여행지리, 역사로 탐구하는 현대 세계, 사회문제 탐구, 윤리문제 탐구
	체육·예술	
	기술·가정/정보	
	제2외국어/한문	중국 문화, 일본 문화, 언어생활과 한자
	교양	

추천 도서 목록

- 고고학 첫걸음, 사오토메 마사히로 외, 주류성
- 처음 읽는 한국고고학 이선복, 사회평론아카데미
- 세상 모든 것의 기원 강인욱, 흐름출판
- 한국고고학 이해 한국고고학회 외, 진인진
- 도래인의 고고학과 역사 이송래 외, 주류성
- 주류성 청동기시대 문화변천, 김현식, 서경문화사
- 일상이 고고학, 나 혼자 분청사기 여행, 황윤, 책읽는고양이
- 생물고고학, 데브라 마틴 외, 사회평론아카데미
- 바닷속 타임캡슐 침몰선 이야기, 야마후네 고타로, 플루토
- 일상이 고고학, 나 혼자 강원도 여행, 황윤, 책읽는고양이
- 고대 이스라엘 사람들은 어떻게 살았을까?, 윌리엄 G. 데버, 삼인
- 고구려 고고학, 강현숙 외, 진인진
- 잠자는 죽음을 깨워 길을 물었다, 닐 올리버, 월북

- 발해고고학, 중앙문화재연구원, 진인진
- 고고학으로 백제문화 이해하기, 김낙중, 진인진
- 맛있는 고고학, 김건수, 진인진
- 과거를 쫓는 탐정들, 로라 스캔디피오, 창비
- 실크로드 고고학 강의, 임매촌, 소명출판
- 돌 세 개와 꽃삽, 에릭 H. 클라인, 인테쿨타
- 전쟁 고고학, 장 길렌 외, 사회평론아카데미
- 절멸의 인류사, 사라시나 이사오, 부키
- 왜 호모 사피엔스만 살아남았을까?, 이한용, 채륜서
- 이집트 상형문자 배우기, 강주현, 정인
- 고고학이론 껍질 깨기, 에이드리언 프랫첼리스, 사회평론아카데미
- 고인돌, 역사가 되다(큰글자책), 이영문, 학연문화사

학교생활 TIPS

- 고고학과와 관련이 깊은 국어, 영어, 사회, 역사, 한문 교과의 우수한 학업 성취를 올릴 수 있도록 하고, 각 수업 활동에 적극적으로 참여하여 학업 역량, 문제 해결 능력, 탐구력 등이 학교생활기록부 교과 세부능력 및 특기사항에 기록될 수 있도록 합니다.
- 전공과 관련 있는 다양한 진로 활동(박물관, 학과 탐방, 학예사 인터뷰 등)에 참여하여 새롭게 알게 된 사실이나 느낀 점을 중심으로 자신의 진로 역량을 키우도록 합니다.
- 독서 토론, 역사 연구, 박물관 탐방, 신문, 교지 편집 등 교내 동아리에서 역사적 유물, 문헌 등과 관련된 내용을 조사·발표하는 등 전공 관련 활동을 주도적으로 하면서 의미 있는 역할을 했음을 드러냅니다.

- 학급이나 학생회의 임원 활동, 멘토-멘티 활동, 돌봄 활동, 학습 도우미, 지역 사회 보존 활동 등과 같이 학교 교육계획에 의해 진행되는 봉사 활동이나 행사 활동, 수련 활동, 체험 활동에 적극적으로 참여하여 리더십, 배려심, 의사소통 능력, 협동심 등을 보이는 것이 중요합니다.
- 역사학, 인류학, 사회학, 철학 등 폭넓은 분야의 독서를 통해 기본적인 소양을 키울 것을 권장합니다.
- 협업과 소통 능력, 성실성과 규칙 준수, 리더십, 나눔과 배려, 학업 의지, 창의성 등 자신의 강점이 학생생활기록부 행동특성 및 종합의견에 기록될 수 있도록 학교생활에 성실하게 임할 것을 추천합니다.

학과소개

국어국문학은 우리나라의 언어와 문학을 깊이 있게 연구하여 올바른 한국 문학의 전통을 확립하고자 하는 학문입니다. 국어국문학과에서는 우리 말과 글의 문법, 외국어와 다른 한글만의 구조 및 변천사, 작자 미상의 고전 문학에서부터 현대 문학에 이르는 시, 소설, 수필, 희곡, 평론 등 다양한 문학 작품 및 작가에 대해 연구합니다. 우리 민족의 삶이 국어와 함께 이루어지고, 그 삶의 자취가 우리 문학 작품 속에 담겨 있으므로 국어 국문학은 한국 인문학의 핵심이 된다고 할 수 있을 것입니다.

국어국문학과는 우리의 언어와 문학을 깊이 있게 공부함으로써 자아와 세계에 대한 이해를 높이며, 민족 문화를 창조적으로 계승하고 발전시키는 것을 교육 목표로 합니다. 이를 위해 국어의 구조와 역사를 밝혀내는 한편, 지난 시대와 이 시대의 문학을 사회 배경 속에서 이해하고 그 가치를 탐구합니다. 국어국문학과는 우리의 정체성을 지키면서 세계 문화에 기여할 방법을 모색하며 인문학적 지식과 교양을 갖춘 인재를 양성하고자 하는 학과입니다.

개설대학

- 건국대학교
- 경상국립대학교
- 경희대학교
- 고려대학교
- 광운대학교
- 단국대학교
- 국립부경대학교
- 부산대학교
- 서강대학교
- 서울대학교
- 서울시립대학교
- 성균관대학교
- 세종대학교
- 숭실대학교
- 아주대학교
- 국립경국대학교
- 연세대학교
- 이화여자대학교
- 인천대학교
- 전북대학교
- 중앙대학교
- 충북대학교
- 한양대학교
- 홍익대학교 등

관련학과

- 국어국문학부
- 국어국문학전공
- 국어국문문예창작학부
- 인문학부 국어국문학전공
- 국어국문·창작학과
- 한국어문학과
- 한국어문학부
- 한국어학과
- 한국언어문학과 등

진출분야

기업체	기업체의 사무직, 방송사, 언론사, 출판사, 광고 기획사, 광고 대행사, 일반 회사 홍보팀(사보 제작), 금융계(은행, 증권 회사), 정보 통신 분야 등
정부 및 공공 기관	한국교육학술정보원, 한국고전번역원, 한국언론진흥재단, 한국출판문화산업진흥원, 언어관련 공공기관 등
연구 기관	국립국어원, 한국학중앙연구원, 언어 및 국어국문학 연구소 등

진출직업

- 카피라이터
- 네이미스트
- 구성작가
- 극작가
- 방송작가
- 아나운서
- 방송연출가
- 독서지도사
- 애니메이션 작가
- 시인
- 소설가
- 비평가
- 광고·홍보전문가
- 방송기자
- 스크립터
- 신문기자
- 중등학교 교사(국어)
- 대학 교수 등

취득가능 자격증

- 중등학교 정교사 2급(국어)
- 독서논술지도사
- 독서지도사
- 한국어능력시험
- 국어인증능력시험 등

학과 주요 교과목

기초 과목	한국문학과 한국사회, 한국어연구입문, 한국문학연구입문, 한국고전시가강독, 한국어문법론, 한국현대시론, 한국현대희곡론, 한국영상문학론, 한국고전산문강독, 한국현대소설론 등
심화 과목	한국고전문학사, 한국어의 역사, 한국현대작가론, 한국한문학론, 한국어휘론, 한국어음운론, 한국현대문학사, 한국현대시인론, 한국고전시가론, 한국어방언학, 한국어정보의 전산처리, 한국어학사, 한국구비문학론, 한국현대소설강독, 한국현대문학비평, 한국고전소설론 세계속의 한국문학 등

학과 인재상 및 갖추어야 할 자질

- 언어와 문학에 관심과 소질이 있는 학생
- 문화 예술 및 글쓰기와 읽기 활동에 흥미가 있는 학생
- 외래어의 범람 속에서 오염되고 있는 우리말을 지키고 싶은 학생
- 우리말의 유래, 구조, 원리, 문학 작품 읽기 및 창작에 관심이 많은 학생
- 한류 열풍 시대에 한국어와 문화를 세계화하고 싶은 학생
- 올바른 언어 사용과 관련 정책 수립 및 수행에 기여하려는 자세를 가진 학생

학과 관련 선택 과목

※ 국어, 영어 교과는 모든 학문의 기초적인 성격을 가진 도구교과로 모든 학과에 이수가 필요하여 생략함.

공통 과목		공통국어1,2, 공통수학1,2, 공통영어1,2, 한국사1,2, 통합사회1,2, 통합과학1,2, 과학탐구실험1,2
수능 필수		화법과 언어, 독서와 작문, 문학, 대수, 미적분Ⅰ, 확률과 통계, 영어Ⅰ, 영어Ⅱ, 한국사, 통합사회, 통합과학, 성공적인 직업생활(직업)
일반 선택	수학, 사회, 과학	세계사, 사회와 문화, 현대사회와 윤리
	체육·예술	음악, 미술, 연극
	기술·가정/정보	
	제2외국어/한문	한문
	교양	
진로 선택	수학, 사회, 과학	한국지리 탐구, 윤리와 사상, 인문학과 윤리
	체육·예술	음악 감상과 비평, 미술 감상과 비평
	기술·가정/정보	
	제2외국어/한문	한문 고전 읽기
	교양	인간과 철학, 논리와 사고, 인간과 심리, 삶과 종교
융합 선택	수학, 사회, 과학	사회문제 탐구, 윤리문제 탐구
	체육·예술	
	기술·가정/정보	
	제2외국어/한문	언어생활과 한자
	교양	논술

추천 도서 목록

- 그 많던 싱아는 누가 다 먹었을까, 웅진지식하우스
- 난장이가 쏘아올린 작은 공, 조세희, 가람기획
- 백범일지, 김구, 범우
- 변신, 카프카, 민음사
- 백석 전 시집:나와 나타샤와 흰 당나귀, 백석, 스타북스
- 창작자를 위한 챗GPT 저작권 가이드, 정경민, 포르체
- 태백산맥, 조정래, 해냄출판사
- 토지, 박경리, 다산책방
- 하늘과 바람과 별과 시, 윤동주, 스타북스
- 한국 근대소설사, 김영민, 소명출판
- 조선의 선비 서울을 노래하다, 홍의호 외, 학자원
- 한시로 사계를 노래하다, 박경영, 지식과감성
- 금오신화, 김시습, 현대지성

- 고전시가 쉽게 읽기 : 옛사람의 사랑과 욕망, 이정선, 보고사
- 한국의 미를 읽다, 노마 히데키 외, 연립서가
- 이상 시의 문체 연구, 조해옥, 소명출판
- 윤동주 연구, 김형태, 역락
- 현진건의 삶과 문학, 현진건학교, 국토
- 이상, 백석, 윤동주 세트, 이상 외, 스타북스
- 현대시와 시인을 만나다, 황선열, 이담북스
- 이광수 문학의 심층적 독해, 방민호, 예옥
- 꿈꾸다 떠난 사람, 김시습, 최명자, 빈빈책방
- 우리말 어감사전, 안상순, 유유
- 삼대, 염상섭, 지만지한국문학
- 소설로 읽는 학국문학사, 이진 외, 서연비람

학교생활 TIPS

- 국어국문학과와 관련이 깊은 국어, 영어, 사회, 한문 교과의 우수한 학업 성취를 올릴 수 있도록 하고, 각 수업 활동에 적극적으로 참여하여 학업 역량, 문제 해결 능력, 탐구력 등이 학교생활기록부 교과 세부능력 및 특기사항에 기록될 수 있도록 합니다.
- 전공과 관련 있는 다양한 진로 활동(출판사, 학과 탐방, 작가 인터뷰 등)에 참여하여 새롭게 알게 된 사실이나 느낀 점을 중심으로 자신의 진로 역량을 키울 것을 권장합니다.
- 독서 토론, 문예, 우리말 연구, 교지 편집 등의 교내 동아리에서 문학·언어와 관련된 내용을 창작, 조사, 발표하는 등의 전공 관련 활동을 주도적으로 하고, 의미 있는 역할을 했음을 드러냅니다.

- 학급이나 학생회의 임원 활동, 멘토-멘티 활동, 그림책 읽어주기, 우리말 바르게 쓰기, 돌봄 활동(장애인, 독거노인, 다문화 가정 학생 대상) 등과 같이 학교 교육계획에 의해 진행되는 봉사 활동이나 행사 활동, 수련 활동, 체험 활동에 적극적으로 참여하여 리더십, 배려심, 의사소통 능력, 협동심 등을 보이는 것이 중요합니다.
- 철학, 문학, 논리학, 예술, 과학 등 폭넓은 분야의 독서를 통해 기본적인 소양을 키울 것을 권장합니다.
- 협업과 소통 능력, 성실성과 규칙 준수, 리더십, 창의성 등 자신의 강점이 학교생활기록부 행동특성 및 종합의견에 기록될 수 있도록 학교생활에 성실하게 임할 것을 추천합니다.

인문계열
사회계열
자연계열
공학계열
의약계열
예체능계열
교육계열
계약학과 & 특성화학과

노어노문학과

학과소개

노어노문학은 19세기부터 오늘날에 이르기까지 세계 문학에 지대한 영향을 미치면서 인류 정신문화의 한 축을 이룬 러시아의 문학과 언어, 나아가 사회 문화 전반에 대해 연구하는 학문입니다. 러시아는 개발되지 않은 엄청난 천연자원과 정치·경제적 잠재력을 가지고 있으며 우리나라와 지리적으로 인접해 있어 개척 가능성이 큰 시장으로, 현재 러시아 관련 전문가에 대한 수요도 증가하는 추세입니다.

노어노문학과는 미래의 한·러 관계에 중추적인 역할을 담당하게 될 고급 전문 인력의 양성을 목표로 합니다. 실제적으로 러시아어를 구사할 수 있는 능력을 키우면서, 동유럽 문화의 중심지인 러시아의 역사, 정치, 경제, 문화 등에 대하여 체계적으로 연구하는 학과입니다. 또한 세계 문학사에 큰 획을 그은 러시아 문학과 문호들의 작품을 시대별, 장르별, 작가별로 조망하고, 서구 문학의 큰 틀 안에서 러시아 문학이 차지하는 비중과 의의를 밝힙니다. 한국 근대 문학 형성 과정에서 러시아 문학이 미쳤던 영향 관계를 탐색하고, 영화·연극·음악·발레 등 동유럽의 찬란한 문화 예술을 이끈 러시아의 문화 예술 세계도 연구합니다.

개설대학

- 경북대학교
- 고려대학교
- 부산대학교
- 서울대학교
- 연세대학교 등

관련학과

- 노어과
- 러시아·유라시아학과
- 러시아중앙아시아학과
- 러시아학과
- 러시아언어문화학과
- 러시아어학과
- 러시아어문학과
- 러시아언어문화학과
- 외국어학부 러시아어전공
- 유럽문화학부(러시아어문학전공)
- 유럽중남미학부 러시아학전공
- 유럽언어문화학부(러시아어 전공) 등

진출분야

기업체	국내외 기업의 해외 영업 부서, 해외 항공 화물 운송업체, 광고 및 홍보 대행사, 국제 통상 업체, 국내외무역 회사, 공항, 항공사, 기업체의 사무직, 신문사, 방송국, 금융사 등
정부 및 공공 기관	정부부처 및 공공기관, 외교부, 영사관, 출입국관리사무소, 국세청, 각 시도 교육청, 항만, 대한무역투자진흥공사, 러시아대사관, 국가정보원, 대학교, 중고등학교 등
연구 기관	러시아문학연구소, 러시아 지역학 등 학문 연구원 등

진출직업

- 동시통역사
- 작가
- 통·번역가
- 출판업자
- 변호사
- 대학 교수
- 중등학교 교사(러시아어)
- 외무공무원
- 인문과학연구원
- 신문기자
- 금융기관종사자
- 회계법인종사자 등

취득가능 자격증

- 중등학교 정교사 2급(러시아어)
- 관광통역안내사(노어 등)
- 국내여행안내사
- 러시아어 능력평가 TORFL(러시아 교육부 시행) 등

학과 주요 교과목

기초 과목	전공러시아어, 교양러시아어, 러시아문학기행, 중급러시아어, 중급러시아어회화, 러시아어번역연습, 러시아어의 구조, 러시아문학과 영상예술, 러시아문학의 전통과 진화, 러시아인문지리, 러시아사회의 이해, 러시아문화, 러시아역사세미나 등
심화 과목	고급러시아어, 고급러시아어회화, 러시아어작문연습, 디지털문화와 러시아어, 러시아어와 우리말, 러시아의 언어문화, 러시아사상과 문학비평, 근현대러시아소설, 러시아문학강독과 번역, 러시아문학사, 러시아드라마와 공연예술, 러시아지역학, 러시아경제와 국제통상, 중앙아시아역사와 민속문화, 러시아어특수연구, 러시아문학과 한국문학, 러시아작가론 등

학과 인재상 및 갖추어야 할 자질

- 국어와 러시아어를 비롯한 외국어에 대한 관심과 열정이 큰 학생
- 러시아어권 문화에 대한 흥미가 있어 다양한 제반 체험학습 및 활동을 하고 싶은 학생
- 타 문화를 존중하고, 다양한 문화를 만들며 살아온 사람들의 의식을 알고 싶은 학생
- 러시아, 러시아어, 러시아 문학, 러시아 문화 등에 관심이 있는 학생
- 러시아를 비롯한 동유럽 국가에 관심과 흥미가 있는 학생
- 톨스토이, 도스토예프스키 등 러시아 작가들의 작품을 읽고 그들의 정서와 문화에 관심을 가진 학생

학과 관련 선택 과목

※ 국어, 영어 교과는 모든 학문의 기초적인 성격을 가진 도구교과로 모든 학과에 이수가 필요하여 생략함.

공통 과목		공통국어1,2, 공통수학1,2, 공통영어1,2, 한국사1,2, 통합사회1,2, 통합과학1,2, 과학탐구실험1,2
수능 필수		화법과 언어, 독서와 작문, 문학, 대수, 미적분 I, 확률과 통계, 영어 I, 영어 II, 한국사, 통합사회, 통합과학, 성공적인 직업생활(직업)
일반 선택	수학, 사회, 과학	세계시민과 지리, 세계사, 사회와 문화
	체육·예술	
	기술·가정/정보	
	제2외국어/한문	러시아어
	교양	
진로 선택	수학, 사회, 과학	동아시아 역사 기행, 윤리와 사상, 인문학과 윤리, 국제 관계의 이해
	체육·예술	음악 감상과 비평, 미술 감상과 비평
	기술·가정/정보	
	제2외국어/한문	러시아어 회화, 심화 러시아어
	교양	
융합 선택	수학, 사회, 과학	여행지리, 사회문제 탐구, 윤리문제 탐구
	체육·예술	
	기술·가정/정보	
	제2외국어/한문	러시아 문화
	교양	

추천 도서 목록

- 사냥꾼의 수기, 이반 투르게네프, 문학동네
- 이반 일리치의 죽음, 광인의 수기, 레프 톨스토이, 열린책들
- 코 초상화, 니콜라이 바실리예비치 고골, 아르테(arte)
- 톨스토이 대표단편선, 레프 니콜라예비치 톨스토이, 백만문화사
- 아내·세 자매, 안톤 체호프, 열린책들
- 톨스토이 단편선, 레프 니콜라예비치 톨스토이, 올리버
- 쉽게 읽는 카라마조프 가의 형제들, 토스토옙스키, 아름다운날
- 이반 일리치의 죽음, 레프 톨스토이, 민음사
- 예브게니 오네긴·대위의 딸, 알렉산드르 푸시킨, 민음사
- 한 번은 읽어야 할 톨스토이 대표 단편선, 톨스토이, 아름다운날
- 소네치카·스페이드의 여왕, 류드밀라 울리츠카야, 문학동네
- 사람은 무엇으로 사는가(외), 톨스토이, 범우
- 백치, 표도르 도스토옙스키, 뿌쉬낀하우스

- 닥터 지바고, 보리스 파스테르나크, 살림
- 디 에센셜: 죄와 벌, 표도르 도스토옙스키, 열린책들
- 부활, 레프 톨스토이, 문학동네
- 어머니, 막심 고리키, 을유문화사
- 귀향 외(리커버), 안드레이 플라토노프, 책세상
- 사람은 무엇으로 사는가, 레프 톨스토이, 문학동네
- 어둠, 레오니트 안드레예프, 지식을만드는지식
- 안나 까레니나 , Lev Nikolaevich Tolstoy, 창비
- 토트 씨네, 외르케니 이슈트반, 지식을만드는지식
- 아버지와 자식, 이반 세르게예비치 투르게네프, 민음사
- 창백한 말, 보리스 빅토로비치 사빈코프, 빛소굴
- 안톤 체호프 단편집, 안톤 체호프, 살림

학교생활 TIPS

- 노어노문학과와 관련이 깊은 국어, 영어, 사회, 러시아어 교과의 우수한 학업 성취를 올릴 수 있도록 하고, 각 수업 활동에 적극적으로 참여하여 학업 역량, 문제 해결 능력, 탐구력 등이 학교생활기록부 교과 세부능력 및 특기사항에 기록될 수 있도록 합니다.
- 전공과 관련 있는 다양한 진로 활동(러시아문화원, 학과 탐방, 동시통역사 인터뷰 등)에 참여하여 새롭게 알게 된 사실이나 느낀 점을 중심으로 자신의 진로 역량을 키울 것을 권장합니다.
- 독서·논술, 다문화 교육, 문학·토론, 시사 탐구, 역사·문화 탐구, 국제이해 연구 등의 교내 동아리에서 러시아와 관련된 내용을 조사, 발표하는 등 전공 관련 활동을 주도적으로 하며 의미 있는 역할을 했음을 드러냅니다.
- 학급이나 학생회의 임원 활동, 멘토-멘티 활동, 러시아 문화 알리미 활동, 돌봄 활동(장애인, 독거노인 대상 도시락 배달 활동), 학습 도우미 활동(복지관, 방과 후 학교 활동)과 같이 학교 교육계획에 의해 진행되는 봉사활동이나 행사 활동, 수련 활동, 체험 활동에 적극적으로 참여하여 협업과 소통 능력, 성실성과 규칙 준수, 리더십 등을 보이는 것이 중요합니다.
- 철학, 문학, 논리학, 예술, 과학 등 폭넓은 분야의 독서를 통해 기본적인 소양을 키울 것을 추천합니다.

독어독문학과

학과소개

독일은 선진국들이 모여 있는 유럽 대륙의 여러 나라 중에서도 공업 기술이 발달하고 수출 규모가 가장 크며, 문화·환경적인 면에서도 앞서가는 나라입니다. 독일, 오스트리아, 스위스 일부와 리히텐슈타인 등을 포함하는 독일어권은 정치·경제·문화 측면에서 유럽의 핵심 언어권을 형성하고 있습니다. 특히 평화적 통일 이후 유로화를 바탕으로 유럽 경제를 주도하고 있는 독일 및 독일어권에 대한 이해는 한국의 통일과 국제화 시대를 대비해 그 중요성이 나날이 증가하고 있습니다. 매년 독일어로 된 책은 전 세계 출간 서적의 18%를 차지하며, 독일어에 능숙하면 현대 학문의 연구 성과물들을 폭넓게 접할 수 있습니다.

독어독문학과는 독일의 언어, 문학, 역사, 문화 등을 배우는 학과입니다. 독어독문학과에서는 독일어를 말하고 쓰는 훈련뿐만 아니라 헤세, 릴케, 괴테 등 세계적 명성을 가진 독일 작가들의 작품을 분석하며 독일의 가치관과 문화, 나아가 역사적 특수성 등을 공부합니다. 이와 함께 스위스, 오스트리아 등 독일어권의 다양한 국가의 문화와 문학에 대해서도 연구함으로써 전문 지식을 갖춘 지역 전문가를 양성합니다.

개설대학

- 경북대학교
- 경상국립대학교
- 고려대학교
- 국립공주대학교
- 부산대학교
- 서울대학교
- 성균관대학교
- 숭실대학교
- 연세대학교
- 이화여자대학교
- 인천대학교
- 국립창원대학교
- 충남대학교
- 한양대학교
- 홍익대학교 등

관련학과

- 독일언어문학과
- 독일어문·문화학과
- 독일언어·문화학과
- 독일언어문화전공
- 독일어통번역학과
- 독일유럽학과
- 독일어문화학
- 유럽문화학부(독일어문학전공)
- 독일학과
- 유럽중남미학부 독일학전공

진출분야

기업체	국내 및 유럽과 관련된 업무를 수행하는 기업의 일반 사무직, 해외 영업직, 자동차 관련 기업, 해외 항공 화물 운송 업체, 국제 통상 업체, 무역 사무직, 메르세데스 벤츠·지멘스·보쉬 등과 같은 독일계 기업, 신문사, 잡지사, 방송국 등
정부 및 공공 기관	정부부처 및 공공기관, 외교부, 독일대사관, 출입국관리사무소, 각 시도 교육청, 대학교, 중고등학교, 한국관광공사, 한국수출입은행, 국가정보원 등
연구 기관	국제 경제·무역 관련 연구소, 독일 문학 연구소, 독일 지역학 등 인문 과학 관련 연구소 등

진출직업

- 동시통역사
- 작가
- 통·번역가
- 출판업자
- 대학 교수
- 중등학교 교사(독일어)
- 인문과학연구원
- 여행안내원
- 호텔지배인
- 출판물기획자
- 언론인(기자, PD, 아나운서 등)
- 금융기관종사자
- 회계법인종사자
- 어학원장 등

취득가능 자격증

- 중등학교 정교사 2급(독일어)
- 관광통역안내사
- 독일어능력시험(ZD, FLEX 등)
- 외국어번역행정사
- 호텔경영사
- 호텔관리사 등

학과 주요 교과목

기초 과목	전공독어, 교양독어, 독어 CEFR A2-1·2, 독어회화연습 CEFR A2-1·2, 독어회화연습, 독문법의 이해, 독어어휘연습, 독해와 구조, 독문학개론, 독어학개론, 독일의 생활문화, 독한 번역의 이해, 독문법연습, 독일명작의 고향, 독일문학사, 독어학과 문화의 이해 등
심화 과목	독어 CEFR B1, 2-1·2, 회화연습, 독해와 문법, 독희곡의 이해, 독시선곡, 독어학연습, 독일어텍스트의 이해, 독일어권 문화와 예술, 독일어권 역사와 민속문화, 독일지역학, 독문학작품번역, 독해연습, 독어작문, 독산문강독, 독소설의 이해, 의사소통의 독어학, 음식문화사, 독일학, 인문사회번역, 미디어독일어, 독일현대연극, 독일동화와 민담, 한독문화비교 등

학과 인재상 및 갖추어야 할 자질

- 독일어를 비롯한 외국어 공부에 남다른 열정과 애정을 느끼는 학생
- 독일, 오스트리아, 스위스 등 독일어권 국가의 문화, 역사, 철학에 관심과 흥미를 느낀 학생
- 헤르만 헤세, 프란츠 카프카 등의 작품을 통해 인문학적 상상력을 키우고 싶은 학생
- 학문 영역 간의 전이 능력과 자유로운 사고 능력 및 상상력을 가진 학생
- 국제 사회에서 열린 사고를 갖고 유연하게 소통할 수 있는 창의적인 학생
- 고등학교에서 제2외국어로 독일어를 배운 적이 있어 생소한 언어에 대한 부담이 적은 학생

학과 관련 선택 과목

※ 국어, 영어 교과는 모든 학문의 기초적인 성격을 가진 도구교과로 모든 학과에 이수가 필요하여 생략함.

공통 과목		공통국어1,2, 공통수학1,2, 공통영어1,2, 한국사1,2, 통합사회1,2, 통합과학1,2, 과학탐구실험1,2
수능 필수		화법과 언어, 독서와 작문, 문학, 대수, 미적분 I , 확률과 통계, 영어 I , 영어 II , 한국사, 통합사회, 통합과학, 성공적인 직업생활(직업)
일반 선택	수학, 사회, 과학	세계시민과 지리, 세계사, 사회와 문화
	체육·예술	
	기술·가정/정보	
	제2외국어/한문	독일어
	교양	
진로 선택	수학, 사회, 과학	동아시아 역사 기행, 윤리와 사상, 인문학과 윤리, 국제 관계의 이해
	체육·예술	음악 감상과 비평, 미술 감상과 비평
	기술·가정/정보	
	제2외국어/한문	독일어 회화, 심화 독일어
	교양	인간과 철학, 인간과 심리, 삶과 종교
융합 선택	수학, 사회, 과학	여행지리, 사회문제 탐구, 윤리문제 탐구
	체육·예술	
	기술·가정/정보	
	제2외국어/한문	독일어권 문화
	교양	

추천 도서 목록

- 언어와 법, 구명철, 역락
- 언어와 독일의 분열, 패트릭 스티븐슨, 사회평론아카데미
- 독일어 문법의 이해와 응용, 장병희, 명지출판사
- 시인은 저녁에 무엇을 보았나!, 헤르만 헤세, 종문화사
- 하얀 개, 하인리히 뵐, 미래의창
- 타라바스, 요제프 로트, 지식을만드는지식
- 그리고 아무 말도 하지 않았다, 하인리히 뵐, 이유
- 변신·소송, 프란츠 카프카, 살림
- 언어의 무게, 파스칼 메르시어, 비채
- 좀머 씨 이야기, 파트리크 쥐스킨트, 열린책들
- 독일인의 사랑 미니북, 막스 뮐러, 더클래
- 레티파크, 유디트 헤르만, 마라카스
- 비둘기, 파트리크 쥐스킨트, 열린책들

- 콘트라바스, 파트리크 쥐스킨트, 열린책들
- 우체국 아가씨, 스테판 츠바이크, 빛소굴
- 아무도 미워하지 않는 자의 죽음, 잉게 숄, 평단
- 모자, 토마스 베른하르트, 문학과지성사
- 수레바퀴 아래서, 헤르만 헤세, 아르테(arte)
- 파우스트, 괴테, 열린책들
- 젊은 베르테르의 슬픔, 요한 볼프강 폰 괴테, 미래지식
- 데미안, 헤르만 헤세, 문예춘추사
- 강철 폭풍을 뚫고, 에른스트 윙거, 지식을만드는지식
- 슈니츨러 작품선, 아르투어 슈니츨러, 민음사
- 토마스 만 단편 전집, 토마스 만, 부북스
- 말테의 수기, 라이너 마리아 릴케, 문학동네

학교생활 TIPS

- 독어독문학과와 관련이 깊은 국어, 영어, 사회, 독일어 교과의 우수한 학업 성취를 올릴 수 있도록 하고, 각 수업 활동에 적극적으로 참여하여 학업 역량, 문제 해결 능력, 탐구력 등이 학교생활기록부 교과 세부능력 및 특기사항에 기록될 수 있도록 합니다.
- 전공과 관련 있는 다양한 진로 활동(독일어 문화원, 학과 탐방, 독일어 번역가 인터뷰 등)에 참여하여 새롭게 알게 된 사실이나 느낀 점을 중심으로 자신의 진로 역량을 키울 것을 권장합니다.
- 독서 토론, 독일 문학, 독일 문화 연구, 독일어 회화, 국제 사회 연구 등의 교내 동아리에서 독일의 사회, 문화와 관련된 내용을 조사, 발표하는 등

전공 관련 활동을 주도적으로 하여 의미 있는 역할을 했음을 드러냅니다.
- 학급이나 학생회의 임원 활동, 멘토-멘티 활동, 독일 문화 알리미 활동, 돌봄 활동(장애인, 독거노인 대상 도시락 배달 활동), 학습 도우미 활동(복지관, 방과 후 학교 활동) 등과 같이 학교 교육계획에 의해 진행되는 봉사 활동이나 행사 활동, 수련 활동, 체험 활동에 적극적으로 참여하여 협업과 소통 능력, 성실성과 규칙 준수, 리더십 등을 보이는 것이 중요합니다.
- 철학, 문학, 논리학, 사회학, 예술학, 과학 등 폭넓은 분야의 독서를 통해 기본적인 소양을 키우도록 합니다.

인문계열

사회계열

자연계열

공학계열

의약계열

예체능계열

교육계열

계약학과 & 특성화학과

문예창작학과

학과소개

문예창작학은 시, 소설 등과 같이 언어로써 형식과 내용의 아름다움을 표현하는 예술인 문학을 다루는 학문입니다. 한국적 정체성에 기반하고 문학을 다룬다는 점에서 국어국문학과 유사하지만, 국어국문학이 창작된 작품을 연구 대상으로 삼는 것과는 달리 문예창작학은 창의적인 문학예술 창작 활동에 집중합니다.

문예창작학과는 문학예술의 이론을 탐구하고, 작품을 창작함으로써 이론과 실제에 통달한 인재를 양성하는 학과입니다. 이를 위해 시, 소설, 희곡, 수필, 아동 문학 등 전통적인 문학 영역뿐만 아니라 대중 문학, 영상 문학, 사이버 문학, 독서 문화 비평, 광고 언어, 드라마 대본 등 다양한 영역에 대한 이론과 실기 교육을 병행합니다. 즉 국어를 매개로 한 표현 능력을 연마하여 문학의 장르별 창작에 필요한 자질과 역량을 키우며, 한국 문화를 주도하고 나아가 인류 문화의 창달에 기여하는 인재 양성을 교육 목표로 합니다.

개설대학

- 계명대학교
- 명지대학교
- 서울과학기술대학교
- 신라대학교
- 우석대학교
- 조선대학교
- 한서대학교
- 협성대학교 등

진출직업

- 네이미스트
- 구성작가
- 극작가
- 기자
- 방송작가
- 방송연출가
- 독서지도사
- 시인
- 소설가
- 희곡 및 시나리오
- 작가
- 평론가
- 동화작가
- 광고홍보전문가
- 카피라이터
- 광고기획자
- 게임시나리오 기획자
- 스크립터
- 인문과학연구원
- 글쓰기강사 등

관련학과

- 공연영상창작학부(문예창작전공)
- 인문학부 문예창작전공
- 문예창작과
- 예술창작학부 문예창작전공
- 미디어문예창작학과
- 국어국문문예창작학부 등

취득가능 자격증

- 국어능력인증시험
- 한국어교육능력검정시험
- 독서논술지도사
- 독서지도사
- 문예교육지도사 등

진출분야

기업체	출판사, 신문사, 잡지사, 방송국, 광고 기획사, 광고대행사, 일반 회사 홍보팀(사보 제작), 기업의 일반 사무직 등
정부 및 공공 기관	중앙 정부 및 지방 자치 단체, 대학교, 대학 산하 연구 기관, 국립국어원, 한국학진흥원, 한국학중앙연구원, 한국콘텐츠진흥원 등
연구 기관	언어·문학 관련 국가 및 민간 연구소, 문화 콘텐츠 관련 국가 및 민간 연구소, 언어정보연구원, 한국언어문화연구원 등

학과 주요 교과목

기초 과목	논리적 글쓰기, 신화의 세계, 동양고전읽기, 현대소설읽기, 문학의 세계, 시창작기초, 삼국유사와 스토리텔링, 비평읽기, 고전문학사, 뉴미디어와 스토리텔링, 현대시론, 현대소설론, 희곡읽기, 소설창작기초, 표준어법과 바른문장, 희곡론, 현대시읽기, 구비문학, 문학비평론 등
심화 과목	희곡창작기초, 고전산문의 이해, 시창작연습, 소설창작연습, 문학비평연습, 세계의 전래동화, 고전시가의 이해, 어린이심리와 창작, 출판과 편집디자인, 시창작연습, 소설창작연습, 희곡창작연습, 리라이팅연습, 문예캡스토디자인, 희곡창작연습, 영어로 한국문학읽기, 영상드라마창작연습, 독서교육 및 논술지도법, 광고의 이해와 카피, 방송구성대본연습 등

학과 인재상 및 갖추어야 할 자질

- 언어와 문학에 관심을 가지고, 평소 책 읽기를 즐기는 학생
- 윤리와 사상, 역사와 관련된 교과 지식이 풍부해 인문학적 지식을 습득하기 쉬운 학생
- 자신의 생각을 말이나 글, 영상 등으로 표현하기 좋아하는 학생
- 창작의 기본이 되는 상상력과 감성, 사회 현상에 대한 호기심과 문제의식을 지닌 학생
- 사회의 여러 현상에 대해 자기 나름의 해석을 할 수 있는 안목이 있는 학생
- 연극, 영화, 미술, 광고 등 다양한 문화 예술 장르에 흥미가 있는 학생

학과 관련 선택 과목

※ 국어, 영어 교과는 모든 학문의 기초적인 성격을 가진 도구교과로 모든 학과에 이수가 필요하여 생략함.

공통 과목		공통국어1,2, 공통수학1,2, 공통영어1,2, 한국사1,2, 통합사회1,2, 통합과학1,2, 과학탐구실험1,2
수능 필수		화법과 언어, 독서와 작문, 문학, 대수, 미적분Ⅰ, 확률과 통계, 영어Ⅰ, 영어Ⅱ, 한국사, 통합사회, 통합과학, 성공적인 직업생활(직업)
일반 선택	수학, 사회, 과학	세계시민과 지리, 세계사, 사회와 문화, 현대사회와 윤리
	체육·예술	음악, 미술, 연극
	기술·가정/정보	
	제2외국어/한문	한문
	교양	
진로 선택	수학, 사회, 과학	한국지리 탐구, 동아시아 역사 기행, 윤리와 사상, 인문학과 윤리
	체육·예술	음악 감상과 비평, 미술 감상과 비평
	기술·가정/정보	
	제2외국어/한문	한문 고전 읽기
	교양	인간과 철학, 논리와 사고, 인간과 심리, 교육의 이해
융합 선택	수학, 사회, 과학	여행지리, 사회문제 탐구, 윤리문제 탐구
	체육·예술	음악과 미디어, 미술과 매체
	기술·가정/정보	
	제2외국어/한문	
	교양	논술

추천 도서 목록

- 고전이 알려주는 생각의 기원, 정소영, 렉스
- 진화하는 언어, 닉 채터 외, 웨일북
- 문예비창작:디지털 환경에서 언어다루기, 케네스골드스미스, 워크룸프레스
- 문예창작의 이론과 실제, 방미래국어연구소, 구석의 기적
- 문예창작의 강을 건너다, 전국대학문예창작학회, 국제문화사
- 문예창작의 정석, 한만수, 한국문예창작진흥원
- 퇴고의 힘, Matt Bell, 윌북
- 현대시 창작방법과 실제, 김관식, 이바구
- 창작형 인간의 하루, 임수연, 빅피시
- 아트프레너, 창작을 파는 힘, 미리엄 슐먼, 반니
- 스탠바이, 방송작가, 강이슬, 크루
- 초단편 소설쓰기, 김동식, 요다
- 매일 웹소설쓰기, 김남영, 더디퍼런스
- 언어의 지혜, 배기홍, 갈라북스
- 이렇게 작가가 되었습니다, 정아은, 마름보
- 작가의 계절, 다자이 오사무 외, 정은문고
- 낙원과 결핍, 금동철, 연암사
- 부흥 혹은 멸망의 근대문학, 박지영, 우리영토
- 한국 현대시의 생태학, 배한봉, 국학자료원
- 내가 읽은 가난한 아름다움, 고형진, 천년의시작
- 한국의 미를 읽다, 노마 히데키 외, 연립서가
- 좋은 시는 다 우스개다, 오탁번 외, 태학사
- 말과 말 아닌 것, 김나영, 문학과지성사 2
- 작은 눈으로 읽는 서사 수필, 나윤옥, 인간과문학사

학교생활 TIPS

- 문예창작학과와 관련이 깊은 국어, 영어, 사회 교과의 우수한 학업 성취를 올릴 수 있도록 하고, 각 수업 활동에 적극적으로 참여하여 학업 역량, 문제 해결 능력, 탐구력 등이 학교생활기록부 교과 세부능력 및 특기사항에 기록될 수 있도록 합니다.
- 전공과 관련 있는 다양한 진로 활동(출판사, 학과 탐방, 작가 인터뷰 등)에 참여하여 새롭게 알게 된 사실이나 느낀 점을 중심으로 자신의 진로 역량을 키울 것을 권장합니다.
- 독서·논술, 문학·토론, 문예 창작, 신문, 교지 편집 등의 교내 동아리에서 다양한 문화 예술 체험 활동(연극 관람, 시화전 등)이나, 전공 관련 활동을 주도적으로 하여 의미 있는 역할을 했음을 드러냅니다.
- 학급이나 학생회의 임원 활동, 멘토-멘티 활동, 돌봄 활동(장애인, 독거노인 대상 도시락 배달 활동), 학습 도우미 활동(복지관, 방과 후 학교 활동) 등과 같이 학교 교육계획에 의해 진행되는 봉사 활동이나 행사 활동, 수련 활동, 체험 활동에 적극적으로 참여하여 협업과 소통 능력, 성실성과 규칙준수, 리더십 등을 보이는 것이 중요합니다.
- 철학, 문학, 논리학, 사회학, 예술학, 심리학, 과학 등 폭 넓은 분야의 독서를 통해 기본적인 소양을 키울 것을 추천합니다.

인문계열 / 사회계열 / 자연계열 / 공학계열 / 의약계열 / 예체능계열 / 교육계열 / 계약학과 & 특성화학과

문화인류학과

학과소개

문화인류학은 인간만이 가지고 있는 고유한 생물학적인 특징과 문화적인 특징이 어떻게 연유되고 어떠한 변천 과정을 거쳤는지에 관심을 두는 학문입니다. 인간의 의식주 같은 기본적인 요소는 물론 가족 체계, 종교 등에 대해서도 연구하며, 나아가 정치·경제 등의 분야와도 연관이 됩니다. 문화인류학은 문화적 감수성과 소통 능력을 중심으로 인류 문화의 다양성과 보편성을 파악하고 이론화하는 학문입니다.

문화인류학과는 지구상에 인간이 출현했을 때부터 현재까지의 시대별 문화와 사회를 연구하는 학과입니다. 시공간적으로 다양한 인간 집단의 사회 및 문화를 조사하고 비교·연구함으로써 인간과 사회에 대한 본질적인 이해에 도달하고자 하며, 인문학과 사회 과학을 아우르는 포괄적이고 학제적인 성격이 두드러집니다. 문화인류학과에서는 현재 인간 사회가 당면하고 있는 많은 문제를 지혜롭게 헤쳐 나갈 방안을 모색할 수 있는 인류학자의 양성을 교육 목표로 합니다.

개설대학

- 강원대학교
- 연세대학교
- 영남대학교
- 전북대학교
- 한양대학교(ERICA) 등

진출직업

- 문화재보존원
- 학예사(큐레이터)
- 예술품복원기술자
- 인류학자
- 역사학연구원 등

관련학과

- 고고문화인류학과
- 고고미술사학과
- 문화인류고고학과
- 문화재보존학과
- 역사문화콘텐츠학과 등

취득가능 자격증

- 박물관 및 미술관 준학예사
- 문화예술교육사
- 전통놀이지도사
- 아동미술지도사
- 임상미술치료사
- 문화재감정평가사 등

학과 주요 교과목

기초 과목	문화인류학, 지구촌시대의 문화인류학, 세계화와 다문화주의, 문화기술지, 한국문화 낯설게 보기, 가족과 문화, 글로벌라이제이션과 이주, 교육과 문화, 의료인류학, 문화인류학의 역사, 성과 문화, 민족과 종족, 현대사회와 정체성, 종교와 문화, 환경과 문화 등
심화 과목	대중문화와 문화산업, 인류학특강, 영상인류학, 문화와 관광, 현지조사방법론, 현지조사실습, 몸의 인류학, 동아시아지역연구, 역사인류학, 영상인류학, 네트워크사회의 문화기획, 생태인류학, 정치인류학, 빈곤의 인류학, 과학기술의 인류학, 일본문화연구, 법인류학, 상징과 의례, 현대중국의 사회와 문화, 동남아시아사회와 문화, 경제인류학, 문화비평적 글쓰기, 현대문화인류학이론 등

진출분야

기업체	세계 각국의 문화에 대한 이해를 바탕으로 해외 교류를 하는 기업체, 유네스코 한국위원회와 같은 국제기구, 한국문화재재단, 마케팅·리서치 회사, 방송국, 잡지사, 출판사, 항공사, 여행사, 사회 복지 기관 등
정부 및 공공 기관	국립중앙박물관, 국립민속박물관, 시·도립 박물관, 대학 박물관, 각 지역 문화원, 국가기록원 등
연구 기관	국립문화재연구소, 국립경주문화재연구소, 민족문제연구소 등

학과 인재상 및 갖추어야 할 자질

- 전통 및 문화재에 대한 가치를 이해하고 존중하는 학생
- 호기심을 바탕으로 한 가지를 깊게 파고드는 집중력이 강한 학생
- 차이와 다양성을 인정하고 세상의 관념에 끊임없이 의문을 품는 학생
- 협업을 통해 새로운 사회적 가치를 창조하려는 자세를 지닌 학생
- 문화적 감수성이 살아있고, 학문에 대한 탐구 정신과 비판적 사고를 지닌 학생
- 다양한 문화권의 역사, 생활 양식, 언어, 예술 등 문화 전반에 대한 관심을 가진 학생

학과 관련 선택 과목

학과 관련 선택 과목

※ 국어, 영어 교과는 모든 학문의 기초적인 성격을 가진 도구교과로 모든 학과에 이수가 필요하여 생략함.

공통 과목		공통국어1,2, 공통수학1,2, 공통영어1,2, 한국사1,2, 통합사회1,2, 통합과학1,2, 과학탐구실험1,2
수능 필수		화법과 언어, 독서와 작문, 문학, 대수, 미적분Ⅰ, 확률과 통계, 영어Ⅰ, 영어Ⅱ, 한국사, 통합사회, 통합과학, 성공적인 직업생활(직업)
일반 선택	수학, 사회, 과학	세계시민과 지리, 세계사, 사회와 문화, 현대사회와 윤리
	체육·예술	
	기술·가정/정보	
	제2외국어/한문	제2외국어, 한문
	교양	
진로 선택	수학, 사회, 과학	한국지리 탐구, 동아시아 역사 기행, 정치, 법과 사회, 윤리와 사상, 인문학과 윤리
	체육·예술	
	기술·가정/정보	
	제2외국어/한문	한문 고전 읽기
	교양	인간과 철학, 논리와 사고, 인간과 심리, 삶과 종교
융합 선택	수학, 사회, 과학	여행지리, 역사로 탐구하는 현대 세계, 사회문제 탐구, 윤리문제 탐구
	체육·예술	
	기술·가정/정보	
	제2외국어/한문	언어생활과 한자
	교양	논술

추천 도서 목록

- 이주하는 인류, 샘 밀러, 미래의 창
- 인류, 이주, 생존, 소니아 샤, 매디치미디어
- 바다 인류, 주경철, 휴머니스트
- 챗 GPT에게 묻는 인류의 미래, 김대식, 동아시아
- 80억 인류, 가보지 않은 미래, 제니퍼 D. 스쿠바, 흐름 출판
- 인류 최초의 문명과 이스라엘, 주원준, 서울대학교출판문화원
- 인류 본사, 이희수, 휴머니스트
- 새로운 인류 알파세대, 노가영, 매경출판
- 인류세, 엑소더스, 가이아 빈스, 곰출판
- 인류의 여정, 오데드 갤러어, 시공사
- 인류의 진화, 이상희, 동아시아
- 인류세 윤리, 몸문화연구소, 필로소픽
- 인류의 미래를 묻다, 데이비드 싱클레어 외, 인플루엔셜
- 청소년을 위한 박물관 에세이, 강선주 외, 해냄 출판사
- 인류 최후의 블루오션 팜 비즈니스, 류창완, 쌤앤파커스
- 인류의 종말은 투표로 결정되었습니다, 위래 외, 황금가지
- 손진태의 문화인류학, 전경수, 민속원
- 글로벌시대의 문화인류학, Barbara Miller, 시그마프레스
- 총 균 쇠, 재레드 다이아몬드, 김영사
- EBS 다큐프라임 인류세: 인간의 시대, 최평순 외, 해나무
- 10대를 위한 1일 1페이지 논어 50, 최종엽, 믹스커피
- 세계시민을 위한 없는 나라 지리 이야기, 서태동 외, 롤러코스터
- 미래를 위한 독서법, 도마노 잇토쿠, 북스토리
- The 똑똑한 청소년 시사상식, 시사상식연구소, 시대고시기획
- 청소년을 위한 두 글자 인문학, 홍세화 외, 지노

학교생활 TIPS

- 문화인류학과와 관련이 깊은 국어, 영어, 사회, 역사 교과의 우수한 학업 성취를 올릴 수 있도록 하고, 각 수업 활동에 적극적으로 참여하여 학업 역량, 문제 해결 능력, 탐구력 등이 학교생활기록부 교과 세부능력 및 특기사항에 기록될 수 있도록 합니다.
- 전공과 관련 있는 다양한 진로 활동(박물관, 학과 탐방, 문화재 보존원 인터뷰 등)에 참여하여 새롭게 알게 된 사실이나 느낀 점을 중심으로 자신의 진로 역량을 키울 것을 권장합니다.
- 도서, 문화 연구, 문화재 탐사, 영자 신문 등의 교내 동아리에서 문화재와 관련된 내용을 조사, 전시, 발표하는 등 전공 관련 활동을 주도적으로 하면서 의미 있는 역할을 했음을 드러냅니다.
- 학급이나 학생회의 임원 활동, 교내외 도서관이나 박물관에서의 봉사 활동 (정리·행사 보조·홍보 활동), 돌봄 활동, 학습 도우미 활동(복지관, 방과 후 학교 활동) 등과 같이 학교 교육계획에 의해 진행되는 봉사 활동이나 행사 활동, 수련 활동, 체험 활동에 적극적으로 참여하여 협업과 소통 능력, 나눔과 배려, 성실성과 규칙 준수, 리더십 등을 보이는 것이 중요합니다.
- 철학, 문학, 논리학, 사회학, 예술학, 심리학, 과학 등 폭 넓은 분야의 독서를 통해 기본적인 소양을 키우는 것을 추천합니다.

문화유산학과

학과소개

　문화유산은 우리 겨레의 삶의 예지와 숨결이 깃들어 있는 소중한 보배이자 인류 문화의 자산입니다. 문화유산학은 인류가 남긴 창조적 문화유산을 탐구함으로써 인류 문화의 계승과 발전에 공헌하는 학문으로, 인류의 유산 가운데 유물(유형 문화재, 무형 문화재, 매장 문화재)로 남겨진 것을 연구와 교육의 대상으로 합니다.

　문화유산학과는 기존의 미술사학, 고고학, 역사학, 미학을 포함한 각종 학문을 포괄적으로 다루고 있으며, 문화유산을 우리나라의 역사·문화와 관련하여 연구하고 이들을 과학적으로 보존하는 전문 인력을 배출하는 학과입니다. 답사, 고고학 발굴 현장 실습 등을 통해 문화유산을 직접 보고 호흡하면서 현장감을 익히고, 발굴 현장에서부터 지정 문화유산에 이르기까지의 각종 문화유산 보존 관리 교육을 병행합니다. 문화유산학과는 한국 문화 및 상호 연관이 있는 문화권의 문화유산을 구체적, 실증적으로 조사·연구함으로써 한국 문화의 올바른 위상을 확립하여 우리 민족 문화에 대한 자부심을 갖게 하고, 우리의 민족 문화를 세계화할 수 있는 문화 인력을 양성하는 것을 교육 목표로 합니다.

개설대학

- 동국대학교
- 용인대학교 등

관련학과

- 문화재보존과학과
- 문화재보존학과
- 문화인류학과 등

진출직업

- 행정직 공무원
- 감정평가사
- 문화재보존원
- 학예사(큐레이터)
- 예술품복원기술자
- 인류학자
- 문화재연구원
- 문화재수리기능자
- 전시기획담당자
- 고고학연구원
- 기자
- PD
- 관광가이드 등

취득가능 자격증

- 문화재수리기능자
- 문화재수리기술자
- 박물관 및 미술관 준학예사
- 문화예술교육사
- 전통놀이지도사
- 감정평가사
- 한국사능력검정시험 등

진출분야

기업체	기업의 문화재 관리 부서, 마케팅·리서치 회사, 방송국, 잡지사, 출판사, 항공사, 여행사, 사회 복지 기관 등
정부 및 공공 기관	한국문화재재단, 국가유산청, 지방 자치 단체 문화재담당과, 국립중앙박물관, 국립민속박물관, 각 시립·도립 박물관, 대학박물관, 국립해양문화재연구소, 대학교 등
연구 기관	전통문화연구소, 국립문화재연구소, 국립경주문화재연구소, 동방문화재연구원, 민족문제연구소, 각 지역 문화재연구원 등

학과 주요 교과목

기초 과목	유기물문화재재료연구, 무기물문화재재료연구, 고고학엿보기, 문화재이야기, 문화재보존의 이해, 동양미술이야기, 문화유적조사, 우리 옛그림의 세계, 문화재보존과학의 첫걸음, 한국미술바로보기, 문화재관리론, 선사고고학, 불교미술바로보기 등
심화 과목	문화재재료학의 이해, 우리 옛조각의 세계, 고고학원리찾아보기, 한국건축사이해, 서예의 이해, 고고학조사실습, 문화재수복기술응용, 공예이야기, 보존프로젝트, 역사고고학, 고문헌탐구 등

학과 인재상 및 갖추어야 할 자질

- 선조들의 문화유산인 문화재에 대해 관심과 열정을 가지고 있는 학생
- 문화재 현장에서 필요로 하는 이론 지식과 실무 능력을 겸비한 학생
- 문화적 감수성이 살아 있고, 비판적 사고와 학문에 대한 탐구 정신이 있는 학생
- 다양한 문화권의 역사, 생활 양식, 언어, 예술 등에 관심이 있는 학생
- 사소한 부분까지 놓치지 않고 주의 깊게 관찰하며 탐구하는 자세를 지닌 학생
- 전통 및 문화재의 가치를 이해하고, 새로운 사회적 가치를 창조하려는 자세를 지닌 학생

학과 관련 선택 과목

※ 국어, 영어 교과는 모든 학문의 기초적인 성격을 가진 도구교과로 모든 학과에 이수가 필요하여 생략함.

공통 과목		공통국어1,2, 공통수학1,2, 공통영어1,2, 한국사1,2, 통합사회1,2, 통합과학1,2, 과학탐구실험1,2
수능 필수		화법과 언어, 독서와 작문, 문학, 대수, 미적분Ⅰ, 확률과 통계, 영어Ⅰ, 영어Ⅱ, 한국사, 통합사회, 통합과학, 성공적인 직업생활(직업)
일반 선택	수학, 사회, 과학	세계시민과 지리, 세계사, 사회와 문화, 물리학, 화학
	체육·예술	
	기술·가정/정보	
	제2외국어/한문	제2외국어, 한문
	교양	
진로 선택	수학, 사회, 과학	한국지리 탐구, 동아시아 역사 기행, 윤리와 사상, 인문학과 윤리
	체육·예술	
	기술·가정/정보	
	제2외국어/한문	한문고전 읽기
	교양	인간과 철학, 논리와 사고, 삶과 종교
융합 선택	수학, 사회, 과학	여행지리, 역사로 탐구하는 현대세계, 사회문제 탐구
	체육·예술	
	기술·가정/정보	
	제2외국어/한문	언어생활과 한자
	교양	

추천 도서 목록

- 우리 품에 돌아 온 문화재, 국외소재문화재재단, 눌와
- 문화재에 숨은 신비한 동물 사전, 김용덕, 담앤북스
- 문화재공부법, 조훈철, 해조음
- 수학언어로 문화재를 읽다, 오혜정, 지브레인
- 문화재를 위한 보존 방법론, 서정호, 경인문화사
- 문화재다루기, 이내옥, 열화당
- 유물과 마주하다, 국립문화재연구원 미술문화재연구실, 눌와
- 무관의 국보, 배한철, 매일경제신문사
- 조선왕조, 궁중 음식, 한복려, 궁중음식문화재단 선일당
- 조선총독부 박물관과 식민주의, 오영찬, 사회평론아카데미
- 아는 만큼 보인다, 유홍준, 창비
- 국토박물관 순례, 유홍준, 창비
- 고려왕릉 기행, 정창현, 굿플러스북

- 보성 오봉산 구들장이야기, 김준봉, 어문학사
- 박물관에서 신라사를 생각하다, 옥재원, 푸른 역사
- 다시 보는 우리 것의 아름다움, 박삼철, 삼인
- 고려왕릉 기행, 정창현, 굿플러스북
- 보성 오봉산 구들장이야기, 김준봉, 어문학사
- 청소년을 위한 박물관 에세이, 강선주, 해냄출판사
- 미술관 옆 박물관, 황경식, 행복에너지
- 90일 밤의 미술관: 루브르 박물관, 이혜준, 동양북스
- 나의 문화유산답사기, 유홍준, 창비
- 재밌어서 밤새 읽는 국보 이야기 2, 이광표, 더숲
- 재밌어서 밤새 읽는 국보 이야기 1, 이광표, 더숲
- 디지털 시대, 인문학의 미래를 말하다 , 이석재 외, 사회평론아카데미

학교생활 TIPS

- 문화유산학과 관련이 깊은 국어, 영어, 한국사, 세계사 교과의 우수한 학업 성취를 올릴 수 있도록 하고, 각 수업 활동에 적극적으로 참여하여 학업 역량, 문제 해결 능력, 탐구력 등이 학교생활기록부 교과 세부능력 및 특기사항에 기록될 수 있도록 합니다.
- 전공과 관련 있는 다양한 진로 활동(박물관, 학과 탐방, 학예사 인터뷰 등)에 참여하여 새롭게 알게 된 사실이나 느낀 점을 중심으로 자신의 진로 역량을 키울 것을 권장합니다.
- 전통문화재 연구, 답사, 문화 탐구, 신문 등의 교내 동아리에서 문화재와 관련된 내용을 조사, 전시, 발표하는 등 전공 관련 활동을 주도적으로 하고, 의미 있는 역할을 했음을 드러냅니다.

- 학급이나 학생회의 임원 활동, 교내외 도서관이나 박물관에서의 봉사 활동(정리·행사 보조·홍보), 지역 문화재 지킴이 활동, 돌봄 활동, 학습 도우미 활동(복지관, 방과후 학교)등과 같은, 학교 교육계획에 의해 진행되는 봉사 활동이나 행사 활동, 수련 활동, 체험 활동에 적극적으로 참여하여 협업과 소통 능력, 나눔과 배려, 성실성과 규칙 준수, 리더십 등을 보이는 것이 중요합니다.
- 역사학, 문화인류학, 철학, 유물학, 미술학 등 폭넓은 분야의 독서를 통해 기본적인 소양을 키울 것을 권장합니다.

09 미학과

학과소개

미학이란 아름다움을 창조하는 인간적인 특성과 사회·문화적인 요소들을 철학적인 접근과 역사적·심리학적·사회학적 방법론을 통해 탐구하는 학문입니다. 이를 통해 궁극적으로 인간의 가치와 삶의 의미를 성찰하고, 문화와 세계를 다양한 각도에서 조망해 본다는 인문학의 다른 영역들과 공통된 목표가 있습니다.

예술적 감성의 자유로움과 철학적 사유의 엄밀함이 조화를 이루는 학문적 특성처럼, 미학과는 이성과 감성이 조화되고 인문학적 성찰의 능력을 갖춘 인재 양성을 교육 목표로 합니다. 이를 위해 미학과에서는 미와 예술과 관련된 현상의 본질과 특성을 살펴보고, 미술, 음악, 연극, 무용, 영화, 사진 등 여러 예술 장르의 성격을 이해할 기회를 제공합니다. 미학과는 순수 미학 사상 및 예술 철학을 탐구하는 미학 이론 분야와, 개별 예술 장르에 대한 이론적 탐구와 비평적 성찰을 시도하는 예술 이론 분야로 나뉩니다. 미학 이론 분야에는 한국과 중국을 중심으로 한 동양미학 사상, 서양 고전과 근대의 미학 사상, 다양한 현대 미학 이론들 및 예술 사회학 이론이, 예술 이론 분야에는 미술 미학, 음악미학, 영상 미학 등이 있습니다.

개설대학

• 서울대학교 등

관련학과

• 예술학과
• 철학과 등

진출직업

• 학예사(큐레이터)
• 예술비평가
• 홍보관리연구원
• PD
• 기자
• 평론가
• 갤러리 관장
• 미술사학자
• 작가
• 대학 교수
• 중등학교 교사(철학)
• 학예연구관(공무원)
• 문화자료연구원
• 기록과학연구원 등

취득가능 자격증

• 연극심리상담사
• 음악심리치료사
• 정신건강상담전문가
• 평생교육사
• 갈등조정전문가
• 논술지도사
• 중등학교 정교사 2급(철학)

진출분야

기업체	신문사, 방송국, 출판사, 잡지사, 광고 회사, 마케팅·리서치 회사, 기업의 문화 예술 관련 부서, 홍보부서 등
정부 및 공공 기관	중앙 정부 및 지방 자치 단체의 문화 예술 분야, 문화체육관광부, 윤리 위원회, 시민 사회 단체, 중고등학교, 대학교 등
연구 기관	인문과학연구소 등

학과 주요 교과목

기초 과목	미학원론, 고중세미학, 근대미학, 동양미학개론, 음악미학, 조형예술미학, 분석미학, 독일미학, 프랑스미학, 매체미학 등
심화 과목	동양예술론, 예술심리학, 무용미학, 사진미학, 미술비평론, 한국예술사상, 예술사회학, 연극미학, 영상미학, 미술사론, 고전미학특강, 독일미학특강, 동양미학특강, 사회미학특강, 근대미학특강, 영미미학특강, 프랑스미학특강, 음악론특강 등

학과 인재상 및 갖추어야 할 자질

• 미술과 예술에 관심이 많은 학생 감성이 자유롭고 철학적인 사유를 즐기는 학생
• 글 읽는 것을 좋아하고 글쓰기 능력을 지닌 학생
• 영어, 일본어 등 외국어에 흥미가 있는 학생
• 마음과 세계의 기본적인 법칙에 관심이 많은 학생
• 글로벌한 사고와 문화·예술적 소양을 갖춘 창의적인 학생

학과 관련 선택 과목

※ 국어, 영어 교과는 모든 학문의 기초적인 성격을 가진 도구교과로 모든 학과에 이수가 필요하여 생략함.

공통 과목		공통국어1,2, 공통수학1,2, 공통영어1,2, 한국사1,2, 통합사회1,2, 통합과학1,2, 과학탐구실험1,2
수능 필수		화법과 언어, 독서와 작문, 문학, 대수, 미적분Ⅰ, 확률과 통계, 영어Ⅰ, 영어Ⅱ, 한국사, 통합사회, 통합과학, 성공적인 직업생활(직업)
일반 선택	수학, 사회, 과학	사회와 문화, 현대사회와 윤리
	체육·예술	음악, 미술, 연극
	기술·가정/정보	
	제2외국어/한문	
	교양	
진로 선택	수학, 사회, 과학	윤리와 사상, 인문학과 윤리
	체육·예술	음악 연주와 창작, 음악 감상과 비평, 미술 창작, 미술 감상과 비평
	기술·가정/정보	
	제2외국어/한문	
	교양	인간과 철학, 논리와 사고, 인간과 심리, 삶과 종교
융합 선택	수학, 사회, 과학	사회문제 탐구, 윤리문제 탐구
	체육·예술	음악과 미디어, 미술과 매체
	기술·가정/정보	
	제2외국어/한문	
	교양	

추천 도서 목록

- 글자 풍경, 유지원, 을유문화사
- 나를 채우는 인문학, 최진기, 이지퍼블리싱
- 미의 역사, 열린책들, 이현경 역, 움베르토 에코
- 미학 오디세이1,2,3, 진중권, 휴머니스트
- 미학의 기본 개념사, W.타타르키비츠, 손효주 역, 미술문화
- 미학의 역사, 서울대학교출판부, 미학대계간행회
- 아름다움이 너를 구원할 때, 김요섭, 그린비
- 미학과 미술, 박일호, 미진사
- 헤겔의 미학강의, 헤겔, 두행숙 역, 은행나무
- 예술, 존재에 휘말리다, 이진경, 문학동네
- 사르트르의 미학, 강충권, 기파랑
- 미술은 철학의 눈이다, 서동욱, 문학과지성사
- 경험으로서의 예술, 존 듀이, 이재언 역, 책세상

- 수행성의 미학, 에리카 피셔 리히테, 김정숙 역, 문학과지성사
- 박물관학, 이난영, 삼화출판사
- 세상을 바꾼 미술, 정연심, 다른
- 아름다움의 구원, 한병철, 문학과지성사
- 예술과 경제를 움직이는 다섯 가지 힘, 김형태, 문학동네
- 예술수업, 오종우, 어크로스
- 이미지의 힘, 아네트쿤, 이형식 역, 동문선
- 인간의 이해력에 관한 탐구, 데이비드 흄, 김혜숙 역, 지식을만드는지식
- 로절린드 크라우스, 최종철, 커뮤니케이션북스
- 예술이란 무엇인가, 톨스토이, 바다출판사
- 조각조각 미학 일기, 편린, 미술문화
- 원시와 고대를 거쳐온 지혜로운 예술, 월드해피북스 편집부, 월드해피북스

학교생활 TIPS

- 미학과 관련이 깊은 국어, 미술, 사회 교과(사회·문화, 윤리, 역사)의 우수한 학업 성취를 올릴 수 있도록 하고, 각 수업 활동에 적극적으로 참여하여 학업 역량, 문제 해결 능력, 탐구력 등이 학교생활기록부 교과 세부능력 및 특기사항에 기록될 수 있도록 합니다.
- 전공과 관련 있는 다양한 진로 활동(박물관, 학과 탐방, 예술 비평가 인터뷰 등)에 참여하여 새롭게 알게 된 사실이나 느낀 점을 중심으로 자신의 진로 역량을 키울 것을 권장합니다.
- 독서 토론, 문화 연구, 예술 비평·감상, 교지 및 신문 편집 등 교내 동아리

에서 미학과 관련된 내용을 조사, 전시, 발표하는 등 전공 관련 활동을 주도적으로 하여 의미 있는 역할을 했음을 드러냅니다.
- 학급이나 학생회의 임원 활동, 돌봄 활동, 학습 도우미 활동(복지관, 방과 후 학교) 등과 같이 학교 교육계획에 의해 진행되는 봉사 활동이나 행사 활동, 수련 활동, 체험 활동 등에 적극적으로 참여하여 협업과 소통 능력, 나눔과 배려, 성실성과 규칙 준수, 리더십 등을 보이는 것이 중요합니다.
- 미술학, 역사학, 문화인류학, 철학, 유물학, 화학 등 폭넓은 분야의 독서를 통해 기본적인 소양을 키웁니다.

불어불문학과

학과소개

불어불문학은 프랑스어와 프랑스 문화를 익히고, 프랑스 문학의 전통을 연구하며, 프랑스 언어학의 기본적인 이론과 개념을 해석하는 학문입니다. 프랑스는 고대 그리스와 로마의 찬란한 문화의 계승자였으며, 전통의 계승과 비판적 수용을 통해 빛나는 문화를 꽃피워 왔습니다. 프랑스어는 영어, 아랍어, 중국어, 스페인어, 러시아어와 함께 UN 공식 언어로 지정될 정도로 외교와 국제기구에서 매우 중요한 역할을 차지하고 있습니다. 최근 아프리카에서는 자원 개발을 통한 경제 발전이 활발하게 이루어지고 있는데, 아프리카 절반가량의 국가들이 프랑스어를 사용하고 있기 때문에 경제적인 가치가 상당히 높아지고 있는 언어이기도 합니다.

불어불문학과는 프랑스와 프랑스어 사용 국가의 문화와 정신을 이해하고 이 나라들과의 교류를 확대, 발전시키는 것을 목표로, 프랑스어학과 문학, 프랑스(어권) 전반의 사회 문화를 배우는 학과입니다. 실용적인 비즈니스 프랑스어로부터 심도 있는 고대, 중세 프랑스 언어학까지, 고대와 중세 불문학부터 근대, 현대의 불문학까지 통틀어서 공부하고 연구합니다. 이를 통해 학생들은 과거에서 현재와 미래를 배우고 개선하는 진정한 의미의 국제화를 이룰 수 있을 것입니다.

📖 개설대학

- 경북대학교
- 경상국립대학교
- 고려대학교
- 국립공주대학교
- 부산대학교
- 서울대학교
- 숭실대학교
- 아주대학교
- 연세대학교
- 이화여자대학교
- 인천대학교
- 전남대학교
- 국립창원대학교
- 충남대학교
- 홍익대학교 등

🎓 관련학과

- 프랑스어문·문화학과
- 프랑스어문전공
- 프랑스어학전공
- 프랑스어학부
- 유럽문화학부(프랑스어문학전공)
- 프랑스어문학과
- 프랑스어문화학과
- 프랑스어학과 등

📺 진출분야

기업체	신문사, 언론사, 일반 기업체의 무역 사무직, 외국계회사, 은행, 증권 회사, 보험 회사, 항공사, 호텔, 여행사, 프랑스 유학원, 국제 통상 업체 등
정부 및 공공 기관	정부부처 및 공공기관, 대한무역투자진흥공사, 한국국제협력단, 중고등학교, 대학교 등
연구 기관	정부·민간 연구소, 프랑스어문학 연구소, 프랑스어학 연구소, 사회 과학 연구소 등

📋 진출직업

- 중등학교 교사(프랑스어)
- 인문사회계열교수
- 외교관
- 통역사
- 관광통역안내원
- 번역가
- 여행안내원
- 호텔지배인
- 무역담당자
- 언론인(기자, PD, 아나운서 등)
- 인문과학연구원
- 작가
- 출판물기획자
- 해외주재원 등

🎖 취득가능 자격증

- TEF
- TCF
- DELF(일반프랑스어능력시험)
- DALF(고급프랑스어능력시험)
- 관광통역안내사
- 외국어번역행정사
- 호텔경영사
- 호텔관리사
- 중등학교 정교사 2급(프랑스어) 등

📖 학과 주요 교과목

기초 과목	프랑스어문법, 프랑스문학사, 기초프랑스어, 시청각프랑스어, 프랑스어발음연습, 프랑스단편, 프랑스문화, 프랑스어듣기, 프랑스SF문학, 유럽문화와 문화정책, 문학과 문화산업, 초급프랑스어, 초급프랑스어회화, 프랑스관광개론, 미디어프랑스어 등
심화 과목	중급프랑스어, 중급프랑스어회화, 관광프랑스어, 프랑스희곡, 고급프랑스어, 고급프랑스어회화, 프랑스소설, 프랑스어번역연습, 프랑스시, 프랑스작품연구, 실용프랑스어, 프랑스어권지역연구, 프랑스영화, 프랑스어권문학, 시사프랑스어, 프랑스작가연구 등

🌱 학과 인재상 및 갖추어야 할 자질

- 프랑스 문화와 문학에 관심이 있는 학생
- 인문학 및 문학 전반에 대한 이해도가 높은 학생
- 외국어 공부를 좋아하고 우리말 번역에 재능이 있는 학생
- 새로운 세계를 탐험해 나가려는 호기심과 용기를 지닌 학생
- 영미 문학, 유럽 문학 등 다양한 외국 문학에 관심이 있는 학생
- 프랑스 영화와 예술에 관심을 가진 학생

학과 관련 선택 과목

※ 국어, 영어 교과는 모든 학문의 기초적인 성격을 가진 도구교과로 모든 학과에 이수가 필요하여 생략함.

공통 과목		공통국어1,2, 공통수학1,2, 공통영어1,2, 한국사1,2, 통합사회1,2, 통합과학1,2, 과학탐구실험1,2
수능 필수		화법과 언어, 독서와 작문, 문학, 대수, 미적분Ⅰ, 확률과 통계, 영어Ⅰ, 영어Ⅱ, 한국사, 통합사회, 통합과학, 성공적인 직업생활(직업)
일반 선택	수학, 사회, 과학	세계시민과 지리, 세계사, 사회와 문화, 현대사회와 윤리
	체육·예술	
	기술·가정/정보	
	제2외국어/한문	프랑스어
	교양	
진로 선택	수학, 사회, 과학	윤리와 사상, 인문학과 윤리, 국제 관계의 이해
	체육·예술	음악 감상과 비평, 미술 감상과 비평
	기술·가정/정보	
	제2외국어/한문	프랑스어 회화, 심화 프랑스어
	교양	인간과 철학, 인간과 심리, 삶과 종교
융합 선택	수학, 사회, 과학	여행지리, 사회문제 탐구, 윤리문제 탐구
	체육·예술	
	기술·가정/정보	
	제2외국어/한문	프랑스어권 문화
	교양	

추천 도서 목록

- 이방인, 알베르 카뮈, 민음사
- 고도를 기다리며, 사뮈엘 베케트, 민음사
- 어린 왕자, 앙투안 드 생택쥐페리, 열린책들
- 슬픔이여 안녕, 프랑수아즈 사강, 아르테
- 구토, 장 폴 사르트르, 문예출판사
- 두 도시 이야기, 찰스 디킨스, 허밍 버드
- 악의 꽃, 샤를르 보들레드, 난다
- 마담 보바리, 귀스타브 플로베르, 민음사
- 인간의 대지, 앙투안 생택쥐베리, 이음문고
- 웃는 남자, 빅토르 위고, 열린책들
- 한 권으로 읽는 레 미제라블, 빅토르 위고, 아름다운날
- 잃어버린 시간을 찾아서, 마르셀 프루스트, 민음사
- 프랑스를 만든 나날, 역사와 기억, 권윤경 외, 푸른 역사

- 에밀, 장 자크 루소, 돋을새김
- 시지프 신화, 알베르 카뮈, 민음사
- 페스트, 알베르 카뮈, 책세상
- 모파상 단편선, 기 드 모파상, 열린책들
- 알베르 카뮈를 읽다, 박윤선, 휴머니스트
- 시지프 신화, 알베르 카뮈, 열린책들
- 파리, 프랑스 작가들의 숨결이 머무는 도시, 송민숙, 지앤유
- 법의 정신 세트, 몽테스키외, 나남
- 한권으로 읽는 잃어버린 시간을 찾아서, 마르셀 프루스트, 국일미디어
- 역병, 알베르 카뮈, 새움
- 신, 베르나르 베르베르, 열린책들
- 사막, 르 클레지오, 문학동네

학교생활 TIPS

- 불어불문학과와 관련이 깊은 국어, 영어, 사회(세계 지리, 세계사), 프랑스어 교과의 우수한 학업 성취를 올릴 수 있도록 하고, 각 수업 활동에 적극적으로 참여하여 학업 역량, 문제 해결 능력, 탐구력 등이 학교생활기록부 교과 세부능력 및 특기사항에 기록될 수 있도록 합니다.
- 전공과 관련 있는 다양한 진로 활동(프랑스어문화원, 학과 탐방, 통역가 인터뷰 등)에 참여하여 새롭게 알게 된 사실이나 느낀 점을 중심으로 자신의 진로 역량을 키울 것을 권장합니다.
- 독서 토론, 프랑스 문학, 프랑스 문화 연구, 불어 회화, 국제 사회 이해, 다문화 연구 등 교내 동아리에서 프랑스의 사회, 문화와 관련된 내용을 조사, 발표하는 등 전공 관련 활동을 주도적으로 하여 의미 있는 역할을

했음을 드러냅니다.
- 학급이나 학생회의 임원 활동, 멘토-멘티 활동, 프랑스문화 알리미 활동, 돌봄 활동(장애인 및 독거노인 대상 도시락 배달 등), 학습 도우미 활동(복지관, 방과 후 학교 활동 등)과 같은 학교 교육계획에 의해 진행되는 봉사 활동이나 행사 활동, 수련 활동, 체험 활동에 적극적으로 참여하여 협업과 소통 능력, 나눔과 배려, 성실성과 규칙 준수, 리더십 등을 보이는 것이 중요합니다.
- 철학, 문학, 사회학, 예술학, 역사학, 문화인류학 등 폭넓은 분야의 독서를 통해 기본적인 소양을 키웁니다.

사학과

학과소개

역사학은 인간의 자기 인식을 목표로 하는 학문입니다. 종적으로는 인류의 변천 과정을 고찰하고, 횡적으로는 현존하는 사회의 제반 현상을 분석하여 인간이 현재 위치한 자기 존재의 특수성과 보편성을 인식하고, 나아가 인간 행위의 지표와 방향을 모색하려는 데 그 교육 목표가 있습니다.

사학과는 인류 역사를 한국사, 동양사, 서양사로 분류하고 이들에 대한 체계적 이해에 역점을 두며, 아울러 각 분야의 역사를 비교 조명함으로써 학생들에게 올바른 역사의식을 고취시켜 사회발전과 문화 창조에 기여할 수 있도록 학습에 임하고 있습니다. 사학은 인문 과학, 사회 과학의 기초 학문일 뿐만 아니라 가장 종합적인 학문입니다. 따라서 사학을 전공하려는 학생들에게는 정치, 경제, 사회 등 각 분야에 대한 폭넓은 지식과 뛰어난 어학 실력이 각별히 요구됩니다. 사학과에서는 올바른 역사의식을 가진, 미래 사회를 책임질 수 있는 사회 구성원을 양성하고자 하므로, 역사에 접근하는 감각을 키우고자 매년 정기 답사와 탁본 실습 등 다양한 실습 프로그램을 실시하고 있습니다.

개설대학

- 국립강릉원주대학교
- 건국대학교
- 경기대학교
- 경북대학교
- 경상국립대학교
- 경희대학교
- 계명대학교
- 고려대학교
- 국립공주대학교
- 단국대학교
- 동국대학교
- 국립부경대학교
- 부산대학교
- 서울여자대학교
- 서강대학교
- 성균관대학교
- 성신여자대학교
- 숭실대학교
- 아주대학교
- 연세대학교
- 이화여자대학교
- 인하대학교
- 전남대학교
- 전북대학교
- 제주대학교
- 국립창원대학교
- 충북대학교
- 한국외국어대학교
- 한남대학교
- 한양대학교 등

관련학과

- 역사문화학부 사학전공
- 인문학부 국사학전공
- 융합전공학부 국사학-도시역사 경관학 전공
- 역사문화학과
- 역사학과
- 한국사학과
- 역사문화콘텐츠학과 등

진출분야

기업체	세계 각국의 문화에 대한 이해를 바탕으로 해외 교류를 하는 기업체, 유네스코, 유네스코한국위원회와 같은 국제기구, 한국문화재단, 신문사, 언론사, 출판사, 은행, 증권 회사 등
정부 및 공공 기관	중앙 정부 및 지방 자치 단체(문화체육관광부, 행정자치부 등), 문화재청, 각 지역 문화원(영주문화원, 목포문화원, 신라문화원 등), 국립중앙박물관, 국가기록원, 중고등학교 등
연구 기관	문화재 및 관련 문화 연구소, 한국학중앙연구원, 역사문화연구소 등 문화재 발굴 연구 기관 등

진출직업

- 학예사(큐레이터)
- 관광통역안내사
- 중등학교 교사(역사)
- 기자
- 역사학자
- 작가
- 고고사학자
- 외국계기업연구원
- 기록관리전문가 등

취득가능 자격증

- 박물관 및 미술관 준학예사
- 한국사능력검정시험
- 한자능력검정시험
- 중등학교 정교사 2급(역사) 등

학과 주요 교과목

기초 과목	한국사개설, 한국문화유산의 이해, 중국의 역사와문명, 동양사 사료읽기, 서양문명과 세계, 서양고대사, 서양사사료읽기, 한국중세의 역사와 문화원형, 한국고대의 역사와 스토리텔링, 백제의 신화와 역사, 한국사사료읽기, 동양고대사, 동양중세사, 서양중세사, 서양현대사 등
심화 과목	한국근세사, 한중문명교류의 역사, 한국근대사, 한국사특강, 한국가족사, 한국민속학, 동양근세사, 동양근대사, 서양근대사, 서양현대사, 한국현대사, 한국정치제도사, 동양현대사, 중국근대의 인물과 사건탐구, 서양근대의 인물과 사건탐구, 지방사와 박물관학의 이해 등

학과 인재상 및 갖추어야 할 자질

- 역사에 관심이 있고, 인간의 삶에 대해 진지하게 고민하는 학생
- 미래에 대한 전망을 제시할 수 있는 안목을 갖춘 학생
- 글로벌한 사고와 역사, 문화의 소양을 지닌 학생
- 옛날 사람들의 삶의 모습이 궁금하고, 사람들의 이야기가 궁금한 학생
- 올바른 역사관과 개방적 자세를 지닌 학생
- 종합적 사고와 판단 능력으로 시대 변화를 선도하려는 자세를 지닌 학생

학과 관련 선택 과목

※ 국어, 영어 교과는 모든 학문의 기초적인 성격을 가진 도구교과로 모든 학과에 이수가 필요하여 생략함.

공통 과목		공통국어1,2, 공통수학1,2, 공통영어1,2, 한국사1,2, 통합사회1,2, 통합과학1,2, 과학탐구실험1,2
수능 필수		화법과 언어, 독서와 작문, 문학, 대수, 미적분Ⅰ, 확률과 통계, 영어Ⅰ, 영어Ⅱ, 한국사, 통합사회, 통합과학, 성공적인 직업생활(직업)
일반 선택	수학, 사회, 과학	세계사, 사회와 문화, 현대사회와 윤리
	체육·예술	
	기술·가정/정보	
	제2외국어/한문	제2외국어, 한문
	교양	
진로 선택	수학, 사회, 과학	한국지리 탐구, 동아시아 역사 기행, 윤리와 사상, 인문학과 윤리
	체육·예술	
	기술·가정/정보	
	제2외국어/한문	한문 고전 읽기
	교양	인간과 철학, 논리와 사고, 삶과 종교
융합 선택	수학, 사회, 과학	여행지리, 역사로 탐구하는 현대 세계, 사회문제 탐구, 윤리문제 탐구
	체육·예술	
	기술·가정/정보	
	제2외국어/한문	언어생활과 한자
	교양	

추천 도서 목록

- 권은중의 청소년 한국사 특강, 권은중, 철수와영희
- 꿰뚫는 한국사, 홍창원, 날리지
- 빛으로 본 한국역사, 김영석, 바다위의 정원
- 대한민국 국민이 꼭 알아야 할 일제강점기 역사, 이영, 동양북스
- 동남아시아의 역사, 황은실, 살림
- 청소년 역사필독서 임금도 보고싶은 조선왕조실록, 김홍중 외, 실록청
- 하룻밤에 읽는 고려사, 최용범, 페이퍼로드
- 지금 유용한, 쉽게 맥을 잡는 단박에 중국사, 심용환, 북플랫
- 효기심의 권력으로 읽는 세계사:한중일 편, 효기심, 다산초당
- 서양사 강좌, 박윤덕 외, 아카넷
- 고구려, 신화의 시대, 전호태, 덕주
- 사료로 읽는 서양사 5: 현대편, 노경덕, 책과함께
- 100년을 이어온 역사가의 길, 박환, 선인

- 청소년을 위한 보각국사 일연의 삼국유사, 일연, 마당
- 한국기독교 역사와 문화유산, 임찬웅, 야스미디어
- 백범일지, 김구, 범우
- 사기열전 1,2 , 사마천, 김원중 역, 민음사
- 디지털 역사란 무엇인가?, 한누 살미, 앨피
- 기억·서사, 오카 마리, 교유서가
- 문명을 품은 인류의 공간, 민유기, 드레북스
- 역사학 1교시, 사실과 해석, 오항녕, 푸른역사
- 조선, 민국 600년, 남정욱 외, 북앤피플
- 우리 고대 역사의 영웅들, 황순종 외, 시민혁명
- 최소한의 한국사, 최태성, 프런트페이지
- 벌거벗은 한국사: 조선편, tvN STORY 〈벌거벗은 한국사〉 제작팀, 프런트페이지

학교생활 TIPS

- 사학과 관련이 깊은 국어, 한문, 한국사, 동아시아사, 세계사의 우수한 학업 성취를 올릴 수 있도록 하고, 각 수업 활동에 적극적으로 참여하여 학업 역량, 문제 해결 능력, 탐구력 등이 학교생활기록부 교과 세부능력 및 특기사항에 기록될 수 있도록 합니다.
- 전공과 관련 있는 다양한 진로 활동(역사박물관, 학과 탐방, 역사학자 인터뷰 등)에 참여하여 새롭게 알게 된 사실이나 느낀 점을 중심으로 자신의 진로 역량을 키우도록 합니다.
- 독서 토론, 고전 연구, 역사·문화 탐구, 한국사 탐구 등의 교내 동아리에서 역사와 관련된 내용을 조사, 전시, 발표하는 등 전공 관련 활동을 주도적

으로 하여 의미 있는 역할을 했음을 드러냅니다.
- 학급이나 학생회의 임원 활동, 교내외 도서관이나 박물관에서의 봉사 활동(정리·행사 보조·홍보), 지역 문화유산 지킴이 활동, 돌봄 활동, 학습 도우미 활동(복지관, 방과후 학교) 등과 같은 학교 교육계획에 의해 진행되는 봉사 활동이나 행사 활동, 수련 활동, 체험 활동에 적극적으로 참여하여 협업과 소통 능력, 나눔과 배려, 성실성과 규칙 준수, 리더십 등을 보이는 것이 중요합니다.
- 미술학, 역사학, 문화인류학, 철학, 정치경제학 등 폭넓은 분야의 독서를 통해 기본적인 소양을 키울 것을 권장합니다.

12 스페인어학과

학과소개

스페인어는 사용 국가 수 기준 세계 제2의 언어입니다. 유럽의 스페인과 중남미 대부분의 국가를 비롯해 미국, 필리핀, 아프리카 북부 지역과 적도 기니 등지 등 전 세계 20여 개국에서 약 5억의 인구가 모국어로 사용하는 언어입니다. 미국 내에서만 5천만 이상의 인구가 스페인어를 사용합니다. 스페인어는 정치, 외교, 통상, 문화 등 국제 사회의 교류 활동에서 영어 다음으로 많이 쓰는 중요한 언어입니다. 이러한 중요성 때문에 미국과 유럽 등 대다수의 선진국이 스페인어를 제1외국어로 선택하고 있습니다. 스페인어는 국제연합(UN), 유럽연합(EU)을 비롯한 주요 국제기구들의 공용어이기도 합니다. 또한 인터넷상에서 가장 중요한 언어 중 하나로 이미 그 위치를 확고히 하고 있으며, 오늘날 세계문학의 걸작들도 상당수가 스페인어로 쓰이고 있습니다. 현재 스페인어를 사용하는 중남미 국가들이 지속적으로 성장하고 있고, 수입 개방 정책에 따라 이 지역이 우리나라의 주요 수출 시장으로 자리 잡는 등 무역 상대로서 그 중요성이 커지고 있습니다.

스페인어학과에서는 세계 시장에서 활동하는 글로벌 리더 양성에 주력하고 있습니다. 따라서 스페인어는 물론, 해당 문화권의 문학, 문화, 사회 등의 다양한 과목을 공부합니다. 졸업 후에는 한국과 스페인어 문화권 국가들과의 교류를 활성화하는 지역 전문가 및 전문 인력으로 성장할 수 있습니다. 전공 교육은 3개 분야(어학, 문학, 지역학)로 세분화되어 진행되며, 어학 분야에서는 체계적인 문법 교육과 실용적인 회화 능력 배양에 역점을 두고 있습니다. 문학 분야에서는 스페인과 중남미의 소설, 시, 희곡을 연구하며, 지역학 분야에서는 스페인을 포함한 중남미의 정치, 경제, 사회, 문화 등을 연구합니다.

개설대학

- 경희대학교 등

관련학과

- 외국어학부 스페인어중남미전공
- 유럽중남미학부 스페인중남미학 전공
- 유럽언어문화학부(스페인어전공)
- 서어서문학과
- 스페인어중남미학과
- 스페인어과 등

진출분야

기업체	국내외 대기업(중남미 무역 담당 업무), 항공 회사, 유학원, 무역 사무직, 국제 통상 업체, 신문사, 언론사, 출판사, 은행, 증권 회사, 해외 담당 금융권 등
정부 및 공공 기관	대한무역투자진흥공사, 국가정보원, 한국무역협회, 기획재정부, 외교부, 스페인 대사관, 중고등학교, 대학교 등
연구 기관	대외경제정책연구원, 한·중남미협회 등

진출직업

- 외교관
- 경제인
- 교수
- 통역사
- 여행안내원
- 호텔지배인
- 무역담당자
- 인문과학연구원
- 언론인(기자, PD, 아나운서 등)
- 작가
- 출판물기획자
- 중등학교 교사(스페인어) 등

취득가능 자격증

- 관광통역안내사
- 스페인어능력시험(FLEX, DELE, EPLE 등)
- 외국어번역행정사
- 호텔경영사
- 호텔관리사
- 중등학교 정교사 2급(스페인어) 등

학과 주요 교과목

기초 과목	스페인어, 스페인어회화, 초급스페인어쓰기, 중남미 역사와 사상, 중남미문화사, 중급스페인어문법, 중급스페인어쓰기, 중급스페인어읽기, 스페인어회화, 스페인문화사, 멕시코-중미-카리브지역의 이해, 남미지역의 이해, 중남미경제 등
심화 과목	시사원어토론, 스페인문학사, 중남미문학사, 중남미정치, 스페인어음운론, 스페인어구문론, 중남미시장과 투자진출, 중남미인종과 사회, 스페인어에세이쓰기, 스페인어발달사, 스페인황금세기문학, 스페인현대문학, 스페인지역연구, 중남미소설, 스페인소설, 중남미기업과 법, 중남미외교와 국제관계 등

학과 인재상 및 갖추어야 할 자질

- 스페인어 문화와 지역에 흥미와 관심을 지닌 학생 스페인어에 대한 남다른 열정과 배움의 의지를 갖춘 학생
- 여러 국가와의 소통과 교류에 필요한 능력을 지닌 학생
- 스페인어권의 여러 문학 작품에 관심이 있는 학생
- 글로벌한 사고관과 미래 사회에 대한 개방적 자세를 지닌 학생
- 전 세계적으로 전도유망한 라틴 아메리카 시장에 도전장을 내밀고 싶은 학생
- 라틴 아메리카 사회를 정치학, 경제학, 사회학 등 각 학문의 측면에서 이해할 수 있는 학생

학과 관련 선택 과목

※ 국어, 영어 교과는 모든 학문의 기초적인 성격을 가진 도구교과로 모든 학과에 이수가 필요하여 생략함.

공통 과목		공통국어1,2, 공통수학1,2, 공통영어1,2, 한국사1,2, 통합사회1,2, 통합과학1,2, 과학탐구실험1,2
수능 필수		화법과 언어, 독서와 작문, 문학, 대수, 미적분Ⅰ, 확률과 통계, 영어Ⅰ, 영어Ⅱ, 한국사, 통합사회, 통합과학, 성공적인 직업생활(직업)
일반 선택	수학, 사회, 과학	세계시민과 지리, 세계사, 사회와 문화
	체육·예술	
	기술·가정/정보	
	제2외국어/한문	스페인어
	교양	
진로 선택	수학, 사회, 과학	동아시아 역사 기행, 윤리와 사상, 인문학과 윤리, 국제 관계의 의해
	체육·예술	
	기술·가정/정보	
	제2외국어/한문	스페인어 회화, 심화 스페인어
	교양	인간과 철학, 인간과 심리, 교육의 이해, 삶과 종교
융합 선택	수학, 사회, 과학	여행지리, 사회문제 탐구, 윤리문제 탐구
	체육·예술	
	기술·가정/정보	
	제2외국어/한문	스페인어권 문화
	교양	

추천 도서 목록

- 8월에 만나요, 가브리엘 가르시아 마르케스, 민음사
- 비올레타, 이사벨 아옌데, 빛소굴
- 내 사랑을 반대합니다, 알프레도 고메스 세르다, 풀빛미디어
- 소유에 관한 아주 짧은 관심, 엘레나 메델, 마르코폴로
- 베르타 이슬라, 하비에르 마리아스, 소미미디어
- 엘레나는 알고 있다, 클라우디아 피녜이로, 비채
- 로만세, 스페인 발라드, 메르세데스 디아스로이그, 고려대학교출판문화원
- 입속의 새, 사만타 슈웨블린, 창비
- 어른 없는 세계, 알바로 콜로메르, 탐
- 리빙스턴 씨의 달빛서점, 모니카 구티에레스 아르테로, 문학동네
- 돈 끼호떼, 미겔 데 세르반테스, 창비
- 나는 고백한다 1, 자우메 카브레, 민음사
- 리빙스턴 씨의 달빛서점, 모니카 구티에레스 아르테로, 문학동네

- 매스미디어로 보는 이베로아메리카, Pedro Pombo, 한국외국어대학교 지식출판콘텐츠원
- 책! 붙는 스페인어 독학 첫걸음, 최윤국 외, 시사북스
- 스타트 스페인어, 김선웅, 경북대학교출판부
- 예술의 정원 마드리드 산책, 강명재, 일파소
- 이게 스페인어라고?, 홍은, 이응출판
- 거의 모든 행동 표현의 스페인어, 서영조 외, 사람in
- 나홀로 스페인어, 천예솔, Pub.365
- 세계 문화 여행: 스페인, 메리언 미니 저자, 시그마북스
- 아트인문학 여행: 스페인, 김태진, 카시오페아
- 포르투갈, 시간이 머무는 곳, 최경화, 모요사
- 그림으로 만나는 세계의 미술관, 오동규, 화심헌
- 길에서 문화를 걷다, 조현미, 푸른길

학교생활 TIPS

- 스페인어와 관련이 깊은 영어, 스페인어, 세계 지리, 세계사의 우수한 학업 성취를 올릴 수 있도록 하고, 각 수업 활동에 적극적으로 참여하여 학업 역량, 문제 해결 능력, 탐구력 등이 학교생활기록부 교과 세부능력 및 특기사항에 기록될 수 있도록 합니다.
- 전공과 관련 있는 다양한 진로 활동(스페인어문화원, 학과 탐방, 통·번역가 인터뷰 등)에 참여하여 새롭게 알게 된 사실이나 느낀 점을 중심으로 자신의 진로 역량을 키울 것을 권장합니다.
- 스페인 문화 연구, 중남미 탐구, 고전 연구, 역사·문화 탐구, 스페인어(영어) 회화, 다문화 연구 등의 교내 동아리에서 스페인의 사회, 문화와

관련된 내용을 조사, 발표하는 등 전공 관련 활동을 주도적으로 하여 의미 있는 역할을 하였음을 드러냅니다.
- 학급이나 학생회의 임원 활동, 스페인 문화 알리미 활동, 돌봄 활동(장애인, 독거노인 대상 도시락 배달 등), 학습 도우미 활동(복지관, 방과 후 학교 활동 등)과 같은 학교 교육계획에 의해 진행되는 봉사 활동이나 행사 활동, 체험 활동 등에 적극적으로 참여하여 협업과 소통 능력, 나눔과 배려, 성실성과 규칙 준수, 리더십 등을 보이는 것이 중요합니다.
- 철학, 문학, 사회학, 예술학, 역사학, 문화인류학 등 폭넓은 분야의 독서를 통해 기본적인 소양을 키우도록 합니다.

신학과

학과소개

신학이란 인류의 역사와 함께 한 인간과 신의 관계를 연구하고 배우는 학문으로, 신과의 관계가 정신적인 것이기 때문에 정신학과 관련된 학문이라고 할 수 있습니다.

신학과는 전문 사역자를 양성하는 학과로서, 전인적 인간 교육, 성경에 기초한 신앙 교육, 지식과 실천력을 겸비한 전문인 교육, 인류의 영적 구원을 위한 선교인 교육, 인류 사회를 구원하기 위한 봉사 교육에 중점을 두고 있습니다. 신학과의 교육 목표는 전통적 개혁주의에 입각한 경건한 신앙 인격과 신학의 기초를 형성하는 데 있으며, 신학과는 진리에 대한 탐구, 개혁 신학의 원리와 자유정신의 추구, 하나님의 선교 안에서 정의롭고 평화로운 세계 건설을 위하여 투신하는 인재를 양성하는 학과입니다. 신학과에서는 일반 교양 과목과 함께 현대 외국어와 고전어, 기초 신학, 철학, 역사, 사회봉사 등의 교과목 학습과 함께 교회 봉사 등 다양한 교내외 프로그램들을 통해 학생들이 사회의 지도자로 성장하도록 돕고 있습니다.

개설대학

- 가톨릭대학교 (제3캠퍼스)
- 강서대학교
- 고신대학교
- 광신대학교
- 광주가톨릭대학교
- 대신대학교
- 대전가톨릭대학교
- 대전신학대학교
- 루터대학교
- 목원대학교
- 부산장신대학교
- 삼육대학교
- 서울한영대학교
- 성결대학교
- 선문대학교
- 수원가톨릭대학교
- 아신대학교
- 안양대학교
- 연세대학교
- 영남신학대학교
- 인천가톨릭대학교
- 장로회신학대학교
- 칼빈대학교
- 총신대학교
- 평택대학교
- 한세대학교
- 한일장신대학교
- 협성대학교
- 호남신학대학교 등

관련학과

- 기독교신학전공
- 기독교학과
- 기독교학부
- 기독교교육과 미디어학과
- 신학부 등

진출분야

기업체	일반 기업체의 종교, 인사, 영업, 해외 업무 담당 부서, 유통 업체, 광고 회사, 기독교 방송국, 신문사, 잡지사, 출판사, 교회 등
정부 및 공공 기관	NGO 및 국제기구, 사회 복지관, 교정 기관, 상담소, 중고등학교, 대학교 등
연구 기관	각종 기독교 연구 및 학술 단체, 교회성장연구소, 한국기독교학술원 등

진출직업

- 성직자
- 신학연구원
- 선교사
- 기독교문화사역자
- 각종 특수선교기관 사역자
- 일반목회자
- 교수
- 연구원
- 중등학교 교사(종교)
- 강사
- 교회교육전문가
- 문화사역자
- 문화예술분야
- 창작자 등

취득가능 자격증

- 중등학교 정교사 2급(종교) 등

학과 주요 교과목

기초 과목	교리의 이해, 신약의 이해, 신약영문강독, 언약과 그리스도, 신학과 예술, 구약의 이해, 구약영문강독, 성경신학과조직신학, 철학의 이해, 기독교강요연구, 고중세철학과 기독교, 기독교세계관과 철학, 근대철학과 기독교, 헬라어Ⅰ, 히브리어Ⅰ, 라틴어문법 등
심화 과목	신약원어강독, 성경해석학, 구약주해입문, 현대종말사상, 신약서론, 요한복음연구, 사도행전, 구약원어강독, 오경, 개혁신학총론, 인간론과 종말론, 현대신학세미나, 복음과 변증, 초대교회사, 칼빈주의와 역사, 교회사세미나, 기독교철학사, 기독교철학원강Ⅰ, 청교도사상개혁신학의 전통, 근현대교회사, 교리문답연구, 철학과 신학, 기독교철학원강Ⅱ, 선교학설교실습Ⅰ, 개혁주의실천신학세미나, 군선교이해와 사역, 중급히브리어, 기독교와 문화연구 등

학과 인재상 및 갖추어야 할 자질

- 학문으로써의 신학을 연구하고자 하는 학생
- 사회 정의를 실천하는 데 앞장서고 싶은 학생
- 기독교 정신을 바탕으로, 종교와 사상에 관심이 있는 학생
- 민주를 피워내는 자유, 평화를 이루는 사랑을 실천하고 싶은 학생
- 글로벌한 사고로 평화로운 미래 사회를 만드는 데 앞장서고 싶은 학생
- 인간에 대한 깊이 있는 성찰과 비판 능력을 갖춘, 리더십 있는 학생

학과 관련 선택 과목

※ 국어, 영어 교과는 모든 학문의 기초적인 성격을 가진 도구교과로 모든 학과에 이수가 필요하여 생략함.

공통 과목		공통국어1,2, 공통수학1,2, 공통영어1,2, 한국사1,2, 통합사회1,2, 통합과학1,2, 과학탐구실험1,2
수능 필수		화법과 언어, 독서와 작문, 문학, 대수, 미적분Ⅰ, 확률과 통계, 영어Ⅰ, 영어Ⅱ, 한국사, 통합사회, 통합과학, 성공적인 직업생활(직업)
일반 선택	수학, 사회, 과학	세계시민과 지리, 세계사, 사회와 문화, 현대사회와 윤리
	체육·예술	
	기술·가정/정보	
	제2외국어/한문	
	교양	
진로 선택	수학, 사회, 과학	한국지리 탐구, 동아시아 역사 기행, 윤리와 사상, 인문학과 윤리
	체육·예술	
	기술·가정/정보	
	제2외국어/한문	
	교양	인간과 철학, 논리와 사고, 인간과 심리, 교육의 이해, 삶과 종교
융합 선택	수학, 사회, 과학	여행지리, 역사로 탐구하는 현대 세계, 사회문제 탐구, 윤리문제 탐구
	체육·예술	
	기술·가정/정보	
	제2외국어/한문	
	교양	논술

추천 도서 목록

- 하나님께서 직접 기록하신 십계명, 피터 S. 럭크만, 말씀보존학회
- 죄의 기원, 로렌 하스마, 새물결플러스 3
- 성경으로 풀어가는 기독교 교리, 최승목, 더포레스트북스
- 도산 안창호 동서양을 말하다, 이정권, CLC(기독교문서선교회)
- 복음주의자의 불편한 양심, 칼 헨리, IVP
- 질문하는 신학, 김진혁, 복있는사람
- 신학이란 무엇인가, 알리스터 맥그라스, 복있는사람
- 나와 너, 마르틴 부버, 대한기독교서회
- 행복한 그리스도인, 김강석, 지식과감성
- 죽음과 죽음 이후, 테렌스 니콜스, 샘솟는기쁨
- 자연 인간 그리고 하나님, 이안 바버, 샘솟는기쁨
- 십자가, 새라 코클리, 비아
- 구약성서는 무엇을 말하는가, 박해령, 뉴룸

- 정의, 토마스 아퀴나스, 한국성토마스연구
- 신약성경해설, 김창선, 한국성서학연구소
- 예수님이 오셔서 죽으신 50가지 이유, 존 파이퍼, 생명의말씀사
- 성경의 키워드로 풀어가는 신학세계, 백충현, 새물결플러스
- 신학윤리학, 마르틴 호네커, 종문화
- 그리스도인의 자유, 마르틴 루터, 개혁된실천사
- 구원이란 무엇인가, 김세윤, 두란노
- 루터의 선교신학, 클라우스 테틀레브 슐츠, CLC(기독교문서선교회)
- 인그루뎀의 성경과 정치, 웨인 그루뎀, 언약
- 십자가, 새라 코클리, 비아
- 유신진화론과의 대화, 신국현, 세움북스
- 겸손한 칼빈주의, 제프 A. 메더스, 좋은씨앗

학교생활 TIPS

- 신학과 관련이 깊은 영어, 한국사, 세계사, 윤리와 사상 교과의 우수한 학업 성취를 올릴 수 있도록 하고, 각 수업 활동에 적극적으로 참여하여 학업 역량, 문제 해결 능력, 탐구력 등이 학교생활기록부 교과 세부능력 및 특기사항에 기록될 수 있도록 합니다.
- 전공과 관련 있는 다양한 진로 활동(교회, 학과 탐방, 성직자 인터뷰 등)에 참여하여, 새롭게 알게 된 사실이나 느낀 점을 중심으로 자신의 진로 역량을 키우도록 합니다.
- 종교 연구, 역사·문화 탐구, 성서 읽기, 봉사 등 교내 동아리에서 종교와 관련된 내용을 조사, 발표하는 등 전공 관련 활동을 주도적으로 하여

의미 있는 역할을 하였음을 드러냅니다.
- 학급이나 학생회의 임원 활동, 돌봄 활동(장애인, 독거노인, 도시락 배달 등), 학습 도우미 활동(복지관, 방과후 학교)과 같은, 학교교육계획에 의해 진행되는 봉사 활동이나 행사 활동, 수련 활동, 체험 활동 등에 적극적으로 참여하여 협업과 소통 능력, 나눔과 배려, 성실성과 규칙 준수, 리더십 등을 보이는 것이 중요합니다.
- 문화인류학, 역사학, 철학, 정치경제학, 사회학 등 폭넓은 분야의 독서를 통해 기본적인 소양을 키우도록 합니다.

아랍어과

학과소개

아랍어는 아라비아어라고도 하며 마호메트의 출현 이래 현재까지 문학의 언어로 사용되는 아라비아반도의 귀중한 문화적 유산입니다. 따라서 아랍어는 셈어족에서 가장 중요한 언어이며, 세계적으로도 중요한 언어입니다.

아랍어과는 아랍·이슬람 세계와 연관된 제반 학문을 연구하고, 그와 관련된 사회의 요구에 부응할 수 있는 훌륭한 인재를 양성하려는 학과로, 아랍어를 모국어로 하는 북아프리카 지역(이집트, 알제리, 모로코, 튀니지 등), 중동 지역 국가들과 다방면의 교류를 하는데도 중요한 역할을 하고 있습니다. 아랍어라는 언어뿐만 아니라 아랍 지역의 역사, 종교, 사상, 문화, 문학에 대해서도 공부하며, 아랍어를 구사할 수 있는 인재, 아랍·이슬람 문화에 관한 기본 지식을 갖춘 인재, 중동 지역의 정치, 경제, 사회를 읽을 수 있는 인재를 양성하는 데 교육 목표를 두고 있습니다.

 ## 개설대학

- 한국외국어대학교 등

 ## 진출직업

- 해외특파원
- 외교관
- 중등학교 교사(아랍어)
- 대학 교수
- 통역사
- 번역사
- 해외관광안내원
- 승무원 등

 ## 관련학과

- 아랍지역학전공
- 아시아중동학부
- 통번역학과 등

 ## 취득가능 자격증

- 관광통역안내사
- 국내여행안내사
- FLEX 아랍어
- 중등학교 정교사 2급(아랍어) 등

 ## 진출분야

기업체	건설 회사, 무역 상사, 금융 기관, 신문사, 방송국, 항공사, 여행사 등
정부 및 공공 기관	외교부, 대사관, 국제기구, 지방 자치 단체의 국제 협력 전문직, 국가정보원, 출입국관리사무소, 대한무역투자진흥공사, 중고등학교, 대학교 등
연구 기관	아랍 관련 연구소, 한국외국어대학교중동연구소, 한국중동학회, 한국이슬람학회, 한국아랍어·아랍문학회 등

학과 주요 교과목

기초 과목	초급아랍어문법, 초급아랍어강독, 초급아랍어언어실습, 초급아랍어회화, 아랍학입문, 아랍사회의 이해, 어랍문화사, 중급아랍어, 중급아랍어문장연습, 중급아랍어언어실습, 중급아랍어회화, 아랍지역연구 등
심화 과목	고급아랍어회화, 무역아랍어, 시사아랍어, 아랍고대문학, 아랍수필, 아랍어문장론, 아랍어음운론, 아랍어학사, 아랍희곡론, 이슬람사상사, 이슬람역사, 중동외교사, 고급아랍어문법, 아랍단편소설, 아랍역사, 아랍서간문, 아랍소설, 아랍어번역연습, 아랍학의 이해, 아랍정치사회연구, 아랍정치세미나, 아랍어통역입문, 하디스연구, 셈어연구, 아랍문학의 이해 등

학과 인재상 및 갖추어야 할 자질

- 21세기를 선도할 국제적 감각과 전문적인 지식을 갖춘 학생
- 아랍·이슬람 세계에 관해 좀 더 깊이 있게 알고자 하는 학생
- 이슬람 문화와 정치·경제에 관심이 많은 학생
- 유창한 아랍어를 바탕으로 중동 아랍 지역에 진출하고자 하는 학생
- 아랍 지역의 폭넓은 정보 지식을 습득하여 국가의 발전에 기여하고자 하는 학생
- 아랍 지역 전문인이 되어 글로벌한 사고관으로 미래 사회를 이끌어가고자 하는 학생

학과 관련 선택 과목

※ 국어, 영어 교과는 모든 학문의 기초적인 성격을 가진 도구교과로 모든 학과에 이수가 필요하여 생략함.

공통 과목		공통국어1,2, 공통수학1,2, 공통영어1,2, 한국사1,2, 통합사회1,2, 통합과학1,2, 과학탐구실험1,2
수능 필수		화법과 언어, 독서와 작문, 문학, 대수, 미적분Ⅰ, 확률과 통계, 영어Ⅰ, 영어Ⅱ, 한국사, 통합사회, 통합과학, 성공적인 직업생활(직업)
일반 선택	수학, 사회, 과학	세계시민과 지리, 세계사, 사회와 문화, 현대사회와 윤리
	체육·예술	
	기술·가정/정보	
	제2외국어/한문	아랍어
	교양	
진로 선택	수학, 사회, 과학	동아시아 역사 기행, 윤리와 사상, 인문학과 윤리, 국제 관계의 이해
	체육·예술	
	기술·가정/정보	
	제2외국어/한문	아랍어 회화, 심화 아랍어
	교양	인간과 철학, 삶과 종교
융합 선택	수학, 사회, 과학	여행지리, 역사로 탐구하는 현대 세계, 사회문제 탐구, 윤리문제 탐구
	체육·예술	
	기술·가정/정보	
	제2외국어/한문	아랍 문화
	교양	논술

추천 도서 목록

- 새로 펴낸 종합아랍어, 이규철, 송산출판사
- 아랍어 첫걸음, 윤은경 저, 한국외국어대학교출판부
- 이것이 아랍 문화이다, 이희수 외 3인, 청아출판사
- 이슬람문명, 정수일, 창작과비평사
- 아랍인의 역사, 앨버트 후라니, 김정명 역, 심산
- 중동의 국제관계, 루이즈 포셋, 백승훈 역, 미래엔
- 이슬람 교리, 사상, 역사, 손주영, 일조각
- 대체로 무해한 이슬람 이야기, 황의현, 씨아이알
- 세 종교 이야기, 홍익희, 행성B잎새
- 사진과 그림으로 보는 케임브리지 이슬람사, 프랜시스 로빈슨, 손주영 역, 시공사
- 브리태니커 필수 교양사전 : 이슬람, 브리태니커 편찬위원회, 박지선 역, 아고라
- 바다와 문명, 왕대연, 영남대학교출판부
- 아랍의 봄 그 후 10년의 흐름, 구기연 외 6인, 서울대학교출판문화원
- 사막에서 화성탐사선을 쏘아 올린 아랍에미리트, 최창훈, 푸블리우스
- 이토록 매혹적인 아랍이라니, 손원호, 부키
- 아랍인의 희로애락, 김능우, 서울대학교출판문화원
- 21세기 중동 바르게 읽기, 홍미정, 서경문화사
- 남들이 무모하다고 할 때 도전은 시작된다, 진용기, 에이원북스
- 대체로 무해한 이슬람 이야기, 황의현, 씨아이알
- 세상을 바꾼 이슬람, 이희수, 다른
- 이슬람과 유럽 문명의 종말, 유해석, 실레북스
- 중동 이슬람 문화여행, 엄익란, 한울아카데미
- 세상 친절한 이슬람 역사, 존 톨란, 미래의창
- 불교와 이슬람, 실크로드에서 만나다, 요한 엘버스커그, 한울아카데미
- 한눈에 꿰뚫는 중동과 이슬람 상식도감, 미야자키 마사카츠, 이다미디어

학교생활 TIPS

- 아랍어와 관련이 깊은 영어, 사회(세계 지리, 세계사, 동아시아사), 아랍어 교과의 우수한 학업 성취를 올릴 수 있도록 하고, 각 수업 활동에 적극적으로 참여하여 학업 역량, 문제 해결 능력, 탐구력 등이 학교생활기록부 교과 세부능력 및 특기사항에 기록될 수 있도록 합니다.
- 전공과 관련 있는 다양한 진로 활동(아랍 관련 연구소, 학과 탐방, 아랍어 통역자 인터뷰 등)에 참여하여 새롭게 알게 된 사실이나 느낀 점을 중심으로 자신의 진로 역량을 키웁니다.
- 독서 토론, 아랍 문화 연구, 아랍어 회화, 국제 사회 이해, 다문화 연구 등의 교내 동아리에서 아랍의 사회, 문화와 관련된 내용을 조사, 발표하는
- 등 전공 관련 활동을 주도적으로 하여 의미 있는 역할을 했음을 드러냅니다.
- 학급이나 학생회의 임원 활동, 멘토-멘티 활동, 아랍 문화 알리미 활동, 돌봄 활동(장애인, 독거노인 대상 도시락 배달 등), 학습 도우미 활동(복지관, 방과 후 학교 등)과 같은, 학교 교육계획에 의해 진행되는 봉사활동이나 행사 활동, 수련 활동, 체험 활동 등에 적극적으로 참여하여 협업과 소통 능력, 나눔과 배려, 성실성과 규칙 준수, 리더십 등을 보이는 것이 중요합니다.
- 철학, 문학, 사회학, 예술학, 역사학, 문화인류학 등 폭넓은 분야의 독서를 통해 기본적인 소양을 키울 것을 권장합니다.

언어학과

학과소개

언어학은 인간의 고유한 특징인 언어를 과학적으로 연구하는 학문입니다. '언어란 도대체 무엇일까?', '언어는 언제 어디서 생겨나서 이렇게 많은 언어로 나누어지게 되었을까?'와 같은 물음에서 출발하여, 언어의 원리를 체계적으로 연구하고 국어, 영어, 독어 등 다양한 언어들의 현상 및 이론에 관해 공부하는 학문입니다.

언어학과에서는 현대 언어학의 주요 이론과 영역들을 포괄적으로 연구함과 동시에 다양한 응용 분야를 적극적으로 개발하는 데 주안점을 두고 있습니다. 따라서 이론언어학을 중심으로 전산언어학과 기호학, 실용언어학 분야를 특화시키고 있습니다. 이론언어학 분야에서는 음운론, 형태론, 통사론, 의미론, 화용론, 언어학사, 담화 분석의 문제를 중점적으로 연구하며, 전산언어학 분야에서는 자연 언어 처리와 코퍼스언어학을, 기호학 분야에서는 광고, 브랜딩 등의 응용 분야를 개발함과 동시에 문화기호학, 시각기호학을 특화하고 있습니다. 또한 이론언어학 분야의 연구 주제와 결과물을 언어 교육과 습득과 같은 실질적 응용 분야에 응용하고 있습니다.

개설대학

- 고려대학교
- 서울대학교
- 충남대학교 등

관련학과

- 언어청각치료학과
- 언어치료 · 청각재활학과
- 언어청각학부
- 언어재활학과
- 언어정보학과
- 언어인지과학과
- 언어치료학과 등

진출분야

기업체	광고 회사, 통역 회사, 여론 조사 기관, 음성 기술을 이용한 소프트웨어 개발 업체, 기계 번역이나 자동인터넷 검색 등과 같은 정보 전산 처리 업체, 음성 인식 합성 업체, 영어 및 한국어 학습 프로그램 개발 업체, 언론사, 출판사, 금융 기관 등
정부 및 공공 기관	언어학 연구원, 국립국어원, 해당 정부부처, 공무원, 법조계 등
연구 기관	언어치료연구소, 사설 언어 연구소, 국내외 언어 교육원, 언어정보 연구소, 응용 문화 연구소 등

진출직업

- 언어학연구원
- 사회조사분석가
- 광고 및 홍보전문가
- 언어치료사
- 언어임상가
- 정보검색전문가
- 언어전산처리 프로그래머
- 음성처리전문가
- 대학 교수
- 기자
- 출판물기획전문가
- 한국어 강사
- 데이터분석전문가
- 다문화언어지도자
- 작가
- 아나운서
- 작사가 등

취득가능 자격증

- 독서논술지도사
- 독서지도사
- 전문번역시험
- 통역시험 등

학과 주요 교과목

기초 과목	언어와 언어학, 말소리의 세계, 언어와 컴퓨터, 세계의 언어, 만주어, 언어학사, 형태론, 음운론, 역사비교언어학, 통사론, 의미론, 기호학, 언어와 첨단과학, 이테리어, 스와힐리어, 몽골어, 언어의 세계, 언어의 이해, 알타이민족의 언어, 핀란드어, 히브리어, 이중언어사용 등
심화 과목	의미론, 심리언어학, 특수언어특강, 컴퓨터언어학, 사회언어학, 언어조사 및 분석, 인도유럽언어학, 언어와 정보처리, 알타이언어학, 언어학연습, 언어장애 및 치료, 응용음성학, 화용론, 언어학강독, 언어학을 위한 통계, 심화통사론, 심화음운론, 실험언어학, 언어습득, 추론과 언어직관, 수어언어학, 언어데이터과학 등

학과 인재상 및 갖추어야 할 자질

- 영어를 비롯한 외국어 공부를 좋아하는 학생
- 새로운 것에 대한 호기심과 분석력, 언어학 공부에 대한 흥미를 느낀 학생
- 다양한 언어들의 공통점과 차이점을 원리적으로 이해하려는 열정을 가진 학생
- 언어학의 응용 분야인 심리언어학, 언어습득, 컴퓨터언어학, 언어병리학 등에 관심을 가진 학생
- 휴대 전화의 음성 인식과 컴퓨터 자동 번역 기능의 작동 원리가 신기한 학생
- 국어, 영어, 제2외국어 등 언어에 흥미가 있는 학생

학과 관련 선택 과목

※ 국어, 영어 교과는 모든 학문의 기초적인 성격을 가진 도구교과로 모든 학과에 이수가 필요하여 생략함.

공통 과목		공통국어1,2, 공통수학1,2, 공통영어1,2, 한국사1,2, 통합사회1,2, 통합과학1,2, 과학탐구실험1,2
수능 필수		화법과 언어, 독서와 작문, 문학, 대수, 미적분Ⅰ, 확률과 통계, 영어Ⅰ, 영어Ⅱ, 한국사, 통합사회, 통합과학, 성공적인 직업생활(직업)
일반 선택	수학, 사회, 과학	세계사, 사회와 문화, 현대사회와 윤리
	체육·예술	
	기술·가정/정보	정보
	제2외국어/한문	
	교양	
진로 선택	수학, 사회, 과학	윤리와 사상, 인문학과 윤리
	체육·예술	
	기술·가정/정보	데이터 과학
	제2외국어/한문	
	교양	인간과 철학, 논리와 사고, 인간과 심리, 교육의 이해
융합 선택	수학, 사회, 과학	여행지리, 사회문제 탐구, 윤리문제 탐구
	체육·예술	
	기술·가정/정보	
	제2외국어/한문	
	교양	논술

추천 도서 목록

- 언어 인지 뇌과학 입문서, 고이즈미 마사토시, 신아사
- 소리의 마음들, 니나 크라우스, 장호연 역, 위즈덤하우스
- 언어의 뇌과학, 알베르트 코스타, 김유경 역, 현대지성
- 진화하는 언어, 닉 채터 외, 이혜경 역, 웨일북
- 당신의 언어 나이는 몇 살입니까?, 이미숙, 남해의 봄날
- 언어가 숨어있는 세계, 김지호, 한겨레출판사
- 언어의 쓸모, 김선, 혜화동
- 빌브라이슨 언어의 탄생, 빌 브라이슨, 박중서 역, 유영
- 언어심리, 정성숙, 생각나눔
- 관계의 언어, 문요한, 더퀘스트
- 말의 진심, 최정우, 밀리언서재
- 완벽한 대화의 비밀, 황시투안, 파인북
- 언어발달, 이현진, 학지사

- 언어라는 세계, 석주연, 곰출판
- 한국의 범자 역사와 문화, 엄기표, 경인문화사
- 국어음운론 강의, 이진호, 집문당
- 세계언어 속의 중국어, 백은희, 한국문화사
- 동·서양 언어학사, 정광, 역락
- 중국 언어와 문화, 김수현, 학고방
- 언어와 문화, 임종주 외, 한국문화사
- 부리와 날개를 가진 동물, 어휘 속에 담긴 역사와 문화, 기유미 외, 따비
- 신호에서 상징으로, 로널드 J. 플레이너 외, 형주
- 언어에도 빛이 있다면, 한순미, 전남대학교출판문화원
- 자연언어 말소리의 체계, 허용, 한국문화사
- 언어의 진화, 김진우, 한국문화사

학교생활 TIPS

- 언어학과와 관련이 깊은 국어, 영어, 사회, 정보, 제2외국어 교과의 우수한 학업 성취를 올릴 수 있도록 하고, 각 수업 활동에 적극적으로 참여하여 학업 역량, 문제 해결 능력, 탐구력 등이 학교생활기록부 교과 세부능력 및 특기사항에 기록될 수 있도록 합니다.
- 전공과 관련 있는 다양한 진로 활동(음성 기술을 이용한 소프트웨어 개발 업체, 학과 탐방, 언어학자 인터뷰 등)에 참여하여 새롭게 알게 된 사실이나 느낀 점을 중심으로 자신의 진로 역량을 키우도록 합니다.
- 문화 예술, 언어 연구, 토론, 논술, 영자 신문, 우리말 가꾸기, 문예 등의 교내 동아리에서 언어·인문학과 관련된 내용을 조사, 발표하는 등 전공

관련 활동을 주도적으로 하여 의미 있는 역할을 했음을 드러냅니다.
- 학급이나 학생회의 임원 활동, 멘토-멘티 활동, 나눔 활동(장애인, 다문화 가정 학생, 독거노인 등 대상), 학습 도우미 활동(복지관, 방과 후 학교) 등과 같은, 학교 교육계획에 의해 진행되는 봉사 활동이나 행사 활동, 수련 활동, 체험 활동에 적극적으로 참여하여 협업과 소통 능력, 나눔과 배려, 성실성과 규칙 준수, 리더십 등을 보이는 것이 중요합니다.
- 언어학, 역사학, 철학, 사회문화학, 생물학, 수학, 컴퓨터학 등 폭넓은 분야의 독서를 통해 기본적인 소양을 키우도록 합니다.

영어영문학과

학과소개

영어영문학은 영어의 구조, 문법, 의미 등 영어학 관련 이론을 공부함으로써 영어를 바르게 말하고 쓰는 능력을 키우는 학문입니다. 읽고 말하고 쓰는 실용 영어뿐만 아니라, 셰익스피어의 작품을 비롯한 미국, 영국 등 영어권 국가의 고전 문학 작품, 현대 문학 작품에 대한 분석을 통해 영어의 다양한 표현을 익힙니다. 영어학은 영어의 소리와 특성의 체계, 어휘, 문장 구조와 의미를 비롯하여 과거와 현재 영어의 모습 및 사용과 관련된 문제를 다룹니다. 전문 영어는 영어 회화와 작문, 영어 토론 등을 통해 보다 실용적이면서도 수준 높은 영어를 구사할 수 있도록 하는 분야입니다. 영미 문학은 영국과 미국의 시, 소설, 희곡, 수필 등과 같은 문학 작품을 시대별로 읽고, 작품의 성격, 배경 등을 분석, 감상, 비평하며 작가에 대해 연구하는 분야입니다.

영어영문학과는 높은 수준의 영어 능력을 배양하여 이를 바탕으로 영어학과 영미 문학을 깊이 있고 폭넓게 이해하는 것, 나아가 영어 문화권 지역의 문화에 대한 이해와 인식의 지평을 확장하여 이를 기반으로 세계 속에서 한국과 한국인의 위상을 정립하는 데 기여할 인재를 양성하는 것을 교육 목표로 합니다.

개설대학

- 국립강릉원주대학교
- 경북대학교
- 고려대학교
- 국립공주대학교
- 부산대학교
- 서울대학교
- 서울여자대학교
- 숭실대학교
- 인천대학교
- 인하대학교
- 국립창원대학교
- 충남대학교
- 한양대학교
- 홍익대학교
- 전남대학교
- 제주대학교
- 서울과학기술대학교
- 서울시립대학교
- 건국대학교
- 경희대학교
- 연세대학교
- 중앙대학교 등

관련학과

- 영어영문학부 영어영문학전공
- 영미문학·문화학과
- 영어영문학부
- 영어영문학전공
- 영미언어문화학과
- 영어학과
- 영어학전공
- 국제학부(영어학전공) 등

진출분야

기업체	국제 관련 부서, 일반 기업의 영업직·해외 업무부서, 해외 현지 기업, 언론사(신문사, 잡지사, 방송국), 출판사 등
정부 및 공공 기관	한국콘텐츠진흥원, 대사관, 한국공항공사, 인천국제공항공사, 무역·수출입 관련 공공 기관(관세청, 한국무역보험공사, 한국무역협회 등), 중고등학교, 대학교, 정부부처 및 공공기관, 공공기관 보도실 등
연구 기관	국제 경제·무역 관련 국가·민간 연구소, 인문 과학관련 국가·민간 연구소 등

진출직업

- 신문기자
- 방송기자
- 작가
- 번역가
- 통역가
- 대학 교수
- 중등학교 교사(영어)
- 금융기관종사자
- 광고 및 홍보전문가
- 외교관
- 해외통신원
- 국제회의기획자
- 호텔 및 관광기획자
- 관광통역안내원
- 여행안내원 등

취득가능 자격증

- 관광통역안내사
- 무역영어
- 실용영어
- 영어능력시험(FLEX 영어, TOEIC, TEPS, TOEFL 등)
- 영어회화평가시험(ESPT)
- 외국어번역행정사
- 호텔경영사
- 호텔관리사
- 중등학교 정교사 2급(영어) 등

학과 주요 교과목

기초 과목	영어문법, 영문학개론, 영어산문, 영어학개론, 영어단편소설, 시 읽기, 빅데이터와 영어학습, 영어발음연습, 영미희곡, 미국소설, 영어독해, 문학과 환경, 영한대조분석, 영어어휘구조, 비평입문, 문학과 영화, 영어작문, 영미문화 등
심화 과목	영어통사구조의 이해, 외국어습득론, 셰익스피어, 로맨스문학, 근대영미소설, 영미대중문학, 언어와뇌과학, 영어음성음운론, 영어구문분석, 영어의미화용론, 현대영미소설, 비교문학, 연극과 공연, 영어음성음운세미나, 영어통사의미세미나, 영어사, 문화이론, 비평이론, 젠더와 문학, 영어학주제실습, 영어빅데이터와 분석, 문학과 대안문명, 현대영미시 등

학과 인재상 및 갖추어야 할 자질

- 영어는 물론, 기타 외국어에도 남다른 열정과 애정을 느끼는 학생
- 사회 교과를 통해 외국의 문화, 역사, 사회, 경제 등에 흥미를 느낀 학생
- 윌리엄 셰익스피어, 찰스 디킨스 등의 작품을 깊이 있게 배우고 싶은 학생
- 영문학 및 영어학 지식의 실용적 가치를 창조하는 자세를 가진 학생
- 글로벌 인재로 거듭나기 위해 세계로 뻗어나가고 싶은 학생
- 영미 문학 및 영화 등에 흥미가 있고, 각 작품의 시대적·문화적 배경에 관심을 가진 학생

학과 관련 선택 과목

※ 국어, 영어 교과는 모든 학문의 기초적인 성격을 가진 도구교과로 모든 학과에 이수가 필요하여 생략함.

공통 과목		공통국어1,2, 공통수학1,2, 공통영어1,2, 한국사1,2, 통합사회1,2, 통합과학1,2, 과학탐구실험1,2
수능 필수		화법과 언어, 독서와 작문, 문학, 대수, 미적분 I, 확률과 통계, 영어 I, 영어 II, 한국사, 통합사회, 통합과학, 성공적인 직업생활(직업)
일반 선택	수학, 사회, 과학	세계시민과 지리, 세계사, 사회와 문화, 현대사회와 윤리
	체육·예술	
	기술·가정/정보	
	제2외국어/한문	
	교양	
진로 선택	수학, 사회, 과학	윤리와 사상, 인문학과 윤리, 국제 관계의 이해
	체육·예술	음악 감상과 비평, 미술 감상과 비평
	기술·가정/정보	
	제2외국어/한문	
	교양	인간과 철학, 인간과 심리, 삶과 종교
융합 선택	수학, 사회, 과학	여행지리, 사회문제 탐구, 윤리문제 탐구
	체육·예술	
	기술·가정/정보	
	제2외국어/한문	
	교양	논술

추천 도서 목록

- 오이디푸스왕, 소포클레스, 민음사
- 이야기 영국사, 김현수, 청아출판사
- 셰익스피어 4대 비극, 윌리엄 셰익스피어, 민음사
- 영미문학의 길잡이, 영미문학연구회, 창작과비평사
- 앵무새 죽이기, 하퍼 리, 열린책들
- 언어 이론과 그 응용, 김진우, 한국문화사
- 미메시스, 에리히 아우어바흐, 민음사
- 마지막 잎새, 오 헨리, 브라운힐
- 신곡: 지옥, 단테 알리기에리, 열린책들
- 1984, 조지 오웰, 민음사
- 동물농장, 조지 오웰, 민음사
- 죽은 시인의 사회, N. H. 클라인바움, 서교출판사
- 오만과 편견, 제인 오스틴, 서교출판사

- 안나 카레니나, 레프 톨스토이, 문학동네
- 반 고흐, 영혼의 편지, 빈센트 반 고흐, 위즈덤하우스
- 제인 에어, 샬럿 브론테, 브라운힐
- 파리대왕, 윌리엄 골딩, 민음사
- 황무지, T. S. 엘리엇, 민음사
- 호밀밭의 파수꾼, 제롬 데이비드 샐린저, 민음사
- 이처럼 사소한 것들, 클레어 키건, 다산책
- 스토너, 존 윌리엄스, 알에이치코리아
- 프라이드 그린 토마토, 패니 플래그, 민음사
- 이것이 영어다, Brian Morikuni, 온북스
- 우주의 알, 테스 건티, 은행나무
- 원리를 깨우치는 영문법, 이동현, 넥서스

학교생활 TIPS

- 영어영문학과와 관련이 깊은 국어, 영어, 사회·문화, 제2외국어 교과의 우수한 학업 성취를 올릴 수 있도록 하고, 각 수업 활동에 적극적으로 참여하여 학업 역량, 문제 해결 능력, 탐구력 등이 학교생활기록부 교과 세부 능력 및 특기사항에 기록될 수 있도록 합니다.
- 전공과 관련 있는 다양한 진로 활동(무역 회사, 영어영문학과 탐방, 영어 교사 인터뷰 등)에 참여하여 새롭게 알게 된 사실이나 느낀 점을 중심으로 자신의 진로 역량을 키우도록 합니다.
- 독서 토론, 문학 연구, 시사 영어 탐구, 영어 연극, 영자 신문 등 영어 관련 교내 동아리에서 영어권 국가의 사회·문화, 언어와 관련된 내용을 조사,

발표하는 등 전공 관련 활동을 주도적으로 하고 의미 있는 역할을 했음을 드러냅니다.
- 학급이나 학생회의 임원 활동, 멘토-멘티 활동, 영미 문화 알리미 활동, 돌봄 활동(장애인, 독거노인 대상 도시락 배달 등), 학습 도우미 활동(복지관, 방과 후 학교 등)과 같은, 학교 교육계획에 의해 진행되는 봉사 활동이나 행사 활동, 수련 활동, 체험 활동 등에 적극적으로 참여하여 협업과 소통 능력, 나눔과 배려, 성실성과 규칙 준수, 리더십 등을 보이는 것이 중요합니다.
- 철학, 문학, 사회학, 예술학, 역사학, 문화인류학 등 폭넓은 분야의 독서를 통해 기본적인 소양을 키웁니다.

학과소개

응용영어통번역학과는 급변하는 세계화의 흐름 속에서 시대의 요구에 부응하는 영어 전문가를 양성하는 데 그 목적을 둡니다. 언어, 문화 및 역사적, 사회정치적, 물질적 맥락을 유기적으로 연계하여 비판적이고 융합적인 분석적 시각을 키우고 높은 수준의 인문 사회적 소양을 기를 수 있도록 교육하는 학문입니다.

또한, 다양한 제도 영어, 학술 영어, 일상 영어를 상황에 따라 적절히 이해하고 전문적으로 구사할 수 있는 능력을 기르는 데 중점을 둡니다. 영어 및 영어문화권에 대한 광범위하고 실제적이며 융합적인 탐구를 수행합니다. 이를 위해 교육학, 문학, 인류학, 사회학, 언론학 및 심리학을 어우르는 내용 중심의 통합적 교육과정을 운영합니다. 학생들은 모든 강의에서 학문의 이론과 실제가 상호 보완하는 과정에 참여할 수 있습니다. 또한 인문학 및 사회과학의 지식 탐구 외에도, 언어 간 담화 운영 활동(interdiscursivity)을 통해 다양한 영역에서 영어를 능숙하게 구사하는 영어 전문가로서의 역량을 함양합니다.

개설대학

- 경희대학교 등

관련학과

- 영어통번역전공
- 글로벌통번역학부
- 영미인문학과
- 영어영문학전공
- 영미언어문화학과
- 영미문학·문화학과
- 영미학과
- 국제학부(영어학전공)
- EICC학과 등

진출직업

- 신문기자
- 방송기자
- 작가
- 번역가
- 통역가
- 대학 교수
- 중등학교 교사(영어)
- 광고 및 홍보전문가
- 외교관
- 해외통신원
- 국제회의기획자
- 관광통역안내원
- 호텔 및 관광사업 기획자
- 문화유산해설사
- 국내외 여행안내원 등

취득가능 자격증

- 관광통역안내사
- 무역영어
- 실용영어
- 영어능력시험(FLEX 영어, TOEIC, TEPS, TOEFL 등)
- 영어회화능력평가시험ESPT
- 외국어번역행정사
- 호텔경영사
- 호텔관리사
- 중등학교 정교사 2급(영어) 등

진출분야

기업체	무역 회사, 항공사, 여행사, 호텔, 외국계 기업체, 일반 기업의 국제 관련 부서, 일반 기업의 영업직·해외 업무 부서, 해외 현지 기업, 언론사(신문사, 잡지사, 방송국), 출판사, 금융권 해외 고객 유치 업무 부서 등
정부 및 공공 기관	엑스포·국제 박람회 조직 위원회, 국제기구, 주한대사관 및 문화원, 한국공항공사, 인천국제공항공사, 무역·수출입 관련 공공 기관(관세청, 한국무역보험공사, 한국무역협회 등), 한국문학번역원, 초등학교, 중고등학교, 대학교 등
연구 기관	국제 경제·무역 관련 국가·민간 연구소, 인문 과학관련 국가·민간 연구소 등

학과 주요 교과목

기초 과목	통번역개론, 영어작문, 영어독해, 영어학개론, 영문학개론, 번역기반영어독해, 응용영어학개론, 영어문법, 시역통역, 경제통상번역, 영문학과사회, 영미문화, 영어음성음운론, 영한순차통역, 영한번역, 담화분석, 미디어영어청취, 스크린영어, 상황별 영어말하기, 영어토론 등
심화 과목	한영순차통역, 한영번역, 영미문학과 문화, 영어통사론, 영어교육의 이론과 실제, 영한순차통역, 시사번역, 비교문화분석, 고급영문법, 영어대화분석, 과학기술번역, 영문학과 영어교육, 사회언어학, 한국문화영어원강, 주제별심화통역, 문학번역, 고급퍼블릭스피킹, 심리언어학, 비즈니스영어, 법률영어, 취업영어, 국제금융영어 등

학과 인재상 및 갖추어야 할 자질

- 영어를 비롯한 외국어에 남다른 열정과 애정을 가진 학생
- 국제적 안목과 통번역 능력을 갖춘 국제 커뮤니케이션의 전문가가 되고 싶은 학생
- 문화 산업과 문화 교류에 관심이 많은 학생
- 영어 구사력이 뛰어나고, 국제 정치와 경제에 대해 알고 싶은 학생
- 영어학과 외국어 습득에 재능이 있는 학생
- 영미어문학 지식과 인문학적 소양을 갖춘 영어 교육 전문가가 되고 싶은 학생

학과 관련 선택 과목

※ 국어, 영어 교과는 모든 학문의 기초적인 성격을 가진 도구교과로 모든 학과에 이수가 필요하여 생략함.

공통 과목		공통국어1,2, 공통수학1,2, 공통영어1,2, 한국사1,2, 통합사회1,2, 통합과학1,2, 과학탐구실험1,2
수능 필수		화법과 언어, 독서와 작문, 문학, 대수, 미적분Ⅰ, 확률과 통계, 영어Ⅰ, 영어Ⅱ, 한국사, 통합사회, 통합과학, 성공적인 직업생활(직업)
일반 선택	수학, 사회, 과학	세계시민과 지리, 세계사, 사회와 문화, 현대사회와 윤리
	체육·예술	
	기술·가정/정보	
	제2외국어/한문	
	교양	
진로 선택	수학, 사회, 과학	윤리와 사상, 인문학과 윤리, 국제 관계의 이해
	체육·예술	음악 감상과 비평, 미술 감상과 비평
	기술·가정/정보	
	제2외국어/한문	
	교양	인간과 철학, 인간과 심리
융합 선택	수학, 사회, 과학	여행지리, 사회문제 탐구, 윤리문제 탐구
	체육·예술	
	기술·가정/정보	
	제2외국어/한문	
	교양	

추천 도서 목록

- 통역의 바이블, 임종령, 길벗이지톡
- 동시통역 영어회화, 제이플러스 기획편집부, 제이플러스
- 한영 번역, 이럴 땐 이렇게: 실전편, 조원미, 이다새
- 방송동시통역사 기자처럼 뛰고 아나운서처럼 말한다, 이지연, 이담북스
- 번역에 살고 죽고, 권남희, 마음산책
- 이것이 영어다, Brian Morikuni, 온북스
- 노벨문학상과 번역 이야기, 정은귀 외, 한국외국어대학교 지식출판콘텐츠원
- 번역의 말들, 김택규, 유유중
- 번역수업 101, 곽은주 외, 한국문화사
- A4 한 장 영어 공부법 영어회화편, 닉 윌리엄슨, 더북에듀
- Dr. Lee의 똑똑영어, 이상혁, 연암사
- 바로 도움이 되는 동시통역 영어회화, 제이플러스 기획편집부, 제이플러스
- 영어 공부 말고 영어 독서 합니다, 쏘피쌤 외, 지식과감성

- 인문학과 손잡은 영어 공부 1, 강준만, 인물과사상사
- 영단어 이미지 기억법 2, 전왕, 북랩
- 영어, 이번에는 끝까지 가봅시다, 정김경숙(로이스 김), 웅진지식하우스
- 우리말과 영어의 만남, 이상도, 이진법영어사
- 센스, 안준성, 도서출판 안다
- 뇌과학 외국어 학습 혁명, 이충호, 북랩
- 챗GPT 영어 질문법, 일간 소울영어(레바 김), 로그인
- 구슬쌤의 예의 바른 영어 표현에 더하여, 구슬, 사람in
- 챗GPT 영어 혁명, 슈퍼윌 김영익, 동양북스
- 원리를 깨우치는 영문법, 이동현, 넥서스
- 생생 시사영어, 박명수, 로이트리프레스
- 쉽게 쓸 수 있는 글, 잉글, 임오르, 북랩
- 사용빈도 1억 영어실수 백신, 마스터유진, 사람in

학교생활 TIPS

- 응용영어통번역학과와 관련이 깊은 국어, 영어, 사회·문화, 제2외국어 교과의 우수한 학업 성취를 올릴 수 있도록 하고, 각 수업 활동에 적극적으로 참여하여 학업 역량, 문제 해결 능력, 탐구력 등이 학교생활기록부 교과 세부능력 및 특기사항에 기록될 수 있도록 합니다.
- 전공과 관련 있는 다양한 진로 활동(무역 회사, 영어영문학과 탐방, 영어 교사 인터뷰 등)에 참여하여 새롭게 알게 된 사실이나 느낀 점을 중심으로 자신의 진로 역량을 키우도록 합니다.
- 독서 토론, 문학 연구, 시사 영어 탐구, 영어 연극, 영자 신문 등 영어 관련 교내 동아리에서 영어권 국가의 사회·문화, 언어와 관련된 내용을 조사,

발표하는 등 전공 관련 활동을 주도적으로 하고 의미 있는 역할을 했음을 드러냅니다.
- 학급이나 학생회의 임원 활동, 멘토-멘티 활동, 영미 문화 알리미 활동, 돌봄 활동(장애인, 독거노인 대상 도시락 배달 등), 학습 도우미 활동(복지관, 방과 후 학교 등)과 같은, 학교 교육계획에 의해 진행되는 봉사 활동이나 행사 활동, 수련 활동, 체험 활동 등에 적극적으로 참여하여 협업과 소통 능력, 나눔과 배려, 성실성과 규칙 준수, 리더십 등을 보이는 것이 중요합니다.
- 철학, 문학, 사회학, 예술학, 역사학, 문화인류학 등 폭넓은 분야의 독서를 통해 기본적인 소양을 키웁니다.

인문계열 · 사회계열 · 자연계열 · 공학계열 · 의약계열 · 예체능계열 · 교육계열 · 계약학과 & 특성화학과

학과소개

일본은 역사, 문화, 지리 등 다방면에서 한국과의 교류가 활발한 국가입니다. 따라서 일본과 관련된 인문학적 콘텐츠의 현대적 활용을 통해 일본을 정확하게 이해하는 것이 중요합니다. 또한 국제 무대에서의 한일 관계를 위해 고급 일본어 구사 능력과 일본문학, 역사, 경제, 정치 등 일본학 전반에 대한 이해를 높이는 것이 중요시되고 있습니다. 21세기 들어 영화, 음악 등을 통한 일본과의 교류가 더욱 확대되고 있고, 동시에 한국 사회에서 제대로 된 일본 연구의 필요성도 증대됨에 따라 일어일문학의 중요성은 더욱 커지고 있다고 할 수 있습니다.

일어일문학과에서는 일본의 언어와 문학, 나아가 문화 전반에 걸친 학습을 통하여 일본에 대한 이해를 도모하게 하는 데 목표를 두고, 일본과 관련된 타 분야에서의 활동도 가능하도록 폭 넓은 소양을 갖춘 전문인 양성에 주력합니다. 일본 문화에 대한 체계적 연구와 교육을 통해 세계 속의 한국인으로서의 자기 존재를 확립하고 자신의 삶을 실현해 갈 수 있는 인간을 양성하는 것이 일어일문학과의 교육 목표입니다. 따라서 일어일문학과에서는 유창한 일본어 구사 능력을 습득하고, 일본의 문학, 어학, 역사, 사회, 예술 등의 일본 문화를 이해하기 위한 교육을 수행하고 있습니다.

개설대학

- 국립창원대학교
- 국립군산대학교
- 경북대학교
- 고려대학교
- 남서울대학교
- 대구가톨릭대학교
- 동국대학교(WISE)
- 부산대학교
- 서울여자대학교
- 숭실대학교
- 영남대학교
- 전남대학교
- 제주대학교
- 충남대학교 등

진출직업

- 여행안내원
- 동시통역사
- 무역담당자
- 언론인(기자, PD, 아나운서 등)
- 대학 교수
- 중등학교 교사(일본어)
- 정부 및 민간 연구소 연구원
- 일본전문투자설계사
- 작가
- 통·번역가 등

관련학과

- 아시아문화학부(일본어문학전공)
- 일본언어문화학과
- 관광일본어과
- 일본어일본학과
- 일본언어문화전공
- 일어일문학부
- 일본어과
- 일본어일본문화학과 등

취득가능 자격증

- 관광통역안내사
- 외국어번역행정사
- 호텔경영사
- 일본어능력시험(FLEX 일본어, JLPT, JPT 등)
- 중등학교 정교사 2급(일본어) 등

진출분야

기업체	일반 기업체의 기획·해외 영업 부서, 일본 기업, 해운 업체, 국제 통상 업체, 무역 회사, 은행, 항공 회사, 국내외 여행사, 언론사(신문사, 잡지사, 방송국), 출판사, 광고 회사, 이벤트 홍보 회사 등
정부 및 공공 기관	일반 공무원, 외교관, 국가정보원, 일본무역진흥기구, 대한상공회의소, 법조계, 일본법 전문가 등
연구 기관	정부 및 민간 일본 연구소 등

학과 주요 교과목

기초 과목	일본문학입문, 일본어회화, 기초일본어문법, 영상일본어, 기초일본어독해, 일본어문장연습, 실전일본어독해, 일본역사와 문화, 일본어문법, 일본어문장연습, 일본근현대문학작품론, 실전일본어회화 등
심화 과목	일본어의 음성, 중급일본어회화, 일본문학의 흐름, 일본사회와 생활문화, 한일어대조세미나, 중급일본어회화, NHK뉴스통역입문, 일본어어휘와 어법, 일본명작선독, 비즈니스일본어회화, NHK뉴스통역연습, 한일어문화커뮤니케이션, 고급일본어회화 등

학과 인재상 및 갖추어야 할 자질

- 일본어를 능숙하게 구사하는 일본 전문가가 되고 싶은 학생
- 일본어 문학과 일본 문화에 깊은 이해를 지닌 학생
- 일본학과 일본인에 대해 바른 시각을 가진 학생
- 한일 우호와 교류 증진에 앞장설 글로벌 리더가 꿈인 학생
- 한국과 국제 사회에 기여할 진취적인 태도를 지닌 학생
- 우리 문화를 적극 홍보하고, 우리 문화와 상대방 문화의 융합을 꾀하고 싶은 학생

학과 관련 선택 과목

※ 국어, 영어 교과는 모든 학문의 기초적인 성격을 가진 도구교과로 모든 학과에 이수가 필요하여 생략함.

공통 과목		공통국어1,2, 공통수학1,2, 공통영어1,2, 한국사1,2, 통합사회1,2, 통합과학1,2, 과학탐구실험1,2
수능 필수		화법과 언어, 독서와 작문, 문학, 대수, 미적분Ⅰ, 확률과 통계, 영어Ⅰ, 영어Ⅱ, 한국사, 통합사회, 통합과학, 성공적인 직업생활(직업)
일반 선택	수학, 사회, 과학	세계시민과 지리, 세계사, 사회와 문화
	체육·예술	
	기술·가정/정보	
	제2외국어/한문	일본어, 한문
	교양	
진로 선택	수학, 사회, 과학	동아시아 역사 기행, 윤리와 사상, 인문학과 윤리, 국제 관계의 이해
	체육·예술	
	기술·가정/정보	
	제2외국어/한문	일본어 회화, 한문 고전 읽기
	교양	인간과 철학, 인간과 심리
융합 선택	수학, 사회, 과학	여행지리, 사회문제 탐구, 윤리문제 탐구
	체육·예술	
	기술·가정/정보	
	제2외국어/한문	일본 문화, 언어생활과 한자
	교양	

추천 도서 목록

- 마음, 나쓰메 소세키, 열린책들
- 시체의 거리, 오타 요코, 지식을만드는지식
- 은수저, 나카 간스케, 휴머니스트
- 인간 실격, 다자이 오사무, 올리버
- 남색대감: 무사편, 이하라 사이카쿠, 지식을만드는지식
- 무가의리 이야기, 이하라 사이카쿠, 소명출판
- 슌킨 이야기, 다니자키 준이치로, 문예출판사
- 모리 오가이 단편선집, 모리 오가이, 진달래
- 사양, 다자이 오사무, 문예출판사
- 나는 고양이로소이다, 나쓰메 소세키, 지브레인
- 세상의 마지막 기차역(리커버 에디션), 무라세 다케시, 모모
- 도시와 그 불확실한 벽, 무라카미 하루키, 문학동네
- 노르웨이의 숲, 무라카미 하루키, 민음사

- 바다가 들리는 편의점, 마치다 소노코, 모모
- 오늘 밤, 세계에서 이 사랑이 사라진다 해도, 이치조 미사키, 모모
- 말하고 싶은 비밀, 사쿠라 이이요, 모모
- 나미야 잡화점의 기적, 히가시노 게이고, 현대문학
- 그리움을 요리하는 심야식당, 나카무라 사츠키
- 감각으로 잡는 일본어, 구태훈, 휴먼메이커
- 일본어뱅크 좋아요 일본 문화와 사회, 사이키 가쓰히로 외, 동양북스
- 알면 다르게 보이는 일본 문화, 이경수 외, 지식의날개
- 책과 여행으로 만난 일본 문화 이야기, 최수진, 세나북스
- 일본 문화를 바라보는 창 우키요에, 판리, 아트북스
- 전근대부터 현대까지 빠짐없이 둘러보는 일본 문화 이야기, 신종대, 글로벌콘텐츠
- 나의 문화유산답사기 일본편, 유홍준, 창비

학교생활 TIPS

- 일문학과와 관련이 깊은 국어, 영어, 사회·문화, 일본어, 한문 교과의 우수한 학업 성취를 올릴 수 있도록 하고, 각 수업 활동에 적극적으로 참여하여 학업 역량, 문제 해결 능력, 탐구력 등이 학교생활기록부 교과 세부능력 및 특기사항에 기록될 수 있도록 합니다.
- 전공과 관련 있는 다양한 진로 활동(일본 문화원, 학과 탐방, 일본 전문가 인터뷰 등)에 참여하여 새롭게 알게 된 사실이나 느낀 점을 중심으로 자신의 진로 역량을 키우도록 합니다.
- 학교 신문에 일본어로 일본의 문화를 소개하거나, 일본어 회화, 일본 문화 탐구, 일본 애니메이션 등 일본어나 일본의 문화를 연구하는 교내 동아리

에서 일본과 관련된 내용을 조사, 발표하는 등 전공 관련 활동을 주도적으로 하고 의미 있는 역할을 했음을 드러냅니다.
- 학급이나 학생회의 임원 활동, 멘토-멘티 활동, 돌봄 활동(장애인, 독거노인 대상 도시락 배달 등), 학습 도우미 활동(복지관, 방과 후 학교 등), 방과후 일본어반 등과 같은, 학교 교육계획에 의해 진행되는 봉사 활동이나 행사 활동, 수련 활동, 체험 활동 등에 적극적으로 참여하여 협업과 소통 능력, 나눔과 배려, 성실성과 규칙 준수, 리더십 등을 보이는 것이 중요합니다.
- 철학, 문학, 사회학, 예술학, 경제학, 정치학 등 폭넓은 분야의 독서를 통해 기본적인 소양을 키웁니다.

종교학과

학과소개

종교학은 우리 삶에서 가장 근본적이며 심오한 질문을 던지고, 그 내용을 스스로 생각하게 하며, 또 종교에 대해 가르치고 연구하는 학문입니다. 뿐만 아니라 기존 신앙, 진리, 그리고 윤리적으로 난해한 문제에 대한 솔직한 질문들을 던지고 생각하게 합니다. 만약 이 세상에 종교가 없었다면 인류의 정신 문화는 더욱 황폐해졌을 것이며 세계의 각종 종교 관련 문화유산도 없을 것입니다. 종교가 탐구하는 사상들과 개념들은 인간 사회를 정의하는 역사적, 미적, 그리고 도덕적인 감수성을 고양합니다.

종교학과는 종교에 대한 학문적인 탐구뿐만 아니라, 종교 사상들을 다양한 학문적인 방법론을 원용하여 그 존재론적이며 윤리적인 주장들을 학문적으로 검토하고, 새로운 종교의 모습을 탐색하고 제안합니다. 종교학과는 이처럼 일상뿐 아니라 인류 문명에 지대한 영향을 주는 '종교'를 깊이 공부하며 종교의 참모습을 밝히는 학과입니다. 졸업 후에는 종교계 진출은 물론, 종교적 맥락에서 인류의 미래를 모색할 인재로 성장할 수 있습니다.

 ## 개설대학

- 서강대학교
- 서울대학교 등

 ## 관련학과

- 종교문화학부
- 기독교학부
- 기독교교육과 미디어학과
- 기독교사회복지상담학과
- 원불교학부
- 기독교학과
- 기독교교육과
- 신학과
- 대순종학과
- 불교학부
- 기독교교육상담학과
- 기독교신학전공 등

진출분야

기업체	신문사, 잡지사, 방송국, 출판사, IT 등 문화 사업 업체, 일반 기업체의 사무직, 뉴미디어 분야
정부 및 공공 기관	중앙 정부 및 지방 자치 단체, 사회 복지 분야, 중·고등학교, 대학교, 교육 기관 등
연구 기관	인문·사회 과학 관련 국가·민간 연구소, 한국종교문화연구소, 종교·문화 관련 국가·민간 연구소 등

 ## 진출직업

- 종교전문가
- 출판물기획전문가
- 선교사
- 성직자
- 인문사회계열 교수
- 언론인(기자, PD, 아나운서 등)
- 인문과학연구원
- 작가
- 중등학교 교사(종교) 등

취득가능 자격증

- 문화선교사
- 중등학교 정교사 2급(종교)
- 사회복지사
- 전문상담 교사 등

 ## 학과 주요 교과목

기초 과목	종교의 이해, 힌두교의 이해, 불교의 이해, 중국종교의 이해, 그리스도교의 이해, 이슬람교의 이해, 유대교의 이해, 고대근동의 종교, 세계샤머니즘, 한국종교의 역사적이해, 일본종교의 이해, 유교의 중심사상, 도교의 중심사상, 그리스도교의 중심사상, 선불교 입문, 중국문화 속의 유교와 도교, 동아시아 종교 전통과 그리스도교
심화 과목	한국도교와 신선사상, 한국 무교의 이해, 한국 민족 종교, 유교 강독, 도교 강독, 불교 강독, 힌두교 강독, 그리스도교 강독, 종교 현상학, 종교 인류학, 종교 심리학, 종교 철학, 신화의 이해, 죽음의 이해, 주술과 종교, 종교와 젠더, 종교와 예술, 종교와 미디어, 비교 신비주의, 그리스도교 영성과 신비주의, 이슬람교의 전쟁과 평화론, 초월심리학과 종교

학과 인재상 및 갖추어야 할 자질

- 종교 문화에 대한 깊은 이해와 감수성을 지닌 학생
- 인간의 종교적 삶을 성찰하고자 하는 학생
- 다원적 종교 문화에 대한 깊은 이해와 감수성을 지닌 학생
- 세계화된 지구 공동체와 한국의 종교 문화에 기여하고 싶은 학생
- 종교와 연관된 문화를 배우며 남을 존중하고 더불어 사는 법을 모색하는 학생
- 다른 종교인들의 문화와 자신의 종교 문화에 대해 성찰하고자 하는 학생

학과 관련 선택 과목

※ 국어, 영어 교과는 모든 학문의 기초적인 성격을 가진 도구교과로 모든 학과에 이수가 필요하여 생략함.

공통 과목		공통국어1,2, 공통수학1,2, 공통영어1,2, 한국사1,2, 통합사회1,2, 통합과학1,2, 과학탐구실험1,2
수능 필수		화법과 언어, 독서와 작문, 문학, 대수, 미적분Ⅰ, 확률과 통계, 영어Ⅰ, 영어Ⅱ, 한국사, 통합사회, 통합과학, 성공적인 직업생활(직업)
일반 선택	수학, 사회, 과학	세계시민과 지리, 세계사, 사회와 문화, 현대사회와 윤리
	체육·예술	
	기술·가정/정보	
	제2외국어/한문	
	교양	
진로 선택	수학, 사회, 과학	동아시아 역사 기행, 윤리와 사상, 인문학과 윤리, 국제 관계의 이해
	체육·예술	
	기술·가정/정보	
	제2외국어/한문	
	교양	인간과 철학, 논리와 사고, 인간과 심리, 교육의 이해, 삶과 종교
융합 선택	수학, 사회, 과학	여행지리, 역사로 탐구하는 현대 세계, 사회문제 탐구, 윤리문제 탐구
	체육·예술	
	기술·가정/정보	
	제2외국어/한문	
	교양	논술

추천 도서 목록

- 과학 시대의 종교를 말하다, 현우식, 연세대학교출판문화원
- 한국종교를 컨설팅하다, 이찬수 외 6인, 모시는사람들
- 나의 얼, 정신의 빛, 안병로, 말벗
- 한국 종교문화 횡단기, 최종성, 이학사
- 종교학의 이해, 유요한, 세창출판사
- 한국 종교학, 정진홍 외 4인, 모시는사람들
- 이야기 종교학, 이길용, 종문화사
- 한국 사회와 종교학, 서울대학교 종교문제연구소, 서울대학교출판문화원
- 종교학이란 무엇인가, 한스 유르겐 그레샤트, 안병로 역, 북코리아
- 종교학의 길잡이, 이정순, 한국학술정보
- 비교 종교학 개론, 김은수, 대한기독교서회
- 신의 역사, 카렌 암스트롱, 배국원 역, 교양인
- 당신을 만날 수 있을까, 이기행, 이담북스

- 심리학과 종교, 칼 구스타프 융, 정명진 역, 부글북스
- 맹자에게 배우는 나를 지키며 사는 법, 김월회, EBS BOOKS
- 구약의 사람들, 주원준, EBS BOOKS
- 신 이야기, 정진홍 저, EBS BOOKS
- 왜 사는가 : 소크라테스 예수 붓다, 프레데릭 르누아르, 이푸로라 역, 마인드큐브
- 신 앞에 선 인간, 박승찬, 21세기북스
- 교양으로 읽는 세계 7대 종교, 질 캐럴, 성세희 역, 시그마북스
- 신화와 정신분석, 이창재, 아를
- 내 안의 엑스터시를 찾아서, 성해영, 불광출판사
- 죽음 그 이후, 남우현, 지식과감성
- 성서의 역사, 존 바턴, 비아토르
- 종교는 달라도 인생의 고민은 같다, 성진 외, 불광출판사

학교생활 TIPS

- 종교학과 관련이 깊은 국어, 영어, 사회, 역사 등의 교과에서 우수한 학업 성취를 올릴 수 있도록 하고, 각 수업 활동에 적극적으로 참여하여 학업 역량, 문제 해결 능력, 탐구력 등이 학교생활기록부 교과 세부능력 및 특기사항에 기록될 수 있도록 합니다.
- 전공과 관련 있는 다양한 진로 활동(종교 연구소, 학과 탐방, 종교학지 인터뷰 등)에 참여하여 새롭게 알게 된 사실이나 느낀 점을 중심으로 자신의 진로 역량을 키우도록 합니다.
- 심리학 연구, 고전 읽기, 독서 토론, 종교 연구, 기독교 등 교내 동아리에서 심리와 관련된 내용을 조사, 발표하는 등 전공 관련 활동을 주도적으로

하고 의미 있는 역할을 했음을 드러냅니다.
- 학급이나 학생회의 임원 활동, 돌봄 활동(장애인, 독거노인, 환우 대상), 학습 도우미 활동(복지관, 방과 후 학교), 병원이나 심리 상담 기관 등에서의 활동(업무 보조·홍보 활동, 각종 캠페인 활동) 등과 같은, 학교 교육 계획에 의해 진행되는 봉사 활동이나 행사 활동, 수련 활동, 체험 활동 등에 적극적으로 참여하여 협업과 소통 능력, 나눔과 배려, 성실성과 규칙 준수, 리더십 등을 보이는 것이 중요합니다.
- 심리상담학, 역사학, 철학, 정치경제학, 생물학, 수학 등 폭넓은 분야의 독서를 통해 기본적인 소양을 키우도록 합니다.

20 중어중문학과

학과소개

고대부터 세계 곳곳에서 다양한 문명들이 명멸하였지만, 그 중 아직까지 정체성을 유지하며 부단히 발전을 진행하고 있는 것으로는 중국 문명이 거의 유일하다 할 수 있습니다. 중국은 유구한 역사 속에서 독자적인 문화를 형성 발전시켜 왔습니다. 중국은 우리나라와 지리적으로 인접해 있을 뿐 아니라 정치, 문화, 사회 등 모든 면에서 매우 밀접한 관계를 유지해 왔습니다. 중국어는 세계에서 가장 많은 사람들이 사용하는 언어로, 최근 세계 무대에서 중국의 위상이 높아짐에 따라 국내에도 중국어를 배우려는 사람들이 증가하고 있습니다.

중어중문학과는 중국어 청취와 회화, 독해, 작문 등 중국어에 대한 체계적인 공부와 함께 중국의 문학을 연구하고, 나아가 중국의 오랜 역사와 문화를 탐구하는 학과입니다. 중국인의 정신과 삶, 그리고 풍속과 사회를 심도 있게 이해하도록 하는 데 중어중문학 교육의 의의가 있다고 할 수 있습니다. 이를 위하여 중어중문학과에서는 체계적인 중국어의 습득과 인문학적인 소양의 기초를 다지게 하고, 21세기의 무한한 발전 가능성과 잠재력을 지닌 중국과의 교류 발전 및 세계화에 크게 기여할 수 있는 유능한 인재를 배양하는 데 그 교육 목표를 둡니다.

📖 개설대학

- 국립강릉원주대학교
- 국립공주대학교
- 경상국립대학교
- 동국대학교(WISE)
- 국립군산대학교
- 건국대학교
- 경북대학교
- 고려대학교
- 동국대학교
- 부산대학교
- 서울대학교
- 서울여자대학교
- 성결대학교
- 숭실대학교
- 연세대학교
- 이화여자대학교
- 전남대학교
- 전북대학교
- 제주대학교
- 충남대학교
- 충북대학교
- 한양대학교 등

🔖 관련학과

- 아시아문화학부(중국어문학전공)
- 중국어중국학과
- 중국언어문화학과
- 중어중문학과
- 중국어학과
- 중국어과
- 중어중문학부 등

💻 진출분야

기업체	국내 및 중국 기업, 국제 통상 업체, 해운 업체, 무역회사 사무직, 신문사, 방송사, 항공사, 은행, 회계 법인, 중국 전문 투자 설계사, 해외(특히 중국) 마케팅회사 등
정부 및 공공 기관	대학교, 중고등학교, 공기업, 한국관광공사, 한국산업은행, 한국수출입은행, 대한무역투자진흥공사, 정부부처 및 공공기관 공무원, 대사관, 국가정보원, 대한상공회의소 등
연구 기관	인문·사회 과학 또는 중국어·중국 관련 국가·민간연구소 등

📋 진출직업

- 출판물기획전문가
- 동시통역사
- 작가
- 통·번역가
- 출판업자
- 아나운서
- 언론인(기자, PD, 아나운서 등)
- 변호사
- 중등학교 교사(중국어)
- 교수
- 어학원장 등

🎓 취득가능 자격증

- 중등학교 정교사 2급(중국어)
- 관광통역안내사(중국어)
- 중국어능력평가시험(HSK)
- 중국어실용능력시험(CPT)
- 번역사 등

📋 학과 주요 교과목

기초 과목	초급중회화, 중급중회화, 중어기본문형연습, 중급중어강독, 기초중국고문, 중문법, 중국어학의 이해, 중국어발음의 이해, 중국문학사, 중국소설개론, 중국현대문학의 이해 등
심화 과목	고급중회화, 실용중어, 무역중어, 고급중어강독, 중한번역연습, 중국명시감상, 중국역대상문강독, 중국문자의 이해, 중국방언의 이해, 중국희곡의 이해, 중국현대문학강독 등

🌱 학과 인재상 및 갖추어야 할 자질

- 중국어에 대한 흥미를 간직하고 있는 학생
- 중국의 어학, 문학, 문화를 동경하며 심화된 지식과 역량을 갖고자 하는 학생
- 창의적인 문제 해결 능력과 도전 정신, 글로벌 마인드를 가진 학생
- 지속적인 연구에 노력을 기울일 끈기를 가진 학생
- 우리나라, 일본, 중국 등의 동양 문화에 관심이 있는 학생
- 중국의 역사, 급변하는 중국의 현실에 대해 애정과 호기심을 갖고 있는 학생

ка。

학과 관련 선택 과목

※ 국어, 영어 교과는 모든 학문의 기초적인 성격을 가진 도구교과로 모든 학과에 이수가 필요하여 생략함.

공통 과목		공통국어1,2, 공통수학1,2, 공통영어1,2, 한국사1,2, 통합사회1,2, 통합과학1,2, 과학탐구실험1,2
수능 필수		화법과 언어, 독서와 작문, 문학, 대수, 미적분Ⅰ, 확률과 통계, 영어Ⅰ, 영어Ⅱ, 한국사, 통합사회, 통합과학, 성공적인 직업생활(직업)
일반 선택	수학, 사회, 과학	세계사, 사회와 문화, 현대사회와 윤리
	체육·예술	
	기술·가정/정보	
	제2외국어/한문	중국어, 한문
	교양	
진로 선택	수학, 사회, 과학	동아시아 역사 기행, 윤리와 사상, 인문학과 윤리
	체육·예술	
	기술·가정/정보	
	제2외국어/한문	중국어 회화, 심화 중국어, 한문 고전 읽기
	교양	인간과 철학, 인간과 심리, 삶과 종교
융합 선택	수학, 사회, 과학	여행지리, 역사로 탐구하는 현대 세계, 사회문제 탐구, 윤리문제 탐구
	체육·예술	
	기술·가정/정보	
	제2외국어/한문	중국 문화, 언어생활과 한자
	교양	

추천 도서 목록

- 수호지, 시내암, 범우
- 삼국지, 나관중, 책에반하다
- 원서발췌 문명소사, 리바이위안, 지식을만드는지식
- 아Q정전, 루쉰, 창비
- 중리허 단편집, 중리허, 지식을만드는지식
- 가장 짧은 낮, 츠쯔젠, 글항아리
- 제7일, 위화, 푸른숲
- 원청, 위화, 푸른숲
- 마지막 연인, 찬쉐, 은행나무
- 소동파 사선, 소식, 지식을만드는지식
- 이백 시전집, 이백, 지식을만드는지식
- 옥당한화, 왕인유, 지식을만드는지식
- 서석금낭, 민영순 외, 글빛문화원
- 삼국지연의, 나관중, 솔과학
- 가장 짧은 낮, 츠쯔젠, 글항아리
- 우아한 인생, 저우다신, 책과이음
- 매일 새로운 나를 발견하는 365 한 줄 논어, 다온북스 편집부, 다온북스
- 24 중국어 직독직해, STT Books 편집부, STT Books
- 사기열전, 사마천, 글항아리
- 옛이야기 다시 쓰다, 루쉰, 문학동네
- 루쉰 독본, 루쉰, 휴머니스트
- 단박에 중국사, 심용환 저자(글), 북플랫
- 기묘한 중국사, 왕레이, 에쎄
- 중국문화 한상차림, 박민수, 한국문화사
- 진짜 중국어, 성구현 외, 파고다북스

학교생활 TIPS

- 중어중문학과와 관련이 깊은 국어, 영어, 사회·문화, 중국어, 한문 교과의 우수한 학업 성취를 올릴 수 있도록 하고, 각 수업 활동에 적극적으로 참여하여 학업 역량, 문제 해결 능력, 탐구력 등이 학교생활기록부 교과 세부능력 및 특기사항에 기록될 수 있도록 합니다.
- 전공과 관련 있는 다양한 진로 활동(중국 문화원, 학과 탐방, 중국어 번역가 인터뷰 등)에 참여하여 새롭게 알게 된 사실이나 느낀 점을 중심으로 자신의 진로 역량을 키우도록 합니다.
- 학교 신문, 중국어 회화, 중국 문화 탐구, 중국 고전 소설 읽기 등과 같은 교내 동아리에서 중국과 관련된 내용을 조사, 발표하는 등 전공 관련 활동을 주도적으로 하고, 의미 있는 역할을 했음을 드러냅니다.
- 학급이나 학생회의 임원 활동, 멘토-멘티 활동, 돌봄 활동(장애인, 독거노인, 도시락 배달 등), 학습 도우미 활동(복지관, 방과 후 학교), 방과 후 중국어반 등과 같은, 학교 교육계획에 의해 진행되는 봉사 활동이나 행사 활동, 수련 활동, 체험 활동에 적극적으로 참여하여 협업과 소통 능력, 나눔과 배려, 성실성과 규칙 준수, 리더십 등을 보이는 것이 중요합니다.
- 인문학, 역사학, 문화인류학, 철학, 예술학 등 다양한 분야의 독서로 기초 소양을 키웁니다.

철학과

학과소개

철학은 특정 분야의 전공 지식에 만족하지 않고 자아와 인간, 그리고 사회와 자연에 대한 더 깊은 성찰을 바탕으로 인생을 보람 있게 설계하려는 창조적인 젊은이들을 위한 학문입니다. 철학이라는 학문은 고교 시절에 겪었던 것처럼 누군가의 사상을 끊임없이 공부하면서 암기하는 재미없고 따분한 것이 아닙니다. 오히려 다양한 철학자들의 사유를 통해서 세계를 바라보는 시각을 달리한다면 예전과 다르게 사유하는 방법을 배울 수 있는 학문입니다. 철학(Philosophy)의 어원을 풀어 보면, '지혜를 사랑하다'라는 뜻을 가지고 있음을 알 수 있습니다. 결국 철학은 자신과 자신의 삶을 둘러싼 세계에 대한 지적인 관심이라고 할 수 있습니다. 자신을 둘러싼 환경 혹은 사회에 대해 끊임없이 의문을 품고, 고민하는 것이 철학을 공부하기 위해 필요한 가장 기본적인 자세라고 할 수 있습니다.

철학과에서는 삶의 의미, 신, 선과 악, 존재 등에 대한 궁극적인 의문을 던지고 이에 합리적으로 대답하는 법에 관해 공부합니다. 철학도가 되고 싶은 학생이라면, 평소 특정한 사건이나 명제를 접할 때마다 논리적으로 사고하는 습관을 갖는 것이 중요합니다. 철학과 졸업 후에는 다양한 분야로 진출이 가능하고, 특히 요즈음에는 정보 산업 및 문화 산업 분야에도 활발히 진출하는 편입니다.

개설대학

- 가톨릭대학교
- 계명대학교
- 국립군산대학교
- 국립강릉원주대학교
- 건국대학교
- 경북대학교
- 경상국립대학교
- 경희대학교
- 고려대학교
- 단국대학교
- 동국대학교
- 부산대학교
- 서강대학교
- 서울대학교
- 서울시립대학교
- 성균관대학교
- 숭실대학교
- 연세대학교
- 영남대학교
- 이화여자대학교
- 인하대학교
- 전남대학교
- 전북대학교
- 제주대학교
- 중앙대학교
- 국립창원대학교
- 충남대학교
- 충북대학교
- 한국외국어대학교
- 한양대학교 등

관련학과

- 유학·동양학과
- 융합전공학부 철학
  – 동아시아문화학 전공
- 철학생명의료윤리학과 등

진출분야

기업체	방송사, 출판사, 신문사, 광고 회사, 기업의 문화 예술 관련 분야, 일반 기업의 사무직 등
정부 및 공공 기관	한국문화예술위원회, 국가생명윤리심의위원회, 환경단체 및 연구소, 각종 시민 사회 단체, 한국연구재단 등 인문·사회 과학 관련 국가·민간 연구소, 국가유산청 등 문화 관련 국가·민간 연구소, 중앙 정부 및 지방자치 단체, 중고등학교, 대학교, 정부부처 및 공공기관 등
연구 기관	인문·사회 과학 관련 국가·민간 연구소 등

진출직업

- 출판물기획전문가
- 동시통역사
- 작가
- 통·번역가
- 출판업자
- 아나운서
- 언론인(기자, PD, 아나운서 등)
- 변호사
- 중등학교 교사(철학)
- 교수 등

취득가능 자격증

- 중등학교 정교사 2급(철학)
- 평생교육사
- 심리상담사
- 정신건강상담사
- 갈등조정전문가
- 분쟁화해조정상담사
- 라이프코치
- 논술지도사 등

학과 주요 교과목

기초 과목	철학의 근본문제, 한국철학사, 인식론, 서양고중세철학사, 서양근세철학사, 윤리학, 동양철학사, 논리학, 도가철학, 유가철학, 서양철학원전강독, 제자백가의 철학 등
심화 과목	형이상학, 예술철학, 문학과 역사의 철학, 동양철학원전강독, 법과 사회의 철학, 언어분석과 심리철학, 독일관념론, 한국근세철학, 현대프랑스철학, 논리와 비판적 사고, 주역과 과학기술철학, 서양현대철학, 성리학과 양명학, 과학-AI-시민, 기술-미디어철학 등

학과 인재상 및 갖추어야 할 자질

- 폭넓은 독서로 사고하는 힘을 기르는 학생
- 인간 본성과 존재 가치, 삶의 본질 및 사회에 대해 관심이 있는 학생
- 지적 탐구를 통해 논리적으로 생각하는 것을 즐기는 학생
- 합리적 의사소통 능력을 지닌 학생
- 수리과학, 언어, 문학 등 다양한 영역에 관심이 있는 학생

학과 관련 선택 과목

※ 국어, 영어 교과는 모든 학문의 기초적인 성격을 가진 도구교과로 모든 학과에 이수가 필요하여 생략함.

공통 과목		공통국어1,2, 공통수학1,2, 공통영어1,2, 한국사1,2, 통합사회1,2, 통합과학1,2, 과학탐구실험1,2
수능 필수		화법과 언어, 독서와 작문, 문학, 대수, 미적분Ⅰ, 확률과 통계, 영어Ⅰ, 영어Ⅱ, 한국사, 통합사회, 통합과학, 성공적인 직업생활(직업)
일반 선택	수학, 사회, 과학	세계시민과 지리, 세계사, 사회와 문화, 현대사회와 윤리, 생명과학, 지구과학
	체육·예술	
	기술·가정/정보	
	제2외국어/한문	
	교양	
진로 선택	수학, 사회, 과학	한국지리 탐구, 동아시아 역사 기행, 윤리와 사상, 인문학과 윤리, 국제 관계의 이해
	체육·예술	
	기술·가정/정보	생활과학 탐구
	제2외국어/한문	
	교양	인간과 철학, 논리와 사고, 인간과 심리, 교육의 이해, 삶과 종교
융합 선택	수학, 사회, 과학	사회문제 탐구, 윤리문제 탐구, 과학의 역사와 문화, 융합과학 탐구
	체육·예술	
	기술·가정/정보	
	제2외국어/한문	
	교양	논술

추천 도서 목록

- 철학자가 본 우주의 역사, 윤구병, 보리
- 철학, 영화를 캐스팅하다, 이왕주, 효형출판
- 철학과 포스트철학, 오용득, 한국학술정보
- 철학카페에서 문학 읽기, 김용규, 웅진지식하우스
- 철학자의 눈으로 본 첨단과학과 불교, 이상헌, 살림출판사
- 글로컬 시대의 철학과 문화의 해방선언, 박치완, 모시는사람들
- 러셀 서양철학사, 을유문화사, 서상복 역, 버트런드 러셀
- 뉴턴 하이라이트 139 과학과 철학, 뉴턴프레스, 아이뉴턴
- 중국철학사, 풍우란, 까치
- 칸트와 헤겔의 철학, 백종현, 아카넷
- 중관사상, 김성철, 민족사
- 윤리형이상학 정초, 임마누엘 칸트, 백종현 역, 아카넷
- 양명학의 정신, 정인재, 세창출판사

- 중국 불경의 탄생, 이종철, 창비
- 정의란 무엇인가, 마이클 샌델, 김명철 역, 와이즈베리
- 세상과 생각을 여는 철학자의 사고실험, 이브 보사르트, 이원석 역, 북캠퍼스
- 긍정의 배신, 바버라 에런라이크, 전미영 역, 부키
- 논어, 사람의 길을 열다, 배병삼, 사계절
- 소크라테스의 변론, 크리톤, 플라톤, 천병희 역, 파이돈, 숲
- 자유론, 존 스튜어트 밀, 박문재 역, 현대지성
- 고백록: 젊은 날의 방황과 아름다운 구원, 아우구스티누스, 정은주 역, 풀빛
- 느닷없이 어른이 될 10대를 위한 철학 책, 오가와 히토시, 오유아이
- 10대를 위한 쇼펜하우어, 김현태, 레몬북스
- 우리만의 남다른 철학 레시피, 한자선, 책과나무
- 철학이 내 손을 잡을 때, 김수영, 우리학교

학교생활 TIPS

- 철학과 관련이 깊은 사회, 윤리, 역사, 영어, 국어, 한문 교과의 우수한 학업 성취를 올릴 수 있도록 하고, 각 수업 활동에 적극적으로 참여하여 학업 역량, 문제 해결 능력, 탐구력 등이 학교생활기록부 교과 세부능력 및 특기사항에 기록될 수 있도록 합니다.
- 전공과 관련 있는 다양한 진로 활동(학과 탐방, 철학자인터뷰 등)에 참여하여 새롭게 알게 된 사실이나 느낀 점을 중심으로 자신의 진로 역량을 키우도록 합니다.
- 독서 토론, 사상가 탐구, 문예, 신문 등의 교내 동아리에서 철학과 관련된 내용을 조사, 발표하는 등 전공 관련 활동을 주도적으로 하고 의미 있는 역할을 했음을 드러냅니다.
- 학급이나 학생회의 임원 활동, 돌봄 활동, 학습 도우미 활동(복지관, 방과 후 학교) 등과 같은, 학교 교육계획에 의해 진행되는 봉사 활동이나 행사 활동, 수련 활동, 체험 활동에 적극적으로 참여하여 협업과 소통 능력, 나눔과 배려, 성실성과 규칙 준수, 리더십 등을 보이는 것이 중요합니다.
- 인문학, 역사학, 문화인류학, 예술학, 정치학, 심리학 등 폭넓은 분야의 독서를 통해 기본적인 소양을 키웁니다.

인문계열

사회계열

자연계열

공학계열

의약계열

예체능계열

교육계열

계약학과 & 특성화학과

학과소개

철학은 모든 학문과 예술, 사상의 기초가 되는 학문으로 모든 분야에서 조금이라도 깊이 들어가 본 사람이라면 철학이 얼마나 절실하게 필요한지 깨닫게 됩니다. 우리나라에는 지금까지 기초 학문으로서 철학에 대한 훈련을 게을리했기 때문에 실제로 모든 분야에서 남의 것을 모방하는 데는 잘하더라도 실제 창조적으로 새로운 학문과 예술 및 과학을 만들어 내지 못하는 실정입니다. 요즈음 이런 한계를 절실히 깨달은 사람들이 모든 분야에서 철학의 필요성을 역설하면서 대학에서 철학교육의 강화, 고등학교에서 철학교육의 필수화, 사회적으로 철학 교육의 확산을 요구하고 있습니다.

철학생명의료윤리학과에서는 철학의 심도 있는 연구를 바탕으로 다른 모든 분야와의 다양한 방법으로의 접목을 시도하고 있습니다. 예를 들어 과학의 철학, 법의 철학, 예술의 철학, 영화의 철학, 심리의 철학 등 흥미로운 커리큘럼을 구성하고 있습니다. 자신의 일생을 더 보람 있고 자유롭고 창조적으로 보내려는 학생들은 철학에 매력을 가지게 될 것입니다. 생명과학과 의료 기술의 급격한 발전은 생명의료와 관련하여 이전에는 미처 생각하지 못한 윤리적 물음들을 발생시켰으며, 그 결과 생명의료윤리학의 중요성 및 생명의료윤리 전문가에 대한 사회적 수요는 더욱 증가하고 있습니다.

철학생명의료윤리학과는 철학 윤리적 기초 교육, 생명과학 및 의학 기초 지식 교육, 생명의료윤리 이론 및 전문 실무 교육을 받을 수 있도록 교과 과정을 편성하였고 생명과학기술시대에 우리사회가 절실히 요청하는 생명의료윤리 전문 인력의 양성을 목적으로 합니다.

📖 개설대학

- 동아대학교 등

🎓 관련학과

- 철학과
- 아시아언어문화학부(철학전공)
- 철학·상담학과
- 융합전공학부 철학-동아시아문화학 전공 등

📑 진출직업

- 병원행정전문가
- 대학 및 병원 IRB
- 임상시험수탁회사(CRO)의 CRA
- CTA
- SSU
- 디지털 문화콘텐츠 개발자
- 디지털이러닝 기획자
- 보건의료 관리자
- 국가생명윤리정책연구원
- 유전체·체세포 연구윤리 전문가
- 인터넷 미디어 평론가
- 광고
- 제약회사 마케팅
- 방송인
- 문화 재교육사
- 메타버스 크리에이트
- 문화예술 평론가
- 심리 상담사
- 웰다잉 전문강사
- 디지컬 라이프코치
- 중등학교 교사(철학)
- 논술 강사 등

🎬 취득가능 자격증

- 중등학교 정교사 2급(철학)
- IRB실무행정전문가
- 심리상담사
- 정신건강상담전문가
- 갈등조정전문가
- 분쟁화해조정상담사
- 품질관리전문가(QA)
- 임상시험코디네이터(CRC) 등

📺 진출분야

기업체	병원, 제약회사, 상담기관, 임상시험센터, 임상시험수탁업체, 상담업체 등
정부 및 공공 기관	국립연명의료관리기관, 대한기관윤리심의기구협의회, 한국보건복지인력개발원, 한국의료분쟁조정중재원 등 생명윤리관련 정부기관
연구 기관	유전자 검사 연구기관, 생명윤리관련 연구기관, 병원/대학의 연구소 등

📋 학과 주요 교과목

기초 과목	철학의 문제들, 철학의 역사적 전개, 생명의료윤리의 문제들, 현대사회와 생명윤리, 윤리학, 서양철학사, 삶과 죽음의 윤리, 기초의학의 이해, 첨단 생명과학과 윤리, 생명의료윤리학, 임상시험 연구 윤리, 생물학의 이해, 과학기술철학의 이해, 인간 본질의 이해, 삶과 죽음의 윤리, 의료정의론, 사회와 법의 철학
심화 과목	보건윤리학, 임상의료윤리, 생명의료윤리법과정책, 뇌신경윤리학, 독성학과생리학, 약리학개론, 임상약리학, 임상실험통계학, 역사철학, 과학철학, 의학의 철학과윤리, 서양근대철학 동양의생명윤리, 자아의철학, 생명윤리세미나, 임상연구윤리사례연구 등

🌿 학과 인재상 및 갖추어야 할 자질

- 끊임없는 지적 탐구를 통해 자기 자신을 살펴볼 줄 아는 학생
- 세상에 존재한다는 사실 자체에 경이로움을 느낄 수 있는 학생
- 주어진 것들에 대해 진지한 의문을 가지고, 비판적으로 받아들이는 자세를 지닌 학생
- 유연한 사고, 논리적이고 합리적인 사고방식을 지닌 학생
- 한문, 외국어, 수학, 물리학 등 자연 과학과 언어, 문학 등에 관심을 지닌 학생

인문계열

사회계열

자연계열

공학계열

의약계열

예체능계열

교육계열

계약학과 & 특성화학과

학과 관련 선택 과목

※ 국어, 영어 교과는 모든 학문의 기초적인 성격을 가진 도구교과로 모든 학과에 이수가 필요하여 생략함.

공통 과목		공통국어1,2, 공통수학1,2, 공통영어1,2, 한국사1,2, 통합사회1,2, 통합과학1,2, 과학탐구실험1,2
수능 필수		화법과 언어, 독서와 작문, 문학, 대수, 미적분 I , 확률과 통계, 영어 I , 영어 II , 한국사, 통합사회, 통합과학, 성공적인 직업생활(직업)
일반 선택	수학, 사회, 과학	세계시민과 지리, 세계사, 사회와 문화, 현대사회와 윤리, 생명과학
	체육·예술	
	기술·가정/정보	
	제2외국어/한문	
	교양	
진로 선택	수학, 사회, 과학	윤리와 사상, 인문학과 윤리, 세포와 물질대사, 생물의 유전
	체육·예술	
	기술·가정/정보	
	제2외국어/한문	
	교양	인간과 철학, 논리와 사고, 인간과 심리, 교육의 이해, 삶과 종교
융합 선택	수학, 사회, 과학	사회문제 탐구, 윤리문제 탐구, 과학의 역사와 문화, 융합과학 탐구
	체육·예술	
	기술·가정/정보	
	제2외국어/한문	
	교양	논술

추천 도서 목록

- 그림책, 사춘기 마음을 부탁해, 남기숙, 상도북
- 우리만의 남다른 철학 레시피, 한지선, 책과나
- 10대를 위한 쇼펜하우어, 김현태, 레몬북스
- 자꾸 생각나면 중독인가요?, 김관욱, 풀빛
- 철학이 내 손을 잡을 때, 김수영, 우리학교
- 청소년을 위한 위대한 철학 고전 25권을 1권으로 읽는 책, 이준형, 빅피시
- 그 새벽 너의 카톡은, 송수진, 사람의무늬
- 그러니까, 철학이 필요해!, 샤론 케이, 픽(잇츠북)
- 1페이지 철학 365(큰글자도서), 최훈, 빅피시
- 이런 철학은 처음이야, 박찬국, 21세기북스
- 한 권으로 끝내는 동양사상, 이도환, 걸음
- 청소년이 반드시 알아야 할 철학 핵심 가이드, 마크 린슨메이어, 시프

- 너에게 쓴 철학 편지, 요슈타인 가아더, 책담
- 그래픽 노블로 읽는 서양 철학 이야기, 인동교, 시간과공간사
- 금강경, 정은주, 풀빛
- 개인주의자의 철학 수업, 마루야마 슌이치, 지와인
- 우화의 철학, 김태환, 국수
- 40 주제로 이해하는 윤리와 사상 개념 사전, 박찬구 외, 씨마스
- 나를 나로 만드는 건 무엇일까: 여자 남자 사람, 외르크 베르나르디, 시금치
- 한나 아렌트, 난민이 되다, 황은덕, 탐
- 철학: 동굴 신화와 열 가지 에피소드, 에티엔 가르셍, 지양사
- 1페이지로 시작하는 철학 수업, 최훈, 빅피시
- 쉽게 이해되는 생명윤리, 남명진 외, 메디컬에듀케이션
- 건강을 지켜주는 뇌와 신체의 생명과학 이야기, 양철학, 자유아카데미
- 생명이란 무엇인가?, Jay Phelan, 월드사이언스

학교생활 TIPS

- 철학생명의료윤리학과와 관련이 깊은 국어, 한문, 중국어, 생명과학 교과의 우수한 학업 성취를 올릴 수 있도록 하고, 각 수업 활동에 적극적으로 참여하여 학업 역량, 문제 해결 능력, 탐구력 등이 학교생활기록부 교과 세부능력 및 특기사항에 기록될 수 있도록 합니다.
- 전공과 관련 있는 다양한 진로 활동(윤리위원회, 학과 탐방, 임상시험코디네이터 인터뷰 등)에 참여하여 새롭게 알게 된 사실이나 느낀 점을 중심으로 자신의 진로역량을 키우도록 합니다.
- 독서 토론, 사상가 탐구, 생명윤리 교육, 문예, 신문 등의 교내 동아리에서 철학과 윤리, 사상 등과 관련된 내용을 조사, 발표하는 등 전공 관련 활동을 주도적으로 하고, 의미 있는 역할을 했음을 드러냅니다.

- 학급이나 학생회의 임원 활동, 멘토-멘티 활동, 돌봄 활동, 학습 도우미, 자선 봉사 활동 등과 같은, 학교 교육계획에 의해 진행되는 봉사 활동이나 행사 활동, 수련 활동, 체험 활동에 적극적으로 참여하여 협업과 소통 능력, 나눔과 배려, 성실성과 규칙 준수, 리더십 등을 보이는 것이 중요합니다.
- 정치학, 생명과학, 문학, 사회학, 자연과학, 수학 등 폭넓은 분야의 독서를 통해 기본적인 소양을 키울 것을 권장합니다.
- 인성, 발전 가능성, 나눔과 배려, 학업 의지, 창의성 등의 강점이 학교생활기록부 행동특성 및 종합의견에 기록될 수 있도록 학교생활에 성실하게 임할 것을 추천합니다.

한국어학과

학과소개

한국어는 한국의 공용어로서, 현재 한국 민족이 주로 한반도 전역 및 제주도를 비롯한 한반도 주변의 크고 작은 섬에서 쓰는 언어입니다. 어휘 체계는 순수한 고유의 말과 한자어, 차용어로 구성되어 있습니다.

한국어학과는 외국어로서의 한국어 교육과 한국의 전통 및 현대 문화에 대한 이해를 바탕으로 하고 있으며, 한국 언어와 문화를 세계에 알리는 중요한 역할을 할 전문가 양성에 교육 목표를 두고 있습니다. 즉, 한국어와 한국 문화를 연구하는 연구자와, 이를 외국인에게 교육할 수 있는 교육자를 양성하기 위한 학과입니다. 교육 과정은 외국어로서의 한국어 교육과, 외국 문화로서의 한국 문화로 구성되어 있습니다. 외국어로서의 한국어 교육 과정은 한국어학과 한국어교육학의 두 과정으로 세분됩니다. 한국어학은 음운론, 문법론, 화용론 등을 포함하며, 한국어교육학은 한국어발음교육, 한국어어휘교육, 한국어문법교육, 한국어담화교육, 한국어교수법, 외국어로서의 한국어 습득 등으로 구성됩니다.

개설대학

- 경희대학교
- 남부대학교
- 위덕대학교
- 극동대학교
- 유원대학교 등

관련학과

- 한국어문학부
- 한국어문학과
- 한국언어문화학과
- 한국어교육과
- 국어국문한국어교육학과
- 글로벌한국어전공
- 글로벌복지한국어학과
- 글로벌한국어과
- 글로벌한국어문화학부 등

진출직업

- 외교관
- 통역가
- 번역가
- 국제상거래전문가
- 비교문화학연구원
- 언어습득이론전문가
- 외국인을 위한 한국어교사
- 이중언어대조연구원
- 한국문화지도사
- 한국문화콘텐츠(영화, 드라마)
- 개발자
- 한국어교재개발자
- 한국언어·문화연구원
- 한국문화디지털콘텐츠개발자 등

취득가능 자격증

- 한국어교원2급 등

학과 주요 교과목

기초 과목	언어의 이해, 문화의 이해, 한국어학개론, 한국어교육학개론, 한국민속문화, 한국현대문화, 한국어문법론, 한국어형태음운론, 한국어발음교육론, 한국어문법교육론, 한국어어휘교육론, 한국전통문화, 한국현대문학입론, 한국작가분석 등
심화 과목	외국어습득론, 한국어담화교육론, 한국어말하기쓰기교육법, 한국어교수법, 대조언어학, 한국어교재 및 교구활용론, 한국어듣기읽기교육법, 한국의 정신이해, 한국문화교육론, 한국현대예술, 한국소설과영상, 한국어교육과정론, 한국어평가론, 한국어어문규범, 한국어변천사, 한국어교육실습, 한국여성문화, 한국대중문화, 한국문학사, 한국문화유산탐방, 한국언어문화캡스톤디자인 등

진출분야

기업체	방송사, 출판사, 신문사, 광고 회사, 마케팅 회사, 금융 회사, 국내 기업의 외국 지사, 한국국제협력단, 일반 기업의 사무직 등
정부 및 공공 기관	한국콘텐츠진흥원, 한국관광공사, 외교부 등
연구 기관	한국어 관련 연구소, 한국 문화 관련 연구소, 한국어교재 연구소 등

학과 인재상 및 갖추어야 할 자질

- 한국어에 대한 전문 지식과 교수 역량을 키우고 싶은 학생
- 다문화사회의 다양성에 관심이 있는 학생
- 다양한 구성원 간 소통과 성장울 촉진하는 한국어 교육에 관심이 있는 학생
- 한국어 및 한국문화의 세계화에 이바지하고픈 학생

학과 관련 선택 과목

※ 국어, 영어 교과는 모든 학문의 기초적인 성격을 가진 도구교과로 모든 학과에 이수가 필요하여 생략함.

공통 과목		공통국어1,2, 공통수학1,2, 공통영어1,2, 한국사1,2, 통합사회1,2, 통합과학1,2, 과학탐구실험1,2
수능 필수		화법과 언어, 독서와 작문, 문학, 대수, 미적분 I , 확률과 통계, 영어 I , 영어 II , 한국사, 통합사회, 통합과학, 성공적인 직업생활(직업)
일반 선택	수학, 사회, 과학	세계사, 사회와 문화, 현대사회와 윤리
	체육·예술	음악, 미술, 연극
	기술·가정/정보	
	제2외국어/한문	한문
	교양	
진로 선택	수학, 사회, 과학	동아시아 역사 기행, 윤리와 사상, 인문학과 윤리
	체육·예술	
	기술·가정/정보	
	제2외국어/한문	
	교양	인간과 철학, 인간과 심리, 교육의 이해
융합 선택	수학, 사회, 과학	사회문제 탐구, 윤리문제 탐구
	체육·예술	
	기술·가정/정보	
	제2외국어/한문	
	교양	논술

추천 도서 목록

- 쉽게 읽는 한국어학의 이해, 홍종선 외 15인, 한국문화사
- 한국어의 말소리, 신지영, 박이정출판사
- 표준국어 문법론, 고영근 외 4인, 한국문화사
- 학습 활동을 겸한 한국어 문법론, 우형식, 부산외국어대학교출판부
- 한국문학의 이해, 김흥규, 민음사
- 문학과 예술의 사회사, 아르놀트 하우저, 백낙청 역, 창비
- 세계를 바꾼 연설과 선언, 이종훈, 서해문집
- 재미있는 한국어의 미학, 이규항, 형설출판사
- 두근두근 내 인생, 김애란, 창비
- 서정주 시집, 서정주, 범우사
- 강의: 나의 동양고전 독법, 신영복, 돌베개
- 외국인을 위한 한국어 문법과 표현, 양명희 외 5인, 집문당
- 한국문학통사, 조동일, 지식산업사

- 국어사전 혼내는 책, 박일환, 유유
- 한국고전소설사연구, 장효현, 고려대학교출판부
- 외국어로서의 한국어학의 이해, 허용, 소통
- 말이 인격이다, 조항범, 예담
- 옥수수와 나, 김영하 외 6인, 문학사상
- 한국어 교사를 위한 한국어 첫 문법, 장향실 외 3인, KONG&PARK
- 한국어 교사를 위한 한국어학 개론, 민현식 외 14인, 사회평론아카데미
- 외국어로서의 한국어교육학 개론, 허용 외 6인, 박이정출판사
- 이것이 한국어다, 한양대학교 교양국어교육위원회, 한양대학교출판부
- 한국어 문법의 이해, 김진호 저자, 역락
- 설명을 위한, 한국어 문법, 문숙영, 집문당
- 한국어 문법 이렇게 달라요, 김미숙, 소통

학교생활 TIPS

- 한국어학과 관련이 깊은 국어, 영어, 한문, 제2외국어, 사회·문화 교과의 우수한 학업 성취를 올릴 수 있도록 하고, 각 수업 활동에 적극적으로 참여하여 학업 역량, 문제 해결 능력, 탐구력 등이 교과 세부능력 및 특기 사항에 기록될 수 있도록 합니다.
- 전공과 관련 있는 다양한 진로 활동(출판사, 학과 탐방, 한국어 교사 인터뷰 등)에 참여하여 새롭게 알게 된 사실이나 느낀 점을 중심으로 자신의 진로 역량을 키우도록 합니다.
- 독서 토론, 문예, 한국어 연구, 영어 회화, 우리말 바로 알기 등의 교내 동아리에서 한국어나 어학과 관련된 내용을 조사, 발표하는 등 전공 관련 활동을 주도적으로 하고, 의미 있는 역할을 했음을 드러냅니다.
- 학급이나 학생회의 임원 활동, 돌봄 활동, 학습 도우미 활동(복지관, 방과 후 학교) 등과 같은, 학교 교육계획에 의해 진행되는 봉사 활동이나 행사 활동, 수련 활동, 체험 활동에 적극적으로 참여하여 협업과 소통 능력, 나눔과 배려, 성실성과 규칙 준수, 리더십 등을 보이는 것이 중요합니다.
- 인문학, 언어학, 역사학, 문화인류학, 철학, 예술학 등 폭넓은 분야의 독서를 통해 기본적인 소양을 키웁니다.

인문계열
사회계열
자연계열
공학계열
의약계열
예체능계열
교육계열
계약학과 & 특성화학과

24 한문학과

학과소개

한문학은 한문 원전 해독이 필요한 동양학의 기초 학과입니다. 한문을 흔히 중국 문자로 인식하는 경우가 많으나, 한문은 우리나라와 일본, 월남(베트남), 중국 등이 공유했던 공유 문어(文語)였습니다. 한자 문화권에 속해 있는 우리나라는 근대 이전까지 한자를 공식적으로 사용하였으며, 우리의 사상과 감정, 선현들의 작품, 역사 등은 한자로 기록하였습니다. 한문학은 한문으로 쓰인 동양 고전을 탐구하는 학문으로, 특히 우리나라의 한문 고전과 문학을 중점적으로 연구합니다. 이렇듯 한문학은 문학뿐 아니라 역사학, 철학을 위시한 동아시아 학문 전통의 총체를 다룹니다.

한문학과는 한문으로 쓰인 문헌을 읽어낼 수 있는 기초 역량을 키우는 학과입니다. 나아가 인문 고전의 폭넓은 이해를 통해서, 한자 문화권의 역할이 커지는 21세기에 세분화된 전공만으로는 갖추기 어려운 동아시아적 시각과 안목의 기반을 다지는 학과입니다. 한문학과는 한문학의 연구를 통하여 우리 옛 선현들의 문학작품을 연구하고 전통문화를 계승하는 데 필요한 지식과 능력을 갖춘 인재 양성에 교육 목표를 두고 있습니다.

개설대학

- 경북대학교
- 경상국립대학교
- 고려대학교
- 부산대학교
- 성균관대학교
- 충남대학교 등

관련학과

- 한문교육과 등

진출분야

기업체	방송사, 출판사, 신문사, 광고 회사, 금융 기관, 문화콘텐츠 관련 회사, 일반 기업의 사무직 등
정부 및 공공 기관	대학교, 중고등학교, 정부부처 및 공공기관, 국사편찬위원회, 한국학진흥원 등
연구 기관	한국학중앙연구원, 한국고전번역원, 세종대왕기념관, 태동고전연구소, 한문학·한국학 관련 국가·민간 연구소 등

진출직업

- 한문문헌전문연구원
- 한적전문사서
- 동양서전문번역자
- 한문고전리라이터
- 출판물기획전문가
- 작가
- 출판업자
- 아나운서
- 언론인(기자, PD, 아나운서 등)
- 중등학교 교사(한문)
- 대학 교수
- 인문과학연구원 등

취득가능 자격증

- 중등학교 정교사 2급(한문)
- 한자능력검정시험
- 한자지도사 등

학과 주요 교과목

기초 과목	한문고전의 이해, 한학연구입문, 컴퓨팅사고, 열린사고와 표현, 대학실용영어, 동양고전의 이해, 한문문화의 이해, 한문문학과 문화유산, 한문문학입문, 국문문학과 한문문학, 초급한문강독, 한문문법입문, 한문문학과 한국역사, 한문문학과 생활문화, 중급한문강독 등
심화 과목	한국한문학배경론, 한국한문학작가론, 한문교육론, 한문과 논리논술, 전통의학과 우리생활, 한문학사의쟁점, 역대사상사자료선독, 역대한시명작선독, 고급한문강독, 한국한문산문론, 한문교재연구 및 지도법, 한문산문의 탐구, 역대한문산문선독, 한국한문학비평자료선독, 고급한문강독, 한문문학과 문화유산, 한문학특수과제연구, 동아시아문학과 한국한문학, 금석서예실습, 한문번역실습, 한문문학과 중세예술, 동아시아비교문화자료선독 등

학과 인재상 및 갖추어야 할 자질

- 폭넓은 독서로 사고하는 힘을 기른 학생
- 동양 고전을 통해 인류의 오랜 지혜를 배우고 싶은 학생
- 한문 소양을 바탕으로 중국어와 일본어에도 능통한 학생
- 동아시아 문화권의 각 분야에서 조화와 협력의 리더십을 발휘하고픈 학생
- 한문 고전에 대해서 체계적인 교육을 받고 싶은 학생
- 한문 고전을 과학적으로 정리하고, 창의적으로 활용하는 전문인이 되고 싶은 학생

학과 관련 선택 과목

※ 국어, 영어 교과는 모든 학문의 기초적인 성격을 가진 도구교과로 모든 학과에 이수가 필요하여 생략함.

공통 과목		공통국어1,2, 공통수학1,2, 공통영어1,2, 한국사1,2, 통합사회1,2, 통합과학1,2, 과학탐구실험1,2
수능 필수		화법과 언어, 독서와 작문, 문학, 대수, 미적분Ⅰ, 확률과 통계, 영어Ⅰ, 영어Ⅱ, 한국사, 통합사회, 통합과학, 성공적인 직업생활(직업)
일반 선택	수학, 사회, 과학	사회와 문화, 현대사회와 윤리
	체육·예술	
	기술·가정/정보	
	제2외국어/한문	중국어, 일본어, 한문
	교양	
진로 선택	수학, 사회, 과학	동아시아 역사 기행, 윤리와 사상, 인문학과 윤리
	체육·예술	
	기술·가정/정보	
	제2외국어/한문	중국어 회화, 심화 중국어, 한문 고전 읽기
	교양	인간과 철학, 교육의 이해
융합 선택	수학, 사회, 과학	사회문제 탐구, 윤리문제 탐구
	체육·예술	
	기술·가정/정보	
	제2외국어/한문	중국 문화, 언어생활과 한자
	교양	

추천 도서 목록

- 모던한문학, 김진균, 학자원
- 한문학 강의노트, 김재욱, 다운샘
- 한국한문학의 이론 신문, 동방한문학회, 보고사
- 한문학 연구의 이모저모, 이종문, 국학자료원
- 이이화의 한문 공부, 이이화, 역사비평사
- 이조한문단편집, 이우성 외 1인, 창비
- 한문학의 이해와 연구, 윤인현, 경진
- 한자의 이해, 고려대학교한문한자연구소, 고려대학교출판부
- 한국문학통사, 조동일, 지식산업사
- 한국문학의 이해, 김흥규, 민음사
- 강의 : 나의 동양고전 독법, 신영복, 돌베개
- 한국 고전명시 100선 감상, 안병렬, 계명대학교출판부
- 삼국유사, 일연, 민음사

- 조선시대 책과 지식의 역사, 강명관, 천년의상상
- 한국 고전문학의 비평적 이해, 정병헌, 제이앤씨
- 우리 고전문학을 찾아서, 고미숙, 고려대학교민족문화연구
- 한국의 고전을 읽는다, 고운기 외, 휴머니스트
- 열하일기, 박지원, 돌베개
- 조선의 뒷골목 풍경, 강명관, 푸른역사
- 한국학, 그림과 만나다, 정민 외 1인, 태학사
- 두보시선, 두보, 지식을만드는지식
- 허삼관 매혈기, 위화, 푸른숲
- 사기열전, 서해문집, 김원중 역, 사마천
- 삼국지, 나관중, 민음사
- 내면기행, 심경호, 민음사

학교생활 TIPS

- 한문학과와 관련이 깊은 한문, 한국사, 동아시아사, 국어, 중국어 교과의 우수한 학업 성취를 올릴 수 있도록 하고, 각 수업 활동에 적극적으로 참여하여 학업 역량, 문제 해결 능력, 탐구력 등이 학교생활기록부 교과 세부능력 및 특기사항에 기록될 수 있도록 합니다.
- 전공과 관련 있는 다양한 진로 활동(출판사, 학과 탐방, 한문문헌연구원 인터뷰 등)에 참여하여 새롭게 알게 된 사실이나 느낀 점을 중심으로 자신의 진로 역량을 키우도록 합니다.
- 인문 고전 토론, 한자 연구, 중국 문화 탐구, 고전 읽기 등과 같은 교내 동아리에서 한문과 관련된 내용을 조사, 발표하는 등 전공 관련 활동을

주도적으로 하고, 의미 있는 역할을 했음을 드러냅니다.
- 학급이나 학생회의 임원 활동, 멘토-멘티 활동, 돌봄 활동(장애인, 독거노인 대상 도시락 배달 등), 학습 도우미 활동(복지관, 방과 후 학교 등), 방과 후 한자반 등과 같은, 학교 교육계획에 의해 진행되는 봉사 활동이나 행사활동, 수련 활동, 체험 활동에 적극적으로 참여하여 협업과 소통 능력, 나눔과 배려, 성실성과 규칙 준수, 리더십 등을 보이는 것이 중요합니다.
- 인문학, 역사학, 문화인류학, 철학, 사회학 등 다양한 분야의 독서로 기초 소양을 키울 것을 권장합니다.

PART

사회계열 57개 학과

S O C I A L   S C I E N C E

각 계열별 학과 게재 순서는 '가나다' 순

* 희망하는 대학의 교육과정이나 관련자료에 따라 다를 수 있으니 유의하시기 바랍니다.

25 가족아동복지학과

학과소개

사람은 누구나 사회의 구성원이기 이전에 한 가정의 구성원이라고 할 수 있습니다. 가정관리학은 가족 및 가정생활의 행복과 질적 향상을 목적으로 가정생활에서 이루어지는 인간의 여러 활동을 분석하는 학문입니다. 과학적인 지식을 바탕으로 사회의 기본 단위인 인간과 그를 둘러싼 근접 환경과의 상호 작용, 가족의 복지 증진, 효율적인 가정 운영 등을 위한 연구를 합니다. 대학에 따라 아동학, 가족학, 소비자학, 주거환경학 등의 세부 전공으로 다시 구분되며 전공에 따라 진출 분야도 다소 차이가 있습니다.

아동학은 인간의 전 생애를 통한 발달을 생태학적 관점에서 탐구하고 가족 관계의 역동성을 사회 변화와 관련하여 조명하며 인간, 특히 아동의 발달 과정에 초점을 맞추어 심리학·교육학·사회학적 측면에서 체계적으로 연구하는 학문입니다. 가족학은 가정생활의 향상과 개인 및 가족의 복지 증진을 위해 관련 내용을 연구하며, 소비자학은 소비자의 복지 향상과 건전한 소비문화 형성에 필요한 제반 이론과 실제를 연구하는 학문입니다. 주거환경학은 인간을 둘러싼 주거와 환경 문제를 비롯한 각종 공간의 기획, 설계, 디자인, 복지, 관리에 대한 제반 지식과 기술을 연구합니다.

개설대학

- 원광대학교 등

진출직업

- 공무원
- 중등학교 교사(가정)
- 아동상담사
- 청소년상담사
- 가정생활정보프로그램PD
- 아나운서
- 작가
- 사회복지사
- 평생교육사 등

관련학과

- 아동복지학과
- 가족복지학과
- 아동가족학과
- 아동가족복지학과
- 아동·가족학과
- 아동·가족상담학과
- 소비자아동학부 (아동가족학전공) 등

취득가능 자격증

- 건강가정사
- 아동심리상담사
- 보육교사
- 방과후지도교사
- 가정복지사
- 중등학교 정교사 2급(가정)
- 평생교육사
- 직업상담사
- 청소년상담사
- 청소년지도사 등

진출분야

기업체	기업 내 보육 시설, 아동 교육 프로그램 제작 회사, 아동 상품 기획 및 마케팅 회사, 병원, 방송국, 신문사, 은행 및 금융 업체, 식품 업체, 섬유 및 패션 업체 등
정부 및 공공 기관	한국건강가정진흥원, 한국보건사회연구원, 서울시여성가족재단, 경기도가족여성연구원, 한국보육진흥원 등
연구 기관	한국청소년정책연구원, 한국청소년상담원, 한국교육개발원, 지역 사회 복지 기관, 소비자상담센터, 식품·의류·패션 관련 연구소 등

학과 주요 교과목

기초 과목	가정교육론, 영양학, 의복재료와 관리, 주거학, 소비자학, 가족학, 가정생활과 진로, 소비자보호론, 가족복지론, 건강가정론, 소비자학 등
심화 과목	보육교사론, 아동관찰 및 행동연구, 아동안전관리, 소비자의사결정, 정신건강론, 아동미술, 놀이지도, 가족상담 및 치료, 아동수학지도, 언어지도, 소비자상담, 영유아교수방법론, 가족생활교육론, 가정경제학, 보육과정, 생활과학연구방법론, 건강가정현상실습, 아동상담 등

학과 인재상 및 갖추어야 할 자질

- 아동학과, 가족학과, 사회복지학과에 관심이 많은 학생
- 복지 담당자로서의 투철한 윤리 의식을 가진 학생
- 논리적 의사소통 능력과 협력적 문제 해결 능력을 가진 학생
- 다양성에 대한 이해와 수용력을 가진 학생
- 아동 및 청소년, 가족에 대한 학문적 호기심이 많은 학생
- 협업을 통해 새로운 사회적 가치를 창조하려는 태도를 가진 학생

학과 관련 선택 과목

※ 국어, 영어 교과는 모든 학문의 기초적인 성격을 가진 도구교과로 모든 학과에 이수가 필요하여 생략함.

공통 과목		공통국어1,2, 공통수학1,2, 공통영어1,2, 한국사1,2, 통합사회1,2, 통합과학1,2, 과학탐구실험1,2
수능 필수		화법과 언어, 독서와 작문, 문학, 대수, 미적분 I , 확률과 통계, 영어 I , 영어 II , 한국사, 통합사회, 통합과학, 성공적인 직업생활(직업)
일반 선택	수학, 사회, 과학	사회와 문화, 현대사회와 윤리
	체육·예술	
	기술·가정/정보	기술·가정
	제2외국어/한문	
	교양	
진로 선택	수학, 사회, 과학	정치, 법과 사회, 경제, 윤리와 사상, 인문학과 윤리
	체육·예술	
	기술·가정/정보	생활과학 탐구
	제2외국어/한문	
	교양	인간과 철학, 논리와 사고, 인간과 심리, 교육의 이해, 보건
융합 선택	수학, 사회, 과학	사회문제 탐구, 윤리문제 탐구
	체육·예술	
	기술·가정/정보	생애 설계와 자립, 아동발달과 부모
	제2외국어/한문	
	교양	

추천 도서 목록

- 아동권리와 복지, 이순자 외, 양서원
- 사각지대에서 울고 있는 아이들, 김지은, 슬로디미디어
- 청소년복지론, 오봉욱 외, 동문사
- 들어라, 아이들의 외침을, 김인숙 외, 국민북
- 얘들아, 밥 먹고 놀자(마을 돌봄 이야기), 김보민, 삶창
- 독친 세트, 쓰쓰미, 타래
- 맞아도 되는 아이는 없다, 김지은, 슬로디미디어
- 생일을 모르는 아이, 구로카와 쇼코, 사계절
- 어린이 호스피스의 기적, 이시아 고타, 궁
- 변호사가 말하는 아동학대, 박우근, 지식과감성
- 선언에서 이행으로, 국제아동인권센터 외, 틈새의시간
- 가족복지론, 좌현숙 외, 학지사
- 가족과 젠더, 이규은, 동문사

- 딥스, 버지니아 M. 액슬린, 샘터(샘터사)
- 자율적인 아이 만들기, 구도 유이치, 에이지21
- 가족의 가족, 고상한 그림책 연구소, 상상의집
- 행복한 가족, 파브리지오 실레이, 아르테(arte)
- 가족의 역사를 씁니다, 박사라, 원더박스
- 너의 꿈을 응원해, 이기순, btb books(비티비북스)
- 행복한 고아의 끝나지 않은 이야기, 이성남, 행복에너지
- 아동복지법: 법령, 시행령, 시행규칙, 법제처 국가법령정보센터, 해광
- 굿바이 아동학대, 맹경숙, 미다스북스
- 아이를 위한 하루 한 줄 인문학, 김종원, 청림라이프
- 부모와 아이 중 한 사람은 어른이어야 한다, 임영주, 앤페이지
- 아이를 학대하는 사회, 존중하는 사회, 강미정 외, 민들레

학교생활 TIPS

- 가정아동복지학을 전공하는 데 기본이 되는 국어, 사회, 기술·가정 교과 성적을 상위권으로 유지하고, 학과에 필요한 지식을 이해하고 이를 실천하는 모습을 통하여 학업 능력, 탐구력, 잠재력 등이 학교생활기록부 교과 세부능력 및 특기사항에 기록될 수 있도록 자기주도적으로 수업에 참여합니다.
- 전공과 관련있는 다양한 진로 활동(아동상담사 인터뷰, 가족아동복지학과 탐방, 관련 직업 탐색)에 참여하여 새롭게 알게 된 사실이나 느낀 점을 중심으로 자신의 진로역량을 키우도록 합니다.
- 다양한 사람을 만날 수 있는 봉사 활동을 하고, 이를 통해 타인을 이해하고 공감할 수 있는 역량을 함양할 것을 추천합니다.

- 가족 문제, 아동 인권 및 사회 문제에 대해 토론하고 이를 해결할 수 있는 동아리 활동을 권장하며, 대학에서 주관하는 전공 관련 캠프 및 학과 탐방 프로그램에 참여하여 자신의 진로를 탐색할 것을 추천합니다.
- 인문학, 철학, 예술, 자연, 미래학 등 다양한 분야의 독서를 통해 인문적 소양을 함양할 것을 권장합니다.
- 자기주도성, 나눔과 배려, 갈등 관리, 협동심, 경험의 다양성, 성실성, 책임감, 리더십, 분석력, 의사소통 능력, 문제 해결 능력, 비판적 사고 등의 장점이 학교생활을 통해 나타나고, 이같은 내용이 학교생활기록부에 기록될 수 있도록 성실히 학교생활을 할 것을 추천합니다.

인문계열 · 사회계열 · 자연계열 · 공학계열 · 의약계열 · 예체능계열 · 교육계열 · 계약학과 & 특성화학과

26

경영정보학과

학과소개

경영정보학은 세계화, 첨단 정보화되어 가는 기업 환경의 변화에 적극 대처할 수 있도록 여러 가지 경영 정보를 신속하고 정확하게 분석·활용하여 경영 의사 결정에 중요한 지원 역할을 할 수 있도록 하는 학문입니다. 또한 최신 IT 기술을 적용하여 전통적인 비즈니스 및 IT 기반 비즈니스를 혁신하고, 새로운 비즈니스를 창출할 수 있는 전문가를 양성하여 IT 서비스 기반 사회를 선도하고자 하는 학문입니다. 최근 네트워크화된 사회의 급격한 발전과 성숙, 특히 모바일 시대로의 진입과 사물인터넷(Internet of Things: IoT) 및 빅데이터 시대의 가시화로 인해 기존의 비즈니스, 마켓, 고객 가치 등에 대한 전통적인 개념이 혁신되고 있을 뿐만 아니라 IT와 비즈니스의 영역이 기업 중심에서 사회로 확대되고 있는 실정입니다.

경영정보학과는 현실 세계의 디지털화를 지향하는 Servitization(IT 서비스 기반 사회)을 선도할 전문 인력을 양성하는 학과입니다. 윤리적 사고 능력과 정보화 사회를 이끌 수 있는 글로벌리더십을 갖춘 사회·산업 지도자를 배출하여 정보화 사회 발전에 이바지하고자 합니다. 또한 창의적이고 효과적으로 구현할 수 있는 우수한 비즈니스 및 기술적 능력과 도덕적·윤리적 책임 의식을 갖춘 전문 인력의 양성을 교육 목표로 합니다.

개설대학

- 경상국립대학교
- 계명대학교
- 동국대학교
- 동아대학교
- 동의대학교
- 명지대학교(제2캠퍼스)
- 배재대학교
- 한남대학교
- 제주대학교
- 충북대학교 등

관련학과

- G2빅데이터경영학과
- 경영학부 (IT경영전공)
- IT경영학과
- 경영정보학부
- 빅데이터경영학과
- 산업경영정보공학과
- 산업융합학부 등

진출직업

- IT컨설턴트
- 그래픽 디자이너
- 노무사
- 웹마스터
- 웹프로그래머
- 은행출납사무원
- 전문비서
- 증권분석가
- 교수
- 벤처기업 창업가 등

취득가능 자격증

- 감정평가사
- 경영지도사
- 물류관리사
- 보험계리사
- 사무자동화산업기사
- 유통관리사
- 전산회계
- 전산회계운용사
- 전자상거래관리사
- 증권투자상담사 등

진출분야

기업체	금융, 전자, 유통 기업, IT 서비스 전문 회사(삼성SDS, LG CNS, SK C&C 등), 국내외 경영·IT 컨설팅회사, 대형 회계 법인의 경영 컨설팅 부서, 국내외 솔루션 전문 회사(HP, IBM 등), IT 기반 회사(NHN, 다음, 인터파크 등) 등
정부 및 공공 기관	한국전력공사, 국민건강보험공단과 같은 공기업 및 준 정부 기관의 기획·경영 혁신 부서, 정부 중앙 부서, 정보통신산업진흥원, 한국인터넷진흥원, 대학교, 중고등학교 등
연구 기관	IT 전문 연구소 등

학과 주요 교과목

기초 과목	경영학원론, 경영통계, 마케팅원론, 조직행위, 재무관리, 운영관리, 회계원리, 경영정보론, 모바일시스템개발, 비즈니스프로그래밍, 비즈니스프로세스관리, 네트워크의 이해, 엔터프라이즈시스템, 소셜네트워크의 이해, 4차 산업과 빅데이터 등
심화 과목	IT서비스관리, 서비스지향UX디자인, CRM과 고객분석, 인공지능, 빅데이터관리, 프로젝트관리, Enterprise4.0과 비즈니스모델혁신, 빅데이터와 비즈니스애널리틱스, 클라우드컴퓨팅서비스, 정보보안 및 개인정보보호, IT기반의 비즈니스혁신, 데이터애널리틱스, 비즈니스솔루션디자인프로젝트, 의사결정론, IT거버넌스, 비즈니스모델개발프로젝트 등

학과 인재상 및 갖추어야 할 자질

- 정보 기술을 적용하여 비즈니스를 혁신하는 것에 관심이 많은 학생
- 소셜, 서비스 네트워크, 사물인터넷, 빅데이터 등을 활용할 수 있는 능력을 지닌 학생
- 경영정보학의 제반 이론과 기술을 실제 비즈니스 현장에 적용하고 싶은 학생
- 정보화 및 국제화된 사회에서 다양한 변화와 환경에 효과적으로 대응할 수 있는 학생
- 지속적인 자기 혁신의 필요성을 인식하고, 자기 주도적으로 학습할 수 있는 능력을 갖춘 학생
- 비즈니스에 대한 이해를 바탕으로 국제적으로 협동할 수 있는 능력을 갖춘 학생

인문계열

사회계열

자연계열

공학계열

의약계열

예체능계열

교육계열

계약학과 & 특성화학과

학과 관련 선택 과목

※ 국어, 영어 교과는 모든 학문의 기초적인 성격을 가진 도구교과로 모든 학과에 이수가 필요하여 생략함.

공통 과목		공통국어1,2, 공통수학1,2, 공통영어1,2, 한국사1,2, 통합사회1,2, 통합과학1,2, 과학탐구실험1,2
수능 필수		화법과 언어, 독서와 작문, 문학, 대수, 미적분Ⅰ, 확률과 통계, 영어Ⅰ, 영어Ⅱ, 한국사, 통합사회, 통합과학, 성공적인 직업생활(직업)
일반 선택	수학, 사회, 과학	대수, 미적분Ⅰ, 확률과 통계, 세계시민과 지리, 사회와 문화, 현대사회와 윤리
	체육·예술	
	기술·가정/정보	정보
	제2외국어/한문	
	교양	
진로 선택	수학, 사회, 과학	미적분Ⅱ, 경제 수학, 한국지리 탐구, 경제, 국제 관계의 이해
	체육·예술	
	기술·가정/정보	데이터 과학
	제2외국어/한문	
	교양	인간과 심리, 교육의 이해
융합 선택	수학, 사회, 과학	실용 통계, 수학과제 탐구, 사회문제 탐구, 금융과 경제생활, 기후변화와 지속가능한 세계
	체육·예술	
	기술·가정/정보	지식 재산 일반
	제2외국어/한문	
	교양	인간과 경제활동

추천 도서 목록

- 좋은 기업을 넘어 위대한 기업으로, 짐 콜린스, 김영사
- 최초는 두렵지 않다, 구지은, 아워홈
- 알바생이 어떻게 부사장이 되었을까?, 박경미, 북갤러
- 나는 장사의 신이다. 은현장 역, 떠오름
- 사업을 한다는 것, 센시오, 레이크로, 이영래
- 일론 머스크, 월터 아이작슨, 21세기북스
- 일의 격, 신수정, 턴어라운드
- 일본전산 이야기, 김성호, 쌤앤파커스
- 히트 리프레시, 사티아 나델라 외, 흐름출판
- 반도체 제국의 미래, 정인성, 이레미디어
- 스타트업 서바이벌, 이은영 외, 한빛미디어
- 백종원의 장사 이야기, 백종원, 알에이치코리아
- 파타고니아, 파도가 칠 때는 서핑을, 이본 쉬나드, 라이팅하우스

- 이나모리 가즈오의 회계 경영, 이나모리 가즈오, 다산북스
- 미스터 체어맨, 폴 볼커 외, 글항아리
- 톰 피터스 탁월한 기업의 조건, 톰 피터스, 한국경제신문
- 디즈니만이 하는 것, 로버트 아이거, 쌤앤파커스
- 월마트, 두려움 없는 도전, 샘 월턴 외, 라이팅하우스
- 스타벅스, 커피 한 잔에 담긴 성공신화, 하워드 슐츠 외, 김영사
- 작은 가게에서 진심을 배우다, 김윤정, 다산북스
- 얼굴 없는 중개자들, 하비에르 블라스 외, 알키
- 경영정보 시스템, 박철우, 박영사
- 글로벌경영, 장세진, 박영사
- 생활속의 경영학, 장영광 외, 신영사
- 쉐프 아이크 황의 시선으로 바라본 미국, 황익주, 브레인플랫폼

학교생활 TIPS

- 경영정보학과와 관련이 깊은 수학, 영어, 정보 교과의 우수한 학업 성취를 올릴 수 있도록 하고, 각 수업 활동에 적극적으로 참여하여 학업 역량, 문제 해결 능력, 탐구력 등이 학교생활기록부 교과 세부능력 및 특기사항에 기록될 수 있도록 합니다.
- 전공과 관련 있는 다양한 진로 활동(일반 회사의 경영관련 부서나 IT 컨설팅 회사, 학과 탐방, IT컨설턴트 인터뷰 등)에 참여하여 새롭게 알게 된 사실이나 느낀 점을 중심으로 자신의 진로 역량을 키우도록 합니다.
- 정보 처리, 빅데이터 분석, 창업, 경영학 연구 등의 교내 동아리에서 경영 분야와 관련된 내용을 조사·발표하는 등 전공 관련 활동을 주도적으로 하고 의미 있는 역할을 했음을 드러냅니다.

- 학급이나 학생회의 임원 활동, 멘토-멘티 활동, 돌봄 활동, 학습 도우미 활동, 자선 봉사 활동 등과 같은 학교 교육계획에 의해 진행되는 봉사 활동이나 행사 활동, 수련활동, 체험 활동에 적극적으로 참여하여 협업과 소통능력, 리더십 등을 보이는 것이 중요합니다.
- 정치학, 통계학, 사회학, 인문학, 컴퓨터학, 사회학 등 폭 넓은 분야의 독서를 통해 기본적인 소양을 키우도록 합니다.
- 성실성과 규칙 준수, 나눔과 배려, 학업 의지, 창의성 등 자신의 강점이 학교생활기록부 행동특성 및 종합의견에 기록될 수 있도록 학교생활에 성실하게 임하도록 합니다.

27

경영학과

학과소개

경영학은 최근 그 영역이 급속도로 발전하여, 많은 이론적 토대를 형성하며 사회 과학 학문 영역에서 매우 주요한 위치를 차지하게 된 학문입니다. 왜냐하면 불확실성의 시대라는 말로 대변되는 오늘날의 환경 속에서 경제 주체의 하나인 기업은 국제 경쟁에서 살아남기 위해서 끊임없는 연구 개발을 통한 새로운 경영 기법의 도입과 경영 이론의 계승, 발전 등 스스로의 성장을 위하여 끊임없는 노력을 선행해야 했기 때문입니다.

경영학과는 글로벌화, 정보화의 환경 속에서 창조적 지식인이자 조직의 진취적인 리더가 되는 데 요구되는 경영학 이론과 실천적 지식을 체계적으로 교육함으로써, 사회와 기업이 요구하는 능력있는 전문 경영인의 육성을 교육 목표로 하는 학과입니다. 세계화 된 경영 현실에서 당면하게 될 제반 문제를 분석하고, 기업 목표를 지향적으로 해결할 수 있는 능력을 갖추어 전문 경영자를 양성하는 것 또한 교육 목표입니다. 경영학과의 교육 과정을 통해 창의적이고 진취적인 기업가정신, 전문 직업의식, 올바른 기업 윤리와 건전한 가치관, 전문적이고 실용적인 경영학 지식, 어학 능력및 국제 경영 정보 감각을 함양할 수 있습니다.

개설대학

- 국립금오공과대학교
- 국립강릉원주대학교
- 국립목포대학교
- 국립공주대학교
- 국립순천대학교
- 국립창원대학교
- 카톨릭대학교
- 건국대학교
- 경성대학교
- 경희대학교
- 남서울대학교
- 대전대학교
- 동국대학교
- 동아대학교
- 부산대학교
- 삼육대학교
- 상지대학교
- 서울여자대학교
- 성균관대학교
- 순천향대학교
- 아주대학교
- 연세대학교
- 영남대학교
- 용인대학교
- 우석대학교
- 인하대학교
- 전북대학교
- 전주대학교
- 제주대학교
- 평택대학교
- 한남대학교
- 한라대학교
- 한신대학교
- 협성대학교
- 호원대학교 등

관련학과

- 경영학과(경영학전공)
- 경영학부(경영학)
- 경영학과(글로벌테크노경영전공, 융합경영학부 경영학전공, 경영학부, 경영정보학과, 경영학전
- 공, 경영학부(글로벌금융전공)
- 경영·회계학부
- 관광경영학과
- 글로벌경영학과
- 글로벌비즈니스학과 등

진출분야

기업체	일반 기업, 언론 및 방송 기관, 종합 상사, 금융·증권회사, 정보 기술 회사, 유통 회사, 제조 회사, 경영 컨설팅 회사, 호텔 등의 인사, 마케팅, 재무, 생산 및 서비스 운영 관리 부서 등
정부 및 공공 기관	정부, 정부 관련 기관, 지방 자치 단체, NGO 등
연구 기관	각 기업체 경영 연구소 등

진출직업

- 최고경영자
- 경영컨설턴트
- 시장조사전문가
- 애널리스트
- 펀드매니저
- 자산관리사
- 노무사
- 손해사정인
- 세무사
- 회계사
- 투자전문가 등

취득가능 자격증

- 공인회계사
- 관세사
- 세무사
- 공인노무사
- 경영지도사
- 보험계리사
- 보험중개사
- 손해사정사
- 손해평가사
- 물류관리사
- 유통관리사
- 가맹거래사
- 감정사
- 감정평가사
- 전산회계운용사
- 전자상거래관리사
- 전자상거래운용사
- 호텔경영사
- 신용위험분석사
- 국제금융역
- 신용분석사
- 여신심사역
- 외환전문역
- 자산관리사 등

학과 주요 교과목

기초 과목	경영학원론, 경영을 위한 경제학, 회계원리, 중급회계, 경영과학, 조직행위론, 기업법, 인턴십, 마케팅사례연구, 비즈니스커뮤니케이션, 재무관리, 조직구조론, 한국기업경영, 중급회계, 경영정보론 등
심화 과목	지식경영시스템, 관리회계, 재무재표분석 및 기업가치평가, 기업과 경력개발, 보험과 위험관리, 회계감사, 투자론, 기업리스크와 보험, 인사관리, 생산관리, 국제경영, 기업재무론, 소비자행동, 품질경영, 기업윤리, 신제품개발 및 제품관리, 디자인과 경영전략, 고급회계, 마케팅조사론, 국제기업환경, 서비스운영관리, 회계학특강, 노사관계론, 광고관리론, 특수경영론, 경영정보특강, 국제경영특강, 생산특강, 인사조직특강, 채권분석, 기업가치금융 등

학과 인재상 및 갖추어야 할 자질

- 평소 통계나 경제 등 세상 돌아가는 것에 관심이 많은 학생
- 영어나 외국어에 자신이 있고, 세계로 나아가고 싶은 꿈이 있는 학생
- 리더십을 통해 공동체를 이끌어가고 창의적으로 문제를 해결하는 기업가정신을 갖춘 학생
- 지역 사회에 봉사하고 지식을 공유하는 등 사회적 책임을 다하는 태도를 지닌 학생
- 합리적인 의사 결정 능력을 갖추고 다른 사람과 어울려 일하는 것을 좋아하는 학생
- 새로운 기술 개발, 글로벌 기업 환경에 대한 지속적인 관심을 지닌 학생

학과 관련 선택 과목

※ 국어, 영어 교과는 모든 학문의 기초적인 성격을 가진 도구교과로 모든 학과에 이수가 필요하여 생략함.

공통 과목		공통국어1,2, 공통수학1,2, 공통영어1,2, 한국사1,2, 통합사회1,2, 통합과학1,2, 과학탐구실험1,2
수능 필수		화법과 언어, 독서와 작문, 문학, 대수, 미적분 I , 확률과 통계, 영어 I , 영어 II , 한국사, 통합사회, 통합과학, 성공적인 직업생활(직업)
일반 선택	수학, 사회, 과학	대수, 미적분 I , 확률과 통계, 세계시민과 지리, 세계사, 사회와 문화, 현대사회와 윤리
	체육·예술	
	기술·가정/정보	정보
	제2외국어/한문	
	교양	
진로 선택	수학, 사회, 과학	미적분 II , 경제 수학, 정치, 법과 사회, 경제, 국제 관계의 이해
	체육·예술	
	기술·가정/정보	데이터 과학
	제2외국어/한문	
	교양	
융합 선택	수학, 사회, 과학	실용 통계, 수학과제 탐구, 사회문제 탐구, 금융과 경제생활, 윤리문제 탐구, 기후변화와 지속가능한 세계
	체육·예술	
	기술·가정/정보	지식 재산 일반
	제2외국어/한문	
	교양	인간과 경제활동

추천 도서 목록

- 구글의 아침은 자유가 시작된다, 라즐로 복, 알에이치코리아
- 알기 쉬운 경영과학, 윤영수, 청
- ESG 경영론, 심보균 외, 이프레스
- 이해관계자 자본주의, 최남수, 새빛
- 삼국지 경영학 수업, 다케우치 요시오 외, 현익출판
- 기업문화, 조직을 움직이는 미래 에너지, 기업문화Cell, 아템포
- 완벽이 아닌 최선을 위해, 맥스 베이저만, 로크미디어
- 재미있는 윤리경영이야기, 고영희 외, 서울경제경영
- 이젠 2000년생이다, 허두영, 데이비드스톤
- 일터의 설계자들, 나하나, 웨일북(whalebooks)
- 한국엔 기업철학이 없다, 박승두, 바른북
- 글로벌 기업의 윤리경영, 정형일 외, 아진
- 좋은 기업을 넘어 위대한 기업으로, 짐 콜린스, 김영사

- 청소년이 경영학을 만나다, 신형덕, 에고의바다
- 나는 장사의 신이다, 은현장 역, 떠오름
- 사업을 한다는 것, 센시오, 레이크로, 이영래
- 일론 머스크, 월터 아이작슨, 21세기북스
- 일의 격, 신수정, 턴어라운드
- 일본전산 이야기, 김성호, 쌤앤파커스
- 히트 리프레시, 사티아 나델라 외, 흐름출판
- 반도체 제국의 미래, 정인성, 이레미디어
- 스타트업 서바이벌, 이은영 외, 한빛미디어
- 내 운명은 고객이 결정한다, 박종윤, 쏭북스
- 스타트업 서바이벌, 이은영 외, 한빛미디어
- AI혁신 Chat-GPT와 미드저니로 업무의 미래를 바꾸다, 박대형 외, 지식과감성 등

학교생활 TIPS

- 경영학과와 관련이 깊은 수학, 영어, 경제, 사회·문화 교과의 우수한 학업 성취를 올릴 수 있도록 하고, 각 수업 활동에 적극적으로 참여하여 학업 역량, 문제 해결 능력, 탐구력 등이 학교생활기록부 교과 세부능력 및 특기사항에 기록될 수 있도록 합니다.
- 전공과 관련 있는 다양한 진로 활동(경영 연구소, 학과탐방, 경영 컨설턴트 인터뷰 등)에 참여하여 새롭게 알게 된 사실이나 느낀 점을 중심으로 자신의 진로 역량을 키우도록 합니다.
- 경제 연구, 독서 논술, 시사 탐구, 토론, 영어 회화, 창업 등의 교내 동아리에서 경영 분야와 관련된 내용을 조사·발표하는 등 전공 관련 활동을 주도적으로 하고 의미 있는 역할을 했음을 드러냅니다.

- 학급이나 학생회의 임원 활동, 멘토-멘티 활동, 돌봄 활동, 학습 도우미 활동, 자선 봉사 활동 등과 같은 학교 교육계획에 의해 진행되는 봉사 활동이나 행사 활동, 수련활동, 체험 활동에 적극적으로 참여하여 배려심, 리더십, 의사소통 능력, 협동심 등을 보이는 것이 중요합니다.
- 정치학, 통계학, 사회학, 인문학, 컴퓨터학, 사회학 등 폭 넓은 분야의 독서를 통해 기본적인 소양을 키웁니다.
- 협업과 소통능력, 나눔과 배려, 성실성과 규칙준수, 리더십 등 자신의 강점이 학교생활기록부 행동특성 및 종합의견에 기록될 수 있도록 학교생활에 성실하게 임할 것을 권장합니다.

28

경제학과

사회계열
SOCIAL SCIENCE

학과소개

경제학은 사회 과학 분야 중 가장 기초적이고 체계화된 분야로서 주어진 제약 하에서 의사 결정의 합리성과 효율성을 추구하는 학문입니다. 사회의 모든 행위가 기본적으로 제약 하에서의 의사 결정 과정이라고 생각한다면, 경제학은 인간 생활에서 기본적이고 중요한 원리를 습득하게 하는 것이라 할 수 있습니다. 또한 경제학은 인접한 분야인 경영이나 무역뿐만 아니라 정치나 법, 제도 등 사회 현상의 전반에 광범위하게 적용될 수 있는 학문이기 때문에 경제학의 기본 체계를 습득하면 경제 현상뿐만 아니라 다른 모든 사회 현상을 분석할 수 있는 능력을 갖출 수 있습니다.

경제학과는 인간의 물질생활과 관련된 여러 문제들에 대한 최선의 합리적 해답을 찾고자 경제학적 분석력, 합리적 판단력, 세계 수준에서 경쟁할 수 있는 업무 능력을 키우기 위해 이론과 응용성을 조화시킨 경제학을 과학적 방법으로 연구하는 학과입니다. 이에 따라 지도적 인격과 창조적 능력을 갖추고 사회의 제반 경제 문제를 파악하여 적절한 대책과 해결을 모색할 수 있는 능력 있는 전문 경제인의 양성을 교육 목표로 두고 있습니다.

개설대학

- 국립강릉원주대학교
- 국립목포대학교
- 국립한밭대학교
- 명지대학교(제2캠퍼스)
- 한남대학교
- 서강대학교
- 국립경국대학교
- 국립부경대학교
- 가천대학교
- 가톨릭대학교
- 건국대학교
- 경희대학교
- 고려대학교
- 국민대학교
- 단국대학교
- 동국대학교
- 동아대학교
- 국립목포대학교
- 서울여자대학교
- 성신여자대학교
- 세종대학교
- 숭실대학교
- 아주대학교
- 이화여자대학교
- 인천대학교
- 인하대학교
- 제주대학교
- 조선대학교
- 충남대학교
- 충북대학교
- 한림대학교 등

관련학과

- 농업경제학과
- 산업응용경제학과
- 소비자경제학과
- 식품자원경제학과
- 글로벌경제학과
- 금융경제학과 등

진출분야

기업체	대기업 및 중견 기업, 은행, 언론계, 컨설팅 회사, 보험사, 증권사, 금융 기관, 법조계, 자산 관리 회사
정부 및 공공 기관	기획재정부, 산업통상자원부, 국세청, 외교부, NGO, 행정직 공무원, 금융감독원, 한국은행, 한국수출입은행, 한국산업은행, 예금보험공사 등
연구 기관	국가 및 기업 경제 연구소

진출직업

- 기업체 임직원
- 산업분석가
- 투자분석가
- 컨설팅전문가
- 협상전문가
- 대학 교수
- 국내외 연구기관 연구원
- 국제통상전문가 등

취득가능 자격증

- 공인노무사
- 감정평가사
- 관세사
- 변호사
- 변리사
- 증권투자상담사
- 선물거래상담사
- 증권·은행FP
- 공인회계사
- 국제재무분석사
- 재무위험관리사
- 미국공인회계사(AICPA) 등

학과 주요 교과목

기초 과목	경제수학, 경제통계학, 미시경제학Ⅰ·Ⅱ, 거시경제학Ⅰ·Ⅱ, 신흥국경제의 이해, 미시경제원론, 거시경제원론, 경제발전론, 경제사 등
심화 과목	계량경제학, 국제경제학, 국제금융론, 노동경제학, 법경제학, 산업조직론, 인적자본론, 재정학, 한국경제사, 화폐금융론, 경제학강독, 금융경제학, 경제통합론, 수리경제학, 금융산업의 이해, 게임이론 등

학과 인재상 및 갖추어야 할 자질

- 평소 사회의 경제 현상에 관심이 있는 학생
- 논리적이며, 인과 관계 분석에 흥미가 있는 학생
- 여러 사회 현상을 모델을 통해 설명하는 데 관심이 있는 학생
- 각종 경제 지표들을 읽고 분석하는 능력을 키우고자 하는 학생
- 복잡한 수식이나 그래프를 활용하는 수학을 즐기는 학생
- 고등학교 경제 과목을 재미있게 배웠으며, 지구력이 강한 학생

학과 관련 선택 과목

※ 국어, 영어 교과는 모든 학문의 기초적인 성격을 가진 도구교과로 모든 학과에 이수가 필요하여 생략함.

공통 과목		공통국어1,2, 공통수학1,2, 공통영어1,2, 한국사1,2, 통합사회1,2, 통합과학1,2, 과학탐구실험1,2
수능 필수		화법과 언어, 독서와 작문, 문학, 대수, 미적분Ⅰ, 확률과 통계, 영어Ⅰ, 영어Ⅱ, 한국사, 통합사회, 통합과학, 성공적인 직업생활(직업)
일반 선택	수학, 사회, 과학	대수, 미적분Ⅰ, 확률과 통계, 사회와 문화, 현대사회와 윤리
	체육·예술	
	기술·가정/정보	정보
	제2외국어/한문	
	교양	
진로 선택	수학, 사회, 과학	기하, 미적분Ⅱ, 경제 수학, 정치, 법과 사회, 경제, 국제 관계의 이해
	체육·예술	
	기술·가정/정보	데이터 과학
	제2외국어/한문	
	교양	인간과 심리
융합 선택	수학, 사회, 과학	실용 통계, 수학과제 탐구, 사회문제 탐구, 금융과 경제생활, 기후변화와 지속가능한 세계
	체육·예술	
	기술·가정/정보	지식 재산 일반
	제2외국어/한문	
	교양	인간과 경제활동

추천 도서 목록

- 1일1단어1분으로 끝내는 금융공부, 이혜경, 글담출판
- 1일1장 뽑아 쓰는 냅킨 경제학, 티나 헤이, 더퀘스트
- 10대를 위한 방과 후 주식 특강, 박성현, 다림
- 가짜 노동, 데니스 외르마르크 외, 자음과 모음
- 경기순환 알고 갑시다, 김영익, 위너스북
- 경제기사 궁금증300문300답, 곽해선, 혜다
- 경제학 콘서트 1, 팀 하포드, 웅진지식하우스
- 경제학이 필요한 순간, 김현철, 김영사
- 국제거래와 환율 쫌 아는 10대, 석혜원, 풀빛
- 경제수학, 위기의 편의점을 살려라!, 김나영, 생각학교
- 10대를 위한 워런 버핏 경제 수업, 안석훈 외, 넥스트씨
- 청소년을 위한 경제의 역사, 니콜라우스 피퍼, 비룡소
- 최강의 실험경제반 아이들, 김나영, 리틀에이

- 열다섯 글로벌 경제학교, 권오상, 데이스타
- 청소년을 위한 위대한 경제학 고전 25권을 1권으로 읽는 책, 홍기훈, 빅피시
- 청소년을 위한 돈이 되는 경제 교과서, 신동국, 처음북스
- 앨빈 토플러 청소년 부의 미래, 앨빈 토플러 외, 청림출판
- 10대를 위한 머니 레슨, 샘 베크베신저, 현대지성
- 경제를 일으킨 결정적 질문, 박정현, 다른
- 타임라인 경제교실, 태지원, 동녘
- 경제는 내 친구, 정광재 외, 유아이북스
- 10대를 위한 방과 후 주식 특강, 박성현, 다림
- 수업 시간에 들려주지 않는 돈 이야기, 윤석천, 지상의책(갈매나무)
- 고교 선생님의 특별한 금융경제 수업, 조부연 외, 유아이북스

학교생활 TIPS

- 경제학과와 관련이 깊은 수학, 영어, 경제, 사회·문화 교과의 우수한 학업 성취를 올릴 수 있도록 하고, 각 수업활동에 적극적으로 참여하여 학업 역량, 문제 해결 능력, 탐구력 등이 교과 세부능력 및 특기사항에 기록될 수 있도록 합니다.
- 전공과 관련 있는 다양한 진로 활동(금융 기관, 학과 탐방, 투자분석가 인터뷰 등)에 참여하여 새롭게 알게 된 사실이나 느낀 점을 중심으로 자신의 진로 역량을 키우도록 합니다.
- 경제 연구, 독서 논술, 시사(뉴스, 미디어), 토론, 영어 회화, 창업 등의 교내 동아리에서 경제와 관련된 내용을 조사·발표하는 등의 전공 관련 활동을 주도적으로 하고 의미 있는 역할을 했음을 드러냅니다.

- 학급이나 학생회의 임원 활동, 멘토-멘티 활동, 돌봄 활동, 학습 도우미 활동, 자선 봉사 활동 등과 같은 학교 교육계획에 의해 진행되는 봉사 활동이나 행사 활동, 수련활동, 체험 활동에 적극적으로 참여하여 배려심, 리더십, 의사소통 능력, 협동심 등을 보이는 것이 중요합니다.
- 정치학, 통계학, 사회학, 인문학, 철학, 경제학 등 폭넓은 분야의 독서를 통해 기본적인 소양을 키웁니다.
- 협업과 소통능력, 나눔과 배려, 성실성과 규칙준수, 창의성 등 자신의 강점이 학교생활기록부 행동특성 및 종합의견에 기록될 수 있도록 학교 생활에 성실하게 임할 것을 권장합니다.

학과소개

21세기 국가 발전에서 최고의 사회 간접 자본으로 평가되고 있는 것이 사회 질서입니다. 사회 질서에 대한 국민적 요구와 기대치는 앞으로도 크게 증대될 것입니다. 경찰은 사회 질서 확보에 중심적인 역할을 합니다. 따라서 능력 있고 사명감이 투철한 경찰관에 대한 수요 또한 크게 증가할 것입니다.

경찰행정학과는 경찰에 관한 학문의 총체로서 국민의 안전과 사회 공공의 안녕 및 범죄 예방을 위해 사회에서의 경찰의 역할과 효율적이고 건전한 경찰 조직의 형태를 연구합니다. 공공 치안부터 민간 경비까지 사회 전반의 치안을 연구 범위로 설정하고, 사회 전 영역에 걸쳐서 효과적인 치안 정책을 연구합니다. 치안 관련 이론과 실무, 방법론 등 모든 영역에 걸친 교육 과정을 통해 변화하는 사회에 융합적인 인재 육성을 교육 목표로 합니다. 따라서 각종 이론적 지식과 함께 무술, 체포술과 같은 무도 기술을 습득하고, 고도로 조직화된 각종 범죄에 대처 능력을 지닌 인재 양성을 위한 전문화된 교육을 합니다.

개설대학

- 동국대학교
- 동의대학교
- 광주대학교
- 송원대학교
- 청주대학교
- 신라대학교
- 경성대학교
- 경운대학교
- 경일대학교
- 계명대학교
- 광주여자대학교
- 남부대학교
- 대구가톨릭대학교
- 대구한의대학교
- 동신대학교
- 순천향대학교
- 영산대학교
- 용인대학교
- 우석대학교
- 원광대학교
- 조선대학교
- 중원대학교
- 한라대학교
- 한세대학교
- 호남대학교 등

관련학과

- 경찰학부(경찰행정학전공)
- 경찰행정학부(경찰행정전공, 범죄수사전공)
- 경찰행정·범죄심리학과
- 경찰범죄심리학과
- 경찰학과
- 경찰행정학부
- 경찰행정학전공
- 국방경찰행정학부
- 사이버보안경찰학과
- 해양경찰학과 등

진출분야

기업체	대기업 및 중견 기업, 언론계, 컨설팅 회사, 보험사, 증권사, 금융 기관의 보안 업무직, 경비 업체, 보안 업체 등
정부 및 공공 기관	중앙 정부 및 지방 자치 단체(일반 행정직, 검찰 사무직, 마약 수사직, 보호 관찰직 등), 국가정보원, 대통령경호처, 군 수사 기관, 소방서, 감사원, 경찰청, 형사 사법 기관 등
연구 기관	국립과학수사연구소, 치안정책연구소, 한국지방행정연구원, 한국공공행정연구원, 대한자치행정연구원, 한국공공자치연구원, 한국자치발전연구원 등

진출직업

- 경호원
- 디지털포렌식수사관
- 사이버수사요원
- 소방공무원
- 법원공무원
- 세관공무원
- 입법공무원
- 마약단속반
- 군수사관
- 국제경찰관
- 민간조사원
- 검찰수사관
- 경찰관
- 해양경찰관
- 법조인 등

취득가능 자격증

- 일반경비지도사
- 기계경비지도사
- 화약류관리기술사
- 정책분석평가사
- 무도자격증
- 태권도
- 유도
- 검도 등

학과 주요 교과목

기초 과목	무술, 경찰과 사회, 범죄예방론, 범죄수사론, 경찰윤리, 비교경찰제도론, 경찰체육실습, 한국경찰사, 피해자학, 청소년비행론, 범죄데이터분석기획, 범죄심리학, 공식범죄통계이해, 민간경비론, 기업범죄론, 물리보안, 국가정보학, 산업보안기술, 교정학, 헌법, 특별행정법 등
심화 과목	미래사회와 경찰활동, 경찰조직관리, 경찰인사행정, 경찰행정학특강, 경찰정책론, 수사심리학, 폭력범죄론, 대테러리즘, 경찰행정법, 범죄데이터베이스, 범죄데이터분석고급, 딥러닝, 범죄정보분석, 사물인터넷과 범죄, 형사사법연구방법론, 위기관리, 산업보안컨설팅, 최신IT보안, 사이버보안, 포렌식수사, 산업안보경영, 산업보안론, 지역사회교정론, 분류심사론, 특별행정법, 교정복지와 상담, 형사소송법, 형법 등

학과 인재상 및 갖추어야 할 자질

- 화합적인 리더십을 가지고 조직을 긍정적으로 이끌어 나가는 학생
- 올바른 가치관과 봉사 정신, 민주적 이념을 중요시하는 학생
- 열정과 믿음으로 미래를 선도하는 역량을 지닌 학생
- 이웃과 약자에게 봉사할 줄 알고 정의를 최고의 가치로 여기는 학생
- 탐구적 사고를 지니고 체계적인 일에 흥미와 자질이 있는 학생
- 상황 변화에 능동적으로 대처할 수 있는 순발력을 가진 학생

학과 관련 선택 과목

※ 국어, 영어 교과는 모든 학문의 기초적인 성격을 가진 도구교과로 모든 학과에 이수가 필요하여 생략함.

공통 과목		공통국어1,2, 공통수학1,2, 공통영어1,2, 한국사1,2, 통합사회1,2, 통합과학1,2, 과학탐구실험1,2
수능 필수		화법과 언어, 독서와 작문, 문학, 대수, 미적분Ⅰ, 확률과 통계, 영어Ⅰ, 영어Ⅱ, 한국사, 통합사회, 통합과학, 성공적인 직업생활(직업)
일반 선택	수학, 사회, 과학	세계시민과 지리, 세계사, 사회와 문화, 현대사회와 윤리
	체육·예술	체육1, 체육2
	기술·가정/정보	
	제2외국어/한문	
	교양	
진로 선택	수학, 사회, 과학	한국지리 탐구, 도시의 미래 탐구, 정치, 법과 사회, 경제, 윤리와 사상, 인문학과 윤리
	체육·예술	운동과 건강, 스포츠 과학
	기술·가정/정보	
	제2외국어/한문	
	교양	인간과 철학, 논리와 사고, 인간과 심리
융합 선택	수학, 사회, 과학	사회문제 탐구, 윤리문제 탐구, 기후변화와 지속가능한 세계
	체육·예술	스포츠 생활1, 스포츠 생활2
	기술·가정/정보	
	제2외국어/한문	
	교양	

추천 도서 목록

- 살인자와 프로파일러, 앤 울버트 버지스, 북하우스
- 정의란 무엇인가, 와이즈베리, 마이클 샌델
- 공정하다는 착각, 와이즈베리, 마이클 샌델
- 경찰의 민낯, 장신중, 좋은땅
- 경찰을 말하다, 박상융, 행복에너지
- FBI 행동 심리학, 조 내버로, 박정길 역, 리더스북
- 90년대생 경찰 일기, 늘새벽, 원앤원북스
- 프로파일링 케이스 스터디, 권일용, EBS BOOKS
- 이수정 이다혜의 범죄 영화 프로파일, 이수정 외, 민음사
- 과학수사로 보는 범죄의 흔적, 유영규, 알마
- 나는 대한민국 경찰공무원이다, 나상미, 함께북스
- 경찰과 행정, 정상완, 윤성사
- 인터폴의 세계, 김종양, 파람북

- 탐정활동의 이론과 실무, 김형중 외, 박영사
- 경찰과 사회, 이상훈, 진영사
- 경찰행정학, 김형중 외, 박영사
- 여성, 경찰하는 마음, 주명희 외, 생각정원
- 슬기로운 경찰생활, 김상호, 박영사
- 최신 범죄심리학, 이수정, 학지사
- 범죄학개론, 대한범죄학회, 박영사
- 경찰과 법, 정상완, 윤성사
- 경찰과 행정, 정상완, 윤성사
- 젠더와 경찰활동, 한민경 외, 박영사
- 꼬리 밟고 쏙쏙 경찰법 이야기, 이동환, 유원북스
- 경찰백서(2021), 경찰청, 경찰청

학교생활 TIPS

- 경찰행정학과와 관련이 깊은 수학, 영어, 정치와 법 교과의 우수한 학업 성취를 올릴 수 있도록 하고, 각 수업 활동에 적극적으로 참여하여 학업 역량, 문제 해결 능력, 탐구력 등이 학교생활기록부 교과 세부능력 및 특기사항에 기록될 수 있도록 합니다.
- 전공과 관련 있는 다양한 진로 활동(경찰서, 학과 탐방, 사이버수사관 인터뷰 등)에 참여하여 새롭게 알게 된 사실이나 느낀 점을 중심으로 자신의 진로 역량을 키우도록 합니다.
- 독서 논술, 시사 토론(뉴스, 미디어), 법 연구, 범죄 심리 연구 등의 교내 동아리에서 경찰 행정과 관련된 내용을 조사·발표하는 등 전공 관련 활동을 주도적으로 하고, 의미 있는 역할을 했음을 드러냅니다.
- 학급이나 학생회의 임원 활동, 멘토-멘티 활동, 돌봄 활동, 학습 도우미, 자선 봉사 활동, 행사 활동, 수련 활동, 체험 활동 등에 적극적으로 참여하여 배려심, 리더십, 의사소통 능력, 협동심 등을 보이는 것이 중요합니다.
- 협업과 소통능력, 나눔과 배려, 성실성과 규칙준수, 창의성 등 자신의 강점이 학교생활기록부 행동특성 및 종합의견에 기록될 수 있도록 학교생활에 성실하게 임할 것을 권장합니다.

30

공공인재학부

학과소개

현대 사회는 개인이 보유한 최고의 능력을 활용하여 공동체 내의 공익과 정의에 기여하고, 개인의 권리와 사회적 책임을 조화롭게 실천하는 사회적 인재를 요구하고 있습니다. 이러한 시대적 사명에 따라 리더십과 팔로워십을 겸비한 인재, 창의·혁신적 인재, 행정과 법적 지식을 겸비한 인재, 공익과 사회적 정의를 실현하는 인재의 중요성이 더욱 커지고 있습니다. 공공인재학은 사회의 구성원뿐만 아니라 공공 부문에 적합한 인재가 갖추어야 할 공익, 공공선, 그리고 사회적 정의를 실현하는 학문입니다.

공공인재학과에서는 행정학 및 정책학 관련 분야의 전문 지식을 습득하도록 함으로써 국가와 시민 사회의 발전에 기여하고, 공공 및 민간 분야의 다양한 조직에서 능동적으로 일할 수 있는 인재를 육성합니다. 또한 다양한 사회 현상을 균형 잡힌 시각으로 이해할 수 있도록 하고, 정책 과정에 대한 지식 습득을 통하여 합리적인 의사 결정을 할 수 있도록 교육합니다. 공공인재학과는 민주주의와 시민 사회의 발전 과정을 충분히 이해하고 관련 지식을 습득함으로써 공동체의 유지 및 발전에 기여하도록 하는 학과로 글로벌거버넌스와 정부 역할의 연구를 통하여 세계화에 부응하는 선도적 지식인으로서의 자질을 지닌 인재를 양성하고자 합니다.

개설대학

- 울산대학교
- 한경국립대학교
- 경기대학교
- 동양대학교
- 중앙대학교 등

진출직업

- 국가직 및 지방직 공무원(일반행정직, 세무직, 교육행정직, 사회복지행정직, 경찰행정직)
- 대학 교수
- 연구원
- 창업가 등

관련학과

- 공공행정학과
- 공공인재법학과
- 인문융합공공인재학부
- 행정학과
- 자치행정학과 등

취득가능 자격증

- 법무사
- 일반행정사
- 기술행정사
- 행정관리사
- 워드프로세서
- 컴퓨터활용능력 등

진출분야

기업체	금융 기업, 은행, 사회적 기업, 민간 기업, 증권 회사 등
정부 및 공공 기관	한국교통안전공단, 한국문화정보원, 한국정보화진흥원, 한국보훈복지의료공단, 각 지역 시설관리공단, 독립기념관, 시민 사회 단체 등
연구 기관	사회 과학 연구소 등

학과 주요 교과목

기초 과목	행정학개론, 정부와 제도, 역량강화실습론, 정책학원론, 국가와 기본권, 행정통계학, 도시 및 지방행정론, 조직과 정보관리, 전공과 취업, 기본권보호와 통치구조, 인적자원관리론, 조사방법과 데이터분석, 조직과 변화관리, 공공관리론 등
심화 과목	공공복지와 정책, 갈등관리와 협상, 재무행정론, 조직행태론, 관료제와 행정이론, 전공과 창업, 공직윤리론, 전략기획과 혁신, e-거버먼트와 정보보호, 정책성과 분석평가론, 행정법 1·2, 노사관계와 노동법, 문화정책과 국제협력, 민관협력과 공공가치, 공공정보의 관리와 활용, 공공홍보마케팅, 행정학세미나, 사회복지행정론 등

학과 인재상 및 갖추어야 할 자질

- 평소 국가와 정부의 역할 및 각종 사회 현상들에 대한 관심을 지닌 학생
- 사회 문제를 관찰하고 대응하는 체계적인 사고를 갖춘 학생
- 사회적인 상상력을 발휘하는 데 필요한 기본적인 지식을 지닌 학생
- 공공 문제를 파악하고, 그 원인과 결과를 인과적으로 해석하여 해결책을 제시하는 학생
- 공공의 이익과 사회 정의, 공동체 정신을 함양한 학생
- 법학, 경제학, 정치학 등 다양한 사회 과학 지식을 지닌 학생

인문계열

사회계열

자연계열

공학계열

의약계열

예체능계열

교육계열

계약학과 & 특성화학과

학과 관련 선택 과목

※ 국어, 영어 교과는 모든 학문의 기초적인 성격을 가진 도구교과로 모든 학과에 이수가 필요하여 생략함.

공통 과목		공통국어1,2, 공통수학1,2, 공통영어1,2, 한국사1,2, 통합사회1,2, 통합과학1,2, 과학탐구실험1,2
수능 필수		화법과 언어, 독서와 작문, 문학, 대수, 미적분Ⅰ, 확률과 통계, 영어Ⅰ, 영어Ⅱ, 한국사, 통합사회, 통합과학, 성공적인 직업생활(직업)
일반 선택	수학, 사회, 과학	세계시민과 지리, 세계사, 사회와 문화, 현대사회와 윤리
	체육·예술	
	기술·가정/정보	정보
	제2외국어/한문	
	교양	생태와 환경
진로 선택	수학, 사회, 과학	한국지리 탐구, 도시의 미래 탐구, 정치, 법과 사회, 경제, 윤리와 사상, 인문학과 윤리
	체육·예술	
	기술·가정/정보	데이터 과학
	제2외국어/한문	
	교양	인간과 철학, 논리와 사고, 인간과 심리
융합 선택	수학, 사회, 과학	사회문제 탐구, 윤리문제 탐구, 기후변화와 지속가능한 세계, 기후변화와 환경생태
	체육·예술	
	기술·가정/정보	지식 재산 일반
	제2외국어/한문	
	교양	인간과 경제활동

추천 도서 목록

- 행정이 인문을 만나다, 이승재, 창조와지식
- 정의란 무엇인가, 마이클 샌델, 와이즈베리
- 공정하다는 착각, 마이클 샌델, 와이즈베리
- 미래를 준비한 세계의 도시들, 이두현 외, 지식과감성
- 국가, 정부, 정책의 이해, 박경돈, 윤성사
- 공공성의 사상적 기초, 임의영, 윤성사
- 디지털플랫폼정부의 미래, 한국행정학회 정부의미래연구회 외, 윤성사
- 지방정부 ESG, 양세훈 외, 이담북스
- 공무원 인식과 조직행태, 박순애 외, 박영사
- 로컬 씨, 어디에 사세요?, 서진영, 온다프레스
- 노동에 대해 말하지 않는 것들, 전혜원, 서해문집
- 알면 이기는 부당노동행위 실무, 노무법인 이산 노사관계연구원, 중앙경제
- '한 사람' 협동조합, 김기섭, 들녘

- 임대 세대, 클로리 팀퍼리, 국토연구원
- 주거와 삶의 질을 높이기 위한 제언들, 박근석 외, 씨아이알
- 대한민국 인구 정책, 길은 있는가, 이재인, 해남
- 백지에 그리는 국가운영체계, 민경찬 외, 초아출판사
- 미친 군수와 삽질하는 공무원, 박진우, 혜윰터
- 지방재정론, 윤광재, 윤성사
- 자치와 통치, 강광수, 윤성사
- 인구소멸과 로컬리즘, 전영수, 라의눈
- 플랫폼, 파워, 정치, 울리케 클링거 외, 한울아카데미
- 스파이, 거짓말, 그리고 알고리즘, 에이미 제가트, 한울아카데미
- 과학이 권력을 만났을 때, 제프 멀건, 매일경제신문사
- 독일은 어떻게 1등 국가가 되었나, 김종인, 오늘산책

학교생활 TIPS

- 공공인재학과와 관련이 깊은 수학, 영어, 정치와 법, 경제 교과의 우수한 학업 성취를 올릴 수 있도록 하고, 각 수업 활동에 적극적으로 참여하여 학업 역량, 문제 해결 능력, 탐구력 등이 학교생활기록부 교과 세부능력 및 특기사항에 기록될 수 있도록 합니다.
- 전공과 관련 있는 다양한 진로 활동(교통안전공단, 학과 행정직 공무원, 행정직 공무원 인터뷰 등)에 참여하여 새롭게 알게 된 사실이나 느낀 점을 중심으로 자신의 진로 역량을 키우도록 합니다.
- 독서 논술, 시사 토론(뉴스, 미디어), 법 연구, 사회 문제 연구 등 교내 동아리에서 공공인재학과 관련된 내용을 조사·발표하는 등 전공 관련

활동을 주도적으로 하고, 의미 있는 역할을 했음을 드러냅니다.
- 학급이나 학생회의 임원 활동, 멘토-멘티 활동, 돌봄 활동, 학습 도우미, 자선 봉사 활동 등과 같은 학교 교육계획에 의해 진행되는 봉사 활동이나 행사 활동, 수련 활동, 체험 활동에 적극적으로 참여하여 배려심, 리더십, 의사소통 능력, 협동심 등을 보이는 것이 중요합니다.
- 협업과 소통능력, 나눔과 배려, 성실성과 규칙준수, 창의성 등 자신의 강점이 학생생활기록부 행동특성 및 종합의견에 기록될 수 있도록 학교 생활에 성실하게 임할 것을 권장합니다.

31

공공행정학과

학과소개

급변하는 현대 사회에서는 도시 및 행정 문제가 복잡화·다양화되면서 이를 합리적으로 해결하고, 미래에 발생할 수 있는 행정적인 문제를 예측할 수 있는 전문 행정인에 대한 수요가 증대하고 있습니다. 급속한 도시화, 산업화가 이루어지면서 도시 행정은 현대 행정에서 매우 중요한 위치를 차지하고 있습니다.

도시 및 행정 문제해결을 위한 창의적 인재, 실용적 인재, 공익 지향적 인재 양성을 목표로, 지속적으로 수요가 증대되고 있는 국정 관리 전문 인력 양성을 위해 전반적인 행정 이론과 행정 관리, 정책이론, 도시 관리 기법에 관한 교과 과정을 편성·운영하고 있습니다. 혁신적인 환경 속에서 도시 및 지역 사회 문제에 능동적으로 대처하기 위하여 실천적 정책 관리 능력, 합리적 예측 및 계획 능력, 창의적 연구 능력 및 원만한 인간관계 능력을 두루 갖춘 성실하고 유능한 전문 인력을 양성하여 개인의 발전과 국가 및 사회 번영에 기여할 수 있도록 하는 것이 공공행정학과의 교육 목표입니다. 또한 공공행정학과는 기초적인 법학 및 행정학 교과목을 운영하여 법조인, 행정·입법·사법 공무원, 대덕연구단지 과학 기술행정 전문직 등의 양성을 목표로 하며, 행정사, 법무사, 변리사, 공인노무사 등의 고급 자격증의 취득을 위한 전문적인 교과목을 개설합니다.

개설대학

- 국립한밭대학교 등

관련학과

- 행정학부
- 정부행정학부
- 경찰행정학과
- 법·행정학부
- 보건행정학부
- 국방경찰행정학부
- 경찰·소방행정학부
- 공공안전학전공
- 공공인재학과
- 공공인재학부
- 공공정책학과
- 공공정책학부 등

진출분야

기업체	일반 기업체의 법률·행정·일반 사무직, 방송사, 신문사, 병원 원무과, 각종 시민·공익 단체 등
정부 및 공공 기관	중앙 정부 및 지방 자치 단체(일반 행정직, 검찰 사무직, 도시 계획직), 국가 및 지방공무원, 경찰공무원, 검찰사무직 공무원, 법원공무원, 소방공무원, 교정직 공무원, 국회사무처, 중앙선 거관리위원회 등
연구 기관	지방 행정 연구소, 공공 행정 연구소, 지방 행정 연구소, 자치 발전 연구소, 공공자치연구원 등

진출직업

- 사회조사분석사
- 도시계획기사
- 법무사
- 변리사
- 공인노무사
- 세무사
- 손해사정사
- 감정평가사
- 사회과학연구원
- 인문사회계열 등

취득가능 자격증

- 사회조사분석사(1, 2급)
- 도시계획기사
- 주택관리사
- 직업상담사(1, 2급)
- 공인중개사
- 경영지도사
- 기술지도사
- 감정평가사
- 사회복지사(1, 2급)
- 공인노무사
- 공인회계사
- 관세사
- 법무사
- 변리사
- 세무사
- 행정사 등

학과 주요 교과목

기초 과목	행정학개론, 도시 및 지역학개론, 정책학개론, 경제학개론, 조사 방법론, 도시행정학, 재무행정론, 행정정보관리론, 행정법Ⅰ·Ⅱ, 인사행정론, 도시계획론, 행정계량분석, 토지 및 주택정책론 등
심화 과목	조직관리론, 정책분석론, 문화행정론, 복지행정론, 부동산학개 론, 지방자치행정론, 거버넌스론, 전자정부론, 정책분석평가론, 지역개발론, 행정행태론, 공기업론, 공공문제론, 환경정책론, 공 공관리특강, 공공정책특강, 행정개혁론, 공공계획특강 등

학과 인재상 및 갖추어야 할 자질

- 세계화·정보화·지방화·탈산업화 등의 메가 트렌드에 유연하게 대처할 수 있는 학생
- 합리적 사고와 원만한 인간관계를 지닌 학생
- 국제적 감각과 정보 마인드로 세상을 바라보는 안목을 지닌 학생
- 공공 문제의 원인과 결과를 해석하여 해결책을 제시할 줄 아는 학생
- 도시 및 지역 행정 관련 직종에 관심이 많은 학생
- 법학, 경제학, 정치학 등 다양한 사회 과학 지식을 지닌 학생

학과 관련 선택 과목

※ 국어, 영어 교과는 모든 학문의 기초적인 성격을 가진 도구교과로 모든 학과에 이수가 필요하여 생략함.

공통 과목		공통국어1,2, 공통수학1,2, 공통영어1,2, 한국사1,2, 통합사회1,2, 통합과학1,2, 과학탐구실험1,2
수능 필수		화법과 언어, 독서와 작문, 문학, 대수, 미적분Ⅰ, 확률과 통계, 영어Ⅰ, 영어Ⅱ, 한국사, 통합사회, 통합과학, 성공적인 직업생활(직업)
일반 선택	수학, 사회, 과학	세계시민과 지리, 세계사, 사회와 문화, 현대사회와 윤리
	체육·예술	
	기술·가정/정보	정보
	제2외국어/한문	
	교양	
진로 선택	수학, 사회, 과학	한국지리 탐구, 도시의 미래 탐구, 정치, 법과 사회, 경제, 윤리와 사상, 인문학과 윤리
	체육·예술	
	기술·가정/정보	데이터 과학
	제2외국어/한문	
	교양	인간과 철학, 논리와 사고, 인간과 심리
융합 선택	수학, 사회, 과학	실용 통계, 사회문제 탐구, 윤리문제 탐구, 기후변화와 지속가능한 세계
	체육·예술	
	기술·가정/정보	지식 재산 일반
	제2외국어/한문	
	교양	인간과 경제활동

추천 도서 목록

- 경세치용의 공공리더십, 김경희 외, 윤성사
- 갈등사회의 공공정책, 권혁주, 서울대학교출판문화원
- 행정법강의, 박균성, 박영사
- 행정이 인문을 만나다, 이승재, 창조와지식
- 정의란 무엇인가, 와이즈베리, 마이클 샌델
- 디지털 세계 이야기: 정책과 법, 임규철, 동국대학교출판부
- 미래를 준비한 세계의 도시들, 이두현 외, 지식과감성
- 국가, 정부, 정책의 이해, 박정돈, 윤성사
- 공공성의 사상적 기초, 임의영, 윤성사
- 디지털플랫폼정부의 미래, 한국행정학회 정부의미래연구회 외, 윤성사
- 지방정부 ESG, 양세훈 외, 이담북스
- 정책예보, 박정균, 모아북스
- 로컬 씨, 어디에 사세요?, 서진영, 온다프레스

- 노동에 대해 말하지 않는 것들, 전혜원, 서해문집
- '한 사람' 협동조합, 김기섭, 들녘
- 주거와 삶의 질을 높이기 위한 제언들, 박근석 외, 씨아이알
- 대한민국 인구 정책, 길은 있는가, 이재인, 해남
- 백지에 그리는 국가운영체계, 민경찬 외, 초아출판사
- 미친 군수와 삽질하는 공무원, 박진우, 혜윰터
- 현대 행정법, 김유환, 박영사
- 자치와 통치, 강광수, 윤성사
- 인구소멸과 로컬리즘, 전영수, 라의눈
- 플랫폼, 파워, 정치, 울리케 클링거 외, 한울아카데미
- 스파이, 거짓말, 그리고 알고리즘, 에이미 제가트, 한울아카데미
- 독일은 어떻게 1등 국가가 되었나, 김종인, 오늘산책

학교생활 TIPS

- 공공행정학과와 관련이 깊은 수학, 영어, 정치와 법, 경제 교과의 우수한 학업 성취를 올릴 수 있도록 하고, 각 수업 활동에 적극적으로 참여하여 학업 역량, 문제 해결 능력, 탐구력 등이 학교생활기록부 교과 세부능력 및 특기사항에 기록될 수 있도록 합니다.
- 전공과 관련 있는 다양한 진로 활동(공익 단체, 학과 탐방, 행정직 공무원 인터뷰 등)에 참여하여 새롭게 알게 된 사실이나 느낀 점을 중심으로 자신의 진로 역량을 키우도록 합니다.
- 독서 논술, 시사 토론(뉴스, 미디어), 사회 문제 연구, 신문 등의 교내 동아리에서 공공 행정과 관련된 내용을 조사·발표하는 등 전공 관련 활동을 주도적으로 하고, 의미 있는 역할을 했음을 드러냅니다.

- 학급이나 학생회의 임원 활동, 멘토–멘티 활동, 돌봄 활동, 학습 도우미 활동, 자선 봉사 활동 등과 같은 학교 교육계획에 의해 진행되는 봉사 활동이나 행사 활동, 수련활동, 체험 활동에 적극적으로 참여하여 배려심, 리더십, 의사소통 능력, 협동심 등을 보이는 것이 중요합니다.
- 법학, 정치학, 심리학, 사회학, 인문학, 철학 등 폭넓은 분야의 독서를 통해 기본적인 소양을 키웁니다.
- 협업과 소통능력, 나눔과 배려, 성실성과 규칙준수, 창의성 등 자신의 강점이 학교생활기록부 행동특성 및 종합의견에 기록될 수 있도록 학교 생활에 성실하게 임할 것을 추천합니다.

32 관광경영학과

학과소개

21세기에는 서비스·문화·감성을 중시하는 관광 경영의 중요성이 강조되고 있습니다. 여행사, 항공사, 호텔, 외식업, 골프장, 테마파크, 카지노, 이벤트 컨벤션, 렌터카 등의 기업들로 구성된 관광산업의 시장 규모는 해가 거듭될수록 확장되고 있습니다. 이와 함께 '웰빙' 열풍도 불면서 여가의 중요성은 나날이 커지고 있습니다. 관광경영학과는 관광 산업에 대한 전문 지식 및 실무에 대해 학습하는 학과로, 관광 산업 발전에 중심적인 역할을 하고 있습니다. 관광·레저 상품 및 호텔·외식 산업, 항공 산업에 대한 전문적 지식 및 실무를 바탕으로 졸업 후에는 관련 기업 및 기관에 진출합니다. 기존의 여행사와 호텔 중심의 분야는 물론, 점차로 서비스 경영을 실천하고 있는 다양한 영역, 즉 외식업, 골프장, 테마파크, 카지노, 렌터카, 백화점, 대형마트, 택배 업체, 제약 회사 등으로도 진로 분야를 확장하고 있습니다. 최근에는 인터넷 시장의 규모가 확대되면서 관광 콘텐츠 기획과 마케팅 분야로 진출하는 학생들의 수도 증가하고 있습니다. 관광경영학과는 실무적 능력의 증진을 중시하므로 지역 자원과 연계한 현장 체험 및 현장 실습 중심의 수업이 많은 편이며, 교육 목표는 체계적인 지식 습득과 산학 협동을 통하여 세계화 시대에 부응하는 국제적 감각을 지닌 관광 인재를 양성하는 것입니다.

개설대학

- 국립강릉원주대학교
- 국립공주대학교
- 한세대학교
- 계명대학교
- 용인대학교
- 청주대학교
- 배재대학교
- 가천대학교
- 강원대학교
- 남서울대학교
- 동아대학교
- 순천향대학교
- 안양대학교
- 전주대학교
- 제주대학교
- 호남대학교 등

관련학과

- 호텔항공관광경영학과
- 호텔관광경영학전공
- 글로벌관광경영학과
- 문화관광경영학과
- 항공호텔관광경영학과
- 호텔관광경영학과 등

진출직업

- 관광·문화관련연구원
- 관광상품개발자
- 여행안내사
- 호텔관리사
- 레크리에이션지도자 등

취득가능 자격증

- 국내여행안내사
- 호텔경영사
- 호텔관리사
- 관광통역안내사(영어, 중국어, 일본어)
- 항공예약발권(CRS)자격증 (TOPAS, ABACUS 등)
- 국외여행인솔자
- 호텔관리사
- 호텔경영사
- 한식조리기능사
- 중식조리기능사
- 일식조리기능사
- 레크리에이션지도자 등

진출분야

기업체	여행사, 호텔 업체, 테마파크, 항공사, 이벤트 기획업체, 기업체 일반 사무직 및 해외 영업직, 해외 현지호텔 및 기업, 외식 업체, 컨벤션 기구, 카지노, 면세점, 리조트 등
정부 및 공공 기관	중앙 정부 및 지방 자치 단체, 관광·문화 관련 공공기관, 한국 관광공사 등
연구 기관	관광·문화 관련 국가·민간 연구소, 사회 과학 관련국가·민간 연구소 등

학과 주요 교과목

기초 과목	관광학원론, 관광법규, 관광사업론, 관광자원론, 여행사경영론, 항공산업론, 호텔경영론, MICE산업론, 관광경제론, 관광마케팅, 관광지현지답사, 리조트경영론 등
심화 과목	관광교통론, 관광상품론, 관광자행동론, 관광정보지식론, 관광학연구방법, 관광경영학개별진로연구, 관광기업인적자원관리론, 관광정책론, 국제관광전략론, 지역관광개발론, 관광재무관리, 여행사실무론, 외식산업론, 통일관광론, 관광세미나, 관광품질론, 해양관광론 등

학과 인재상 및 갖추어야 할 자질

- 스스로 관광, 여행하는 것을 즐기는 학생
- 세계 여러 문화를 체험하고 배우는 데 흥미를 느끼는 학생
- 다양한 인적 네트워크를 만드는 것이 즐거운 학생
- 관광 상품을 만들고 관광 자원을 개발하기 위한 기획 능력이 있는 학생
- 영어, 일본어, 중국어 등의 외국어를 배우는데 소질이 있는 학생
- 두려움 없이 새로운 것에 도전하며 서비스 지향적인 생각을 갖춘 학생

학과 관련 선택 과목

※ 국어, 영어 교과는 모든 학문의 기초적인 성격을 가진 도구교과로 모든 학과에 이수가 필요하여 생략함.

공통 과목		공통국어1,2, 공통수학1,2, 공통영어1,2, 한국사1,2, 통합사회1,2, 통합과학1,2, 과학탐구실험1,2
수능 필수		화법과 언어, 독서와 작문, 문학, 대수, 미적분Ⅰ, 확률과 통계, 영어Ⅰ, 영어Ⅱ, 한국사, 통합사회, 통합과학, 성공적인 직업생활(직업)
일반 선택	수학, 사회, 과학	세계시민과 지리, 세계사, 사회와 문화, 현대사회와 윤리
	체육·예술	
	기술·가정/정보	정보
	제2외국어/한문	제2외국어
	교양	생태와 환경
진로 선택	수학, 사회, 과학	경제 수학, 한국지리 탐구, 경제, 국제 관계의 이해
	체육·예술	
	기술·가정/정보	데이터 과학
	제2외국어/한문	제2외국어 회화
	교양	인간과 심리
융합 선택	수학, 사회, 과학	여행지리, 역사로 탐구하는 현대 세계, 사회문제 탐구, 금융과 경제생활, 기후변화와 지속가능한 세계, 기후변화와 환경생태
	체육·예술	
	기술·가정/정보	지식 재산 일반
	제2외국어/한문	제2외국어 문화
	교양	인간과 경제활동

추천 도서 목록

- 관광경영관리론, 김성혁 외, 백산출판사
- 우리가 교토를 사랑하는 이유, 송은정, 꿈의지도
- 벌거벗은 인도, 허필선, 행복한 북창고
- 보이지 않는 확신을 팔아라, 해리 벡위드, 알에이치코리아
- 정권석균의 여행읽기 프랑스 도시와 마을, 권석균, 씽크스마트
- 돌로미티에 가다, 안종운, 이안미디어공작소
- 서울, 뉴욕을 읽다, 文勝熀 외, 미다스북스
- 고객서비스 입문, 박혜정, 백산출판사
- 어딜 가고 싶으세요?, 김윤경, 마이웨이북스
- 혼자 떠나는 게 뭐 어때서, 이소정, 동양북스
- 여기, 내가 사랑한 뉴욕이 있어, JIN. H, 크루
- 문화관광론, 조광익 외, 백산출판사
- 글로벌 문화와 관광, 정대봉 외, 대왕사

- 호텔 트렌드 인사이트, 이재원(Jay Lee), 미다스북스
- 스마트관광: 개념과 사례를 중심으로, 구철모, 청람
- 여행사경영론, 나상필 외, 백산출판사
- 에어비앤비 체험 호스트 가이드, 정민제, e비즈북스
- 글로벌시대의 대인관계스킬, 현재천 외, 백산출판사
- 서비스경영, 황혜미, 정독
- 돈 잘 버는 사람은 분명히 이유가 있다, 최용덕, 이코노믹북스
- 고객만족 서비스경영, 김혜영 외, 이프레스
- ESG 경영론, 심보균 외, 이프레스
- 생각의 크기가 시장의 크기다, 이해선, 세이코리아
- 니체에게 경영을 묻다, 데이브 질크 외, 서사원
- 사장학개론, 김승호, 스노우폭스북

학교생활 TIPS

- 관광경영학과와 관련이 깊은 영어, 사회·문화, 제2외국어 교과의 우수한 학업 성취를 올릴 수 있도록 하고, 각 수업 활동에 적극적으로 참여하여 학업 역량, 문제 해결 능력, 탐구력 등이 학교생활기록부 교과 세부능력 및 특기사항에 기록될 수 있도록 합니다.
- 전공과 관련 있는 다양한 진로 활동(여행사, 학과 탐방, 호텔리어 인터뷰 등)에 참여하여, 새롭게 알게 된 사실이나 느낀 점을 중심으로 자신의 진로 역량을 키우도록 합니다.
- 토론, 문화 탐구, 사회 문제 연구, 관광 상품 기획, 영어 회화 등 교내 동아리에서 경영 분야와 관련된 내용을 조사·발표하는 등 전공 관련 활동을 주도적으로 하고 의미 있는 역할을 했음을 드러냅니다.

- 학급이나 학생회의 임원 활동, 멘토-멘티 활동, 돌봄 활동, 학습 도우미 활동, 자선 봉사 활동 등과 같은 학교 교육계획에 의해 진행되는 봉사 활동이나 행사 활동, 수련활동, 체험 활동에 적극적으로 참여하여 배려심, 리더십, 의사소통 능력, 협동심 등을 보이는 것이 중요합니다.
- 정치학, 통계학, 사회학, 인문학, 심리학, 경영학 등 폭넓은 분야의 독서를 통해 기본적인 소양을 키웁니다.
- 협업과 소통능력, 나눔과 배려, 성실성과 규칙준수, 창의성 등 자신의 강점이 학교생활기록부 행동특성 및 종합의견에 기록될 수 있도록 학교 생활에 성실하게 임할 것을 권장합니다.

인문계열

사회계열

자연계열

공학계열

의약계열

예체능계열

교육계열

계약학과 & 특성화학과

33

관광학과

학과소개

소득 수준의 향상과 여가 시간의 지속적인 증대로 관광에 대한 욕구는 날로 증가하고 있습니다. 최근 관광 산업은 단일 산업으로는 세계 최대의 산업으로 부상하고 있습니다. 관광 산업은 세계적으로 널리 보편화되고 있는 대중문화 상품과 맥을 같이 하고 있으며, 이러한 관광 문화 환경은 세계의 상황에 따라 시시각각 변화를 거듭하고 있습니다.

관광학과는 여행사, 호텔, 외식, 카지노, 리조트, 항공, 국제회의, 전시·이벤트 등 관광 산업 전반에 대한 체계적인 이론과 실습 및 외국어 교육, 정보화 교육을 통해 관광 전문 인력을 양성하는 학과입니다. 관광학과는 크게 관광 경영 분야, 여가 서비스 산업 분야, 융복합 학문인 관광 문화 콘텐츠 분야로 나눌 수 있습니다. 관광학과는 지속적으로 변화하고 다양성을 추구하는 관광 산업의 흐름에 발맞추어 경영 마인드와 인문학적 상상력을 갖춘 인재 양성에 중점을 두며 관광 업계를 선도할 수 있는 이론과 실무를 겸비한 관광 전문인의 양성을 교육 목표로 합니다.

개설대학

- 국립목포대학교
- 성결대학교
- 경북대학교 등

관련학과

- 스마트관광학과
- 글로벌Hospitality·관광학과
- 글로벌관광학과
- 항공관광학과
- 호텔관광학과
- 호텔카지노관광학과
- 관광학부
- 관광컨벤션학과
- 관광개발학과
- 관광경영학과
- 관광융복합학과
- 관광학부 글로벌호텔비즈니스 전공 등

진출분야

기업체	기획 업체, 레저 산업 컨설팅 업체, 관광 개발 컨설팅 업체, 스포츠 관련 업체, 외식 업체, 방송, 카지노, 언론사 등
정부 및 공공 기관	문화체육관광부, 지자체 관광 공무원, 한국관광공사, 세계관광기구, 중앙 정부 및 지방 자치 단체, 관광·문화 관련 공공 기관 등
연구 기관	관광·문화 관련 국가·민간 연구소, 기업 부설 연구소 등

진출직업

- 관광·문화관련연구원
- 국책연구원
- 지자체 산하 연구원
- 관광상품개발자
- 여행안내사
- 호텔관리사
- 레크리에이션지도자
- 국제의료관광코디네이터
- 문화관광해설사 등

취득가능 자격증

- 호텔경영사
- 호텔관리사
- 호텔서비스사
- 와인소믈리에
- 바리스타
- 조주기능사
- 국내여행안내사
- 국제의료관광코디네이터
- 웃음치료사
- 관광통역안내사
- 컨벤션기획사
- 문화관광해설사 등

학과 주요 교과목

기초 과목	관광학원론, 관광자원 및 시설답사, 관광자원해설, 여가론, 관광개발론, 호텔경영론, 경영학원론, 문화관광론, 관광초급영어Ⅰ·Ⅱ, 관광초급중국어Ⅰ·Ⅱ, 항공사업론, 해양관광론, 호텔, 관광마케팅, 관광경영론, 관광소비자행동론, 스포츠경영론, 식음료경영론, 관광교육론 등
심화 과목	관광법규, 서비스매너관리, 관광재무회계, 국제관광론, 여행사경영론, CRS항공예약실무, 관광중급·고급영어, 관광중급·고급중국어, 관광상품기획론, 컨벤션사업론, 관광관리회계, 카지노사업론, 웰니스관광론, 관광논리 및 논술, 관광콘텐츠론, 호텔관광인적자원관리론, 지역관광산업세미나, 관광조사방법론, 관광교재연구 및 지도법, 관광시설조경론, 관광개발사례연구, 호텔경영사례연구, 관광경영세미나, 관광창업프로젝트, 관광심리학 등

학과 인재상 및 갖추어야 할 자질

- 경영, 호텔 관광, 항공 등의 분야에 관심이 있는 학생
- 서비스업에 관심이 많고 매사에 적극적인 학생
- 영어, 일어, 중국어 등 외국어 능력을 갖춘 학생
- 외국 문화에 관심이 많고 외국 문화를 거리낌 없이 받아들일 수 있는 학생
- 두려움 없이 새로운 것에 도전할 수 있는 학생
- 국제적인 감각과 의사소통 능력을 갖춘 학생

학과 관련 선택 과목

※ 국어, 영어 교과는 모든 학문의 기초적인 성격을 가진 도구교과로 모든 학과에 이수가 필요하여 생략함.

공통 과목		공통국어1,2, 공통수학1,2, 공통영어1,2, 한국사1,2, 통합사회1,2, 통합과학1,2, 과학탐구실험1,2
수능 필수		화법과 언어, 독서와 작문, 문학, 대수, 미적분Ⅰ, 확률과 통계, 영어Ⅰ, 영어Ⅱ, 한국사, 통합사회, 통합과학, 성공적인 직업생활(직업)
일반 선택	수학, 사회, 과학	세계시민과 지리, 사회와 문화, 현대사회와 윤리
	체육·예술	
	기술·가정/정보	정보
	제2외국어/한문	제2외국어
	교양	생태와 환경
진로 선택	수학, 사회, 과학	한국지리 탐구, 정치, 법과 사회, 경제, 국제 관계의 이해
	체육·예술	
	기술·가정/정보	데이터 과학
	제2외국어/한문	제2외국어 회화
	교양	
융합 선택	수학, 사회, 과학	실용 통계, 여행지리, 역사로 탐구하는 현대 세계, 사회문제 탐구, 금융과 경제생활, 기후변화와 지속가능한 세계, 기후변화와 환경생태
	체육·예술	
	기술·가정/정보	지식 재산 일반
	제2외국어/한문	제2외국어 문화
	교양	인간과 경제활동

추천 도서 목록

- 뜨는 관광에는 이유가 있다, 한국관광공사, 뿌쉬낀하우스
- 밥 먹으러 일본 여행, 이기중, 따비
- 벌거벗은 인도, 허필선, 행복한 북창고
- 남도 명량의 기억을 걷다, 이돈삼, 살림
- 권석균의 여행읽기 프랑스 도시와 마을, 권석균, 씽크스마트
- 서울의 골목길 3, 정숙희, 푸른북스
- 서울, 뉴욕을 읽다, 文勝煜 외, 미다스북스
- 고객서비스 입문, 박혜정, 백산출판사
- 어딜 가고 싶으세요?, 김윤경, 마이웨이북스
- 혼자 떠나는 게 뭐 어때서, 이소정, 동양북스
- 여기, 내가 사랑한 뉴욕이 있어, JIN. H, 크루
- 강 따라 물 따라, 정유순, 도담소리
- 글로벌 문화와 관광, 정대봉 외, 대왕사

- 드라이빙 유럽, 윤현중, 역사공간
- 끌림, 이병률, 달
- 타히티, 송양의, 정은출판
- 우리가 교토를 사랑하는 이유, 송은정, 꿈의지도
- 나를 채우는 여행의 기술, 알랭 드 보통, 오렌지디
- 내일도 잘 부탁해, 도쿄!, 장서영, 클
- 어쩌다 보니 지구 반대편, 오기범, 포스트락
- 일천시간 너머의 유럽, 이선비, 북퍼브
- 보통 사람의 특별한 여행기, 이인호, 지식과감성
- 걸어서 역사속으로, 김주원 외, 뱅기노자
- 여기, 내 여행, 가 사랑한 뉴욕이 있어, JIN. H, 크루
- 프로방스, 이재형, 디 이니셔티 등

학교생활 TIPS

- 관광학과와 관련이 깊은 영어, 사회·문화, 국어, 제2외국어 교과의 우수한 학업 성취를 올릴 수 있도록 하고, 각 수업 활동에 적극적으로 참여하여 학업 역량, 문제 해결 능력, 탐구력 등이 학교생활기록부 교과 세부능력 및 특기사항에 기록될 수 있도록 합니다.
- 전공과 관련 있는 다양한 진로 활동(항공사, 학과 탐방, 바리스타 인터뷰 등)에 참여하여 새롭게 알게 된 사실이나 느낀 점을 중심으로 자신의 진로 역량을 키우도록 합니다.
- 서비스 연구, 문화 탐구, 사회 문제 연구, 관광 상품 기획, 영어 회화 등의 교내 동아리에서 관광과 관련된 내용을 조사·발표하는 등 전공 관련 활동을 주도적으로 하고 의미 있는 역할을 했음을 드러냅니다.

- 학급이나 학생회의 임원 활동, 돌봄 활동, 학습 도우미 활동, 지역 사회 봉사 활동(캠페인, 안내 등)과 같은 학교 교육계획에 의해 진행되는 봉사 활동이나 행사 활동, 수련 활동, 체험 활동 등에 적극적으로 참여하여 배려심, 리더십, 의사소통 능력, 협동심 등을 보이는 것이 중요합니다.
- 경제학, 사회학, 인문학, 심리학, 경영학, 서비스학 등 폭넓은 분야의 독서를 통해 기본적인 소양을 키웁니다.
- 협업과 소통능력, 나눔과 배려, 성실성과 규칙준수, 창의성 등 자신의 강점이 학교생활기록부 행동특성 및 종합의견에 기록될 수 있도록 학교 생활에 성실하게 임할 것을 권장합니다.

34

광고홍보학과

학과소개

광고홍보학은 기업, 정부, 비영리 조직, 개인 등 다양한 커뮤니케이션 주체 제반의 커뮤니케이션의 문제를 전략적으로 분석하고, 다양한 커뮤니케이션 수단을 통하여 공중 및 소비자와 소통하는 학문입니다. 현대 광고 산업은 21세기의 문턱에서 급변하는 추세에 있습니다. 새로운 미디어의 출현, 통합적 커뮤니케이션의 역할 증대, 다양한 광고 제작 기법의 등장, 그리고 광고 산업에 대한 광고주의 인식 변화 등으로 인하여 미래 광고 산업에 대비한 새로운 교육 프로그램의 수립이 절실한 상황입니다.

광고홍보학과는 광고 산업의 성장과 광고 업계의 국제화 속에서 광고 대행사와 홍보 관련 조직에 적용할 수 있는 학문적 이론과 실천적 지식을 체계적으로 교육하여 전문 광고 및 홍보인을 양성하는 학과입니다. 경영학, 신문방송학 등에 대한 이해를 기초로 광고 홍보 기획, 광고 홍보 관리 및 광고 제작의 체계적인 교육을 실시하여, 광고에 관한 전문 지식을 습득하고 변화에 능동적으로 대응하는 창의적 사고 능력과 자기 개발 능력을 갖춘 전문 광고 및 홍보인의 양성을 교육 목표로 하고 있습니다. 따라서 광고홍보학과는 급변하는 사회 경제적 환경에서 단순 커뮤니케이션 기술자에 머물지 않고, 조직의 '전략적 커뮤니케이션 관리자'로서 활동할 수 있도록 하는 융합형 과목을 개발하며 기업과의 산학 연계를 통한 현장형·실전형 과목을 강화하고 있는 추세입니다.

개설대학

- 청주대학교
- 동의대학교
- 계명대학교
- 경성대학교
- 남서울대학교
- 동국대학교
- 동명대학교
- 동서대학교
- 서원대학교
- 세명대학교
- 중앙대학교
- 청운대학교
- 평택대학교
- 한림대학교
- 한양대학교(ERICA) 등

진출직업

- 마케팅전문가
- 이벤트기획자
- 작가
- 카피라이터
- 광고기획전문가
- 홍보기획전문가
- 시장분석전문가
- 노무관리사
- 사보제작담당자
- 국제광고전문가
- 광고감독
- 블로그마케터
- 여론조사 전문가
- 온라인광고제작자 등

관련학과

- 광고홍보영상학과
- 광고홍보커뮤니케이션학부
- 광고홍보영상미디어학부
- 미디어영상광고홍보학
- 홍보광고학과
- 광고홍보학전공
- 광고홍보학부
- 미디어영상광고홍보학부 등

취득가능 자격증

- 디지털정보활용능력(DIAT)
- 무대예술전문인
- 사회조사분석사
- 컴퓨터활용능력
- 멀티미디어콘텐츠제작전문가 등

진출분야

기업체	기업의 상품 기획 부서, 홍보 부서, 제품 전략팀, 마케팅 부서, 출판사, 방송국, 신문사, 영화 배급사, 이벤트 회사, 광고 대행사, 광고제작사 등
정부 및 공공 기관	중앙 정부 홍보실, 공공 기관 홍보팀, 한국콘텐츠진흥원, 한국방송광고진흥공사, 대학교 등
연구 기관	인문·사회 과학 관련 국가·민간 연구소, 한국문화관광연구원, 한국광고홍보학회 등

학과 주요 교과목

기초 과목	크리에이티브입문, 광고심리와 소비자행동, 프로모션개론, 뉴미디어와 광고, 홍보학개론, PR문장론 I , 광고아이디어발상법, 광고와 인문학, 광고학개론, 공공정보캠페인, 광고와 브랜드커뮤니케이션 등
심화 과목	매체전략론, 홍보전략론, 홍보제작론, 카피라이팅, 통합적 커뮤니케이션관리론, 광고세미나, PR캠페인사례연구, 광고캠페인연구, 국제홍보론, PR문장론 II , 이슈 및 위기관리론, 디지털영상광고제작론, 소비자동기와 선택이론, 광고홍보조사방법론 I · II 등

학과 인재상 및 갖추어야 할 자질

- 개인과 지역 사회, 국가, 인류의 복지에 기여하고 싶은 학생
- 광고 대행사와 홍보 관련 조직에서 활용할 수 있는 학문적 이론 지식을 갖춘 학생
- 경영학, 신문방송학 등에 관심이 있으며 광고 제작을 할 수 있는 능력을 지닌 학생
- 매체에 대한 이해를 기반으로 외국어 실력을 지닌 학생
- 사회 변화에 대한 민감성과 미적 감성이 풍부한 학생
- 업계의 변화를 주도하고 발전에 기여하는 커뮤니케이션 전문 인재가 되고픈 학생

인문계열

사회계열

자연계열

공학계열

의약계열

예체능계열

교육계열

계약학과 & 특성화학과

학과 관련 선택 과목

※ 국어, 영어 교과는 모든 학문의 기초적인 성격을 가진 도구교과로 모든 학과에 이수가 필요하여 생략함.

공통 과목		공통국어1,2, 공통수학1,2, 공통영어1,2, 한국사1,2, 통합사회1,2, 통합과학1,2, 과학탐구실험1,2
수능 필수		화법과 언어, 독서와 작문, 문학, 대수, 미적분Ⅰ, 확률과 통계, 영어Ⅰ, 영어Ⅱ, 한국사, 통합사회, 통합과학, 성공적인 직업생활(직업)
일반 선택	수학, 사회, 과학	세계시민과 지리, 세계사, 사회와 문화, 현대사회와 윤리
	체육·예술	미술
	기술·가정/정보	정보
	제2외국어/한문	제2외국어
	교양	
진로 선택	수학, 사회, 과학	동아시아 역사 기행, 정치, 법과 사회, 경제, 윤리와 사상, 인문학과 윤리
	체육·예술	미술 창작, 미술 감상과 비평
	기술·가정/정보	데이터 과학
	제2외국어/한문	
	교양	인간과 철학, 논리와 사고, 인간과 심리
융합 선택	수학, 사회, 과학	여행지리, 사회문제 탐구, 금융과 경제생활, 윤리문제 탐구, 기후변화와 지속가능한 세계
	체육·예술	미술과 매체
	기술·가정/정보	지식 재산 일반
	제2외국어/한문	
	교양	논술

추천 도서 목록

- 브랜드 설계자, 러셀 브런슨, 윌북
- 홍보의 신, 김선태, 21세기북스
- 브랜딩을 위한 글쓰기, 김일리, 위즈덤하우스
- 트래픽 설계자, 러셀 브런슨, 윌북
- 광고 리터러시, 안순태, 한나래
- 이것은 작은 브랜드를 위한 책, 이근상, 몽스북
- 다 팔아버리는 백억짜리 카피 대전, 오하시 가즈요시, 보누스
- 당신의 브랜드는 브랜드가 아닐 수 있다, 이근상, 몽스북
- 그래서 브랜딩이 필요합니다, 전우성, 책읽는수요일
- 인스타그램 퍼스널 브랜딩, 정진호, 애플씨드
- 마음을 움직이는 일, 전우성, 북스톤
- 기획자의 독서, 김도영, 위즈덤하우스
- 세상을 광고합니다, 유제상, 깊은샘

- 아무도 모르는 브랜드? 아무나 모르는 브랜드!, 이광석, 갈라북스
- 광고의 모든 것, 김재인, 그림씨
- 사고 싶어지는 것들의 비밀, 애런 아후비아, 알에이치코리아
- 나다움으로 시작하는 퍼스널 브랜딩, 마이크 킴, 현대지성
- 생각 설계자, 권지은, 학지사
- 호모 퍼블리쿠스와 PR의 미래, 백혜진 외, 한울아카데미
- 오래가는 브랜드의 생각법, 이랑주, 지와인
- 캔바로 만드는 나만의 브랜드, 로라 굿셀, 에이콘출판
- 나라는 브랜드를 설계하라, 캐서린 카푸타, 알에이치코리아
- AI 브랜딩, 이서후, 가넷북스
- 오늘부터 광고를 시작합니다, 한국광고총연합회, 토야네북스
- 반갑다 광고와 PR !, 한국광고홍보학회, 서울경제경영

학교생활 TIPS

- 광고홍보학과와 관련이 깊은 영어, 사회·문화, 국어, 정보 교과의 우수한 학업 성취를 올릴 수 있도록 하고, 각 수업 활동에 적극적으로 참여하여 학업 역량, 문제 해결 능력, 탐구력 등이 학교생활기록부 교과 세부능력 및 특기사항에 기록될 수 있도록 합니다.
- 전공과 관련 있는 다양한 진로 활동(광고 대행사, 학과 탐방, 카피라이터 인터뷰 등)에 참여하여 새롭게 알게 된 사실이나 느낀 점을 중심으로 자신의 진로 역량을 키우도록 합니다.
- 광고 홍보, 신문, 방송, 영상 제작 등 교내 동아리에서 광고 홍보와 관련된 내용을 조사·발표하는 등 전공 관련 활동을 주도적으로 하고 의미 있는 역할을 했음을 드러냅니다.

- 학급이나 학생회의 임원 활동, 지역 사회 봉사 활동(홍보, 안내 등), 학습 도우미 활동(복지관, 방과 후 교실, 부진 학생 대상 활동 등), 돌봄 활동(장애인, 환우, 독거노인 대상)과 같은 학교 교육계획에 의해 진행되는 봉사 활동이나 행사 활동, 수련 활동, 체험 활동에 적극적으로 참여하여 배려심, 리더십, 의사소통 능력, 협동심 등을 보이는 것이 중요합니다.
- 경제학, 사회학, 인문학, 심리학, 경영학, 서비스학, 언어학, 예술학 등 폭넓은 분야의 독서를 통해 기본적인 소양을 키웁니다.
- 협업과 소통능력, 나눔과 배려, 성실성과 규칙준수, 창의성 등 자신의 강점이 학교생활기록부 행동특성 및 종합의견에 기록될 수 있도록 학교 생활에 성실하게 임할 것을 권장합니다.

35 국제경영학과

학과소개

기업 경영의 글로벌화가 범세계적으로 진행되고 있습니다. 세계 시장이 빠른 속도로 통합되는 무한 경쟁 시대에 우리나라 기업들은 개발 도상국의 추격과 선진국의 견제 사이에서 새로운 기회와 위협에 직면하고 있습니다. 이러한 국제 경영 환경 변화에 대응하고자 우리 기업들은 단순 무역이나 국지적인 해외 생산 거점 확보 방식에서 벗어나 글로벌화 경영 전략 및 경영 활동을 적극 추진하고 있습니다.

국제경영학과는 국가 간에 일어나는 제반 경제 현상에 대한 이론적 규명을 통해 국제 문제를 올바른 시각에서 볼 수 있는 안목을 키워주는 학과입니다. 또한 기업의 국제화와 시장의 개방화 과정에서 필연적으로 겪게 되는 언어 문제나 관습 및 실무 절차상의 문제에 대비하고자 교육 과정을 통해 국제 경영인이 갖춰야할 소양과 자질을 배양함으로써 국제화 시대에 부응하는 절대 인력을 양성하는 데 교육 목표를 두고 있습니다. 국제경영학과는 글로벌 경영의 무대인 세계 경제 환경과 구조를 이해하기 위한 국제 무역과 국제 금융 관련 교과목을 비롯하여 해외 직접 투자, 전략적 제휴 등 국제 경영 전략의 수립과 실행, 그리고 국제 마케팅과 국제 재무 관리 등 글로벌 기업의 경영 관리, 문화 경영 및 무역 업무, 국제 경영 및 국제 경제에 관한 이론과 실무를 병행하는 다양한 교과목을 개설·운영하고 있습니다.

 ### 개설대학

- 단국대학교
- 대진대학교
- 아주대학교
- 상지대학교
- 동양대학교
- 충북대학교 등

진출직업

- 국제무역사
- 무역사무원
- 투자상담사
- 외환관리사
- 관세행정사무원
- 관세사
- 물류관리전문가
- 운송사무원
- 포워더(복합운송주선인) 등

관련학과

- 국제학부(글로벌경영학과, 관광경영학과)
- 글로벌비즈니스학과
- 글로벌비즈니스학부
- 글로벌비즈니스커뮤니케이션학과
- 국제통상학과
- 글로벌경영학부
- 글로벌경영학과
- 글로벌통상학과 등

취득가능 자격증

- 국제무역사
- 무역영어
- 관세사
- 유통관리사
- 투자상담사
- 외환관리사
- 무역·유통·금융 분야의 자격증 등

 ### 진출분야

기업체	우리나라 기업의 해외 자회사, 외국 기업의 국내 자회사, 국내외 무역 회사, 일반 기업의 경영 관련 분야(마케팅, 경영 지원, 기획, 전략, 회계 영업 등), 은행, 증권회사, 보험 회사, 국내 대기업 및 해외 기업의 금융, 재무, 회계, 마케팅 및 물류 담당 업무 등
정부 및 공공 기관	중앙 정부 및 지방 자치 단체, 국제기구 및 NGO 등
연구 기관	진학, 창업 등

 ### 학과 주요 교과목

기초 과목	회계원리, 경영통계학, 경제학원론, 경영학원론, 글로벌비즈니스의 이해, 글로벌경영, 재무관리, 인적자원관리, e-비즈니스론 등
심화 과목	마케팅관리, 경영전략, 글로벌기업사례, 물류 및 운송론, 글로벌재무론, 글로벌중국시장의 이해, 해외투자론, 국제금융론, 국제물류 및 운송론, 지역인구, 국제비즈니스커뮤니케이션, 글로벌벤처기업전략, 글로벌경제론, 국제마케팅, 글로벌리더십전략, 글로벌전략경영, 국제경영세미나, 글로벌시대의 중국시장과 중국투자, 글로벌마케팅세미나, 국제통상론 등

학과 인재상 및 갖추어야 할 자질

- 다양한 곳을 여행하는 것을 좋아하는 학생
- 지구촌 곳곳에 관심이 있고 새로운 아이디어가 샘솟는 학생
- 무역, 유통, 금융 분야에 흥미를 느끼는 학생
- 글로벌한 사회에서 국제 경영인의 꿈을 안고 있는 학생
- 국제화 시대에 부응하는 소양과 자질을 갖춘 학생
- 영어, 중국어 등 외국어에 능통하고 다양한 국제 문화에 관심이 있는 학생

학과 관련 선택 과목

※ 국어, 영어 교과는 모든 학문의 기초적인 성격을 가진 도구교과로 모든 학과에 이수가 필요하여 생략함.

공통 과목		공통국어1,2, 공통수학1,2, 공통영어1,2, 한국사1,2, 통합사회1,2, 통합과학1,2, 과학탐구실험1,2
수능 필수		화법과 언어, 독서와 작문, 문학, 대수, 미적분Ⅰ, 확률과 통계, 영어Ⅰ, 영어Ⅱ, 한국사, 통합사회, 통합과학, 성공적인 직업생활(직업)
일반 선택	수학, 사회, 과학	세계시민과 지리, 사회와 문화, 현대사회와 윤리
	체육·예술	
	기술·가정/정보	정보
	제2외국어/한문	제2외국어
	교양	
진로 선택	수학, 사회, 과학	경제 수학, 한국지리 탐구, 도시의 미래 탐구, 정치, 법과 사회, 경제, 국제 관계의 이해
	체육·예술	
	기술·가정/정보	데이터 과학
	제2외국어/한문	제2외국어 회화
	교양	인간과 심리, 교육의 이해
융합 선택	수학, 사회, 과학	실용 통계, 사회문제 탐구, 금융과 경제생활, 기후변화와 지속가능한 세계
	체육·예술	
	기술·가정/정보	지식 재산 일반
	제2외국어/한문	제2외국어 문화
	교양	인간과 경제활동

추천 도서 목록

- 바로 써먹고, 바로 돈이 되는 1페이지 마케팅 플랜, 앨런 딥, 알파미디어
- 경영의 본질, 프레드문트 말릭 저, 센시오
- 고객이 달라졌다, 현성운, 포르체
- 괴물 같은 기업 키엔스를 배워라, 니시노카 안누, 더퀘스트
- 구글의 아침은 자유가 시작된다, 라즐로 복, 알에이치코리아
- 권력을 경영하는 7가지 원칙, 제프리 페퍼, 비즈니스북스
- 글로벌 클래스, 에런 맥대니얼 외, 한빛비즈
- 기묘한 이커머스 이야기, 기묘한, 프리덤북스
- 더 플로, 안유화, 경이로움
- 일터의 설계자들, 나하나, 웨일북(whalebooks)
- 한국엔 기업철학이 없다, 박승두, 바른북
- 글로벌 기업의 윤리경영, 정형일 외, 아진
- 좋은 기업을 넘어 위대한 기업으로, 짐 콜린스, 김영사

- 청소년이 경영학을 만나다, 신형덕, 에고의바다
- 나는 장사의 신이다, 은현장 역, 떠오름
- 사업을 한다는 것, 레이 크록, 센시오
- 일론 머스크, 월터 아이작슨, 21세기북스
- 일의 격, 신수정, 턴어라운드
- 일본전산 이야기, 김성호, 쌤앤파커스
- 히트 리프레시, 사티아 나델라 외, 흐름출판
- 반도체 제국의 미래, 정인성, 이레미디어
- 스타트업 서바이벌, 이은영 외, 한빛미디어
- 내 운명은 고객이 결정한다, 박종윤, 쏭북스
- 스타트업 서바이벌, 이은영 외, 한빛미디어

학교생활 TIPS

- 국제경영학과와 관련이 깊은 수학, 영어, 경제, 사회·문화 교과의 우수한 학업 성취를 올릴 수 있도록 하고, 각 수업 활동에 적극적으로 참여하여 학업 역량, 문제 해결 능력, 탐구력 등이 학교생활기록부 교과 세부능력 및 특기사항에 기록될 수 있도록 합니다.
- 전공과 관련 있는 다양한 진로 활동(은행, 학과 탐방, 경영컨설턴트 인터뷰 등)에 참여하여 새롭게 알게 된 사실이나 느낀 점을 중심으로 자신의 진로 역량을 키우도록 합니다.
- 경제 연구, 독서 논술, 시사 탐구, 토론, 영어 회화, 창업 경영 등 교내 동아리에서 경영 분야와 관련된 내용을 조사·발표하는 등 전공 관련 활동을 주도적으로 하고 의미 있는 역할을 했음을 드러냅니다.

- 학급이나 학생회의 임원 활동, 멘토-멘티 활동, 돌봄 활동, 학습 도우미 활동, 자선 봉사 활동 등과 같은 학교 교육계획에 의해 진행되는 봉사 활동이나 행사 활동, 수련활동, 체험 활동에 적극적으로 참여하여 배려심, 리더십, 의사소통 능력, 협동심 등을 보이는 것이 중요합니다.
- 정치학, 통계학, 사회학, 인문학, 컴퓨터학, 사회학 등 폭 넓은 분야의 독서를 통해 기본적인 소양을 키웁니다.
- 협업과 소통능력, 나눔과 배려, 성실성과 규칙준수, 창의성 등 자신의 강점이 학교생활기록부 행동특성 및 종합의견에 기록될 수 있도록 학교 생활에 성실하게 임할 것을 권장합니다.

인문계열 / 사회계열 / 자연계열 / 공학계열 / 의약계열 / 예체능계열 / 교육계열 / 계약학과 & 특성화학과

36

국제관계학과

학과소개

오늘날은 세계화·정보화로 인해 지구 반대편에서 일어나는 일들도 SNS를 통해 실시간으로 생생하게 접할 수 있는 시대로, 국가 간의 경계가 허물어지면서 국제 교류의 중요성이 더욱 커지고 있습니다. 국제관계학은 국제 문제에 대한 이해와 분석을 위해 세계의 여러 언어, 문화, 정치, 경제 등을 연구하는 학문입니다.

국제관계학과는 국가 간의 경계가 무너지고, 비국가적 영역에서의 접촉과 교류의 중요성이 증대되고 있는 국제화·정보화 시대에 필요한 국제 문제의 이해와 분석력, 세계 각 지역에 대한 지식을 갖춘 국제적인 인재를 양성하는 데 교육의 목표를 두고 있습니다. 그리고 국제 문제의 이해와 지역 연구의 체계적인 분석에 필요한 정치학, 경제학, 역사학, 인류학, 사회학, 문화학 등 다양한 인접 학문과의 학제 간 연구가 가능한 교과목을 공부합니다. 아울러 지역 문제 전문가, 국제 통상 및 교류 전문가로서 필요한 소양과 능력 배양을 위해 국제관계, 국제정치경제, 외교정책론, 비교정치론 등의 이론 과목뿐만 아니라 미국, 유럽, 중국, 일본, 동남아시아, 북한 등 주요 지역에 대한 지역 연구, 국제영어, 국제회의론 등과 같은 실무적인 과목도 개설하고 있습니다. 국제관계학과는 21세기형 인재가 갖추어야 할 감각과 능력, 그리고 미래를 예견할 수 있는 식견과 혜안을 지닌 인재를 양성합니다.

개설대학

- 국립창원대학교
- 국립한국해양대학교
- 서울시립대학교 등

관련학과

- 국제관계학전공
- 융합전공학부 국제관계학-빅데이터분석학 전공
- 국제관계학
- 국제관계학과(IR) 등

진출직업

- 국제공무원
- 국제기구 전문가
- 언론인
- 번역가
- 해외영업원
- 국제 무역 담당자
- 국제행사 기획자
- 방송·신문·잡지기자
- 교수
- 경제학 연구원
- 행정공무원
- 국제통상전문가(물류관리전문가)
- 무역사무원
- 외교관
- 컨벤션기획자 등

취득가능 자격증

- 관광통역안내사
- 무역영어
- 물류관리사
- 정책분석평가사
- 컨벤션기획사
- 관세사
- 공인노무사
- 유통관리사
- 외환관리사
- 전자상거래관리사 등

진출분야

기업체	무역 회사, 유통 회사, 통상 관련 업체, 언론사, 기업의 국제 업무 및 해외 개발 담당 부서, 은행, 증권사, 건설 회사 등의 해외 지원 담당 부서, 항공사 등
정부 및 공공 기관	중앙 정부 및 지방 자치 단체(국제통상직, 출입국관리직 공무원), 국가정보원, 선거관리위원회, 행정안전부, 고용노동부, 한국국제협력단, 대한무역투자진흥공사, 한국무역협회, 식량농업기구, 해외 대사관·영사관, 외국 재단, NGO 등
연구 기관	대외법률연구소, 국제관계연구소, 외교안보연구원, 한국전략문제연구소 등

학과 주요 교과목

기초 과목	정치학, 학업설계상담, 국제관계, 비교정치, 국제관계특강, 국제기구, 일본의 사회와 문화, 국제관계연구방법, 러시아정치, 미국정치, 유럽정치경제, 일본정치경제, 중국지역연구입문 등
심화 과목	국제이주의 정치학, 국제정치경제, 국제협상, 글로벌시대의 일본지방자치와 지역공동체문화, 복잡계와 정치현상, 에너지와 국제관계, 영화 속의 중국정치와 사회, 외교사, 외교정책, 유럽연합, 일본지역연구, 현대중국정치론, 국제관계와 젠더, 국제협력실습, 남북한관계, 동아시아국제관계, 동아시아정치경제, 세계화와 정치, 중국정치와 외교, 한국정치 등

학과 인재상 및 갖추어야 할 자질

- 국제 관계나 외교 등 국제 사회의 문제에 관심이 있는 학생
- 평소 뉴스나 신문을 통해 국제적인 사건들을 유심히 살펴보는 학생
- 개방적인 사고와 도전 정신을 갖고 무슨 일이든 적극적인 자세로 임하는 학생
- 외국어에 대한 기본 소양과 정보 통신 능력을 갖춘 학생
- 논리적 탐구력과 풍부한 학문적 의사 표현 능력을 지닌 학생

학과 관련 선택 과목

※ 국어, 영어 교과는 모든 학문의 기초적인 성격을 가진 도구교과로 모든 학과에 이수가 필요하여 생략함.

공통 과목		공통국어1,2, 공통수학1,2, 공통영어1,2, 한국사1,2, 통합사회1,2, 통합과학1,2, 과학탐구실험1,2
수능 필수		화법과 언어, 독서와 작문, 문학, 대수, 미적분Ⅰ, 확률과 통계, 영어Ⅰ, 영어Ⅱ, 한국사, 통합사회, 통합과학, 성공적인 직업생활(직업)
일반 선택	수학, 사회, 과학	세계시민과 지리, 세계사, 사회와 문화, 현대사회와 윤리
	체육·예술	
	기술·가정/정보	
	제2외국어/한문	제2외국어
	교양	생태와 환경
진로 선택	수학, 사회, 과학	동아시아 역사 기행, 정치, 법과 사회, 인문학과 윤리, 국제 관계의 이해
	체육·예술	
	기술·가정/정보	
	제2외국어/한문	제2외국어 회화
	교양	인간과 철학, 논리와 사고, 인간과 심리, 삶과 종교
융합 선택	수학, 사회, 과학	여행지리, 사회문제 탐구, 윤리문제 탐구, 기후변화와 지속가능한 세계, 기후변화와 환경생태
	체육·예술	
	기술·가정/정보	
	제2외국어/한문	제2외국어 문화
	교양	

추천 도서 목록

- 21세기 국제질서 맥락으로 이해하기, 정하늘, 국제법질서연구소
- 국제관계와 융합, 이병욱, 21세기사
- 불복종의 정치학, 박은홍, 드레북스
- 지배의 법칙, 이재민, 21세기북스
- 지구촌 문화와 국제관계의 질서, 민웅기, 기문사
- 이스라엘의 가자 학살, 질베르 아슈카르, 리시
- 불통의 중국몽, 주재우, 인문공간
- 위험한 일본책, 박훈, 어크로스
- 국제질서의 변곡점에 선 한국외교의 고뇌, 한국외교협회 외, 박영사
- 30년의 위기, 차태서, 성균관대학교출판부
- 국가적 경계: 개념, 이론 그리고 사례, 최위정, 솔과학
- 우루과이라운드, 한국학술정보, 한국학술정보
- 걸프사태, 한국학술정보, 한국학술정보

- 전후 일본과 독일이 이웃 국가들과 맺은 관계는 왜 달랐는가, 월터 F. 해치, 책과함께
- 전쟁 이후의 세계, 박노자, 한겨레출판사
- 국제정세의 이해, 유현석, 한울아카데미
- 이미 시작된 전쟁, 이철, 페이지2북스
- 재난의 시대 21세기, 알렉스 캘리니코스, 책갈피
- 국제협상의 이해, 빅토르 A. 크레메뉴크, 한울아카데미
- 기로에 선 대만, 판스핑, GDC Media
- 국제정치학 기본이론 정리, 이만복, 북포레
- 인지자본주의와 전 지구적 경제위기, 산드로 메자드라 외, 두번째테
- 우리는 미국을 모른다, 김동현, 부키
- 팔레스타인, 100년 분쟁의 원인: 이분법적 사고를 넘어서, 정환빈, 인세50
- 헨리 키신저의 외교, 헨리 키신저, 김앤김북스

학교생활 TIPS

- 국제관계학과와 관련이 깊은 영어, 제 2외국어, 정치, 사회·문화, 교과의 우수한 학업 성취를 올릴 수 있도록 하고, 각 수업 활동에 적극적으로 참여하여 학업 역량, 문제 해결 능력, 탐구력 등이 학교생활기록부 교과 세부능력 및 특기사항에 기록될 수 있도록 합니다.
- 전공과 관련 있는 다양한 진로 활동(무역 회사, 학과 탐방, 국제통상전문가 직업인 인터뷰 등)에 참여하여 새롭게 알게 된 사실이나 느낀 점을 중심으로 자신의 진로 역량을 키우도록 합니다.
- 독서 토론, 시사 탐구, 영어 회화, 국제 사회 연구, 신문 등의 교내 동아리에서 국제 사회의 정치, 경제, 사회 등과 관련된 내용을 조사·발표하는 등 전공 관련 활동을 주도적으로 하도록 합니다.

- 학급이나 학생회의 임원 활동, 멘토-멘티 활동, 돌봄 활동, 학습 도우미, 자선 봉사 활동 등과 같은 학교 교육계획에 의해 진행되는 봉사 활동이나 행사 활동, 수련 활동, 체험 활동에 적극적으로 참여하여 자신의 능력을 보이거나, 공동체의 목표를 함께 달성해가는 과정을 통해 의사소통 능력을 보이는 것이 중요합니다.
- 정치학, 경제학, 역사학, 인류학, 사회학, 문화학 등 폭넓은 분야의 독서를 통해 기본적인 소양을 키웁니다.
- 협업과 소통능력, 나눔과 배려, 성실성과 규칙준수, 창의성 등 자신의 강점이 학교생활기록부 행동특성 및 종합의견에 기록될 수 있도록 학교 생활에 성실하게 임할 것을 권장합니다.

37

국제물류학과

학과소개

최근 전 세계의 수많은 기업들이 IT 기술의 발달로 인해 시간과 공간의 제약에서 벗어나 전 세계를 무대로 하는 무한 경쟁에 돌입하고 있습니다. 무역 의존도가 높은 우리나라는 무역 없이는 국가의 경제 발전을 기대할 수 없으며, 그만큼 기업 경영 성과에 따라 국가의 경쟁력이 좌우되는 글로벌 시장 환경에서 무역 및 물류의 중요성은 더욱 부각되고 있습니다.

국제물류학과는 FTA 시대에 필요한 무역 실무 지식, 기업의 글로벌 시장 환경에 적극적으로 대응할 수 있는 글로벌 경영 안목, 국가 경쟁력의 핵심 과제인 물류·유통 관리의 지식과 실제를 습득한 진정한 의미의 무역·물류 전문가를 양성하는 학과입니다. 국제물류학과에서는 기업의 생산, 유통 활동에 수반되는 상품, 서비스, 정보 및 지식의 흐름의 최적화, 고객 서비스의 향상과 비용의 절감을 통해 경쟁 우위를 달성하기 위한 전략과 기법을 연구하고, 나아가 국가의 경쟁력 제고를 위해 항만, 공항, 도로, 철도 등 물류 체계에 대한 정책과 계획, 운영을 연구합니다. 그리고 경영과 경제에 대한 지식을 기본으로 글로벌 물류에 대한 이론적, 실무적 능력을 갖춘 글로벌 머천다이저 양성을 지향하며, 무역과 물류 분야의 수요자 중심의 맞춤형 교육을 위하여 무역 실무, 글로벌 경영 및 물류·유통 관리, 총 세 분야에 대한 학습자의 요구를 반영하고, 이에 적합한 교육 과정을 제공합니다. 더불어 우수한 시스템과 콘텐츠에 의한 학습의 수월성 제고를 위하여 무역과 물류·유통 분야의 이론적·실무적 지식을 체계화한 최고의 콘텐츠를 제공합니다.

개설대학

- 국립군산대학교
- 중앙대학교
- 평택대학교 등

관련학과

- 물류시스템공학과
- 철도건설시스템학부 글로벌철도학과
- 항만물류시스템학과
- 스마트항만물류학과
- 경제금융물류학부
- 무역물류학과
- 유통물류학과
- 항공교통물류학과 등

진출분야

기업체	기업의 물류 관련 부서, 물류·유통 기업, 물류 컨설팅 회사, 백화점, 대형 할인점, 국제 운송 회사, 국제택배 회사, 다국적 기업 등
정부 및 공공 기관	한국공항공사, 각 지역 항만공사, 한국철도시설공단, 각 지역 교통공사, 한국농수산식품유통공사, 국제 경제 기구, 대학교 등
연구 기관	국공립·민간 연구소 등

진출직업

- 물류관리전문가
- 경영컨설턴트
- 국제경제분석가
- 원산지관리사
- 물류IT시스템개발자
- 관세행정사무원
- 무역사무원
- 해무사
- 출입국심사관
- 국제협력사무원
- 기자
- 방송콘텐츠마케팅디렉터 등

취득가능 자격증

- 국제무역사 1, 2급
- 물류관리사
- 관세사
- 원산지관리사
- 유통관리사
- 무역영어
- 전자상거래관리사 등

학과 주요 교과목

기초 과목	세계경제와 무역이해, 경영학원론, 마케팅원론, 회계원리, 국제통상, 기초경영통계, 수출입길라잡이, 물류관리비즈니스, 무역영어, 유통관리, 무역결제, 전자무역과 CB, 국제화물운송, 글로벌경영 등
심화 과목	수출입통관실무, 마켓4.0, 글로벌마케팅, 물류관련법규, 국제·북방물류, 무역법규, 무역계약과 서식작성, 보관하역, 유통입지상권분석, 서비스경영, 동남아시장연구, 외환과 국제금융, 항만항공물류, 무역물류창업, 유라시아시장연구, 글로벌경영전략세미나, FTA원산지실무, 4차 산업혁명과 물류혁신 등

학과 인재상 및 갖추어야 할 자질

- 컴퓨터 및 인터넷에 능숙하고 정보화 시대를 선도하고 싶은 학생
- 경영과 경제 현상을 이해하는 능력을 지닌 학생
- 논리적 탐구력과 풍부한 학문적 의사 표현 능력을 갖춘 학생
- 급변하는 국제 환경에 대한 이해와 적응력을 가진 학생
- 수학과 경제 교과에 흥미가 있고 경제의 흐름을 잘 파악하는 학생

인문계열

사회계열

자연계열

공학계열

의약계열

예체능계열

교육계열

계약학과 & 특성화학과

학과 관련 선택 과목

※ 국어, 영어 교과는 모든 학문의 기초적인 성격을 가진 도구교과로 모든 학과에 이수가 필요하여 생략함.

공통 과목		공통국어1,2, 공통수학1,2, 공통영어1,2, 한국사1,2, 통합사회1,2, 통합과학1,2, 과학탐구실험1,2
수능 필수		화법과 언어, 독서와 작문, 문학, 대수, 미적분Ⅰ, 확률과 통계, 영어Ⅰ, 영어Ⅱ, 한국사, 통합사회, 통합과학, 성공적인 직업생활(직업)
일반 선택	수학, 사회, 과학	세계시민과 지리, 세계사, 사회와 문화
	체육·예술	
	기술·가정/정보	정보
	제2외국어/한문	제2외국어
	교양	
진로 선택	수학, 사회, 과학	동아시아 역사 기행, 정치, 법과 사회, 경제, 윤리와 사상, 국제 관계의 이해
	체육·예술	
	기술·가정/정보	데이터 과학
	제2외국어/한문	제2외국어 회화
	교양	인간과 심리
융합 선택	수학, 사회, 과학	실용 통계, 여행지리, 사회문제 탐구, 금융과 경제생활, 윤리문제 탐구, 기후변화와 지속가능한 세계
	체육·예술	
	기술·가정/정보	지식 재산 일반
	제2외국어/한문	제2외국어 문화
	교양	인간과 경제활동

추천 도서 목록

- 무역실무 한 권으로 마스터한다, 권영구, 중앙경제평론사
- 무역상무, 오원석 외, 삼영
- 관세평가의 법리와 판례연구, 김용태, 두남
- 지배의 법칙, 이재민, 21세기북스
- 지구촌 문화와 국제관계의 질서, 민웅기, 기문사
- 물류관련법규, 유창권 외, 두남
- 주요 이슈로 보는 디지털 통상 시대, 산업통상자원부 외, 진한엠앤
- 디지털통상론, 한주실 외, 박영사
- 한국상인, 중국상인, 일본상인, 이영호, 스노우폭스북스
- 무역용어 지식사전, 이기찬, 중앙경제평론사
- 경제안보시대, 글로벌 무역의 새로운 길, 최용민, 콜트맨
- 세계화의 종말과 새로운 시작, 마크 레빈슨, 페이지2북스
- 무역창업의 이론과 실제, 이주섭, 에이드북

- 국제물류론, 이충배 외, 박영사
- 경기 순환 알고갑시다, 김영익, 위너스북
- 경제학이 필요한 순간, 김현철, 김영사
- 가난한 미국, 부유한 중국, 김연규, 라의눈
- 세계지도를 펼치면 돈의 흐름이 보인다, 박정호, 반니
- 국제협상의 이해, 빅토르 A. 크레메뉴크, 한울아카데미
- 초강달러시대, 돈의 흐름, 홍재화, 포르체
- 화폐의 미래, 에스와르 S. 프라사드, 김영사
- 디지털 화폐가 이끄는 돈의 미래, 라나 스위츠, 북카라반
- 우리는 미국을 모른다, 김동현, 부키
- 애덤 스미스, 니콜라스 필립슨, 한국경제신문
- 위기의 역사, 오건영, 페이지2

학교생활 TIPS

- 국제물류학과와 관련이 깊은 영어, 중국어, 정치, 사회·문화, 수학, 경제 교과의 우수한 학업 성취를 올릴 수 있도록 하고, 각 수업 활동에 적극적으로 참여하여 학업 역량, 문제 해결 능력, 탐구력 등이 학교생활기록부 교과 세부능력 및 특기사항에 기록될 수 있도록 합니다.
- 전공과 관련 있는 다양한 진로 활동(무역 회사, 학과 탐방, 물류관리전문가 직업인 인터뷰 등)에 참여하여 새롭게 알게 된 사실이나 느낀 점을 중심으로 자신의 진로역량을 키우도록 합니다.
- 독서 토론, 시사 탐구, 영어 회화, 국제 경제 연구, 신문등의 교내 동아리에서 국제 사회의 정치, 경제, 사회 등과 관련된 내용을 조사·발표하는 등 전공 관련 활동을주도적으로 하도록 합니다.

- 학급이나 학생회의 임원 활동, 멘토-멘티 활동, 돌봄 활동, 학습 도우미, 자선 봉사 활동 등과 같은 학교 교육계획에 의해 진행되는 봉사 활동이나 행사 활동, 수련 활동, 체험 활동에 적극적으로 참여하여 자신의 능력을 보이거나, 공동체의 목표를 함께 달성해가는 과정을 통해 의사소통 능력을 보이는 것이 중요합니다.
- 정치학, 경제학, 역사학, 인류학, 사회학, 문화학 등 폭넓은 분야의 독서를 통해 기본적인 소양을 키웁니다.
- 협업과 소통능력, 나눔과 배려, 성실성과 규칙준수지, 창의성 등 자신의 강점이 학교생활기록부 행동특성 및 종합의견에 기록될 수 있도록 학교생활에 성실하게 임할 것을 권장합니다.

38 국제통상학과

학과소개

경제 활동의 세계화가 급격하게 진전되면서 통상 관련 전문 인력에 대한 수요도 크게 증가하고 있습니다. 전통적인 상품 무역 분야만이 아니라 금융, 유통, 통신 등의 서비스 분야, 국제 투자와 현지 진출 등의 분야에서도 통상 전문 인력의 수요가 크게 증가하고 있습니다. 특히 최근의 급격한 IT 기술 진보를 바탕으로 한 전자 상거래와 인터넷 무역의 증대로 국제통상학 분야의 범위도 크게 확대되고 있는 추세입니다. 국제통상학은 국제 경제·국제 경영·국제 상무의 핵심 분야를 중심으로 국제 협상, 통상 법규, 전자 상거래, 비즈니스 외국어 등 인접 분야를 포함하여 각 분야들의 유기적 관계를 통한 통상 관련 학문 분야에 대한 연구와 교육을 근간으로 하는 학문으로서 복합적·융합적 학문 체계의 특성을 지니고 있습니다.

국제통상학과는 이러한 학문 체계를 바탕으로 세계화와 정보화에 따른 다차원의 지식 기반 사회에서 요구하는 통상 관련 전공전문 지식과 실무 능력을 겸비한 글로벌 통상 전문 인력을 양성합니다. 이를 위하여 전공 체제를 국제 통상·지역 연구 영역, 국제 무역·금융 영역, 국제 비즈니스·무역 실무 영역으로 세분화하고, 각 분야별로 구체적 목표를 두고 국제 통상과 비즈니스, 무역에 관한 전문인을 양성하기 위해 교육합니다.

개설대학

- 국립강릉원주대학교
- 경상국립대학교
- 계명대학교
- 건국대학교
- 국민대학교
- 대진대학교
- 동국대학교
- 순천향대학교
- 인하대학교
- 한국외국어대학교 등

진출직업

- 국제통상·해외지역전문가
- 국제비즈니스·무역전문가
- 국제금융딜러
- 외환딜러
- 관세사
- 국제무역사
- 기자
- M&A전문가(기업인수합병전문가)
- 경영컨설턴트
- 물류관리사
- 외교관
- 투자분석가(애널리스트)
- 대학 교수 등

관련학과

- 국제무역통상학과
- 유통경영학과
- 국제무역학과
- 국제물류학과
- 무역학과
- 국제통상학부
- 국제통상학전공 등

취득가능 자격증

- 관세사
- 무역영어
- 국제무역사
- 물류관리사
- 유통관리사
- 판매관리사
- 전자상거래관리사
- 사회조사분석사 등

진출분야

기업체	다국적 기업, 일반 기업(통상 정책 및 통상 법규 관련 업무, 해외 지역 시장 정보·정치·경치 관련 업무, 국제 경영담당 등), 무역 회사, 증권 회사, 은행 등
정부 및 공공 기관	정부 및 지방 자치 단체의 국제 통상직 공무원, 관세직 공무원, 외무 공무원, 중고등학교, 대학교 등
연구 기관	공공 및 기업 연구소, 한국무역협회 등

학과 주요 교과목

기초 과목	무역학개론, 유통론, 관세론, 국제경영입문, 미시경제학, 전자상거래입문, 거시경제학, 국제무역실무, 국제통상론, 국제무역론 등
심화 과목	국제금융론, 해외투자의 이론과 실제, 인터넷무역, 한국경제와 통상, 무역영어, 국제운송과 물류, 국제무역과 마케팅, 환경·경제와 통상, 국제협상의 이론과 실제, 무역정책론, 국제무역보험, 외환선물거래, 무역통계분석, 통상규범론, 국제지역경제론, 글로벌서비스전략, 현장실습 등

학과 인재상 및 갖추어야 할 자질

- 첨단 교육 및 정보 매체를 활용하여 학습할 수 있는 능력이 있는 학생
- 급변하는 국제 통상 환경에 대한 이해와 적응력을 가진 학생
- 전 세계를 무대로 다양한 사업을 펼쳐보고 싶은 생각이 있는 학생
- 적극적이고 도전적인 성격을 지녔으며, 새로운 것을 개척하는 꿈을 지닌 학생
- 영어, 중국어 등 외국어 능력을 지니고 있으며, 새로운 언어를 배우는 것을 좋아하는 학생

학과 관련 선택 과목

※ 국어, 영어 교과는 모든 학문의 기초적인 성격을 가진 도구교과로 모든 학과에 이수가 필요하여 생략함.

공통 과목		공통국어1,2, 공통수학1,2, 공통영어1,2, 한국사1,2, 통합사회1,2, 통합과학1,2, 과학탐구실험1,2
수능 필수		화법과 언어, 독서와 작문, 문학, 대수, 미적분Ⅰ, 확률과 통계, 영어Ⅰ, 영어Ⅱ, 한국사, 통합사회, 통합과학, 성공적인 직업생활(직업)
일반 선택	수학, 사회, 과학	세계시민과 지리, 세계사, 사회와 문화
	체육·예술	
	기술·가정/정보	정보
	제2외국어/한문	제2외국어
	교양	
진로 선택	수학, 사회, 과학	동아시아 역사 기행, 정치, 법과 사회, 경제, 윤리와 사상, 국제 관계의 이해
	체육·예술	
	기술·가정/정보	데이터 과학
	제2외국어/한문	제2외국어 회화
	교양	인간과 심리
융합 선택	수학, 사회, 과학	실용 통계, 여행지리, 사회문제 탐구, 금융과 경제생활, 윤리문제 탐구, 기후변화와 지속가능한 세계
	체육·예술	
	기술·가정/정보	지식 재산 일반
	제2외국어/한문	제2외국어 문화
	교양	인간과 경제활동

추천 도서 목록

- 국제통상의 이해, 이태희 외, 이프레스
- 한국상인, 중국상인, 일본상인, 이영호, 스노우폭스북스
- 기후변화와 정치경제, 이태동 외, 박영사
- 지배의 법칙, 이재민, 21세기북스
- 지구촌 문화와 국제관계의 질서, 민웅기, 기문사
- 혁신의 시작, 김병연 외, 매일경제신문사
- 주요 이슈로 보는 디지털 통상 시대, 산업통상자원부 외, 진한엠앤
- 디지털통상론, 한주실 외, 박영사
- 경제안보시대, 글로벌 무역의 새로운 길, 최용민, 콜트맨
- 경제안보와 수출통제, 정인교, 박영사
- 글로벌경영 사례 100, 박병일 외, 시대가치
- 세계화의 종말과 새로운 시작, 마크 레빈슨, 페이지2북스
- EU와 국경, 김승민, 높이깊이

- 한중 수교 30년, 평가와 전망 서울대학교 국제학연구소 21세기북스
- 경기 순환 알고갑시다, 김영익, 위너스북
- 경제학이 필요한 순간, 김현철, 김영사
- 가난한 미국, 부유한 중국, 김연규, 라의눈
- 세계지도를 펼치면 돈의 흐름이 보인다, 박정호, 반니
- 국제협상의 이해, 빅토르 A. 크레메뉴크, 한울아카데미
- 초강달러시대, 돈의 흐름, 홍재화, 포르체
- 화폐의 미래, 에스와르 S. 프라사드, 김영사
- 디지털 화폐가 이끄는 돈의 미래, 라나 스워츠, 북카라반
- 우리는 미국을 모른다, 김동현, 부키
- 비즈니스 리프레임, 이연주, 라온북
- 비즈니스 협상론, 김병국, 알에이치코리아

학교생활 TIPS

- 국제통상학과와 관련이 깊은 수학, 영어, 경제, 사회 교과의 우수한 학업 성취를 올릴 수 있도록 하고, 각 수업활동에 적극적으로 참여하여 학업 역량, 문제 해결 능력, 탐구력 등이 학교생활기록부 교과 세부능력 및 특기사항에 기록될 수 있도록 합니다.
- 전공과 관련 있는 다양한 진로 활동(무역 회사, 학과 탐방, 국제통상전문가 인터뷰 등)에 참여하여 새롭게 알게된 사실이나 느낀 점을 중심으로 자신의 진로 역량을 키우도록 합니다.
- 국제 통상 연구, 경제 토론, 신문, 금융 탐구 등의 교내 동아리에서 무역, 경제, 통신 등과 관련된 내용을 조사·발표하는 등 전공 관련 활동을 주도적으로 하고 의미 있는 역할을 했음을 드러냅니다.

- 학급이나 학생회의 임원 활동, 경제 교육 봉사, 바자회활동, 환경 정화 활동, 멘토-멘티 활동 등과 같은 학교 교육계획에 의해 진행되는 봉사활동이나 행사 활동, 수련 활동, 체험 활동에 적극적으로 참여하여 배려심과 리더십, 공동체의 목표를 함께 달성해가는 모습을 통해 소통 능력, 협동 정신 등을 보이는 것이 중요합니다.
- 정치학, 경제학, 문학, 사회학, 자연 과학, 언어학 등 폭넓은 분야의 독서를 통해 기본적인 소양을 키웁니다.
- 협업과 소통능력, 나눔과 배려, 성실성과 규칙준수, 창의성 등 자신의 강점이 학교생활기록부 행동특성 및 종합의견에 기록될 수 있도록 학교생활에 성실하게 임하도록 합니다.

39 국제학부

학과소개

오늘날의 국제 사회는 노동, 자본, 상품, 정보가 자유롭게 교류하고 다양한 문화와 민족이 서로 밀접한 관계를 맺으면서 정치, 경제, 사회, 문화 등 모든 면에서 더욱 가까워지고 있습니다. 국제학 분야는 지구촌화라는 인류 공동체의 과제에 부응하여 개인과 집단, 집단과 집단, 국가와 국가 및 국제기구의 관계를 정의하며, 국제화·세계화에 따른 세계 각 지역의 정치, 경제, 군사, 문화, 언어, 문학 등 다양한 분야를 종합적으로 연구합니다. 따라서 국제학부는 세계의 다양한 언어, 문화, 정치, 경제 등을 연구하며 우리나라와 다른 나라와의 관계를 원활하게 하는 인재 육성에 그 교육 목표를 두고 있습니다.

국제학부는 국제 개발 협력, 국제 통상, 국제 평화 안보, 지역학 및 한국학 전공의 학제를 아우르는 복합적인 프로그램을 제공하고 있습니다. 이를 통해 학생들은 세계화 과정, 국제 관계, 글로벌거버넌스, 국제 통상, 경영 및 개발 협력 기구에 대한 깊은 이해와 안목을 갖추게 됩니다. 세계화 시대에 따른 지성의 요구와 증가하는 융합 교육의 중요성에 비출 때 국제학부는 더욱 큰 역할을 할것입니다.

개설대학

- 가톨릭대학교
- 경동대학교
- 고려대학교
- 국립공주대학교
- 광운대학교
- 부산대학교
- 세종대학교
- 이화여자대학교
- 한국외국어대학교
- 충남대학교
- 성공회대학교
- 대구대학교
- 전북대학교
- 호서대학교 등

관련학과

- 게페르트국제학부
- 국제무역경제학부
- 국제경영학과
- 융합전공학부 국제관계학–빅데이터분석학 전공
- 국제학과
- 동아시아국제학부
- 스크랜튼학부
- 국제개발협력학과
- 국제관계학과
- 글로벌통상학과 등

진출분야

기업체	무역 회사, 금융 기관(은행, 증권, 보험 등), 국제 물류회사(해운, 항공, 복합 운송업 등), 유통 업체(국내, 해외), 다국적 기업, 여행사, 기업체 일반 사무직 및 해외 영업직, 해외 현지 기업, 신문사, 잡지사, 방송국 등
정부 및 공공 기관	UN, 국제기구, 중앙 정부 및 지방 자치 단체, 대사관, 무역·수출입 관련 공공 기관 등
연구 기관	국제 경제·무역 관련 국가·민간 연구소, 사회 과학 관련 국가·민간 연구소 등

진출직업

- 관세사
- 유통관리사
- 물류관리사
- 외환관리사
- 판매사
- 전자상거래관리사 등

취득가능 자격증

- 물류관리사
- 관세사
- 유통관리사
- 전자상거래관리사
- 전자상거래운용사
- 사회조사분석사
- 무역영어
- 국제무역사 등

학과 주요 교과목

기초 과목	미시경제학, 무역계약론, 거시경제학, 국제경제, 경제학원론, 통계학의 이해, 경제학원론, 정치학개론, 다문화사회론, 세계정치론, 외교정책론, 국제기구론, 경상수학, 외환론, 국제통상체제론, 국제무역법규, 4차산업혁명과 노동시장, 빅데이터와 국제경제 등
심화 과목	국제협상론, 국제관계론, 국제협력론, 국제문제론, 국제분쟁론, 국제관계사, 국제정치경제론, 비교정치체제론, 국제문제연구방법론, 정치과정과 변화, 한국의 국제관계, 국제화와 한국의 정치경제, 아메리카지역연구, 일본지역연구, 중국지역연구, 동북아관계론, 중동아프리카연구, 국제무역마케팅, 무역관계법, 다국적기업과 중소기업의 글로벌화 등

학과 인재상 및 갖추어야 할 자질

- 다양한 인종과 문화를 아우르는 오픈 마인드를 갖고 있는 학생
- 자신감이 넘치고, 무슨 일이든 적극적인 자세로 임하는학생
- 첨단 교육 및 정보 매체를 활용하여 학습할 수 있는 능력을 지닌 학생
- 경영·경제 현상을 이해할 수 있는 학생
- 논리적 탐구력과 풍부한 학문적 의사 표현 능력을 지닌 학생
- 국제 관계나 외교 등 인류 공동체적인 문제에 꾸준한 관심을 가진 학생
- 외국어에 대한 기본 소양과 정치학, 경제학, 사회학 등 인접 사회 과학 지식을 가진 학생

인문계열
사회계열
자연계열
공학계열
의약계열
예체능계열
교육계열
계약학과 & 특성화학과

학과 관련 선택 과목

※ 국어, 영어 교과는 모든 학문의 기초적인 성격을 가진 도구교과로 모든 학과에 이수가 필요하여 생략함.

공통 과목		공통국어1,2, 공통수학1,2, 공통영어1,2, 한국사1,2, 통합사회1,2, 통합과학1,2, 과학탐구실험1,2
수능 필수		화법과 언어, 독서와 작문, 문학, 대수, 미적분Ⅰ, 확률과 통계, 영어Ⅰ, 영어Ⅱ, 한국사, 통합사회, 통합과학, 성공적인 직업생활(직업)
일반 선택	수학, 사회, 과학	세계시민과 지리, 세계사, 사회와 문화, 현대사회와 윤리
	체육·예술	
	기술·가정/정보	
	제2외국어/한문	제2외국어
	교양	생태와 환경
진로 선택	수학, 사회, 과학	동아시아 역사 기행, 정치, 법과 사회, 인문학과 윤리, 국제 관계의 이해
	체육·예술	
	기술·가정/정보	
	제2외국어/한문	제2외국어 회화
	교양	인간과 철학, 논리와 사고, 인간과 심리, 삶과 종교
융합 선택	수학, 사회, 과학	여행지리, 사회문제 탐구, 윤리문제 탐구, 기후변화와 지속가능한 세계, 기후변화와 환경생태
	체육·예술	
	기술·가정/정보	
	제2외국어/한문	제2외국어 문화
	교양	인간과 경제활동

추천 도서 목록

- 전쟁 이후의 세계, 박노자, 한겨레출판사
- 헨리 키신저의 외교, 헨리 키신저, 김앤김북
- 동아시아 대분단체제론, 이삼성, 한길사
- 지배의 법칙, 이재민, 21세기북스
- 지구촌 문화와 국제관계의 질서, 민웅기, 기문사
- 막료학: 참모 대 리더, 장막에서 펼치는 다이나믹 정치학, 쥐런, 들녘
- 우리는 미국을 모른다, 김동현, 부키
- 국제정세의 이해, 유현석, 한울아카데미
- 경제안보시대, 글로벌 무역의 새로운 길, 최용민, 콜트맨
- 경제안보와 수출통제, 정인교 와, 박영사
- 글로벌경영 사례 100, 박병일 외, 시대가치
- 세계화의 종말과 새로운 시작, 마크 레빈슨, 페이지2북스
- 국제사회와 국제기구의 이해, 손기섭, 부산외국어대학교출판부

- 리콴유의 눈으로 본 세계, 리콴유, 박영사
- 유엔의 필수 이해, United Nations, 미래희망기구
- 21세기 국제질서 맥락으로 이해하기, 정하늘, 국제법질서연구소
- 유라시아와 유럽: 경쟁, 협력, 갈등, 한양대학교 아태지역연구센터 러시아 유라시아연구사업단, 민속원
- 세계지도를 펼치면 돈의 흐름이 보인다, 박정호, 반니
- 세계정치론, 존 베일리스 외, 을유문화사
- 최소한의 중동 수업, 장지향, 시공사
- 미국 외교의 거대한 환상, 존 J. 미어샤이머, 김앤김북
- 디지털 화폐가 이끄는 돈의 미래, 라나 스워츠, 북카라반
- 우리는 미국을 모른다, 김동현, 부키
- 일본인들이 증언하는 한일역전, 이명찬, 서울셀렉션
- 비즈니스 협상론, 김병국, 알에이치코리아

학교생활 TIPS

- 국제학부와 관련이 깊은 수학, 영어, 경제, 사회·문화, 정치와 법 교과의 우수한 학업 성취를 올릴 수 있도록 하고, 각 수업 활동에 적극적으로 참여하여 학업 역량, 문제 해결 능력, 탐구력 등이 학교생활기록부 교과 세부 능력 및 특기사항에 기록될 수 있도록 합니다.
- 전공과 관련 있는 다양한 진로 활동(무역 회사, 학과 탐방, 물류관리사 인터뷰 등)에 참여하여 새롭게 알게 된 사실이나 느낀 점을 중심으로 자신의 진로 역량을 키우도록 합니다.
- 경제 연구, 독서 논술, 시사 탐구, 토론, 영어 회화, 창업 경영 등의 교내 동아리에서 경영 분야와 관련된 내용을 조사·발표하는 등 전공 관련 활동을 주도적으로 하고 의미 있는 역할을 했음을 드러냅니다.

- 학급이나 학생회의 임원 활동, 멘토-멘티 활동, 돌봄 활동, 학습 도우미 활동, 자선 봉사 활동 등과 같은 학교 교육계획에 의해 진행되는 봉사 활동이나 행사 활동, 수련활동, 체험 활동에 적극적으로 참여하여 배려심, 리더십, 의사소통 능력, 협동심 등을 보이는 것이 중요합니다.
- 사회학, 언어학, 심리학, 철학, 통계학, 예술학, 경제학 등 다양한 분야의 지식을 습득하고 융합적 사고를 기르는 독서를 권장합니다.
- 협업과 소통능력, 나눔과 배려, 성실성과 규칙준수, 창의성 등 자신의 강점이 학교생활기록부 행동특성 및 종합의견에 기록될 수 있도록 학교생활에 성실하게 임할 것을 권장합니다.

학과소개

21세기 정보화·국제화 사회는 다양성, 유연성 및 전문성을 동시에 갖춘 장교와 군사 전문가를 요구하고 있습니다. 국제 정세 및 한반도 주변 안보 상황의 유동성, 첨단 기술의 발전을 바탕으로 한 정보·산업 분야의 국제적 경쟁 등 새로운 형태의 위협이 일상화되고 있으며, 국가 안보에 미치는 위협 요소도 다양해지고 있는 실정입니다. 따라서 우수한 인재를 엄선하여 강인한 체력과 리더십, 군사 전문 지식과 소양을 갖출 수 있도록 교육하는 것은 시대의 사명이라고 할 수 있습니다.

군사학과에서는 21세기 한반도 주변의 새로운 군사 안보 상황에서 국가를 지키고 대한민국의 군을 이끌어갈 장교 및 군사 전문가를 양성하기 위한 교육 프로그램을 운영하고 있습니다. 군사 정책 및 전략에 필요한 군사 전문 지식을 배양하고, 과학 기술이 지배하는 미래 환경에 능동적으로 대처할 군사력 운용 능력과 장교로서의 임무 수행에 필요한 전문 지식 및 투철한 국가관, 강인한 체력을 배양하여 미래를 이끌어갈 군사 전문가 및 전문 직업 군인을 양성하는 것은 군사학과의 교육 목표입니다. 또한 안보, 국방, 환경에 대한 포괄적 이해, 분석 평가 능력, 전자전과 정보전에 대한 대처 능력 등을 두루 갖춤으로써, 다양한 안보 위협 상황을 예측하고 이를 타개할 수 있는 군사 전문가를 양성하고자 합니다.

개설대학

- 건양대학교
- 경남대학교
- 경운대학교
- 대전대학교
- 동명대학교
- 동신대학교
- 상지대학교
- 서경대학교
- 영남대학교
- 우석대학교
- 원광대학교
- 조선대학교
- 청주대학교
- 초당대학교
- 경동대학교(제4캠퍼스)
- 동양대학교
- 대구가톨릭대학교 등

관련학과

- 사이버드로봇군사학과
- 해병대군사학과
- 국제군사학과
- 국방군사학과 등

진출분야

기업체	대기업이나 일반 기업, 군 관련 기관, 방위 산업체, 경호 업체, 언론사 등
정부 및 공공 기관	국방부, 육군, 해군, 공군, 해병대 장교 임관, 군인공제회, 재향 군인회 등
연구 기관	정부출연 군사학연구소, 사설 안보 연구소, 국방과학연구소 등

진출직업

- 부사관
- 공군파일럿
- 군사전략가
- 군 장교
- 항공관제사
- 국방공무원
- 교수
- 연구원 등

취득가능 자격증

- 무도단증 (태권도, 유도, 검도 등)
- 문서실무사
- 컴퓨터활용능력
- 한자능력검정시험 등

학과 주요 교과목

기초 과목	무기체계론, 군인의 길, 군사체육, 국방조직론, 군사영어, 손자병법, 한국군사사, 군사학입문, 북한학, 병영체험, 방호공학, 장교의 도, 군사과학, 기술군사, 교리연구, 한민족전쟁사, 군사지리, 군사혁신론, 세계전쟁사, 국방기획관리론, 인간발달과 교육 등
심화 과목	국제관계론, 현대전쟁사, 국방경제, 전쟁론, 군사제도론, 첨단무기연구, 지휘통솔론, 전술학개론 I·II, 국방관리, 지휘참모학, 전략연구, 군사심리학, 태권도심화, 국가정보론, 군사과학기술, 국방정책론, 전자정보전, 남북한관계론, 참모실무론, 구급 및 응급처치, 군사야영 등

학과 인재상 및 갖추어야 할 자질

- 국가 안보의 중추적 역할을 담당할 유능한 장교가 꿈인 학생
- 올바른 시민 정신을 함양하고 군사 분야에 전문성을 키우고 싶은 학생
- 리더십을 통해 공동체를 이끌어가고 사회적 책임을 다하는 태도를 지닌 학생
- 호국의 기상을 견지하고 군사에 정통한 국방 인재가 되고 싶은 학생
- 이론과 실기를 겸비한 군사 교육, 관리 및 정보 분석 능력을 배양하고 싶은 학생

학과 관련 선택 과목

※ 국어, 영어 교과는 모든 학문의 기초적인 성격을 가진 도구교과로 모든 학과에 이수가 필요하여 생략함.

공통 과목		공통국어1,2, 공통수학1,2, 공통영어1,2, 한국사1,2, 통합사회1,2, 통합과학1,2, 과학탐구실험1,2
수능 필수		화법과 언어, 독서와 작문, 문학, 대수, 미적분Ⅰ, 확률과 통계, 영어Ⅰ, 영어Ⅱ, 한국사, 통합사회, 통합과학, 성공적인 직업생활(직업)
일반 선택	수학, 사회, 과학	세계시민과 지리, 사회와 문화, 현대사회와 윤리
	체육·예술	체육1, 체육2
	기술·가정/정보	정보
	제2외국어/한문	
	교양	
진로 선택	수학, 사회, 과학	한국지리 탐구, 정치, 법과 사회, 경제, 윤리와 사상, 국제 관계의 이해
	체육·예술	운동과 건강, 스포츠 문화, 스포츠 과학
	기술·가정/정보	데이터 과학
	제2외국어/한문	
	교양	논리와 사고, 인간과 심리, 교육의 이해, 보건
융합 선택	수학, 사회, 과학	역사로 탐구하는 현대 세계, 사회문제 탐구, 윤리문제 탐구
	체육·예술	스포츠 생활1, 스포츠 생활2
	기술·가정/정보	
	제2외국어/한문	
	교양	

추천 도서 목록

- 세계는 왜 싸우는가, 김영미, 김영사
- 손자병법, 손무, 플래닛미디어
- 국제분쟁해결, J.G. Merrills, 피앤씨미디어동아시아 대분단체제론, 이삼성, 한길사
- 군사주의: 폭력의 이데올로기와 작동방식, 서보혁, 박영사
- 과학기술, 미래 국방과 만나다, 박영욱 외, 나무와숲
- 통일과 평화, 그리고 북한, 진희관 외, 박영사
- 전쟁이 말하지 않는 전쟁들, 김민관, 갈라파고스
- 군사학개론, 군사학연구회, 플래닛미디어
- 초한전, 챠오량 외, 교우미디어
- 오늘의 세계 분쟁, 김재명, 미지북스
- 미래의 전쟁, 최영찬 외, 북코리아
- 근현대 세계대전사, 황수현 외, 플래닛미디어

- 눈물의 땅, 팔레스타인, 김재명, 미지북스
- 지배의 법칙, 이재민, 21세기북스
- 분쟁의 평화적 전환과 한반도, 서보혁 외, 박영사
- 군대에 대해 말하지 않는 것들, 피스모모 평화페미니즘연구소 외, 서해문집
- 이런 전쟁, T. R. 페렌바크, 플래닛미디어
- 방산논객의 K방산 바로보기, 송방원, 디자인이꽃
- 전쟁의 역사, 기세찬 외, 사회평론아카데미
- 최소한의 중동 수업, 장지향, 시공사
- 전쟁과 학살을 넘어, 구정은 외, 인물과사상사
- 팔레스타인, 100년 분쟁의 원인: 이분법적 사고를 넘어서, 정환빈, 인세50
- 나의 직업은 군인입니다, 김경연, 예미
- 헨리 키신저, 우크라이나 사태를 말하다, 김선명, 하우스
- 보이드(BOYD), 로버트 코람, 플래닛미디어

학교생활 TIPS

- 군사학과와 관련이 깊은 영어, 정치와 법, 사회·문화, 체육 교과의 우수한 학업 성취를 올릴 수 있도록 하고, 각 수업 활동에 적극적으로 참여하여 학업 역량, 문제 해결 능력, 탐구력 등이 학교생활기록부 교과 세부능력 및 특기사항에 기록될 수 있도록 합니다.
- 전공과 관련 있는 다양한 진로 활동(군부대, 학과 탐방, 군 장교 인터뷰 등)에 참여하여 새롭게 알게 된 사실이나 느낀 점을 중심으로 자신의 진로 역량을 키우도록 합니다.
- 국제 관계 연구, 시사 토론, 정치 연구, 태권도, 유도 등의 교내 동아리에서 군사학과 관련된 내용을 조사·발표하는 등 전공 관련 활동을 주도적으로 하고, 의미 있는 역할을 했음을 드러냅니다.

- 학급이나 학생회의 임원 활동, 돌봄 활동, 학습 도우미활동, 체육 대회 행사 보조 활동 등과 같은 학교 교육계획에 의해 진행되는 봉사 활동이나 행사 활동, 수련 활동, 체험 활동에 적극적으로 참여하여 배려심, 리더십, 의사 소통 능력, 협동심 등을 보이는 것이 중요합니다.
- 인문학, 경제학, 정치학, 경영학, 철학, 사회학 등 다양한 분야의 지식을 습득하고 융합적 사고를 기르는 독서를 권장합니다.
- 협업과 소통능력, 나눔과 배려, 성실성과 규칙준수, 창의성 등 자신의 강점이 학교생활기록부 행동특성 및 종합의견에 기록될 수 있도록 학교 생활에 성실하게 임할 것을 권장합니다.

41

글로벌경영학과

학과소개

　인구가 적고 영토 면적도 작은 한국에서 외국과의 활발한 무역은 선택이 아닌 운명입니다. 세계무역기구(WTO)에 따르면 한국은 무역 강국으로 세계 경제에 미치는 영향력이 아주 큰 나라 중의 하나입니다. 글로벌 마인드는 한국인들에게는 생존과 번영을 위한 필수 조건인 것입니다.

　글로벌경영학과는 글로벌 시대의 경영, 경제 현상의 본질을 파악할 수 있는 역량을 갖추고, 현장 중심의 학습을 통해 세계화의 진전에 능동적으로 대응해 나갈 수 있는 글로벌 전문인을 양성합니다. 글로벌경영학과에서는 경영, 경제, 무역의 전반을 교육하여 기업이 지향하는 융합적인 인재를 육성하고, 나아가 비전 및 공유 가치 재정립, 이론과 실무를 겸비한 교육 과정, 영어 및 제2외국어 교육 강화, 국내외 현장 교육 프로그램 운영, 직무 기반의 역량 교육 강화 등을 중점적으로 교육합니다. 튼튼한 전공 기초를 바탕으로 PBL, 캡스톤을 비롯한 현장 및 실무형 수업뿐만 아니라 국내외 산업 시찰 및 인턴십 등 진취적이고 적극적인 활동 또한 추진하고 있습니다. 졸업 후 학생들은 글로벌 대기업 및 중견 기업, 강소 기업, 금융 기관, 벤처 기업, 유통업, IT 서비스업 등 다양한 분야와 직무에 진출하여 활동하며 전공에 기초하여 무역 회사나 외국계 기업 등에 취업하거나 또는 창업을 통해 국제 시장을 무대로 활동하기도 합니다.

개설대학

- 가톨릭대학교
- 강서대학교
- 서울신학대학교
- 신한대학교(제2캠퍼스)
- 상명대학교
- 성균관대학교
- 아주대학교
- 안양대학교
- 단국대학교 등

관련학과

- 국제학부(글로벌경영학과, 관광 경영학과)
- 국제통상학과
- 국제경영학과
- 글로벌경영학부
- 글로벌통상학과
- 글로벌비즈니스과 등

진출분야

기업체	국내 기업의 해외 자회사, 외국 기업의 국내 자회사, 국내외 무역 회사, 일반 기업의 경영 관련 분야(마케팅, 경영 지원, 기획, 전략, 회계 영업 등), 은행, 증권 회사, 보험 회사, 벤처 기업, 외국계 기업 등
정부 및 공공 기관	중앙 정부 및 지방 자치 단체, 전국경제인연합회, 한국전력공사, 호주축산공사, 한국공인회계사회, 각 시도교육청, 시청, NGO 등
연구 기관	한국행정연구원 등

진출직업

- 국제무역사
- 무역사무원
- 투자상담사
- 외환관리사
- 관세행정사무원
- 관세사
- 물류관리전문가
- 운송사무원
- 포워더(복합운송주선인) 등

취득가능 자격증

- 국제무역사
- 무역영어
- 관세사
- 유통관리사
- 투자상담사
- 외환관리사
- 기타 무역·유통·금융 분야 자격 증 등

학과 주요 교과목

기초 과목	국제통상과 기업경영, 신흥시장문화비교론, 무역회계기초, 신흥시장론, 무역실무, 글로벌마케팅원론, 무역과 협상, 글로벌비즈니스커뮤니케이션, 강소기업경영론, 기업재무론, 무역회계실무, 글로벌소비자행동론, 비즈니스영어, 거시경제분석, 강소기업전략론, 전공과 창업, 신흥시장지역연구, FTA와 공정무역론, E-커머스, 글로벌금융투자론 등
심화 과목	경제공간의 이해, 국제경영학, 국제금융론, 신흥시장서비스경영론, 미시경제분석, 글로벌물류, 세일즈매니지먼트, 국제마케팅, 혁신경영과 글로벌기업가정신, 국제마케팅커뮤니케이션론, 국제무역론, 글로벌경영사례연구, 전공과 취업, 무역영어, 무역실무연습, 국제재무론, 통상기획과 의사결정, 데이터기반 글로벌시장조사론, 금융시장론, 디지털마케팅론 등

학과 인재상 및 갖추어야 할 자질

- 통계나 경제 등 세상 돌아가는 것에 관심이 많은 학생
- 발표하는 것, 다른 사람들과 함께 일하는 것을 좋아하는 학생
- 무역, 유통, 금융 분야에 흥미를 갖고 있으며 국제 경영인의 꿈을 안고 있는 학생
- 리더십을 통해 공동체를 이끌고, 창의적으로 문제를 해결하는 학생
- 영어, 중국어 등의 외국어에 능통하고 세계로 나아가고 싶은 꿈이 있는 학생

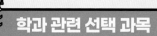

학과 관련 선택 과목

※ 국어, 영어 교과는 모든 학문의 기초적인 성격을 가진 도구교과로 모든 학과에 이수가 필요하여 생략함.

공통 과목		공통국어1,2, 공통수학1,2, 공통영어1,2, 한국사1,2, 통합사회1,2, 통합과학1,2, 과학탐구실험1,2
수능 필수		화법과 언어, 독서와 작문, 문학, 대수, 미적분Ⅰ, 확률과 통계, 영어Ⅰ, 영어Ⅱ, 한국사, 통합사회, 통합과학, 성공적인 직업생활(직업)
일반 선택	수학, 사회, 과학	세계시민과 지리, 사회와 문화, 현대사회와 윤리
	체육·예술	
	기술·가정/정보	정보
	제2외국어/한문	제2외국어
	교양	
진로 선택	수학, 사회, 과학	경제 수학, 한국지리 탐구, 정치, 법과 사회, 경제, 국제 관계의 이해
	체육·예술	
	기술·가정/정보	데이터 과학
	제2외국어/한문	제2외국어 회화
	교양	인간과 심리, 교육의 이해
융합 선택	수학, 사회, 과학	실용 통계, 사회문제 탐구, 금융과 경제생활, 기후변화와 지속가능한 세계
	체육·예술	
	기술·가정/정보	지식 재산 일반
	제2외국어/한문	제2외국어 문화
	교양	인간과 경제활동

추천 도서 목록

- 원칙, 레이 달리오, 한빛비즈
- 경영의 본질, 프레드문트 말릭 저, 센시오
- 일론 머스크, 월터 아이작슨, 21세기북스
- 괴물같은 기업 키엔스를 배워라, 니시노카 안누, 더퀘스트
- 구글의 아침은 자유가 시작된다, 라즐로 복, 알에이치코리아
- 권력을 경영하는 7가지 원칙, 제프리 페퍼, 비즈니스북스
- 글로벌 클래스, 에런 맥대니얼 외, 한빛비즈
- 기묘한 이커머스 이야기, 기묘한, 프리덤북스
- 더 플로, 안유화, 경이로움
- 일터의 설계자들, 나하나, 웨일북(whalebooks)
- 일본전산 이야기, 김성호, 쌤앤파커스
- 글로벌 기업의 윤리경영, 정형일 외, 아진
- 좋은 기업을 넘어 위대한 기업으로, 짐 콜린스, 김영사

- 청소년이 경영학을 만나다, 신형덕, 에고의바다
- 나는 장사의 신이다, 은현장, 떠오름
- 히트 리프레시, 사티아 나델라 외, 흐름출판
- 일의 격, 신수정, 턴어라운드
- 고객이 달라졌다, 현성운, 포르체
- 바로 써먹고, 바로 돈이 되는 1페이지 마케팅 플랜, 앨런 딥, 알파미디어
- 히트 리프레시, 사티아 나델라 외, 흐름출판
- 반도체 제국의 미래, 정인성, 이레미디어
- 스타트업 서바이벌, 이은영 외, 한빛미디어
- 내 운명은 고객이 결정한다, 박종윤, 쏭북스
- 스타트업 서바이벌, 이은영 외, 한빛미디어
- AI혁신 Chat-GPT와 미드저니로 업무의 미래를 바꾸다, 지식과 감성

학교생활 TIPS

- 글로벌경영학과와 관련이 깊은 영어, 중국어, 경제, 사회, 수학 교과의 우수한 학업 성취를 올릴 수 있도록 하고 각 수업 활동에 적극적으로 참여하여 학업 역량, 문제 해결 능력, 탐구력 등이 학교생활기록부 교과 세부능력 및 특기사항에 기록될 수 있도록 합니다.
- 전공과 관련 있는 다양한 진로 활동(은행이나 증권사, 학과 탐방, 국제무역사 직업인 인터뷰 등)에 참여하여 새롭게 알게 된 사실이나 느낀 점을 중심으로 자신의 진로 역량을 키우도록 합니다.
- 독서 토론, 시사 탐구, 영어 회화, 신문, 경제 연구 등의 교내 동아리에서 경제, 경영 분야와 관련된 내용을 조사·발표하는 등 전공 관련 활동을 주도적으로 하고, 의미 있는 역할을 했음을 드러냅니다.

- 학급이나 학생회의 임원 활동, 멘토-멘티 활동, 돌봄 활동, 학습 도우미, 자선 봉사 활동 등과 같은 학교 교육계획에 의해 진행되는 봉사 활동이나 행사 활동, 수련 활동, 체험 활동에 적극적으로 참여하여 배려하는 마음이나 리더십, 공동체의 목표를 함께 달성해가는 과정을 통해 의사소통 능력을 보이는 것이 중요합니다.
- 정치학, 통계학, 사회학, 인문학, 수학 등 폭넓은 분야의 독서를 통해 기본적인 소양을 키웁니다.
- 협업과 소통능력, 나눔과 배려, 성실성과 규칙준수 창의성 등 자신의 강점이 학교생활기록부 행동특성 및 종합의견에 기록될 수 있도록 학교생활에 성실하게 임할 것을 권장합니다.

42

글로벌비즈니스학과

학과소개

미래에는 모든 산업과 직업에서 정보 통신 기술이 중요시되며, 특히 경영 분야는 가장 빨리 타 분야와 융합되어 새로운 가치를 창출하게 될 것입니다. 세계화와 국제 교역 및 투자, 그리고 기업들의 글로벌화가 가속화되는 가운데 외국어 능력을 보유하고, 국제 경영에 대한 지식을 갖추며 세계 지역에 대한 이해를 필수로 지닌 인재상이 요구되는 시대입니다.

글로벌비즈니스학과는 이러한 시대적 흐름에 대한 이해를 바탕으로 선도적 비즈니스 기회를 포착할 수 있는 혁신적이고 창의적인 글로벌 경영 인재, 지식·혁신 기술·정보가 융합된 4차 산업혁명 시대를 이끌어갈 경영 전문가를 양성하기 위한 학과입니다. 글로벌비즈니스학과에서는 국가 간에 일어나는 경제 현상을 올바른 시각으로 살펴보고, 기업의 국제화와 시장의 개방화 과정에서 필연적으로 겪게 되는 언어 문제나 관습 및 실무 절차상의 문제를 해결할 능력을 배양합니다. 교육 과정에서는 국제 경영, 국제 무역, 국제 비즈니스 커뮤니케이션, 지역 연구, 국제 물류 및 운송, 국제 비즈니스 커뮤니케이션 등을 다룸으로써 국제 비즈니스맨의 자질 함양에 힘쓰고 있습니다.

개설대학

- 동아대학교
- 영남대학교
- 나사렛대학교
- 배재대학교
- 신라대학교 등

진출직업

- 글로벌기업의 국제지역전문가
- 경영지도사
- M&A전문가
- 다국적기업의 마케팅전문가
- 글로벌기업의 컨설턴트
- 글로벌기업의 경영기획 및 인사 관리담당자
- 무역관련변호사 등

취득가능 자격증

- 국제무역사1·2급
- 무역영어
- 관세사
- 물류관리사
- 유통관리사
- 경영지도사
- 증권투자상담사
- 투자상담관리사
- 공인노무사
- 직업상담사
- ERP정보관리사
- 인적자원관리사 등

관련학과

- 경영정보학과
- 국제무역학과
- 글로벌경영학과
- 국제경영학과
- 융합경영학과
- 글로벌비즈니스학부 등

학과 주요 교과목

기초 과목	경영학의 기초, 비즈니스지역언어(중국, 일본), 회계원리, 경영통계학, 마케팅관리론, 재무관리, 생산운영관리, 국제경영론, 재무회계, 경제학원론, 경영수학, 국제정치경제, 인사조직관리, 비즈니스영어 등
심화 과목	비즈니스영어, 국제계약결제론, 중국시장연구(정치, 경제, 캡스톤디자인), 미주시장연구(정치, 경제), 국제협상론, 비즈니스무역영어, 국제마케팅론, 중국시장연구(사회, 문화), 미주시장연구(사회, 문화), 국제재무관리, 국제경제법, 아시아시장연구(정치, 경제), 유럽시장연구(정치, 경제), 국제e-비즈니스, 아시아시장연구(사회, 문화), 유럽시장연구(사회, 문화) 등

진출분야

기업체	국내에 진출한 해외의 다국적 기업, 해외에 진출한 한국의 다국적 기업, 금융권, 물류 및 유통 업체, 제조 및 유통 업체, 무역 회사
정부 및 공공 기관	중앙 정부 및 지방 자치 단체, 대한무역투자진흥공사, 농수산물유통공사 등 공기업, 국제통화기금, 세계은행, 세계무역기구 등
연구 기관	글로벌 경제연구소 등

학과 인재상 및 갖추어야 할 자질

- 비즈니스 실무 역량을 보유한 글로벌 지역 전문가 꿈인 학생
- 세계의 다양한 언어와 문화에 대한 관심이 많은 학생
- 협업과 소통을 중시하고, 혁신적 창의적 사고력을 지닌 학생
- 4차 산업혁명 시대를 이끌어갈 글로벌 경영 인재로서의 자질을 갖춘 학생
- 전공 분야의 과제를 스스로 이해하고 추진할 수 있는 능력이 있는 학생
- 글로벌 환경에 경쟁력을 갖춘 해외 시장에 대해 깊이 있게 공부하고자 하는 학생

학과 관련 선택 과목

※ 국어, 영어 교과는 모든 학문의 기초적인 성격을 가진 도구교과로 모든 학과에 이수가 필요하여 생략함.

공통 과목		공통국어1,2, 공통수학1,2, 공통영어1,2, 한국사1,2, 통합사회1,2, 통합과학1,2, 과학탐구실험1,2
수능 필수		화법과 언어, 독서와 작문, 문학, 대수, 미적분Ⅰ, 확률과 통계, 영어Ⅰ, 영어Ⅱ, 한국사, 통합사회, 통합과학, 성공적인 직업생활(직업)
일반 선택	수학, 사회, 과학	세계시민과 지리, 사회와 문화, 현대사회와 윤리
	체육·예술	
	기술·가정/정보	정보
	제2외국어/한문	제2외국어
	교양	
진로 선택	수학, 사회, 과학	경제 수학, 한국지리 탐구, 정치, 법과 사회, 경제, 국제 관계의 이해
	체육·예술	
	기술·가정/정보	데이터 과학
	제2외국어/한문	제2외국어 회화
	교양	인간과 심리, 교육의 이해
융합 선택	수학, 사회, 과학	실용 통계, 사회문제 탐구, 금융과 경제생활, 기후변화와 지속가능한 세계
	체육·예술	
	기술·가정/정보	지식 재산 일반
	제2외국어/한문	제2외국어 문화
	교양	인간과 경제활동

추천 도서 목록

- 파타고니아, 파도가 칠 때는 서핑을, 이본 쉬나드, 라이팅하우스
- 실리콘밸리 천재들의 생각 아포리즘, 김태현, 리텍콘텐츠
- 원칙, 레이 달리오, 한빛비즈
- 경영의 본질, 프레드문트 말릭 저, 센시오
- 일론 머스크, 월터 아이작슨, 21세기북스
- 괴물같은 기업 키엔스를 배워라, 니시노카 안누, 더퀘스트
- 구글의 아침은 자유가 시작된다, 라즐로 복, 알에이치코리아
- 권력을 경영하는 7가지 원칙, 제프리 페퍼, 비즈니스북스
- 글로벌 클래스, 에런 맥대니얼 외, 한빛비즈
- 기묘한 이커머스 이야기, 기묘한, 프리덤북스
- 더 플로, 안유화, 경이로움
- 일터의 설계자들, 나하나, 웨일북(whalebooks)
- 일본전산 이야기, 김성호, 쌤앤파커스
- 글로벌 기업의 윤리경영, 정형일 외, 아진

- 좋은 기업을 넘어 위대한 기업으로, 짐 콜린스, 김영사
- 청소년이 경영학을 만나다, 신형덕, 에고의바다
- 월마트, 두려움 없는 도전, 샘 월턴 외, 라이팅하우스
- 히트 리프레시, 사티아 나델라 외, 흐름출판
- 일의 격, 신수정, 턴어라운드
- 고객이 달라졌다, 현성운, 포르체
- 바로 써먹고, 바로 돈이 되는 1페이지 마케팅 플랜, 앨런 딥, 알파미디어
- 히트 리프레시, 사티아 나델라 외, 흐름출판
- 10대를 위한 워런 버핏 경제 수업, 안석훈 외, 넥스트씨
- 스타트업 서바이벌, 이은영 외, 한빛미디어
- 청소년을 위한 경제의 역사, 니콜라우스 피퍼, 비룡소
- 스타트업 서바이벌, 이은영 외, 한빛미디어
- AI혁신 Chat-GPT와 미드저니로 업무의 미래를 바꾸다, 지식과 감성

학교생활 TIPS

- 글로벌비즈니스학과와 관련이 깊은 수학, 영어, 사회·문화, 경제, 제2외국어 교과의 우수한 학업 성취를 올릴 수 있도록 하고, 각 수업 활동에 적극적으로 참여하여 학업역량, 문제 해결 능력, 탐구력 등이 학교생활기록부 교과 세부능력 및 특기사항에 기록될 수 있도록 합니다.
- 전공과 관련 있는 다양한 진로 활동(대한무역투자진흥공사나 글로벌 기업 탐방, 학과 탐방, 경영지도사 인터뷰 등)에 참여하여 새롭게 알게 된 사실이나 느낀 점을 중심으로 자신의 진로 역량을 키우도록 합니다.
- 글로벌 기업 연구, 독서 논술, 시사 탐구, 토론, 영어 회화, 창업 경영 등의 교내 동아리에서 전공과 관련된 내용을 조사·발표하는 등 주도적인 활동을 하고, 의미 있는 역할을 했음을 드러냅니다.

- 학급이나 학생회의 임원 활동, 멘토-멘티 활동, 돌봄 활동, 학습 도우미 활동, 자선 봉사 활동 등과 같은 학교 교육계획에 의해 진행되는 봉사 활동이나 행사 활동, 수련 활동, 체험 활동에 적극적으로 참여하여 배려심, 리더십, 의사소통 능력, 협동심 등을 보이는 것이 중요합니다.
- 경제학, 심리학, 철학, 사회학, 정치학 등 폭넓은 분야의 독서를 통해 기본적인 소양을 키웁니다.
- 협업과 소통능력, 나눔과 배려, 성실성과 규칙준수, 창의성 등 자신의 강점이 학교생활기록부 행동특성 및 종합의견에 기록될 수 있도록 학교생활에 성실하게 임할 것을 권장합니다.

43

금융보험학과

학과소개

20세기가 제조업의 시대였다면 21세기는 금융과 정보 통신의 시대라고 해도 과언이 아닙니다. 2007년 글로벌 금융 위기의 사례에서 볼 수 있듯이 21세기 경제 체제에서 차지하는 금융 산업의 역할과 영향력은 매우 큽니다.

금융보험학과는 이와 같은 시대적 소명에 부응하여 창의적이고 적극적인 금융 보험인, 국제적 소양을 갖춘 금융 보험인 양성을 교육 목표로 합니다. 이론과 실무 능력을 겸비할 수 있으며 전 문화 시대에 필요한 자격증을 취득할 수 있는 다양한 과목들이 교육 과정으로 개설되어 있습니다. 돈과 관련된 상품·서비스에 대해 배우는 '금융', 기업 및 기관의 재무 상태 분석 및 자산 관리, 예산과 연관된 '회계', 개인이나 기업 및 기관이 내는 세금과 관련된 '세무' 등의 분야를 포함하는 금융보험학과에서는 돈과 관련된 정보 산출 방법, 관리 방법 등을 단계적으로 교육함으로써 미래 금융 산업 발전에 기여할 전문 인력을 양성하고자 합니다.

개설대학

• 목원대학교 등

진출직업

• 보험계리사
• 세무사
• 은행원
• 증권중개인
• 손해사정사
• 자산관리사
• 보험중개사 등

관련학과

• 부동산금융보험학과
• 금융경제학과
• 금융학부
• 금융학과
• 금융투자학과
• 금융세무학부
• 금융경영학과
• 경제금융학부
• 경제금융학과
• IT금융경영학과
• 국제금융학과
• 세무회계금융학과
• 경영학부(글로벌금융전공) 등

취득가능 자격증

• 국제금융역(CIFS)
• 보험계리사
• 보험중개사
• 세무사
• 세무회계
• 손해사정사
• 신용관리사
• 신용분석사
• 신용위험분석사(CRA)
• 여신심사역
• 외환전문역
• 자산관리사(FP)
• 재경관리사
• 전산세무회계
• 전산회계운용사
• 회계관리 등

진출분야

기업체	일반 기업체, 은행, 증권사, 자산 운용사, 종합 금융사, 보험 회사, 카드 회사, 컨설팅 회사, 무역 회사, 회계 법인, 노무 법인, 리서치 회사, 신문사, 잡지사, 방송국 등
정부 및 공공 기관	중앙 정부 및 지방 자치 단체, 금융·무역·수출입 관련 공공 기관, 생명보험협회, 손해보험협회, 화재보험협회, 우체국예금/보험, 보험개발원, 금융감독원, 한국무역보험공사, 국민연금공단 등
연구 기관	경영·경제 관련 국가·민간 연구소, 사회 과학 관련 국가·민간 연구소 등

학과 주요 교과목

기초 과목	회계원리, 보험학원론, 경제학개론, 리스크관리론, 위험관리와 보험, 보험계약론, 금융학원론, 생명보험론, 손해보험론, 자동차보험실무, 보험금융과 통계, 보험감독론, 재무관리론, 제3보험론, 기초비즈니스기술, 국제경제의 이해, 마케팅의 이해 등
심화 과목	손해사정실무, 투자론, 보험재무론, 보험경제학, 재무분석, 보험수리, 개인재무설계, 기관투자론, 금융기관론, 사회보험론, 책임보험론, 기업위험관리의 이해, 보험특론, 선물시장론, 보험경영론, 보험영어, 은행경영론, 금융위험관리론, 화폐금융론, 자본시장론, 국제외환금융론, 연금론 등

학과 인재상 및 갖추어야 할 자질

• 비즈니스 실무 역량을 보유한 글로벌 지역 전문가가 꿈인 학생
• 경제 질서와 경제 상황에 대한 이해와 분석을 바탕으로, 국가와 사회 발전에 이바지하고 싶은 학생
• 재테크에 관심이 있고, 여러 수치 정보를 정확히 처리할 수 있는 꼼꼼한 성격을 가진 학생
• 여러 금융 상품에 대한 광고, 홍보물을 유심히 보고 호기심을 느낀 학생
• 국가와 사회 발전의 원동력이 되는 창조적인 정신으로 행동하는 학생
• 금융 시장을 선도할 수 있는 핵심 역량을 갖춘 학생

캠퍼스멘토 | **학과바이블**

인문계열
사회계열
자연계열
공학계열
의약계열
예체능계열
교육계열
계약학과 & 특성화학과

학과 관련 선택 과목

※ 국어, 영어 교과는 모든 학문의 기초적인 성격을 가진 도구교과로 모든 학과에 이수가 필요하여 생략함.

공통 과목		공통국어1,2, 공통수학1,2, 공통영어1,2, 한국사1,2, 통합사회1,2, 통합과학1,2, 과학탐구실험1,2
수능 필수		화법과 언어, 독서와 작문, 문학, 대수, 미적분Ⅰ, 확률과 통계, 영어Ⅰ, 영어Ⅱ, 한국사, 통합사회, 통합과학, 성공적인 직업생활(직업)
일반 선택	수학, 사회, 과학	대수, 미적분Ⅰ, 확률과 통계, 사회와 문화, 현대사회와 윤리
	체육·예술	
	기술·가정/정보	정보
	제2외국어/한문	
	교양	
진로 선택	수학, 사회, 과학	미적분Ⅱ, 경제 수학, 경제, 국제 관계의 이해
	체육·예술	
	기술·가정/정보	데이터 과학
	제2외국어/한문	
	교양	
융합 선택	수학, 사회, 과학	실용 통계, 수학과제 탐구, 사회문제 탐구, 금융과 경제생활, 기후변화와 지속가능한 세계
	체육·예술	
	기술·가정/정보	지식 재산 일반, 생애 설계와 자립
	제2외국어/한문	
	교양	인간과 경제활동

추천 도서 목록

- 더 그레이트 비트코인, 오태민, 거인의정원
- 경제금융용어 700선, 한국은행, 한국은행
- 채권 투자 무작정 따라하기, 서준식 외, 길벗
- 비트코인, 그리고 달러의 지정학, 오태민, 거인의정원
- 금융시장의 기술적 분석, 존 J. 머피, 국일증권경제연구소
- 비트코인의 미래, 김창익, 클라우드나인
- 인문학으로 읽는 금융화폐 자본주의, 김원동, 지식공감
- 돈은 빅테크로 흐른다, 애덤 시셀(Adam Seessel), 액티브
- 화폐와 금융, Frederic S. Mishkin, 퍼스트북
- 나는 주식 대신 달러를 산다, 박성현, 알에이치코리아
- 세상 친절한 금리수업, 조경엽 외, 미래의창
- 화폐전쟁, 쑹훙빙, 알에이치코리아
- 하버드 경영대학원 교수의 금융 수업, 미히르 데사이, 길벗
- 금융과 생활, 김상봉 외, 지필미디어

- 보험, 아는 만큼 요긴하다, 전혜영, 시그니처
- 따뜻한 보험, 김창기, 금융보험연구소
- 보험, 금융을 디자인하다, 류근옥 저자, 교보문고
- 나는 달러로 경제를 읽는다, 백석현, 위너스북
- 돈은 어떻게 움직이는가?, 임경 외, 생각비행
- 최후의 보루, 외화자산이 미래다, 양석준, 삶과지식
- 새로운 시선의 금융과 재테크, 최윤곤, 행복에너지
- 글로벌 금융 키워드, 김신회, 갈라북스
- 10대를 위한 워런 버핏 경제 수업, 안석훈 외, 넥스트씨
- 금융상식사전, 정병철, 길벗
- 금융과 윤리, 신상균, 바른북스
- 국제금융의 이해, 장홍범, 한국금융연수원
- 종이화폐에서 탈출하라, 서대호, 반니

학교생활 TIPS

- 금융보험학과와 관련이 깊은 영어, 수학, 사회·문화, 경제, 제2외국어 교과의 우수한 학업 성취를 올릴 수 있도록 하고, 각 수업 활동에 적극적으로 참여하여 학업 역량, 문제 해결 능력, 탐구력 등이 학교생활기록부 교과 세부능력 및 특기사항에 기록될 수 있도록 합니다.
- 전공과 관련 있는 다양한 진로 활동(보험 회사 탐방, 학과 탐방, 보험계리사 인터뷰 등)에 참여하여 새롭게 알게 된 사실이나 느낀 점을 중심으로 자신의 진로 역량을 키우도록 합니다.
- 독서 토론, 시사 탐구, 금융 연구, 영어 회화, 경제 탐구등의 교내 동아리에서 전공과 관련된 내용을 조사·발표하는 등 주도적인 활동을 하고 의미 있는 역할을 했음을 드러냅니다.

- 학급이나 학생회의 임원 활동, 멘토-멘티 활동, 돌봄 활동, 학습 도우미 활동, 자선 봉사 활동 등과 같은 학교 교육계획에 의해 진행되는 봉사 활동이나 행사 활동, 수련 활동, 체험 활동에 적극적으로 참여하여 배려심, 리더십, 의사소통 능력, 협동심 등을 보이는 것이 중요합니다.
- 경제학, 심리학, 철학, 사회학, 정치학 등 폭넓은 분야의 독서를 통해 기본적인 소양을 키웁니다.
- 협업과 소통능력, 나눔과 배려, 성실성과 규칙준수, 창의성 등 자신의 강점이 학교생활기록부 행동특성 및 종합의견에 기록될 수 있도록 학교생활에 성실하게 임할 것을 권장합니다.

44

금융학과

학과소개

오늘날 금융 산업은 정보 기술 혁명, 금융 시장의 발전과 자본시장의 개방에 힘입어 고부가 가치를 창출하는 역동적인 산업으로서 그 중요성과 역할이 날로 커지고 있습니다. 이에 발맞춰 금융 기관과 기업들은 새로운 금융 환경에 맞는 전문 금융인을 필요로 하고 있습니다.

금융학과에서는 금융 전반에 대한 기초적인 이해를 바탕으로 글로벌 경쟁 시대의 금융 전문가에게 필요한 심층 금융 전문 지식 및 통합 능력을 함양합니다. 지식 습득을 통해 금융 환경의 변화에 대응할 수 있는 창조적이고 전략적인 마인드는 물론, 우리나라 금융 시장을 선도할 수 있는 핵심 역량을 갖춘 종합적인 금융 전문가 육성을 비전으로 삼고 있습니다. 이를 위해 경제 전반에 관한 이론뿐 아니라 주식, 채권, 외환 등의 현물 금융 시장과 선물, 옵션, 스왑 등의 파생 금융 상품에 대한 선진 금융 기법과 투자 및 위험 관리 이론, 그밖에 부동산과 보험 분야에 대해서도 학습합니다. 금융학과 졸업생들은 경쟁력 있는 전문 금융인으로 양성되어 은행, 보험 회사, 증권 및 선물 회사, 자산 운용사 등의 금융 업종회사와 일반 기업 및 공기업 등에 취업함으로써 한국 금융 산업을 선도하고자 합니다.

📖 개설대학

- 동아대학교 등

📑 진출직업

- 보험계리사
- 세무사
- 은행원
- 증권중개인
- 손해사정사
- 자산관리사
- 보험중개사 등

🎓 관련학과

- 경제금융학과
- 국제금융학과
- 글로벌금융학과
- 창업경영금융학과
- IT금융학과
- 세무회계금융학과 등

🔖 취득가능 자격증

- 재무위험관리사(FRM)
- 증권분석사(CIA)
- 투자자산운용사
- 금융투자분석사
- 공인회계사
- 국제금융역(CIFS)
- 보험계리사
- 보험중개사
- 세무사
- 세무회계
- 관세사
- 손해사정사
- 신용관리사
- 신용분석사
- 신용위험분석사(CRA)
- 여신심사역
- 외환전문역
- 자산관리사(FP)
- 재경관리사
- 전산세무회계
- 전산회계운용사
- 회계관리 등

진출분야

기업체	은행, 증권 회사, 보험 회사, 부동산 관련 회사, 선물회사, 투자신탁 및 자산 운용 회사, 금융 기관, 일반기업체의 금융 자산관리팀, 무역 회사, 유통 업체, 외환 딜러, 금융 컨설턴트 등
정부 및 공공 기관	중앙 정부 및 지방 자치 단체, 금융·무역·수출입 관련 공공 기관, 생명보험협회, 손해보험협회, 신용보증기금, 금융감독원, 한국산업인력공단, 한국무역보험공사, 국민연금공단 등
연구 기관	경영, 경제, 금융 관련 국가·민간 연구소 등

📋 학과 주요 교과목

기초 과목	금융수학입문, 미시경제원론, 거시경제원론, 경영학원론, 금융통계학, 증권투자론, 금융거래법, 미시경제학, 재무회계원리, 거시경제학, 부동산학개론, 보험학개론, 원가관리회계, 재무관리, 금융기관경영론, 경영분석론, 기업재무론 등
심화 과목	선물이론과 실무, 금융경제학, 자산관리개론, 옵션스왑이론과 실무, 금융공학, 부동산경제학, 금융정책, 금융데이터분석, 매크로마케팅, 위험관리이론과실무, 투자실무(캡스톤디자인), 재무세미나, 부동산법, 부동산학세미나, 금융실무영어, 자본시장법, 글로벌금융론 등

🌱 학과 인재상 및 갖추어야 할 자질

- 매사에 창의적이고 적극적인 학생
- 경제 질서와 경제 상황에 대해 분석하는 것을 좋아하는 학생
- 수학에 흥미가 많고 수치를 정확하게 처리할 수 있는 능력이 있는 학생
- 국가와 사회 발전의 원동력이 되는 창조적인 정신으로 행동하는 학생
- 금융 시장을 선도할 수 있는 핵심 역량을 갖춘 학생
- 금융 환경 변화에 대응할 수 있는 전략적 마인드를 개발 및 향상하고 싶은 학생

학과 관련 선택 과목

※ 국어, 영어 교과는 모든 학문의 기초적인 성격을 가진 도구교과로 모든 학과에 이수가 필요하여 생략함.

공통 과목		공통국어1,2, 공통수학1,2, 공통영어1,2, 한국사1,2, 통합사회1,2, 통합과학1,2, 과학탐구실험1,2
수능 필수		화법과 언어, 독서와 작문, 문학, 대수, 미적분 I , 확률과 통계, 영어 I , 영어 II , 한국사, 통합사회, 통합과학, 성공적인 직업생활(직업)
일반 선택	수학, 사회, 과학	대수, 미적분 I , 확률과 통계, 사회와 문화, 현대사회와 윤리
	체육·예술	
	기술·가정/정보	정보
	제2외국어/한문	
	교양	
진로 선택	수학, 사회, 과학	미적분 II , 경제 수학, 경제, 국제 관계의 이해
	체육·예술	
	기술·가정/정보	데이터 과학
	제2외국어/한문	
	교양	
융합 선택	수학, 사회, 과학	실용 통계, 수학과제 탐구, 사회문제 탐구, 금융과 경제생활, 기후변화와 지속가능한 세계
	체육·예술	
	기술·가정/정보	지식 재산 일반, 생애 설계와 자립
	제2외국어/한문	
	교양	인간과 경제활동

추천 도서 목록

- 화폐전쟁, 쑹훙빙, 알에이치코리아
- 경제금융용어 700선, 한국은행, 한국은행
- 채권 투자 무작정 따라하기, 서준식 외, 길벗
- 미국 배당주 투자, 버핏타로, 이레미디어
- 경제금융의 이해, 김흥수, 박영사
- 비트코인의 미래, 김창익, 클라우드나인
- 인문학으로 읽는 금융화폐 자본주의, 김원동, 지식공감
- 돈은 빅테크로 흐른다, 애덤 시셀(Adam Seessel), 액티브
- 화폐와 금융, Frederic S. Mishkin, 퍼스트북
- 나는 주식 대신 달러를 산다, 박성현, 알에이치코리아
- 세상 친절한 금리수업, 조경엽 외, 미래의창
- 외환론: 이론과 실제, 이환호 외, 경문사
- 하버드 경영대학원 교수의 금융 수업, 미히르 데사이, 길벗
- 금융과 생활, 김상봉 외, 지필미디어

- 금융기관론, 강병호 외, 박영사
- 감으로 하는 투자 말고, 진짜 투자, 박원주, 넷마루
- 보험, 금융을 디자인하다, 류근옥 저자, 교보문고
- 나는 달러로 경제를 읽는다, 백석현, 위너스북
- 돈은 어떻게 움직이는가?, 임경 외, 생각비행
- 최후의 보루, 외화자산이 미래다, 양석준, 삶과지식
- 새로운 시선의 금융과 재테크, 최윤곤, 행복에너지
- 글로벌 금융 키워드, 김신회, 갈라북스
- 10대를 위한 워런 버핏 경제 수업, 안석훈 외, 넥스트씨
- 금융상식사전, 정병철, 길벗
- 금융과 윤리, 신상균, 바른북스
- 국제금융의 이해, 장홍범, 한국금융연수원
- 종이화폐에서 탈출하라, 서대호, 반니

학교생활 TIPS

- 금융학과와 관련이 깊은 영어, 수학, 경제 교과의 우수한 학업 성취를 올릴 수 있도록 하고, 각 수업 활동에 적극적으로 참여하여 학업 역량, 문제 해결 능력, 탐구력 등이 학교생활기록부 교과 세부능력 및 특기사항에 기록될 수 있도록 합니다.
- 전공과 관련 있는 다양한 진로 활동(금융감독원 탐방, 학과 탐방, 손해사 정사 인터뷰 등)에 참여하여 새롭게 알게 된 사실이나 느낀 점을 중심으로 자신의 진로 역량을 키우도록 합니다.
- 경제 연구, 시사 토론, 영어 회화, 창업, 금융 탐구 등의 교내 동아리에서 전공과 관련된 내용을 조사·발표하는 등 주도적인 활동을 하고, 의미 있는 역할을 했음을 드러냅니다.

- 학급이나 학생회의 임원 활동, 멘토-멘티 활동, 돌봄 활동, 학습 도우미 활동, 자선 봉사 활동 등과 같은 학교 교육계획에 의해 진행되는 봉사 활동이나 행사 활동, 수련활동, 체험 활동에 적극적으로 참여하여 배려심, 리더십, 의사소통 능력, 협동심 등을 보이는 것이 중요합니다.
- 수학, 경제학, 심리학, 철학, 사회학, 정치학 등 폭넓은 분야의 독서를 통해 기본적인 소양을 키웁니다.
- 협업과 소통능력, 나눔과 배려, 성실성과 규칙준수, 창의성 등 자신의 강점이 학교생활기록부 행동특성 및 종합의견에 기록될 수 있도록 학교 생활에 성실하게 임할 것을 권장합니다.

인문계열
사회계열
자연계열
공학계열
의약계열
예체능계열
교육계열
계약학과 & 특성화학과

45

기술경영학과

학과소개

기술경영학은 21세기 지식 기반 사회에서 기술과 혁신을 통해 기업 및 국가의 경쟁력 확보 방안을 다루는 새로운 학문 분야입니다.

기술경영학과에서는 경영학의 핵심 분야에 대한 폭넓은 이해를 바탕으로 기술 경영의 이슈 분석 및 방법론, 기업 및 공공 부문에 대한 응용 능력 등을 습득할 수 있습니다. 학생들이 글로벌 리더가 되기 위한 준비를 할 수 있도록 경영, 경제, 기업가정신의 종합적 지식을 전달합니다. 더불어 각종 경제적 문제를 기술 혁신과 경영 지식에 접목시켜 우리가 당면하고 있는 고용 창출, 고령화, 에너지 고갈 등의 문제를 해결하고 창업 활성화란 시대적 요구에 부응하기 위해 다양한 교육 과정을 운영하고 있습니다.

기술경영학과는 과학 기술의 빠른 발전과 산업 간 융합, 그리고 신기술의 개발과 성공적인 사업화가 국가의 성쇠를 결정하는 현재, 인간과 우리 사회가 직면한 요구를 해결하는 창의·융합형 글로벌 비즈니스 리더 양성을 교육 목표로 합니다.

개설대학

- 건국대학교 등

진출직업

- 공공연구기관 연구원
- 전자상거래디렉터
- 웹기획자
- 모바일커머스사업기획자
- 정보시스템개발자
- 콘텐츠기획 및 마케팅전문가
- 창업가 등

관련학과

- 경영학부(IT경영전공)
- 경영학부(데이터사이언스경영전공)
- 경영정보학과
- 경영빅데이터학과 등

취득가능 자격증

- 모바일앱개발전문가
- 인터넷정보관리사
- 전자상거래관리사
- 정보처리기사
- 정보처리산업기사
- 데이터분석전문가
- 마케팅조사분석사
- 검색광고마케터
- 유통관리사 등

진출분야

기업체	국내외 기업의 기술 경영, 기술 기획, 기술 전략, 기술 마케팅 부서, 정보 시스템 개발 업체, 인터넷 포털업체, 콘텐츠 제작 업체, 유·무선 통신 업체, 출판 및 이러닝 업체 등
정부 및 공공 기관	정부 부처, 지방 자치 단체, 정부 및 지자체 산하 기관의 기술 경영, 기술 기획, 기술 전략, 기술 마케팅부서 등
연구 기관	기술 경영 관련 국가·민간 연구소 등

학과 주요 교과목

기초 과목	기술과 경영, 경영통계학, 회계원리, 경제원론, 기술경영론, 마케팅, 중급회계1, 미시경영조직론, 기술경영과 리더십, 기술트렌드분석과 예측, 기술혁신과 경제, 창업과 기업가정신, R&D 관리, 기술경영시장조사론, 기술의 특성과 융합 등
심화 과목	창업벤처기술경영, 재무관리, 비즈니스윤리, 전략경영론, 기술전략, 신제품디자인경영, 창의성과 혁신, 기술과 산업발전, 정보통신기술과 경영, 창업실무 및 3D프린팅실습, 기술사업화전략, 컨버전스마케팅전략, 고객분석과 데이터관리, 시장보고서 작성, 기술표준경영, 문화컨텐츠기술과 경영, 스페셜토픽스 인 비즈니스, 혁신경영, 기술혁신경영실무세미나 등

학과 인재상 및 갖추어야 할 자질

- 평소에 경영과 경제 등 세상 돌아가는 것에 관심이 많은 학생
- 공학, 과학, 경영을 연계해 패러다임 전환을 선도하고 싶은 학생
- 미래 기술 및 사회 예측을 기반으로 전략적 기회를 포착해 경제, 사회의 발전을 주도하고자 하는 학생
- 공동체를 이끌어 갈 리더십이 있고 기업가정신을 갖춘 학생
- 지역 사회에 봉사하고 지식을 공유하는 등 사회적 책임을 다하려는 태도를 지닌 학생
- 새로운 기술 개발과 글로벌 기업 환경에 대해 지속적인 관심을 지닌 학생

학과 관련 선택 과목

인문계열
사회계열
자연계열
공학계열
의약계열
예체능계열
교육계열
계약학과 & 특성화학과

※ 국어, 영어 교과는 모든 학문의 기초적인 성격을 가진 도구교과로 모든 학과에 이수가 필요하여 생략함.

공통 과목		공통국어1,2, 공통수학1,2, 공통영어1,2, 한국사1,2, 통합사회1,2, 통합과학1,2, 과학탐구실험1,2
수능 필수		화법과 언어, 독서와 작문, 문학, 대수, 미적분Ⅰ, 확률과 통계, 영어Ⅰ, 영어Ⅱ, 한국사, 통합사회, 통합과학, 성공적인 직업생활(직업)
일반 선택	수학, 사회, 과학	세계시민과 지리, 사회와 문화, 현대사회와 윤리
	체육·예술	
	기술·가정/정보	기술·가정, 정보
	제2외국어/한문	
	교양	
진로 선택	수학, 사회, 과학	경제 수학, 한국지리 탐구, 경제, 국제 관계의 이해
	체육·예술	
	기술·가정/정보	인공지능 기초, 데이터 과학
	제2외국어/한문	
	교양	
융합 선택	수학, 사회, 과학	실용 통계, 사회문제 탐구, 금융과 경제생활, 기후변화와 지속가능한 세계
	체육·예술	
	기술·가정/정보	지식 재산 일반
	제2외국어/한문	
	교양	인간과 경제활동

추천 도서 목록

- 전략적 기술경영, 정선양, 박영사
- 기술, 경영을 만나다, 홍영표 외, 에이콘출판
- 제4차 산업혁명과 기술경영, 황인극 외, 청람
- 기술경영회계, 송경모 외, 탐진
- 과학기술의 시대, 경제와 경영이 만나다!, 권명중 외, 연세대학교 대학 출판문화원
- 인간중심의 기술사업화 기술경영, 구자영 외, 박영사
- 일을 잘 맡기는 기술, 모리야 도모타카, 센시오
- 블루 스팟, 김동희, 리툴북스
- 코칭의 기술, 백광석, 다온길
- 코치되어 코칭하기, 강승천, 지공재기
- 기술혁신을 주도하는 최고기술경영자(CTO), 홍영훈, 토크쇼
- 히트 리프레시, 사티아 나델라 외, 흐름출판

- 가격 결정의 기술, 다닐로 자타, 한국물가정보
- 대기업을 이긴 한국의 스타트업, 임성준, 호우야
- 2024년 MT 갑시다, 최윤식, 지식노마드
- 마케터의 브랜드 탐색법, 이상훈, 한스미디어
- 우주도 파는 셀러의 기술, 박비주 외, 청년정신
- 돈 버는 1% 특허의 비밀, 김경래 외, 아이피비엑스(IPBX)
- 린 스타트업(10주년 기념판), 린, 한빛미디어
- 경영혁신을 위한 생성형 AI 이해와 활용, 윤상혁 외, 11%
- ESG 경영혁신 글로벌 초일류기업에서 배워라!, 최남수, 새빛
- 내 인생에 한번은 창업, 정희정, 최고북스
- 온라인 1인기업 창업의 A to Z, 최서연, 책먹는 살롱
- 나는 자본금 0원으로 창업했다, 하동균, 매일경제신문사
- 경영이라는 세계, 황승진, 다산북스

학교생활 TIPS

- 기술경영학과와 관련이 깊은 수학, 영어, 경제, 기술·가정 교과의 우수한 학업 성취를 올릴 수 있도록 하고, 각 수업 활동에 적극적으로 참여하여 학업 역량, 문제 해결 능력, 탐구력 등이 학교생활기록부 교과 세부능력 및 특기사항에 기록될 수 있도록 합니다.
- 전공과 관련 있는 다양한 진로 활동(정보 시스템 개발 업체, 학과 탐방, 콘텐츠기획자 인터뷰 등)에 참여하여 새롭게 알게 된 사실이나 느낀 점을 중심으로 자신의 진로 역량을 키우도록 합니다.
- 경제 연구, 모바일 앱 만들기, 콘텐츠 기획, 기업가정신 창업 등의 교내 동아리에서 기술 경영 분야와 관련된 내용을 조사·발표하는 등 전공 관련 활동을 주도적으로 하고 의미 있는 역할을 했음을 드러냅니다.

- 학급이나 학생회의 임원 활동, 멘토-멘티 활동, 돌봄 활동, 학습 도우미 활동, 자선 봉사 활동 등과 같은 학교 교육계획에 의해 진행되는 봉사 활동이나 행사 활동, 수련활동, 체험 활동에 적극적으로 참여하여 배려심, 리더십, 의사소통 능력, 협동심 등을 보이는 것이 중요합니다.
- 정치학, 통계학, 사회학, 인문학, 컴퓨터학, 사회학 등 폭넓은 분야의 독서를 통해 기본적인 소양을 키웁니다.
- 협업과 소통능력, 나눔과 배려, 성실성과 규칙준수, 창의성 등 자신의 강점이 학교생활기록부 행동특성 및 종합의견에 기록될 수 있도록 학교 생활에 성실하게 임할 것을 권장합니다.

학과소개

과학과 의료 기술의 발전으로 인해 인구의 고령화가 급속하게 진행되고 있습니다. 이에 따라 노인들의 삶의 질을 고려하는 의료와 복지 문제도 중요한 사회 문제로 대두되고 있습니다.

노인복지학과는 노년기에 발생하는 사회 부적응 문제, 미충족 욕구 등을 해결하기 위해 필요한 정책적 프로그램과 서비스를 개발하고 제공하는 것과 관련된 문제를 연구하는 학과입니다. 급속한 고령화로 인해 발생되는 노인들의 보건 복지 서비스 문제에 효율적으로 대응하기 위한 전문적이고도 실천적인 교육을 함으로써 노인 복지 현장 실무에 능통한 노인 복지 전문가를 양성하고자 합니다. 노인복지학과를 졸업하면 복지 시설 및 단체에서 복지 서비스를 전달하는 현장 중심의 전문가, 노인 복지 정책과 행정 현장에서 선도적 역할을 하게 될 행정 요원, 향후 성장이 유망한 고령 친화 산업 분야의 전문 요원 등으로 일할 수 있습니다.

개설대학

- 영산대학교 등

진출직업

- 건강가정사
- 공무원(사회복지직)
- 사회복지사
- 상담전문가
- 노인생활지도사
- 노인심리상담사
- 고령친화산업담당 경영자
- 복지행정가
- 노인취업상담사
- 교수 등

관련학과

- 실버스포츠복지학과
- 평생교육실버복지학과
- 실버재활학과
- 노인체육복지학과
- 실버케어복지학과 등

취득가능 자격증

- 노인안전관리사
- 노인심리상담사
- 노인체육지도사
- 레크리에이션지도사
- 사회복지사
- 정신보건사회복지사
- 요양보호사 등

학과 주요 교과목

기초 과목	노인복지론, 사회문제론, 노년학, 사회복지개론, 사회복지행정, 사회복지법제, 인간행동과 사회환경, 노인심리론, 사회복지조사론, 사회복지자료분석론, 사회복지정책, 사회복지발달사, 사회복지실천론, 요양보호개론 등
심화 과목	노인여가활동론, 지역사회복지론, 사례관리, 요양보호각론, 사회복지실천기술론, 고령친화산업론, 노인주거환경론, 장애인복지론, 치매노인케어론, 재가노인복지론, 노인요양시설현장실습, 정신보건사회복지론, 사회복지지도감독론, 가족복지론, 노인간호, 프로그램개발과 평가, 자원봉사론, 사회복지현장실습, 노후권익론, 상담이론, 노후설계와 퇴직교육, 비교노인복지론, 의료사회산업론, 노인복지세미나 등

진출분야

기업체	병원, 노인 전문 병원 및 노인 요양 시설, 노인 문화센터, 각종 복지관 등
정부 및 공공 기관	보건복지부, 국민건강보험공단, 보건소 , 한국노인인력개발원, 한국 보건복지인력개발원, 정부 및 지방 자치 단체 공무원(사회복지전담, 고령친화산업담당, 노인복지담당, 저출산고령화정책 담당), 사회복지협의체, 한국사회복지협의회, NGO, 대학교 등
연구 기관	사회복지연구소, 사회조사연구소, 사회정책연구원, 노인 복지 단체, 학계 및 연구 기관 등

학과 인재상 및 갖추어야 할 자질

- 노인 관련 문제들을 예방하고 노인 문제해결에 도움을 주고 싶은 학생
- 노인 복지, 서비스 및 정책과 관련된 지식과 기술 능력을 갖춘 학생
- 고령화 사회에 대응하여 노인 복지의 이념과 가치를 실천하고픈 학생
- 고령 친화 산업 및 노인 복지 관련 지식과 실무 능력을 갖춘 학생
- 철학과 비전을 갖고 활동하는 창조적 노인복지전문가가 꿈인 학생
- 노인의 제반 문제를 이해하고 세대 통합적 인간 사회의 구현에 기여하고픈 학생

학과 관련 선택 과목

※ 국어, 영어 교과는 모든 학문의 기초적인 성격을 가진 도구교과로 모든 학과에 이수가 필요하여 생략함.

공통 과목		공통국어1,2, 공통수학1,2, 공통영어1,2, 한국사1,2, 통합사회1,2, 통합과학1,2, 과학탐구실험1,2
수능 필수		화법과 언어, 독서와 작문, 문학, 대수, 미적분Ⅰ, 확률과 통계, 영어Ⅰ, 영어Ⅱ, 한국사, 통합사회, 통합과학, 성공적인 직업생활(직업)
일반 선택	수학, 사회, 과학	사회와 문화, 현대사회와 윤리
	체육·예술	
	기술·가정/정보	기술·가정
	제2외국어/한문	제2외국어
	교양	
진로 선택	수학, 사회, 과학	정치, 법과 사회, 경제, 윤리와 사상, 인문학과 윤리
	체육·예술	
	기술·가정/정보	
	제2외국어/한문	
	교양	인간과 철학, 논리와 사고, 인간과 심리, 보건
융합 선택	수학, 사회, 과학	사회문제 탐구, 윤리문제 탐구, 기후변화와 지속가능한 세계
	체육·예술	
	기술·가정/정보	생애 설계와 자립
	제2외국어/한문	
	교양	논술

추천 도서 목록

- 노인복지론, 김영미, 양서원
- 돌봄, 동기화, 자유, 무라세 다카오, 다다서재
- 노인상담, 오승하, 양성원
- 존엄케어를 실천하는 감동의 스토리, 한철수, 행복에너지
- 당신은 어떻게 나이 들고 있습니까?, 이데일리 편집보도국, 이데일리
- 웃음으로 치매를 예방하다, 이순자, 책과나무
- 나는 어떤 사람에게 돌봄을 받고 싶은가?, 김은옥, 책과나무
- 행복한 노인은 누구인가, 김영범 외, 동인
- 노인교육을 위한 웰빙과 웰다잉 그리고 웰에이징, 김동일 외, 동문사
- 노년기, 자기결정권, 제철웅 외, 나남
- 백세시대 건강관리, 김홍백, 형설 eLife
- 초고령사회 뉴노멀시리즈 2: 신노년의 주거, 노인복지주택, 유선종 외, 박영사
- 초고령사회 뉴노멀시리즈 1: 신노년의 삶, 웰에이징 트렌드, 유선종 외,

박영사
- 노인인지향상 통합프로그램 이론과 실제, 조은유 외, 동문사
- 고독사는 사회적 타살입니다(큰글씨책), 권종호, 산지니
- 노인케어의 이론과 실제, 김준환 외, 이가
- 우주도 파는 셀러의 기술, 박비주 외, 청년정신
- 돈 버는 1% 특허의 비밀, 김경래 외, 아이피비엑스(IPBX)
- 인간적인 죽음을 위하여, 유성이, 멘토프레스
- 연금과 노후소득보장, 이정우, 학지사
- 은퇴하고 어디서 어떻게 살까? 큰글자도서, 신동관, 이담북스
- 노인을 돌보는 법, 김리겸, 에듀컨텐츠휴피아
- 고령화시대에 노인돌봄을 위한 가족과 정부의 역할분담, 이영욱, 한국 개발연구원
- 단절 이후의 삶 노년이야기, 박경숙 외, 다산출판사
- 흐르지 않는 시간을 찾아서, 오정숙, 아마디아

학교생활 TIPS

- 노인복지학과와 관련이 깊은 국어, 윤리와 사상, 생명과학 교과의 우수한 학업 성취를 올릴 수 있도록 하고, 각 수업 활동에 적극적으로 참여하여 학업 역량, 문제 해결 능력, 탐구심 등이 학교생활기록부 교과 세부능력 및 특기사항에 기록될 수 있도록 합니다.
- 전공과 관련 있는 다양한 진로 활동(노인 요양 시설, 학과 탐방, 사회복지사 인터뷰 등)에 참여하여 새롭게 알게 된 사실이나 느낀 점을 중심으로 자신의 진로 역량을 키우도록 합니다.
- 노인 문제 연구, 복지 정책 탐구, 시사 토론, 독서, 사회 봉사 등의 교내 동아리에서 노인 복지와 관련된 내용을 조사·발표하는 등 전공 관련 활동을 주도적으로 하고, 의미 있는 역할을 했음을 드러냅니다.

- 학급이나 학생회의 임원 활동, 멘토-멘티 활동, 돌봄 활동, 학습 도우미 활동, 자선 봉사 활동 등과 같은 학교 교육계획에 의해 진행되는 봉사 활동이나 행사 활동, 수련활동, 체험 활동에 적극적으로 참여하여 배려심, 리더십, 의사소통 능력, 협동심 등을 보이는 것이 중요합니다.
- 사회복지학, 심리학, 철학, 사회학, 정치학 등 폭넓은 분야의 독서를 통해 기본적인 소양을 키웁니다.
- 협업과 소통능력, 나눔과 배려, 성실성과 규칙준수, 창의성 등 자신의 강점이 학교생활기록부 행동특성 및 종합의견에 기록될 수 있도록 학교 생활에 성실하게 임할 것을 권장합니다.

47 농업경제학과

학과소개

농업경제학은 농업 현상을 대상으로 한다는 점에서 비농업 현상을 대상으로 하는 일반경제학과 차이가 있는 한편, 사회 현상을 대상으로 한다는 점에서 자연 현상을 대상으로 하는 농학(農學)과도 차이가 있습니다. 즉, 농업경제학의 학문적 대상은 '농업의 사회 현상'이라고 할 수 있으며, 따라서 농업은 농업경제학이 다루는 학문의 터전이자 요체(要諦)입니다. 농업경제학은 농업과 관련하여 발생하는 여러 경제 현상을 연구하여 농업의 발전과 경제의 관련성을 고찰하는 학문입니다.

농업경제학과에서는 농업 경제의 이론 체계를 바탕으로 농업과 그 연관 산업의 경영·경제적 합리적 의사 결정과 연구 능력을 배양합니다. 또한 농업 경제 및 정책적 측면에서의 정확한 판단과 문제 해결 능력 함양에 힘쓰고 있으며, 농민 단체와 농업 금융에 대한 전문 지식을 함양하여 농업인 복지와 정책 개발에도 힘쓰도록 하고 있습니다. 농업경제학과는 농업 경영의 경영 방식과 리스크 관리, 농산물 유통 과정의 문제점 해결 및 효율성을 극대화하기 위한 방안, 농촌의 자원을 활용한 농촌 관광, 농업인들의 복지증진과 국민들의 식량 안전, 더 넓게는 지구촌 에너지 절감 등을 활발히 연구하고 있는 학과입니다. 또한 환경 자원을 어떤 방식으로 개발하고 관리할지를 경제학의 원리에 근거하여 분석하고, 기후 변화에 능동적으로 대처할 수 있는 방안도 연구합니다.

개설대학

- 전남대학교
- 충남대학교
- 충북대학교 등

관련학과

- 농경제사회학부
- 원예·농업자원경제학부 등

진출직업

- 경제학연구원
- 농업경제학자
- 농업기술자
- 대학 교수
- 농업관련 공무원
- 농업관련 연구원
- 농업교육 및 행정공무원 등

취득가능 자격증

- 농수산품질관리사
- 투자상담사
- 전산세무회계
- 금융자산관리사
- 농업관련기사(종자기사, 유기농업 기사, 시설원예기사, 화훼장식기사)
- 식물보호기사
- 축산기사
- 토양환경기사
- 자연생태복원기사
- 경영지도사
- 물류관리사
- 유통관리사
- 세무사 등

진출분야

기업체	금융 기관, 전자 회사, 유통 회사, 제약 회사, 식품 회사, 농약 관련 회사, 비료 관련 회사, 종묘 회사, 벤처기업, 증권 회사, 컨설팅 회사, 항공사, 농업 관련 국제기구(WTO, FAO) 등
정부 및 공공 기관	농촌진흥청, 행정직 공무원, 한국농어촌공사, 한국농수산식품유통공사, 각 지역 농수산물도매시장, 농림축산식품부, 환경부, 통계청, 국토교통부 등
연구 기관	국립농업과학원, 농업생명공학원, 각 시도 농업기술원, 한국농촌경제연구원, 환경정책·평가연구원 등

학과 주요 교과목

기초 과목	농업경제학, 생산경제학, 경제수학, 해외농업개발원조론, 농업회계학, 농식품산업경제학, 미시경제학, 거시경제학, 농업경영학, 농업경제통계, 농업협동론, 개량경제학, 농식품유통론, 농식품정보경제학, 환경경제학, 농업공공경제학 등
심화 과목	농식품정책학, 농식품가격론, 자원경제학, 농식품경영정보관리론, 농업경제연구방법론, 농장경영계획학, 협동조합론, 농업금융론, 농업농촌발전론, 농촌복지론, 농식품기술경영학, 농산물선물시장론, 농업과 교재연구 및 지도법, 농업과 논리 및 논술, 인턴십, 농식품산업경영전략론, 농촌관광경영론, 농산물무역론 등

학과 인재상 및 갖추어야 할 자질

- 평소 농업에 관심이 많은 학생
- 숫자 및 화폐의 계산이 정확한 학생
- 논리적이며 인과 관계 분석에 흥미가 있는 학생
- 식품 산업에 관심이 있고 식품 산업 발전을 선도하는데 앞장서고 싶은 학생
- 각종 경제 지표들을 읽고 분석하는 능력을 키우고자 하는 학생
- 기초 지식, 전문성, 인성을 토대로 실무 능력을 갖춘 농업 경제 학도가 꿈인 학생

인문계열

사회계열

자연계열

공학계열

의약계열

예체능계열

교육계열

계약학과 & 특성화학과

학과 관련 선택 과목

※ 국어, 영어 교과는 모든 학문의 기초적인 성격을 가진 도구교과로 모든 학과에 이수가 필요하여 생략함.

공통 과목		공통국어1,2, 공통수학1,2, 공통영어1,2, 한국사1,2, 통합사회1,2, 통합과학1,2, 과학탐구실험1,2
수능 필수		화법과 언어, 독서와 작문, 문학, 대수, 미적분 I, 확률과 통계, 영어 I, 영어 II, 한국사, 통합사회, 통합과학, 성공적인 직업생활(직업)
일반 선택	수학, 사회, 과학	대수, 미적분 I, 확률과 통계, 사회와 문화, 생명과학
	체육·예술	
	기술·가정/정보	기술·가정, 정보
	제2외국어/한문	
	교양	생태와 환경
진로 선택	수학, 사회, 과학	한국지리 탐구, 경제, 인문학과 윤리, 생물의 유전
	체육·예술	
	기술·가정/정보	데이터 과학
	제2외국어/한문	
	교양	인간과 심리
융합 선택	수학, 사회, 과학	실용 통계, 수학과제 탐구, 사회문제 탐구, 금융과 경제생활, 기후변화와 환경생태
	체육·예술	
	기술·가정/정보	지식 재산 일반
	제2외국어/한문	
	교양	인간과 경제활동

추천 도서 목록

- 농업을 살려야 나라가 산다, 이상득, 책과나무
- 도시농업전문가 양성을 위한 도시농업 길라잡이, 한국도시농업연구회, 부민문화사
- 농업의 미래, 성형주, 동아일보사
- 농업아틀라스, 하인리히 뵐 재단, 작은것이아름답다
- 미래를 바꾸는 탄소 농업, 허북구, 중앙생활사
- 전쟁과 농업, 후지하라 다쓰시, 따비
- 시골의 재발견 치유 농업, 김정환 외, 매일경제신문사
- 농업, 트렌드가 되다(MK 에디션), 민승규 외, 매일경제신문사
- 동물 소재 치유농업, 김옥진 외, 형설EMJ(형설이라이프)
- 스마트 농업혁명, 정환묵, 리빙북스
- 카롤링 경제, 아드리안 페르휠스트, 회화나무
- 모두를 위한 녹색정치, 김인건, 열매하나

- 농업경영마케팅, 농촌진흥청, 진한엠앤비
- HMI를 활용한 스마트팜, 스마트 팩토리 DIY, 변정한 외, 생각나눔
- 인류 최후의 블루오션 팜 비즈니스, 류창완, 쌤앤파커스
- 음악에서 경제를 듣다, 심승진, 교학사
- 6차산업마케팅 6차산업으로 성공하기, 김봉수, 한경사
- 10대를 위한 워런 버핏 경제 수업, 안석훈 외, 넥스트씨
- 청소년을 위한 경제의 역사, 니콜라우스 피퍼, 비룡소
- 청소년을 위한 돈이 되는 경제 교과서, 신동국, 처음북스
- 경제를 일으킨 결정적 질문, 박정현, 다른
- 타임라인 경제교실, 태지원, 동녘
- 왜 부자만 더 부유해질까, 해들리 다이어 외, 아울북
- AI와 살아가기 위한 기초 지식, 타비타 골드스타우브, 해나무
- 중고등학생을 위한 경제용어 365, 스노우볼, 새로운제안

학교생활 TIPS

- 농업경제학과와 관련이 깊은 수학, 영어, 경제, 사회·문화, 생명과학 교과의 우수한 학업 성취를 올릴 수 있도록하고, 각 수업 활동에 적극적으로 참여하여 학업 역량, 문제 해결 능력, 탐구력 등이 학교생활기록부 교과 세부능력 및 특기사항에 기록될 수 있도록 합니다.
- 전공과 관련 있는 다양한 진로 활동(농촌진흥청 탐방, 학과 탐방, 농업 기술자 인터뷰 등)에 참여하여 새롭게 알게 된 사실이나 느낀 점을 중심으로 자신의 진로 역량을 키우도록 합니다.
- 시사 토론, 독서, 농업 연구, 경제 교육, 국제 이해 탐구 등의 교내 동아리에서 경제와 관련된 내용을 조사·발표 하는 등 전공 관련 활동을 주도적으로 하고, 의미 있는 역할을 했음을 드러냅니다.

- 학급이나 학생회의 임원 활동, 돌봄 활동, 학습 도우미 활동, 환경 정화 봉사 활동(청소, 분리수거 등) 등과 같은 학교 교육계획에 의해 진행되는 봉사 활동이나 행사활동, 수련 활동, 체험 활동에 적극적으로 참여하여 배려심, 리더십, 의사소통 능력, 협동심 등을 보이는 것이 중요합니다.
- 사회복지학, 심리학, 철학, 사회학, 경제학, 생물학 등 폭 넓은 분야의 독서를 통해 기본적인 소양을 기웁니다.
- 협업과 소통능력, 나눔과 배려, 성실성과 규칙준수, 창의성 등 자신의 강점이 학교생활기록부 행동특성 및 종합의견에 기록될 수 있도록 학교 생활에 성실하게 임할 것을 권장합니다.

48 도시계획부동산학과

사회계열
SOCIAL SCIENCE

학과소개

우리나라 전체 인구 중 도시 거주 인구 비율은 1960년대에 39%에 불과하던 것이 근래에는 90%를 육박할 정도로 급속히 증가하고 있으며, 이러한 도시화 경향은 앞으로 지속될 것으로 예상되고 있습니다. 이와 더불어 4차 산업혁명과 국제화라는 세계적 추세 속에서 도시는 다양한 문제에 직면하고 있는 것이 현실이며, 이에 대처할 수 있는 전문인에 대한 수요 또한 날로 급증하고 있습니다.

도시계획부동산학과는 이러한 사회적 수요에 부응하여 도시에서 발생하는 토지, 주택, 산업, 경제, 환경, 교통, 부동산 등의 다양한 문제를 해결하기 위해 공공 분야와 민간 분야 등에서 전문성을 바탕으로 활발한 활동을 펼쳐나가는 훌륭한 인재를 양성하는데 주력하고 있습니다. 또한 도시 계획과 부동산학을 병행하는 커리큘럼 속에서 현대 도시의 제반 문제를 해결하기 위한 관련 이론 및 이론의 현실적 응용에 관한 내용을 학습합니다. 도시계획부동산학과는 도시계획 분야의 전문가, 부동산 분야의 전문적인 능력과 소양을 갖춘 전문가의 양성을 교육 목표로 하는 학과입니다.

개설대학

- 중앙대학교
- 평택대학교 등

진출직업

- 도시정책관련전문가
- 부동산/금융 전문가
- 국토연구원
- 도시계획설계전문가
- 교통설계전문가
- 자산관리사
- 감정평가사
- 공인중개사
- 주택관리사
- 도시관련IT전문가
- 도시재생전문가
- 정책분석평가사
- 사회조사분석사 등

관련학과

- 도시계획·부동산학과
- 도시계획·조경학부
- 도시계획학과
- 부동산학과
- 국제도시부동산학과
- 도시계획및조경학부 등

취득가능 자격증

- 측량 및 지형공간 정보기사
- 도시계획기사
- 지적기사
- 투자자산운용사
- 감정평가사
- 공인회계사
- 세무사
- 국제공인가치평가사
- 재무위험관리사
- 국제재무설계사
- 자산관리사
- 주택관리사(보)
- 공인중개사
- 매경부동산자산관리사
- 빌딩경영관리사 등

진출분야

기업체	건설 및 설계 관련 기업, 부동산 금융 및 펀드 관련회사, 지리정보시스템 개발 업체, 시공 및 감리 업체, 부동산 시행사, 부동산 컨설팅 회사 등
정부 및 공공 기관	국토교통부 등 중앙 정부, 지방 자치 단체의 공무원, 한국도로공사, 한국토지주택공사, 각 지역 도시개발공사, 서울주택도시공사, 주택도시보증공사, 한국수자원공사 등
연구 기관	국토연구원, 토지주택연구원, 한국교통연구원, 한국산업관계연구원 등

학과 주요 교과목

기초 과목	경제원론, 도시학개론, 부동산원론, 통계학, 국토도시계획론, 토지이용계획론, 도시경제론, 계량분석론, 계획이론, 도시빅데이터분석, GIS개론, 조사방법론, 부동산시장분석론, 도시계획분석론, 부동산경제론, 부동산기술 및 지적 등
심화 과목	부동산금융론, 부동산개발론, 부동산공법, 환경정책론, 주택정책론, 입지 및 상권분석론, 감정평가론, 지속가능도시론, 교통정책론, 부동산가치분석론, 감정평가실무, 부동산투자론, 부동산자산관리론, 도시관리론, 도시재정비론, 부동산실무특론, 토지정책론

학과 인재상 및 갖추어야 할 자질

- 다양한 분야에 호기심이 있는 학생
- 생활 공간과 관련한 문제에 관심이 많은 학생
- 공간 지각 능력을 토대로 무언가를 설계하고 만드는 것을 좋아하는 학생
- 문제에 대한 전략적 사고 방식, 창의적인 디자인 감각을 지닌 학생
- 땅 위에서 일어나는 사회 전반적인 모든 일들에 대해 폭넓게 공부하는 학생
- 다양한 사회 및 도시의 이슈에 관심이 많은 학생

학과 관련 선택 과목

※ 국어, 영어 교과는 모든 학문의 기초적인 성격을 가진 도구교과로 모든 학과에 이수가 필요하여 생략함.

공통 과목		공통국어1,2, 공통수학1,2, 공통영어1,2, 한국사1,2, 통합사회1,2, 통합과학1,2, 과학탐구실험1,2
수능 필수		화법과 언어, 독서와 작문, 문학, 대수, 미적분 I, 확률과 통계, 영어 I, 영어 II, 한국사, 통합사회, 통합과학, 성공적인 직업생활(직업)
일반 선택	수학, 사회, 과학	세계시민과 지리, 세계사, 사회와 문화, 현대사회와 윤리
	체육·예술	
	기술·가정/정보	정보
	제2외국어/한문	
	교양	생태와 환경
진로 선택	수학, 사회, 과학	경제 수학, 한국지리 탐구, 도시의 미래 탐구, 경제, 법과 사회
	체육·예술	
	기술·가정/정보	생활과학 탐구, 데이터 과학
	제2외국어/한문	
	교양	인간과 심리
융합 선택	수학, 사회, 과학	여행지리, 사회문제 탐구, 기후변화와 지속가능한 세계, 기후변화와 환경생태
	체육·예술	
	기술·가정/정보	창의 공학 설계
	제2외국어/한문	
	교양	인간과 경제활동

추천 도서 목록

- 전문가가 소개하는 도시분야 진로탐색, 한국도시설계학회, 스파이더네트웍스
- 도시를 만드는 기술 이야기, 레이디 힐하우스, 한빛미디어
- 공공디자인이즘, 이석현 외, 미세움
- 행복해지려면 도시를 바꿔라, 강양석 외, 미세움
- 도시 모빌리티와 도덕성, 셰인 엡팅, 앨피
- 메가프로젝트 매니지먼트, 벤트 플루브비에르, 고려대학교출판문화원
- 도시독법, 로버트 파우저, 혜화1117
- 도시의 맛, 정희섭, 에이엠스토리
- 한국 도시의 위기와 도전, 김상조 외, 국토연구원
- 무질서의 디자인, 리처드 세넷 외, 현실문화
- 공원의 위로, 배정한, 김영사
- 도시계획 이론과 실제, 한국도시계획가협회, 기문당

- 정의로운 도시를 꿈꾸며, 윤현석, 한울아카데미
- 책부동산 시장을 움직이는 절대 트렌드 7, 권화순, 메이트북스
- 도시조명 다르게 보기, 백지혜, 아트로드
- 물어보기 부끄러워 묻지 못한 부동산 상식, 이찬종 외, 새로운제안
- 감각서울: 서울의 매력, 한강, 서울특별시, 서울특별시
- 도시수업 탄소중립도시, 김정곤 외, BetaLab(베타랩)
- 부동산 상식사전, 백영록, 길벗
- 부동산 트렌드 2024, 김경민, 와이즈맵
- 부동산을 공부할 결심, 배문성, 어바웃어북
- 부동산 자산운용사에서는 이런 일을 합니다, 윤형환 외, 나비의활주로
- 도심과 자연이 하나가 될 때, 김진영, 북랩
- 못생긴 서울을 걷는다, 허남설, 글항아리
- 시티도슨트, 강우원, 좋은땅

학교생활 TIPS

- 도시계획부동산학과와 관련이 깊은 영어, 지리, 사회·문화, 경제 교과의 우수한 학업 성취를 올릴 수 있도록 하고, 각 수업 활동에 적극적으로 참여하여 학업 역량, 문제 해결 능력, 탐구력 등이 학교생활기록부 교과 세부능력 및 특기사항에 기록될 수 있도록 합니다.
- 전공과 관련 있는 다양한 진로 활동(한국토지주택공사, 학과 탐방, 공인 중개사 인터뷰 등)에 참여하여 새롭게 알게 된 사실이나 느낀 점을 중심으로 자신의 진로 역량을 키우도록 합니다.
- 도시 연구, 독서 토론, 시사 탐구, 지리 탐구, 부동산 연구 등의 교내 동아리에서 공유 경제와 주택, 환경, 교통, 부동산과 관련된 내용을 조사·발표하는 등 전공 관련 활동을 주도적으로 하고, 의미 있는 역할을

했음을 드러냅니다.
- 학급이나 학생회의 임원 활동, 멘토-멘티 활동, 돌봄 활동, 학습 도우미 활동, 자선 봉사 활동 등과 같은 학교 교육계획에 의해 진행되는 봉사 활동이나 행사 활동, 수련 활동, 체험 활동에 적극적으로 참여하여 배려심, 리더십, 의사소통 능력, 협동심 등을 보이는 것이 중요합니다.
- 인문학, 경제학, 정치학, 경영학, 철학, 사회학, 지리학 등 다양한 분야의 지식을 습득하고, 융합적 사고를 기르는 독서를 권장합니다.
- 협업과 소통능력, 나눔과 배려, 성실성과 규칙준수, 창의성 등 자신의 강점이 학교생활기록부 행동특성 및 종합의견에 기록될 수 있도록 학교생활에 성실하게 임할 것을 권장합니다.

49

도시행정학과

학과소개

도시행정학은 세계화, 도시화, 지방화 시대를 맞이하여 전 세계적으로 진행되고 있는 지속적인 도시화로 인해 나타나는 복잡한 도시 문제를 종합적·체계적으로 해결하고자 하는 학문입니다. 각종 사회 현상 및 공공 서비스, 지역 경제 및 주택, 교통, 환경 등 도시화에 따라 나타나는 다양한 문제에 대한 정확한 이해를 위한 이론적 연구를 바탕으로 도시 관리를 위한 행정 기술과 발전적인 정책 대안을 제시하는 '실천적이고 종합적인 사회 과학'이라고 할 수 있습니다.

도시행정학과에서는 도시 행정 전문가를 양성하기 위해 전반적인 행정 관리 이론을 습득케 하고 실질적인 도시 경영 관리 능력을 배양합니다. 또한 도시를 관리하고 경영하는 종합적 사고력과 창조적 능력을 지닌 전문가를 양성하기 위한 실천적인 지식과 소양을 함양합니다. 나아가 현장에서의 경험을 통해 이론적 지식과 실무 능력을 두루 갖출 수 있도록 함으로써 도시 문제 해결 능력이 뛰어난 도시 전문가를 양성합니다. 도시를 관리하고 다양한 정책 문제를 해결하는 데 필요한 전문적인 교육 과정을 거친 학생들은 대학원에 진학하거나, 국가 및 지방 공무원으로 일하는 것은 물론, 공기업 및 사기업에 진출하여 지역 주민들의 삶의 질을 향상 시킬 수 있는 도시 행정의 발전에 기여하게 됩니다.

개설대학

- 서울시립대학교
- 인천대학교
- 협성대학교 등

관련학과

- 도시계획·조경학부
- 융합전공학부 도시사회학·국제도시개발학전공
- 도시사회학과
- 공간환경학부
- 도시계획부동산학과
- 도시계획학과
- 국제도시부동산학과
- 지리학과 등

진출분야

기업체	감정 평가 기관, 도시 개발 업체, 회계 법인, 한국토지주택공사, 서울주택도시공사, 금융 기관, 일반 기업 등
정부 및 공공 기관	시청·구청·도청, 지방 의회, 중앙 부처, 공기업, 국토연구원, 한국행정연구원, 서울연구원, 조달청, 한국감정원, 국토교통부, 한국공항공사, 한국도로공사, 한국철도공사, 서울교통공사, 한국전력공사 등
연구 기관	각종 연구 기관, 국토연구원, 한국행정연구원, 서울연구원, 한국교통연구원 등

진출직업

- 관세행정사무원
- 도로운송사무원
- 수상운송사무원
- 정부정책기획전문가
- 통계 및 설문조사원
- 행정공무원
- 감정평가사
- 도시계획가
- 도시행정전문가
- 회계사
- 세무사 등

취득가능 자격증

- 건축기사
- 환경기사
- 정보처리기사
- 정보관리기술사
- 감정평가사
- 공인중개사
- 도시계획기사 등

학과 주요 교과목

기초 과목	학업설계상담, 도시학개론, 행정학원론, 도시와 경제, 도시행정사례연구, 도시관광과 도시변화, 도시재개발, 도시행정학, 대도시공공문제론, 도시시장분석론, 도시재정학, 도시계획론, 도시조사방법론, 도시행정과 행정법, 정책학원론, 조직관리론 등
심화 과목	도시교통론, 도시경제학, 도시정부와 도시정책, 도시정부인사행정론, 부동산학개론, 전자도시정부론, 도시정책의 이론과 실제, 도시정부재무행정론, 도시환경GIS, 도시행정정보체계론, 주택정책론, 지방자치의 이론과 실제, 공공갈등관리의 이론과 실제, 도시경영론, 도시교통론, 사회보장의 이론과 실제, 도시행정캡스톤디자인, 도시부동산개발론, 도시정부공기업의 이론과 실제, 도시환경론, 부동산경제론, 정부간관계론, 지역정책의 이론과 실제 등

학과 인재상 및 갖추어야 할 자질

- 사회봉사 정신이 투철한 지역 사회 지도자가 꿈인 학생
- 도시 문제 및 사회 문제해결에 진취적인 도전 정신을 지닌 학생
- 공간 지각 능력을 토대로 무언가를 설계하고 만드는 것을 좋아하는 학생
- 사회 문제에 대한 종합적, 입체적 분석 능력을 갖춘 학생
- 공공성을 바탕으로 적극적이고 진취적으로 사회에 기여하는 학생
- 주민과 사회와 호흡하는 생활 실천형 봉사자가 되고픈 학생

학과 관련 선택 과목

※ 국어, 영어 교과는 모든 학문의 기초적인 성격을 가진 도구교과로 모든 학과에 이수가 필요하여 생략함.

공통 과목		공통국어1,2, 공통수학1,2, 공통영어1,2, 한국사1,2, 통합사회1,2, 통합과학1,2, 과학탐구실험1,2
수능 필수		화법과 언어, 독서와 작문, 문학, 대수, 미적분Ⅰ, 확률과 통계, 영어Ⅰ, 영어Ⅱ, 한국사, 통합사회, 통합과학, 성공적인 직업생활(직업)
일반 선택	수학, 사회, 과학	세계시민과 지리, 세계사, 사회와 문화, 현대사회와 윤리
	체육·예술	
	기술·가정/정보	정보
	제2외국어/한문	
	교양	
진로 선택	수학, 사회, 과학	한국지리 탐구, 도시의 미래 탐구, 정치, 법과 사회, 경제, 윤리와 사상, 인문학과 윤리
	체육·예술	
	기술·가정/정보	데이터 과학
	제2외국어/한문	
	교양	인간과 철학, 논리와 사고, 인간과 심리
융합 선택	수학, 사회, 과학	사회문제 탐구, 윤리문제 탐구, 기후변화와 지속가능한 세계
	체육·예술	
	기술·가정/정보	지식 재산 일반
	제2외국어/한문	
	교양	인간과 경제활동

인문계열
사회계열
자연계열
공학계열
의약계열
예체능계열
교육계열
계약학과 & 특성화학과

추천 도서 목록

- 도시행정의 이론과 실제, 한국도시행정학회, 대영문화사
- 도시를 만드는 기술 이야기, 레이디 힐하우스, 한빛미디어
- 미래를 준비한 세계의 도시들, 이두현, 지식과감성
- 행복해지려면 도시를 바꿔라, 강양석 외, 미세움
- 도시 모빌리티와 도덕성, 셰인 엡팅, 앨피
- 도시의 미래: 진단과 처방, 김상욱 외, 박영사
- 우리가 도시를 바꿀 수 있을까, 최성용, 동아시아
- 도시의 맛, 정희섭, 에이엠스토리
- 한국 도시의 위기와 도전, 김상조 외, 국토연구원
- 콤팩트 네트워크 : 위기의 도시를 살리다, 심재국, 매일경제신문사
- 공원의 위로, 배정한, 김영사
- 도시계획 이론과 실제, 한국도시계획가협회, 기문당
- 정의로운 도시를 꿈꾸며, 윤현석, 한울아카데미

- 정의로운 도시, 수전 S. 페인스타인, 서울대학교출판문화원
- 도시조명 다르게 보기, 백지혜, 아트로드
- 도시와 빛축제, 백지혜 외, 아임스토리
- 감각서울: 서울의 매력, 한강, 시울특별시, 서울책방
- 도시수업 탄소중립도시, 김정곤 외, BetaLab(베타랩)
- 도시정비론, 남진 외, 기문당
- 전문가가 소개하는 도시분야 진로탐색, 한국도시설계학회, 스파이더 네트웍스
- 도시계획 개념사전, 서울대 환경대학원·서울연구원 외, 학고재
- 누구를 위한 도시인가, 닐 브레너 외, 이매진
- 도심과 자연이 하나가 될 때, 김진영, 북랩
- 못생긴 서울을 걷는다, 허남설, 글항아리
- 시티도슨트, 강우원, 좋은땅

학교생활 TIPS

- 도시행정학과와 관련이 깊은 영어, 지리, 사회·문화, 경제 교과의 우수한 학업 성취를 올릴 수 있도록 하고, 각 수업 활동에 적극적으로 참여하여 학업 역량, 문제 해결 능력, 탐구력 등이 학교생활기록부 교과 세부능력 및 특기사항에 기록될 수 있도록 합니다.
- 전공과 관련 있는 다양한 진로 활동(국토연구원, 학과 탐방, 감정평가사 인터뷰 등)에 참여하여 새롭게 알게 된 사실이나 느낀 점을 중심으로 자신의 진로 역량을 키우도록 합니다.
- 도시 연구 프로젝트, 시사 탐구, 지리 탐구, 신문 등의 교내 동아리에서 도시와 관련된 내용을 조사·발표하는 등 전공 관련 활동을 주도적으로 하고, 의미 있는 역할을 했음을 드러냅니다.

- 학급이나 학생회의 임원 활동, 멘토-멘티 활동, 돌봄 활동, 학습 도우미 활동, 자선 봉사 활동 등과 같은 학교 교육계획에 의해 진행되는 봉사 활동이나 행사 활동, 수련활동, 체험 활동에 적극적으로 참여하여 배려심, 리더십, 의사소통 능력, 협동심 등을 보이는 것이 중요합니다.
- 인문학, 경제학, 정치학, 경영학, 철학, 사회학, 지리학 등 다양한 분야의 지식을 습득하고 융합적 사고를 기르는 독서를 권장합니다.
- 협업과 소통능력, 나눔과 배려, 성실성과 규칙준수, 창의성 등 자신의 강점이 학교생활기록부 행동특성 및 종합의견에 기록될 수 있도록 학교생활에 성실하게 임할 것을 권장합니다.

50

무역학과

학과소개

우리나라는 무역 1조 달러를 달성하는 등 세계 8위의 무역 규모를 자랑하고 있습니다. 무역 규모의 비약적인 성장은 우리나라의 핵심적인 경제 원동력이 되어 왔으며, 앞으로도 무역의 역할은 더욱 강조될 전망입니다. 이러한 국제적 흐름에 부응하기 위해서 경쟁력을 갖춘 무역 전문인의 양성이 그 어느 때보다 더 중요한 과제로 떠오르고 있습니다.

무역학과는 국가 간의 교류가 늘고 세계가 하나의 생활권으로 변해가는 현대의 시대적 흐름을 반영합니다. 무역학과에서는 국제 통상의 실제와 유기적으로 관련된 이론적 체계를 제공하는 교육 과정을 통하여 급변하는 국제 통상 환경에 대한 적응력 향상에 집중합니다. 또한 국제 환경에 적절히 대응할 수 있는 자질과 소양을 지닌 국제 비즈니스맨과 무역 실무 전문가를 양성하는 데 교육 목표를 두고 있습니다. 무역학과는 국제 경영, 국제 경제, 무역 상무, 국제경영학, 연구방법론의 교육을 강화하여 이들 학문에 대한 이해의 폭을 넓히고 응용력을 향상시키는 학과입니다.

개설대학

- 국립강릉원주대학교
- 경기대학교
- 동의대학교
- 청주대학교
- 국립군산대학교
- 경희대학교
- 단국대학교
- 제주대학교
- 조선대학교
- 충남대학교 등

관련학과

- 국제통상학과
- 유통경영학과
- 국제무역학과
- 국제물류학과
- 글로벌무역학과
- 스마트물류무역과
- 항공서비스무역학과 등

진출직업

- 물류관리사
- 경영컨설턴트
- 관세사
- 공인회계사
- 국제무역전문가
- 유통관리사
- 해외영업원
- 해외사업개발 및 국제마케팅 전문가
- 투자분석가(애널리스트) 등

취득가능 자격증

- 경매사
- 경영지도사
- 관세사
- 무역영어
- 물류관리사
- 보세사
- 사회조사분석사
- 유통관리사
- 전자상거래관리사
- 전자상거래운용사 등

학과 주요 교과목

기초 과목	경영학원론, 경제학원론, 미래설계상담, 무역학원론, 회계원리, 무역전시론, 미시경제론, 아시아비즈니스, 무역실무, 무역통계, 외환론, 재무금융론, 거시경제론, 분석론, 상업정보교육론, 국제통상론, 무역영어, 전자무역 등
심화 과목	국제무역비지니스영어, 상업정보, 논술, 아시아지역통상론, 국제마케팅, 국제무역론, 국제무역법규, 국제운송론, 무역계약론, 구미지역통상론, 국제재무관리, 상업정보교육과정 및 교재연구, 시사무역, 관세론, 국제금융론, 무역결제론, 자유무역협정론, 해상보험론, 국제상품론, 국제통상정책론, 무역중국어, 무역캡스톤디자인, 무역학특강, 상업정보교수법 및 평가, 국제경제동향, 국제무역분쟁론, 국제종합물류론, 무역일본어, 무역현장실습 등

진출분야

기업체	금융 관련 기업(은행, 증권 회사, 보험 회사, 자산 관리사등), 상사 및 무역 회사, 일반 기업의 수출입 및 해외사업 부서, 각종 무역 회사 등
정부 및 공공 기관	무역·수출입 관련 공공 기관(한국무역보험공사, 대한무역투자진흥공사, 대한상공회의소, 한국거래소 등), 국제통상직 공무원 등
연구 기관	경영·무역 관련 국가, 민간 연구소(한국무역연구원, 한국무역협회, 한국무역학회) 등

학과 인재상 및 갖추어야 할 자질

- 글로벌 기업의 실질적인 업무를 전담하는 무역인이 꿈인 학생
- 세계를 선도하는 국제무역학의 이론과 실무에 능통한 학생
- 첨단 교육 및 정보 매체를 활용하여 학습할 수 있는 능력이 있는 학생
- 급변하는 국제 통상 환경에 대한 이해와 적응력을 가진 학생
- 전 세계를 무대로 다양한 사업을 펼쳐보고 싶은 생각이 있는 학생
- 적극적이고 도전적인 성격 및 개척 정신을 가지고 있는 학생

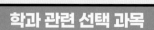

학과 관련 선택 과목

※ 국어, 영어 교과는 모든 학문의 기초적인 성격을 가진 도구교과로 모든 학과에 이수가 필요하여 생략함.

공통 과목		공통국어1,2, 공통수학1,2, 공통영어1,2, 한국사1,2, 통합사회1,2, 통합과학1,2, 과학탐구실험1,2
수능 필수		화법과 언어, 독서와 작문, 문학, 대수, 미적분 I, 확률과 통계, 영어 I, 영어 II, 한국사, 통합사회, 통합과학, 성공적인 직업생활(직업)
일반 선택	수학, 사회, 과학	대수, 미적분 I, 확률과 통계, 세계시민과 지리, 세계사, 사회와 문화, 현대사회와 윤리
	체육·예술	
	기술·가정/정보	정보
	제2외국어/한문	제2외국어
	교양	
진로 선택	수학, 사회, 과학	미적분 II, 정치, 법과 사회, 경제, 윤리와 사상, 국제 관계의 이해
	체육·예술	
	기술·가정/정보	데이터 과학
	제2외국어/한문	제2외국어 회화
	교양	
융합 선택	수학, 사회, 과학	실용 통계, 수학과제 탐구, 여행지리, 사회문제 탐구, 금융과 경제생활, 윤리문제 탐구, 기후변화와 지속가능한 세계
	체육·예술	
	기술·가정/정보	지식 재산 일반
	제2외국어/한문	제2외국어 문화
	교양	인간과 경제활동

추천 도서 목록

- 무역실무 한 권으로 마스터한다, 권영구, 중앙경제평론사
- 무역상무, 오원석 외, 삼영사
- 무역보험론, 이제현, 청람
- 물류관련법규, 유창권 외, 두남
- 주요 이슈로 보는 디지털 통상 시대, 산업통상자원부 외, 진한엠앤비
- 사례로 손쉽게 이해하는 디지털 통상의 기초, 산업통상자원부 외, 진한엠앤비
- 디지털통상론, 한주실 외, 박영사
- 무역용어 지식사전, 이기찬, 중앙경제평론사
- 기초무역실무, 김장호 외, 두남
- 4차 산업혁명 시대의 신 무역학원론, 김창봉 외, 책연
- 무역실무 한 권으로 마스터한다, 권영구, 중앙경제평론사
- 한국상인, 중국상인, 일본상인, 이영호, 스노우폭스북스

- 현대 관세법, 전정기 외, 탑북스
- 실제 사례로 배우는 수출입실무, 방훈, 한국금융연수원
- 무역과 보험, 라공우 외, 탑북스
- 디지털 무역마케팅, 이호형, 계명대학교출판부
- 경제안보시대, 글로벌 무역의 새로운 길, 최용민, 콜트맨
- 실무사례 중심의 무역회계와 세무, 이강오 외, 씨에프오아카데
- 세계화의 종말과 새로운 시작, 마크 레빈슨, 페이지2북스
- 7일만에 쉽게 끝내는 해외마케팅, 이기찬, 중앙경제평론사
- 공정과 경쟁의 장: WTO 분쟁해결절차 이야기, 정해관, 박영사
- 수출인문학, 정병도, 필디앤씨
- FTA원산지 이야기, 김용태, 두남
- 트레이드 워, 류재원 외, 시공사
- 역사를 바꾼 기술과 전략물자, 이은호, 율곡출판

학교생활 TIPS

- 무역학과와 관련이 깊은 수학, 영어, 경제, 사회 교과의 우수한 학업 성취를 올릴 수 있도록 하고, 각 수업 활동에 적극적으로 참여하여 학업 역량, 문제 해결 능력, 탐구력 등이 학교생활기록부 교과 세부능력 및 특기사항에 기록될 수 있도록 합니다.
- 전공과 관련 있는 다양한 진로 활동(무역 회사, 학과 탐방, 유통관리사 인터뷰 등)에 참여하여 새롭게 알게 된 사실이나 느낀 점을 중심으로 자신의 진로 역량을 키우도록 합니다.
- 경제 연구, 독서 토론, 시사, 영어 회화, 창업 등의 교내 동아리에서 무역과 관련된 내용을 조사·발표하는 등 전공 관련 활동을 주도적으로 하고 의미 있는 역할을 했음을 드러냅니다.

- 학급이나 학생회의 임원 활동, 돌봄 활동, 학습 도우미, 자선 봉사 활동 등과 같은 학교 교육계획에 의해 진행되는 봉사 활동이나 행사 활동, 수련 활동, 체험 활동에 적극적으로 참여하여 배려심, 리더십, 의사소통 능력, 협동심 등을 보이는 것이 중요합니다.
- 협업과 소통능력, 나눔과 배려, 성실성과 규칙준수지, 창의성 등 자신의 강점이 학교생활기록부 행동특성 및 종합의견에 기록될 수 있도록 학교 생활에 성실하게 임할 것을 권장합니다.

51

문헌정보학과

학과소개

문헌정보학은 각종 문헌, 영상 자료 등 모든 종류의 지식과 정보를 이용자들이 편리하게 검색하고 열람할 수 있도록 체계적으로 수집·관리하여 배포하는 것을 연구하는 학문입니다. 크게 기록 관리, 서지학, 정보학으로 구성되어 있으며, 최근에는 디지털도서관으로 패러다임이 변화하고 있어서 정보학의 비중 또한 커지고 있습니다.

도서관에서 수많은 책들을 일목요연하게 분류하여 쉽게 찾아볼 수 있도록 하는 사람을 사서라고 하며, 이들은 바로 문헌정보학을 전공한 사람입니다. 문헌정보학과는 전통적 수단 및 컴퓨터를 활용하여 정보 수집·관리 방법을 이해하고 실제로 운용할 수 있는 능력을 배양하는 것을 교육 목표로 하고 있습니다. 또한 문헌정보학과에서는 정보 문제의 극복과 관련된 사회 과학적 측면, 지식의 조직과 내용 및 정보의 유형 분석을 위한 인문학적 측면, 디지털 도서관과 데이터베이스 구축에 관한 공학적 측면을 다룹니다.

개설대학

- 건국대학교(글로컬)
- 경기대학교
- 경북대학교
- 계명대학교
- 광주대학교
- 대구대학교
- 대구가톨릭대학교
- 대진대학교
- 동의대학교
- 경성대학교
- 부산대학교
- 서울여자대학교
- 숙명여자대학교
- 신라대학교
- 연세대학교
- 이화여자대학교
- 인천대학교
- 전남대학교
- 전북대학교
- 전주대학교
- 중앙대학교
- 청주대학교
- 충남대학교
- 한남대학교 등

진출직업

- 문화재보존가
- 사서
- 언론인(기자, PD, 아나운서 등)
- 인문과학연구원
- 기록물 관리사
- 고문헌 학예연구사
- 서지학자
- 독서지도사
- 조사부 기자
- 지식 큐레이터
- 정보보호전문가
- 작가
- 지식경영전문가
- 초중등학교 사서교사 등

관련학과

- 도서관미디어정보과
- 사회과학부 문헌정보학전공
- 문헌정보학전공
- 문헌정보교육과
- 인문콘텐츠학부 문헌정보학전공 등

취득가능 자격증

- 중등학교 정교사 2급(사서교사)
- 정사서·준사서
- 데이터베이스 시스템 관련 자격증(OCA, OCP, OCM)
- 인터넷정보관리사
- 어린이독서지도사 등

진출분야

기업체	일반 기업의 문헌 자료실, 신문사, 방송국, 잡지사, 영상 및 녹음 자료실, 출판사, 대형 서점, 정보 시스템 업체, 데이터베이스 시스템 업체, 정보 네트워크시스템 설계 및 분석 회사, 소프트웨어 개발 및 뉴 미디어 활용 관련 정보 기술 업체 등
정부 및 공공 기관	중앙 정부 및 지방 자치 단체 문서실, 국공립 도서관(국립중앙도서관, 국회도서관 등), 초등학교, 중고등학교, 국립 대학 도서관, 한국국가기록연구원, 한국문화예술교육진흥원, 국가기록원, 한국사회과학자료원 등
연구 기관	사회 과학 연구원, 경제·인문 사회 연구원 등 인문·사회 과학 관련 국가·민간 연구소 등

학과 주요 교과목

기초 과목	문헌정보학개론, 온라인정보검색연습, 정보분류체계론, 정보센터·도서관경영론, 정보미디어의 역사와 문화, 문헌데이터베이스론, 정보서비스론, 정보조직체계론, 빅데이터와 디지털리터러시, 정보검색, 디지털아카이빙, 색인 및 초록작성 등
심화 과목	전자학술지구축 및 운영, 인문·사회과학정보원, 과학기술정보원, 도서관과 소셜미디어, 기록관리학의이해, 멀티미디어정보론, 정보이용지도, 정보정책, 정보센터·도서관·출판실습, 정보시스템론, 독서지도(디지털스토리텔링), 장서개발론, 디지털콘텐츠개발·캡스톤디자인, 전자출판, 공공도서관운영실무, 서지학특강, 저작권과 정보윤리, 디지털개인기록관리 등

학과 인재상 및 갖추어야 할 자질

- 주위 사람들에게 좋은 정보를 알려주기 좋아하는 학생
- 독서를 습관화하고 정보 통신 기술을 이해하려는 자세를 가진 학생
- 비판적인 사고와 합리적 의사소통 능력, 학문 영역 간의 전이능력을 가진 학생
- 다양한 정보와 자료를 활용하여 새로운 지적 산물을 창출할 수 있는 창의적인 학생
- 다양한 언어 관련 정보와 자료를 접해야 하므로, 영어와 한문을 비롯한 외국어에 관심이 있는 학생
- 평소에 책을 좋아하고 신문, 잡지 등 다양한 분야의 신간 도서 및 자료에 관심이 있는 학생

학과 관련 선택 과목

※ 국어, 영어 교과는 모든 학문의 기초적인 성격을 가진 도구교과로 모든 학과에 이수가 필요하여 생략함.

공통 과목		공통국어1,2, 공통수학1,2, 공통영어1,2, 한국사1,2, 통합사회1,2, 통합과학1,2, 과학탐구실험1,2
수능 필수		화법과 언어, 독서와 작문, 문학, 대수, 미적분Ⅰ, 확률과 통계, 영어Ⅰ, 영어Ⅱ, 한국사, 통합사회, 통합과학, 성공적인 직업생활(직업)
일반 선택	수학, 사회, 과학	대수, 미적분Ⅰ, 확률과 통계, 세계사, 사회와 문화, 현대사회와 윤리
	체육·예술	
	기술·가정/정보	정보
	제2외국어/한문	한문
	교양	
진로 선택	수학, 사회, 과학	기하, 정치, 법과 사회, 윤리와 사상, 인문학과 윤리
	체육·예술	
	기술·가정/정보	데이터 과학
	제2외국어/한문	한문 고전 읽기
	교양	인간과 철학, 논리와 사고, 교육의 이해, 인간과 심리, 삶과 종교
융합 선택	수학, 사회, 과학	수학과제 탐구, 사회문제 탐구, 윤리문제 탐구
	체육·예술	
	기술·가정/정보	지식 재산 일반
	제2외국어/한문	언어생활과 한자
	교양	

추천 도서 목록

- 모든 것은 도서관에서 시작되었다, 윤송현, 학교도서관저널
- 도서관은 살아있다, 도서관여행자, 마티
- 도서관의 힘과 독서교육, 송온경, 한국도서관협회
- 청소년, 도서관에서 만납니다, 고정원 외, 학교도서관저널
- 시끄러워도 도서관입니다, 박지현 외, 생각비행
- 한국근대도서관 100년의 여정, 송승섭, 도연문고
- 그 도서관은 감동이었어, 신경미, 카모마일북스
- 도서관이란 무엇인가?, 이제환, 태일사
- 사서교사의 하루, 박미진 외, 사우
- 책 좀 사서 읽어요, 오욱환, 교육과학사
- 도서관 사서를 위한 저작권법, 정경희 외, 한울아카데미
- 사서 일기, 앨리 모건, 문학동네
- 위대한 도서관 사상가들, 이병목 외, 한울 아카데미
- 뉴욕 정신과 의사의 사람 도서관, 나종호, 아몬드
- 감정도서관, 정강현, 인북
- 나를 변화시킨 건 동네 작은 도서관이었다, 한준섭 외, 박영사
- 기록학, 역사학의 또 다른 영역, 오항녕, 푸른역사
- 이상한 책들의 도서관, 에드워드 브룩-히칭, 갈라파고스
- 지상의 위대한 도서관, 최정태, 한길사
- 지상의 아름다운 도서관, 최정태, 한길사
- 기록관리의 세계, 한국기록관리학회, 한울아카데미
- 대구 도서관 역사, 조용완 외, 도연문고
- 문헌정보학개론, 김수경 외, 태일사
- 세상을 바라보는 따뜻한 시선, 아카이브, 손동유, 가연
- 정보자료분류론, 윤희윤, 태일사

학교생활 TIPS

- 문헌정보학과와 관련이 깊은 국어, 영어, 사회, 정보 교과의 우수한 학업 성취를 올릴 수 있도록 하고, 각 수업 활동에 적극적으로 참여하여 학업 역량, 문제 해결 능력, 탐구력 등이 학교생활기록부 교과 세부능력 및 특기사항에 기록될 수 있도록 합니다.
- 전공과 관련 있는 다양한 진로 활동(도서관, 학과 탐방, 사서 인터뷰 등)에 참여하여 새롭게 알게 된 사실이나 느낀 점을 중심으로 자신의 진로 역량을 키울 것을 권장합니다.
- 도서, 독서 토론, 신문, 교지 편집 등의 교내 동아리에서 전공 관련 활동을 주도적으로 하여 의미 있는 역할을 했음을 드러냅니다.
- 학급이나 학생회의 임원 활동, 도서 정리 활동, 돌봄 활동(장애인, 독거노인

- 대상 도시락 배달 활동), 학습 도우미 활동(복지관, 방과 후 학교 활동) 등과 같이 학교 교육계획에 의해 진행되는 봉사 활동이나 행사 활동, 수련 활동, 체험 활동에 적극적으로 참여하여 협업과 소통능력, 성실성과 규칙 준수, 나눔과 배려, 리더십 등을 보이는 것이 중요합니다.
- 철학, 문학, 논리학, 사회학, 예술학, 심리학, 과학 등 폭넓은 분야의 독서를 통해 기본적인 소양을 키울 것을 추천합니다.

52

문화콘텐츠학과

학과소개

'문화'는 한 사회의 정신적, 물질적 발전 상태를 나타내며 그 사회 현상의 산출물은 다양한 '문화 콘텐츠'라는 형태로 표현됩니다. 실제로 현 시대의 문화 콘텐츠 산업은 저성장 시대에도 꾸준한 성장률을 보이고 있으며, 새로운 경제 성장 전략으로서 세계적으로 주목받고 있습니다. 21세기 신 성장 동력 분야인 문화 콘텐츠 산업은 방송, 영화, 애니메이션, 게임, 캐릭터, 테마파크, 문화기획 등 다양한 분야에서 기획·제작·마케팅 인력을 필요로 하고 있습니다. 이미 성큼 다가온 4차 산업혁명 시대를 이끌어 갈 인간의 창의성과 상상력에 기반하고 있는 문화 콘텐츠 산업은 다른 산업 성장의 기반이 될 '뿌리 산업'으로 이해되고 있으며, 관광이나 의료, 교육, 제조업 등 다양한 분야에 융합되면서 긍정적인 효과를 불러올 것으로 기대됩니다.

문화콘텐츠학과는 이러한 세계적인 흐름 속에서 미래 국가 성장의 동력이 될 창의적인 인재를 양성하는데 그 지향점을 둡니다. 방대한 '사회의 산출물'들에 대한 깊이 있는 지식과 함께 날카로운 비평 능력을 배양하고, 향후 문화 콘텐츠 분야의 글로벌 문화 인재를 양성하고자 합니다.

개설대학

- 건국대학교
- 대구가톨릭대학교
- 상지대학교
- 아주대학교
- 용인대학교
- 한양대학교(ERICA)
- 인제대학교
- 신라대학교
- 인천가톨릭대학교(제2캠퍼스) 등

관련학과

- 역사문화콘텐츠학과
- 관광문화콘텐츠학과
- 역사·문화콘텐츠학과
- 글로벌문화콘텐츠학과
- 문화콘텐츠문화경영학과
- 문화콘텐츠학부
- 한국문화콘텐츠학과 등

진출분야

기업체	테마파크, 출판사, 관광 관련 업체, 미디어 관련 업체, 영화사, 언론사, 게임 회사, 콘텐츠 개발 업체, 박물관, 광고회사, IT 업체, 기업체 홍보 부서 등
정부 및 공공 기관	문화콘텐츠 관련 정부기관, 지자체 문화담당 부서, 문화체육관광부, 한국콘텐츠진흥원, 한국방송개발원, 방송통신위원회, 언론중재위원회, 신문발행부수 공사협회 등
연구 기관	문화콘텐츠 관련 연구소 등

진출직업

- 공연기획자
- 문화비평가
- 문화콘텐츠기획자
- 여행작가
- 시나리오작가
- 인터넷방송 운영자
- 영상자원관라자
- 학예연구사
- 문화기획전문가
- 언론광고 및 아트디렉터
- 전문매니저
- IT콘텐츠컨설턴트
- 웹마스터
- 디지털콘텐츠미디어종사자
- 경영 및 마케팅전문가
- 콘텐츠스토리텔러
- 구성작가
- 언론인(기자, PD, 아나운서) 등

취득가능 자격증

- 멀티미디어 콘텐츠 제작 전문가
- 게임 기획 전문가
- 게임 그래픽 전문가
- 게임 프로그래밍 전문가
- 글짓기 및 독서 지도자
- 레크레이션 지도사
- 전통 문화 지도사
- 축제 기획 전문가
- 방송 영상 전문인 등

학과 주요 교과목

기초 과목	멀티미디어콘텐츠실습, 동양고전과 콘텐츠, 문화이론기초연구, 문화테크놀로지연구, 박물관콘텐츠기획실습, 서양고전과 콘텐츠, 영상콘텐츠분석, 축제연기표현실습, 한국문화콘텐츠분석, 도시문화콘텐츠연구, 디지털인문학입문, 문화콘텐츠표현기법실습, 문화콘텐츠현장실습 등
심화 과목	게임문화산업론, 도시문화콘텐츠기획실습, 만화애니메이션산업론, 문화마케팅실습, 예술콘텐츠기획실습, 축제이벤트산업론, 프리젠테이션과 피칭실습, 한국문화콘텐츠기획실습, 게임인터랙티브콘텐츠기획실습, 공연음악표현실습, 글로벌문화의 이해, 문화콘텐츠창업실습, 성서와 스토리텔링, 영상콘텐츠기획제작실습, 영화캐릭터연구, 출판퍼블리싱산업론 등

학과 인재상 및 갖추어야 할 자질

- 새로운 문화 콘텐츠 산업에 필요한 인재가 되고 싶은 학생
- 글로벌 기획력을 겸비한 창의적인 콘텐츠 디렉터가 꿈인 학생
- 미래 국가 성장 동력의 핵심이 될 창의적인 사고력과 기획력을 갖춘 학생
- 교양, 건전한 가치관, 스마트 시대에 부응하는 전문 지식을 지닌 학생
- 디지털 콘텐츠 제작 기술의 핵심 리더로 성장하고 싶은 학생
- 창의적인 공연 제작 기술과 인문학적인 소양을 겸비한, 공연 콘텐츠 창작 기술 전문 인재가 되고 싶은 학생

학과 관련 선택 과목

※ 국어, 영어 교과는 모든 학문의 기초적인 성격을 가진 도구교과로 모든 학과에 이수가 필요하여 생략함.

공통 과목		공통국어1,2, 공통수학1,2, 공통영어1,2, 한국사1,2, 통합사회1,2, 통합과학1,2, 과학탐구실험1,2
수능 필수		화법과 언어, 독서와 작문, 문학, 대수, 미적분Ⅰ, 확률과 통계, 영어Ⅰ, 영어Ⅱ, 한국사, 통합사회, 통합과학, 성공적인 직업생활(직업)
일반 선택	수학, 사회, 과학	세계시민과 지리, 세계사, 사회와 문화, 현대사회와 윤리
	체육·예술	
	기술·가정/정보	정보
	제2외국어/한문	
	교양	
진로 선택	수학, 사회, 과학	한국지리 탐구, 동아시아 역사 기행, 경제, 윤리와 사상, 인문학과 윤리, 국제 관계의 이해
	체육·예술	
	기술·가정/정보	인공지능 기초, 데이터 과학
	제2외국어/한문	
	교양	인간과 철학, 인간과 심리, 교육의 이해
융합 선택	수학, 사회, 과학	여행지리, 사회문제 탐구, 윤리문제 탐구
	체육·예술	
	기술·가정/정보	지식 재산 일반
	제2외국어/한문	
	교양	논술

추천 도서 목록

- 메모의 즉흥성과 맥락의 필연성, 김영수, 인간희극
- 잡지, 기록전쟁, 한기호, 한국출판마케팅연구소
- 챗GPT로 책쓰기, 이종범, e비즈북스
- 에디토리얼 씽킹, 최혜진, 터틀넥프레스
- 창조적 행위: 존재의 방식, 릭 루빈, 코쿤북스
- 다른 방식으로 보기(Ways of Seeing), 존 버거, 열화당
- 창작형 인간의 하루, 임수연, 빅피시
- 예술가가 되는 법, 제리 살츠, 처음북스
- 예술과 창조성, 윤소정, 휴먼북스
- All About, 문화콘텐츠, 나송희 외, 나무자전거
- 콘텐츠로 풀어 낸 알기 쉬운 미국 문화, 김상조 외, 북스힐
- 랑이와 함께하는 문화 콘텐츠와 한국어, 임형재 외, 소통
- 문화다양성 시대의 문화콘텐츠, 이명현 외, 경진출판

- 한국 문화: 대중문화 발달과 K콘텐츠, 권두현 외, 성균관대학교동아시아 학술원
- 다시, 문화콘텐츠 ; 성공하는 콘텐츠의 비밀, 안채린, 해남출판사
- 문화콘텐츠 스토리텔링, 정창권, 북코리아
- 문화콘텐츠 DNA 스토리텔링, 김헌식 외, 북코리아
- 문화콘텐츠 트렌드워치, 이동미 외, 북코리아
- 문화콘텐츠 인사이트, 권병웅, 생각나눔
- 콘텐츠 문화를 건너다, 전현택, 씽크스마트
- 문화콘텐츠 경영전략(큰글자책), 고정민, 커뮤니케이션북스
- 문화산업과 미디어콘텐츠, 구문모, 시간의물레
- 10대와 통하는 영화 이야기, 이지현, 철수와영희
- 케이팝의 시간, 태양비, 지노
- 픽사 스토리텔링, 매튜 룬, 현대지성

학교생활 TIPS

- 문화콘텐츠학과와 관련이 깊은 국어, 영어, 사회, 예술 교과의 우수한 학업 성취를 올릴 수 있도록 하고, 수업 활동에서 전공의 내용과 관련된 활동에 적극적으로 참여하여 창의성, 문제 해결 능력, 탐구력 등이 학교생활기록부 교과 세부능력 및 특기사항에 기록될 수 있도록 합니다.
- 문화콘텐츠학 전공과 관련 있는 다양한 진로 활동(아트디렉터, IT콘텐츠 컨설턴트, 웹마스터 등의 직업 탐험, 문화콘텐츠학과 탐방 등)에 참여하여 자신의 진로 역량을 키우는 것이 도움이 됩니다. 단순한 참여 사실보다는 활동을 통해 새롭게 배우고 느낀 점이 드러나도록 하는 것이 중요합니다.
- 학급이나 학생회의 임원 활동, 돌봄 활동, 학습 도우미 활동, 자선 봉사 활동 등과 같은 학교 교육계획에 의해 진행되는 봉사 활동이나 행사

- 활동, 수련 활동, 체험 활동에 적극적으로 참여하여 배려심, 리더십, 의사소통 능력, 협동심 등을 보이는 것이 중요합니다.
- 예술학, 심리학, 철학, 사회학, 인문학 등 폭넓은 분야의 독서를 통해 문화콘텐츠학 전공과 관련된 기본 소양을 키웁니다.
- 협업과 소통능력, 나눔과 배려, 성실성과 규칙준수, 창의성 등 자신의 강점이 학교생활기록부 행동특성 및 종합의견에 기록될 수 있도록 학교생활에 성실하게 임할 것을 권장합니다.

인문계열 / 사회계열 / 자연계열 / 공학계열 / 의약계열 / 예체능계열 / 교육계열 / 계약학과 & 특성화학과

학과소개

우리가 주변에서 접하는 모든 것은 사실 커뮤니케이션의 결과입니다. 개인의 머릿속을 맴도는 생각들도 자기 자신과의 내적인 커뮤니케이션이며 정부, 국회, 언론, 기업, 학교와 같은 조직체들도 구성원들 간의 커뮤니케이션과 협력, 경쟁이 있기에 존재하는 것입니다. 국가 간에 분쟁이 발생하면 대표자들이 커뮤니케이션을 통해 해법을 모색하고, 정부와 기업은 사회 구성원들의 마음을 얻기 위해 끊임없이 커뮤니케이션을 시도합니다. 미디어커뮤니케이션학은 우리 삶의 구석구석에 편재하는 광범위한 커뮤니케이션 현상들을 다루는 학문 분야입니다.

미디어커뮤니케이션학과에서는 사회에서 발생하는 커뮤니케이션 현상을 포괄적으로 연구합니다. 신문, 방송 등 대중 매체는 물론, 개인 간 및 조직 내외에서 발생하는 커뮤니케이션과 관련된 모든 현상들을 연구 대상으로 하며 이론과 실천의 가치를 동시에 추구합니다. 세부적인 학문 분야 또한 개인 간 의사소통, 조직 간 또는 조직 내 개인 간 의사소통 등에서부터 신문과 방송, 영화, 출판, 광고, PR, 인터넷 등과 관련된 매스커뮤니케이션에 이르기까지의 모든 커뮤니케이션 현상과 관련이 있습니다. 최근에는 소셜 미디어와 스마트 미디어, 통신, 게임 분야 등도 포괄하면서 융합 학문적 특성을 더욱 강화하고 있습니다.

개설대학

- 국립창원대학교
- 인제대학교
- 강원대학교
- 경북대학교
- 동의대학교
- 가천대학교
- 건국대학교
- 경성대학교
- 대진대학교
- 동명대학교
- 동아대학교
- 부산대학교
- 성신여자대학교
- 세종대학교
- 순천향대학교
- 인하대학교
- 청운대학교
- 한양대학교
- 호서대학교 등

관련학과

- 글로벌미디어학부
- 멀티미디어공학과
- 미디어커뮤니케이션학부
- 사회언론정보학부 미디어커뮤니케이션학전공
- 신문방송학과
- 언론홍보영상학부 등

진출분야

기업체	신문사, 방송국, 잡지사, 인터넷 저널리즘, 방송영상 및 상호작용적 콘텐츠제작기업, 일반기업의 광고홍보 및 마케팅 업무, 광고 및 홍보대행사 등
정부 및 공공 기관	미디어 정책 및 진흥 관련 공공 기관, 한국언론진흥재단, 문화체육관광부, 한국콘텐츠진흥원, 한국방송개발원 등
연구 기관	언론 유관 연구 단체 등

진출직업

- 기자
- PD
- 광고감독
- 홍보전문가
- 리서치전문가
- 마케팅전문가
- 연극·전시회·뮤지컬기획자 등

취득가능 자격증

- 사회조사분석사
- 멀티미디어콘텐츠제작전문가
- 방송통신산업기사
- 국제광고인자격
- 브랜드관리사 등

학과 주요 교과목

기초 과목	커뮤니케이션학개론, 매스미디어개론, 정보사회와 커뮤니케이션, 광고홍보학개론, 미디어저널리즘, 커뮤니케이션이론, 인간커뮤니케이션, 스피치커뮤니케이션, 방송영상론, 디지털미디어의 이해, 디지털미디어글쓰기, 디지털영상의 기획과 촬영, 디지털콘텐츠스토리텔링 등
심화 과목	커뮤니케이션연구방법론, 정치커뮤니케이션, 디지털콘텐츠기획과 제작, 디지털음향설계, 디지털영상의 기획과 촬영, 그래픽과 애니메이션제작, 모바일과 소셜미디어콘텐츠, 인터넷서비스디자인, 다지털미디어와 선전, 뉴미디어론, PR론, 설득커뮤니케이션, 사이버커뮤니케이션, 미디어법과 윤리, 디지털미디어의 정책, 디지털콘텐츠제작세미나(캡스톤디자인) 등

학과 인재상 및 갖추어야 할 자질

- 언론 현상에 대한 종합적 이해와 비판 능력을 갖춘 학생
- 뉴 미디어 기술에 대한 이해와 실무 능력을 기르고 싶은 학생
- 광고의 이론과 실제에 대해 더 공부하고 싶은 학생
- 실천적이면서 미래 지향적인 신문 방송인이 되고자 하는 학생
- 인류 사회에 공헌할 수 있는 글로벌 역량을 갖춘 커뮤니케이터가 되고 싶은 학생

학과 관련 선택 과목

※ 국어, 영어 교과는 모든 학문의 기초적인 성격을 가진 도구교과로 모든 학과에 이수가 필요하여 생략함.

공통 과목		공통국어1,2, 공통수학1,2, 공통영어1,2, 한국사1,2, 통합사회1,2, 통합과학1,2, 과학탐구실험1,2
수능 필수		화법과 언어, 독서와 작문, 문학, 대수, 미적분Ⅰ, 확률과 통계, 영어Ⅰ, 영어Ⅱ, 한국사, 통합사회, 통합과학, 성공적인 직업생활(직업)
일반 선택	수학, 사회, 과학	대수, 미적분Ⅰ, 확률과 통계, 세계시민과 지리, 세계사, 사회와 문화, 현대사회와 윤리
	체육·예술	
	기술·가정/정보	정보
	제2외국어/한문	
	교양	
진로 선택	수학, 사회, 과학	한국지리 탐구, 동아시아 역사 기행, 윤리와 사상, 인문학과 윤리, 국제 관계의 이해
	체육·예술	
	기술·가정/정보	인공지능 기초, 데이터 과학
	제2외국어/한문	
	교양	논리와 사고, 인간과 심리, 교육의 이해
융합 선택	수학, 사회, 과학	사회문제 탐구, 윤리문제 탐구
	체육·예술	
	기술·가정/정보	지식 재산 일반
	제2외국어/한문	제2외국어 문화
	교양	논술

추천 도서 목록

- 저널리즘 선언, 바비 젤리저 외, 오월의봄
- 포스트트루스, 리 매킨타이어, 두리반
- 기자유감, 이기주, 메디치미디어
- 디지털 미디어 리터러시, 김경희 외, 한울아카데미
- 인간관계와 의사소통, 권희경, 양서원
- 다른 방식으로 보기(Ways of Seeing), 존 버거, 열화당
- K-콘텐츠 어떻게 만드나요?, 홍경수, 학지사비즈
- 현대사회와 미디어커뮤니케이션, 한국언론정보학회, 한울아카데미
- 댓글 읽어주는 기자들, 김기화 외, 넥서스BOOKS
- 뉴스를 보는 눈, 구본권, 풀빛
- 기자의 생각 습관, S. Holly Stocking 외, 율곡출판사
- 디지털 미디어 문해력 이해와 실천, 신삼수 외, 지금
- 위험, 사회, 미디어, 김용찬 외, 컬처룩

- 1인 미디어, 변용수, 커뮤니케이션북스
- 소셜 미디어 프리즘, 크리스 베일, 상상스퀘어
- 손석희의 앵커브리핑 2, 손석희 외, 역사비평사
- 처음 읽는 미디어 리터러시, 홍재원, 태학사
- 불편한 언론, 심석태, 나녹
- 감춰진 언론의 진실, 양상우, 한울아카데미
- 첫 책 만드는 법, 김보희, 유유
- 성찰을 통한 인간관계와 의사소통, 주혜주 외, JMK
- 케이컬처 시대의 새로운 '시청자 친화 채널' FAST, 김정섭, 한울아카데미
- 좋아요의 함정, 이사벨 메이라, 북극곰
- 가짜뉴스를 다루는 법, 조준원, 지금
- 여론 전쟁, 출구는 있다, 이영훈, 한국경제신문

학교생활 TIPS

- 미디어커뮤니케이션학과와 관련이 깊은 국어, 영어, 사회, 정보 교과의 우수한 학업 성취를 올릴 수 있도록 하고, 각 교과 수업에서 전공과 관련된 활동에 적극적으로 참여하여 창의성, 문제 해결 능력, 탐구력 등이 학교생활기록부 교과 세부능력 및 특기사항에 기록될 수 있도록 합니다.
- 전공과 관련 있는 다양한 진로 활동(기자, PD 등의 직업 체험, 방송국 탐방, 학과 체험 등)에 참여하여 자신의 진로 역량을 키우는 것이 도움이 됩니다. 단순한 참여 사실보다는 활동을 통해 새롭게 배우고 느낀 점이 드러나도록 하는 것이 좋습니다.
- 교내 방송부, 신문, 영상 제작, 컴퓨터 등의 동아리에서 의미 있는 역할을 하고, 학급이나 학생회의 임원 활동, 돌봄 활동, 학습 도우미, 자선 봉사 활동 등과 같은 학교 교육계획에 의해 진행되는 봉사 활동이나 행사 활동, 수련 활동, 체험 활동에 적극적으로 참여하여 배려하는 마음, 리더십, 의사소통 능력, 협동심 등을 보이는 것이 중요합니다.
- 예술학, 심리학, 철학, 사회학, 인문학 등 폭넓은 분야의 독서를 통해 미디어커뮤니케이션 전공과 관련된 기본 소양을 키울 것을 추천합니다.
- 협업과 소통능력, 나눔과 배려, 성실성과 규칙준수, 창의성 등 자신의 강점이 학교생활기록부 행동특성 및 종합의견에 기록될 수 있도록 학교생활에 성실하게 임할 것을 권장합니다.

인문계열

사회계열

자연계열

공학계열

의약계열

예체능계열

교육계열

계약학과 & 특성화학과

학과소개

현대에는 정보 통신 기술의 급속한 발전에 따라 다양한 미디어가 우리 사회를 유지하고 발전시키는 데 중요한 역할을 담당하고 있습니다. 미디어학부는 커뮤니케이션과 미디어의 관련 이론과 실무에 대한 균형 있는 교육을 통해 미디어 산업의 핵심 인력과 다양한 미디어의 특성을 이해하고 콘텐츠를 기획, 제작해 미디어 현장에서 활동할 수 있는 인재를 양성하는 것을 교육의 목표로 합니다.

미디어학부는 멀티미디어와 정보 통신 및 정보 보호를 포괄한 기본적인 이론을 바탕으로 하여 실용적인 교육을 제공하고, 멀티미디어를 위한, 정보 통신에 의한, 신뢰할 수 있는 정보화 사회를 선도할 전문인을 양성합니다. 미디어학부에서는 미디어 콘텐츠의 생산, 유통, 소비에 이르는 폭넓은 미디어와 커뮤니케이션 관련 주제들을 학습하고, 방송, 영상, 온라인과 모바일 등 뉴 미디어, 저널리즘, 광고, PR, 디자인 씽킹(design thinking), 글쓰기 표현, 영상 표현, 디지털 표현 등의 교육을 통해 창의적인 콘텐츠를 생산해내는 능력을 함양합니다. 또한 빅데이터, 머신 러닝, 프로그래밍 등 미디어 관련 영역의 데이터 사이언스에 대한 학습을 통해 데이터를 수집, 분석, 해석, 창조하는 능력도 기릅니다.

미디어학부는 이렇게 갈고 닦은 실력과 전문성을 바탕으로 스스로 창의적인 콘텐츠를 생산할 수 있는 힘을 기르고, 다양한 미디어와 콘텐츠를 넘나들며 연결해 새로운 것을 새로운 방식으로 창조하는 미디어와 커뮤니케이션 전문가를 양성하는 데 교육 목표를 두고 있습니다.

 ### 개설대학

- 고려대학교
- 숙명여자대학교 등

진출직업

- 기자
- PD
- 아나운서
- 구성작가
- 카메라맨
- 디지털영상편집전문가
- 멀티미디어전문가
- 언론매체기획 및 경영요원
- 광고기획자
- 카피라이터
- 리포터
- 영상·음향기술감독
- 웹마스터
- 웹디자이너 등

관련학과

- 글로벌미디어학부
- 디지털미디어학부
- 멀티미디어학과
- 지식융합미디어학부
- 광고홍보영상미디어학부
- 커뮤니케이션·미디어학부 등

취득가능 자격증

- 무대예술전문인(무대기계, 조명, 음향)
- 방송통신기사
- 멀티미디어콘텐츠제작전문가 등
- 게임 기획 전문가
- 게임 그래픽 전문가
- 게임 프로그래밍 전문가
- 방송 영상 전문인 등

 ### 진출분야

기업체	포털 미디어 회사, 인터넷 산업 분야, 뉴 미디어 산업분야(IPTV, 케이블TV 등), 일반 기업의 사내 홍보·사보 담당 부서, 방송국, 잡지사, 신문사, 금융업계, 광고 회사 등
정부 및 공공 기관	정부 기관 및 지방 자치 단체
연구 기관	미디어 관련 연구소

학과 주요 교과목

기초 과목	방송영상미디어의 이해, 미디어글쓰기, 방송영상편집기초, 미디어와 대중문화, 디지털미디어리터러시, 방송영상 만들기, 매스미디어와 사회, 정보사회와 사회변동, 커뮤니케이션이론, 여론과 미디어, 인터넷커뮤니케이션, 미디어와 사회조사, 영화읽기, 여성과 미디어, 미디어와 사회통계, 글로벌커뮤니케이션과 대중문화, 정치커뮤니케이션과 캠페인 등
심화 과목	미디어와 문화읽기, 소셜미디어와 빅데이터, 미디어현안세미나, 미디어법제와 윤리, 엔터테인먼트비즈니스, 뉴스취재와 글쓰기, TV뉴스 만들기, 전략커뮤니케이션, 미디어취업글쓰기, 글로벌미디어기업사례분석, 방송언어와 화법, 뉴미디어, 저널리즘이론, 커뮤니케이션과 인간심리, 미디어와 문화사회, 미디어경영과 마케팅, 영화기획과 마케팅, 저널리즘과 시사영어, 저널리즘이슈분석, 미디어정책이슈분석, 방송진행과 아나운싱, 다큐멘터리 만들기 등

학과 인재상 및 갖추어야 할 자질

- 독특하고 창의적이며 끈기와 협동심이 있는 학생
- 사람과 함께 일하는 것을 좋아하고, 대화하는 것을 즐기는 학생
- 새로운 것에 관심이 많고, 사고의 흐름이 논리적인 학생
- 예술적인 감수성과 컴퓨터 활용 능력을 갖춘 학생
- 디지털 콘텐츠와 다양한 문화에 관심이 있는 학생

학과 관련 선택 과목

※ 국어, 영어 교과는 모든 학문의 기초적인 성격을 가진 도구교과로 모든 학과에 이수가 필요하여 생략함.

공통 과목		공통국어1,2, 공통수학1,2, 공통영어1,2, 한국사1,2, 통합사회1,2, 통합과학1,2, 과학탐구실험1,2
수능 필수		화법과 언어, 독서와 작문, 문학, 대수, 미적분Ⅰ, 확률과 통계, 영어Ⅰ, 영어Ⅱ, 한국사, 통합사회, 통합과학, 성공적인 직업생활(직업)
일반 선택	수학, 사회, 과학	세계시민과 지리, 세계사, 사회와 문화, 현대사회와 윤리
	체육·예술	
	기술·가정/정보	정보
	제2외국어/한문	
	교양	
진로 선택	수학, 사회, 과학	한국지리 탐구, 동아시아 역사 기행, 윤리와 사상, 인문학과 윤리, 국제 관계의 이해
	체육·예술	
	기술·가정/정보	인공지능 기초, 데이터 과학
	제2외국어/한문	
	교양	논리와 사고, 인간과 심리, 교육의 이해
융합 선택	수학, 사회, 과학	사회문제 탐구, 윤리문제 탐구
	체육·예술	
	기술·가정/정보	지식 재산 일반
	제2외국어/한문	제2외국어 문화
	교양	논술

추천 도서 목록

- 미디어와 시대정신의 탄생, 대니얼 J. 치트럼, 컬처룩
- 인공지능과 함께 쓴 AI 저널리즘, 김창룡, 이지출판사
- 기자유감, 이기주, 메디치미디어
- 디지털 미디어 리터러시, 김경희 외, 한울아카데미
- 인간관계와 의사소통, 권희경, 양서원
- 미디어와 뉴스, 사은숙, 에듀컨텐츠휴피아
- K-콘텐츠 어떻게 만드나요?, 홍경수, 학지사비즈
- 세계 미디어·콘텐츠 정책, 심상민, 신아사
- 영상 미디어의 이해, 김무규, 한울아카데미
- 뉴스를 보는 눈, 구본권, 풀빛
- 기자의 생각 습관, S. Holly Stocking 외, 율곡출판사
- 디지털 미디어 문해력 이해와 실천, 신삼수 외, 지금
- 위험, 사회, 미디어, 김용찬 외, 컬처룩

- 1인 미디어, 변용수, 커뮤니케이션북스
- 소셜 미디어 프리즘, 크리스 베일, 상상스퀘어
- 손석희의 앵커브리핑 2, 손석희 외, 역사비평사
- 처음 읽는 미디어 리터러시, 홍재원, 태학사
- 불편한 언론, 심석태, 나녹
- 감춰진 언론의 진실, 양상우, 한울아카데미
- AI 시대 저널리즘 미리보기, 김경모 외, 한울아카데미
- 성찰을 통한 인간관계와 의사소통, 주혜주 외, JMK
- 케이컬처 시대의 새로운 '시청자 친화 채널' FAST, 김정섭, 한울아카데미
- 좋아요의 함정, 이사벨 메이라, 북극곰
- 가짜뉴스를 다루는 법, 조준원, 지금
- 아웃퍼포머의 힘, 송의달, W미디어

학교생활 TIPS

- 미디어학부와 관련이 깊은 영어, 경제, 사회, 정보 교과의 우수한 학업 성취를 올릴 수 있도록 하고, 각 수업 활동에 적극적으로 참여하여 학업 역량, 문제 해결 능력, 탐구력 등이 학교생활기록부 교과 세부능력 및 특기사항에 기록될 수 있도록 합니다.
- 전공과 관련 있는 다양한 진로 활동(방송국, 학과 탐방, PD 인터뷰 등)에 참여하여 새롭게 알게 된 사실이나 느낀 점을 중심으로 자신의 진로 역량을 키우도록 합니다.
- 방송, 신문, 교지 편집, 미디어 연구, 영상 제작 등의 교내 동아리에서 미디어와 관련된 내용을 조사·발표하는 등 전공 관련 활동을 주도적으로 하고, 의미 있는 역할을 했음을 드러냅니다.

- 학급이나 학생회의 임원 활동, 학습 도우미, 학교 행사(방송제)의 진행, 방과 후 언론 교실 등과 같은 학교교육 계획에 의해 진행되는 봉사 활동이나 행사 활동, 수련 활동, 체험 활동에 적극적으로 참여하여 배려하는 마음, 리더십, 공동체의 목표를 함께 달성해가는 과정을 통해 의사소통 능력을 보이는 것이 중요합니다.
- 사회학, 경제학, 인문학, 철학, 정치학 등 폭넓은 분야의 독서를 통해 기본적인 소양을 키웁니다.
- 협업과 소통능력, 나눔과 배려, 성실성과 규칙준수, 창의성 등 자신의 강점이 학교생활기록부 행동특성 및 종합의견에 기록될 수 있도록 학교 생활에 성실하게 임할 것을 권장합니다.

법학과

학과소개

사회가 있는 곳에 법이 있다는 말에서 알 수 있듯이, 법(法)은 공동체 사회의 필수 규범입니다. 국가와 사회는 법질서에 의하여 유지되고, 지속적인 발전을 도모할 수 있기 때문입니다. 합리적인 법적 사유의 소양을 갖춘 법치 시민을 끊임없이 필요로 하는 이유 또한 여기에 있습니다. 법을 제대로 공부한 사람은 아무리 어렵고 복잡한 공동체 사회의 분쟁에 대해서도 이성의 산물인 객관적 법 규범에 의한 해결을 도모함으로써 법치주의와 민주주의의 확립에 기여하게 되고, 그것은 글로벌 무한 경쟁 사회에서 주권 국가의 빼어난 국가 경쟁력으로 이어지게 됩니다. 따라서 그 어떤 학문보다 민주 시민과 법치 시민을 직접적으로 양성하는 역할을 담당하는 법학 교육의 중요성은 이제까지 그래왔던 것처럼 앞으로도 변함없이 강조될 것입니다.

법학과는 정치, 경제, 사회, 문화 등 사회 각계각층에서 대한민국의 법치주의와 민주주의를 실현하고 국제 사회에서 국가 경쟁력을 뒷받침할 인재를 양성합니다. 세계가 한 이웃이 되고, 단일 국가의 국내법만으로는 해결할 수 없는 복잡한 법률문제에 대해서도 분석을 통해서 해결 방안을 강구할 수 있는 빼어난 법학도를 양성하는 것이 법학과의 교육 목표입니다.

개설대학

- 국립강릉원주대학교
- 국립공주대학교
- 국립부경대학교
- 국립창원대학교
- 세종대학교
- 인제대학교
- 청주대학교
- 경기대학교
- 동의대학교
- 가톨릭대학교
- 경남대학교
- 경성대학교
- 계명대학교
- 단국대학교
- 동국대학교
- 명지대학교(제2캠퍼스)
- 세명대학교
- 순천향대학교
- 숭실대학교
- 영산대학교
- 전주대학교
- 조선대학교
- 한림대학교 등

관련학과

- 경찰법학과
- 공공인재법학과
- 기업융합법학과
- 경찰법학전공 등

진출분야

기업체	일반 기업의 총무, 노무, 인사, 채권 관리 등 법무 관련 부서, 신문사, 방송국, 잡지사 등
정부 및 공공 기관	국회, 헌법재판소, 법무부, 법원, 특허청, 경찰청, 대한법률구조공단, 한국자산관리공사, 검찰청, 행정직공무원, 출입국관리사무소, 교정직 공무원, 중고등학교, 대학교 등
연구 기관	국제지식재산연수원, 법률 연구소, 한국법제연구원, 한국법학회 등 기업 및 대학의 법 관련 연구소 등

진출직업

- 법무사
- 법률관련사무원
- 방송기자
- 신문기자
- 잡지기자
- 검사
- 변리사
- 변호사
- 세무사
- 손해사정사
- 판사
- 행정직 공무원
- 사회 교사
- 저작권 에이전트
- 일반비서
- 관리비서
- 경찰관리자
- 교도관
- 교도관리자
- 검찰수사관
- 출입국관리관 등

취득가능 자격증

- 변호사
- 법무사
- 변리사
- 세무사
- 관세사
- 손해평가사
- 감정평가사
- 공인중개사
- 공인노무사
- 일반행정사
- 주택관리사보 등

학과 주요 교과목

기초 과목	법학통론, 인문사회글쓰기, 민법총칙, 헌법총론, 형법총론, 기본권론, 법과 정의, 채권총론, 형법각론, 상사법의 기초이해, 채권각론, 통치구조론, 국제법, 민사소송과 집행, 행정법총론, 국제분쟁해결법, 노동법, 민사소송과 집행, 행정법각론, 물권법, 회사법 등
심화 과목	족상속법, 형사소송법, 국제거래법, 금융법, 영미법, 행정구제법, 형사정책, 국제통상법, 민사실무연습, 법과 역사, 보험해상법, 헌법소송법, 형사소송법, 취창업진로세미나, 경제법, 전자거래법, 형사실무연습, 환경법 등

학과 인재상 및 갖추어야 할 자질

- 공익을 우선시하는 봉사 정신을 갖춘 학생
- 양심이 바르고 논리적이며, 분석력과 공정한 판단력을 지닌 학생
- 지역 사회에 봉사하는 헌신적인 공직자가 꿈인 학생
- 자신이 맡은 분야에 대한 책임 의식과 전문성을 갖춘 학생
- 법에 대한 관심과 흥미, 그리고 외국어 능력을 지닌 학생

학과 관련 선택 과목

※ 국어, 영어 교과는 모든 학문의 기초적인 성격을 가진 도구교과로 모든 학과에 이수가 필요하여 생략함.

공통 과목		공통국어1,2, 공통수학1,2, 공통영어1,2, 한국사1,2, 통합사회1,2, 통합과학1,2, 과학탐구실험1,2
수능 필수		화법과 언어, 독서와 작문, 문학, 대수, 미적분Ⅰ, 확률과 통계, 영어Ⅰ, 영어Ⅱ, 한국사, 통합사회, 통합과학, 성공적인 직업생활(직업)
일반 선택	수학, 사회, 과학	세계사, 사회와 문화, 현대사회와 윤리
	체육·예술	
	기술·가정/정보	정보
	제2외국어/한문	
	교양	
진로 선택	수학, 사회, 과학	정치, 법과 사회, 윤리와 사상, 인문학과 윤리
	체육·예술	
	기술·가정/정보	데이터 과학
	제2외국어/한문	
	교양	인간과 철학, 논리와 사고, 인간과 심리
융합 선택	수학, 사회, 과학	사회문제 탐구, 윤리문제 탐구
	체육·예술	
	기술·가정/정보	지식 재산 일반
	제2외국어/한문	
	교양	

추천 도서 목록

- 판결 너머 자유, 김영란, 창비
- 세상을 떠들썩하게 만든 세기의 재판 이야기, 정보한, 팜파스
- 신국제법강의: 이론과 사례, 정인섭, 박영사
- 세상을 바꾼 재판 이야기, 박동석, 하마
- 법률용어사전(2024), 현암사 법전부, 현암사
- 개인정보보호법, 최경진 외, 박영사
- 국제법을 알면 뉴스가 보인다, 강국진 외, 박영사
- 법철학: 이론과 쟁점, 김정오 외, 박영사
- 법정의 얼굴들, 박주영, 모로
- 우리에게는 헌법이 있다, 이효원, 21세기북스
- 나의 첫 특허 수업, 김태균, 슬로디미디어
- 당신도 죄 없이 감옥에 갈 수 있습니다, 저스틴 브룩스, 반니
- 인공지능법, 최경진, 박영사

- 법률가의 글쓰기, 김범진, 박영사
- 법정에 쓴 수학, 레일라 슈넵스 외, 아날로그(글담)
- 이상한 재판의 나라에서, 정인진, 교양인
- 세로스타트 법학, 전병서, 문우사
- 생활법률 상식사전, 김용국, 위즈덤하우스
- 인공지능, 법에게 미래를 묻다, 정상조, 사회평론
- 법의 주인을 찾습니다, 김진한, 지와인
- 헌법의 자리, 박한철, 김영사
- 이름이 법이 될 때, 정혜진, 동녘
- 이승우 변호사의 사건파일, 이승우 외, 보민출판사
- 과학 재판을 시작합니다, 양지열, 다른
- 한국인의 법과 생활, 법무부, 박영사

학교생활 TIPS

- 법학과와 관련이 깊은 국어, 영어, 정치와 법, 사회·문화 교과의 우수한 학업 성취를 올릴 수 있도록 하고, 각 교과 수업에서 전공과 관련된 활동에 적극적으로 참여하여 창의성, 문제 해결 능력, 탐구력 등이 학교생활기록부 교과 세부능력 및 특기사항에 기록될 수 있도록 합니다.
- 전공과 관련 있는 다양한 진로 활동(법원, 헌법재판소 등 견학, 법학과 체험, 법 관련 직업인 인터뷰 등)에 참여하여 자신의 진로 역량을 키우는 것이 도움이 됩니다. 단순한 참여 사실보다는 활동을 통해 새롭게 배우고 느낀점이 드러나도록 합니다.
- 신문 또는 시사 토론, 법 연구 등의 동아리에서 법과 관련된 글을 쓰거나 토론을 하는 등 의미 있는 역할을 하고, 학급이나 학생회의 임원 활동,

돌봄 활동, 학습 도우미 활동, 자선 봉사 활동 등과 같이 학교 교육계획에 의해 진행되는 봉사 활동이나 행사 활동, 수련 활동, 체험 활동에 적극적으로 참여하여 배려심, 리더십, 의사소통 능력, 협동심 등을 보이는 것이 중요합니다.
- 심리학, 철학, 사회학, 인문학 등 폭넓은 분야의 독서를 통해 법학 전공과 관련된 기본 소양을 키우도록 합니다.
- 협업과 소통능력, 나눔과 배려, 성실성과 규칙준수, 창의성 등 자신의 강점이 학교생활기록부 행동특성 및 종합의견에 기록될 수 있도록 학교생활에 성실하게 임할 것을 권장합니다.

학과소개

부동산 시장의 개방, 부동산의 정보화, 실물 시장과 자본 시장의 통합화에 따라 부동산에 대한 과거의 부정적 시각은 크게 완화되고 있습니다. 부동산은 이제 규제의 대상이 아니라 국부의 원천이며 건전한 투자 자산이라는 인식이 확산되고 있는 것입니다. 과학적이고 체계적인 분석에 기초한 부동산 개발 기법의 대두와 실물시장과 자본 시장의 결합에 따른 다양한 부동산 금융 기법의 도입 등으로 인해 부동산 시장의 선진화는 지속적으로 이루어지고 있습니다. 한편, 세계 경제의 국제화, 개방화 추세에 따라 부동산 시장은 이제 국내 시장만이 아닌 세계 시장으로 그 범위를 넓혀 가고 있으며, 부동산 전문가 또한 활동 영역이 세계적으로 넓어짐에 따라 보다 광범위한 전문 지식을 갖춰야 합니다.

부동산학과는 최근의 부동산 시장의 변화에 발맞추어 부동산 경제, 경영, 개발, 법, 기술 등의 다양한 분야를 종합적으로 연구·교육하여, 전문 지식을 갖춘 부동산 전문가를 배출하는 데 교육 목표를 두고 있습니다. 즉, 부동산에 관한 법률적 지식과 경제·정책, 경영·관리, 금융·투자, 건설·개발 등의 다양한 부동산 전문 분야를 포괄하는 균형 잡힌 교육을 통해 학문적 경쟁력을 갖춘 준비된 부동산 전문 인재를 양성합니다.

개설대학

- 강원대학교
- 명지대학교(제2캠퍼스)
- 영산대학교(제2캠퍼스)
- 국립공주대학교
- 건국대학교
- 남서울대학교 등

진출직업

- 감정평가사
- 부동산중개인
- 부동산펀드투자상담사
- 행정직 공무원
- 부동산연구원
- 도시계획가 등

관련학과

- 금융부동산학과
- 강원대학교
- 도시·부동산학과
- 국제도시부동산학과
- 도시계획부동산학과
- 회계세무부동산학과 등

취득가능 자격증

- 감정평가사
- 경매사
- 공인중개사
- 주택관리사
- 측량 및 지형공간 정보기사
- 지적기사
- 도시계획기사
- 부동산권리분석사 등

진출분야

기업체	건설 회사, 전문 부동산 업체(부동산 신탁업, 부동산 컨설팅업, 부동산 개발업 등), 감정 평가 회사, 일반 기업의 부동산 관리 부서, 증권사의 부동산 금융팀 등
정부 및 공공 기관	중앙 정부나 지방 자치 단체의 국토 정책 관련 공무원, 한국자산관리공사, 각 시도 개발공사 등
연구 기관	국책 연구소 등

학과 주요 교과목

기초 과목	부동산경제학, 부동산학개론, 부동산사법, 감정평가이론, 부동산중개론, 부동산정보론, 주택관리론, 부동산공법, 도시계획, 감정평가실무, 토지정책, 부동산금융론, 부동산조세론 등
심화 과목	부동산투자론, 주택정책, 부동산개발론, 지적 및 측량학, 부동산마케팅, 부동산시장분석론, 도시재생론, 지적측량실습, 부동산컨설팅, 부동산입지론, 부동산자산관리론, 공간정보분석, 부동산개발사례실습, 부동산계량분석, 부동산권리분석, 부동산증권론 등

학과 인재상 및 갖추어야 할 자질

- 부동산의 이론과 실무를 겸비한 도시계획전문가가 꿈인 학생
- 지역 문제를 인식하고, 지방 자치 시대에 봉사하고자 하는 학생
- 도시화, 산업화에 따른 문제점을 해결하는데 이바지하고 싶은 학생
- 자신이 맡은 분야에 대한 책임 의식과 전문성을 갖춘 학생
- 생활 공간과 관련한 문제에 관심이 많은 학생
- 부동산에 관심이 많고, 부동산 분야의 최신 이론과 동향을 연구하고 싶은 학생

학과 관련 선택 과목

※ 국어, 영어 교과는 모든 학문의 기초적인 성격을 가진 도구교과로 모든 학과에 이수가 필요하여 생략함.

공통 과목		공통국어1,2, 공통수학1,2, 공통영어1,2, 한국사1,2, 통합사회1,2, 통합과학1,2, 과학탐구실험1,2
수능 필수		화법과 언어, 독서와 작문, 문학, 대수, 미적분Ⅰ, 확률과 통계, 영어Ⅰ, 영어Ⅱ, 한국사, 통합사회, 통합과학, 성공적인 직업생활(직업)
일반 선택	수학, 사회, 과학	세계시민과 지리, 세계사, 사회와 문화, 현대사회와 윤리
	체육·예술	
	기술·가정/정보	정보
	제2외국어/한문	
	교양	생태와 환경
진로 선택	수학, 사회, 과학	경제 수학, 한국지리 탐구, 도시의 미래 탐구, 법과 사회, 경제
	체육·예술	
	기술·가정/정보	생활과학 탐구, 데이터 과학
	제2외국어/한문	
	교양	인간과 심리
융합 선택	수학, 사회, 과학	실용 통계, 수학과제 탐구, 사회문제 탐구, 기후변화와 지속가능한 세계, 기후변화와 환경생태
	체육·예술	
	기술·가정/정보	창의 공학 설계
	제2외국어/한문	
	교양	인간과 경제활동

추천 도서 목록

- 가볍게 읽는 부동산 왕초보 상식, 태유정, 시대인
- 돈을 빌리는 사람, 부동산을 빌리는 사람, 이제성, 생각나눔
- 부동산 거래의 기술, 임병혁, W미디어
- 부동산 절세 무작정 따라하기, 박민수(제네시스박), 길벗
- 엄마와 딸의 부동산 발품 시크릿, 부엉이날다, 메가스터디북스
- 부동산 정책의 이해, 이종규, 부연사
- 부동산학개론, 백성준 외, 법문사
- 왜 부자만 더 부유해질까, 해들리 다이어 외, 아울북
- 10대부터 읽는 머니 스쿨, 마커스 위크스, 더퀘스트
- 수업 시간에 들려주지 않는 돈 이야기, 윤석천, 지상의책(갈매나무)
- 나의 이상하고 평범한 부동산 가족, 마민지, 클
- 부동산 투자 대격변, 박준연, 두드림미디어
- 이것이 진짜 미국 부동산 투자다, 서용환, 휴앤스토리

- 부동산 시장을 움직이는 절대 트렌드 7, 권화순, 메이트북스
- 감정평가사가 만난 천억 건물주, 이형석, 좋은땅
- 물어보기 부끄러워 묻지 못한 부동산 상식, 이찬종 외, 새로운제안
- 불변의 법칙, 모건 하우절, 시삼독
- 도시수업 탄소중립도시, 김정곤 외, BetaLab(베타랩)
- 부동산 상식사전, 백영록, 길벗
- 부동산 트렌드 2024, 김경민, 와이즈맵
- 부동산을 공부할 결심, 배문성, 어바웃어북
- 부동산 자산운용사에서는 이런 일을 합니다, 윤형환 외, 나비의활주로
- 도심과 자연이 하나가 될 때, 김진영, 북랩
- 못생긴 서울을 걷는다, 허남설, 글항아리
- 시티도스트, 강우원, 좋은땅

학교생활 TIPS

- 부동산학과와 관련이 깊은 국어, 지리, 경제 교과의 우수한 학업 성취를 올릴 수 있도록 하고, 각 교과수업에서 전공과 관련된 활동에 적극적으로 참여하여 창의성, 문제 해결 능력, 탐구력 등이 학교생활기록부 교과 세부능력 및 특기사항에 기록될 수 있도록 합니다.
- 전공과 관련 있는 다양한 진로 활동(건설 회사, 부동산 컨설팅 회사 등 견학, 부동산학과 체험, 부동산 관련 직업인 인터뷰 등)에 참여하여 자신의 진로 역량을 키우는 것이 도움이 됩니다. 단순한 참여 사실보다는 활동을 통해 새롭게 배우고 느낀 점이 드러나도록 합니다.
- 독서 토론, 시사 탐구, 지리 탐구, 부동산 연구 등의 교내 동아리에서 부동산과 관련된 내용을 조사·발표하는 등 전공 관련 활동을 주도적으로

하고, 의미 있는 역할을 했음을 드러냅니다.
- 학급이나 학생회의 임원 활동, 돌봄 활동, 학습 도우미 활동, 자선 봉사 활동 등과 같은 학교 교육계획에 의해 진행되는 봉사 활동이나 행사 활동, 수련 활동, 체험 활동에 적극적으로 참여하여 배려하는 마음, 리더십, 의사소통 능력, 협동심 등을 보이는 것이 중요합니다.
- 협업과 소통능력, 나눔과 배려, 성실성과 규칙준수, 창의성 등 자신의 강점이 학교생활기록부 행동특성 및 종합의견에 기록될 수 있도록 학교생활에 성실하게 임할 것을 권장합니다.

학과소개

사회복지는 더불어 사는 행복한 사회를 만들기 위한 노력을 의미합니다. 사회복지학은 경제적·심리적·사회적 문제를 겪고 있는 대상자(청소년, 노인, 여성, 가족, 장애인 등)에게 사회복지학 및 사회과학의 전문 지식을 이용하여 도출한 각 사회적 문제에 대한 해결 방안 및 해결 방법을 제시하여 직접 문제에서 벗어나도록 도움을 제공하는 학문입니다. 대상자의 문제해결을 위해 주변의 여러 자원들을 활용하여 문제에 접근하고 문제를 해결해 줄뿐만 아니라, 대상자들을 도와 줄 지역이나 도움을 줄 수 있는 주변의 후원자, 자원봉사자들을 연계하여 지원하는 일에 대해서도 연구합니다.

사회복지학과에서는 다양한 사회 문제의 해결 방법을 연구하고 실천하기 위한 교육을 합니다. 또, 인간의 삶의 질을 높이고 평등과 정의를 실현하는 데 기여하는 사회 복지 인력을 양성합니다. 우리나라 및 지역 사회의 공동체 발전과 사회 연대 강화에 기여하고, 인간의 존엄성과 자유, 평등이 구현된 복지 사회를 이루고자 학문적 발전을 도모하며, 전문적인 기술과 지식을 적용할 수 있는 복지 인력의 양성을 교육의 목표로 합니다.

개설대학

- 국립강릉원주대학교 (제2캠퍼스)
- 국립공주대학교
- 건국대학교(글로컬)
- 명지대학교(제2캠퍼스)
- 국립한국교통대학교
- 강원대학교(제2캠퍼스)
- 단국대학교(제2캠퍼스)
- 국립창원대학교
- 가천대학교
- 가톨릭대학교
- 경남대학교
- 경성대학교
- 계명대학교
- 남서울대학교
- 대구대학교
- 대전대학교
- 동아대학교
- 부산대학교
- 삼육대학교
- 상지대학교
- 서울대학교
- 서울시립대학교
- 서울여자대학교
- 성균관대학교
- 성신여자대학교
- 순천향대학교
- 연세대학교
- 용인대학교
- 우송대학교
- 이화여자대학교
- 인천대학교
- 인하대학교
- 총신대학교
- 충남대학교
- 한세대학교
- 협성대학교 등

관련학과

- 복지·보건학부
- 아동사회복지학부
- 사회복지상담학부(사회복지전공)
- 아동복지학부
- 재활복지학과
- 사회복지학전공
- 사회복지상담학과
- 보건의료복지학과 등

진출분야

기업체	의료 시설, 대기업, 외국계 기업의 사회 공헌 관련 부서, 병원, 금융 기관(은행, 증권사), 종합 사회 복지관 등
정부 및 공공 기관	중앙 정부 및 지방 자치 단체(사회복지직 공무원, 보호직 공무원, 교정직 공무원), 국민건강보험공단, 국민연금공단, 한국사회복지협의회, 장애인 복지관, 노인복지관, 각 지역 고용지원센터, 청소년 수련관, 사회복지 시설 등
연구 기관	사회 복지 연구소, 사회 조사 연구소, 사회 정책 연구원, 사회과학 연구소 등

진출직업

- 상담전문가
- 임상심리사
- 사회복지전담 공무원
- 보호직 공무원
- 사회단체활동가
- 사회복지연구원
- 국제개발협력전문가
- 사회복지사
- 다문화언어지도사
- 다문화코디네이터 등

취득가능 자격증

- 물리치료사
- 사회복지사
- 수화통역사
- 직업상담사
- 청소년상담사
- 청소년지도사 등

학과 주요 교과목

기초 과목	사회복지개론, 사회변동과 복지, 복지국가의 이해, 행복한 삶과 사회복지, 사회복지실천론, 사회복지조사론, 인간행동과 사회환경, 지역사회복지론, 사회복지역사, 노인복지론, 사회복지윤리와 철학, 사회복지행정론, 사회문제론, 비영리조직의 이해, 사회복지법제 등
심화 과목	사회복지정책론, 아동복지론, 프로그램개발과 평가, 사회복지자료분석론, 여성복지론, 장애인복지론, 청소년복지론, 사회보장론, 사례관리론, 복지국가론, 가족복지론, 의료사회사업론, 학교사회복지론, 사회복지실천세미나, 사회복지현장실습, 사회보장세미나 등

학과 인재상 및 갖추어야 할 자질

- 협업을 통해 새로운 사회적 가치를 창조하려는 태도를 가진 학생
- 한국 및 지역 사회의 공동체 발전과 사회 연대 강화에 기여하고 싶은 학생
- 평소 사회봉사에 관심이 많고, 실천 의지를 가진 학생
- 인간의 존엄성과 자유, 평등이 구현된 복지 사회에 대해 공부하고 싶은 학생
- 사회 복지에 대한 전문적인 지식을 갖추고 사회 발전에 기여하고자 하는 학생

학과 관련 선택 과목

※ 국어, 영어 교과는 모든 학문의 기초적인 성격을 가진 도구교과로 모든 학과에 이수가 필요하여 생략함.

공통 과목		공통국어1,2, 공통수학1,2, 공통영어1,2, 한국사1,2, 통합사회1,2, 통합과학1,2, 과학탐구실험1,2
수능 필수		화법과 언어, 독서와 작문, 문학, 대수, 미적분Ⅰ, 확률과 통계, 영어Ⅰ, 영어Ⅱ, 한국사, 통합사회, 통합과학, 성공적인 직업생활(직업)
일반 선택	수학, 사회, 과학	사회와 문화, 현대사회와 윤리
	체육·예술	
	기술·가정/정보	기술·가정, 정보
	제2외국어/한문	
	교양	
진로 선택	수학, 사회, 과학	한국지리 탐구, 정치, 법과 사회, 경제, 윤리와 사상, 인문학과 윤리, 국제 관계의 이해
	체육·예술	
	기술·가정/정보	
	제2외국어/한문	
	교양	인간과 철학, 논리와 사고, 인간과 심리, 교육의 이해, 보건
융합 선택	수학, 사회, 과학	사회문제 탐구, 윤리문제 탐구, 기후변화와 지속가능한 세계
	체육·예술	
	기술·가정/정보	생애 설계와 자립, 아동발달과 부모
	제2외국어/한문	
	교양	논술

추천 도서 목록

- 가족복지론, 정민기 외, 피와이메이트
- 경쟁 교육은 야만이다, 김누리, 해냄출판사
- 갑을관계의 정의론, 조계원, 버니온더문
- 자본의 성별, 셀린 베시에르 외, 아르테(arte)
- 사회복지학개론, 권중돈 외, 학지사
- 사회복지 윤리와 철학, 이솔지 외, 어가
- 아동권리와 복지, 이순자 외, 양서원
- 사회복지역사, 이준우 외, 도서출판 신정
- 노인복지론, 김영미, 양서원
- 돌봄, 동기화, 자유, 무라세 다카오, 다다서재
- 장애인복지론, 김용환 외, 동문사
- 계급 천장, 샘 프리드먼 외, 사계절
- 아이들의 화면 속에선 무슨 일이 벌어지고 있는가, 김지윤, 사이드웨이

- 범죄사회, 정재민, 창비
- 아동복지론, 백혜영 외, 신정
- 퇴행은 저지하고 희망은 만든다, 사단법인 생명평화민주주의연구소, 자유문고
- 발대사회, 모성준, 박영사
- 해냈어요, 멸망, 윤태진, 메디치미디어
- 가난한 아이들은 어떻게 어른이 되는가, 강지나, 돌베개
- 선량한 차별주의자, 김지혜, 창비
- 두 번째 지구는 없다, 타일러 라쉬, 알에이치코리아
- 축소되는 세계, 앨런 말라흐, 사이
- 계급 천장, 샘 프리드먼 외, 사계절
- 존엄케어를 실천하는 감동의 스토리, 한철수, 행복에너지
- 고통을 말하지 않는 법, 마리아 투마킨, 을유문화사

학교생활 TIPS

- 사회복지학과와 관련이 깊은 국어, 사회·문화, 생활과 윤리 교과의 우수한 학업 성취를 올릴 수 있도록 하고, 각 수업 활동에 적극적으로 참여하여 창의성, 문제 해결 능력, 탐구력 등이 학교생활기록부 교과 세부능력 및 특기사항에 기록될 수 있도록 합니다.
- 전공과 관련 있는 다양한 진로 활동(사회 복지관, 장애인 복지관 등 견학, 사회복지학과 체험, 사회복지사 직업인 인터뷰 등)에 참여하여 자신의 진로 역량을 키우는 것이 도움이 됩니다. 단순한 참여 사실보다는 활동을 통해 새롭게 배우고 느낀 점이 드러나도록 합니다.
- 복지 정책 탐구, 시사 토론, 독서 토론, 사회봉사 등의 교내 동아리에서 사회 복지와 관련된 내용을 조사·발표하는 등 전공 관련 활동을 주도적

으로 하고, 의미 있는 역할을 하도록 합니다.
- 학급이나 학생회의 임원 활동, 멘토-멘티 활동, 돌봄 활동, 학습 도우미 활동, 자선 봉사 활동 등과 같은 학교 교육계획에 의해 진행되는 봉사 활동이나 행사 활동, 수련활동, 체험 활동 등에 적극적으로 참여하여 배려하는 마음, 리더십, 의사소통 능력, 협동심 등을 보이는 것이 중요합니다.
- 심리학, 철학, 사회학, 인문학, 경제학, 정치학 등 폭넓은 분야의 독서를 통해 사회복지학 전공과 관련된 기본 소양을 키웁니다.
- 협업과 소통능력, 나눔과 배려, 성실성과 규칙준수, 창의성 등 자신의 강점이 학교생활기록부 행동특성 및 종합의견에 기록될 수 있도록 학교 생활에 성실하게 임할 것을 권장합니다.

사회학과

학과소개

사회가 복잡해지고 다양한 사회 현상과 사회 문제들이 발생하면서, 이를 종합적·객관적으로 해석하고 이해하는 것이 더욱 중요해지고 있습니다. 사회학은 사람들이 사회에서 살아가는 생활방식을 분석하고, 사회 구성원 간의 상호 작용과 사회 구조 등을 탐구함으로써 보다 나은 미래 사회의 대안을 모색하는 학문입니다. 사회학의 연구 분야는 사회 전체를 종합적으로 이해하는 종합 사회학과, 특정 분야의 사회 현상을 분석하는 특수사회학으로 구분됩니다. 종합사회학에서는 사회사상, 사회 변동, 사회 발전론 등을 연구하며 특수사회학에서는 정치, 경제, 문화, 예술, 종교, 역사 등 특정 사회에 대한 이해를 집중적으로 연구합니다.

사회학과는 사회 과학의 학문적 토대를 이루는 학과로서, 우리가 일상생활에서 접하는 각종 사회 현상을 '사회학적 상상력'을 통해 새롭게 바라보고 그 이면에 담긴 의미를 밝힘으로써, 잘 드러나지 않는 사회 문제의 숨겨진 원인을 진단하고 처방합니다. 즉, 사회 현상을 사회와 개인의 관계, 인구와 가족, 사회 조직, 일과 직업, 대중문화, 사회 운동, 사회 구조와 사회 변동 등의 측면에서 과학적으로 탐구하고 그 대안을 제시합니다.

개설대학

- 가톨릭대학교
- 강원대학교
- 경상국립대학교
- 경북대학교
- 경희대학교
- 계명대학교
- 고려대학교
- 국립창원대학교
- 국민대학교
- 부산대학교
- 서강대학교
- 서울대학교
- 성균관대학교
- 연세대학교
- 영남대학교
- 이화여자대학교
- 전남대학교
- 제주대학교
- 중앙대학교
- 충남대학교
- 충북대학교
- 한림대학교
- 한양대학교 등

진출직업

- 사회조사원
- 통계사무원
- 설문조사원
- 사회문제연구원
- 광고 및 홍보전문가
- 헤드헌터
- 방송기자
- 신문기자
- 잡지기자
- 카피라이터
- 편집기자
- 중등학교 교사(일반사회)
- 사회학연구원
- 사회단체활동가
- 사회조사전문가 등

관련학과

- 도시사회학과
- 정보사회학과
- 사회언론정보학부 사회학전공
- 융합전공학부 도시사회학–국제 도시개발학 전공 등

취득가능 자격증

- 사회조사분석사
- 중등학교 정교사 2급(일반사회) 등

진출분야

기업체	일반 기업의 경영 관리, 재무, 인사, 영업 부서, 리서치 회사(한국리서치, 닐슨코리아 등), 출판사, 신문사, 방송국, IT 업계, 금융 업계, 광고 및 홍보 회사 등
정부 및 공공 기관	중앙 정부 및 지방 자치 단체(사회 복지 정책, 노동 정책, 교육 정책, 환경 정책 담당자), 행정부, 국회, 한국정보화진흥원, 사회보장정보원, 한국산업인력공단, 한국청소년정책연구원 등 공기업, 중고등학교, 대학교 등
연구 기관	사회 복지 연구소, 사회 조사 연구소, 한국사회여론연구소, 한국노동연구원, 한국여성정책연구원, 사회정책 연구원, 사회 과학 연구소 등

학과 주요 교과목

기초 과목	사회학의 이해, 문화인류학, 사회학원서강독, 직업과 사회, 고전사회학이론, 사회불평등의 이해, 현대사회학이론, 기업과 사회, 문화사회학, 가족사회학, 사회조사방법, 환경사회학, 인터넷과 정보사회, 세계화와 다문화사회, 조직과 사회 등
심화 과목	역사사회학, 사회심리학, 시민사회와 NGO, 도시와 지역사회, 산업사회학, 인구와 사회, 정치사회학, 범죄사회학, 사회적경제와 협동조합, 보건의료사회학, 사회조사분석, 사회통계, 사회발전론, 사회학과 사회정책, 지역사회조직과 사회운동, 사회학실습, 사회학특강 등

학과 인재상 및 갖추어야 할 자질

- 정확한 자아 정체성과 심층적 사회 인식 의지를 가진 학생
- 자기 계발과 사회 개혁에 관심이 많은 학생
- 공공성과 헌신성 및 지도력을 가진 학생
- 사회 현상을 논리적이고 과학적으로 분석할 수 있는 통찰력을 갖춘 학생
- 과학적인 조사와 분석을 위한 사회통계학적 지식을 응용할 수 있는 학생
- 복잡하고 다양한 사회 문제를 종합적으로 분석할 수 있는 능력을 지닌 학생

학과 관련 선택 과목

※ 국어, 영어 교과는 모든 학문의 기초적인 성격을 가진 도구교과로 모든 학과에 이수가 필요하여 생략함.

공통 과목		공통국어1,2, 공통수학1,2, 공통영어1,2, 한국사1,2, 통합사회1,2, 통합과학1,2, 과학탐구실험1,2
수능 필수		화법과 언어, 독서와 작문, 문학, 대수, 미적분 I, 확률과 통계, 영어 I, 영어 II, 한국사, 통합사회, 통합과학, 성공적인 직업생활(직업)
일반 선택	수학, 사회, 과학	세계시민과 지리, 세계사, 사회와 문화, 현대사회와 윤리
	체육·예술	
	기술·가정/정보	
	제2외국어/한문	
	교양	
진로 선택	수학, 사회, 과학	한국지리 탐구, 정치, 법과 사회, 경제, 윤리와 사상, 인문학과 윤리, 국제 관계의 이해
	체육·예술	
	기술·가정/정보	데이터 과학
	제2외국어/한문	
	교양	인간과 철학, 논리와 사고, 인간과 심리
융합 선택	수학, 사회, 과학	사회문제 탐구, 윤리문제 탐구, 금융과 경제생활, 기후변화와 지속가능한 세계
	체육·예술	
	기술·가정/정보	아동발달과 부모
	제2외국어/한문	
	교양	

추천 도서 목록

- 사회계약론, 장자크 루소, 김영욱 역, 후마니타스
- 선택할 자유, 밀턴 프리드먼 외, 자유기업원
- 사회학적 상상력, C. 라이트 밀즈, 강희경 외 역, 돌베개
- 동물농장, 조지오웰, 민음사
- 난장이가 쏘아올린 작은 공, 조세희, 이성과 힘
- 21세기 자본, 토미피케티, 글항아리
- 고독한 군중, 데이비드리스먼, 동서문화사
- 도둑맞은 집중력, 요한 하리, 어크로스
- 초고령사회 일본이 사는 법, 김웅철, 매일경제신문사
- 신인류가 온다, 일지 이승헌, 한문화
- 빨대사회, 모성준, 박영사
- 공정하다는 착각, 마이클 샌델, 와이즈베리
- 오타쿠의 욕망을 읽다, 마이너 리뷰 갤러리, 메디치미디어

- 세계미래보고서 2024-2034, 박영숙 외, 교보문고
- 선량한 차별주의자, 김지혜, 창비
- 화폐 권력과 민주주의, 최배근, 월요일의꿈
- 대중문화의 이해, 김창남, 한울아카데미
- 해적의 시대를 건너는 법, 박웅현, 인티N
- 사회학: 비판적 시선, 정태석 외, 한울
- 지리의 힘, 팀 마샬, 사이
- 총 균 쇠, 재레드 다이아몬드, 김영사
- 질병, 낙인, 김재형, 돌베개
- 이주, 국가를 선택하는 사람들, 헤인 데 하스, 세종서적
- 멀티제너레이션, 대전환의 시작, 마우로 기엔, 리더스북
- 축소되는 세계, 앨런 말라흐, 사이

학교생활 TIPS

- 사회학과와 관련이 깊은 국어, 사회·문화, 생활과 윤리 교과의 우수한 학업 성취를 올릴 수 있도록 하고, 각 수업 활동에 적극적으로 참여하여 창의성, 문제 해결 능력, 탐구력 등이 학교생활기록부 교과 세부능력 및 특기사항에 기록될 수 있도록 합니다.
- 전공과 관련 있는 다양한 진로 활동(사회 정책 연구원, 리서치 회사 등 견학, 사회학과 체험 등)에 참여하여 자신의 진로 역량을 키우는 것이 도움이 됩니다. 단순한 참여 사실보다는 활동을 통해 새롭게 배우고 느낀 점이 드러나도록 합니다.
- 사회 탐구, 시사 토론, 독서 토론, 신문 등의 교내 동아리에서 사회학과 관련된 내용을 조사·발표하는 등 전공 관련 활동을 주도적으로 하고,

의미 있는 역할을 했음을 드러냅니다.
- 학급이나 학생회의 임원 활동, 멘토-멘티 활동, 돌봄 활동, 학습 도우미 활동, 자선 봉사 활동 등과 같은 학교 교육계획에 의해 진행되는 봉사 활동이나 행사 활동, 수련활동, 체험 활동에 적극적으로 참여하여 배려하는 마음, 리더십, 의사소통 능력, 협동심 등을 보이는 것이 중요합니다.
- 협업과 소통능력, 나눔과 배려, 성실성과 규칙준수, 창의성 등 자신의 강점이 학교생활기록부 행동특성 및 종합의견에 기록될 수 있도록 학교 생활에 성실하게 임할 것을 권장합니다.

학과소개

산업보안학은 조직이 보유하고 있는 유·무형 자산(기술, 인력, 장비, 정보 등)을 보호하고, 손실을 방지하기 위한 다차원의 학문입니다. 기존의 IT 자산 중심의 기술적 정보 보호 영역에서 벗어나 보안을 조직 경영의 일부로 보면서, 복잡하고 다양한 침해 행위로부터 산업 자산을 보호하기 위한 제반 활동을 포함합니다. 즉, 산업보안학과는 산업 융합 환경에서 필요한 정보 보안 이론과 실무 지식을 활용하여 산업보안 업무를 효율적으로 해결하는 방법을 배우는 학과입니다.

산업보안학과는 창의력과 독창성, 그리고 4차 산업혁명 시대에 즉시 활용 가능한 산업보안 지식을 갖춘 인재, 산업보안 관련 법률, 규정 및 관련 판례에 대한 전문적인 이해력을 갖춘 인재, IT 기반의 정보 보안 기술과 물리 보안 장비에 대한 이해 등 산업 현장에서 필요로 하는 실무 능력을 갖춘 인재의 양성을 교육 목표로 합니다.

개설대학

- 중앙대학교 등

진출직업

- 디지털포렌식전문가
- 사이버수사요원
- 컴퓨터보안전문가
- 정보보호전문가
- 소프트웨어엔지니어
- 네트워크엔지니어
- 정보통신컨설턴트
- 컴퓨터시스템감리 전문가
- 보안SW개발자
- 보안관제사
- 보안로그분석가
- 침해사고분석가
- 악성코드분석가
- 네트워크보안전문가
- 전자상거래관리자
- 정보보호컨설턴트
- 정보시스템감리사
- 보안전문변호사
- 국제보안전문가
- 개인정보보호전문가 등

관련학과

- 산업경영학과
- 산업융합학부
- 산업·데이터공학과
- 산업경영공학과
- 산업안전보건학과
- 산업융합공학과
- 시스템경영·안전공학부 등

취득가능 자격증

- 정보보호전문가(SIS)
- 정보보안관리사(ISM)
- 공인정보시스템감사사 (CISA)
- 국제공인정보시스템보안 전문가(CISSP)
- 정보처리기능사
- 정보처리산업기사
- 정보처리기사
- 정보보안기사
- 정보보안산업기사
- 정보기기운용기능사
- 디지털포렌식전문가
- 리눅스마스터1·2급
- 전자계산기조직응용기사
- 개인정보관리사(CPPG)
- 인터넷보안전문가
- 해킹보안전문가 등

진출분야

기업체	기업체 및 금융 기관, 정보보호 전문기업, 인터넷 쇼핑몰 회사, 게임 개발 회사, 정보 통신 관련 업체, 정보 보안 컨설팅 전문 업체, 스마트폰 보안 업체, 응용프로그램 개발 업체 등
정부 및 공공 기관	국방부, 국가정보원, 경찰청 사이버안전국, 검찰청, 군 정보 부서 및 보안 부대, 한국정보화진흥원, 국가공인 인증 기관(한국정보화진흥원, 금융결제원) 등
연구 기관	정보 보호 및 재난 대응 연구 기관, 정부출연 연구소(한국인터넷진흥원, 한국전자통신연구원, 국가보안기술연구소, 금융보안원, 전자부품연구원) 등

학과 주요 교과목

기초 과목	산업보안개론, 법학입문, 민간경비론, 정보보안개론, 산업범죄심리학, 디지털비즈니스와 보안, 정보통신기술, 지적재산권법, 컴퓨터프로그래밍, 중소기업기술보호론, 사이버범죄론 등
심화 과목	산업보안컨설팅, 어플리케이션보안, 네트워크보안, 산업보안계약법, 시스템보안, 데이터베이스보안, 개인정보보호 및 정보통신관련법, 보안통계 및 데이터분석, 방산보안, 산업보안컨설팅, 산업테러와 기반시설보호, 보안시스템운영과 활용, 저작-상표-디자인법, 소프트웨어보안 등

학과 인재상 및 갖추어야 할 자질

- 다양한 상황에서 발생할 수 있는 보안 위험을 예방하는 데 필요한 창의적 문제 해결 능력을 지닌 학생
- 문제점을 찾고 해결하는 업무에 적합한 분석적이고 꼼꼼한 성향의 학생
- 수학, 물리학, 화학 등 다양한 분야를 융합하는 일에 관심이 있는 학생
- 호기심이 왕성하고, 원인과 결과를 분석하여 상관관계를 찾는 데 재능이 있는 학생
- 복잡한 수식을 이용한 계산 능력, 도전 의식과 새로운것에 대한 상상력과 창의성을 지닌 학생
- 남들이 생각하지 못한 방법으로 문제를 풀거나 대상을 바라보는 등 응용력과 창의성이 뛰어난 학생

학과 관련 선택 과목

※ 국어, 영어 교과는 모든 학문의 기초적인 성격을 가진 도구교과로 모든 학과에 이수가 필요하여 생략함.

공통 과목		공통국어1,2, 공통수학1,2, 공통영어1,2, 한국사1,2, 통합사회1,2, 통합과학1,2, 과학탐구실험1,2
수능 필수		화법과 언어, 독서와 작문, 문학, 대수, 미적분Ⅰ, 확률과 통계, 영어Ⅰ, 영어Ⅱ, 한국사, 통합사회, 통합과학, 성공적인 직업생활(직업)
일반 선택	수학, 사회, 과학	대수, 미적분Ⅰ, 확률과 통계, 현대사회와 윤리
	체육·예술	
	기술·가정/정보	기술·가정, 정보
	제2외국어/한문	
	교양	
진로 선택	수학, 사회, 과학	기하, 미적분Ⅱ, 정치, 법과 사회, 윤리와 사상, 인문학과 윤리
	체육·예술	
	기술·가정/정보	인공지능 기초, 데이터 과학
	제2외국어/한문	
	교양	
융합 선택	수학, 사회, 과학	수학과제 탐구, 윤리문제 탐구
	체육·예술	
	기술·가정/정보	소프트웨어와 생활
	제2외국어/한문	
	교양	

추천 도서 목록

- 전략의 역사, 로렌스 프리드먼, 비즈니스북스
- 거의 모든 인터넷의 역사, 정지훈, 메디치미디어
- 보안 위협 예측, 존 피어츠 외, 에이콘출판
- 페르마의 마지막 정리, 사이먼 싱, 영림카디널
- 로봇시대, 인간의 일, 구본권, 어크로스
- 이기적 유전자, 리처드 도킨스, 을유문화사
- 부분과 전체, 베르너 하이젠베르크, 서커스(서커스출판상회)
- 기술전략 역사로부터 배운다, 조용덕, 탐진
- 기업과 인권, 나디아 베르나즈, 태학사
- 산업보안학, 한국산업보안연구학회, 박영사
- 탐정과 산업보안, 강동욱 외, 박영사
- 4차 산업혁명 시대 정보보안기사로 성공을 디자인하라, 김동혁, 비팬북스
- 4차 산업혁명 시대의 정보보안과 진로설계, 최성배, 박영사

- 벌레사냥꾼, 조현숙, 인포더북스
- 생체정보 보호 가이드라인, 개인정보보호위원회, 진한엠앤비
- 4차 산업혁명시대 핀테크 개인정보보호, 백남정, 지식플랫폼
- 초연결사회와 개인정보보호, 이욱한 외, 아모르문디
- IT시대 개인정보, 이정수, 법률신문사
- 금융 소비자 보호, 안수현 외, 한국금융연수원
- 키워드로 정리하는 정보보안 119, 문광석, 제이팝
- 포텐의 정보보안 카페, 이수현, 좋은땅
- 정보보호 인문학, 최은선 외, 제주대학교출판부
- 10대에 정보 보안 전문가가 되고 싶은 나, 어떻게 할까?, 마이클 밀러, 오유아이
- 결정적 사건으로 배우는 암호학, 윤진, 골든래빗
- 비트코인과 블록체인, 페드로 프랑코, 중앙경제평론사

학교생활 TIPS

- 산업보안학 전공과 관련이 있는 교과를 선택하고(수학, 물리학, 화학, 사회, 정보) 관련 교과의 학업 역량을 보여 줄 수 있도록 관리합니다. 학교생활기록부 교과 세부능력 및 특기사항에 수업과 관련하여 수행한 과제와 과제물의 수준, 수업 태도, 수업 참여 내용 등이 나타날 수 있도록 하고, 이를 통해 탐구력, 문제 해결 능력, 발전가능성, 창의력 등이 나타날 수 있도록 합니다.
- 산업보안학 분야에 대한 흥미와 관심, 지원 전공에 대해 이해도, 자신의 경험과 지원전공과의 연관성이 드러날 수 있는 교내 및 교외 활동(정보보호나 산업보안 관련 업체나 연구소 탐방, 산업보안 관련 직업 체험 및 특강 참여, 관련 학과 탐방) 참여를 통해 자신의 진로 역량을 키우는 것을 추천합니다.

참여하게 된 계기나 자신의 역할, 배우고 느낀점 등이 나타나는 것이 좋습니다.
- 자선 봉사 활동(캠페인, 불우 이웃 돕기, 기아 아동 돕기), 사회 소외 계층 대상(장애인, 독거노인, 다문화 가정학생), 학습 도우미(복지관) 봉사 활동 참여를 추천하고, 일회성이 아닌 지속적인 봉사 활동 참여를 통해서 타인을 위해 봉사하고 헌신하는 모습이 드러나는 것이 중요합니다.
- 컴퓨터 관련 동아리(코딩, 아두이노, 정보 보안), 과학 관련 동아리(과학 탐구 실험, 수리 탐구 논술) 등의 참여를 추천합니다.
- 정보 보안, 정보 통신, 컴퓨터, 전자, 반도체, 환경, 에너지, 인공지능, 로봇, 인문학, 철학, 역사, 심리학 등 다양한 분야의 독서 활동 경험을 통해 융합적 사고 능력을 키우도록 합니다.

60

상담심리학과

학과소개

점점 복잡하고 경쟁적으로 변화하는 사회 속에서 현대인은 다양한 스트레스와 인간관계의 갈등을 경험하고 있으며, 이로 인해 심리적 갈등과 불안도 증가하고 있습니다. 이러한 변화 속에서 현대인의 정신적, 심리적 건강을 보호하고 관리하는 데 도움을 줄 수 있는 상담 및 심리 전문가에 대한 수요는 크게 증가하고 있습니다. 상담심리학은 인간 행동을 과학적으로 탐구하고, 학교, 기업, 지역 사회 등 다양한 삶의 현장에 적용할 수 있는 상담 지식과 기술을 연마하여 인간 삶의 개선에 기여하는 실천 지향적인 학문입니다.

상담심리학과는 인간이 삶에서 직면하는 다양한 고통과 고난의 문제를 보다 효과적으로 해결할 수 있도록 돕고, 인간 본연의 성장과 건강한 사회의 발전에 도움을 주고자 하는 학과입니다. 따라서 상담 및 심리적 이론을 실제적으로 적용하고 통합할 수 있는 상담 및 심리 전문가, 인류의 정신 건강 및 심리 치료 분야의 선진화를 유도하는 창의적인 상담 및 심리 전문가를 양성하는 것을 교육 목표로 합니다. 상담심리학 전공자는 무엇보다도 인간에 대한 진실한 관심과 인간 성장에 대한 믿음이 있어야 합니다. 또한, 인간 감정과 생각에 대한 섬세한 인식 능력뿐만 아니라 자신에 대한 진솔성과 수용 능력, 모호성에 대한 인내력, 변화에 개방적인 태도 등도 필요합니다.

개설대학

- 광주여자대학교
- 동신대학교
- 삼육대학교
- 영남신학대학교
- 전주대학교
- 조선대학교
- 한남대학교
- 호남대학교
- 강서대학교
- 나사렛대학교
- 서원대학교
- 서울한영대학교
- 세명대학교 등

관련학과

- 청소년상담복지학과
- 동양상담복지학과
- 사회복지상담학부(상담심리전공)
- 복지상담학과
- 사회복지상담학과
- 상담심리전공
- 상담심리치료학과
- 심리상담학과
- 아동·청소년교육상담학과 등

진출분야

기업체	기업 부설 상담소, 직업 상담소, 기업 연수원, 각 지역 정신건강복지센터, 정신 의료 기관(신경정신과) 등
정부 및 공공 기관	한국청소년상담복지개발원, 시·도 교육청 청소년상담 센터, 청소년 수련관, 대학교 학생 생활 상담 센터, 중고등학교 Wee 클래스, 사회 복지 기관, 청소년 보호 기관, 교정 시설, 보건소 등
연구 기관	상담 관련 국가·민간 연구소 등

진출직업

- 직업상담사
- 청소년상담사
- 임상심리사
- 범죄심리사
- 놀이치료사
- 아동상담사
- 상담전문가
- 연구원
- 중등학교 교사(전문상담)
- 교수 등

취득가능 자격증

- 청소년상담사
- 임상심리사
- 직업상담사
- 상담심리사
- 범죄심리사
- 발달심리사
- 건강심리사
- 중등학교 정교사 2급 (전문상담)
- 상담심리지도사
- 피해상담사
- 놀이치료사
- 미술치료사
- 독서치료사
- 아동상담사
- 산업 및 조직심리사
- 중독심리사
- 부부가족상담전문가 등

학과 주요 교과목

기초 과목	인간행동의 이해, 상담학개론, 21세기형리더십개발, 사회행동이론, 성격의 이해, 상담이론과 실제, 인간특성발달, 공감과 존중, 학업과 재능발달, 상담언어의 기초, 상담윤리, 집단상담, 가족발달이론, 상담통계, 사회문제와 상담, 학습과 동기, 심리학개론, 상담과 문화, 학습심리학, 건강심리학, 교육심리, 성격심리학, 발달심리학, 심리통계, 이상심리학 등
심화 과목	산업체현장실습, 상담연구방법론, 진로상담, 가족상담, 상담면접, 취·창업전공세미나, 문화와 상담, 심리검사, 아동청소년상담, 특수아상담, 상담실습 및 사례연구, 이상행동이해, 국내인턴십, 국외인턴십, 상담과 법, 캡스톤디자인, 상담프로그램개발과창업, 심리평가, 상담기술, 집단상담, 사회심리학, 임상심리학 등

학과 인재상 및 갖추어야 할 자질

- 사회봉사에 대한 실천 의지를 지닌 학생
- 사회학, 심리학, 가족학 등에 관심이 많은 학생
- 타인의 행복과 안녕에 대해 진정한 관심을 갖고, 타인의 가치를 인정하는 태도를 지닌 학생
- 타인과의 원활한 의사소통 능력을 지닌 학생
- 글로벌 및 다문화 사회의 상담 요구에 필요한 외국어 능력과 건전하고 폭넓은 상식을 지닌 학생

인문계열
사회계열
자연계열
공학계열
의약계열
예체능계열
교육계열
계약학과 & 특성화학과

학과 관련 선택 과목

※ 국어, 영어 교과는 모든 학문의 기초적인 성격을 가진 도구교과로 모든 학과에 이수가 필요하여 생략함.

공통 과목		공통국어1,2, 공통수학1,2, 공통영어1,2, 한국사1,2, 통합사회1,2, 통합과학1,2, 과학탐구실험1,2
수능 필수		화법과 언어, 독서와 작문, 문학, 대수, 미적분Ⅰ, 확률과 통계, 영어Ⅰ, 영어Ⅱ, 한국사, 통합사회, 통합과학, 성공적인 직업생활(직업)
일반 선택	수학, 사회, 과학	대수, 미적분Ⅰ, 확률과 통계, 사회와 문화, 현대사회와 윤리, 화학, 생명과학
	체육·예술	
	기술·가정/정보	정보
	제2외국어/한문	
	교양	
진로 선택	수학, 사회, 과학	정치, 법과 사회, 윤리와 사상, 인문학과 윤리
	체육·예술	
	기술·가정/정보	생활과학 탐구, 데이터 과학
	제2외국어/한문	
	교양	인간과 철학, 인간과 심리, 교육의 이해
융합 선택	수학, 사회, 과학	실용 통계, 수학과제 탐구, 사회문제 탐구, 윤리문제 탐구, 융합과학 탐구
	체육·예술	
	기술·가정/정보	아동발달과 부모
	제2외국어/한문	
	교양	

추천 도서 목록

- 아들러의 인간이해, 알프레드 아들러, 홍혜경 역, 을유문화사
- 공부에 지친 학생들을 위한 심리 수업, 김종환, 북루덴스
- 음악은 어떻게 우리의 감정을 자극하는가, 박진우, 인물과사상사
- 우연한 아름다움, 김건종, 에이도스
- 감정은 어떻게 만들어지는가, 리사 펠드먼 배럿, 최소영 역, 생각연구소
- 아내를 모자로 착각한 남자, 올리버 색스, 조석현, 알마
- 세상에서 가장 재미있는 63가지 심리실험, 이케가야유지, 서수시 역, 사람과나무사이
- 만만한 심리학개론, 임현규, 사회평론아카데미
- 더 알고 싶은 심리학, 학지사, 한국심리학회
- 내 그림자에 빛이 들어오기 시작했다, 김서영, 생각속의집
- 갈등을 관리하는 방법, 피터 T. 콜먼 외, 마리북스
- 청소년을 위한 심리학 에세이, 고영건 외, 해냄출판사
- 사피엔스의 뇌, 아나이스 루, 윌북
- 나는 나와 다투지 않습니다, 오윤미, 두드림미디어
- 감정이 어려운 사람들을 위한 뇌과학, 딘 버넷, 북트리거
- 내안의 아이 치유하기, Gitta Jacob 외, 메타미디어
- 고독한 심리 방에 입장하셨습니다, 김앵두, 알에이치코리아
- 내면 혁명으로의 초대 IFS, 리처드 C. 슈워츠, 싸이칼러지코리아
- 깊은 생각의 비밀, 김태훈 외, 저녁달
- 마음이란 무엇인가, 박이정, 체화인지연구단
- 양수인간: 삶의 격을 높이는 내면 변화 심리학, 최설민, 북모먼트
- 인지심리학 입문, 정혜선, 사회평론아카데미
- 사람의 마음은 어떻게 움직이는가, 심리학 수업, 임낭연, 사람in
- 행복을 디자인하다, 이국희, 학지사
- 심리상담의 이해와 사례개념화, 임향빈, 북랩

학교생활 TIPS

- 상담심리학과 관련이 깊은 국어, 영어, 사회 등의 교과에서 우수한 학업 성취를 올릴 수 있도록 하고, 각 수업 활동에 적극적으로 참여하여 학업 역량, 문제 해결 능력, 탐구력 등이 학교생활기록부 교과 세부능력 및 특기사항에 기록될 수 있도록 합니다.
- 전공과 관련 있는 다양한 진로 활동(Wee 클래스, 학과 탐방, 직업상담사 인터뷰 등)에 참여하여 새롭게 알게 된 사실이나 느낀 점을 중심으로 자신의 진로 역량을 키울 것을 권장합니다.
- 또래 상담, 심리학 연구, 독서 토론, 신문 등의 교내 동아리에서 상담과 관련된 내용을 조사·발표하는 등 전공 관련 활동을 주도적으로 하여 의미 있는 역할을 했음을 드러냅니다.
- 학급이나 학생회의 임원 활동, 돌봄 활동(장애인, 독거노인, 환우 등), 학습 도우미 활동(복지관, 방과 후 학교 등), 병원이나 상담 기관 등에서의 봉사 활동(업무 보조·홍보 활동, 각종 캠페인 활동 등)과 같은 학교 교육 계획에 의해 진행되는 봉사 활동이나 행사 활동, 수련 활동, 체험 활동 등에 적극적으로 참여하여 협업과 소통능력, 나눔과 배려, 성실성과 규칙준수, 리더십 등을 보이는 것이 중요합니다.
- 심리학, 역사학, 철학, 정치경제학, 생물학 등 폭넓은 분야의 독서를 통해 기본적인 소양을 키울 것을 추천합니다.

61

세무학과

학과소개

자기가 맡은 분야에서 끊임없는 혁신을 통해 부가 가치를 증대시킬 수 있는 지식 근로자만이 경쟁에서 살아남을 것입니다. 조세정책, 세법을 비롯한 세무회계는 학문적으로 희소성 있는 분야이고, 우리가 살고 있는 자본주의 시장 경쟁 체제를 가장 잘 이해할 수 있으며, 경쟁력을 기르는 데 필요한 모든 지식을 포함하는 핵심적·실용적 학문입니다. 기업과 정부의 세무 분야 전문화와 더불어 세무 분야의 전문가를 양성하는 일은 시대적 주요 과제로 떠오르고 있습니다.

세무학과는 이러한 시대적 요청에 부응하여 기업과 행정 분야에 필요한 유능한 인재, 조세 정책, 세법 및 세무회계 분야의 학문 연구 및 실무를 담당하게 될 인재의 양성에 교육 목표를 두고 있습니다. 세무학과에서는 학생들이 경제학, 조세법, 세무회계 연구분야를 두루 섭렵하고, 장차 학자 및 실무 전문가로서의 기반을 다져 나갈 수 있도록 교과목을 편성하여 운영합니다. 또한 교양과 인접 학문(회계학, 법학, 경제학, 재정학 등)의 튼튼한 기반 위에 세무 전문 지식을 쌓도록 합니다. 세무학과의 이념은 세무학의 학문적 정립입니다.

개설대학

- 국립창원대학교
- 계명대학교
- 남서울대학교
- 서울시립대학교 등

진출직업

- 경영컨설턴트
- 공인회계사
- 세무사
- 변호사
- 애널리스트
- 펀드매니저
- 자산관리사 등

관련학과

- 회계학과
- 세무회계학과
- 회계세무학과
- 경영회계학과 등

취득가능 자격증

- 전산회계운용사
- 공인회계사
- 세무사
- 미국공인회계사(AICPA)
- 보험계리사
- 공인노무사
- 경영지도사
- 신용위험분석사(CRA)
- 자산관리사
- 국제금융역
- 여신심사역
- 재경관리사
- 전산세무회계
- 회계관리
- 물류관리사
- 유통관리사 등

진출분야

기업체	일반 기업의 경영 관련 사무직, 은행, 증권사, 자산운용사, 종합 금융사, 보험 회사, 카드 회사, 컨설팅회사, 무역 회사, 회계 법인, 노무 법인, 리서치 회사, 신문사, 잡지사, 방송국 등
정부 및 공공 기관	국가와 지방 자치 단체의 세무 및 행정 공무원, 금융·무역·수출입 관련 공공 기관(한국예탁결제원, 신용보증기금, 공무원연금공단 등), 중고등학교, 대학교 등
연구 기관	세무 관련 국가·민간 연구소, 한국회계기준원, 한국조세재정연구원 등

학과 주요 교과목

기초 과목	학업설계상담, 세무학개론, 세무회계원리, 미시조세론, 조세와 민사법, 조세법총론, 거시조세론, 상사법, 중급재무회계, 법인세법, 부가가치세법, 조세경제론, 중급재무회계 등
심화 과목	세무회계, 관세법, 소득세법, 조세통계, 조세행정론, 국제조세법, 상속세 및 증여세법, 정부회계, 고급세무회계, 국제조세의 현황과 과제, 세무회계연습, 외국세법, 조세경제연습, 조세와 공법, 조세와 민법, 조세와 헌법, 지방세론, 세무경영론, 조세법연습, 조세정책실무, 지방세법 등

학과 인재상 및 갖추어야 할 자질

- 국제적으로 통용되는 회계 언어 습득으로 글로벌 경쟁력을 갖춘, 회계 전문가를 꿈꾸는 학생
- 금융 상품 광고나 홍보물에 호기심을 갖는 학생
- 평소 재테크에 관심이 많고, 회계 분야에 관심이 있는 학생
- 긍정적으로 사고하며 자기 주도적이고, 다른 사람을 배려할 줄 아는 학생
- 협업 정신이 있고, 결단력이 필요한 상황에서 스스로 잘 판단하는 학생
- 계산 능력과 함께 여러 수치를 정확히 처리할 수 있는 꼼꼼한 성격을 지닌 학생

학과 관련 선택 과목

※ 국어, 영어 교과는 모든 학문의 기초적인 성격을 가진 도구교과로 모든 학과에 이수가 필요하여 생략함.

공통 과목		공통국어1,2, 공통수학1,2, 공통영어1,2, 한국사1,2, 통합사회1,2, 통합과학1,2, 과학탐구실험1,2
수능 필수		화법과 언어, 독서와 작문, 문학, 대수, 미적분Ⅰ, 확률과 통계, 영어Ⅰ, 영어Ⅱ, 한국사, 통합사회, 통합과학, 성공적인 직업생활(직업)
일반 선택	수학, 사회, 과학	대수, 미적분Ⅰ, 확률과 통계, 사회와 문화, 현대사회와 윤리
	체육·예술	
	기술·가정/정보	정보
	제2외국어/한문	
	교양	
진로 선택	수학, 사회, 과학	기하, 미적분Ⅱ, 경제 수학, 정치, 법과 사회, 경제, 국제 관계의 이해
	체육·예술	
	기술·가정/정보	데이터 과학
	제2외국어/한문	
	교양	
융합 선택	수학, 사회, 과학	실용 통계, 수학과제 탐구, 사회문제 탐구, 금융과 경제생활, 기후변화와 지속가능한 세계
	체육·예술	
	기술·가정/정보	지식 재산 일반
	제2외국어/한문	
	교양	인간과 경제활동

추천 도서 목록

- 생활 속 회계, 정도진 외, 중앙대학교출판부
- 세금이란 무엇인가?, 스티븐 스미스, 리시올
- 2024 세법강의, 이철재 외, 세경사
- 회계와 사회, 이종은 외, 신영사
- 증여 상속 최고의 수업, 유찬영, 매일경제신문
- 재무제표 상식, 이병권, 새로운제안
- 하마터면 세금상식도 모르고 세금 낼 뻔했다, 택스 코디, 최용규, 팬덤북스
- 10대를 위한 워런 버핏 경제 수업, 안석훈 외, 넥스트
- 앨빈 토플러 청소년 부의 미래, 앨빈 토플러 외, 청림출판
- 청소년을 위한 경제의 역사, 니콜라우스 피퍼, 비룡소
- 자본주의 할래? 사회주의 할래?, 임승수, 우리학교
- 세금의 흑역사, 마이클 킨 외, 세종서적
- 인플레이션 부의 탄생, 부의 현재, 부의 미래, 하노벡, 강영옥 역, 다산북스

- 세상을 바꾸는 행동경제학, 마이클 샌더스, 안세라 역, 비즈니스랩
- 혼돈의 시대, 경제의 미래, 곽수종, 메이트북스
- 새로쓴 원숭이도 이해하는 자본론, 임승수, 시대의창
- 살면서 한번은 경제학, 김두열, 21세기 북스
- 수학을 배워서 어디에 쓰지?, 이규영, 이지북
- 회계 천재가 된 홍대리(세트 1~5권), 손봉석, 다산북스
- 콘텐츠 크리에이터 창업& 세금 신고 가이드, 잡빌더 로울 외, 다온북스
- The Goal(더 골), 엘리 골드렛, 동양북스
- 돈 벌게 해주는 돈 버는 세무사, 전기주, 라온북
- 한예종에서 세무사까지, 권민, 바른북스
- 부자만 아는 세금시크릿, 정성진, 에듀예지
- 세상을 바꾼 엉뚱한 세금 이야기, 오무라 오지르, 리드리드출판

학교생활 TIPS

- 세무학과와 관련이 깊은 수학, 사회·문화, 경제 교과의 우수한 학업 성취를 올릴 수 있도록 하고, 각 수업 활동에 적극적으로 참여하여 창의성, 문제 해결 능력, 탐구력 등이 학교생활기록부 교과 세부능력 및 특기사항에 기록될 수 있도록 합니다.
- 전공과 관련 있는 다양한 진로 활동(세무사, 회계사 등 직업인 인터뷰, 국세청이나 관련 공공 기관 탐방, 세무 학과 체험 등)에 참여하여 자신의 진로 역량을 키우는 것이 도움이 됩니다. 단순한 참여 사실보다는 활동을 통해 새롭게 배우고 느낀 점이 드러나도록 하는 것이 좋습니다.
- 토론이나 신문, 방송 등의 교내 동아리에서 신문이나 잡지, 방송 등에 나오는 경제, 금융 관련 쟁점에 대해 토론, 연구하는 등의 의미 있는

역할을 하고 학교 교육계획에 의해 진행되는 봉사 활동이나 행사 활동, 수련 활동, 체험 활동에 적극적으로 참여하여 배려하는 마음, 리더십, 의사 소통 능력, 협동심 등을 보이는 것이 중요합니다.
- 심리학, 철학, 사회학, 인문학, 경제학, 정치학 등 폭넓은 분야의 독서를 통해 세무학 전공과 관련된 기본 소양을 키웁니다.
- 협업과 소통능력, 나눔과 배려, 성실성과 규칙준수, 창의성 등 자신의 강점이 학교생활기록부 행동특성 및 종합의견에 기록될 수 있도록 학교 생활에 성실하게 임할 것을 권장합니다.

62

세무회계학과

학과소개

전문 지식을 요구하는 현대 사회에서 세무와 회계 지식은 산업 사회에 절대적으로 필요한 비중 있는 지식 중의 하나입니다. 기업의 효율적 경영과 장기적 존속 및 지속적 발전을 위해서는 재무 및 세무 관리가 필수적이며, 조세는 사회적으로 중요한 기능을 수행하고 있습니다. 따라서 뛰어난 세무 정보 처리 능력을 갖춘 인재의 필요성이 점차 확대되고 있습니다.

이와 같은 세무와 회계의 다양한 특징을 기반으로 세무회계학과는 전문적인 세무 회계 컨설팅을 제공할 수 있는 전문 인력은 물론, 융복합적인 세무 회계 전문가를 양성하는 학과입니다. 이를 위해 세무회계학과에서는 회계학(회계원리, 중급회계, 재무회계, 원가회계, 관리회계 등) 외에도 경제학, 경영학, 법학, 행정학, 재정학 등의 인접 학문을 토대로 세법, 세무신고실무, 조세정책, 국제조세 등의 다양한 교과목을 개설하여 세무 전문 지식을 배양합니다. 또한 세계 표준화·정보화 시대에 적합한 기업 회계 정보를 제공할 수 있는 능력과, 미래의 경영 및 회계의 변화도 예측할 수 있는 자질을 함양하여 유능한 세무회계 실무자를 양성하는 것에 교육 목표를 두고 있습니다.

개설대학

- 인천대학교
- 협성대학교 등

진출직업

- 관세사
- 금융자산운용가(펀드매니저)
- 보험계리인
- 세무사
- 손해사정사
- 외환딜러
- 은행출납사무원
- 증권중개인
- 투자분석가(애널리스트)
- 회계사
- 회계사무원 등

관련학과

- 회계학과
- 세무학과
- 회계세무학과
- 경영회계학과 등

취득가능 자격증

- 전산세무회계
- 회계관리
- 전산회계운용사
- 재경관리사
- 공인회계사
- 세무사
- 감정평가사 등

진출분야

기업체	일반 기업의 세무 회계 부서, 은행, 증권사, 자산 운용사, 종합 금융사, 보험 회사, 카드 회사, 컨설팅 회사, 무역 회사, 회계 법인, 노무 법인, 리서치 회사, 신문사, 잡지사, 방송국 등
정부 및 공공 기관	금융·무역·수출입 관련 공공 기관, 국영 기업체, 정부 부서, NGO, 중고등학교, 대학교 등
연구 기관	세무 회계 관련 국가·민간 연구소 등

학과 주요 교과목

기초 과목	세법총론, 경영학원론, 자기설계세미나, 회계원리, 경영통계학, 경제학원론, 소득세법, 원가회계, 경영정보론, 상법, 세무회계론, 회계원리연습, 관리회계, 법인세법, 중급회계, 소비세제법, 재무관리, 재정학 등
심화 과목	고급원가회계, 고급회계, 마케팅원론, 법인세법, 지방세법, 회계이론, 고급관리회계, 국제조세법, 재무제표분석, 재산세제법, 조직행위론, 회계감사, 세무조정실무, 세무회계연습, 원가회계연습, 재무회계연습, 관리회계연습, 세무전략 및 관리, 재무회계세미나, 정부회계 등

학과 인재상 및 갖추어야 할 자질

- 회계 분야에 관심이 많고 열정적인 학생
- 결단력이 필요한 상황에서 스스로 잘 판단하는 학생
- 평소 재테크에 관심이 많고 회계 전문가를 꿈꾸는 학생
- 긍정적으로 사고하고 자기 주도적이며 다른 사람을 배려할 줄 아는 학생
- 협업 정신이 있고 계획을 꾸준히 실행하는 성실한 태도를 갖춘 학생
- 계산 능력이 뛰어나며 여러 수치를 정확히 처리할 수 있는 꼼꼼한 성격을 가진 학생

학과 관련 선택 과목

※ 국어, 영어 교과는 모든 학문의 기초적인 성격을 가진 도구교과로 모든 학과에 이수가 필요하여 생략함.

공통 과목		공통국어1,2, 공통수학1,2, 공통영어1,2, 한국사1,2, 통합사회1,2, 통합과학1,2, 과학탐구실험1,2
수능 필수		화법과 언어, 독서와 작문, 문학, 대수, 미적분Ⅰ, 확률과 통계, 영어Ⅰ, 영어Ⅱ, 한국사, 통합사회, 통합과학, 성공적인 직업생활(직업)
일반 선택	수학, 사회, 과학	대수, 미적분Ⅰ, 확률과 통계, 사회와 문화, 현대사회와 윤리
	체육·예술	
	기술·가정/정보	정보
	제2외국어/한문	
	교양	
진로 선택	수학, 사회, 과학	기하, 미적분Ⅱ, 경제 수학, 정치, 법과 사회, 경제, 국제 관계의 이해
	체육·예술	
	기술·가정/정보	데이터 과학
	제2외국어/한문	
	교양	
융합 선택	수학, 사회, 과학	실용 통계, 수학과제 탐구, 사회문제 탐구, 금융과 경제생활, 기후변화와 지속가능한 세계
	체육·예술	
	기술·가정/정보	지식 재산 일반
	제2외국어/한문	
	교양	인간과 경제활동

추천 도서 목록

- 세무회계의 기초, 김영, 청람
- 회계와 사회, 이종은 외, 신영사
- 성공한 사람들은 이미 다 아는 세금 이야기, 천정현, 다산글방
- 머니트렌드, 김도윤 외, 북모먼트
- 증여 상속 최고의 수업, 유찬영, 매일경제신문
- 재무제표 상식, 이병권, 새로운제안
- 하마터면 세금상식도 모르고 세금 낼 뻔했다, 택스 코디, 최용규, 팬덤북스
- 10대를 위한 워런 버핏 경제 수업, 안석훈 외, 넥스트
- 앨빈 토플러 청소년 부의 미래, 앨빈 토플러 외, 청림출판
- 청소년을 위한 경제의 역사, 니콜라우스 피퍼, 비룡소
- 자본주의 할래? 사회주의 할래?, 임승수, 우리학교
- 세금의 흑역사, 마이클 킨 외, 세종서적
- 인플레이션 부의 탄생, 부의 현재, 부의 미래, 하노벡, 강영옥 역, 다산북스

- 세상을 바꾸는 행동경제학, 마이클 샌더스, 안세라 역, 비즈니스랩
- 혼돈의 시대, 경제의 미래, 곽수종, 메이트북스
- 새로쓴 원숭이도 이해하는 자본론, 임승수, 시대의창
- 살면서 한번은 경제학, 김두열, 21세기 북스
- 수학을 배워서 어디에 쓰지?, 이규영, 이지북
- 회계 천재가 된 홍대리(세트 1~5권), 손봉석, 다산북스
- 콘텐츠 크리에이터 창업& 세금 신고 가이드, 잡빌더 로울 외, 다온북스
- The Goal(더 골), 엘리 골드렛, 동양북스
- 돈 벌게 해주는 돈 버는 세무사, 전기주, 라온북
- 부는 어떻게 완성되는가, 고경남, 황금부엉이
- 부자만 아는 세금 시크릿, 정성진, 에듀예지
- 세상을 바꾼 엉뚱한 세금 이야기, 오무라 오지로, 리드리드출판

학교생활 TIPS

- 세무회계학과와 관련이 깊은 수학, 사회·문화, 경제 교과의 우수한 학업 성취를 올릴 수 있도록 하고, 각 수업 활동에 적극적으로 참여하여 창의성, 문제 해결 능력, 탐구력 등이 학교생활기록부 교과 세부능력 및 특기사항에 기록될 수 있도록 합니다.
- 전공과 관련 있는 다양한 진로 활동(관세사, 펀드매니저 등 직업인 인터뷰, 관련 공공 기관 탐방, 세무회계학과 체험 등)에 참여하여 자신의 진로 역량을 키우는 것이 도움이 됩니다. 단순한 참여 사실보다는 활동을 통해 새롭게 배우고 느낀 점이 드러나도록 하는 것이 좋습니다.
- 경제 연구, 신문, 시사 토론과 같은 교내 동아리에서 신문이나 잡지, 방송 등에 나오는 경제, 금융 관련 쟁점 등을 토론하거나 연구하는 등의

의미 있는 역할을 하고, 멘토-멘티 활동, 환경 정화 활동 등 학교 교육 계획에 의해 진행되는 봉사 활동, 행사 활동, 수련 활동, 체험 활동에 적극적으로 참여하여 배려하는 마음, 리더십, 의사소통 능력을 보이는 것이 중요합니다.
- 심리학, 철학, 사회학, 인문학, 경제학, 정치학 등 폭넓은 분야의 독서를 통해 세무학 전공과 관련된 기본 소양을 키울 것을 추천합니다.
- 협업과 소통능력, 나눔과 배려, 성실성과 규칙준수, 창의성 등 자신의 강점이 학교생활기록부 행동특성 및 종합의견에 기록될 수 있도록 학교 생활에 성실하게 임할 것을 권장합니다.

학과소개

소비자학은 소비자의 복지 향상과 건전한 소비문화 형성을 위하여 필요한 제반 이론과 실제를 연구하는 학문입니다. 소비자라는 개념은 급속한 경제 발전, 과학 기술의 고도화, 정치·사회의 변혁으로 인해 인간의 의식과 생활 양식이 많은 변화를 경험한 시기인 20세기부터 부각되었습니다. 20세기에는 괄목할 만한 경제 성장과 산업 구조의 고도화 등으로 대표되는 산업화를 겪으며 대량 생산, 대량 소비가 가능해졌으며 이에 따른 소비자 문제도 확대되고 중요시되기 시작하였습니다. 인간은 다른 어떤 입장보다도 소비자의 입장에서 이야기하고 생각하며 생활하기 시작하였고, 현재에 이르러서는 소비의 의미도 단순히 욕구 충족의 개념에 머물지 않고 사회생활과 대인 관계 및 인식과 이미지에 관한 것으로까지 확장되었습니다.

소비자학과는 소비자 및 가계 역할의 중요성을 인식하여 소득의 획득, 소비자 자원의 합리적 배분과 관리 및 사용에 관한 의사결정, 소비자 문제의 해결 방안을 모색함으로써 소비 생활의 효율성 및 소비자의 복지를 증진하는 것에 대한 교육과 연구 활동을 수행합니다. 이러한 연구를 통해 소비자의 경제적·사회 심리적 행동을 규명하여 합리적인 소비자 의사 결정과 자원 관리 및 소비자 능력의 향상을 위한 방향을 제시하고, 나아가 소비자 환경의 개선을 위한 제도적 방안과 교육 정책에 기여할 수 있는 전문인을 양성합니다.

개설대학

- 이화여자대학교
- 인천대학교
- 인하대학교
- 충북대학교
- 충남대학교 등

진출직업

- 기자
- PD
- 작가
- 광고기획자
- 카피라이터
- 대학 교수
- 소비자관련연구원
- 재무설계사
- 소비자전문상담사
- 소비자마케터
- 상품기획자 등

관련학과

- 공간디자인·소비자학과
- 소비자산업학과
- 소비자경제학과
- 소비자아동학부
  (소비자학전공) 등

취득가능 자격증

- 유통관리사
- 물류관리사
- CS Leaders 관리사
- 증권투자상담사
- 사회조사분석사
- 신용상담사
- 소비자업무전문가
- 소비자재무설계사
- 소비트렌드전문가
- 소비자전문상담사1, 2급
- AFPK 등

진출분야

기업체	백화점, 대형마트, 홈쇼핑, 전자상거래 등 유통업체, 소비자단체, 기업 고객만족센터, 일반 기업의 기획·리서치, 마케팅 관련 부서, 금융사, 보험 회사, 방송국, 신문사, 잡지사, 광고 회사, 여론 조사 기관 등
정부 및 공공 기관	금융위원회, 신용회복위원회, 금융관련 공공기관, 보건복지부, 사법연수원, 한국소비자원, 행정안전부 등
연구 기관	보험연구원, 한국갤럽조사연구소, 한국리서치, 한국조세재정연구원, KT마케팅연구소 등

학과 주요 교과목

기초 과목	소비자학의 이해, 소비자주의론, 소비자학고전강독, 소비와 윤리, 소비자리더십, 소비자분석의 기초, 소비자정량분석론, 소비자정성분석론, 소비자빅데이터분석, 가계경제론, 소비자행태론, 소비자심리의이해, 소비자유통론, 소비자문화론, 소비자트렌드분석 등
심화 과목	소비자정책론, 소비자보호관련법, 소비자상담, 분쟁조정, 소비자정보론, 소비자재무설계, 소비자교육론, 소비자포트폴리오, 은퇴설계와 재무상담, 금융시장과 소비자, ICT시장과 소비자, 글로벌시장과 소비자, 소비자와 신상품기획, 소비자시장환경분석론, 소비자시간자원분석론, 소비자학연구, 소비자문제분석 세미나 등

학과 인재상 및 갖추어야 할 자질

- 협업을 통해 새로운 사회적 가치를 창조하려는 태도를 지닌 학생
- 생활 과학 전 분야는 물론, 인문 과학 분야에 대한 지식을 추구하려는 학생
- 인간의 생활 환경, 행동, 주거 환경, 문화 등 다양한 분야에 관심이 있는 학생
- 여러 사람과 더불어 일할 수 있는 사회성과 봉사 정신을 지닌 학생
- 주거 환경 분야에 대한 창의성과 예술성을 갖춘 학생

인문계열
사회계열
자연계열
공학계열
의약계열
예체능계열
교육계열
계약학과 & 특성화학과

학과 관련 선택 과목

※ 국어, 영어 교과는 모든 학문의 기초적인 성격을 가진 도구교과로 모든 학과에 이수가 필요하여 생략함.

공통 과목		공통국어1,2, 공통수학1,2, 공통영어1,2, 한국사1,2, 통합사회1,2, 통합과학1,2, 과학탐구실험1,2
수능 필수		화법과 언어, 독서와 작문, 문학, 대수, 미적분Ⅰ, 확률과 통계, 영어Ⅰ, 영어Ⅱ, 한국사, 통합사회, 통합과학, 성공적인 직업생활(직업)
일반 선택	수학, 사회, 과학	세계시민과 지리, 사회와 문화, 현대사회와 윤리
	체육·예술	
	기술·가정/정보	기술·가정, 정보
	제2외국어/한문	
	교양	생태와 환경
진로 선택	수학, 사회, 과학	법과 사회, 경제, 윤리와 사상, 인문학과 윤리
	체육·예술	
	기술·가정/정보	생활과학 탐구, 데이터 과학
	제2외국어/한문	
	교양	인간과 심리, 보건, 교육의 이해
융합 선택	수학, 사회, 과학	실용 통계, 사회문제 탐구, 금융과 경제생활, 윤리문제 탐구, 기후변화와 환경생태
	체육·예술	
	기술·가정/정보	지식 재산 일반, 아동발달과 부모
	제2외국어/한문	
	교양	인간과 경제활동, 논술

추천 도서 목록

- 소비자의 마음, 멜리나 파머, 사람in
- 소비자행동, 이학식 외, 집현재
- 최신 소비자 행동론, 박승배, 명경사
- 소비자의 마음을 읽어드립니다, 송수진, e비즈북스
- 블랙컨슈머 소비자, 기업 누가 블랙인가?, 윤서영, 커리어북스
- 소비자보호법, 신동권, 박영사
- ESG를 생각하는 소비와 소비자, 서여주, 백산출판사
- 소비자행동의 심리, 박은아, 에이스북
- 소비자의 마음을 분석하는 일을 합니다, 김경진, 프레너미
- 빅데이터 활용과 광고 사례 기반의 소비자 행동론, 고민정, 샘능
- 디지털 시대의 소비자와 시장, 이은희 외, 시그마프레스
- 마케팅 아이디어 창출을 위한 소비자행동의 이해, 김문태, 청람
- 정서: n 소비자 행동, 안광호, 학현사

- 비즈니스를 좌우하는 진심의 기술, 김정희, 라온북
- 그래서 마케팅에도 심리학이 필요합니다, 진변석, 팬덤북스
- 한정판의 심리학, 민디 와인스타인, 미래의창
- 디컨슈머, J. B. 매키넌, 문학동네
- 마케팅 브레인, 김지헌, 갈매나무
- 브랜드, 행동경제학을 만나다, 곽준식, 갈매나무
- 소비의 심리학, 로버트 B. 세틀, 세종서적
- 쇼핑은 투표보다 중요하다, 강준만, 인물과사상사
- 진정성의 힘, 제임스 H. 길모어, 21세기북스
- 마케팅설계자, 러셀 브런슨, 윌북
- 브랜드 설계자, 러셀 브런슨, 윌북
- 무조건 팔리는 심리 마케팅 기술 100, 사카이 도시오, 동양북스

학교생활 TIPS

- 소비자학과와 관련이 깊은 국어, 사회·문화, 경제 교과의 우수한 학업 성취를 올릴 수 있도록 하고, 각 수업 활동에 적극적으로 참여하여 창의성, 문제 해결 능력, 탐구력 등이 학교생활기록부 교과 세부능력 및 특기사항에 기록될 수 있도록 합니다.
- 전공과 관련 있는 다양한 진로 활동(소비자재무설계사, 소비자전문상담사 등 직업인 인터뷰, 소비자학과 탐방 등)에 참여하여 자신의 진로 역량을 키우는 것이 도움이 됩니다. 단순한 참여 사실보다는 활동을 통해 새롭게 배우고 느낀 점이 드러나도록 합니다.
- 토론, 신문, 소비자 연구, 경제 연구 등의 교내 동아리에서 신문이나 잡지, 방송 등에 나오는 관련 기사에 대해 토론하거나 연구하는 등 의미

있는 활동을 할 것을 추천합니다.
- 초등 공부방, 돌봄 교실, 다문화 학생 멘토 등과 같은 학교 교육계획에 의해 진행되는 학급이나 학생회의 임원활동, 돌봄 활동, 학습 도우미, 자선 봉사 활동을 비롯하여, 행사 활동, 수련 활동, 체험 활동에 적극적으로 참여하여 배려하는 마음, 리더십, 의사소통 능력, 협동심 등을 보이는 것이 중요합니다.
- 심리학, 철학, 사회학, 인문학, 경제학, 정치학 등 폭넓은 분야의 독서를 통해 기본적인 소양을 키웁니다.
- 협업과 소통능력, 나눔과 배려, 성실성과 규칙준수, 창의성 등 자신의 강점이 학교생활기록부 행동특성 및 종합의견에 기록될 수 있도록 학교 생활에 성실하게 임할 것을 권장합니다.

식품자원경제학과

학과소개

식품자원경제학은 식량 문제와 자연 자원의 개발 및 응용에 관련된 문제를 대상으로 하는 학문입니다. 식량과 관련된 생산, 소비, 마케팅, 정책, 무역, 재정 금융 문제에서부터 경제 발전에 따른 자연 자원 및 환경 관리 문제까지를 자원의 합리적 이용이라는 경제적 관점에서 접근합니다. 그리고 식품과 자원의 개발 및 활용에 관련된 생산, 분배 등의 문제를 경제학적 관점에서 접근하여 경제 발전에 따른 자원 및 환경 문제를 해결함과 동시에 식품 산업과 자원 산업의 효율적 경영과 합리적 이용을 추구합니다. 최근 국내의 식량 자급도가 하락하고 전 세계적으로 식량 안보와 자원의 무기화가 WTO, FAO, APEC 등의 국제기구에서 중요한 의제로 대두됨에 따라 식품자원경제학 분야의 중요성은 더욱 커지고 있습니다.

식품자원경제학과는 농산물 생산부터 식품 소비에 이르기까지의 푸드 시스템 내 일련의 과정에 대한 문제뿐만 아니라 농어촌 자연 자원의 이용과 개발에 대한 문제를 교육하고 연구합니다. 따라서 전통적으로 중요한 농업경제학의 전공 분야였던 농업생산, 농업경영, 농산물가격, 농산물유통, 농업발전뿐만 아니라 식품 산업을 비롯한 농업 관련 산업(애그리비즈니스), 지역개발, 국제무역 및 통상, 자원경제학, 환경경제학, 소비자경제학, 선물 등으로 전공 분야의 폭을 확장하고 있습니다. 또한 식품자원경제학과 에서는 식품, 농업, 자원, 환경 및 보건 분야의 희소한 자원을 효율적으로 활용하고, 공정하게 배분하는 데 적합한 경제·경영학적 이론과 실증 분석 기법을 연구하여 한국과 국제 사회의 지속 가능한 발전에 이바지할 수 있는 인재를 양성합니다.

개설대학

- 고려대학교
- 부산대학교
- 경상국립대학교
- 경북대학교
- 단국대학교(제2캠퍼스) 등

진출직업

- 농경제학자
- 농업기술자
- 공인회계사
- 노무사
- 관세사
- 증권투자상담사
- 감정평가사
- 경제학연구원
- 대학 교수 등

관련학과

- 식품경제외식학과
- 식품산업관리학과
- 농업경제학과
- 글로벌경제학과 등

취득가능 자격증

- 경영지도사
- 물류관리사
- 유통관리사
- 농산물품질관리사
- 파생상품투자상담사
- 증권투자상담사
- 공인노무사
- 감정평가사
- 공인회계사
- 관세사
- 변호사
- 변리사
- 선물거래상담사
- 증권FP
- 은행FP 등

진출분야

기업체	식품 회사, 유통 회사, 외식 업체 등 애그리비즈니스 기업과 일반 기업체, 무역 업체, 유통 서비스 기관, 금융 기관, 언론 기관 등
정부 및 공공 기관	농림축산식품부, 한국농어촌공사, 농촌진흥청, 한국농촌경제연구원, 한국농수산식품유통공사, 농협은행, 국제 경제 기구, 정부 및 공공 기관, 환경 관련 기관, 대학교 등
연구 기관	농촌경제연구소, 국공립·민간 경제 연구소 등

학과 주요 교과목

기초 과목	자원경제학, 공공경제학, 응용계량경제학, 미시경제분석, 식품 마케팅, 응용후생경제학, 거시경제분석, 식품산업조직론, 보건 경제학원론, 환경경제학, 자원환경정책론, 식품산업재무관리, 애그리비즈니스세미나, 상품선물 및 옵션거래 등
심화 과목	국제식품정책론, 자원가치평가론, 불확실성과 경제행위, 국제 농산물무역론, 국제금융시장론, 식품소비자경제학, 응용재무 경제학, 에너지경제론, 노년경제학, 바이오산업시장론, 식품안 전경제학, 국제농업개발협력론, 애그리비즈니스인턴십, 국제 통상협상론, 부동산경제론, 계량분석론, 기술경제학, 응용경제 세미나, 농식품가격분석론, 법경제학 등

학과 인재상 및 갖추어야 할 자질

- 식량이나 빈곤 등 인류가 직면한 문제를 연구하고 싶은 학생
- 전 지구적 이슈에 관심을 갖고 문제를 해결하고자 하는 열정이 있는 학생
- 경제학, 미래에 대한 대책, 국제기구에서의 활동 등에 관심이 있는 학생
- 사회 전반적인 이익과 분배, 형평성에 관심이 있는 학생
- 영어, 수학에 흥미가 있고 기본적인 경제 흐름을 잘 파악하는 학생

학과 관련 선택 과목

※ 국어, 영어 교과는 모든 학문의 기초적인 성격을 가진 도구교과로 모든 학과에 이수가 필요하여 생략함.

공통 과목		공통국어1,2, 공통수학1,2, 공통영어1,2, 한국사1,2, 통합사회1,2, 통합과학1,2, 과학탐구실험1,2
수능 필수		화법과 언어, 독서와 작문, 문학, 대수, 미적분Ⅰ, 확률과 통계, 영어Ⅰ, 영어Ⅱ, 한국사, 통합사회, 통합과학, 성공적인 직업생활(직업)
일반 선택	수학, 사회, 과학	대수, 미적분Ⅰ, 확률과 통계, 사회와 문화, 화학
	체육·예술	
	기술·가정/정보	기술·가정, 정보
	제2외국어/한문	
	교양	생태와 환경
진로 선택	수학, 사회, 과학	미적분Ⅱ, 경제 수학, 경제, 국제 관계의 이해
	체육·예술	
	기술·가정/정보	생활과학 탐구, 데이터 과학
	제2외국어/한문	
	교양	인간과 심리
융합 선택	수학, 사회, 과학	실용 통계, 수학과제 탐구, 사회문제 탐구, 금융과 경제생활, 기후변화와 지속가능한 세계, 기후변화와 환경생태
	체육·예술	
	기술·가정/정보	지식 재산 일반
	제2외국어/한문	
	교양	인간과 경제활동

추천 도서 목록

- 맨큐의 경제학, N. Gregory Mankiw, 한티에듀
- 미시경제학, 이준구 외, 문우사
- 경제학 들어가기, 이준구 외, 문우사
- 위기의 역사, 오건영, 페이지2북스
- 불로소득 자본주의 시대, 브렛 크리스토퍼스, 여문책
- 국부론, 애덤 스미스, 현대지성
- 세계지도를 펼치면 돈의 흐름이 보인다, 박정호, 반니
- 경제수학 강의, 김성현, 한빛아카데미
- 경제학자의 살아있는 아이디어, 토드 부크홀츠, 김영사
- 공정한 보상, 신재용, 홍문사
- 나는 세계일주로 자본주의를 만났다, 코너 우드먼, 갤리온
- 맥코넬의 알기 쉬운 경제학, Stanley L. Brue 외, 생능
- 경제수학, 위기의 편의점을 살려라!, 김나영, 생각학교

- 청소년을 위한 경제의 역사, 니콜라우스 피퍼, 비룡
- 10대를 위한 워런 버핏 경제 수업, 안석훈 외, 넥스트씨
- 중고등학생을 위한 경제용어 365, 스노우볼, 새로운제안
- 디딤라인 경제교실, 태지원, 동녘
- 왜 부자만 더 부유해질까, 해들리 다이어 외, 아울북
- 뉴스로 키우는 경제 지능, 연유진, 판퍼블리싱
- 10대부터 읽는 머니 스쿨, 마커스 위크스, 더퀘스트
- 앨빈 토플러 청소년 부의 미래, 앨빈 토플러 외, 청림출판
- 10대를 위한 머니 레슨, 샘 베크베신저, 현대지성
- 위대한 경제학 고전 30권을 1권으로 읽는 책, 홍기훈, 빅피시
- 작은 것이 아름답다, E. F. 슈마허, 문예출판사
- 얼굴 없는 중개자들, 하비에르 블라스 외, 알키

학교생활 TIPS

- 식품자원경제학과와 관련이 깊은 수학, 영어, 경제, 사회 교과의 우수한 학업 성취를 올릴 수 있도록 하고, 각 수업 활동에 적극적으로 참여하여 학업 역량, 문제 해결 능력, 탐구력 등이 학교생활기록부 교과 세부능력 및 특기사항에 기록될 수 있도록 합니다.
- 전공과 관련 있는 다양한 진로 활동(식품 회사, 관련 학과 탐방, 병원코디네이터 직업 체험 등)에 참여하여 새롭게 알게 된 사실이나 느낀 점을 중심으로 자신의 진로 역량을 키우도록 합니다.
- 경제 연구, 환경, 신문, 토론, 지속 가능 발전 등의 교내 동아리에서 경제, 식량, 에너지, 환경과 관련된 내용을 조사·발표하는 등 전공 관련 활동을 주도적으로 하고, 의미 있는 역할을 했음을 드러냅니다.

- 학급이나 학생회의 임원 활동, 경제 교육 봉사, 공유 경제 프로젝트, 환경 정화 활동, 장애인 도우미 등과 같은 학교 교육계획에 의해 진행되는 봉사 활동이나 행사 활동, 수련 활동, 체험 활동에 적극적으로 참여하여 배려하는 마음과 리더십, 공동체의 목표를 함께 달성해가는 과정을 통해 의사소통 능력, 협동 정신 등을 보이는 것이 중요합니다.
- 역사, 문학, 사회학, 자연과학, 생물학 등 폭넓은 분야의 독서를 통해 기본적인 소양을 키웁니다.
- 협업과 소통능력, 나눔과 배려, 성실성과 규칙준수, 창의성 등 자신의 강점이 학교생활기록부 행동특성 및 종합의견에 기록될 수 있도록 학교 생활에 성실하게 임할 것을 권장합니다.

학과소개

현대 사회에서 커뮤니케이션은 사회를 형성, 유지, 발전시키는 근본 메커니즘으로, 우리 삶에 꼭 필요한 요소입니다. 인류 역사를 거시적으로 구분하여 봤을 때, 중세에 종교가 수행한 역할, 그리고 근세 이후 공교육이 수행한 역할을 현대에 이르러서는 매스커뮤니케이션이 담당한다고 할 정도로 매스커뮤니케이션은 현대적 삶의 핵심적 지형으로 부각되었습니다. 더욱이 최근 들어 더욱 가속화되는 첨단 커뮤니케이션 기술의 개발과 실용화는 앞으로 문화적 삶 전반은 물론 정보 환경의 변화의 폭 또한 더욱 확장시킬 것입니다.

신문방송학과는 이러한 미래를 우리 손으로 개척하고 통제하기 위하여 작게는 개인과 개인의 의사소통 문제부터 크게는 신문, 방송, 영화, 잡지 등의 대중 매체에 이르기까지의 커뮤니케이션 과정 전반에 대한 이론과 기술을 연구하는 학과입니다. 신문방송학과에서는 신문, 출판, 잡지, 방송, 영상 매체, 광고, 홍보, 뉴 미디어, 정보 통신, 사진, 스피치, 커뮤니케이션 연구, 커뮤니케이션 심리학, 조직커뮤니케이션, 비판커뮤니케이션 등 전반적인 커뮤니케이션의 형태와 과정을 연구합니다.

📖 개설대학

- 청주대학교
- 서강대학교
- 건국대학교(글로컬) 등

🏅 관련학과

- 언론정보학과
- 언론영상학과
- 사회언론정보학부 미디어커뮤니케이션학 전공
- 미디어문화학부
- 미디어커뮤니케이션학과
- 미디어문화커뮤니케이션학 전공 등

💻 진출분야

기업체	SNS플랫폼, 출판사, 콘텐츠제작사, 신문사, 방송국, 잡지사, 광고 회사, 일반 기업의 사내 홍보·사보 담당 부서, 정보 산업 분야, 영상 산업분야 등
정부 및 공공 기관	정부 기관의 공보 담당, 한국방송공사, 방송통신위원회, 정보통신산업진흥원, 대학교, 방송 통신 관련관공서 등
연구 기관	한국방송개발원, 신문 방송 통신 관련 연구소, 한국광고연구원, 한국콘텐츠진흥원, 한국언론진흥재단, 공공미디어연구소 등

📋 진출직업

- 아나운서
- 평론가
- 홍보전문가
- 사회과학연구원
- 기자
- PD
- 작가
- 광고기획자
- 카피라이터
- 리포터
- 영상·음향기술감독
- 웹마스터
- 웹디자이너
- 웹문서관리자
- 웹포토에디터
- 크리에이티브디렉터
- 광고마케터
- 기획·제작자
- 축제 및 행사콘텐츠 기획자 등

🎓 취득가능 자격증

- 방송통신기사
- 사회조사분석사
- 멀티미디어콘텐츠제작전문가 등

📖 학과 주요 교과목

기초 과목	신문방송학개론, 언론의 사회사, 콘텐츠 스토리텔링론, 사회조사방법론, 미디어글쓰기, 미디어편성기획론, 영상문화론, 저널리즘의 이해, 인간커뮤니케이션, 광고학원론, 미디어와 정치, 뉴스모니터링실습, 매스컴통계학, 광고매체론, 뉴미디어와 문화, 영상제작론 등
심화 과목	문화정치학, 고급기사작성론, 매체와 시공간, 미디어인간학, 콘텐츠마케팅론, 방송뉴스제작론, 미디어효과론, 방송론, 언론윤리와 시민사회, PR홍보론, 조직생활과 커뮤니케이션, 소통과 철학, 글로벌문화콘텐츠론, 매체사회학, 문화콘텐츠기획론, 문화 간 커뮤니케이션

🌱 학과 인재상 및 갖추어야 할 자질

- 언론에 대한 이론 지식과 실무 능력을 겸비하려는 자세를 가진 학생
- 자연, 사회, 인간의 소통을 이끄는 자세를 가진 학생
- 사회 현상과 매스컴에 대한 관심이 많고 세상을 해석하려는 의지가 있는 학생
- 언론에 흥미와 관심이 많고 뚜렷한 목표 의식을 가진 학생
- 사회에 대한 비판 의식을 가지고 있으며 자신의 의견을 올바로 피력할 수 있는 학생
- 말과 글의 기능과 효과에 관심이 있고 말하기 및 글쓰기 능력을 갖춘 학생

학과 관련 선택 과목

※ 국어, 영어 교과는 모든 학문의 기초적인 성격을 가진 도구교과로 모든 학과에 이수가 필요하여 생략함.

공통 과목		공통국어1,2, 공통수학1,2, 공통영어1,2, 한국사1,2, 통합사회1,2, 통합과학1,2, 과학탐구실험1,2
수능 필수		화법과 언어, 독서와 작문, 문학, 대수, 미적분Ⅰ, 확률과 통계, 영어Ⅰ, 영어Ⅱ, 한국사, 통합사회, 통합과학, 성공적인 직업생활(직업)
일반 선택	수학, 사회, 과학	세계시민과 지리, 세계사, 사회와 문화, 현대사회와 윤리
	체육·예술	
	기술·가정/정보	정보
	제2외국어/한문	
	교양	
진로 선택	수학, 사회, 과학	인문학과 윤리, 국제 관계의 이해
	체육·예술	
	기술·가정/정보	데이터 과학
	제2외국어/한문	
	교양	인간과 철학, 논리와 사고, 인간과 심리
융합 선택	수학, 사회, 과학	사회문제 탐구, 윤리문제 탐구, 기후변화와 지속가능한 세계
	체육·예술	미술과 매체
	기술·가정/정보	지식 재산 일반
	제2외국어/한문	
	교양	논술

추천 도서 목록

- 신문 방송의 언어와 표현론, 박갑수, 역락
- 처음 읽는 미디어 리터러시, 홍재원, 태학사
- 세계 미디어·콘텐츠 정책, 심상민, 신아사
- AI 시대 저널리즘 미리보기, 김경모, 한울아카데미
- 말이 되는 글 글이 되는 말, 김호성, 일파소
- 소통의 기술(AI시대), 임성은, 양성원
- 국제 커뮤니케이션: 연속성과 변화, 다야 키샨 쑤쑤, 한울아카데미
- 잡지, 기록전쟁, 한기호, 한국출판마케팅연구소
- 미디어 문해력의 힘, 윤세진 외, 유아이북스
- 기자수첩, 이영풍, 도서출판 선
- 저널리즘 선언, 바비 젤리저 외, 오월의봄
- 포스트트루스, 리 매킨타이어, 두리반
- 기자유감, 이기주, 메디치미디어

- 디지털 미디어 리터러시, 김경희 외, 한울아카데미
- 인간관계와 의사소통, 권희경, 양서원
- 다른 방식으로 보기(Ways of Seeing), 존 버거, 열화당
- K-콘텐츠 어떻게 만드나요?, 홍경수, 학지사비즈
- 현대사회와 미디어커뮤니케이션, 한국언론정보학회, 한울아카데미
- 댓글 읽어주는 기자들, 김가화 외, 넥서스BOOKS
- 뉴스를 보는 눈, 구본권, 풀빛
- 기자의 생각 습관, S. Holly Stocking 외, 율곡출판사
- 디지털 미디어 문해력 이해와 실천, 신삼수 외, 지금
- 위험, 사회, 미디어, 김용찬 외, 컬처룩
- 불편한 언론, 심석태, 나녹
- 감춰진 언론의 진실, 양상우, 한울아카데미

학교생활 TIPS

- 신문방송학과와 관련이 깊은 국어, 영어, 사회·문화, 역사 교과의 우수한 학업 성취를 올릴 수 있도록 하고, 각 수업 활동에 적극적으로 참여하여 창의성, 문제 해결 능력, 탐구력 등이 학교생활기록부 교과 세부능력 및 특기사항에 기록될 수 있도록 합니다.
- 전공과 관련 있는 다양한 진로 활동(기자, PD, 광고인 등 직업인 인터뷰, 방송국, 신문사, 신문방송학과 탐방 등)에 참여하여 자신의 진로 역량을 키우는 것이 도움이 됩니다. 단순한 참여 사실보다는 활동을 통해 새롭게 배우고 느낀 점이 드러나도록 합니다.
- 방송, 신문, 영자 신문, 영상 제작, 학교 홍보와 같은 교내 동아리에서 전공 관련 활동을 주도적으로 하면서 의미 있는 역할을 수행합니다.

- 지역 복지관, 초등 방과 후 교실, 돌봄 교실, 장애인 돕기 등과 같은 학교 교육계획에 의해 진행되는 학급이나 학생회의 임원 활동, 돌봄 활동, 학습 도우미, 자선 봉사 활동을 비롯하여, 행사 활동, 수련 활동, 체험 활동에 적극적으로 참여하여 배려하는 마음, 리더십, 의사소통 능력, 협동심 등을 보이는 것이 중요합니다.
- 협업과 소통능력, 나눔과 배려, 성실성과 규칙준수, 창의성 등 자신의 강점이 학교생활기록부 행동특성 및 종합의견에 기록될 수 있도록 학교 생활에 성실하게 임할 것을 권장합니다.

심리학과

학과소개

심리학은 인간의 마음과 행동을 탐구하는 학문입니다. 다른 학문들이 인간을 하나의 대표적 존재로서 연구하는 것에 비해 심리학은 개별 인간의 행동을 미시적으로 혹은 거시적으로 직접 연구합니다. 더욱이 심리학의 수많은 연구들은 직관이나 상식을 넘어서서 과학적인 관찰과 연구 방법을 사용하기 때문에 인간을 이해하는 데 가장 객관적인 기준을 제공합니다. 심리학이 제공하는 이러한 과학적 통찰력은 다양한 학문의 기틀을 더욱 튼튼히 하고, 우리 사회 제반의 문제를 해결하고 개개인의 삶의 질을 높이는데 기여합니다.

심리학과는 인간의 사고 과정과 행동에 대한 미시·거시적인 이해와 기초에서 응용에 이르는 역동적이고 통합적인 교육을 통해 학생들이 자신, 타인, 사회, 그리고 인류에 대한 이해를 증진시키는 것을 교육 목표로 합니다. 그리고 이를 통해 더 행복한 개인으로서의 삶을 향유하고 건강한 사회의 발전에 기여하는 인재를 배출하는 것을 추구하는 학과입니다.

개설대학

- 가천대학교
- 가톨릭대학교
- 경상국립대학교
- 경남대학교
- 경북대학교
- 경성대학교
- 계명대학교
- 광주대학교
- 대구가톨릭대학교
- 대구대학교
- 동의대학교
- 부산대학교
- 서강대학교
- 서울대학교
- 성균관대학교
- 성신여자대학교
- 아주대학교
- 연세대학교
- 영남대학교
- 우석대학교
- 이화여자대학교
- 전남대학교
- 중앙대학교
- 충남대학교
- 충북대학교
- 한림대학교 등

관련학과

- 상담심리치료학과
- 상담심리치료학과
- 아동심리학과
- 예술심리치료학과
- 상담심리학과
- 복지상담학과
- 사회심리학과
- 산업심리학과
- 상담학과
- 심리상담치료학과
- 심리상담학과
- 심리치료학과 등

진출분야

기업체	병원 등 의료 기관, 제약 회사의 연구 개발 분야, 광고 대행사, 컨설팅 업체, 리서치 회사, 심리 검사 기관, 각종 상담 기관 등
정부 및 공공 기관	보건복지부, 국립정신건강센터, 중고등학교, 대학교, 교도직 공무원, 지방 자치 단체, 법무부, 문화체육관광부 산하 각종 상담소, 소년분류심사원, 보호관찰소, 국립중앙의료원 등
연구 기관	관련 연구원, 기업체 연구소, 정부출연 연구소, 각종임상심리학회 등

진출직업

- 임상심리전문가
- 카피라이터
- 심리치료사
- 청소년상담사
- 중등학교 교사(전문상담교사)
- 언론인(기자, PD, 아나운서 등)
- 인문과학연구원
- 놀이치료사
- 작가 등

취득가능 자격증

- 임상심리사
- 중등학교 정교사 2급(전문상담)
- 정신건강임상심리사
- 산업 및 조직심리사
- 범죄심리사
- 중독심리사
- 발달심리사
- 건강심리사
- 놀이치료사
- 부부가족상담전문가
- 직업상담사
- 청소년상담사 등

학과 주요 교과목

기초 과목	심리학, 인간의 이해, 심리학개론, 생물심리학, 심리통계학, 성격심리학, 이상심리학, 실험심리입문 및 실험, 신경과학, 발달심리학, 사회심리학 및 실험, 학습과 기억의 심리학 및 실험, 시각예술의 지각, 조사분석법, 지각심리학, 행동분석 등
심화 과목	인간공학의 심리학, 지각심리학 및 실험, 인지과정 및 실험, 언어심리학 및 실험, 상담심리학, 임상신경심리학 및 실험, 조직심리학, 심리측정과 검사, 임상심리학 및 실습, 주의와 수행, 중독의 심리학, 정서심리학, 범죄심리학, 소비자심리학, 응용발달심리학, 응용실험심리학, 긍정임상심리학입문, 인지신경과학실험, 지각적 자아와 행동 등

학과 인재상 및 갖추어야 할 자질

- 다른 사람의 이야기를 잘 들어주고, 그들의 어려움에 공감할 수 있는 학생
- 무언가를 알아내려고 할 때, 단순한 직감보다 논리적 사고를 즐기는 학생
- 심리학의 소양을 갖추고 사람과 사회를 이해하려는 자세를 가진 학생
- 자신의 삶에 만족하며 공동체를 위해 기여하려는 자세를 가진 학생
- 인간에 대한 지속적인 관심이 있고 사람들의 성격·사고·행동 등에 지적 호기심이 있는 학생
- 인간에 대한 열정적인 호기심, 인간을 이해하는 차가운 이성, 인간을 사랑하는 뜨거운 가슴을 가진 학생

학과 관련 선택 과목

※ 국어, 영어 교과는 모든 학문의 기초적인 성격을 가진 도구교과로 모든 학과에 이수가 필요하여 생략함.

공통 과목		공통국어1,2, 공통수학1,2, 공통영어1,2, 한국사1,2, 통합사회1,2, 통합과학1,2, 과학탐구실험1,2
수능 필수		화법과 언어, 독서와 작문, 문학, 대수, 미적분Ⅰ, 확률과 통계, 영어Ⅰ, 영어Ⅱ, 한국사, 통합사회, 통합과학, 성공적인 직업생활(직업)
일반 선택	수학, 사회, 과학	대수, 미적분Ⅰ, 확률과 통계, 사회와 문화, 현대사회와 윤리, 화학, 생명과학
	체육·예술	
	기술·가정/정보	정보
	제2외국어/한문	
	교양	
진로 선택	수학, 사회, 과학	윤리와 사상, 인문학과 윤리, 세포와 물질대사, 생물의 유전
	체육·예술	
	기술·가정/정보	생활과학 탐구, 데이터 과학
	제2외국어/한문	
	교양	인간과 철학, 인간과 심리, 교육의 이해
융합 선택	수학, 사회, 과학	실용 통계, 수학과제 탐구, 사회문제 탐구, 윤리문제 탐구 , 융합과학 탐구
	체육·예술	
	기술·가정/정보	아동발달과 부모
	제2외국어/한문	
	교양	

추천 도서 목록

- 미움받을 용기, 기시미 이치로 외, 인플루엔셜
- 공부에 지친 학생들을 위한 심리 수업, 김종환, 북루덴스
- 때로는 나도 숨어버리고 싶다, 청비쉬엔, 이든서재
- 생각 중독, 닉 트렌턴, 갤리온
- 느긋하게 살았더니 내가 더 좋아졌어요, 코세코 노부유키, 생각의날개
- 내면소통, 김주환, 인플루엔
- 심리를 알면 리더십이 보인다, 최윤식 외, 사회평론아카데미
- 만만한 심리학개론, 임현규, 사회평론아카데미
- 더 알고 싶은 심리학, 한국심리학회, 학지사
- 프레임, 최인철, 21세기북스
- 나는 왜 꾸물거릴까?, 이동귀 외, 21세기북
- 청소년을 위한 심리학 에세이, 고영건 외, 해냄출판사
- 사피엔스의 뇌, 아나이스 루, 윌북

- 나는 나와 다투지 않습니다, 오윤미, 두드림미디어
- 감정이 어려운 사람들을 위한 뇌과학, 딘 버넷, 북트리거
- 내 안의 아이 치유하기, Gitta Jacob 외, 메타미디어
- 고독한 심리 방에 입장하셨습니다, 김앵두, 알에이치코리아
- 내면 혁명으로의 초대 IFS, 리처드 C. 슈워츠, 싸이칼러지코리아
- 깊은 생각의 비밀, 김태훈 외, 저녁달
- 마음이란 무엇인가, 체화인지연구단, 박이정
- 제정신이라는 착각, 필리프 슈테르처, 김영사
- 인지심리학 입문, 정혜선, 사회평론아카데미
- 사람의 마음은 어떻게 움직이는가, 심리학 수업, 임낭연, 사람in
- 행복을 디자인하다, 이국희, 학지사
- 관계의 언어, 문요한, 더퀘스트

학교생활 TIPS

- 심리학과 관련이 깊은 국어, 영어, 사회 등의 교과에서 우수한 학업 성취를 올릴 수 있도록 하고, 각 수업 활동에 적극적으로 참여하여 학업 역량, 문제 해결 능력, 탐구력 등이 학교생활기록부 교과 세부능력 및 특기사항에 기록될 수 있도록 합니다.
- 전공과 관련 있는 다양한 진로 활동(심리 상담소, 학과 탐방, 심리치료사 인터뷰 등)에 참여하여 새롭게 알게 된 사실이나 느낀 점을 중심으로 자신의 진로 역량을 키우도록 합니다.
- 또래 상담, 심리학 연구, 고전 읽기, 독서 토론, 시사 탐구 등의 교내 동아리에서 심리와 관련된 내용을 조사·발표하는 등 전공 관련 활동을 주도적으로 하여 의미 있는 역할을 하였음을 드러냅니다.

- 학급이나 학생회의 임원 활동, 돌봄 활동(장애인, 독거 노인, 환우 등), 학습 도우미 활동(복지관, 방과 후 학교), 병원이나 심리 상담 기관 등에서의 봉사 활동(업무 보조, 홍보, 각종 캠페인 활동)과 같은 학교 교육계획에 의해 진행되는 봉사 활동이나 행사 활동, 수련 활동, 체험 활동에 적극적으로 참여하여 협업과 소통능력, 나눔과 배려, 성실성과 규칙준수, 리더십 등을 보이는 것이 중요합니다.
- 심리상담학, 역사학, 철학, 정치경제학, 생물학, 수학 등 폭넓은 분야의 독서를 통해 기본적인 소양을 키울 것을 추천합니다.

인문계열 사회계열 자연계열 공학계열 의약계열 예체능계열 교육계열 계약학과 & 특성화학과

아동가족학과

학과소개

아동가족학은 전 생애에 걸친 인간의 발달과 가족 관계, 아동·청소년·노인·여성·가족에 관련된 미시적·거시적 문제에 대한 과학적 탐구와 이해를 바탕으로 아동의 복지와 가족의 삶의 질 향상에 기여하는 학문입니다. 나 자신과 우리 가족, 우리 사회 구성원 모두가 연구 대상이며 우리의 일상과 삶의 모든 단면이 연구 주제가 될 수 있습니다.

아동가족학과는 영·유아기 발달에서 시작하여 노년기 발달에 이르는 인간 발달과 가족 관계의 폭넓은 스펙트럼에 대한 이론적 연구를 바탕으로, 보육 정책, 가족 정책, 노인 정책에 대해 연구합니다. 또한 전국의 어린이 보육지원센터 산하 어린이집과 건강 가정지원센터, 다문화가족지원센터 및 학부모 정책 지원 센터를 통하여 아동과 가족의 삶에 기여하는 실천적 활동을 활발하게 수행하고 있습니다. 최근에는 국제화로 인한 한국 사회의 변화뿐 아니라 글로벌 문화 속에서 발생하는 다문화적 현상 및 비교 문화의 연구를 비롯하여 세계적인 수준의 아동 발달과 가족 문제에 대한 학술적 연구도 활발하게 이루어지고 있으며 아동의 인권과 가족의 복지 문제를 포괄하는 것으로 학문의 범위가 확대되고 있습니다.

개설대학

- 경상국립대학교
- 경희대학교
- 부산대학교 등

진출직업

- 전문상담사 및 치료사
- 보육교사
- 사회복지사
- 상담전문가
- 유치원교사
- 어린이집교사
- 방과후교사
- 놀이지도사 등

관련학과

- 아동·청소년학과
- 아동복지학부
- 아동·가족상담학과
- 아동·청소년교육상담학과
- 아동학과
- 아동복지학과
- 영유아보육학과
- 아동가족복지학과
- 아동보육학과 등

취득가능 자격증

- 가정복지사
- 건강가정사
- 가족생활교육사
- 가족상담사
- 청소년상담사
- 아동상담사
- 방과후아동지도사
- 보육교사 등

학과 주요 교과목

기초 과목	보육교사론, 정신건강, 가족관계학, 고전읽기와 토론, 컴퓨팅 사고, 영유아발달, 아동관찰 및 행동연구, 기초컴퓨터프로그래밍, 열린 사고와 표현, 대학실용영어, 가족의사소통, 보육과정, 가족복지, 건강가정론, 아동발달, 보육학개론, 아동안전관리, 언어지도, 놀이지도 등
심화 과목	아동심리, 이상심리, 이혼상담, 부부교육, 유아교수법, 아동가족실습 및 봉사, 아동미술, 아동청소년문제 및 상담실습, 노년학, 가정교재연구 및 지도법, 고령친화산업론, 가족상담, 아동권리와 복지, 부모자녀관계, 심리평가 및 실습, 건강가정현장실습, 보육실습 등

진출분야

기업체	유아 교구 및 산업체, 아동 전문 출판사, 방송국, 신문사, 잡지사, 어린이집, 유치원 등
정부 및 공공 기관	중·고등학교, 한국건강가정진흥원, 서울시여성가족재단, 경기도가족여성연구원 등
연구 기관	한국보건사회연구원, 보육시설평가인증사무국 등 정부 정책 연구소 등

학과 인재상 및 갖추어야 할 자질

- 전문가로서의 윤리 의식을 가진 학생
- 논리적 의사소통 능력과 협력적 문제 해결 능력을 가진 학생
- 다양성에 대한 이해와 수용력을 가진 학생
- 아동과 청소년을 이해하고 그들의 실생활에 공헌하는 일에 관심이 있는 학생
- 아동 및 청소년에 대한 학문적 호기심과 열의를 가지고 있으며, 봉사에 관심이 있는 학생

학과 관련 선택 과목

※ 국어, 영어 교과는 모든 학문의 기초적인 성격을 가진 도구교과로 모든 학과에 이수가 필요하여 생략함.

공통 과목		공통국어1,2, 공통수학1,2, 공통영어1,2, 한국사1,2, 통합사회1,2, 통합과학1,2, 과학탐구실험1,2
수능 필수		화법과 언어, 독서와 작문, 문학, 대수, 미적분Ⅰ, 확률과 통계, 영어Ⅰ, 영어Ⅱ, 한국사, 통합사회, 통합과학, 성공적인 직업생활(직업)
일반 선택	수학, 사회, 과학	세계시민과 지리, 사회와 문화, 현대사회와 윤리
	체육·예술	
	기술·가정/정보	기술·가정
	제2외국어/한문	
	교양	
진로 선택	수학, 사회, 과학	윤리와 사상, 인문학과 윤리
	체육·예술	
	기술·가정/정보	생활과학 탐구
	제2외국어/한문	
	교양	인간과 철학, 인간과 심리, 교육의 이해, 보건
융합 선택	수학, 사회, 과학	사회문제 탐구, 윤리문제 탐구
	체육·예술	
	기술·가정/정보	생애 설계와 자립, 아동발달과 부모
	제2외국어/한문	
	교양	

추천 도서 목록

- 아동권리와 복지, 이순자 외, 양서원
- 사각지대에서 울고 있는 아이들, 김지은, 슬로디미디어
- 청소년복지론, 오봉욱 외, 동문사
- 들어라, 아이들의 외침을, 김인숙 외, 국민북
- 얘들아, 밥 먹고 놀자(마을 돌봄 이야기), 김보민, 삶창
- 독친 세트, 쓰쓰미, 타래
- 아이를 학대하는 사회, 존중하는 사회, 강미정 외, 민들레
- 학교 밖 학교, 장재현, 누림과이룸
- 맞아도 되는 아이는 없다, 김지은, 슬로디미디어
- 생일을 모르는 아이, 구로카와 쇼코, 사계절
- 어린이 호스피스의 기적, 이시아 고타, 궁
- 변호사가 말하는 아동학대, 박우근, 지식과감성
- 선언에서 이행으로, 국제아동인권센터 외, 틈새의시간
- 가족복지론, 좌현숙 외, 학지사
- 가족과 젠더, 이규은, 동문사
- 딥스, 버지니아 M. 액슬린, 샘터(샘터사)
- 자율적인 아이 만들기, 구도 유이치, 에이지21
- 가족의 가족, 고상한 그림책 연구소, 상상의집
- 행복한 가족, 파브리치오 실레이, 아르테(arte)
- 가족의 역사를 씁니다, 박사라, 원더박스
- 여성 노동 가족, 조앤 W.스콧, 앨피
- 가족치유, S. Minuchin, 학지사
- 전쟁과 가족, 권헌익, 창비
- 아이를 위한 하루 한 줄 인문학, 김종원, 청림라이프
- 부모와 아이 중 한 사람은 어른이어야 한다, 임영주, 앤페이지

학교생활 TIPS

- 아동가족학과와 관련이 깊은 국어, 영어, 사회·문화, 역사 교과의 우수한 학업 성취를 올릴 수 있도록 하고, 각 수업 활동에 적극적으로 참여하여 창의성, 문제 해결 능력, 탐구력 등이 학교생활기록부 교과 세부능력 및 특기사항에 기록될 수 있도록 합니다.
- 전공과 관련 있는 다양한 진로 활동(전문상담사, 청소년 지도사 등 직업인 인터뷰, 보육 시설이나 아동가족학과 탐방 등)에 참여하여 자신의 진로 역량을 키우는 것이 도움이 됩니다. 단순한 참여 사실보다는 활동을 통해 새롭게 배우고 느낀 점이 드러나도록 합니다.
- 또래 상담, 신문, 아동 연구와 같은 교내 동아리에서 전공 관련 활동을 주도적으로 하면서 의미 있는 역할을 수행하도록 합니다.
- 지역 복지관, 초등 방과 후 교실, 돌봄 교실, 장애인 돕기 등과 같은 학교 교육계획에 의해 진행되는 학급이나 학생회의 임원 활동, 돌봄 활동, 학습 도우미 활동, 자선 봉사 활동을 비롯하여 행사 활동, 수련 활동, 체험 활동 등에 적극적으로 참여하여 배려하는 마음, 리더십, 의사소통 능력, 협동심 등을 보이는 것이 중요합니다.
- 협업과 소통능력, 나눔과 배려, 성실성과 규칙준수, 창의성 등 자신의 강점이 학교생활기록부 행동특성 및 종합의견에 기록될 수 있도록 학교 생활에 성실하게 임할 것을 권장합니다.

학과소개

아동복지학은 미래 사회의 주역이 될 아동을 올바르게 이해하고 보호·교육하기 위해 아동의 성장과 발달 및 아동에 관한 제반 현상과 문제를 사회적 맥락 속에서 탐구하며 아동, 가족, 그리고 다양한 사회 환경과의 상호 작용을 생태학적 관점에서 조망하는 학문입니다. 저출산 시대에는 육아에 대한 사회적 요구와 아동 복지에 대한 관심이 확대되고, 관련 예산 또한 증가하여 보다 다양하고 새로운 분야의 개발이 기대되고 있습니다.

아동복지학과는 아동 복지 분야의 실용적 전문성을 지닌 글로컬 리더 양성을 교육 목표로 아동·가족학과 사회복지학의 학제간 융능성과 응용성을 갖춘 전문 인재 양성을 비전으로 하고 있습니다. 아동복지학의 연구 분야는 아동의 이해에 기초가 되는 아동·가족 상담, 아동·가족 복지, 아동 발달, 사회 복지 정책, 아동 교육, 그리고 아동의 생활 환경인 가족과 그들을 둘러싼 사회 환경입니다.

📖 개설대학

- 고신대학교
- 남서울대학교
- 서원대학교
- 충북대학교
- 한남대학교 등

📚 관련학과

- 가족아동복지학과
- 아동·청소년학과
- 아동복지학부
- 아동·가족상담학과
- 아동·청소년교육상담학과
- 아동학과
- 영유아보육학과
- 아동가족복지학과
- 아동보육학과 등

📋 진출직업

- 유치원교사
- 보육교사
- 사회복지사
- 건강가정사
- 연구원
- 아동상담전문가
- 아동상담사
- 아동용교재·교구 및 컴퓨터 소프트웨어제작자
- 기자
- PD
- 작가
- 대학 교수 등

🎖 취득가능 자격증

- 보육교사
- 사회복지사
- 유치원정교사2급
- 건강가정사
- 아동삼담사
- 청소년상담사 등

💻 진출분야

기업체	출판사, 방송국, 신문사, 잡지사, 어린이집, 유치원, 일반 기업의 사회 공헌 부서, 아동 교육 프로그램 제작 회사, 아동 상품 기획·마케팅 관련 부서 등
정부 및 공공 기관	중앙 정부 및 지방 자치 단체의 아동·사회 복지 관련 기관, 한국청소년활동진흥원, 청소년활동진흥센터, 각 지역 청소년재단, 한국건강가정진흥원, 서울시여성가족재단, 경기도가족여성연구원, 대학교 등
연구 기관	한국보건사회연구원, 보육시설평가인증사무국, 한국청소년정책연구원, 한국청소년상담원, 한국교육개발원, 아동 사회 복지 관련 정부 정책 연구소 등

📄 학과 주요 교과목

기초 과목	영유아발달, 사회복지개론, 유아교육론, 인간행동과사회환경, 가족관계, 유아음악교육, 유아미술교육, 학교사회사업론, 의료사회사업론, 아동복지, 사회복지조사론, 유아교육과정, 가족정책론, 정신건강론, 아동관찰 및 행동연구, 아동안전관리 등
심화 과목	아동상담, 사회복지실천론, 사회복지정책론, 건강가정론, 유아교육과교육론, 유아교육과 교재연구 및 지도법, 유아수학교육, 유아언어교육, 노인복지론, 유아놀이지도, 가족상담 및 치료, 사회복지실천기술론, 사회복지행정론, 지역사회복지론, 장애인복지론 등

🌱 학과 인재상 및 갖추어야 할 자질

- 아동과 사회복지학에 관한 지식을 갖춘 학생
- 논리적 의사소통 능력과 협력적 문제 해결 능력을 가진 학생
- 종합적 응용 능력 및 실무 능력을 바탕으로 한 전문성을 지닌 학생
- 아동과 청소년을 이해하고 그들의 실생활에 공헌하는 일에 관심이 있는 학생
- 글로벌한 가치 존중, 다양성에 대한 이해에 바탕을 둔 미래 지향적 리더십을 갖춘 학생

학과 관련 선택 과목

※ 국어, 영어 교과는 모든 학문의 기초적인 성격을 가진 도구교과로 모든 학과에 이수가 필요하여 생략함.

공통 과목		공통국어1,2, 공통수학1,2, 공통영어1,2, 한국사1,2, 통합사회1,2, 통합과학1,2, 과학탐구실험1,2
수능 필수		화법과 언어, 독서와 작문, 문학, 대수, 미적분 I , 확률과 통계, 영어 I , 영어 II , 한국사, 통합사회, 통합과학, 성공적인 직업생활(직업)
일반 선택	수학, 사회, 과학	사회와 문화, 현대사회와 윤리
	체육·예술	
	기술·가정/정보	기술·가정
	제2외국어/한문	
	교양	
진로 선택	수학, 사회, 과학	정치, 법과 사회, 경제, 윤리와 사상, 인문학과 윤리, 국제관계의 이해
	체육·예술	
	기술·가정/정보	
	제2외국어/한문	
	교양	인간과 철학, 논리와 사고, 인간과 심리, 교육의 이해, 보건
융합 선택	수학, 사회, 과학	사회문제 탐구, 윤리문제 탐구, 기후변화와 지속가능한 세계
	체육·예술	
	기술·가정/정보	생애 설계와 자립, 아동발달과 부모
	제2외국어/한문	
	교양	논술

추천 도서 목록

- 아동권리와 복지, 이순자 외, 양서원
- 사각지대에서 울고 있는 아이들, 김지은, 슬로디미디어
- 청소년복지론, 오봉욱 외, 동문사
- 들어라, 아이들의 외침을, 김인숙 외, 국민북
- 얘들아, 밥 먹고 놀자(마을 돌봄 이야기), 김보민, 삶창
- 독친 세트, 쓰쓰미, 타래
- 아이를 학대하는 사회, 존중하는 사회, 강미정 외, 민들레
- 학교 밖 학교, 장재현, 누림과이룸
- 맞아도 되는 아이는 없다, 김지은, 슬로디미디어
- 생일을 모르는 아이, 구로카와 쇼코, 사계절
- 어린이 호스피스의 기적, 이시아 고타, 궁
- 변호사가 말하는 아동학대, 박우근, 지식과감성
- 선언에서 이행으로, 국제아동인권센터 외, 틈새의시간

- AI와 행복한 아이, 정준, 좋은땅
- 아동복지론, 이봉주 외, 신정
- 딥스, 버지니아 M. 액슬린, 샘터(샘터사)
- 자율적인 아이 만들기, 구도 유이치, 에이지21
- 너의 꿈을 응원해, 이기순, btb books(비티비북스)
- 행복한 가족, 파브리치오 실레이, 아르테(arte)
- 실종아동등 찾기, 홍성삼, 21세기사
- 행복한 고아의 끝나지 않은 이야기, 이성남, 행복에너지
- 아동복지법: 법령, 시행령, 시행규칙, 법제처 국가법령정보센터, 해광
- 굿바이 아동학대, 맹경숙, 미다스북스
- 아이를 위한 하루 한 줄 인문학, 김종원, 청림라이프
- 부모와 아이 중 한 사람은 어른이어야 한다, 임영주, 앤페이지

학교생활 TIPS

- 아동복지학과와 관련이 깊은 국어, 영어, 사회·문화, 역사 교과의 우수한 학업 성취를 올릴 수 있도록 하고, 각 수업 활동에 적극적으로 참여하여 창의성, 문제 해결 능력, 탐구력 등이 학교생활기록부 교과 세부능력 및 특기사항에 기록될 수 있도록 합니다.
- 전공과 관련 있는 다양한 진로 활동(사회복지사, 보육교사 등 직업인 인터뷰, 보육 시설이나 아동복지학과 탐방등)에 참여하여 자신의 진로 역량을 키우는 것이 도움이 됩니다. 단순한 참여 사실보다는 활동을 통해 새롭게 배우고 느낀 점이 드러나도록 합니다.
- 사회 탐구, 신문, 방송, 사회봉사와 같은 교내 동아리에서 아동이나 사회 복지와 관련된 내용을 토론하거나 조사·발표하는 등 전공 관련 활동을

주도적으로 하면서 의미 있는 역할을 수행했음을 드러냅니다.
- 지역 복지관, 초등 방과 후 교실, 돌봄 교실, 장애인 돕기등과 같은 학교 교육계획에 의해 진행되는 학급이나 학생회의 임원 활동, 돌봄 활동, 학습 도우미 활동, 자선 봉사 활동을 비롯하여, 행사 활동, 수련 활동, 체험 활동 등에 적극적으로 참여하여 배려하는 마음, 리더십, 의사소통 능력, 협동심 등을 보이는 것이 중요합니다.
- 협업과 소통능력, 나눔과 배려, 성실성과 규칙준수, 창의성 등 자신의 강점이 학교생활기록부 행동특성 및 종합의견에 기록될 수 있도록 학교 생활에 성실하게 임할 것을 권장합니다.

69

아동학과

학과소개

최근 유아기 교육의 중요성과 사회적 요구에 힘입어 보육 및 유아교육 사업은 국가의 중요한 과제로 대두되고 있어 괄목할 만한 발전을 보이고 있습니다. 그러나 유아교육과 보육의 질 개선에 대한 요구는 충족되지 못하고 있어 이를 위한 해결이 절실합니다. 유아교육과 보육의 질을 결정하는 요인은 유아교사의 역량과 자질의 강화입니다. 아동학과는 유아교사로서의 역량을 비롯한 전문성을 강화하고 자질을 함양하도록 하여 경쟁력 있는 유아교사를 양성하는 학과입니다.

아동학과는 영유아기와 아동기에 초점을 맞추어 각 생애기의 주요 논제들을 영유아와 아동을 둘러싼 생태학적인 환경인 가족, 교(보)육기관, 사회기관 및 문화와의 관련성에 대한 조명 및 교육, 심리, 사회학적 측면의 체계적인 연구를 통해 영유아 및 아동에 관한 폭넓은 기초 지식을 습득함으로써 영유아 교육 및 보육, 발달, 상담 전문인으로 양성하는 것을 목적으로 합니다. 이러한 목적을 위하여 학부 과정에서는 영유아기, 아동기에 관한 폭넓은 지식을 쌓고 영유아 보육 및 교육, 발달, 상담 전문가로서 성장할 수있도록 현장과 연계한 실습을 다양하게 경험하도록 하고 전공 관련분야의 전문인으로서의 능력과 자질을 갖추도록 합니다. 아동학은 이러한 이론적·분석적 지식을 기반으로 아동 및 청소년이 직면한 현실 문제를 해결하는 데 기여하고자 하는 실천 지향적 성격을 지닙니다. 아동학과는 아동 심리 및 발달, 영유아 교육 및 보육, 아동 문학, 미디어 교육, 영재성·창의성 교육으로 세분화 된 교육 과정을 운영하며, 각 과정별 이론과 응용 능력의 함양을 통해 그 어떠한 영역에서도 진취적이고 합리적으로 일할 수 있는 전문가를 양성하고자 합니다.

개설대학

- 국립목포대학교
- 대진대학교
- 총신대학교
- 동의대학교
- 광주대학교
- 대구가톨릭대학교
- 동아대학교
- 서울여자대학교
- 총신대학교
- 가톨릭대학교 등

진출직업

- 사회복지사
- 상담전문가
- 놀이치료사
- 발달심리사
- 아동상담사 및 지도사
- 인지학습 및 사회성증진전문가
- 부모-자녀관계전문가
- 연구원
- 대학 교수
- 교육 및 보육전문가
- 교육·보육행정 및 정책전문가
- 교육·보육기관 경영관리자
- 편집자
- 작가
- 방송작가
- PD
- 영재창의성교육전문가
- 아동문학비평가 등

관련학과

- 가족아동복지학과
- 아동·청소년학과
- 아동복지학부
- 아동·가족상담학과
- 아동·청소년교육상담학과
- 아동복지학과 등

취득가능 자격증

- 유치원 정교사 2급
- 유치원 원장
- 보육교사 2급
- 아동상담사
- 청소년상담사
- 평생교육사
- 보육시설장
- 방과후교사
- 건강가정사
- 놀이치료사 등

학과 주요 교과목

기초 과목	아동임상심리, 특수아부모교육, 아동치료법, 창의성발달과 교육, 영재아동연구 및 평가, 아동심리측정, 사고와 창의성, 영재교육, 보육교사론, 영유아교수방법, 정신건강, 아동안전관리, 아동과학지도, 아동음악, 아동문학교육, 영유아사회정서지도, 아동권리와 복지, 발달심리학, 유아교육론, 아동문학, 특수아교육론, 아동발달 등
심화 과목	아동관찰 및 행동연구, 아동학의 통계학적 기초, 부모자녀관계, 부모교육론, 유아교육과정, 아동미디어교육, 보육실습, 영유아프로그램개발과 평가, 그림책창작, 놀이지도, 언어지도, 긍정심리와 재능발달, 아동상담, 영유아발달, 아동현장실습, 사회정서발달, 인지 및 뇌발달, 아동청소년이상발달과 행동분석, 아동용콘텐츠개발과 UX, 아동행동과 사회환경 등

진출분야

기업체	병원 및 특수아 전문 기관의 치료실, 사회 교육원, 출판사, 방송국, 잡지사, 어린이집, 아동 관련 기관, 일반 기업(마케팅, 기획, 영업 부서) 등
정부 및 공공 기관	중앙 정부 및 지방 자치 단체, 아동 관련 국제 산하 정책 기관, 유니세프, NGO, 보육진흥원, 어린이집, 유치원, 아동상담센터, 아동복지센터 등
연구 기관	유아정책 연구소, 대학원 등

학과 인재상 및 갖추어야 할 자질

- 아동·청소년 전문가로서의 윤리 의식을 가진 학생
- 논리적 의사소통 능력과 협력적 문제 해결 능력을 가진 학생
- 다양성에 대한 이해와 수용력을 가진 학생
- 아동과 청소년을 이해하고 그들의 실생활에 공헌하는 일에 관심이 있는 학생
- 아동 및 청소년에 대한 학문적 호기심과 열의를 지녔으며 지도나 봉사 활동에 관심이 있는 학생

학과 관련 선택 과목

※ 국어, 영어 교과는 모든 학문의 기초적인 성격을 가진 도구교과로 모든 학과에 이수가 필요하여 생략함.

공통 과목	공통국어1,2, 공통수학1,2, 공통영어1,2, 한국사1,2, 통합사회1,2, 통합과학1,2, 과학탐구실험1,2	
수능 필수	화법과 언어, 독서와 작문, 문학, 대수, 미적분 I , 확률과 통계, 영어 I , 영어 II , 한국사, 통합사회, 통합과학, 성공적인 직업생활(직업)	
일반 선택	**수학, 사회, 과학**	세계시민과 지리, 사회와 문화, 현대사회와 윤리
	체육·예술	
	기술·가정/정보	기술·가정, 정보
	제2외국어/한문	
	교양	
진로 선택	**수학, 사회, 과학**	윤리와 사상, 인문학과 윤리
	체육·예술	
	기술·가정/정보	생활과학 탐구
	제2외국어/한문	
	교양	인간과 철학, 인간과 심리, 교육의 이해, 보건
융합 선택	**수학, 사회, 과학**	사회문제 탐구, 윤리문제 탐구
	체육·예술	
	기술·가정/정보	생애 설계와 자립, 아동발달과 부모
	제2외국어/한문	
	교양	

추천 도서 목록

- 딥스, 버지니아 M. 액슬린, 샘터(샘터사)
- 공부 잘하는 아이는 이렇게 독서합니다, 진향숙 외, 부커
- 들어라, 아이들의 외침을, 김인숙 외, 국민북
- 학교 밖 학교, 장재현, 누림과이룸
- 얘들아, 밥 먹고 놀자(마을 돌봄 이야기), 김보민, 삶창
- 생일을 모르는 아이, 구로카와 쇼코, 사계절
- AI와 행복한 아이, 정준, 좋은땅
- 자율적인 아이 만들기, 구도 유이치, 에이지21
- 아이를 위한 하루 한 줄 인문학, 김종원, 청림라이프
- 부모와 아이 중 한 사람은 어른이어야 한다, 임영주, 앤페이지
- 괜찮은 장난은 없다, 양이림, 쓸딴스북
- 아이가 원하는 것을 모른 채 부모는 하고 싶은 말만 한다, 오연경, 위즈덤하우스

- 중독된 아이들, 박정현 외, 셈퍼파이
- 초등 1학년 기적의 첫 독서법, 오현선, 체인지업북스
- 에밀, 장 자크 루소, 돋을새김
- 정답 찾는 아이, 질문 찾는 아이, 메이저맵 주식회사, 포르체
- 숲에서 놀아요, 김은숙 외, 동문사
- 디지털 소양을 위한 미디어 리터러시 교육, 김대희 외, 태학사
- 이토록 아이들이 반짝이는 순간, 안나진, 미다스북스
- 초등과학을 교육하다, 배진호 외, 아카데미프레스
- 질문의 힘을 키우는 초등 그림책 인문학, 문화라, 북하우스
- 디지털 세상에서 읽고 쓰는 힘!, 옥현진 외, 비상교육
- 프랑스 학교에는 교무실이 없다, 병수, 미다스북스
- 문해력 유치원, 최나야 외, EBS BOOKS
- 책으로 걷는 아이, 최누리, 북스고

학교생활 TIPS

- 아동청소년학과와 관련이 깊은 국어, 영어, 사회 교과의 우수한 학업 성취를 올릴 수 있도록 하고, 각 수업 활동에 적극적으로 참여하여 학업 역량, 문제 해결 능력, 탐구력 등이 학교생활기록부 교과 세부능력 및 특기사항에 기록될 수 있도록 합니다.
- 전공과 관련 있는 다양한 진로 활동(어린이집, 학과 탐방, 청소년상담사 인터뷰 등)에 참여하여 새롭게 알게된 사실이나 느낀 점을 중심으로 자신의 진로 역량을 키우도록 합니다.
- 신문, 독서, 청소년 문화 연구, 지역 사회 봉사, 시사 토론 등의 교내 동아리에서 아동·청소년과 관련된 내용을 조사·발표하는 등 전공 관련 활동을 주도적으로 하고, 의미 있는 역할을 했음을 드러냅니다.

- 학급이나 학생회의 임원 활동, 학습 도우미, 돌봄 활동(복지관, 아동 센터), 환경 정화 활동 등과 같은 학교 교육계획에 의해 진행되는 봉사 활동이나 행사 활동, 수련활동, 체험 활동에 적극적으로 참여하여 리더십, 배려하는 마음, 의사소통 능력, 협동심 등을 보이는 것이 중요합니다.
- 사회학, 심리학, 인문학, 철학, 정치학, 아동학 등 폭넓은 분야의 독서를 통해 기본적인 소양을 키웁니다.
- 협업과 소통능력, 나눔과 배려, 성실성과 규칙준수, 창의성 등 자신의 강점이 학교생활기록부 행동특성 및 종합의견에 기록될 수 있도록 학교 생활에 성실하게 임할 것을 권장합니다.

인문계열 / 사회계열 / 자연계열 / 공학계열 / 의약계열 / 예체능계열 / 교육계열 / 계약학과 & 특성화학과

70

언론정보학과

학과소개

정치, 경제, 사회, 문화적으로 세계 어느 곳에서도 보기 드문 빠른 성장과 변화를 겪어온 한국 사회에서 '소통'은 남다른 중요성을 지닌 문제로 제기되어 왔습니다. 특히 세대 간, 지역 간, 계층간 갈등이 날로 심화되는 현재, 소통의 부재는 모든 사회적 문제의 근원으로 꼽히는 한편 소통이 바로 이러한 문제들을 해결할 수 있는 수단으로 여겨지기도 합니다. 언론정보학은 바로 사람과 사람, 집단과 집단 간의 소통뿐 아니라 다양한 매체를 통한 각종 정보 및 콘텐츠의 생산, 유통과 확산, 그리고 그로 인해 발생하는 개인적·사회적·정치적·문화적 변화를 국내외적으로 탐색하는 학문으로 오늘날 우리 사회가 직면하고 있는 크고 작은 문제들을 정확히 진단하고 이에 대한 해결책을 찾는 데 도움을 줄 수 있습니다. 급변하는 미디어 환경과 기술의 발전으로 인한 소통 양식의 변화는 언론정보학을 배우고 연구하고자 하는 사람들에게 전례 없는 도전이자 기회로 받아들여지고 있습니다.

언론정보학과는 이처럼 급속히 성장하는 커뮤니케이션과 미디어 현상에 대한 이론적·경험적 지식을 토대로, 우리 시대의 현실이 전개되는 역사적 진보의 정점에서 다양한 커뮤니케이션의 실천들을 선도하며 미디어의 변화와 발전을 주도해 갈 전문가를 육성하는 데 교육 목표를 두고 있습니다.

개설대학

- 서울대학교
- 충남대학교 등

관련학과

- 미디어커뮤니케이션학과
- 신문방송학과
- 언론영상학과
- 사회언론정보학부 미디어커뮤니케이션학 전공
- 언론홍보영상학부
- 언론홍보학과
- 영상문화학과 등

진출직업

- 전문영상제작자
- 공연기획자
- 문화평론가
- 문화교류전문가
- 기자
- PD
- 아나운서
- 구성작가
- 콘텐츠기획가
- 광고기획자
- 카피라이터
- 기업홍보마케팅전문가
- 소셜미디어기업인
- 대학 교수 등

취득가능 자격증

- 사회조사분석사
- 멀티미디어콘텐츠제작전문가 등

진출분야

기업체	신문사, 방송사, 잡지사, 인터넷 포털 사이트 업체, 미디어 정책 관련 업체, 광고 및 홍보 회사, 영화사, 통신업체, 일반 기업의 홍보 부서 등
정부 및 공공 기관	중앙과 지방 자치 단체의 아동·사회 복지 관련 기관, 중고등학교, 한국콘텐츠진흥원 등
연구 기관	신문 방송 통신 관련 연구소 등

학과 주요 교과목

기초 과목	커뮤니케이션의 이해, 정보문화기술입문, 저널리즘의 이해, 설득커뮤니케이션, 커뮤니케이션학사, 대인커뮤니케이션, 디지털미디어의 이해, 영상문화입문, 한국미디어사, 방송과 콘텐츠, 미디어테크놀로지의 과거와 미래, HCI와 커뮤니케이션, 인터넷과디지털문화 등
심화 과목	커뮤니케이션이론, 커뮤니케이션양적방법론, 미래뉴스실습, 비판커뮤니케이션론, 방송분석, 탐사보도분석과 기획, 인터넷 시대의 읽기와 쓰기, 커뮤니케이션특강, 정보문화세미나, 영화론, 정치커뮤니케이션, 미디어법률과 제도, 모바일미디어, 미디어산업과 정책, 데이터저널리즘, 미디어와 스토리텔링, 커뮤니케이션질적방법론, 언론의 자유와 소통의 예절 등

학과 인재상 및 갖추어야 할 자질

- 인간과 사회에 대한 따뜻한 관심과 깊은 통찰력을 가진 학생
- 정보화 시대, 창조적 융합 시대와 어울리는 학생
- 커뮤니케이션 능력, 논리적 통찰력, 디지털 정보 활용 능력을 갖춘 학생
- 광고와 홍보에 관심이 많고, 마케팅 커뮤니케이션 전문가가 되고 싶은 학생
- 사회 현상을 정확히 이해하고 객관적으로 분석할 수 있는 학생
- 적극적인 사고방식과 정의감, 공정성을 중요하게 생각하는 학생

학과 관련 선택 과목

※ 국어, 영어 교과는 모든 학문의 기초적인 성격을 가진 도구교과로 모든 학과에 이수가 필요하여 생략함.

공통 과목		공통국어1,2, 공통수학1,2, 공통영어1,2, 한국사1,2, 통합사회1,2, 통합과학1,2, 과학탐구실험1,2
수능 필수		화법과 언어, 독서와 작문, 문학, 대수, 미적분Ⅰ, 확률과 통계, 영어Ⅰ, 영어Ⅱ, 한국사, 통합사회, 통합과학, 성공적인 직업생활(직업)
일반 선택	수학, 사회, 과학	세계시민과 지리, 세계사, 사회와 문화, 현대사회와 윤리
	체육·예술	
	기술·가정/정보	정보
	제2외국어/한문	제2외국어
	교양	
진로 선택	수학, 사회, 과학	정치, 법과 사회, 윤리와 사상, 인문학과 윤리, 국제 관계의 이해
	체육·예술	
	기술·가정/정보	데이터 과학
	제2외국어/한문	
	교양	인간과 철학, 논리와 사고, 인간과 심리
융합 선택	수학, 사회, 과학	사회문제 탐구, 윤리문제 탐구, 기후변화와 지속가능한 세계
	체육·예술	
	기술·가정/정보	지식 재산 일반
	제2외국어/한문	
	교양	논술

추천 도서 목록

- 대한민국 언론 자유의 현실, 이정기, 이담북스
- 케이컬처 시대의 새로운 '시청자 친화 채널' FAST, 김정섭, 한울아카데미
- 좋아요의 함정, 이사벨 메이라, 북극곰
- 악수, 엘라 알-샤마히 외, 로이트리프레
- K-콘텐츠 어떻게 만드나요?, 홍경수, 학지사비즈
- 인간관계와 의사소통, 정순영, 다온출판사
- 미디어와 뉴스, 사은숙, 에듀컨텐츠휴피아
- 가짜뉴스를 다루는 법, 조준원, 지금
- 소녀 취향 성장기, 이주라, 산지니
- 세계 미디어·콘텐츠 정책, 심상민, 신아사
- 여론 전쟁, 출구는 있다, 이영훈, 한국경제신문
- 영상 미디어의 이해, 김무규, 한울아카데미
- AI 시대 저널리즘 미리보기, 김경모 외, 한울아카데미

- 말이 되는 글 글이 되는 말, 김호성, 일파소
- 기자의 생각 습관, S. Holly Stocking 외, 율곡출판사
- 댓글 읽어주는 기자들, 김기화 외, 넥서스BOOKS
- 미디어와 시대정신의 탄생, 대니얼 J. 치트럼, 컬처룩
- 저널리즘 선언, 바비 젤리저 외, 오월의봄
- 기자유감, 이기주, 메디치미디어
- 디지털 미디어 리터러시, 김경희 외, 한울아카데미
- 뉴스를 보는 눈, 구본권, 풀빛
- 디지털 미디어 문해력 이해와 실천, 신삼수 외, 지금
- 위험, 사회, 미디어, 김용찬 외, 컬처룩
- 1인 미디어, 변용수, 커뮤니케이션북스
- 손석희의 앵커브리핑 2, 손석희 외, 역사비평사

학교생활 TIPS

- 언론정보학과와 관련이 깊은 국어, 영어, 사회, 경제 교과의 우수한 학업 성취를 올릴 수 있도록 하고, 각 수업 활동에 적극적으로 참여하여 창의성, 문제 해결 능력, 탐구력 등이 학교생활기록부 교과 세부능력 및 특기사항에 기록될 수 있도록 합니다.
- 전공과 관련 있는 다양한 진로 활동(PD, 광고기획자 등 직업인 인터뷰, 방송국이나 언론정보학과 탐방 등)에 참여하여 새롭게 알게 된 사실이나 느낀 점을 중심으로 자신의 진로 역량을 키우도록 합니다.
- 언론 연구, 신문, 방송, 사회 탐구와 같은 교내 동아리에서 언론과 관련된 내용을 조사·발표하거나 홍보 UCC를 만드는 등 전공 관련 활동을 주도적으로 하고, 의미 있는 역할을 했음을 드러냅니다.

- 지역 복지관, 초등 방과 후 교실, 돌봄 교실, 장애인 돕기 활동, 캠페인 활동 등과 같은 학교 교육계획에 의해 진행되는 학급이나 학생회의 임원 활동, 돌봄 활동, 학습 도우미 활동, 자선 봉사 활동을 비롯하여 행사 활동, 수련활동, 체험 활동에 적극적으로 참여하여 배려하는 마음, 리더십, 의사소통 능력, 협동심 등을 보이는 것이 중요합니다.
- 협업과 소통능력, 나눔과 배려, 성실성과 규칙준수, 창의성 등 자신의 강점이 학교생활기록부 행동특성 및 종합의견에 기록될 수 있도록 학교생활에 성실하게 임할 것을 권장합니다.

71

응용통계학과

학과소개

통계학은 계량적 분석 방법을 기초로 정보 자료의 수집 및 분석, 그리고 예측에 관한 전반적인 이론과 방법론을 연구하는 학문입니다. 통계적 방법론은 경제학, 경영학을 비롯한 상경 계통 분야 뿐만 아니라 사회학, 심리학, 정치학, 이학, 공학 등 조사 및 실험 자료를 분석하는 모든 학문 분야에서 연구 방법으로 응용되고 있습니다. 또한 통계적 분석 방법은 연구, 조사 혹은 실험에 의해 자료를 분석하는 개인 연구뿐만 아니라 정보를 수집하여 분석하고 의사 결정을 하는 조직체인 기업 등 각종 단체를 비롯한 공공 기관에서도 광범위하게 사용되고 있으며 이러한 상황은 앞으로도 계속 이어지리라고 예상됩니다. 이렇듯 사회의 여러 분야에서 통계 분석 및 상담에 관한 수요가 폭증함에 따라 최근에는 통계 분석에 관련된 전문가의 수요도 증가하는 추세입니다.

응용통계학과에서는 사회 각 분야에서 조성되는 정보화 환경에 적응하는 능력을 배양함과 아울러 상경 분야에서 요구되는 유능한 통계 전문가를 양성합니다. 통계학의 기초 개념에 대한 이해를 바탕으로 사회 조사, 실험을 통한 정보의 수집, 수집된 정보의 요약, 평가, 올바른 의사 결정을 위한 정보의 가공 기법 등을 교육하는 한편, 각종 데이터에 대한 과학적 분석 능력과 현장에서의 적응력을 갖추는 데 중점을 두고 있습니다.

개설대학

- 가천대학교
- 연세대학교
- 건국대학교
- 중앙대학교 등

관련학과

- 빅데이터응용통계학과
- 정보통계·보험수리학과
- 수리통계데이터사이언스학부
- 경제통계학부
  (통계학, 빅데이터사이언스)
- 수학통계학과
- 통계데이터사이언스학과
- 정보학부 정보통계학전공 등
- 정보통계학과

진출직업

- 데이터과학자
- 보험계리사
- 빅데이터개발자
- 손해사정사
- 데이터분석가
- 중등학교 교사
- 개인자산관리자
- 대학 교수
- 경영컨설턴트
- 연구원 등
- 사회조사분석사

취득가능 자격증

- 정보처리기사
- 보험계리사
- 사회조사분석사
- 손해사정사 등
- 품질경영기사

학과 주요 교과목

기초 과목	기초통계학, 응용수학, 기초확률론, 보험학원론, 전산실습, 행렬대수학, 통계수학, 경제학원론, 경영학원론, 수리통계학, 통계프로그래밍, 자료분석론, 표본론, 응용확률론, 미시경제학, 거시경제학, 해석개론, 재무관리 등
심화 과목	비모수통계학, 회귀분석, 통계적 품질관리, 보험통계학, 범주형자료분석, 통계와 Rexcel, 베이지안통계학, 실험계획법, 통계적학습개론, 시계열분석론, 데이터마이닝, 통계학특강, 신뢰성개론, 생물통계학, 통계자료분석, 통계학인공지능, 에너지수요예측방법론, 마케팅조사론, 고객분석과 데이터관리, 통계학세미나 등

진출분야

기업체	은행, 증권 회사, 보험 회사, 기업의 마케팅 조사 및 광고 부서, 여론 조사 기관, 유통 정보 회사의 시스템 구축과 컨설팅 분야, 바이오 및 의학 관련 업체, IT기업 등
정부 및 공공 기관	통계직 공무원, 국립암센터, 국립중앙의료원, 대법원, 세무서, 통계청, 한국전력공사 등
연구 기관	한국보건사회연구원 등

학과 인재상 및 갖추어야 할 자질

- 분석적 사고력이 뛰어난 학생
- 언론에 발표된 통계를 다시 한 번 점검하며 그 신뢰도를 확인하는 학생
- 데이터를 자신의 생각을 전달할 수 있는 가장 강력한 수단으로 여기는 학생
- 국제화 능력, 적응력, 통계 분야 및 전 학문 영역 간 융합 능력을 갖춘 학생
- 합리적인 사고를 바탕으로 한 논리적인 의사 표현력을 지닌 학생
- 다양한 정보를 수집하고 분석할 수 있는 능력이 있는 학생

학과 관련 선택 과목

※ 국어, 영어 교과는 모든 학문의 기초적인 성격을 가진 도구교과로 모든 학과에 이수가 필요하여 생략함.

공통 과목		공통국어1,2, 공통수학1,2, 공통영어1,2, 한국사1,2, 통합사회1,2, 통합과학1,2, 과학탐구실험1,2
수능 필수		화법과 언어, 독서와 작문, 문학, 대수, 미적분 I , 확률과 통계, 영어 I , 영어 II , 한국사, 통합사회, 통합과학, 성공적인 직업생활(직업)
일반 선택	수학, 사회, 과학	대수, 미적분 I , 확률과 통계, 세계시민과 지리, 사회와 문화, 현대사회와 윤리
	체육·예술	
	기술·가정/정보	기술·가정, 정보
	제2외국어/한문	
	교양	
진로 선택	수학, 사회, 과학	기하, 미적분 II , 경제 수학, 인공지능 수학, 경제
	체육·예술	
	기술·가정/정보	인공지능 기초, 데이터 과학
	제2외국어/한문	
	교양	
융합 선택	수학, 사회, 과학	실용 통계, 수학과제 탐구
	체육·예술	
	기술·가정/정보	
	제2외국어/한문	
	교양	인간과 경제활동

추천 도서 목록

- 통계 101×데이터 분석, 아베 마사토, 프리렉
- 새빨간 거짓말, 통계, 대럴 허프, 청년정신
- 데이터 사이언스 통계학, 이군희, 북넷
- 잠 못들 정도로 재미있는 이야기: 통계학, 박수현, 성안당
- 통계학: 이해와 응용, 유극렬 외, 교문사(청문각)
- 숫자에 약한 사람들을 위한 통계학 수업, 데이비드 스피겔할터, 웅진지식하우스
- 통계의 거짓말, 게르트 보스바흐 외, 지브레인
- 알아두면 득이 되는 생활 속 통계학, 사토 마이, 시그마북스
- 쉽게 쓴 사회과학 기초통계, 박윤환, 윤성사
- 통계학, 여인권, 자유아카데미
- 스토리가 있는 통계학, Andrew Vickers, 신한출판미디어
- AI시대의 통계적 예측, 김해경 외, 경문사

- 통계적 사고의 힘, 앨버트 러더퍼드 외, 성균관대학교출판부
- 숫자는 어떻게 생각을 바꾸는가, 폴 굿윈, 한국경제신문
- 어서와! 논문은 처음이지, 이채현 외, 청람
- 통계 속의 재미있는 세상 이야기, 구정화 외, 통계청
- 수학보다 데이터 문해력, 정성규, EBS BOOKS
- 세상을 보는 눈, 통계, 이대진 외, 피앤씨미디어
- 통계, 혼돈과 질서의 만남, C. R. 라오, GDS KOREA(지디에스케이)
- 오류와 역설로 배우는 확률과 통계, 조진석, 경문사
- 문과 출신도 쉽게 배우는 통계학, 다카하시 신 외, 지상사
- 4차 산업혁명 시대의 통계학 개론, 강금식 외, 오래
- 데이터 과학자의 일, 손승우 외, 휴머니스트
- 다크데이터, 데이비드 핸드, 더퀘스
- 누워서 읽는 통계학, 와쿠이 요시유키 외, 한빛아카데미

학교생활 TIPS

- 응용통계학과 관련이 깊은 수학, 경제, 과학 교과의 우수한 학업 성취를 올릴 수 있도록 하고, 각 수업 활동에 적극적으로 참여하여 창의성, 문제 해결 능력, 탐구력 등이 학교생활기록부 교과 세부능력 및 특기사항에 기록될 수 있도록 합니다.
- 전공과 관련 있는 다양한 진로 활동(직업인 인터뷰, 통계청이나 세무서, 응용통계학과 탐방 등)에 참여하여 새롭게 알게 된 사실이나 느낀 점을 중심으로 자신의 진로 역량을 키우도록 합니다.
- 수학 문제 풀이, 수학 탐구, 통계 분석 등의 교내 동아리에서 통계와 관련된 내용을 조사·발표하는 등 전공 관련 활동을 주도적으로 하고 의미 있는 역할을 했음을 드러냅니다.

- 학급이나 학생회의 임원 활동, 도시락 배달 봉사, 돌봄 활동(지역 복지관 등), 학습 도우미 활동, 환경 정화 활동 등과 같은 학교 교육계획에 의해 진행되는 봉사 활동이나 행사 활동, 수련 활동, 체험 활동에 적극적으로 참여하여 배려하는 마음, 리더십, 의사소통 능력, 협동심 등을 보이는 것이 중요합니다.
- 수학, 경제학, 인문학, 정치학, 물리학 등 폭넓은 분야의 독서를 통해 기본적인 소양을 키웁니다.
- 협업과 소통능력, 나눔과 배려, 성실성과 규칙준수, 창의성 등 자신의 강점이 학교생활기록부 행동특성 및 종합의견에 기록될 수 있도록 학교생활에 성실하게 임할 것을 권장합니다.

72

의료경영학과

학과소개

국민 소득과 의식 수준의 향상으로 인해 의료 및 복지에 대한 기대와 요구는 점점 높아지고 있습니다. 의료 관련 산업의 새로운 변화에 능동적으로 적응하는 데 필요한 전문 역량을 발휘할 수 있는 의료 전문 경영 인력이 더욱 필요한 시점입니다. 이러한 시대적 요구에 발맞추어 의료 및 복지 산업의 효율적이고 합리적인 경영 인력을 양성하고, 의료 관광 특성화 분야를 육성하고자 하는 미래 지향적인 학과의 필요성 또한 대두되었습니다.

의료경영학과는 21세기에 집중 육성할, 지식 기반의 핵심 산업으로 부각되고 있는 의료 산업의 주역으로서 건강 사회를 주도하는 전문 의료 경영인의 양성을 목표로 합니다. 의료경영학과에서는 의료의 공급 및 이용과 관련된 정책을 개발하고 의료 인력, 시설, 장비, 자금, 정보 등의 자원을 효율적으로 이용·관리할 수 있는 방안을 연구·교육합니다. 그리고 국가와 지역 사회가 필요로 하는 의료 정책과 사업을 개발하고 의료 기관을 효과적, 효율적으로 관리할 수 있는 유능한 인력을 양성, 배출하고자 합니다. 의료 경영학과는 이러한 교육 목표를 달성하기 위하여 의료 제도와 정책 및 의료 기관 경영과 관련이 있는 교과목을 체계적으로 편성, 운영하고 있습니다. 또한 첨단 전자 통신 장비 및 소프트웨어를 구비하고 시청각 교육과 의료 기관 등의 현장 실습 또한 활발히 진행하고 있습니다.

개설대학

- 을지대학교(제2캠퍼스)
- 청주대학교
- 동의대학교
- 화성의과학대학교 등

진출직업

- 병원코디네이터
- 병원행정사
- 의무기록사
- 행정학연구원
- 의무부사관 등

취득가능 자격증

- 의무기록사
- 병원행정사
- 건강보험사
- 보험심사평가사
- 의료보험사
- 정보처리기사
- 사회조사분석사
- 손해사정사
- 산업기사
- 국제의료관광코디네이터 등

관련학과

- 의료경영학전공
- 보건의료경영학과
- 의료경영학부 등

학과 주요 교과목

기초 과목	보건행정학, 해부생리학, 병리학, 병원경영학, 의학용어, 병원회계, 보건의료정보관리학, 병원전산학, 의료정보기술, 병원재무관리학, 병원인적자원관리, 사회보장론, 보건사회학, 질병분류 및 의료행위분류, 심폐소생술, 사회봉사 등
심화 과목	보건의료조직관리, 원무관리, 병원기획 및 전략경영, 보험과 손해사정, 보건경제학, 병원마케팅, 병원전산통계분석, 의료관계법규, 병원경영연구, 보건의료정보관리실무, 암등록, 건강정보보호, 보건의료데이터관리, 건강보험이론 및 실무, 바이오헬스케어플래닝, 의료관광행정론, 의료기록정보분석실무, 글로벌헬스케어산업론, 공중보건학, 헬스케어서비스디자인 등

진출분야

기업체	종합 병원(원무과, 보험과, 기획실, 총무과, 관리과, 인사과, 의무기록과, 영상의학과, 핵의학과, 병리과, 의료정보과), 민간 보험 회사, 손해 사정 법인, 컨설팅 회사 등
정부 및 공공 기관	국민건강보험공단, 건강보험심사평가원, 질병관리본부, 국립 암센터, 근로복지공단, 보건 의료 관계 단체, 보건직 공무원, 지방직 공무원, 대한병원협회, 대한병원행정관리자협회 등
연구 기관	보건 의료 연구 관련 국가·민간 연구소 등

학과 인재상 및 갖추어야 할 자질

- 지역사회를 바탕으로 세계 인류의 건강증진에 기여하고자 하는 학생
- 실천하는 보건관리 지식인으로서 의료산업의 주역을 꿈꾸는 학생
- 의료정책과 사업을 개발하고 소통하는 보건관리 전문인이 되고자 하는 학생
- 보건의료 현장에서 실천적 문제해결에 기여하고자 하는 학생
- 전인적 인성을 갖추고 보건 관리 영역에서 기여하고자 하는 학생
- 디지털 정보기반 통섭적 사고로 미래 보건의료산업을 선도하고자 하는 학생

학과 관련 선택 과목

※ 국어, 영어 교과는 모든 학문의 기초적인 성격을 가진 도구교과로 모든 학과에 이수가 필요하여 생략함.

공통 과목		공통국어1,2, 공통수학1,2, 공통영어1,2, 한국사1,2, 통합사회1,2, 통합과학1,2, 과학탐구실험1,2
수능 필수		화법과 언어, 독서와 작문, 문학, 대수, 미적분Ⅰ, 확률과 통계, 영어Ⅰ, 영어Ⅱ, 한국사, 통합사회, 통합과학, 성공적인 직업생활(직업)
일반 선택	수학, 사회, 과학	대수, 미적분Ⅰ, 확률과 통계, 사회와 문화, 현대사회와 윤리
	체육·예술	
	기술·가정/정보	정보
	제2외국어/한문	
	교양	
진로 선택	수학, 사회, 과학	미적분Ⅱ, 경제 수학, 정치, 법과 사회, 경제, 인문학과 윤리
	체육·예술	
	기술·가정/정보	데이터 과학
	제2외국어/한문	
	교양	논리와 사고, 보건
융합 선택	수학, 사회, 과학	실용 통계, 수학과제 탐구, 사회문제 탐구, 금융과 경제생활, 윤리문제 탐구
	체육·예술	
	기술·가정/정보	지식 재산 일반
	제2외국어/한문	
	교양	인간과 경제활동

추천 도서 목록

- 병원 개원 마케팅 이기는 전략, 심진보, e비즈북스
- 의료인을 위한 경영학 수업, 이정우, 군자출판사
- 요즘 병원, 요즘 경영, 김도유 외, 렛츠북
- 신박한 병의원 마케팅, 이성근, 메디북스
- 개원의 정석, 정성웅, 닥터스
- 백년병원, 이원길, 마니피캇
- Dr MBA의 원장실 경영학, 조정훈, DR MBA
- 병원을 치료하는 의사, 최창화, 타임스페이
- 약사 선배, 이태영, 지식과감성
- 병원 개원 마케팅 이기는 전략, 심진보, e비즈북
- 성공하는 의사들의 진료비법 24, 이혜범, 군자출판사
- 그 병원이 잘되는 12가지 비밀, 박정섭, 매일경제신문사
- 잘되는 병원 안되는 병원, 이국진, 헤세의서재

- 병원도 감성이다, 장정빈 외, 예미
- 건강의 비용, 김재홍, 파지트
- 누가 내 환자를 옮겼을까?, 김병국, 도서출판웰
- 잘 나가는 병원은 유튜브로 브랜딩한다, 김우민, 마중
- 봉직의 3년 전문병원 개원하기, 박병상, 정다와
- 개원은 개고생?, 이성근 외, 페이지원
- 병원 상담의 품격, 최이슬, 굿웰스북스
- 작은 병원 생존 마케팅, 김세희, 라디오북
- 병·의원 고객관리 성공비법, 이성근, 페이지원
- 병원 코디네이터, 박종선 외, 에듀팩토리
- 환자가 몰리는 병원은 서비스가 다르다, 전희진, 굿웰스북스
- 병원 경영 처방전, 최명기, e비즈북스

학교생활 TIPS

- 의료경영학과 관련이 깊은 영어, 수학, 경제, 사회 교과의 우수한 학업 성취를 올릴 수 있도록 하고, 각 수업 활동에 적극적으로 참여하여 학업 역량, 문제 해결 능력, 탐구력 등이 학교생활기록부 교과 세부능력 및 특기사항에 기록될 수 있도록 합니다.
- 전공과 관련 있는 다양한 진로 활동(병원, 국민건강보험공단 등 탐방, 병원코디네이터 직업 체험 등)에 참여하여 새롭게 알게 된 사실이나 느낀 점을 중심으로 자신의 진로 역량을 키우도록 합니다.
- 경제 연구, 시사 탐구, 신문, 토론 등의 교내 동아리에서 의료, 경제, 경영 등과 관련된 내용을 조사·발표하는 등 전공 관련 활동을 주도적으로 하고, 의미 있는 역할을 했음을 드러냅니다.

- 학급이나 학생회의 임원 활동, 또래 학습 나누미, 환경정화 활동 등과 같은 학교 교육계획에 의해 진행되는 봉사 활동이나 행사 활동, 수련 활동, 체험 활동에 적극적으로 참여하여 자신의 능력을 보이거나, 공동체의 목표를 함께 달성해가는 과정을 통해 의사소통 능력을 보이는 것이 중요합니다.
- 역사, 문학, 예술, 자연과학, 생물학 등 폭넓은 분야의 독서를 통해 기본적인 소양을 키웁니다.
- 협업과 소통능력, 나눔과 배려, 성실성과 규칙준수, 창의성 등 자신의 강점이 학교생활기록부 행동특성 및 종합의견에 기록될 수 있도록 학교생활에 성실하게 임할 것을 권장합니다.

인문계열

사회계열

자연계열

공학계열

의약계열

예체능계열

교육계열

계약학과 & 특성화학과

73

인류학과

학과소개

인류학은 인간의 본질을 탐구하는 학문 분야로서, 인간만이 가지고 있는 고유한 생물학적인 특징과 문화적인 특징이 어떻게 연유되고 어떠한 변천 과정을 거쳤는지에 관심을 둡니다. 연구 대상에 따라 인간의 문화적 특질을 연구하는 문화인류학, 선사 시대와 원시 시대 및 고대 인간의 문화적 특징을 연구하는 고고학, 생물체로서 인간이 가지고 있는 체질적 특징을 자연 과학적으로 연구하는 형질인류학으로 구분하기도 합니다.

인류학과는 시·공간적으로 다양한 인간 집단의 사회 및 문화를 조사하고 비교·연구함으로써 인간과 사회에 대한 본질적인 이해에 도달하고자 합니다. 더불어 현재 인간 사회가 당면하고 있는 수많은 문제들을 지혜롭게 헤쳐 나갈 방안을 모색하는 인류학자를 양성하는 데 교육 목표를 두고 있습니다. 또한 인류학과는 문화인류학, 고고학, 형질인류학 등을 통합적으로 교육하는 학과와 문화인류학만을 별도로 교육하는 학과로 나누어져 있습니다.

 ## 개설대학

• 서울대학교 등

진출직업

• 감정평가사
• 문화재보존원
• 학예사(큐레이터)
• 전시기획자
• 인류학자
• 문화재발굴관리사
• 신문기자
• 방송기자·작가
• 대학 교수
• 중등학교 교사(일반사회) 등

 ## 관련학과

• 고고문화인류학과
• 고고인류학과
• 문화인류학과
• 문화인류고고학과 등

취득가능 자격증

• 박물관 및 미술관 준학예사
• 중등학교 정교사 2급(일반사회) 등

학과 주요 교과목

기초 과목	인류학의 이해, 민속학, 혼인과 가족, 일본문화의 이해, 문화와 심리, 성과 문화, 도시생활과 문화, 인류학사, 영상인류학실습, 동남아문화의 이해, 인류학실습, 문화와 의사소통, 문화와 언어, 전지구화와 문화변동, 동아시아의 문화와 전지구화 등
심화 과목	음식과 문화, 인류학연구방법실습, 러시아문화의 이해, 문화와 경제, 문화와 권력, 인류학, 박물관실습, 생물인류학 및 실습, 한국민속문화의 이해, 생태인류학, 중국의 사회와 문화, 언어와 아이덴티티, 한국대중문화의 인류학, 인터넷의 인류학, 문화와 역사, 종교문화의 이해, 사회집단과 불평등, 언어현지조사, 마음의 진화와 문화, 라틴아메리카의 민족과 문화, 현실문제의 인류학, 몸의 인류학, 언어와 감정, 미디어인류학 등

진출분야

기업체	유네스코, 언론사(신문사, 잡지사, 방송국), 출판사, 광고 회사, 이벤트 홍보 회사, 회사의 기획, 영업, 행정담당 부서 등
정부 및 공공 기관	박물관, 문화재청, 지역 문화원, 한국국제교류재단, 국제이주기구, 국제개발협력, 한국사회과학자료원, 각 지역 문화재단 등
연구 기관	국립문화재연구소, 민족문제연구소, 인문 과학 관련국가·민간 연구소 등

학과 인재상 및 갖추어야 할 자질

• 인류의 다양한 행동 방식과 동기에 대해 관심을 지닌 학생
• 사회 집단 간의 차이와 공통점에 대해 질문하고, 총체적 관점에서 답을 찾고 싶은 학생
• 특정한 가치나 윤리의 문제를 역사나 문화의 맥락에서 설명하고 싶은 학생
• 다른 문화에 대한 지적 호기심이 크고, 자기 문화를 성찰해 보고자 하는 학생
• 글로벌 시대의 다양한 문화와 그 변화를 이해하고 분석하고자 하는 학생
• 문화 간 만남과 교류를 선도적으로 이끌어가는 문화 및 지역 전문가가 되고 싶은 학생

학과 관련 선택 과목

※ 국어, 영어 교과는 모든 학문의 기초적인 성격을 가진 도구교과로 모든 학과에 이수가 필요하여 생략함.

공통 과목		공통국어1,2, 공통수학1,2, 공통영어1,2, 한국사1,2, 통합사회1,2, 통합과학1,2, 과학탐구실험1,2
수능 필수		화법과 언어, 독서와 작문, 문학, 대수, 미적분Ⅰ, 확률과 통계, 영어Ⅰ, 영어Ⅱ, 한국사, 통합사회, 통합과학, 성공적인 직업생활(직업)
일반 선택	수학, 사회, 과학	세계시민과 지리, 세계사, 사회와 문화, 현대사회와 윤리
	체육·예술	
	기술·가정/정보	
	제2외국어/한문	
	교양	
진로 선택	수학, 사회, 과학	한국지리 탐구, 동아시아 역사 기행, 윤리와 사상, 인문학과 윤리
	체육·예술	
	기술·가정/정보	
	제2외국어/한문	
	교양	인간과 철학, 논리와 사고, 인간과 심리, 삶과 종교
융합 선택	수학, 사회, 과학	여행지리, 역사로 탐구하는 현대 세계, 사회문제 탐구, 윤리문제 탐구
	체육·예술	
	기술·가정/정보	
	제2외국어/한문	
	교양	논술

추천 도서 목록

- 이주하는 인류, 샘 밀러, 최정숙 역, 미래의 창
- 인류, 이주, 생존, 소니아 샤, 성원 역, 매디치미디어
- 바다 인류, 주경철, 휴머니스트
- 챗 GPT에게 묻는 인류의 미래, 김대식, 동아시아
- 80억 인류, 가보지 않은 미래, 제니퍼 D. 스쿠바, 김병순 역, 흐름 출판
- 인류 최초의 문명과 이스라엘, 주원준, 서울대학교출판문화원
- 인류 본사, 이희수, 휴머니스트
- 새로운 인류 알파세대, 노가영, 매경출판
- 인류세, 엑소더스, 가이아 빈스, 김명주 역, 곰출판
- 인류의 여정, 오데드 갤로어, 장경덕 역, 시공사
- 인류의 진화, 이상희, 동아시아
- 인류세 윤리, 필로소픽, 몸문화연구소
- 인류의 미래를 묻다, 데이비드 싱클레어 외, 인플루엔셜

- 청소년을 위한 박물관 에세이, 강선주 외, 해냄 출판사
- 인류 최후의 블루오션 팜 비즈니스, 류창완, 쌤앤파커스
- 인류의 종말은 투표로 결정되었습니다, 위래 외, 황금가지
- 손진태의 문화인류학, 전경수, 민속원
- 글로벌시대의 문화인류학, Barbara Miller, 시그마프레스
- 총 균 쇠, 재레드 다이아몬드, 김영사
- EBS 다큐프라임 인류세: 인간의 시대, 최평순 외, 해나무
- 호모 루덴스, 요한 하위징아, 연암서가
- 라인스, 팀 잉골드, 포도밭출판사
- 역사란 무엇인가, E. H. 카, 육문사
- 인구의 힘, 폴 몰런드, 미래의창
- 불완전한 존재들, 텔모 피에바니, 북인어박스

학교생활 TIPS

- 인류학과와 관련이 깊은 국어, 영어, 사회·문화, 세계사, 한국지리, 세계지리 교과의 우수한 학업 성취를 올릴 수 있도록 하고, 각 수업 활동에 적극적으로 참여하여 학업 역량, 문제 해결 능력, 탐구력 등이 학교생활기록부 교과 세부능력 및 특기사항에 기록될 수 있도록 합니다.
- 전공과 관련 있는 다양한 진로 활동(박물관, 학과 탐방, 인류학자 인터뷰 등)에 참여하여 새롭게 알게 된 사실이나 느낀 점을 중심으로 자신의 진로 역량을 키우도록 합니다.
- 사회 문화 연구, 다문화 탐구, 박물관 탐방 등 사회 문화 현상 및 인류학 관련 교내 동아리에서 인류학과 관련된 내용을 조사, 전시, 발표하는 등 주도적인 활동을 하고 의미 있는 역할을 했음을 드러냅니다.

- 학급이나 학생회의 임원 활동, 교내외 도서관이나 박물관에서의 봉사 활동(정리·행사 보조·홍보), 자원 봉사활동(불우 이웃 돕기, 기아 아동 돕기 등), 학습 도우미활동(복지관, 방과 후 학교 등)과 같은 학교 교육계획에 의해 진행되는 봉사 활동이나 행사 활동, 수련 활동, 체험 활동에 적극적으로 참여하여 협업과 소통능력, 나눔과 배려, 성실성과 규칙준수, 리더십 등을 보이는 것이 중요합니다.
- 철학, 문학, 사회학, 예술학, 경제학, 역사학 등 폭넓은 분야의 독서를 통해 기본적인 소양을 키웁니다.

74

정치외교학과

학과소개

정치외교학은 권력 비판의 학문이며, 동시에 사회 경영의 학문입니다. 오늘날에는 국내외적으로 행위 주체가 다양해지고 안보 개념이 변화하며 민주화·세계화·정보화 등과 관련하여 많은 초국가적 의제들이 등장하면서, 국내 정치와 국제 관계의 흐름을 정확히 분석하고 전망할 수 있는 전문 가들에 대한 사회적 수요가 증가하고 있습니다. 이와 함께 정치에 대한 시민들의 참여가 증가하고 국제화 추세에 따라 국제 정세가 국내 사회·경제 적인 문제에도 직접적인 영향을 미치면서 정치외교학에 대한 관심 또한 증가하고 있습니다.

정치외교학은 정치학 이론에 기초하여 다양한 정치 현상을 체계적이고 논리적으로 분석하며, 연구 목적과 방법에 따라 정치 사상사와 정치 현상에 대한 이론을 공부하는 정치이론 분야, 헌법과 정부의 제도에 관해 분석하는 정치제도 분야, 정당·여론·이익 집단등의 정치 활동을 연구하는 정치과정 분야, 국제 정치와 국제기구, 외교 문제 등을 연구하는 국제정치 분야로 구분됩니다. 정치외교학과의 교육 목표는 학생들이 정치 사회에 대한 예리한 분석력, 정확한 판단력, 냉철한 비판력을 갖추도록 하는 것입니다. 나아가 정치외교학과에서는 현실 정치와 정책에 대한 전문적이고 실용적인 지식을 함양하도록 하여 현실 정치 영역에서 일할 수 있는 전문가를 양성하고자 합니다.

개설대학

- 서강대학교
- 국립부경대학교
- 경상국립대학교
- 명지대학교(제2캠퍼스)
- 계명대학교
- 강원대학교
- 건국대학교
- 경북대학교
- 경희대학교
- 고려대학교
- 국민대학교
- 단국대학교
- 부산대학교
- 성신여자대학교
- 숙명여자대학교
- 숭실대학교
- 아주대학교
- 연세대학교
- 영남대학교
- 이화여자대학교
- 인천대학교
- 인하대학교
- 전남대학교
- 전북대학교
- 제주대학교
- 조선대학교
- 충남대학교
- 충북대학교
- 한국외국어대학교
- 한양대학교 등

관련학과

- 정치·국제학과
- 정치·언론학과
- 정치·사회학부(정치외교학전공)
- 정치외교학부
- 정치행정학과
- 정치행정학부 정치외교학전공 등

진출분야

기업체	방송사, 신문사, 잡지사, 리서치 회사, 대기업, 행정직 공무원 등
정부 및 공공 기관	행정안전부, 외교부, 국가정보원, 청와대, 대법원 및 사법부, 국회, 정당, UN 등 국제 협력 기구, 시민 단체(NGO), 대학 등
연구 기관	정치외교학 관련 분야 연구소, 통일연구원, 한국노동연구원, 한국여성정책연구원, 국가안보전략연구원, 대학의 정치 연구 소 등

진출직업

- 외교관
- 국제기구직원
- 법조인
- 국가공무원
- 언론인
- 정치가
- 학자
- 기업가
- 국회의원보좌관
- 비서관
- 정당전문행정인
- 정치평론가
- 행정직 공무원 등

취득가능 자격증

- 사회조사분석사
- 정책분석평가사 등

학과 주요 교과목

기초 과목	정치학개론, 국제정치학개론, 외교론, 국제관계론, 비교정치 론, 근대국제정치사, 한국정치론, 한국외교사, 정치체제와 선 거, 서양정치사상, 한국정부와 정치, 정치학연구방법론, 국제 분쟁과 평화, 정치경제, 미국외교, 헌법 등
심화 과목	정보화와 정치, 정치제도과정론, 일본정치외교론, 인도동남아 시아담론, 시민정치론, 정치학고전원서강독, 정당론, 동양정치 사상, 대중정치행태, 국제기구론, 중국정치외교론, 입법과정 론, 국제법, 한국외교론, 미국정치, 국제정치경제론, 현대정치 사상, 북한문제와 통일, 동아시아국제정치, 한국정치세미나 등

학과 인재상 및 갖추어야 할 자질

- 사회 과목에 흥미가 있고, 국가 및 사회 전반에 관심을 가지고 있는 학생
- 분석적·논리적 사고력과 날카로운 통찰력을 가진 학생
- 뉴스를 즐겨 보고, 사회 전반의 흐름에 대해 고른 관심을 가진 학생
- 건전하고 비판적이며 폭넓은 사고력을 지녔으며, 상반된 의견에도 귀 기울일 줄 아는 학생
- 추상적인 개념을 실제 현상에 적용하여 분석하는 능력을 갖춘 학생
- 국내 및 국제 사회에서 일어나는 다양한 정치·사회·경제 문제에 흥미를 가진 학생

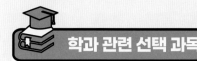

학과 관련 선택 과목

※ 국어, 영어 교과는 모든 학문의 기초적인 성격을 가진 도구교과로 모든 학과에 이수가 필요하여 생략함.

공통 과목		공통국어1,2, 공통수학1,2, 공통영어1,2, 한국사1,2, 통합사회1,2, 통합과학1,2, 과학탐구실험1,2
수능 필수		화법과 언어, 독서와 작문, 문학, 대수, 미적분Ⅰ, 확률과 통계, 영어Ⅰ, 영어Ⅱ, 한국사, 통합사회, 통합과학, 성공적인 직업생활(직업)
일반 선택	수학, 사회, 과학	세계시민과 지리, 세계사, 사회와 문화, 현대사회와 윤리
	체육·예술	
	기술·가정/정보	
	제2외국어/한문	제2외국어
	교양	
진로 선택	수학, 사회, 과학	한국지리 탐구, 도시의 미래 탐구, 동아시아 역사 기행, 정치, 법과 사회, 인문학과 윤리, 국제 관계의 이해
	체육·예술	
	기술·가정/정보	
	제2외국어/한문	제2외국어 회화
	교양	논리와 사고
융합 선택	수학, 사회, 과학	사회문제 탐구, 윤리문제 탐구, 기후변화와 지속가능한 세계
	체육·예술	
	기술·가정/정보	
	제2외국어/한문	제2외국어 문화
	교양	

추천 도서 목록

- 소명으로서의 정치, 막스 베버, 후마니타스
- 혼돈의 시대 리더의 탄생, 도리스 컨스 굿윈, 커넥팅
- 아리스토텔레스 정치학, 아리스토텔레스, 그린비
- 플랫폼, 파워, 정치, 올리게 클링거 외, 한울아카데미
- 스파이, 거짓말, 그리고 알고리즘, 에이미 제가트, 한울아카데미
- 외교 외전, 조세영, 한겨레추란사
- 괜찮은 정치인 되는 법, 브라이언 C. 해거티, 서해문집
- 우리는 미국을 모른다, 김동현, 부키
- 정치는 왜 실패하는가, 벤 앤셀, 한국경제신문
- 미국 외교의 거대한 환상, 존 J. 미어샤이머, 김앤김북스
- 전쟁 이후의 세계, 박노자, 한겨레출판사
- 리콴유의 눈으로 본 세계, 리콴유, 박영사
- 세계 정치학 필독서 50, 톰 버틀러 보던, 센시오

- 불통의 중국몽, 주재우, 인문공간
- 지배의 법칙, 이재민, 21세기북스
- 지금 다시, 일본 정독, 이창민, 더숲
- 미국 「대도시의 죽음과 삶」, 제인 제이콥스, 그린비
- AI 시대의 정치이론, 마티아스 리스, 그린비
- 헨리 키신저의 외교, 헨리 키신저, 김앤김북스
- 중국과 미국, 무역과 외교 전쟁의 역사, 왕위안총, 행성B

학교생활 TIPS

- 정치외교학과 관련이 깊은 국어, 사회, 영어 교과의 우수한 학업 성취를 올릴 수 있도록 하고, 각 수업 활동에 적극적으로 참여하여 창의성, 문제 해결 능력, 탐구력 등이 학교생활기록부 교과 세부능력 및 특기사항에 기록될 수 있도록 합니다.
- 전공과 관련 있는 다양한 진로 활동(외교관, 정치인 인터뷰, 국회나 행정부, 정치외교학과 탐방 등)에 참여하여 새롭게 알게 된 사실이나 느낀 점을 중심으로 자신의 진로 역량을 키우도록 합니다.
- 독서 토론, 정치 외교 연구, 신문 등의 교내 동아리에서 정치외교와 관련된 내용을 조사·발표하는 등 전공 관련 활동을 주도적으로 하고 의미 있는 역할을 했음을 드러냅니다.

- 학급이나 학생회의 임원 활동, 돌봄 활동, 환경 정화 활동, 멘토-멘티 활동, 캠페인 활동 등을 비롯한 봉사 활동, 행사 활동, 수련 활동, 체험 활동에 적극적으로 참여하여 배려하는 마음, 리더십, 의사소통 능력, 협동심 등을 보이는 것이 중요합니다.
- 경제학, 인문학, 정치학, 물리학, 문학 등 폭넓은 분야의 독서를 통해 기본적인 소양을 키웁니다.
- 협업과 소통능력, 나눔과 배려, 성실성과 규칙준수, 창의성 등 자신의 강점이 학교생활기록부 행동특성 및 종합의견에 기록될 수 있도록 학교생활에 성실하게 임할 것을 권장합니다.

인문계열

사회계열

자연계열

공학계열

의약계열

예체능계열

교육계열

계약학과 & 특성화학과

75

정치행정학부 북한학전공

학과소개

북한학은 북한 사회에 대한 올바른 이해를 바탕으로 분단된 국토를 슬기롭게 통일하고 민족의 동질성을 회복하기 위한 방법을 연구하는 학문입니다. 그동안 북한에 대한 본격적인 연구는 그 중요성에도 불구하고 여러 가지 사정으로 이루어지고 있지 않은 실정이었습니다. 북한학은 세계화되어가는 인류 역사의 흐름 속에서 민족 통일 문제를 종합적으로 접근하는 분야입니다.

북한학과는 북한을 포함한 사회주의권 나라들의 정치, 경제, 사회, 문화 전반에 관한 전문 지식과 평화 체제로의 이행을 체득하도록 하고, 통일 과정에서 불가결한 북한에 대한 올바른 이해와 지식을 통일 역사의 주역인 젊은 세대들에게 가르쳐 북한 및 통일 문제를 담당할 전문가를 육성합니다. 21세기 우리 민족이 해결해야 할 한반도 통일 문제를 총괄적이고 학제적인 시각에서 연구함으로써 올바른 대북관과 통일관을 지닌 전문가, 민족 통일에 대한 학문적 신념과 실천적 사명감을 지닌 인재를 양성합니다.

개설대학

• 동국대학교 등

진출직업

• 북한 및 통일문제전문가
• 통일교육담당강사(통일교육요원, 통일대비요원 등)
• 인문과학연구원
• 중등학교 교사(일반사회)
• 군인
• 경찰
• 대학 교수 등

관련학과

• 동북아문화산업학부
• 동북아국제통상전공 등

취득가능 자격증

• 중등학교 정교사 2급(일반사회) 등

진출분야

기업체	신문사, 언론사, NGO 단체, 외교·안보 관련 전문기관, 기업의 대북한 무역 담당 부서, 남북 교류를 추진하는 국내외 민간 기업(현대 아산 등), 일반 기업체의 사무 관리직 등
정부 및 공공 기관	통일부 등 북한 및 통일 관련 정부 부서, 국가정보원, 북한인권정보센터, 여론조사 기관, 중고등학교, 대학교 등
연구 기관	통일연구원, 세종연구소, 북한학연구소 등 국책 연구 기관 등

학과 주요 교과목

기초 과목	북한학입문, 통일학입문, 사회주의이론과 체제, 북한정치론, 통일환경론, 북한의 사회와 문화, 조선로동당과 북한지도자, 북한경제론, 북한의 사상체계, 북한의 법과 행정체계 등
심화 과목	북한외교정책론, 남북한교류협력과 사회통합, 북한연구방법론, 북한군사안보론, 북한의 지리와 관광, 북한의 문학과 예술, 북한의 언어와 생활, 남북경협과 경제통합, 북한교육론, 남북한체제비교론, 분단국통일사례연구, 동북아정치경제론, 현장실습 등

학과 인재상 및 갖추어야 할 자질

• 미지의 세계에 대한 지적 호기심이 있는 학생
• 새로운 패러다임을 창출하는 창의성이 있는 학생
• 남북 관계에 관심이 많고 민족의식이 높은 학생
• 다양성과 이질성을 이해하고 포용할 수 있는 안목이 있는 학생
• 통일 시대를 대비하는 글로벌한 사고력과 미래를 이끌어가는 리더십이 있는 학생
• 인문 사회학 전반에 대한 이론과 통일 문제에 관심이 많은 학생

학과 관련 선택 과목

※ 국어, 영어 교과는 모든 학문의 기초적인 성격을 가진 도구교과로 모든 학과에 이수가 필요하여 생략함.

공통 과목		공통국어1,2, 공통수학1,2, 공통영어1,2, 한국사1,2, 통합사회1,2, 통합과학1,2, 과학탐구실험1,2
수능 필수		화법과 언어, 독서와 작문, 문학, 대수, 미적분 I , 확률과 통계, 영어 I , 영어 II , 한국사, 통합사회, 통합과학, 성공적인 직업생활(직업)
일반 선택	수학, 사회, 과학	세계시민과 지리, 세계사, 사회와 문화, 현대사회와 윤리
	체육·예술	
	기술·가정/정보	
	제2외국어/한문	
	교양	
진로 선택	수학, 사회, 과학	한국지리 탐구, 도시의 미래 탐구, 동아시아 역사 기행, 정치, 법과 사회, 경제, 국제 관계의 이해
	체육·예술	
	기술·가정/정보	
	제2외국어/한문	
	교양	인간과 철학, 논리와 사고, 인간과 심리, 교육의 이해
융합 선택	수학, 사회, 과학	여행지리, 사회문제 탐구, 기후변화와 지속가능한 세계
	체육·예술	
	기술·가정/정보	
	제2외국어/한문	
	교양	

추천 도서 목록

- 어쩌다가 북한학, 이나영 외, 힐데와소피
- 북한학, 김규빈, 북코리아
- 북한학 박사가 쓴 북한학 개론, 김용현, 동국대학교출판부
- 북 인문학의 새 지평, 이정훈, 도서출판 통일시대
- 한 번도 경험해 보지 못한 새로운 북한이 온다, 정욱식, 서해문집
- 북한과 소련, 표도르 째르치즈스키(이휘성), 한울아카데미
- 김정은 정권의 지도이념 변천, 히라이 히사시, 한울아카데미
- 군주론, 니콜로 마키아벨리, 현대지성
- 통일과 평화, 그리고 북한, 진희관 외, 박영사
- 인권과 통일, 박한식, 열린서원
- 다음 세대를 위한 남북주민통합, 한기호 외, 한국학술정보
- 한반도 분단과 통일 전망, 루벤 카자리안, 한국외국어대학교 지식출판콘텐츠원

- 리얼리티와 유니티, 조경일, 이소노미아
- 통일로 향한 윤미량의 삶과 글, 윤미량 삶과 글 간행위원회, 굿플러스북
- 한반도 통일과 북한 인권, 김윤태, 하움출판사
- 느릿느릿 사소한 통일, 송광호, 하움출판사
- 베를린에서 DMZ로, 이영기 외, 명지대학교출판부
- 통일이 묻고 평화가 답하다, 김진무, GDC Media
- 한반도 오디세이, 정일영, 선인
- 북한 핵 문제, 한국학술정보, 한국학술정보
- 남북한 유엔 가입, 한국학술정보, 한국학술정보
- 북한 김씨 일가가 민주주의를 만난다면, 박수유, 린쓰
- 남과 북, 좌와 우의 경계에서, 주성하, 싱긋24
- 남북한 국가관계 구상, 김계동, 명인문화사
- 정의란 무엇인가, 마이클 샌델, 와이즈베리

학교생활 TIPS

- 북한학과 관련이 깊은 국어, 사회 교과(사회·문화, 정치와 법, 한국사)의 우수한 학업 성취를 올릴 수 있도록 하고, 각 수업 활동에 적극적으로 참여하여 학업 역량, 문제 해결 능력, 탐구력 등이 학교생활기록부 교과 세부능력 및 특기사항에 기록될 수 있도록 합니다.
- 전공과 관련 있는 다양한 진로 활동(NGO 관련 단체, 학과 탐방, 통일 문제 전문가 인터뷰 등)에 참여하여 새롭게 알게 된 사실이나 느낀 점을 중심으로 자신의 진로 역량을 키웁니다.
- 북한 문화 연구, 정치 연구, 신문, 방송 등 교내 동아리에서 북한과 관련된 내용을 조사, 전시, 발표하는 등 전공 관련 활동을 주도적으로 하여 의미 있는 역할을 했음을 드러냅니다.

- 학급이나 학생회의 임원 활동, 돌봄 활동, 학습 도우미 활동(복지관, 방과 후 학교), 환경 지킴이 활동 등과 같이 학교 교육계획에 의해 진행되는 봉사 활동이나 행사 활동, 수련 활동, 체험 활동 등에 적극적으로 참여하여 협업과 소통능력, 나눔과 배려, 성실성과 규칙준수, 리더십 등을 보이는 것이 중요합니다.
- 역사학, 문화인류학, 철학, 정치학, 사회학 등 폭넓은 분야의 독서를 통해 기본적인 소양을 키웁니다.

인문계열 | 사회계열 | 자연계열 | 공학계열 | 의약계열 | 예체능계열 | 교육계열 | 계열학과 & 특성화학과

76

지리학과

학과소개

지표 공간은 자연 환경과 인문 환경에 따라 다양한 형태의 지역으로 나뉩니다. 인간은 지역이 가지는 여건을 인식하고 이를 기본으로 다양한 활동을 합니다. 그리고 이러한 활동을 통해 다양한 공간 구조와 관계가 형성되며 이것들은 주민의 생활 환경과 더불어 변화합니다. 그리하여 각 지역들은 저마다 고유한 특성을 지니는 동시에 공간 구조와 보편적인 법칙의 영향을 받습니다.

지리학은 이러한 인간의 생활 공간, 즉 지표 현상을 연구하는 학문입니다. 사람들이 살아가는 지표 공간의 구조와 기능, 변화 과정을 밝히고 인간과 자연 사이에서 발생하는 환경 문제를 해결 할 수 있는 과학적 이론과 응용 방법을 연구합니다. 지리학의 연구 대상은 지형, 기후 등의 자연 현상과 도시, 농촌, 산업 입지, 교통, 자원의 유통, 지역 연구 등 사회 경제적 현상을 포함합니다. 지리학은 사회 과학적 성격과 더불어 인문학, 자연 과학적 성격도 갖춘, 종합 학문으로서의 성격을 가진 학문입니다. 지리학과는 공간의 구조와 발전에 대한 일반 원리를 추구한다는 교육 목표에 따라 통합적인 시공간적 시각을 바탕으로 과거와 현재, 미래의 생활 공간을 규명해 낼 수 있는 전문가를 양성합니다.

개설대학

- 국립공주대학교
- 건국대학교
- 경북대학교
- 경희대학교
- 서울대학교
- 성신여자대학교
- 전남대학교 등

진출직업

- GIS전문가
- 측량사
- 감정평가사
- 지도제작사
- 지역연구자
- 국제지역전문가
- 지도제작전문가
- 연구원
- 지하수기사 및 기술사
- 중등학교 교사(지리)
- 대학 교수 등

관련학과

- 공간환경학부
- 국제도시부동산학과
- 도시계획학과
- 토지행정학과 등

취득가능 자격증

- 정보처리기사
- 측량 및 지형공간정보기사
- 지적기사
- 중등학교 정교사 2급(지리) 등

진출분야

기업체	IT 관련 기업과 벤처 기업, 금융계, 방송사, 신문사, 잡지사, 건설 회사, 도로 회사, 일반 기업의 사무 행정·마케팅 부서, 석유 회사, 광산 회사, 지도 제작 업체, GIS 개발 및 정보 기술 관련 업체, 항공사, 여행사 등
정부 및 공공 기관	국립지리원, 한국 토지주택공사, 중앙 정부 및 지방 자치 단체 도시계획직·환경직·지적직 공무원, 각 지역 도시공사, 국토지리정보원, 한국도로공사, 한국농어촌공사, 한국수자원공사, 각종 행정 기관 등
연구 기관	교통개발연구원, 도시 개발 관련 국책 연구소, 한국환경정책·평가연구원, 국립환경과학원, 국토연구원, 산업연구원 등

학과 주요 교과목

기초 과목	도시지리학, 암석지질학, 기후학 및 실습, 디지털지도학 및 원격탐사, 문화지리학, 아시아지역연구, 지형학, 사회지리학, 세계의 기후와 문화, 아메리카지역연구, 지리자료분석 등
심화 과목	GIS, 경제지리학, 관광지리학, 기후변화, 도시와 국토계획, 수문지리학, 유럽지역연구, 지리여행과 예술, 교통지리학, 글로벌기후시스템, 지리적사고와 방법론, 한국지리여행론, 환경지리학, 도시와 정치, 문화유산산업론, 아프리카오세아니아지역연구, 지리콘텐츠산업론, 지리학종합설계 등

학과 인재상 및 갖추어야 할 자질

- 통합적인 시공간적 시각으로 과거, 현재, 미래의 생활 공간을 규명해 낼 수 있는 학생
- 공간 계획 능력과 지리 정보에 대한 체계적인 분석을 통해 지리학 전문가가 되고 싶은 학생
- 인간과 환경의 상호 관계를 파악하여 지구의 공생을 도모하는 환경
활동가가 꿈인 학생
- 지역 사회와 글로벌 사회에 대한 이해 능력을 가진 학생
- 사회 문제에 대한 비판적 사고력 및 합리적 판단력을 가진 학생
- 여행을 좋아하고, 지구의 지형, 기후, 지역 특성과 관련된 자연 현상에 관심이 많은 학생

학과 관련 선택 과목

※ 국어, 영어 교과는 모든 학문의 기초적인 성격을 가진 도구교과로 모든 학과에 이수가 필요하여 생략함.

공통 과목		공통국어1,2, 공통수학1,2, 공통영어1,2, 한국사1,2, 통합사회1,2, 통합과학1,2, 과학탐구실험1,2
수능 필수		화법과 언어, 독서와 작문, 문학, 대수, 미적분Ⅰ, 확률과 통계, 영어Ⅰ, 영어Ⅱ, 한국사, 통합사회, 통합과학, 성공적인 직업생활(직업)
일반 선택	수학, 사회, 과학	세계시민과 지리, 사회와 문화, 현대사회와 윤리
	체육·예술	
	기술·가정/정보	기술·가정, 정보
	제2외국어/한문	
	교양	생태와 환경
진로 선택	수학, 사회, 과학	한국지리 탐구, 도시의 미래 탐구, 윤리와 사상
	체육·예술	
	기술·가정/정보	생활과학 탐구, 데이터 과학
	제2외국어/한문	
	교양	인간과 심리
융합 선택	수학, 사회, 과학	여행지리, 사회문제 탐구, 기후변화와 지속가능한 세계, 기후변화와 환경생태
	체육·예술	
	기술·가정/정보	지식 재산 일반
	제2외국어/한문	
	교양	

추천 도서 목록

- 택리지 평설, 안대희, 휴머니스트
- 세계시민을 위한 없는 나라 지리 이야기, 서태동 외, 롤러코스터
- 애매모호해서 흥미진진한 지리 이야기, 김성환, 푸른길
- 그림에 담긴 지리이야기, 임은진, 푸른길
- 경제를 읽는 쿨한 지리 이야기, 성정원, 맘에드림
- 이야기 세계지리, 최재희, 살림FRIENDS
- 한국지리이야기, 권동희, 한울
- 서촌; 겸재와 함께하는 지리 이야기, 나평순, 리사(Lisa)
- 지리의 쓸모, 전국지리교사모임, 한빛라이프
- 십 대를 위한 영화 속 지리 인문학 여행, 성정원 외, 팜파스
- 지리는 어떻게 세상을 움직이는가?, 옥성일, 맘에드림
- 지리쌤과 함께하는 우리나라 도시 여행 3, 전국지리교사모임, 폭스코너
- 한 번 읽으면 절대 잊을 수 없는 지리 교과서, 야마사키 케이치, 시그마북스

- 사진 속 지리여행, 손일 외, 푸른길
- 새로운 사회 수업의 발견, 이종원, 창비교육
- 근현대 전쟁으로 읽는 지정학적 세계사, 다카하시 요이치, 시그마북스
- 사진, 삶과 지리를 말하다, 전국지리교사모임, 푸른길
- 아홉 개의 시간이 흐르는 나라가 있다고?, 서해경 외, 파랑새
- 역사가 묻고 지리가 답하다, 마경묵, 지상의책(갈매나무)
- 지리를 알면 보이는 것들, 정은혜, 보누스
- 객체지향 지도학, 타냐 로세토, 엘피
- 생태시민을 위한 동물지리와 환경 이야기, 한준호, 롤러코스터
- 베이징의 역사지리 이야기, 탄레페이, 경지출판사
- 전통주에 깃든 지리의 향기, 신희수, 지식과감성
- 지리 덕후가 떠먹여주는 풀코스 세계지리, 서지선, 크루

학교생활 TIPS

- 지리학과와 관련이 깊은 국어, 사회, 지리, 지구과학 교과의 우수한 학업 성취를 올릴 수 있도록 하고, 각 수업활동에 적극적으로 참여하여 학업 역량, 문제 해결 능력, 탐구력 등이 학교생활기록부 교과 세부능력 및 특기사항에 기록될 수 있도록 합니다.
- 전공과 관련 있는 다양한 진로 활동(도시개발공사, 도로 공사, 지리학과 탐방 등)에 참여하여 새롭게 알게 된 사실이나 느낀 점을 중심으로 자신의 진로 역량을 키우도록 합니다.
- 독서 토론, 생태 지질 연구, 신문 등의 교내 동아리에서 지리학과 관련된 내용을 조사·발표하는 등 전공 관련 활동을 주도적으로 하면서 의미 있는 역할을 합니다.

- 학급이나 학생회의 임원 활동, 환경 정화 활동, 장애인 도우미, 멘토-멘티 활동, 캠페인 활동 등을 비롯하여 학교 교육계획에 의해 진행되는 봉사 활동, 행사 활동, 수련활동, 체험 활동에 적극적으로 참여하여 배려하는 마음, 리더십, 의사소통 능력, 협동심 등을 보이는 것이 중요합니다.
- 인문학, 사회학, 정치학, 물리학, 지구과학 등 폭넓은 분야의 독서를 통해 기본적인 소양을 키웁니다.
- 협업과 소통능력, 나눔과 배려, 성실성과 규칙준수, 창의성 등 자신의 강점이 학교생활기록부 행동특성 및 종합의견에 기록될 수 있도록 학교생활에 성실하게 임할 것을 권장합니다.

인문계열

사회계열

자연계열

공학계열

의약계열

예체능계열

교육계열

계약학과 & 특성화학과

77

항공관광학과

학과소개

국경이 없는 글로벌 시대를 맞이하여 항공 관광 산업의 역할은 더욱 커지고 있습니다. 항공 관광 산업은 성장 잠재력이 크고 고부가 가치를 창출하여 '황금 알을 낳는 거위'라고 일컬어지는 만큼, 현대 사회의 관광 현상은 이제 하나의 필수 생활 문화로 인식되고 있습니다.

항공관광학과는 전문 서비스인에게 요구되는 자질을 갖추고 자신의 가치를 발견하며 자기 주도적 미래를 설계할 수 있는 학과입니다. 항공관광학과에서는 항공 승무원으로서의 다양한 실무능력과 현장 적응 능력을 키우고, 활발한 해외 교류 활동을 통해 어학 능력과 더불어 국제적 마인드를 높이며, 협력과 공감을 중시하는 항공 서비스 인재 양성에 필요한 자질을 기를 수 있습니다. 항공 서비스는 현장성이 매우 중요하므로, 항공관광학과에서는 실습 과목에 많은 비중을 두어 다양한 기내 상황에서 주어진 능력을 충분히 발휘할 수 있도록 현장 적응 능력을 배양합니다. 항공관광학과 학생들은 최신 교육 기자재를 활용한 모형 기내 서비스 실습을 비롯하여 워킹, 인터뷰, 이미지 메이킹, 외국어 구사, 고객 행동, 비행 안전과 항공기 구조, 항공사 면접 인터뷰 실습 등을 통해 항공 승무원에게 필요한 다양한 지식을 학습합니다. 국내 외의 경험과 체험을 통하여 글로벌 마인드를 갖추고 도덕성과 바른 인성을 겸비하여 배려와 봉사를 실천하며, 지역과 사회의 발전에 공헌하는 서비스 인재의 양성은 항공관광학과의 교육 목표입니다.

개설대학

- 영산대학교(제2캠퍼스)
- 한서대학교
- 서원대학교 등

진출직업

- 항공기객실승무원
- 항공사 지상근무요원
- 크루즈 승무원
- 열차 승무원(KTX, SRT)
- 여행상품개발원
- 관광통역 안내원
- 문화관광해설사
- 의료관광코디네이터
- 관광관련 공무원
- 호텔리어
- 서비스컨설턴트
- 비서
- 중등학교 교사(관광)
- 대학 교수 등

관련학과

- 호텔항공경영학과
- 항공서비스학전공
- 항공서비스학과
- 항공운항학과
- 항공호텔관광경영학과
- 항공교통물류학과
- 항공서비스경영학과

취득가능 자격증

- 관광 통역사
- 국내/국외 여행인솔자
- IATA Airline Cabin Crew Training(항공객실승무원)
- IATA Passenger Ground Service(항공지상서비스)
- TOPAS 항공예약
- 바리스타
- 국제의료관광코디네이터
- CPR(응급처치 및 심폐소생술)
- 어학자격증(TOEIC, HSK, JPT)
- 호신술
- 조주기능사
- 소믈리에
- 중등학교 정교사 2급(관광) 등

진출분야

기업체	무역회사, 일반 대기업, 국내외 항공사, 공항, 호텔, 여행사, 관광 산업 업체, 외식 산업 업체, 국제 회의 용역 업체, 은행 및 금융권 등
정부 및 공공 기관	한국공항공사, 항공안전기술원, 문화체육관광부, 한국관광공사 등
연구 기관	국공립·민간 항공 관광 연구소 등

학과 주요 교과목

기초 과목	관광학원론, 항공이미지메이킹, 항공관광서비스론, 항공객실업무론, 호텔서비스론, 세계문화와 관광, 항공운송론, 항공기구조 및 안전실무, 객실서비스이론 및 실습, 보이스스피치트레이닝, 항공화법과 소통, 비서학개론, 기초토익회화, 항공실무영어 등
심화 과목	소비자행동론, 항공관광마케팅, 와인소믈리에실무, 외식관광디자인실무, 한국어면접실무, 비즈니스매너, 캡스톤디자인, 모의인터뷰실무, 취업전략, 항공사인터뷰실무, 항공관광세미사, 영어인터뷰실무, 영어토론 등

학과 인재상 및 갖추어야 할 자질

- 능숙한 언어 능력과 국제적 감각을 갖춘 학생
- 영어, 중국어, 일본어 등의 외국어에 흥미가 많은 학생
- 세계의 문화와 풍습에 관심이 많고 여행을 즐기는 학생
- 기내 및 공항 운송 서비스에 필요한 보안 및 안전 전문 지식을 갖춘 학생
- 다재다능하고 국제 문화 수용력과 외국어 구사 능력을 지닌 학생

학과 관련 선택 과목

※ 국어, 영어 교과는 모든 학문의 기초적인 성격을 가진 도구교과로 모든 학과에 이수가 필요하여 생략함.

공통 과목		공통국어1,2, 공통수학1,2, 공통영어1,2, 한국사1,2, 통합사회1,2, 통합과학1,2, 과학탐구실험1,2
수능 필수		화법과 언어, 독서와 작문, 문학, 대수, 미적분 I , 확률과 통계, 영어 I , 영어 II , 한국사, 통합사회, 통합과학, 성공적인 직업생활(직업)
일반 선택	수학, 사회, 과학	세계시민과 지리, 사회와 문화, 현대사회와 윤리
	체육·예술	
	기술·가정/정보	정보
	제2외국어/한문	제2외국어
	교양	생태와 환경
진로 선택	수학, 사회, 과학	경제 수학, 한국지리 탐구, 정치, 법과 사회, 경제, 국제 관계의 이해
	체육·예술	
	기술·가정/정보	데이터 과학
	제2외국어/한문	제2외국어 회화
	교양	인간과 심리
융합 선택	수학, 사회, 과학	여행지리, 역사로 탐구하는 현대세계, 사회문제 탐구, 금융과 경제생활, 기후변화와 지속가능한 세계
	체육·예술	
	기술·가정/정보	지식 재산 일반
	제2외국어/한문	제2외국어 문화
	교양	인간과 경제활동

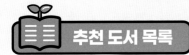

추천 도서 목록

- 항공관광 마케팅, 강혜순, 한울
- 나는 멈춘 비행기의 승무원입니다, 우은빈, 애플북스
- 잠 못들 정도로 재미있는 이야기: 비행기, 나카무라 칸지, 성안당
- 플레인 센스, 김동현, 웨일북
- 글로벌시대의 대인관계스킬, 현재천 외, 백산출판사
- 시를 찾아 떠나는 여행, 조성민, 신비
- 밥 먹으러 일본 여행, 이기중, 따비
- 동유럽 그리고 튀르키예 2천년 시간 여행, 조성원, 북나비
- 매일 떠나는 세계 여행, 백상현, 아이콘북스
- 지금은, 일본 소도시 여행, 두경아, 길벗
- 서울, 뉴욕을 읽다, 文勝煜 외, 미다스북스
- 여행에 춤 한 스푼, 김인애, 하모니북
- 일천시간 너머의 유럽, 이선비, 북퍼브

- 내 인생, 어디쯤?, 김동현, 행복에너지
- 1초 여행 꿀팁, 신익수, 매일경제신문사
- 세계로 향하는 K-서비스 호텔리어, 김기섭, 토크쇼
- 호텔리어 진로개척 바이블, 최정길, 새로미
- 다른 꿈은 없고요 그냥 승무원이 하고 싶어요, 임희진 외, 게이지러닝코리아
- 당신은 승무원의 자질이 있습니까?, 주지환, 백산출판사
- 승무원 일기, 김연실, 언제나북스
- 안전하고 편안한 비행의 동반자 승무원, 최선영, 토크쇼
- 키 작은 승무원 일기, 제제 씨, 처음북스
- 관광 서비스 경영론, 김병용, 백산출판사
- 기본 매너와 이미지메이킹, 유문주, 센게이지러닝코리아
- 비행기는 어떻게 날까?, 장밥티스트 투샤르, 민음인

학교생활 TIPS

- 항공관광학과와 관련이 깊은 국어, 영어, 사회 교과의 우수한 학업 성취를 올릴 수 있도록 하고, 각 수업 활동에 적극적으로 참여하여 학업 역량, 문제 해결 능력, 탐구력 등이 학교생활기록부 교과 세부능력 및 특기사항에 기록될 수 있도록 합니다.
- 전공과 관련 있는 다양한 진로 활동(항공사, 학과 탐방, 스튜어디스 직업 체험 등)에 참여하여 새롭게 알게 된 사실이나 느낀 점을 중심으로 자신의 진로 역량을 키우도록 합니다.
- 방송, 서비스 문화 연구, 토론, 영어 회화, 바리스타 등의 교내 동아리에서 항공이나 관광에 대한 내용을 조사·발표하는 등 전공 관련 활동을 주도적으로 하고 의미 있는 역할을 했음을 드러냅니다.

- 학습 도우미, 환경 정화 활동, 장애인 도우미, 캠페인 활동 등과 같은 학교 교육계획에 의해 진행되는 봉사 활동이나 행사 활동, 수련 활동, 체험 활동에 적극적으로 참여하여 자신의 능력을 보이거나, 공동체의 목표를 함께 달성해가는 과정을 통해 의사소통 능력을 보이는 것이 중요합니다.
- 인문학, 사회학, 정치학, 예술학, 경제학 등 폭넓은 분야의 독서를 통해 기본적인 소양을 키웁니다.
- 협업과 소통능력, 나눔과 배려, 성실성과 규칙준수, 창의성 등 자신의 강점이 학교생활기록부 행동특성 및 종합의견에 기록될 수 있도록 학교 생활에 성실하게 임할 것을 권장합니다.

78

항공서비스학과

학과소개

21세기는 첨단 교통 시대입니다. 자유 무역 협정과 비자 면제 프로그램 확대 실시로 국가 간 상품과 인적 교류가 늘어남에 따라 항공 산업의 수요는 증가할 것이며, 이로 인한 항공 인력 수요도 크게 증가할 것입니다. 또한 국민 소득 수준이 향상되어 서비스 산업의 비중이 확대됨에 따라, 서비스 산업에 필요한 서비스 인력 수요도 증가할 것입니다.

항공서비스학과는 항공 및 서비스 산업 분야에서 필요로 하는 전문적인 교육을 바탕으로 풍부한 국제적 감각과 투철한 서비스 마인드를 지닌 서비스 인재를 양성합니다. 전문적인 서비스 지식 교육, 외국어 교육, IT 교육 등으로 글로벌 시대를 주도하는 항공 승무원 및 서비스 전문인, 국제화된 전문인을 양성하기 위한 교육 과정을 운영하고 있습니다. 또한 항공서비스업에 종사하기 위해서는 국제적인 문화 감각이 꼭 필요하다고 할 수 있는데, 이를 위해 항공서비스학과에서는 체계적인 현장 실습 및 서비스, 에티켓 교육을 병행합니다. 항공서비스학과는 항공 전문 지식을 갖춘 항공 전문인, 투철한 서비스 마인드를 지닌 서비스 전문인, 국제적 감각과 의사소통 능력을 겸비한 글로벌 인재의 양성을 교육 목표로 합니다.

개설대학

- 국립한국교통대학교
- 배재대학교
- 청주대학교
- 경동대학교(제4캠퍼스)
- 서원대학교
- 광주여자대학교
- 경일대학교
- 광주대학교
- 세명대학교
- 세한대학교
- 신라대학교
- 중원대학교
- 호남대학교
- 호서대학교 등

관련학과

- 글로벌항공서비스학과
- 호텔항공경영학과
- 항공서비스학전공
- 항공운항학과
- 항공서비스학전공
- 항공경영학과
- 항공호텔관광경영학과
- 항공관광학과
- 항공서비스경영학과 등

진출분야

기업체	항공사, 일반 대기업 비서직, 증권사, 여행사, 호텔, 외식 업체, 법률 사무소, 국제 크루즈, 국내외 항공사, 항공 운송 관련 업체 등
정부 및 공공 기관	항공 관련 행정 기관, 한국철도공사, 면세점 등
연구 기관	항공 관련 국가·민간 연구소 등

진출직업

- 항공기객실승무원
- 항공사 지상근무요원
- 크루즈 승무원
- 열차 승무원 (KTX, SRT)
- 여행상품개발원
- 관광통역 안내원
- 문화관광해설사
- 의료관광코디네이터
- 비서
- 호텔리어
- 중등학교 교사(관광) 등

취득가능 자격증

- 국제의료관광코디네이터
- CPR(응급처치 및 심폐소생술)
- 어학자격증(TOEIC, HSK, JPT)
- CS리더스 관리사
- SMAT(서비스 경영자격)
- 관광통역안내사
- 국내여행안내사
- 호텔서비스사
- 항공예약전문가(CRS)
- 국외여행인솔자(TC)
- 바리스타
- 와인소믈리에
- 조주기능사
- 중등학교 2급 정교사(관광) 등

학과 주요 교과목

기초 과목	대학생활과 전공이해, 글로벌매너, 항공업무의 이해, 사고와 표현, 컴퓨터적 사고, 인성함양과 진로탐색, 이미지메이킹, 항공사 경영, 서비스경영, 인간과 사회, 고객행동과 심리, 진로설계, 식음료실무, 서비스마케팅, 항공예약실무, 승무원체험프로그램, 항공중국어 등
심화 과목	역량개발, 창의적문제해결, 기내방송, 항공실무영어, 이미지스타일링스튜디오, 항공안전, 항공면접실습, 재능나눔봉사, 서비스코디네이터스튜디오, 항공인터뷰영어, 캡스톤디자인, 서비스경영세미나, 공항운송실무, 서비스인턴십 등

학과 인재상 및 갖추어야 할 자질

- 능숙한 영어, 제2외국어 능력과 국제적 감각을 갖춘 학생
- 기내 및 공항 운송 서비스에 필요한 보안 및 안전 전문 지식을 갖춘 학생
- 국제 문화 수용 능력과 외국어 구사 능력을 지닌 학생
- 머뭇거림 없이 끼와 재능을 마음껏 발휘할 수 있는 학생
- 주변 사람들에 대한 예의와 일에 대한 성실함을 지닌 학생

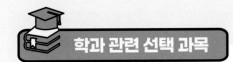

학과 관련 선택 과목

※ 국어, 영어 교과는 모든 학문의 기초적인 성격을 가진 도구교과로 모든 학과에 이수가 필요하여 생략함.

공통 과목		공통국어1,2, 공통수학1,2, 공통영어1,2, 한국사1,2, 통합사회1,2, 통합과학1,2, 과학탐구실험1,2
수능 필수		화법과 언어, 독서와 작문, 문학, 대수, 미적분Ⅰ, 확률과 통계, 영어Ⅰ, 영어Ⅱ, 한국사, 통합사회, 통합과학, 성공적인 직업생활(직업)
일반 선택	수학, 사회, 과학	세계시민과 지리, 세계사, 사회와 문화, 현대사회와 윤리
	체육·예술	
	기술·가정/정보	정보
	제2외국어/한문	제2외국어
	교양	
진로 선택	수학, 사회, 과학	한국지리 탐구, 동아시아 역사 기행, 정치, 법과 사회, 경제, 국제 관계의 이해
	체육·예술	
	기술·가정/정보	데이터 과학
	제2외국어/한문	제2외국어 회화
	교양	인간과 심리
융합 선택	수학, 사회, 과학	여행지리, 사회문제 탐구, 금융과 경제생활
	체육·예술	
	기술·가정/정보	지식 재산 일반
	제2외국어/한문	제2외국어 문화
	교양	인간과 경제활동

추천 도서 목록

- 항공관광 마케팅, 강혜순, 한울
- 나는 멈춘 비행기의 승무원입니다, 우은빈, 애플북스
- 잠 못들 정도로 재미있는 이야기: 비행기, 나카무라 칸지, 성안당
- 플레인 센스, 김동현, 웨일북
- 객실승무원의 이미지메이킹, 문희정, 양성원
- 마스터스 오브 디 에어, 도널드 L. 밀러, 행북
- 밥 먹으러 일본 여행, 이기중, 따비
- 맑은 날이 아니어서 오히려 좋아, 김현지, 북커스
- 매일 떠나는 세계 여행, 백상현, 아이콘북스
- 꿈을 품고 윙을 달다, 송연희, 랭귀지북스
- 항공객실 일상 안전, 홍영식 외, 센게이지러닝코리아
- 여행에 춤 한 스푼, 김인애, 하모니북
- 항공 객실서비스 영어, 이효선 외, 센게이지러닝코리아
- 내 인생, 어디쯤?, 김동현, 행복에너지
- 1초 여행 꿀팁, 신익수, 매일경제신문사
- 기내응급처치 실무, 유문주, 센게이지러닝코리아
- 합격하는 승무원은 따로 있습니다, 곽원경, 라온북
- 다른 꿈은 없고요 그냥 승무원이 하고 싶어요, 임희진 외, 게이지러닝코리아
- 당신은 승무원의 자질이 있습니까?, 주지환, 백산출판사
- 승무원 일기, 김연실, 언제나북스
- 안전하고 편안한 비행의 동반자 승무원, 최선영, 토크쇼
- 키 작은 승무원 일기, 제제 씨, 처음북스
- 승무원 어떻게 되었을까?, 김달님, 캠퍼스멘토
- 기본 매너와 이미지메이킹, 유문주, 센게이지러닝코리아
- 비행기는 어떻게 날까?, 장밥티스트 투샤르, 민음인

학교생활 TIPS

- 항공서비스학과와 관련이 깊은 영어, 사회·문화, 국어 교과의 우수한 학업 성취를 올릴 수 있도록 하고, 각 수업 활동에 적극적으로 참여하여 학업 역량, 문제 해결 능력, 탐구력 등이 학교생활기록부 교과 세부능력 및 특기사항에 기록될 수 있도록 합니다.
- 전공과 관련 있는 다양한 진로 활동(항공사, 항공서비스 학과 탐방, 승무원 직업 체험 등)에 참여하여 새롭게 알게 된 사실이나 느낀 점을 중심으로 자신의 진로 역량을 키우도록 합니다.
- 방송, 사회 문화 연구, 독서 토론, 영어 회화, 바리스타 등의 교내 동아리에서 항공 업계에 대한 내용을 조사·발표하는 등 전공 관련 활동을 주도적으로 하고, 의미 있는 역할을 했음을 드러냅니다.
- 학급이나 학생회 임원, 학습 도우미, 환경 정화 활동, 장애인 도우미, 캠페인 활동 등과 같은 학교 교육계획에 의해 진행되는 봉사 활동이나 행사 활동, 수련 활동, 체험 활동에 적극적으로 참여하여 자신의 능력을 보이거나 공동체의 목표를 함께 달성해가는 과정 속에서 의사소통 능력을 보이는 것이 중요합니다.
- 인문학, 사회학, 정치학, 예술학, 경제학 등 폭넓은 분야의 독서를 통해 기본적인 소양을 키웁니다.
- 협업과 소통능력, 나눔과 배려, 성실성과 규칙준수, 창의성 등 자신의 강점이 학교생활기록부 행동특성 및 종합의견에 기록될 수 있도록 학교 생활에 성실하게 임할 것을 권장합니다.

79

행정학과

학과소개

행정학은 정부와 국민, 공공 부문과 민간 부문의 상호 작용을 거시적인 관점에서 조망하며 정부의 바람직한 역할이 무엇인지를 묻고, 나아가 국가 운영을 효율적으로 관리하며 전체 국가와 각 사회 부문 간의 균형적 발전 방향을 총체적으로 디자인하는 응용 사회 과학입니다. 특히 행정학은 '문제 해결(Problem Solving)'에 초점을 맞춘다는 측면에서 여타 사회 과학과 차별화됩니다. 우리 사회의 여러 분야에서 발생하는 문제를 정책이라는 도구를 사용하여 보다 효과적으로 해결할 방법을 고민하는 것이 바로 행정학의 역할입니다. 또한 행정학은 정부가 그 역할을 훌륭히 수행하기 위한 방법이 무엇인지를 알아내기 위해 인접 학문들과 끊임없이 교류하는 다학제적(Interdisciplinary)인 학문이기도 합니다. 행정학이 풀어야 하는 수많은 공공 문제들은 한 가지 측면만을 가진 단순한 문제가 아니라 여러 가지 측면을 가진 복잡한 문제이며, 따라서 효과적인 문제 해결을 위해서는 다양한 인접 학문들과의 접목이 필요합니다.

행정학과는 공공성과 창의성에 기반한 융합적 사고력과 글로벌 경쟁력을 갖춘 공공 인재를 양성하는 것을 교육 목표로 합니다. 일반적으로 정책, 인사, 조직, 재무, 지방행정, 정보체계론 등을 교육 과정으로 하지만 오늘날 행정이 요구되는 곳이 많아지면서 경영학만큼이나 그 세부 분야가 넓어지고 있습니다.

 ## 개설대학

- 국립공주대학교
- 경상국립대학교
- 경동대학교(제4캠퍼스)
- 국립한국교통대학교
- 신라대학교
- 계명대학교
- 한남대학교
- 가톨릭대학교
- 건국대학교
- 경남대학교
- 경희대학교
- 고려대학교
- 광운대학교
- 국민대학교
- 단국대학교
- 동아대학교
- 배재대학교
- 부산대학교
- 서울과학기술대학교
- 서울시립대학교
- 서울여자대학교
- 세종대학교
- 숙명여자대학교
- 순천향대학교
- 아주대학교
- 안양대학교
- 연세대학교
- 영남대학교
- 이화여자대학교
- 인천대학교
- 인하대학교
- 전남대학교
- 전주대학교
- 제주대학교
- 국립창원대학교
- 충북대학교
- 한국외국어대학교
- 한양대학교 등

 ## 관련학과

- 행정복지학부
- 행정학전공
- 공공인재학부
- 공공행정학과
- 공공인재학과
- 경찰행정학과
- 자치행정학과
- 도시행정학과 등

진출직업

- 행정직 공무원
- 대학 교수
- 연구원
- 관세사
- 세무사
- 법무사
- 판·검사 등 공직자
- 글로벌행정전문가 등

진출분야

기업체	금융 기관, 언론사, 국제기구, 시민 단체, NGO 등 비정부 기구, 외국 법인, 대기업, 중소기업 등
정부 및 공공 기관	중앙 정부 및 지방 행정 기관(시청, 도청, 군청, 구청등), 시도 교육청, 중앙선거관리위원회, 국회, 경찰서, 법원 및 검찰청, 세무서, 한국토지주택공사, 한국전력공사, 한국자산관리공사, 국민연금공단, 대학교 등
연구 기관	각종 국책 연구소, 민간 연구소, 지방 자치 단체 연구기관 등

취득가능 자격증

- 공인노무사
- 공인회계사
- 관세사
- 변리사
- 세무사
- 정책분석평가사
- 사회조사분석사
- 공인행정관리사
- 법무사
- 일반행정사
- 외국어번역행정사
- 병원행정사
- 무역영어
- 워드프로세서
- 컴퓨터활용능력 등

학과 주요 교과목

기초 과목	행정학개론, 공공관리경제학, 행정법, 정보체계론, 인력관리론, 헌법, 조작과 환경, 거버넌스와 민주주의, 현대비교정부론, 정책학개론, 재정학, 조직론, 한국정부론, 헌법과 민주행정, 지방행정과 공동체, 행정학영어특강 등
심화 과목	관료제와 민주주의, 전략적기획론, 조직행태론, 공기업의 이해와관리, 정책평가론, 정부규제론, 공공관리이론과 사례, 산업정책론, 행정학사례분석연습, 재무행정론, 행정법, 정책형성론, 정부와기업, 행정수단론, 복지정책론, 공공의사결정론, 행정과정론, 정부개혁론, 정부회계학, 정부예산론, 대통령과 국정관리, 정부간관계론, 과학기술정책론, 정책집행 및 평가론 등

학과 인재상 및 갖추어야 할 자질

- 현실을 직시할 줄 알고, 분석력과 논리력이 뛰어난 학생
- 정부의 역할 및 기능에 관심이 있으며, 국가 운영에 관한 꿈이 있는 학생
- 공익과 공공성을 추구하는 공공 문제에 관심이 많고, 가치 있는 일을 하고 싶은 학생
- 독서를 통한 풍부한 성찰로 폭넓게 세상을 배우고 싶은 학생
- 소속되어 있는 조직의 목표와 이를 달성하기 위한 수단이 무엇인지 고민하는 학생
- 정부의 역할과 기능에 관심이 있고, 공공의 문제를 해결하려는 적극적인 자세를 가진 학생

학과 관련 선택 과목

※ 국어, 영어 교과는 모든 학문의 기초적인 성격을 가진 도구교과로 모든 학과에 이수가 필요하여 생략함.

공통 과목		공통국어1,2, 공통수학1,2, 공통영어1,2, 한국사1,2, 통합사회1,2, 통합과학1,2, 과학탐구실험1,2
수능 필수		화법과 언어, 독서와 작문, 문학, 대수, 미적분Ⅰ, 확률과 통계, 영어Ⅰ, 영어Ⅱ, 한국사, 통합사회, 통합과학, 성공적인 직업생활(직업)
일반 선택	수학, 사회, 과학	세계시민과 지리, 세계사, 사회와 문화, 현대사회와 윤리
	체육·예술	
	기술·가정/정보	정보
	제2외국어/한문	
	교양	
진로 선택	수학, 사회, 과학	한국지리 탐구, 도시의 미래 탐구, 정치, 법과 사회, 경제, 윤리와 사상, 인문학과 윤리
	체육·예술	
	기술·가정/정보	데이터 과학
	제2외국어/한문	
	교양	인간과 철학, 논리와 사고, 인간과 심리
융합 선택	수학, 사회, 과학	실용 통계, 사회문제 탐구, 윤리문제 탐구, 기후변화와 지속가능한 세계
	체육·예술	
	기술·가정/정보	지식 재산 일반
	제2외국어/한문	
	교양	인간과 경제활동

추천 도서 목록

- 한국 사회에서 공정이란 무엇인가, 김범수, 아카넷
- 행정이 인문을 만나다, 이승재, 창조와지식
- 지방분권이 지방을 망친다, 마강래, 개마고원
- 사회갈등 집단갈등 정책갈등, 천대윤, 삼현출판사
- 정책이 만든 가치, 박진우, 모아북스
- 국가란 무엇인가, 유시민, 돌베개
- 좋은 문화행정이란 무엇인가, 장석류, 사과나무미디어
- 목민심서, 정약용, 풀빛
- 미래를 준비한 세계의 도시들, 이두현 외, 지식과감성
- 도시의 미래: 진단과 처방, 김상욱 외, 박영사
- 정의란 무엇인가, 마이클 샌델, 와이즈베리
- 사회계약론, 장 자크 루소, 후마니타스
- 지방을 살리는 조용한 혁명, 현의송, 글로벌콘텐츠

- 행정학, 소마 켄고, 박영사
- 하버드 리더십 수업, 데이비드 거건, 현대지성
- 영화와 드라마에서 배우는 중용의 리더십, 이국섭, 이지출판사
- 두려움 없는 리더십, 브렌던 P. 키건, 레몬한스푼
- 조직문화 재구성, 개인주의 공동체를 꿈꾸다, 최지훈, 플랜비디자인
- 코칭하는 조직만 살아남는다, 고현숙 외, 두앤북
- 마주하는 용기, 김용모, 파지트
- 인간과 조직을 위한 행정학, 김정인, 박영사
- 정책예보, 박정균, 모아북스
- 행정법 1, 최우용 외, 피앤씨미디어
- 미친 군수와 삽질하는 공무원, 박진우, 혜윰터
- 인사행정론, 박천오 외, 법문사

학교생활 TIPS

- 행정학과와 관련이 깊은 국어, 영어, 정치와 법, 사회·문화 교과의 우수한 학업 성취를 올릴 수 있도록 하고, 각 수업 활동에 적극적으로 참여하여 학업 역량, 문제 해결 능력, 탐구력 등이 학교생활기록부 교과 세부능력 및 특기사항에 기록될 수 있도록 합니다.
- 전공과 관련 있는 다양한 진로 활동(국회, 법원, 행정학과 탐방, 관세사, 세무사 등 직업 체험 등)에 참여하여 새롭게 알게 된 사실이나 느낀 점을 중심으로 자신의 진로역량을 키우도록 합니다.
- 시사 토론, 정치 연구, 신문 등의 교내 동아리에서 정치, 행정, 법과 관련된 내용을 조사·발표하는 등 전공 관련 활동을 주도적으로 하고, 의미 있는 역할을 했음을 드러냅니다.

- 학교 자치 법정 도우미, 또래 학습 나누미, 장애인 도우미, 캠페인 활동 등과 같은 학교 교육계획에 의해 진행되는 봉사 활동에 꾸준하게 참여하여 봉사의 참된 의미를 경험할 것을 추천합니다.
- 학교 교육계획에 의한 행사 활동, 수련 활동, 체험 활동등에 적극적으로 참여하여 자신의 능력을 보이거나, 공동체의 목표를 함께 달성해가는 과정을 통해 의사소통 능력을 보이는 것이 중요합니다.
- 협업과 소통능력, 나눔과 배려, 성실성과 규칙준수, 창의성 등 자신의 강점이 학교생활기록부 행동특성 및 종합의견에 기록될 수 있도록 학교 생활에 성실하게 임할 것을 권장합니다.

80

호텔경영학과

학과소개

지금 세계 경제는 탈공업화를 거쳐 서비스 산업이 경제의 주류를 형성함과 함께 급성장하고 있습니다. 특히 서비스 산업 중에서도 호텔 및 외식 산업은 우리나라뿐만 아니라 세계 각국에서 전략 산업으로 육성하고 있는 산업입니다. 세계화 시대, 무한 서비스 경쟁 시대를 맞이하여 성장 잠재력이 크고 고부가 가치를 창출하는 관광 산업은 굴뚝 없는 산업 또는 황금 알을 낳는 거위라고 칭해지며, 관광 현상은 이제 하나의 필수 생활 문화로 인식되고 있습니다. 그 중에서도 여행 중 쉬고, 먹고, 잘 수 있는 공간인 '호텔'은 복합 휴식 공간으로서 여행에서 매우 중요한 부분을 차지합니다.

호텔경영학과는 효율적인 호텔 경영에 정통한 직업인, 호텔 산업 개발을 주도할 호텔 전문인, 호텔 연관 산업 발전에 기여할 교양인을 양성하는 데 교육 목표를 두고 있습니다. 호텔경영학과에 진학하면 호텔 등 숙박 시설의 고객과 관광객들의 다양한 수요를 만족시키는 방법은 물론, 서비스의 질을 높이기 위한 호텔 경영 전반에 대해서 학습합니다. 졸업 후, 호텔 종사자·전문가 및 호텔 지배인이 되기 위해서는 실무적인 경험이 중요합니다. 대부분의 호텔경영학과에서는 지역의 호텔과 연계하여 현장 밀착형 체험 수업을 진행합니다. 향후 여가의 중요성은 더욱 커질 것이므로 각종 관광 산업이 확대될 것이고 그에 따라 호텔 산업도 발전할 것이라 예상됩니다.

개설대학

- 전주대학교
- 세명대학교
- 극동대학교
- 남서울대학교 등

진출직업

- 관광·문화관련연구원
- 관광상품개발자
- 선박 및 열차객실승무원
- 여행안내원
- 외식업체종사자
- 이벤트기획자
- 여행상품기획 및 상담자
- 파티플래너
- 레크리에이션지도자 등

관련학과

- 관광학부
- 호텔관광경영학전공
- 호텔관광학부
- 호텔외식관광프랜차이즈경영학과 등

취득가능 자격증

- 관광통역안내사
- 국내여행안내사
- 호텔경영사
- 호텔관리사
- 조주기능사
- 조리기능사
- 국외여행인솔자 등

진출분야

기업체	대기업의 관광 관련 부서, 국내외 여행사, 항공사, 특급 호텔, 패밀리 레스토랑, 카지노, 면세점, 리조트, 컨벤션 센터, 관광 개발 회사, 호텔 컨설팅 업체, 이벤트 업체 등
정부 및 공공 기관	한국관광공사, 외국 관광청, 각 지역 개발공사, 각 지방 자치 단체 문화 관광 부서 등
연구 기관	한국문화관광연구원, 외식 산업 관련 연구소, 각종관광 관련 연구 기관 등

학과 주요 교과목

기초 과목	호텔경영학전공 및 진로탐색, 호텔산업과 경영, Hospitality산업의 이해, 객실사업관리, 서비스경제, 서비스인간관계론, 호텔영어, 호텔인사관리, 국제호텔경영, 레스토랑관리론, 소비자커뮤니케이션관리, 호텔관리회계, 호텔마케팅 등
심화 과목	서비스생산관리, 서비스조직행동론, 카지노산업론, 항공서비스관리, 호텔일어, 전략적서비스관리론, 호텔경영학개별진로연구, 호텔영어, 호텔재무관리, 호텔프랜차이즈와 위탁경영, 컨벤션산업론, 콘도미니엄/리조트사업관리론, 호텔경영전략, 호텔고객행동론, 서비스기업의 수익관리, 호텔경영현장실습, 호텔사업계획세미나, 호텔조직관리론 등

학과 인재상 및 갖추어야 할 자질

- 유망한 관광 산업의 분야 및 작업에 대하여 설명할 수 있는 학생
- 평소 서비스업에 관심이 많고, 적극적으로 새로운 것에 도전하는 학생
- 외국 문화를 거부감 없이 받아들일 수 있는 성향을 지녔으며, 글로벌 문화에 관심이 많은 학생
- 외국어에 흥미가 많고 사교성이 좋으며, 관광 관련 학문에 관심이 많은 학생
- 국제적인 감각과 의사소통 능력을 갖춘 서비스 지향적인 학생

※ 국어, 영어 교과는 모든 학문의 기초적인 성격을 가진 도구교과로 모든 학과에 이수가 필요하여 생략함.

공통 과목		공통국어1,2, 공통수학1,2, 공통영어1,2, 한국사1,2, 통합사회1,2, 통합과학1,2, 과학탐구실험1,2
수능 필수		화법과 언어, 독서와 작문, 문학, 대수, 미적분Ⅰ, 확률과 통계, 영어Ⅰ, 영어Ⅱ, 한국사, 통합사회, 통합과학, 성공적인 직업생활(직업)
일반 선택	수학, 사회, 과학	확률과 통계, 세계시민과 지리, 세계사, 사회와 문화
	체육·예술	
	기술·가정/정보	정보
	제2외국어/한문	제2외국어
	교양	
진로 선택	수학, 사회, 과학	경제 수학, 한국지리 탐구, 동아시아 역사 기행, 정치, 법과 사회, 경제, 국제 관계의 이해
	체육·예술	
	기술·가정/정보	데이터 과학
	제2외국어/한문	제2외국어 회화
	교양	인간과 심리
융합 선택	수학, 사회, 과학	실용 통계, 여행지리, 사회문제 탐구, 금융과 경제생활
	체육·예술	
	기술·가정/정보	지식 재산 일반
	제2외국어/한문	제2외국어 문화
	교양	인간과 경제활동

추천 도서 목록

- 스마트관광: 개념과 사례를 중심으로, 구철모, 청람
- 맛의 기술, 권혁만, 제이알매니지먼트
- 호텔외식경영, 김진성 외, 백산출판사
- 호텔객실실무, 이정학, 기문사
- 복합리조트경영론, 유도재, 백산출판사
- 글로벌시대의 대인관계스킬, 현재천 외, 백산출판사
- 호텔경영론, 이준혁 외, 백산출판사
- 호텔관리회계, 김문수, 백산출판사
- 호텔관광 마케팅, 고종원 외, 백산출판사
- 세계화와 호텔체인 경영, 김경환, 백산출판사
- 새로운 호텔경영학, 송성인 외, 새로미
- 호텔경영학개론, 한진영, 새로미
- 호텔경영의 객실실무론, 최익준 외, 새로미

- 서비스경영, 황혜미, 정독
- 호텔리어 진로개척 바이블, 최정길, 새로미
- 외식산업의 이해, 나정기, 백산출판
- 메뉴관리의 이해, 나정기, 백산출판사
- 맛의 기술, 권혁만, 제이알매니지먼트
- 마시다, 김송이 외, 지식과감성
- 사업을 한다는 것, 레이 크록, 센시오
- 로저 마틴의 14가지 경영 키워드, 로저 마틴, 플랜비디자인
- 글로벌 클래스, 에런 맥대니얼 외, 한빛비즈
- 경영이라는 세계, 황승진, 다산북스
- AI시대의 경영전략, 조동성, 서울경제경영
- 백전백승 경영전략 백전기략, 유기, 창해

학교생활 TIPS

- 호텔경영학과와 관련이 깊은 국어, 영어, 수학, 사회 교과의 우수한 학업 성취를 올릴 수 있도록 하고, 각 수업 활동에 적극적으로 참여하여 학업 역량, 문제 해결 능력, 탐구력 등이 학교생활기록부 교과 세부능력 및 특기사항에 기록될 수 있도록 합니다.
- 전공과 관련 있는 다양한 진로 활동(여행사, 외식 업체, 호텔경영학과 탐방, 호텔리어 등 직업 체험 등)에 참여하여 새롭게 알게 된 사실이나 느낀 점을 중심으로 자신의 진로 역량을 키우도록 합니다.
- 영어 에세이, 중국어 회화, 경영·경제 연구 등의 교내 동아리에서 호텔, 경영, 서비스와 관련된 내용을 조사·발표하는 등 전공 관련 활동을 주도적으로 하고 의미 있는 역할을 했음을 드러냅니다.

- 급식 도우미, 또래 학습 나누미, 장애인 도우미, 환경 정화 활동 등과 같은 학교 교육계획에 의해 진행되는 봉사활동에 꾸준하게 참여하고, 행사 활동, 수련 활동, 체험활동 등에도 적극적으로 참여하여 자신의 능력을 보이거나 공동체의 목표를 함께 달성해가는 과정을 통해 의사소통 능력을 보이도록 합니다.
- 법학, 철학, 사회학, 정치학, 경제학, 예술학, 교육학 등 폭넓은 분야의 독서를 통해 기본적인 소양을 키웁니다.
- 협업과 소통능력, 나눔과 배려, 성실성과 규칙준수, 창의성 등 자신의 강점이 학교생활기록부 행동특성 및 종합의견에 기록될 수 있도록 학교생활에 성실하게 임할 것을 권장합니다.

81

회계학과

학과소개

최근 회계학은 세계화, 전문화, 다각화되어가는 경제 환경에 따라 기존에 행해져 왔던 경제 활동의 인식과 측정, 자원의 효율적 관리와 투명성 향상은 물론, 경영 자문이나 정보 기술을 활용하는 분야로 확장되는 등 회계 업무의 개선과 발전을 모색해 나가고 있습니다. 또한 정부 기관을 비롯한 비영리 단체에서도 회계학의 개념과 체제를 수용함으로써, 회계학의 사회적 공헌도는 크게 높아지고 있습니다. 이렇듯 회계학은 현대 사회에서 매우 중요한 기능을 담당하고 있으며, 경제 현상을 이해하고 관련 업무를 수행하는 데 있어 중요한 판단의 기준이 되고 있습니다. 회계학은 우리가 직면하는 모든 경제 환경에 대한 체계적인 이해와 안목을 제공함은 물론, 영리 단체와 비영리 단체를 망라한 모든 사회 구성원들에게 그들의 업무 수행을 위한 지침을 제공합니다. 따라서 향후 회계학에 대한 학문적 가치와 이에 대한 수요는 크게 증가할 것으로 기대됩니다.

회계학과에서는 학생들이 미래의 경영 전문가로서 기본적인 지식과 능력을 갖출 수 있도록 회계학 교과목은 물론, 회계학의 인접 학문인 경제학, 경영학, 법학 등의 핵심적 교과목을 골고루 교육합니다. 또한 재무회계, 관리회계, 회계감사, 세무회계와 컴퓨터를 이용한 정보 처리 및 시스템 분석 등 정보화·산업화·세계화로 변화하는 복잡한 경제 환경 속에서 회계 전문가에게 필요한 전문 지식과 창조적 사고 능력을 갖출 수 있도록 교육하고 있습니다.

개설대학

- 국립강릉원주대학교
- 국립창원대학교
- 동의대학교
- 청주대학교
- 가톨릭대학교
- 경성대학교
- 동국대학교
- 순천향대학교
- 숭실대학교
- 제주대학교
- 한남대학교 등

관련학과

- 세무회계학과
- 회계세무학과
- 경영회계학과
- 세무학과
- 경영회계학부 등

진출직업

- 금융자산운용가
- 자산관리사
- 보험계리사
- 손해사정사
- 증권중개인
- 공인회계사
- 세무사
- 감정평가사
- 외환딜러
- 투자분석가 등

취득가능 자격증

- 세무사
- 미국공인회계사(AICPA)
- 공인노무사
- 경영지도사
- 재경관리사
- 전산회계
- 회계관리
- 물류관리사
- 유통관리사
- 전산회계운용사
- 정보처리기능사 등

진출분야

기업체	은행, 증권 회사, 보험사, 기업의 회계·세무 관련 부서, 언론 및 방송 기관, 학교·병원 등의 회계 전문 부서 등
정부 및 공공 기관	중앙 정부와 지방 자치 단체의 세무직·행정직 공무원, 한국예탁결제원, 신용보증기금, 예금보험공사, 한국자산관리공사, 한국주택금융공사, 공무원연금공단, 중고등학교, 대학교 등
연구 기관	한국회계기준원, 한국조세재정연구원, 세무 회계 관련 국가·민간 연구소 등

학과 주요 교과목

기초 과목	대학영어, 회계원리, 경제학개론, 경영학개론, 조직행위론, 비즈니스입문, 세무입문, 원가관리회계입문, 회계와 경제, 상법, 중급회계, 재무회계 등
심화 과목	법인세회계, 원가회계, 재무제표분석, 중급회계2, 회계감사, 부가가치세회계, 고급회계1, 원가관리회계특강, 상법2, 회계감사특강, 감사사례연구, 관리회계, 법인세회계, 소득세회계, 회계이론, 정부회계, 세무회계특강, 고급회계2 등

학과 인재상 및 갖추어야 할 자질

- 국제적으로 통용되는 회계 언어를 습득하여 글로벌 경쟁력을 갖춘 회계 전문가를 꿈꾸는 학생
- 회계 분야에 관심이 많고 열정적이며, 다른 사람을 배려하는 마음을 갖춘 학생
- 긍정적으로 사고하며 자기 주도적으로 일하는 것을 즐거워하는 학생
- 윤리성과 공정성을 지닌 세무 전문가로서 사회에 공헌하고자 하는 학생
- 결단력이 필요한 상황에서 스스로 잘 판단하는 학생
- 스스로 계획하고 꾸준히 실행하는 성실한 태도를 갖춘 학생

학과 관련 선택 과목

※ 국어, 영어 교과는 모든 학문의 기초적인 성격을 가진 도구교과로 모든 학과에 이수가 필요하여 생략함.

공통 과목		공통국어1,2, 공통수학1,2, 공통영어1,2, 한국사1,2, 통합사회1,2, 통합과학1,2, 과학탐구실험1,2
수능 필수		화법과 언어, 독서와 작문, 문학, 대수, 미적분Ⅰ, 확률과 통계, 영어Ⅰ, 영어Ⅱ, 한국사, 통합사회, 통합과학, 성공적인 직업생활(직업)
일반 선택	**수학, 사회, 과학**	대수, 미적분Ⅰ, 확률과 통계, 사회와 문화, 현대사회와 윤리
	체육·예술	
	기술·가정/정보	정보
	제2외국어/한문	
	교양	
진로 선택	**수학, 사회, 과학**	기하, 미적분Ⅱ, 경제 수학, 정치, 법과 사회, 경제, 국제 관계의 이해
	체육·예술	
	기술·가정/정보	데이터 과학
	제2외국어/한문	
	교양	
융합 선택	**수학, 사회, 과학**	실용 통계, 수학과제 탐구, 사회문제 탐구, 금융과 경제생활
	체육·예술	
	기술·가정/정보	지식 재산 일반
	제2외국어/한문	
	교양	인간과 경제활동

추천 도서 목록

- 회계는 어떻게 민주주의를 구할 수 있는가?, Ian Ball 외, 한국회계기준원
- 회계학 이야기, 권수영 외, 신영사
- 직장인이여 회계하라, 윤정용, 위즈덤하우스
- 회계 천재가 된 홍 대리 세트(1~5권), 손봉석, 다산북스
- 비교하며 기억하는 회계 용어 도감, 이시카와 가즈오, 비즈니스랩
- 회계상식사전, 최용규, 다온북
- 돈 버는 절대 회계, 박경민, 경이로움
- 하마터면 또 회계를 모르고 일할 뻔했다!, 김수헌 외, 어바웃어북
- 어카운팅, 내 안의 회계 본능을 깨워라, 김철수, 아모르문디
- 지금은 회계할 때, 김지영 외, 헤르몬하우
- 재무제표가 만만해지는 회계책, 남승록, 스마트북스
- 지금 당장 회계공부 시작하라, 강대준 외, 한빛비즈
- 팀장을 위한 회계, 다니구치 사토시, 센시오
- 숫자에 약한 사람들을 위한 진짜 쉬운 회계 책, 세리사법인 아이택스, 시그마북스
- 돈 버는 회계, 최용규, 처음북스
- 붙잡고 읽으면 어느새 회계머리, 김한수, 쏭북스
- 회계 상식으로 배우는 돈의 법칙, 아마노 아쓰시, 시그마북스
- 회계! 내가 좀 알려줘?, 위성백, 삼일인포마인
- 회계가 직장에서 이토록 쓸모 있을 줄이야, 한정엽 외, 원앤원북스
- 사장을 위한 회계, 야스모토 다카하루, 센시오
- 일 3분 1회계(그림으로 쉽게 이해하는), 김수헌 외, 어바웃어북
- 내 생애 첫 회계 공부, 유양훈, 원앤원북
- 회계와 생활의 지혜, 김영현 외, 청람
- 돈의 흐름이 보이는 회계 이야기, 구상수, 길벗
- 부의 지도를 바꾼 회계의 세계사, 다나카 야스히로, 위즈덤하우스

학교생활 TIPS

- 회계학과 관련이 깊은 국어, 영어, 수학, 사회 교과의 우수한 학업 성취를 올릴 수 있도록 하고, 각 수업 활동에 적극적으로 참여하여 학업 역량, 문제 해결 능력, 탐구력 등이 학교생활기록부 교과 세부능력 및 특기사항에 기록될 수 있도록 합니다.
- 전공과 관련 있는 다양한 진로 활동(금융 회사, 회계학과 탐방, 회계사 등 직업 체험 등)에 참여하여 새롭게 알게 된 사실이나 느낀 점을 중심으로 자신의 진로 역량을 키우도록 합니다.
- 경제 연구, 신문, 토론 등의 교내 동아리에서 회계, 경제, 경영 등과 관련된 내용을 조사·발표하는 등 전공 관련 활동을 주도적으로 하고, 의미 있는 역할을 했음을 드러냅니다.

- 학급이나 학생회의 임원 활동, 또래 학습 나누미, 장애인도우미, 환경 정화 활동 등과 같은 학교 교육계획에 의해 진행되는 봉사 활동이나 행사 활동, 수련 활동, 체험 활동 등에 적극적으로 참여하여 자신의 리더십을 보이거나, 공동체의 목표를 함께 달성해가는 과정을 통해 의사소통 능력, 배려하는 마음 등을 보이는 것이 중요합니다.
- 역사, 문학, 예술, 자연과학 등 폭넓은 분야의 독서를 통해 기본적인 소양을 키우도록 합니다.
- 협업과 소통능력, 나눔과 배려, 성실성과 규칙준수, 창의성 등 자신의 강점이 학교생활기록부 행동특성 및 종합의견에 기록될 수 있도록 학교생활에 성실하게 임할 것을 권장합니다.

PART

자연계열 45개 학과

NATURAL SCIENCE

각 계열별 학과 계재 순서는 '가나다' 순

* 희망하는 대학의 교육과정이나 관련자료에 따라 다를 수 있으니 유의하시기 바랍니다.

82

공업화학과

학과소개

공업화학과는 화학적 지식을 응용하여 화학 제품의 연구 개발, 화학 관련 공정 기술 개발 등의 분야를 교육하는 학과입니다. 또한 인간의 생활에 필요한 화학 관련 생필품의 생산 과정에 포함된 제반 사항을 연구하며, 화학을 기초로 한 공학적 응용 공정을 전반적으로 습득하는 과정을 포함합니다. 공업화학은 산·알칼리, 화학 비료, 요업, 전기화학, 촉매, 석유 화학 제품, 고무 및 고분자 재료, 섬유 및 섬유 가공제, 펄프 및 제지, 유지 및 계면 활성제, 염료 및 안료, 향료, 농약, 의약품, 화약 등의 전통적인 화학 산업뿐만 아니라 전지, 모니터, 반도체, 프린터 등 전자 재료 분야에도 응용되고 있는 학문입니다.

21세기에는 화학 기술 분야 전반에 걸쳐 첨단화 및 전문화가 가속화되어 가고 있습니다. 공업화학과는 이러한 변화에 적절하게 대처할 수 있는 능력과 변화하고 있는 산업 분야에 적용할 수 있는 지식을 겸비한 기술인을 양성하는 것을 교육 목표로 합니다.

개설대학

- 충북대학교 등

관련학과

- 화학과
- 화학공학과
- 화학부
- 화학생물공학부
- 화학신소재학과
- 화학·코스메틱스학과
- 화학생명공학과
- 화학생명분자과학부
- 화학·에너지융합학부
- 화학공학·신소재공학부 등

진출분야

기업체	석유 화학 업체, 화학 공학 업체, 신소재 개발 업체, 화장품 제조 업체, 정유 업체, 전자·반도체 업체, 건설 회사, 조선 회사, 자동차 관련 회사 등
정부 및 공공 기관	국가과학기술연구회, 각 지역 국립과학관, 각 지역 직업전문학교 등
연구 기관	화학 분석 및 제품 개발 관련 연구소, 한국생명공학연구원, 환경 연구소, 한국교육학술정보원, 한국장학재단, 한국과학창의재단, 한국과학기술원, 각 지역 과학기술원, 한국나노기술원, 한구과학기술연구원 등

진출직업

- 석유화학기술자
- 에너지공학기술자
- 화학공학기술자
- 연구원
- 자연과학시험원
- 생명과학시험원
- 기술컨설턴트
- 변리사
- 의약품영업원
- 재료공학기술자
- 도료 및 농약화학공학기술자
- 비누 및 화장품화학공학기술자
- 고무 및 플라스틱화학공학기술자
- 음식료품화학공학기술자
- 의약품화학공학기술자
- 화학공학시험원
- 조향사
- 친환경제품인증심사원
- 품질관리사무원
- 산업안전원
- 위험관리원 등

취득가능 자격증

- 도장감리사
- 산업안전기사
- 표면처리산업기사
- 화학분석기사
- 바이오화학제품제조산업기사
- 생물공학기사
- 화공기사
- 화공기술사
- 화약류제조기사
- 화약류제조산업기사
- 화학분석기능사
- 화학분석기사
- 농화학기사
- 위험물산업기사
- 수질환경기사
- 소음진동기사
- 토양환경기사
- 폐기물처리기사 등

학과 주요 교과목

기초 과목	공업화학양론, 물리화학, 유기화학, 이동공정, 유기단위공정, 전기에너지공학, 고분자화학, 무기단위공정, 공업화학종합설계 등
심화 과목	공업화학입문, 공학수학, 공업화학계산, 에너지화학, 재료공학, 유기합성실험, 무기화학, 열역학, 단위조작, 유기공업화학, 무기단위공정실험, 공업분석화학, 바이오공학, 기기분석, 고분자합성, 정밀공업화학, 무기공업화학, 복합재료, 고분자공업화학, 촉매공학 등

학과 인재상 및 갖추어야 할 자질

- 새로운 현상에 관심을 기울이고 실험하는 도전 정신과 탐구력, 창의력 등을 갖춘 학생
- 자연 현상과 주변 사물의 과학적 탐구를 통하여 과학의 기본 개념을 이해하려고 노력하는 학생
- 실험에 흥미가 있고, 여러 가지 화학 실험 도구와 기기를 직접 다뤄 보고 싶은 학생
- 자연 현상과 원리에 대한 관심이 있고, 이를 이해하려는 호기심이 있는 학생
- 화학물의 조성이나 구조 등을 관찰하는 데 필요한 꾸준하고 성실한 연구 자세를 가진 학생
- 과학이 기술과 사회의 발전에 미치는 영향력을 인식하며, 이에 대한 책임감과 윤리 의식을 갖춘

학과 관련 선택 과목

※ 국어, 영어 교과는 모든 학문의 기초적인 성격을 가진 도구교과로 모든 학과에 이수가 필요하여 생략함.

공통 과목		공통국어1,2, 공통수학1,2, 공통영어1,2, 한국사1,2, 통합사회1,2, 통합과학1,2, 과학탐구실험1,2
수능 필수		화법과 언어, 독서와 작문, 문학, 대수, 미적분Ⅰ, 확률과 통계, 영어Ⅰ, 영어Ⅱ, 한국사, 통합사회, 통합과학, 성공적인 직업생활(직업)
일반 선택	수학, 사회, 과학	대수, 미적분Ⅰ, 확률과 통계, 물리학, 화학, 생명과학
	체육·예술	
	기술·가정/정보	정보
	제2외국어/한문	
	교양	생태와 환경
진로 선택	수학, 사회, 과학	기하, 미적분Ⅱ, 역학과 에너지, 전자기와 양자, 물질과 에너지, 화학 반응의 세계, 세포와 물질대사, 생물의 유전
	체육·예술	
	기술·가정/정보	
	제2외국어/한문	
	교양	인간과 철학, 논리와 사고, 보건
융합 선택	수학, 사회, 과학	수학과제 탐구, 기후변화와 지속가능한 세계, 기후변화와 환경생태, 융합과학 탐구
	체육·예술	
	기술·가정/정보	
	제2외국어/한문	
	교양	논술

추천 도서 목록

- 세상 모든 화학 이야기, 사마키 다케오, 청아
- 화학 혁명, 사이토 가쓰히로, 그린북
- 무섭지만 재미있어서 밤새 읽는 화학 이야기, 사마키 다케오, 더숲
- 노벨상을 꿈꿔라 9, 이충환 외, 동아엠엔비
- 다시 보는 과학 교과서, 곽수근, 포르체
- 줌달의 일반화학, Steven S. Zumdahl, 사이플러스
- 재미있고 쓸모있는 화학 이야기, 이광렬, 코리아닷컴
- 고마운 고분자 이야기, 박오옥 외, 자유아카데미
- 생활속의 화학, John L Hogg, 사이플러스
- 미래를 읽다 과학이슈 11 Season 15, 한상욱 외, 동아엠앤비
- 수상한 화학책, 이광렬, 블랙피쉬
- 화학의 역사, 윌리엄 H. 브록, 고유서가
- 청소년을 위한 위대한 과학 고전 25권을 1권으로 읽는 책, 김성근, 빅피시

- 내가 에너지를 생각하는 이유, 이필렬 외, 나무를심는사람들
- 이토록 재밌는 화학 이야기, 사마키 다케오, 반니
- 세계사를 바꾼 화학 이야기, 오미야 오사무, 사람과나무사이
- 과학, 재미가 먼저다, 장인수, 포르체
- 걱정 많은 어른들을 위한 화학 이야기, 윤정인, 푸른숲
- 천재들의 과학노트 2: 화학, 캐서린 쿨렌, 지브레인
- 곽재식의 먹는 화학 이야기, 광제식, 요다
- 진정일 교수의 교실밖 화학 이야기, 진정일, 궁리
- 도란도란 화학 이야기, 운용진, 자유아카데미
- 곽재식의 유령 잡는 화학자?, 곽재식, 김영사
- 카툰과학: 화학1,2, 한재필 외, 어진교육
- 오늘도 화학, 오타 히로미치, 시프

학교생활 TIPS

- 자연계열의 필수 교과인 수학, 과학 교과 성적을 상위권으로 유지하고, 화학에 대한 지식을 넓혀가는 활동을 통해 학업 능력, 탐구력 및 분석력 등이 학교생활기록부 교과 세부능력 및 특기사항에 기록될 수 있도록 수업에 적극적으로 참여합니다.
- 전공과 관련있는 다양한 진로 활동(화학연구원 인터뷰, 공업화학과 탐방, 관련 직업 탐색)에 참여하여 새롭게 알게 된 사실이나 느낀 점을 중심으로 자신의 진로역량을 키우도록 합니다. 대학에서 주관하는 전공 탐색이나 학과 탐방을 통해 지식의 폭이 넓어지는 과정이 드러나도록 지속적으로 진로 탐색 활동을 할 것을 권장합니다.
- 과학 관련 이슈들에 대한 관심을 가지고 자연 현상과 주변 사물을 관찰

하거나, 다양한 화학 실험 도구를 활용한 실험 활동에 적극 참여할 것을 권장합니다.
- 자연, 공학 일반 분야의 독서 활동 및 이와 관련된 저널, 신문 읽기 활동을 권장합니다.
- 자기주도성, 비판적 사고, 분석력, 경험의 다양성, 성실성, 책임감, 리더십, 의사소통 능력, 문제 해결 능력 등이 학교생활을 통해 나타나고, 이같은 내용이 학교생활기록부에 기록될 수 있도록 성실히 학교생활을 할 것을 추천합니다.

학과소개

물리학은 자연 현상에서 발견할 수 있는 물질세계의 기본 원리를 체계화하고 이론화하여 실생활에 적용하는 학문입니다. 21세기 지식·정보 세계의 뿌리라 할 수 있는 과학 문명의 대부분이 물리학의 기초 이론을 근간으로 이루어져 있다고 할 수 있습니다. 물리학은 이공계의 기초 학문이면서도 넓고 다양한 응용 분야로 확장되어 있어 실사회에서도 널리 이용되는 학문입니다.

나노전자물리학은 물리학적 지식을 기반으로 화학, 생물을 포함한 광범위한 나노과학과 물리학 분야의 응용을 목적으로 하는 동시에 21세기 산업을 위한 문제 해결형·융합형 인재를 양성하는 학문입니다. 나노전자물리학과에서는 전자 세계의 물리 현상의 응용 능력을 배양하고 나노 규모에서 일어나는 양자 현상을 이해하며, 이러한 과정에서 특히 초미세 입자의 세계에서 얻어지는 정보를 컴퓨터를 이용한 새로운 정보 분석 방법으로 연구하고 응용하는 것에 목표를 두고 있습니다. 최근에는 미래를 지향하는 창의적 지성인으로서의 신융합 학문 분야에 대한 이해를 넓히고, 창의적인 아이디어를 바탕으로 미래 기술을 창출할 수 있는 전문 지식의 교육과 학습에 집중하고 있습니다.

개설대학

• 국민대학교 등

진출직업

• 물리학 연구원
• 과학실험원
• 공무원
• 과학관 큐레이터
• 과학PD
• 중등학교 교사(물리)
• 변리사 등

관련학과

• 반도체·디스플레이학과
• 응용물리학과
• 전자물리학과
• 전자바이오물리학과
• 에너지과학과
• 디스플레이신소재공학과
• 디스플레이반도체공학과
• 융합전공학부 물리학–나노반도체물리학 등

취득가능 자격증

• 광학기사
• 발송배전기술사
• 전기공사기사
• 전기공사산업기사
• 전기기능사
• 전기기사
• 전기산업기사
• 변리사
• 에너지관리기사
• 중등학교 정교사 2급(물리) 등

진출분야

기업체	광학·전기·전자·반도체·신소재·정보 통신 관련기업체, 방송국 등
정부 및 공공 기관	각 지역 국립과학관, 중고등학교 등
연구 기관	한국전자통신연구원, 한국표준과학원, 한국광기술원, 한국나노기술원, 한국과학기술원, 한국과학기술연구원 등

학과 주요 교과목

기초 과목	일반물리학, 일반물리실험, 일반화학, 일반화학실험, 역학, 일반물리연습, 응용미적분학, 현대물리학, 미분방정식 및 선행대수 등
심화 과목	빛과 파동, 기초수리물리학, 전자공학실험, 빛과 파동실험, 전자기학, 계측설계 및 응용, 나노실험, 고체물리학, 전산수리물리학, 광학, 표면 및 박막, 플라즈마물리, 물성실험, 나노물리학, 응용물리 등

학과 인재상 및 갖추어야 할 자질

• 물리적, 생물학적 혹은 문화적 현상에 대해 호기심을 가지고 관찰하는 것을 즐기는 학생
• 상징적이고 체계적이며 창조적인 활동을 필요로 하는 조사나 연구 활동을 선호하는 학생
• 사물, 도구, 기계 및 동물에 대한 명확하고 질서정연하며 체계적인 조작 활동을 선호하는 학생
• 직감적으로 판단하는 능력이 뛰어난 학생
• 전기, 기계에 관한 조작 및 기술적인 능력을 배우는 데 흥미와 적성이 있는 학생
• 궁금증을 풀기 위한 적극적인 추진력을 가진 학생

학과 관련 선택 과목

※ 국어, 영어 교과는 모든 학문의 기초적인 성격을 가진 도구교과로 모든 학과에 이수가 필요하여 생략함.

공통 과목		공통국어1,2, 공통수학1,2, 공통영어1,2, 한국사1,2, 통합사회1,2, 통합과학1,2, 과학탐구실험1,2
수능 필수		화법과 언어, 독서와 작문, 문학, 대수, 미적분Ⅰ, 확률과 통계, 영어Ⅰ, 영어Ⅱ, 한국사, 통합사회, 통합과학, 성공적인 직업생활(직업)
일반 선택	수학, 사회, 과학	대수, 미적분Ⅰ, 확률과 통계, 물리학, 화학
	체육·예술	
	기술·가정/정보	기술·가정, 정보
	제2외국어/한문	
	교양	생태와 환경
진로 선택	수학, 사회, 과학	미적분Ⅱ, 인공지능 수학, 역학과 에너지, 전자기와 양자
	체육·예술	
	기술·가정/정보	데이터 과학
	제2외국어/한문	
	교양	논리와 사고
융합 선택	수학, 사회, 과학	수학과제 탐구, 기후변화와 지속가능한 세계, 기후변화와 환경생태, 융합과학 탐구
	체육·예술	
	기술·가정/정보	
	제2외국어/한문	
	교양	논술

추천 도서 목록

- 나노화학, 장홍제, 휴머니스트
- 사람은 방사선에 왜 약한가, 곤도 소헤이, 전파과학사
- 전자기학의 개념원리, 홍희식 외, 복두출판사
- 물리학 속의 첨단과학, 손종역, 교문사
- 초전도체, 김기덕, 김영사
- 상대성 이론이란 무엇인가, 제프리 베네트, 처음북스
- 나 없이는 존재하지 않는 세상, 카를로 로벨리, 쌤앤파커스
- 퀀텀의 세계, 이순칠, 해나무
- 물리학, 쿼크에서 우주까지, 이종필, 김영사
- 일어날 일은 일어난다, 박권, 동아시아
- 세상을 바꾼 물리학, 원정현, 리베르스쿨
- 까다롭지만 탈 없이 배우는 중학 물리, 강태형, 엠아이디
- 청소년을 위한 처음 물리학, 권영균, 청아출판사

- 알고 보면 재미나는 전기 자기학, 박승범 외, 전파과학사
- 10대에게 권하는 물리학, 이강영, 글담출판
- 혼돈의 물리학, 유상균, 플루토
- 청소년을 위한 물리 이야기, 사마키 다케오, 리듬문고
- 세상에서 가장 쉬운 재미있는 물리, 미사와 신야, 미디어숲
- 과학자가 되는 시간, 템플 그랜딘, 창비
- 10대를 위한 과학을 만든 결정적 질문, 최원석, 다른
- 익스트림 물리학, 옌보쥔, 그림북
- 파인먼 평전, 제임스 글릭, 동아시아
- 사이버 물리 공간의 시대, 최준균 외, 사이언스북스
- 고체물리학, 우종천 외, 텍스트북스
- 세상에서 가장 쉬운 과학 수업 브라운 운동, 정완상, 성림원북스

학교생활 TIPS

- 나노전자물리학을 전공하는 데 기본이 되는 수학, 과학 교과 성적을 상위권으로 유지하고, 교과 활동을 통해 물리 및 수학적 지식의 폭을 확장합니다. 학업 능력, 탐구력, 문제 해결 능력 등이 학교생활기록부 교과 세부능력 및 특기사항에 기록될 수 있도록 자기주도적으로 수업에 참여합니다.
- 나노전자물리학과와 관련된 대학 탐방이나 진로 체험 프로그램에 적극적으로 참여하여 진로에 대한 정보를 수집할 것을 추천합니다.
- 공동 과제 수행이나 장기간의 프로젝트 활동을 통해 타인의 의견을 경청하고 배려하는 역량을 함양하고, 함께 결과물을 도출해 나가는 다양한 경험을 할 것을 권장합니다.
- 과학 탐구 동아리나 토론 동아리를 통하여 다양한 조사 활동 및 연구

활동의 경험은 물론, 여러 어려운 과정을 극복해 나가는 경험을 할 것을 권장합니다. 인문학, 과학, 공학, 환경, 미래학 등 다양한 분야의 독서를 통해 자신의 진로에 필요한 지식을 함양하는 것을 추천합니다.
- 자기주도성, 경험의 다양성, 학업 능력, 추론 능력, 정보 처리 능력, 성실성, 책임감, 리더십, 분석력, 의사소통 능력, 문제 해결 능력 등이 학교생활을 통해 나타나고, 이같은 내용이 학교생활기록부에 기록될 수 있도록 성실히 학교생활을 하는 것을 추천합니다.

인문계열 · 사회계열 · 자연계열 · 공학계열 · 의약계열 · 예체능계열 · 교육계열 · 계약학과 & 특성화학과

84

대기과학과

학과소개

인간의 산업 활동으로 발생한 기후 변화로 인해 지구는 여러 환경 문제에 직면하고 있습니다. 지속 가능한 미래를 위해 대기 과학에 대한 이해의 필요성은 더욱 절실히 요구되고 있는 상황입니다. 이에 우리나라는 물론, 전 세계에서 하나뿐인 지구의 이상 기후와 대기 환경 변화를 이해하고 예측하기 위해 다양한 연구를 시작하였습니다. 또한 그에 따른 여러 가지 국제 협약들도 발효되기에 이르렀습니다.

대기과학은 각종 기상 현상과 대기 환경에 대한 이해를 높이고 미래의 대기 상태를 예측할 수 있는 능력을 향상시켜 궁극적으로는 기상 재해 및 인위적인 대기 오염에 대한 피해를 과학적인 연구를 통해 감소할 수 있도록 하는 영역입니다. 그러므로 지구와 다른 행성들의 대기에서 일어나는 현상을 이해하고, 지구를 구성하는 대기, 해양, 육상, 생물권의 상호 작용을 연구해야 하며, 수학, 물리학, 화학, 생물학 등 기초 과학의 지식 습득도 필수입니다. 더하여 최첨단의 관측 장비 및 수치 연산 장비의 이해와 활용도 요구됩니다.

대기과학과는 21세기의 환경 문제에 대비하는 연구와 더불어 국제 협력과 선도적 역할을 수행할 수 있는 인재를 양성하는 유망 첨단 학과로 진화하고 있습니다.

개설대학

- 국립공주대학교
- 연세대학교 등

관련학과

- 대기환경과학과
- 물리·천문학부
- 우주과학과
- 천문우주과학과
- 지질환경과학과
- 지질·지구물리학부
- 지구환경과학과
- 지구시스템과학부(천문대기과학전공)
- 환경대기과학전공 등

진출직업

- 기상연구원
- 기상컨설턴트
- 대기환경기술자
- 운항관리사
- 일기예보관
- 환경공학기술자
- 변리사 등

취득가능 자격증

- 기상기사
- 기상감정기사
- 기상예보기술사
- 대기환경기사
- 대기관리기술사 등

진출분야

기업체	방송국, 항공사, 반도체 전문 업체, 빅데이터 분석 회사, 디지털 콘텐츠 업체, 은행 등
정부 및 공공 기관	공군, 국립기상과학원, 국립환경과학원, 국방과학연구소, 기상청, 서울연구원, 유역환경청, 한국개발연구원, 한국기상산업기술원, 한국수자원공사, 한국환경산업기술원, 한국환경정책·평가연구원 등
연구 기관	국가기상위성센터, 태풍연구센터, 한국해양과학기술원 부설 극지연구소, 차세대도시·농림융합기상사업단, 한국기상산업협회, 한국에너지기술연구원, 한국원자력연구원, 한국항공우주연구원, 한국해양과학기술원, 한국형수치예보모델개발사업단, APEC기후센터 등

학과 주요 교과목

기초 과목	대기역학, 대기물리, 대기열역학, 기후역학, 대기화학 및 실험, 수리대기과학 및 연습, 대기측기 및 관측, 역학대기과학 및 연습 등
심화 과목	대기오염개론, 기상통계학, 전산대기과학 및 실습, 수리물리학, 대기열역학, 대기복사학, 고층대기관측, 기후자료분석, 기후학, 물리기상학, 일기예보분석, 대기유체역학, 경계층기상학, 해양기상학, 원격탐사기상학, 기상수치해법 및 실습, 지구온난화와해양 등

학과 인재상 및 갖추어야 할 자질

- 수학, 물리학, 지구과학 등 기초 과학 과목에 흥미를 가진 학생
- 평소 대기의 원리와 성질에 관심이 많은 학생
- 과학 이론이 실제 환경에서 어떻게 적용되는지에 대하여 호기심을 가진 학생
- 논리적·수리적 사고 능력이 있으며 과학적 호기심을 가진 학생
- 대기 환경이나 기후 변화에 대한 궁금증을 풀기 위해 적극적인 추진력을 발휘하는 학생
- 문제에 부딪혔을 때 포기하지 않고 매달릴 수 있는 끈기와 집념이 있는 학생

학과 관련 선택 과목

※ 국어, 영어 교과는 모든 학문의 기초적인 성격을 가진 도구교과로 모든 학과에 이수가 필요하여 생략함.

공통 과목		공통국어1,2, 공통수학1,2, 공통영어1,2, 한국사1,2, 통합사회1,2, 통합과학1,2, 과학탐구실험1,2
수능 필수		화법과 언어, 독서와 작문, 문학, 대수, 미적분 I, 확률과 통계, 영어 I, 영어 II, 한국사, 통합사회, 통합과학, 성공적인 직업생활(직업)
일반 선택	수학, 사회, 과학	대수, 미적분 I, 확률과 통계, 물리학, 화학, 지구과학
	체육·예술	
	기술·가정/정보	정보
	제2외국어/한문	
	교양	생태와 환경
진로 선택	수학, 사회, 과학	기하, 미적분 II, 역학과 에너지, 전자기와 양자, 지구시스템과학, 행성우주과학
	체육·예술	
	기술·가정/정보	데이터 과학
	제2외국어/한문	
	교양	보건
융합 선택	수학, 사회, 과학	수학과제 탐구, 기후변화와 지속가능한 세계, 기후변화와 환경생태, 융합과학 탐구
	체육·예술	
	기술·가정/정보	
	제2외국어/한문	
	교양	논술

추천 도서 목록

- 알기 쉬운 대기과학, 한국기상학회 저자(글), 시그마프레스
- 숨 쉬는 과학: 세상에서 가장 흥미로운 대기과학 안내서, 마크 브룸필드, 빚은책들
- 대기환경과학, C. Donald Ahrens, 북스힐
- 기후 책, 그레타 툰베리, 김영사
- 날씨 기계, 앤드루 블룸, 에이도스
- 나의 첫 번째 지구 이야기, 스테파니 만카 쉬틀러, 미래주니어
- 구름 관찰자를 위한 가이드, 개빈 프레터피니, 김영사
- 일기 예보를 믿을 수 있을까?, 로베르 사두르니, 민음인
- 그대로 멈춰라, 지구 온난화, 허창회, 풀빛
- 안녕, 지구의 과학, 소영무, 에이도스
- 지구의 고층대기, 김용하, 충남대학교출판문화원
- 대기복사, 이광목, 동화기술

- 미세먼지의 과학과 정치, 김인경 외, 한울
- DNA의 거의 모든 과학, 전방욱, 이상북
- 날씨기계, 앤드루 블룸, 에이도스
- 왜요, 기후가 어떤데요?, 최원형, 동녘
- 기후위기 부의 대전환, 홍종호, 다산북스
- 기후 담판, 정내권, 메디치미디어
- 기후 변화 쫌 아는 10대, 이지유, 풀빛
- 기후위기, 무엇이 문제일까?, 오애리, 북카라반
- 기후로 다시 읽는 세계사, 이동민, 갈매나무
- 기후변화 세계사, 피터 프랭코판, 책과함께
- 과학이 필요한 시간, 궤도, 동아시아
- 회복력 시대, 제러미 리프킨, 민음사
- 놀라운 하늘, 쥘리에트 아인호른, 보림

학교생활 TIPS

- 대기과학을 전공하는 데 기본이 되는 수학, 과학 교과 성적을 상위권으로 유지하고, 학업 능력, 탐구력, 문제 해결 능력 및 분석력과 논리적 사고 능력이 학교생활기록부 교과 세부능력 및 특기사항에 기록될 수 있도록 적극적으로 수업에 참여합니다.
- 전공과 관련있는 다양한 진로 활동(기상연구원 인터뷰, 국립기상과학원 탐방, 관련 직업 탐색)에 참여하고, 대학에서 주관하는 캠프나 관련 학과 및 기관 탐방과 같은 다양한 경험으로 통해 진로역량을 키울 것을 추천합니다.
- 공동 과제 수행이나 프로젝트 과정에 참여하여 다른 사람의 의견을 경청하고, 상대방의 관심 사항과 요구에 공감하는 능력을 함양하도록 합니다.

- 과학 탐구 동아리, 실험 및 대기 환경 관련 분야 동아리 활동을 적극 권장합니다.
- 전공 관련 호기심을 풀기 위해 관련 도서를 정독할 것을 추천합니다.
- 자기주도성, 경험의 다양성, 성실성, 책임감, 리더십, 정보 처리 능력, 융복합 사고 능력, 분석력, 의사소통 능력, 문제 해결 능력, 비판적 사고력 등이 학교생활을 통해 나타나고, 이같은 내용이 학교생활기록부에 기록될 수 있도록 성실히 학교생활을 할 것을 추천합니다.

85

대기환경과학과

학과소개

대기과학은 각종 기상 현상과 대기 환경에 대해 이해하고 미래의 대기 상태를 예측할 수 있는 능력을 향상시키며, 궁극적으로는 기상 재해 및 인위적인 대기 오염에 대한 피해를 과학적인 연구를 통해 감소할 수 있도록 하는 영역입니다. 현재 사회 각 분야에서는 대기 환경에 대한 많은 정보를 요구하고 있습니다. 실제로 과학과 컴퓨터, 계측 장비 및 위성 등으로 대표되는 공학 기술의 발전으로 관측과 분석 및 예측 기술 또한 급격히 발전하고 있고, 따라서 이러한 정보가 사회 및 경제 활동에 유용하게 제공되고 있습니다.

대기과학의 현상들은 아주 미세한 규모에서부터 지구 규모에 이르기까지 다양한 규모로 나타나고, 다양한 규모의 비선형성을 내재한 현상도 존재하기 때문에 기상 현상 및 대기 환경을 진단하고 예측하기 위해서는 전 지구의 대기의 부피를 유한한 격자에 얹어 풀어야 하는데, 그 수치적 계산이 매우 방대합니다. 대기환경과학과는 이러한 방대한 계산과 아울러 물리 법칙의 최첨단 수치 해석 기술을 응용하여 지속 가능한 지구의 미래를 위하여 지구의 이상 기후와 대기 환경의 변화를 이해하고 예측하는 학과입니다.

개설대학

- 국립강릉원주대학교
- 부산대학교 등

진출직업

- 기상연구원
- 기상컨설턴트
- 일기예보담당자
- 대기환경기술자
- 운항관리사
- 일기예보관
- 환경공학기술자
- 변리사 등

관련학과

- 대기과학과
- 물리·천문학부
- 우주과학과
- 천문우주과학과
- 지질환경과학과
- 지질·지구물리학부
- 지구환경과학과
- 지구시스템과학부(천문대기과학전공)
- 환경대기과학전공 등

취득가능 자격증

- 기상기사
- 기상감정기사
- 기상예보기술사
- 대기환경기사
- 대기관리기술사 등

진출분야

기업체	기상 정보 회사, 항공사, 환경 영향 평가 회사, 컴퓨터 소프트웨어 회사, 방송사 및 신문사 과학부 등
정부 및 공공 기관	기상청, 환경부, 한국천문연구원 등
연구 기관	국립기상과학원, 국립환경과학원, 한국해양과학기술원, 한국환경정책평가연구원, 한국전력기술, 국립재난안전연구원, 한국수자원공사, 한국항공우주연구원, 한국에너지기술연구원, 국립산림과학원, 국립농업과학원 등

학과 주요 교과목

기초 과목	대기환경과학개론, 대기열역학, 대기오염개론, 대기관측 및 분석, 대기관측 및 분석실험, 물리기상학, 대기과학자료처리, 대기과학자료처리실습, 수리대기과학, 대기역학, 종관기상학, 중규모기상학 등
심화 과목	대기화학, 기후학, 대기유체역학, 대기오염기상학, 미기상학, 일기예보법, 일기예보법실습, 대기통계학, 대기대순환, 수치예보, 대기오염모델링, 응용기상학, 대기파동학, 원격탐사기상학, 도시기후학 등

학과 인재상 및 갖추어야 할 자질

- 수학, 물리학, 지구과학 등 기초 과학 과목에 적성과 흥미를 가진 학생
- 평소 대기의 원리와 성질에 관심이 많은 학생
- 과학 이론이 실제 환경에서 어떻게 적용되는지에 대해 호기심을 가진 학생
- 문제를 파악하고 최적의 답안을 도출하는 논리적 사고 체계를 가진 학생
- 논리적·수리적 사고 능력이 있으며, 과학적 호기심을 가진 학생
- 대기 환경이나 기후 변화에 대한 궁금증을 풀기 위해 적극적인 추진력을 발휘하는 학생
- 환경의 과학적 측면뿐만 아니라 사회, 경제, 문화 등과의 관계성을 이해하고자 노력하는 학생
- 문제에 부딪혔을 때 포기하지 않고 매달릴 수 있는 끈기와 집념이 있는 학생

학과 관련 선택 과목

※ 국어, 영어 교과는 모든 학문의 기초적인 성격을 가진 도구교과로 모든 학과에 이수가 필요하여 생략함.

공통 과목		공통국어1,2, 공통수학1,2, 공통영어1,2, 한국사1,2, 통합사회1,2, 통합과학1,2, 과학탐구실험1,2
수능 필수		화법과 언어, 독서와 작문, 문학, 대수, 미적분Ⅰ, 확률과 통계, 영어Ⅰ, 영어Ⅱ, 한국사, 통합사회, 통합과학, 성공적인 직업생활(직업)
일반 선택	**수학, 사회, 과학**	대수, 미적분Ⅰ, 확률과 통계, 세계시민과 지리, 물리학, 화학, 지구과학
	체육·예술	
	기술·가정/정보	정보
	제2외국어/한문	
	교양	생태와 환경
진로 선택	**수학, 사회, 과학**	기하, 미적분Ⅱ, 물질과 에너지, 화학 반응의 세계, 세포의 물질대사, 생물의 유전, 지구시스템과학, 행성우주과학
	체육·예술	
	기술·가정/정보	생활과학 탐구
	제2외국어/한문	
	교양	보건
융합 선택	**수학, 사회, 과학**	수학과제 탐구, 사회문제 탐구, 기후변화와 지속가능한 세계, 기후변화와 환경생태, 융합과학 탐구
	체육·예술	
	기술·가정/정보	
	제2외국어/한문	
	교양	

추천 도서 목록

- 알기 쉬운 대기과학, 한국기상학회 저자(글), 시그마프레스
- 숨 쉬는 과학: 세상에서 가장 흥미로운 대기과학 안내서, 마크 브룸필드, 빛은책들
- 대기환경과학, C. Donald Ahrens, 북스힐
- 기후 책, 그레타 툰베리, 김영사
- 지구환경: 물, 공기 그리고 지화학적 순환, Elizabeth Kay Berner 외, 시그마프레스
- 나의 첫 번째 지구 이야기, 스테파니 만카 쉬틀러, 미래주니어
- 구름 관찰자를 위한 가이드, 개빈 프레터피니, 김영사
- 일기 예보를 믿을 수 있을까?, 로베르 사두르니, 민음인
- 그대로 멈춰라, 지구 온난화, 허창회, 풀빛
- 안녕, 지구의 과학, 소영무, 에이도스
- 지구의 고층대기, 김용하, 충남대학교출판문화원
- 대기복사, 이광목, 동화기술

- 미세먼지, 어떻게 해결할까?, 이충환, 동아엠앤비
- 우주쓰레기가 우리 집에 떨어졌다, 안부연 외, 유아이북스
- 지구 파괴의 역사, 김병민, 포르체
- 왜요, 기후가 어떤데요?, 최원형, 동녘
- 기후위기 부의 대전환, 홍종호, 다산북스
- 다시 보는 과학 교과서, 곽수근, 포르체
- 기후 변화 쫌 아는 10대, 이지유, 풀빛
- 기후위기, 무엇이 문제일까?, 오애리, 북카라반
- 기후로 다시 읽는 세계사, 이동민, 갈매나무
- 교실에서 가르쳐 주지 않는 지구 이야기, 시마무라 히데키, 전파과학사
- 과학이 필요한 시간, 궤도, 동아시아
- 회복력 시대, 제러미 리프킨, 민음사
- 놀라운 하늘, 쥘리에트 아인호른, 보림

학교생활 TIPS

- 대기환경과학을 전공하는 데 기본이 되는 수학, 과학 교과 성적을 상위권으로 유지하고, 교과 수업을 통해 기상학 및 환경과 관련된 지식을 얻고 이를 통합적으로 사고하여 확장하는 과정을 거쳐 학업 능력, 탐구력, 문제 해결 능력, 분석력 및 잠재력 등의 능력이 학교생활 기록부 교과세부능력 및 특기사항에 기록될 수 있도록 합니다.
- 교내 진로 박람회, 전공 체험, 학과 탐방 및 대학 전공 캠프 등에 능동적으로 참여하여 자신의 진로를 개척하는 모습을 드러낼 것을 권장합니다.
- 공동 과제 수행이나 팀 프로젝트 과정에 참여하여 다른 사람의 의견을 경청하고 리더십을 발휘하여 일을 능률적으로 추진하는 역량을 기르고, 자연 보호 활동 및 어려운 이웃을 돕는 봉사 활동을 통하여 배려와 나눔,

공감 역량을 함양하도록 합니다.
- 과학 탐구, 실험, 토론 동아리 및 환경 관련 동아리에 참여하여 다양한 경험을 하고, 인문학, 철학, 공학, 자연 과학, 환경 등 다양한 분야의 독서 활동을 통해 전공 역량을 함양할 것을 추천합니다.
- 교내 활동을 통하여 학업 역량, 문제 해결 능력, 의사소통 능력, 리더십, 책임감 및 분석적 사고 역량 등이 학교생활기록부에 기록되도록 성실하게 학교생활을 할 것을 권장합니다.

인문계열 / 사회계열 / 자연계열 / 공학계열 / 의약계열 / 예체능계열 / 교육계열 / 계약학과 & 특성화학과

86

동물자원학과

학과소개

과학 분야가 빠르게 발달함에 따라 사람들이 이용할 수 있는 자원의 종류도 다양해지고 있습니다. 동물자원학과에서는 경제 동물의 효율적인 생산 및 이용을 위해 유전·육종, 번식·생리, 영양·사양 등의 기초 학문과 동물 산업에 필수적인 사료 생산 및 동물 생산 이용에 관한 실용 응용 학문을 전문적으로 교육, 연구, 실습합니다.

최근 동물 산업은 식량 안보 및 고품질 단백질원 확보와 맞물려 그 중요성이 더욱 커지고 있습니다. 또한 전통적인 동물자원 과학 분야의 기초 학문에 동물의 복지 및 환경까지 고려한 동물 관리 방법과 최첨단 빅데이터를 활용한 관련 연구 등을 접목하는 등 동물 산업의 선도적인 인재를 배출시키기 위한 지속적인 노력에도 박차를 가하고 있습니다. 또한 동물 산업계는 21세기 동물 산업의 활성화를 위해 동물생명공학과 친환경 동물 생산 및 자원 이용 등의 영역에 대해서도 많은 연구를 시도하고 있습니다.

동물자원학과는 미래 동물 산업 및 사료 산업 분야의 발전에 이바지할 수 있는 전문 경영인, 행정가, 전문 연구자를 양성하고, 산업 현장에서 요구하는 맞춤형 교육을 통하여 21세기 동물 산업분야의 선도적인 역할을 수행할 수 있는 창의적인 인재를 양성하는 데 교육 목표를 두고 있습니다.

개설대학

- 국립공주대학교
- 대구대학교
- 상지대학교 등

관련학과

- 생명자원학부 동물생명공학전공
- 동물자원과학과
- 동물생명자원과학과
- 동물산업융합학과
- 동물응용과학과
- 동물생명융합학부
- 동물보건생명과학과
- 동물보건학과
- 동물보건복지학과
- 반려동물보건학과
- 반려동물산업학
- 반려동물학과
- 생명공학부
- 말/특수동물학과 등

진출직업

- 낙농 및 사육관련종사자
- 동물자원과학연구원
- 방역사
- 축산물등급판정사
- 사육사
- 축산직 공무원
- 중등학교 교사(농업) 등

취득가능 자격증

- 축산기사
- 축산산업기사
- 식육처리기능사
- 가축인공수정사
- 중등학교 정교사 2급(농공) 등

진출분야

기업체	자원 개발 업체, 재활용 업체, 식품 회사, 사료 회사, 식물 유통 업체, 동물 생명 및 환경공학 산업체, 미생물 제제 생산 업체 등
정부 및 공공 기관	각 지역 농업기술센터, 국립공원공단, 서울대공원 및 각 지역 동물원, 한국마사회, 한우자조금관리위원회, 축산물품질평가원, 가축위생방역지원본부, 농림축산검역본부 등
연구 기관	농촌진흥청, 국립축산과학원, 한우연구소, 가축유전자원센터, 각 지역 동물위생시험소, 농업생명과학연구원, 한국식품연구원, 병원 및 의료 기관 등

학과 주요 교과목

기초 과목	동물자원학개론, 유기화학, 생명공학개론, 생화학, 일반화학, 동물미생물학, 동물영양생리학, 동물영양생리학실험, 식육학 및 실습, 우유가공학 및 실습 등
심화 과목	동물식품화학, 동물실험통계학, 동물세포생물학, 동물생리학, 동물유전학 및 실습, 비교해부학, 비교해부학실습, 사료분석학, 낙농학, 경제동물의 개량, 동물번식생리학, 동물자원교과교육론, 양돈학, 동물발생학, 양돈사양기술학, 동물질병학, 동물사료공학, 실험동물학 등

학과 인재상 및 갖추어야 할 자질

- 동물에 대한 애착과 친밀함, 그리고 탐구 정신을 가진 학생
- 화학, 생명과학 같은 기초 과학에 흥미가 있는 학생
- 사물에 대한 탐구력과 인내력을 지닌 학생
- 자연 과학에 대한 깊은 관심과 적극적인 사고력을 가지고 있는 학생
- 생명체의 생명 현상에 대한 흥미가 있는 학생
- 창의적이고 자기주도적인 문제 해결 능력을 갖춘 학생

학과 관련 선택 과목

공통 과목		공통국어1,2, 공통수학1,2, 공통영어1,2, 한국사1,2, 통합사회1,2, 통합과학1,2, 과학탐구실험1,2
수능 필수		화법과 언어, 독서와 작문, 문학, 대수, 미적분Ⅰ, 확률과 통계, 영어Ⅰ, 영어Ⅱ, 한국사, 통합사회, 통합과학, 성공적인 직업생활(직업)
일반 선택	수학, 사회, 과학	대수, 미적분Ⅰ, 확률과 통계, 사회와 문화, 현대사회와 윤리, 화학, 생명과학
	체육·예술	
	기술·가정/정보	정보
	제2외국어/한문	
	교양	생태와 환경
진로 선택	수학, 사회, 과학	미적분Ⅱ, 인문학과 윤리, 물질과 에너지, 화학 반응의 세계, 세포와 물질대사, 생물의 유전
	체육·예술	
	기술·가정/정보	
	제2외국어/한문	
	교양	보건
융합 선택	수학, 사회, 과학	기후변화와 지속가능한 세계, 기후변화와 환경생태, 융합과학 탐구
	체육·예술	
	기술·가정/정보	
	제2외국어/한문	
	교양	

추천 도서 목록

- 이토록 불편한 고기, 크리스토프 드뢰서, 그레이트북스
- 동물자원학개론, 김계웅 외, 선진문화사
- 나는 멸종위기 동물이 되기 싫다, 이상익, 수우당
- 유기견 입양 교과서, 페르난도 카마초, 책공장더불어
- 동물의 감정에 관한 생각, 프란스 드 발, 세종서적
- 포에버 도그, 로드니 하비브 외, 코쿤북스
- 양서류 파충류 톡톡북(TOK TOK BOOK), 차문석 외, 피와이메이트
- 토끼는 당근을 먹지 않는다, 위고 클레망, 구름서재
- 이토록 굉장한 세계, 에드 용, 어크로스
- 특수동물학, 김옥진 외, 형설출판사
- 동물권력, 남종영, 북트리거
- 동물의 품 안에서, 인간–동물 연구 네트워크, 포도밭출판사
- 왓! 화석 동물행동학, 딘 R. 로맥스, 뿌리와이파리

- 동쪽 빙하의 부엉이, 조녀선 C. 슬래트, 책읽는수요일
- 동물행동학, 송영한, 박영스토리
- 사람동네 길고양이, 우재욱, 지성사
- 소, 케이트린 러틀랜드, 연암서가
- 사막의 낙타는 왜 태양을 향하는가?, 사카타 다카시, 전파과학사
- 애니멀카인드, 잉그리드 뉴커크 외, 리리
- 끝나지 않은 생명 이야기, 박시룡, 곰세마리
- 반려동물 행동학, 강성호 외, 박영스토리
- 동물과 인간생활, 강만종 외, 전남대학교출판문화원
- 포유류의 번식 암컷 관점, 버지니아 헤이슨 외, 뿌리와이파리
- 털 없는 원숭이, 데즈먼드 모리스, 문예춘추사
- 돌아보니 녀석이 있었다, 마쓰바라 하지메, 열린과학

학교생활 TIPS

- 동물자원학을 전공하는 데 기본이 되는 수학, 과학(생명 과학, 화학) 교과 성적을 상위권으로 유지하고, 동물과 자원에 관련된 호기심을 해결하는 모습을 통해 학업 능력, 탐구력, 자기주도성 등이 학교생활기록부 교과세부능력 및 특기사항에 기록될 수 있도록 수업에 참여합니다.
- 전공과 관련있는 다양한 진로 활동(사육사 인터뷰, 동물원 탐방, 관련 직업 탐색)에 참여하여 새롭게 알게 된 사실이나 느낀 점을 중심으로 자신의 진로역량을 키우도록 합니다.
- 대학에서 주관하는 전공 관련 캠프, 학과 탐색, 전공 탐색 활동에 참여하여 자신의 진로를 개척하는 활동을 할것을 권장합니다.
- 과학, 환경, 동물 관련 동아리 활동을 통해 관련 지식과 경험, 팀 활동을

통한 배려와 나눔, 갈등 관리 능력을 보이도록 합니다.
- 인문학, 철학, 생명, 공학 일반, 환경, 미래학 등 다양한 분야의 독서를 할 것을 권장합니다.
- 자기주도성, 학업 능력, 경험의 다양성, 성실성, 책임감, 리더십, 분석력, 정보 처리 능력, 융복합적 사고력, 추론능력, 의사소통 능력, 문제 해결 능력 등이 학교생활을 통해 나타나고, 이같은 내용이 학교생활기록부에 기록될 수 있도록 성실히 학교생활을 할 것을 추천합니다

87

물리천문학과

학과소개

자연 과학의 가장 근본적인 분야인 물리학과 천문학은 과학 기술 개발과 우주 탐사에 있어 아주 중요한 분야입니다. 물리천문학과에서는 우주와 물질의 기원에 대한 이해를 목표로 물리학과 천문학의 기본원리를 탐구하고 이해하는 창의적인 인재를 양성하여 최첨단 과학 기술을 개발하고 우주 시대를 선도하고자 합니다. 또한 미지의 세계를 탐구하는 도전적이고 창의적인 자세를 갖추고 다양한 과학 기술을 통하여 사회에 기여하고 봉사하며 첨단 과학 기술 시대 및 우주 시대를 선도할 소양을 갖춘 인재를 양성하는 것을 교육 목표로 합니다.

그래핀을 비롯한 다양한 물체의 물리적 성질의 이해, 자연에서 가장 근본이 되는 소립자들의 상호 작용, 구성원이 많아지면서 일어나는 집단의 특성, 레이저를 비롯한 빛의 성질, 항성과 은하의 형성과 진화, 우주의 탄생과 거대 우주 구조까지, 인류가 지적 활동을 시작한 이후부터 갖게 된 질문 가운데 가장 심오한 문제들을 다루고 있는 학과가 바로 물리천문학과입니다.

개설대학

• 세종대학교 등

진출직업

• 기후변화전문가
• 온실가스인증심사원
• 전자통신연구원
• 항공우주연구원
• 환경공학기술자 등

관련학과

• 대기과학과
• 대기환경과학과
• 우주과학과
• 천문우주과학과
• 물리천문학과
• 천문우주학과
• 물리천문학부
• 물리학과 등

취득가능 자격증

• 기상기사
• 대기환경기사
• 소음진동기사
• 수질환경기사
• 기상산업기사
• 대기환경산업기사
• 소음진동산업기사
• 수질환경산업기사
• 기상예보기술사
• 대기환경기술
• 소음환경기술사
• 수질환경기술사 등

진출분야

기업체	반도체 · 디스플레이 · 정보 통신 · 소프트웨어 개발 분야 기업체 등
정부 및 공공 기관	국립기상과학원, 국립환경과학원, 기상청, 한국기상산업기술원, 국립과천과학관, 한국천문연구원, 한국항공우주연구원, 한국표준과학연구원, 방송통신위원회, 국립청소년우주체험센터 등
연구 기관	한국천문연구원, 한국항공우주연구원, 한국전자통신연구원, 한국표준과학연구원, 전파연구원, 국방과학연구소, 국토지리정보원, 한국원자력연구원 등

학과 주요 교과목

기초 과목	물리학 및 실험입문, 기초 천문학 및 실험, 역학, 전기와 자기, 은하천문학, 항성천문학, 양자역학 등
심화 과목	수리물리, 현대물리학, 기초현대물리학실험, 기초계산과학, 전자학실험, 전자기파와 광학, 고급전자회로실험, 계산과학, 천체물리학, 항성대기, 열물리학, 디스펠리아광학, 나노소자 및 광학실험, 천문관측, 천체분광학개론, 고급계산과학, 통계물리학, 고체물리학, 전파천문학, 핵물리학, 현대우주론, 입자물리학, 반도체소자물리학, 성간물질, 중력과 상대론 등

학과 인재상 및 갖추어야 할 자질

• 장시간이 소요되는 별 관측을 기다리는 끈기가 있는 학생
• 천문 계산을 위한 소프트웨어 사용 능력, 수치 계산, 수치 적분, 프로그래밍 능력을 갖춘 학생
• 미지의 세계 탐험을 통해 새로운 현상을 관측하였을 때, 이를 판단할 수 있는 직관력을 갖춘 학생
• 지구와 우주의 기원을 고찰하기 위한 철학적 사고 능력을 가진 학생
• 수학, 물리학, 지구과학 등 기초 과학 과목에 적성과 흥미가 있는 학생
• 별의 원리와 성질에 관심이 많은 학생
• 자연 현상과 원리에 대한 관심이 있고, 이를 이해하려고 하는 학생
• 문제에 부딪혔을 때 끈기와 집념을 발휘하여 문제를 해결하고자 하는 학생

학과 관련 선택 과목

※ 국어, 영어 교과는 모든 학문의 기초적인 성격을 가진 도구교과로 모든 학과에 이수가 필요하여 생략함.

공통 과목		공통국어1,2, 공통수학1,2, 공통영어1,2, 한국사1,2, 통합사회1,2, 통합과학1,2, 과학탐구실험1,2
수능 필수		화법과 언어, 독서와 작문, 문학, 대수, 미적분Ⅰ, 확률과 통계, 영어Ⅰ, 영어Ⅱ, 한국사, 통합사회, 통합과학, 성공적인 직업생활(직업)
일반 선택	수학, 사회, 과학	대수, 미적분Ⅰ, 확률과 통계, 물리학, 화학, 지구과학
	체육·예술	
	기술·가정/정보	정보
	제2외국어/한문	
	교양	
진로 선택	수학, 사회, 과학	기하, 미적분Ⅱ, 역학과 에너지, 전자기와 양자, 지구시스템과학, 행성우주과학
	체육·예술	
	기술·가정/정보	
	제2외국어/한문	
	교양	인간과 철학, 논리와 사고
융합 선택	수학, 사회, 과학	수학과제 탐구, 과학의 역사와 문화, 융합과학 탐구
	체육·예술	
	기술·가정/정보	
	제2외국어/한문	
	교양	

추천 도서 목록

- 위대한 설계 그 흔적들, 필립 존스 외, 새물결플러스
- 다세계, 숀 캐럴, 프시케의 숲
- 직감하는 양자역학, 마쓰우라 소, 보누스
- 꿈꾸는 우주, 사토 가쓰히코, 멀리깊이
- 무섭지만 재밌어서 밤새 읽는 천문학 이야기, 아가타 히데히코, 더숲
- 천문학 이야기, 팀 제임스, 한빛비즈
- 그림 속 천문학, 김신지, 아날로그
- 한국 천문학사, 진용훈, 들녘
- 한 눈에 보는 우주 천문학, 예릭 체이슨 외, 시그마프레스
- 천문학의 이해, 최승언, 서울대학교출판문화원
- 청소년을 위한 코스모스, 예마뉴엘 보두엥, 생각의길
- 우주 모멘트, 일본과학정보, 로북
- 위대한 설계, 스티븐 호킹 외, 까치

- 해와 달과 별이 뜨고 지는 원리, 박석재, 동아엠앤비
- 스페이스 크로니클, 닐 타이슨 외, 부키
- 코스모스, 칼 세이건, 사이언스북스
- 천문학 콘서트, 이광식, 더숲
- 그림으로 보는 시간의 역사, 스티븐 호킹, 까치
- 빅뱅 우주론 강의, 이석영, 사이언스북스
- 평행우주, 미치오 카쿠, 김영사
- 한 권으로 끝내는 세상의 모든 과학, 이준호, 추수밭
- 우리가 잘 몰랐던 천문학 이야기, 임진용, 연암서가
- 과학, 창세기의 우주를 만나다, 제원호, 패스오버
- 초끈이론의 진실, 피터 보이트, 승산

학교생활 TIPS

- 물리천문학을 전공하는 데 기본이 되는 수학, 과학(물리학, 지구과학) 교과 성적을 상위권으로 유지하고, 지식분만 아니라 교과를 넘나드는 융합적 사고에 필요한 다양한 활동을 통하여 학업 능력, 전공 적합성, 잠재력 등이 학교생활기록부에 기록될 수 있도록 자기주도적으로 수업에 참여합니다.
- 대학에서 주관하는 천문, 물리, 우주 관련 캠프 및 전공 탐색 프로그램에 참여하여 내가 해야 할 일과 이후의 계획이 무엇인지 설계할 것을 권장합니다.
- 물리 탐구 및 천체 관측 동아리, 미지의 세계를 탐구하는 활동을 하는 동아리 등에서 별을 관측하거나 우주의 기원에 대한 토론을 하는 것을

권장하며, 이를 통하여 전공관련 지식을 확장할 것을 추천합니다.
- 인문학, 천문, 물리, 우주, 철학, 역사, 환경, 미래학 등 다양한 분야의 독서를 하고, 이러한 독서 습관을 토대로 융합적인 사고를 하는 연습을 할 것을 권장합니다.
- 성실성과 잠재적 능력, 끈기 및 관찰력 등이 학교생활기록부 곳곳에 나타날 수 있도록 성실한 학교생활을 할 것을 추천합니다.

88

물리학과

학과소개

물리학은 우리 주위에서 일어나는 모든 자연 현상의 법칙을 연구하는 학문입니다. 자연 현상의 기초를 이루고 있는 물질과 작용하는 힘에 대한 연구를 통해 우리 주변 세계에 대한 이해를 높이는 학문입니다. 탐구 대상은 작게는 물질을 구성하는 기본 단위인 소립자부터 크게는 우주를 지배하는 원리에 이르기까지 매우 광범위합니다. 물리학은 이공계 전반의 기초 학문으로 화학이나 생명공학, 전자공학, 기계공학 등의 다양한 분야에 응용되며, 반도체, 광통신, 디스플레이, 레이저 등의 첨단 기술의 발전과 깊은 연관이 있습니다.

물리학의 영역으로는 뉴턴 역학과 상대성 이론 등이 포함되는 고전역학, 양자역학을 기초로 하는 현대물리학, 이 세상을 이루고 있는 가장 기본적인 요소를 연구하는 핵물리학, 가장 미시적인 세계를 다루는 입자물리학, 응집되어 있는 물질을 연구하는 응집고체물리학, 빛에 대해 연구하고 응용하는 광학 등이 있습니다.

개설대학

- 가톨릭대학교
- 건국대학교
- 경북대학교
- 경희대학교
- 고려대학교
- 단국대학교(제2캠퍼스)
- 동국대학교
- 국립부경대학교
- 부산대학교
- 서울시립대학교
- 서강대학교
- 성균관대학교
- 숭실대학교
- 연세대학교
- 영남대학교
- 이화여자대학교
- 인천대학교
- 인하대학교
- 전남대학교
- 제주대학교
- 중앙대학교
- 충남대학교
- 충북대학교
- 한양대학교 등

관련학과

- 반도체물리학과
- 데이터정보물리학과
- 수학물리학부
- 물리천문학과
- 나노전자물리학과
- 디스플레이 반도체공학과
- 응용물리학과
- 전자물리학과
- 전자바이오물리학과
- 응용물리전공
- 에너지과학과
- 물리교육전공
- 과학교육학부(물리교육전공)
- 물리교육과 등

진출분야

기업체	전기·반도체·신소재·광학·컴퓨터·정보 통신·재료·방사선·비파·항공·원자력 등 관련 기업체 등
정부 및 공공 기관	한국광기술원, 한국수력원자력, 각 지역 국립과학관, 한국나노기술원, 한국과학기술원, 중고등학교 등
연구 기관	한국전자통신연구원, 한국표준과학연구원, 원자력·에너지 관련 연구소, 국방과학연구소, 광주과학기술원, 국가과학기술연구회, 한국과학기술연구원 등

진출직업

- 물리학자
- 물리학연구원
- 연구원
- 과학실험원
- 변리사
- ICT관련종사자
- 공무원
- 특허기술전문가
- 과학관 큐레이터
- 과학학습지 및 교재개발자
- 학원 강사
- 출판물기획자
- 과학PD
- 중등학교 교사(물리)
- 대학 교수 등

취득가능 자격증

- 원자력발전기술사
- 방사선비파괴검사산업기사
- 에너지관리기사
- 에너지관리산업기사
- 방사성동위원소취급자일반 면허
- 방사성동위원소취급자특수 면허
- 발송배전기술사
- 전기공사기사
- 전기공사기능사
- 전기기능사
- 전기기사
- 전기산업기사
- 변리사
- 중등학교 정교사 2급(물리) 등

학과 주요 교과목

기초 과목	현대물리학, 일반역학, 물리학실험, 양자역학, 전자기학, 고급역학 및 실습, 수리물리학, 전자물리실험, 고급전자물리프로젝트, 양자물리학, 고급양자물리학 및 실습, 고급전자기학 및 실습, 열 및 통계역학, 기초물리프로젝트 등
심화 과목	수리물리, 현대물리학, 기초현대물리학실험, 기초계산과학, 전자학실험, 전자기파와 광학, 고급전자회로실험, 계산과학, 천체물리학, 항성대기, 열물리학, 디스펠리아광학, 나노소자 및 광학실험, 천문관측, 천체분광학개론, 고급계산과학, 통계물리학, 고체물리학, 전파천문학, 핵물리학, 현대우주론, 입자물리학, 반도체소자물리학, 성간물질, 중력과 상대론 등

학과 인재상 및 갖추어야 할 자질

- 자연 현상과 원리에 대한 관심이 있고, 이를 이해하려는 호기심이 많은 학생
- 문제에 부딪혔을 때 포기하기 않는 끈기와 집념을 가진 학생
- 자연 현상에 대해 항상 궁금증을 가지고 있는 학생
- 직감적으로 판단하는 능력이 뛰어난 학생
- 독창적이고 창의적인 사고를 가진 학생
- 궁금증을 풀기 위해 적극적인 추진력을 발휘하는 학생
- 실험을 하는 데 적합한 꾸준한 인내력과 꼼꼼한 관찰력을 갖춘 학생

학과 관련 선택 과목

※ 국어, 영어 교과는 모든 학문의 기초적인 성격을 가진 도구교과로 모든 학과에 이수가 필요하여 생략함.

공통 과목		공통국어1,2, 공통수학1,2, 공통영어1,2, 한국사1,2, 통합사회1,2, 통합과학1,2, 과학탐구실험1,2
수능 필수		화법과 언어, 독서와 작문, 문학, 대수, 미적분Ⅰ, 확률과 통계, 영어Ⅰ, 영어Ⅱ, 한국사, 통합사회, 통합과학, 성공적인 직업생활(직업)
일반 선택	수학, 사회, 과학	대수, 미적분Ⅰ, 확률과 통계, 물리학, 화학
	체육·예술	
	기술·가정/정보	정보
	제2외국어/한문	
	교양	
진로 선택	수학, 사회, 과학	기하, 미적분Ⅱ, 역학과 에너지, 전자기와 양자
	체육·예술	
	기술·가정/정보	데이터 과학
	제2외국어/한문	
	교양	논리와 사고
융합 선택	수학, 사회, 과학	수학과제 탐구, 융합과학 탐구
	체육·예술	
	기술·가정/정보	
	제2외국어/한문	
	교양	논술

추천 도서 목록

- 공간개념: 물리학에 나타난 공간론의 역사, 막스 야머, 나남
- 최무영 교수의 물리학 강의, 최무영, 책갈피
- 파인만의 여섯 가지 물리 이야기, 리처드 파인만, 승산
- 알기 쉬운 물리학 강의, 폴 휴이트, 청범출판사
- 새로운 물리를 찾아서, 바바라 러벳 클라인, 전파과학사
- 과학이란 무엇인가, A. F. 차머스, 서광사
- 김상욱의 양자 공부, 김상욱, 사이언스북스
- 김상욱의 과학공부, 김상욱, 동아시아
- 떨림과 울림, 김상욱, 동아시아
- 하늘과 바람과 별과 인간, 김상욱, 바다출판사
- 힉스, 김일선, 한림출판사
- 청소년을 위한 물리학, 위르겐 타이히만, 비룡소
- 과학이란 무엇인가, 버트런드 러셀, 사회평론

- 과학과 방법 생명이란 무엇인가 사람몸의 지혜, 푸앵카레, 동서문화사
- 과학이란 무엇인가, 스티븐 이얼리, 그린비
- 양자역학이란 무엇인가, 마이클 워커, 처음북스
- 풀리지 않는 물리학, 아노키 마사후미, 필름
- 빛의 물리학, EBS 다큐프라임 빛의 물리학 제작팀, 해나무
- 개념이 술술! 이해가 쏙쏙! 물리의 구조, 가와무라 야스후미, 시그마북스
- New 재미있는 물리여행, 루이스 캐럴 앱스타인, 꿈결
- 세상을 바꾼 물리학, 원정현, 리베르스쿨
- 이런 물리라면 포기하지 않을텐데, 이광조, 보누스
- 물리법칙의 특성, 리처드 파인만, 해나무
- 생명의 물리학, 찰스 S. 코켈, 열린책들
- 10대에게 권하는 물리학, 이강영, 글담출판
- 세상에서 가장 쉽고 재미있는 물리, 미사와 신야, 미디어숲

학교생활 TIPS

- 물리학을 전공하는 데 필수 교과인 수학, 과학 교과 성적을 상위권으로 유지하고, 학업 능력, 전공 적합성, 창의성과 물리학에 대한 지적 호기심 등이 학교생활기록부 교과 세부능력 및 특기사항에 기록될 수 있도록 자기주도적으로 수업에 참여합니다.
- 과학 활동, 토론, 실험 동아리 등을 통해 자연 현상에 대한 궁금증을 해결하기 위한 활동에 적극적으로 참여합니다.
- 과학 관련 여러 이슈들에 대한 관심을 가지고 자연, 공학 일반 분야의 도서와 신문 및 저널 읽기 활동을 지속적으로 할 것을 권장합니다.
- 자기주도성, 경험의 다양성, 성실성, 책임감, 리더십, 분석력, 정보 처리 능력, 융복합적 사고, 추론 능력, 의사소통 능력, 문제 해결 능력, 비판적

사고 등이 학교생활을 통해 나타나고 이같은 내용이 학교생활기록부에 기록될 수 있도록 성실히 학교생활을 하는 것을 추천합니다.

학과소개

미생물학은 지구상의 모든 환경에 존재하는 세균, 균류, 조류, 원생동물, 바이러스 등의 미생물을 발굴하여 분류하고, 미생물 내에서 일어나는 생명 현상의 본질에 대한 탐구와 인체, 동식물 및 미생물 간의 상호 작용, 생태계에서의 미생물의 역할 등을 연구하여 첨단 생명공학 산업에의 응용을 추구하는 생명과학입니다.

또한 최근 가장 급속도로 발전한 생물학의 한 분야인 분자생물학은 생명의 제 현상을 분자 수준에서 연구하는 학문으로, 의학, 약학, 농학, 식품공학, 환경공학 등의 기초 및 응용 분야에 지대한 영향을 끼쳐 관련 분야의 획기적인 진전을 유발하고 있습니다. 현재 이와 관련된 여러 분야에서 국가 경쟁력을 높이기 위해 각 선진국들은 분자생물학에 많은 투자를 아끼지 않고 있는 실정입니다.

미생물·분자생명과학과는 미생물분자생물학 기법을 응용한 연구와 실험을 수행함으로써 이 시대의 국내외 산업체, 학계, 연구소, 관공서 등의 현장에서 요구되는 준비된 탁월한 우수 현장 전문 인력을 양성하는 것에 교육 목표를 두고 있습니다.

개설대학

• 충남대학교 등

관련학과

• 분자생명과학과
• 분자생명공학과
• 미생물학과
• 생물과학과
• 생물교육과
• 생물교육전공
• 생물학과
• 생물환경화학과
• 분자생물학과
• 응용생물학과
• 해양생물자원학과
• 생명과학과
• 생명과학기술학부

• 생명과학부
• 생명과학전공
• 생명과학특성학과
• 곤충생명과학과
• 농생명과학과
• 분자유전공학과
• 분자의생명전공
• 생명공학과
• 생명공학부
• 생명시스템과학과
• 생명환경공학과
• 생명환경과학과 등

진출직업

• 생명공학연구원
• 생명과학연구원
• 바이오·의약전문가
• 제약회사연구원
• 생명·화학연구원
• 변리사
• 과학관 큐레이터

• 과학학습지 및 교재개발자
• 학원 강사
• 출판물기획자
• 과학PD
• 과학기자
• 중등학교 교사(생물)
• 대학 교수 등

취득가능 자격증

• 바이오화학제품제조산업기사
• 식품산업기사
• 식품기술사
• 생물분류기사
• 자연생태복원산업기사
• 종자산업기사
• 종자기술사

• 시설원예기사
• 시설원예산업기사
• 유기농업산업기사
• 식물보호기사
• 환경영향평가사
• 사회환경교육지도사
• 중등학교 정교사 2급(생물) 등

진출분야

기업체	한국인삼공사, 기업체 내 화학·생명공학 기술 연구소, 제약 회사, 의약품 제조 업체, 식품 회사
정부 및 공공 기관	한국소비자원, 한국수자원공사, 환경부, 농촌진흥청, 상수도사업본부, 한국토지주택공사 등
연구 기관	질병관리본부, 식품의약품안전처, 한국생명공학연구원, 국립독성연구원, 국립보건연구원, 국립과학수사연구원, 국제결핵연구소, 기초과학연구원, 한국원자력연구원 등

학과 주요 교과목

기초 과목	생물학, 생물학실험, 일반미생물학, 생물유기화학, 생물통계학, 미생물학 실험, 미생물학연습 등
심화 과목	기초세포생물학, 유전학, 생화학, 미생물학특론, 미생물생태학, 생리생화학, 분자생물학, 분자생명과학연습, 분자생명과학실험, 기초세균학, 면역학, 균학, 의학미생물학, 바이러스학, 분자생명공학, 분자생명과학특론, 분자세포생물학, 미생물학독립연구, 환경미생물학, 현대생명과학특론 등

학과 인재상 및 갖추어야 할 자질

• 생명의 신비에 대한 관심이 많고, 생명 현상의 탐구 의지가 높은 학생
• 분자생물학 전반의 지식에 관심이 있고, 이를 탐구하는 연구 능력을 갖춘 학생
• 창의적으로 문제를 제기하는 능력, 자기주도적인 문제 해결 능력을 갖춘 학생

• 보이지 않는 작은 생명체의 비밀을 탐구하려는 의지가 있는 학생
• 매사에 신중하고 세심하며, 동시에 관찰을 즐기고 자료를 잘 정리하는 습관을 가진 학생
• 실험에 대한 흥미가 있고, 실험 내용을 논리적으로 해석할 수 있는 능력을 갖춘 학생

학과 관련 선택 과목

※ 국어, 영어 교과는 모든 학문의 기초적인 성격을 가진 도구교과로 모든 학과에 이수가 필요하여 생략함.

공통 과목		공통국어1,2, 공통수학1,2, 공통영어1,2, 한국사1,2, 통합사회1,2, 통합과학1,2, 과학탐구실험1,2
수능 필수		화법과 언어, 독서와 작문, 문학, 대수, 미적분Ⅰ, 확률과 통계, 영어Ⅰ, 영어Ⅱ, 한국사, 통합사회, 통합과학, 성공적인 직업생활(직업)
일반 선택	수학, 사회, 과학	대수, 미적분Ⅰ, 확률과 통계, 현대사회와 윤리, 화학, 생명과학
	체육·예술	
	기술·가정/정보	정보
	제2외국어/한문	
	교양	생태와 환경
진로 선택	수학, 사회, 과학	미적분Ⅱ, 윤리와 사상, 인문학과 윤리, 물질과 에너지, 화학 반응의 세계, 세포와 물질대사, 생물의 유전
	체육·예술	
	기술·가정/정보	
	제2외국어/한문	
	교양	인간과 철학, 보건
융합 선택	수학, 사회, 과학	윤리문제 탐구, 기후변화와 지속가능한 세계, 기후변화와 환경생태, 융합과학 탐구, 지식 재산 일반
	체육·예술	
	기술·가정/정보	
	제2외국어/한문	
	교양	

추천 도서 목록

- 내 몸 안의 작은 우주 분자생물학, 하기와라 기요후미, 전나무숲
- 세상을 만드는 분자, 시어도어 그레이, 다른
- 분자 사용 설명서, 김지환, 반니
- 뇌과학자는 영화에서 인간을 본다, 정재승, 어크로스
- 톰슨이 들려주는 줄기세포 이야기, 황신영, 자음과모음
- 바이오테크 시대, 제러미 리프킨, 민음사
- 이기적 유전자, 리처드 도킨스, 을유문화사
- 하리하라의 생물학 카페, 이은희, 궁리
- 이중나선, 제임스 왓슨, 궁리
- 생명과학, 공학을 만나다, 유영제, 나눅
- 세상을 바꾼 생명과학, 원정현, 리베르스쿨
- 생명과학 뉴스를 말씀드립니다, 이고은, 창비
- 노화의 생물학, 오상진, 탐구당

- 아주 특별한 생물학 수업, 장수철 외, 휴머니스트
- 생물학의 쓸모, 김응빈, 더퀘스트
- 매일 매일의 진화 생물학, 롭 브룩스, 바다출판사
- 이것이 생물학이다, 에른스트 마이어, 바다출판사
- 생물학이 철학을 어떻게 말하는가, 데이비드 리빙스턴, 철학과현실사
- 꼭 한번은 읽어야 할 생물학 이야기, 김웅진, 행성B
- 매우 작은 세계에서 발견한 뜻밖의 생물학, 이준호, 21세기북스
- 바이 바이오, 민경문, 어바웃북
- 닥터 바이오헬스, 김은기, 전파과학사
- 바이오사이언스의 미래, 김성민, 바이오스펙테이터
- 질병 정복의 꿈, 바이오 사이언스, 이성규, MID

학교생활 TIPS

- 자연계열의 필수 교과인 수학, 과학 교과 성적을 상위권으로 유지하고, 학업 능력, 전공 적합성, 문제 해결 능력 및 작은 일도 섬세하게 살피는 관찰력 등이 학교생활기록부 교과 세부능력 및 특기사항에 기록 될 수 있도록 자기주도적으로 수업에 참여합니다.
- 자연 현상과 생명 현상을 이해하기 위한 창의적인 문제 제기 능력, 문제 해결 능력을 함양하기 위해 실험을 수행하고 그 결과를 논리적으로 분석하는 동아리에서 적극적인 활동을 할 것을 권장합니다.
- 다양한 봉사 활동에 지속적으로 참여하여 생명의 존엄성에 대해 느끼고, 생명의 존엄성 실현을 위해서 무엇을 연구하고 노력해야 하는지 고민하는 자세가 필요합니다.

- 자기주도성, 리더십, 분석적 사고, 추론적 사고, 정보 처리 능력, 경험의 다양성, 성실성, 창의성, 의사소통 능력, 문제 해결 능력, 통합적 사고, 비판적 사고 등이 학교생활을 통해 나타나고, 이같은 내용이 학교생활기록부에 기록될 수 있도록 성실히 학교생활을 하는 것을 추천합니다.

인문계열

사회계열

지연계열

공학계열

의약계열

예체능계열

교육계열

계약학과 & 특성화학과

193

미생물학과

학과소개

미생물학은 지구상의 모든 환경에 존재하는 세균, 균류, 조류, 원생동물, 바이러스 등의 미생물을 발굴하여 분류하고, 미생물 내에서 일어나는 생명 현상의 본질을 탐구하며, 인체와 동식물 및 미생물 간의 상호 작용, 생태계에서 미생물의 역할, 첨단 생명공학 산업에의 응용을 추구하는 생명과학입니다.

미생물학과에서는 국내외 산업체, 학계, 연구소, 관공서 등의 현장에서 필요로 하는 우수 현장 전문 인력을 양성하기 위하여 미생물을 대상으로 면역학, 진균학, 바이러스학, 생화학, 분자생물학, 생태학 등 생명 현상의 진리를 밝혀내기 위한 기초 이론과 접근 방법에 대한 원리를 교육합니다. 또한 여러 가지 최신 실험·실습 강좌를 통해 생명 현상의 원리를 탐구할 수 있는 기본 연구 능력을 함양토록 교육합니다.

그밖에도 병원미생물학, 공업미생물학, 식품미생물학, 유전공학, 환경미생물학, 생물정보학 등의 교과 수업을 통하여 실용적테크놀로지를 습득케 하며, 산업 현장 탐방 실습과 졸업 논문 실험을 통하여 창조적 문제 해결 능력을 갖춘 미생물학 전공자가 되도록 교육합니다. 이처럼 미생물학과는 인류 복지의 증진과 쾌적한 삶에 기여하고자 합니다.

개설대학

- 부산대학교
- 국립부경대학교
- 충북대학교 등

관련학과

- 생물과학과
- 생물교육과
- 생물교육전공
- 생물학과
- 분자생물학과
- 응용생물학과
- 해양생물자원학과
- 생명과학과
- 생명과학부
- 생명과학전공
- 분자생명과학과
- 분자생명공학과
- 생명공학과
- 생명공학부 등

진출분야

기업체	제약 회사, 병원, 식품 회사, 화장품 회사, 주류 회사, 음료 회사, 생명공학 관련 벤처 기업, 시약 회사, 기기 장비 회사, 동물 약품 회사, 농약 회사, 비료 회사 등
정부 및 공공 기관	국립환경과학원, 농림축산검역본부, 국립산림과학원, 국립농업과학원, 국립원예특작과학원, 국립생물자원관, 국립축산과학원, 각 도의 농업과학기술원, 한국수자원공사 등
연구 기관	질병관리본부, 식품의약품안전처, 한국생명공학연구원, 국립독성연구원, 국립보건연구원, 국립과학수사연구원, 국제결핵연구원 등

진출직업

- 생물학연구원
- 바이오의약품연구원
- 생명과학시험원
- 생명정보학자
- 미생물공학자
- 생명공학연구원
- 미생물의약연구원
- 미생물학자
- 유전공학연구원
- 대체에너지연구원
- 중등학교 교사(생물) 등

취득가능 자격증

- 생물공학기사
- 식품산업기사
- 식품기술사
- 생물분류기사
- 자연생태복원산업기사
- 종자산업기사
- 종자기술사
- 중등학교 2급 정교사(생물) 등

학과 주요 교과목

기초 과목	기초미생물학, 생명과학, 생명과학시험, 생물통계학 및 실습, 일반화학, 바이오물리학, 바이오물리학실험, 바이오다양성, 바이오소재분석실험, 미생물화학 등
심화 과목	병원미생물학, 세균학, 진핵세포학, 바이오의약학, 분자유전학, 진균학, 진균학실험, 미생물생리학, 바이오효소화학, 미생물생태학, 바이러스학, 미생물유전학, 환경위생 및 방역학, 환경바이오실험, 면역학, 식품미생물학, 환경미생물학, 분자미생물학, 유전공학, 조직배양학 등

학과 인재상 및 갖추어야 할 자질

- 자연의 이치 속에 펼쳐지는 생명 현상에 큰 관심이 있는 학생
- 보이지 않는 작은 생명체의 비밀을 탐구하고자 하는 의지가 있는 학생
- 지구상에 아직 알려지지 않은 미생물을 찾아내고, 모양과 생물학적 특성을 조사하는 일에 흥미가 있는 학생
- 미생물이 지닌 상상을 초월하는 능력을 발견하고, 이를 확대 적용할 수 있는 창조적·실용적 정신을 가진 학생
- 생명 현상을 객관적으로 보는 관찰 능력과 논리적인 사고, 도전 정신, 분석력을 두루 갖춘 학생
- 자연 법칙과 과학적 연구 방법을 이해하고, 이를 적용 할 수 있는 추론적 판단 능력을 가진 학생

학과 관련 선택 과목

※ 국어, 영어 교과는 모든 학문의 기초적인 성격을 가진 도구교과로 모든 학과에 이수가 필요하여 생략함.

공통 과목		공통국어1,2, 공통수학1,2, 공통영어1,2, 한국사1,2, 통합사회1,2, 통합과학1,2, 과학탐구실험1,2
수능 필수		화법과 언어, 독서와 작문, 문학, 대수, 미적분 I , 확률과 통계, 영어 I , 영어 II , 한국사, 통합사회, 통합과학, 성공적인 직업생활(직업)
일반 선택	수학, 사회, 과학	대수, 미적분 I , 확률과 통계, 사회와 문화, 현대사회와 윤리, 화학, 생명과학
	체육·예술	
	기술·가정/정보	
	제2외국어/한문	
	교양	생태와 환경
진로 선택	수학, 사회, 과학	미적분 II , 윤리와 사상, 인문학과 윤리, 세포와 물질대사, 생물의 유전
	체육·예술	
	기술·가정/정보	
	제2외국어/한문	
	교양	인간과 철학, 보건
융합 선택	수학, 사회, 과학	윤리문제 탐구, 기후변화와 지속가능한 세계, 기후변화와 환경생태, 융합과학 탐구
	체육·예술	
	기술·가정/정보	
	제2외국어/한문	
	교양	

추천 도서 목록

- 환경미생물학, 송홍규 외, 화수목
- 온통 미생물입니다, 김응빈, 연세대학교 대학출판문화원
- 생물학의 쓸모, 김응빈, 더퀘스트
- 한 권으로 읽는 미생물 세계사, 이시 히로유키, 사람과나무사이
- 세균과 사람, 고관수, 사람의무늬
- 마이코스피어, 박현숙, 계단
- 미생물을 응원하다, 아일사 와이들 외, 레드스톤
- 재미있는 식품미생물학, 강옥주 외, 수학사
- 내 몸안의 작은 우주, 분자생물학, 하가와라 기요후미, 전나무숲
- 날로 먹는 분자세포생물학, 신인철, 성안당
- DNA 탐정, 타니아 로이드, 라임
- DNA 혁명 크리스퍼 유전자가위, 전방욱, 이상북스
- DNA 유전자 혁명 이야기, 제임스 D. 왓슨 외, 까치

- 바이오 신약 혁명, 이성규, 플루토
- 위대한 과학 혁명 100, 리사 제인 길레스피, 라이카이
- 바이오사이언스의 미래, 김성민, 바이오스텍테이터
- 내 몸 안의 작은 우주 분자생물학, 하기와라 기요후미, 전나무숲
- 세상을 만드는 분자, 시어도어 그레이, 다른
- 분자 사용 설명서, 김지환, 반니
- 뇌과학자는 영화에서 인간을 본다, 정재승, 어크로스
- 톰슨이 들려주는 줄기세포 이야기, 황신영, 자음과모음
- 바이오테크 시대, 제러미 리프킨, 민음사
- 이기적 유전자, 리처드 도킨스, 을유문화사
- 하리하라의 생물학 카페, 이은희, 궁리
- 이중나선, 제임스 왓슨, 궁리
- 인간은 왜 병에 걸리는가, R. 네스 외, 사이언스북스

학교생활 TIPS

- 미생물학을 전공하는 데 기본이 되는 과학과 수학 성적을 상위권으로 유지하고, 미생물에 대한 과학적 호기심을 채워나가는 생명과학 탐구 과정을 통해 학업 능력, 전공 적합성, 창의성, 의사소통 능력 등이 학교생활기록부교과 세부능력 및 특기사항에 기록될 수 있도록 자기주도적으로 수업에 참여합니다.
- 미생물 관련 대학 및 학과 탐방, 관련 직업인 인터뷰 등을 통하여 자신의 진로 역량을 성장시킬 것을 추천합니다.
- 공동 과제 수행이나 프로젝트 활동을 통하여 프로젝트 수행 능력을 기릅니다. 이 과정에서 배려, 나눔, 공감 등의 능력 및 리더십을 함양할 수 있도록 활동에 적극 참여하는 것이 중요합니다.

- 과학 실험 관련 동아리 활동을 통하여 사물을 객관적으로 바라보는 관찰 능력과 논리적인 사고, 도전 정신, 분석력을 기르고, 자연과학, 공학, 철학, 심리학, 환경 등 다양한 분야의 독서를 통해 융합적 사고력을 기를 것을 추천합니다.
- 자기주도성, 분석적 사고, 추론적 사고, 정보 처리 능력, 경험의 다양성, 성실성, 창의성, 의사소통 능력, 문제 해결 능력, 통합적 사고, 비판적 사고 등이 학교생활을 통해 나타나고, 이같은 내용이 학교생활기록부에 기록될 수 있도록 성실히 학교생활을 할 것을 추천합니다.

인문계열

사회계열

자연계열

공학계열

의약계열

예체능계열

교육계열

계약학과 & 특성화학과

학과소개

분자생물학은 신비한 생명 현상과 생명의 본질을 분자 수준에서 규명하는 학문으로 20세기 후반 급속한 진보를 이룩한 이래 기초 생명과학뿐만 아니라 의·약학, 농림·수산, 식품 등의 응용분야에도 광범위한 파급 효과를 나타내고 있습니다. 또한 암, 에이즈 등과 같은 난치병, 유전병, 환경 오염, 식량 및 에너지 문제 등 인류가 당면한 난제에 대해서도 분자생물학적인 접근은 문제 해결의 실마리가 될 수 있으므로 분자생물학은 제3의 산업혁명을 이룰 잠재성을 갖춘 첨단 기초 학문으로 평가받고 있습니다.

분자생물학과에서는 바이러스부터 미생물, 식물, 동물에 이르기까지 산업적으로 이용할 수 있는 생체 물질을 인식하고 이를 조절하거나 변환시켜 식품, 의약품, 임상 진단과 같은 분야에 응용할 수 있는 가능성과 방법을 모색합니다. 또한 생물학 분야의 기본적인 이론과 실험적 기술을 습득한 전문 인력의 양성을 교육 목표로 합니다.

개설대학

• 부산대학교 등

관련학과

• 분자생명과학과
• 분자생명공학과
• 미생물학과
• 생물과학과
• 생물학과
• 생물환경화학과
• 응용생명공학과
• 응용생물학과
• 해양생물자원학과
• 생명과학과
• 생명과학기술학부
• 생명과학부
• 생명과학전공
• 생명과학특성학과
• 농생명과학과
• 분자유전공학과
• 분자의생명전공
• 생명공학과
• 생명공학부
• 생명시스템과학과
• 생명환경공학과
• 생명환경과학과
• 바이오발효융합학과
• 미생물·분자생명과학과 등

진출직업

• 식품·바이오·의공학·환경 보전 및 개선·대체 에너지 개발 분야 엔지니어
• 생물학연구원
• 생명과학연구원
• 생명공학연구원
• 과학시험원
• 변리사
• 과학관 큐레이터
• 학원 강사
• 과학학습지 및 교재개발자
• 출판물기획자
• 과학PD
• 과학기자
• 대학 교수
• 중등학교 교사(생물) 등

취득가능 자격증

• 바이오화학제품제조산업기사
• 식품산업기사
• 식품기술사
• 생물분류기사
• 자연생태복원산업기사
• 자연생태복원기술사
• 종자기사
• 원예기사
• 시설원예산업기사
• 유기농업기사
• 산림기술사
• 산림기사
• 식물보호기사
• 환경영향평가사
• 산림치유지도사
• 사회환경교육지도사
• 중등학교 정교사 2급(생물)
• 평생교육사 등

진출분야

기업체	식품·바이오·의공학·환경 보전 및 개선·대체 에너지 개발 분야 업체, 제약 회사, 대학 병원, 생명공학업체, 바이오 벤처 업체, 생물 기기 업체, 의료 기기회사, 변리사, 방송국, 종묘 회사 등
정부 및 공공 기관	한국나노기술원, 한국과학기술원, 한국과학기술연구원, 국립환경과학원, 한국해양과학기술원, 국립수산과학원, 농림축산검역본부, 국립암센터, 식품의약품안전처, 질병관리본부, 한국식품연구원, 농촌진흥청, 국립보건연구원 등
연구 기관	한국생명공학연구원, 한국생명공학연구원, 한국화학연구원, 국립독성연구원, 식품위생안전연구소, 종합 병원 연구소 등

학과 주요 교과목

기초 과목	생명과학 실험, 일반화학실험, 일반물리학, 통계학개론, 생명과학, 수학, 일반화학, 물리학개론, 화학개론, 분자생물학 실험, 생화학, 세포생물학, 식물세포생물학 등
심화 과목	분자유전학, 단백질공학, 내분비학, 분자생리학, 분자생물학연구방법론, 분자의생명과학, 식물분자생물학실험, 후성학, 분자발생생물학실험, 분자발생생물학, 암생물학, 생물물리학, 진행생물바이러스학, 식물분자생물학, 구조 및 방사전생물학, 분자면역학, 발생유전학, 노화생물학, 고급분자생물학연구, 해양생명공학, 광생물학, 신경생물학 등

학과 인재상 및 갖추어야 할 자질

• 생명의 신비에 대한 관심이 많고, 생명 현상의 탐구 의지가 높은 학생
• 분자생물학 전반의 지식에 관심이 있고, 이를 탐구하는 연구 능력을 갖춘 학생
• 생물에 대한 학습 능력, 연구 과정에서 효과적인 의사 교환을 할 수 있는 언어 능력을 갖춘 학생
• 실험이나 연구의 원인과 결과를 꼼꼼히 분석하며, 반복적인 실험을 계속할 수 있는 인내심을 갖춘 학생
• 미생물, 분자 구조 등 현미경을 통해 보는 작은 세상에 흥미를 지닌 학생
• 물체의 형태와 관계, 배열, 진화 단계 등을 떠올릴 수 있는 공간 판단 능력을 갖춘 학생

인문계열

사회계열

자연계열

공학계열

의약계열

예체능계열

교육계열

계약학과 & 특성화학과

학과 관련 선택 과목

※ 국어, 영어 교과는 모든 학문의 기초적인 성격을 가진 도구교과로 모든 학과에 이수가 필요하여 생략함.

공통 과목		공통국어1,2, 공통수학1,2, 공통영어1,2, 한국사1,2, 통합사회1,2, 통합과학1,2, 과학탐구실험1,2
수능 필수		화법과 언어, 독서와 작문, 문학, 대수, 미적분Ⅰ, 확률과 통계, 영어Ⅰ, 영어Ⅱ, 한국사, 통합사회, 통합과학, 성공적인 직업생활(직업)
일반 선택	수학, 사회, 과학	대수, 미적분Ⅰ, 확률과 통계, 사회와 문화, 현대사회와 윤리, 화학, 생명과학
	체육·예술	
	기술·가정/정보	
	제2외국어/한문	
	교양	생태와 환경
진로 선택	수학, 사회, 과학	미적분Ⅱ, 윤리와 사상, 인문학과 윤리, 세포와 물질대사, 생물의 유전
	체육·예술	
	기술·가정/정보	
	제2외국어/한문	
	교양	인간과 철학, 보건
융합 선택	수학, 사회, 과학	윤리문제 탐구, 기후변화와 지속가능한 세계, 기후변화와 환경생태, 융합과학 탐구
	체육·예술	
	기술·가정/정보	
	제2외국어/한문	
	교양	

추천 도서 목록

- 과학이란 무엇인가, 버트런드 러셀, 사회평론
- 날로 먹는 분자세포생물학, 신인철, 성안당
- 분자생물학 입문, 마루야마 고사쿠, 전파과학사
- 노화의 생물학, 오상진, 탐구당
- 꿈의 분자 RNA, 김우재, 김영사
- 하루 한 권, 생명공학, 아시다 요시유키, 드루
- 효소, 폴 엥겔, 김영사
- 진화를 묻다, 데이비드 쾀엔, 프리렉
- 플라이룸, 김우재, 김영사
- 정신과 물질, 다지바나 다카시 외, 곰출판
- 유전자란 무엇인가, 샤를 오프레, 민음인
- 생명의 비밀, 하워드 마르켈, 늘봄
- 유전자에 관한 50가지 기초지식, 가오카미 마사야, 전파과학사
- 제네시스, 귀도 토넬리, 쌤앤파커스

- 생명을 이어온 빛, 라파엘 조빈, 북스힐
- 건강을 지켜주는 뇌와 신체의 생명과학 이야기, 양철학, 자유아카데미
- 세균에서 생명을 보다, 고관수, 계단
- 생물을 알면 삶이 달라진다, 허점이, 호이테북스
- 질병 정복의 꿈, 바이오 사이언스, 이성규, MID
- 유전자 쫌 아는 10대, 전방욱, 풀빛
- 내 몸 안의 작은 우주 분자생물학, 하기와라 기요후미, 전나무숲
- 세상을 만드는 분자, 시어도어 그레이, 다른
- 분자 사용 설명서, 김지환, 반니
- 뇌과학자는 영화에서 인간을 본다, 정재승, 어크로스
- 바이오테크 시대, 제러미 리프킨, 민음사
- 이기적 유전자, 리처드 도킨스, 을유문화사
- 이중나선, 제임스 왓슨, 궁리
- 월든, 헨리 데이빗 소로우, 은행나무

학교생활 TIPS

- 자연계열의 필수 교과인 수학, 과학 교과 성적을 상위권으로 유지하고, 학업 능력, 전공 적합성, 문제 해결 능력 및 작은 일도 섬세하게 살피는 관찰력 등이 학교생활기록부 교과 세부능력 및 특기사항에 기록될 수 있도록 자기주도적으로 수업에 참여합니다.
- 또한 자연 현상과 생명 현상에 대한 융합적 사고력을 함양할 수 있는 다양한 활동 및 과학 관련 이슈에 대한 토론 등을 통해 생명 현상에 대한 윤리적·과학적 지식과 역량 및 인성을 함양할 수 있으면 좋습니다.
- 다양한 봉사 활동에 지속적으로 참여하여 생명의 존엄성에 대해 느끼고, 생명의 존엄성 실현을 위해서 무엇을 연구하고 노력해야 하는지 고민하는 자세가 필요합니다.

- 자기주도성, 학업 능력, 경험의 다양성, 성실성, 책임감, 리더십, 분석력, 정보 처리 능력, 융복합적 사고, 추론 능력, 의사소통 능력, 문제 해결 능력, 비판적 사고 등이 학교생활을 통해 나타나고, 이같은 내용이 학교생활기록부에 기록될 수 있도록 성실히 학교생활을 할 것을 추천합니다.

92

산림학과

학과소개

산림학은 숲이 주는 가치를 가장 경제적으로 극대화하여 인간의 복지 생활에 도움을 주고자 하는 과학적인 학문인 동시에, 숲을 환경 자원으로 인식하고 숲의 공익적 기능을 극대화하여 인간의 삶의 질 향상에 이바지할 수 있는 산림 환경의 개선을 연구·교육하는 학문입니다.

산림이란 수목이 집단적으로 생육하고 있는 토지로서, 우리나라의 녹색 성장을 선도하는 주요 자원입니다. 산림학과에서는 산림에서 얻을 수 있는 자원을 효율적으로 활용하기 위하여 지속가능한 산림 조성 및 관리, 목재 및 단기 임산물 생산, 산림 복합경영, 임산물 가공 및 유통, 산림 치유 및 휴양 시설 조성 등에 관한 전문 지식과 첨단 기술을 학습하여 산림 소득을 극대화할 수 있는 산림 전문가를 양성하고 있습니다.

또한 산림학과에서는 산림과 관련된 기초 과목과 다양한 전공 교과목을 학습함으로써 과학적 지식과 함께 통합적인 사고를 갖출 수 있도록 하고, 산림 산업 현장에서 발생하는 여러 가지 문제점과 급변하는 시장 변화에 신속하게 대응하고 문제를 해결하는 능력을 배양하는 교육을 하고 있습니다.

 ## 개설대학

• 충북대학교 등

 ## 관련학과

• 산림과학부
• 산림비즈니스학과
• 산림생태보호학과
• 산림자원학과
• 산림조경원예학과
• 산림치유학과
• 산림환경시스템학과
• 산림환경자원학과
• 원예산림학과
• 원예산림학부
• 임산공학과
• 임산생명공학과
• 조경산림학과
• 조경학과
• 환경산림과학부 등

진출분야

기업체	에너지 자원 개발 업체, 식품 및 한방 화장품 회사, 산림 및 생명공학 관련 업체, 광산 개발·광해 방지관련 업체, 목재 가공 업체, 목재 수입 및 판매 업체, 제지 및 펄프 업체, 산림 개발 업체, 조경 산업체, 가구 제조 업체, 산림 휴양 시설, 자연 환경 보존 관련업체, 건축 업체, 원예 및 조경 자재 판매 업체, 원예관련 유통업, 환경 관련 업체 등
정부 및 공공 기관	산림청, 국립수목원, 국립자연휴양림관리소, 국립공원공단, 대한석탄공사, 산림조합중앙회, 정부의 농림 축산·해양 자원·산업 에너지 관련 부서 등
연구 기관	국립산림과학원, 산림청, 각 지역 임업시험장, 각 지역 산림환경연구소, 국립원예특작과학원, 각 지역 농업기술원, 작물 특화 시험장, 해양·에너지·농림 축산 관련 국가 연구소, 에너지 관련 기업체 연구소 등

진출직업

• 자연휴양림해설사 및 관리사
• 생명과학시험원
• 임업기술자
• 임학연구원
• 조경기술자
• 조경원
• 조림·영림 및 벌목원
• 측량 및 지리정보기술자
• 플로리스트
• 임업직 공무원
• 농촌지도사
• 산림경영기술자
• 산림공학기술자
• 중등학교 교사(조경) 등

취득가능 자격증

• 산림산업기사
• 산림기술사
• 자연생태복원산업기사
• 임업종묘기사
• 종자산업기사
• 종자기술사
• 생물분류기사(식물)
• 임산가공산업기사
• 식물보호산업기사
• 화훼장식산업기사
• 조경산업기사
• 조경기술사
• 산림경영기술자
• 산림공학기술자
• 녹지조경기술자
• 중등학교 정교사 2급
  (식물자원·조경) 등

 ## 학과 주요 교과목

기초 과목	수목학실습, 산림호보·복원학, 조림학, 산림경제학, 산림측정 및 경영학, 산림토목학 및 임업기계학, 산림전공영어, 임목육종학, 사방공학, 산림정책학, 조경학 등
심화 과목	산림과학의 이해, 산림생태학 및 실험, 컴퓨터활용 및 CAD, 산림토양학, 산림통계학, 산림병해충학, 산림측량학 및 GIS, 산림치유학, 환경임업론, 산림수문학, 산림생리학, 야생동물관리학, 산림휴양학, 웰빙버섯학, 임목생물공학, 조경설계, 유용산림식물학, 특용수재배학 등

학과 인재상 및 갖추어야 할 자질

• 지구 온난화, 친환경·무공해적인 삶 등의 자연 및 생활 환경 문제에 관심을 가지고 있는 학생
• 생명과학, 화학, 물리학 등의 과목에 흥미가 있는 학생
• 산림학을 이해하는 데 도움이 되는 공학 및 예술에 대한 관심이 있는 학생
• 창의적이고 자기주도적인 문제 해결 능력을 갖춘 학생
• 실험이나 연구의 원인과 결과를 꼼꼼히 분석하며, 반복적인 실험을 계속할 수 있는 인내심을 갖춘 학생
• 과학 전반의 지식 습득에 관심을 가지며 연구 능력을 갖춘 학생

학과 관련 선택 과목

※ 국어, 영어 교과는 모든 학문의 기초적인 성격을 가진 도구교과로 모든 학과에 이수가 필요하여 생략함.

공통 과목		공통국어1,2, 공통수학1,2, 공통영어1,2, 한국사1,2, 통합사회1,2, 통합과학1,2, 과학탐구실험1,2
수능 필수		화법과 언어, 독서와 작문, 문학, 대수, 미적분Ⅰ, 확률과 통계, 영어Ⅰ, 영어Ⅱ, 한국사, 통합사회, 통합과학, 성공적인 직업생활(직업)
일반 선택	수학, 사회, 과학	대수, 미적분Ⅰ, 확률과 통계, 세계시민과 지리, 현대사회와 윤리, 물리학, 화학, 생명과학, 지구과학
	체육·예술	
	기술·가정/정보	
	제2외국어/한문	
	교양	생태와 환경
진로 선택	수학, 사회, 과학	미적분Ⅱ, 한국지리 탐구, 윤리와 사상, 물질과 에너지, 화학 반응의 세계, 세포와 물질대사, 생물의 유전
	체육·예술	
	기술·가정/정보	생활과학 탐구
	제2외국어/한문	
	교양	인간과 철학, 보건
융합 선택	수학, 사회, 과학	여행지리, 기후변화와 지속가능한 세계, 기후변화와 환경생태, 융합과학 탐구
	체육·예술	
	기술·가정/정보	
	제2외국어/한문	
	교양	인간과 경제활동, 논술

추천 도서 목록

- 숲에게 길을 묻다, 김용규, 비아북
- 생명의 숲 숲에서 길을 묻다, 정재홍, 행복에너지
- 산림생태학, 손요환 외, 향문사
- 기후위기시대 산림관리, 정규원, 넥서스환경디자인연구원
- 숲 경영 산림 경영, 이상규 외, 푸른숲
- 조선의 숲은 왜 사라졌는가, 전영우, 조계종출판사
- 숲에서 길을 만들고 물을 다루다, 김영체, 클래식북스
- 산림테라피, 히라노 히데키 외, 전나무숲
- 산림경제학, 민경택 외, 서울경제경영출판사
- 산림정책의 쟁점과 과제, 홍형득 외, 대영문화사
- 생태환경 수업, 어떻게 시작할까, 전국초등국어교과 우리말가르침이, 푸른출판
- 생태시민을 위한 동물지리와 환경 이야기, 한준호 외, 롤러코스터
- 사계절 생태 환경 수업, 지구하자 초등환경교육연구회, 지식프레임
- 과학을 달리는 10대: 환경과 생태, 소이언, 우리학교
- 기후 환경 생태 그리고 우리, 이보균, 카모마일북스
- 교실 속 생태 환경 이야기, 김광철, 맘에드림
- 녹색 순례자, 양재성, 이야기북스
- 환경 사전, 일본환경교육학회, 북센스
- 숲의 생태적 관리, 이돈구, 서울대학교출판문화원
- 정원수로 좋은 우리나무 252, 정계준, 김영사
- 숲에서 놀다: 풀꽃지기 자연일기, 이영득, 황소걸음
- 조상 이야기: 생명의 기원을 찾아서, 리처드 도킨스 외, 까치
- 한국의 들꽃: 우리 들에 사는 꽃들의 모든 것, 김진석 외, 돌베개
- 자연의 예술적 형상, 에른스트 헤켈, 그림씨
- 모두를 위한 환경 개념 사전, 장미정 외, 한울림
- 자연은 위대한 스승이다, 이인식, 김영사
- 한국의 나무, 김태영 외, 돌베개
- 세상을 바꾼 과학 이야기, 권기균, 종이책
- 희망의 숲, 크리스티안 퀴헬리, 이채

학교생활 TIPS

- 자연계열의 필수 교과인 수학, 과학 교과 성적을 상위권으로 유지하고, 전공 관련 호기심을 관련 교과를 통해 해결해 나가는 자기주도학습 활동으로 지식의 폭을 확장하고, 새로운 것을 창출하려는 노력을 기울여 학업 능력, 전공 적합성, 문제 해결 능력 등이 학교생활기록부 교과 세부능력 및 특기사항에 기록될 수 있도록 합니다.
- 대학에서 주관하는 학과 캠프, 학과 및 기관을 방문하는 적극적인 진로 탐색 활동 등을 할 것을 추천합니다.
- 공동 과제 수행이나 프로젝트 활동을 통해 다른 사람의 의견을 경청하고, 상대방의 요구에 공감할 수 있는 능력이 학교생활기록부에 나타나도록 합니다.
- 과학, 환경 관련 동아리 활동을 적극 권장하고, 전공 관련 독서를 정독하며 진로를 개척해 나가는 모습을 보여주는 것이 좋습니다.
- 자기주도성, 의사소통 능력, 문제 해결 능력, 비판적 사고, 융복합적 사고, 경험의 다양성, 성실성, 책임감, 리더십, 분석적 사고, 정보 처리 능력, 추론 능력 등이 학교생활을 통해 나타나고, 이같은 내용이 학교생활기록부에 기록될 수 있도록 성실히 학교생활을 할 것을 추천합니다.

93

산림환경시스템학과

학과소개

산림 자원은 우리의 삶에 있어서 절대적으로 필요한 건축물, 가구, 종이 등의 원료인 목재를 생산해 줄 뿐만 아니라, 각종 특용 임산물인 약초, 수지 등을 제공해 주며, 도시의 삶에 지쳐있는 사람들에게 좋은 휴식처도 제공해 주는 존재입니다. 산림자원학은 이러한 산림 자원의 이용과 보전에 관한 종합적인 관리를 가능하게 하는 학문으로서 종합 과학의 성격을 가집니다.

산림환경시스템학과는 산림의 경제적·사회적·환경적·생태적 그리고 문화적인 가치를 증진하고 지속할 수 있는 지식과 기술의 교육에 교육 목표를 두고 있습니다.

산림환경시스템학과는 산림의 다목적 경영과 이용은 물론, 임목 자원을 비롯한 수자원, 휴양 자원, 야생 조수 자원, 문화 자원 등 산림 자원의 지속적 이고 과학적인 보존 관리를 위하여 전통적인 산림 과학 기술분만 아니라 첨단 복합 과학 기술을 연구하고 운용할 전문 인재를 육성하고자 합니다.

개설대학

• 국민대학교 등

관련학과

• 산림과학부
• 산림비즈니스학과
• 산림생태보호학과
• 산림자원학과
• 산림조경원예학과
• 산림환경시스템학과
• 산림환경자원학과
• 원예산림학과
• 원예학과
• 원예과학과
• 임산공학과
• 임산생명공학과
• 조경산림학과
• 조경학과
• 환경산림과학부 등

진출직업

• 자연휴양림해설사 및 관리사
• 생명과학시험원
• 임업기술자
• 임학연구원
• 조경기술자
• 임업직 공무원
• 농촌지도사
• 산림경영기술자
• 산림공학기술자 등

취득가능 자격증

• 산림산업기사
• 산림기술사
• 자연생태복원산업기사
• 종자산업기사
• 종자기술사
• 생물분류기사(식물)
• 식물보호산업기사
• 산림경영기술자
• 산림공학기술자
• 녹지조경기술자 등

진출분야

기업체	식품 및 한방 화장품 회사, 산림 및 생명공학 관련 업체, 목재 가공 업체, 목재 수입 및 판매 업체, 제지 및 펄프 업체, 산림 개발 업체, 조경 산업체 등
정부 및 공공 기관	산림청, 각 지역 산림관리청, 산림조합중앙회, 국립산림과학원, 국립수목원, 기상청, 농림축산검역본부, 한국임업진흥원, 한국산림복지진흥원, 한국수목원관리원, 각 지방 자치 단체 산림 공무원 등
연구 기관	각 지역 산림환경연구소, 산림 관련 정부출연 연구기관 등

학과 주요 교과목

기초 과목	일반화학, 일반화학실험, 일반생물학, 산림문화사, 미기상학 및 실습, 통계학 등
심화 과목	글로벌산림환경이슈, 임목육종학, 산림측정학, 산림미학 및 조경, 산림토양학개론, 수목생리학, GIS, 수목학, 조림학, 원격탐사학, 생태학, 산림병리학, 산림치유론, 산림환경과 기후변화, 사회생태임업, 산림환경보호학, 산림경영학, 산림시스템공학, 생장 및 수확 등

학과 인재상 및 갖추어야 할 자질

• 지구 온난화, 친환경·무공해적인 삶 등의 자연 및 생활 환경 문제에 관심을 가지고 있는 학생
• 생명과학, 화학, 물리학 등의 과목에 흥미가 있는 학생
• 산림환경시스템학을 이해하는 데 도움이 되는 공학 및 예술에 대한 관심이 있는 학생
• 과학적인 사고력과 탐구력이 풍부한 학생
• 창의적으로 문제를 제기하는 능력, 자기 주도적인 문제 해결 능력을 갖춘 학생
• 과학 전반의 지식 습득에 관심을 가지며 연구 능력을 갖춘 학생

학과 관련 선택 과목

※ 국어, 영어 교과는 모든 학문의 기초적인 성격을 가진 도구교과로 모든 학과에 이수가 필요하여 생략함.

공통 과목	공통국어1,2, 공통수학1,2, 공통영어1,2, 한국사1,2, 통합사회1,2, 통합과학1,2, 과학탐구실험1,2	
수능 필수	화법과 언어, 독서와 작문, 문학, 대수, 미적분 I, 확률과 통계, 영어 I, 영어 II, 한국사, 통합사회, 통합과학, 성공적인 직업생활(직업)	
일반 선택	수학, 사회, 과학	대수, 미적분 I, 확률과 통계, 현대사회와 윤리, 물리학, 화학, 생명과학, 지구과학
	체육·예술	
	기술·가정/정보	정보
	제2외국어/한문	
	교양	생태와 환경
진로 선택	수학, 사회, 과학	미적분 II, 한국지리 탐구, 물질과 에너지, 화학 반응의 세계, 세포와 물질대사, 생물의 유전, 지구시스템과학, 행성우주과학
	체육·예술	
	기술·가정/정보	
	제2외국어/한문	
	교양	인간과 철학, 보건
융합 선택	수학, 사회, 과학	여행지리, 사회문제 탐구, 기후변화와 지속가능한 세계, 기후변화와 환경생태, 융합과학 탐구
	체육·예술	
	기술·가정/정보	창의 공학 설계
	제2외국어/한문	
	교양	논술

추천 도서 목록

- 조선이 아닌 아인슈타인, 민태기, 위즈덤하우스
- 내 마음의 들꽃 산책, 이유미, 진선북스
- 고규홍의 한국의 나무 특강, 고규홍, 휴머니스트
- 생태활동가, 청년 김우성의 기후숲, 김우성, 플래닛03
- 숲스러운 사이, 이지영, 가디언
- 숲에서 길을 만들고 물을 다루다, 김영제, 클래식북스
- 숲은 생각한다, 에두아르도 콘, 사월의책
- 나무의 긴 숨결, 페터 볼레벤, 에코리브르
- 최재천 교수와 함께 떠나는 생각의 탐험, 최재천, 움직이는서재
- 통섭의 식탁, 최재천, 움직이는서재
- 자연을 닮은 친환경 생태에 휴머니즘을 접복하다, 월드해피북스 편집부, 월드해피북스
- 친환경생태도시와 자연재생의 어울림, 워크디자인북 편집부, 워크디자인북
- 이산화탄소의 변명, 김기명, 현북스

- 자연이 표정을 바꿀 때, 정선영, 북랩
- 오늘부터 나는 기후 시민입니다, 김해동, 현암주니어
- 기후변화 세계사, 피터 프랭코판, 책과함께
- 미래는 생태문명, 필립 클레이튼 외, 신현재
- 정원수로 좋은 우리나무 252, 정계준, 김영사
- 숲에서 놀다: 풀꽃지기 자연일기, 이영득, 황소걸음
- 조상 이야기: 생명의 기원을 찾아서, 리처드 도킨스 외, 까치
- 한국의 들꽃: 우리 들에 사는 꽃들의 모든 것, 김진석 외, 돌베개
- 자연의 예술적 형상, 에른스트 헤켈, 그림씨
- 모두를 위한 환경 개념 사전, 장미정 외, 한울림
- 자연은 위대한 스승이다, 이인식, 김영사
- 한국의 나무, 김태영 외, 돌베개
- 세상을 바꾼 과학 이야기, 권기균, 종이책

 학교생활 TIPS

- 전 학년에 걸쳐 교과 성적이 고르게 우수해야 하고, 전공과 관련된 지적 호기심을 생명과학 및 지구과학과 같은 관련 교과를 통해 충족시키도록 합니다. 학업 능력, 전공 적합성, 잠재력 등이 학교생활기록부 교과 세부능력 및 특기사항에 기록될 수 있도록 자기주도적으로 수업에 참여합니다.
- 선공 학과와 관련하여 관심을 가지게 된 동기를 바탕으로 해당 학과 진학을 위해 어떤 노력을 하고 있는지에 대해 계획을 세우고, 대학 전공 캠프 및 진로, 학과 박람회 등을 통하여 진로 역량을 함양할 것을 권장합니다.
- 삼림, 원예, 생명, 환경, 윤리, 인문학, 미래학 등 다양한 분야의 독서를 통해 융복합적 사고를 함양하고 전공 관련 지식을 확장할 것을 추천합니다.

- 텃밭 가꾸기 활동 및 식물 분류, 표찰 만들기 같은 동아리 활동을 권장합니다.
- 자기주도성, 경험의 다양성, 성실성, 책임감, 리더십, 분석력, 정보 처리 능력, 융복합적 사고, 추론 능력, 의사소통 능력, 문제 해결 능력, 배려, 비판적 사고 등이 학교생활을 통해 나타나고, 이같은 사실이 학교생활기록부에 기록될 수 있도록 성실히 학교생활을 할 것을 추천합니다.

94

생명공학과

학과소개

생명공학은 인간을 포함하는 동물, 식물, 미생물 등의 생명체가 가지고 있는 생명 현상을 이해하고, 나아가 고도로 섬세한 조작 기술을 이용하여 생물체의 행동과 성질 및 가치를 변형시킴으로서 인류의 복리 증진과 풍요로운 삶에 공헌할 것으로 기대되는 21세기 최첨단 학문입니다. 생명공학과에서는 전반적인 생물학 분야의 기초 지식과 이를 바탕으로 광범위한 생명공학 분야의 전문 지식을 폭넓게 습득하도록 하기 위해 생명공학 관련 분야의 다양한 교육과정을 운영하며, 따라서 학생들은 생명의 원리와 현상을 과학적으로 증명하고 이를 인간 생활과 환경에 접목하기 위한 공부를 합니다.

생명공학과는 창의적이고 전문적인 생명공학 연구 및 응용 능력을 지닌 인재, 국제적 감각과 이해력은 물론, 해외 전문가와 효과적으로 협동 및 교류할 수 있는 능력을 갖춘 국제 수준의 인재, 원활한 의사소통 능력과 도덕적 책임 의식 및 협동심을 갖춘 인재의 양성을 교육 목표로 합니다.

개설대학

- 연세대
- 인하대
- 한양대
- 건국대학교(글로컬)
- 배재대학교
- 영남대학교
- 한국외국어대학교
- 호서대학교 등

관련학과

- 분자생명공학과
- 시스템생명공학과
- 식품생명공학과
- 동물생명공학과
- 원예생명공학과
- 유전생명공학과
- 의생명공학과
- 의료생명공학과
- 의약생명공학과
- 인체정화생명공학과
- 환경생명공학과
- 바이오생명공학과
- 시스템생명공학과
- 융합생명공학과
- 제약생명공학과
- 화공생명공학과 등

진출분야

기업체	생명공학 관련 대기업 및 바이오 벤처 기업, 바이오기기 회사, 제약 회사, 식품 회사, 의료 기기 제조 회사, 건강 기능성 식품 제조 및 가공 회사 등
정부 및 공공 기관	국립보건연구원, 국립환경과학원, 한국화학연구원, 한국원자력연구원, 국립수의과학연구원, 국립수산과학원, 한국분석기술연구원, 국립과학수사연구소, 한국생명공학연구원, 한국과학기술연구원, 식품의약품안전처, 한국표준과학연구원, 한국화학연구원, 한국식품연구원, 한국기초과학지원연구원, 한국해양과학기술원, 농촌진흥청, 한국해양과학기술원 부설 극지연구소, 한국인삼연초연구원 등
연구 기관	바이오 의약품 기업 부설 연구소, 병원 연구소, 제약회사 연구소, 식품 회사 연구소, 화장품 외사 연구소, 질병 관리 연구소 등

진출직업

- 생명공학기술자
- 식품공학기술자
- 생물공학연구원
- 생명과학연구원
- 바이오벤처사업가
- 의공학엔지니어
- 유전공학자
- 변리사
- 화장품공학기술자
- 보건위생검사원
- 생명정보학자
- 미생물연구원
- 생물분자유전자연구원
- 바이오에너지연구원
- 미생물발효연구원
- 바이오에너지연구 및 개발자
- 생명과학시험원
- 수산학연구원
- 신약개발연구원 등

취득가능 자격증

- 생물공학기사
- 수질환경산업기사
- 수질환경기술사
- 식품산업기사
- 식품기술사
- 폐기물처리산업기사
- 폐기물처리기술사
- 토양환경기술사
- 생물분류기사(동물)
- 생물분류기사(식물)
- 대기환경산업기사
- 대기환경기술사
- 자연생태복원기사
- 수산질병관리사
- 식물보호산업기사
- 종자산업기사 등

학과 주요 교과목

기초 과목	미분적분학, 일반물리학, 일반생물학, 일반화학, 일반물리학 및 실험, 일반화학 실험, 공학입문설계, 공업수학, 공업물리화학, 공업유기화학, 유기화학, 생명공학입문, 세포생물학 등
심화 과목	고분자화학, 분자생물학, 식량화학공학, 효소학, 기능성식품학, 유전자공학, 바이러스공학, 분자면역학, 면역학, 발효공학, 식품기능화학, 식량화학공학, 생물화학공학, 생물반응공학, 환경생물공학, 해양생명공학, 생명의약학, 바이오신소재공학, 응용유전학, 생물나노소재 등

학과 인재상 및 갖추어야 할 자질

- 생명과학, 수학, 물리학, 화학 등 자연 계열 과목과 영어에 흥미가 있고, 실험 및 연구를 좋아하는 학생
- 생명체와 생명 현상, 자연에 대해 관심이 많은 학생
- 새로운 것을 발견하려는 끊임없는 호기심과 창의력, 관찰력을 지닌 학생
- 논리적인 사고나 통찰력, 도전 정신, 분석력을 지닌 학생
- 많은 실험과 실습을 하는 데 필요한 인내심이 강한 학생
- 다른 사람들과 협업 능력과 세심하고 꼼꼼한 성격을 지닌 학생

학과 관련 선택 과목

※ 국어, 영어 교과는 모든 학문의 기초적인 성격을 가진 도구교과로 모든 학과에 이수가 필요하여 생략함.

공통 과목		공통국어1,2, 공통수학1,2, 공통영어1,2, 한국사1,2, 통합사회1,2, 통합과학1,2, 과학탐구실험1,2
수능 필수		화법과 언어, 독서와 작문, 문학, 대수, 미적분Ⅰ, 확률과 통계, 영어Ⅰ, 영어Ⅱ, 한국사, 통합사회, 통합과학, 성공적인 직업생활(직업)
일반 선택	수학, 사회, 과학	대수, 미적분Ⅰ, 확률과 통계, 화학, 생명과학
	체육·예술	
	기술·가정/정보	정보
	제2외국어/한문	
	교양	생태와 환경
진로 선택	수학, 사회, 과학	미적분Ⅱ, 물질과 에너지, 화학 반응의 세계, 세포와 물질대사, 생물의 유전
	체육·예술	
	기술·가정/정보	데이터 과학
	제2외국어/한문	
	교양	보건
융합 선택	수학, 사회, 과학	수학과제 탐구, 기후변화와 지속가능한 세계, 기후변화와 환경생태, 융합과학 탐구
	체육·예술	
	기술·가정/정보	창의 공학 설계, 지식 재산 일반
	제2외국어/한문	
	교양	논술

추천 도서 목록

- 노화 공부, 이덕철, 위즈덤하우스
- 이브의 미토콘드리아, 이재민, 미네르바
- 21세기 생명공학으로의 초대, 한재용 외, 라이프사이언스
- 나는 어떻게 지금의 내가 되었는가, 제이 벨스키 외, 비잉
- 블루 프린트, 니컬러스 A. 크리스타키스, 부키
- 생명이란 무엇인가, 린 마굴리스 외, 리수
- 조상 이야기, 리처드 도킨스 외, 까치
- 이타적 유전자가 온다, 안덕훈, 자음과모음
- 생명이란 무엇인가, 폴 너스, 까치
- 크리스퍼가 온다, 제니퍼 다우드나 외, 프리케의숲
- 좋을지 나쁠지 어떨지 유전자가위 크리스퍼, 올란다 리지, 서해문집
- 크리스퍼 유전자 가위는 축복의 도구일까?, 김정미 외, 글라이더
- 크리스퍼 베이비, 전방욱, 이상북스

- 생명과학, 공학을 만나다, 유영제, 나녹
- 유전자를 알면 장수한다, 설재웅, 고려의학
- 경험은 어떻게 유전자에 새겨지는가, 데이비드 무어, 아몬드
- 유전자 쫌 아는 10대, 전방욱, 풀빛
- 유전자 스위치, 장연규, 히포크라테스
- MT 생명공학, 최강열, 장서가
- 이기적 유전자, 리처드 도킨스, 을유문화사
- 사피엔스, 유발 하라리, 김영사
- 조상이야기: 생명의 기원을 찾아서, 리처드 도킨스 외, 까치

학교생활 TIPS

- 생명공학 전공에 기본이 되는 수학, 과학(생명과학, 화학), 영어 등 자연계열 전공에 필수적인 교과목의 학업성취도 향상을 위한 노력이 필요하고, 학교 수업 활동을 통해 학습에 대한 의지와 열정, 수업의 집중도, 지원 전공에 대한 흥미와 관심, 지원 전공과 관련한 교과 활동여부, 지원 전공을 위해 기울인 노력 등이 학교생활기록부 교과 세부능력 및 특기 사항에 기록되는 것이 좋습니다.
- 생명공학 전공과 관련한 다양한 진로 활동(생명공학 관련 기업 및 연구소 탐방 활동, 직업 및 학과 체험, 직업인 특강) 참여를 통해 전공에 대한 관심과 진로 설정 과정, 진로 열정, 자기주도적 참여 자세 등이 나타나는 것이 중요합니다.

- 생명 탐구, 생태 체험, 과학 탐구 실험, 환경, 컴퓨터 관련 동아리 활동 참여를 권장하고, 동아리 활동 과정에서 구성원의 화합과 단결을 이끌어 낸 리더십 경험이나 활동 과정 중에 부딪히는 문제점을 슬기롭게 해결한 경험, 전공 관련 다양한 구체적인 활동 경험 등이 드러나는 것이 좋습니다.
- 학교 교육계획에 의한 행사 활동, 수련 활동, 학년·학급 단위로 진행되는 체험 활동 참여를 통해 공동체의 목표 달성을 위해 노력한 모습을 보이고, 학교생활 내에서 자신의 능력을 나누어줄 수 있는 다양한 활동(학습 멘토링, 급식 도우미, 교통 지도, 통합반 도우미)이나 각종 학교 행사 중에 참여하는 봉사 활동 등에 적극 참여하는 것이 좋습니다.

95

생명과학과

학과소개

생명과학은 지구에 존재하는 수많은 동물과 식물, 그리고 눈에 보이지 않는 미생물에 이르기까지 모든 생명체를 대상으로 하는 생명 현상에 대하여 연구하는 학문입니다. 의약, 농학, 수산학, 식품영양학, 유전공학, 에너지공학, 환경공학 등 다양한 응용 분야의 기초이며, 질병 극복 문제, 식량 문제, 환경 문제 등 인류가 가진 다양한 문제에 대한 해결 방법을 모색할 수 있는 종합 학문입니다.

최근 생명 현상의 연구가 인간의 삶에 유익하다는 인식이 확산되고, 산업에도 이용 가능하게 되면서 생명과학의 가치 또한 높아지고 있습니다. 이에 생명과학과에서는 근본적인 생명 현상의 과정을 이해하여 의료, 산업 그리고 환경 연구와 사업에 폭넓게 적용할 수 있는 핵심적인 지식을 연구하고 교육합니다. 인간 유전체 해석, 난치병 치료 기술, 의료 생체 재료 기술 등 인간에 대한 연구, 미생물유전체에 대한 연구, 농업·식품·환경 등의 미생물 이용 기술을 비롯한 미생물에 대한 연구 등이 생명과학과에서 이루어집니다. 생명과학과에서는 이러한 연구와 교육을 통해 생명과학 관련 산업 현장 및 연구 분야에서 활약할 전문 인력을 기르고 있습니다.

개설대학

- 국립군산대학교
- 이화여자대학교
- 가천대학교
- 강원대학교
- 국립공주대학교
- 동국대학교
- 부산대학교
- 서울시립대학교
- 성균관대학교
- 영남대학교
- 인하대학교
- 중앙대학교
- 한림대학교
- 한양대학교
- 계명대학교
- 서강대학교
- 순천향대학 등

관련학과

- 농생명과학과
- 분자생명과학과
- 스마트팜생명과학과
- 식물생명과학과
- 원예생명과학과
- 의생명과학과
- 해양생명과학과
- 화학생명과학과
- 환경생명과학과
- 생명공학과
- 동물생명공학과
- 분자생명공학과
- 시스템생명공학과
- 식품생명공학과
- 원예생명공학과
- 유전생명공학과
- 의생명공학과
- 의료생명공학과
- 의약생명공학과
- 환경생명공학과
- 생물학과
- 미생물학과
- 분자생물학과
- 응용생물학과
- 바이오의약학과
- 바이오제약공학과
- 바이오환경과학과
- 스마트바이오학과 등

진출분야

기업체	식품·바이오·의공학·환경 보전 및 개선·대체 에너지개발 분야 업체, 제약 회사, 대학 병원, 생명공학 업체, 바이오 벤처 업체, 생물 기기 업체, 의료 기기 회사 등
정부 및 공공 기관	한국나노기술원, 한국과학기술원, 국립환경과학원, 식품의약품안전처, 질병관리본부, 국립독성연구원, 식품위생안전연구소, 농촌진흥청, 중고등학교, 대학교 등
연구 기관	국립보건연구원, 한국과학기술연구원, 종합 병원 연구소, 한국해양연구원, 한국생명공학연구원, 한국화학연구원, 한국식품개발원 등

진출직업

- 식품·바이오·의공학·환경보전 및 개선·대체 에너지 개발 분야 엔지니어
- 생명과학연구원
- 생명공학연구원
- 생물학연구원
- 과학시험원
- 변리사
- 과학관 큐레이터
- 학원 강사
- 과학학습지 및 교재개발자
- 출판물기획자
- 과학PD
- 중등학교 교사(생물)
- 대학 교수 등

취득가능 자격증

- 바이오화학제품제조산업기사
- 식품산업기사
- 식품기술사
- 생물분류기사
- 자연생태복원산업기사
- 종자산업기사
- 종자기술사
- 시설원예기사
- 시설원예산업기사
- 유기농업산업기사
- 산림기사
- 산림기술사
- 산림산업기사
- 식물보호기사
- 환경영향평가사
- 산림치유지도사
- 산림교육전문가
- 사회환경교육지도사
- 중등학교 정교사 2급(생물)
- 평생교육사 등

학과 주요 교과목

기초 과목	물리화학, 유기화학, 미생물학, 세포생물학, 유전학개론, 일반화학, 일반생물학, 일반물리학, 환경생물학 등
심화 과목	유전학, 분석화학, 생리학, 식품생명공학, 발생생명공학, 분자생물학, 식품생명과학, 생화학, 신경생물학, 생물정보학, 세포와 조직공학, 바이러스학, 대사공학, 동식물분류학, 동물생리학, 유전학, 발생학, 세포학, 미생물학, 분자생물학, 세균학, 환경생물학, 생태학, 진화학 등

학과 인재상 및 갖추어야 할 자질

- 생명 현상과 원리에 대해 관심이 많고, 이를 이해하려는 호기심이 있는 학생
- 생물학적 개념과 이론을 이해하고 응용, 추론할 수 있는 학생
- 생물에 대한 학습 능력, 연구 과정에서 효과적인 의사 교환을 할 수 있는 언어 능력을 갖춘 학생
- 물체의 형태와 관계, 배열, 진화 단계 등을 떠올릴 수 있는 공간 판단력을 갖춘 학생
- 창의적으로 문제를 제기하는 능력, 자기주도적인 문제 해결 능력을 갖춘 학생
- 관찰력이 뛰어나며 현상에 대한 논리적 접근이 가능한 학생
- 생물학 전반의 지식 습득에 관심을 가지며 연구 능력을 갖춘 학생

학과 관련 선택 과목

※ 국어, 영어 교과는 모든 학문의 기초적인 성격을 가진 도구교과로 모든 학과에 이수가 필요하여 생략함.

공통 과목		공통국어1,2, 공통수학1,2, 공통영어1,2, 한국사1,2, 통합사회1,2, 통합과학1,2, 과학탐구실험1,2
수능 필수		화법과 언어, 독서와 작문, 문학, 대수, 미적분Ⅰ, 확률과 통계, 영어Ⅰ, 영어Ⅱ, 한국사, 통합사회, 통합과학, 성공적인 직업생활(직업)
일반 선택	**수학, 사회, 과학**	대수, 미적분Ⅰ, 확률과 통계, 현대사회와 윤리, 화학, 생명과학
	체육·예술	
	기술·가정/정보	정보
	제2외국어/한문	
	교양	생태와 환경
진로 선택	**수학, 사회, 과학**	미적분Ⅱ, 윤리와 사상, 물질과 에너지, 화학 반응의 세계, 세포와 물질대사, 생물의 유전
	체육·예술	
	기술·가정/정보	데이터 과학
	제2외국어/한문	
	교양	보건
융합 선택	**수학, 사회, 과학**	사회문제 탐구, 기후변화와 지속가능한 세계, 기후변화와 환경생태, 융합과학 탐구
	체육·예술	
	기술·가정/정보	지식 재산 일반
	제2외국어/한문	
	교양	논술

추천 도서 목록

- 하늘과 바람과 별과 인간, 김상욱, 바다출판사
- 나쁜 과학자들, 비키 오랜스키 위튼스타인, 다른
- 생명 그 자체의 감각, 크리스토프 코흐, 아르테
- 분자 조각가들, 백승만, 해나무
- 역노화, 세르게이 영, 더퀘스트
- 꿈의 분자 RNA, 김우재, 김영사
- 생명과 약의 연결고리, 김성훈, 웅진지식하우스
- 코드 브레이커, 월터 아이작스, 웅진지식하우스
- 생명은 어떻게 작동하는가, 박문호, 김영사
- 20세기 기술의 문화사, 김명진, 궁리
- 인류의 진화, 이상희, 동아시아
- 내가 된다는 것, 아닐 세스, 흐름출판
- 생물학적 풍요, 브루스 베게밀, 히포크라테스
- 생명을 묻다, 정우현, 이른비
- 노화 공부, 이덕철, 위즈덤하우스
- 유전자 스위치, 장연규, 히포크라테스
- 생명의료윤리, 구영모 외, 동녘
- 한 손에 잡히는 생명윤리, 도나디켄스, 동녘
- 쉽게 풀어 쓴 생명윤리의 이해, 노희선, 대광의학
- 아주 특별한 생물학 수업, 장수철 외, 휴머니스트
- 세균에서 생명을 보다, 고관수, 계단
- 질병 정복의 꿈, 바이오 사이언스, 이성규, MID
- 매우 작은 세계에서 발견한 뜻밖의 생물학, 이준호, 21세기북스
- 뇌과학자는 영화에서 인간을 본다, 정재승, 어크로스
- 바이오테크 시대, 제러미 리프킨, 민음사
- 털 없는 원숭이, 데즈먼드 모리스, 문예춘추사
- 이기적 유전자, 리처드 도킨스, 을유문화사
- 거의 모든 것의 역사, 빌 브라이슨, 까치
- 이중나선, 제임스 왓슨, 궁리

학교생활 TIPS

- 자연계열에 필수 교과인 수학, 과학 교과 성적을 상위권으로 유지하고, 관련 교과 시간에 학업 능력, 전공 적합성, 문제 해결 능력, 의사소통 능력 등이 학교생활기록부 교과 세부능력 및 특기사항에 기록될 수 있도록 자기주도적으로 수업에 참여합니다.
- 과학 실험 동아리에서 과학적 소양을 기르고 실험을 통해 원리를 이해하는 활동, 과학 관련 이슈에 대한 토론 등을 하며 생명 현상에 대한 윤리적 과학적 지식을 함양할 것을 추천합니다.
- 다양한 봉사 활동에 지속적으로 참여하며 생명의 존엄성을 위해 무엇을 연구하고 노력해야 하는지 생각해 보는 경험을 할 것을 권장합니다.
- 자기주도성, 리더십, 나눔, 배려, 경험의 다양성, 성실성, 책임감, 분석력, 정보 처리 능력, 융복합적 사고, 추론 능력, 의사소통 능력, 문제 해결 능력, 비판적 사고 등이 학교생활을 통해 나타나고, 이같은 내용이 학교생활기록부에 기록될 수 있도록 성실히 학교생활을 할 것을 추천합니다.

96

생물학과

학과소개

생물학은 분자에서부터 지구 규모의 생태계에 이르기까지 다양한 단계의 생명 현상을 연구 대상으로 하는 분야로 분자 구조가 밝혀진 이래 현대의 생물학은 정보학, 시스템학, 인공지능 등으로 그 융합 범위를 더욱 확장하고 있습니다.

생물학과는 인간을 비롯하여 지구상에 존재하는 모든 생명체의 생명 현상을 규명하고, 나아가 세포학, 분류학, 발생학, 생리학 등을 기반으로 생명 현상을 탐구하며 그 원리에 대해서 자세히 공부하는 학과입니다. 또한 생물에 대한 기초 지식과 이론을 체계적으로 이해하고 자연 생태계와 생명 현상을 탐구하는 전문 인력을 기르는 학과이기도 합니다.

생물학과는 학문 간 융합 동향을 반영하여 다양한 생명과학 분야에 대한 창의적 연구 능력과 응용 능력을 배양하고 인재를 양성하는 것을 교육 목표로 하고 있으며, 21세기 생명과학을 주도할 전문 연구 인력과 미래 성장 동력인 바이오, 의약, 식품, 환경 등 관련 분야의 뛰어난 인재를 배출하고 있습니다.

 ## 개설대학

- 국립강릉원주대학교
- 경희대학교
- 경북대학교
- 전남대학교
- 제주대학교
- 충북대학교 등

관련학과

- 미생물학과
- 분자생물학과
- 시스템생물학
- 응용생물학과
- 생명과학과
- 생물교육과
- 생물교육전공
- 생물과학과
- 생물의소재공학과
- 화학생물공학부
- 바이오메디컬정보학과
- 바이오메디컬학과
- 바이오의약학과
- 바이오제약공학과
- 바이오화학산업학부
- 분자생명공학과
- 생명건강공학과
- 생명공학과
- 생명공학부
- 생명시스템과학과
- 생명정보융합학과
- 생화학과
- 시스템생명공학과 등

진출직업

- 식품·바이오·의공학·환경보전 및 개선·대체 에너지 개발 분야 엔지니어
- 생물학연구원
- 생명과학연구원
- 생명공학연구원
- 과학시험원
- 변리사
- 과학관 큐레이터
- 과학학습지 및 교재개발자
- 학원 강사
- 출판물기획자
- 과학PD
- 중등학교 교사(생물)
- 대학 교수 등

취득가능 자격증

- 바이오화학제품제조산업기사
- 바이오화학제품제조기사
- 식품산업기사
- 식품기사
- 생물분류기사
- 자연생태복원산업기사
- 자연생태복원기사
- 종자산업기사
- 종자기사
- 시설원예기사
- 시설원예산업기사
- 식물보호산업기사
- 환경영향평가사
- 산림치유지도사
- 산림교육전문가
- 사회환경교육지도사
- 중등학교 정교사 2급(생물)
- 평생교육사 등

 ## 진출분야

기업체	식품·바이오·의공학·환경 보전 및 개선·대체 에너지 개발 분야 업체, 제약 회사, 대학 병원, 생명공학업체, 바이오 벤처 업체, 생물 기기 업체, 의료 기기회사 등
정부 및 공공 기관	한국나노기술원, 한국과학기술원, 한국과학기술연구원, 국립환경과학원, 식품의약품안전처, 질병관리본부, 한국식품연구원, 농촌진흥청 등
연구 기관	한국해양연구원, 한국생명공학연구원, 한국화학연구원, 국립독성연구원, 식품위생안전연구소, 국립보건연구원, 종합 병원 연구소 등

학과 주요 교과목

기초 과목	미적분학 및 연습, 물리학 및 실험, 생물학 및 실험, 화학 및 실험, 계통분류학, 생물화학, 세포생물학, 생명과학기초연구, 생태학, 미생물학, 유전학 등
심화 과목	분자유전학, 분자생물학, 생리학, 생물지리화학, 세균학, 환경독성학, 미생물생태학, 바이러스학, 발생생물학, 생물정보학, 분류학실험, 세포·독성학실험, 생태학실험, 생물통계학, 담수생물학, 분자세포생물학, 면역학, 분자신경생물학, 응용미생물학, 자원식물학, 행동과학, 내분비학, 생명공학, 생명과학합동세미나, 행동신경생물학, 미생물·면역학실험 등

 ## 학과 인재상 및 갖추어야 할 자질

- 생물학 전반의 지식 습득에 관심이 있고, 이를 탐구하려는 연구 능력을 갖춘 학생
- 생물학적 개념과 이론을 이해하고 응용, 추론할 수 있는 학생
- 창의적으로 문제를 제기하는 능력, 자기주도적인 문제 해결 능력을 갖춘 학생
- 실험이나 연구의 원인과 결과를 꼼꼼히 분석하며 반복적인 실험을 계속할 수 있는 인내심을 갖춘 학생
- 관찰력이 뛰어나며, 현상에 대한 논리적 접근이 가능한 학생
- 물체의 형태와 관계, 배열, 진화 단계 등을 떠올릴 수 있는 공간 판단력을 갖춘 학생

학과 관련 선택 과목

※ 국어, 영어 교과는 모든 학문의 기초적인 성격을 가진 도구교과로 모든 학과에 이수가 필요하여 생략함.

공통 과목		공통국어1,2, 공통수학1,2, 공통영어1,2, 한국사1,2, 통합사회1,2, 통합과학1,2, 과학탐구실험1,2
수능 필수		화법과 언어, 독서와 작문, 문학, 대수, 미적분 I, 확률과 통계, 영어 I, 영어 II, 한국사, 통합사회, 통합과학, 성공적인 직업생활(직업)
일반 선택	수학, 사회, 과학	대수, 미적분 I, 확률과 통계, 현대사회와 윤리, 화학, 생명과학
	체육·예술	
	기술·가정/정보	
	제2외국어/한문	
	교양	생태와 환경
진로 선택	수학, 사회, 과학	미적분 II, 윤리와 사상, 인문학과 윤리, 물질과 에너지, 화학 반응의 세계, 세포와 물질대사, 생물의 유전
	체육·예술	
	기술·가정/정보	
	제2외국어/한문	
	교양	보건
융합 선택	수학, 사회, 과학	윤리문제 탐구, 기후변화와 지속가능한 세계, 기후변화와 환경생태, 융합과학 탐구
	체육·예술	
	기술·가정/정보	
	제2외국어/한문	
	교양	

추천 도서 목록

- 생물학 이야기, 김웅진, 행성B
- 하늘과 바람과 별과 인간, 김상욱, 바다출판사
- 나쁜 과학자들, 비키 오렌스키 위튼스타인, 다른
- 생명 그 자체의 감각, 크리스토프 코흐, 아르테
- 분자 조각가들, 백승만, 해나무
- 역노화, 세르게이 영, 더퀘스트
- 꿈의 분자 RNA, 김우재, 김영사
- 생명은 어떻게 작동하는가, 박문호, 김영사
- 생물학적 풍요, 브루스 베게밀, 히포크라테스
- 생명을 묻다, 정우현, 이른비
- 유전자 스위치, 장연규, 히포크라테스
- 생명의료윤리, 구영모 외, 동녘
- 한 손에 잡히는 생명윤리, 도나디켄슨, 동녘

- 아주 특별한 생물학 수업, 장수철 외, 휴머니스트
- 세균에서 생명을 보다, 고관수, 계단
- 질병 정복의 꿈, 바이오 사이언스, 이성규, MID
- 매우 작은 세계에서 발견한 뜻밖의 생물학, 이준호, 21세기북스
- 뇌과학자는 영화에서 인간을 본다, 정재승, 어크로스
- 퀴네가 들려주는 효소 이야기, 이흥우, 자음과모음
- 바이오테크 시대, 제러미 리프킨, 민음사
- 이기적 유전자, 리처드 도킨스, 을유문화사
- 거의 모든 것의 역사, 빌 브라이슨, 까치
- 이중나선, 제임스 왓슨, 궁리

학교생활 TIPS

- 자연계열의 필수 교과인 수학, 과학 교과 성적을 상위권으로 유지하고, 학업 능력, 전공 적합성, 문제 해결 능력, 창의적 사고 능력 등이 학교생활기록부 교과 세부능력 및 특기사항에 기록될 수 있도록 자기주도적으로 수업에 참여합니다.
- 그밖에 자연 현상과 생명 현상에 대한 융합적 사고를 함양할 수 있는 활동, 과학 관련 이슈에 대한 토론 등에 참여하여 생명 현상에 대한 윤리적·과학적 지식과 역량을 함양할 것을 권장합니다.
- 다양한 봉사 활동에 지속적으로 참여하고, 생명의 존엄성을 위해 무엇을 연구하고 노력해야 하는지 생각해 보는 경험을 할 것을 권장합니다.

- 자기주도성, 경험의 다양성, 성실성, 책임감, 리더십, 분석력, 정보 처리 능력, 융복합적 사고, 추론 능력, 의사소통 능력, 문제 해결 능력, 비판적 사고 등이 학교생활을 통해 나타나고, 이같은 내용이 학교생활기록부에 기록 될 수 있도록 성실히 학교생활을 할 것을 추천합니다.

학과소개

생물환경화학은 생명과학의 한 분야로 생명 현상의 기본적 이해를 바탕으로 하여 생물 자체가 갖고 있는 우수한 기능과 생물이 생산하는 물질의 활용, 유해 생물의 제어, 생물을 둘러싼 환경 등에 대한 제반 과제를 화학적·생물학적·물리학적 지식을 통합적으로 활용하는 응용 학문입니다.

생물환경화학과는 농업 및 생물 산업 발전에 이바지할 고급 인재를 양성하는 것을 교육 목표로 합니다. 따라서 유기화학 및 분석화학을 기초로 하여 미생물학, 생화학 및 분자생물학과 같은 생명과학 관련 학문과 토양, 환경, 농약, 식물환경생리 및 천연물 등의 응용 학문에서 이론과 실습에 관한 연구와 교육을 수행합니다.

생물환경화학과의 세부 전공 및 연구 분야로는 농업 생산성과 인간의 건강에 직결된 환경 오염 물질의 동태 규명에 관한 연구를 수행하는 환경화학, 신 물질을 탐색하고 개발하는 유기 합성 생물 활성 제어 실험, 토양을 보전하고 복원하는 토양 환경 보전 실험, 새로운 천연 생물 활성 물질의 탐색과 이용에 관한 연구를 하는 천연물 농약 화학 실험 등이 있으며 기초적인 메커니즘의 규명 연구뿐만 아니라 산업적 실용화에 관한 연구도 수행하고 있습니다.

 ## 개설대학

• 충남대학교 등

 ## 진출직업

• 생물학연구원
• 생명과학연구원
• 변리사
• 출판물기획자
• 학원강사
• 공무원
• 중등학교 교사(생물) 등

관련학과

• 곤충생명과학과
• 지구환경과학과
• 지질환경과학과
• 바이오환경과학과
• 농업시스템학과
• 생물자원과학부
• 식물의학과
• 응용생물공학과
• 응용생물학과
• 응용생물화학부
• 환경생명화학과
• 환경생태공학부
• 환경학과
• 화학생물공학부
• 생물학과
• 분자생물학과
• 바이오시스템의과학부
• 바이오소재과학과
• 바이오발효융합학과
• 미생물학전공
• 미생물학과
• 환경공학과 등

취득가능 자격증

• 바이오화학제품제조산업기사
• 바이오화학제품제조기사
• 식품산업기사
• 식품기사
• 생물분류기사
• 자연생태복원기사
• 종자산업기사
• 종자기사
• 식물보호기사
• 대기관리기사
• 대기환경기사
• 대기환경산업기사
• 소음진동기사
• 소음진동산업기사
• 수질관리기사
• 수질환경기사
• 수질환경산업기사
• 온실가스관리기사
• 온실가스관리산업기사
• 자연생태복원기사
• 자연생태복원산업기사
• 자연환경관리기사
• 토양환경기사
• 폐기물처리기사
• 폐기물처리산업기사
• 환경기능사
• 환경위해관리기사
• 중등학교 정교사 2급(생물) 등

 ## 진출분야

기업체	의료 관련 업체, 식품 회사, 제약 회사, 비료 회사 등
정부 및 공공 기관	한국농수산식품유통공사, 한국수력원자력, 전라북도·전라남도생물산업진흥원, 농촌진흥청, 국립농업과학원, 국립식량과학원, 농림축산검역본부, 각 지역 농업기술원, 국립농산물품질관리원, 보건복지부, 식품의약품안전처, 중고등학교 등
연구 기관	자연 환경 연구소, 각 지역 농업기술센터 등

학과 주요 교과목

기초 과목	일반화학, 일반생물, 생명환경과학과, 기초유기화학, 기초미생물학, 분석화학, 토양학, 생화학 등
심화 과목	GAP품질관리학, 농·식품환경위생학, 분자생물학, GMO안전관리학, 응용미생물학, 수질환경분석법, 기기분석법, 토양환경분석학, 농약화학, 환경독성학, 천연물화학, 농·식품가공학, 농·식품유통저장학, 응용생명공학, 생물자원유전자분석학, 환경잔류농약분석, 생물통계학 등

학과 인재상 및 갖추어야 할 자질

• 창의적 발상을 하고, 진취적인 성격을 가진 학생
• 문제를 파악하고 이에 대한 최적의 답안을 도출하는 논리적 사고체계를 가진 학생
• 삶의 질과 가치를 생각하며 한 차원 더 높은 수준의 삶에 관심과 호기심을 가지고 있는 학생

• 생명현상과 원리에 대한 관심을 가지고 이를 이해하려는 호기심이 많은 학생
• 관찰력이 뛰어나며 현상에 대해 논리적 접근이 가능한 학생
• 자연현상과 주변 사물의 과학적 탐구를 통하여 과학의 기본 개념을 이해하려고 노력하는 학생

학과 관련 선택 과목

※ 국어, 영어 교과는 모든 학문의 기초적인 성격을 가진 도구교과로 모든 학과에 이수가 필요하여 생략함.

공통 과목		공통국어1,2, 공통수학1,2, 공통영어1,2, 한국사1,2, 통합사회1,2, 통합과학1,2, 과학탐구실험1,2
수능 필수		화법과 언어, 독서와 작문, 문학, 대수, 미적분Ⅰ, 확률과 통계, 영어Ⅰ, 영어Ⅱ, 한국사, 통합사회, 통합과학, 성공적인 직업생활(직업)
일반 선택	수학, 사회, 과학	대수, 미적분Ⅰ, 확률과 통계, 현대사회와 윤리, 화학, 생명과학
	체육·예술	
	기술·가정/정보	
	제2외국어/한문	
	교양	생태와 환경
진로 선택	수학, 사회, 과학	미적분Ⅱ, 윤리와 사상, 인문학과 윤리, 물질과 에너지, 화학 반응의 세계, 세포와 물질대사, 생물의 유전
	체육·예술	
	기술·가정/정보	
	제2외국어/한문	
	교양	보건
융합 선택	수학, 사회, 과학	윤리문제 탐구, 기후변화와 지속가능한 세계, 기후변화와 환경생태, 융합과학 탐구
	체육·예술	
	기술·가정/정보	
	제2외국어/한문	
	교양	

추천 도서 목록

- 세상을 바꾼 화학, 원정현, 리베르스쿨
- 화학의 역사를 알면 화학이 보인다, 백성혜, 이모션미디어
- 나의 첫 번째 바다 생물 이야기, 진저 L 클라크, 미래주니어
- 우리가 몰랐던 생물들의 마지막 이야기, 시모아 아야에, 영진닷컴
- 반드시 다가올 미래, 남성현, 포르체
- 생명과학, 공학을 만나다, 유영제, 나녹
- 생물학 이야기, 김웅진, 행성B
- 하늘과 바람과 별과 인간, 김상욱, 바다출판사
- 꿈의 분자 RNA, 김우재, 김영사
- 생명은 어떻게 작동하는가, 박문호, 김영사
- 생물학적 풍요, 브루스 베게밀, 히포크라테스
- 생명을 묻다, 정우현, 이른비
- 한 손에 잡는 생명윤리, 도나디켄슨, 동녘

- 아주 특별한 생물학 수업, 장수철 외, 휴머니스트
- 세균에서 생명을 보다, 고관수, 계단
- 질병 정복의 꿈, 바이오 사이언스, 이성규, MID
- 매우 작은 세계에서 발견된 뜻밖의 생물학, 이준호, 21세기북스
- 진정일 교수의 교실 밖 화학 이야기, 진정일, 궁리
- 역사를 바꾼 17가지 화학 이야기, 제이 버레슨 외, 사이언스북스
- 뇌과학자는 영화에서 인간을 본다, 정재승, 어크로스
- 바이오테크 시대, 제러미 리프킨, 민음사
- 이기적 유전자, 리처드 도킨스, 을유문화사
- 그린 멘토 미래의 나를 만나다, 에코주니어 외, 뜨인돌출판사
- 생각하는 십대를 위한 토크 콘서트: 환경, 김강석 외, 꿈결
- 오래된 미래, 헬레나 노르베리 호지, 중앙북스

학교생활 TIPS

- 생물환경화학을 전공하는 데 기본이 되는 과학과 수학 성적을 상위권으로 유지하고, 생명과학, 화학, 환경에 대한 지식을 함양하고 확장하는 과정을 통해 학업 능력, 전공 적합성, 창의성, 의사소통 능력 등이 학교 생활기록부 교과 세부능력 및 특기사항에 기록될 수 있도록 자기주도적으로 수업에 참여합니다.
- 생명과학, 화학, 환경과 관련된 학과 및 대학 탐방과 직업 체험을 통하여 자신의 진로를 계획할 것을 권장합니다.
- 공동 과제 수행이나 프로젝트 활동을 통하여 프로젝트 수행 능력과 배려, 나눔, 공감 등의 능력 및 리더십을 함양할 것을 추천합니다.

- 과학 실험 및 환경 동아리에서 주변 사물을 과학적으로 탐구하고 과학의 기본 개념을 이해하며, 이를 실생활에 적용하는 활동을 할 것을 권장합니다. 인문학, 자연과학, 공학, 철학, 심리학, 환경 등 다양한 분야의 독서 활동을 통하여 다양한 개념을 통합적으로 해석하는 능력을 함양할 것을 권장합니다.
- 자기주도성, 정보 처리 능력, 경험의 다양성, 성실성, 창의성, 의사소통 능력, 문제 해결 능력, 통합적 사고, 비판적 사고, 탐구 능력 등이 학교 생활기록부에 기록될 수 있도록 성실히 학교생활을 하는 것을 추천합니다.

98

수산생명의학과

학과소개

수산생명의학과는 수산 생물과 관련된 의학적 지식을 공부하는 학과입니다. 수산 생물, 즉 양식되고 있는 각종 어류, 갑각류, 패류, 해조류를 비롯하여 관상용 수산 생물의 질병을 공부하는 곳이 수산생명의학과입니다.

이 학과는 수산 생물에 발생하는 질병(바이러스, 세균, 기생충 등)에 대한 진단과 치료 및 예방 대책을 연구하고, 질병을 예방, 진단 및 치료함으로써 수산 양식 생물의 안정적인 생산 증대와 유해 환경으로부터 수산 생물을 보호하는 역할을 합니다.

수산생명의학과에서는 수산 생물에 대한 기초 의학적 지식, 임상 의학적 전문 지식과 연구 능력을 겸비할 수 있는 다양한 교육과정을 개설하여 교육하고 있으며 나아가 석사 및 박사 과정을 통해 수산생명의학에 관한 기존 지식을 바탕으로 새로운 학술적 이론과 그 응용 기술을 연구, 교육할 수 있는 인재, 수중 동식물의 질병을 예방, 진단하고 치료하는 수중 생물 전문가, 안전한 수산물의 보급을 책임지는 수산 분야 전문가를 양성하고자 합니다.

개설대학

- 국립강릉원주대학교
- 국립공주대학교
- 국립군산대학교
- 국립목포대학교
- 국립부경대학교
- 선문대학교
- 전남대학교(제2캠퍼스)
- 제주대학교
- 한서대학교 등

진출직업

- 수산직 공무원
- 수산제조기사
- 수산양식기사
- 수산양식산업기사
- 어로기사
- 어로산업기사
- 해양수산기술자
- 해양생물공학자
- 중등학교 교사(수산·해양)
- 해양학연구원
- 해양환경기사
- 기자
- 방송PD 등

관련학과

- 수산생명과학부
- 스마트수산자원관리학과
- 해양생산시스템관리학부
- 해양생태환경학과
- 해양바이오식품학과
- 해양융합공학과 등

취득가능 자격증

- 수산질병관리사
- 수산물품질관리사
- 수산양식산업기사
- 수산양식기사
- 수질환경산업기사
- 수질환경기사
- 자연환경관리기사
- 위생사
- 어병기사
- 중등학교 정교사 2급 (수산·해양) 등

진출분야

기업체	아쿠아리움, 수산 의약품 제조 회사, 사료 회사, 수산물 유통·가공 및 양식 업체, 수산 해양 관련 잡지사 및 신문사, 수협중앙회 등
정부 및 공공 기관	국립수산물품질관리원, 농림축산검역본부, 식품의약품안전처, 국립수산과학원, 질병관리본부, 한국수산과학기술진흥원, 해양수산과학기술진흥원, 한국농어촌공사, 해양수산부, 시청 해양수산과 및 도청해양수산국, 국립수산과학관, 국립해양박물관 등
연구 기관	국립환경연구원, 해양수산자원연구소, 한국수력원자력, 유전공학·BT 산업 관련 연구소 등

학과 주요 교과목

기초 과목	생명과학 및 실험, 수산생명의학개론, 의학생화학 및 실험, 수산생명기초의학, 수산생명임상의학 등
심화 과목	수서동물과 생태, 수산생물양식학, 유기화학, 수질분석, 기생충학 및 실험, 조직학 및 실험, 세균학, 수서동물해부학, 수산환경과 질병, 면역학, 수산생물의 영양과 질병, 바이러스, 수산동물조직학, 분자생물학, 수산동물생리학, 진균학, 수산약리학, 어병세균학, 진균학, 바이러스성질병학, 혈액학, 발병생태학, 해조류질병학, 수산법규, 수산학개론 등

학과 인재상 및 갖추어야 할 자질

- 평소 생물, 화학 및 그와 관련된 실험에 관심이 있는 학생
- 강인한 인내력, 과학적인 사고방식과 끈기 있는 관찰 및 탐구 자세를 지닌 학생
- 자연 생물에 대한 주의 깊은 관찰력이 있는 학생
- 어패류의 질병 진단 및 치료에 대한 열정, 전공 분야에 종사하려는 의지 등을 가진 학생
- 양식업이나 해양 생물, 생명과학에 흥미가 있는 학생
- 환경 보호에 대한 관심을 갖고 이를 실천할 수 있는 학생

학과 관련 선택 과목

※ 국어, 영어 교과는 모든 학문의 기초적인 성격을 가진 도구교과로 모든 학과에 이수가 필요하여 생략함.

공통 과목		공통국어1,2, 공통수학1,2, 공통영어1,2, 한국사1,2, 통합사회1,2, 통합과학1,2, 과학탐구실험1,2
수능 필수		화법과 언어, 독서와 작문, 문학, 대수, 미적분Ⅰ, 확률과 통계, 영어Ⅰ, 영어Ⅱ, 한국사, 통합사회, 통합과학, 성공적인 직업생활(직업)
일반 선택	수학, 사회, 과학	대수, 미적분Ⅰ, 확률과 통계, 현대사회와 윤리, 화학, 생명과학
	체육·예술	
	기술·가정/정보	
	제2외국어/한문	
	교양	생태와 환경
진로 선택	수학, 사회, 과학	미적분Ⅱ, 윤리와 사상, 인문학과 윤리, 물질과 에너지, 화학 반응의 세계, 세포와 물질대사, 생물의 유전
	체육·예술	
	기술·가정/정보	
	제2외국어/한문	
	교양	
융합 선택	수학, 사회, 과학	윤리문제 탐구, 기후변화와 지속가능한 세계, 기후변화와 환경생태, 융합과학 탐구
	체육·예술	
	기술·가정/정보	
	제2외국어/한문	
	교양	

추천 도서 목록

- 십대를 위한 미래과학 콘서트, 정재승 외, 청아람미디어
- 재미있는 식품미생물학, 강옥주 외, 수학사
- 노화 공부, 이덕철, 위즈덤하우스
- 생선 바이블, 김지민, 북커스
- 입질의 추억 재미있는 수산물 이야기, 김지민, 도서출판 모노
- 꾼의 황금 레시피, 김지민, 연두m&b
- 조선왕조실록상의 수산업, 김진백, 블루앤노트
- 나는 바다로 출근한다, 김정하, 산지니
- 무인도서 100선, 해양수산부, 진한엠앤비
- 바다의 모든 것, 아이뉴턴편집부, 아이뉴턴
- 바다를 알면 미래가 보인다, 김세권, 월드사이언스
- 물고기 박사가 들려주는 신기한 바다 이야기, 명정구, 산지니
- 남극에 운명의 날 빙하가 있다고?, 남성현, 나무를심는사람들

- 바다에 대한 예의, 주현희, 지성사
- 나의 첫 번째 바다 생물 이야기, 진저L. 클라크, 미래주니어
- 무협의 바다, 이언 어비나, 아고라
- 정재승의 과학 콘서트, 정재승, 어크로스
- 수산학개론, 장호영 외, 바이오사이언스출판
- 식품 미생물학, 이종경 외, 파워북
- 스마트 병원 미생물학, 류재기 외, 고려의학
- 의학미생물학, 대한미생물학회, 엘스비어코리아

학교생활 TIPS

- 수산생명의학을 전공하는 데 기본이 되는 수학, 과학 교과 성적을 상위권으로 유지하고, 교과 활동을 통해 해양생물에 대한 지식의 폭을 확장합니다. 학업 능력, 전공 적합성, 잠재력 등이 학교생활기록부 교과 세부능력 및 특기사항에 기록될 수 있도록 자기주도적으로 수업에 참여합니다.
- 전공과 관련하여 대학의 전공 캠프 및 교내 진로 박람회, 학과 탐방과 같은 진로 프로그램에 참여하여 자신의 진로에 대한 역량을 높이는 모습과 이를 실천하며 준비하는 모습을 보일 것을 권장합니다.
- 과학 실험, 탐구, 환경 관련 동아리에서 전공 관련 전공 적합성과 관련된 역량을 높일 수 있는 활동을 할 것을 추천합니다. 또한 공학, 환경, 미래학,

식량, 의학 및 인문학, 철학 등 다양한 분야의 독서를 권장합니다.
- 자기주도성, 분석적 사고, 배려, 나눔, 과학적 탐구 능력, 생명체에 대한 관심, 환경 보호에 대한 실천력 등이 학교 생활을 통해 학교생활기록부에 기록될 수 있도록 성실히 학교생활을 할 것을 추천합니다.

인문계열

사회계열

자연계열

공학계열

의약계열

예체능계열

교육계열

계약학과 & 특성화학과

99

수학과

학과소개

수학은 일상생활이나 자연계에서 일어나는 현상의 규칙과 패턴을 찾아내고 이를 체계적으로 정립하여 연구하는 학문입니다. 수학과는 급변하는 과학 사회를 주도할 수 있는 전문적 지식과 전인적 인격을 동시에 갖추어 과학의 발전은 물론 사회와 인류에 공헌할 수 있는 수학인을 양성하는 데에 그 목적을 두고 있습니다. 또한 현대 과학의 모든 분야에 그 이론적 기초를 제공하고 있는 학문적 특성에 발맞추어 수학 및 과학 전 분야의 발전에도 이바지하고 있습니다.

따라서 정보 관리 및 분석, 컴퓨터 이론 분야에 있어서 기초 수학과 많은 부분을 공유하고 있는 정보공학 및 컴퓨터공학을 함께 공부하는 것이 좋으며 그밖에 경영 정보 및 보험 관련 학문과 기계공학, 전자공학 등도 수학 전공과 밀접한 관련을 맺고 있습니다.

개설대학

- 가톨릭대학교
- 강원대학교
- 건국대학교
- 경기대학교
- 경북대학교
- 경희대학교
- 계명대학교
- 고려대학교
- 광운대학교
- 국립군산대학교
- 단국대학교
- 동국대학교
- 부산대학교
- 서울시립대학교
- 성균관대학교
- 숙명여자대학교
- 숭실대학교
- 아주대학교
- 연세대학교
- 영남대학교
- 이화여자대학교
- 인천대학교
- 인하대학교
- 전남대학교
- 제주대학교
- 중앙대학교
- 충남대학교
- 충북대학교
- 한국외국어대학교
- 한남대학교
- 한양대학교 등

관련학과

- 수리통계학과
- 수리통계데이터사이언스학부 (수학, 핀테크)
- 수학교육과
- AI수리학과
- 수리과학부
- 수리데이터사이언스학과
- 응용수학과
- 컴퓨터응용수학부
- 정보수학과
- 정보보안암호수학과 등

진출분야

기업체	보험 회사, 증권 회사, 은행, 정보 통신 기술 업체, 정보처리 업체, 리서치 업체, 기업 전산·통계실, 수학학원, 출판사, 방송국, 수학 교재 개발 업체
정부 및 공공 기관	중고등학교, 대학교, 고등과학원 수학난제연구센터, 수학 영재 교육원 등
연구 기관	수학 관련 연구소, 국가수리과학연구소 등

진출직업

- 수학 관련 연구소 연구원
- 수학학습지 및 교재개발자
- 학원 강사
- 출판물기획자
- 전산·금융·보험사무직
- 금융자산운용가
- 보험관리자
- 정보보안전문가
- 정보관리기술사
- 블록체인전문가
- 암호학자
- 통계학자
- 경제학자
- 데이터과학자
- 보험사무원
- 변리사
- 회계사
- 계리사
- 중등학교 교사(수학)
- 대학 교수
- 수학교육행정가 등

취득가능 자격증

- 정보처리산업기사
- 정보처리기사
- 보험계리사
- 손해사정사
- 세무사
- 공인회계사
- 사회조사분석사
- 전산세무
- 세무회계
- 전산회계
- 정보보안산업기사
- 정보보안기사
- 정보통신기술사
- 정보관리기술사
- 전산회계운용사
- 손해평가사
- 변리사
- 중등학교 정교사 2급(수학) 등

학과 주요 교과목

기초 과목	미분적분학, 선형대수학, 선형대수학연습, 해석학개론, 복소수함수론, 추상대수학, 응용선형대수학, 증용선형대수학연습, 위상수학 등
심화 과목	미분적분학연습, 이산수학, 미분방정식, 정수론, 미분기하학, 통계학, 실해석학, 확률미적분학과금융수학, 수학교육론, 집합론, 다변수해석학, 전산수학, 현대기하학, 암호론, 편미분방정식, 논리 및 논술, 수학교재연구 및 지도법, 다변수미분적분학, 유한수학 및 프로그래밍, 복소해석학, 수치해석학, 수리모델링, 다변수함수론, 보험수학, 금융수학, 편미분방정식, 실변수함수론 등

학과 인재상 및 갖추어야 할 자질

- 수학교육 및 수학 관련 분야의 사업을 하고 싶은 학생
- 창의적으로 수학 문제를 해결할 수 있는 능력을 가진 학생
- 논리적인 사고와 수리 능력, 꼼꼼한 관찰력을 갖춘 학생
- 끈기를 가지고 하나의 문제를 풀어 나갈 수 있는 학생
- 어떤 일이든 원인을 알고 싶어 하는 지적 호기심을 가진 학생
- 문제해결 과정에 흥미를 느끼는 학생

학과 관련 선택 과목

※ 국어, 영어 교과는 모든 학문의 기초적인 성격을 가진 도구교과로 모든 학과에 이수가 필요하여 생략함.

공통 과목		공통국어1,2, 공통수학1,2, 공통영어1,2, 한국사1,2, 통합사회1,2, 통합과학1,2, 과학탐구실험1,2
수능 필수		화법과 언어, 독서와 작문, 문학, 대수, 미적분 I , 확률과 통계, 영어 I , 영어 II , 한국사, 통합사회, 통합과학, 성공적인 직업생활(직업)
일반 선택	수학, 사회, 과학	대수, 미적분 I , 확률과 통계, 물리학
	체육·예술	
	기술·가정/정보	정보
	제2외국어/한문	
	교양	
진로 선택	수학, 사회, 과학	기하, 미적분 II , 경제 수학, 인공지능 수학, 경제, 역학과 에너지, 전자기와 양자
	체육·예술	
	기술·가정/정보	데이터 과학
	제2외국어/한문	
	교양	인간과 철학, 논리와 사고
융합 선택	수학, 사회, 과학	수학과 문화, 실용 통계, 수학과제 탐구
	체육·예술	
	기술·가정/정보	
	제2외국어/한문	
	교양	인간과 경제활동, 논술

추천 도서 목록

- 철학의 수학소, 김상일, 동면
- 수학의 원리 철학으로 캐다, 김용운, 상수리
- 수학의 눈으로 보면 다른 세상이 열린다, 나동혁, 지상의책
- 수학에 관해 생각하기, Stewart Shapiro, 교우
- 수학은 문해력이다, 차오름, 마그리트서재
- 논리의 기술, 유지니아 쳉, 열린책들
- 역사를 품은 수학, 수학을 품은 역사, 김민형, 21세기북스
- 청소년을 위한 수학의 역사, 한상직, 초록서재
- 수학기호의 역사, 조지프 마주르, 반니
- 수학이 필요한 순간, 김민형, 인플루엔셜
- 수학의 기쁨 혹은 가능성, 김민형, 김영사
- 다시 수학이 필요한 순간, 김민형, 인플루엔셜
- 수학의 수학, 김민형, 은행나무

- 수학이 불완전한 세상에 대처하는 방법, 박형주, 해나무
- 수학 문명을 지배하다, 모리스 클라인, 경문사
- 춤추는 술고래의 수학이야기, 레오나르드 믈로디노프, 까치
- 페르마의 마지막 정리, 사이먼 싱, 영림카디널
- 수학의 오솔길, 이정례, 수학정원
- 어느 수학자의 변명, G. H. 하디, 세시
- 수학 비타민 플러스, 박경미, 김영사

학교생활 TIPS

- 수학적 지식을 활용할 수 있는 동아리를 만들거나 수학 관련 동아리에 가입하고, 수학적 분석력과 문제 해결력을 기를 수 있는 다양한 활동에 적극 참여합니다.
- 수학 관련 다양한 진로 중 자신이 목표하는 진로 분야와 관련된 정보를 멘토링, 독서, 체험 등을 통해 수집하고 진로를 준비할 것을 권장합니다.
- 수학 관련 분야의 책을 읽거나 자연 현상에 대해 논리적이고 과학적으로 분석하고 이를 통합적으로 이해하려는 노력을 꾸준히 하는 것이 좋습니다.
- 자기주도성, 학업 능력, 분석적 사고, 추론 능력, 학업 능력, 탐구 능력,

문제 해결 능력, 의사 결정 능력, 목표 의식, 잠재력 등이 학교생활을 통하여 나타나고, 이러한 모습이 학교생활기록부에 기록되도록 성실히 학교생활을 할 것을 추천합니다.

인문계열

사회계열

자연계열

공학계열

의약계열

예체능계열

교육계열

계약학과 & 특성화학과

100

식량자원과학과

자연계열
NATURAL SCIENCE

학과소개

식량자원학은 곡물을 주로 하는 식량 작물, 채소나 과실, 특용 작물, 약용 작물, 가축의 먹이인 사료 작물 등 모든 식물과 그 생산물을 대상으로 생명공학 기술을 적용하는 학문입니다.

웰빙이 강조되는 현대 사회에서는 건강에 유익한 기능성 소재의 개발 필요성이 강력히 대두되고 있습니다. 각종 생물 소재로부터 유용한 기능성 신소재를 탐구하기 위해서는 다양한 학문과 기술이 융합되어야 합니다.

식량자원과학과는 유전육종학 및 생명공학적 기술과 기능성 신물질 탐색 및 분리·동정기술을 이용한 신소재 탐구, 이와 같이 탐구된 신소재의 환경 친화적인 재배 및 생산기술 및 식품 이용 등에 필요한 지식을 습득하기 위한 교과목을 개설하여 연구 및 산업분야의 인재를 양성하고 있습니다.

개설대학

• 건국대학교 등

관련학과

• 농생명과학과
• 농생명화학과
• 생물자원과학부
• 미생물학과
• 미생물·분자생명과학과
• 응용생물학과
• 분자생물학과
• 시스템생물학 등

진출분야

기업체	농약 회사, 종묘 회사, 맥주 회사, 제약 회사, 농산물수출입 무역 회사, 건설 회사 및 조경 회사, 수목 병해충 관리 회사, 양묘 회사, 유기질 비료 회사, 종자 기업, 의약 업체 등
정부 및 공공 기관	한국농어촌공사, 농협, 농림축산식품부, 농촌진흥청, 국립농산물품질관리원, 농림축산검역본부, 국립보건연구원, 질병관리본부, 국립생물자원관, 국립산림과학원 등
연구 기관	한국생명공학연구원, 한국기초과학지원연구원, 한국화학연구원, 각 지역 농업기술원, 국립농업과학원, 한국식품연구소, 생물공학 분야 관련 연구소, 식품의약품안전처, 한국식품연구원, 식품위생안전연구소, 국립식량과학원, 농업 관련 연구소

진출직업

• 농업직 공무원
• 기후변화전문가
• 농업기술자
• 바이오의약품연구원
• 변리사
• 생명공학연구원
• 생명공학자
• 생물분자유전연구원
• 수목보호기술자
• 생명과학연구원
• 생물학연구원
• 종자기술자
• 농업연구원
• 임업연구원
• 식물검역원
• 농산물품질관리원 등

취득가능 자격증

• 농림토양평가관리기사
• 농산식품가공기사
• 생물공학기사
• 농화학기술사
• 유기농업기사
• 종자기사
• 식물보호기사 등

학과 주요 교과목

기초 과목	식량과학개론, 작물생명공학의이해. 작물물질소재학, 작물유전학, 작물재배학원론, 기능성생물자원학, 벼재배생리생태학, 작물유기화학및실험, 작물개량학및실험, 작물환경화학, 친환경농업생산학 등
심화 과목	식량자원학, 식물육종학, 작물기능성생화학, 작물기능유전체학, 작물분자육종학및실험, 차세대종자산업학및실험, 기능성물질응용학, 농약학및실험, 농학설계및분석, 식물영양학, 약용작물기능성물질학, 작물기능성물질대사학, 작물보호학, 토양비료학및실험 등

학과 인재상 및 갖추어야 할 자질

• 생물학뿐만 아니라 수학, 물리학, 화학, 생명과학에 대한 기초적인 소양을 갖춘 학생
• 동식물의 채집이나 자연 관찰에 흥미가 있는 학생
• 사물을 객관적으로 분석하는 능력과 과학적인 사고력을 가진 학생
• 농촌 문제나 식량 문제, 농업 기술 등에 관심이 있는 학생
• 생명 현상을 정확히 볼 수 있는 관찰력과 분석력을 갖추고 있는 학생
• 첨단 과학이 접목되는 6차 산업의 개념을 이해하고, 인간의 환경, 식량, 건강에도 관심이 많은 학생

학과 관련 선택 과목

※ 국어, 영어 교과는 모든 학문의 기초적인 성격을 가진 도구교과로 모든 학과에 이수가 필요하여 생략함.

공통 과목		공통국어1,2, 공통수학1,2, 공통영어1,2, 한국사1,2, 통합사회1,2, 통합과학1,2, 과학탐구실험1,2
수능 필수		화법과 언어, 독서와 작문, 문학, 대수, 미적분Ⅰ, 확률과 통계, 영어Ⅰ, 영어Ⅱ, 한국사, 통합사회, 통합과학, 성공적인 직업생활(직업)
일반 선택	수학, 사회, 과학	대수, 미적분Ⅰ, 확률과 통계, 물리학, 화학, 생명과학
	체육·예술	
	기술·가정/정보	기술·가정, 정보
	제2외국어/한문	
	교양	생태와 환경
진로 선택	수학, 사회, 과학	기하, 미적분Ⅱ, 물질과 에너지, 화학 반응의 세계, 세포와 물질대사, 생물의 유전
	체육·예술	
	기술·가정/정보	생활과학 탐구
	제2외국어/한문	
	교양	인간과 심리
융합 선택	수학, 사회, 과학	수학과제 탐구, 기후변화와 지속가능한 세계, 기후변화와 환경생태, 융합과학 탐구
	체육·예술	
	기술·가정/정보	
	제2외국어/한문	
	교양	

추천 도서 목록

- 세포의 노래, 싯다르타 무케르지, 까치
- 질병 정복의 꿈, 바이오 사이언스, 이성규, MID
- 캠벨 생명과학, Urry, 바이오사이언스출판
- 풀꽃, 어디까지 알고 있니?, 이동혁, 이비락
- 루소의 식물학 강의, 장 자크 루소, 에디투스
- 식물의 사회생활, 이영숙 외, 동아시아
- 농업의 대반격, 김재수, 프리뷰
- 농업의 미래, 성형주, 동아일보사
- 미생물을 응원하다, 아일사 와일드 외, 레드스톤
- 곰팡이, 가장 작고 은밀한 파괴자들, 에밀리 모노선, 반니
- 토끼는 당근을 먹지 않는다, 위고 클레망, 구름서재
- 땅을 생각하다, 로드 노스본, 눌민
- 기초 분자생물학, LIZABETH A. ALLISON, 월드사이언스

- 녹조의 번성, 강찬수, 지오북
- 생물철학, 최종덕, 씨아이알
- 황새가 살 수 없는 땅 사람도 살지 못해요, 박시룡, 목수책방
- 쉽게 배우는 핵심 미생물학, 김미향, 의학서원
- 생명에 대한 이해, 황혜진, 라이프사이언스
- 참나무라는 우주, 더글라스 탈라미, 가지
- 양식생물학, 강경호, 전남대학교출판문화원
- 작물보다 귀한 유산이 어디 있겠는가, 한상기, 지식의날개
- 사계절 기억책, 최원형, 블랙피쉬
- 하천과 습지, 식물의 역동적인 적응과 생태, 이율경 외, 좋은땅
- 미래의 자연사, 롭 던, 까치
- 필수생물학, Marielle Hoefnagels, 범문에듀케이션

학교생활 TIPS

- 식량자원과학을 전공하는 데 기본이 되는 수학, 물리학, 화학, 생명과학 교과성적을 상위권으로 유지하고, 학업 능력, 탐구력, 관찰력 및 분석력 등이 학교생활기록부 교과 세부능력 및 특기사항에 기록될 수 있도록 자기주도적으로 수업에 참여합니다.
- 전공과 관련있는 다양한 진로 활동(생물학연구원 인터뷰, 관련직업 탐색)에 참여하거나, 대학의 전공 캠프 및 교내외 진로 박람회, 학과 탐방 등을 통해 진로역량을 키울 것을 추천합니다.
- 자연 현상 및 생명 현상에 대해 공감하고 배려할 수 있는 봉사 활동 또는 타인의 마음을 이해하고 도움을 줄 수 있는 활동에 적극 참여하고, 이같은 참여 사실이 학교 생활기록부에 나타나도록 합니다.

- 동식물을 채집하거나 자연을 관찰하는 동아리, 또는 농촌 문제 및 식량 문제에 대해 실험과 토론 및 프로젝트를 진행하는 동아리에서 다양한 활동을 할 것을 적극 추천합니다.
- 인문학, 철학, 공학 일반, 농촌 문제, 식량 문제, 환경, 미래학 등 다양한 분야의 독서를 권장합니다.
- 자기주도성, 경험의 다양성, 성실성, 책임감, 리더십, 분석력, 정보 처리 능력, 융복합 능력, 의사소통 능력, 문제 해결 능력, 나눔과 배려, 비판적 사고 등이 학교생활을 통해 나타나고, 이같은 내용이 학교생활기록부에 기록 될 수 있도록 성실히 학교생활을 하는 것을 추천합니다.

101

식물의학과

학과소개

식물은 모든 생물에게 생명의 근원이 되는 산소를 공급해 주고, 인류에게 식량 자원과 산림 자원을 제공해 줍니다. 때문에 녹색 식물이 없는 지구는 상상하기조차 어렵습니다. 이처럼 인류의 생존에 절대적인 식물도 사람이나 동물처럼 생로병사를 겪습니다. 생로병사를 겪으면서도 말을 할 수 없어 고통을 호소하지 못하는 식물의 아픔을 진료하고 치료하는 식물 의사를 양성하는 학과는 바로 식물의학과입니다.

식물의학과는 기본적으로 기존의 농생물학과와 유사하나, 보다 미래 지향적으로 전문화되었다는 특성이 있습니다. 식물의학과는 응용 곤충 분야와 식물 병리 분야로 나누어집니다. 식물의학과는 식물의 병충해의 원인을 규명하고 치료하며, 병충해를 친환경적, 생태적으로 방제하기 위한 의학적 연구를 하고 있습니다. 또한 해충 등 곤충의 신속 정확한 분류, 병충해의 정확한 진단 및 치료방법 연구, 병해충의 병리 연구를 통한 새로운 방제 방안 연구 및 실습의 특성화에 중점을 두고 있습니다.

개설대학

- 경북대학교
- 경상국립대학교
- 충북대학교 등

관련학과

- 식물생명과학과
- 식물생산과학부
- 식물자원조경학부
- 식물자원학과
- 식물자원환경전공
- 반려동식물학과
- 생명자원공학부(식물생명공학전공)
- 특용식물학과 등

진출분야

기업체	농약 회사, 종묘 회사, 맥주 회사, 제약 회사, 농산물수출입 무역 회사, 조경 회사, 양묘 회사, 유기질 비료 회사 등
정부 및 공공 기관	농림축산식품부, 농촌진흥청, 국립농산물품질관리원, 농림축산검역본부, 국립보건연구원, 질병관리본부, 국립생물자원관, 국립산림과학원 등
연구 기관	한국생명공학연구원, 한국기초과학지원연구원, 한국화학연구원, 각 지역 농업기술원, 농약 연구소, 식품 연구소, 생물공학 분야 관련 연구소, 식품의약품안전처, 한국식품연구원, 한국식품연구원, 국립식량과학원, 농업생명공학연구원, 국제원예연구원, 각 지역 산림환경연구원 등

진출직업

- 식물보호기사
- 약용식물자원관리사
- 살균제조자
- 산지식물자원관리사
- 원예심리상담관리사
- 토종식물자원관리사
- 식물도매원
- 식물디자이너
- 원예강사
- 친환경비료개발자
- 식물학연구원
- 분재원
- 화훼연구원
- 플로리스트
- 수목보호기술자
- 농업기술자
- 생명과학연구원
- 생물학연구원
- 종자기술자
- 농업연구원
- 임업연구원
- 식물검역원
- 농산물품질관리원 등

취득가능 자격증

- 농화학기사
- 유기농업산업기사
- 유기농업기사
- 종자기사
- 종자산업기사
- 시설원예기사
- 시설원예산업기사
- 화훼장식기사
- 화훼장식기능사
- 농산물유통관리사
- 식물보호기사
- 식물보호산업기사 등

학과 주요 교과목

기초 과목	미생물학, 일반곤충학 및 실험, 균학 및 실험, 식물병학총론, 식물균병학 및 실험, 곤충분류학 및 실험, 곤충생태학 및 실험, 식물해충진단법 및 실험, 식물바이러스병학, 식물병방제법 및 실습, 응용곤충학 및 실험, 식물해충방제법 및 실습 등
심화 과목	재배학원론, 생화학, 곤충형태학 및 실험, 식물생리학 및 실험, 식물세균병학 및 실험, 산림해충학, 식물의약학, 생물안보학, 수목진단학, 친환경식물보호종합설계, 분자식물병리학, 자원곤충학, 친환경해충관리론 등

학과 인재상 및 갖추어야 할 자질

- 생물학뿐만 아니라 수학, 물리학, 화학, 생명과학 등에 대한 기초적인 소양을 갖춘 학생
- 동식물 채집이나 자연 관찰에 흥미가 있는 학생
- 사물을 객관적으로 분석하는 능력과 과학적인 사고력을 가진 학생
- 창의적인 문제제기 능력과 자기주도적인 문제 해결 능력을 갖춘 학생
- 첨단 과학이 접목되는 6차 산업의 개념을 이해하고, 인간의 환경, 식량, 건강 등에 관심이 많은 학생
- 과학 전반의 지식 습득에 관심이 있고, 연구 능력을 갖춘 학생

학과 관련 선택 과목

※ 국어, 영어 교과는 모든 학문의 기초적인 성격을 가진 도구교과로 모든 학과에 이수가 필요하여 생략함.

공통 과목		공통국어1,2, 공통수학1,2, 공통영어1,2, 한국사1,2, 통합사회1,2, 통합과학1,2, 과학탐구실험1,2
수능 필수		화법과 언어, 독서와 작문, 문학, 대수, 미적분Ⅰ, 확률과 통계, 영어Ⅰ, 영어Ⅱ, 한국사, 통합사회, 통합과학, 성공적인 직업생활(직업)
일반 선택	수학, 사회, 과학	대수, 미적분Ⅰ, 확률과 통계, 물리학, 화학, 생명과학, 지구과학
	체육·예술	
	기술·가정/정보	기술·가정, 정보
	제2외국어/한문	
	교양	생태와 환경
진로 선택	수학, 사회, 과학	미적분Ⅱ, 물질과 에너지, 화학 반응의 세계, 세포와 물질대사, 생물의 유전
	체육·예술	
	기술·가정/정보	
	제2외국어/한문	
	교양	보건
융합 선택	수학, 사회, 과학	기후변화와 지속가능한 세계, 기후변화와 환경생태, 융합과학 탐구
	체육·예술	
	기술·가정/정보	
	제2외국어/한문	
	교양	논술

추천 도서 목록

- 하루 한 장 명화 속 식물 365, 박은희, 블랭잉크
- 식물의 사회생활, 이영숙 외, 동아시아
- 식물 없는 세계에서, 김주영, 우리학교
- 식물의 신기한 진화, 이나가키 히데히로, 북스토리
- 식물로 보는 한국사 이야기, 신현배, 뭉치
- 식물학자의 노트, 신혜우, 김영사
- 조향사가 들려주는 향기로운식물도감, 프레디 고즐랜드 외, 도원사
- 향수가 된 식물들, 장 클로드 엘레나, 아멜리에북스
- 세계사를 바꾼 13가지 식물, 이너가키 히데리로, 사람과나무사이
- 식물이 아프면 찾아오세요, 김강호, 길벗
- 식물분류학자 허태임의 나의 초록목록, 허태임, 김영사
- 파브르 식물기, 장 앙리 파브르, 휴머니스트
- 매혹하는 식물의 뇌, 스테파노 만쿠소, 행성B
- 무섭지만 재밌어서 밤새 읽는 식물학 이야기, 이나가키 히데히로, 더숲
- 식물학 수업, 이나가키 히데히로, 카라북스
- 바이러스와 식물, 최장경, 향문사
- 작물을 사랑한 곤충, 한영식, 들녘
- 자연은 왜 이런 선택을 했을까, 요제프 H. 라이히홀프, 이랑
- 문명과 식량, 루스 디프리스, 눌와
- 발밑의 혁명, 데이비드 몽고메리, 삼천리
- 쌀의 세계사, 사토 요우이치로, 좋은책만들기
- 푸드 앤 더 시티, 제니퍼 코크럴킹, 삼천리
- 6차 산업을 디자인하라, 현의송, 책넝쿨
- 식량안보, 한민족의 미래, 김현영, 씨아이알
- 다윈의 식탁, 장대익, 바다출판사
- 침묵의 봄, 레이첼 카슨, 에코리브르

학교생활 TIPS

- 식물의학을 전공하는 데 기본이 되는 수학, 과학 교과 성적을 상위권으로 유지하고, 교과 수업을 통하여 전공 관련 지식을 확장하며 교과 간 지식을 융·복합하는 과정을 거침으로써 학업 능력, 전공 적합성, 창의성, 의사소통 능력 등이 학교생활기록부 교과 세부능력 및 특기사항에 기록될 수 있도록 합니다.
- 전공 관련 체험, 학과 탐방 활동 및 관련 학과의 선배 및 직업인과의 만남과 같은 전공 탐색 활동에 적극적으로 참여하여 진로 역량을 높이는 것을 권장합니다.
- 공동 과제 수행이나 프로젝트 활동을 통하여 프로젝트 수행 능력을 함양하고, 이 과정에서 배려, 나눔, 공감 및 리더십 등의 능력을 함양하도록 하고, 이같은 사실이 학교생활기록부에 나타나도록 합니다.
- 환경, 과학, 교내 텃밭 가꾸기 등의 동아리 활동을 통하여 자연을 관찰하고 과학적 탐구력 및 사고력을 높일 것을 권장합니다. 인문학, 공학, 자연과학, 철학, 환경, 4차 산업혁명 및 심리학 등 다양한 분야의 독서를 통하여 다양한 지식을 복합적으로 사고하는 능력을 키워 나갈 것을 추천합니다.
- 자기주도성, 경험의 다양성, 성실성, 창의성, 의사소통 능력, 문제 해결 능력, 통합적 사고, 비판적 사고, 탐구 능력, 리더십 등이 학교생활을 통해 나타나고, 이같은 내용이 학교생활기록부에 기록될 수 있도록 성실히 학교생활을 하는 것을 추천합니다.

102

식물자원학과

학과소개

식물 자원은 인류의 생존을 지속하기 위해 이용되는 먹거리, 약재 등의 식물로 현재 인간에게는 지구의 환경을 해치지 않으면서도 다양하고 풍부한 식물 자원을 원활히 공급하는 것에 대한 연구가 필요합니다.

식물자원학과는 각종 식물을 꾸준히 생산할 수 있는 유전 정보를 연구하고 기상, 토양, 병해충 등 식물 재배에 필요한 환경 요인을 분석해 식물 자원의 생산 및 공급 체계를 개발하며, 나아가 첨단 생명공학 기법을 활용한 식물 개량 이론과 응용 방법을 이해하고 작물의 이용 가치를 높이는 기술을 연구하는 학과입니다.

식물자원학과는 인류의 생존과 번영을 위한 식물 자원의 보존 및 활용, 농산물 품질 개량, 생산 기술 및 재배 기술의 개발을 통해, 유용 식물 자원 개발 및 신품종 육성 분야의 전문적, 지도적 역할과 봉사를 할 수 있는 인재를 양성하는 데 교육 목표를 두고 있습니다.

개설대학

- 경북대학교
- 국립공주대학교
- 충남대학교
- 충북대학교 등

관련학과

- 식물생산과학부
- 식물자원조경학부
- 식물의학과
- 식물자원환경전공
- 특용식물학과
- 원예과학과
- 원예과학부
- 원예산림학과
- 원예산림학부
- 원예산업학과
- 원예생명과학과
- 원예생명조경학과
- 원예학과
- 농생명과학과
- 농학과
- 스마트원예학과
- 스마트농산업학과
- 스마트팜과학과
- 스마트팜농산업학과
- 스마트팜학과
- 식량자원과학과
- 식물생명과학과
- 식물생산과학부
- 환경원예학과
- 환경디자인원예학과 등

진출분야

기업체	농약 회사, 종묘 회사, NH농협은행, 각 지역 원예농업협동조합, 화학 및 생명공학 관련 회사 등
정부 및 공공 기관	한국농어촌공사, 한국농수산식품유통공사, 농림축산식품부, 환경부, 행정안전부, 기상청, 식품의약품안전처, 국립농업과학원, 농업 관련 중고등학교, 국립종자원, 국립식물검역소, 국립농산물품질관리원 등
연구 기관	원예 연구소, 식물 연구소, 농업 연구소, 나무병원, 식물 보호 관련 기관, 식량 농업 기구, 국제미작연구소, 국제 농업 관련 연구소 등

진출직업

- 곡식작물재배자
- 과수작물재배자
- 원예기술자
- 채소 및 특용작물재배자
- 농업관련중고등학교 교사
- 농촌지도자
- 국립농산물품질관리원
- 식물 관련 공무원
- 원예·식물관련연구원
- 식물보호기사
- 약용식물자원관리사
- 살균제조자
- 산지식물자원관리사
- 원예심리상담관리사
- 토종식물자원관리사
- 식물도매원
- 식물디자이너
- 원예강사
- 친환경비료개발자
- 식물학연구원
- 분재원
- 화훼연구원
- 플로리스트 등

취득가능 자격증

- 식물보호산업기사
- 식물보호기사
- 종자기사
- 종자산업기사
- 시설원예기사
- 시설원예산업기사
- 화훼장식기사
- 화훼장식기능사
- 농산물유통관리사
- 산림산업기사
- 산림기사
- 임산가공기사
- 임산가공산업기사
- 임업종묘기사 등

학과 주요 교과목

기초 과목	식물생리학 및 실험, 전작 및 실습, 사료자원식물학, 공예작물학 및 실습, 식물병리학 및 실험, 실험통계학, 버섯생산과학, 벼의 과학 등
심화 과목	식물유전학, 식물형태학, 유기화학, 작물생명공학, 생화학, 식물육종학, 응용미생물학, 작물생명과학실험, 토양비료학, 식물분자유전학, 잡초과학, 빅데이터와 벼품종개발, 재배학원론, 농업약제학, 식물생태학, 식물분자육종학, 작물조직배양학, 친환경유기농업 등

학과 인재상 및 갖추어야 할 자질

- 성실한 자세로 자연과 농업을 사랑하는 학생
- 연구 결과가 바로 나오지 않더라도 인내할 수 있는 끈기를 가진 학생
- 전공에 기초가 되는 생명과학, 화학 등의 과목에 흥미가 많은 학생
- 창의적인 문제제기 능력과 자기주도적인 문제 해결 능력을 갖춘 학생
- 실험, 연구의 원인과 결과를 꼼꼼히 분석할 수 있고, 반복적인 실험을 계속하는 인내심을 갖춘 학생
- 과학 전반의 지식 습득에 관심을 가지며, 과학 지식을 탐구하려는 연구 능력을 갖춘 학생

학과 관련 선택 과목

※ 국어, 영어 교과는 모든 학문의 기초적인 성격을 가진 도구교과로 모든 학과에 이수가 필요하여 생략함.

공통 과목		공통국어1,2, 공통수학1,2, 공통영어1,2, 한국사1,2, 통합사회1,2, 통합과학1,2, 과학탐구실험1,2
수능 필수		화법과 언어, 독서와 작문, 문학, 대수, 미적분Ⅰ, 확률과 통계, 영어Ⅰ, 영어Ⅱ, 한국사, 통합사회, 통합과학, 성공적인 직업생활(직업)
일반 선택	수학, 사회, 과학	대수, 미적분Ⅰ, 확률과 통계, 물리학, 화학, 생명과학, 지구과학
	체육·예술	
	기술·가정/정보	기술·가정, 정보
	제2외국어/한문	
	교양	생태와 환경
진로 선택	수학, 사회, 과학	미적분Ⅱ, 물질과 에너지, 화학 반응의 세계, 세포와 물질대사, 생물의 유전
	체육·예술	
	기술·가정/정보	생활과학 탐구
	제2외국어/한문	
	교양	보건
융합 선택	수학, 사회, 과학	기후변화와 지속가능한 세계, 기후변화와 환경생태, 융합과학 탐구
	체육·예술	
	기술·가정/정보	
	제2외국어/한문	
	교양	논술

추천 도서 목록

- 선택식물 관찰도감, 국립생물자원관, 지오북
- 씨앗, 미래를 바꾸다, 진중현 외, 다림
- 함께 찾아보는 우리나라 풀과 나무, 국립생물자원관, 지오북
- 식물의 사회생활, 이영숙 외, 동아시아
- 식물로 보는 한국사 이야기, 신현배, 뭉치
- 식물의 신기한 진화, 아나가키 히데히로, 북스토리
- 느리지만 단단하게 자라는 식물처럼 삽니다, 마커스 브릿지워터, 더퀘스트
- 정원의 말들, 정원, 유유
- 향수가 된 식물들, 장 클로드 엘레나, 아멜리에북스
- 다윈의 식물들, 신현철, 지오북
- 어쭈구리 식물 좀 하네, 안혜진, 넷마루
- 실내식물의 문화사, 마이크 몬더, 고유서가
- 삼국유사가 품은 식물 이야기, 안진홍, 지오북
- 정원의 발견, 오경아, 궁리출판
- 안녕 나의 식물 친구, 김태평, 문학수첩
- 생태농업이란 무엇인가, 귀농운동본부, 들녘
- 쌀의 세계사, 사토 요우이치로, 좋은책만들기
- 생명의 언어, 프랜시스 콜린스, 해나무
- 종의 기원, 정유정, 은행나무
- 다윈의 식탁, 장대익, 바다출판사
- DNA 발견에서 유전자 변형까지, 존 판던, 다섯수레
- 모든 생명은 서로 돕는다, 해를 그리며 박종무, 리수
- 푸드 앤 더 시티, 제니퍼 코크럴킹, 삼천리

학교생활 TIPS

- 전공을 공부하는 데 필수적인 수학, 과학 교과의 성적을 상위권으로 유지하고, 전공 관련 호기심을 해결해 나가는 과정을 통해 학업 능력, 전공 적합성 및 과학적 탐구 능력 등이 학교생활기록부 교과 세부능력 및 특기사항에 기록될 수 있도록 자기주도적으로 수업에 참여합니다.
- 대학에서 주관하는 전공 탐색 체험이나 진로 박람회에 참가하여 관련 전공을 이해하는 활동을 할 것을 추천하며, 공동 과제 수행을 통하여 팀 활동의 진행 과정을 체득하고 배려, 나눔, 갈등 관리 능력을 함양할 것을 권장합니다.
- 과학 탐구 및 실험 동아리, 환경 관련 동아리 등에서 적극적으로 활동하고, 전공 분야의 독서를 통해 관련 지식을 확장할 것을 권장합니다.

- 자기주도성, 경험의 다양성, 성실성, 창의성, 의사소통 능력, 문제 해결 능력, 통합적 사고, 책임감, 나눔, 배려, 갈등 관리 등이 학교생활을 통해 나타나고, 이같은 내용이 학교생활기록부에 기록될 수 있도록 성실히 학교생활을 할 것을 추천합니다.

103

식품공학과

학과소개

식품공학은 생물, 화학, 물리 등을 기초로 한 응용과학의 하나로, 식품 소재 자체의 특성에 대한 전문 지식을 바탕으로 식품 가공에 기반이 되는 공학적 기초 지식을 탐구함과 더불어 식품 소재의 선택, 저장, 가공, 포장, 유통과 관련된 내용을 연구하는 학문입니다.

또한 식품의 효율적인 생산 기술, 제품 개발, 가공, 품질 관리, 식품 위생, 발효 공정, 생물공학적 기법, 기술 개발 및 제조 장비 등에 관한 기계적 기술론에 대해서도 연구합니다.

식품공학과는 건강하고 풍요로운 복지 건강 사회를 실현하고, 미래 사회의 안전하고 건강한 식품 개발을 통해 인류의 건강과 삶의 질 향상에 기여할 수 있는 전문가를 양성하고자 합니다. 더하여 식품과학 및 관련 산업에 필요한 기술과 능력을 갖춘 전문 인력도 배출하고자 합니다.

개설대학

- 고려대학교
- 국립공주대학교
- 부산대학교
- 상명대학교(제2캠퍼스)
- 서울여자대학교
- 영남대학교
- 충남대학교 등

진출직업

- 식품공학기술자
- 제면식품연구원
- 발효식품연구원
- 레토르트식품연구원
- 식품소재개발연구원
- 가공식품개발연구원
- 영양사
- 식품위생사
- 품질관리사
- 식품산업기사
- 유기농업기술자
- 정밀농업기술자
- 중등학교 교사(식품가공) 등

관련학과

- 식품가공학과
- 식품공학부(식품공학전공)
- 식품공학전공
- 식품과학부
- 식품생명공학과
- 식품영양과학부
- 외식상품학과
- 식품조리학과
- 식품조리학부
- 바이오식품영양학부
- 바이오식품외식산업학과
- 미래융합학부(영양식품학과)
- 해양바이오식품학과 등

취득가능 자격증

- 영양사
- 위생사
- 수산제조기술사
- 식육가공기사
- 복어조리산업기사
- 바이오화학제품산업기사
- 바이오화학제품제조기사
- 식품가공기능사
- 식품기사
- 식품산업기사
- 양식조리산업기사
- 품질경영기사
- 품질경영산업기사
- 품질관리기술사
- 일식조리산업기사
- 중식조리산업기사
- 한식조리산업기사
- 중등학교 정교사 2급(식품가공) 등

진출분야

기업체	식품 생산 업체, 식품·제약·환경·화학·생명공학 관련 기업, 프랜차이즈 외식 업체 등
정부 및 공공 기관	농림축산식품부, 식약청을 비롯한 식품 및 보건 관련 정부 기관, 보건복지부, 세계보건기구, 농촌진흥청 등
연구 기관	한국식품연구원 등 국책 연구소, 농촌진흥청 산하연구 기관, 한국생명공학연구원, 각 시도 보건환경연구원, 기업 및 단체 부설 연구소 등

학과 주요 교과목

기초 과목	식품공학 및 가공실험, 식품위생학실험, 식품미생물학실험, 식품분석학실험, 식품생화학실험, 식품생물공학실험, 식품안전성실험 등
심화 과목	식품과학기초, 식품미생물학, 식품물리화학, 식품화학, 육가공학, 근육식품학, 식품생물공학, 식품위생학, 식품안전성, 식품법규, 식품위해요소중점관리학, 식품생화학, 식품공학, 곡류과학, 식중독세균학, 건강기능식품학, 과실채소류과학, 식품포장공학, 식품독성학, 유기화학 등

학과 인재상 및 갖추어야 할 자질

- 식품 개발을 위한 실험에 필요한 객관적인 사고를 가진 학생
- 첨단 기술을 식품에 적용할 수 있는 창의성과 응용력이 뛰어난 학생
- 평소 식품을 좋아하고 꼼꼼한 성격을 가진 학생
- 식품의 영양학적 가치와 개발에 대해 관심이 많은 학생
- 빠르게 변화하는 식품 트렌드 및 이에 대한 정보를 접하는 것을 좋아하는 학생
- 생명과학, 화학 등의 기초 과학 과목을 좋아하는 학생

학과 관련 선택 과목

※ 국어, 영어 교과는 모든 학문의 기초적인 성격을 가진 도구교과로 모든 학과에 이수가 필요하여 생략함.

공통 과목		공통국어1,2, 공통수학1,2, 공통영어1,2, 한국사1,2, 통합사회1,2, 통합과학1,2, 과학탐구실험1,2
수능 필수		화법과 언어, 독서와 작문, 문학, 대수, 미적분Ⅰ, 확률과 통계, 영어Ⅰ, 영어Ⅱ, 한국사, 통합사회, 통합과학, 성공적인 직업생활(직업)
일반 선택	수학, 사회, 과학	대수, 미적분Ⅰ, 확률과 통계, 물리학, 화학, 생명과학
	체육·예술	
	기술·가정/정보	기술·가정, 정보
	제2외국어/한문	
	교양	
진로 선택	수학, 사회, 과학	미적분Ⅱ, 물질과 에너지, 화학 반응의 세계, 세포와 물질대사, 생물의 유전
	체육·예술	
	기술·가정/정보	생활과학 탐구
	제2외국어/한문	
	교양	
융합 선택	수학, 사회, 과학	수학과제 탐구, 융합과학 탐구
	체육·예술	
	기술·가정/정보	창의 공학 설계
	제2외국어/한문	
	교양	

추천 도서 목록

- 건강기능식품 약일까? 독일까?, 김승환 외, 지식과감성
- 건강기능식품 내 몸을 살린다, 이문정, 모아북스
- 푸드테크, 정환묵, 스마트산업연구소
- 100세 시대를 위한 자연식품과 건강관리, 이채호, 생각나눔
- 약국에서 만난 건강기능식품, 노윤정, 생각비행
- 건강 100세 발효식품이 답이다, 신동화, 자유아카데미
- 이해하기 쉬운 식품과 영양, 신말식 외, 파워북
- 생활 속 식품과 영양, 김미라 외, 파워북
- 조리영양과 식품안전, 최은희 외, 백산출판사
- 식품과 영양, 김주현 외, 교문사
- 이야기로 풀어쓰는 식품과 영양, 주나미 외, 파워북
- 더 푸드 랩, J. Kenji Lopez, 영진닷컴
- 개인맞춤 영양의 시대가 온다, 김경철 외, 클라우드나인

- 미식에서 시작해서 지식으로 끝나는 미식경제학, 토스 외, 위즈덤하우스
- 대통령의 요리사, 천상현, 쌤앤파커스
- 조선의 밥상, 김상보, 가람기획
- 사라져 가는 음식들, 댄 살라디노, 김영사
- MT 화학, 이익모, 청어람
- 생각이 필요한 건강과 식생활, 노봉수 외, 수학사
- 천재들의 과학노트 2: 화학, 캐서린 쿨렌, Gbrain, 지브레인
- 교양인을 위한 21세기 영양과 건강 이야기, 최혜미 외, 라이프사이언스
- 세상을 바꾼 과학 이야기, 권기균, 종이책
- 미술관에 간 화학자, 전창림, 어바웃어북

학교생활 TIPS

- 식품공학을 전공하는 데 기본이 되는 수학, 과학(화학, 생명과학) 교과 성적을 상위권으로 유지하고, 교과 활동을 통해 얻은 지식을 생활에 접목시키기 위해 노력을 기울이는 과정이 학교생활기록부 교과 세부능력 및 특기사항에 기록될 수 있도록 자기주도적으로 수업에 참여합니다.
- 공동 프로젝트를 통해 타인을 이해하고 배려할 수 있는 공감 능력 및 배려하는 마음을 함양하며 이 과정이 학교 생활기록부에 나타나도록 합니다.
- 과학(화학, 생명과학) 관련 동아리 및 식품 관련 동아리 활동에 적극 참여합니다.

- 지속적인 과학 관련 독서 활동을 통해 빠르게 변화하는 트렌드를 파악하고, 생활 및 지적 호기심을 해결하는 데에도 독서를 적용할 것을 권장합니다.
- 자기주도성, 추론적 사고, 융복합적 사고, 책임감, 경험의 다양성, 성실성, 창의성, 의사소통 능력, 문제 해결 능력, 배려, 갈등 관리 능력 등이 학교생활을 통해 나타나고, 이같은 내용이 학교생활기록부에 기록될 수 있도록 성실히 학교생활을 할 것을 추천합니다.

인문계열
사회계열
자연계열
공학계열
의약계열
예체능계열
교육계열
계약학과 & 특성화학과

104

식품영양학과

학과소개

식품영양학은 식생활을 통해 인간의 삶에 있어 가장 기본이 되는 건강을 증진하고, 나아가 삶의 질을 향상시키는 것을 목표로 하는 학문입니다. 또한 인간의 식생활에 관한 과학적 지식을 생산하고, 이러한 지식을 현장에 적용하기 위한 연구를 하는 응용 학문입니다. 식품영양학과는 인간 생존의 3요소 중 하나인 식생활을 전문적으로 다루는 유일한 학과이기도 합니다.

현재 우리나라는 국민 생활 수준이 높아짐에 따라, 맛있는 음식을 많이 먹는 것뿐만 아니라 영양가 있고 여러 기능성을 갖춘 식품을 안전하게 섭취하는 것에 큰 관심을 가지고 있습니다. 이처럼 식품 및 영양의 중요성이 확대되고 있고, 더불어 한국 사회가 고령화 사회에 진입함에 따라 실버산업의 일환으로서 헬스 케어 분야가 각광 받고 있는 가운데, 이와 같은 흐름에 부합하여 식품영양학의 중요성 또한 대두되고 있습니다.

식품영양학과에서는 영양 및 건강에 대한 기본적인 교육을 통하여 모든 사람들이 보다 향상된 식생활 환경에서 건강한 삶을 영위할 수 있는 방법을 연구하고, 식품학, 조리 및 급식, 영양학에 대한 체계적인 지식을 바탕으로 현재 및 미래 사회의 영양 문제를 창의적으로 해결할 수 있는 능력을 함양하는 데 중점을 두고 있습니다.

개설대학

- 국립공주대학교
- 국립순천대학교
- 국립안동대학교
- 국립군산대학교
- 가천대학교
- 가톨릭대학교
- 강서대학교
- 강원대학교(제2캠퍼스)
- 건국대학교(글로컬)
- 국립강릉원주대학교
- 경남대학교
- 경북대학교
- 경상국립대학교
- 경성대학교
- 경희대학교
- 광주대학교
- 국민대학교
- 남부대학교
- 단국대학교(제2캠퍼스)
- 대구가톨릭대학교
- 대전대학교
- 대진대학교
- 동서대학교
- 동신대학교
- 동아대학교
- 동의대학교
- 국립목포대학교
- 배재대학교
- 부산대학교
- 삼육대학교
- 서울대학교
- 서울여자대학교
- 서원대학교
- 수원대학교
- 숙명여자대학교
- 순천향대학교
- 국립경국대학교
- 안양대학교
- 연세대학교
- 영남대학교
- 원광대학교
- 이화여자대학교
- 인하대학교
- 제주대학교
- 조선대학교
- 창신대학교
- 국립창원대학교
- 청운대학교
- 충남대학교
- 충북대학교
- 한남대학교
- 한림대학교
- 한양대학교
- 호남대학교
- 호서대학교 등

관련학과

- 식품영양과학부
- 바이오식품영양학부
- 식품영양학전공
- 바이오식품영양학부
- 자연과학부 식품영양학전공
- 식품공학부(식품영양전공)
- 식품영양과학부
- 식품조리학부
- 미래융합학부(영양식품학과)
- 외식의류학부(식품영양학전공)
- 외식상품학과 등

진출분야

기업체	외식 업체, 호텔, 식품 업체, 단체 급식 업체, 제약 회사, 화장품 회사, 제과·제빵 업체, 제분 회사, 대학병원, 종합 병원, 방송사, 신문사, 잡지사 등
정부 및 공공 기관	식품의약품안전처, 보건복지부, 농림축산식품부, 학교, 식품·건강 관련 정부 부처, 식품·건강 관련 공공기관 등
연구 기관	세계보건기구, 한국식품연구원 등

진출직업

- 임상영양사
- 상담영양사
- 영양정보분석사
- 바이오식품개발자
- 건강기능식품효능평가전문가
- 기능성식품관리사
- 음식 및 외식산업체경영자
- 메뉴개발자
- 외식 및 식품MD
- 외식컨설턴트
- 전통음식문화상품기획자
- 음식 및 치료식연구가
- 보건직 공무원
- 영양사
- 초중등학교 교사(영양 교사) 등

취득가능 자격증

- 위생사
- 영양사
- 한식조리기능사
- 한식조리산업기사
- 일식조리기능사
- 일식조리산업기사
- 양식조리기능사
- 양식조리산업기사
- 복어조리기능사
- 복어조리산업기사
- 주류제조관리사
- 수산제조산업기사
- 수산제조기사
- 임상영양사
- 식품산업기사
- 식품기사
- 영양교사(2급) 등

학과 주요 교과목

기초 과목	일반생물, 기초통계학, 생활일반화학, 기초영양학, 생활유기화학, 식품분석학, 조리원리, 식생활관리, 영양생리학, 식품미생물학, 실험조리, 식품가공 및 저장학, 생화학, 임상영양학, 고급영양학, 식품위생학, 발효식품학, 식품화학, 급식경영학 등
심화 과목	식품분석학실험, 식품미생물학실험, 식품가공 및 저장학실험, 생활주기영양, 고급영양학 실험, 임상영양학실험, 식품독성학, 영양교육, 식품학, 식생활문화, 식품위생관계법규, 영양사현장실습, 기능성식품과 제품개발 등

학과 인재상 및 갖추어야 할 자질

- 평소에 식품, 음식 만들기, 또는 다양한 식품의 성분과 영양소를 파악하는 것에 흥미가 있는 학생
- 수학, 물리학, 화학 등 기초 과학에 대해 관심과 흥미를 가진 학생
- 실험을 하여 결과를 얻고 이를 통해 문제를 해결하는 것에 호기심이 있는 학생
- 식품이 건강에 미치는 영향에 대해 흥미와 관심이 있는 학생
- 새로운 식품 소재나 식품 가공 방법, 조리 방법을 개발하는 창조적인 작업에 관심이 많은 학생
- 빠르게 변화하는 식품 트렌드 및 이에 대한 정보를 접하는 것을 좋아하는 학생

학과 관련 선택 과목

※ 국어, 영어 교과는 모든 학문의 기초적인 성격을 가진 도구교과로 모든 학과에 이수가 필요하여 생략함.

공통 과목	공통국어1,2, 공통수학1,2, 공통영어1,2, 한국사1,2, 통합사회1,2, 통합과학1,2, 과학탐구실험1,2	
수능 필수	화법과 언어, 독서와 작문, 문학, 대수, 미적분Ⅰ, 확률과 통계, 영어Ⅰ, 영어Ⅱ, 한국사, 통합사회, 통합과학, 성공적인 직업생활(직업)	
일반 선택	**수학, 사회, 과학**	대수, 미적분Ⅰ, 확률과 통계, 사회와 문화, 현대사회와 윤리, 물리학, 화학, 생명과학
	체육·예술	
	기술·가정/정보	기술·가정, 정보
	제2외국어/한문	
	교양	
진로 선택	**수학, 사회, 과학**	미적분Ⅱ, 정치, 법과 사회, 윤리와 사상, 물질과 에너지, 화학 반응의 세계, 세포와 물질대사, 생물의 유전
	체육·예술	
	기술·가정/정보	생활과학 탐구
	제2외국어/한문	
	교양	인간과 심리, 보건
융합 선택	**수학, 사회, 과학**	수학과제 탐구, 융합과학 탐구
	체육·예술	
	기술·가정/정보	아동발달과 부모
	제2외국어/한문	
	교양	인간과 경제활동

추천 도서 목록

- 이해하기 쉬운 고급영양학, 구재옥 외, 파워북
- 이해하기 쉬운 생애주기영양학, 구재옥 외, 파워북
- 푸드테크, 정환묵, 스마트산업연구소
- 현직 약사가 알려주는 영양제 특강, 염혜진, 더블엔
- 머리가 좋아지는 영양학, 나카가와 하치로, 전파과학사
- 배부른 영양 결핍자, 노윤정, 머스트리드북
- 100세 시대를 위한 자연식품과 건강관리, 이채호, 생각나눔
- 약국에서 만난 건강기능식품, 노윤정, 생각비행
- 건강 100세 발효식품이 답이다, 신동화, 자유아카데미
- 이해하기 쉬운 식품과 영양, 신말식 외, 파워북
- 생활 속 식품과 영양, 김미라 외, 파워북
- 조리영양과 식품안전, 최은희 외, 백산출판사
- 식품과 영양, 김주현 외, 교문사

- 이야기로 풀어쓰는 식품과 영양, 주나미 외, 파워북
- 개인맞춤 영양의 시대가 온다, 김경철 외, 클라우드나인
- 미식에서 시작해서 지식으로 끝나는 미식경제학, 토스 외, 위즈덤하우스
- 대통령의 요리사, 천상현, 쌤엔파커스
- 조선의 밥상, 김상보, 가람기획
- 사라져 가는 음식들, 댄 살라디노, 김영사
- 배옥병의 세상을 바꾸는 행복한 밥상, 배옥병, 은빛
- 존 로빈스의 음식혁명, 존 로빈스, 시공사
- 희망의 밥상, 제인 구달 외, 사이언스북스
- 비만의 진화, 마이클 L. 파워 외, 컬처룩

학교생활 TIPS

- 식품영양학을 전공하는 데 기본이 되는 수학, 과학 교과 성적을 상위권으로 유지합니다. 식품영양과 관련된 지식을 해당 교과의 단원을 통해 알아가며, 심화된 내용에 대해 자기주도적으로 학습하여 학업 능력, 전공 적합성, 분석적 사고 등이 학교생활기록부에 기록될 수 있도록 합니다.
- 식품 관련 교내외 진로 탐색 프로그램을 통해 자신의 진로를 개척해 나가는 다양한 경험을 하는 것도 권장합니다.
- 공동 과제 수행이나 모둠 활동, 단체 활동 등에서 다른 사람의 의견을 경청하고 상대방의 관심과 요구를 공감할 수 있는 능력을 기르며 이같은 사실이 학교생활기록부에 나타나야 합니다.

- 과학 실험 동아리 및 식품의 트렌드를 분석하는 동아리에서 끈기, 식품이 건강에 미치는 영향에 대한 지식, 문제 해결력 및 정보 처리 능력을 함양할 것을 추천합니다.
- 인문학, 철학, 역사, 공학 일반, 식품영양학, 환경, 미래학 등 다양한 분야의 독서를 권장합니다.
- 자기주도성, 경험의 다양성, 성실성, 창의성, 의사소통 능력, 문제 해결 능력, 통합적 사고, 책임감, 나눔, 배려, 갈등 관리 등이 학교생활을 통해 나타나고, 이같은 내용이 학교생활기록부에 기록될 수 있도록 성실히 학교생활을 하는 것을 추천합니다.

자연계열
NATURAL SCIENCE

학과소개

외식 산업의 환경 변화 속에서 국내외 대기업과 특급 호텔은 물론, 해외 외식 브랜드 기업들이 국내 시장에 대거 진출하고 있으며, 아울러 국내 외식 기업의 해외 진출도 활발합니다. 또한 개인창업은 물론 레스토랑컨설턴트, 요리평론가, 푸드스타일리스트 등 관련 직업들도 21세기 유망 전문 직종으로 인기를 끌고 있는 등 외식 산업은 크게 각광받고 있습니다.

식품외식산업학과는 미래 식품산업을 선도할 고부가가치 식품산업과 외식산업을 융합하여 시너지효과를 창출하고자 신설된 학과로 식품가공 신기술 개발, 한식 세계화로 인한 외식산업의 글로벌시장 진출 및 국제표준화 등에 중추적 역할을 담당할 인재육성을 위하여 전공이론과 실무기술, 산업체 연계 교육 등을 실시하고 있습니다.

또한 미래식품산업을 선도할 고부가가치 식품산업과 외식산업을 융합하여 시너지효과를 창출하고자 학과로 식품가공 신기술 개발, 한식 세계화로 인한 외식산업의 글로벌시장 진출 및 국제표준화 등에 중추적 역할을 담당할 인재육성을 위하여 전공 이론과 실무기술, 산업체 연계교육 등을 실시하고 있습니다.

개설대학

• 경북대학교 등

관련학과

• 글로벌조리학부 글로벌외식창업전공
• 호텔외식관광프랜차이즈경영학과
• 호텔외식조리학부
• 호텔외식조리베이커리학과
• 외식산업조리학과
• 외식산업학부
• 식품경제외식학과
• 외식상품학과
• 외식조리영양학부
• 외식조리제과제빵학과
• 외식조리학과
• 외식조리학부 외식조리전공
• 바이오식품외식산업학과
• 호텔외식조리학과
• 호텔조리학과
• 식품조리학과
• 식품조리학부
• 조리산업학과
• 한식조리학과
• 외식유통경영학과
• 외식조리경영학과
• 외식조리창업학과
• 외식조리학부 외식산업경영전공
• 외식창업프랜차이즈학과
• 조리산업학과
• 조리외식경영학전공
• 호텔·외식산업학전공
• 호텔외식창업경영학과 등

진출분야

기업체	호텔 및 외식 업체 식음료 관련 부서, 외식 프랜차이즈 컨설팅 회사, 외식 정보 언론 업체, 외식 사업체, 외식 유통 업체 등
정부 및 공공 기관	식품 및 위생 분야 지방 자치 단체 부서, 한국식품안전관리인증원, 한식진흥원, 국가식품클러스터 등
연구 기관	국공립 식품 연구소 등

진출직업

• 호텔메니저
• 프랜차이즈관리자
• 푸드스타일리스트
• 음식평론가
• 식품외식업 창업
• 바리스타
• 소믈리에
• 식품산업연구원
• 중등학교 교사(식품) 등

취득가능 자격증

• 식품기사
• 위생사
• 외식경영관리사
• 식음료관리사
• 식품제조기사
• 식품산업기사
• 유통관리사
• 조리기능사(한식, 양식, 중식, 일식)
• 바리스타
• 제과제빵기능사
• 소믈리에
• 주조사
• 창업컨설팅지도자
• 중등학교 정교사 2급(식품가공) 등

학과 주요 교과목

기초 과목	외식산업론, 외식조리체계론, 서비스실무영어, 레스토랑경영론, 외식조리의 이해, 식품위생학, 외식서비스마케팅 등
심화 과목	외식상품기획, 음식문화체험, 외식메뉴개발기법, 글로벌한국조리, 서비스매너와 이미지, 서양조리, 외식소비자행동론, 외식원가관리, 이태리메뉴실습, 커피학, 조주음료 및 실습, 제빵실습, 와인학, 제과 및 디저트실습, 테이블코디네이션, 바리스타실무, 소믈리에실무, 외식조사방법론, 주방관리론, 프랜차이즈실무론, 레스토랑서비스실무론, 외식사업창업론 등

학과 인재상 및 갖추어야 할 자질

• 음식에 관한 일이라면 피곤한 줄 모르고 일할 수 있는 학생
• 스타 셰프로서 성공하고 싶은 의지가 있는 학생
• 전문가가 되기 위해 현장에서 땀 흘리며 일할 수 있는 학생
• 외식 업계에 취업하여 사회에 기여하고 싶은 학생
• 식품 개발을 위한 실험에 적합한, 객관적인 사고를 가진 학생
• 빠르게 변화하는 식품 트렌드 및 이에 대한 정보를 접하는 것을 좋아하는 학생

학과 관련 선택 과목

※ 국어, 영어 교과는 모든 학문의 기초적인 성격을 가진 도구교과로 모든 학과에 이수가 필요하여 생략함.

공통 과목		공통국어1,2, 공통수학1,2, 공통영어1,2, 한국사1,2, 통합사회1,2, 통합과학1,2, 과학탐구실험1,2
수능 필수		화법과 언어, 독서와 작문, 문학, 대수, 미적분Ⅰ, 확률과 통계, 영어Ⅰ, 영어Ⅱ, 한국사, 통합사회, 통합과학, 성공적인 직업생활(직업)
일반 선택	수학, 사회, 과학	대수, 미적분Ⅰ, 확률과 통계, 사회와 문화, 현대사회와 윤리, 화학, 생명과학
	체육·예술	
	기술·가정/정보	기술·가정, 정보
	제2외국어/한문	
	교양	생태와 환경
진로 선택	수학, 사회, 과학	미적분Ⅱ,경제 수학, 경제, 윤리와 사상, 물질과 에너지, 화학 반응의 세계, 세포와 물질대사, 생물의 유전
	체육·예술	
	기술·가정/정보	생활과학 탐구
	제2외국어/한문	
	교양	인간과 심리, 보건
융합 선택	수학, 사회, 과학	수학과제 탐구, 사회문제 탐구, 기후변화와 지속가능한 세계, 기후변화와 환경생태, 융합과학 탐구
	체육·예술	
	기술·가정/정보	
	제2외국어/한문	
	교양	인간생활과 경제

추천 도서 목록

- 외식산업의 이해, 김관식 외, 양림출판사
- 외식 경영 노하우, 박진우, 형설출판사
- 외식산업 창업과 경영, 함동철, 백산출판사
- 4차 산업혁명의 길목에서 외식창업을 디자인하라, 박형국, 박영사
- 4차 산업혁명과 외식산업, 김진성 외, 백산출판사
- 식품산업 지속성장의 길, 권대영, 한국외식정보
- 동물, 채소, 정크푸드, 마크 비트먼, 그러나
- 푸드 사피엔스, 가이 크로스비, 북트리거
- 푸드 팬데믹, 최성, 지식과감성
- 음식의 미래, 라리사 짐버로프, 갈라파고스
- 음식으로 보는 미래과학, 마티 조프스, 동아엠앤비
- 먹는 경제학, 시모카와 사토루, 처음북스
- 슬픈 옥수수, 케이클린 세탈리, 풀빛
- 고기의 역사, 남기창 외, 팜커뮤니케이션
- 맛의 기술, 권혁만, 제이알매니지먼트

- 전통의 맥을 잇다, 성명례 외, 한국외식정보
- 모던 키친, 박찬용, 에이치비 프레스
- 호텔외식경영, 김진성 외, 백산출판사
- 이해하기 쉬운 생애주기영양학, 구재옥 외, 파워북
- 푸드테크, 정환묵, 스마트산업연구소
- 현직 약사가 알려주는 영양제 특강, 염혜진, 더블엔
- 머리가 좋아지는 영양학, 나카가와 하치로, 전파과학사
- 배부른 영양 결핍자, 노윤정, 머스트리드북
- 100세 시대를 위한 자연식품과 건강관리, 이채호, 생각나눔
- 약국에서 만난 건강기능식품, 노윤정, 생각비행
- 뭘 할지는 모르지만 아무거나 하긴 싫어, 이동진 외, 트래블코드
- 1인 프랜차이즈 창업 코칭: 외식업편, 김보겸, 북랩
- 외식서비스 마케팅, 김태희 외, 파워북
- 외식 산업 마케팅, 이훈영 외, 청람

학교생활 TIPS

- 외식산업학을 전공하는 데 기본이 되는 경제 및 사회, 과학(화학, 생명과학) 교과에 관심을 가져야 합니다. 경영 및 음식에 관한 호기심을 풀어나가는 모습을 통해 학업 능력, 전공 적합성 등이 학교생활기록부 교과 세부능력 및 특기사항에 기록될 수 있도록 자기주도적으로 수업에 참여합니다.
- 빠르게 변화하는 식품 트렌드 및 이에 대한 정보를 찾으며, 다양한 조리 관련 자격증을 취득하기 위해 노력할 것을 권장합니다.
- 공동 프로젝트를 통해 타인을 이해하고 배려할 수 있는 공감 능력 및 배려하는 마음을 함양하고, 이러한 과정이 학교생활기록부에 나타나도록 합니다.
- 음식 및 경영 관련 동아리 활동, 외식 산업 관련 독서 활동을 통해 전공 지식을 확장하는 것을 추천합니다.
- 자기주도성, 나눔과 배려, 갈등 관리, 의사소통 능력, 관계 지향성, 경험의 다양성, 성실성, 창의성, 문제 해결 능력, 통합적 사고 등이 학교생활을 통해 나타나고, 이같은 내용이 학교생활기록부에 기록될 수 있도록 성실히 학교생활을 하는 것을 추천합니다.

106

원예생명공학과

학과소개

원예생명공학은 식물을 대상으로 하는 생명과학으로 원예 작물의 생산 및 신품종 육성과 관련된 새로운 과학적 지식을 수집하여 체계화하고, 생명공학적인 접근 방법을 도입하여 신기술을 창출하는 응용과학의 한 분야입니다. 원예생명공학과는 원예 작물의 과학적, 효율적 생산을 위해 식물의 생리 생태를 연구하고, 유전 육종을 통한 새로운 품종의 개발 및 식물과학 전반을 연구하며 순수 과학과 농업생물학의 기본 이론 및 첨단 기술 등에 관해서도 연구하는 학과입니다.

원예생명공학과는 원예 기술 개발에 대한 학문적 전문성과 응용 능력을 길러 글로벌 시대를 이끌어 나갈 수 있는 인재, 생산·육종·저장·도시 원예 등 원예 산업의 전반적인 분야에서 국가와 사회 발전에 기여할 수 있는 자질과 기능을 갖춘 인재, 학문의 연구를 바탕으로 사회에 공헌할 수 있는 창의적 인재, 원예 작물의 생산·이용에 관한 연구와 개발, 보급을 책임질 전문 지식인 양성을 교육 목표로 합니다.

📖 개설대학

• 전남대학교 등

관련학과

• 원예과학과
• 원예과학부
• 원예산림학과
• 원예산림학부
• 원예학과
• 스마트원예과학전공
• 스마트팜농산업학과
• 스마트팜학과
• 식물생명과학과
• 식물자원학과
• 식물자원환경전공
• 원예생명과학과
• 원예생명조경학과
• 환경원예학과
• 환경디자인원예학과 등

진출직업

• 농산물품질관리사
• 식물검역사
• 원예기술자
• 플로리스트
• 조경디자이너
• 조경설계사
• 조경관리사
• 농업직연구사
• 농업직지도사
• 식물병리연구원
• 중등학교 교사
 (식물자원·조경) 등

취득가능 자격증

• 종자산업기사
• 종자기사
• 식물보호기사
• 조경기사
• 시설원예기사
• 화훼장식기사
• 유기농업기사
• 원예치료사
• 식물보호기사
• 시설원예기술사
• 시설원예기사
• 복지원예사
• 농림토양평가관리기사
• 농산물품질관리사
• 조경산업기사
• 조경기사
• 중등학교 정교사 2급
 (식물자원·원예) 등

🖥 진출분야

기업체	원예 작물의 생산·가공·유통업체, 종묘 회사, 비료회사, 농약 회사, 원예 자재 및 조경 회사, 생명공학관련 벤처 기업, 농식품 유통업체, 농업 벤처 회사, 제약 회사, 바이오 회사 등
정부 및 공공 기관	농촌진흥청, 농림축산검역본부, 농림추산식품부, 국립원예특작과학원, 한국농수산식품유통공사, 서울시농수산식품공사, 한국농수산식품유통공사, 한국농촌경제연구원, 국립농업과학원, 국립식량과학원, 고등학교 원예 교사 등
연구 기관	산림·원예 관련 국가 연구소, 산림·원예 관련 민간기업체 연구소, 국제옥수수밀연구소, 국제감자연구소, 국제건조농업연구소 등

학과 주요 교과목

기초 과목	생물자원학, 통계학, 일반물리, 화훼학 및 실험, 식물육종학, 원예기능성물질론, 과수학, 채소학, 화훼학 등
심화 과목	화훼학 및 실험, 원예작물생리학, 식물생장발달학, 원예작물육종학, 원예작물품질학, 분자생물학, 약용식물학, 원예생명공학개론, 식물유전학, 식물생리학, 식물세포학, 식물병원미생물학, 식물영양학, 식물호르몬, 식물생화학, 기능성식물학, 환경원예학, 원예작물번식학, 종자학, 유전학, 식물병리학, 채종학 등

학과 인재상 및 갖추어야 할 자질

• 수학, 물리학 및 화학, 생명과학과 같은 기초 과학 과목에 흥미가 많은 학생
• 평소에 나무, 채소 등의 식물을 기르고 관찰하는 일에 관심이 많은 학생
• 과수, 채소, 화훼 등 원예 작물이나 농림 분야에 관심이 있는 학생
• 창의적이고 진취적인 성격으로 주어진 문제를 다각도에서 분석하려는 자세를 가진 학생
• 공간 지각력과 예술적인 감성을 지닌 학생
• 열정과 진취적인 도전 정신을 갖춘 학생

학과 관련 선택 과목

※ 국어, 영어 교과는 모든 학문의 기초적인 성격을 가진 도구교과로 모든 학과에 이수가 필요하여 생략함.

공통 과목		공통국어1,2, 공통수학1,2, 공통영어1,2, 한국사1,2, 통합사회1,2, 통합과학1,2, 과학탐구실험1,2
수능 필수		화법과 언어, 독서와 작문, 문학, 대수, 미적분Ⅰ, 확률과 통계, 영어Ⅰ, 영어Ⅱ, 한국사, 통합사회, 통합과학, 성공적인 직업생활(직업)
일반 선택	수학, 사회, 과학	대수, 미적분Ⅰ, 확률과 통계, 세계시민과 지리, 현대사회와 윤리, 물리학, 화학, 생명과학, 지구과학
	체육·예술	
	기술·가정/정보	정보
	제2외국어/한문	
	교양	생태와 환경
진로 선택	수학, 사회, 과학	미적분Ⅱ, 한국지리 탐구, 윤리와 사상, 물질과 에너지, 화학 반응의 세계, 세포와 물질대사, 생물의 유전
	체육·예술	
	기술·가정/정보	생활과학 탐구
	제2외국어/한문	
	교양	인간과 철학, 보건
융합 선택	수학, 사회, 과학	사회문제 탐구, 수학과제 탐구, 기후변화와 지속가능한 세계, 기후변화와 환경생태, 융합과학 탐구
	체육·예술	
	기술·가정/정보	지식 재산 일반
	제2외국어/한문	
	교양	논술

추천 도서 목록

- 도시농업 힐링, 이강오, 한국경제신문
- 실은 나도 식물이 알고 싶었어, 안드레아스 바를라게, 애플북스
- 원예치료사를 위한 원예학, 한국원예치료복지협회, 부민문화사
- 스마트 농업혁명, 정환묵, 리빙북스
- 농업의 미래, 성형주, 동아일보사
- 인문학에서 미래농업의 길을 찾다, 박영일, 한국학술정보
- 기후변화 시대의 사랑, 김기창, 민음사
- 미래를 바꾸는 탄소 농업, 허북구, 중앙생활사
- 생물학의 쓸모, 김응빈, 더퀘스트
- 숲은 고요하지 않다, 미들렌 치게, 흐름출판
- 식물의 책, 이송영, 책읽는 수요일
- 식물학자의 노트, 신혜우, 김영사
- 정원의 세계, 제임스 나르디, 돌배나무

- 흙, 생명을 담다, 게이브 브라운, 리리
- 생태농업이란 무엇인가, 귀농운동본부, 들녘
- 모든 생명은 서로 돕는다, 해를 그리며 박종무, 리수
- DNA 발견에서 유전자 변형까지, 존 판던, 다섯수레
- 세계미래보고서 2055, 박영숙 외, 비즈니스북스
- 다윈의 식탁, 장대익, 바다출판사
- 종의 기원, 찰스 다윈, 사이언스북스
- 푸드 앤 더 시티, 제니퍼 코크럴킹, 삼천리

학교생활 TIPS

- 원예생명공학을 전공하는 데 기본이 되는 수학, 과학(물리학, 화학, 생명과학) 등 기초 과학 과목에 대한 학업 성취도를 높이고, 관련 교과 수업 활동을 통해 학업 능력, 전공 적합성, 문제 해결 능력, 창의력 등이 학교생활기록부에 기록되도록 노력합니다.
- 학교 정규 동아리(과학 탐구 실험, 생명 탐구, 공학, 코딩, 아두이노) 활동을 추천하고, 동아리 활동을 통해 학문적 열정과 지적 관심의 정도, 전공 분야에 대한 관심과 열정, 특정한 결과물이나 성과로 이어지는 경험을 하고, 이를 통해 배우고 느낀 점이 나타나는 것이 좋습니다.
- 학교 교육계획에 의한 행사 활동, 수련 활동 및 학년·학급 단위로 진행되는 활동에서 자발성과 자율성, 적극성, 대인 관계, 공동체 의식, 리더십

등이 드러날 수 있도록 적극적으로 참여하는 것이 중요합니다.
- 학교생활 내에서도 자신의 능력을 나누어줄 수 있는 다양한 봉사 활동(에너지 도우미, 급식 도우미, 사서 도우미, 학습 멘토링, 분리수거 도우미, 교단 선진화 기자재도우미) 참여를 통해 타인을 위해 헌신하고 봉사하는 모습을 나타내는 것이 중요합니다.
- 원예생명공학 관련 기업 탐방, 직업 탐색, 직업인 특강, 원예생명공학과 학과 탐방 등 전공 관련 진로 활동 참여를 통해 전공에 대한 관심과 열정, 자기주도적인 진로 설정 과정, 과정의 유의미성, 전공 적합성 등이 기록되는 것이 좋습니다.

인문계열

사회계열

자연계열

공학계열

의약계열

예체능계열

교육계열

계약학과 & 특성화학과

107

원예학과

학과소개

원예학과는 원예 분야에 관한 전문적 이론과 기술을 습득하고 원예 산업에 적극적으로 참여하여 원예 산업을 더욱 발전시킬 수 있는 전문가와 과학적 훈련과 탐구를 통하여 국가와 지역 농업의 특성화 및 선진화에 기여할 수 있는 유능한 과학자를 양성하는데 교육 목표를 두고 있습니다.

또한 원예학과는 상상력과 예술성을 계발하고 이를 응용하여 실천할 수 있는 능력을 배양하여 날로 새로워지는 농업 정책과 친환경 농업, 첨단 원예 산업에 적응할 수 있고 나아가 이를 선도적으로 이끌어 갈 수 있는 아이디어와 창의력을 갖춘 원예인, 능동적이고 적극적인 실행력을 갖춘 원예인을 육성하는 데 그 목적이 있습니다. 인간과 환경 및 식물체 간의 상호 유기적인 관계를 연구·교육하여 궁극적으로는 인간의 건강과 행복을 추구하고, 지속 가능한 자연과 인간 환경의 가치를 높이기 위한 전문 지식을 계발하는 것을 가치로 삼고 있습니다.

개설대학

- 국립공주대학교
- 충남대학교 등

관련학과

- 원예과학과
- 원예과학부
- 원예산림학과
- 원예생명공학과
- 원예생명과학과
- 원예생명조경학과
- 농학과
- 스마트원예과학전공
- 스마트농산업학과
- 스마트팜과학과
- 스마트팜농산업학과
- 스마트팜학과
- 식물생명과학과
- 식물자원학과
- 식물자원환경전공
- 환경원예학과
- 환경디자인원예학과 등

진출직업

- 농촌지도사
- 육묘재배자
- 친환경농자재개발자
- 식물의사
- 농산물도매유통 전문가
- 원예치료사
- 과수작물재배자
- 원예기술자
- 종자기술자
- 플로리스트
- 화훼재배기술자
- 중등학교 교사(원예) 등

취득가능 자격증

- 산림경영산업기사
- 산림경영기사
- 산림공학산업기사
- 시설원예산업기사
- 시설원예기사
- 식물보호산업기사
- 식물보호기사
- 임업종묘산업기사
- 임업종묘기사
- 농산물품질관리사
- 농림토양평가관리산업기사
- 농림토양평가관리기사
- 유기농업산업기사
- 조경산업기사
- 조경기사
- 종자산업기사
- 종자기사
- 중등학교 정교사 2급 (식물자원·조경)
- 농어촌개발컨설턴트
- 농업토목기술사
- 농업기계기사 등

진출분야

기업체	자연 및 생태계 보호 업체, 펄프·제지 회사, 목재 회사, 생명공학 관련 벤처 기업, 나무 병원, 조경 회사, 종묘 회사, 원예 자재 회사, 농약 및 비료 회사, 언론기관, NH농협은행 등
정부 및 공공 기관	농림축산식품부, 농촌진흥청, 산림청, 한국농수산식품유통공사, 농림식품기술기획평가원, 한국농어촌공사, 농림축산검역본부, 국립농산물품질관리원, 각시·도청, UN 산하 기구, NGO 등
연구 기관	국립원예특작과학원, 국립농업과학원, 국립식량과학원, 원예 연구소, 한국생명공학연구원, 농업생명공학연구원, 각 지역 농업기술원, 임업 연구소, 산림 및 원예 관련 국가 연구소, 산림 및 원예 관련 민간기업체 연구소 등

학과 주요 교과목

기초 과목	시설원예학, 화훼원예학, 식물육종학입문, 채소원예학총론, 과수원예학 및 실습, 채소원예학각론, 화훼생산의 실제, 열대과수학, 시설환경IT제어, 생물공학의 실제, 원예창의종합설계 등
심화 과목	원예6차산업과 창업, 원예바이오공학, 과수원예의실습, 수경재배학, 원예학개론, 생활원예, 생물공학의 기초, 식물육종학응용, 원예실험설계, 원예식물조직배양실습, 화훼수확 후 관리 및 디자인실습, 원예IT융합실제, 원예번식학, 기능성채소학 및 실습, 원예치료와 천연화장품의 실제, 차의 재배와 가공,채소원예학실습, 화훼원예학실습 등

학과 인재상 및 갖추어야 할 자질

- 평소 나무, 채소와 같은 식물을 기르는 것에 관심과 흥미가 있는 학생
- 기본적으로 생명과학 교과에 관심이 많고 화학, 물리학 등의 기초 과학 과목에도 흥미가 많은 학생
- 지구 온난화, 친환경, 무공해적인 삶 등 자연 및 생활 환경 문제에 관심을 가지고 있는 학생
- 환경, 지속 가능한 미래 등에 관심이 많은 학생
- 공간 및 자연에 대해 예술적 창의성을 지닌 학생
- 첨단 과학이 접목되는 6차 산업의 개념을 이해하고 인간의 환경, 식량, 건강에도 관심이 많은 학생

학과 관련 선택 과목

※ 국어, 영어 교과는 모든 학문의 기초적인 성격을 가진 도구교과로 모든 학과에 이수가 필요하여 생략함.

공통 과목		공통국어1,2, 공통수학1,2, 공통영어1,2, 한국사1,2, 통합사회1,2, 통합과학1,2, 과학탐구실험1,2
수능 필수		화법과 언어, 독서와 작문, 문학, 대수, 미적분Ⅰ, 확률과 통계, 영어Ⅰ, 영어Ⅱ, 한국사, 통합사회, 통합과학, 성공적인 직업생활(직업)
일반 선택	수학, 사회, 과학	대수, 미적분Ⅰ, 확률과 통계, 물리학, 화학, 생명과학, 지구과학
	체육·예술	
	기술·가정/정보	기술·가정, 정보
	제2외국어/한문	
	교양	생태와 환경
진로 선택	수학, 사회, 과학	미적분Ⅱ, 물질과 에너지, 화학 반응의 세계, 세포와 물질대사, 생물의 유전
	체육·예술	
	기술·가정/정보	생활과학 탐구
	제2외국어/한문	
	교양	인간과 철학
융합 선택	수학, 사회, 과학	수학과제 탐구, 기후변화와 지속가능한 세계, 기후변화와 환경생태, 융합과학 탐구
	체육·예술	
	기술·가정/정보	
	제2외국어/한문	
	교양	

추천 도서 목록

- 원예공학, 김용현, 전북대학교출판문화원
- 원예의 즐거움, 장정은 외, 이담북스
- 화암수록, 유박, 휴머니스트
- 학교숲 정원 이야기, 이학송, 보민출판사
- 식물학자의 정원 산책, 레나토 브루니, 초사흘달
- 플로리스트를 위한 화훼장식 색채학, 장옥경 외, 이담북스
- 플라워 스쿨, 켈버트 크레리, 시그마북스
- 나는 파리의 플로리스트, 이정은, 라이킷
- 10대와 통하는 농사 이야기, 곽선미 외, 철수와영희
- 자연과 사람을 되살리는 길, 루돌프 슈타이너, 평하나무
- 지구와 우리 몸을 살리는 진짜 과일, 사단법인 한국친환경농업협회, 도서출판 차차
- 도시농업 힐링, 이강오, 한국경제신문

- 제4의 식탁, 임재양, 특별한서재
- 식탁 위의 세계사, 이영숙, 창비
- 미니멀리스트의 식탁, 도미니크 로로, 바다출판사
- 식탁 위 건강오름, 김한열, 북스고
- 6차 산업을 디자인하라, 현의송, 책넝쿨
- 종의 기원, 정유정, 은행나무
- 도시농업, 데이비드 트레시, 미세움
- 모든 생명은 서로 돕는다, 해를 그리며 박종무, 리수
- 다윈의 식탁, 장대익, 바다출판사
- 침묵의 봄, 레이첼 카슨, 에코리브르
- 농업의 대반격, 김재수, 프리뷰

학교생활 TIPS

- 원예학을 전공하는 데 기본이 되는 수학, 과학(생명과학 및 화학) 교과 성적을 상위권으로 유지하고, 교과 수업을 통해 원예 및 삼림, 조경과 관련된 지식을 습득하고 호기심을 풀어 나가며 학업 능력, 전공 적합성 및 창의성 등이 학교생활기록부 교과 세부능력 및 특기사항에 기록될 수 있도록 합니다.
- 원예학과는 졸업 후 다양한 분야로 진출할 수 있으므로 교내외 다양한 전공 및 진로 탐색 활동을 통해 원예학과 졸업 후 어떤 미래를 설계할지 명확히 정립할 것을 권장합니다.
- 6차 산업에 대한 관심을 갖고 인간의 환경과 식량, 그리고 건강과 관련된 독서 활동을 꾸준히 하며 토론, 프로젝트 등을 진행할 수 있는 동아리에서

다양한 경험을 쌓을 것을 추천합니다.
- 공동 프로젝트 및 팀 활동을 통하여 타인의 의견을 경청 하고 공감할 수 있는 능력을 함양하는 것을 추천합니다.
- 자기주도성, 융복합적 사고, 문제 해결 능력, 의사소통 능력, 나눔과 배려, 갈등 관리, 관계 지향성, 경험의 다양성, 성실성, 창의성, 잠재력, 학업 능력 등이 학교생활을 통해 나타나고, 이같은 내용이 학교생활기록부에 기록 될 수 있도록 성실히 학교생활을 하는 것을 추천합니다.

108

응용물리학과

학과소개

물리학은 우리 주위에서 일어나는 모든 자연 현상들의 법칙을 연구하는 학문입니다. 자연 현상의 기초를 이루고 있는 물질과 작용하는 힘에 대한 연구를 통해 우리 주변 세계에 대한 이해를 높입니다. 탐구 대상은 작게는 물질을 구성하는 기본 단위인 소립자부터 크게는 우주를 지배하는 원리에 이르기까지 매우 광범위합니다. 이공계 전반의 기초 학문으로 화학이나 생명공학, 전자공학, 기계공학 등의 다양한 분야에 응용되며 반도체, 광통신, 디스플레이, 레이저 등의 첨단 기술의 발전과도 깊은 연관이 있습니다.

응용물리학은 물리학의 지식과 그 탐구 방법을 응용하여 인류와 사회가 현실적으로 필요로 하는 새로운 영역을 개척하는 학문으로 순수 학문 연구와 새로운 기술 창출을 연결하는 고리 역할을 하며 차세대 반도체, 디스플레이 분야 및 나노 바이오, 나노 IT 분야 등과 밀접한 연관을 갖고 있습니다. 또한 정보소자물리 분야를 특화하여 반도체 물리, 광학, 양자역학, 정보 이론 등을 나노 디바이스의 제작과 특성 연구, 양자 이론을 응용한 정보 처리와 모델 계산 등의 첨단 과학 기술 분야와 연계하고 있습니다.

개설대학

- 경희대학교 등

관련학과

- 응용물리전공
- 물리학과
- 물리교육과
- 물리교육전공
- 물리천문학과
- 나노전자물리학과
- 데이터정보물리학과
- 반도체물리학과
- 수학물리학부
- 에너지과학과
- 전자물리학과
- 전자바이오물리학과 등

진출분야

기업체	전기·전자 반도체신소재·광학·컴퓨터·정보 통신·재료·방사선·비파괴·항공·원자력 관련 기업체 등
정부 및 공공 기관	한국표준과학연구원, 한국광기술원, 한국수력원자력, 각 지역 과학기술원, 국가과학기술연구회, 각 지역 국립과학관, 한국나노기술원, 한국과학기술원 등
연구 기관	한국전자통신연구원, 원자력·에너지 관련 연구소, 국방과학연구소, 한국과학기술연구원 등

진출직업

- 물리학연구원
- 반도체공학기술자
- 에너지공학기술자
- 재료공학기술자
- 전자공학기술자
- 나노공학기술자
- 인공위성개발엔지니어
- 비파괴검사전문가
- 과학실험원
- 변리사
- ICT관련종사자
- 공무원
- 특허기술전문가
- 과학관 큐레이터
- 과학학습지 및 교재개발자
- 학원 강사
- 출판물기획자
- 과학PD
- 중등학교 교사(물리)
- 대학 교수 등

취득가능 자격증

- 원자력기사
- 방사선비파괴검사산업기사
- 방사선비파괴검사기사
- 에너지관리산업기사
- 에너지관리기사
- 광학기기산업기사
- 광학기사
- 방사성동위원소취급자일반면허
- 방사성동위원소취급자특수면허
- 건축전기설비기술사
- 발송배전기술사
- 전기공사기사
- 전기공사산업기사
- 전기기능사
- 전기기사
- 전기산업기사
- 변리사
- 중등학교 정교사 2급(물리) 등

학과 주요 교과목

기초 과목	일반물리학1, 일반물리학2, 일반물리학실험1, 일반수학1, 일반화학1, 일반화학실험, 물리학실험1, 수리물리학1, 역학1, 첨단기술물리학, 현대물리학개론 등
심화 과목	응용물리학, 전기와 자기, 양자물리학과 현대물리, 열물리학, 정보소자물리학, 응용광학, 반도체물리 및 공정, 전산물리, 응용음향학 및 신호처리 등

학과 인재상 및 갖추어야 할 자질

- 자연 현상과 원리에 대해 관심이 있고, 이를 이해하려는 호기심이 많은 학생
- 과학적 지식을 응용하여 현장에 적용할 수 있는 학생
- 독창적이고 창의적인 사고를 가지고 있으며 논리적인 사고 능력과 수리 능력이 뛰어난 학생
- 21세기 과학 기술 사회에 능동적으로 대처할 수 있는 학생
- 지역 사회의 문제를 발견하고, 이를 해결하기 위해 끈기 있게 노력하는 학생
- 궁금증을 풀기 위한 적극적인 추진력을 가진 학생
- 반도체, 디스플레이 등에 관심이 있고, 이를 연구하고 싶은 학생

학과 관련 선택 과목

※ 국어, 영어 교과는 모든 학문의 기초적인 성격을 가진 도구교과로 모든 학과에 이수가 필요하여 생략함.

공통 과목		공통국어1,2, 공통수학1,2, 공통영어1,2, 한국사1,2, 통합사회1,2, 통합과학1,2, 과학탐구실험1,2
수능 필수		화법과 언어, 독서와 작문, 문학, 대수, 미적분 I , 확률과 통계, 영어 I , 영어 II , 한국사, 통합사회, 통합과학, 성공적인 직업생활(직업)
일반 선택	수학, 사회, 과학	대수, 미적분 I , 확률과 통계, 물리학, 화학, 생명과학
	체육·예술	
	기술·가정/정보	정보
	제2외국어/한문	
	교양	
진로 선택	수학, 사회, 과학	기하, 미적분 II , 역학과 에너지, 전자기와 양자
	체육·예술	
	기술·가정/정보	데이터 과학
	제2외국어/한문	
	교양	논리와 사고
융합 선택	수학, 사회, 과학	수학과제 탐구, 과학의 역사와 문화, 융합과학 탐구
	체육·예술	
	기술·가정/정보	
	제2외국어/한문	
	교양	논술

추천 도서 목록

- 세상에서 수학이 사라진다면, 매트 파커, 다산사이언스
- 과학이란 무엇인가, 버트런드 러셀, 사회평론
- 물리지 않는 물리학, 이노키 마사후미, 필름
- 청소년을 위한 처음 물리학, 권영균, 청아출판사
- 물리 오디세이, 이진오, 한길사
- 10대에게 권하는 물리학, 이강영, 글담출판
- 5분 뚝딱 물리학 수업, 사마키 다케오, 북스토리
- 세상에서 가장 쉬운 재미있는 물리, 미사 신야, 미디어숲
- 개념이 술술! 이해가 쏙쏙! 물리의 구조, 가오무라 야스후미, 시그마북스
- 세상을 바꾼 물리학, 원정현, 리베르스쿨
- 물리범칙의 특성, 리처드 파인만, 해나무
- 생명의 물리학, 찰스 S. 코켈, 열린책들
- 시간여행을 위한 최소한의 물리학, 클린 스튜어트, 미래의창
- 세상에 존재하는 모든 물리학, 곽영직, 세창출판사

- 나우: 시간의 물리학, 리처드 뮬러, 바다출판사
- 김범준의 이것저것 물리학, 김범준, 김영사
- 뉴턴 물리학, 크리스 페리, 책세상어린이
- 양자물리학, 크리스 페리, 책세상어린이
- 혼돈의 물리학, 유상균, 플루토
- 우주탐사의 물리학, 윤복원, 동아시아
- 물질의 물리학, 한정훈, 김영사
- 김상욱의 양자 공부, 김상욱, 사이언스북스
- 김상욱의 과학공부, 김상욱, 동아시아
- 떨림과 울림, 김상욱, 동아시아
- 하늘과 바람과 별과 인간, 김상욱, 바다출판사
- 최무영 교수의 물리학 강의, 최무영, 책갈피
- 새로운 물리를 찾아서, 바바라 러벳 클라인, 전파과학사

학교생활 TIPS

- 자연계열 필수 교과인 수학, 과학 교과 성적을 상위권으로 유지하고 학업 능력, 전공 적합성, 창의성, 물리학에 대한 지적 호기심 등이 학교생활기록부 교과 세부능력 및 특기사항에 기록될 수 있도록 자기주도적으로 수업에 참여합니다.
- 과학 토론, 실험 관련 동아리를 만들고 가입하여 자연 현상에 대한 지식을 활용하여 지역 문제를 해결하는 활동을 하며 응용력을 함양할 것을 권장합니다.
- 과학 관련 이슈에 관심을 가지고 자연, 공학 일반 관련 도서와 신문 및 저널 읽기 활동을 지속적으로 할 것을 권장합니다.

- 자기주도성, 융복합적 사고, 추론 능력, 문제 해결 능력, 의사소통 능력, 경험의 다양성, 성실성, 창의성 등이 학교생활을 통해 나타나고, 이같은 내용이 학교생활기록부에 기록될 수 있도록 성실히 학교생활을 할 것을 추천합니다.

109 응용수학과

학과소개

21세기에는 자연과학, 사회과학, 공학, 의학, 산업, 경영 등의 분야에서 효율적인 결과를 얻기 위한 복잡하고 다양한 시스템의 구현과 수학적 분석 및 종합의 필요성이 더욱 절실해졌습니다. 현대 산업 사회에서 수학이 차지하는 중요성과 그 응용 범위 또한 점차 광범위해지고 있습니다.

수학은 모든 학문의 기본이며 금세기 들어 비약적인 발전을 거듭하고 있는 과학 및 공학계의 빠른 발전에도 필수적인 기초 학문입니다. 또한 인문·사회 과학 분야에도 많은 공헌을 하고 있습니다.

응용수학이란 공학, 컴퓨터와 인터넷, 정보 통신, 금융, 보험, 마케팅 등 거의 모든 분야에서 활용되는 수학의 기초와 그 응용 방법을 학습하는 학문입니다. 응용수학과에서는 순수 수학의 이론을 토대로 응용 수학의 제반 분야인 통계학, 암호학, 수치해석학, 전산수학, 컴퓨터 분야 등 사회에서 직접 적용할 수 있는 과목들을 학습합니다. 응용수학과는 사회에서 요구하는 실용적 수학 능력을 갖춘 유능한 인력을 육성, 배출하고 있습니다.

개설대학

- 경희대학교
- 국립공주대학교
- 국립부경대학교 등

관련학과

- 수학과
- 수학교육과
- 수학물리학부
- 수학통계학과
- 응용수리과학부
- AI수리학과
- 수리과학부
- 수리데이터사이언스학과
- 정보수학과
- 정보보안암호수학과
- 컴퓨터응용수학부 등

진출직업

- 수학연구원
- 수학학습지 및 교재개발자
- 학원 강사
- 출판물기획자
- 방송PD
- 금융자산운용가
- 보험관리자
- 보험사무원
- 변리사
- 회계사
- 애널리스트
- 펀드매니저
- 금융자산운용가
- 손해사정인
- 은행원
- 계리사
- 중등학교 교사(수학)
- 대학 교수
- 수학교육행정가
- 인공위성개발원 등

취득가능 자격증

- 정보처리산업기사
- 정보처리기사
- 보험계리사
- 손해사정사
- 사회조사분석사
- 전산세무
- 전산회계
- 정보보안산업기사
- 정보보안기사
- 전산회계운용사
- 손해평가사
- 세무사
- 변리사
- 중등학교 정교사 2급(수학) 등

진출분야

기업체	보험 회사, 증권 회사, 은행, 정보 통신 기술 업체, 정보 처리 업체, 리서치 업체, 기업의 전산·통계 부서, 수학 학원, 출판사, 방송국, 수학 교재 개발 업체 등
정부 및 공공 기관	수학 영재 교육원, 국가수리과학연구소, 고등과학원수학난제 연구센터, 중고등학교 등
연구 기관	수학 관련 연구소 등

학과 주요 교과목

기초 과목	미분적분학, 선형대수, 미분방정식, 물리학 및 실험, 화학 및 실험, 해석학, 수치해석 및 연습, 현대대수학, 미분기하학, 확률통계 및 응용, 위상수학 및 응용, 수학탐험, 일반물리학, 일반화학, 집합론 등
심화 과목	응용수학개론, 수리프로그래밍, 응용선형대수특강, 기하학, 선형계획론, 응용벡터해석, 복소함수 및 응용, 통계학, 수치미분방정식, 컴퓨터지원기하학적설계, 알고리즘수학, 수리모델링과 응용, 수학지도법, 실해석학, 응용확률론, 편미분방정식, 현대기하학, 다변수해석학, 금융수학, IT응용수학, 그래프론, 응용수학캡스톤디자인, 행렬해석학 등

학과 인재상 및 갖추어야 할 자질

- 문제의 해답을 얻는 것보다 문제를 해결하고 증명해 나가는 과정을 중요하게 생각하는 학생
- 수학적 사고와 합리적 의사소통 능력을 갖춘 학생
- 하나의 문제를 끈기있게 풀어 나갈 수 있는 학생
- 문제해결 과정을 재미있게 느끼는 학생
- 어려운 문제에 도전하여 목적을 성취하려는 자세를 가진 학생
- 현대 수학에 필요한 컴퓨터 활용 능력을 가진 학생

학과 관련 선택 과목

※ 국어, 영어 교과는 모든 학문의 기초적인 성격을 가진 도구교과로 모든 학과에 이수가 필요하여 생략함.

공통 과목		공통국어1,2, 공통수학1,2, 공통영어1,2, 한국사1,2, 통합사회1,2, 통합과학1,2, 과학탐구실험1,2
수능 필수		화법과 언어, 독서와 작문, 문학, 대수, 미적분 I, 확률과 통계, 영어 I, 영어 II, 한국사, 통합사회, 통합과학, 성공적인 직업생활(직업)
일반 선택	수학, 사회, 과학	대수, 미적분 I, 확률과 통계, 물리학
	체육·예술	
	기술·가정/정보	정보
	제2외국어/한문	
	교양	
진로 선택	수학, 사회, 과학	기하, 미적분 II, 경제 수학, 경제, 역학과 에너지, 전자기와 양자
	체육·예술	
	기술·가정/정보	데이터 과학
	제2외국어/한문	
	교양	논리와 사고, 교육의 이해
융합 선택	수학, 사회, 과학	실용 통계, 수학과제 탐구, 금융과 경제생활, 융합과학 탐구
	체육·예술	
	기술·가정/정보	
	제2외국어/한문	
	교양	인간과 경제활동, 논술

추천 도서 목록

- 수학의 원리 철학으로 캐다, 김용운, 상수리
- 수학의 눈으로 보면 다른 세상이 보인다, 나동혁, 지상의책
- 박경미의 수학N, 박경미, 동아시아
- 파이 원주율 소수점 아래 1,000,000자리, 북은이, 이은북
- 수학 독습법, 도미시마 유스케, 지상사
- 수학에 관해 생각하기, Stewart Shapiro, 교우
- 수학은 문해력이다, 차오름, 마그리트서재
- 논리의 기술, 유지니아 쳉, 열린책들
- 수학 비타민 플러스 UP, 박경미, 김영사
- 수학이 필요한 순간, 김민형, 인플루엔셜
- 수학의 기쁨 혹은 가능성, 김민형, 김영사
- 다시, 수학이 필요한 순간, 김민형, 인플루엔셜
- 역사를 품은 수학, 수학을 품은 역사, 김민형, 21세기북스

- 청소년을 위한 수학의 역사, 한상직, 초록서재
- 수학기호의 역사, 조지프 마주르, 반니
- 누구나 읽는 수학의 역사, 안소정, 창비
- 딱 하루만 수학자의 뇌로 산다면, 크리스 워링, 위즈덤하우스
- 미술관에 간 수학자, 이광연, 어바웃어북
- 시장을 풀어낸 수학자들, 그레고리 주커만, 로크미디어
- 수학이 불완전한 세상에 대처하는 방법, 박형주 외, 해나무
- 수학 문명을 지배하다, 모리스 클라인, 경문사
- 춤추는 술고래의 수학 이야기, 레오나르드 믈로디노프, 까치
- 페르마의 마지막 정리, 사이먼 싱, 영림카디널
- 어느 수학자의 변명, G. H. 하디, 세시
- 수학 귀신, 한스 마그누스 엔첸스베르거, 비룡소

학교생활 TIPS

- 자연계열의 필수 교과인 수학, 과학 교과 성적을 상위권으로 유지하고, 학업 능력, 전공 적합성, 문제 해결 능력 등이 학교생활기록부 교과 세부능력 및 특기사항에 기록될 수 있도록 자기주도적으로 수업에 참여합니다.
- 수학 및 과학 교과에 대한 관심과 열정, 관찰력, 추리력 등 문제해결 과정에서 기른 역량이 학교생활기록부에 기록될 수 있도록 노력합니다.
- 수학적 지식을 활용하여 실생활 속의 문제를 해결하는 동아리를 만들어 가입하고, 동아리 활동을 통해 문제를 해결 및 증명하는 과정을 경험할 것을 권장합니다.
- 어려운 문제를 끈기 있게 풀어 얻은 결과를 실생활에 응용하는 교내 활동에 적극 참여할 것을 추천합니다.

- 자기주도성, 융복합적 사고, 추론 능력, 문제 해결 능력, 의사소통 능력, 경험의 다양성, 성실성, 창의성 등이 학교생활을 통해 나타나고, 이같은 내용이 학교생활기록부에 기록될 수 있도록 성실히 학교생활을 할 것을 추천합니다.

인문계열

사회계열

자연계열

공학계열

의약계열

예체능계열

교육계열

계약학과 & 특성화학과

의류학과

학과소개

의류학과는 의복 재료로 사용되는 섬유 제품의 종류와 특성을 파악하고, 의복을 포함한 인간의 생활 환경과 인체 건강의 관련성을 연구하는 학과입니다. 그밖에도 의류학과에서는 의생활을 활용한 건강 증진 방법과 질병의 예방 및 치료를 돕는 의복 및 의류 제품에 관해 연구하며, 소비자의 체형 특성을 고려하여 의복의 패턴을 어떻게 디자인하고 의복을 만들 것인지에 대해서도 배우고 실습합니다. 나아가 소비자에게 최대의 만족을 줄 수 있는 의류 제품의 생산과 유통을 위한 마케팅 방법, 세계화 속에서 패션 비즈니스가 당면한 문제점과 발전 방안 등을 살펴보며 패션 비즈니스가 국제화되어 가는 과정 속에서 의류학 전공자가 지녀야 할 실무적 역량을 습득하도록 합니다.

의류학과는 책임감과 공동체 의식을 겸비한 의류 전문가, 국제화, 정보화, 지식화하는 의류 산업에 이바지할 수 있는 이론적 지식과 창조적 감각, 그리고 실제적 기술을 겸비한 의류 전문가를 양성하는 데 교육 목표를 두고 있습니다.

개설대학

- 가톨릭대학교
- 한양대학교
- 경북대학교
- 경상국립대학교
- 서울대학교
- 수원대학교
- 숙명여자대학교
- 전남대학교
- 국립창원대학교
- 충남대학교
- 충북대학교
- 부산대학교 등

진출직업

- 패션에디터
- 스타일리스트
- 패션스타일리스트
- 패션디자이너
- 텍스타일디자이너
- 시각디자이너
- 유통업계 및 패션브랜드MD
- 바이어
- 비주얼 머천다이저
- 트렌드정보분석전문가
- 의료소재개발연구원
- 의류시험연구원
- 섬유기술연구원
- 대학 교수
- 중등학교 교사(가정) 등

관련학과

- 의류산업학과
- 의류상품학과
- 의류패션학과
- 의류학부
- 의류산업학전공
- 의류환경학과
- 의상학
- 패션의류학과
- 패션디자인학과
- 패션산업학과 등

취득가능 자격증

- 섬유디자인산업기사
- 의류기사
- 컬러리스트산업기사
- 컬러리스트기사
- 패션디자인산업기사
- 패션머천다이징산업기사
- 양복기능사
- 양장기능사
- 한복기능사
- 한복산업기사
- 중등학교 정교사 2급(가정)
- 패션스타일리스트
- 비주얼머천다이징
- 컴퓨터패션디자인운용 등

진출분야

기업체	패션 전문 업체, 섬유·의류 제품 생산 업체, 섬유·의류 수출입 업체, 유통 업체, 패션 전문 교육 기관, 패션 전문 잡지사 및 신문사, 패션 전문 방송국 등
정부 및 공공 기관	대학교, 국공립중등학교 등
연구 기관	패션 연구소, 섬유 관련 연구소, 의류 소재 개발 연구소, 한국의류시험연구원 등

학과 주요 교과목

기초 과목	패션과 사회, 서양복식사, 패션비지니스, 기초의복구성, 의복재료, 패션메이킹, 디자인문화와 패션, 패션과 색채 등
심화 과목	패션디자인드로잉, 패션사회심리, 패션CAD, 패션디자인스튜디오, 염색가공과 신소재, 드레이핑, 패션마케팅과 브랜딩, 의류소재기획, 한국전통복식, 의복제작실무, 패션유통론, 테크니컬디자인, 의류제품분석 및 평가, 패션디자인상품기획, 글로벌패션산업, 의류프로젝트, 패션과 미디어, 캡스톤디자인스튜디오, 패션문화캡스톤연구, 의복과 환경, 패션창업 등

학과 인재상 및 갖추어야 할 자질

- 새로운 것을 만들어 낼 수 있는 아이디어가 많은 학생
- 상상력이 풍부하고 감성적인 학생
- 모든 사물에 내재된 고유한 아름다움을 발견할 수 있는 미적 감수성을 가진 학생
- 디자인, 의복에 대한 지식은 물론 사회 현상, 트렌드, 사람들의 심리에

관심과 흥미를 가진 학생
- 디자인 감각뿐만 아니라 패션의 전체적 흐름을 파악할 수 있는 능력이 있는 학생
- 추상적인 이미지를 의상으로 표현할 수 있는 학생

학과 관련 선택 과목

※ 국어, 영어 교과는 모든 학문의 기초적인 성격을 가진 도구교과로 모든 학과에 이수가 필요하여 생략함.

공통 과목		공통국어1,2, 공통수학1,2, 공통영어1,2, 한국사1,2, 통합사회1,2, 통합과학1,2, 과학탐구실험1,2
수능 필수		화법과 언어, 독서와 작문, 문학, 대수, 미적분Ⅰ, 확률과 통계, 영어Ⅰ, 영어Ⅱ, 한국사, 통합사회, 통합과학, 성공적인 직업생활(직업)
일반 선택	수학, 사회, 과학	대수, 미적분Ⅰ, 확률과 통계, 세계사, 사회와 문화, 현대사회와 윤리, 화학
	체육·예술	미술
	기술·가정/정보	기술·가정, 정보
	제2외국어/한문	
	교양	
진로 선택	수학, 사회, 과학	미적분Ⅱ, 동아시아 역사 기행, 경제, 윤리와 사상, 물질과 에너지, 화학 반응의 세계
	체육·예술	미술 창작, 미술 감상과 비평
	기술·가정/정보	생활과학 탐구
	제2외국어/한문	
	교양	인간과 심리
융합 선택	수학, 사회, 과학	수학과제 탐구, 여행지리, 사회문제 탐구
	체육·예술	
	기술·가정/정보	
	제2외국어/한문	
	교양	

추천 도서 목록

- 벌거벗은 패션사, 프레데릭 고다르 외, 그림씨
- 패션 색을 입다, 캐롤라인, 리드리드출판
- 패션마케팅, 김미영 외, 교문사
- 조선패션본색, 채금석, 지식의편집
- 패션의 흑역사, 엘리슨 매슈스 데이비드, 탐나는책
- 패션 나를 표현하는 방법, 헬렌 행콕스, 키다리
- 남자 패션의 정석, 제프 랙, 팀움출판
- 운명을 열어주는 퍼스널컬러, 박선영, 북스타
- 패션 앤 아트, 김영애, 아로니에북스
- 인스타에도 없는 패션 이야기, 바르지니 알라지디, 게임나무
- 신발로 읽는 인간의 역사, 엘리자베스 세멀핵, 아날로그
- 조선시대 우리옷 한복이야기, 글림자, 혜지원
- 오늘은 유행, 내일은 쓰레기?, 레이나 딜라일, 초록개구리

- 패션스타일리스트, 안현성, 경춘사
- 패션 읽어주는 여자, 민지혜, 한국경제신문사
- 패션 영화를 디자인하다, 진경옥, 산지니
- 스타일 인문학을 입다, 이문연, 북포스
- 인생을 바꾸는 퍼스널 컬러 이야기, 팽정은, 김영사
- 컬러를 알면 사람이 보인다, 이신저, 키네마인
- 모던 슈트 스토리, 크리스토퍼 브루어드, 시대의창
- MT 의류학, 채금석, 장서가
- 패션을 보면 세계사가 보인다, 피오나 맥도널드, 내인생의책
- 샤넬, 미술관에 가다, 김홍기, 아트북스

학교생활 TIPS

- 의류학을 전공하는 데 기본이 되는 미적 감수성과 디자인 능력을 향상시키기 위해 노력하고, 의복에 대한 지식과 사회 현상 및 트렌드, 사람의 심리 등에 호기심을 가지도록 합니다. 학업 능력, 전공 적합성 등이 학교생활기록부에 기록될 수 있도록 자기주도적으로 수업에 참여합니다.
- 의류, 패션 관련 행사에 참여하여 트렌드를 분석하는 등 적극적인 진로 탐색 및 다양한 경험을 할 것을 추천합니다.
- 다양한 사람을 만날 수 있는 봉사 활동이나 팀 프로젝트를 통해 배려 및 공감 능력을 함양할 것을 추천합니다.
- 디자인 동아리, 패션의 흐름을 파악할 수 있는 동아리 등의 활동을 적극 권장합니다.

- 인문학, 철학, 역사, 공학 일반, 환경, 미래학 등 다양한 분야의 독서를 권장합니다.
- 자기주도성, 창의성, 의사소통 능력, 관계 지향성, 경험의 다양성, 성실성, 문제 해결 능력, 예술적 감수성 등이 학교생활을 통해 나타나고, 이같은 내용이 학교생활기록부에 기록될 수 있도록 성실히 학교생활을 하는 것을 추천합니다.

111 임산생명공학과

자연계열
NATURAL SCIENCE

학과소개

임산공학은 식물학, 공학, 화학공업, 환경보존학 및 예술 분야까지도 포함하는 종합 학문입니다. 각종 천연 자원 중에서도 가장 오랜 사용의 역사를 갖고 있는 목재 및 산림 생물 자원을 대상으로 효율적 이용과 용도 개발, 재료 및 제품 개발 등을 연구하며 환경 및 인간 생활에 도움이 되는 임산공학 및 생명공학 기술을 다루는 학문입니다.

임산생명공학과에서는 기능성 천연물과 미생물을 비롯해 각종 친환경 바이오 재료를 이용하여 21세기 저탄소 녹색 성장 시대에 요구되는 친환경 목재 건축 재료와 펄프 종이를 개발하고, 신기능성 신물질의 식품·의약품 분야, 목질계 바이오매스를 이용한 바이오 에너지 산업 분야 등에서 활약하는 전문가를 육성합니다. 또한 임산생명공학과는 기존의 목재·제지 산업 기술에 생명공학기술(BT)을 융합한 응용 분야를 강화하고 있습니다.

개설대학

• 국민대학교 등

진출직업

• 나무의사(수목보호기술자)
• 목재보존처리전문가
• 임업연구원
• 제지공학기술자
• 조경기술자
• 환경공학기술자 등

관련학과

• 임산공학과
• 산림과학과
• 산림과학부
• 산림비즈니스학과
• 산림생태보호학과
• 산림자원학과
• 산림조경학과
• 산림학과
• 산림환경과학과
• 산림환경시스템학과
• 산림환경자원학과
• 조경산림학과
• 환경산림과학부 등

취득가능 자격증

• 임산가공기능사
• 임산가공기사
• 임산가공산업기사
• 산림경영기사
• 산림경영산업기사
• 종자기사
• 종자산업기사
• 조경기사
• 조경산업기사
• 농화학기사
• 농화학산업기사
• 자연생태복원기사
• 산림공학산업기사
• 식물보호산업기사
• 식물보호기사
• 임업종묘산업기사
• 임업종묘기사 등

진출분야

기업체	목질 재료 및 목조 건축 산업체, 제지 산업체, 목재보존 산업체, 신재생 에너지 관련 업체, 건축 자재 유통 산업체 등
정부 및 공공 기관	산림청, 농림축산검역본부, 한국에너지공단, 국가기록원, 국립 중앙도서관, 국립문화재연구소 등
연구 기관	국립산림과학원, 농촌진흥청, 생명과학 관련 연구소, 바이오 신약 개발 연구소, 서울대학교 농생명과학공동기원 등

학과 주요 교과목

기초 과목	일반물리학, 일반물리 실험, 일반화학, 목재물리학 및 실험, 기초생화학, 유기화학 및 실험, 목재화학 및 실험 등
심화 과목	친환경목질가공, 산업환경화학, 임산공업역학, 섬유재료화학, 고급생화학, 세포생물학, 분자생물학, 재료화학, 접착·도료과학, 목재역학, 단위조작, 박막재료공정학, 목가구학, 목질복합재료, 산림생명자원개발이론, 목재건조학, 임산미생물학, 나노화학공학, 바이오매스자원론, 공학목재, 목구조론, 환경에너지공학, 바이오나노신소재, 효소학, 바이오에너지 등

학과 인재상 및 갖추어야 할 자질

• 나무를 좋아하고 목재를 활용하는 방법에 대해 호기심이 있는 학생
• 제지, 천연물 화학, 바이오매스 활용, 목질 복합 재료 개발 등 임산생명공학 관련 분야에 흥미가 있는 학생
• 공학과 예술에 관심이 많은 학생
• 자연 현상에 대한 문제 인지 능력과 탁월한 해결 능력을 가진 학생
• 지구 온난화, 친환경·무공해적인 삶 등 자연 및 생활 환경 문제에 관심을 가지고 있는 학생
• 환경 및 지속 가능한 미래에 대해 관심이 많은 학생
• 창의적인 문제제기 능력과 자기주도적인 문제 해결 능력을 갖춘 학생
• 연구 결과가 바로 나오지 않아도 끈기 있게 실험과 연구를 이어갈 수 있는 인내심을 가진 학생

학과 관련 선택 과목

※ 국어, 영어 교과는 모든 학문의 기초적인 성격을 가진 도구교과로 모든 학과에 이수가 필요하여 생략함.

공통 과목		공통국어1,2, 공통수학1,2, 공통영어1,2, 한국사1,2, 통합사회1,2, 통합과학1,2, 과학탐구실험1,2
수능 필수		화법과 언어, 독서와 작문, 문학, 대수, 미적분Ⅰ, 확률과 통계, 영어Ⅰ, 영어Ⅱ, 한국사, 통합사회, 통합과학, 성공적인 직업생활(직업)
일반 선택	수학, 사회, 과학	대수, 미적분Ⅰ, 확률과 통계, 현대사회와 윤리, 물리학, 화학, 생명과학, 지구과학
	체육·예술	
	기술·가정/정보	정보
	제2외국어/한문	
	교양	생태와 환경
진로 선택	수학, 사회, 과학	미적분Ⅱ, 윤리와 사상, 물질과 에너지, 화학 반응의 세계, 세포와 물질대사, 생물의 유전
	체육·예술	
	기술·가정/정보	
	제2외국어/한문	
	교양	인간과 철학, 보건
융합 선택	수학, 사회, 과학	수학과제 탐구, 사회문제 탐구, 기후변화와 지속가능한 세계, 기후변화와 환경생태, 융합과학 탐구
	체육·예술	
	기술·가정/정보	창의 공학 설계, 지식 재산 일반
	제2외국어/한문	
	교양	논술

추천 도서 목록

- 숲은 미래의 희망, 이종만, 홍두께
- 미국 오하이오의 나무이야기, 안다희, 북만손
- 기후위기시대 산림관리, 정규원, 넥서스환경디자인연구원
- 선택식물 관찰도감, 국립생물자원관, 지오북
- 함께 찾아보는 우리나라 풀과 나무, 국립생물자원관, 지오북
- 식물의 사회생활, 이영숙 외, 동아시아
- 식물로 보는 한국사 이야기, 신현배, 뭉치
- 식물의 신기한 진화, 아나가키 히데히로, 북스토리
- 향수가 된 식물들, 장 클로드 엘레나, 아멜리에북스
- 다윈의 식물들, 신현철, 지오북
- 어쭈구리 식물 좀 하네, 안혜진, 넷마루
- 실내식물의 문화사, 마이크 몬더, 고유서가
- 삼국유사가 품은 식물 이야기, 안진홍, 지오북

- 안녕 나의 식물 친구, 김태평, 문학수첩
- 풀, 꽃, 나무 생태이야기, 강지호, 바른북스
- 여행지에서 만난 나무 이야기, 빅토르 쿠타르 외, 돌배나무
- 정원수로 좋은 우리 나무 252, 정계준, 김영사
- 논 생태계 어류, 양서류, 파충류 도감, 농촌진흥청, 21세기사
- 숲에서 놀다: 풀꽃지기 자연일기, 이영득, 황소걸음
- 조상 이야기: 생명의 기원을 찾아서, 리처드 도킨스 외, 까치
- 자연의 예술적 형상, 에른스트 헤켈, 그림씨
- 한국의 들꽃: 우리들에 사는 꽃들의 모든 것, 김진석 외, 돌베개
- 자연은 위대한 스승이다, 이인식, 김영사
- 한국의 나무: 우리 땅에 사는 나무들의 모든 것, 김태영 외, 돌베개

학교생활 TIPS

- 임산생명공학을 전공하는 데 기본이 되는 수학, 과학(생명과학 및 화학) 교과 성적을 상위권으로 유지하고, 자기주도적으로 식물학, 공학, 화학, 임산 자원과 같은 전공 관련 지식을 확장합니다. 이러한 활동을 통해 학업 능력, 전공 적합성 및 분석적 사고 등이 학교생활기록부 교과 세부능력 및 특기사항에 기록될 수 있도록 합니다.
- 전공 관련 활동(진로 박람회, 진로 캠프, 학과 탐색, 진로 교실 등)에 능동적으로 참여하여 진로에 대한 폭넓은 이해를 바탕으로 진로를 개척해 나갈 것을 권장합니다.
- 과학, 환경 및 제지, 천연물 화학, 생체 모방 활용, 텃밭 가꾸기 등의 동아리에서 전공 관련 지식과 경험을 쌓고 호기심을 해결해 나가는 활동을 할

것을 추천합니다.
- 생명과학, 공학, 환경, 미래학, 인문학, 철학 등과 같은 다양한 분야의 독서를 통하여 융복합적 사고를 기를 것을 권장합니다.
- 성실성, 책임감, 리더십, 끈기, 인내, 문제 해결 능력, 의사소통 능력, 공감 역량 등이 학교생활기록부에 기록될 수 있도록 성실하게 학교생활을 할 것을 추천합니다.

인문계열

사회계열

자연계열

공학계열

의약계열

예체능계열

교육계열

계약학과 & 특성화학과

112

정보통계학과

학과소개

정보화 시대에는 다량의 정보를 유효적절하게 사용하는 것에 각 개인, 단체, 기업 나아가 국가의 성패가 달려 있다고 해도 과언이 아닙니다. 기술 산업과 사회 기능이 고도화되고 다양화되면서 일반 업무나 학문적 연구가 점차 수량화되고, 계량적인 분석 방법의 교육도 절실해졌습니다. 이러한 상황 속에서 정보화의 가장 핵심적인 역할을 수행할 수 있는 통계인의 저변 확대 또한 사회적으로 요구되고 있습니다. 통계학이 모든 학문 연구에 깊이 연관되어 있다는 것은 부인할 수 없는 사실이며, 통계학의 발전은 다른 학문의 발전에도 기여한다고 할 수 있습니다.

정보통계학이란 사회의 각 분야에서 발생하는 정보를 수집하여 이를 분석하고 해석하는 방법론을 개발하는 학문입니다. 이에 정보통계학과에서는 빠르게 변화하는 정보화 사회에 능동적으로 대처할 수 있는 인력을 배출하기 위해 학생들의 과학적 사고와 창의력을 함양하는 교육, 정보 분석에 필요한 컴퓨터 활용 능력에 대한 교육을 하고 있습니다.

개설대학

- 경상국립대학교
- 충남대학교
- 충북대학교 등

관련학과

- 통계학과
- 통계데이터사이언스학과
- IT금융학과
- 데이터사이언스전공
- 데이터사이언스학과
- 데이터정보과학부
- 데이터정보학과
- 데이터정보물리학과
- 빅데이터사이언스학부
- 빅데이터융합학과
- 빅데이터응용통계학과
- 수학통계학과
- 응용통계학
- 컴퓨터통계학과
- AI보건정보관리학과
- 정보통계보험수리학과
- 정보학부 정보통계학전공
- 컴퓨터통계학과
- 통계데이터과학전공
- 통계정보과학과
- 통계정보학과
- 통계컴퓨터과학과
- 통계학과
- 통계학전공 등

진출직업

- 조사통계학자
- 통계학자
- 분석통계학자
- 여론조사전문가
- 보험계리사
- 빅데이터전문가
- 보험관리자
- 보험인수심사원
- 통계사무원
- 통계직 공무원
- 웹마스터
- 인터넷보안소프트웨어개발자
- 망구축컨설턴트
- 프로그래머
- 컴포넌트설계사
- 데이터베이스관리자 등

취득가능 자격증

- 보험계리사
- 재무위험관리사(FRM)
- 자산관리사(FP)
- 데이터분석전문가
- 사회조사분석사
- 농산물품질관리사
- 정보처리기사
- 정보처리산업기사
- 사회조사분석사 등

진출분야

기업체	금융 기관, 여론 조사 기관, 기업체의 연구 조사 분야, 정보 통신 회사, 보험 회사, 리서치 회사, 마케팅 조사 업체, 언론사, 신용 정보 회사, 기업체의 고객 정보 관련 부서, 기업의 품질 관리 담당 부서, 유통사, 문화사, 방송사, 소프트웨어 및 전자 통신 제조회사 등
정부 및 공공 기관	통계청, 각 지역 교통공사, 한국철도공사, 한국산업인력공단, 질병관리본부, 한국전력공사, 국방부, 국민건강보험공단, 국민연금공단, 한국감정원, 한국농수산식품유통공사, 주택도시보증공사 등
연구 기관	통계 관련 연구소, 신약 개발 연구소(생물, 의학, 통계분야) 등

학과 주요 교과목

기초 과목	기초통계학, 통계수학, 확률론, 여론조사론, 통계데이터베이스, 데이터마이닝, 회귀분석, 범주형자료분석 등
심화 과목	SAS입문, 탐색적자료분석, R프로그래밍, SPSS입문, 해석학개론, 보험통계학, 데이터베이스실무, 범주형자료분석, 금융공학, 캡스톤디자인, 빅데이터처리개론, 다변량자료분석, 수리통계학, 실험계획법, 통계적품질관리, 기계학습개론 등

학과 인재상 및 갖추어야 할 자질

- 기본적으로 수학을 좋아하고 컴퓨터 활용 능력이 뛰어난 학생
- 치밀하고 조직적이며 분석적 사고 능력이 뛰어난 학생
- 대량으로 쏟아져 나오는 정보들을 과학적으로 분석, 처리할 수 있는 학생
- 합리적인 사고와 논리적인 의사 표현 능력을 지닌 학생
- 논리적·수리적인 사고력과 컴퓨터 활용 능력이 뛰어난 학생
- 정보를 분석하고 추리하는 것을 좋아하는 학생

학과 관련 선택 과목

※ 국어, 영어 교과는 모든 학문의 기초적인 성격을 가진 도구교과로 모든 학과에 이수가 필요하여 생략함.

공통 과목		공통국어1,2, 공통수학1,2, 공통영어1,2, 한국사1,2, 통합사회1,2, 통합과학1,2, 과학탐구실험1,2
수능 필수		화법과 언어, 독서와 작문, 문학, 대수, 미적분Ⅰ, 확률과 통계, 영어Ⅰ, 영어Ⅱ, 한국사, 통합사회, 통합과학, 성공적인 직업생활(직업)
일반 선택	수학, 사회, 과학	대수, 미적분Ⅰ, 확률과 통계
	체육·예술	
	기술·가정/정보	정보
	제2외국어/한문	
	교양	
진로 선택	수학, 사회, 과학	기하, 미적분Ⅱ, 경제 수학, 인공지능 수학, 정치, 법과 사회, 경제
	체육·예술	
	기술·가정/정보	인공지능 기초, 데이터 과학
	제2외국어/한문	
	교양	
융합 선택	수학, 사회, 과학	실용 통계, 수학과제 탐구, 사회문제 탐구
	체육·예술	
	기술·가정/정보	소프트웨어와 생활
	제2외국어/한문	
	교양	논술

추천 도서 목록

- 새빨간 거짓말, 통계, 대럴 하프, 더불어책
- 비즈니스 데이터 과학, 맷 태디, 한빛미디어
- 통계적 사고의 힘, 앨버트 러더퍼드, 성균관대학교출판부
- 빅데이터를 지배하는 통계의 힘: 데이터활용 편, 니시우치 히로우, 비전코리아
- 누워서 읽는 통계학, 와쿠이 요시유키 외, 한빛아카데미
- 국어학과 통계학은 어떻게 만나는가, 엄홍준 외, 작품미디어
- 파이썬으로 배우는 통계학 교과서, 비바 신야, 한빛미디어
- 이렇게 쉬운 통계학, 혼마루 료, 한빛미디어
- 메이저리그 야구 통계학, 김재민, 에이콘출판
- 통계학대백과 사전, 미시이 도시아키, 동양북스
- 숫자는 어떻게 생각을 바꾸는가, 폴 굿윈, 한국경제신문
- 통계학의 이해, 고석구 외, 북스힐
- 통계가 빨라지는 수학력, 나가노 히로유키 외, 비전코리아

- 데이터 사이언스 통계학, 이군희, 북넷
- 코딩 없이 배우는 데이터 과학, 황보현우 외, 성안북스
- 데이터 과학을 위한 통계, 피터 브루스 외, 한빛미디어
- 데이터 사이언스의 매력, 박성현 외, 자유아카데미
- 이렇게 쉬운 통계학, 혼마루 료, 한빛미디어
- 세상에서 가장 재미있는 통계학, 울코트 스미스 외, 궁리
- 빅데이터 인문학: 진격의 서막, 에레즈 에이든 외, 사계절
- 비즈니스 통계학, Dawn Willoughby, 시그마프레스
- 세상을 읽는 새로운 언어, 빅데이터, 조성준, 21세기북스
- 통계학, 빅데이터를 잡다, 조재근, 한국문학사
- 벌거벗은 통계학, 찰스 월런, 책읽는수요일
- 베이즈 통계학, 와쿠이 사다미, 북스힐
- 통계학 도감, 쿠리하라 신이치 외, 성안당

학교생활 TIPS

- 통계학을 전공하는 데 기본이 되는 수학 교과 성적뿐만 아니라 사회, 경제, 과학 등의 과목에 좋은 성적을 유지하고, 데이터를 활용하고 해석하는 활동을 통해 학업 능력, 전공 적합성, 분석적 사고 등이 학교생활기록부 교과 세부능력 및 특기사항에 기록될 수 있도록 수업에 적극적으로 참여합니다.
- 응용의 성격이 강한 통계학은 자연계열과 사회계열 양쪽에서 모두 사용되기 때문에 통계학과에 지원하기 위해서는 이공계와 사회계열 양쪽에 모두 흥미를 갖고 사회·경제 분야와 관련된 활동을 할 것을 권장합니다. 대학 및 학교에서 주관하는 전공 탐색 프로그램에 참여하여 진로를 탐색하는 모습을 보여주면 좋습니다.
- 사회 문제에 관심을 가지고 이를 데이터로 분석하려는 노력을 할 것을 추천하며, 다양한 사회 문제에 관심을 가지고 배려 및 공감 능력을 함양하기 위한 봉사 활동 등을 할 것을 권장합니다.
- 사회 문제를 데이터를 통해 분석하는 동아리 활동, 컴퓨터 관련 활동 등을 권장하며 프로젝트 활동을 통해 컴퓨터 활용 능력을 기르고 나눔과 배려, 갈등 관리의 역량을 함양할 것을 추천합니다.
- 경제, 경영, 사회학, 심리학, 공학, 의학 등 통계 분석이 필요한 다양한 분야의 독서를 권장합니다.
- 자기주도성, 추론 능력, 문제 해결 능력, 의사소통 능력, 융복합적 사고, 경험의 다양성, 성실성, 창의성, 통합적 사고 등이 학교생활을 통해 나타나고, 이같은 내용이 학교생활기록부에 기록될 수 있도록 성실히 학교생활을 할 것을 추천합니다.

113

조경학과

학과소개

정원의 역사는 인류 문명과 함께 시작되었습니다. 자연을 이해하는 과학인 동시에 문화 예술로서의 조경은 오랜 시간에 걸쳐 인간의 쾌적한 삶에 기여해 왔습니다. 조경학은 자연환경과 인공 환경의 연구, 계획, 설계, 관리 및 예술적 원리와 과학적인 원리를 적용하는 전문 분야이며, 따라서 자연과 인간의 관계, 도시 환경의 문제를 이해하고, 이를 체계적으로 연구하고 창의적으로 개발, 배치할 수 있는 전문 기술자의 양성을 강조하고 있습니다. 단독 주택, 아파트부터 병원, 호텔, 고속도로, 공원, 문화재, 박람회장 등에 이르기까지 우리를 둘러싼 모든 환경이 조경의 대상이 되며, 이것을 계획, 설계, 시공, 감리 및 보호 관리할 수 있는 이론과 기법을 연구하는 조경 전문가의 역할은 매우 크다고 할 수 있습니다.

조경 분야에서 수행하고 있는 프로젝트의 대상은 정원 및 수목원, 도시공원 및 자연공원, 주거 단지, 관광 단지 및 휴양 공간, 가로 공간, 공공 디자인, 수변 공간 등으로 다양하기 때문에, 조경학과에서는 이에 대한 계획, 설계, 시공, 관리를 위한 뛰어난 조경 전문가 양성을 교육 목표로 하고 있습니다.

개설대학

- 국립공주대학교
- 영남대학교
- 전남대학교
- 경상국립대학교
- 동아대학교
- 배재대학교
- 부산대학교
- 서울시립대학교
- 우석대학교
- 전북대학교 등

진출직업

- 문화재보존가
- 사업체조경관리원
- 조경설계사
- 조경시설물설치원
- 조경학연구원
- 환경영향평가원
- 조경원
- 도시계획가
- 도시설계가 등

관련학과

- 산림조경학과
- 산림과학조경학부
- 생태조경디자인학과
- 생태조경학과
- 식물자원조경학부
- 원예생명조경학과
- 환경조경학과
- 조경도시학과 등

취득가능 자격증

- 도시계획기사
- 도시계획기술사
- 조경기사
- 조경기능사
- 조경기술사
- 조경산업기사
- 자연생태복원기사
- 자연생태복원산업기사
- 자연환경관리기술사
- 산림경영기사
- 산림기사
- 산림산업기사 등

진출분야

기업체	조경 설계 사무소, 종합 조경 업체, 일반 조경 업체, 조경 식재 및 조경 시설물 전문 공사 업체, 종합 건설업체, 컨설팅 전문 업체, 골프장 및 관광 리조트 개발업체, 환경 복원 및 시공 회사 등
정부 및 공공 기관	임업직 공무원, 한국토지주택공사, 정부 출연 연구기관, 한국토지주택공사, 서울주택도시공사, 한국도로공사, 한국수자원공사, 국립자연휴양림관리소 등
연구 기관	조경 연구소, 도시 경관 연구소 등

학과 주요 교과목

기초 과목	조경제도 및 표현기법, 조경수목학, 조경계획방법론, 서양조경문화사, 중원 및 녹지계획실습, 지형설계, 컴퓨터조경설계, 조경시공학, 생태복원계획, 환경·행태공간설계, 조경소재론, 공원녹지캡스톤디자인, 조경적산학, 단지조경캡스톤디자인 등
심화 과목	조경의 이해, 환경과 생태, 조경미학, 조경공간형태론, 예술적 창의성과 조경설계, 동양조경문화사, 설계원리와 이론, 지리정보체계, 지피식물론, 경관환경분석론, 조경식재캡스톤디자인, 도시계획론, 조경관리학, 자연보전 및 관리, 지역재생조경론, 조경환경법규 등

학과 인재상 및 갖추어야 할 자질

- 나무와 꽃, 식물을 포함한 자연 환경에 관심과 흥미가 있는 학생
- 생명과학, 물리학 등의 과목에 흥미를 느끼는 학생
- 자연 현상에 대한 문제 인지 능력과 탁월한 해결 능력을 가진 학생
- 지구 온난화, 친환경적·무공해적인 삶 등 자연 및 생활 환경 문제에 관심을 가지고 있는 학생
- 환경 및 지속 가능한 미래에 대해 관심이 많은 학생
- 공간 시뮬레이션을 위한 높은 수준의 컴퓨터 활용 능력을 가진 학생

학과 관련 선택 과목

※ 국어, 영어 교과는 모든 학문의 기초적인 성격을 가진 도구교과로 모든 학과에 이수가 필요하여 생략함.

공통 과목		공통국어1,2, 공통수학1,2, 공통영어1,2, 한국사1,2, 통합사회1,2, 통합과학1,2, 과학탐구실험1,2
수능 필수		화법과 언어, 독서와 작문, 문학, 대수, 미적분Ⅰ, 확률과 통계, 영어Ⅰ, 영어Ⅱ, 한국사, 통합사회, 통합과학, 성공적인 직업생활(직업)
일반 선택	수학, 사회, 과학	대수, 미적분Ⅰ, 확률과 통계, 세계시민과 지리, 물리학, 화학, 생명과학, 지구과학
	체육·예술	
	기술·가정/정보	기술·가정
	제2외국어/한문	
	교양	생태와 환경
진로 선택	수학, 사회, 과학	미적분Ⅱ, 한국지리 탐구, 세포와 물질대사, 생물의 유전, 지구시스템과학, 행성우주과학
	체육·예술	
	기술·가정/정보	생활과학 탐구
	제2외국어/한문	
	교양	인간과 심리
융합 선택	수학, 사회, 과학	여행지리, 사회문제 탐구, 기후변화와 지속가능한 세계, 기후변화와 환경생태, 융합과학 탐구
	체육·예술	
	기술·가정/정보	
	제2외국어/한문	
	교양	

추천 도서 목록

- 꽃말의 탄생, 새릴 쿨타드, 동양북스
- 궁궐의 우리 나무, 박상진, 눌와
- 생명의 숲 숲 속에서 길을 묻다, 정재홍, 행복에너지
- 학교야, 희망의 숲으로 가자, 전병화, 푸불리우스
- 처음 만나는 조경학, 김아연 외, 일조각
- 정원의 감동을 디자인하는 가드너, 서혜란, 토크쇼
- 100장면으로 읽는 조경의 역사, 고정희, 한숲
- 최신 동양조경문화사, 한국전통조경학회, 대가
- 이어 쓰는 조경학개론, 이규독 외, 한숲
- 이 나무는 왜 여기에 있어요?, 김수봉, 문운당
- 원예의 즐거움, 장정은 외, 이담북스
- 화암수록, 유박, 휴머니스트
- 학교숲 정원 이야기, 이학송, 보민출판사
- 식물학자의 정원 산책, 레나토 브루니, 초사흘달

- 플로리스트를 위한 화훼장식 색채학, 장옥경 외, 이담북스
- 플라워 스쿨, 켈버트 크레리, 시그마북스
- 나는 파리의 플로리스트, 이정은, 라이킷
- 10대와 통하는 농사 이야기, 곽선미 외, 철수와영희
- 자연과 사람을 되살리는 길, 루돌프 슈타이너, 평하나무
- 지구와 우리 몸을 살리는 진짜 과일, 사단법인 한국친환경농업협회, 도서출판 차차
- 도시농업 힐링, 이강오, 한국경제신문
- 조경생태학, 안영희, 태림문화사
- 녹색 도시를 꿈꾸는 저탄소 사회 전략, 고재경 외, 한울아카데미
- 조상 이야기: 생명의 기원을 찾아서, 리처드 도킨스 외, 까치
- 한국의 들꽃: 우리 들에 사는 꽃들의 모든 것, 김진석 외, 돌베개
- 자연의 예술적 형상, 에른스트 헤켈, 그림씨
- 한국의 나무, 김태영 외, 돌베개

학교생활 TIPS

- 조경학을 전공하는 데 기본이 되는 수학, 과학(생명과학 및 물리학) 교과 성적을 상위권으로 유지합니다. 원예 및 삼림, 조경과 관련된 지식을 활용하여 호기심을 풀어 나가며 학업 능력, 전공 적합성 및 창의성 등이 학교생활기록부 교과 세부능력 및 특기사항에 기록될 수 있도록 합니다.
- 삼림 및 조경과 관련된 대학 학과 및 직업인 탐방 활동에 적극적으로 참여할 것을 권장합니다.
- 조화를 중요시하는 조경학의 특성상, 자연과 자연, 자연과 인간, 인간과 인간이 조화를 보여줄 수 있는 공동체 활동 및 봉사 활동에 관심을 가지고, 지속적으로 참여하는 것이 유리합니다.
- 환경 및 과학 탐구, 토론 동아리, 공학, 등 조경 관련 분야 동아리 활동을

적극 권장합니다.
- 환경, 조경, 인문학 및 조경의 사례를 볼 수 있는 다양한 독서를 통해 지식을 확장하도록 합니다.
- 자기주도성, 나눔과 배려, 융복합적 사고, 의사소통 능력, 문제 해결 능력, 경험의 다양성, 성실성, 창의성, 잠재력 등이 학교생활을 통해 나타나고, 이같은 내용이 학교 생활기록부에 기록될 수 있도록 성실히 학교 생활을 할 것을 추천합니다.

114

주거환경학과

학과소개

주거환경학은 인간을 둘러싼 주거 이론과 실내 디자인 실기를 기초로 하는 학문으로 주거의 사회 문화적 관점과 인간 공학적 관점을 분석하여 사용자의 생활적 관점에서 편리하고 쾌적한 주거 환경을 창출하는 것을 궁극적 목표로 삼습니다. 최근 인구와 생활 방식, 가치관의 변화 등으로 다양한 주거 문화 형태가 나타나고 있고 공간과 친환경적인 요소 등이 결합된 통합 인테리어에 대한 관심도 높아지면서 주거 문화 영역은 폭넓게 확장되고 있는 추세입니다.

이에 따라 주거환경학과에서는 인간과 환경 중심의 21세기 주거 공간을 만들어 가는 데 필요한 전문 지식을 교육합니다. 인간을 둘러싼 주거와 환경 문제를 비롯한 각종 공간의 기획, 설계, 디자인, 복지, 관리에 대한 제반 지식과 기술을 습득하여 국내외 주택 및 실내디자인 관련 산업의 수요에 부합하고, 주거 환경의 질적 향상에 기여하는 전문인을 양성하는 데 교육 목표를 두고 있습니다.

최근에는 미래 지향적이면서도 문화와 자연이 지속하는 생활 공간을 디자인하고 관리하며 목재를 응용한 친환경 소재를 개발, 시공하는 추세입니다. 더하여 휴먼웨어 등의 패턴이 주거 복지 분야로까지 영역을 넓히고 있어 다양한 연구도 시도되고 있습니다.

개설대학

- 영남대학교
- 전북대학교
- 충북대학교 등

관련학과

- 실내건축학과
- 주거환경학전공
- 환경융합학부
- 환경재료과학과
- 환경학과
- ICT환경융합학과 등

진출직업

- 친환경건축물설계 및 컨설턴트
- 건축물안전 및 환경평가진단전문가
- 주택관리사
- 주거자산관리전문가
- 주거시설관리전문가
- 주거복지사
- 실내건축디자이너
- 실내디자이너
- 건축 및 인테리어관련기자
- 중등학교 교사(가정) 등

취득가능 자격증

- 건축기사
- 건축산업기사
- 실내건축기사
- 실내건축산업기사
- 주택관리사보
- 공인중개사
- 주거복지사
- 주거환경사
- 컬러리스트기사
- 컬러리스트산업기사
- 건축사
- 중등학교 정교사 2급(가정) 등

진출분야

기업체	건설 회사 주택 사업부 및 실내 디자인 사업부, 실내디자인 사무소, 건축 설계 사무소, 대기업 건축 및 디자인 관련 부서, 인터넷 비즈니스 관련 업체, 주택 관리 회사, 언론사 및 출판사 등
정부 및 공공 기관	지방 자치 단체, 주택 관련 공기업 및 공공 기관(한국토지주택공사, 주택관리공단 등), 주거 복지 센터의 주거복지 분야, 정부 및 지자체 건축 및 주거 환경 부서 등
연구 기관	건설 관련 연구소, 디자인 연구소, 주택 관련 연구소, 정부출연연구 기관, 농촌진흥청 산하 연구 기관, 주거 환경 관련 산업체 내 연구 및 교육 기관 등

학과 주요 교과목

기초 과목	제도 및 표현기법, 주거학, 실내디자인론, 기초공간디자인, CAD표현기법, 주택설계론, 주택관리, 주거시설관리론 등
심화 과목	주거공간디자인, BIM기반설계, 실내건축재료, 주택정책론, 환경심리학, 한국주거사, 서양주거사, 주택시공관리, 주거자산관리, 공동주거디자인, 주거환경연구법, 특수주거디자인, 주택통계학, 주거시설관리실무, 주거복지개론, 디지털커뮤니케이션, 가구 및 실내코디네이션 등

학과 인재상 및 갖추어야 할 자질

- 공간 지각 능력, 미술적 감각, 그리고 복잡한 문제들 간의 관계에 대한 이해력을 갖춘 학생
- 인간의 생활 환경에 대해 관심이 있는 학생
- 디자인과 컴퓨터 그래픽에 흥미가 있는 학생
- 공학과 기술, 컴퓨터, 물리학 등 다양한 분야의 지식을 갖추고 있는 학생
- 고교 교육과정을 통해 수학, 자연 과학의 통합적 사고 및 문제 해결 능력을 기른 학생
- 공간 지각력과 꼼꼼함, 책임감 및 진취성의 역량을 가지고 있는 학생

학과 관련 선택 과목

※ 국어, 영어 교과는 모든 학문의 기초적인 성격을 가진 도구교과로 모든 학과에 이수가 필요하여 생략함.

공통 과목		공통국어1,2, 공통수학1,2, 공통영어1,2, 한국사1,2, 통합사회1,2, 통합과학1,2, 과학탐구실험1,2
수능 필수		화법과 언어, 독서와 작문, 문학, 대수, 미적분 I , 확률과 통계, 영어 I , 영어 II , 한국사, 통합사회, 통합과학, 성공적인 직업생활(직업)
일반 선택	수학, 사회, 과학	대수, 미적분 I , 확률과 통계, 물리학, 화학, 생명과학
	체육·예술	
	기술·가정/정보	기술·가정, 정보
	제2외국어/한문	
	교양	생태와 환경
진로 선택	수학, 사회, 과학	미적분 II , 물질과 에너지, 화학 반응의 세계, 세포와 물질대사, 생물의 유전
	체육·예술	
	기술·가정/정보	생활과학 탐구
	제2외국어/한문	
	교양	인간과 심리, 보건
융합 선택	수학, 사회, 과학	기후변화와 지속가능한 세계, 기후변화와 환경생태, 융합과학 탐구
	체육·예술	
	기술·가정/정보	창의 공학 설계, 지식 재산 일반
	제2외국어/한문	
	교양	인간과 경제생활

추천 도서 목록

- 건축으로 행복지수를 말하다, 메가북 편집부, 메가북
- 건축으로 행복에 도전하다, 월드해피북스 편집부, 월드해피북스
- 치매케어 주거한경 사전, 일본건축학회, 노인연구정보센터
- 동자동, 당신이 살 권리, 조문영 외, 글항아리
- 로컬씨, 어디에 사세요?, 서진영, 온다프레스
- 주거혁명 2030, 박영숙 외, 교보문고
- 공공주택 친환경건축물, 워크디자인북 편집부, 워크디자인북
- 해와 바람이 쉬어가는 집, 이규환, 예일미디어
- why 패시브하우스, 김장근, 한문화사
- 오프 그리드 라이프, 포스터 헌팅턴, 리스컴
- 여러 생각 하나의 집: 건축과 교수는 어떻게 집을 지을까?, 최경숙 외, 기문당
- 살아 갈수록 맛이 나는 친환경 집 이야기, 김종원, 기문당
- 친환경생태도시와 자연재생의 어울림, 워크디자인북 편집부, 워크디자인북

- 자연과 예술의 조화있는 생태도시, 메가북 편집부, 메가북
- 과학을 달리는 십대: 환경과 생태, 소이연, 우리학교
- 교실 속 생태 환경 이야기, 김광철, 맘에드림
- 이렇게 쉬운 통계학, 혼마루 료, 한빛미디어
- 세상에서 가장 재미있는 통계학, 울코트 스미스 외, 궁리
- 빅데이터 인문학: 진격의 서막, 에레즈 에이든 외, 사계절
- 비즈니스 통계학, Dawn Willoughby, 시그마프레스
- 세상을 읽는 새로운 언어, 빅데이터, 조성준, 21세기북스
- 통계학, 빅데이터를 잡다, 조재근, 한국문학사
- 벌거벗은 통계학, 찰스 윌런, 책읽는수요일
- 베이즈 통계학, 와쿠이 사다미, 북스힐
- 통계학 도감, 쿠리하라 신이치 외, 성안당

학교생활 TIPS

- 주거환경학을 전공하는 데 기본이 되는 수학, 과학, 미술 교과에 관심을 가지고 좋은 성적을 유지하기 위해 노력하고 주거, 건축, 디자인 등의 지식의 폭을 확장하는 과정에 적극 참여하여 학업 능력, 전공 적합성, 문제 해결 능력 등이 학교생활기록부 교과 세부능력 및 특기사항에 기록될 수 있도록 수업에 참여합니다.
- 교내 진로 박람회 및 대학의 전공 캠프, 관련 학과 탐방 활동 등에 적극 참여하여 다양한 주거 환경 분야의 미래 전망에 대해 알아보고 자신의 진로를 개척하는 활동을 할 것을 권장합니다.
- 과학 탐구, 수학, 디자인 관련 동아리 활동을 통해 창의성 및 문제 해결력을 함양하고, 건축과 환경, 디자인 및 4차 산업혁명 등 다양한 분야의 독서를

통해 지식의 폭을 넓힐 것을 추천합니다.
- 자기주도성, 융복합적 사고, 추론 능력, 문제 해결 능력, 의사소통 능력, 나눔과 배려, 갈등 관리, 관계 지향성, 경험의 다양성, 성실성, 창의성 등이 학교생활을 통해 나타나고, 이같은 내용이 학교생활기록부에 기록될 수 있도록 성실히 학교생활을 할 것을 추천합니다.

115

줄기세포재생공학과

학과소개

21세기는 생명공학(Biotechnology; BT)의 시대입니다. 생명공학의 미래의 중심에는 줄기세포 및 재생 생물, 재생의학이 있습니다. 줄기세포재생 공학과는 미래 지향적 첨단 생명공학 특성화 교육 및 연구를 위해 탄생한 학과로 줄기세포, 재생의학 분야, 인공장기, 생명정보학, 조직공학 등 미래 생 명공학 분야의 발전을 이끌어 가기 위해 만들어졌습니다.

줄기세포재생공학과에서는 학생들이 줄기세포와 재생의학 및 다양한 생명공학 분야의 전문가로 성장하는 방법을 터득할 수 있도록 세포생물학, 의생명공학, 미생물학, 생리학, 면역학, 생물의 약품학 등 전통 생명과학 과목을 기초로 하여 줄기세포생물학, 재생생명과학, 인체약리학, 노화생물학, 의생명정보학, 줄기세포 연구종합설계, 재생의학, 연구종합설계 등의 특성화 교과목을 교육합니다. 또한 전공기초실험, 줄기세포·재생생명과학실험, 의생명과학실험 등 다양한 실험을 배울 수 있는 기회를 제공하며, 동물 생명과학 기본 교육 프로그램과 재생생물학·줄기세포 응용 프로그램을 중심으로 생명 산업 전반의 흐름에 발맞추기 위해 노력하고 있습니다. 또한 줄기세포재생공학과는 인간적인 덕성을 고루 갖춘 인재를 배출함으로써, 국민 건강과 직결된 재생의학 등 여러 분야의 발전에 이바지하고 있습니다.

 개설대학

- 건국대학교 등

 관련학과

- 생명과학과
- 생명공학과
- 생명과학기술학부
- 생명과학부
- 생명과학전공
- 생명과학특성화과
- 미생물분자생명과학과
- 미생물학과
- 바이오메디컬전공
- 바이오메디컬정보학과
- 바이메디컬학과
- 바이오산업공학부
- 바이오의약학과
- 분자생명과학과
- 분자생명공학과
- 분자생물학과
- 분자유전공학과
- 분자의생명전공
- 생명건강공학과
- 생명공학과
- 생명공학부
- 생명시스템과학과
- 생명정보융합학과
- 생명환경공학과 등

 진출분야

기업체	식품·바이오·의공학·환경 보전 및 개선 관련 업체, 제약 회사, 대학 병원, 생명공학 관련 업체, 생물 기기 업체, 의료 기기 회사 등
정부 및 공공 기관	한국나노기술원, 한국과학기술원, 국립환경과학원, 식품의약 품안전처, 질병관리본부, 한국식품연구원, 국립암센터, 질병관 리본부 국립줄기세포재생센터 등
연구 기관	한국생명공학연구원, 식품위생안전연구소, 국립보건연구원, 종합 병원 연구소, 한국과학기술연구원, 한국해양연구원, 한국 에너지기술연구원 등

 진출직업

- 생명공학기술 및 나노공학기술연구원
- 과학관 큐레이터
- 생명과학연구
- 줄기세포치료제연구원
- 생명공학자
- 생물학자
- 정보생물학자
- 바이오의약품개발전문가
- 과학학습지 및 교재개발자
- 학원 강사
- 출판물기획자
- 과학PD 등

취득가능 자격증

- 바이오화확제품제조기사
- 바이오화학제품제조산업기사
- 생물분류기사
- 생물공학기사
- 동물분류기사
- 식물분류기사
- 자연생태복원기사
- 자연생태복원산업기사
- 종자산업기사
- 종자기사 등

학과 주요 교과목

기초 과목	전공기초화학, 전공기초생물학, 줄기세포재생공학 산업의 이해, 의생명통계학, 전공기초실험, 유기화학, 세포생화학 등
심화 과목	연구윤리 및 생물안전, 동물유전학, 인체생리학, 의생명미생물학, 유전체생물학, 세포구조생물학, 분자의과학, 유전공학, 생식세포학, 노화생물학, 세포기능생물학, 재생의학, 연구종합 설계, 재생생명과학 및 실습, 의생명정보학, 발달생물학, 줄기세포연구종합설계, 암생물학 및 실험, 질병과 생체방어 및 실험, 의생명공학 및 실습, 오믹스의과학 및 실습, 조직세포병리학, 줄기세포생물학, 인체약리학, 생체조직공학, 신경생물학, 실험동물학 등

학과 인재상 및 갖추어야 할 자질

- 생명 현상 원리 및 줄기세포 연구에 관심이 있고, 이를 이해하려는 호기심이 많은 학생
- 물체의 형태와 관계, 배열, 진화 단계 등을 떠올릴 수 있는 공간 판단력을 갖춘 학생
- 생명 현상과 관련된 창의적인 문제제기 능력과 자기주도적인 문제

- 해결 능력이 있는 학생
- 생명과학의 학습 능력, 연구 과정에서의 효과적인 의사 교환을 할 수 있는 언어 능력 등을 갖춘 학생
- 관찰력이 뛰어나며 현상에 대한 논리적 접근이 가능한 학생
- 의생명 정보 및 생체 모방 기술에 흥미가 있는 학생

학과 관련 선택 과목

※ 국어, 영어 교과는 모든 학문의 기초적인 성격을 가진 도구교과로 모든 학과에 이수가 필요하여 생략함.

공통 과목		공통국어1,2, 공통수학1,2, 공통영어1,2, 한국사1,2, 통합사회1,2, 통합과학1,2, 과학탐구실험1,2
수능 필수		화법과 언어, 독서와 작문, 문학, 대수, 미적분Ⅰ, 확률과 통계, 영어Ⅰ, 영어Ⅱ, 한국사, 통합사회, 통합과학, 성공적인 직업생활(직업)
일반 선택	수학, 사회, 과학	대수, 미적분Ⅰ, 확률과 통계, 현대사회와 윤리, 화학, 생명과학
	체육·예술	
	기술·가정/정보	정보
	제2외국어/한문	
	교양	
진로 선택	수학, 사회, 과학	미적분Ⅱ, 윤리와 사상, 인문학과 윤리, 물질과 에너지, 화학 반응의 세계, 세포와 물질대사, 생물의 유전
	체육·예술	
	기술·가정/정보	생활과학 탐구
	제2외국어/한문	
	교양	보건
융합 선택	수학, 사회, 과학	윤리문제 탐구, 융합과학 탐구
	체육·예술	
	기술·가정/정보	지식 재산 일반
	제2외국어/한문	
	교양	논술

추천 도서 목록

- 줄기세포와 생명 복제기술, 무엇이 문제일까?, 황신영, 동아엠앤비
- 꼬리에 꼬리를 무는 호모 사피엔스, 정주혜, 주니어태학
- 크리스퍼 유전자 가위는 축복의 도구일까?, 김정미 외, 글라이더
- 하늘과 바람과 별과 인간, 김상욱, 바다출판사
- 생명 그 자체의 감각, 크리스토프 코흐, 아르테
- 분자 조각가들, 백승만, 해나무
- 역노화, 세르게이 영, 더퀘스트
- 꿈의 분자 RNA, 김우재, 김영사
- 생명과 약의 연결고리, 김성훈, 웅진지식하우스
- 코드 브레이커, 월터 아이작스, 웅진지식하우스
- 생명은 어떻게 작동하는가, 박문호, 김영사
- 20세기 기술의 문화사, 김명진, 궁리
- 인류의 진화, 이상희, 동아시아

- 노화 공부, 이덕철, 위즈덤하우스
- 유전자 스위치, 장연규, 히포크라테스
- 한 손에 잡히는 생명윤리, 도나디켄스, 동녘
- 세균에서 생명을 보다, 고관수, 계단
- 질병 정복의 꿈, 바이오 사이언스, 이성규, MID
- 매우 작은 세계에서 발견한 뜻밖의 생물학, 이준호, 21세기북스
- 생활 속의 생명과학, Colleen Belk 외, 바이오사이언스
- 바이오테크 시대, 제러미 리프킨, 민음사
- 뇌과학자는 영화에서 인간을 본다, 정재승, 어크로스
- 이기적 유전자, 리처드 도킨스, 을유문화사
- 이중나선, 제임스 왓슨, 궁리

학교생활 TIPS

- 줄기세포재생공학을 전공하는 데 기본이 되는 수학, 과학 교과 성적을 상위권으로 유지하고 교과 수업에서 배운 지식을 통해 줄기세포 관련 호기심을 해결하고 지식을 확장합니다. 학업 능력, 전공 적합성, 문제 해결 능력, 분석적 사고 등이 학교생활기록부 교과 세부능력 및 특기사항에 기록될 수 있도록 합니다.
- 줄기세포 관련 대학 및 연구소 탐방, 관련 롤 모델을 찾는 진로 탐색 과정에 적극적으로 참여하여 자신의 진로를 개척할 것을 권장합니다.
- 공동 과제 수행이나 프로젝트 활동을 통하여 다른 사람의 의견을 경청하고 일을 능률적으로 추진하는 역량을 키우는 과정이 학교생활기록부에 나타나도록 합니다.

- 과학, 의학 관련 동아리 활동에 적극적으로 참여하며 인문학, 철학, 공학, 환경, 자연과학, 심리학 등 다양한 분야의 책을 통하여 융합적 사고와 전공 역량을 함양할 것을 추천합니다.
- 자기주도성, 경험의 다양성, 성실성, 창의성, 의사소통 능력, 문제 해결 능력, 비판적 사고, 분석적 사고 등이 학교생활기록부에 기록될 수 있도록 성실히 학교생활을 할 것을 추천합니다.

116

지구시스템과학과

자연계열
NATURAL SCIENCE

학과소개

지구시스템과학이란 지구의 구성 물질과 분포 상태, 지구의 구조, 지각에 작용하는 여러 가지 힘의 메커니즘과 이들에 의해 일어나는 다양한 변화를 연구함으로써 지구의 역사와 진화를 밝히고, 지구 환경의 이용, 개발 및 보존에 대해서도 연구하는 학문입니다.

최근 지구의 생성과 진화에 대한 학문적 탐구와 환경 보존, 자원 개발 및 지구 정보 체계 구축에 대한 전 세계적인 관심의 증가로 지구시스템과학과에 대한 관심 또한 높아지고 있으며, 이러한 추세에 발맞추어 국내외에서 활발한 투자와 연구가 진행되고 있습니다.

지구시스템과학과는 우리의 삶의 터전인 살아있는 지구의 신비, 즉 지구의 탄생 과정과 지구가 '언제', '어떻게' 그리고 '왜' 변화하였는지에 대해 탐구하여 지구 진화의 역사를 밝히고자 하고, 또한 지표에서부터 지구 중심까지 어떻게 구성되어 있는지를 규명하고자 합니다. 지구시스템과학과에서는 이와 같은 지식을 바탕으로 환경 오염으로 황폐해져 가는 지구를 보존하고, 지속 가능한 이용 및 발전을 위한 '지구환경'의 미래를 제시할 수 있는 인재의 양성을 교육 목표로 합니다.

개설대학

- 연세대학교 등

관련학과

- 지구과학교육과
- 지구해양과학과
- 지구한경과학과
- 지구환경과학부
- 대기과학과
- 대기환경과학과
- 우주과학과
- 지질과학과
- 지질환경과학과
- 환경지질과학전공 등

진출분야

기업체	학습지 및 교재 개발 업체, 교구 개발 업체, 과학 학원, 방송국, 출판사, 언론사, 환경 전문 엔지니어링 업체, 환경 전문 시공 업체, 환경 오염 물질 분석 업체, 폐수 및 폐기물 처리 업체, 환경 영향 평가 업체 등
정부 및 공공 기관	한국가스공사, 한국광물자원공사, 한국석유공사, 한국수력원자력, 한국전력공사, 한국지역난방공사, 한국가스안전공사, 한국환경공단, 각 지역 국립과학관 등
연구 기관	한국교육학술정보원, 한국장학재단, 한국과학창의재단, 각 지역 과학기술원, 한국나노기술원, 한국과학기술원, 한구과학기술연구원, 국가과학기술연구회, 한국에너지기술연구원, 한국원자력연구원, 한국전기연구원, 한국지질자원연구원, 한국천문연구원 등

진출직업

- 지질학연구원
- 건축 및 토목캐드원
- 기상캐스터
- 토목공학기술자
- 도시계획 및 설계가
- 교통계획 및 설계가
- 측량 및 지리정보기술사
- 사진측량 및 분석가
- 지리정보시스템전문가(GIS전문가)
- 지도제작기술사
- 환경영향평가원
- 중등학교 교사(지구과학)
- 과학시험원
- 과학관 큐레이터 등

취득가능 자격증

- 응용지질기사
- 대기관리기술사
- 대기환경기사
- 대기환경산업기사
- 생물분류기사
- 소음진동기사
- 소음진동기술사
- 소음진동산업기사
- 수질관리기술사
- 수질환경기사
- 수질환경산업기사
- 온실가스관리기사
- 온실가스관리산업기사
- 자연생태복원기사
- 자연생태복원산업기사
- 자연환경관리기술사
- 토양환경기사
- 토양환경기술사
- 폐기물처리기사
- 폐기물처리기술사
- 폐기물처리산업기사
- 환경위해관리기사
- 지적기사
- 측량 및 지형공간 정보기사
- 중등학교 정교사 2급(지구과학) 등

학과 주요 교과목

기초 과목	지구물질학 및 실험, 화성암석학 및 실험, 퇴적암석학, 구조지질학 및 실습, 지구화학, 환경지구과학, 지구화학개론, 수리지구화학 등
심화 과목	지하수유동모델링, 컴퓨터지구시스템과학, 층서학의 이해, 지구시스템과학심화연구, 결정학, 수리지질학, 지구정보처리학, 물리탐사, 지질공학, 토양과지형, 광물화학, 화석의 역사, 지구시스템과학실험, 지하수역학, 위성지구과학, 암반공학, 변성암석학, 생지구화학, 지구내부학, 자원경제학, 지구의 역사, 퇴적환경학, 분지해석학, 토양오염과 정화, 주제광물학

학과 인재상 및 갖추어야 할 자질

- 사회, 경제, 문화 등과 환경의 관계성을 이해하고자 노력하는 학생
- 물리학, 화학, 생물학 등의 자연 과학뿐만 아니라 공학에도 관심이 많은 학생
- 폭넓은 사고와 통합적 분석력, 과학적 창의성을 가진 학생
- 문제를 파악하고 이에 대한 최적의 답안을 도출하는 논리적 사고 체계를 가진 학생
- 자연 환경에 대한 분석력과 체계적인 사고 능력을 갖춘 학생

학과 관련 선택 과목

※ 국어, 영어 교과는 모든 학문의 기초적인 성격을 가진 도구교과로 모든 학과에 이수가 필요하여 생략함.

공통 과목		공통국어1,2, 공통수학1,2, 공통영어1,2, 한국사1,2, 통합사회1,2, 통합과학1,2, 과학탐구실험1,2
수능 필수		화법과 언어, 독서와 작문, 문학, 대수, 미적분Ⅰ, 확률과 통계, 영어Ⅰ, 영어Ⅱ, 한국사, 통합사회, 통합과학, 성공적인 직업생활(직업)
일반 선택	수학, 사회, 과학	대수, 미적분Ⅰ, 확률과 통계, 세계시민과 지리, 물리학, 화학, 생명과학, 지구과학
	체육·예술	
	기술·가정/정보	정보
	제2외국어/한문	
	교양	생태와 환경
진로 선택	수학, 사회, 과학	미적분Ⅱ, 한국지리 탐구, 역학과 에너지, 전자기와 양자, 세포와 물질대사, 생물의 유전, 지구시스템과학, 행성우주과학
	체육·예술	
	기술·가정/정보	
	제2외국어/한문	
	교양	보건
융합 선택	수학, 사회, 과학	여행지리, 기후변화와 지속가능한 세계, 과학의 역사와 문화, 기후변화와 환경생태, 융합과학 탐구
	체육·예술	
	기술·가정/정보	
	제2외국어/한문	
	교양	논술

추천 도서 목록

- 희망의 자유, 제인 구달, 김영사
- 친애하는 지구에게, 달라이 라마, 알에이치코리아
- 46억 년 지구의 역사 살아 있는 지구, 곽영직, 작은책방
- 에코 사전, 강찬수, 꿈결
- 과학자의 시선으로 본 지구 파괴의 역사, 김병민, 포르체
- 지구의 짧은 역사, 앤드루 H. 놀, 다산사이언스
- 살아있는 지구의 역사, 리처드 포티, 까치
- 기후변화로 보는 지구의 역사, 미즈노 카즈하루, 문학사상
- 뜨거운 지구, 역사를 뒤흔들다, 브라이언 페이건, 씨마스21
- 지구 위에서 본 우리 역사, 이진아, 루아크
- 지구 생명의, 아주짧은 역사, 헨리 지, 까치
- 인류세, 클리이브 해밀턴, 이상북스
- 파란하늘 빨간지구, 조천호, 동아시아

- 단단한 지리학 공부, 니컬러스 크레인, 유유
- 달력으로 배우는 지구환경 수업, 치원형, 블랙피쉬
- 세계 문학 속 지구환경 이야기, 이시 히로유키, 사이언스북스
- 안녕, 지구의 과학, 소영무, 에이도스
- 코스모스, 칼 세이건, 사이언스북스
- 우주의 끝을 찾아서, 이강환, 현암사
- 살아 있는 지구의 역사, 리처드 포티, 까치
- 청소년을 위한 시간의 역사, 스티븐 호킹, 웅진지식하우스
- 과학으로 수학보기 수학으로 과학보기, 김희준 외, 궁리
- 그린 멘토 미래의 나를 만나다, 에코 주니어 외, 뜨인돌출판사
- 생각하는 십대를 위한 토론 콘서트: 환경, 김강석 외, 꿈결

학교생활 TIPS

- 자연계열의 필수 교과인 수학, 과학 교과 성적을 상위권으로 유지하고, 관련 교과 시간에 지구 환경과 관련된 지적 호기심을 해결해 나가는 모습이 학교생활기록부 교과 세부능력 및 특기사항에 기록될 수 있도록 수업 및 활동에 참여합니다.
- 과학 및 환경 관련 동아리에서 지구 환경 문제를 해결하는 탐구 및 프로젝트 활동에 적극적으로 참여하는 것이 좋습니다.
- 지구시스템과학과에서는 자연과의 공존과 배려를 중요하게 생각하므로 관련 능력을 함양할 수 있는 다양한 봉사 활동에 적극 참여합니다.
- 문학, 철학, 역사, 사회 문제에 대한 인문적 소양을 함양 할 수 있는 책, 자연, 공학 일반 관련 책 읽기를 권장합니다. 급변하는 환경 이슈에 대해 관심을

가지고 지속적으로 신문을 읽는 것도 권장합니다.
- 자기주도성, 정보 처리 능력, 융복합적 사고, 추론 능력, 문제 해결 능력, 의사소통 능력, 나눔과 배려하는 마음, 갈등 관리, 관계 지향성, 경험의 다양성, 성실성, 창의성, 잠재력 등이 학교생활을 통해 나타나고, 이같은 내용이 학교생활기록부에 기록될 수 있도록 성실히 학교생활을 할 것을 추천합니다.

인문계열 / 사회계열 / 자연계열 / 공학계열 / 의약계열 / 예체능계열 / 교육계열 / 계약학과 & 특성화학과

117

지구환경과학과

학과소개

지구환경과학은 약 46억 년 전 생성된 지구의 구성 물질과 과거부터 현재에 이르기까지 발생한 지구 환경 변화의 과정을 파악하고 이를 토대로 미래의 환경 변화를 예측하는 과학입니다. 따라서 시공간적으로 다양한 규모와 특성을 가지는 여러 환경계를 다루는 것이 다른 자연 과학과 구분되는 큰 특성 중의 하나라 할 수 있습니다.

지구환경과학은 인간의 생활 터전인 지구의 생성과 변화 과정을 탐구하는 기초 자연 과학에 속하는 학문이며 지구의 구성 물질에 관하여 연구하는 기초 물질과학 분야와 지구가 생성된 후 지금까지 일어난 각종 변화 과정을 연구하여 궁극적으로 실생활에 응용하는 응용 지질 및 지구 환경 과학 분야를 포함하고 있습니다. 지구 물질 및 그의 생성과 순환(암석학, 광물학, 퇴적학), 지구 동력시스템(판 구조론) 등은 응용 지질과 관련된 분야이며 지반 환경 조사(지구 물리 탐사, 광상학, 지질공학, 수리지질학), 환경 평가, 지구 정보 시스템 등은 지구환경과학 분야에 속합니다.

최근에는 지구의 환경 변화와 환경 오염이 가속화됨에 따라 이를 정확하게 조사하고 문제를 해결하기 위한 지구환경과학과의 역할이 더욱 중요해지고 있습니다.

개설대학

- 고려대학교
- 부경대학교
- 국립경국대학교
- 전북대학교
- 충북대학교 등

관련학과

- 지구환경과학부
- 지구과학교육과
- 지구시스템학과
- 지구해양공학과
- 대기과학과
- 대기환경과학과
- 우주과학과
- 지질과학과
- 지질환경과학과
- 천문우주과학과
- 천문우주학과
- 환경대기과학전공
- 환경지질과학전공 등

진출분야

기업체	학습지 및 교재 개발 업체, 교구 개발 업체, 과학 학원, 방송국, 출판사, 언론사 등
정부 및 공공 기관	한국가스공사, 한국광물자원공사, 한국석유공사, 한국수력원자력, 한국전력공사, 한국지역난방공사, 한국가스안전공사, 한국환경공단, 각 지역 국립과학관 등
연구 기관	한국교육학술정보원, 한국장학재단, 한국과학창의재단, 각 지역 과학기술원, 한국나노기술원, 한국과학기술원, 한구과학기술연구원, 국가과학기술연구회, 한국에너지기술연구원, 한국원자력연구원, 한국전기연구원, 한국지질자원연구원, 한국천문연구원 등

진출직업

- 지질학연구원
- 기상캐스터
- 토목공학기술자
- 도시계획 및 설계가
- 교통계획 및 설계가
- 측량 및 지리정보기술사
- 사진측량 및 분석가
- 지리정보시스템전문가(GIS전문가)
- 지도제작기술사
- 환경영향평가원
- 에너지공학기술자
- 과학시험원
- 과학관 큐레이터
- 환경컨설턴트 등

취득가능 자격증

- 응용지질기사
- 수질환경산업기사
- 수질환경기사
- 소음진동산업기사
- 소음진동기사
- 폐기물처리산업기사
- 폐기물처리기사
- 굴착산업기사
- 광산보안산업기사
- 광산보안기사
- 지적산업기사
- 지적기사
- 지질및지반기술사
- 측량 및 지형공간정보산업기사
- 측량 및 지형공간정보기술사 등

학과 주요 교과목

기초 과목	지구물질과학, 화성암석학, 지구화학, 지구물리학, 대기화학, 수리지질학, 구조지질학, 지구물리탐사, 퇴적시스템, 토양환경학, 지질공학, 환경과학실습, 야외지질학실습 등
심화 과목	해양환경학, 지체구조학, 광물·에너지자원학, 변성암석학, 환경지구물리학, 지하수환경학, 서유지질학, 지화학탐사, 응용광물학, 환경모델링, 지구원소순환, 운격탐사·GIS, 자연재해, 오염평가·복원, 지질학, 우주과학, 응용광물과학, 자원지질학, 환경지구화학, 현미경암석학 등

학과 인재상 및 갖추어야 할 자질

- 자연 현상과 원리에 대해 관심이 많고, 이를 이해하려는 호기심이 많은 학생
- 물리학, 화학, 생물학 등의 자연 과학분만 아니라 공학에도 관심이 많은 학생
- 폭넓은 사고와 통합적 분석력, 과학적 창의성을 가진 학생
- 지구 환경에 흥미가 있고 21세기 과학 기술 사회에 능동적으로 대처하는 자세를 갖춘 학생
- 창의적이고 비판적인 과학자로서의 소양을 가진 학생
- 과학 대중화 활동을 위한 과학적 소양과 자세를 가진 학생

학과 관련 선택 과목

※ 국어, 영어 교과는 모든 학문의 기초적인 성격을 가진 도구교과로 모든 학과에 이수가 필요하여 생략함.

공통 과목		공통국어1,2, 공통수학1,2, 공통영어1,2, 한국사1,2, 통합사회1,2, 통합과학1,2, 과학탐구실험1,2
수능 필수		화법과 언어, 독서와 작문, 문학, 대수, 미적분Ⅰ, 확률과 통계, 영어Ⅰ, 영어Ⅱ, 한국사, 통합사회, 통합과학, 성공적인 직업생활(직업)
일반 선택	**수학, 사회, 과학**	대수, 미적분Ⅰ, 확률과 통계, 물리학, 화학, 지구과학
	체육·예술	
	기술·가정/정보	
	제2외국어/한문	
	교양	생태와 환경
진로 선택	**수학, 사회, 과학**	기하, 미적분Ⅱ, 역학과 에너지, 전자기와 양자, 지구시스템과학, 행성우주과학
	체육·예술	
	기술·가정/정보	생활과학 탐구
	제2외국어/한문	
	교양	보건
융합 선택	**수학, 사회, 과학**	사회문제 탐구, 기후변화와 지속가능한 세계, 과학의 역사와 문화, 기후변화와 환경생태, 융합과학 탐구
	체육·예술	
	기술·가정/정보	
	제2외국어/한문	
	교양	논술

추천 도서 목록

- 미세먼지, 최용석, 이을출판사
- 초록 지구 환경 디자이너, 강미경 외, 부크크
- AI시대 ESG 경영전략, 김영기 외, 브레인플랫폼
- 지구환경의 변천, 월러스 S. 브로커, 전파과학사
- 친애하는 지구에게, 달라이 라마, 알에이치코리아
- 46억 년 지구의 역사 살아 있는 지구, 곽영직, 작은책방
- 에코 사전, 강찬수, 꿈결
- 과학자의 시선으로 본 지구 파괴의 역사, 김병민, 포르체
- 지구의 짧은 역사, 앤드루 H. 놀, 다산사이언스
- 기후변화로 보는 지구의 역사, 미즈노 카즈하루, 문학사상
- 뜨거운 지구, 역사를 뒤흔들다, 브라이언 페이건, 씨마스21
- 지구 생명의 , 아주짧은 역사, 헨리 지, 까치
- 인류세, 클리이브 해밀턴, 이상북스
- 파란하늘 빨간지구, 조천호, 동아시아
- 달력으로 배우는 지구환경 수업, 치원형, 블랙피쉬
- 세계 문학 속 지구환경 이야기, 이시 히로유키, 사이언스북스
- 안녕, 지구의 과학, 소영무, 에이도스
- 코스모스, 칼 세이건, 사이언스북스
- 우주의 끝을 찾아서, 이강환, 현암사
- 살아 있는 지구의 역사, 리처드 포티, 까치
- 과학으로 수학보기 수학으로 과학보기, 김희준 외, 궁리
- 침묵의 봄, 레이첼 카슨, 에코리브르
- 그린 멘토 미래의 나를 만나다, 에코 주니어 외, 뜨인돌출판사
- 생각하는 십대를 위한 토론 콘서트: 환경, 김강석 외, 꿈결

학교생활 TIPS

- 자연계열의 필수 교과인 수학, 과학 교과 성적을 상위권으로 유지하고, 관련 교과 시간에 지구 환경 과학과 관련된 지적 호기심을 풀어 나가는 모습을 통해 학업 능력 및 전공 적합성, 과학적 창의성, 논리적 사고 등이 학교 생활기록부 교과 세부능력 및 특기사항에 기록될 수 있도록 합니다.
- 과학 및 환경 관련 동아리에서 지구 환경 과학에 관한 호기심을 해결하는 탐구 및 프로젝트에 적극적으로 참여하는 것이 좋습니다.
- 과학 관련 이슈에 대한 관심을 가지고 자연과 공학 일반 분야의 독서 및 신문과 관련 저널 읽기 등을 지속적으로 할 것을 권장합니다.
- 자기주도성, 융복합적 사고, 추론 능력, 정보 처리 능력, 문제 해결 능력, 의사소통 능력, 나눔과 배려, 갈등 관리, 관계 지향성, 경험의 다양성,

성실성, 창의성 등이 학교 생활을 통해 나타나고, 이같은 내용이 학교 생활기록부에 기록될 수 있도록 성실히 학교생활을 할 것을 추천합니다.

인문계열
사회계열
지연계열
공학계열
의약계열
예체능계열
교육계열
계열학과 & 특성화학과

118

지역건설공학과

학과소개

지역건설공학은 지역에 존재하는 해결해야 할 과제와 미래 문제에 대한 지속 가능한 해결 방안을 찾고 물, 에너지, 환경, 탄소 순환을 고려한 건설 기술 개발 분야를 다루는 학문입니다. 지역건설공학과에서는 정보(IT), 생명(BT), 환경(ET)과 지역의 문화(CT) 등 건설 분야의 핵심 기술을 다루고, 이를 바탕으로 공학 분야와 관련된 다양한 지식과 기술은 물론 생명과학, 정보 기술의 융복합 학문을 배웁니다. 지역건설공학과의 주된 목표는 국가의 균형 발전을 위한 지역 개발과 그에 필요한 건설 재료의 개발 및 응용, 도로·교량·토목 시공 등을 통한 국토의 효율적인 공간 이용입니다.

지역건설공학과는 농촌 관광, 관개 배수, 수자원 및 유역·수질환경, 비점 오염원을 관리할 수 있는 자원 환경 기술 전문 인재, 지속 가능한 국토 개발과 삶의 질 향상을 위해 일할 수 있는 인재, 전문적인 지식을 바탕으로 지역 여건에 적합한 기반을 조성하고 환경 문제를 해결하며 지역 개발 등을 실천할 수 있는 인재의 양성을 교육 목표로 합니다.

개설대학

- 강원대학교
- 국립공주대학교
- 충북대학교 등

진출직업

- 기술직공무원
- 토목공학기술자
- 토목시공기술자
- 토목구조설계기술자
- 토목안전환경기술자
- 지능형교통시스템연구원
- 도시재생전문가
- 대학 교수
- 중고등학교 교사 등

관련학과

- 지역·바이오시스템공학과
- 지역스시템공학과
- 지역환경토목학과
- 지역건설공학과 농촌관광개발 전공 등

취득가능 자격증

- 토목기사
- 수질환경기사
- 수질환경산업기사
- 측량 및 지형공간 정보기사
- 지적기사
- 지적산업기사
- 건설재료시험산업기사
- 건설안전기사
- 건설안전산업기사
- 콘크리트기사
- 콘크리트산업기사
- 철도토목기사
- 철도토목산업기사
- 정보처리기사
- 정보처리산업기사 등

진출분야

기업체	건설 회사, 토목 건설 업체, 설계 용역 회사, 토목 설계 용역 업체, 설계·시공·감리업체, 도시철도 및 철도 관련 건설 업체 등
정부 및 공공 기관	국토교통부, 농림축산식품부, 한국건설기술연구원, 한국환경공단, 한국농어촌공사, 한국수자원공사, 한국도로공사, 한국토지주택공사, 한국국토정보공사, 한국철도시설공단, 각 시도 도시개발공사, 지방 자치 단체 등
연구 기관	건설 재료 시험 관련 연구소, 국립환경과학원, 농어촌연구원, 국립농업과학원, 한국건설기술연구원, 국토연구원, 한국교통연구원, 한국철도기술연구원, 한국지질자원연구원, 한국해양연구원 등

학과 주요 교과목

기초 과목	대학수학, 일반화학, 응용물리, 공업역학, 응용역학, 기초공업수학, 재료역학, 유체역학, 농업지리정보학, 지역건설공학개론 등
심화 과목	건설재료학, 농촌환경공학, 지역환경공학, 지역방재공학, 응용측량학, 콘크리트공학, 관개배수공학, 환경토지이용공학, 응용수리학, 토목전산설계, 측량정보공학, 지역건설공학창의설계, 관개배수공학, 지하수학, 농지정비공학, 토목시공학, 지반공학, 상하수도공학, 농업시설학, 도로시스템공학, 하해공학, 자연정화처리공법, 지역정보공학 등

학과 인재상 및 갖추어야 할 자질

- 친환경 토목 건설 분야에 관심이 많고 책임감과 대인 관계 능력을 갖춘 학생
- 새로운 것을 접해도 두려워하지 않는 도전 정신을 갖춘 학생
- 수학, 물리학, 지질학, 역학 등에 관심이 많고 다양한 분야의 융합에도 관심이 있는 학생
- 첨단 기술 및 정보 매체를 활용한 학습 능력과 각종 건축 구조물에 대한 호기심이 있는 학생
- 공간 감각 및 설계도에 대한 이해도가 뛰어나고, 환경에도 관심이 많은 학생
- 리더십, 책임감, 도덕성과 글로벌 감각을 갖춘 학생

학과 관련 선택 과목

※ 국어, 영어 교과는 모든 학문의 기초적인 성격을 가진 도구교과로 모든 학과에 이수가 필요하여 생략함.

공통 과목		공통국어1,2, 공통수학1,2, 공통영어1,2, 한국사1,2, 통합사회1,2, 통합과학1,2, 과학탐구실험1,2
수능 필수		화법과 언어, 독서와 작문, 문학, 대수, 미적분Ⅰ, 확률과 통계, 영어Ⅰ, 영어Ⅱ, 한국사, 통합사회, 통합과학, 성공적인 직업생활(직업)
일반 선택	수학, 사회, 과학	대수, 미적분Ⅰ, 확률과 통계, 세계시민과 지리, 현대사회와 윤리, 물리학, 화학, 지구과학
	체육·예술	
	기술·가정/정보	기술·가정, 정보
	제2외국어/한문	
	교양	
진로 선택	수학, 사회, 과학	기하, 미적분Ⅱ, 역학과 에너지, 한국지리 탐구, 전자기와 양자, 물질과 에너지, 화학 반응의 세계, 지구시스템과학, 행성우주과학
	체육·예술	
	기술·가정/정보	생활과학 탐구
	제2외국어/한문	
	교양	
융합 선택	수학, 사회, 과학	수학과제 탐구, 여행지리, 사회문제 탐구, 융합과학 탐구
	체육·예술	
	기술·가정/정보	창의 공학 설계
	제2외국어/한문	
	교양	

추천 도서 목록

- 형태의 기원, 크리스토퍼 윌리엄스, 이데아
- 더 나은 세상을 디자인하다, 장승필 외, KSCE PRESS
- 쿤의 과학혁명의 구조, 박영대 외, 작은길
- 과학으로 세상보기, 이인화, 동화기술
- 2023 순천만국제정원박람회 성공의 비밀, 노관규, K-크리에이터
- 매트로 이코노미, 이양승, 타임라인
- SDGs에 다가서기, 강민옥 외, 선인
- 도시의 미래, 윤대식, 박영사
- 초뷰카 시대 지속가능성의 실험실, 윤정구, 21세기북스
- 기후변화 시대의 사랑, 김기창, 민음사
- 떨림과 울림, 김상욱, 동아시아
- 수학의 쓸모, 닉 폴슨 외, 더퀘스트
- 수학은 어떻게 문명을 만들었는가, 마이클 브룩스, 브론스테인

- 시그널 기후의 경고, 안영인, 엔자임헬스
- 이어 쓰는 조경학개론, 이규목 외, 한숲
- 이기적 유전자, 리처드 도킨스, 을유문화사
- 거의 모든 것의 역사, 빌 브라이슨, 까치
- 공대생도 잘 모르는 재미있는 공학 이야기, 한화택, 플루토
- 총 균 쇠, 재레드 다이아몬드, 문학사상
- 엔트로피, 제레미 리프킨, 세종연구원
- 재미있는 물리여행, 루이스 캐럴 엡스타인, 꿈결

학교생활 TIPS

- 지역건설공학 전공과 관련이 있는 교과(수학, 물리학, 화학, 지구과학)를 선택하고 관련 교과의 학업 역량을 보여줄 수 있도록 관리하며 수업 시간을 통해 전공 적합성, 문제 해결 능력, 발전 가능성 등이 나타날 수 있도록 수업에 참여합니다.
- 지역건설공학 분야에 대한 흥미와 관심, 지원 전공에 대한 이해, 자신의 경험과 지원 전공과의 연관성이 드러날 수 있도록 대학에서 주관하는 공학 캠프, 건설 및 토목 관련 업체와 관련 연구소 탐방, 토목 및 건설 관련 직업 및 학과 등의 체험 활동에 적극 참여합니다.
- 학교 교육계획에 의해 진행되는 봉사 활동(학습 멘토링, 급식 도우미, 분리수거 도우미, 사서 도우미, 통합반 도우미) 참여를 통해 타인을 위해 봉사하는 생활을 실천하는 것이 중요하며 사회 소외 계층(장애인, 독거 노인, 다문화 가정) 대상 봉사 활동도 추천합니다.
- 지역건설공학 관련 진로 활동(기업이나 연구소 탐방, 직업 체험, 직업인 특강, 학과 탐방) 참여를 통해 지역건설 공학 전공에 대한 관심과 열정, 자기주도적인 진로 설정 과정, 과정의 유의미성, 전공 적합성 등이 나타나는 것이 좋습니다.

119

지질환경과학과

학과소개

지질학(地質學, Geology)은 지구를 연구 대상으로 하는 자연 과학 학문으로 지구를 구성하고 있는 물질들의 특성과 구조를 규명하고, 지구를 기반으로 하는 생물계와 무생물계의 변천의 역사를 밝혀 나가는 학문입니다.

석유를 비롯하여 철과 귀금속, 보석 등 각종 지하자원의 개발과 이용, 지진이나 산사태 등 여러 자연 재해의 평가와 예측, 토목건축 공사의 지반 조사, 지하수와 온천수, 농공업용수의 개발과 보전, 그리고 자연환경의 활용 대책과 평가, 오염 방지 등의 응용 분야도 모두 지질학이 담당하고 있습니다. 근래에 와서 지질학은 과거의 역사 규명뿐만 아니라 미래의 변화를 예측하는 방향으로도 발전하고 있으며 우주 시대를 맞이하여 달지질학, 행성(혹성)지질학, 우주지질학 분야로도 세부 영역이 확장되고 있습니다.

지질환경과학과는 지질학 관련 순수 학문적인 측면에서는 물론 인간 생활의 질을 향상하고 산업 사회를 유지 발전시키는 데에도 여러 가지로 공헌해 왔으며 앞으로도 그 역할은 증대될 것으로 전망됩니다.

개설대학

- 국립공주대학교
- 부산대학교
- 충남대학교 등

관련학과

- 지질과학과
- 지구시스템과학과
- 지구해양과학과
- 지구환경과학과
- 환경지질과학전공
- 환경학과
- 대기환경과학과 등

진출직업

- 지질학연구원
- 토목공학기술자
- 환경컨설턴트
- 도시계획 및 설계가
- 교통계획 및 설계가
- 지리정보시스템전문가(GIS전문가)
- 측량 및 지리정보기술사
- 지도제작기술사
- 환경영향평가원
- 에너지공학기술자
- 과학관 큐레이터
- 중등학교 교사(지구과학) 등

취득가능 자격증

- 응용지질기사
- 광해방지기사
- 토양환경기사
- 수질환경산업기사
- 수질환경기사
- 대기환경산업기사
- 대기관리기사
- 지질 및 지반기술사
- 광해방지기술사
- 지적산업기사
- 지적기사
- 폐기물처리산업기사
- 폐기물처리기사
- 중등학교 정교사 2급(지구과학) 등

진출분야

기업체	지질 용역 회사, 건설 회사, 환경 전문 엔지니어링 업체, 환경 전문 시공 업체, 환경 오염 물질 분석 업체, 폐수 및 폐기물 처리 업체, 환경 영향 평가 업체, 환경 설비 장치 제조 업체, 광산 회사나 천연 광물 자원을 이용하는 각종 산업체 등
정부 및 공공 기관	한국광물자원공사, 한국농어촌공사, 한국석유공사, 한국가스공사, 한국원자력환경공단, 대한석탄공사, 한국수자원공사, 한국원자력안전기술원, 국립환경과학원, 한국전력공사 등
연구 기관	한국지질자원연구원, 한국해양과학기술원, 한국기초과학지원연구원, 한국원자력연구원, 한국시설안전공단, 한국건설기술연구원, 기타 정부출연 연구소 등

학과 주요 교과목

기초 과목	구조지질학, 지구물리학, 지구화학, 화성암석학, 퇴적암석학, 원격탐사학, 광상학, 수질지질학 등
심화 과목	광물학, 광물학실험, 층서고생물학, 구조지질학실험, 지사학, 지질과학자료분석, 결정광학, 결정광학실험, 야외지질학, 지구물리학 실험, 지구과학전산자료처리, 에너지원지질학, 화석암석학 실험, 퇴적암석학실험, 분석지구화학, 지진학, 광상학 실험, 변성암석학, 지질공학, 지구물리탐사 등

학과 인재상 및 갖추어야 할 자질

- 평소 수학, 물리학, 화학, 생물학, 지구과학 등의 기초 과학 학문에 관심 있는 학생
- 자연을 관찰하고 측정하는 것을 좋아하는 학생
- 채집한 시료와 자료들을 실험실에 가져와 실험 기재나 컴퓨터를 이용하여 분석·처리할 수 있는 학생
- 지구 환경에 흥미가 있고, 21세기 과학 기술 사회에 능동적으로 대처할 수 있는 학생
- 창의적이고 비판적인 과학자로서의 소양을 가진 학생
- 과학 대중화 활동을 위한 과학적 소양과 자세를 가진 학생

학과 관련 선택 과목

※ 국어, 영어 교과는 모든 학문의 기초적인 성격을 가진 도구교과로 모든 학과에 이수가 필요하여 생략함.

공통 과목		공통국어1,2, 공통수학1,2, 공통영어1,2, 한국사1,2, 통합사회1,2, 통합과학1,2, 과학탐구실험1,2
수능 필수		화법과 언어, 독서와 작문, 문학, 대수, 미적분Ⅰ, 확률과 통계, 영어Ⅰ, 영어Ⅱ, 한국사, 통합사회, 통합과학, 성공적인 직업생활(직업)
일반 선택	수학, 사회, 과학	대수, 미적분Ⅰ, 확률과 통계, 세계시민과 지리, 물리학, 화학, 생명과학, 지구과학
	체육·예술	
	기술·가정/정보	
	제2외국어/한문	
	교양	생태와 환경
진로 선택	수학, 사회, 과학	미적분Ⅱ, 한국지리 탐구, 역학과 에너지, 전자기와 양자, 물질과 에너지, 화학 반응의 세계, 지구시스템과학, 행성우주과학
	체육·예술	
	기술·가정/정보	
	제2외국어/한문	
	교양	보건
융합 선택	수학, 사회, 과학	사회문제 탐구, 기후변화와 지속가능한 세계, 과학의 문화와 역사, 기후변화와 환경생태, 융합과학 탐구
	체육·예술	
	기술·가정/정보	
	제2외국어/한문	
	교양	논술

추천 도서 목록

- 조선이 만난 아인슈타인, 민태기, 위즈덤하우스
- 미래를 위한 환경철학, 김완구 외, 연암서가
- 생태문명 생각하기, 한국환경정책평가연구원, 크레파스북
- 미세먼지, 최용석, 이을출판사
- 친애하는 지구에게, 달라이 라마, 알에이치코리아
- 초록 지구 환경 디자이너, 강미경 외, 부크크
- 옴베르지구환경의 변천, 월러스 S. 브로커, 전파과학사
- 46억 년 지구의 역사 살아 있는 지구, 곽영직, 작은책방
- 에코의 위대한 강연, 움베르토 에코, 열린책들
- 지구가 뿔났다, 남종영, 꿈결
- 움베르토 에코의 지구를 위한 세 가지 이야기, 움베르토 에코, 꿈터
- 인류세와 에코바디, 필로소픽, 몸문화연구소
- 과학자의 시선으로 본 지구 파괴의 역사, 김병민, 포르체
- 지구의 짧은 역사, 앤드루 H. 놀, 다산사이언스
- 기후변화로 보는 지구의 역사, 미즈노 카즈하루, 문학사상

- 뜨거운 지구, 역사를 뒤흔든다, 브라이언 페이건, 씨마스21
- 지구 생명의, 아주짧은 역사, 헨리 지, 까치
- 인류세, 클리이브 해밀턴, 이상북스
- 파란하늘 빨간지구, 조천호, 동아시아
- 달력으로 배우는 지구환경 수업, 치원형, 블랙피쉬
- 세계 문학 속 지구환경 이야기, 이시 히로유키, 사이언스북스
- 안녕, 지구의 과학, 소영무, 에이도스
- 조상 이야기, 리처드 도킨스 외, 까치
- 거의 모든 것의 역사, 빌 브라이슨, 까치
- 엔트로피, 제레미 리프킨, 세종연구원
- 살아 있는 지구의 역사, 리처드 포티, 까치
- 과학으로 수학보기 수학으로 과학보기, 김희준 외, 궁리
- 침묵의 봄, 레이첼 카슨, 에코리브르
- 그린 멘토 미래의 나를 만나다, 에코주니어 외, 뜨인돌출판사
- 생각하는 십대를 위한 토론 콘서트: 환경, 김강석 외, 꿈결

학교생활 TIPS

- 지질환경과학과에 진학하는 데 기본이 되는 수학, 과학(지구과학, 생명과학, 화학) 교과 성적을 상위권으로 유지하고, 지질 환경 과학에 관련된 호기심을 해결하는 모습을 통해 학업 능력, 전공 적합성, 자기주도성 등이 학교생활기록부 교과 세부능력 및 특기사항에 기록될 수 있도록 합니다.
- 대학에서 주관하는 전공 관련 캠프, 학과, 전공 탐색 활동 및 관련 직업 탐방 활동에 참여하여 자신의 진로를 개척할 것을 권장합니다.
- 과학 및 환경 관련 동아리 활동을 통해 자연 관찰 일지를 작성하거나, 환경, 지구과학 및 컴퓨터 관련 지식과 경험을 쌓고 팀 활동을 통한 배려와 나눔의 능력을 보여 줄 수 있는 활동을 적극 권장합니다.
- 인문학, 철학, 생명, 공학 일반, 환경, 미래학 등 다양한 분야의 독서를 권장합니다.
- 자기주도성, 정보 처리 능력, 잠재력, 융복합적 사고, 추론 능력, 문제 해결 능력, 의사소통 능력, 경험의 다양성, 성실성, 창의성 등이 학교생활을 통해 나타나고, 이같은 내용이 학교생활기록부에 기록될 수 있도록 성실히 학교생활을 하는 것을 추천합니다.

120

천문우주학과

학과소개

천문학은 우주를 구성하는 태양계, 항성, 성운, 성단, 우리은하와 외부 은하에서 일어나는 현상들을 관측하고 지구와 태양계의 운동, 별의 일생, 은하의 구조와 특성, 우주의 생성과 진화를 연구하는 학문입니다. 수학과 물리학 지식을 바탕으로 우주를 구성하는 미시적 입자부터 초 거시적 물질 단위인 은하에 이르기까지 광범위한 시공간에 대한 현상은 물론, 지상 망원경과 인공위성을 이용한 천문우주학, 태양의 활동을 전파로 연구하는 전파천문학, 우주 공간의 변화를 연구하는 우주환경학 등이 천문학에 포함됩니다.

최근에는 최신 관측 장비를 이용하여 대기의 상태를 측정하고 분석하여 미래의 대기 상태를 예측하기도 하며 기후 변화, 대기 오염, 오존층 파괴 등과 같은 환경 변화를 연구합니다.

천문우주학과는 미지의 세계를 탐구하는 도전적이고 창의적인 자세를 갖춘 인재, 첨단 과학 기술을 통하여 사회에 기여하고 봉사하며 우주 시대를 선도할 인재의 양성을 교육 목표로 삼고 있습니다.

개설대학

- 연세대학교
- 충북대학교 등

관련학과

- 천문우주과학과
- 대기과학과
- 대기환경과학과
- 물리천문학부(천문학전공)
- 우주과학과
- 환경대기과학전공 등

진출분야

기업체	예천천문우주센터, 송암스페이스센터, 중미산천문대, 어린이천문대 등
정부 및 공공 기관	국립기상과학원, 국립환경과학원, 기상청, 한국기상산업기술원, 한국수자원공사, 한국환경정책평가연구원, 각 지역 국립과학관, 한국천문연구원, 한국항공우주연구원, 한국표준과학연구원, 방송통신위원회, 국립청소년우주센터 등
연구 기관	국가기상위성센터, 극지연구소, 차세대도시·농림융합기상사업단, 한국원자력연구원, 한국항공우주연구원, 한국해양과학기술원, 국립기상과학원, 한국해양과학기술원, 인공위성 관련 연구소, 국방과학연구소, 한국표준과학연구원, 국립전파연구원, APEC기후센터 등

진출직업

- 광학천문연구원
- 천문전파연구원
- 우주과학연구원
- 응용천문연구원
- 자연과학연구원
- 인공위성개발원
- 물리학연구원
- 지질학연구원
- 기상학연구원
- 화학연구원
- 환경컨설턴트
- 기후변화전문가
- 온실가스인증심사원
- 전자통신연구원
- 항공우주연구원
- 환경공학기술자 등

취득가능 자격증

- 기상기사
- 기상예보사
- 전자전파통신기사
- 기상예보사
- 기상감정사
- 대기환경산업기사
- 대리환경기사
- 소음진동산업기사
- 소음진동환경기사
- 수질환경산업기사
- 수질환경기사 등

학과 주요 교과목

기초 과목	천문우주학개론, 기초천체물리학, 위성천문학 등
심화 과목	천체관측법, 우주동력학, 항성진화론, 은하와 우주, 과학영상처리론 및 실습, 천문관측기기와 응용, 우주비행학, 천문계학법, 천체물리학, 인공위성시스템, 우주론, 전파천문학 등

학과 인재상 및 갖추어야 할 자질

- 수학, 물리학, 지구과학 등의 기초 과학 과목에 적성과 흥미가 있는 학생
- 별을 세심하게 관찰할 수 있는 꼼꼼한 성격을 가진 학생
- 폭넓은 사고와 통합적 분석력, 과학적 창의성을 가진 학생
- 천문 계산을 위한 소프트웨어 사용 능력, 수치 계산 능력, 수치 적분 능력, 프로그래밍 능력을 갖춘 학생
- 미지의 세계를 탐험하며 새로운 현상을 관측하였을 때, 이에 대해 판단할 수 있는 직관력을 갖춘 학생
- 지구와 우주의 시원을 고찰하기 위한 철학적 사고 능력을 가진 학생

학과 관련 선택 과목

※ 국어, 영어 교과는 모든 학문의 기초적인 성격을 가진 도구교과로 모든 학과에 이수가 필요하여 생략함.

공통 과목		공통국어1,2, 공통수학1,2, 공통영어1,2, 한국사1,2, 통합사회1,2, 통합과학1,2, 과학탐구실험1,2
수능 필수		화법과 언어, 독서와 작문, 문학, 대수, 미적분 I, 확률과 통계, 영어 I, 영어 II, 한국사, 통합사회, 통합과학, 성공적인 직업생활(직업)
일반 선택	수학, 사회, 과학	대수, 미적분 I, 확률과 통계, 물리학, 화학, 지구과학
	체육·예술	
	기술·가정/정보	정보
	제2외국어/한문	
	교양	생태와 환경
진로 선택	수학, 사회, 과학	기하, 미적분 II, 역학과 에너지, 전자기와 양자, 지구시스템과학, 행성우주과학
	체육·예술	
	기술·가정/정보	
	제2외국어/한문	
	교양	논리와 사고
융합 선택	수학, 사회, 과학	수학과제 탐구, 기후변화와 지속가능한 세계, 과학의 역사와 문화, 기후변화와 환경생태, 융합과학 탐구
	체육·예술	
	기술·가정/정보	
	제2외국어/한문	
	교양	논술

추천 도서 목록

- 초공간, 미치오 카쿠, 김영사
- 다세계, 숀 캐럴, 프시케의숲
- 괴담으로 과학하기, 박재용, 생각학교
- 그레이트 비욘드, 폴 핼펀, 지호
- 직감하는 양자역학, 마쓰우라 소, 보누스
- 꿈꾸는 우주, 사토 가쓰히코, 멀리깊이
- 위대한 설계 그 흔적들, 필립 존스 외, 새물결플러스
- 다세계, 숀 캐럴, 프시케의 숲
- 천문의 새벽, 황유성, 린쓰
- 90일 밤의 우주, 김명진 외, 동양북스
- 세종의 하늘, 정성희, 사우
- 천문학자는 별을 보지 않는다, 심채경, 문학동네
- 한낮의 천문대: 태양계 편, 김화인, 골든래빗, 주
- 꿈꾸는 우주, 사토 가쓰히코, 멀리깊이
- 무섭지만 재밌어서 밤새 읽는 천문학 이야기, 아가타 히데히코, 더숲

- 천문학 이야기, 팀 제임스, 한빛비즈
- 그림 속 천문학, 김신지, 아날로그
- 한국 천문학사, 진용훈, 들녘
- 한 눈에 보는 우주 천문학, 예릭 체이슨 외, 시그마프레스
- 천문학의 이해, 최승언, 서울대학교출판문화원
- 청소년을 위한 코스모스, 예마뉴엘 보두엥, 생각의길
- 우주 모멘트, 일본과학정보, 로북
- 스페이스 크로니클, 닐 디그래스 타이슨 외, 부키
- 코스모스, 칼 세이건, 사이언스북스
- 천문학 콘서트, 이광식, 더숲
- 빅뱅 우주론 강의, 이석영, 사이언스북스
- 한 권으로 끝내는 세상의 모든 과학, 이준호, 추수밭
- 우리가 잘 몰랐던 천문학 이야기, 임진용, 연암서가
- 과학, 창세기의 우주를 만나다, 제원호, 패스오버

학교생활 TIPS

- 천문우주학을 전공하는 데 기본이 되는 수학, 과학 교과성적을 상위권으로 유지하고, 관련 지식뿐만 아니라 교과를 넘나드는 융합적 사고에 필요한 다양한 활동을 하여 학업 능력, 전공 적합성, 잠재력 등이 학교생활기록부 교과 세부능력 및 특기사항에 기록될 수 있도록 합니다.
- 대학에서 주관하는 천문·우주 관련 캠프 및 전공 탐색 프로그램에 참여하여 전공과 관련된 활동을 할 것을 추천합니다.
- 물리 탐구 및 천체 관측 동아리, 수치 계산을 위한 프로그래밍 동아리 활동을 권장하며 이를 통하여 폭넓은 사고와 통합적 분석력 및 과학적

창의성을 함양할 것을 추천합니다.
- 인문학, 천문학, 물리학, 우주, 철학, 역사, 공학 일반, 환경, 미래학 등 다양한 분야의 독서를 하고 독서를 통해 얻은 지식을 바탕으로 융합적으로 사고하는 연습을 할 것을 권장합니다.
- 자기주도성, 융복합적 사고, 추론 능력, 정보 처리 능력, 분석적 사고, 탐구 능력, 문제 해결 능력, 의사소통 능력, 경험의 다양성, 성실성, 창의성 등이 학교생활을 통해 나타나고, 이같은 내용이 학교생활기록부에 기록될 수 있도록 성실히 학교생활을 할 것을 추천합니다.

인문계열

사회계열

자연계열

공학계열

의약계열

예체능계열

교육계열

계약학과 & 특성화학과

121

축산학과

학과소개

축산학과는 국민 건강 및 식량 생산에 기여할 수 있도록 안전하고 건강한 축산물을 효율적이며 친환경적인 방법으로 생산하는 것에 관한 학문을 공부하는 학과입니다. 축산학과는 이에 필요한 학문과 연구의 발전은 물론, 1차 산업뿐만 아니라 2, 3차 산업의 융복합 발전에도 기여하고 봉사하고자 합니다.

동물 산업 전 분야에 걸쳐 세계적인 수준의 성장을 이루려면 미래 지향적인 축산 특성화 교육 및 연구를 수행하여야 합니다. 최근에는 축산 식품 생산을 위주로 하는 전통적 개념의 축산에 첨단 생명과학 기술을 접목하여 고부가 가치의 축산 식품 및 자원을 생산하고, 동물 자원의 활용과 지속 가능한 친환경적 동물 산업을 육성하기 위한 노력이 요구되는 추세입니다. 또한 축산업의 핵심 분야인 동물 자원의 번식·육종·영양·사양·사료·가공·시설·환경 분야에 대하여 심도 있는 이론 및 실습으로 연구 능력을 향상시킬 필요성이 대두되고 있습니다.

그러므로 축산학과에서는 실습 및 체험 프로그램, 기업·축산 현장 및 연구 분야의 전문가 특강, 각종 세미나, 취업 및 창업 동아리 지원 등을 통해 미래에 대비하기 위한 전문적인 이론과 기술, 창의성을 겸비하고 미래 축산 주역으로서 역할을 다할 수 있는 인재의 양성에 교육 목표를 두고 있습니다.

개설대학

- 경북대학교
- 충북대학교 등

관련학과

- 축산과학부
- 동물보건복지학과
- 동물보건학과
- 동물산업융합학과
- 동물생명공학과
- 동물생명융합학부
- 동물생명자원과학과
- 동물응용과학과
- 동물자원과학과
- 동물자원과학부
- 동물자원학과
- 동물자원학부
- 반려동물관리학과
- 반려동물보건학과
- 반려동물학과
- 특수동물학과 등

진출직업

- 가축방역사
- 가축인공수정사
- 경매사
- 병아리감별사
- 말조련사
- 장제사
- 재활승마지도사
- 축산직 공무원
- 공항검역관
- 낙농 및 사육관련종사자
- 도축검사원
- 바이오에너지연구 및 개발자
- 축산 및 수의학연구원
- 축산농장관리자
- 축산물등급판정사
- 축산업지도사 등

취득가능 자격증

- 가축인공수정사
- 식육처리기능사
- 축산기사
- 축산기능사
- 축산산업기사
- 동물간호복지사
- 축산환경컨설턴트
- 저탄소 축산물 인증심사원 등

학과 주요 교과목

기초 과목	축산학개론, 실험통계학, 축산화학, 영양소분석 및 평가, 가축유전학, 축산생화학, 가축유전학, 사료학 등
심화 과목	동물생명정보학입문, 특수동물학, 축산폐기물과 환경 및 실습, 가축생리학, 가축영양학, 가축질병학 및 실습, 유가공학 및 실습, 사료학, 한우학 및 실습, 근육식품학 및 실습, 가축번식학 및 실습, 가축사양학, 사료작물학 및 실습, 초지학 및 실습, 가축관리학 및 실습, 식육가공학 및 실습, 축산경영학 및 실습, 가금학 및 실습, 축산법규, 축산창업 및 컨설팅 등

진출분야

기업체	생명 공학 산업체, 동물 병원, 축산 시설 기계 회사, 동물 약품 회사, 사료 첨가제 회사, 축산 신문사 등
정부 및 공공 기관	국립축산과학원, 축산물품질평가원, 가축위생방역지원본부, 한국종축개량협회, 축산환경관리원, 농협 등
연구 기관	축산 관련 연구 기관 등

학과 인재상 및 갖추어야 할 자질

- 동물에 대한 애착심과 친근함, 그리고 탐구 정신을 가진 학생
- 생명과학, 화학 등의 기초 과학에 흥미가 있는 학생
- 자연 과학에 대한 깊은 관심과 적극적인 사고를 가지고 있는 학생
- 생명 현상을 정확하게 볼 수 있는 관찰력과 분석력을 갖춘 학생
- 자신의 고통을 표현할 수 없는 동물을 세심하게 관찰하는 학생
- 창의적인 문제제기 능력, 자기주도적인 문제 해결 능력을 갖춘 학생

학과 관련 선택 과목

※ 국어, 영어 교과는 모든 학문의 기초적인 성격을 가진 도구교과로 모든 학과에 이수가 필요하여 생략함.

공통 과목		공통국어1,2, 공통수학1,2, 공통영어1,2, 한국사1,2, 통합사회1,2, 통합과학1,2, 과학탐구실험1,2
수능 필수		화법과 언어, 독서와 작문, 문학, 대수, 미적분Ⅰ, 확률과 통계, 영어Ⅰ, 영어Ⅱ, 한국사, 통합사회, 통합과학, 성공적인 직업생활(직업)
일반 선택	수학, 사회, 과학	대수, 미적분Ⅰ, 확률과 통계, 현대사회와 윤리, 화학, 생명과학
	체육·예술	
	기술·가정/정보	정보
	제2외국어/한문	
	교양	생태와 환경
진로 선택	수학, 사회, 과학	미적분Ⅱ, 물질과 에너지, 화학 반응의 세계, 세포와 물질대사, 생물의 유전
	체육·예술	
	기술·가정/정보	
	제2외국어/한문	
	교양	
융합 선택	수학, 사회, 과학	사회문제 탐구, 윤리문제 탐구, 기후변화와 지속가능한 세계, 기후변화와 환경생태, 융합과학 탐구
	체육·예술	
	기술·가정/정보	
	제2외국어/한문	
	교양	

추천 도서 목록

- 최신 동물보건영양학, 오희경 외, 박영스코리
- 인간과 동물의 감정 표현, 찰스 다윈, 사이언스북스
- 날개 달린 형제, 꼬리 달린 친구, 제인 구달 외, 바이북스
- 제인 구달 생명의 시대, 제인 구달 외, 바다출판사
- 최재천의 공부, 최재천 외, 김영사
- 치재천의 인간과 동물, 최재천, 궁리
- 통섭의 식탁, 최재천, 움직이는 서재
- 다윈의 사재들, 최재천, 사이언스북스
- 종의 기원, 찰스 다윈 외, 사이언스북스
- 동물 윤리 대논쟁, 최훈, 사월의책
- 개와 고양이에 관한 작은 세계사, 이주은, 파피에
- 사로집는 얼굴들, 이사 레슈코, 가망서사
- 고양이 심리학, 비키 홀스, 동글디자인

- 인간과 개 고양이의 관계 심리학, 세르주 차코티 외, 책공장더불어
- 인간 같은 동물, 동물 같은 인간, 이정전, 여문책
- 동물은 인간에게 무엇인가, 마고 드멜로, 공존
- 동물과 인간생활, 강만종 외, 전남대학교출판문화원
- 애완동물 사육, 안제국, 부민문화사
- 가축이 행복해야 인간이 건강하다, 박상표, 개마고원
- 동물의 생각에 관한 생각, 프란스 드 발, 세종서적
- 인류 역사를 바꾼 동물과 수의학, 임동주, 마야
- 동물은 인간에게 무엇인가, 마고 드멜로, 공존

학교생활 TIPS

- 축산학을 전공하는 데 기본이 되는 수학, 과학 교과 성적을 상위권으로 유지하고, 교과 활동을 통해 지식의 폭을 확장합니다. 새로운 것을 창출하려는 노력을 기울여 학업 능력, 전공 적합성, 문제 해결 능력 등이 학교 생활기록부 교과 세부능력 및 특기사항에 기록될 수 있도록 합니다.
- 교내 진로 탐색 활동이나 진로 박람회의 축산 관련 프로그램, 대학의 전공 프로그램을 통해 진로를 적극적으로 탐색할 것을 권장합니다.
- 많은 사람을 만나 나눔과 배려를 경험하는 봉사 활동, 동물 병원 봉사 활동, 부모님과 함께하는 유기견 보호 센터 봉사 활동 등을 통해 공감의 역량을 함양할 것을 권장합니다.
- 과학 탐구 및 동물 생명 관련 동아리 활동을 통해 생명 현상을 적극적으로

관찰합니다.
- 인문학, 철학, 역사, 공학 일반, 환경, 미래학 등 다양한 분야의 독서를 통해 전공 분야에 대한 관심과 흥미를 확장합니다.
- 자기주도성, 문제 해결 능력, 의사소통 능력, 나눔과 배려, 갈등 관리, 관계 지향성, 경험의 다양성, 성실성, 창의성, 나눔, 배려하는 마음, 관계 지향성, 학업 능력 등이 학교생활을 통해 나타나고, 이같은 내용이 학교 생활기록부에 기록될 수 있도록 성실히 학교생활을 할 것을 추천합니다.

122

통계학과

학과소개

통계학은 자연 현상, 사회 현상, 경제 현상 등의 여러 상황에서 얻어지는 자료를 과학적 분석 방법을 통해 분석함으로써 그 현상을 파악하고, 합리적 의사 결정을 가능하게 하며 또한 미래를 예측하는 수단을 제공하는 학문입니다.

현대 사회에서는 특히 컴퓨터의 발달과 더불어 대량 자료의 신속한 처리 및 이에 관한 분석이 가능해짐에 따라 기초과학을 비롯하여 금융 및 보험 분야, 산업 분야, 의학 및 유전학 분야, 통신분야, 경제 및 사회과학 분야 등 사회의 거의 모든 분야에서 통계적 방법의 활용이 증가하고 있습니다. 따라서 필요로 하는 자료의 분석과 정보 처리를 위해 통계 기법과 컴퓨터 프로그램을 활용할 수 있는 전문 인력의 양성은 더욱 강조되고 있습니다.

통계학과에서는 사회 각 분야에 통계학을 응용할 수 있도록 확률 및 통계 이론은 물론 자연과학, 사회과학, 경영 등의 각 학문 분야에서 발생하는 정보들을 수집·분석하는 통계적 방법도 연구 및 교육하고 있습니다.

개설대학

- 경북대학교
- 계명대학교
- 동국대학교
- 부경대학교
- 부산대학교
- 서울대학교
- 서울시립대학교
- 성균관대학교
- 숙명여자대학교
- 이화여자대학교
- 영남대학교
- 전남대학교
- 전북대학교
- 국립창원대학교
- 한국외국어대학교 등

관련학과

- 통계데이터사이언스학과
- IT금융학과
- 데이터사이언스전공
- 데이터사이언스학과
- 데이터사이언스학부
- 데이터정보과학부
- 데이터정보학과
- 빅데이터사이언스학부
- 빅데이터융합학과
- 빅데이터응용통계학과
- 수학통계학과
- 응용통계학
- 정보통계학과
- 정보학부 정보통계학전공
- 컴퓨터통계학과
- 응용통계학전공
- 전산통계학과
- 정보통계·보험수리학과
- 정보통계학과
- 정보통계학전공
- 컴퓨터통계학과
- 통계데이터과학전공
- 통계정보과학과
- 통계정보학과
- 통계컴퓨터과학과
- 통계학전공

진출분야

기업체	보험 회사, 증권 회사, 은행, 리서치 회사, 여론 및 마케팅 조사 업체, 언론사, 신용 정보 회사, 기업체의 고객 정보 관련 부서, 기업체의 품질 관리 담당 부서, 유통 회사, 방송사, 소프트웨어 및 전자통신 관련 제조 회사 등
정부 및 공공 기관	통계청, 서울교통공사, 한국철도공사, 한국산업인력공단, 질병관리본부, 한국전력공사, 국방부, 국민건강보험공단, 국민연금공단, 한국감정원, 한국농수산식품유통공사, 주택도시보증공사 등
연구 기관	통계 관련 연구소, 신약 개발 연구소(생물·의학 통계분야) 등

진출직업

- 빅데이터기술전문가
- 경영기획사무원
- 보험관리자
- 보험사무원
- 보험인수심사원
- 수학 및 통계연구원
- 시장 및 여론조사전문가
- 통계사무원
- 통계학과교수
- 회계사
- 애널리스트
- 통계학자
- 경제학연구원
- 빅데이터전문가
- 재무분석가
- 보험계리사
- 펀드매니저
- 금융자산운용가
- 중등학교 교사(수학) 등

취득가능 자격증

- 정보처리기사
- 정보처리산업기사
- 사회조사분석사
- 품질관리기사
- 품질경영산업기사
- 공정관리기사
- 보험계리사
- 손해사정사
- 데이터분석준전문가(ADsP)
- 데이터분석전문가(ADP)
- 중등학교 정교사 2급(수학) 등

학과 주요 교과목

기초 과목	기초통계학, 수리통계학, 통계수학, 경영경제자료분석, 고급수리통계학, 다변량통계분석, 데이터마이닝, 마케팅조사분석, 표본조사론, 미분적분학, 선형대수학 등
심화 과목	탐색적 자료분석, 프로그래밍 및 실습, 확률과 정론, 확률론, 선형계획법, 다변량해석, 범주형자료분석, 시계열해석, 실험계획법, 통계모델링 및 컨설팅, 통계적 품질관리, 회귀해석, 보험통계학, 인구통계학, 통계수학 및 실습, 통계계산 및 그래픽실습, 표본조사방법론 및 실습, 표본설계 등

학과 인재상 및 갖추어야 할 자질

- 기본적으로 수학을 좋아하고 컴퓨터 활용 능력이 뛰어난 학생
- 치밀하고 조직적인 사고 능력과 분석적 사고 능력이 있는 학생
- 자신의 생각을 전달하기 위해 데이터를 활용하는 능력이 뛰어난 학생
- 합리적인 사고 능력과 논리적 의사 표현력이 뛰어난 학생
- 다양한 정보를 수집하고 분석하는 능력이 뛰어난 학생
- 사회, 경제 분야에 흥미가 있는 학생

학과 관련 선택 과목

※ 국어, 영어 교과는 모든 학문의 기초적인 성격을 가진 도구교과로 모든 학과에 이수가 필요하여 생략함.

공통 과목		공통국어1,2, 공통수학1,2, 공통영어1,2, 한국사1,2, 통합사회1,2, 통합과학1,2, 과학탐구실험1,2
수능 필수		화법과 언어, 독서와 작문, 문학, 대수, 미적분Ⅰ, 확률과 통계, 영어Ⅰ, 영어Ⅱ, 한국사, 통합사회, 통합과학, 성공적인 직업생활(직업)
일반 선택	수학, 사회, 과학	대수, 미적분Ⅰ, 확률과 통계, 물리학
	체육·예술	
	기술·가정/정보	정보
	제2외국어/한문	
	교양	
진로 선택	수학, 사회, 과학	기하, 미적분Ⅱ, 경제 수학, 경제, 역학과 에너지, 전자기와 양자
	체육·예술	
	기술·가정/정보	데이터 과학
	제2외국어/한문	
	교양	논리와 사고
융합 선택	수학, 사회, 과학	실용 통계, 수학과제 탐구, 융합과학 탐구
	체육·예술	
	기술·가정/정보	소프트웨어와 생활
	제2외국어/한문	
	교양	인간과 경제생활

추천 도서 목록

- 새빨간 거짓말, 통계, 대럴 허프, 청년정신
- 비즈니스 데이터 과학, 멧 태디, 한빛미디어
- 통계적 사고의 힘, 앨버트 러더퍼드 외, 성균관대학교출판부
- 빅데이터를 지배하는 통계이 힘: 데이터활용 편, 니시우치 히로우, 비전코리아
- 세상에 가장 쉬운 과학 수업 브라운 운동, 정완상, 성림원북스
- 누워서 읽는 통계학, 와쿠이 요시유키 외, 한빛아카데미
- 데이터 사이언스의 매력, 박성현 외, 자유아카데미
- 인재경영, 데이터사이언스를 만나다, 김성준, 클라우드나인
- 직장인의 교양 데이터 과학, 타카하시 이치로, 프리렉
- 데이터 과학을 위한 통계, 피터 브루스 외, 한빛미디어
- 코딩 없이 배우는 데이터 과학, 황보현우 외, 성안북스
- 블록체인 경제, 정희연 외, 미래와혁신21

- 블록체인과 인공지능의 융합, 한승무, 북코리아
- 통계와 함께해요, 빅데이터, 이경은, 통계청
- 통계로 풀어가는 빅데이터, 박성현, 한국표준협회미디어
- 통계가 빨라지는 수학력, 나가노 히로유키 외, 비전코리아
- 세상에서 가장 재미있는 통계학, 울코트 스미스 외, 궁리
- 빅데이터 인문학: 진격의 서막, 에레즈 에이든 외, 사계절
- 비즈니스 통계학, Dawn Willoughby, 시그마프레스
- 세상을 읽는 새로운 언어, 빅데이터, 조성준, 21세기북스
- 통계학, 빅데이터를 잡다, 조재근, 한국문학사
- 벌거벗은 통계학, 찰스 윌런, 책읽는수요일

학교생활 TIPS

- 통계학을 전공하는 데 기본이 되는 수학 교과 성적뿐만 아니라 사회, 경제, 과학 교과의 좋은 성적을 유지하도록 합니다. 교과 수업을 통해 지식을 데이터를 활용하여 해석하는 활동을 하고, 학업 능력, 전공 적합성, 분석적 사고 등이 학교생활기록부 교과 세부능력 및 특기사항에 기록될 수 있도록 합니다.
- 응용의 성격이 강한 통계학은 자연계열과 사회계열, 두 계열에서 모두 사용되기 때문에, 통계학과에 지원하려면 이공계와 사회계열에 두루 흥미를 가지고 사회·경제 분야 관련 활동을 하는 것이 좋습니다.
- 다양한 사회 문제에 대한 관심을 데이터로 분석하려는 노력 등이 중요합니다. 배려 및 공감 능력을 함양하기 위한 봉사 활동도 권장합니다.

- 사회 문제를 데이터를 통해 분석하는 동아리 활동을 권장하며, 컴퓨터 관련 동아리에서 프로젝트 활동을 통해 컴퓨터 활용 능력을 함양하는 것도 좋습니다.
- 경제, 경영, 사회학, 심리학, 공학, 의학 등 통계 분석이 필요한 다양한 분야의 독서를 권장합니다.
- 자기주도성, 정보 처리 능력, 학업 능력, 융복합적 사고, 추론 능력, 문제 해결 능력, 의사소통 능력, 경험의 다양성, 성실성, 창의성 등이 학교생활을 통해 나타나고, 이같은 내용이 학교생활기록부에 기록될 수 있도록 성실히 학교생활을 할 것을 추천합니다.

123

해양학과

학과소개

해양학은 지구의 3/4을 차지하는 바다에 대하여 연구하는 학문으로, 지질학, 대기과학과 함께 지구과학의 한 분야를 이룹니다. 해양학 연구는 물리, 화학, 지구과학, 생물 등의 학문을 바다라는 공간에 연결함으로써 이루어지며, 해양학은 다시 물리해양, 화학해양, 생물해양, 지질해양 등으로 세분됩니다.

해양학은 바다 자체와 바다와 접하는 밑바닥, 해안 그리고 대기에서 일어나는 자연 현상과 그 상호 작용 및 과정을 총체적인 개념으로 접근하여 우리가 살고 있는 지구의 환경과 자원을 탐구하는 학문입니다. 현대 해양학은 제2차 세계대전 이후에 시작되었지만 판 구조론, 햇빛이 없이도 살아가는 열수 생물의 발견 등으로 과학 혁명에 중추적인 기여를 해 왔습니다. 현재 해양학은 여러 학문 분야와의 협력을 토대로 해양과학이라는 다차원적 학문으로 발전하고 있습니다.

우리는 아직도 깊은 바닷속에 어떠한 생물들이 살고 있는지 잘 모르며, 해저의 지형은 화성의 그것보다도 덜 알려져 있습니다. 또한 우리가 살아가는 데 필수적인 산소의 공급과 기후를 조절하는 바다의 능력도 아직 완전히 밝혀지지 않았습니다. 따라서 해양 학과에서는 미래 자원의 보고인 바다를 탐구하는 능력을 기르고, 인류의 미래를 위협하고 있는 환경 문제에 창의적으로 접근하여 해결할 수 있는 융합 학문적인 체제를 습득, 이해하는 능력을 배양하는 데 중점을 두고 있습니다.

개설대학

- 부산대학교
- 인천대학교 등

관련학과

- 해양학전공
- 해양과학과
- 미래산업융합학과
- 해양산업경찰학과
- 양식생물학과
- 해양생물자원학과
- 해양경찰시스템학과
- 해양융합고학과
- 해양경찰학과
- 해양환경과학과 등

진출분야

기업체	해양 관련 용역 업체, 해양 항만 건설 사업체, 해양수산기업협회 산하 해양 관련 기업체, 해양 환경 기업체, 해양 오염 방제 시설 기업체, 해양 환경 관리·위해성 평가 기업체, 해양 환경 측정 장비 개발 기업체, 신문사 등
정부 및 공공 기관	해양수산부, 환경부, 해양경찰청, 한국환경공단, 국립공원공단, 한국환경정책·평가연구원, 한국해양진흥공사, 한국농어촌공사, 한국토지주택공사, 해양환경관리공단, 한국수산자원관리공단, 해양수산과학기술진흥원, 국립해양박물관, 한국해양수산개발원, 인천항만공사 등
연구 기관	국립수산과학원, 한국해양과학기술원, 극지연구소, 국립생물자원관, 국립해양생물자원관, 국립환경과학원, 안정성평가연구소, 보건환경연구원, 해양조사원, 농림수산식품교육문화정보원, 기상연구소 등

진출직업

- 조선공학기술자
- 기관사
- 항만건설토목기술자
- 선장
- 해양과학자
- 항만 및 해안설계기술자
- 해양생물학자
- 산업안전 및 위험관리원
- 해양경찰
- 해양생태계 및 환경검사원
- 도선사
- 운송 및 선적사무원
- 항해사
- 중등학교 교사(해양) 등

취득가능 자격증

- 해양공학기사
- 전산응용조선제도기능사
- 해양생산관리기사
- 해양자원개발기사
- 해양조사산업기사
- 해양환경기사
- 선체건조기능사
- 중등학교 정교사 2급 (수산·해양) 등
- 해양생산관리기사
- 동력기계정비기능사
- 조선기사
- 수질환경기사
- 조선산업기사
- 수질환경산업기사

학과 주요 교과목

기초 과목	일반물리학, 일반물리학실험, 일반생물학, 일반생물학실험, 일반화학, 일반화학실험, 해양학개론, 해양생태학 및 실험, 해양무척추생물학, 화학해양학, 생물해양학, 해양물질순환론, 조류생리생태학, 변화하는 해양환경, 해양환경분석화학, 수생태독성학 등
심화 과목	생물통계학, 수환경보전학, 해수순환의 이해와 실험, 해양연구 및 실습, 해양자료분석, 물리해양학, 해수분석학, 해양생화학, 해양어류학, 첨단해양미생물학 및 응용, 해양대기물질교환, 해양분자생물학, 극지생물학, 지구탄소순환, 파랑과 조석, 해양사이언스 등

학과 인재상 및 갖추어야 할 자질

- 기본적으로 생물과 해양 환경에 대한 관심과 호기심이 있는 학생
- 수학, 물리학, 화학, 지질학, 역학 등에 흥미가 있는 학생
- 바다는 물론, 선박을 비롯한 해양 구조물에 대해서도 관심과 흥미를 가지고 있는 학생
- 해양 자원, 자연 환경 등 지구 전반에 대해 호기심이 강한 학생
- 사회, 경제, 문화 등과 환경의 관계성을 이해하고자 노력하는 학생
- 기초 과학 지식을 쌓는 것에 관심이 많고, 우리 사회의 환경 개선을 위해 노력하는 학생

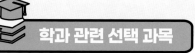

학과 관련 선택 과목

※ 국어, 영어 교과는 모든 학문의 기초적인 성격을 가진 도구교과로 모든 학과에 이수가 필요하여 생략함.

공통 과목		공통국어1,2, 공통수학1,2, 공통영어1,2, 한국사1,2, 통합사회1,2, 통합과학1,2, 과학탐구실험1,2
수능 필수		화법과 언어, 독서와 작문, 문학, 대수, 미적분Ⅰ, 확률과 통계, 영어Ⅰ, 영어Ⅱ, 한국사, 통합사회, 통합과학, 성공적인 직업생활(직업)
일반 선택	수학, 사회, 과학	대수, 미적분Ⅰ, 확률과 통계, 물리학, 화학, 생명과학, 지구과학
	체육·예술	
	기술·가정/정보	기술·가정, 정보
	제2외국어/한문	
	교양	생태와 환경
진로 선택	수학, 사회, 과학	미적분Ⅱ, 세포와 물질대사, 생물의 유전, 지구시스템과학, 우주행성과학
	체육·예술	
	기술·가정/정보	
	제2외국어/한문	
	교양	보건
융합 선택	수학, 사회, 과학	수학과제 탐구, 기후변화와 지속가능한 세계, 기후변화와 환경생태, 융합과학 탐구
	체육·예술	
	기술·가정/정보	
	제2외국어/한문	
	교양	

 추천 도서 목록

- 기발하고 괴상하고 웃긴 과학 사전: 바다, 내셔널지오그래픽 키즈, 비룡소
- 바다를 보는 현미경, 해양과학기지, 심재설 외, 지성사
- 고학이 숨어 있는 바다의 미술관, 갯벌, 최현우 외, 지성사
- 하늘과 바람과 별과 인간, 김상욱, 바다출판사
- 눈부신 심연, 헬렌 스케일스, 시공사
- 아무도 본 적 없던 바다, 에디스 워더, 타인의사유
- 남극이 부른다, 박승현, 동아시아
- 바다의 모든 것, 아이뉴턴 편집부, 아이뉴턴
- 바다를 알면 미래가 보인다, 김세권, 월드사이언스
- 물고기 박사가 들려주는 신기한 바다 이야기, 명정구, 산지니
- 해양생물, 파란 세상에서 살아가기, 박흥식, 지성사
- 아무도 본 적 없던 바다, 에디스 위터, 타인의사유
- 바다, 또 다른 숲, 이영호 외, 오래

- 바다 생물 콘서트, 프라우케 바구쉐, 흐름출판
- 바다의 생물, 플라스틱, 아나 페구 외, 살림어린이
- 바다의 생태계, 위베르 리브스 외, 생각비행
- 바다의 시간, 자크 아탈리, 책과함께
- 처음 읽는 바다 세계사, 헬렌 M. 로즈와도스키, 현대지성
- 물리해양학, John A. Knauss 외, 시그마프레스
- 그린멘토 미래의 나를 만나다, 에코주니어 외, 뜨인돌출판사
- 새로워진 세계의 바다와 해양생물, 김기태, 채륜
- 생각하는 십대를 위한 토론 콘서트: 환경, 김강석 외, 꿈결
- 우리를 둘러싼 바다, 레이첼 카슨, 에코리브르
- 침묵의 봄, 레이첼 카슨, 에코리브르

 학교생활 TIPS

- 해양학을 전공하는 데 기본이 되는 수학, 과학 교과 성적을 상위권으로 유지하고, 교과 수업에서 배운 지식을 통해 바다, 해양 구조물, 선박 등에 대한 호기심을 해결합니다. 학업 능력, 전공 적합성, 문제 해결 능력, 분석적 사고 등이 학교생활기록부 교과 세부능력 및 특기사항에 기록되도록 자기주도적으로 수업에 참여합니다.
- 대학 해양학과 탐방 및 선배, 직업인 인터뷰 등에 참여하며 자신의 진로를 개척할 것을 적극 권장합니다.
- 공동 과제 수행이나 프로젝트 활동을 통하여 프로젝트 진행 역량을 습득하고, 다른 사람의 의견을 경청하고 공감하는 능력 등이 학교생활기록부에 기록되도록 합니다.

- 과학, 환경 관련 동아리 활동을 통해 다양한 경험을 하고, 인문학, 환경, 자연 과학, 공학 철학 등 다양한 분야의 책을 통하여 전공 역량을 함양할 것을 추천합니다.
- 자기주도성, 경험의 다양성, 분석력, 체계적 사고력, 성실성, 창의성, 의사소통 능력, 문제 해결 능력, 비판적 사고 등이 학교생활기록부에 기록될 수 있도록 성실히 학교생활을 할 것을 추천합니다.

124

해양환경과학과

학과소개

해양환경과학은 바다에서 일어나는 자연 현상을 연구하는 학문으로 자연 과학 제반 분야의 기초 지식을 필요로 하는 종합 과학의 성격을 지니고 있습니다. 해수 운동 및 그 변화의 양상을 관찰·분석하고 예측하는 물리해양학, 해수의 성분 및 해수와 대기, 해수와 해저 사이의 화학 작용을 규명하는 화학해양학, 해양 생물과 그 생태를 연구하는 생물해양학, 그리고 해저 지층 및 해양지각 구조에 대한 연구를 통하여 해양의 역사를 밝히는 지질해양학 등으로 구분되며 이들 각 분야는 서로 밀접하게 연관되어 있습니다.

또한 해양환경과학은 식량 자원, 연안 개발, 환경 보존, 해저 자원 개발, 대체 에너지원, 기후 등의 연구와도 밀접한 관련을 맺고 있습니다. 해양환경과학과는 자연 과학의 원리와 방법을 해양 환경에 적용하여 해양의 제반 현상을 구체적으로 이해하고, 해양 환경의 여러 가지 문제를 해결할 수 있는 유능한 해양환경과학학도를 양성하는 것에 그 교육 목표를 두고 있습니다.

개설대학

- 충남대학교 등

진출직업

- 대체에너지개발자
- 해양환경관리인 및 엔지니어
- 조선공학기술자
- 중등학교 교사(환경)
- 항만해안설계기술자
- 산업안전 및 위험관리원
- 해양생태계 및 환경검사원 등

관련학과

- 해양과학융합학부(해양환경학전공)
- 해양과학과
- 해양생명과학과
- 해양생물자원학과
- 해양융합과학과
- 해양학과
- 해양학전공
- 해양환경과학과
- 미래산업융합학과
- 양식생물학과 등

취득가능 자격증

- 해양조사산업기사
- 해양자원개발기사
- 해양환경기사
- 해양공학기사
- 해양자원개발기사
- 해양생산관리기사
- 수질환경산업기사
- 수질환경기사
- 중등학교 정교사 2급(환경) 등

진출분야

기업체	대체 에너지 개발 업체, 해양 관련 용역 업체, 해양항만 관련 건설·토목 시공 업체, 해양 및 자원 개발업체 등
정부 및 공공 기관	해양수산부, 한국해양과학기술원, 국립수산과학원, 국토교통부, 해양수산과학기술진흥원, 국립환경과학원, 수자원공사, 한국환경공단, 한국수자원공사, 해양환경공단 등
연구 기관	국립수산과학원, 국립해양조사원, 한국해양과학기술원, 한국지질자원연구원, 한국기초과학지원연구원, 전력연구원, 한국농어촌공사, 국립환경과학원, 기상청 등

학과 주요 교과목

기초 과목	물리학개론, 화학개론, 미래설계상담, 해양학개론, 물리해양학, 물리해양학실험, 생물해양학실험, 지질해양학, 화학해양학, 연안실습, 지질해양학실험, 화학해양학실험 등
심화 과목	기후변화, 자연재해, 해양무척추동물학 및 실험, 해양역학 및 실험, 해양실습, 해양오염학, 해양조사방법론, 해양퇴적학, 해양환경분석학, 부유생물학, 전산해양학, 해양생지화학, 행성과학, 연안물리해양학, 해양생태학, 조석과 파랑학, 해양미생물학, 해양생태자료분석, 해양환경영양평가, 수산생물학, 심해퇴적환경론, 해양생물정보학, 해양자료분석, 해양환경화학 등

학과 인재상 및 갖추어야 할 자질

- 해양 자원, 자연 환경 등 지구 전반의 지식에 호기심이 많은 학생
- 해양 환경에 대한 분석력과 체계적인 사고 능력을 갖춘 학생
- 사회, 경제, 문화 등과 환경의 관계성을 이해하고자 노력하는 학생
- 기초 과학 지식을 쌓는 데 관심이 많고, 우리 사회의 환경 개선을 위해 노력하는 학생
- 적극적이고 진취적인 성격을 가진 학생
- 해양 및 지구를 개척해 보려는 의지를 가진 학생

학과 관련 선택 과목

※ 국어, 영어 교과는 모든 학문의 기초적인 성격을 가진 도구교과로 모든 학과에 이수가 필요하여 생략함.

공통 과목		공통국어1,2, 공통수학1,2, 공통영어1,2, 한국사1,2, 통합사회1,2, 통합과학1,2, 과학탐구실험1,2
수능 필수		화법과 언어, 독서와 작문, 문학, 대수, 미적분 I , 확률과 통계, 영어 I , 영어 II , 한국사, 통합사회, 통합과학, 성공적인 직업생활(직업)
일반 선택	수학, 사회, 과학	대수, 미적분 I , 확률과 통계, 화학, 생명과학, 지구과학
	체육·예술	
	기술·가정/정보	기술·가정, 정보
	제2외국어/한문	
	교양	생태와 환경
진로 선택	수학, 사회, 과학	기하, 미적분 II , 세포와 물질대사, 생물의 유전, 지구시스템과학, 우주행성과학
	체육·예술	
	기술·가정/정보	
	제2외국어/한문	
	교양	보건
융합 선택	수학, 사회, 과학	수학과제 탐구, 기후변화와 지속가능한 세계, 과학의 역사와 문화, 기후변화와 환경생태, 융합과학 탐구
	체육·예술	
	기술·가정/정보	
	제2외국어/한문	
	교양	논술

추천 도서 목록

- 미래를 위한 환경철학, 김완구 외, 연암서가
- 희망의 책, 제인 구달 외, 사이언스북스
- 기후변화와 에너지산업의 미래, 강신홍 외, 아므르문디
- 에너지의 불편한 미래, 라스 쉐르니카우 외, 어문학사
- 기발하고 괴상하고 웃긴 과학 사전: 바다, 내셔널지오그래픽 키즈, 비룡소
- 바다를 보는 현미경, 해양과학기지, 심재설 외, 지성사
- 고학이 숨어 있는 바다의 미술관, 갯벌, 최현우 외, 지성사
- 하늘과 바람과 별과 인간, 김상욱, 바다출판사
- 눈부신 심연, 헬렌 스케일스, 시공사
- 아무도 본 적 없던 바다, 에디스 워더, 타인의사유
- 남극이 부른다, 박승현, 동아시아
- 바다의 모든 것, 아이뉴턴 편집부, 아이뉴턴
- 바다를 알면 미래가 보인다, 김세권, 월드사이언스
- 물고기 박사가 들려주는 신기한 바다 이야기, 명정구, 산지니
- 해양생물, 파란 세상에서 살아가기, 박흥식, 지성사
- 아무도 본 적 없던 바다, 에디스 위터, 타인의사유

- 바다, 또 다른 숲, 이영호 외, 오래
- 바다 생물 콘서트, 프라우케 바구쉐, 흐름출판
- 바다의 생물, 플라스틱, 아나 페구 외, 살림어린이
- 바다의 생태계, 위베르 리브스 외, 생각비행
- 바다의 시간, 자크 아탈리, 책과함께
- 침묵의 봄, 레이첼 카슨 외, 사이언스북스
- 오래된 미래, 헬레나 노르베리 호지, 중앙북스
- 생각하는 십대를 위한 토론 콘서트: 환경, 김강석 외, 꿈결
- 도 마뱀의 발바닥은 신기한 테이프, 마쓰다 모토코 외, 청어람미디어
- 왜 기후변화가 문제일까, 공우석, 반니
- 최원형의 청소년 소비 특강, 최원형, 철수와영희
- 플랑크톤도 궁금해 하는 바다상식, 김웅서, 지성사
- 덜 소비하고 더 존재하라, 강남순 외, 시금치
- 내일, 새로운 세상이 온다, 시릴 디옹, 한울림
- 우리의 미래, 환경이 답이다, 이병욱 외, 프리이코노미라이프

학교생활 TIPS

- 해양환경과학을 전공하는 데 기본이 되는 수학, 과학 교과 성적을 상위권으로 유지하고, 교과 수업에서 배운 지식을 통해 해양 환경에 대한 호기심을 해결하고 지식을 더욱 확장하는 과정을 경험하면 좋습니다. 학업 능력, 전공 적합성, 문제 해결 능력, 분석적 사고 등이 학교생활기록부 교과 세부능력 및 특기사항에 기록될 수 있도록 합니다.
- 환경 관련 학과 및 연구소 탐방이나 관련 직업인 인터뷰 등의 진로 탐색 활동에 적극적으로 참여하여 자신의 진로를 개척합니다.
- 공동 과제 수행이나 프로젝트 활동을 통하여 다른 사람의 의견을 경청하고 공감하는 능력, 리더십 및 의사소통 능력과 같은 역량을 함양합니다. 일을 능률적으로 추진하는 과정이 학교생활기록부에 나타나도록 합니다.
- 과학, 환경 관련 동아리에서 다양한 활동을 할 것을 권장하며 인문학, 철학, 공학, 환경, 자연 과학, 4차 산업혁명 등 다양한 분야의 독서를 통하여 융합적 사고와 전공 역량을 함양할 것을 추천합니다.
- 자기주도성, 경험의 다양성, 성실성, 창의성, 의사소통 능력, 문제 해결 능력, 비판적 사고, 분석적 사고 등이 학교생활기록부에 기록될 수 있도록 성실히 학교생활을 할 것을 추천합니다.

인문계열
사회계열
자연계열
공학계열
의약계열
예체능계열
교육계열
계약학과 & 특성화학과

125

화학과

학과소개

화학은 물질을 구성하고 있는 기본 성분과 고유한 성질 및 구조를 이해하고, 이들이 서로 상호 작용하여 일어나는 반응과 변환되는 양상 등을 연구하는 학문입니다. 모든 물질은 화학과 관련되어 있기 때문에, 화학은 순수 학문 중에서도 가장 기초가 되는 학문이며 동시에 매우 다양한 분야에 응용됩니다. 새로운 의약품을 개발하고, 신소재 및 대체 에너지를 발명하는 등 현대 사회에 필요한 새로운 물질을 만들어내고 새로운 현상을 예측하는 것이 대표적입니다.

물질의 화학적 성질을 연구하는 물리화학, 탄소가 포함된 유기화합물의 성질을 연구하는 유기화학, 금속과 관련된 무기 물질의 성질 및 합성을 연구하는 무기화학, 물질의 양과 성질을 분석하는 분석화학, 생명과학 분야에 화학적 방법을 적용하는 생화학 외에도, 환경화학, 재료화학, 나노화학 등으로 화학의 연구 영역은 점차 확대되고 있습니다.

개설대학

- 가천대학교
- 가톨릭대학교
- 건국대학교
- 경기대학교
- 경북대학교
- 경상국립대학교
- 경희대학교
- 계명대학교
- 고려대학교
- 국립공주대학교
- 광운대학교
- 단국대학교
- 동국대학교
- 동아대학교
- 국립부경대학교
- 부산대학교
- 서강대학교
- 서울여자대학교
- 성균관대학교
- 세종대학교
- 숙명여자대학교
- 국립순천대학교
- 순천향대학교
- 숭실대학교
- 아주대학교
- 연세대학교
- 영남대학교
- 인천대학교
- 인하대학교
- 전남대학교
- 전북대학교
- 조선대학교
- 중앙대학교
- 충남대학교
- 충북대학교
- 한국외국어대학교
- 한남대학교
- 한림대학교
- 한양대학교 등

관련학과

- 화학교육과
- 화학부
- 화학분자공학과
- 화학생명과학과
- 화학생명분자과학부
- 화학신소재학과
- 나노에너지화학과
- 바이오의약전공
- 방사선화학과
- 생화학과
- 생물환경화학과
- 신소재화학과
- 에코응용화학과
- 융합응용화학과
- 응용화학과
- 응용화학부
- 응용화학전공
- 정밀화학과
- 화장품학과
- 화장품학전공 등

진출직업

- 화학연구원
- 자연과학시험원
- 생명과학시험원
- 변리사
- 재료공학기술자
- 석유화학공학기술자
- 도료 및 농약화학공학기술자
- 비누 및 화장품화학공학기술자
- 고무 및 플라스틱화학공학기술자
- 음식료품화학공학기술자
- 의약품화학공학기술자
- 화학공학시험원
- 조향사
- 친환경제품인증심사원
- 품질관리사무원
- 산업안전원
- 위험관리원
- 중등학교 교사(화학) 등

취득가능 자격증

- 바이오화학제품제조산업기사
- 화공기사
- 화공기술사
- 화약류제조기사
- 화약류제조산업기사
- 화학분석기능사
- 화학분석기사
- 농화학기사
- 위험물산업기사
- 위험물기능사
- 수질환경기사
- 수질환경산업기사
- 폐기물처리기사
- 폐기물처리산업기사
- 중등학교 정교사 2급(화학) 등

진출분야

기업체	석유 화학 업체, 화학 공학 업체, 신소재 개발 업체, 화장품 제조 업체, 정유업체, 전자·반도체 업체 등
정부 및 공공 기관	국가과학기술연구회, 각 지역 국립과학관 등
연구 기관	화학 분석 및 제품 개발 관련 연구소, 한국생명공학연구원, 한국종합환경연구소, 한국교육학술정보원, 한국장학재단, 한국과학창의재단, 각 지역 과학기술원, 한국나노기술원, 한국과학기술원, 한국과학기술연구원

학과 주요 교과목

기초 과목	무기화학, 무기화학실험, 양자화학, 열역학 및 통계역학, 분석화학, 기기분석, 화학실험, 생화학, 유기화학, 유기화학 실험 등
심화 과목	나노/재료/에너지융합화학, 반도체화학, 촉매화학, 나노화학, 반응속도론, 분자분광학, 분자설계·분석융합화학, 전산화학, 대기환경화학, 세포생화학, 생화학특론, 유기·바이오융합화학, 유기기기분석, 유기재료합성화학, 화학특성화연구, 고분자화학, 전지화학, 공업화학, 화학특론, 에너지화학 등

학과 인재상 및 갖추어야 할 자질

- 자연 현상의 원리에 대해 관심이 있고, 이를 이해하고자 하는 학생
- 화학물의 조성과 구조 관찰 등에 필요한 꾸준하고 성실한 연구 자세를 가진 학생
- 과학이 기술과 사회의 발전에 미치는 영향력을 인식하고, 이에 대한 책임감과 윤리 의식을 갖춘 학생
- 새로운 현상에 관심을 기울이고 실험하는 도전 정신과 탐구력, 창의력 등을 갖춘 학생
- 자연 현상과 주변 사물의 과학적 탐구를 통해 과학의 기본 개념을 이해하려고 노력하는 학생
- 실험에 흥미가 있고, 여러 가지 화학 실험 도구와 기기를 직접 다뤄보고 싶은 학생

학과 관련 선택 과목

※ 국어, 영어 교과는 모든 학문의 기초적인 성격을 가진 도구교과로 모든 학과에 이수가 필요하여 생략함.

공통 과목		공통국어1,2, 공통수학1,2, 공통영어1,2, 한국사1,2, 통합사회1,2, 통합과학1,2, 과학탐구실험1,2
수능 필수		화법과 언어, 독서와 작문, 문학, 대수, 미적분Ⅰ, 확률과 통계, 영어Ⅰ, 영어Ⅱ, 한국사, 통합사회, 통합과학, 성공적인 직업생활(직업)
일반 선택	수학, 사회, 과학	대수, 미적분Ⅰ, 확률과 통계, 물리학, 화학, 생명과학
	체육·예술	
	기술·가정/정보	
	제2외국어/한문	
	교양	생태와 환경
진로 선택	수학, 사회, 과학	미적분Ⅱ, 역학과 에너지, 전자기와 양자, 물질과 에너지, 화학 반응의 세계
	체육·예술	
	기술·가정/정보	
	제2외국어/한문	
	교양	논리와 사고, 보건
융합 선택	수학, 사회, 과학	수학과제 탐구, 기후변화와 지속가능한 세계, 과학의 역사와 문화, 기후변화와 환경생태, 융합과학 탐구
	체육·예술	
	기술·가정/정보	
	제2외국어/한문	
	교양	

추천 도서 목록

- 화학의 발자취를 찾아서, 오진곤, 전파과학사
- 세상을 바꾼 화학, 원정현, 리베르스쿨
- 교양인을 위한 화학사 강의, 옌스 죈트겐, 반니
- 화학의 역사를 알면 화학이 보인다, 백성혜, 이모션미디어
- 화학의 역사, 윌리엄 H. 브록, 교유서가
- 무섭지만 재밌어서 밤새 읽는 화학 이야기, 사마키 다케오, 더숲
- 20세기 기술의 문화사, 김명진, 궁리
- 곽재식의 속절없이 빠져드는 화학전쟁사, 곽재식 외, 21세기북스
- 당신에게 노벨상을 수여합니다: 노벨 화학상, 노벨 재단, 바다출판사
- 세상의 모든 원소 118, 시어도어 그레이, 영림카디널
- 재미있고 쓸모있는 화학 이야기, 이광렬, 코리아닷컴
- 가볍게 읽는 유기화학, 사이토 가쓰히로, 북스힐
- 2024 미래 과학 트렌드, 국립과천과학관, 위즈덤하우스
- 그림으로 보는 원소 백과, 리사 콩던, 토토북
- 발효 음식의 과학, 크리스틴 비웅가르투버, 문학동네

- 하루 한 권, 화학 열역학, 사이트 가쓰히로, 드루
- 오늘도 화학, 오타 히로미치, 시프
- 하루 한 권, 일상 속 화학 반응, 사이토 가쓰히로, 드루
- 읽자마자 과학의 역사가 보이는 원소 어원 사전, 김성수, 보누스
- 같기도 하고 아니 같기도 하고, 로얼드 호프만, 까치
- 진정일 교수의 교실 밖 화학 이야기, 진정일, 궁리
- 세상에서 가장 재미있는 화학, 크레이그 크리들, 궁리
- 역사를 바꾼 17가지 화학 이야기, 제이 버레슨 외, 사이언스북스
- 재밌어서 밤새 읽는 화학 이야기, 사마키 다케오 외, 더숲
- 오래된 미래, 헬레나 노르베리 호지, 중앙북스
- 시골벅적 화학원소 아파트, 원소주기연구회, 반니
- 세상은 온통 화학이야, 마이 티 응우옌 킴, 한국경제신문

학교생활 TIPS

- 자연계열의 필수 교과인 수학, 과학 교과 성적을 상위권으로 유지하고, 학업 능력, 전공 적합성, 탐구력, 창의성, 문제 해결 능력 등이 학교생활 기록부 교과 세부능력 및 특기사항에 기록될 수 있도록 수업에 적극적으로 참여합니다.
- 과학 탐구 및 실험, 발명, 환경, 에너지 관련 동아리에서 자연 현상과 주변 사물에 대해 관찰하는 활동을 할 것을 추천합니다.
- 과학 관련 이슈에 관심을 가지고 이를 해결하기 위한 다양한 방법을 생각해 보도록 합니다. 자연, 공학 일반 관련 도서 및 저널, 신문 등을 꾸준히 읽을 것을 권장합니다.
- 자기주도성, 융복합적 사고, 추론 능력, 문제 해결 능력, 의사소통 능력, 리더십, 학업 능력, 경험의 다양성, 성실성, 창의성 등이 학교생활을 통해 나타나고, 이같은 내용이 학교생활기록부에 기록될 수 있도록 성실히 학교생활을 할 것을 추천합니다.

126

환경학과

학과소개

지구 온난화, 황사, 기상 이변 등의 자연재해가 끊임없이 발생하고 있는 현재, 환경 보호에 대한 관심이 고조되면서 환경학의 중요성 또한 커지고 있습니다. 환경학은 대기, 물, 토양 등의 자연을 구성하는 환경이 어떻게 변화하고 있는지를 연구하고, 또 이러한 환경이 오염되는 원인과 오염 물질을 분석하며, 환경 오염에 따른 문제점 및 해결 방안을 강구하는 학문입니다.

환경학은 환경 오염의 발생 형태에 따라 대기, 수질, 토양, 폐기물 처리, 소음, 진동 등으로 세부 분야를 나눌 수 있습니다. 환경학과에서는 전반적인 환경에 대한 교육이 이루어지며, 환경학과 지구, 지질, 해양, 건설 등의 다양한 분야를 결합하여 각각의 분야를 보다 환경학적인 측면에서 전문적으로 학습할 수 있습니다.

환경학과는 깨끗하고 안전한 환경을 만들고, 이를 통해 환경의 가치를 이해하며 환경에 대한 올바른 자세와 전문 지식을 연구하는 학과입니다. 환경 오염 원인을 분석하고 평가할 수 있는 연구 인력, 공학적 접근을 통하여 오염물 처리 장치와 설비를 설계하고 운전할 수 있는 기술 인력, 환경을 체계적으로 보존하고 개발을 조정하는 능력을 갖춘 전문 환경인을 양성하는 것이 환경학과의 교육 목표입니다.

개설대학

• 한국외국어대학 등

관련학과

• 환경교육과
• 환경학및환경공학과
• 그린스마트시티학과
• 바이오환경과학과
• 바이오환경에너지학과
• 산업환경보건학과
• 지구환경과학과
• 지구환경과학부
• 환경보건과학과
• 환경보건학과
• 환경생명공학과
• 환경생명과학과
• 환경생명화학과
• 환경생태공학부
• 해양환경과학과 등

진출분야

기업체	환경 전문 엔지니어링 업체, 환경 전문 시공 업체, 건설 및 플랜트 분야 종합 엔지니어링 업체, 환경 오염방지 시설 운영 업체, 환경 오염 물질 분석 업체, 폐수 및 폐기물 처리 업체, 환경 영향 평가 업체, 환경설비 장치 제조 업체 등
정부 및 공공 기관	국립과학기술원, 환경부, 한국환경공단, 수자원공사, 한국가스공사, 한국전력공사, 한국수력원자력, 국립공원공단, 국립생태원, 한국환경산업기술원, 수도권매립지관리공사, 한국상하수도협회, 환경보전협회, 국립생물자원관 등
연구 기관	국립환경과학원, 환경 기술 연구소, 기업의 환경 연구소 등

진출직업

• 대기환경기술자
• 방사성폐기물관리원
• 상수도기술자
• 소음진동기술자
• 수자원관리자
• 수질환경연구원
• 자연생태기술자
• 토양환경기술자
• 폐기물처리기술자
• 폐수처리기술자
• 환경오염방지전문가
• 환경오염분석가
• 환경학연구원
• 환경영향평가원
• 환경공무원
• 중등학교 교사 (환경) 등

취득가능 자격증

• 대기관리기술사
• 대기환경기사
• 대기환경산업기사
• 생물분류기사
• 소음진동기사
• 소음진동기술사
• 소음진동산업기사
• 수질관리기술사
• 수질환경기사
• 수질환경산업기사
• 온실가스관리기사
• 온실가스관리산업기사
• 자연생태복원기사
• 자연생태복원산업기사
• 자연환경관리기술사
• 토양환경기사
• 토양환경기술사
• 폐기물처리기사
• 폐기물처리기술사
• 폐기물처리산업기사
• 환경기능사
• 환경위해관리기사
• 농림토양평가관리산업기사
• 중등학교 정교사 2급(환경) 등

학과 주요 교과목

기초 과목	환경학개론, 환공공학개론, 환경학특강, 환경화학, 수질오염개론, 대기오염개론, 지구생태학, 환경생물학, 폐기물개론, 수질오염개론실험, 대기오염개론실험, 환경분자생물학 실험 등
심화 과목	환경유기화학, 환경영향평가, 상하수도계획, 유체역학, 폐수처리단위공정 및 실험, 고도처리, 수질모델링, 대기과학, 대기화학, 환경유기화학, 대기오염방지 및 실험, 대기오염제어, 연소공학, 유해가스처리, 환경유전체학, 환경분자생물학, 환경생태학 및 실험, 환경미생물학, 생물정보학, 응용생물학, 토양오염 및 유해물질관리, 환경기기분석, 환경모델링 등

학과 인재상 및 갖추어야 할 자질

• 사회, 경제, 문화 등과 환경의 관계성을 이해하고자 노력하는 학생
• 문제를 파악하고 이에 대한 최적의 답안을 도출하는 논리적 사고 체계를 가진 학생
• 자신의 재능을 사회의 공익을 위해 환원할 의지가 있는 학생
• 정밀함이 필요한 실험·실습에 적합한 꼼꼼하고 차분한 성격을 가진 학생
• 자연 환경에 대한 분석력과 체계적인 사고 능력을 갖춘 학생
• 한 차원 더 높은 수준의 삶의 가치에 관심이 있는 학생
• 새로운 기술 변화에 능동적으로 대처할 수 있는 역량을 갖춘 학생

학과 관련 선택 과목

※ 국어, 영어 교과는 모든 학문의 기초적인 성격을 가진 도구교과로 모든 학과에 이수가 필요하여 생략함.

공통 과목		공통국어1,2, 공통수학1,2, 공통영어1,2, 한국사1,2, 통합사회1,2, 통합과학1,2, 과학탐구실험1,2
수능 필수		화법과 언어, 독서와 작문, 문학, 대수, 미적분Ⅰ, 확률과 통계, 영어Ⅰ, 영어Ⅱ, 한국사, 통합사회, 통합과학, 성공적인 직업생활(직업)
일반 선택	수학, 사회, 과학	대수, 미적분Ⅰ, 확률과 통계, 세계시민과 지리, 현대사회와 윤리, 물리학, 화학, 생명과학, 지구과학
	체육·예술	
	기술·가정/정보	기술·가정, 정보
	제2외국어/한문	
	교양	생태와 환경
진로 선택	수학, 사회, 과학	미적분Ⅱ, 한국지리 탐구, 물질과 에너지, 화학 반응의 세계, 세포와 물질대사, 생물의 유전
	체육·예술	
	기술·가정/정보	생활과학 탐구
	제2외국어/한문	
	교양	논리와 사고, 보건
융합 선택	수학, 사회, 과학	수학과제 탐구, 사회문제 탐구, 윤리문제 탐구, 기후변화와 지속가능한 세계, 과학의 역사와 문화, 기후변화와 환경생태, 융합과학 탐구
	체육·예술	
	기술·가정/정보	
	제2외국어/한문	
	교양	논술

추천 도서 목록

- 미래를 위한 환경철학, 김완구 외, 연암서가
- 파타고니아 이야기, 이본 쉬나드, 한빛비즈
- 생태문명 생각하기, 한국환경정책평가연구원, 크레파스북
- 세대를 넘어서, 손연아 외, 박영스토리
- 어떤 지구를 상상할 것인가, 허남진 외, 모시는 사람들
- 희망의 이유, 제인 구달, 김영사
- 에너지의 미래, 이반 스크레이즈 외, 교보문고
- 에코의 위대한 강연, 움베르트 에코, 열린책들
- 인류세와 에코바디, 몸문화연구소, 일로소픽
- 기후 책, 그레타 툰베리, 김영사
- 십 대가 꼭 알아야 할 기후변화 교과서, 이충환, 더숲
- 바다, 또 다른 숲, 이영호 외, 오래
- 지구 파괴의 역사, 김병민, 포르체
- 기후변화의 심리학, 조지 마셜, 갈마바람
- 기후변화 세계사, 피터 프랭코판, 책과함께

- 기후변화는 어떻게 세계 경제를 위협하는가, 폴 길딩, 더블북
- 기후변화, 그게 쫌 심각합니다, 빌 맥과이어, 양철북
- 일하는 사람들의 기후변화, 송찬영 외, 크레파스북
- 생태환경교육을 만나고 실천하다, 조현서, 지식터
- 침묵의 봄, 레이첼 카슨 외, 사이언스북스
- 오래된 미래, 헬레나 노르베리 호지, 중앙북스
- 그린멘토 미래의 나를 만나다, 에코주니어 외, 뜨인돌출판사
- 생각하는 십대를 위한 토론 콘서트: 환경, 김강석 외, 꿈결

학교생활 TIPS

- 자연계열의 필수 교과인 수학, 과학 교과 성적을 상위권으로 유지하고, 학업 능력, 전공 적합성, 문제 해결 능력 등이 학교생활기록부 교과 세부 능력 및 특기사항에 기록될 수 있도록 자기주도적으로 수업에 참여합니다.
- 환경 관련 동아리 및 환경 단체에 가입하여 환경 개선을 위한 다양한 아이디어를 제시하거나 관련 활동에 적극 참여합니다.
- 환경학과는 자연과의 공존과 배려를 중요하게 생각하므로, 이러한 능력을 함양할 수 있는 다양한 봉사 활동에 적극 참여하는 것이 유리합니다.
- 인문학, 철학, 역사, 사회 문제에 대한 인문적 소양을 함양할 수 있는 독서, 자연 및 공학 일반 관련 독서를 권장합니다.
- 자기주도성, 융복합적 사고, 추론 능력, 문제 해결 능력, 의사소통 능력, 나눔과 배려, 갈등 관리 능력, 관계 지향성, 경험의 다양성, 성실성, 창의성 등이 학교생활을 통해 나타나고, 이같은 내용이 학교생활기록부에 기록될 수 있도록 성실히 학교생활을 할 것을 추천합니다.

PART

공학계열 61개 학과

ENGINEERING AFFILIATION

각 계열별 학과 게재 순서는 '가나다' 순

* 희망하는 대학의 교육과정이나 관련자료에 따라 다를 수 있으니 유의하시기 바랍니다.

127

건설시스템공학과

학과소개

건설시스템공학이란 사회 기반 시설물 즉 도로, 교량, 수문, 댐, 하천, 항만, 공항, 상하수도, 환경, 철도 및 지하철 등을 계획, 설계, 시공 및 유지 관리하기 위해 필요한 이론과 기술을 연구 개발하는 학문입니다.

건설시스템공학과는 우리나라 국토의 중추 역할을 담당하는 도로, 댐, 항만, 교량, 터널, 고속철도, 상하수도 등의 사회 기반 시설을 친환경적으로 계획하고 설계, 시공, 유지 관리하는 학문을 배우는 학과입니다. 토목공학 및 환경공학의 이론, 실험 등의 체계적인 교육을 토대로 사회 기반 시설물을 친환경적으로 계획, 설계, 시공, 유지 관리할 수 있는 친환경 고급 전문 기술인을 양성합니다.

개설대학

- 경상국립대학교
- 경동대학교
- 동아대학교
- 상명대학교(제2캠퍼스)
- 서울과학기술대학교
- 아주대학교
- 영남대학교 등

관련학과

- 건설공학부
- 건설방재공학과
- 건설시스템공학부
- 건설환경공학과
- 건설환경공학부
- 건설환경공학전공
- 건설환경융합공학과
- 사회에너지시스템공학과
- 사회인프라공학과
- 사회환경공학부
- 스마트인프라공학과
- 재난안전건설학과
- 지역건설공학과
- 스마트그린공학부 건설시스템공학전공
- 철도건설시스템학부 철도건설시스템전공
- 토목건축공학과
- 토목공학과
- 토목환경공학과
- 토목환경공학전공
- 해양토목공학과
- 해양건설공학과

진출분야

기업체	건설 회사, 엔지니어링 업체(설계 회사), 유지 관리 회사, 건설 시공 업체 등
정부 및 공공 기관	국토해양부, 환경부, 한국철도공사, 서울특별시·부산광역시를 비롯한 각 지방 자치 단체, 한국도로공사, 한국수자원공사, 한국토지주택공사, 한국전력공사, 지하철 공사, 한국농어촌공사, 각 지방 자치 단체의 도시 개발 공사 등
연구 기관	한국건설기술연구원, 한국건설생활환경시험연구원, 한국철도기술연구원, 국토연구원, 한국교통연구원, 서울시정개발연구원, 한국해양연구원, 정부 투자 기관 부설 연구소, 지방 자치 단체 지역 개발 연구원 등

진출직업

- 건설자재시험원
- 건설연구원
- 건축감리기술자
- 건축 및 토목캐드원
- 건축설계기술자
- 건축시공기술자
- 건축안전기술자
- 건축자재영업원
- 건축공학기술자
- 토목공학기술자
- 환경공학기술자
- 전통건물건축원
- 토목 및 건설 관련 공무원
- 토목감리원
- 토목안전환경기술자 등

취득가능 자격증

- 건설안전산업기사
- 건설안전기사
- 도시계획기사
- 대기환경산업기사
- 대기환경기사
- 산업안전지도사
- 산업위생지도사
- 수질환경산업기사
- 수질환경기사
- 소음진동산업기사
- 소음진동기사
- 열관리기사
- 토목산업기사
- 토목기사
- 품질관리기사
- 폐기물처리산업기사
- 폐기물처리기사
- 콘크리트산업기사
- 콘크리트기사
- ISO14000 인증심사원 등

학과 주요 교과목

기초 과목	토목공학개론, 토목환경공학개론, 유체역학, 수리학, 재료역학 및 실습, 정정구조해석, 측량학 및 실습, 철근콘크리트공학, 수질화학 및 실험, 수질공학기초, 확률 및 통계 등
심화 과목	부정정구조해석, 강구조설계, 상수도공학, 하수도공학, 수문학, 환경시스템설계, PS콘크리트구조설계, 국제건설계약과 견적, 용폐수처리 및 설계, 기초공학, 국제설계기준, 토목환경종합설계, 터널공학, 교량공학, 도로 및 철도지반공학, 교통분석실습, PS콘크리트공학 등

학과 인재상 및 갖추어야 할 자질

- 지적 호기심, 책임감과 끈기, 창의적 표현 능력, 협업 능력을 지닌 학생
- 건축에 대한 호기심이 있고 공간 지각 능력이 뛰어나며 과학적·공학적 문제 해결 능력이 뛰어난 학생
- 상상력이 무궁무진하며 다양한 시각을 가진 사람들과 이야기하는 것을 좋아하는 학생
- 팀의 구성원으로서 팀 성과에 기여하고자 하는 팀워크 능력을 지닌 학생
- 수학과 과학 과목에 대한 이해력과 기초 역량을 갖춘 학생
- 신기술 개발 및 응용을 위한 창조적 연구 능력을 쌓을 수 있는 책임감과 끈기를 지닌 학생

학과 관련 선택 과목

※ 국어, 영어 교과는 모든 학문의 기초적인 성격을 가진 도구교과로 모든 학과에 이수가 필요하여 생략함.

공통 과목		공통국어1,2, 공통수학1,2, 공통영어1,2, 한국사1,2, 통합사회1,2, 통합과학1,2, 과학탐구실험1,2
수능 필수		화법과 언어, 독서와 작문, 문학, 대수, 미적분Ⅰ, 확률과 통계, 영어Ⅰ, 영어Ⅱ, 한국사, 통합사회, 통합과학, 성공적인 직업생활(직업)
일반 선택	수학, 사회, 과학	대수, 미적분Ⅰ, 확률과 통계, 세계시민과 지리, 사회와 문화, 물리학, 화학, 지구과학
	체육·예술	
	기술·가정/정보	기술·가정, 정보
	제2외국어/한문	
	교양	생태와 환경
진로 선택	수학, 사회, 과학	기하, 미적분Ⅱ, 한국지리 탐구, 도시의 미래 탐구, 경제, 역학과 에너지, 전자기와 양자
	체육·예술	
	기술·가정/정보	생활과학 탐구
	제2외국어/한문	
	교양	
융합 선택	수학, 사회, 과학	실용 통계, 수학과제 탐구, 사회문제 탐구, 기후변화와 지속가능한 세계, 기후변화와 환경생태, 융합과학 탐구
	체육·예술	
	기술·가정/정보	창의 공학 설계
	제2외국어/한문	
	교양	

추천 도서 목록

- 역사를 잇다: 우리 옛 다리, 장승필, KSCE PRESS
- 다리 구조 교과서, 시오이 유키타케, 보누스
- 부분과 전체, 김광현, 안그라픽스
- 지리학자의 공간읽기, 정은혜, 푸른길
- 언젠가 유럽, 조성관, 멘스토리
- 공간을 탐하다, 임형남 외, 인물과사상사
- 도시 공공건축환경 디자인세계, 에코탑월드북 편집부, 에코탑월드북
- 지리를 알면 보이는 것들, 정은혜, 보누스
- 세계의 도시와 마을 그리고 사람들, 정희정, 미세움
- 유럽의 주택, 임석재, 북하우스
- 세상을 바꾼 물리학, 원정현, 리베르스쿨
- 스마트 건설과 안전, 최명기, 지우북스
- 더 나은 내일을 건설합니다, 김경수, 에이블북

- 자연과 문명의 조화 토목공학, 대학토목학회 출판위원회, KSCE PRESS
- 토목공학기술자 어떻게 되었을까, 캠퍼스멘토 편집부, 캠퍼스멘토
- 조선시대 불교건축의 역사, 홍병화, 민족사
- 정신 위에 지은 공간, 한국의 서원, 김희곤, 미술문화
- 보이지 않는 건축, 움직이는 도시, 송효상, 돌베개
- 아시아로 떠나는 건축 도시여행, 김성룡, 박영사
- 토목공학의 역사, 한스 스트라우브, 대한토목학회
- 아키텍처 인사이드 아웃, John Zukowsky, 영진닷컴
- 세계 건축가 해부도감, 오이 다카히로 외, 더숲
- 도시의 진화 체계, 한광야, 커뮤니케이션북스
- 세상을 바꾼 과학 이야기, 권기균, 종이책

학교생활 TIPS

- 건설시스템공학 전공에 필수 교과인 수학, 과학 교과의 학업 성취도를 상위권으로 유지할 수 있도록 관리하고, 자기주도성, 학업 의지, 전공 적합성, 문제 해결 능력 등이 학교생활기록부 교과 세부능력 및 특기사항에 기록될 수 있도록 적극적으로 교과 수업에 참여해야 합니다.
- 학교 교육계획에 의한 행사 활동, 수련 활동, 학년 및 학급 단위로 진행되는 체험 활동 참여를 통해 공동체의 목표 달성을 위해 노력한 모습, 자신의 목표를 위해 도전한 사례, 문제점을 적극적으로 해결하려는 의지, 창의적이고 논리적인 사고로 문제를 해결하는 능력 등이 나타나면 좋습니다.
- 공학이나 과학 관련 동아리(과학 탐구, 과학 실험, 코딩, 아두이노, 발명 등) 활동 참여를 추천합니다. 동아리 활동에서 이루어지는 토론이나 실험,

연구, 탐구 활동을 통해 자신의 학문적 열정이나 지적 관심이 새로운 아이디어 제안 및 성과로 이어지는 경험을 하고, 그 과정에서 배우고 느낀 점이 드러나면 좋습니다.
- 학교생활 내에서 자신의 능력을 나누어줄 수 있는 다양한 활동(학습 멘토링, 급식 도우미, 교통 지도, 통합반 도우미)이나 각종 학교 행사 속 봉사 활동에 적극 참여하는 것이 좋습니다. 지속적인 참여를 통해 타인을 위해 봉사하고 실천하는 생활 자세가 나타나면 좋습니다.
- 공학, 건축, 토목, 4차 산업혁명, 로봇, 인공지능, 인문학, 철학, 역사 등 다양한 분야의 독서 활동을 통해 융합적 사고를 신장 시킬 것을 권장합니다.

인문계열 / 사회계열 / 자연계열 / 공학계열 / 의약계열 / 예체능계열 / 교육계열 / 계약학과 & 특성화학과

128

건설환경공학과

학과소개

건설환경공학은 인류의 기본적 생활과 경제적, 사회적 활동을 위하여 필요한 사회 기반 시설들을 설계, 건설 및 유지 관리하기 위한 공학 분야입니다. 인간 생활의 기초적인 복지가 되는 각종 사회 기반 인프라의 계획과 설계부터 시공, 운영 및 유지 관리까지 담당하는 학문입니다. 건설환경공학과는 건설공학에 환경공학을 융합한 학과로서 교통 또는 물류 시설 분야, 에너지 시설 분야, 수자원 시설 분야, 생활 쓰레기 처리 및 산업 폐기물 처리 시설과 같은 환경 시설 분야 등 광범위한 분야에 대해 연구하고 배우는 학과입니다.

건설환경공학과는 학문 발전과 신기술 개발을 주도할 전문인으로 성장할, 창조적인 사고를 할 수 있고 문제를 해결할 수 있는 능력을 갖춘 인재, 전통 건설 기술에 대한 깊은 이해와 함께 첨단 기술을 활용하고 융합할 수 있는 능력을 갖춘 인재, 글로벌 정보 시대에 능동적으로 대처할 수 있는 역량과 지성을 갖춘 국제화된 인재의 양성을 교육 목표로 합니다.

개설대학

- 국립강릉원주대학교
- 동국대학교
- 상지대학교
- 세종대학교
- 원광대학교
- 국립한밭대학교
- 한양대학교
- 한양대학교(ERICA)
- 홍익대학교 등

관련학과

- 건설환경공학부
- 건설환경공학전공
- 건설환경융합공학과
- 건설공학교육과
- 건설공학부
- 건설방재공학과
- 건설시스템공학과
- 건설시스템공학부
- 건설환경도시교통공학부
- 사회에너지시스템공학과
- 사회인프라공학과
- 사회환경공학부
- 사회환경시스템공학부
- 스마트건설환경공학과
- 위치정보시스템학과
- 재안안전건설학과
- 지역건설공학과
- 철도건설공학과
- 철도건설안전공학과
- 토목건축공학과
- 토목공학과
- 토목공학부
- 토목공학전공
- 토목환경공학과 등

진출분야

기업체	건설 및 엔지니어링 회사, 토목 환경 관련 시공·설계 회사, 폐기물 처리 업체, 에너지 산업 관련 회사, 신재생 에너지 관련 회사, 환경 관련 회사
정부 및 공공 기관	국가 및 지방 자치 단체, 국토해양부, 환경부, 해양수산부, 소방방재청, 한국도로공사, 한국수자원공사, 한국토지주택공사, 한국전력공사, 한국농어촌공사, 한국수력원자력, 한국환경공단 등
연구 기관	한국건설기술연구원, 한국원자력안전기술원, 한국과학기술연구원, 한국철도기술연구원, 국립재난안전연구원, 한국해양과학기술원, 한국환경정책·평가연구원, 한국생명공학연구원, 민간 기업 부설 연구소 등

진출직업

- 감정평가사
- 도시재생전문가
- 대기환경기술자
- 변리사
- 상하수처리관련조작원
- 수질환경기술자
- 중등학교 교사(건축)
- 지능형교통시스템연구원
- 환경위생검사원
- 환경공학기술자
- 환경영향평가원
- 환경직 공무원
- 해양공학기술자
- 토목공학기술자
- 토목구조설계기술자
- 토목직공무원
- 토목시공기술자
- 토목안전환경기술자
- 폐기물처리기술자 등

취득가능 자격증

- 건설재료시험기사
- 건설재료시험산업기사
- 교통기사
- 대기환경산업기사
- 대기환경기사
- 소음진동산업기사
- 소음진동기사
- 신재생발전에너지설비기사
- 수질환경산업기사
- 수질환경기사
- 온실가스관리산업기사
- 자연생태복원산업기사
- 자연생태복원기사
- 지적기사
- 지적산업기사
- 철도토목기사
- 철도토목산업기사
- 측량 및 지형공간정보기사
- 콘크리트기사
- 콘크리트산업기사
- 측량기사
- 화약류관리기사
- 화약류관리산업기사
- 토목기사
- 토목산업기사
- 토양환경기사
- 폐기물처리산업기사
- 중등학교 정교사 2급(건설) 등

학과 주요 교과목

기초 과목	공업수학, 일반화학, 건설환경공학개론, 창의적공학설계, CAD와 그래픽스, 응용역학, 재료역학, 건설재료 및 실험유체역학, 건설재료공학 등
심화 과목	고체재료역학 및 실험, 콘크리트공학 및 실험, 환경공학개론, 수문학, 구조역학, 철근콘크리트공학, 암반역학, 상하수도공학, 부정정구조역학, 철근콘크리트구조설계, 수자원공학, PS콘크리트공학, 기초공학, 강구조설계, 교량공학, 철도공학, 도로공학, 터널공학, 지반진동학, 유비쿼터스첨단건설공학, 지반구조물 등

학과 인재상 및 갖추어야 할 자질

- 수학이나 물리학 등의 기초 과학에 흥미와 관심이 있는 학생
- 평소 자연 현상에 대한 과학적 해석과 논리적 사고를 할 줄 아는 학생
- 공간 감각 및 설계도에 대한 이해가 뛰어나고 협동심이 강한 학생
- 각종 건축 구조물에 대한 호기심이 있고, 첨단 기술 및 정보 매체를 활용한 학습 능력을 지닌 학생
- 컴퓨터 활용 능력이 뛰어나고 새로운 것에 열정적으로 도전하는 것을 즐기는 학생
- 변화를 두려워하지 않고, 능동적이며 진취적이고 도전적인 성향을 가진 학생

학과 관련 선택 과목

※ 국어, 영어 교과는 모든 학문의 기초적인 성격을 가진 도구교과로 모든 학과에 이수가 필요하여 생략함.

공통 과목		공통국어1,2, 공통수학1,2, 공통영어1,2, 한국사1,2, 통합사회1,2, 통합과학1,2, 과학탐구실험1,2
수능 필수		화법과 언어, 독서와 작문, 문학, 대수, 미적분Ⅰ, 확률과 통계, 영어Ⅰ, 영어Ⅱ, 한국사, 통합사회, 통합과학, 성공적인 직업생활(직업)
일반 선택	수학, 사회, 과학	대수, 미적분Ⅰ, 확률과 통계, 세계시민과 지리, 사회와 문화, 현대사회와 윤리, 물리학, 화학, 지구과학
	체육·예술	
	기술·가정/정보	기술·가정, 정보
	제2외국어/한문	
	교양	생태와 환경
진로 선택	수학, 사회, 과학	기하, 미적분Ⅱ, 한국지리 탐구, 도시의 미래 탐구, 경제, 윤리와 사상, 역학과 에너지, 전자기와 양자, 물질과 에너지, 화학 반응의 세계, 지구시스템과학, 행성우주과학
	체육·예술	
	기술·가정/정보	
	제2외국어/한문	
	교양	
융합 선택	수학, 사회, 과학	실용 통계, 수학과제 탐구, 여행지리, 사회문제 탐구, 기후변화와 지속가능한 세계, 기후변화와 환경생태, 융합과학 탐구
	체육·예술	
	기술·가정/정보	창의 공학 설계
	제2외국어/한문	
	교양	

추천 도서 목록

- 공대생을 따라잡는 자신만만 공학 이야기, 한화택, 플루토
- 공학자의 세상 보는 눈, 유만선, 시공사
- 기후 책, 그레타 툰베리, 김영사
- 시간과 공간의 연결, 교통이야기, 대한교통학회, 씨아이알
- 요즘 건축, 국형걸, 효형출판
- 한국건설의 가치를 말하다, 이복남, 서울대학교출판문화원
- 내일을 설계하고 미래를 건설한다, 대한토목학회 출판도서위원회, 대한토목학회
- 스마트 건설과 안전, 최명기, 지우북스
- 4차 산업혁명 스마트건설, 스마트 시티, 스마트 홈, 김선근, 한솔아카데미
- 스마트 건설과 3D 프린팅, 최명기, 국토일보
- 미래 건설산업의 넥스트노멀 스마트 건설, 진경호 외, 대한건설정책연구원
- 4차 산업혁명과 건설산업의 혁신, 이승일, 창조와지식

- 토목공학의 역사, 한스 스트라우브, 대한토목학회
- 다리 구조 교과서, 시오이 유키타케, 보누스
- 미래 세대를 위한 녹색 특강, 박병상, 철수와영희
- 지속가능한 세상에서 도시는 생명체다, 배성호 외, 이상북스
- 총 균 쇠, 재레드 다이아몬드, 문학사상
- 엔트로피, 제레미 리프킨, 세종연구원
- 아키텍처 인사이드 아웃, John Zukowsky 외, 영진닷컴
- 토 목공학의 역사: 고대부터 근대까지, 한스 스트라우브, 대한토목학회
- 이기적 유전자, 리처드 도킨스, 을유문화사
- 거의 모든 것의 역사, 빌 브라이슨, 까치
- 과학혁명의 구조, 토머스 S. 쿤, 까치

학교생활 TIPS

- 건설환경공학 전공과 관련이 있는 수학, 과학(물리학, 화학, 지구과학), 정보 교과의 학업 성취도를 향상하는 것이 중요하고, 교과 수업을 통해 학업 능력, 전공 적합성, 문제 해결 능력, 창의력 등 자신의 종합적인 역량이 학교생활기록부 교과 세부능력 및 특기사항에 기록되는 것이 좋습니다.
- 건설환경공학에 대한 흥미와 관심 정도, 지원 전공에 대한 이해도, 자신의 경험과 지원 전공과의 연관성이 드러날 수 있는 교내 공학 프로그램이나 미디어 탐색 활동 등에 적극 참여하고, 토목이나 환경 관련 기업 및 연구소의 체험 프로그램, 관련 학과 탐방 프로그램 등에도 참여할 것을 추천합니다.

- 학교 교육계획에 의한 행사 활동, 수련 활동, 학년 및 학급 단위로 진행되는 체험 활동 참여를 통해 공동체의 목표 달성을 위해 노력한 모습, 자신의 목표를 위해 도전한 사례, 문제점을 적극적으로 해결하려는 의지, 창의적이고 논리적인 사고로 문제를 해결하는 능력 등이 나타나면 좋습니다.
- 학교생활 내에서 자신의 능력을 나누어줄 수 있는 다양한 활동(학습 멘토링, 급식 도우미, 교통 지도, 통합반 도우미)이나 각종 학교 행사 중에 참여하는 봉사 활동을 통해 타인을 위해 봉사하고 실천하는 모습을 보이는 것이 좋으며, 환경, 토목, 공학, 정보 통신, 로봇, 인문학, 철학, 역사, 심리학 등 다양한 분야의 독서 활동을 통해 융합적 사고 능력을 키우도록 합니다.

129

건축공학과

학과소개

건축공학은 인간 생활을 영위하는 공간 창조를 위한 학문으로서, 공간을 만드는 데 직접적인 관련이 있는 기술적 분야와 인간 생활상에 관계된 사회적 분야를 아우르는 학문입니다. 건축공학과는 건축공학의 다양한 설계 기술 능력과 엔지니어로서의 기본 지식을 활용하여 보다 안전하고 경제적이며 사람이 사용하기에 편리하고 편안한 건축물을 구현하도록 교육하는 학과입니다.

건축구조와 재료, 시공, 건설관리 등에 관한 이론 및 실습 교육, 경제 및 경영에 대한 기본 소양 교육을 통해서 산업 현장에서 요구하는 건축 전문 엔지니어를 양성합니다.

개설대학

- 경희대학교
- 광운대학교
- 대구대학교
- 대전대학교
- 동아대학교
- 동의대학교
- 국립목포대학교
- 국립부경대학교
- 부산대학교
- 세종대학교
- 국립경국대학교
- 연세대학교
- 원광대학교
- 전북대학교
- 전주대학교
- 조선대학교
- 청주대학교
- 충남대학교
- 충북대학교
- 한국교통대학교
- 국립한밭대학교
- 협성대학교 등

관련학과

- 건축공학부
- 건축공학전공
- 건축도시부동산학부
- 건축학부 건축공학전공
- 건축학부(건축공학전공)
- 그린스마트건축공학과
- 스마트건축공학과
- 스마트시티건축공학과
- 융합건설시스템공학과
- 한옥건축학과
- 해양공간건축학부 등

진출분야

기업체	건설 회사, 건축 감리 회사, 건축 자재 회사, 종합 엔지니어링 회사, 건축물 안전 진단 회사, 건축 환경 업체, 도시 계획 및 설계 분야, 컨설팅 회사, 부동산 개발 회사, 건축물 유지 관리 회사 등
정부 및 공공 기관	한국토지주택공사 토지주택연구원, 서울시정개발연구원 등의 지자체 연구원, 한국환경건축연구원, 한국건설기술연구원, 한국건설품질연구원, 건설산업정보연구원, 국토연구원, 한국환경수도연구원, 국립환경과학원, 한국환경정책평가연구원, 주거환경연구원, 한국생활환경시험연구원 등
연구 기관	한국토지주택공사 토지주택연구원, 서울시정개발연구원 등의 지자체 연구원, 한국환경건축연구원, 한국건설기술연구원, 한국건설품질연구원, 건설산업정보연구원, 국토연구원, 한국환경수도연구원, 국립환경과학원, 한국환경정책평가연구원, 주거환경연구원, 한국생활환경시험연구원 등
교육계	대학 교수, 특성화 고등학교, 대학 등

진출직업

- 건설공사품질관리원
- 건축공학기술자
- 건축 및 토목 캐드 전문가
- 건축시공 기술자
- 국가직 및 지방직 공무원(기술직-건축)
- 건축감리기술자
- 건축구조기술자
- 건축안전기술자
- 기업재난전문가
- 녹색건축전문가
- 리모델링컨설턴트
- 전통건물건축원
- 토목감리기술자
- 해양설비(플랜트) 설계사 등

취득가능 자격증

- 건설안전기사
- 건설안전산업기사
- 건설재료시험기사
- 건설재료시험산업기사
- 건설기계설비기사
- 건설기계설비산업기사
- 건축일반시공산업기사
- 건축설비기사
- 건축설비산업기사
- 소방설비산업기사
- 실내건축기사
- 실내건축산업기사
- 열관리산업기사
- 콘크리트기사
- 콘크리트산업기사
- 측량 및 지형공간 정보기사
- 측량 및 지형공간 정보산업기사 등

학과 주요 교과목

기초 과목	건축공학개론, 기초공학설계, 기초물리학, 건축개론, 건축제도, 동역학, 구조역학, 재료역학, 열역학, 재료역학, 유체역학, 창의공학설계, 응용역학, 건축환경공학, 건축재료공학 등
심화 과목	건축공학설계, 건축환경계획, 건설사업관리, 재료역학, 철근콘크리트설계, 건축구조해석, 건축설비, 건축시공 및 재료, 건설관리일반, 초고층 및 특수구조설계, 친환경건축시스템설계, 강구조설계, 건축공법, 건축공사기술응용, 건축설비응용, 생태건축응용 등

학과 인재상 및 갖추어야 할 자질

- 수학, 물리학 등 공학 기초 과목에 대한 관심과 흥미가 있는 학생
- 건축에 대해 관심이 많고 공간 지각 능력이 뛰어난 학생
- 공간 감각 및 설계도에 대한 이해도가 뛰어난 학생
- 공간 지각력, 미술 감각 그리고 복잡한 문제의 관계성을 이해하고 적용하는 능력을 갖춘 학생
- 신기술 개발 및 응용을 위한 창조적 연구 능력을 기를 수 있는 책임감과 끈기를 지닌 학생
- 창의적인 사고와 배려심, 섬세함에 기초한 의사 결정 능력 및 의사소통 기술을 지닌 학생

학과 관련 선택 과목

※ 국어, 영어 교과는 모든 학문의 기초적인 성격을 가진 도구교과로 모든 학과에 이수가 필요하여 생략함.

공통 과목		공통국어1,2, 공통수학1,2, 공통영어1,2, 한국사1,2, 통합사회1,2, 통합과학1,2, 과학탐구실험1,2
수능 필수		화법과 언어, 독서와 작문, 문학, 대수, 미적분 I , 확률과 통계, 영어 I , 영어 II , 한국사, 통합사회, 통합과학, 성공적인 직업생활(직업)
일반 선택	수학, 사회, 과학	대수, 미적분 I , 확률과 통계, 세계시민과 지리, 사회와 문화, 물리학
	체육·예술	
	기술·가정/정보	기술·가정, 정보
	제2외국어/한문	
	교양	생태와 환경
진로 선택	수학, 사회, 과학	기하, 미적분 II , 한국지리 탐구, 도시의 미래 탐구, 경제, 역학과 에너지, 전자기와 양자
	체육·예술	
	기술·가정/정보	
	제2외국어/한문	
	교양	
융합 선택	수학, 사회, 과학	실용 통계, 수학과제 탐구, 사회문제 탐구, 기후변화와 지속가능한 세계, 기후변화와 환경생태, 융합과학 탐구
	체육·예술	
	기술·가정/정보	창의 공학 설계, 지식 재산 일반
	제2외국어/한문	
	교양	

추천 도서 목록

- 도시의 깊이, 정태종, 한겨레출판사
- 유현준의 인문 건축 기행, 유현준, 을유문화사
- 내가 사랑한 세계 현대미술관 60, 고영애, 헤이북스
- 세상을 바꾼 사물의 과학, 최원석, 궁리
- 세상을 바꾼 과학기술자들, 주동혁, 지성사
- 세상을 바꾼 물리학, 원정현, 리베르스쿨
- 지리를 알면 보이는 것들, 정은혜, 보누스
- 세계의 도시와 마을 그리고 사람들, 정희정, 미세움
- 건축의 무빙, 이건섭, 수류산방
- 22세기 건축, 송하엽, 효형출판
- 10대를 위한 나의 첫 건축&공학 수업, 대니얼 윌킨스 외, 시프와
- 아파트 속 과학, 김홍재, 어바웃어북
- 10대를 위한 건축 학교, 임유신, 이케이북

- 빌트, 우리가 지어 올린 모든 것들의 과학, 로마 아그라왈, 어크로스
- 건축사, 건축공학기술자 어떻게 되었을까, 캠퍼스멘토 편집부, 캠퍼스멘토
- 우리 건축 서양 건축 함께 읽기, 임석재, 컬처그라퍼
- 건축가가 되는 길, 로저 K 루이스, 아키그램
- 딸과 함께 떠나는 건축여행 1~3, 이용재, 플러스문화사
- 나의 문화유산답사기, 유홍준, 창비
- 건축, 음악처럼 듣고 미술처럼 보다: 인문적 건축 이야기, 서현, 효형출판
- 세상을 바꾼 과학 이야기, 권기균, 종이책
- 20세기 건축, 크리스티나 하베를리크, 해냄출판사

학교생활 TIPS

- 건축공학 전공과 관련이 있는 수학, 과학(물리학, 화학, 지구과학) 교과의 높은 학업 성취를 보이도록 하고, 정규 수업 활동을 통해 학업 능력, 전공 적합성, 문제 해결 능력, 창의력 등 자신의 장점이 학교생활기록부 교과 세부능력 및 특기사항에 기록되도록 하는 것이 좋습니다.
- 과학 및 공학, 컴퓨터 관련 동아리 활동 참여를 추천합니다. 동아리 활동 과정에서 구성원의 화합과 단결을 이끌어 내는 활동이나 활동 중에 발생한 문제점을 슬기롭게 해결한 경험, 다양한 활동 경험 등이 나타나는 것이 중요합니다.
- 건축공학에 대한 흥미와 관심, 지원 전공에 대해 이해도, 자신의 경험과 지원 전공과의 연관성이 드러날 수 있는 교내 공학 프로그램이나 미디어

탐색 활동 등에 적극 참여하고, 건설 회사나 건설 현장 탐방, 건축 관련 직업 체험 및 학과 탐방 활동 참여를 통해 자신의 진로 역량을 키우는 것이 중요합니다.
- 학교 교육계획에 의한 행사 활동, 수련 활동, 학년 및 학급 단위로 진행되는 체험 활동 참여를 통해 공동체의 목표 달성을 위해 노력한 모습을 보이고, 학교생활 내에서 자신의 능력을 나누어줄 수 있는 다양한 활동(학습 멘토링, 급식 도우미, 교통 지도, 통합반 도우미)이나 각종 학교 행사 중에 참여하는 봉사 활동을 통해 타인을 위해 봉사하고 실천하는 모습을 보이는 것이 좋습니다.

인문계열

사회계열

자연계열

공학계열

의약계열

예체능계열

교육계열

계약학과 & 특성화학과

130

건축학과

학과소개

건축학은 건축과 도시 공간에 관한 기획부터 계획, 설계 및 비평에 이르는 광범위한 학문입니다. 미학, 철학, 인류학, 심리학 등 다양한 분야의 인문학적 소양을 바탕으로 건물의 설계와 건축의 역사 및 이론을 연구합니다. 건축학과에서는 개별 건물의 외부와 내부 공간 및 환경 등을 설계하는 것뿐만 아니라 건물과 건물, 건물과 도시, 건물과 자연 등의 관계도 배웁니다.

최근에는 디지털 건축에 대한 관심과 활용이 늘어나면서 BIM(빌딩정보모델링) 적용을 위한 3D모델링 소프트웨어나 캐드(CAD)를 활용하여 도면을 작성하는 방법 등을 가르치고 있습니다. 건축학과는 대학에 따라 4년제, 혹은 5년제 교육과정으로 운영됩니다.

개설대학

- 강원대학교
- 경기대학교
- 경상국립대학교
- 경성대학교
- 계명대학교
- 건국대학교
- 경기대학교
- 경희대학교
- 고려대학교
- 국립공주대학교
- 광운대학교
- 동서대학교
- 동아대학교
- 국립목포대학교
- 부산대학교
- 서울대학교
- 서원대학교
- 성균관대학교
- 순천향대학교
- 아주대학교
- 원광대학교
- 이화여자대학교
- 전주대학교
- 청주대학교
- 충남대학교
- 충북대학교
- 한국교통대학교
- 한남대학교
- 국립한밭대학교
- 한라대학교
- 호남대학교
- 호서대학교 등

진출직업

- 건설자재시험원
- 건축안전기술자
- 건축공학기술자
- 건축설계기술자
- 건축구조기술자
- 건축 기술직 공무원
- 건축 및 토목캐드원
- 건축시공기술자
- 건축감리기술자
- 건축설비기술자
- 건축사(보)
- 건설 및 광업관련관리자
- 건축기사
- 녹색건축전문가
- 도시재생전문가
- 문화재보존원
- 실내건축기사
- 인테리어디자이너
- BIM디자이너 등

관련학과

- 건축·인테리어디자인학과
- 건축디자인학과
- 건축인테리어학과
- 건축학부
- 건축학부 건축학전공
- 건축학부 실내건축전공
- 건축학부(건축학전공)
- 건축학전공
- 도시건축학부
- 실내건축학과
- 실내건축디자인학과
- 의료공간디자인학과

취득가능 자격증

- 감정평가사
- 건축사
- 건축기사
- 건축산업기사
- 건축설비기사
- 건축설비산업기사
- 도시계획기사
- 변리사
- 산업안전지도사
- 실내건축기사
- 실내건축산업기사
- 측량 및 지형공간 정보기사
- 측량 및 지형공간 정보산업 기사 등

진출분야

기업체	건축 설계 사무소, 건축 설비 관련 설계 및 시공 업체, 실내 설계업체, 인테리어 디자인 업체, 엔지니어링 업체, 건설 회사, 도시 설계 사무소, 감리 전문 회사, 구조 설계 및 안전 진단 업체, 건축 재료 공법 관련 벤처 기업 등
정부 및 공공 기관	정부 및 지방 관공서, 건축 관련 공기업, 중고등학교, 대학교 등
연구 기관	건축 관련 연구소, 건설 기술 연구소 등

학과 주요 교과목

기초 과목	건축개론, 건축설계, 서양건축사, 건축환경, 건축과 컴퓨터, 건축공간디자인론, 건축역학, 건축이론, 건축사, 건축과 사회, 건축미학, 도시계획 등
심화 과목	건축구조, 건축재료, 건축설비, 건축법규, 건축CAD, 건축프로그래밍, 도시개발, 조경설계, 생태건축, 친환경건축, 인테리어계획론, 건축마케팅, 건축설계경영, 건축실무, 건설관리(CM) 등

학과 인재상 및 갖추어야 할 자질

- 건축에 대해 관심이 많고 공간 지각 능력이 뛰어난 학생
- 공간 감각 및 설계도에 대한 이해도가 뛰어나며, 창의적이고 적극적인 성품을 지닌 학생
- 팀워크를 중시하고 리더십과 정확한 목표 의식이 있는 학생
- 미적 감각, 복잡한 문제의 관계성을 이해하고 적용하는 능력을 갖춘 학생
- 문화적, 기술적, 예술적인 능력의 통합적인 소질을 가진 학생
- 창의적인 사고, 배려심과 섬세함에 기초한 의사결정 능력 및 의사소통 기술을 지닌 학생

학과 관련 선택 과목

※ 국어, 영어 교과는 모든 학문의 기초적인 성격을 가진 도구교과로 모든 학과에 이수가 필요하여 생략함.

공통 과목		공통국어1,2, 공통수학1,2, 공통영어1,2, 한국사1,2, 통합사회1,2, 통합과학1,2, 과학탐구실험1,2
수능 필수		화법과 언어, 독서와 작문, 문학, 대수, 미적분 I, 확률과 통계, 영어 I, 영어 II, 한국사, 통합사회, 통합과학, 성공적인 직업생활(직업)
일반 선택	수학, 사회, 과학	대수, 미적분 I, 확률과 통계, 세계시민과 지리, 사회와 문화, 물리학
	체육·예술	미술
	기술·가정/정보	기술·가정, 정보
	제2외국어/한문	
	교양	생태와 환경
진로 선택	수학, 사회, 과학	기하, 미적분 II, 한국지리 탐구, 도시의 미래 탐구, 역학과 에너지, 전자기와 양자
	체육·예술	미술 창작, 미술 감상과 비평
	기술·가정/정보	
	제2외국어/한문	
	교양	
융합 선택	수학, 사회, 과학	실용 통계, 수학과제 탐구, 사회문제 탐구, 기후변화와 지속가능한 세계, 기후변화와 환경생태, 융합과학 탐구
	체육·예술	
	기술·가정/정보	창의 공학 설계
	제2외국어/한문	
	교양	

추천 도서 목록

- 양용기 건축가의 영화 속 건축물, 양용기, 크레파스북
- 집의 미래, 임형남 외, 인물과사상사
- 집이 나에게 물어온 것들, 장은진, 퍼블리온
- 뉴욕, 기억의 도시, 이용민, 샘터, 샘터사
- 셔블 셔울 서울, 전상현, 시대의창
- 유현준의 인문 건축 기행, 유현준, 을유문화사
- 내가 사랑한 세계 현대미술관 60, 고영애, 헤이북스
- 지리를 알면 보이는 것들, 정은혜, 보누스
- 세계의 도시와 마을 그리고 사람들, 정희정, 미세움
- 건축의 무빙, 이건섭, 수류산방
- 22세기 건축, 송하엽, 효형출판
- 10대를 위한 나의 첫 건축&공학 수업, 대니얼 윌킨스 외, 시프와
- 아파트 속 과학, 김홍재, 어바웃어북

- 10대를 위한 건축 학교, 임유신, 이케이북
- 빌트, 우리가 지어 올린 모든 것들의 과학, 로마 아그라왈, 어크로스
- 건축사, 건축공학기술자 어떻게 되었을까, 캠퍼스멘토 편집부, 캠퍼스멘토
- 살둔 제로에너지하우스, 이대철, 시골생활
- 우리 건축 서양 건축 함께 읽기, 임석재, 컬처그라퍼
- 건축학교에서 배운 101가지, 매튜 프레더릭, 동녘
- 좋은 길은 좁을수록 좋고 나쁜 길은 넓을수록 좋다, 편집부, 김수근문화재단
- 나의 문화유산답사기, 유홍준, 창비
- 건축, 음악처럼 듣고 미술처럼 보다: 인문적 건축이야기, 서현, 효형출판

학교생활 TIPS

- 건축학 전공과 관련이 있는 수학, 과학 교과의 높은 학업 성취를 보이도록 하고, 정규 수업 활동 시간에 학업 능력, 전공 적합성, 문제 해결 능력, 창의력 등 자신의 장점이 학교생활기록부 교과 세부능력 및 특기사항에 기록되도록 하는 것이 좋습니다.
- 과학 및 공학, 컴퓨터 관련 동아리 활동 참여를 추천하고, 동아리 활동 과정에서 구성원의 화합과 단결을 이끌어 내는 활동을 한 경험이나 활동 중에 부딪히는 문제점을 슬기롭게 해결한 경험 등 다양한 활동 경험이 나타나는 것이 중요합니다.
- 건축공학에 대한 흥미와 관심, 지원 전공에 대해 이해도, 자신의 경험과 지원 전공과의 연관성이 드러날 수 있는 건축 설계 사무소나 건축 현장

탐방 활동, 건축 관련 직업 체험 및 학과 탐방 활동, 건축 박람회 참관 활동 등을 통해 전공에 대한 관심과 진로 설정 과정, 진로에 대한 열정이 나타나는 것이 중요합니다.
- 학교 교육계획에 의한 행사 활동, 수련 활동, 학년 및 학급 단위로 진행되는 체험 활동 참여를 통해 공동체의 목표 달성을 위해 노력한 모습을 보이고, 학교생활 내에서 자신의 능력을 나누어줄 수 있는 다양한 활동(학습 멘토링, 급식 도우미, 교통 지도, 통합반 도우미)이나 각종 학교 행사 중에 참여하는 봉사 활동을 통해 타인을 위해 봉사하고 실천하는 모습을 보이는 것이 좋습니다.

131

게임공학과

학과소개

오늘날 게임은 단순한 오락, 여가를 넘어 고부가 가치를 창출하는 산업이자 문화로 자리 잡았습니다. 미래 게임 문화 산업이 요구하는 게임 소프트웨어 개발, 게임 장비 개발, 디지털 게임 제작을 위해서는 전문적인 지식을 갖춘 인재 양성이 필요합니다.

게임공학과에서는 첨단 종합 예술 산업이자 21세기 유망 산업 분야인 게임 산업 현장에서 요구하는 창의적 전문 인력을 양성하기 위해 게임 소프트웨어 개발, 스마트폰 애플리케이션 개발, 디지털 콘텐츠 개발 등과 같은 전반적인 게임 제작 기술을 가르칩니다. 또한 첨단 개발 장비를 활용한 실습 과정을 통해서 전반적인 게임 S/W 개발 능력을 기르고, 산업 현장과 연계하여 미래 게임 문화 산업의 핵심이 될 인재를 양성합니다.

개설대학

- 동명대학교
- 한국공학대학교 등

관련학과

- 게임·영상학과
- 게임소프트웨어공학과
- 게임소프트웨어전공
- 게임소프트웨어학과
- 게임콘텐츠학과
- 게임학과
- 게임학부
- SW융합학부 게임전공
- 디자인게임공학과
- 디지펜게임공학과
- 메타버스&게임학과
- 테크노미디어융합학부 게임멀티미디어전공 등

진출직업

- 게임기획자
- 웹프로그래머
- 컴퓨터게임프로그래머
- 게임기획전문가
- 게임프로그래밍전문가
- 게임그래픽전문가
- 게임번역사
- 게임프로듀서
- 미디어융합콘텐츠전문가
- 게임음악 및 사운드크리
- 에이터
- 게임에니메이션 및 영상
- 콘텐츠개발자
- 3D모델러
- 게임마케터
- 비디오게임해설자
- 비디오게임디자이너
- 게임시나리오작가
- 애니메이터
- UI디자이너 등

취득가능 자격증

- 게임그래픽전문가
- 게임기획전문가
- 게임프로그래밍전문가
- 애니메이터
- 3D모델러
- 정보처리기사
- 정보처리산업기사
- 정보보안기사
- 정보보안산업기사
- 전자계산기조직응용기사
- 리눅스마스터 1, 2급
- OCP(오라클) 등

진출분야

기업체	모바일 H/W 및 S/W 개발업체, 인터넷 및 컴퓨터관련 업체, 게임 개발업체, 게임 스튜디오, 방송국, 게임 기업 및 콘텐츠 관련 회사, SK와 KT 등 통신업체의 모바일 사업부, 모바일 게임 및 앱 콘텐츠 소규모 창업 등
연구 기관	게임 관련 연구 기관, 모바일 및 정보 통신 관련 민간기업 연구소 등

학과 주요 교과목

기초 과목	게임총론, 게임수학, 이산수학, 컴퓨터네트워크, 운영체제, 콘텐츠기초, 전산학개론, C프로그래밍, 컴퓨터구조, 윈도우프로그래밍, 자료구조, 게임기획, 알고리즘, 2D게임프로그래밍 등
심화 과목	C++프로그래밍, 선형대수학, 오픈소스소프트웨어, 자료구조, GUI프로그래밍, 모바일프로그래밍, 물리기반모델링, 3D그래픽스프로그래밍, 3D모델링, 네트워크프로그래밍, 쉐이더프로그래밍, 인공지능, 고급게임프로그래밍, UI&UX Living, 게임과 미래사회 등

학과 인재상 및 갖추어야 할 자질

- 게임 콘텐츠에 대한 관심과 이해가 많고, 팀 프로젝트 진행을 위한 협업 능력을 갖춘 학생
- 수학 및 기초 과학 지식에 기초한 창의적 사고와 문제 해결 능력을 갖춘 학생
- 다양한 프로그램을 활용하여 게임을 영상으로 표현하고 제작하는 것에 흥미가 있는 학생
- 다양한 컴퓨터 프로그램을 다루는 능력과 논리적인 사고력을 갖춘 학생
- 문화적, 기술적, 예술적인 능력의 통합적인 소질을 가진 학생
- 창의적인 사고와 배려심, 상상력과 아이디어를 갖춘 꼼꼼한 성격을 지닌 학생

학과 관련 선택 과목

※ 국어, 영어 교과는 모든 학문의 기초적인 성격을 가진 도구교과로 모든 학과에 이수가 필요하여 생략함.

공통 과목		공통국어1,2, 공통수학1,2, 공통영어1,2, 한국사1,2, 통합사회1,2, 통합과학1,2, 과학탐구실험1,2
수능 필수		화법과 언어, 독서와 작문, 문학, 대수, 미적분Ⅰ, 확률과 통계, 영어Ⅰ, 영어Ⅱ, 한국사, 통합사회, 통합과학, 성공적인 직업생활(직업)
일반 선택	수학, 사회, 과학	대수, 미적분Ⅰ, 확률과 통계, 세계사, 사회와 문화, 현대사회와 윤리, 물리학, 지구과학
	체육·예술	음악, 미술, 연극
	기술·가정/정보	기술·가정, 정보
	제2외국어/한문	
	교양	
진로 선택	수학, 사회, 과학	기하, 미적분Ⅱ, 경제, 윤리와 사상, 인문학과 윤리, 역학과 에너지, 전자기와 양자
	체육·예술	음악 감상과 비평, 미술 창작, 미술 감상과 비평
	기술·가정/정보	생활과학 탐구, 데이터 과학
	제2외국어/한문	
	교양	
융합 선택	수학, 사회, 과학	수학과제 탐구, 사회문제 탐구, 윤리문제 탐구, 융합과학 탐구
	체육·예술	
	기술·가정/정보	창의 공학 설계, 지식 재산 일반, 소프트웨어와 생활
	제2외국어/한문	
	교양	논술

추천 도서 목록

- 죽을 때까지 코딩하며 사는 법, 홍전일, 로드북
- 인사이트 플랫폼, 이재영 외, 와이즈베리
- IT 좀 아는 사람, 닐 메타 외, 윌북
- 스토리테크 전쟁, 류현정, 리더스북
- AI 리더십, 오상진, 북십일공칠
- 내 코드가 그렇게 이상한가요, 센바 다이야, 인사이
- 오늘날 우리는 컴퓨터라 부른다, 마틴 데이비스, 인사이트
- AI는 인문학을 먹고산다, 한지우, 미디어숲
- 인공지능은 게임을 어떻게 움직이는가, 미야케 요이치로, 이지스퍼블리싱
- 0년차 게임 개발, 김다훈 외, 성안당
- 재미있는 게임 제작 프로세스, 리차드 르마샹, 영진닷컴
- 게임을 위한 AI, 이안 밀링턴, 에이콘출판

- 신들린 게임과 개발자들, 김쿠만, 네오픽션
- 도전을 즐기면 개임개발자, 이홍철, 토크쇼
- 게임으로 익히는 코딩 알고리즘, 김영기, 한빛미디어
- 게임개발자를 위한 물리, 데이비드 버그 외, 한빛미디어
- 글로벌 소프트웨어를 말하다, 지혜, 김익환, 한빛미디어
- 페르마의 마지막 정리, 사이먼 싱, 영림카디널
- 프로그래머로 사는 법, 샘 라이트스톤, 한빛미디어
- 빅데이터 플랫폼 전략: 빅데이터가 바꾸는 미래 비즈니스 플랫폼 혁명, 황승구 외, 전자신문사
- 미래를 바꾼 아홉 가지 알고리즘, 존 맥코믹, 에이콘출판
- 블록체인 혁명: 제4차 산업혁명 시대, 인공지능을 뛰어넘는 거대한 기술, 돈 탭스콧 외, 을유문화사

학교생활 TIPS

- 게임공학 전공과 관련이 있는 수학, 과학 교과의 학업 성취도를 향상시키도록 하고, 정규 수업 활동 시간에 학업 능력, 전공 적합성, 문제 해결 능력, 창의력 등 자신의 장점이 학교생활기록부 교과 세부능력 및 특기 사항에 기록되는 것이 좋습니다.
- 컴퓨터 및 소프트웨어, 과학 및 공학 관련 동아리 활동 참여를 권장하고, 동아리 활동 과정에서 구성원의 화합과 단결을 이끌어 낸 경험이나 활동 과정 중에 부딪히는 문제점을 슬기롭게 해결한 경험 등 다양한 활동 경험들이 나타나는 것이 중요합니다.
- 게임공학에 대한 흥미와 관심, 지원 전공에 대해 이해도, 자신의 경험과 지원 전공과의 관련성이 드러날 수 있는 게임 스튜디오나 게임 회사 탐방, 게임 관련 직업 체험 및 게임학과 탐방 등의 진로 활동 참여를 통해 게임공학 전공에 대한 관심과 진로 설정 과정, 진로에 대한 열정이 나타나는 것이 중요합니다.
- 학교 교육계획에 의한 행사 활동, 수련 활동, 학년 및 학급 단위로 진행되는 체험 활동 참여를 통해 공동체의 목표 달성을 위해 노력한 모습을 보이고, 학교생활 내에서 자신의 능력을 나누어줄 수 있는 다양한 활동(학습 멘토링, 급식 도우미, 교통 지도, 통합반 도우미)이나 각종 학교 행사 중에 참여하는 봉사 활동을 통해 타인을 위해 봉사하고 실천하는 모습을 보이는 것이 좋습니다.

132

고분자공학과

학과소개

현대는 '고분자 시대'라고 할 수 있을 만큼 고분자 물질인 플라스틱, 섬유, 고무, 접착제, 도료 등 일상생활에 필요한 제품을 비롯하여 각종 산업용 고분자 재료들이 여러 분야에서 광범위하게 이용되고 있습니다. 고분자공학은 이러한 각종 산업용 재료의 합성, 가공, 복합 재료화, 기능화, 고성능화 등을 연구하는 학문으로, 응용화학의 중심으로서 첨단 응용 분야의 발전을 지원하는 기초 학문입니다.

고분자공학과는 유기 신소재 산업의 중추적인 역할을 담당할 화학, 물리, 재료 및 고분자 관련 지식을 체계적으로 교육하고, 첨단 유기 나노 신소재 분야의 발전을 선도할 전문 인력을 양성하는 학과입니다.

개설대학

- 경북대학교
- 부산대학교
- 인하대학교 등

관련학과

- 고분자나노공학과
- 고분자시스템공학부 고분자공학 전공
- 고분자융합소재공학부
- 나노화학소재공학과
- 섬유시스템공학과
- 소재디자인공학과
- 유기소재섬유공학과
- 유기소재시스템공학과
- 유기재료공학과
- 파이버시스템공학과 등

진출직업

- 변리사
- 이공학계열 교수
- 화학공학기술자
- 재료공학기술자
- 석유화학공학기술자
- 비누 및 화장품화학공학기술자
- 고무 및 플라스틱화학공학기술자
- 음식료품화학공학기술자
- 의약품화학공학기술자
- 화학물질안전관리사
- 중등학교 교사(화공) 등

취득가능 자격증

- 중등학교 정교사 2급(화공)
- 화학분석기사
- 화약류제조기사
- 화약류제조산업기사
- 가스기사
- 가스산업기사
- 화약류관리기사
- 화약류관리산업기사
- 위험물산업기사
- 온실가스관리기사
- 온실가스관리산업기사
- 변리사
- 섬유기사 및 기술사 등

진출분야

기업체	정밀 화학 공업 분야, 전자 및 반도체 통신 산업 분야, 중화학 공업 분야, 나노 및 나노 융합 산업 분야, 항공 우주 산업 분야, 환경 및 에너지 산업 분야 기업, 자동차, 선박, 항공기 제조 등과 관련한 첨단 기계 산업 분야 기업, 플라스틱, 고무, 섬유, 접착제 및 도료 관련 중견 기업, 고분자 공학 관련 벤처 기업 등
정부 및 공공 기관	정부 및 지방 관공서, 중고등학교, 대학교, 특허청, 한국가스공사, 한국과학기술연구원, 한국기계연구원, 한국생산기술연구원 등
연구 기관	석유 화학 회사 연구소, 고분자 회사 연구소, 제약 회사 연구소, 전자 통신 연구소, 한국화학연구원, 재료연구소 등

학과 주요 교과목

기초 과목	공업화학, 공업물리, 기초분자생물학, 유기화학, 물리화학, 공업수학, 생화학, 물리화학 실험, 화학양론, 재료공학개론, 고분자공학개론, 고분자물성, 고분자화학 등
심화 과목	고분자물리화학, 고분자유변학, 고분자프로세싱, 생체의료용 고분자, 합성수지, 고분자분석, 유변학, 유기나노소재, 계면접착, 분석화학, 기기분석, 무기화학, 바이오고분자, 고분자복합재료, 기능성고분자, 나노고분자재료, 고분자형태학, 고분자표면화학, 고분자유변학 등

학과 인재상 및 갖추어야 할 자질

- 수학, 물리학, 화학 등의 기초 과학 분야에 대한 흥미와 기본 지식을 갖춘 학생
- 각종 실험이나 실습을 하는 데 적합한 꼼꼼하고 주의력이 있는 성격을 지닌 학생
- 새로운 과학 기술을 바탕으로 더 나은 소재를 개발할 수 있는 진취적인 자세를 갖춘 학생
- 실생활에서 사용하고 있는 다양한 재료에 대한 원리를 잘 이해하고 응용할 수 있는 능력을 지닌 학생
- 창의적이고 진취적인 성격으로 주어진 문제를 다각적으로 분석하려는 자세를 지닌 학생
- 창의적인 사고와 배려심과 섬세함에 기초한 의사결정 능력 및 의사소통 기술을 지닌 학생

학과 관련 선택 과목

※ 국어, 영어 교과는 모든 학문의 기초적인 성격을 가진 도구교과로 모든 학과에 이수가 필요하여 생략함.

공통 과목		공통국어1,2, 공통수학1,2, 공통영어1,2, 한국사1,2, 통합사회1,2, 통합과학1,2, 과학탐구실험1,2
수능 필수		화법과 언어, 독서와 작문, 문학, 대수, 미적분 I , 확률과 통계, 영어 I , 영어 II , 한국사, 통합사회, 통합과학, 성공적인 직업생활(직업)
일반 선택	수학, 사회, 과학	대수, 미적분 I , 확률과 통계, 물리학, 화학
	체육·예술	
	기술·가정/정보	기술·가정, 정보
	제2외국어/한문	
	교양	
진로 선택	수학, 사회, 과학	기하, 미적분 II , 역학과 에너지, 전자기와 양자, 물질과 에너지, 화학 반응의 세계
	체육·예술	
	기술·가정/정보	
	제2외국어/한문	
	교양	
융합 선택	수학, 사회, 과학	실용 통계, 수학과제 탐구, 융합과학 탐구
	체육·예술	
	기술·가정/정보	창의 공학 실계, 지식 재산 일반
	제2외국어/한문	
	교양	

추천 도서 목록

- 청소년을 위한 물리 이야기, 사마키 다케오, 리듬문고
- 하루 한 권, 화학 열역학, 사이토 가쓰히로, 드루
- 하루 한 권, 일상 속 화학물질, 사마키 다케오 외, 드루
- 한 권으로 이해하는 독과 약의 과학, 사이토 가쓰히로, 시그마북스
- 알기 쉬운 고분자 이야기, 박오옥, 자유아카데미
- 삶은 고분자 예술이다, 이석현, 태학사
- 생활 속의 고분자, 윤진산 외, 학연사
- 고마운 고분자 이야기, 박오옥 외, 자유아카데미
- 어느 화학자의 초상, 전정일, 궁리
- 가볍게 읽는 유기화학, 사이토 가츠히로, 북스힐
- 가볍게 읽는 무기화학, 사이토 가츠히로, 북스힐
- 거의 모든 물질의 화학, 김병민, 현암사
- 나노화학, 정홍제, 휴머니스트

- 모든 것에 화학이 있다, 케이트 비버도프, 문학수첩
- 분자 조각가들, 백승만, 해나무
- 세계사를 바꾼 화학 이야기, 오미야 오사무, 사람과나무사이
- 재밌어서 밤새 읽는 원소 이야기, 사마키 다케오, 더숲
- 한 권의 화학: 화약에서 그래핀까지 화학 발전의 250가지 이야기, 데릭 B. 로, 프리렉
- 원소가 뭐길래: 일상 속 흥미진진한 화학 이야기, 장홍제, 다른
- 엔트로피, 제레미 리프킨, 세종연구원
- 천재들의 과학노트, 캐서린 쿨렌, 작은책방
- 역사를 바꾼 17가지 화학 이야기, 페니 르 쿠터 외, 사이언스북스
- 화학 교과서는 살아있다, 문상흡 외, 동아시아
- 철학, 과학 기술에 말을 걸다, 이상헌, 주니어김영사
- 과학혁명의 구조, 토머스 S. 쿤, 까치

학교생활 TIPS

- 고분자공학 전공과 관련이 있는 수학, 물리학, 화학 교과의 학업 성취도를 향상하도록 노력하고, 정규 수업 활동 시간에 학습에 대한 의지와 열정, 수업의 집중도, 학문에 대한 열의와 지적 관심도, 학업 능력, 전공 적합성, 문제 해결 능력, 창의력 등이 학교생활기록부 교과 세부 능력 및 특기사항에 기록되도록 하는 것이 좋습니다.
- 과학 및 공학 관련 동아리 활동 참여를 권장하고, 동아리 활동 과정에서 구성원의 화합과 단결을 이끌어 내는 활동이나 활동 과정 중에 부딪히는 문제점을 슬기롭게 해결한 경험, 다양한 활동 경험, 새로운 아이디어 제안을 통한 성과로 이어진 경험들이 나타나는 것이 중요합니다.
- 고분자공학에 대한 흥미와 관심, 지원 전공에 대해 이해도, 자신의 경험과 지원 전공과 관련성이 드러나는 화공 분야 회사 탐방, 관련 직업 체험 및 고분자공학과 탐방 등의 진로 활동 참여를 통해 전공에 대한 관심과 진로 설정 과정, 진로 열정, 자기주도적 참여 자세 등이 나타나는 것이 중요합니다.
- 학교 교육계획에 의한 행사 활동, 수련 활동, 학년 및 학급 단위로 진행되는 체험 활동 참여를 통해 공동체의 목표 달성을 위해 노력한 모습을 보이고, 학교생활 내에서 자신의 능력을 나누어줄 수 있는 다양한 활동(학습 멘토링, 급식 도우미, 교통 지도, 통합반 도우미)이나 각종 학교 행사 중에 참여하는 봉사 활동을 통해 타인을 위해 봉사하고 실천하는 모습, 상대방을 배려하고 존중하는 태도가 나타나는 것이 좋습니다.

133 공간정보공학과

공학계열
ENGINEERING AFFILIATION

학과소개

공간정보공학은 인간의 거주 및 관심 영역 전반에 대한 3차원 공간 정보의 획득 및 가공, 효율적인 저장 및 활용에 대한 전문적이고 과학적인 지식을 탐구하는 학문 분야입니다. 고도의 공간 정보에 대한 수요가 날로 증대되는 토목공학, 도시 및 교통공학, 해양 및 기상학 등의 분야와 밀접한 관계를 맺고 있으며, 구체적으로 지리정보체계(GIS), 토지정보체계(LIS), 측량, 위성측위체계(GPS), 사진측량, 원격탐사(RS), 교통지리정보(GIS-T) 등의 분야와 관련이 있습니다.

공간정보공학과에서는 지리 정보를 기반으로 한 과학적 공간 문제의 해결을 목표로, IT 시대의 급속한 정보화와 더불어 공간정보공학 분야의 사회적 관심과 수요가 증가함에 따라 종합적인 공간정보공학 분야의 전문 지식을 갖춘 세계적인 전문가를 양성하고자 합니다.

개설대학

- 서울시립대학교
- 인하대학교 등

진출직업

- 지적직 공무원
- 국제지역전문가
- 도시계획가
- 지도제작기술자
- 지도제작자
- 지질학연구원 등

관련학과

- 드론공간정보공학과
- 공간환경학부
- 공간디자인학과
- 해양공간건축학부
- 환경에너지공간융합학과 등

취득가능 자격증

- 도시계획기사
- 지도제작산업기사
- 측량 및 지형공간 정보기사
- 지적산업기사
- 지적기사
- 정보처리산업기사
- 정보처리기사
- 교통산업기사
- 측량 및 지형공간 정보기사(토목 분야)
- 토목산업기사
- 토목기사
- 대기환경기사
- 대기환경산업기사
- 응용지질기사
- 응용지질산업기사
- 지질 및 지반기술사 등

진출분야

기업체	IT 전문 기업, 측량 전문 기업, 지도 제작 기업체, 환경 경과 및 평가 기업체, 국토 계획과 지역 개발 업체, GIS 제작업체, 항공 사진 측량 관련 기업, 공간정보 DB 구축 기업, 내비게이션 관련 기업, 엔지니어링 업체 등
정부 및 공공 기관	국토해양부, 서울시 등 정부 기관, 한국국토정보공사, 한국토지주택공사, 공간정보산업협회, 한국국토정보공사, 공간정보산업진흥원 등
연구 기관	국토연구원, 한국건설기술연구원, 전자통신연구원, 한국건설기술연구원, 한국교통연구원, 국립재난안전연구원, 지역 개발 관련 연구소, 환경 연구소 등

학과 주요 교과목

기초 과목	공간정보공학개론, 공간정보공학입문, 도시론, 공간정보프로그래밍, 수치지도학, 측량정보 공학, 측량수학, 도시기반시설공학, 지리정보체계론 등
심화 과목	측지학, 지적실무, 지리정보관리론, 교통지리정보체계론, GIS 프로젝트, 3차원GIS개론, 수치사진측량학, 도시교통정보체계론, 공간자료처리창의 설계, 공간정보관련법규, GIS웹프로그래밍, 사진측량학, 원격탐사, 위성측위학(GPS), 공간데이타베이스론, 지적측량학 등

학과 인재상 및 갖추어야 할 자질

- 공간상에서 나타나는 다양한 지리적 현상에 대해 관심이 많은 학생
- 수학, 과학, 공학 기반 지식을 이해하고 응용할 줄 아는 공학적 능력을 지닌 학생
- 필요한 정보를 수집하고 창의적으로 분석하여 문제를 해결하는 능력을 지닌 학생
- 화산, 지진, 화석과 같은 순수 과학이나 지구의 자원, 환경 문제에 관심이 있는 학생
- 원활하고 효과적인 의사소통에 의한 팀워크를 수행할 수 있는 학생
- 창의적인 사고와 배려심, 섬세함에 기초한 의사결정 능력 및 의사소통 기술을 지닌 학생

학과 관련 선택 과목

※ 국어, 영어 교과는 모든 학문의 기초적인 성격을 가진 도구교과로 모든 학과에 이수가 필요하여 생략함.

공통 과목		공통국어1,2, 공통수학1,2, 공통영어1,2, 한국사1,2, 통합사회1,2, 통합과학1,2, 과학탐구실험1,2
수능 필수		화법과 언어, 독서와 작문, 문학, 대수, 미적분Ⅰ, 확률과 통계, 영어Ⅰ, 영어Ⅱ, 한국사, 통합사회, 통합과학, 성공적인 직업생활(직업)
일반 선택	수학, 사회, 과학	대수, 미적분Ⅰ, 확률과 통계, 세계시민과 지리, 사회와 문화, 현대사회와 윤리, 지구과학
	체육·예술	
	기술·가정/정보	기술·가정, 정보
	제2외국어/한문	
	교양	생태와 환경
진로 선택	수학, 사회, 과학	기하, 미적분Ⅱ, 한국지리 탐구, 도시의 미래 탐구, 경제, 윤리와 사상, 인문학과 윤리, 지구시스템과학, 행성우주과학
	체육·예술	
	기술·가정/정보	생활과학 탐구, 데이터 과학
	제2외국어/한문	
	교양	
융합 선택	수학, 사회, 과학	실용 통계, 수학과제 탐구, 여행지리, 사회문제 탐구, 윤리문제 탐구, 기후변화와 지속가능한 세계, 기후변화와 환경생태, 융합과학 탐구
	체육·예술	
	기술·가정/정보	창의 공학 설계, 소프트웨어와 생활
	제2외국어/한문	
	교양	

추천 도서 목록

- 내일의 전원도시, 에벤에저 하워드, 한울아카데미
- 공간정보 이해와 활용, 대한공간정보학회 외, 푸른길
- 강태웅의 도시 성장 이야기, 강태웅, 클라우드나인
- 김진애의 도시 이야기, 김진애, 다산초당
- 지적 대화를 위한 교양인의 서양 건축사, 이민정, 팬덤북스
- 더 가까이 더 따뜻한 도시를 꿈꾸며, 안장현, 삶과지식
- 공원주의자, 은수진, 한숲
- 유럽 도시 기행1,2, 유시민, 생각의길
- 남부 유럽 도시 기행, 이경한, 푸른길
- 동아시아 도시 인문 기행, 권용상 외, 학고방
- 예술과 함께 유럽의 도시를 걷다, 이석원, 책밥
- 도시의 깊이, 정태종, 한겨레출판사
- 예술적 원칙에 따른 도시설계, 카밀로 지테, 미진사

- 도시를 바꾸는 공간기획, 이원제, 북스톤
- 전환기, 도시문화공간을 생산하다, 조명승, 박문사
- 알기 쉬운 도시이야기, 경실련 도시개혁센터, 한울
- 세계 디자인 도시를 가다, 최보윤 외, 랜덤하우스
- 활기찬 도심 만들기, 사이 포미어, 대가
- 기후변화에 대비한 도시의 물 관리, 제리 유델슨, 씨아이알
- 천재들의 과학노트, 캐서린 쿨렌, 작은책방
- 시크릿 스페이스, 서울과학교사모임, 어바웃어북
- 철학, 과학 기술에 말을 걸다, 이상헌, 주니어김영사
- 과학혁명의 구조, 토머스 S. 쿤, 까치
- 나는 튀는 도시보다 참한 도시가 좋다, 정석, 효형출판

학교생활 TIPS

- 공간정보공학 전공과 관련이 있는 수학, 과학, 사회 교과의 학업 성취도 향상이 중요하고, 학교 수업 활동 시간에 학습에 대한 의지와 열정, 수업의 집중도, 학문에 대한 열의와 지적 관심도, 학업 능력, 지원 전공에 대한 흥미와 관심, 지원 전공과 관련한 교과 활동 여부 등이 학교 생활기록부 교과 세부능력 및 특기사항에 기록되는 것이 좋습니다.
- 수학, 과학 및 공학, 환경, 컴퓨터 관련 동아리 활동 참여를 권장하고, 동아리 활동 과정에서 구성원의 화합과 단결을 이끌어 낸 경험이나 활동 중에 부딪히는 문제점을 슬기롭게 해결한 경험, 전공 관련 다양한 활동 경험, 리더십 경험, 새로운 아이디어 제안을 통한 성과로 이어진 경험 등이 나타나는 것이 중요합니다.

- 공간정보공학 진로와 관련한 다양한 활동(관련 기업 탐방 및 직업 체험, 학과 탐방) 참여를 통해 전공에 대한 관심과 진로 설정 과정, 진로 열정, 자기주도적 참여 자세 등이 나타나는 것이 중요합니다.
- 학교 교육계획에 의한 행사 활동, 수련 활동, 학년 및 학급 단위로 진행되는 체험 활동 참여를 통해 공동체의 목표 달성을 위해 노력한 모습을 보이고, 학교생활 내에서 자신의 능력을 나누어줄 수 있는 다양한 활동(학습 멘토링, 급식 도우미, 교통 지도, 통합반 도우미)이나 각종 학교 행사 속 봉사 활동 등에 적극 참여하는 것이 좋습니다.

교통공학과

학과소개

전 세계적으로 도시화가 빠르게 진행되면서 교통 문제가 심각한 사회 문제로 대두되고 있습니다. 대도시의 교통 문제는 인간 생활에 있어 의식주라는 3대 필수적 요소 다음으로 중요한 과제일 뿐 아니라 도시 및 국가 경제 활동을 원활히 하는 데도 필수적으로 해결해야 하는 문제입니다. 교통 문제를 합리적으로 해결하기 위해서는 교통 공학적 해결 방안을 기본으로 한 계획 분야의 주요 기법과 경제학적 기법 등의 종합적 접근 방법이 필요합니다.

교통공학과는 교통사고 문제와 도로, 환경, 안전 등의 문제점을 해결하기 위해서 다양한 교통 이론 등에 대해 배우고, 교통 문제의 본질과 원인을 규명하여 그 해결 방안을 모색할 수 있도록 새로운 기법을 연구하며, 실무에의 적용을 통해 도시 교통 문제의 해결에 기여할 수 있는 방법을 배우는 학과입니다. 교통 문제의 해결을 위해 공학도로서의 기본 자질을 갖춘 실용적 전문 교통인, 창의력과 도전 정신을 겸비한 글로벌 리더, 국가와 인류에 공헌할 수 있는 전인적 전문인을 양성하는 것을 교육 목표로 합니다.

개설대학

- 계명대학교
- 서울시립대학교 등

관련학과

- 교통물류공학과
- 교통시스템공학과
- 도시·교통공학과
- 토목교통공학부
- 건설환경도시교통공학부
- 스마트철도교육공학과

진출직업

- 교통계획 및 설계가
- 항공교통관제사
- 교통관리시스템전문가
- 교통정보서비스전문가
- 교통분석전문가
- 교통안전교육강사
- 교통안전시설기술자
- 교통안전연구원
- 교통영향평가원
- 교통정보접수원
- 교통체계연구원
- 지능형첨단교통망연구원 등

취득가능 자격증

- 감정평가사
- 교통기사
- 교통기술사
- 도시계획산업기사
- 도시계획기사
- 지적기사
- 지적산업기사
- 교통산업기사
- 교통안전관리자 등

진출분야

기업체	교통 정보화 관련 업체, 국토 계획 교통 관련 엔지니어링 회사, 정보 통신사, 항공사, 교통 관련 엔지니어링 회사, 도시 설계와 단지 계획 및 주택지 설계 등을 담당하는 설계 회사 등
정부 및 공공 기관	정부 및 지방 자치 단체(국토교통부, 시청, 도청, 군청, 구청 등), 교통직 공무원, 공기업(도로교통공단, 서울교통공사, 한국철도공사, 한국도로공사, 각 지방 해양수산청, 국토연구원, 한국토지주택공사, 한국수자원공사, 각 지방 도시개발공사, 한국교통연구원) 등
연구 기관	교통·건설 관련 국가 연구소(한국교통연구원, 국토연구원, 한국개발연구원, 서울시정개발연구원) 및 민간 연구소 등

학과 주요 교과목

기초 과목	교통학개론, 교통류이론, 교통안전공학, 교통수요분석, 교통계획, 도로설계, 교통통계, 계량분석, 물리학 및 실험, 미적분학, 일반화학 및 실험 등
심화 과목	교통공학론, 교통통계학, 교통정책, 교통법규, 항공 및 항만교통학, 교통조사, 공학수학, 공항공학, 교통 경제, 교통사고분석 및 실습, 교통알고리즘, 교통전산, 교통체계분석, 교통GIS, 물류관리, 응용역학, 지능형교통체계, 철도공학, 토질역학, 포장공학, SOC개발 등

학과 인재상 및 갖추어야 할 자질

- 평소 도로, 교통 시스템에 대한 관심과 호기심이 많은 학생
- 사물을 거시적으로 볼 줄 알고, 문제를 이성적으로 판단하고 해결할 수 있는 능력을 지닌 학생
- 주어진 문제를 과학적이고 논리적으로 해결할 수 있는 창의적인 능력을 지닌 학생
- 수학과 과학, 특히 물리학 과목에 관심이 많은 학생
- 다른 사람들과 서로 교류, 화합, 소통, 융화하는 능력을 지닌 학생
- 교통 문제에 대해 불편을 느끼고 어떻게 풀어야 할지에 대해 고민하고 탐구하는 학생

학과 관련 선택 과목

※ 국어, 영어 교과는 모든 학문의 기초적인 성격을 가진 도구교과로 모든 학과에 이수가 필요하여 생략함.

공통 과목		공통국어1,2, 공통수학1,2, 공통영어1,2, 한국사1,2, 통합사회1,2, 통합과학1,2, 과학탐구실험1,2
수능 필수		화법과 언어, 독서와 작문, 문학, 대수, 미적분Ⅰ, 확률과 통계, 영어Ⅰ, 영어Ⅱ, 한국사, 통합사회, 통합과학, 성공적인 직업생활(직업)
일반 선택	수학, 사회, 과학	대수, 미적분Ⅰ, 확률과 통계, 세계시민과 지리, 사회와 문화, 물리학, 화학
	체육·예술	
	기술·가정/정보	기술·가정, 정보
	제2외국어/한문	
	교양	생태와 환경
진로 선택	수학, 사회, 과학	기하, 미적분Ⅱ, 한국지리 탐구, 도시의 미래 탐구, 경제, 역학과 에너지, 전자기와 양자
	체육·예술	
	기술·가정/정보	데이터 과학
	제2외국어/한문	
	교양	
융합 선택	수학, 사회, 과학	실용 통계, 수학과제 탐구, 사회문제 탐구, 기후변화와 지속가능한 세계, 기후변화와 생태환경, 융합과학 탐구
	체육·예술	
	기술·가정/정보	창의 공학 설계, 지식 재산 일반
	제2외국어/한문	
	교양	

추천 도서 목록

- 시간과 공간의 연결, 교통이야기, 대한교통학회, 씨아이알
- 고대 동북아시아 교통사, 왕면후 외, 주류성
- 알기쉬운 도시교통, 원제무, 박영사
- 보행교통의 이해, 한상진 외, 키네마인
- 얄팍한 교통인문학, 이상우, 크레파스북
- 시민 교통, 조중래 외, 빨간소금
- GTX 교통 혁명, 윤후덕, 동녘
- 스마트 모빌리티 지금 올라타라, 모빌리티 강국 보고서 팀, 매일경제신문사
- 모빌리티 이노베이션, 마상문, 박영사
- 모빌리티 혁명, 이상헌 외, 브레인플랫폼
- 내일의 전원도시, 에벤에저 하워드, 한울아카데미
- 공간정보 이해와 활용, 대한공간정보학회 외, 푸른길

- 강태웅의 도시 성장 이야기, 강태웅, 클라우드나인
- 김진애의 도시 이야기, 김진애, 다산초당
- 지적 대화를 위한 교양인의 서양 건축사, 이민정, 팬덤북스
- 더 가까이 더 따뜻한 도시를 꿈꾸며, 안장현, 삶과지식
- 유럽 도시 기행1,2, 유시민, 생각의길
- 남부 유럽 도시 기행, 이경한, 푸른길
- 그들이 말하지 않는 23가지, 장하준, 부키
- 작은 도시 큰 기업, 모종린, 알에이치코리아
- 우리 마을 만들기, 김기호 외, 나무도시
- 나는 튀는 도시보다 참한 도시가 좋다, 정석, 효형출판
- 어떻게 원하는 것을 얻는가, 스튜어트 다이아몬드, 세계사
- 청소년을 위한 세계사, 이강무, 휴머니스트
- 알기 쉬운 도시이야기, 경실련 도시개혁센터, 한울

학교생활 TIPS

- 교통공학 전공과 관련이 있는 수학, 물리학, 사회 교과의 학업 성취도 향상을 위해 노력이 필요하고, 정규 교과 수업 활동을 통해 학업에 대한 자신의 의지와 전공 분야에 대한 열정과 지적 관심도, 지원 전공과 관련한 수업 활동 참여 여부, 지원 전공을 위해 기울인 노력 등이 학교생활기록부 교과 세부능력 및 특기사항에 기록되는 것이 좋습니다.
- 수학, 과학 및 공학, 환경, 컴퓨터 관련 동아리 활동 참여를 권장하고, 동아리 활동 과정에서 구성원의 화합과 단결을 이끌어 낸 리더십 경험이나 활동 중에 부딪히는 문제점을 슬기롭게 해결한 경험, 전공 관련 다양한 구체적인 활동 경험, 새로운 아이디어 제안을 통한 성과로 이어진 경험 등이 나타나는 것이 중요합니다.

- 교통공학 진로와 관련한 다양한 활동(도시 교통 관련 기관이나 기업 탐방 및 직업 체험, 학과 탐방 등) 참여를 통해 전공에 대한 적합도 및 소질 계발을 위한 노력 및 열정, 진로에 대한 관심과 진로 설정 과정, 자기 주도적 진로 활동 참여 자세, 전공 적합성, 발전 가능성 등이 나타나는 것이 중요합니다.
- 학교 교육계획에 의한 행사 활동, 수련 활동, 학년 및 학급 단위로 진행되는 체험 활동 참여를 통해 공동체의 목표 달성을 위해 노력한 모습을 보이고, 학교생활 내에서 자신의 능력을 나누어줄 수 있는 다양한 봉사 활동(학습 멘토링, 급식 도우미, 교통 지도, 통합반 도우미)에 참여합니다.

학과소개

재료공학은 공업의 원료로 사용되는 재료의 물리적·화학적 특성을 연구하는 학문입니다. 재료 그 자체의 분류에 따라 금속 재료, 무기 재료(세라믹), 유기 재료 및 복합 재료 등의 주제를 다루며, 재료의 목적에 따라 구조 재료, 전자 재료, 에너지 재료, 생체재료 등으로 나누기도 합니다. 재료공학과에서는 철강, 비철 재료 및 신소재 등의 개발은 물론, 재료를 구성하고 있는 각종 물질의 구조와 조직을 연구하고 이들이 물질의 성질에 어떠한 영향을 미치는가를 밝혀내어 새로운 성질을 가진 새로운 재료를 연구·개발하는 것을 목표로 합니다. 21세기 첨단 산업 발전에 중요한 역할을 담당하는 학과라고 할 수 있습니다.

재료공학 분야의 전문 지식과 응용력을 겸비한 자기 주도형 전문 인재, 산업 사회의 요구를 만족시키는 전문가적 자질을 갖춘 인재, 엔지니어로서의 가치관, 윤리의식, 협동심, 공동체 의식, 그리고 국제적 변화에 대한 적응력을 지닌 인재의 양성은 재료공학과의 교육 목표입니다.

 ### 개설대학

- 경북대학교 등

관련학과

- 재료공학부
- 재료화학공학과
- 기계금속재료전공
- 나노·신소재공학부(금속재료 공학전공)
- 나노·신소재공학부(세라믹공학 전공)
- 나노신소재공학과
- 나노신소재학과
- 디스플레이신소재공학과
- 디스플레이융합공학과
- 바이오소재과학과
- 바이오시스템·소재학부
- 배터리공학과
- 배터리융합공학과
- 소재부품융합공학과
- 스마트그린소재공학과
- 융합소재공학부
- 전자재료공학과
- 첨단소재공학과
- 첨단신소재공학과 등

 ### 진출분야

기업체	제철·반도체·석유 화학·기계·조선·항공기·섬유·유리·자동차·비철 금속 산업체, 의료 기기 재료업체 등
정부 및 공공 기관	재료·금속 관련 공무원, 한국전자통신연구원, 한국과학기술원, 한국생산기술연구원, 한국세라믹기술원, 한국산업기술시험원, 한국기계연구원부설재료연구소, 한국기계연구원 등
연구 기관	반도체·금속·신소재·섬유 관련 민간 연구소 및 국공립 연구소 등

진출직업

- 재료공학기술자
- 금속공학기술자
- 금속재료공학시험원
- 나노공학기술자
- 반도체장비기술자
- 연료전지개발
- 원자력공학기술자
- 전자제품개발기술자
- 태양광발전연구 및 개발자
- 태양열연구 및 개발자
- 화학공학시험원
- 재료공학생산관리 및 품질관리원
- 화학공학기술자
- 전자공학기술자
- 중등학교 교사(금속) 등

취득가능 자격증

- 재료금속기사
- 금속기사(제련·가공 분야)
- 누설비파괴검사기사
- 방사선비파괴검사기사
- 와전류비파괴검사기사
- 자기비파괴검사기사
- 초음파비파괴검사기사
- 침투비파괴검사기사
- 제강기능사
- 제강기능장
- 제선기능사
- 제선기능장
- 사출금형산업기사
- 사출금형설계기사
- 프레스금형산업기사
- 프레스금형설계기사
- 중등학교 정교사 2급(재료) 등

학과 주요 교과목

기초 과목	일반물리학, 일반물리학실험, 일반화학, 일반화학실험, 미분적분학, 인공지능과 미래학, 첨단소재의 이해, 공학윤리, 창의적 공학설계, 공업경영, 공학수학, 세라믹스화학 등
심화 과목	결정학, 유기재료화학, 재료공정제어, 재료과학, 재료기기분석, 전기회로이론, 물리금속학, 재료물리화학, 재료열역학, 세라믹스물성, 전자재료, 금속표면공학, 나노금속재료, 제련공학, 금속재료공정, 금속재료공학, 분말야금학, 재료응고학, 합금설계, 고체물성론 등

 ## 학과 인재상 및 갖추어야 할 자질

- 수학, 물리학, 화학 등 기초 과학 분야 과목에 대한 흥미와 열정이 있는 학생
- 일상생활에서 접하는 다양한 소재에 관심이 많은 학생
- 창의적이고 진취적인 성격으로, 주어진 문제를 다각적으로 분석하고자 하는 자세를 가진 학생
- 새로운 과학 기술을 빠르게 받아들이고 인지할 수 있는 능력을 지닌 학생
- 정교한 논리적 분석력과 탐구 능력을 지닌 학생
- 지적 호기심이 강하고, 복잡하게 꼬인 문제를 차근차근 풀어내는 인내심을 가진 학생

인문계열

사회계열

자연계열

공학계열

의약계열

예체능계열

교육계열

계약학과 & 특성화학과

학과 관련 선택 과목

※ 국어, 영어 교과는 모든 학문의 기초적인 성격을 가진 도구교과로 모든 학과에 이수가 필요하여 생략함.

공통 과목		공통국어1,2, 공통수학1,2, 공통영어1,2, 한국사1,2, 통합사회1,2, 통합과학1,2, 과학탐구실험1,2
수능 필수		화법과 언어, 독서와 작문, 문학, 대수, 미적분 I, 확률과 통계, 영어 I, 영어 II, 한국사, 통합사회, 통합과학, 성공적인 직업생활(직업)
일반 선택	수학, 사회, 과학	대수, 미적분 I, 확률과 통계, 물리학, 화학
	체육·예술	
	기술·가정/정보	기술·가정, 정보
	제2외국어/한문	
	교양	생태와 환경
진로 선택	수학, 사회, 과학	미적분 II, 역학과 에너지, 전자기와 양자, 물질과 에너지, 화학 반응의 세계
	체육·예술	
	기술·가정/정보	
	제2외국어/한문	
	교양	
융합 선택	수학, 사회, 과학	수학과제 탐구, 기후변화와 지속가능한 세계, 기후변화와 환경생태, 융합과학 탐구
	체육·예술	
	기술·가정/정보	창의 공학 설계, 지식 재산 일반
	제2외국어/한문	
	교양	

추천 도서 목록

- 세계사를 바꾼 12가지 신소재, 사토 겐타로, 북라이프
- 신소재 이야기, 김영근 외, 자유아카데미
- 넥스트 레볼루션, 리처드 디베니, 부키
- 물질의 물리학, 한정훈, 김영사
- 반도체 인사이트 센서 전쟁, 주병권 외, 교보문고
- 진짜 하루만에 이해하는 반도체 산업, 박진성, 티더블유아이지
- 나노화학, 장홍제, 휴머니스트
- 생활 속의 화학, W. 릭스너 외, 전파과학사
- 소재가 경쟁력이다, 이영관, KMAC
- 망간각, 해저산에서 건져 올린 21세기 자원, 문재운 외, 지성사
- 얼굴 없는 중개자들, 하비에르 블라스 외, 알키
- 삼국지 인재전쟁, 와타나베 요시히로, 더봄

- 세계 역사와 지도를 바꾼 흙의 전쟁, 도현신, 이다북스
- 프로메테우스의 금속, 기욤 피트롱, 갈라파고스
- 타이타늄: 신들의 금속, 안선주, 씨아이알
- 금속의 세계사, 김동환 외, 다산에듀
- 부분과 전체, 베르너 하이젠베르크, 서커스, 서커스출판상회
- 춤추는 술고래의 수학이야기, 레오나르도 믈로디노프, 까치
- 정보통신과 신소재, 과학동아북스 편집부, 과학동아북스
- 세상의 모든 원소 118, 시어도어 그레이, 영림카디널
- 꿈의 물질, 초전도, 김찬중, 하늬바람에영글다

학교생활 TIPS

- 재료공학 전공에 기본이 되는 수학, 과학(물리학, 화학), 정보 교과 성적을 상위권으로 유지하고, 정규 교과 수업 활동에서 전공 적합성, 전공과 관련된 역량 발휘, 지원 전공의 궁금증 해결을 위해 기울인 노력, 전공 관련 활동 및 경험, 학습을 수행하는 자발적인 의지와 태도 등 자신의 장점이 학교생활기록부 교과 세부능력 및 특기사항에 기록되도록 하는 것이 좋습니다.
- 학교 교육계획에 의한 행사 활동, 수련 활동 및 학년·학급 단위로 진행되는 다양한 활동에서 문제점을 극복해 나가는 과정, 공동의 목표를 이루기 위해 기울인 노력, 자발성과 자율성, 적극성, 대인 관계, 공동체 의식, 리더십 등이 발휘될 수 있도록 적극적으로 참여하는 것이 중요합니다.
- 학교 정규 동아리(과학 탐구 실험, 수리 탐구 논술, 공학, 발명, 아두이노

및 코딩) 활동 참여를 통해 학문적 열정이나 지적 관심의 정도, 새로운 아이디어 제안, 특정한 결과물이나 성과로 이어지는 경험을 하고, 이를 통해 배우고 느낀 점 등이 나타나는 것이 좋습니다.
- 학교생활 내에서도 자신의 능력을 나누어줄 수 있는 다양한 봉사 활동(급식 도우미, 사서 도우미, 학습 멘토링, 교통 지도, 분리수거 도우미, 교단 선진화 기자재 도우미) 참여를 통해서 타인을 배려하고 존중하는 생활 태도를 보이는 것이 중요합니다.
- 재료공학 관련 기업이나 직업인 탐색, 직업인 특강, 재료 공학과 학과 탐방 등 전공 관련 진로 활동 참여를 통해 재료공학 전공에 대한 관심과 열정, 자기주도적인 진로 설정 과정, 과정의 유의미성, 전공 적합성 등이 기록되는 것이 좋습니다.

기계공학과

학과소개

기계공학은 힘과 운동에 관한 자연 현상을 이론 및 실험적인 방법으로 이해하고 인간 생활에 유용한 기계제품을 설계하며 생산하는 과정을 연구하는 학문입니다.

기계공학과는 실생활에서 필요한 기계의 설계와 생산부터 자동차, 초고속 열차, 인공위성, 에너지, 로봇, 인공 장기, 나노 기술 등 미래의 첨단 기술에 대해서 배우는 학과입니다. 기계공학과는 기계요소 및 시스템의 요구 조건을 이론에 기초하여 수식화하여 이를 최적화해 적용할 수 있는 인재, 창의적 아이디어를 창출하거나 신기술을 적용할 수 있는 인재, 창의적 아이디어와 신기술을 팀워크에 기초하여 설계에 반영할 수 있는 인재, 빠르게 변화하는 기술 산업을 창의적으로 이끌어 나갈 수 있는 인재를 양성하고 있습니다.

개설대학

- 국립강릉원주대학교
- 경희대학교
- 계명대학교
- 국립금오공과대학교
- 단국대학교
- 대구가톨릭대학교
- 동아대학교
- 국립목포대학교
- 선문대학교
- 아주대학교
- 국립경국대학교
- 인천대학교
- 인하대학교
- 전북대학교
- 조선대학교
- 한국공학대학교
- 한국교통대학교
- 한남대학교
- 국립한밭대학교
- 한양대학(ERICA)
- 호서대학교 등

관련학과

- 기계설계공학과
- 기계산업공학과
- 기계IT융합공학과
- 기계·자동차공학과
- 기계로봇에너지공학과
- 기계시스템공학과
- 메카트로닉스공학과
- 기계우주항공공학부
- 정밀기계공학과
- 기계공학교육과
- 기계공학부
- 기계교육과
- 기계소재융합시스템공학과
- 기계시스템공학부
- 기계시스템학부
- 기계시스템디자인광학부
- 기계융합공학과
- 기계자동차공학과
- 기계자동차공학부
- 기계정보공학과
- 기계항공공학부
- 냉동공조공학과
- 융합기계공학과 등

진출분야

기업체	일반 기업, 각종 기계 및 관련 장비 생산업체, 산업기계 제작 회사, 자동차 생산업체, 자동차 부품 설계 및 생산업체, 자동차 정비 및 검사업체, 항공기 제작회사, 항공기 부품 회사, 조선소 등
정부 및 공공 기관	중앙 정부 및 지방 자치 단체 기술직 공무원, 한국전력공사, 국방부, 한국기계연구원, 한국생산기술연구원, 한국표준과학연구원, 한국과학기술연구원, 한국원자력연구원, 한국국방연구원, 산업연구원 등
연구 기관	특성화 고등학교, 대학 등

진출직업

- 기계공학기술자
- 3D프린터개발자
- 산업기계공학기술자
- 메카트로닉스기술자
- 로봇공학기술자
- 플랜트공학기술자
- 엔진기계공학기술자
- 건설기계공학기술자
- 자동차공학기술자
- 친환경자동차연구개발자
- 철도차량공학기술자
- 인공위성개발원
- 항공우주연구원
- 열관리 기계공학기술자
- 냉난방 및 공조공학기술자
- 기계공학시험원
- 공업기계설치 및 정비원
- 비파괴검사원
- 항공우주공학기술자
- 중등학교 교사(기계) 등

취득가능 자격증

- 일반기계기사
- 기계설계산업기사
- 기계설계기사
- 메카트로닉스기사
- 메카트로닉스산업기사
- 정밀측정산업기사
- 컴퓨터응용가공산업기사
- 기계기술사
- 산업기계설비기술사
- 생산자동화산업기사
- 그린전동자동차기사
- 철도차량산업기사
- 철도차량기사
- 철도차량기술사
- 건설기계설비산업기사
- 건설기계설비기사
- 건설기계기술사
- 공조냉동기계산업기사
- 공조냉동기계기사
- 공조냉동기술사
- 중등학교 정교사 2급(기계) 등

학과 주요 교과목

기초 과목	기초공학설계, 물리학 및 실험, 미적분학, 일반생물학, 일반화학, 공학수학Ⅰ, 동역학, 열역학, 고체역학, 기계재료, 전자공학기초, 기초전기전자 실험 등
심화 과목	계측공학, 공학수학, 공학프로그래밍입문, 기계공학, 종합설계, 기계공학프로젝트, 기계설계학, 기계진동, 나노재료와 응용, 내연기관, 로봇공학, 메카트로닉스, 생체공학, 수치해석, 실험통계학, 열에너지시스템, 자동제어, 전기전자회로, 지능형생산공학

학과 인재상 및 갖추어야 할 자질

- 과학적 탐구 능력, 지적 호기심, 책임감 및 끈기, 창의적 표현 능력, 협업 능력을 지닌 학생
- 지적 호기심 및 직업 윤리와 사회적 책임을 이해할 수 있는 능력을 지닌 학생
- 대상이 움직이는 원리를 늘 상상하고 궁금해 하는 학생
- 기계공학의 기본이 되는 수학과 물리학에 대한 이해력이 있는 학생
- 기계뿐만 아니라 자동차, 전기, 전자 등에도 흥미가 있고 탐구심이 많은 학생
- 신기술 개발 및 응용을 위한 창조적 연구 능력을 쌓을 수 있는 책임감과 끈기를 지닌 학생

학과 관련 선택 과목

※ 국어, 영어 교과는 모든 학문의 기초적인 성격을 가진 도구교과로 모든 학과에 이수가 필요하여 생략함.

공통 과목		공통국어1,2, 공통수학1,2, 공통영어1,2, 한국사1,2, 통합사회1,2, 통합과학1,2, 과학탐구실험1,2
수능 필수		화법과 언어, 독서와 작문, 문학, 대수, 미적분Ⅰ, 확률과 통계, 영어Ⅰ, 영어Ⅱ, 한국사, 통합사회, 통합과학, 성공적인 직업생활(직업)
일반 선택	수학, 사회, 과학	대수, 미적분Ⅰ, 확률과 통계, 물리학, 화학
	체육·예술	
	기술·가정/정보	기술·가정, 정보
	제2외국어/한문	
	교양	
진로 선택	수학, 사회, 과학	기하, 미적분Ⅱ, 인공지능 수학, 역학과 에너지, 전자기와 양자, 물질과 에너지, 화학 반응의 세계
	체육·예술	
	기술·가정/정보	로봇과 공학세계, 인공지능 기초
	제2외국어/한문	
	교양	
융합 선택	수학, 사회, 과학	수학과제 탐구, 융합과학 탐구
	체육·예술	
	기술·가정/정보	창의 공학 설계, 지식 재산 일반
	제2외국어/한문	
	교양	

추천 도서 목록

- 알기 쉬운 기계공학 기초, 유주식, 경문사
- 뉴턴의 법칙에서 아인슈타인의 상대론까지, 팡 리즈 이, 전파과학사
- 과학은 이것을 상상력이라고 한다, 이상욱, 휴머니스트
- 한눈에 보는 과학자 트리, 김소정, 청솔
- 10대에게 권하는 공학, 한화택, 글담출판
- 10대에게 권하는 물리학, 이강영, 글담출판
- 공학자의 세상 보는 눈, 유만선, 시공사
- 나사의 별, 로버트 워, 시그마북스
- 모든 움직이는 것들의 과학, 한근우, 사과나무
- 아주 위험한 과학책, 렌들 먼로, 시공사
- 우주탐사의 물리학, 윤복원, 동아시아
- 처음 읽는 인공위성 원격탐사 이야기, 김현옥, 플루토

- 클래식 파인만, 임재한, 어크로스
- 창의력에 미쳐라, 김광희, 넥서스BIZ
- 우주미션 이야기, 황정아, 플루토
- 미래의 물리학, 미치오 카쿠, 김영사
- 뉴턴과 아인슈타인, 홍성욱, 창작과비평사
- 현대창의공학, 김관형 외, 북스힐
- 창의력에 미쳐라, 김광희, 넥서스BIZ
- 세상을 뒤흔든 특허전쟁 승자는 누구인가, 정우성, 에이콘출판
- 미적분으로 바라본 하루, 오스카 E. 페르난데스, 프리렉

학교생활 TIPS

- 기계공학 전공의 기본이 되는 수학, 과학 교과 성적을 상위권으로 유지하고, 정규 교과 수업 활동 참여를 통해서 기계공학 전공 적합성, 전공과 관련된 역량 발휘, 지원 전공의 궁금증 해결을 위해 기울인 태도, 전공 관련 활동과 경험, 학습을 수행하는 자발적인 의지와 태도 등 자신의 장점이 학교생활기록부 교과 세부능력 및 특기 사항에 기록되는 것이 좋습니다.
- 학교 교육계획에 의한 행사 활동, 수련 활동, 학년 및 학급 단위로 진행되는 활동에서 자발성과 자율성, 적극성, 대인 관계, 공동체 의식, 리더십 등이 드러날 수 있도록 적극적인 활동 참여가 중요합니다.
- 학교 정규 동아리(과학 탐구 실험, 수리 탐구 논술, 독서 토론, 발명, 아두이노 및 코딩, 컴퓨터) 활동 참여를 통해 학문적 열정이나 지적 관심의 정도, 새로운 아이디어 제안이 특정한 결과물이나 성과로 이어지는 경험을 하고 이를 통해 배우고 느낀 점 등이 나타나는 것이 좋습니다.
- 학교생활 내에서도 자신의 능력을 나누어줄 수 있는 다양한 봉사 활동(급식 도우미, 사서 도우미, 학습 멘토링, 교통 지도, 분리수거 도우미, 교단 선진화 기자재 도우미) 참여를 권장하고, 사회 소외 계층(독거노인, 장애인, 다문화 가정 학생) 대상 봉사 활동을 통해 타인을 위해 헌신하는 모습이 나타나는 것이 중요합니다.
- 기계공학 관련 기업이나 직업인 탐색, 직업인 특강, 기계 공학과 학과 탐방 등 전공 관련 진로 활동 참여를 통해 기계공학 전공에 대한 관심과 열정, 자기주도적인 진로 설정 과정, 진로 설정 과정의 유의미성, 전공 적합성 등이 기록되는 것이 좋습니다.

기계설계공학과

학과소개

기계 산업은 첨단 산업 기술의 발달로 단순한 생산·조립 산업이 아닌 창의적 설계 능력이 요구되면서 한층 더 중요해졌습니다. 현대 산업 사회는 기술과 과학의 발달로 인해 변화를 거듭하고 있고, 이로 인해 전문성을 가진 고급 기술 인력만이 살아남을 수 있는 무한 경쟁 시대가 도래했기 때문입니다.

기계설계공학과는 현대 산업에서 필요로 하는 기계공학 전반의 기초 학문 및 실용 학문을 교육하는 학과입니다. 설계 및 생산 과정을 이해하고 거시적인 안목으로 창의적인 기계 설계를 할 수 있도록 합니다. 또한 IT, BT, NT 등을 포함한 산업 분야에서 하나의 아이디어를 가능성, 경제성, 생산성 및 차별성을 갖는 상품으로 만들기 위한 제품 설계 분야와 전기 전자 및 정밀 제어를 응용하여 경제적이고 효율적인 제품 생산 시스템 구축이 가능하게 하는 기계설계 분야를 선도할 창의적인 설계 엔지니어 양성을 목표로 합니다.

개설대학

- 전남대학교 등

관련학과

- 기계설계공학부(기계설계공학전공)
- 기계설계공학부(기계설계전공)
- 항공·기계설계학과 등

진출직업

- 공작기계조작원
- 자동차공학기술자
- 연료전지시스템연구 및 개발자
- 사무용기계공학기술자
- 건설기계공학기술자
- 친환경자동차연구개발자
- 철도차량공학기술자
- 인공위성개발원
- 항공우주연구원
- 열관리기계공학기술자
- 항공공학기술자 등

취득가능 자격증

- 건설기계기사
- 건설기계정비기사
- 공조냉동기계기사
- 기계설계제도사
- 농업기계기사
- 메카트로닉스기사
- 사출금형설계기사
- 용접기사
- 일반기계기사
- 철도차량기사
- 기계설계산업기사
- 기계설계기사
- 정밀측정산업기사
- 컴퓨터응용가공산업기사
- 기계기술사
- 산업기계설비기술사
- 생산자동화산업기사
- 건설기계설비산업기사
- 건설기계설비기사
- 건설기계기술사 등

진출분야

기업체	일반 기업, 각종 기계 및 관련 장비 생산업체, 산업기계 제작 회사, 자동차 생산업체, 자동차 부품 설계 및 생산업체, 자동차 정비 및 검사업체, 항공기 제작회사, 항공기 부품 회사, 조선소 등
정부 및 공공 기관	중앙 정부 및 지방 자치 단체 기술직 공무원, 한국전력공사, 국방부, 한국기계연구원, 한국생산기술연구원, 한국표준과학연구원, 한국과학기술연구원, 한국원자력연구원, 한국국방연구원, 산업연구원 등
연구 기관	특성화 고등학교, 대학 등

학과 주요 교과목

기초 과목	미적분학, 창의와 실천, 일반물리학, 정역학, 창의적설계, 측정실습, 계측공학, 기계요소설계, 기계공작법, 기초전기전자, 기초공학 실험 등
심화 과목	열전달, 동역학, 열역학, 유체역학, 재료역학, 고체역학, 컴퓨터그래픽스, CAD, 자동제어, 자동화공학실험, 전산유체설계, 기계재료, 재료강도실험, 응력해석실험, 진동공학, 응용재료역학, 시스템모델링, 신뢰성공학, 유체기계설계, 공업통계학, 특수가공 등

학과 인재상 및 갖추어야 할 자질

- 과학적 탐구 능력, 지적 호기심, 책임감 및 끈기, 창의적 표현 능력, 협업 능력을 지닌 학생
- 창의적인 현장 능력과 상상력이 풍부하고 세심한 관찰력이 있는 학생
- 대상이 움직이는 원리를 늘 상상하고 궁금해 하는 학생
- 기계설계공학의 기본이 되는 수학과 물리학, 미술에 대한 이해력이 있는 학생
- 글로벌 인재 육성과 융합 시대에 능동적으로 참여할 수 있는 열정을 지닌 학생
- 신기술 개발 및 응용을 위한 설계 분야의 창조적 연구 능력을 쌓을 수 있는 끈기를 지닌 학생

학과 관련 선택 과목

※ 국어, 영어 교과는 모든 학문의 기초적인 성격을 가진 도구교과로 모든 학과에 이수가 필요하여 생략함.

공통 과목		공통국어1,2, 공통수학1,2, 공통영어1,2, 한국사1,2, 통합사회1,2, 통합과학1,2, 과학탐구실험1,2
수능 필수		화법과 언어, 독서와 작문, 문학, 대수, 미적분Ⅰ, 확률과 통계, 영어Ⅰ, 영어Ⅱ, 한국사, 통합사회, 통합과학, 성공적인 직업생활(직업)
일반 선택	수학, 사회, 과학	대수, 미적분Ⅰ, 확률과 통계, 물리학, 화학
	체육·예술	
	기술·가정/정보	기술·가정, 정보
	제2외국어/한문	
	교양	
진로 선택	수학, 사회, 과학	기하, 미적분Ⅱ, 인공지능 수학, 역학과 에너지, 전자기와 양자, 물질과 에너지, 화학 반응의 세계
	체육·예술	
	기술·가정/정보	로봇과 공학세계, 인공지능 기초
	제2외국어/한문	
	교양	
융합 선택	수학, 사회, 과학	수학과제 탐구, 융합과학 탐구
	체육·예술	
	기술·가정/정보	창의 공학 설계, 지식 재산 일반
	제2외국어/한문	
	교양	

추천 도서 목록

- 시간여행을 위한 최소한의 물리학, 콜린 스튜어트, 미래의창
- 양자역학, 보이지 않는 세계를 열다, 김성호, 미래아이
- 모든 순간의 물리학, 카를로 로벨리, 쌤앤파커스
- 우주 상상력 공장, 권재술, 특별한서재
- 진격의 물리학, 이광진, 북트리거
- 기계는 어떻게 생각하는가, 숀 게리시, 이지스퍼블리싱
- 만일 물리학으로 세상을 볼 수 있다면, 정창욱, 콘택트
- 모든 움직이는 것들의 과학, 한근우, 사과나무
- 물리적 힘, 헨리 페트로스키, 서해문집
- 아주 위험한 과학책, 랜들 먼로, 시공사
- 우주시대에 오신 것을 환영합니다, 켈리 제라디, 혜윰터
- 유클리드 기하학, 문제해결의 기술, 월터 아이작슨, 김영사
- 형태의 기원, 크리스토퍼 윌리엄스, 이데아
- 창의적 기계설계법, 정남용, 학진북스
- 보통 사람들의 전쟁, 앤드루 양, 흐름출판
- 기계가 모든 것을 다하게 될 때 무엇을 할 것인가, 말콤 프랭크 외, 프리텍
- 미래로 나아가는 공학 수업, 클로이 테일러, 잇츠북
- 도구와 기계의 원리 Now, 데이비드 맥컬레이, 크래들
- 미래의 물리학, 미치오 카쿠, 김영사
- 창의력에 미쳐라, 김광희, 넥서스BIZ
- 세상을 뒤흔든 특허전쟁 승자는 누구인가, 정우성, 에이콘출판
- 미적분으로 바라본 하루, 오스카 E. 페르난데스, 프리렉 등

학교생활 TIPS

- 기계설계공학 전공의 기본이 되는 수학, 과학, 미술, 정보 교과 성적을 상위권으로 유지하고, 정규 교과 수업 활동 참여를 통해서 학습을 해나가는 자발적인 의지와 태도, 기계공학 분야를 폭넓게 탐구할 수 있는 능력, 전공과 관련된 역량 발휘, 지원 전공의 궁금증 해결을 위해 기울인 태도, 전공 관련 활동과 경험 등 자신의 장점이 학교생활기록부 교과 세부능력 및 특기사항에 기록되는 것이 좋습니다.
- 학교 교육계획에 의한 행사 활동, 수련 활동, 학년 및 학급 단위로 진행되는 활동에서 자발성과 자율성, 적극성, 대인 관계, 공동체 의식, 리더십 등이 드러날 수 있도록 적극적인 활동 참여가 중요합니다.
- 학교 정규 동아리(과학 탐구 실험, 수리 탐구 논술, 독서 토론, 발명, 아두이노 및 코딩, 컴퓨터) 활동 참여를 통해 학문적 열정이나 지적 관심의 정도, 새로운 아이디어 제안이 특정한 결과물이나 성과로 이어지는 경험을 하고, 이를 통해 배우고 느낀 점 등이 나타나는 것이 좋습니다.
- 학교생활 내에서도 자신의 능력을 나누어줄 수 있는 다양한 봉사 활동(급식 도우미, 사서 도우미, 학습 멘토링, 교통 지도, 분리수거 도우미, 교단 선진화 기자재 도우미) 참여를 권장하고, 사회 소외 계층(독거노인, 장애인, 다문화 가정 학생) 대상 봉사 활동을 통해 타인을 위해 헌신하는 모습이 나타나는 것이 중요합니다.
- 기계설계공학 관련 기업이나 직업인 탐색, 직업인 특강, 기계공학과 학과 탐방 등 전공 관련 진로 활동 참여를 통해 기계설계공학 전공에 대한 관심과 열정, 자기주도적인 진로 설정 과정, 진로 설정 과정의 유의미성, 전공 적합성 등이 기록되는 것이 좋습니다.

138

기계시스템공학과

학과소개

하나의 자동차가 주행하기 위해서는 각각의 부품들이 따로따로 작동하는 것이 아니라, 완성된 하나의 기계 시스템을 구성하여 작동해야 합니다. 이러한 기계 시스템을 설계하고 제작, 운용 등을 중점적으로 다루는 학문을 기계시스템공학이라 합니다. 기계시스템공학과는 반도체 장비, 지능형 로봇, 지능형 자동차, 미세 기계 전자 시스템 등의 기계를 설계하고 제어, 통합하는 기계 설계 및 제어 기술, 융복합 기술, 시스템 엔지니어링에 대한 연구와 교육을 수행하는 학과입니다.

기계시스템공학과는 공학적 지식을 기반으로 산업 현장의 공학적 문제를 해결할 수 있는 창의적 기계 시스템 인재, 다양한 융복합 기술 및 공학 도구를 활용한 실무적 설계 해석 능력을 갖춘 인재, 국제화 시대 및 기술 환경 변화에 능동적으로 대처하기 위한 지속적인 자기 계발 능력을 지닌 인재를 양성하는 것을 교육 목표로 합니다.

개설대학

- 경기대학교
- 경상국립대학교
- 전남대학교
- 제주대학교 등

관련학과

- 기계공학과
- 기계공학교육과
- 기계공학부
- 기계공학부(기계시스템공학전공)
- 기계IT융합공학과
- 기계로봇에너지공학과
- 기계설계공학과
- 기계소재융합시스템공학과
- 기계시스템공학부
- 기계시스템디자인공학과
- 기계시스템학부
- 기계융합공학과
- 기계자동차공학과
- 기계정보공학과
- 기계항공공학부
- 바이오산업기계공학과
- 스마트기계융합공학전공
- 융합기계공학과
- 융합바이오시스템기계공학과
- 정밀기계공학과 등

진출분야

기업체	조선소, 중공업 회사, 자동차 회사, 수산 해운 회사, 선박 설계 및 기자재 회사, 전기 전자 관련 기업, 에너지 관련 기업, 철강 회사, 공장 기계 회사, 산업 기계 제작 회사, 항공 우주 관련 기업 등
정부 및 공공 기관	국토해양부, 농림축산식품부, 한국해양수산연수원, 한국수력원자력, 한국기계연구원, 한국생산기술연구원, 한국표준과학연구원, 한국과학기술연구원, 한국원자력연구원, 한국국방연구원, 중등학교 등
연구 기관	국책 연구소, 한국항공우주연구원, 국방과학연구소 등

진출직업

- 해기사
- 선박기관사
- 발전기기기술자
- 기관사
- 선박의장기술자
- 선박직 공무원
- 해양설비기본설계사
- 드론개발자
- 지열시스템연구 및 개발자
- 풍력발전연구 및 개발자
- 기계공학기술자
- 로봇공학기술자
- 자동차튜닝엔지니어
- 항공기정비원
- 비파괴검사원
- 산업안전원
- 에너지진단전문가
- 자동차공학기술자
- 철도 및 전동차기관사 등

취득가능 자격증

- 일반기계기사
- 기계설계기사
- 기계설계산업기사
- 메카트로닉스기사
- 메카트로닉스산업기사
- 생산자동화산업기사
- 자동차정비기사
- 자동차정비산업기사
- 산업안전기사
- 산업안전산업기사
- 중등학교 정교사 2급(기관) 등

학과 주요 교과목

기초 과목	미적분학, 일반화학, 선형대수, 공업물리학, 공업수학, 기초수학, 기초역학, 기초전기전자, 공업경영학, 창의성공학, 직업윤리, 산업안전, 고체역학, 열역학, 정역학, 유체역학, 동역학 등
심화 과목	자동제어, 시퀀스제어, 전기기기 및 실험, 기관관리 및 안전, 기관응용실습, 기계시스템, 캡스톤디자인, 계측공학실험, 기계공작법, 기계진동학, 기구학, 기계설계, 유공압시스템, 열전달, 공기조화시스템, 수송기계동력공학, 메카트로닉스, 로봇시스템

학과 인재상 및 갖추어야 할 자질

- 평소 사물에 대한 호기심이 많으며, 자동차, 전기, 전자 등 여러 가지 분야에 흥미를 느끼는 학생
- 수학과 물리학에 뛰어나고, 기계의 작동 원리에 대한 이해력이 높은 학생
- 새로운 분야에 도전하는 것을 즐기고, 상상력이 풍부하며 주변 환경에 대한 호기심이 많은 학생
- 팀의 구성원으로서 팀 성과에 기여하고자 하는 팀워크 능력을 지닌 학생
- 기계뿐만 아니라 자동차, 전기, 전자 등에도 흥미가 있고 탐구심이 많은 학생
- 신기술 개발 및 응용을 위한 창조적 연구 능력을 쌓을 수 있는 책임감과 끈기를 지닌 학생

학과 관련 선택 과목

※ 국어, 영어 교과는 모든 학문의 기초적인 성격을 가진 도구교과로 모든 학과에 이수가 필요하여 생략함.

공통 과목	공통국어1,2, 공통수학1,2, 공통영어1,2, 한국사1,2, 통합사회1,2, 통합과학1,2, 과학탐구실험1,2	
수능 필수	화법과 언어, 독서와 작문, 문학, 대수, 미적분Ⅰ, 확률과 통계, 영어Ⅰ, 영어Ⅱ, 한국사, 통합사회, 통합과학, 성공적인 직업생활(직업)	
일반 선택	수학, 사회, 과학	대수, 미적분Ⅰ, 확률과 통계, 물리학, 화학
	체육·예술	
	기술·가정/정보	기술·가정, 정보
	제2외국어/한문	
	교양	생태와 환경
진로 선택	수학, 사회, 과학	기하, 미적분Ⅱ, 역학과 에너지, 전자기와 양자, 물질과 에너지, 화학 반응의 세계
	체육·예술	
	기술·가정/정보	로봇과 공학세계, 인공지능 기초
	제2외국어/한문	
	교양	
융합 선택	수학, 사회, 과학	수학과제 탐구, 기후변화와 지속가능한 세계, 기후변화와 환경생태, 융합과학 탐구
	체육·예술	
	기술·가정/정보	창의 공학 설계, 지식 재산 일반
	제2외국어/한문	
	교양	

추천 도서 목록

- 다빈치의 천재가 되는 7가지 원칙, 마이클 J. 겔브, 강이북스
- 도쿄대 교양학부 생각하는 힘의 교실, 미야자와 마사노리, 북클라우드
- 물리법칙의 특성, 리처드 파인만, 해나무
- 물리 화학 사전, 와쿠이 사다미, 그린북
- 물리 화가 법칙 미술관, 김용희, 지브레인
- 생명의 물리학, 찰스 S. 코켈, 열린책들
- 어떻게 작동할까? 도구와 기계의 원리, 스티브 파커, 키즈프렌즈
- AI 최강의 수업, 김진형, 매일경제신문사
- 창의적 기계설계법, 정남용, 학진북스
- 로봇 UX, 칼라 다이애나, 유엑스리뷰
- 시간여행을 위한 최소한의 물리학, 콜린 스튜어트, 미래의창
- 양자역학, 보이지 않는 세계를 열다, 김성호, 미래아이
- 모든 순간의 물리학, 카를로 로벨리, 쌤엔파커스
- 우주 상상력 공장, 권재술, 특별한서재
- 진격의 물리학, 이광진, 북트리거
- 기계는 어떻게 생각하는가, 숀 게리시, 이지스퍼블리싱

- 만일 물리학으로 세상을 볼 수 있다면, 정창욱, 콘택트
- 모든 움직이는 것들의 과학, 한근우, 사과나무
- 물리적 힘, 헨리 페트로스키, 서해문집
- 아주 위험한 과학책, 랜들 먼로, 시공사
- 우주시대에 오신 것을 한영합니다, 켈리 제라디, 혜윰터
- 유클리드 기하학, 문제해결의 기술, 월터 아이작슨, 김영사
- 형태의 기원, 크리스토퍼 윌리엄스, 이데아
- 창의적 기계설계법, 정남용, 학진북스
- 보통 사람들의 전쟁, 앤드루 양, 흐름출판
- 기계가 모든 것을 다하게 될 때 무엇을 할 것인가, 말콤 프랭크 외, 프리텍
- 미래로 나아가는 공학 수업, 클로이 테일러, 잇츠북
- 엔트로피, 제레미 리프킨, 세종연구원
- 블록체인 혁명, 돈 탭스콧 외, 을유문화사
- 이기적 유전자, 리처드 도킨스, 을유문화사
- 바이오테크 시대, 제러미 리프킨, 민음사
- 페르마의 마지막 정리, 사이먼 싱, 영림카디널

학교생활 TIPS

- 기계시스템공학 전공과 관련이 있는 수학, 과학(물리학), 사회, 정보 교과의 학업 성취도를 향상하도록 노력하고, 정규 수업 활동을 통해 수업에 대한 열정과 의지, 기계시스템공학 전공에 대한 흥미, 관심과 기울인 노력, 문제 해결 능력, 창의력 등 수업에서 보인 자신의 장점이 학교생활기록부 교과 세부능력 및 특기사항에 기록되는 것이 좋습니다.
- 과학, 컴퓨터 관련(과학 탐구, 발명, 공학, 코딩, 아두이노 등) 동아리 활동 참여를 추천하고, 다양한 활동 경험, 리더십 발휘 정도, 남을 배려하고자 하는 태도, 동아리 활동 과정에서 부딪히는 문제점을 슬기롭게 해결한 경험, 학문적 열정이나 지적 관심 정도 등이 나타나는 것이 중요합니다.
- 기계시스템공학에 대한 흥미와 관심 정도, 지원 전공에 대해 이해도,

자신의 경험과 지원 전공과의 연관성이 드러날 수 있는 진로 활동 프로그램(기계 관련 기업 및 연구소 탐방, 직업인 체험 및 특강, 학과 체험)과 전자 기기전, 대학 주관 창의 공학 캠프 등의 활동을 추천합니다.
- 학교 교육계획에 의한 행사 활동, 수련 활동, 학년 및 학급 단위로 진행되는 체험 활동 등에 참여하여 공동체의 목표 달성을 위해 노력하고, 학교 생활 내에서 자신의 능력을 나누어줄 수 있는 다양한 활동(교단 선진화 기자재 도우미, 학습 멘토링, 급식 도우미, 통합반 도우미)에 참여하는 것을 권장합니다.
- 기계, 컴퓨터, IT, 프로그래밍, 4차 산업혁명, 인문학, 철학, 역사 등 다양한 분야의 독서를 통해 융합적 사고 능력을 키울 수 있도록 합니다.

139

도시공학과

학과소개

도시공학은 도시 지역에서 발생하는 주택, 교통, 환경 등 각종 도시 문제를 조사 분석하여 보다 바람직한 도시를 계획하고 관리하기 위한 학문입니다. 도시 계획 및 설계를 비롯하여, 인접 분야인 환경, 건축, 토목, 조경 분야는 물론 도시 문제와 관련이 깊은 사회, 경제, 지리 등에 관한 광범위한 지식이 요구되는 종합 과학 분야입니다.

도시공학과는 도시가 가지고 있는 여러 가지 문제들을 해결하여 사람들의 삶의 질을 높이고 쾌적한 생활 환경을 만들어 주는 방법에 관해서 공부하는 학과입니다. 현재 도시가 직면한 난개발, 주택, 교통, 환경 및 기후 변화, 도시 재생 문제와 더불어 도시가 안고 있는 다양한 사회 문제를 해결해 나갈 잠재력 있는 도시 전문가 양성을 지향합니다. 또한 국내외 여건 변화에 능동적으로 대응하는 국제적 감각과 실무 능력, 의사소통 능력을 갖춘 실천적 도시 인재, 도시 계획에 대한 윤리의식과 사회적 책임 의식을 갖춘 도시 인재를 양성합니다.

개설대학

- 경상국립대학교
- 동아대학교
- 동의대학교
- 목원대학교
- 부산대학교
- 서울시립대학교
- 연세대학교
- 영남대학교
- 원광대학교
- 인천대학교
- 충북대학교
- 국립한밭대학교
- 한양대학교
- 협성대학교
- 홍익대학교 등

진출직업

- 감정평가사
- 도시농업연구원
- 스마트도시전문가
- 환경컨설턴트
- 환경공학기술자
- 도시계획가
- 도시계획 및 설계가
- 교통계획 및 설계가
- 교통안전연구원
- 교통영향평가원
- 도시재생전문가
- 도시디자이너 등

관련학과

- 도시교통공학과
- 도시계획·조경학부
- 도시계획및조경학부
- 도시계획학과
- 도시디자인정보공학과
- 도시인프라공학과
- 도시정보공학과
- 공간정보공학과
- 교통공학과
- 도시시스템공학과
- 드론공간정보공학과
- 디지털도시건설학과
- 스마트도시학부
- 스마트시티공학과 등

취득가능 자격증

- 건축기사
- 건축산업기사
- 건설원가관리사
- 도시계획기사
- 도시계획기술사
- 감정평가사
- 건설안전기술사
- 건설안전산업기사
- 교통기사
- 교통산업기사
- 교통기술사
- 지적기사
- 지적산업기사
- 지적기술사
- 토목산업기사
- 토목기사 등

진출분야

기업체	도시 및 지역 계획, 국토 계획, 교통 관련 엔지니어링회사, 도시 설계와 단지 계획 그리고 주택지 설계 등을 담당하는 설계회사, 교통정보화(전자 교통장비 및 지능형 교통시스템) 관련 업체, 엔지니어링 업체 및 컨설팅업체, 감정 평가 기관, 부동산 개발 및 금융 기업 등
정부 및 공공 기관	중앙 정부 및 지방 행정 기관 공무원, 한국토지주택공사, 서울주택도시공사 등
연구 기관	국토연구원, 한국교통연구원, 한국개발연구원, 주택도시연구원, 토지주택연구원, 서울시정개발연구원, 경기연구원, 인천연구원, 한국감정원, 부동산연구원 등 국책 및 지자체 연구 기관, 삼성경제연구소, LG경제연구원 등

학과 주요 교과목

기초 과목	도시계획, 도시환경, 도시구조, 조경계획, 도시경제, 물류시스템, 도시와 인간, 도시발달사, 도시개발, 도시설계, 교통계획, 교통공학, 지역계획, 환경계획 등
심화 과목	도시법규, 도시정책, 도시와 디자인, 도시 및 지역경제, 기후변화와 도시정책, 도시 및 경제지리분석, 도시토지이용기획경영, 도시재생 및 개발, 부동산개론, 국토 및 지역계획, 도시종합설계, 세계도시개발, 조경경관계획, 환경생태계획, 도시사회학, 도시정책의 이론과 실제 등

학과 인재상 및 갖추어야 할 자질

- 토목, 건축, 기계와 관련된 공부와 함께 법, 행정, 사회, 경제 등의 사회 과목에도 흥미가 있는 학생
- 창의적인 디자인 감각과 공간 지각 능력을 갖추고 다양한 사회 및 도시적 이슈에 관심이 많은 학생
- 기술과 인문, 디자인, 환경 등 다양한 분야에 대한 지식과 관심이 높은 학생
- 다른 사람들의 의견을 잘 듣고, 설득력 등의 종합적인 커뮤니케이션 능력을 갖춘 학생
- 다양한 분야에 호기심을 가지고 창조적으로 공간을 디자인할 수 있는 미적 감각 능력을 지닌 학생
- 문제에 대한 전략적 사고방식을 지닌 학생

학과 관련 선택 과목

※ 국어, 영어 교과는 모든 학문의 기초적인 성격을 가진 도구교과로 모든 학과에 이수가 필요하여 생략함.

공통 과목		공통국어1,2, 공통수학1,2, 공통영어1,2, 한국사1,2, 통합사회1,2, 통합과학1,2, 과학탐구실험1,2
수능 필수		화법과 언어, 독서와 작문, 문학, 대수, 미적분Ⅰ, 확률과 통계, 영어Ⅰ, 영어Ⅱ, 한국사, 통합사회, 통합과학, 성공적인 직업생활(직업)
일반 선택	수학, 사회, 과학	대수, 미적분Ⅰ, 확률과 통계, 세계시민과 지리, 세계사, 사회와 문화, 현대사회와 윤리, 물리학, 화학, 지구과학
	체육·예술	
	기술·가정/정보	기술·가정, 정보
	제2외국어/한문	
	교양	생태와 환경
진로 선택	수학, 사회, 과학	기하, 미적분Ⅱ, 경제 수학, 한국지리 탐구, 도시의 미래 탐구, 역학과 에너지, 전자기와 양자
	체육·예술	
	기술·가정/정보	데이터 과학
	제2외국어/한문	
	교양	
융합 선택	수학, 사회, 과학	실용 통계, 수학과제 탐구, 사회문제 탐구, 기후변화와 지속가능한 세계, 기후변화와 환경생태, 융합과학 탐구
	체육·예술	
	기술·가정/정보	창의 공학 설계
	제2외국어/한문	
	교양	

추천 도서 목록

- 더 나은 세상을 디자인하다, 장승필 외, KSCE PRESS
- 알기 쉬운 도시교통, 원제무, 박영사
- 내일의 전원도시, 에벤에저 하워드, 한울아카데미
- 미리 가본 내일의 도시, 리차드 반 호에이동크, 세종서적
- 내일의 도시를 생각해, 최성용, 북트리거
- 한국의 도시재생, 한국도시설계학회, 대가
- 지속가능한 도시재생과 사회적 자본으로서의 가치, 오광석, 국토연구원
- 현장에서 도시재생을 바라보다, 전국도시재생지원센터협의회, 국토연구원
- 도시재생 비틀어 보기, 이왕건 외, 국토연구원
- 도시재생 현장에서 답을 찾다, 황희연 외, 미세움
- 로컬 혁명, 윤진영, 스탠다드북스
- 미래 세대를 위한 녹색 특강, 박병상, 철수와영희
- 아파트 속 과학, 김홍재, 어바웃어북

- 도시를 움직이는 모든 것들의 가학, 로리 윙클리스, 반니
- 똥의 인문학, 김성원 외, 역사비평사
- 환경과 도시개발, 메가북 편집부, 메가북
- 재미있는 흙이야기, 히메노 켄지 외, 씨아이알
- 물의 자연사, 앨리스 아웃워터, 예지
- 작은 도시 큰 기업: 글로벌 대기업을 키운 세계의 작은 도시 이야기, 모종린, 알에이치코리아
- 나는 튀는 도시보다 참한 도시가 좋다, 정석, 효형출판
- 도시의 승리, 에드워드 글레이저, 해냄출판사
- 내일의 도시, 피터 홀, 한울아카데미
- 기후변화에 대비한 도시의 물 관리, 제리 유델슨, 씨아이알
- 활기찬 도심 만들기, 사이 포미어, 대가
- 세계 지속가능발전 도시, ICLEI, 리북

학교생활 TIPS

- 도시공학 전공의 기본이 되는 사회, 수학, 과학 교과 성적을 상위권으로 유지하고, 정규 교과 수업 활동 참여를 통해 학업을 수행할 수 있는 기초 학습 능력, 학습을 해나가는 자발적인 의지와 태도, 도시공학 전공과 관련된 역량 발휘, 지원 전공의 궁금증 해결을 위해 기울인 태도, 전공 관련 활동과 경험 등 자신의 장점이 학교생활기록부 교과 세부능력 및 특기 사항에 기록되는 것이 좋습니다.
- 학교 교육계획에 의한 행사 활동, 수련 활동, 학년 및 학급 단위로 진행되는 활동에서 자발성과 자율성, 적극성, 대인 관계, 공동체 의식, 리더십 등이 드러날 수 있도록 하는 것이 중요합니다.
- 학교 정규 동아리(과학 탐구 실험, 시사 토론, 독서 토론, 발명, 사회 참여) 활동을 추천하고, 동아리 활동을 통해 학문적 열정과 지적 관심의 정도, 새로운 아이디어 제안, 전공 분야에 대한 관심과 열정, 아이디어가

특정한 결과물이나 성과로 이어지는 경험을 하고 이를 통해 배우고 느낀 점 등이 나타나는 것이 좋습니다.
- 학교생활 내에서도 자신의 능력을 나누어줄 수 있는 다양한 봉사 활동(급식 도우미, 사서 도우미, 학습 멘토링, 교통 지도, 분리수거 도우미, 교단 선진화 기자재 도우미) 참여를 권장하고, 사회 소외 계층(독거노인, 장애인, 다문화 가정 학생) 대상 봉사 활동을 통해 타인을 위해 헌신하는 모습을 나타내는 것이 중요합니다.
- 도시공학 관련 기관이나 직업인 탐색, 직업인 특강, 도시 공학과 학과 탐방 등 전공 관련 진로 활동 참여를 통해 도시공학 전공에 대한 관심과 열정, 자기주도적인 진로 설정 과정, 진로 설정 과정의 유의미성, 전공 적합성 등이 기록되는 것이 좋습니다.

140

로봇공학과

학과소개

로봇공학은 로봇에 관한 기술인 로봇의 설계, 구조, 제어, 지능, 운용 등에 대한 기술을 연구하는 공학의 한 분야입니다. 로봇을 설계하는 데에는 기계공학, 전기·전자공학, 컴퓨터공학 등의 기술들이 융합되어 활용되는 것은 물론, 생물이 가지고 있는 뛰어난 기능을 인공적으로 실현하여 활용하는 생체공학도 활용됩니다. 이렇듯 로봇공학은 여러 공학 분야가 융합된 종합적인 학문입니다.

로봇공학과는 기계, 전기/전자, 컴퓨터를 종합하여 하나의 시스템으로 만들 수 있는 능력을 배양하고, 이를 기반으로 자동화의 핵심 요소 중의 하나인 산업용 로봇과 미래 산업으로 등장한 지능형 로봇 등을 설계하고 운용할 방법에 대해 배웁니다. 로봇공학과의 교육 목표는 창의적이고 건전한 직업 윤리관을 지닌 로봇 산업 분야의 인재, 공학적 통찰력을 갖춘 융합형 인재, 산학 연계 교육을 통한 실용형 인재, 책임감 및 사회적 윤리를 갖춘 로봇 전문 인재의 양성입니다.

개설대학

- 계명대학교
- 대구가톨릭대학교
- 동의대학교
- 영남대학교
- 한양대학교(ERICA) 등

진출직업

- 로봇공연기획자
- 로봇공학기술자
- 로봇연구원
- 산업용로봇제어조작원
- 실버로봇서비스기획자
- 안드로이드로봇공학자
- 적재로봇조작원
- 전기계측제어기술자
- 통신공학기술자 등

관련학과

- 로봇학부 AI로봇전공
- AI로봇학과
- 드론로봇공학과
- 메카트로닉스공학부(AI로봇전공)
- 스마트융합공학부 로봇융합전공
- 제어로봇공학과
- 자동로봇공학과
- 지능로봇학과
- 휴먼지능로봇공학과 등

취득가능 자격증

- 전자기사
- 전자회로설계기사
- 디지털제어산업기사
- 정보처리산업기사
- 정보처리기사
- 전기기기산업기사
- 전기기사
- 로봇기구개발기사
- 로봇기술개발기사
- ICU로봇지도자
- 임베디드기사
- 변리사
- 로봇소프트웨어개발기사
- 로봇하드웨어개발기사
- 메카트로닉스기사
- 메카트로닉스산업기사
- CLAD
- MCSE
- 국제로봇전문지도자 등

진출분야

기업체	로봇 관련 기업, 임베디드 하드웨어 및 소프트웨어업체, 전기·전자·자동차·조선·IT 및 자동화 업체, 기계·항공·우주 산업체, 센서 및 계측 기기 산업체, 소프트웨어 개발업체, 항공 및 방위 산업체, 공정 제어와 계정 설비업체, 벤처 창업 등
정부 및 공공 기관	정부출연 연구소, 공기업, 고등학교, 기술직 공무원 등
연구 기관	전기·전자·제어 계측 분야의 국공립 연구소 및 기업체 연구소 등

학과 주요 교과목

기초 과목	공학윤리, 일반물리학, 정역학, 동역학, 미분적분학, 일반화학, 공업경영, 공업수학, 수치해석, 기초로봇공학개론, 전자회로, 로봇창의설계입문, 인공지능로봇의 이해 등
심화 과목	기계진동학, 로봇프로그래밍, C프로그래밍, 로봇공학, 로봇공학실습, 메카트로닉스, 센서공학, 자료구조 및 알고리즘, 자바프로그래밍, 영상처리, 임베디드시스템, 디지털제어시스템, 스마트시스템, 자동제어, 지능로봇시스템, 지능시스템공학, 지능제어시스템개론 디지털신호처리, 데이터마이닝, 로봇비전시스템 등

학과 인재상 및 갖추어야 할 자질

- 과학적 탐구 능력, 지적 호기심, 책임감 및 끈기, 창의적 표현 능력, 협업 능력을 지닌 학생
- 팀의 구성원으로서 팀 성과에 기여하고자 하는 팀워크 능력을 지닌 학생
- 지적 호기심, 직업 윤리, 사회적 책임을 이해할 수 있는 능력을 지닌 학생
- 대상이 움직이는 원리를 늘 상상하고 궁금해 하는 학생
- 수학, 물리, 화학, 컴퓨터 등에 대한 이해력이 높은 학생
- 기계뿐만 아니라 자동차, 전기, 전자 등에도 흥미가 있고 탐구심이 많은 학생

학과 관련 선택 과목

※ 국어, 영어 교과는 모든 학문의 기초적인 성격을 가진 도구교과로 모든 학과에 이수가 필요하여 생략함.

공통 과목		공통국어1,2, 공통수학1,2, 공통영어1,2, 한국사1,2, 통합사회1,2, 통합과학1,2, 과학탐구실험1,2
수능 필수		화법과 언어, 독서와 작문, 문학, 대수, 미적분Ⅰ, 확률과 통계, 영어Ⅰ, 영어Ⅱ, 한국사, 통합사회, 통합과학, 성공적인 직업생활(직업)
일반 선택	수학, 사회, 과학	대수, 미적분Ⅰ, 확률과 통계, 물리학, 화학
	체육·예술	
	기술·가정/정보	기술·가정, 정보
	제2외국어/한문	
	교양	
진로 선택	수학, 사회, 과학	기하, 미적분Ⅱ, 역학과 에너지, 전자기와 양자, 물질과 에너지, 화학 반응의 세계
	체육·예술	
	기술·가정/정보	로봇과 공학세계, 인공지능 기초, 데이터 과학
	제2외국어/한문	
	교양	
융합 선택	수학, 사회, 과학	수학과제 탐구, 융합과학 탐구
	체육·예술	
	기술·가정/정보	창의 공학 설계, 지식 재산 일반
	제2외국어/한문	
	교양	

추천 도서 목록

- 인공지능 로봇, 어디까지 아니, 이경준, 고래가숨쉬는도서관
- 기계는 어떻게 학습하고 생각하는가, 뉴 사이언티스트 외, 한빛미디어
- 기계의 법칙, 넬로 크리스티아니니, 한빛미디어
- 로봇 법규, 제이콥 터너, 한울아카데미
- AI 시대에 꼭 필요한 뉴 로봇 원칙, 프랭크 파스캘레, 동아엠비
- 로봇과 AI의 인류학, 캐슬린 리처드슨, 눌민
- 로봇으로 철학하기, 김숙, 프리뷰
- 로봇의 과학적 원리와 구조, 데이비드 베이커, 하이픈
- 봇 이야기, 닉 모나코 외, 한울아카데미
- 십대를 위한 영화 속 로봇인문학 여행, 전승민, 팜파스
- 예술과 인공지능, 이재박, MID
- 인공지능과 로봇의 윤리, 고인석, 세창출판사
- 햅틱스, 리넷 존스, 김영사

- 휴보이즘, 전승민, MID
- AI의 미래 생각하는 기계, 토비 월시, 프리뷰
- 10대에게 권하는 공학, 한화택, 글담출판
- 10대에게 권하는 물리학, 이강영, 글담출판
- 클래식 파인만, 임재한, 어크로스
- 로봇 시대, 인간의 일, 구본권, 어크로스
- 로봇 다빈치 꿈을 설계하다, 데니스 홍, 샘터, 샘터사
- 로봇의 세계, 조던 D. 브라운, 해나무
- 로봇의 부상, 마틴 포드, 세종서적
- 엔트로피, 제레미 리프킨, 세종연구원
- 휴보이즘, 전승민, MID
- 창의력에 미쳐라, 김광희, 넥서스BIZ

학교생활 TIPS

- 로봇공학 전공에 기본이 되는 수학, 과학, 정보 교과 성적을 상위권으로 유지하고, 로봇공학 전공에 대한 관심과 이해 정도, 지원 전공에 대한 관심을 충족시키기 위해 노력한 과정, 학습을 수행하는 자발적인 의지와 태도, 로봇공학 전공과 관련된 역량 발휘 경험 등 자신의 장점이 학교 생활기록부 교과 세부능력 및 특기사항에 기록되는 것이 좋습니다.
- 학교 교육계획에 의한 행사 활동, 수련 활동 및 학년·학급 단위로 진행되는 활동을 통해 자발성과 자율성, 적극성, 대인 관계, 공동체 의식, 리더십 등이 드러날 수 있도록 적극적으로 참여하는 것이 중요합니다.
- 학교 정규 동아리(로봇, 공학, 융합, 컴퓨터, 과학 탐구 실험, 시사 토론, 발명) 활동을 추천하고, 동아리 활동을 통해 로봇공학에 대한 학문적 열정과 지적 관심의 정도, 새로운 아이디어 제안, 특정한 결과물로 이어

지는 과정을 통해 배우고 느낀 점이 나타나는 것이 좋습니다.
- 학교생활 내에서도 자신의 능력을 나누어줄 수 있는 다양한 봉사 활동(급식 도우미, 사서 도우미, 학습 멘토링, 교통 지도, 분리수거 도우미, 교단 선진화 기자재 도우미) 참여를 권장하고, 사회 소외 계층(독거노인, 장애인, 다문화 가정 학생) 대상 봉사 활동을 통해 타인을 위해 헌신하는 모습이 나타나는 것이 중요합니다.
- 로봇공학 관련 기업이나 연구소 탐방, 로봇공학자 직업인 탐색 및 직업인 특강, 로봇공학과 탐방 등 전공 관련 진로 활동 참여를 통해 지원 전공에 대한 올바른 이해 여부, 로봇공학 전공에 대한 관심과 열정, 자기주도적인 진로 설정 과정, 과정의 유의미성, 전공 적합성 등이 기록되는 것이 좋습니다.

141

멀티미디어공학과

학과소개

멀티미디어공학은 컴퓨터를 이용하여 문자, 그래픽, 정지 화상, 동영상, 음향 등 다양한 미디어로 표현된 정보를 처리하고 가공하는 제반 기술을 다루는 응용 학문입니다. 다양한 공학적 요소와 문화적 요소 등이 융합하여 이루어진 융복합적 학문으로, 3D 공간 정보 처리, 컴퓨터 그래픽스, 게임, 애니메이션, 가상 및 증강 현실, 클라우드 컴퓨팅 등 활용하는 범위가 매우 넓습니다. 멀티미디어공학과에서는 컴퓨팅을 바탕으로 멀티미디어 공학의 이론과 기술은 물론, 최첨단 정보 종합 기술의 핵심인 휴대용 멀티미디어 기기 분야, 멀티미디어 콘텐츠 기술 분야, 멀티미디어 통신 기술 분야, 이동 멀티미디어 기술 분야에 필요한 지식을 교육합니다.

멀티미디어공학과는 수학 및 과학에 기초한 공학적 지식의 응용 능력과 이를 바탕으로 자기 의사를 효과적으로 전달할 수 있는 능력을 갖춘 인재, 컴퓨터 이론과 실습에 기초한 프로그래밍 능력과 종합적 설계 능력을 갖춘 인재, 멀티미디어 기술을 이해하고 응용할 수 있는 능력을 갖춘 인재, 창의적 사고 능력과 윤리적인 책임감, 글로벌 경쟁력을 갖춘 인재의 양성을 교육 목표로 합니다.

개설대학

- 국립강릉원주대학교
- 한남대학교 등

관련학과

- 멀티미디어학과
- 멀티미디어학부
- 테크노미디어융합학부 게임멀티미디어전공
- 디지털콘텐츠학과
- 디지털콘텐츠학부
- 디지털콘텐츠디자인학과 등

진출직업

- 멀티미디어시스템개발전문가
- 게임프로그래밍전문가
- 멀티미디어콘텐츠개발자
- 응용프로그래머
- 영상그래픽디자이너
- 웹마스터
- 웹디자이너
- 출판디자이너
- 영상콘텐츠제작전문가
- 음향감독
- 그래픽디자이너
- 디지털영상제작자
- 디지털영상편집전문가
- 멀티미디어콘텐츠제작자
- 이러닝개발자 등

취득가능 자격증

- 정보처리기사
- 정보처리산업기사
- 컴퓨터그래픽스운용기능사
- 게임프로그래밍전문가
- 게임그래픽전문가
- 게임기획전문가
- 디지털영상편집
- 미디어교육사
- 방송정보기술사
- 방송정보관리사
- 검색광고마케터
- 옥외광고사 등

진출분야

기업체	멀티미디어 제작 회사, 교육 콘텐츠 개발 회사, 교육방송사, 출판사, 게임 회사, 엔터테인먼트 회사, 스마트 콘텐츠 및 게임 기획업체, 프로덕션, CG 제작 업체, 신문사, 잡지사, 광고 마케팅 업체, 공연 기획사, 캐릭터 제작업체, 영화 제작사, 인터넷 포털, 게임·애니메이션 회사, 이벤트 회사, 멀티미디어 제작 회사, 웹 콘텐츠 개발 회사 등
정부 및 교육 기관	우정사업정보센터, 한국인터넷진흥원, 한국방송통신전파진흥원, 국립전파연구원, 한국콘텐츠진흥원, 한국문화예술위원회 등

학과 주요 교과목

기초 과목	창의적 공학설계, 이산구조, 통계학개론, 공학설계, 파이썬프로그래밍, 멀티미디어기초프로그래밍, 멀티미디어기초수학, 컴퓨터그래픽스, 자료구조론 등
심화 과목	2D애니메이션, 3D애니메이션, 가상증강현실, 게임 및 로봇지능, 객체지향프로그래밍, 디지털스토리텔링, 멀티미디어제작, 소프트웨어설계, 종합설계프로젝트, 멀티미디어빅데이터, 멀티미디어정보보안, 멀티미디어데이터베이스, 멀티미디어영상처리, 모바일플랫폼개발, 딥러닝 등

학과 인재상 및 갖추어야 할 자질

- 수학, 물리학, 정보 등의 교과에 대한 지식과 관심이 깊은 학생
- 인간 중심의 인문적 소양과 스토리텔링 능력 및 기획력을 갖춘 학생
- 상상력과 관찰력, 창의력이 풍부하고, 새로운 것을 배우는 것을 좋아하는 학생
- 다양한 시각적 표현 및 조형 감각, 예술과 공학 기술의 첨단 창의 융합형 사고를 지닌 학생
- 과학적 탐구 능력과 지적 호기심이 있으며, 사물을 보는 시야가 넓은 학생
- IT, 컴퓨터, 미디어 융합 등의 다양한 컴퓨팅 기술에 관심이 많은 학생

학과 관련 선택 과목

※ 국어, 영어 교과는 모든 학문의 기초적인 성격을 가진 도구교과로 모든 학과에 이수가 필요하여 생략함.

공통 과목		공통국어1,2, 공통수학1,2, 공통영어1,2, 한국사1,2, 통합사회1,2, 통합과학1,2, 과학탐구실험1,2
수능 필수		화법과 언어, 독서와 작문, 문학, 대수, 미적분Ⅰ, 확률과 통계, 영어Ⅰ, 영어Ⅱ, 한국사, 통합사회, 통합과학, 성공적인 직업생활(직업)
일반 선택	수학, 사회, 과학	대수, 미적분Ⅰ, 확률과 통계, 세계사, 사회와 문화, 현대사회와 윤리, 물리학, 지구과학
	체육·예술	음악, 미술, 연극
	기술·가정/정보	정보
	제2외국어/한문	
	교양	
진로 선택	수학, 사회, 과학	기하, 미적분Ⅱ, 경제, 윤리와 사상, 인문학과 윤리, 역학과 에너지, 전자기와 양자
	체육·예술	음악 감상과 비평, 미술 창작, 미술 감상과 비평
	기술·가정/정보	데이터 과학
	제2외국어/한문	
	교양	인간과 심리
융합 선택	수학, 사회, 과학	수학과제 탐구, 사회문제 탐구, 윤리문제 탐구, 융합과학 탐구
	체육·예술	미술과 매체
	기술·가정/정보	창의 공학 설계, 지식 재산 일반, 소프트웨어와 생활
	제2외국어/한문	
	교양	논술

추천 도서 목록

- 최강의 유튜브, 박노성 외, 성안북스
- 세상을 바꾼 10대들, 그들은 무엇이 달랐을까, 정학경, 미디어숲
- 공식의 아름다움, 양자학파, 미디어숲
- 초융합 시대의 멀티미디어와 콘텐츠, 김용태 외, 한빛아카데미
- 디지털 콘텐츠 기획, 김성은, 한빛아카데미
- 디지털 콘텐츠 창작, 이찬복, 커뮤니케이션북스
- 디지털 콘텐츠는 처음입니다만, 애덤 워터스, 미디어숲
- 디지털 미디어 인사이트 2024, 김경달 외, 이은북
- 인공지능, 디지털 플랫폼 시대 미디어 리터러시 이해, 권장원 외, 한울아카데미
- 다정한 인공지능을 만나다, 장대익, 샘터
- 메타인지의 힘, 구본권, 어크로스

- 시대전환, 소프트웨어와 인공지능, 김영근, 바른북스
- 알고 있니? 알고리즘, 소이언, 우리학교
- 추천 알고리즘의 과학, 박규하, 로드북
- 디지털 콘텐츠 기획, 김성은, 한빛아카데미
- 디지털 콘텐츠는 처음입니다만, 애덤 워터스, 미디어숲
- 디지털 디자인 다이어리, 김주연, 구미서관
- 문화 콘텐츠 디자인, 정희정 외, 미세움
- 문화콘텐츠 스토리텔링, 정창권, 북코리아
- 10대와 통하는 미디어, 손석춘, 철수와영희
- 세상을 바꾼 미디어, 김경화, 다른
- 미디어의 이해: 인간의 확장, 마셜 매클루언, 커뮤니케이션북스
- 미디어 학교: 소통을 배우다, 주형일, 우리학교

학교생활 TIPS

- 멀티미디어공학 전공과 관련이 있는 수학, 물리학, 정보 교과의 학업 성취도 향상을 위한 노력이 요구되고, 교과 활동을 통해 학문에 대한 열정이나 지적 관심, 지원 전공에 대한 흥미와 관심, 지원 전공과 관련한 교과 활동 여부, 지원 전공을 위해 기울인 노력 등이 학교생활기록부 교과 세부능력 및 특기사항에 기록되는 것이 좋습니다.
- 멀티미디어공학 전공과 관련 있는 진로 활동(게임 회사 및 소프트웨어 관련 기업 탐방, 관련 직업 체험 및 특강 참여, 학과 체험) 참여를 통해 전공에 대한 관심과 진로 설정 과정, 전공 적합성을 키우기 위한 노력과 열정 등이 학교생활기록부 곳곳에 나타나도록 하는 것이 좋습니다.
- 학교 교육계획에 의해 지속적으로 운영되는 봉사 활동(통합반 도우미, 사서 도우미, 컴퓨터 기자재 도우미, 교통 봉사, 학습 멘토링, 급식 도우미) 참여를 통해서, 타인을 위해 헌신하고 배려하는 모습을 보여주는 것이 중요합니다.
- 컴퓨터 및 과학 관련 동아리(과학 탐구 실험, 수리 탐구 논술, 공학, 발명, 코딩) 활동 참여를 통해서 학문에 대한 열정이나 지적 관심, 자신의 아이디어가 특정한 결과물이나 성과로 이어진 경험, 다양한 동아리 활동을 통해 배우고 느낀 점 등이 나타나면 좋습니다.
- IT, 공학, 4차 산업혁명, 미래학, 인문학, 철학, 역사, 과학 등 다양한 분야의 독서 활동을 권장합니다.

멀티미디어학과

학과소개

멀티미디어학과는 'IT와 Design의 접목'이라는 자연스러운 시대의 요청에 따라 예술(디자인)과 과학(프로그래밍)이 조화된 창조적인 교육을 통해 사회가 요청하는 새로운 지식 분야의 융합형 인재를 양성하는 학과입니다.

멀티미디어학과에서는 컴퓨터와 멀티미디어의 기본 특성의 이해를 바탕으로 멀티미디어 콘텐츠 산업 발전에 기여하는 데 필요한 컴퓨터 및 멀티미디어에 관한 전반적인 이론을 학습하고, 실무와 관련된 지식과 활용 능력을 체계적·집중적으로 연구하여 멀티미디어에 관한 국제적 감각과 프로그래밍을 통한 정보 처리 능력을 함양합니다.

컴퓨터 그래픽스, 가상 현실, 입체 영상, 사운드 처리 등의 공학적인 이론과 컴퓨터 게임, 컴퓨터 3D 애니메이션, 디지털 영상과 음향 처리 등의 기술, 그리고 이를 바탕으로 한 디지털 콘텐츠 개발과 개발 지원 기술을 교육·연구하고, 멀티미디어 산업 분야에서 활동할 연구 능력과 실무 능력을 겸비한 멀티미디어 고급 전문가의 양성은 멀티미디어학과의 교육 목표입니다.

개설대학

- 남서울대학교
- 동국대학교
- 청운대학교 등

관련학과

- 디지털미디어학과
- 멀티미디어공학과
- 멀티미디어학부
- 미디어기술콘텐츠학과
- 문화콘텐츠학부(멀티미디어전공)
- 디지털미디어디자인학과
- 디지털콘텐츠창작학과
- 디지털콘텐츠학부
- 디지털콘텐츠전공
- 테크노미디어융합학부 게임멀티미디어전공
- 첨단미디어디자인전공 등

진출분야

기업체	디지털 콘텐츠 및 2D·3D 멀티미디어 콘텐츠 개발업체, 교육용 및 기업용 애니메이션 콘텐츠 개발 업체, 게임 코어 개발 업체, 인터넷 게임 업체, 모바일앱 제작 업체, 보드게임 등 각종 게임 개발 업체, 방송국, 디지털 미디어 프로덕션, CF 제작 프로덕션, 광고 대행사, 디지털 방송국, 케이블 방송국 등
정부 및 공공 기관	중앙 정부 및 지방 자치 단체 공보실, 공공 기관 홍보팀, 한국콘텐츠진흥원, 한국방송광고진흥공사, 한국방송공사, 방송통신위원회, 정보통신산업진흥원, 한국영상자료원 등
연구 기관	광고 연구소, 한국문화관광연구원, 한국언론진흥재단, 미디어 관련 연구소, EBS미래교육연구소, 국립전파연구원, 공공미디어연구소 등

진출직업

- 게임코어개발전문가
- 인터넷게임제작자
- 모바일앱개발자
- 보드게임 및 각종게임개발자
- 웹프로그래머
- 웹디자이너
- 웹마스터
- PD
- 카메라촬영기사
- 구성작가
- 영상편집자
- 취재 및 카메라기자 등

취득가능 자격증

- 디지털정보활용능력(DIAT)
- 멀티미디어콘텐츠제작전문가
- 문서실무사
- 정보기술자격(ITQ)
- 컴퓨터그래픽스운용기능사
- 게임그래픽전문가
- 정보처리산업기사
- 정보처리기능사
- 방송통신기사
- 방송통신기능사
- 방송통신산업기사 등

학과 주요 교과목

기초 과목	프로그래밍의 이해, 멀티미디어디자인의 이해, 그래픽디자인의 이해, 웹기획과 설계, 콘텐츠기획론, 그래픽디자인실습 등
심화 과목	웹기획과 설계, 콘텐츠기획론, 자바스크립트, 웹디자인, UI/UX 기획과 설계, PHP프로그래밍, 콘텐츠마케팅, 안드로이드 프로그래밍, DB설계 및 실습, 웹콘텐츠제작, 창업프로젝트실습, 브랜드서비스디자인실무, 스마트미디어플랫폼제작, 모바일프로그래밍응용 등

학과 인재상 및 갖추어야 할 자질

- 인간과 사회에 대한 따뜻한 관심과 깊은 통찰력을 가진 학생
- 독창적인 시각으로 공학적 현상과 사회의 변화를 관찰 하는 학생
- 공학 및 과학에 근거한 논리적 추리 능력과 창의력을 지닌 학생
- 컴퓨터에 대한 제반 지식과 기능을 다루는 데 적합한 기계 및 컴퓨터에

- 대한 흥미를 가진 학생
- 풍부한 인문적 소양과 문제에 대한 다양한 통찰력을 가진 학생
- 사회 현상과 매스컴에 대해 관심이 많고, 세상을 해석 하려는 의지가 있는 학생

학과 관련 선택 과목

※ 국어, 영어 교과는 모든 학문의 기초적인 성격을 가진 도구교과로 모든 학과에 이수가 필요하여 생략함.

공통 과목		공통국어1,2, 공통수학1,2, 공통영어1,2, 한국사1,2, 통합사회1,2, 통합과학1,2, 과학탐구실험1,2
수능 필수		화법과 언어, 독서와 작문, 문학, 대수, 미적분Ⅰ, 확률과 통계, 영어Ⅰ, 영어Ⅱ, 한국사, 통합사회, 통합과학, 성공적인 직업생활(직업)
일반 선택	수학, 사회, 과학	대수, 미적분Ⅰ, 확률과 통계, 물리학, 화학
	체육·예술	음악, 미술, 연극
	기술·가정/정보	정보
	제2외국어/한문	
	교양	
진로 선택	수학, 사회, 과학	기하, 미적분Ⅱ, 경제, 윤리와 사상, 인문학과 윤리, 역학과 에너지, 전자기와 양자
	체육·예술	음악 감상과 비평, 미술 창작, 미술 감상과 비평
	기술·가정/정보	데이터 과학
	제2외국어/한문	
	교양	인간과 심리
융합 선택	수학, 사회, 과학	수학과제 탐구, 사회문제 탐구, 융합과학 탐구
	체육·예술	미술과 매체
	기술·가정/정보	창의 공학 설계, 지식 재산 일반, 소프트웨어와 생활
	제2외국어/한문	
	교양	

추천 도서 목록

- 광고로 읽는 인문학, 백승곤, 민속원
- 인문학으로 승부하는 이팀장의 홍보전략고 리더십, 이상현, 청년정신
- 사고 싶어지는 것들의 비밀, 애런 야후비아, 알에이치코리아
- 디지털 디퍼런스, W. 러셀 뉴먼, 한울아카데미
- 미디어와 문화기억, 강경래, 미디어커뮤니케이션북스
- 스마트폰으로 즐기는 디지털 리터러시, 이종구 외, 에스앤에스소통연구소
- 유튜브 전성시대, 이정화 외, 에스엔에스소통연구소
- 초융합 시대의 멀티미디어와 콘텐츠, 김용태 외, 한빛아카데미
- 인문학으로 광고하다, 박웅현 외, 알마
- 경제 속에 숨은 광고 이야기, 프랑크 코쉠바, 초록개구리
- 광고의 비밀, 김현주, 미래아이
- 어떻게 팔지 답답한 마음에 슬쩍 들춰본 전설의 광고들, 김병희,이와우

- 광고는 왜 10대를 좋아할까?, 샤리 그레이든, 오유아이
- 광고 속에 숨어 있는 과학, 최원석, 살림FRIENDS
- 저널리즘 글쓰기의 논리, 남재일 외, 커뮤니케이션북스
- 대중문화의 이해, 김창남, 한울
- 세상을 바꾼 미디어, 김경화, 다른
- 커뮤니케이션을 공부하는 당신을 위하여, 임영호 외, 커뮤니케이션북스
- 행복한 프로그래밍, 임백준, 한빛미디어
- 세상을 바꾼 작은 우연들, 마리 노엘 샤를, 윌컴퍼니
- 기술의 충격, 케빈 켈리, 민음사

학교생활 TIPS

- 멀티미디어학을 전공하는 데 기본이 되는 수학, 과학, 정보 교과 성적을 상위권으로 유지하도록 합니다. 학업 능력, 전공 적합성, 창의성, 의사소통 능력 등이 학교생활기록부 교과 세부능력 및 특기사항에 기록될 수 있도록 적극적으로 수업에 참여합니다.
- 멀티미디어 관련 학과 전공 체험 및 진로 박람회에 참석하여 자신의 진로를 개척하고 공익 광고 만들기 혹은 UCC 만들기 대회, 영상 공모전 등에 꾸준히 참여하여 진로 역량을 발휘할 것을 추천합니다.
- 공동 과제 수행이나 프로젝트 활동을 통하여 프로젝트 수행 능력을 함양하고, 이 과정에서 배려, 나눔, 공감 등의 능력을 함양할 수 있도록 활동에 적극 참여한 사실이 학교생활기록부에 나타나야 합니다.
- 방송, UCC 만들기, 영상 제작 관련 동아리와 컴퓨터 프로그램을 다루는 동아리 활동을 권장하며, 인문학, 문화, 철학, 심리학, 공학, 자연 과학 등 다양한 분야의 독서를 할 것을 권장합니다. 사회 문제에도 관심을 가지고 앞으로 자신의 콘텐츠 개발을 위해 지식을 채워나갈 것을 권장합니다.
- 자기주도성, 경험의 다양성, 성실성, 창의성, 의사소통 능력, 문제 해결 능력, 통합적 사고, 비판적 사고, 미적 능력 및 예술적 감수성 등이 교내 생활을 통해 나타나고 이같은 내용이 학교생활기록부에 기록될 수 있도록 성실히 학교생활을 하는 것을 추천합니다.

143

메카트로닉스공학과

학과소개

메카트로닉스공학은 컴퓨터 제어 및 정보 처리 기술 등 전자공학에서 발전시킨 기술을 기계공학에 적용하는 새로운 학문입니다. 메카트로닉스공학이란 기계공학과 전자공학의 합성어로서, '메카'는 기구나 기계 요소 등의 기계 기술을 의미하며, '트로닉스'는 제어 요소나 신호 처리 등의 전자 기술을 의미합니다. 최근에는 정보 처리 기술을 포함하여 보다 큰 의미에서 메카트로닉스공학을 정의하고 있습니다.

메카트로닉스공학과는 기계공학의 필수 요소와 전자공학의 필수 요소는 물론, IT 정보 기술의 발전과 함께 점차 지능화되어 가고 있는 첨단 기계, 각종 로봇, 물류 자동화, 제어 시스템, 반도체 장비, 미래 자동차 등의 설계와 개발에 대해 배우는 학과입니다. 메카트로닉스공학과의 교육 목표는 메카트로닉스공학 분야의 기초 지식 확립 및 효율적인 의사 전달 능력을 갖춘 인재, 융합 교육을 통한 첨단 융합 기술의 응용 능력과 실무 능력을 지닌 인재, 원활한 의사소통 능력과 팀워크 능력 및 사회적 책임 의식을 갖추고 세계화에 능동적으로 대처하는 첨단 메카트로닉스 분야 인재의 양성입니다.

개설대학

- 건국대학교(글로컬)
- 경성대학교
- 인하대학교
- 전남대학교(제2캠퍼스)
- 충남대학교
- 인하대학교
- 경상국립대학교
- 한국기술교육대학교 등

관련학과

- 의용메카트로닉스공학과
- 메카융합공학과
- 메카융합학과
- 메카트로닉스공학전공
- 메카트로닉스시스템공학과
- 메카트로닉스전공
- 바이오메카트로닉스전공
- 바이오메카트로닉스학과
- 지능로봇공학과
- 지능로봇공학전공
- 지능시스템전공
- 메카트로닉스공학부
- 메카트로닉스공학부(메카트로닉스전공)
- 메카트로닉스공학부(AI로봇전공)
- 메카트로닉스학과
- 나노메카트로닉스공학과
- 스마트운행체공학과
- 해양메카트로닉스학부 등

진출직업

- 반도체공학기술자
- 산업공학기술자
- 로봇공연기획자
- 로봇공학기술자
- 로봇연구원
- 산업용 로봇제어조작원
- 실버로봇서비스기획자
- 안드로이드로봇공학자
- 적재로봇조작원
- 전기계측제어기술자
- 기계공학기술자
- 전자공학기술자
- 정보통신공학기술자 등

취득가능 자격증

- 일반기계기사
- 승강기산업기사
- 정보처리산업기사
- 메카트로닉스산업기사
- 메카트로닉스기사
- 건설기계산업기사
- 생산자동화산업기사
- 생산기계산업기사
- 전기기사
- 전자기사
- 기계설계기사
- 자동차검사산업기사
- 차량기술사
- 전자산업기사
- 전자응용기술사
- 전자캐드기능사
- 전기기능사
- 전기기능장
- 전기산업기사
- 전기응용기술사 등

진출분야

기업체	메카트로닉스 관련 제품 개발업체, 기계·자동차·항공 산업체, IT 업체, 조선·전기·로봇·전자·프로그래밍 관련 설계 기술업체, 공장 자동화 및 물류 시스템 분야 업체 등
정부 및 공공 기관	정부의 기계·전기·전자 관련 부서, 기계·전자 관련 공공 기관 등
연구 기관	기계·전기·전자·재료 관련 정부출연 연구소, 기계 및 메카트로닉스 관련 민간 기업 연구소, 로봇·인공지능 접목 시스템 연구소, 나노 및 MEMS 관련 시스템 연구소 등

학과 주요 교과목

기초 과목	프로그래밍, 메카트로닉스개론, 물리 및 실험, 공학기초실습, 미분적분학, 확률통계학, 선형대수학, 기초공학설계, 전기전자공학개론, 공업수학, 디지털회로, 전기회로 등
심화 과목	디지털회로실험, 계측공학, 열역학, 정역학, 재료역학, 동역학, 제어공학, 유체역학, 액츄에이터공학, 자동화시스템, 마이크로프로세서응용설계, 로봇응용실습, 인공지능, 메커니즘설계해석, 메카트로닉스시스템, 스마트팩토리디바이스제어, 제어시스템설계,제어용통신 등

학과 인재상 및 갖추어야 할 자질

- 평소에 기계, 전기, 전자 및 컴퓨터에 관심이 많은 학생
- 팀의 구성원으로서 팀 성과에 기여하고자 하는 팀워크 능력을 지닌 학생
- 지적 호기심, 직업 윤리와 책임감, 그리고 끈기를 지닌 학생
- 대상이 움직이는 원리를 늘 상상하고 궁금해 하는 학생
- 수학, 물리, 화학, 컴퓨터 언어 등에 대한 이해력이 높은 학생
- 기계분만 아니라 자동차, 전기, 전자 등에도 흥미가 있는 학생

학과 관련 선택 과목

※ 국어, 영어 교과는 모든 학문의 기초적인 성격을 가진 도구교과로 모든 학과에 이수가 필요하여 생략함.

공통 과목		공통국어1,2, 공통수학1,2, 공통영어1,2, 한국사1,2, 통합사회1,2, 통합과학1,2, 과학탐구실험1,2
수능 필수		화법과 언어, 독서와 작문, 문학, 대수, 미적분 I, 확률과 통계, 영어 I, 영어 II, 한국사, 통합사회, 통합과학, 성공적인 직업생활(직업)
일반 선택	수학, 사회, 과학	대수, 미적분 I, 확률과 통계, 물리학, 화학
	체육·예술	
	기술·가정/정보	기술·가정, 정보
	제2외국어/한문	
	교양	생태와 환경
진로 선택	수학, 사회, 과학	기하, 미적분 II, 인공지능 수학, 역학과 에너지, 전자기와 양자, 물질과 에너지, 화학 반응의 세계
	체육·예술	
	기술·가정/정보	로봇과 공학세계, 인공지능 기초, 데이터 과학
	제2외국어/한문	
	교양	
융합 선택	수학, 사회, 과학	수학과제 탐구, 기후변화와 지속가능한 세계, 기후변화와 환경생태, 융합과학 탐구
	체육·예술	
	기술·가정/정보	창의 공학 설계, 지식 재산 일반, 소프트웨어와 생활
	제2외국어/한문	
	교양	

추천 도서 목록

- AI가 인간을 초월하면 어떻게 될까?, 사이토 가즈노리, 마일스톤
- 세상을 바꾼 위대한 과학실험 100, 존 그리빈 외, 예문아카이브
- 세상을 바꾼 사물의 과학 1, 2, 최원석, 궁리
- 세상을 바꾼 과학 기술자들, 주동혁, 지성사
- 세상을 바꾼 물리학, 원정현, 리베르스쿨
- 10대에게 권하는 공학, 한화택, 글담출판
- 기술전쟁, 윤태성, 위즈덤하우스
- 데이터 인문학, 김택우, 한빛미디어
- 물질의 물리학, 한정훈, 김영사
- 미적분의 힘, 스티븐 스트로가츠, 해나무
- 반도체 인사이트 센서 전쟁, 주병권 외, 교보문고
- 세상에서 가장 쉬운 양작역학 수업, 라마오, 더숲

- 어떻게 물리학을 사랑하지 않을 수 있을까, 짐 알칼릴리, 월북
- 칩 대결, 인치밍, 알에이치코리아
- 퀀텀스토리, 짐 배것, 반니
- 미적분으로 바라본 하루, 오스카 E. 페르난데스, 프리렉
- 부분과 전체, 베르너 하이젠베르크, 서커스, 서커스출판상회
- 누구나 읽을 수 있는 뉴턴의 프린키피아, 정완상, 과학정원
- 세상을 바꾼 과학이야기, 권기균, 종이책
- 이기적 유전자, 리처드 도킨스, 을유문화사
- 엔트로피, 제레미 리프킨, 세종연구원
- 창의력에 미쳐라, 김광희, 넥서스BIZ

학교생활 TIPS

- 메카트로닉스공학 전공과 관련이 있는 수학, 물리학, 화학, 정보 교과의 학업 성취도 향상을 위한 노력이 요구되고, 교과 수업 활동을 통해 전공 적합성, 문제 해결 능력, 창의력, 발전 가능성, 협업 능력 등이 학교생활 기록부 교과 세부능력 및 특기사항에 드러날 수 있도록 합니다.

- 메카트로닉스공학 전공과 관련 있는 진로 활동(기계 및 전자 관련 기업 탐방, 관련 직업 체험 및 직업인 특강, 학과 체험) 참여를 통해 지원 전공에 대한 올바른 이해, 메카트로닉스공학 전공에 대한 관심과 열정, 자기주도적 진로 설정 과정, 과정의 유의미성, 전공 적합성 등이 기록되도록 하는 것이 좋습니다.

- 봉사의 양보다는 지속적으로 활동에 참여하는 것이 중요하고, 학교 교육 계획에 의해 진행된 봉사 활동(통합반 도우미, 사서 도우미, 컴퓨터 기자재 도우미, 교통 지도)에 참여하여 타인을 배려하는 모습을 보여주는 것이 중요합니다.

- 학교 정규 동아리(공학, 융합, 컴퓨터, 과학 탐구 실험, 시사 토론, 발명) 활동을 추천하고, 동아리 활동을 통해 메카트로닉스공학에 대한 학문적 열정과 지적 관심, 새로운 아이디어 제안이 특정한 결과물로 이어지는 과정을 통해 배우고 느낀 점이 나타나는 것이 좋습니다.

- IT, 공학, 4차 산업혁명, 미래학, 인문학, 철학, 역사, 과학 등 다양한 분야의 독서 활동을 통해 융합적 사고 능력을 키우는 것을 권장합니다.

144

모바일시스템공학과

학과소개

현재 전 세계적으로 진행되고 있는 4차 산업혁명의 선도 기술로는 사물인터넷, 인공지능, 빅데이터, 클라우드, 모바일 등이 있습니다. 그중에서도 모바일 관련 기술은 우리 생활과 가장 밀접한 관계가 있으며, 그 중요성 또한 다른 기술들보다 더욱 높다고 할 수 있습니다. 모바일이란 말은 '움직일 수 있는'이라는 의미가 있으며, 스마트폰과 휴대용 개인 정보 단말기(PDA), 노트북 등 이동성을 가진 기기들을 총칭하기도 합니다. 이러한 단말 기기의 개발부터 소프트웨어 개발, 콘텐츠 제작은 물론, 이를 이용자들에게 제공해 주는 역할까지 담당하는 분야가 바로 모바일공학 분야입니다.

모바일시스템공학과는 각종 모바일 기기에서 동작하는 모바일 플랫폼과 모바일용 앱 개발, 웹 개발, 모바일 단말기의 하드웨어와 소프트웨어, 콘텐츠 개발 및 제작과 콘텐츠 서비스를 위해 필요한 전 과정에 대해 배우는 학과입니다. 그리고 새로운 분야의 실무 능력을 위한 전문성, 사회의 다양한 분야와 접목할 수 있는 유연성, 새로운 분야를 개척할 수 있는 창의성, 다양한 사람들과 팀워크를 통해 동일한 목적을 이룰 수 있는 협동성, 그리고 전 세계 다양한 분야의 사람들과 교류하고 활동할 수 있는 국제적 감각을 갖춘 인재를 양성하는 것이 모바일시스템공학과의 교육 목표입니다.

개설대학

- 단국대학교 등

관련학과

- 모바일융합공학과
- 전자공학부 모바일공학전공
- 가상현실학과
- 게임공학과
- 게임·영상학과
- 게임소프트웨어공학과
- 게임소프트웨어전공
- 메타버스&게임학과 등

진출직업

- 네트워크프로그래머
- 모바일콘텐츠개발자
- 스마트폰앱개발자
- 시스템소프트웨어개발자
- 시스템컨설턴트
- 시스템엔지니어
- 시스템운영관리자
- 응용소프트웨어개발자
- 웹엔지니어링
- 정보통신컨설턴트
- 컴퓨터시스템분석가
- 정보통신공학기술자 등

취득가능 자격증

- 전자기사
- 전자산업기사
- 무선설비기사
- 무선설비산업기사
- 반도체설계기사
- 전파전자통신기사
- 전파전자통신산업기사
- 정보처리기사
- 정보처리산업기사
- 전자계산기조직응용기사
- 전자계산기조직응용산업기사
- 전자계산기기사
- 전자계산기제어산업기사
- 정보통신기사
- 정보통신산업기사 등

진출분야

기업체	모바일 통신 기기 제조업체, IT 업체, 네트워크 및 통신 업체, 기획 및 마케팅 업체, 스마트 어플리케이션 및 콘텐츠 업체, 스마트폰·스마트 패드·스마트 TV 등의 모바일 통신 기기 관련 산업체, 차세대 모바일 통신 네트워크 시스템 설계업체, 금융 기관의 전산 및 통신 관련 부서 등
정부 및 교육 기관	과학기술정보통신부, 고용노동부, 산업통상자원부, 중소기업청, 통계청 등 정부 산하 기관, 통신 분야 정부 및 지방 공공 기관, 대학교 등
연구 기관	한국전자통신연구원, 국방과학연구소, 한국생산기술연구원 등

학과 주요 교과목

기초 과목	컴퓨터학개론, 회로공학, 이산수학, 자료구조, 공학수학, 자바프로그래밍, C프로그래밍과 실습, 확률과 통계, 운영체제, 컴퓨터그래픽스, 선형대수 등
심화 과목	객체지향프로그래밍, 멀티미디어신호처리, 모바일프로그래밍, 시스템프로그래밍, 자료구조와 알고리즘, 디지털논리회로, 신호 및 시스템, 감성공학, 머신러닝, 데이터베이스, 데이터통신, 영상처리, 병렬프로그래밍, 통신이론, 디지털통신, 이동통신, 인공신경망, 딥러닝 등

학과 인재상 및 갖추어야 할 자질

- 평소에 IT 기기와 모바일, 컴퓨터를 다루는 데 관심이 많은 학생
- 팀의 구성원으로서 팀 성과에 기여하고자 하는 팀워크 능력을 지닌 학생
- 지적 호기심, 직업 윤리와 책임감, 그리고 끈기를 지닌 학생
- 수학, 물리학, 컴퓨터 프로그래밍 언어 등에 높은 관심과 이해력을 지닌 학생
- 이동 통신 또는 임베디드 시스템에 관심이 많은 학생
- 과학적인 사고, 융복합적인 사고를 지닌 학생

학과 관련 선택 과목

※ 국어, 영어 교과는 모든 학문의 기초적인 성격을 가진 도구교과로 모든 학과에 이수가 필요하여 생략함.

공통 과목		공통국어1,2, 공통수학1,2, 공통영어1,2, 한국사1,2, 통합사회1,2, 통합과학1,2, 과학탐구실험1,2
수능 필수		화법과 언어, 독서와 작문, 문학, 대수, 미적분Ⅰ, 확률과 통계, 영어Ⅰ, 영어Ⅱ, 한국사, 통합사회, 통합과학, 성공적인 직업생활(직업)
일반 선택	수학, 사회, 과학	대수, 미적분Ⅰ, 확률과 통계, 현대사회와 윤리, 물리학, 화학
	체육·예술	
	기술·가정/정보	기술·가정, 정보
	제2외국어/한문	
	교양	
진로 선택	수학, 사회, 과학	기하, 미적분Ⅱ, 윤리와 사상, 인문학과 윤리, 역학과 에너지, 전자기와 양자
	체육·예술	
	기술·가정/정보	데이터 과학
	제2외국어/한문	
	교양	
융합 선택	수학, 사회, 과학	실용 통계, 수학과제 탐구, 윤리문제 탐구, 융합과학 탐구
	체육·예술	
	기술·가정/정보	창의 공학 설계, 소프트웨어와 생활
	제2외국어/한문	
	교양	

추천 도서 목록

- 다정한 인공지능을 만나다, 장대익, 샘터
- 메타버스 모든 것의 혁명, 매튜 볼, 다산북스
- 메타버스에선 무슨 일이 일어날까, 이동은, 이지북
- 소프트웨어 세상을 여는 컴퓨터 과학, 김종훈, 한빛아카데미
- 소프트웨어 장인 정신 이야기, 로버트 C. 마틴, 인사이트
- 십 대를 위한 SW 인문학, 두일철 외, 영진닷컴
- 육각형 개발자, 최범균, 한빛미디어
- 코딩없이 배우는 데이터 과학, 황보현우 외, 성안북스
- 코딩의 미래, 홍진일, 로드북
- 과학의 역사, 윌리엄 바이넘, 소소의책
- 만일 물리학으로 세상을 볼 수 있다면, 정창욱, 콘택트
- 정재승의 과학콘서트, 정재승, 어크로스
- 총 균 쇠, 재레드 다이아몬드, 문학사상
- 뇌를 바꾼 공학 공학을 바꾼 뇌, 임창환, MID
- 앵무새 죽이기, 하퍼 리, 열린책들
- 도구와 기계의 원리 Now, 데이비드 맥컬레이, 크래들
- 기계비평, 이영준, 워크룸프레스
- 이기적 유전자, 리처드 도킨스, 을유문화사
- 엔트로피, 제레미 리프킨, 세종연구원

학교생활 TIPS

- 모바일공학 전공에 기본이 되는 수학, 물리학, 정보 교과 성적을 상위권으로 유지하고, 정규 교과 수업 시간을 통해 모바일공학 전공에 대한 관심과 이해, 지원 전공에 대해 관심을 충족시키기 위해 노력한 과정, 학습을 수행하는 자발적인 의지와 태도, 모바일공학 전공과 관련된 역량 발휘 경험 등 자신의 장점이 학교생활기록부 교과 세부능력 및 특기사항에 기록되도록 하는 것이 좋습니다.
- 학교 교육계획에 의한 행사 활동, 수련 활동 및 학년·학급 단위로 진행되는 활동(융합 교실, 독서 토론, 모의 법정, 리더십, 생태 체험, 창의성 교육, 환경 교육)에서 자발성과 자율성, 적극성, 대인 관계, 공동체 의식, 리더십 등이 드러날 수 있도록 적극적으로 참여합니다.
- 학교 정규 동아리(로봇, 공학, 융합, 컴퓨터, 과학 탐구 실험, 발명) 활동을 추천하고, 동아리 활동을 통해 모바일공학에 대한 학문적 열정과 지적

관심, 새로운 아이디어 제안이 특정한 결과물로 이어지는 과정을 통해 배우고 느낀 점이 나타나는 것이 좋습니다.
- 학교생활 내에서도 자신의 능력을 나누어줄 수 있는 다양한 봉사 활동(급식 도우미, 사서 도우미, 학습 멘토링, 교통 지도, 분리수거 도우미, 교단 선진화 기자재 도우미) 참여를 권장하고, 사회 소외 계층(독거노인, 장애인, 다문화 가정 학생) 대상 봉사 활동을 통해 타인을 위해 헌신하는 모습을 나타내는 것이 중요합니다.
- 모바일 제조 회사나 연구소 탐방, 직업 탐색 및 직업인 특강, 모바일 관련 학과 탐방, IT 기기 전시회, 전자 기기전 관람 등 전공 관련 진로 활동 참여를 통해 지원 전공에 대한 올바른 이해, 모바일공학 전공에 대한 관심과 열정, 자기주도적인 진로 설정 과정, 전공 적합성 등이 기록되는 것이 좋습니다.

145

반도체공학과

학과소개

현대 산업의 핵심 영역인 전자공학 분야에서 가장 중추적이고 핵심적인 분야는 반도체입니다. 반도체를 빼고는 전자공학을 거론할 수 없을 정도로 반도체는 매우 중요한 위치를 차지하고 있습니다. 컴퓨터, 스마트폰, 전자 제품, 자동차 등의 동작에 필수적인 부품인 반도체는 우리나라 국가 경제의 중심이며 차세대 성장 동력의 핵심이기도 합니다. 반도체공학과는 반도체를 설계하는 분야, 설계한 반도체를 제작 및 측정하는 분야, 제작한 반도체를 응용하는 분야로 나눠집니다. 구체적으로는 반도체 공정 및 재료, 반도체 장비, 반도체 측정, 반도체 집적 회로 설계 및 반도체 응용 회로 분야를 다룹니다.

반도체공학과는 기초 과학과 응용과학의 조화로운 교육을 통해, 전자공학, 재료공학, 컴퓨터공학 등과 연계하여 반도체 공정 및 설계 분야를 아우를 수 있는 인재, 창의적 사고와 반도체 설계 분야의 전문 지식을 통해 차세대 반도체 산업을 이끌어갈 인재, 반도체 공정 및 설계 분야뿐만 아니라 반도체 테스트, 분석 분야의 전문 인재, 지역과 국제 사회에 기여하는 인재의 양성을 교육 목표로 하고 있습니다.

개설대학

- 건양대학교
- 경상국립대학교
- 고려대학교
- 국립목포대학교
- 대전대학교
- 수원대학교
- 인제대학교
- 포항공과대학교
- 한양대학교
- 호서대학교 등

관련학과

- 반도체 · 디스플레이학과
- 반도체 · 신소재공학과
- 반도체 · 전자공학부
- 반도체공학부
- 반도체디스플레이학과
- 반도체산업융합학과
- 반도체설계학과
- 반도체시스템공학과
- 반도체시스템공학부
- 반도체신소재공학과
- 반도체융합공학과
- 반도체학과
- 나노반도체공학과
- 시스템반도체공학과
- 융합반도체공학과
- 지능형반도체공학과
- 지능형반도체공학전공 등

진출직업

- LED연구 및 개발자
- RFID시스템개발자
- 공학계열교수
- 로봇공학기술자
- 반도체공학기술자
- 반도체장비기술자
- 전자공학기술자
- 재료공학기술자
- 전기제품개발기술자
- 컴퓨터하드웨어기술자 등

취득가능 자격증

- 반도체설계기사
- 세라믹기술사
- 세라믹산업기사
- 전자산업기사
- 금속재료기사
- 금속재료산업기사
- 반도체장비유지보수기능사
- 반도체설계산업기사
- 세라믹기사
- 전자기사
- 무선설비산업기사
- 무선설비기사
- 정보처리산업기사
- 정보처리기사 등

진출분야

기업체	반도체 제조업체, 반도체 장비 및 소재 관련 기업, 유리 · 도자기 등 전통 요업 업체, 전자 정보 소재 관련 업체, 반도체 재료 및 소자 제조업체, 반도체 공정 산업체, 집적 회로 설계 엔지니어, 초고주파 통신 분야의 개발 엔지니어 등
정부 및 교육 기관	한국과학기술원, 한국생산기술연구원, 한국세라믹기술원, 한국산업기술시험원, 한국기계연구원부설재료연구소 등
연구 기관	반도체 · 세라믹 · 신소재 관련 기업 연구소, 대학 내연구소 등

학과 주요 교과목

기초 과목	일반물리학, 일반화학, 일반화학실험, 프로그래밍연습, 반도체 이해, 반도체개론, 전자기학, 반도체물리학, 양자물리학, 회로 이론, 전자물성론, 반도체소자, 재료공학, 공업수학 등
심화 과목	전기전자재료, 무선통신, 전파공학, 디지털시스템설계, 자동제어, 재료결정학, 첨단기능성세라믹, 반도체장비제어, 디지털집적회로설계, 디지털설계언어, 광전자공학, 디스플레이공학, 반도체측정, 나노소자공학, 아날로그집적회로, 마이크로프로세서응용 등

학과 인재상 및 갖추어야 할 자질

- 수학, 물리학, 화학 등의 기초 과학 과목에 대한 관심과 지식을 갖춘 학생
- 각종 컴퓨터의 응용 프로그램 활용 능력이 뛰어난 학생
- 첨단 반도체 분야에서 새로운 가치를 창출할 수 있는 창의적인 학생
- 어려운 문제에 도전하여 목적을 성취할 수 있는 능력을 가진 학생
- 실험 및 실습 위주의 수업에 참여하기 위한 논리적인 사고력과 탐구 정신을 갖춘 학생
- 창의성과 문제 해결을 위한 논리적 사고, 분석력, 그리고 정확한 판단력을 지닌 학생

학과 관련 선택 과목

※ 국어, 영어 교과는 모든 학문의 기초적인 성격을 가진 도구교과로 모든 학과에 이수가 필요하여 생략함.

공통 과목		공통국어1,2, 공통수학1,2, 공통영어1,2, 한국사1,2, 통합사회1,2, 통합과학1,2, 과학탐구실험1,2
수능 필수		화법과 언어, 독서와 작문, 문학, 대수, 미적분Ⅰ, 확률과 통계, 영어Ⅰ, 영어Ⅱ, 한국사, 통합사회, 통합과학, 성공적인 직업생활(직업)
일반 선택	수학, 사회, 과학	대수, 미적분Ⅰ, 확률과 통계, 물리학
	체육·예술	
	기술·가정/정보	기술·가정, 정보
	제2외국어/한문	
	교양	
진로 선택	수학, 사회, 과학	기하, 미적분Ⅱ, 역학과 에너지, 전자기와 양자
	체육·예술	
	기술·가정/정보	데이터 과학
	제2외국어/한문	
	교양	
융합 선택	수학, 사회, 과학	수학과제 탐구, 융합과학 탐구
	체육·예술	
	기술·가정/정보	창의 공학 설계, 지식 재산 일반
	제2외국어/한문	
	교양	

추천 도서 목록

- 칩워, 누가 반도체 전쟁의 최후 승자가 될 것인가, 크리스 밀러, 부키
- 반도체 인사이트 센서 전쟁, 한국반도체산업협회, 교보문고
- 반도체 전쟁, 최낙섭, 한올출판사
- 반도체 오디세이, 이승우, 위너스북
- 기술전쟁, 윤태성, 위즈덤하우스
- 기술의 충돌, 박현, 서해문집
- 이기는 지키는 넘어서는 K 반도체, 최수, 엥글북스
- 반도체 제조기술의 이해, 곽노열 외, 한올
- 그리드, 그레천 바크, 동아시아
- 김상욱의 양자공부, 김상욱, 사이언스북스
- 떨림과 울림, 김상욱, 동아시아
- 데이터 인문학, 김택우, 한빛미디어

- 물질의 물리학, 서민아, 어바웃어북
- 미적분의 힘, 스티븐 스트로가츠, 해나무
- 세상에서 가장 쉬운 과학 수업 양자혁명, 정완상, 성림원북스
- 수식없이 술술 양자물리, 휠리앙 보르로프, 북스힐
- 수학이 필요한 순간, 김민형, 인플루엔셜
- 일렉트릭 유니버스, 데이비드 보더니스, 글램북스
- 이기적 유전자, 리처드 도킨스, 을유문화사
- 부분과 전체, 베르너 하이젠베르크, 서커스, 서커스출판상회
- 엔트로피, 제레미 리프킨, 세종연구원

학교생활 TIPS

- 반도체공학 전공에 기본이 되는 수학, 물리학, 화학, 정보 교과 성적을 상위권으로 유지하고, 정규 교과 수업 활동 시간에 반도체공학 전공에 대한 관심과 이해, 지원 전공에 대해 관심을 충족시키기 위해 노력한 과정, 학습을 수행하는 자발적인 의지와 태도, 반도체공학 전공 관련 역량 발휘 경험 등이 학교생활기록부 교과 세부능력 및 특기사항에 기록되는 것이 좋습니다.
- 학교 교육계획에 의한 행사 활동, 수련 활동 및 학년·학급 단위로 진행되는 활동(융합 교실, 독서 토론, 모의 법정, 리더십, 생태 체험, 창의성 교육, 환경 교육)에서 자발성과 자율성, 적극성, 대인 관계, 공동체 의식, 리더십 등이 드러날 수 있도록 적극적으로 참여하는 것이 중요합니다.
- 학교 정규 동아리(로봇, 공학, 융합, 컴퓨터, 과학 탐구실험, 발명) 활동을 추천하고, 동아리 활동을 통해 반도체공학에 대한 학문적 열정과 지적

관심, 새로운 아이디어 제안이 특정한 결과물로 이어지는 과정을 통해 배우고 느낀 점이 나타나면 좋습니다.
- 학교생활 내에서도 자신의 능력을 나누어줄 수 있는 다양한 봉사 활동(급식 도우미, 사서 도우미, 학습 멘토링, 교통 지도, 교단 선진화 기자재 도우미)에 참여하여 타인을 위해 헌신하는 모습이 나타나도록 하는 것이 중요합니다.
- 반도체 제조 회사나 연구소 탐방, 직업 탐색 및 직업인 특강, 반도체 관련 학과 탐방, IT 기기 전시회, 전자 기기전 관람 등 전공 관련 진로 활동 참여를 통해 지원 전공에 대한 올바른 이해, 반도체공학 전공에 대한 관심과 열정, 자기주도적인 진로 설정 과정, 전공 적합성 등이 기록되는 것이 좋습니다.

인문계열 / 사회계열 / 자연계열 / 공학계열 / 의약계열 / 예체능계열 / 교육계열 / 계약학과 & 특성화학과

146

산업경영공학과

학과소개

산업경영공학은 인간, 물자, 설비, 정보 및 에너지로 이루어진 종합적인 산업 시스템을 최적으로 설계하고, 효율적으로 운영하며, 혁신하고자 하는 학문입니다. 기술의 융합 시대에는 체계적인 시스템과 다양한 학문의 융합을 통해 시스템의 효율성을 높이는 것이 매우 중요시되고 있습니다. 산업경영공학과는 더욱 효율적인 일의 수행을 위한 시스템 운영 방법, 제품 생산과 전달의 전 과정에서 과학적이고 합리적으로 산업 시스템을 설계하고 운영하는 방법, 정보 및 자동화 기술을 이용하여 통합 운영 시스템을 효율적으로 구현할 수 있는 공학적 실무 지식 등을 배우는 학과입니다.

산업경영공학과는 복잡하고 다양한 산업 시스템에서 발생하는 복합적인 문제를 해결하고 시스템의 성능을 최적화하기 위한 시스템적 사고 능력, 문제 해결 능력, 수학·기초 과학 및 사회 과학의 지식을 응용할 수 있는 능력, 원활한 의사소통 능력, 국제적 협동 능력 등을 지닌 인재 양성을 교육 목표로 하고 있습니다.

개설대학

- 국립강릉원주대학교
- 동아대학교
- 국립한국교통대학교
- 경기대학교
- 명지대학교
- 한국외국어대학교
- 경성대학교
- 성결대학교
- 한남대학교
- 경희대학교
- 인천대학교
- 국립한밭대학교
- 대진대학교
- 인하대학교
- 한양대학교(ERICA) 등

진출직업

- 물류관리사
- 산업공학기술자
- 시스템운영관리자
- 변리사
- 품질관리기술자
- 감정평가사
- 품질인증심사전문가
- 회계사무원 등
- 산업안전 및 관리기술자

관련학과

- 산업공학과
- 산업융합공학과
- 경영공학과
- 산업정보시스템공학과
- 물류시스템공학과
- 스마트팩토리공학과
- 빅데이터경영공학과
- 시스템경영·안전공학부
- 산업·데이터공학과
- 스마트경영공학부
- 산업경영공학부
- 에너지시스템경영공학전공
- 산업경영정보공학과
- 융합산업학과
- 산업기술융합공학과
- 정보산업공학전공
- 산업시스템공학과
- 산업공학부 산업경영공학전공
- 산업시스템공학부
- 테크노산업공학과
- 산업안전경영공학과
- 품질경영공학과 등

취득가능 자격증

- 경영지도사
- 변리사
- 물류관리사
- ERP정보관리사
- 유통관리사
- 품질경영기사
- 인간공학기사
- 공정관리기사
- 사회조사분석사
- 3D프린터개발산업기사
- 산업안전기사
- 빅데이터전문가
- 품질경영산업기사
- 전자상거래관리사
- 품질경영기사
- ISO 9000 및 품질경영진단사
- 산업위생관리기사
- CQE(국제품질기사)
- 인간공학기사
- CRE(국제공인신뢰성전문가)
- 정보처리기사
- CQIA(국제품질개선관리사) 등

진출분야

기업체	시스템 통합 업체, IT 관련 업체, 통신 시스템 및 정보 시스템 업체, 소프트웨어 개발 업체, 기계 전자 제조 회사, 유통 업체, 컨설팅 업체, 정보 기술 회사, 시스템 엔지니어링 회사, 벤처 기업 창업 등
정부 및 교육 기관	산업통상자원부, 특허청, 한국산업안전보건공단 등
연구 기관	산업 시스템 관련 연구 기관, 한국과학기술원, 한국표준과학연구소, 한국산업안전연구원, 한국생산기술연구원, 한국능률협회, 한국표준협회 등

학과 주요 교과목

기초 과목	물리학, 미적분학, 일반화학, 일반화학실험, 일반생물학, 공업입문설계, 공학경제, 개량분석개론, 산업경영공학개론, 산업경영수학, 통계학개론, 생산관리, 작업설계 등
심화 과목	산업경영시스템, 경영과학, 품질공학, 품질경영, 품질관리, 물류관리론, 데이터마이닝, 데이터베이스, 생산자동화, 경영혁신, 원가회계, 신뢰성공학, 전자상거래, 기술경영, 서비스공학, ERP, 경영과학, 기술경영전략, 지능형시스템, 산업경영통계, 경제성공학, 인간공학 등

학과 인재상 및 갖추어야 할 자질

- 수학, 물리학, 화학 등 기초 과학 과목에 대한 관심과 지식을 갖춘 학생
- 공학적 소양과 인문학적 사고가 고루 풍부한 학생
- 사물의 동작 과정과 효율적인 동작을 하기 위한 방법에 호기심이 많은 학생
- 수리에 능하고 체계적으로 일의 프로세스를 설계하는 능력이 있는 학생
- 어려운 문제에 도전하여 목적을 성취할 수 있는 능력을 가진 학생
- 다른 사람들과의 협업 능력, 세심하고 꼼꼼한 성격을 지닌 학생

학과 관련 선택 과목

※ 국어, 영어 교과는 모든 학문의 기초적인 성격을 가진 도구교과로 모든 학과에 이수가 필요하여 생략함.

공통 과목		공통국어1,2, 공통수학1,2, 공통영어1,2, 한국사1,2, 통합사회1,2, 통합과학1,2, 과학탐구실험1,2
수능 필수		화법과 언어, 독서와 작문, 문학, 대수, 미적분Ⅰ, 확률과 통계, 영어Ⅰ, 영어Ⅱ, 한국사, 통합사회, 통합과학, 성공적인 직업생활(직업)
일반 선택	수학, 사회, 과학	대수, 미적분Ⅰ, 확률과 통계, 세계시민과 지리, 사회와 문화, 현대사회와 윤리, 물리학
	체육·예술	
	기술·가정/정보	기술·가정, 정보
	제2외국어/한문	
	교양	생태와 환경
진로 선택	수학, 사회, 과학	기하, 미적분Ⅱ, 경제 수학, 한국지리 탐구, 경제, 윤리와 사상, 인문학과 윤리, 역학과 에너지, 전자기와 양자
	체육·예술	
	기술·가정/정보	데이터 과학
	제2외국어/한문	
	교양	
융합 선택	수학, 사회, 과학	실용 통계, 수학과제 탐구, 사회문제 탐구, 윤리문제 탐구, 기후변화와 지속가능한 세계, 기후변화와 환경생태, 융합과학 탐구
	체육·예술	
	기술·가정/정보	창의 공학 설계, 지식 재산 일반
	제2외국어/한문	
	교양	

추천 도서 목록

- 4차 산업혁명과 창의적사고, 금진호 외, 양성원
- 생각의 차이가 일류를 만든다, 이동규, 21세기북스
- 청소년을 위한 처음 물리학, 권영균, 청아출판사
- 청소년을 위한 물리 이야기, 사마키 다케오, 리듬문고
- 앞서 나가는 10대를 위한 로켓 물리학, 매슈 브렌든 우드, 타임북스
- 물리학자의 시선, 김기태, 지성사
- 청소년을 위한 잘못 알기 쉬운 과학 개념, 조희형, 전파과학사
- 청소년이 경영학을 만나다, 신형덕, 에코의바다
- 4차 산업혁명과 인재경영, 월간 인재경영 편집부, 온크미디어
- 4차 산업혁명시대 공진화를 위한 기술경영, 임현진 외, 청람
- 4차 산업혁명과 기술경영, 황인극 외, 청람
- 스마트 세상을 여는 산업공학, 대한산업공학회, 교문사

- 메타버스 시대의 사물 인터넷, 양순옥 외, 생능출판사
- 미래를 바꾼 아홉가지 알고리즘, 존 매코믹, 에이콘출판사
- 보이지 않는 위협, 김홍선, 한빛미디어
- 생각하지 않는 사람들, 니콜라스 카, 청림출판
- 우리의 미래를 결정할 과학 4.0, 박재용, 북루덴스
- 처음 읽는 양자컴퓨터 이야기, 다케다 순타로, 플루토
- 더 골, 엘리 골드렛 외, 동양북스
- 공학의 마에스트로 산업공학, 대한산업공학회, 한승

학교생활 TIPS

- 산업경영공학 전공에 기본이 되는 수학, 과학(물리학, 화학), 사회, 영어, 기술·가정, 정보 교과 성적을 상위권으로 유지하고, 학업 능력, 전공 적합성, 문제 해결 능력 등이 학교생활기록부 교과 세부능력 및 특기사항 영역에 나타나도록 합니다.
- 학교 교육계획에 의한 행사 활동, 수련 활동 및 학년·학급 단위로 진행되는 활동에서 자발성과 자율성, 적극성, 대인 관계, 공동체 의식, 리더십 등이 드러날 수 있도록 적극적으로 참여하는 것이 중요합니다.
- 학교 정규 동아리(공학, 경영, 경제, 코딩 및 아두이노, 독서 토론, 발명, 사회 참여) 활동을 추천하고, 동아리 활동을 통해 학문적 열정과 지적 관심, 전공 분야에 대한 관심과 열정, 새로운 아이디어 제안이 특정 결과물로 이어지는 과정을 통해 배우고 느낀 점이 나타나는 것이 좋습니다.

- 학교생활 내에서도 자신의 능력을 나누어 줄 수 있는 다양한 봉사 활동(급식 도우미, 사서 도우미, 학습 멘토링, 교통 지도, 분리수거 도우미, 교단 선진화 기자재 도우미) 참여를 권장합니다.
- 공학, 경영, 경제, 인공지능, 4차 산업혁명, 로봇, 인문학, 철학, 역사, 심리학 등 다양한 분야의 독서 활동을 통해 융합적 사고를 기를 수 있도록 노력합니다.
- 산업경영공학 관련 기업이나 직업 탐색, 직업인 특강, 학과 탐방 등 전공 관련 진로 활동 참여를 통해 지원 전공에 대한 올바른 이해, 산업경영공학 전공에 대한 관심과 열정, 자기주도적인 진로 설정 과정, 과정의 유의미성, 전공 적합성 등이 기록되는 것이 좋습니다.

인문계열 · 사회계열 · 자연계열 · 공학계열 · 의약계열 · 예체능계열 · 교육계열 · 계약학과 & 특성화학과

147

산업공학과

학과소개

산업공학은 빠른 속도로 발전하고 변화하는 기술 환경 속에서 시스템의 효율적인 운영을 위해 복잡한 시스템의 개별 구성 요소에 대한 지식은 물론 각 구성 요소를 효율적으로 통합하여 시스템 전체에 대한 각종 의사 결정을 지원할 수 있도록 시스템의 설계, 설치 및 개선을 다루는 학문 분야입니다. 산업공학은 과학적 원리와 경영 전략을 접목하여 기업 업무 과정을 혁신하고, 종합적 경영 전략을 운영하는 과학적 이론과 실무적 기법을 다룹니다. 산업공학과는 사회의 다양한 조직체를 구성하는 요소인 인사, 설비, 자재, 정보, 유통 등을 유기적이고 종합적인 시스템으로 간주하고, 그것을 설계 하거나 개선 또는 최적화함으로써 해당 조직체의 성장과 발전을 추구하는 방법을 배우는 학과입니다.

산업공학과는 기술, 정보, 환경의 변화를 분석하여 전공 지식을 창의적으로 적용할 수 있는 인재, 시스템의 혁신을 위한 프로젝트 기획 능력을 갖춘 인재, 다양한 구성원들과 소통하고 조직을 이끌어 갈 수 있는 관리 능력과 리더십을 갖춘 인재, 협업 능력과 책임 의식, 외국어 능력 등 국제적인 전문 가가 갖추어야 할 능력을 지닌 인재 양성을 교육 목표로 합니다.

개설대학

- 건국대학교
- 계명대학교
- 국립공주대학교
- 부산대학교
- 서울대학교
- 아주대학교
- 연세대학교
- 전남대학교
- 전주대학교
- 조선대학교
- 한양대학교 등

진출직업

- 시스템운영관리자
- 품질관리기술자
- 품질인증심사전문가
- 산업안전 및 관리기술자
- 변리사
- 감정평가사
- 경영컨설턴트
- 물류관리전문가
- 컴퓨터시스템설계분석가
- 정보시스템운영자
- MIS전문가(경영정보시스템개발자)
- 산업공학기술자 등

관련학과

- 산업·데이터공학과
- 산업경영공학부
- 산업경영정보공학과
- 산업기술융합공학과
- 산업시스템공학과
- 산업시스템공학부
- 산업안전경영공학과
- 산업융합공학과
- 산업정보시스템공학과
- 스마트팩토리공학과
- 시스템경영·안전공학부
- 화장품발명디자인학과 등

취득가능 자격증

- 인간공학기사
- 품질경영기사
- 품질경영산업기사
- 정보처리기사
- 정보처리산업기사
- 산업안전기사
- 산업안전산업기사
- 경영지도사
- 물류관리사
- CPIM(국제공인생산재고관리사)
- 정보관리기술사
- 품질경영산업기사
- 공정관리기사
- 생산자동화산업기사
- ERP정보관리사
- 물류관리사
- 유통관리사
- 설비보전기사 등

진출분야

기업체	반도체 및 LCD 부품 제조 관련 업체, IT 및 정보 통신 업체, 금융 기관, 마케팅 업체, 컨설팅 업체, 항공우주 관련 업체, 항공사, 정 보 시스템 및 정보 기술업체, 전자 반도체 기업, 소프트웨어 솔루 션 개발 업체 등
정부 기관	정부의 산업 시스템 및 산업 안전 관련 부서, 산업 시스템 및 산 업 안전 관련 공공 기관 등
연구 기관	산업 시스템 관련 연구 기관 등

학과 주요 교과목

기초 과목	정보산업확률통계, 공학기초설계, 산업공학개론, 산업정보관 리론, 테크노경영학, 객체지향프로그래밍, 생산시스템개론, 확 률통계론, 공업경제학, 데이터구조론, 정보통신시스템개론 등
심화 과목	금융공학개론, 인간공학기초, 품질경영, 응용확률방법론, 인간 공학응용, 컴퓨터시뮬레이션, 경영프로세스관리론, 정보산업 응용종합설계, 경영정보시스템, 기업진단론, 정보기술경영, 첨 단생산시스템, 지능정보공학, 지식경영, 품질공학, 금융공학, IT비즈니스와 컨설팅 등

학과 인재상 및 갖추어야 할 자질

- 수학, 과학 등의 자연 과학 분야 교과목은 물론, 사회 등
- 다양한 교과 분야에 관심이 많은 학생
- 공학적 소양과 경영학 및 인문학적 사고가 고루 풍부한 학생
- 사물의 동작 과정과 효율적인 동작을 하기 위한 방법에 호기심이 많은 학생
- 외국어 능력과 컴퓨터 활용 능력을 갖춘 학생
- 협동 작업을 좋아하고, 융합적인 소양을 갖춘 학생
- 일상생활에서 문제점을 찾아 개선하려고 하는 의지와 논리적 사고력을 갖춘 학생

학과 관련 선택 과목

※ 국어, 영어 교과는 모든 학문의 기초적인 성격을 가진 도구교과로 모든 학과에 이수가 필요하여 생략함.

공통 과목		공통국어1,2, 공통수학1,2, 공통영어1,2, 한국사1,2, 통합사회1,2, 통합과학1,2, 과학탐구실험1,2
수능 필수		화법과 언어, 독서와 작문, 문학, 대수, 미적분 I , 확률과 통계, 영어 I , 영어 II , 한국사, 통합사회, 통합과학, 성공적인 직업생활(직업)
일반 선택	수학, 사회, 과학	대수, 미적분 I , 확률과 통계, 세계시민과 지리, 사회와 문화, 현대사회와 윤리, 물리학
	체육·예술	
	기술·가정/정보	기술·가정, 정보
	제2외국어/한문	
	교양	생태와 환경
진로 선택	수학, 사회, 과학	미적분 II , 경제 수학, 한국지리 탐구, 경제, 윤리와 사상, 인문학과 윤리, 역학과 에너지, 전자기와 양자
	체육·예술	
	기술·가정/정보	
	제2외국어/한문	
	교양	
융합 선택	수학, 사회, 과학	실용 통계, 수학과제 탐구, 사회문제 탐구, 윤리문제 탐구, 기후변화와 지속가능한 세계, 기후변화와 환경생태, 융합과학 탐구
	체육·예술	
	기술·가정/정보	창의 공학 설계, 지식 재산 일반
	제2외국어/한문	
	교양	

추천 도서 목록

- 공학의 눈으로 미래를 설계하라, 연세대학교 공과대학, 해냄
- 인간과 빅데이터의 상호작용, 신동희, 성균관대학교출판부
- 지금 당신에게 필요한 경영의 모든 것, 오정석, 인플루엔셜
- 4차 산업혁명과 창의적사고, 금진호 외, 양성원
- 과학은 지금, 국립과천과학관 외, 시공사
- 산업경영공학 시스템 접근, 박용태, 생능출판
- 진짜 하루만에 이해하는 반도체 산업, 박진성, 티더블유아이지
- 칩 대결, 인치밍, 알에이치코리아
- 생각의 차이가 일류를 만든다, 이동규, 21세기북스
- 청소년을 위한 처음 물리학, 권영균, 청아출판사
- 청소년을 위한 물리 이야기, 사마키 다케오, 리듬문고
- 앞서 나가는 10대를 위한 로켓 물리학, 매슈 브렌든 우드, 타임북스
- 물리학자의 시선, 김기태, 지성사

- 청소년을 위한 잘못 알기 쉬운 과학 개념, 조희형, 전파과학사
- 청소년이 경영학을 만나다, 신형덕, 에코의바다
- 4차 산업혁명과 인재경영, 월간 인재경영 편집부, 온크미디어
- 4차 산업혁명시대 공진화를 위한 기술경영, 임현진 외, 청람
- 4차 산업혁명과 기술경영, 황인극 외, 청람
- 스마트 세상을 여는 산업공학, 대한산업공학회, 교문사
- 메타버스 시대의 사물 인터넷, 양순옥 외, 생능출판사
- 미래를 바꾼 아홉가지 알고리즘, 존 매코믹, 에이콘출판사
- 보이지 않는 위협, 김홍선, 한빛미디어
- 생각하지 않는 사람들, 니콜라스 카, 청림출판
- 우리의 미래를 결정할 과학 4.0, 박재용, 북루덴스
- 탁월한 아이디어는 어디서 오는가, 스티브 존슨, 한국경제신문사
- 공학의 마에스트로 산업공학, 대한산업공학회, 교문사

학교생활 TIPS

- 산업공학 전공에 기본이 되는 수학, 과학, 사회, 영어, 기술·가정, 정보 교과 성적을 상위권으로 유지하고, 교과수업 활동을 통해 학습에 대한 의지와 열정, 학문에 대한 열정과 지적 관심, 지원 전공에 대한 흥미와 관심, 지원 전공을 위해 기울인 노력 등이 학교생활기록부 교과 세부능력 및 특기사항에 기록되는 것이 좋습니다.
- 학교 정규 동아리(공학, 코딩 및 아두이노, 독서 토론, 발명, 사회 참여) 활동을 추천하고, 동아리 활동 과정에서 구성원의 화합과 단결을 이끌어 낸 리더십 경험, 활동 중에 부딪히는 문제점을 슬기롭게 해결한 경험 등이 나타나는 것이 좋습니다.
- 학교생활 내에서도 자신의 능력을 나누어줄 수 있는 다양한 봉사 활동(급식 도우미, 사서 도우미, 학습 멘토링, 교통 지도, 분리수거 도우미,

교단 선진화 기자재 도우미)과 돌봄 활동(장애인, 독거노인, 다문화 가정 학생 대상), 자선 봉사 활동(캠페인, 불우 이웃 돕기) 참여를 추천합니다.
- 신문 읽기를 통한 토론 활동과 공학, 경영, 마케팅, 경제, 인공지능, 4차 산업혁명, 로봇, 인문학, 철학, 역사, 심리학 등 다양한 분야의 독서 활동을 통해 공학과 경영 및 경제 관련 융합적 사고 능력을 키울 수 있도록 노력합니다.
- 산업공학 관련 기업이나 직업 탐색, 직업인 특강, 학과 탐방 등 전공 관련 진로 활동 참여를 통해 지원 전공에 대한 올바른 이해, 산업공학 전공에 대한 관심과 열정, 자기주도적인 진로 설정 과정, 과정의 유의미성, 전공 적합성 등이 기록되는 것이 좋습니다.

148

산업시스템공학과

학과소개

산업시스템공학은 인간, 물자, 정보, 설비 및 기술로 이루어지는 종합적 시스템을 설계, 분석, 운용 및 개선하는 데 있어서 요구되는 문제들을 최적화하는 학문입니다. 공학적 지식과 과학적인 경영 기업을 바탕으로 기업 경영에서 발생하는 재무, 회계, 마케팅, 기술 경영상에 나타나는 문제 등을 해결하기 위해 시스템 공학적 접근을 하는 것입니다. 산업시스템공학과에서는 시스템 분석 기술, 계획 기술, 관리 기술로 이루어진 산업 시스템에 대한 종합적인 지식을 습득하게 하여 공학적인 입장에서 산업과 관련한 제반 공학적 기법은 물론, 컴퓨터, 수학, 통계학, 경영학 및 사회 과학 분야의 특수 지식을 활용하여 복잡한 산업 문제를 효율적으로 분석, 응용할 수 있는 능력을 배양합니다.

기술, 정보, 환경의 변화를 분석하여 창의적으로 적용할 수 있는 인재, 시스템의 혁신을 위한 프로젝트 기획 능력을 갖춘 인재, 다양한 구성원들과 소통하고 구성원들을 이끌어 갈 수 있는 관리 능력과 리더십을 갖춘 인재, 국제적인 전문가가 갖추어야 할 협업 능력과 외국어 능력을 지닌 인재 양성은 산업시스템공학과의 교육 목표입니다.

개설대학

- 동국대학교
- 국립창원대학교 등

진출직업

- 시스템운영관리자
- 품질관리기술자
- 품질인증심사전문가
- 산업안전 및 관리기술자
- 변리사
- 감정평가사
- 경영컨설턴트
- 물류관리전문가
- 컴퓨터시스템설계분석가
- 정보시스템운영자
- MIS전문가(경영정보시스템개발자)
- 산업공학기술자 등

관련학과

- 산업·데이터공학과
- 산업경영공학부
- 산업경영정보공학과
- 산업기술융합공학과
- 산업시스템공학부
- 산업안전경영공학과
- 산업융합공학과
- 산업정보시스템공학과
- 스마트팩토리공학과
- 시스템경영·안전공학부 등

취득가능 자격증

- 인간공학기사
- 품질경영기사
- 품질경영산업기사
- 정보처리기사
- 정보처리산업기사
- 산업안전기사
- 산업안전산업기사
- 산업위생관리기사
- 경영지도사
- 물류관리사
- 생산재고관리사(CPIM)
- 정보관리기술사
- 품질경영산업기사
- 공정관리기사
- 생산자동화산업기사
- ERP정보관리사
- 물류·유통관리사
- 설비보전산업기사 등

진출분야

기업체	IT 및 정보 통신 업체, 금융 기관, 마케팅 업체, 경영컨설팅 업체, 정보 시스템 및 정보 기술 업체, 소프트웨어 솔루션 개발 업체 등
정부 기관	정부의 산업 시스템 및 산업 안전 관련 부서, 산업 시스템 및 산업 안전 관련 공공 기관 등
연구 기관	산업 시스템 관련 연구 기관, 한국전자통신연구원, 국방과학연구소 등

학과 주요 교과목

기초 과목	미적분학, 확률과 통계학, 일반물리학, 일반화학, 일반생물학, 산업시스템공학의 이해, 공학수학, 공학경제, 선형대수학, 융합공학개론, 경영과학, 응용통계학, 프로그래밍입문 등
심화 과목	경영정보시스템, 인간공학, 경영과학, 품질공학, 데이터마이닝, 데이터사이언스입문, 기술경영, 첨단제조공학, 헬스케어공학, 정보시스템분석설계, 데이터베이스분석설계, 서비스공학, 프로젝트관리, 금융공학입문, 유통물류관리, 산업안전관리론, 제조감성공학 등

학과 인재상 및 갖추어야 할 자질

- 수학, 과학 등의 자연 과학 분야 교과목은 물론, 사회 등 다양한 교과 분야에 관심이 많은 학생
- 공학적 소양뿐만 아니라 경영학 및 인문학적 사고, 컴퓨터 활용 능력을 갖춘 학생
- 사물의 동작 과정, 효율적인 동작 방법 등에 대해 호기심이 많은 학생
- 협동 작업을 좋아하고 여러 분야에 융합적인 소양을 갖춘 학생
- 평소 수치 계산을 좋아하고 체계적으로 일을 처리하는 것을 즐기는 학생
- 일상생활 속에서 문제점을 찾아 개선하려고 하는 의지와 논리적 사고력을 갖춘 학생

학과 관련 선택 과목

※ 국어, 영어 교과는 모든 학문의 기초적인 성격을 가진 도구교과로 모든 학과에 이수가 필요하여 생략함.

공통 과목		공통국어1,2, 공통수학1,2, 공통영어1,2, 한국사1,2, 통합사회1,2, 통합과학1,2, 과학탐구실험1,2
수능 필수		화법과 언어, 독서와 작문, 문학, 대수, 미적분 I , 확률과 통계, 영어 I , 영어 II , 한국사, 통합사회, 통합과학, 성공적인 직업생활(직업)
일반 선택	수학, 사회, 과학	대수, 미적분 I , 확률과 통계, 세계시민과 지리, 사회와 문화, 현대사회와 윤리, 물리학
	체육·예술	
	기술·가정/정보	기술·가정, 정보
	제2외국어/한문	
	교양	생태와 환경
진로 선택	수학, 사회, 과학	미적분 II , 경제 수학, 한국지리 탐구, 경제, 윤리와 사상, 인문학과 윤리, 역학과 에너지, 전자기와 양자
	체육·예술	
	기술·가정/정보	데이터 과학
	제2외국어/한문	
	교양	
융합 선택	수학, 사회, 과학	실용 통계, 수학과제 탐구, 사회문제 탐구, 윤리문제 탐구, 기후변화와 지속가능한 세계, 기후변화와 환경생태, 융합과학 탐구
	체육·예술	
	기술·가정/정보	창의 공학 설계, 지식 재산 일반
	제2외국어/한문	
	교양	

추천 도서 목록

- 인문학자 김경집의 61 사고 혁명, 김경집, 김영사
- 수평적 사고, 폴 솔론, 21세기북스
- 호모 사피엔스와 과학적 사고의 역사, 레오나르드 물로디노프, 까치
- 디지털 정글에서 살아남는 법, 임정혁, 포아이알미디어
- 청소년이 경영학을 만나다, 신형덕, 에고의바다
- 스마트 팩토리, 한관희, 한경사
- 물류가 온다, 박철홍, 영림카디널
- 4차산업혁명 인공지능 빅데이터, 후쿠하라 외, 경향BP
- 4차 산업혁명과 창의적사고, 금진호 외, 양성원
- 생각의 차이가 일류를 만든다, 이동규, 21세기북스
- 청소년을 위한 처음 물리학, 권영균, 청아출판사
- 청소년을 위한 물리 이야기, 사마키 다케오, 리듬문고

- 앞서 나가는 10대를 위한 로켓 물리학, 매슈 브렌든 우드, 타임북스
- 물리학자의 시선, 김기태, 지성사
- 청소년을 위한 잘못 알기 쉬운 과학 개념, 조희형, 전파과학사
- 청소년이 경영학을 만나다, 신형덕, 에코의바다
- 4차 산업혁명과 인재경영, 월간 인재경영 편집부, 온크미디어
- 스마트 세상을 여는 산업공학, 대한산업공학회, 교문사
- 청소년이 경영학을 만나다, 신형덕, 에코의바다
- 4차 산업혁명과 인재경영, 월간 인재경영 편집부, 온크미디어
- 스마트 세상을 여는 산업공학, 대한산업공학회, 교문사
- 탁월한 아이디어는 어디서 오는가, 스티브 존슨, 한국경제신문사
- 공학의 마에스트로 산업공학, 대한산업공학회, 한승
- 나쁜 사마리아인들, 장하준, 부키

학교생활 TIPS

- 산업시스템공학 전공과 관련이 있는 교과(수학, 물리학, 화학, 정보 등)를 선택하며, 관련 교과의 학업 성취도 향상을 위해 많은 노력이 필요합니다. 교과 수업 시간에 지원 전공에 대한 관심과 역량 및 이해, 학업 수행 역량, 발전 가능성 등이 학교생활기록부 교과 세부능력 및 특기사항에 나타나는 것이 좋습니다.
- 산업시스템공학 분야에 대한 흥미와 관심, 지원 전공에 대해 이해, 자신의 경험과 지원 전공과의 진로 연관성이 드러날 수 있는 교내 활동(융합 교실, 리더십, 독서 토론, 코딩 교실)이나 교외 활동(산업시스템공학 관련 기업이나 연구소 탐방, 관련 분야 직업 체험 및 직업인 특강, 관련 학과 탐방) 참여를 통해 자신의 진로 역량을 키우는 것을 추천합니다.

- 학교 교육계획에 의해 운영되는 봉사 활동(교통 지도, 정보 도우미, 급식 도우미, 학습 멘토링, 통합반 도우미)이나 사회 소외 계층(장애인, 독거 노인, 다문화 가정 학생) 대상 봉사 활동 참여를 통해서 타인을 위해 봉사하고 헌신하는 모습이 드러나는 것이 좋습니다.
- 컴퓨터 및 공학 관련 동아리(코딩, 아두이노, 정보보안, 발명)와 과학 관련 동아리(과학 탐구 실험, 수리 탐구 논술) 등의 참여를 통해서 발표, 토론, 실험 및 실습, 팀 프로젝트 등의 다양한 경험을 수행하고, 수행 과정에서 자기주도적인 모습이 나타나는 것이 좋습니다.

149

생물공학과

학과소개

생물공학은 식품, 생물, 화학, 의학, 유전학 그리고 정보기술 등의 여러 학문을 접목시켜 생물의 특이한 생명 현상과 생물이 가진 우수한 기능을 공학적으로 활용함으로써, 건강한 인간 생태계의 유지와 인류의 행복, 번영을 위한 각종 제품 및 기술을 개발하는 복합 공학적 학문입니다. 생물공학과는 생물체에 대한 순수 학문적 지식을 기반으로 한 공학적 기술을 이용하여 신규 의약품 개발, 기능성 생물 소재 개발 및 생산, 생물 공정 개발, 그리고 바이오 에너지 산업화에 필요한 전문 인력을 양성합니다.

생물공학과는 창의적이고 전문적인 생물공학 연구 및 응용 능력을 지닌 인재, 국제적 감각과 이해력은 물론, 해외 전문가와 효과적으로 협동 및 교류할 수 있는 능력을 갖춘 국제 수준의 인재, 원활한 의사소통 능력과 도덕적 책임 의식 및 협동심을 갖춘 인재의 양성을 교육 목표로 합니다.

개설대학

- 건국대학교
- 국립부경대학교
- 전남대학교 등

관련학과

- 생명공학부
- 생명공학전공
- 분자생명공학과
- 시스템생명공학과
- 생명정보공학과
- 시스템생명공학과
- 식품생명공학과
- 화공생물공학과
- 화공생물공학부 등

진출직업

- 생물공학연구원
- 생명과학연구원
- 유전공학자
- 변리사
- 보건위생검사원
- 생명정보학자
- 미생물학연구원
- 생물분자유전자연구원
- 바이오에너지연구원
- 미생물발효연구원
- 바이오에너지연구 및 개발자
- 생명과학시험원
- 수산학연구원
- 신약개발연구원 등

취득가능 자격증

- 생물공학기사
- 생물분류기사
- 환경기술사
- 대기환경산업기사
- 대기환경기사
- 수질환경산업기사
- 수질환경기사
- 자연생태복원기사
- 토양환경기사
- 식품기사
- 식품산업기사
- 수산제조기사
- 수산양식기사
- 해양기술사
- 해양환경기사
- 농림토양평가관리산업기사 등

진출분야

기업체	생물공학 산업 관련 산업체, 화학 공업 업체, 환경 산업체, 에너지 및 자원 산업체, 의학 및 제약 산업체, 농업 및 기능성 건강 식품 업체, 향장 산업체 등
정부 및 공공 기관	국립보건연구원, 국립환경과학원, 한국화학연구원, 국립수의과학검역원, 국립수산과학원, 한국분석기술연구원, 국립과학수사연구소, 한국생명공학연구원, 한국과학기술연구원, 식품의약품안전처, 한국기초과학지원연구원, 한국해양과학기술원, 농촌진흥청, 한국인삼연초연구원 등
연구 기관	한국생명공학연구원, 한국해양과학기술원, 한국식품연구원, 한국화학연구원, 한국소비자원, 수산물검역소, 한국해양과학기술원 부설 극지연구소 등

학과 주요 교과목

기초 과목	미분적분학, 일반물리학, 일반생물학, 일반화학, 공학입문설계, 공업수학, 공업물리화학, 공업유기화학, 유기화학, 생명공학입문, 미생물학, 생화학, 분자생물학, 세포생물학 등
심화 과목	고분자화학, 분자생물학, 식량화학공학, 기능성식품학, 유전자공학, 식물 및 동물세포공학, 바이러스공학, 분자면역학, 분자생리학, 생체재료, 생물정보학, 환경생물공학, 프로테인공학, 무기재료, 효소공학, 면역학, 발효공학, 식품기능화학, 식량화학공학, 생물화학공학 등

학과 인재상 및 갖추어야 할 자질

- 생명과학, 수학, 물리, 화학 등 자연 계열 과목과 영어에 흥미가 있고, 실험 및 연구를 좋아하는 학생
- 생명체와 생명 현상, 자연에 대해 관심이 많은 학생
- 변화에 대처할 수 있는 창의적이고 개방적인 사고 능력을 갖춘 학생
- 새로운 것을 발견하려는 끊임없는 호기심과 창의력, 관찰력을 지닌 학생
- 논리적인 사고나 통찰력, 도전 정신, 분석력을 지닌 학생
- 많은 실험과 실습을 하는 데 필요한 인내심이 강한 학생

학과 관련 선택 과목

※ 국어, 영어 교과는 모든 학문의 기초적인 성격을 가진 도구교과로 모든 학과에 이수가 필요하여 생략함.

공통 과목		공통국어1,2, 공통수학1,2, 공통영어1,2, 한국사1,2, 통합사회1,2, 통합과학1,2, 과학탐구실험1,2
수능 필수		화법과 언어, 독서와 작문, 문학, 대수, 미적분Ⅰ, 확률과 통계, 영어Ⅰ, 영어Ⅱ, 한국사, 통합사회, 통합과학, 성공적인 직업생활(직업)
일반 선택	수학, 사회, 과학	대수, 미적분Ⅰ, 확률과 통계, 현대사회와 윤리, 화학, 생명과학
	체육·예술	
	기술·가정/정보	기술·가정, 정보
	제2외국어/한문	
	교양	생태와 환경
진로 선택	수학, 사회, 과학	미적분Ⅱ, 윤리와 사상, 인문학과 윤리, 물질과 에너지, 화학 반응의 세계, 세포와 물질대사, 생물의 유전
	체육·예술	
	기술·가정/정보	
	제2외국어/한문	
	교양	보건
융합 선택	수학, 사회, 과학	수학과제 탐구, 사회문제 탐구, 윤리문제 탐구, 기후변화와 지속가능한 세계, 기후변화와 환경생태, 융합과학 탐구
	체육·예술	
	기술·가정/정보	지식 재산 일반
	제2외국어/한문	
	교양	

추천 도서 목록

- 하루 한 권, 유전공학, 이쿠다 사토시, 드루
- 세상에 보이는 스팀사이언스 100, 제니 제이코비, 파란자전거
- 우리가 몰랐던 생물들의 마지막 이야기, 이마이즈미 타다아키, 영진닷컴
- 누구나 생물, 엘케 쿠흐알라, 지브레인
- 바다 생물 콘서트, 프라우케 바구쉐, 흐름출판
- 생물을 알면 삶이 달라진다, 허점이, 호이테북스
- 나의 첫 번째 바다 생물 이야기, 진저 L. 클라크, 미래주니어
- 노화 공부, 이덕철, 위즈덤하우스
- 이브의 미토콘드리아, 이재민, 미네르바
- 21세기 생명공학으로의 초대, 한재용 외, 라이프사이언스
- 나는 어떻게 지금의 내가 되었는가, 제이 벨스키 외, 비잉
- 블루 프린트, 니컬러스 A. 크리스타키스, 부키
- 생명이란 무엇인가, 린 마굴리스 외, 리수
- 조상 이야기, 리처드 도킨스 외, 까치
- 이타적 유전자가 온다, 안덕훈, 자음과모음
- 좋을지 나쁠지 어떨지 유전자가위 크리스퍼, 올란다 리지, 서해문집
- 크리스퍼 유전자 가위는 축복의 도구일까?, 김정미 외, 글라이더
- 크리스퍼 베이비, 전방욱, 이상북스
- 생명과학, 공학을 만나다, 유영제, 나녹
- 생활 속의 생명과학, Colleen Belk 외, 바이오사이언스
- 미토콘드리아, 닉 레인, 뿌리와이파리
- 이기적 유전자, 리처드 도킨스, 을유문화사
- 사피엔스, 유발 하라리, 김영사
- 조상이야기: 생명의 기원을 찾아서, 리처드 도킨스 외, 까치

학교생활 TIPS

- 생물공학 전공에 기본이 되는 수학, 과학(생명과학, 화학), 영어 등 자연계열 전공에 필수적인 교과의 학업을 수행하고, 학습을 해나가는 자발적인 태도, 스스로 학습 목표를 설정하고 목표에 도달한 과정, 전공 적합성, 문제 해결 능력, 발전 가능성 등이 학교생활기록부 교과 세부 능력 및 특기 사항에 드러날 수 있도록 자기주도적으로 수업 활동에 참여합니다.
- 과학 관련 동아리 활동(과학 탐구 실험, 수리 탐구 논술, 생명 탐구, 생태 체험), 발명, 코딩 및 아두이노 동아리 활동을 추천합니다. 학교 교육 계획에 의해 진행되는, 일회성이 아닌 지속적인 봉사 활동 참여를 통해서 타인을 위해 봉사하고 헌신하는 학교생활 모습을 드러내는 것이 중요합니다.
- 생물공학 관련 다양한 진로 활동(대학이나 기업에서 운영하는 생명공학 연구소 및 관련 기업 탐방 활동, 생물공학 관련 직업 체험 및 직업 특강, 학과 탐방) 참여를 통해 자신의 진로 역량을 키우는 것이 좋습니다. 단순 참여 사실보다는 참여하게 된 계기나 자신의 역할, 배우고 느낀 점, 전공에 대한 준비와 노력 등이 드러나면 좋습니다.
- 생물, 생명, 의학, 공학, 인공지능, 4차 산업혁명, 로봇, 인문학, 철학, 역사, 심리학 등 다양한 분야의 독서 활동을 통해 융합적 사고를 지닐 수 있도록 노력합니다.

150

소방방재학과

학과소개

소방방재학은 최근 안전 문화에 대한 국민의 관심 증가와 함께 크게 주목받고 있는 학문으로, 소방, 토목, 건축, 기계, 전기 및 화학 공학 등의 다양한 분야가 융합된 종합 학문의 성격을 띠고 있습니다. 소방방재학과에서는 대형 화재 및 사고로 인한 각종 재난의 원인을 밝혀내고 적절한 대책 수립과 예방 관리에 필요한 전문 지식 교육, 소방 과학의 체계적인 이해 및 응용 교육, 소방 기술의 과학적 연구에 필요한 교육을 수행합니다.

소방방재학과는 창조적이고 진취적인 가치관을 바탕으로 선진 안전 문화를 확립하여 국가와 인류의 복지 증진에 기여하는 전문 인재, 학문적 소양과 논리적인 통찰력을 갖추고 화재 안전의 학술적 발전과 실용적 기술 개발을 주도하는 소방 관련 분야 전문 인재, 통합적인 사고력과 전문 지식을 갖추고 사회 전반의 위기관리 능력을 진작시킬 수 있는 방재 관련 분야 전문 인재의 양성을 교육 목표로 합니다.

개설대학

- 대구가톨릭대학교
- 대전대학교
- 목원대학교
- 부산가톨릭대학교
- 세명대학교
- 우석대학교
- 인제대학교
- 한라대학교
- 호서대학교
- 한국국제대학교 등

관련학과

- 소방·안전학부
- 소방공학과
- 소방방재공학과
- 소방방재전공
- 소방방재학부
- 소방안전공학과
- 소방안전방재학과
- 소방안전학과
- 소방안전학부
- 소방안전환경학과
- 소방재난관리학과
- 설비소방학과
- 설비소방공학과
- 재난안전소방학과
- 전기소방안전학과 등

진출분야

기업체	대기업 및 중소기업(소방 시설 고급 안전관리자 및 고급 화재안전관리자), 건설사, 소방 설계 및 설비 업체, 소방 정비 업체, 재난 IT 업체, IT 개발 업체, 손해 보험회사, 손해 사정 회사, 종합 병원, 발전 회사 등
정부 및 공공 기관	행정자치부, 국민안전처, 교육부, 국토교통부, 산림청, 한국산업안전공단, 방재안전직 공무원, 국립방재연구원, 한국시설안전공단, 한국도로공사 등
연구 기관	국립재난안전연구원, 한국소방산업기술원, 한국소방안전원, 한국소방안전협회, 한국화재보험협회, 방재시험연구원 등

진출직업

- 소방 공무원
- 방재안전직 공무원
- 소방기술사
- 소방안전관리자
- 소방설비안전관리기술자
- 소방시설관리사
- 소방안전교육사
- 위험물안전관리자
- 화재보험사정인
- 산업안전원
- 소방공학기술자
- 화재조사관
- 화재보험사정인
- 위험관리원
- 방재안전관리사 등

취득가능 자격증

- 소방설비기사
- 소방설비산업기사
- 위험물산업기사
- 산업안전기사
- 산업안전산업기사
- 가스기사
- 가스산업기사
- 화재감식평가기사
- 화재감식평가산업기사
- 화재조사관
- 소방기술사
- 소방안전관리자
- 소방안전교육사
- 기업재난관리사
- 재난관리사
- 주택관리사 등

학과 주요 교과목

기초 과목	소방학개론, 방재학개론, 안전공학개론, 공업역학, 공업수학, 소방화학, 유체역학, 건축재료, 소방화학 및 실험, 방재재료공학, 소방유체역학 및 실험, 소방 행정, 연소공학원론 등
심화 과목	소방수리설계, 소방기계설비, 위험물질론 및 실험, 가스안전, 소방법규, 화재공학, 방화방폭공학, 화재 조사론, 환경방재론, 화학안전, 소방전기설비, 산업안전관리론, 화재학, 소방전기회로, 소화약제학, 소방행정법, 소방건축학, 폭발론, 소방행정실무, 화재조사론, 화재진압론 등

학과 인재상 및 갖추어야 할 자질

- 다른 사람의 생명을 소중히 여기는 희생정신과 어려운 사람을 도와주는 봉사 정신을 지닌 학생
- 의사소통 능력, 타인과의 협동심과 배려심, 리더십이 뛰어난 학생
- 각종 위기 상황에 대처할 수 있는 적응성과 융통성, 정직성을 지닌 학생
- 매사에 도전하려는 진취성과 자기가 맡은 바를 책임지는 자세를 지닌 학생
- 소방관이 기본적으로 갖추어야 할 기본 체력, 시력, 혈압 등이 정상인 학생
- 최첨단 기술과 정보 통신 기술에 대한 두려움이 없고, 자기주도적인 탐구 학습 능력을 지닌 학생

인문계열

사회계열

자연계열

공학계열

의약계열

예체능계열

교육계열

계약학과 & 특성화학과

학과 관련 선택 과목

※ 국어, 영어 교과는 모든 학문의 기초적인 성격을 가진 도구교과로 모든 학과에 이수가 필요하여 생략함.

공통 과목		공통국어1,2, 공통수학1,2, 공통영어1,2, 한국사1,2, 통합사회1,2, 통합과학1,2, 과학탐구실험1,2
수능 필수		화법과 언어, 독서와 작문, 문학, 대수, 미적분Ⅰ, 확률과 통계, 영어Ⅰ, 영어Ⅱ, 한국사, 통합사회, 통합과학, 성공적인 직업생활(직업)
일반 선택	수학, 사회, 과학	대수, 미적분Ⅰ, 확률과 통계, 물리학, 화학, 생명과학
	체육·예술	
	기술·가정/정보	기술·가정, 정보
	제2외국어/한문	
	교양	생태와 환경
진로 선택	수학, 사회, 과학	기하, 미적분Ⅱ, 법과 사회, 역학과 에너지, 전자기와 양자, 물질과 에너지, 화학 반응의 세계, 세포와 물질대사, 생물의 유전
	체육·예술	
	기술·가정/정보	
	제2외국어/한문	
	교양	논리와 사고
융합 선택	수학, 사회, 과학	수학과제 탐구, 기후변화와 지속가능한 세계, 기후변화와 환경생태, 융합과학 탐구
	체육·예술	
	기술·가정/정보	창의 공학 설계
	제2외국어/한문	
	교양	

추천 도서 목록

- 오늘도 구하겠습니다, 조이상, 푸른향기
- 소방심리학, 김상철, 윤성사
- 출동중인 119구급대원입니다, 윤현정, 알에이치코리아
- 소방공무원을 간직하다, 우승범, 드림널스
- 10대에게 권하는 공학, 한화택, 글담출판
- 공학자의 세상 보는 눈, 유만선, 시공사
- 공학 눈으로 미래를 설계하라, 연세대 공과대학, 해냄
- 모든 움직이는 것들의 과학, 한근우, 사과나무
- 4차 산업혁명과 미래사회, 안병태 외, 길벗
- 세상을 바꿀 미래기술 25, 이데일리, 이데일리미래기술특별취재팀
- 우리 미래를 결정할 과학 4.0, 박재용, 북루덴스
- AI전쟁, 하정우 외, 한빛미디어

- 메타인지의 힘, 구본권, 어크로스
- 같기도 하고 아니 같기도 하고, 로얼드 호프만, 까치
- 아톰 익스프레스, 조진호, 위즈덤하우스
- 소방관 어떻게 되었을까?, 이민재, 캠퍼스멘토
- 어느 소방관의 이야기, 전세중, 문헌
- 나의 직업 소방관, 청소년행복연구실, 동천출판
- 어느 소방관의 기도, 오영환, 쌤앤파커스
- 소방관의 아들, 이상운, 바람의아이들
- 성공하는 사람들의 7가지 습관, 스티븐 코비, 김영사
- 대한민국 소방관으로 산다는 것, 김상현, 다독임북스
- 담대하다면 소방관, 김용환 외, 토크쇼

학교생활 TIPS

- 소방방재학과와 관련성이 높은 수학, 과학(물리학, 화학, 생명과학), 정보 교과의 학업 성취도를 향상하는 것이 매우 중요하고, 소방방재학과 전공과 관련된 수업 참여 활동 내용, 자기주도적인 참여 모습, 창의력, 문제 해결 능력, 협업 능력 등이 학교생활기록부 교과 세부능력 및 특기사항에 기록될 수 있도록 합니다.
- 학교 교육계획에 의해 진행되는, 일회성이 아닌 지속적으로 진행되는 봉사 활동(캠페인, 불우이웃 돕기, 기아 아동 돕기, 장애인·독거노인 대상 봉사 활동, 멘토링, 도서관 사서 도우미, 급식 도우미 등)에 적극적으로 참여 하여 타인을 위해 헌신하고 봉사하는 모습을 보이는 것이 중요합니다.
- 학교 내 정규 동아리(소방관, 컴퓨터, 코딩, 아두이노, 컴퓨터, 과학) 활동

참여를 권장하고, 동아리 활동 과정 중에 부딪히는 문제점을 슬기롭게 해결한 경험, 전공 관련 다양한 구체적인 활동 경험이 드러나면 더욱 좋습니다.
- 소방방재학 전공과 관련 있는 다양한 진로 활동(소방관 직업 체험, 직업인 특강, 소방서 및 소방 방재 관련 기관 탐방 활동, 소방방재학과 학과 탐방) 참여를 통해 자신의 진로 역량을 신장시킬 것을 추천합니다. 단순한 참여 사실보다는 참여하게 된 계기나 자신의 역할, 배우고 느낀 점 등이 드러나면 좋습니다.

학과소개

소프트웨어융합공학이란 컴퓨터나 모바일 기기에서 사용되는 소프트웨어는 물론, 사물인터넷, 로봇, 드론, 자율주행 자동차, 친환경 에너지 등과 같은 미래 핵심 기술의 새로운 제품 및 서비스 개발과 관련된 학문입니다. 소프트웨어융합공학과는 4차 산업혁명의 핵심 기술인 인공지능, 빅데이터, 3D프린터, 사물인터넷 등 최첨단 소프트웨어 융합 분야의 교육을 통해 창의적이고 실용적인 컴퓨터 응용 기술을 갖춘 인재를 양성하는 학과입니다.

소프트웨어융합공학과는 소프트웨어융합공학 분야에 필요한 다양한 이론을 학습하고 응용하는 능력을 갖춘 인재, 창의적·실용적인 컴퓨터 응용 기술을 적용하여 현실 세계의 문제를 해결하는 인재, 창의적 감각과 사명감으로 인류에 기여하는 인재, 4차 산업혁명의 핵심이 될 소프트웨어 산업 및 첨단 과학 기술 발전에 이바지할 수 있는 인재의 양성을 교육 목표로 합니다.

개설대학

- 인하대학교 등

관련학과

- 소프트웨어공학과
- 소프트웨어공학부
- 소프트웨어융합계열
- 소프트웨어융합전공
- 소프트웨어융합학과
- 소프트웨어융합학부
- 소프트웨어학과
- 소프트웨어학부
- AI소프트웨어융합학부
- AI소프트웨어학과
- AI소프트웨어학부
- IT소프트웨어학과
- 게임소프트웨어공학과
- 게임소프트웨어학과
- 게임콘텐츠학과
- 미디어소프트웨어학과
- 융합소프트웨어학부
- 융합소프트웨어학과
- 인공지능소프트웨어학과
- 자동차소프트웨어학과
- 지능형소프트웨어학과
- 컴퓨터소프트웨어공학과
- 컴퓨터소프트웨어학과
- 컴퓨터소프트웨어학부
- 컴퓨터·소프트웨어공학과
- 항공소프트웨어공학과 등

진출직업

- 응용소프트웨어개발자
- 네트워크시스템분석 및 개발자
- 데이터베이스관리자
- 시스템소프트웨어개발자
- 컴퓨터하드웨어기술자
- 모바일콘텐츠개발자
- 3D그래픽전문가
- 영상콘텐츠제작전문가
- 경영정보시스템개발자
- 정보시스템운영자
- 마케팅여론조사전문가
- 가상현실전문가
- 증강현실전문가
- 스마트폰애플리케이션개발자
- 웹프로그래머
- 임베디드시스템프로그래머 등

취득가능 자격증

- 정보처리기능사
- 정보처리산업기사
- 정보처리기사
- 데이터분석전문가(ADP)
- 데이터분석준전문가(ADsP)
- 데이터아키텍처(DA)
- SQL전문가(SQLP)
- SQL개발자(SQLD)
- 산업보안관리사
- 컴퓨터그래픽스운용기능사
- 그래픽기술자격(GTQ)
- 디지털포렌식전문가1·2급 등

진출분야

기업체	소프트웨어 개발 업체, 컴퓨터 개발 업체, 게임 개발업체, 모바일 프로그래밍 업체, 웹 프로그래밍 업체, 웹 페이지 구축 업체, 애니메이션 관련 업체, 영상물제작 업체, 자동차 업체 등
정부 및 공공 기관	전산직 공무원, 국가 기관(한국인터넷진흥원, 한국콘텐츠진흥원, 한국정보화진흥원, 한국소프트웨어진흥원), 경찰청 사이버안전국 등
연구 기관	정보 통신 관련 민간·국가 연구소(한국전자통신연구원, 국가보안기술연구소) 등

학과 주요 교과목

기초 과목	미적분학, 행렬과 벡터, 이산수학, 선형대수, 통계학, 마케팅, C++프로그래밍, python프로그래밍, 데이터베이스개론, 컴퓨터프로그래밍기초, 코딩교육입문, 전산학개론, 컴퓨터공학기초 등
심화 과목	컴퓨터알고리즘, Java프로그래밍심화, IoT프로그래밍, 네트워크프로그래밍, 빅데이터 및 인공지능, 스마트헬스케어, 클라우드기반IoT프로그래밍, 머신러닝, 클라우드컴퓨팅, 빅데이터분석, 사물인터넷, 윈도우서버, 블록체인, 인공지능, 드론공학, 객체지향프로그래밍 등

학과 인재상 및 갖추어야 할 자질

- 새로운 분야 개척을 위하여 인터넷과 멀티미디어공학분야의 미래를 이끌어가고자 하는 학생
- 공학적인 마인드와 함께 스토리, 심리, 인문학 등의 분야에도 관심이 있는 학생
- 컴퓨터과학 분야에 대한 관심과 활용 및 응용 능력을 갖춘 학생
- 공학 및 과학의 기초지식을 바탕으로 한 논리력과 창의력을 갖춘 학생
- 컴퓨터에 대한 제반 지식과 기능을 다루기 때문에 기계 및 컴퓨터에 흥미와 관심이 높은 학생
- 소프트웨어 응용 및 게임 개발 등을 위한 창의적인 발상과 새로운 분야에 대한 호기심을 갖춘 학생

학과 관련 선택 과목

※ 국어, 영어 교과는 모든 학문의 기초적인 성격을 가진 도구교과로 모든 학과에 이수가 필요하여 생략함.

공통 과목		공통국어1,2, 공통수학1,2, 공통영어1,2, 한국사1,2, 통합사회1,2, 통합과학1,2, 과학탐구실험1,2
수능 필수		화법과 언어, 독서와 작문, 문학, 대수, 미적분Ⅰ, 확률과 통계, 영어Ⅰ, 영어Ⅱ, 한국사, 통합사회, 통합과학, 성공적인 직업생활(직업)
일반 선택	수학, 사회, 과학	대수, 미적분Ⅰ, 확률과 통계, 세계시민과 지리, 사회와 문화, 현대사회와 윤리, 물리학
	체육·예술	
	기술·가정/정보	기술·가정, 정보
	제2외국어/한문	
	교양	
진로 선택	수학, 사회, 과학	기하, 미적분Ⅱ, 인공지능 수학, 한국지리 탐구, 경제, 윤리와 사상, 역학과 에너지, 전자기와 양자
	체육·예술	
	기술·가정/정보	인공지능 기초, 데이터 과학
	제2외국어/한문	
	교양	논리와 사고
융합 선택	수학, 사회, 과학	실용 통계, 수학과제 탐구, 융합과학 탐구
	체육·예술	
	기술·가정/정보	창의 공학 설계, 지식 재산 일반, 소프트웨어와 생활
	제2외국어/한문	
	교양	

추천 도서 목록

- AI는 양심이 없다, 김명주, 헤이북스
- 다정한 인공지능을 만나다, 장대익, 샘터
- 디지털 시대, 새로운 기회를 여는 최소한의 코딩 지식, EBS코딩 소프트웨어 시대 제작팀, 가나출판사
- 만들면서 배우는 생성 AI, 데이비드 포스터, 한빛미디어
- 메타인지의 힘, 구본권, 어크로스
- 세상을 만드는 글자, 코딩, 박준석, 동아시아
- 아는 것이 돈이다, 이두길 외, 이음
- 개발자에게 물어보세요, 제프 로슨, 인사이트
- 직업의 종말, 테일러 피어슨, 부키
- 디지털 파워 2021, 한국을 대표하는 디지털 전문가 26인, 하다
- 소프트웨어 융합 롤 모델 80명, 김영복, 21세기사
- AI 교육으로 가는 융합소프트웨어 여행, 정영철, 휴먼싸이언스

- 따라하면 완성되는 인공지능 활용수업, 이준록 외, 테크빌교육
- 십 대를 위한 SW 인문학, 두일철 외, 영진닷컴
- 수학을 읽어드립니다, 남호성, 한국경제신문
- 슬기로운 수학 생각, 장경환, 북랩
- 코스모스, 칼 세이건, 사이언스북스
- 객체지향 소프트웨어 공학, 최은만, 한빛아카데미
- 미래를 바꾼 아홉 가지 알고리즘, 존 맥코믹, 에이콘출판
- 이기적 유전자, 리처드 도킨스, 을유문화사
- 문명으로 본 과학과 기술의 역사, 장병주 외, 동명사
- 과학으로 세상 보기, 이인화, 동화기술
- 일렉트릭 유니버스, 데이비드 보더니스, 글램북스
- 수학, 문명을 지배하다, 모리스 클라인, 경문사

학교생활 TIPS

- 소프트웨어융합공학 전공에 기본이 되는 수학, 물리학, 정보 교과의 높은 학업 성취도를 유지할 수 있도록 노력이 필요하고, 교과 수업 활동 참여를 통해서 소프트웨어 융합공학 전공과 관련된 역량 발휘, 학업 능력, 문제 해결 능력, 자기주도성, 협업 능력 등 자신의 장점이 학교생활기록부 교과 세부능력 및 특기사항에 기록되도록 하는 것이 좋습니다.
- 학교 교육계획에 의한 행사 활동, 수련 활동 및 학년·학급 단위로 진행 되는 활동에서 자발성과 자율성, 적극성, 대인 관계, 공동체 의식, 리더십 등이 드러나도록 적극적으로 참여하는 것이 중요합니다.
- 학교 정규 동아리(과학 탐구 실험, 수리 탐구 논술, 독서 토론, 발명, 아두이노 및 코딩, 컴퓨터) 활동 참여를 통해 학문적 열정이나 지적 관심의 정도, 특정 활동이 성과로 이루어진 경험을 통해 배우고 느낀 점이 나타

나는 것이 좋습니다. C언어, 파이썬과 같은 프로그래밍 공부도 권장합니다.
- 학교 교육계획에 의해 진행되는, 일회성이 아닌 지속적인 봉사(급식 도우미, 사서 도우미, 학습 멘토링, 교통 지도) 활동 참여를 권장하고, 사회 소외계층(독거노인, 장애인, 다문화 가정 학생) 대상 봉사 활동을 통해 타인을 위해 헌신하는 모습이 드러나는 것이 중요합니다.
- 소프트웨어나 컴퓨터 관련 직업 탐색, 직업인 특강, 소프트웨어 관련 학과 탐방 등 전공 관련 진로 활동에 참여하여 전공 적합성 및 진로 설정 과정, 자신의 진로에 대한 열정 등이 기록되도록 하는 것이 좋습니다.

152

소프트웨어융합학과

학과소개

소프트웨어융합이란 소프트웨어 기술을 활용해 전통 산업과 소프트웨어 기업이 결합해 새로운 제품이나 서비스를 개발하고 이를 신규 비즈니스 모델로 연결하는 것을 의미합니다. 소프트웨어융합학과는 소프트웨어가 사용되는 다양한 IT 융합 분야에서 필요로 하는 이론 및 기술 등의 기초 지식을 가르치고, 새로운 소프트웨어 응용 및 적용과 같은 고급 능력을 배양하는 학과입니다. 따라서 컴퓨터 프로그래밍, 웹 기술, 스마트 앱, 컴퓨터 네트워크, 음향 및 영상 처리, 임베디드 소프트웨어, 데이터베이스, 인공지능 등을 중점적으로 배웁니다.

소프트웨어융합학과는 소프트웨어융합 분야에 필요한 다양한 이론을 학습하고 응용할 수 있는 능력을 갖춘 인재, 국제 경쟁력을 갖춘 고급 소프트웨어융합 인재, 창의적 감각과 사명감으로 인류에 기여할 인재, 소프트웨어 기반의 창의적 리더십 역량을 갖춘 인재 양성을 교육 목표로 합니다.

개설대학

- 경희대학교
- 대구가톨릭대학교
- 동의대학교
- 서울여자대학교
- 신한대학교
- 신한대학교(제2캠퍼스)
- 홍익대학교(제2캠퍼스) 등

관련학과

- 소프트웨어공학과
- 소프트웨어공학부
- 소프트웨어융합계열
- 소프트웨어융합전공
- 소프트웨어융합학과
- 소프트웨어융합학부
- 소프트웨어학과
- 소프트웨어학부
- AI소프트웨어융합학부
- AI소프트웨어학과
- AI소프트웨어학부
- IT소프트웨어학과
- 미디어소프트웨어학과
- 융합소프트웨어학부
- 융합소프트웨어학과
- 인공지능소프트웨어학과
- 자동차소프트웨어학과
- 지능형소프트웨어학과
- 컴퓨터소프트웨어공학과
- 컴퓨터소프트웨어학과
- 컴퓨터소프트웨어학부
- 컴퓨터·소프트웨어공학과
- 항공소프트웨어공학과 등

진출분야

기업체	소프트웨어 개발 업체, 컴퓨터 개발 업체, 게임 개발업체, 모바일 프로그래밍 업체, 웹 프로그래밍 업체, 웹 페이지 구축 업체, 애니메이션 관련 업체, 영상물 제작 업체, 자동차 업체 등
정부 및 공공 기관	전산직 공무원, 국가 기관(한국인터넷진흥원, 한국콘텐츠진흥원, 한국정보화진흥원, 한국소프트웨어진흥원), 경찰청 사이버안전국 등
연구 기관	정보 통신 관련 민간·국가 연구소(한국전자통신연구원, 국가보안기술연구소) 등

진출직업

- 응용SW개발자
- 네트워크시스템분석 및 개발자
- 데이터베이스관리자
- 시스템소프트웨어개발자
- 컴퓨터하드웨어기술자
- 모바일콘텐츠개발자
- 3D그래픽전문가
- 영상콘텐츠제작전문가
- 경영정보시스템개발자
- 정보시스템운영자
- 마케팅여론조사전문가
- 가상현실전문가
- 멀티미디어기획자
- 모바일콘텐츠개발자
- 변리사
- 스마트폰애플리케이션개발자
- 웹프로그래머
- 임베디드시스템프로그래머
- 증강현실전문가
- 정보시스템운영자
- 컴퓨터프로그래머
- IT컨설턴트 등

취득가능 자격증

- 정보처리기능사
- 정보처리산업기사
- 정보처리기사
- 데이터분석전문가(ADP)
- 데이터분석준전문가(ADsP)
- 데이터아키텍처(DA)
- SQL전문가(SQLP)
- SQL개발자(SQLD)
- 산업보안관리사
- 컴퓨터그래픽스운용기능사
- 그래픽기술자격(GTQ)
- 디지털포렌식전문가1·2급 등

학과 주요 교과목

기초 과목	컴퓨터구조론, 데이터구조론, 프로그래밍언어실습, 운영체제, 멀티미디어개론, 비주얼프로그래밍, 컴퓨터정보개론, 프로그래밍실습, 선형대수, 이산수학, C++프로그래밍응용 등
심화 과목	소프트웨어공학, 프로그래밍언어, JAVA프로그래밍, 디지털신호처리, 웹프로그래밍, 컴퓨터시스템, 디지털영상편집, 가상현실, 디지털영상처리, 컴퓨터그래픽스, 데이터베이스, 사물인터넷개론, 멀티미디어통신, IoT네트워크, 지능시스템, 웨어러블디바이스프로젝트, HCI 등

학과 인재상 및 갖추어야 할 자질

- 인터넷과 멀티미디어공학 분야의 미래를 이끌어 가고자 하는 학생
- 공학적인 마인드, 스토리·심리·인문학 등의 분야에 대한 관심이 있는 학생
- 컴퓨터과학 분야에 대한 관심과 활용 및 응용 능력을 갖춘 학생
- 공학 및 과학의 기초 지식을 바탕으로 한 논리력과 창의력을 갖춘 학생
- 기계 및 컴퓨터에 흥미와 관심이 높은 학생
- 소프트웨어 응용, 게임 개발 등을 위한 창의적인 발상과 새로운 분야에 대한 호기심을 갖춘 학생

인문계열

사회계열

자연계열

공학계열

의약계열

예체능계열

교육계열

계약학과 & 특성화학과

학과 관련 선택 과목

※ 국어, 영어 교과는 모든 학문의 기초적인 성격을 가진 도구교과로 모든 학과에 이수가 필요하여 생략함.

공통 과목		공통국어1,2, 공통수학1,2, 공통영어1,2, 한국사1,2, 통합사회1,2, 통합과학1,2, 과학탐구실험1,2
수능 필수		화법과 언어, 독서와 작문, 문학, 대수, 미적분 I , 확률과 통계, 영어 I , 영어 II , 한국사, 통합사회, 통합과학, 성공적인 직업생활(직업)
일반 선택	수학, 사회, 과학	대수, 미적분 I , 확률과 통계, 세계시민과 지리, 현대사회와 윤리, 사회와 문화, 물리학
	체육·예술	
	기술·가정/정보	기술·가정, 정보
	제2외국어/한문	
	교양	
진로 선택	수학, 사회, 과학	기하, 미적분 II , 인공지능 수학, 한국지리 탐구, 경제, 윤리와 사상, 역학과 에너지, 전자기와 양자
	체육·예술	
	기술·가정/정보	인공지능 기초, 데이터 과학
	제2외국어/한문	
	교양	논리와 사고
융합 선택	수학, 사회, 과학	실용 통계, 수학과제 탐구, 융합과학 탐구
	체육·예술	
	기술·가정/정보	창의 공학 설계, 지식 재산 일반, 소프트웨어와 생활
	제2외국어/한문	
	교양	

추천 도서 목록

- 시대전환, 소프트웨어와 인공지능, 김영근, 바른북스
- 안드로이드 뜻밖의 역사, 쳇 하스, 인사이트
- 알고리즘, 인생을 계산하다, 브라이언 크리스천 외, 청림출판
- 소프트웨어 장인 정신 이야기, 로버트 C. 마틴
- 소프트웨어 세상을 여는 컴퓨터 과학, 김종훈, 한빛아카데미
- 메타버스에선 무슨 일이 일어날까, 이동은, 이지북
- 만들면서 배우는 생성 AI, 데이비드 포스터, 한빛미디어
- AI는 양심이 없다, 김명주, 헤이북스
- 다정한 인공지능을 만나다, 장대익, 샘터
- 만들면서 배우는 생성 AI, 데이비드 포스터, 한빛미디어
- 메타인지의 힘, 구본권, 어크로스
- 세상을 만드는 글자, 코딩, 박준석, 동아시아
- 개발자에게 물어보세요, 제프 로슨, 인사이트

- 소프트웨어 융합 롤 모델 80명, 김영복, 21세기사
- AI 교육으로 가는 융합소프트웨어 여행, 정영철, 휴먼싸이언스
- 십 대를 위한 SW 인문학, 두일철 외, 영진닷컴
- 수학을 읽어드립니다, 남호성, 한국경제신문
- 슬기로운 수학 생각, 장경환, 북랩
- 코스모스, 칼 세이건, 사이언스북스
- 객체지향 소프트웨어 공학, 최은만, 한빛아카데미
- 미래를 바꾼 아홉 가지 알고리즘, 존 맥코믹, 에이콘출판
- 이기적 유전자, 리처드 도킨스, 을유문화사
- 문명으로 본 과학과 기술의 역사, 장병주 외, 동명사
- 과학으로 세상 보기, 이인화, 동화기술
- 일렉트릭 유니버스, 데이비드 보더니스, 글램북스

학교생활 TIPS

- 소프트웨어융합 전공에 기본이 되는 수학, 물리학, 정보 교과의 성적을 상위권으로 유지하고, 학업 능력, 전공 적합성, 문제 해결 능력 등이 학교생활기록부 교과 세부능력 및 특기사항에 기록될 수 있도록 자기주도적으로 수업에 참여합니다.
- 소프트웨어융합 전공에 대한 흥미와 관심, 지원 전공에 대한 이해, 자신의 경험과 지원 전공과의 연관성이 드러날 수 있도록 각종 교내외 활동에 자기주도직으로 참여합니다.
- 과학, 수학, 정보 교과 수상 경력, 코딩 및 아두이노, 토론 대회, 과학 탐구 대회 등의 수상 경력이 도움이 되고, 대학에서 주관하는 창의 공학 캠프에도 참여할 것을 적극 권장합니다.
- 과학 탐구, 발명, 아두이노 및 코딩 관련 동아리 활동과 C언어, 파이썬과 같은 프로그래밍 공부를 권장하며, 돌봄 활동(장애인, 독거노인, 다문화 가정 학생 대상)이나 자선 봉사 활동(캠페인, 불우 이웃 돕기)에 참여하는 것이 좋습니다.
- 소프트웨어융합학 관련 기업 탐방, 직업 탐색, 직업인 특강, 소프트웨어 융합학과 탐방 등 전공 관련 진로 활동에 참여함으로써 소프트웨어융합학 전공에 대한 관심과 열정, 자기주도적인 진로 설정 과정, 과정의 유의미성, 전공 적합성 등이 기록되는 것이 좋습니다.
- 소프트웨어, 컴퓨터, 공학 일반, 프로그래밍, 인문학, 철학, 역사 등 다양한 분야의 독서를 통해서 융합적 지식을 습득하는 것이 중요합니다.

153

소프트웨어학과

학과소개

소프트웨어학은 컴퓨터 과학 지식을 기반으로 응용 소프트웨어, 임베디드 소프트웨어 개발 및 유지 보수에 필요한 지식과 기술을 배우는 분야입니다. 소프트웨어학과에서는 체계적인 프로그래밍 교육을 기반으로 데이터베이스, 소프트웨어 제작 및 관리, 네트워크, 운영 체제, 보안 등 시스템 소프트웨어의 구성 및 원리 분야, 스마트폰, 임베디드, 모바일 앱 등의 모바일 컴퓨팅 분야, 최근 주목을 받는 IT 융합 분야 등을 체계적으로 배우는 학과입니다.

소프트웨어학과는 정보 기술(IT) 분야에서 정보 보안, 스마트폰, 게임 등 첨단 산업에 필요한 각종 소프트웨어 연구 개발을 담당할 수 있는 인재, 첨단 디지털 정보·문화 산업을 선도할 창의적이고 실무적인 소프트웨어 인력, 고도의 산업 기술 사회에서 필요로 하는 문제 해결 능력을 갖춘 전인적 인재, 창의 융합적 사고와 상호 협력을 통해 소프트웨어를 개발할 수 있는 능력을 갖춘 인재 양성을 교육 목표로 합니다.

개설대학

- 경동대학교(제4캠퍼스)
- 경북대학교
- 경성대학교
- 극동대학교
- 국립공주대학교
- 단국대학교
- 동명대학교
- 상명대학교(제2캠퍼스)
- 성균관대학교
- 세종대학교
- 아주대학교
- 안양대학교
- 한국항공대학교 등

진출직업

- 게임프로그래머
- 네트워크관리자
- 네트워크프로그래머
- 디지털영상처리전문가
- 모바일콘텐츠개발자
- 음성처리전문가
- 스마트폰소프트웨어개발자
- 시스템소프트웨어개발자
- 애니메이터
- 웹마스터
- 인공지능연구원
- 임베디드전문가
- 정보시스템운영자
- 컴퓨터프로그래머
- 컴퓨터보안전문가 등

관련학과

- AI소프트웨어학과
- IT소프트웨어학과
- 게임소프트웨어학과
- 미디어소프트웨어학과
- 소프트웨어공학부
- 소프트웨어융합계열
- 소프트웨어융합전공
- 소프트웨어융합학과
- 소프트웨어융합학부
- 소프트웨어학부
- 응용소프트웨어학과
- 인공지능소프트웨어학과
- 자동차소프트웨어학과
- 컴퓨터소프트웨어학과
- 컴퓨터융합소프트웨어학과 등

취득가능 자격증

- 정보처리기사
- 정보처리산업기사
- 정보관리기술사
- 정보통신기사
- 정보통신산업기사
- 정보통신기술사
- 리눅스마스터
- 전자계산기조직응용기사
- 소프트웨어자산관리사
- SQL전문가(SQLP)
- 데이터분석전문가(ADP)
- 데이터분석준전문가(ADsP)
- Microsoft공인국제자격증
- VMware공인자격증
- RHCSA, ITIL 등

진출분야

기업체	소프트웨어·게임·모바일·웹 개발 업체, 홈페이지구축 업체, 영상물 제작 업체, 애니메이션 관련 업체, 웹 프로그래밍 업체, IT 정보 보안 회사 등
정부 및 공공 기관	전산직 공무원, 국가기관(행정안전부, 과학기술정보통신부, 한국인터넷진흥원, 한국정보화진흥원), 경찰청 사이버안전국, 각종 교육 기관 등
연구 기관	정보 통신 관련 연구소(한국전자통신연구원, 국가보안기술연구소, 소프트웨어정책연구소) 등

학과 주요 교과목

기초 과목	이산수학, 소프트웨어학개론, 프로그래밍, 프로그래밍활용, 컴퓨터구조론, 데이터구조론, 프로그래밍언어실습, 운영체제, 멀티미디어개론, 비주얼프로그래밍, 소프트웨어공학 등
심화 과목	객체지향프로그래밍, 고급데이터베이스, 데이터베이스기초, 데이터마이닝, 모바일플랫폼, 서비스플랫폼, 시스템분석 및 설계, 시스템프로그래밍, 시큐어코딩, 악성코드분석, 알고리즘, 웹프로그래밍, 인공지능, 자료구조, 컴퓨터네트워크, 컴퓨터와 통신, 가상현실 등

학과 인재상 및 갖추어야 할 자질

- 첨단 정보 시대를 이끌어갈 창의적인 컴퓨터 활용 능력 및 기초 수학 능력을 갖춘 학생
- 창의적인 발상 능력과 새로운 분야에 대한 호기심을 가지고 있는 학생
- 컴퓨터과학 분야에 대한 관심과 활용 및 응용 능력을 갖춘 학생
- 공학 및 과학의 기초 지식을 바탕으로 한 논리력과 창의력을 갖춘 학생
- 기계 및 컴퓨터에 흥미와 관심이 높은 학생
- 소프트웨어 응용 및 게임 개발 등을 위한 창의적인 발상과 새로운 분야에 대한 호기심을 갖춘 학생

학과 관련 선택 과목

※ 국어, 영어 교과는 모든 학문의 기초적인 성격을 가진 도구교과로 모든 학과에 이수가 필요하여 생략함.

공통 과목		공통국어1,2, 공통수학1,2, 공통영어1,2, 한국사1,2, 통합사회1,2, 통합과학1,2, 과학탐구실험1,2
수능 필수		화법과 언어, 독서와 작문, 문학, 대수, 미적분Ⅰ, 확률과 통계, 영어Ⅰ, 영어Ⅱ, 한국사, 통합사회, 통합과학, 성공적인 직업생활(직업)
일반 선택	수학, 사회, 과학	대수, 미적분Ⅰ, 확률과 통계, 현대사회와 윤리, 사회와 문화, 물리학
	체육·예술	
	기술·가정/정보	기술·가정, 정보
	제2외국어/한문	
	교양	
진로 선택	수학, 사회, 과학	기하, 미적분Ⅱ, 인공지능 수학, 윤리와 사상, 역학과 에너지, 전자기와 양자
	체육·예술	
	기술·가정/정보	인공지능 기초, 데이터 과학
	제2외국어/한문	
	교양	논리와 사고
융합 선택	수학, 사회, 과학	실용 통계, 수학과제 탐구, 융합과학 탐구
	체육·예술	
	기술·가정/정보	창의 공학 설계, 지식 재산 일반, 소프트웨어와 생활
	제2외국어/한문	
	교양	

추천 도서 목록

- 죽을 때까지 코딩하며 사는 법, 홍전일, 로드북
- 메타버스 모든 것의 혁명, 매튜 볼, 다산북스
- 육각형 개발자, 최범균, 한빛미디어
- 추천 알고리즘의 과학, 박규하, 로드북
- 코딩없이 배우는 데이터 과학, 황보현우 외, 성안북스
- 프로그래머, 수학의 시대, 이재현 외, 로드북
- 프롬프트 엔지니어링 교과서, 서승완, 애드앤미디어
- 시대전환, 소프트웨어와 인공지능, 김영근, 바른북스
- 안드로이드 뜻밖의 역사, 쳇 하스, 인사이트
- 알고리즘, 인생을 계산하다, 브라이언 크리스천 외, 청림출판
- 소프트웨어 세상을 여는 컴퓨터 과학, 김종훈, 한빛아카데미
- 메타버스에선 무슨 일이 일어날까, 이동은, 이지북
- 만들면서 배우는 생성 AI, 데이비드 포스터, 한빛미디어
- 메타인지의 힘, 구본권, 어크로스
- 세상을 만드는 글자, 코딩, 박준석, 동아시아

- 개발자에게 물어보세요, 제프 로슨, 인사이트
- 십 대를 위한 SW 인문학, 두일철 외, 영진닷컴
- 일렉트릭 유니버스, 데이비드 보더니스, 글램북스
- 글로벌 소프트웨어를 말하다, 지혜, 김익환, 한빛미디어
- 미래를 바꾼 아홉 가지 알고리즘, 존 맥코믹, 에이콘출판
- 인간의 얼굴을 한 과학, 홍성욱, 서울대학교출판문화원
- 블록체인 혁명, 돈 탭스콧 외, 을유문화사
- 철학콘서트, 황광우, 생각정원
- 행복한 프로그래밍, 임백준, 한빛미디어
- 세상에서 가장 재미있는 통계학, 래울코트 스미스 외, 궁리
- 이기적 유전자, 리처드 도킨스, 을유문화사
- 바이오테크 시대, 제러미 리프킨, 민음사
- 일렉트릭 유니버스, 데이비드 보더니스, 글램북스
- 페르마의 마지막 정리, 사이먼 싱, 영림카디널

학교생활 TIPS

- 소프트웨어학 전공과 관련이 있는 수학, 과학(물리학), 사회, 정보 교과의 학업 성취도를 향상하도록 노력하고, 정규 수업 활동을 통해 수업에 대한 열정과 의지, 소프트웨어학 전공에 대한 흥미와 관심, 문제 해결 능력, 창의력 등 자신의 장점이 학교생활기록부 교과 세부능력 및 특기사항에 기록되도록 하는 것이 좋습니다.
- 컴퓨터(코딩, 아두이노, 프로그래밍) 관련 동아리 활동 참여를 추천하고, 다양한 동아리 활동 경험, 리더십 발휘 정도, 남을 배려하고자 하는 태도, 동아리 활동 과정에서 부딪히는 문제점을 슬기롭게 해결한 경험, 학문적 열정이나 지적 관심 정도 등이 나타나는 것이 중요합니다.

- 소프트웨어학에 대한 흥미와 관심, 지원 전공에 대해 이해, 자신의 경험과 지원 전공과의 연관성이 드러날 수 있는 진로 활동 프로그램(소프트웨어 개발 기업 및 연구소탐방, 직업인 체험 및 특강, 학과 체험)과 IT기기 전시회, 대학에서 주관하는 창의 공학 캠프 등에 참여하는 것이 좋습니다.
- 학교 교육계획에 의한 행사 활동, 수련 활동, 학년·학급 단위로 진행되는 체험 활동에 참여하여 공동체의 목표 달성을 위해 노력한 모습을 보이고, 학교생활 내에서 자신의 능력을 나누어줄 수 있는 다양한 활동(교단 선진화 기자재 도우미, 학습 멘토링, 급식 도우미, 교통 지도, 통합반 도우미)에 참여하는 것을 권장합니다.

인문계열

사회계열

자연계열

공학계열

의약계열

예체능계열

교육계열

계약학과 & 특성화학과

154

식품생명공학과

학과소개

의식주는 사람이 살아가는 데 없어서는 안 될 중요한 요소입니다. 식품생명공학은 인류의 건강과 복지를 위한 식품공학에 관련된 학문으로, 질병 예방과 치료에 도움이 되는 식품 등 다양한 식품 산업에 관련된 교육을 하며, 첨단 생명공학 기술을 응용하는 학과의 특수성을 바탕으로 연구 분야의 학문적 성과와 다양성을 개발하고 있습니다.

식품생명공학과에서는 식품 및 바이오산업, 정부 기관, 학계 등에서 주도적 역할을 수행할 학생들을 교육하고 있습니다. 또한 식품 및 바이오 소재에 관한 전문 전공 지식을 바탕으로 건강하고, 유익하며, 안전한 고부가 가치 식품 및 바이오 소재 연구 및 개발을 수행할 수 있는 인재 양성에 교육 목표를 두고 있습니다.

국민의 건강과 영양을 책임지는 식품 산업은 원료 확보, 식품안전성, 가공식품 품질, 새로운 식품 소재의 개발 등 세부 분야도 다양하고, 국민 소득 증가에 따라 웰빙 식품과 건강식품 등에 대한 수요가 늘면서 꾸준히 성장하고 있으므로 수요의 안정성도 보장됩니다.

개설대학

- 경희대학교
- 경성대학교
- 국립군산대학교
- 고려대학교
- 동아대학교
- 동국대학교
- 서울과학기술대학교
- 이화여자대학교
- 충북대학교
- 제주대학교 등
- 가천대학교

진출직업

- 식품공학기술자
- 식품위생사
- 발효식품연구원
- 품질관리사
- 레토르트식품연구원
- 식품산업기사
- 식품소재개발연구원
- 유기농업기능사
- 가공식품개발연구원
- 중등학교 교사(식품) 등
- 영양사

관련학과

- 식품생명공학전공
- 글로벌바이오메디컬공학과
- 식품생명학부
- 해양바이오공학과
- 식품생명화학공학부
- 식품생명·축산과학부
- 식품공학과
- 식품생명공학전공
- 바이오생명공학과
- 식품생물공학과
- 바이오융합공학계열
- 식품생물공학전공
- 바이오제약공학과
- 해양식품공학과 등
- 바이오화학공학과

취득가능 자격증

- 식품기사
- 품질경영기사
- 식품산업기사
- 수산제조기사
- 위생사
- 수산제조산업기사
- 바이오화학제품제조산업기사
- 조주기능사
- 바이오화학제품제조기사
- 중등학교 정교사 2급(식품가공) 등
- 품질경영산업기사

진출분야

기업체	식품 생산 업체, 식품 유통 업체, 제약 회사 건강 기능 식품 사업부, 외식 업체, 단체 급식 업체, 제빵·제과·제면 업체 등
정부 및 공공 기관	농림수산식품부, 식약청, 기타 식품 및 보건 관련 정부 기관 등
연구 기관	한국식품연구원, 농촌진흥청 산하 연구 기관, 한국생명공학연구원, 각 시도 보건환경연구원 등

학과 주요 교과목

기초 과목	일반생물학, 식품학개론, 유기화학, 물리화학 및 연습, 식품화학, 식물미생물학, 식품가공학, 식품공학 및 연습 등
심화 과목	통계학, 일반생물학실험, 일반화학실험, 식품분석학, 영양생리학, 식품생명공학개론, 식품화학실험, 인체생리학, 식품위생법규, 분자생물학, 식품생화학실험, 발표식품학, 식품가공학실험, 식품관능과학, 기능성식품학, 식품생물정보학, 식품포장학, 바이오식품개발, 효소공학, 식품면역학, 곡류과학, 식품품질관리, 영양유전체학, 식품저장학 등

학과 인재상 및 갖추어야 할 자질

- 식품 개발을 위한 실험에 적합한 객관적인 사고를 가진 학생
- 여러 사람과 함께 일하는 상황에 적합한, 협조적이고 사회성이 높은 학생
- 식품 기술 개발 업무에 적합한 분석적 사고와 탐구적 성격을 가진 학생
- 생명과학, 화학 등 기초 과학 교과에 흥미를 가진 학생
- 생물, 법, 공학, 기술 등에 관련된 지식을 가지고 있는 학생
- 빠르게 변화하는 식품 트렌드 및 이에 대한 정보를 접하는 것을 좋아하는 학생

학과 관련 선택 과목

※ 국어, 영어 교과는 모든 학문의 기초적인 성격을 가진 도구교과로 모든 학과에 이수가 필요하여 생략함.

공통 과목		공통국어1,2, 공통수학1,2, 공통영어1,2, 한국사1,2, 통합사회1,2, 통합과학1,2, 과학탐구실험1,2
수능 필수		화법과 언어, 독서와 작문, 문학, 대수, 미적분Ⅰ, 확률과 통계, 영어Ⅰ, 영어Ⅱ, 한국사, 통합사회, 통합과학, 성공적인 직업생활(직업)
일반 선택	수학, 사회, 과학	대수, 미적분Ⅰ, 확률과 통계, 현대사회와 윤리, 화학, 생명과학
	체육·예술	
	기술·가정/정보	기술·가정, 정보
	제2외국어/한문	
	교양	생태와 환경
진로 선택	수학, 사회, 과학	기하, 미적분Ⅱ, 윤리와 사상, 물질과 에너지, 화학 반응의 세계, 세포와 물질대사, 생물의 유전
	체육·예술	
	기술·가정/정보	
	제2외국어/한문	
	교양	보건
융합 선택	수학, 사회, 과학	수학과제 탐구, 기후변화와 지속가능한 세계, 기후변화와 환경생태, 융합과학 탐구
	체육·예술	
	기술·가정/정보	창의 공학 설계
	제2외국어/한문	
	교양	

추천 도서 목록

- 하루 한 권, 생명공학, 아시다 요시유키, 드루
- 식물생명공학, 김선형 외, 라이프사이언스
- 생명과학, 공학을 만나다, 유영제, 나녹
- 생명공학을 열다, 강경선 외, 명지문화사
- 한국 생명공학 논쟁, 김병수, 알렙
- MT 생명공학, 최강열, 장서가
- 생명공학 소비시대 알 권리 선택할 권리, 김훈기, 동아시아
- 생명공학의 윤리, 리처드 셔록 외, 나남
- 21세기 생명공학으로의 초대, 한재용 외, 라이프사이언스
- 20세기 기술의 문화사, 김명진, 궁리
- 완벽에 대한 반론, 마이클 샌델, 와이즈베리
- 꼬리에 꼬리를 무는 호모 사파엔스, 정주혜, 주니어태학
- 생명은 어떻게 정보가 되었는가, 김동광, 궁리

- 음식의 미래, 라리사 집버로프, 갈라파고스
- 건강 기능성 식품 이야기, 정원태, 신일북스
- MT 화학, 이익모, 청어람
- 생각이 필요한 건강과 식생활, 노봉수 외, 수학사
- 교양인을 위한 21세기 영양과 건강 이야기, 최혜미 외, 라이프사이언스
- 세상을 바꾼 과학 이야기, 권기균, 종이책
- 미술관에 간 화학자, 전창림, 어바웃어북

학교생활 TIPS

- 식품생명공학을 전공하는 데 기본이 되는 수학, 과학(화학, 생명과학) 교과 성적을 상위권으로 유지하고, 식품과 관련된 지식을 교과 활동을 통해 해결하는 자기주도성이 학교생활기록부에 나타나도록 수업에 적극적으로 참여합니다.
- 공동 프로젝트를 통해 사회성과 관련된 역량을 함양하는 활동에 적극 참여하고, 배려, 나눔, 갈등 관리 등의 모습이 학교생활기록부에 나타나도록 합니다.
- 과학(화학, 생명과학) 관련 동아리 및 식품 관련 동아리에 적극 참여하여 분석적 사고 및 생물, 법, 공학과 기술 등의 지식을 확장하는 것을 추천합니다.

- 지속적인 과학 관련(식품, 화학 등) 독서 활동을 통해 빠르게 변화하는 트렌드를 파악하고, 이를 생활 및 지적 호기심을 해결하는 데 적용할 것을 권장합니다.
- 자기주도성, 추론적 사고, 융복합적 사고, 책임감, 경험의 다양성, 성실성, 창의성, 의사소통 능력, 문제 해결 능력, 나눔, 배려, 갈등 관리 등이 학교생활을 통해 나타나고, 이같은 내용이 학교생활기록부에 기록되도록 성실히 학교생활을 할 것을 추천합니다.

155

신소재공학과

학과소개

첨단 신소재 공학 기술이 중요해진 현대 사회에서 금속, 세라믹, 전자, 바이오 재료의 이론과 설계부터 제조와 특성 평가 및 응용에 이르는 기초, 심화, 응용의 전 과정을 다루는 분야가 신소재공학 분야입니다. 신소재공학과는 급속히 발전하는 현대 과학 기술 문명을 맞이하여, 신소재의 특성과 미세 구조를 이해하고 실제 사용 조건에서 요구하는 성질을 만족하는 신소재를 개발 및 응용할 수 있는 지식을 배우는 학과입니다. 미세 분자 구조를 설계 하고 다양한 소재의 제조와 가공 기법을 통하여 소재를 현실화하며, 그 특성과 응용 방법을 연구할 수 있는 기초 지식과 능력을 배양합니다.

창의성 및 학문 간 융·복합화에 대비한 기초 과학 및 공학 능력을 지닌 인재, 산업체가 요구하는 전공 지식 및 실무 능력을 갖춘 인재, 글로벌 시대의 경쟁력을 갖춘 신소재공학인의 양성은 신소 재공학과의 교육 목표입니다.

개설대학

- 가천대학교
- 경북대학교
- 경성대학교
- 계명대학교
- 국립군산대학교
- 단국대학교(제2캠퍼스)
- 동아대학교
- 동의대학교
- 배재대학교
- 서울과학기술대학교
- 서울시립대학교
- 숭실대학교
- 인천대학교
- 인하대학교
- 조선대학교
- 충남대학교
- 충북대학교
- 한국공학대학교
- 한국항공대학교
- 한남대학교 등

관련학과

- 신소재공학부
- 나노신소재공학과
- 나노신소재학과
- 디스플레이신소재 공학과
- 디스플레이융합학과
- 바이오소재과학과
- 바이오시스템·소재학부
- 반도체신소재공학과
- 배터리공학과
- 배터리융합공학과
- 식물·환경신소재 공학과
- 에너지신소재공학과
- 융합소재공학부
- 재료화학공학과
- 전기·신소재공학부
- 정보전자신소재공학과
- 첨단신소재공학과
- 첨단소재공학과
- 첨단소재공학부 등

진출분야

기업체	기계 부품 및 자동차 부품 관련 업체, 반도체 및 각종 전기 전자 부품 업체, 디스플레이·IT 및 컴퓨터 관련업체, 의료 기기 및 환경 관련 기업체, 신소재 및 촉매 관련 산업체, 신약 및 생물 소재 관련 산업체, 제약 회사, 무기 재료 관련 기업, 에너지 산업 기업(전지, 태양열전지, 연료전지 분야) 등
정부 및 공공 기관	산업 정책 관련 국가직 공무원, 중고등학교, 특허청, 한국가스공사, 한국과학기술연구원, 한국기계연구원, 한국생산기술연구원 등
연구 기관	전자 및 반도체 회사 연구소, 석유 화학 회사 연구소, 고분자 회 사 연구소, 제약 회사 연구소, 한국전자통신연구원, 한국화학연 구원, 한국기계연구원 부설 재료연구소, 감정 평가 분야 기관 등

진출직업

- 재료공학기술자
- 금속공학기술자
- 금속재료공학시험원
- 나노공학기술자
- 변리사
- 비파괴검사원
- 전자의료기기개발기술자
- 나노소재품질시험원
- 나노소재연구원
- 비섬유공학기술자
- 섬유 및 염료시험원
- 전자계측제어기술자
- 전자의료기기개발자
- 전자제품개발자
- 품질관리사무원 등

취득가능 자격증

- 금속재료산업기사
- 금속재료기사
- 반도체설계산업기사
- 반도체설계기사
- 비파괴검사산업기사
- 비파괴검사기사
- 섬유물리기사
- 세라믹산업기사
- 세라믹기사
- 금속재료산업기사
- 금속재료기사
- 섬유화학산업기사
- 섬유화학기사
- 주조산업기사
- 표면처리산업기사 등

학과 주요 교과목

기초 과목	공업수학, 미분적분학, 일반물리학, 일반화학, 소재기초과학, 소재열역학, 결정구조와 결함, 신소재공학실험, 신소재와 미래 과학기술 등
심화 과목	금속소재개론, 세라믹소재개론, 소재공정디자인, 소재분석기 기, 소재가공학, 재료수치해석, 나노과학과기술, 환경에너지소 재, 바이오소재, 물리화학, 바이오재료개론, 반도체재료, 반응 속도론, 상평형론, 세라믹재료개론, 에너지환경재료, 유기재료 화학, 유기재료개론, 재료수치해석, 재료열역학, 전자 및 반도 체재료공학, 전자세라믹스 등

학과 인재상 및 갖추어야 할 자질

- 수학, 물리학 및 화학 과목에 흥미와 열정이 있는 학생
- 일상생활에서 접하는 다양한 소재에 관심이 많은 학생
- 창의적이고 진취적인 성격으로, 주어진 문제를 다각적으로 분석하려는 자세를 가진 학생
- 새로운 과학 기술을 빠르게 받아들이고 인지할 수 있는 능력을 지닌 학생
- 분석적으로 사고하려는 자세와 혁신적인 성격을 가진 학생
- 학습의 주체적인 설계와 적극적인 실행 의지 및 수행 능력을 갖춘 학생

학과 관련 선택 과목

※ 국어, 영어 교과는 모든 학문의 기초적인 성격을 가진 도구교과로 모든 학과에 이수가 필요하여 생략함.

공통 과목		공통국어1,2, 공통수학1,2, 공통영어1,2, 한국사1,2, 통합사회1,2, 통합과학1,2, 과학탐구실험1,2
수능 필수		화법과 언어, 독서와 작문, 문학, 대수, 미적분 I , 확률과 통계, 영어 I , 영어 II , 한국사, 통합사회, 통합과학, 성공적인 직업생활(직업)
일반 선택	수학, 사회, 과학	대수, 미적분 I , 확률과 통계, 물리학, 화학
	체육·예술	
	기술·가정/정보	기술·가정, 정보
	제2외국어/한문	
	교양	생태와 환경
진로 선택	수학, 사회, 과학	기하, 미적분 II , 역학과 에너지, 전자기와 양자, 물질과 에너지, 화학 반응의 세계
	체육·예술	
	기술·가정/정보	
	제2외국어/한문	
	교양	
융합 선택	수학, 사회, 과학	수학과제 탐구, 기후변화와 지속가능한 세계, 기후변화와 환경생태, 융합과학 탐구
	체육·예술	
	기술·가정/정보	창의 공학 설계
	제2외국어/한문	
	교양	

추천 도서 목록

- 같기도 하고 아니 같기도 하고, 로얼드 호프만, 까치
- 거의 모든 물질의 화학, 김병민, 현암사
- 신소재 쫌 아는 10대, 정홍제, 풀빛
- 세계사를 바꾼 12가지 신소재, 사토 겐타로, 북라이프
- 신소재 이야기, 김영근 외, 자유아카데미
- 위험한 과학자, 행복한 과학자, 정용환, 행복에너지
- 발명, 노벨상으로 빛나다, 문환구, 지식의날개
- 신소재, 4차 산업혁명을 이끄는 힘, 한상철 외, 도서출판 홍릉
- 소재가 경쟁력이다, 이영관, KMAC
- 스핀오프, 강대호, 문학실험실
- 나노화학, 정홍제, 휴머니스트
- 모든 것에 화학이 있다, 케이트 비버도프, 문학수첩
- 배터리 전쟁, 루카스 베드나르스키, 위즈덤하우스

- 분자 조각가들, 백승만, 해나무
- 생활속의 화학, W. 릭스너 외, 전파과학사
- 알기 쉬운 고분자 이야기, 닥터 스코 외, 들녘
- 이토록 재밌는 화학 이야기, 사마키 다케오, 반니
- 이기적 유전자, 리처드 도킨스, 을유문화사
- 부분과 전체, 베르너 하이젠베르크, 서커스, 서커스출판상회
- 엔트로피, 제레미 리프킨, 세종연구원
- 춤추는 술고래의 수학 이야기, 레오나르드 믈로디노프, 까치

학교생활 TIPS

- 신소재공학 전공과 관련이 있는 수학, 과학(물리학, 화학) 교과의 높은 학업 성취를 보이도록 하고, 정규 수업 활동을 통해 학업에 대한 학문적 열정이나 지적 관심 정도, 전공 적합성, 문제 해결 능력, 창의력 등 자신의 장점이 학교생활기록부 교과 세부능력 및 특기사항에 기록되도록 하는 것이 좋습니다.
- 과학 및 공학 관련 동아리(과학 탐구, 발명, 융합 탐구, 엔지니어, 독서 토론) 활동 참여를 추천하고, 동아리 활동 과정에서 구성원의 화합과 단결을 이끌어 내는 활동이나 활동 중에 부딪히는 문제점을 슬기롭게 해결한 경험, 다양한 활동 경험 등이 나타나는 것이 중요합니다.
- 신소재공학에 대한 흥미와 관심, 지원 전공에 대해 이해, 자신의 경험과 지원 전공과의 연관성이 드러날 수 있는 교내 공학 프로그램, 신소재 관련 기업 탐방, 관련 직업 탐색 및 직업인 특강, 학과 체험 활동에 참여하여 진로에 대한 관심과 진로 설정 과정, 전공 적합도를 높이기 위한 노력이 나타나도록 하는 것이 좋습니다.
- 학교 교육계획에 의한 행사 활동, 수련 활동, 학년·학급 단위로 진행되는 체험 활동 참여를 통해 공동체의 목표 달성을 위해 노력한 모습을 보이고, 학교생활 내에서 자신의 능력을 나누어줄 수 있는 다양한 활동(학습 멘토링, 급식 도우미, 교통 지도, 통합반 도우미)이나 각종 학교 행사 중에 참여하는 봉사 활동에 참여하여 타인을 위해 봉사하고 실천하는 모습을 보이는 것이 좋습니다.

학과소개

안전공학은 일상 산업 활동 중에 일어날 수 있는 다양한 산업 재해의 원인을 과학적인 방법으로 찾아내고 제거·제어하여 우리 모두가 안전한 생활을 할 수 있도록 하는 모든 활동과 방법에 관련한 학문 분야입니다. 안전공학과에서는 산업 활동 중에 발생할 수 있는 여러 가지 위험을 과학적인 방법으로 찾아내어 그 원인을 규명하거나 방지하는 방법을 배우고, 화재나 사고, 보건 등의 산업 활동 중 발생할 수 있는 위험을 분석하여 방지에 필요한 설계 방법에 대해서도 탐구합니다.

안전공학과는 인본주의 정신을 바탕으로 사명감과 긍지를 지닌 안전 전문가, 안전 설계 관련 전공지식을 이해하고 이를 실무에 창의적으로 활용할 수 있는 현장 적응형 안전 전문가, 실무적 문제를 협동 정신과 원활한 의사소통 능력으로 해결할 수 있는 실무형 안전 전문가, 국제적 위상에 걸맞은 방법으로 안전 문제를 해결할 수 있는 글로벌 안전 전문가의 양성을 교육 목표로 합니다.

개설대학

- 서울과학기술대학교
- 인천대학교
- 충북대학교
- 국립한국교통대학교
- 호서대학교 등

진출직업

- 가스시설안전관리원
- 건축안전기술자
- 교통안전연구원
- 전기안전기술자
- 토목안전환경기술자
- 도시및교통설계전문가
- 산업안전관리원
- 소방공학기술자
- 소방관리자
- 스마트재난관리전문가
- 주택관리사
- 화재감식전문가 등

관련학과

- 안전공학부
- 보건안전공학과
- 산업안전공학과
- 소방방재전공
- 소방안전학과
- 소방안전환경학과
- 스마트안전시스템학부
- 안전보건전공
- 안전보건학과
- 안전융합공학과 등

취득가능 자격증

- 소방안전교육사
- 인간공학기사
- 산업안전기사
- 산업안전산업기사
- 산업위생관리기사
- 산업위생관리산업기사
- 산업안전지도사
- 산업보건지도사
- 기계안전기술사
- 기계안전기사
- 전기안전기술사
- 화공안전기술사
- 건설안전기사
- 건설안전산업기사
- 위험물기능사
- 위험물관리산업기사
- 품질경영산업기사
- 품질경영기사 등

진출분야

기업체	건설 업체 안전 관리 부서, 산업 안전 관리 대행업체, 산업 안전 관련 협회, 손해 보험 회사, 제약 회사, 섬유 및 기계 관련 업체, 안전 보건 컨설팅 회사 등
정부 및 공공 기관	산업 및 가스 안전 관련 공공 기관, 정부 산업 안전관련 부서, 고용노동부, 한국산업안전보건공단, 한국수력원자력, 한국원자력연구원, 한국수자원공사, 한국가스안전공사, 한국화재보험협회, 대한산업안전협회, 한국소방안전원 등
연구 기관	산업 안전 관련 국가 연구소, 산업 안전 관련 기업 연구소 등

학과 주요 교과목

기초 과목	일반화학 및 실험, 안전생활, 안전공학개론, 전기공학개론, 정역학, 고급미분적분학, 안전관리론, 미분적분학, 인간공학 및 실험, 화학안전공학, 공업수학, 유체역학, 재료역학 등
심화 과목	스마트통계학, 작업환경공학, 전자기학, 화학안전공학, 토질 및 철근콘크리트공학, 방화공학, 방폭공학, 인간공학, 재료파괴, 전기안전공학, 기계설비안전, 건설안전공학, 환경공학, 유해물질관리, 장외영향평가, 공정안전관리, 가스안전관리, 가스안전공학, 전기방폭공학 등

학과 인재상 및 갖추어야 할 자질

- 수학, 물리학 및 화학 과목 등에 흥미와 열정이 있는 학생
- 평소 친구들이나 주변 사람들의 행동 특성을 관찰하는 데 재미를 느끼는 학생
- 창의적이고 진취적인 성격으로, 주어진 문제를 다각도에서 분석하려는 자세를 가진 학생
- 새로운 과학 기술을 바르게 받아들이고 인지할 수 있는 능력을 지닌 학생
- 분석적인 사고 능력과 혁신적인 성격을 가진 학생
- 통찰력과 상황에 대한 이해력을 바탕으로 한 창의적인 문제 해결 능력을 지닌 학생

학과 관련 선택 과목

※ 국어, 영어 교과는 모든 학문의 기초적인 성격을 가진 도구교과로 모든 학과에 이수가 필요하여 생략함.

공통 과목		공통국어1,2, 공통수학1,2, 공통영어1,2, 한국사1,2, 통합사회1,2, 통합과학1,2, 과학탐구실험1,2
수능 필수		화법과 언어, 독서와 작문, 문학, 대수, 미적분 I, 확률과 통계, 영어 I, 영어 II, 한국사, 통합사회, 통합과학, 성공적인 직업생활(직업)
일반 선택	수학, 사회, 과학	대수, 미적분 I, 확률과 통계, 세계시민과 지리, 사회와 문화, 현대사회와 윤리, 생명과학, 지구과학
	체육·예술	
	기술·가정/정보	기술·가정, 정보
	제2외국어/한문	
	교양	
진로 선택	수학, 사회, 과학	기하, 미적분 II, 한국지리 탐구, 윤리와 사상, 세포와 물질대사, 생물의 유전
	체육·예술	
	기술·가정/정보	
	제2외국어/한문	
	교양	
융합 선택	수학, 사회, 과학	실용 통계, 수학과제 탐구, 사회문제 탐구, 융합과학 탐구
	체육·예술	
	기술·가정/정보	창의 공학 설계
	제2외국어/한문	
	교양	

추천 도서 목록

- 안전관리자를 위한 인간공학, 나가마치 미츠오, 인재NO
- AI 메타버스시대 ESG 경영전략, 김영기 외, 브레인플랫폼
- 지속가능한 기업을 위한 안전경영의 법칙, 구권호, 한국학술정보
- 생각을 바꿔야 안전이 보인다, 유인종, 새빛
- 안전크레센도, 김의수, 신광문화사
- 안전기술과 미래경영, 김영기 이, 브레인플랫폼
- 재난 대비 안전심리학, 시노하라 카즈히코 외, 학지사
- 송창영의 재난과 윤리, 송창영, 기문당
- 생활 속의 안전, 김태구, 인제대학교출판부
- 키워드로 보는 생활과 안전, 류상일 외, 윤성사
- 그리드, 그레천 바크, 동아시아
- 문과생도 이해하는 전기전자수학, 야마시타 아키라, 한빛아카데미

- 미적분의 힘, 스티븐 스트로가츠, 해나무
- 수식 없이 술술 양자물리, 쥘리앙 보르로프, 북스힐
- 수학이 필요한 순간, 김민형, 인플루엔셜
- 재밌어서 밤새읽는 물리 이야기, 사마키 다케오, 더숲
- 성공하는 사람들의 7가지 습관, 스티븐 코비, 김영사
- 일 잘하는 사람들은 어떻게 문제를 해결하는가, 다카다 다카히사 외, 트러스트북스
- 엔트로피, 제레미 리프킨, 세종연구원
- 바이오테크 시대, 제레미 리프킨, 민음사

학교생활 TIPS

- 안전공학 전공에 기본이 되는 수학, 과학(물리학, 화학, 생명과학, 지구과학), 사회 교과 성적을 상위권으로 유지하고, 정규 교과 수업 활동 참여를 통해서 학업을 수행할 수 있는 기초 학습 능력, 자발적인 학업 의지, 안전공학 전공과 관련한 역량 발휘, 지원 전공의 궁금증 해결을 위해 기울인 태도, 전공 관련 활동과 경험 등 자신의 장점이 학교생활 기록부 교과 세부능력 및 특기사항에 기록되는 것이 좋습니다.
- 학교 교육계획에 의한 행사 활동, 수련 활동 및 학년·학급 단위로 진행되는 활동에서 자발성과 자율성, 적극성, 대인 관계, 공동체 의식, 리더십 등이 드러날 수 있도록 적극적으로 참여하는 것이 좋습니다.
- 학교 정규 동아리(과학 탐구 실험, 공학, 발명, 사회 참여) 활동을 추천하고, 동아리 활동을 통해 학문적 열정과 지적 관심의 정도, 새로운 아이디어

제안, 전공 분야에 대한 관심과 열정, 특정한 결과물이나 성과로 이어지는 경험을 하고, 이를 통해 배우고 느낀 점 등이 나타나는 것이 좋습니다.
- 학교생활 내에서도 자신의 능력을 나누어줄 수 있는 다양한 봉사 활동(급식 도우미, 사서 도우미, 학습 멘토링, 교통 지도, 분리수거 도우미, 교단 선진화 기자재 도우미) 참여를 권장하고, 사회 소외 계층(독거노인, 장애인, 다문화 가정 학생) 대상 봉사 활동을 통해 타인을 위해 헌신하는 모습을 보이는 것이 중요합니다.
- 안전공학 관련 기업 탐방, 직업 탐색, 직업인 특강, 안전 공학과 학과 탐방 등 전공 관련 진로 활동 참여를 통해 도시공학 전공에 대한 관심과 열정, 자기주도적인 진로 설정 과정, 과정의 유의미성, 전공 적합성 등이 기록되는 것이 좋습니다.

인문계열 / 사회계열 / 자연계열 / 공학계열 / 의약계열 / 예체능계열 / 교육계열 / 계열합과 & 특성화학과

학과소개

에너지공학은 기존의 화석 에너지를 대체하는 차세대 신재생 에너지 관련 연구·개발과 시스템 관리·운영 등을 다루는 학문입니다. 에너지공학과는 태양광, 수소 에너지, 바이오 및 폐기물 에너지, 연료 전지 등의 신재생 에너지 분야를 중점적으로 연구하는 학과입니다. 에너지공학과에서는 한정된 에너지를 합리적이고 경제적으로 사용하는 방법과, 기존 에너지를 사용할 수 있는 에너지로 전환하기 위한 에너지의 특성에 대해서 배웁니다.

에너지공학과는 에너지 기술 관련 문제들을 이해하고 분석하며 모델링 할 수 있는 공학 실무 능력을 지닌 인재, 창의적 사고를 발휘하여 다양한 에너지 공학 문제를 해결할 수 있는 능력을 지닌 인재, 이론 지식과 실무 능력을 겸비하고 확고한 직업 윤리 의식과 책임 의식을 가지며, 국제화 시대가 필요로 하는 글로벌 인재를 양성하는 것을 교육 목표로 합니다.

개설대학

- 경상국립대학교
- 단국대학교(제2캠퍼스)
- 순천향대학교
- 신한대학교
- 충남대학교
- 한양대학교 등

관련학과

- 에너지공학부
- 에너지시스템공학과
- 에너지시스템공학부
- 에너지신산업학부
- 에너지신소재공학과
- 에너지융합공학과
- 에너지자원공학과
- 에너지자원화학공학과
- 에너지환경공학과
- 나노에너지공학과
- 미래에너지공학과
- 융합에너지공학과
- 전기에너지공학과
- 첨단에너지공학과
- 환경에너지공학과 등

진출분야

기업체	에너지 산업 관련 회사, 신재생 에너지 관련 회사, 석유 화학·정유 회사, 정밀 화학업체, 엔지니어링 회사, 반도체 관련 기업체 등
정부 및 공공 기관	한국전력공사, 한국수력원자력, 한국원자력연료, 한국석유공사, 한국가스공사, 한국농어촌공사, 한국광물자원공사, 대한석탄공사, 환경관리공단 등
연구 기관	에너지 관련 민간·국가 연구소, 한국원자력기술원, 한국에너지기술연구원, 한국과학기술연구원, 한국표준과학연구원, 한국전자통신연구원 등

진출직업

- 발전설비기술자
- 변리사
- 산업안전원
- 에너지공학기술자
- 에너지시험원
- 에너지진단전문가
- 원자력공학기술자
- 지열시스템연구 및 개발자
- 폐기물처리기술자
- 가정에코컨설턴트
- 바이오에너지연구 및 개발자
- 비파괴검사원
- 전기안전기술자
- 전력거래중개인
- 태양광발전연구 및 개발자
- 태양열연구 및 개발자
- 풍력발전연구 및 개발자
- 플랜트기계공학기술자 등

취득가능 자격증

- 방사선비파괴검사기사
- 신재생에너지발전설비기사
- 에너지관리기사
- 원자력기사
- 광산보안기사
- 광산보안기능사
- 광산보안산업기사
- 자원관리기술사
- 화약류관리기사
- 화약류관리기술사
- 화약류관리산업기사
- 화약취급기능사
- 응용지질기사
- 광해방지기사
- 광해방지기술사
- 원자로조종사면허
- 방사성동위원소취급자일반면허
- 핵연료물질취급면허
- 원자력기사
- 방사선비파괴검사산업기사
- 초음파비파괴검사기사
- 초음파비파괴검사산업기사 등

학과 주요 교과목

기초 과목	창의적 공학설계, 기초에너지자원, 에너지전달현상, 에너지재료공학, 신재생에너지, 지하수공학, 공학기초이론, 공학도를 위한 창의적 컴퓨팅, 공학입문설계, 미적분학, 수치해석 등
심화 과목	에너지환경공학, 에너지경제학, 방사선공학, 방사성동위원소이용, 고분자화학, 공업물리화학, 공업수학, 공업유기화학, 나노바이오에너지소재, 무기소재화학, 반응공학, 에너지과학기술, 에너지나노과학, 에너지변환저장소재, 에너지열역학, 에너지유기소재, 에너지환경기술 등

학과 인재상 및 갖추어야 할 자질

- 수학과 물리학, 화학 등의 기초 학문과 과학 분야에 흥미를 가진 학생
- 에너지에 관심이 많고, 특히 신재생 에너지원에 흥미가 있는 학생
- 새로운 것을 발견하여 응용하는 것을 좋아하는 학생
- 공학 및 과학의 기초 지식을 바탕으로 한 논리력과 창의력을 갖춘 학생
- 기초 과학 분야의 지식과 정보 기술을 공학 문제해결에 응용할 수 있는 능력을 지닌 학생

학과 관련 선택 과목

※ 국어, 영어 교과는 모든 학문의 기초적인 성격을 가진 도구교과로 모든 학과에 이수가 필요하여 생략함.

공통 과목		공통국어1,2, 공통수학1,2, 공통영어1,2, 한국사1,2, 통합사회1,2, 통합과학1,2, 과학탐구실험1,2
수능 필수		화법과 언어, 독서와 작문, 문학, 대수, 미적분Ⅰ, 확률과 통계, 영어Ⅰ, 영어Ⅱ, 한국사, 통합사회, 통합과학, 성공적인 직업생활(직업)
일반 선택	**수학, 사회, 과학**	대수, 미적분Ⅰ, 확률과 통계, 물리학, 화학
	체육·예술	
	기술·가정/정보	기술·가정, 정보
	제2외국어/한문	
	교양	생태와 환경
진로 선택	**수학, 사회, 과학**	기하, 미적분Ⅱ, 역학과 에너지, 전자기와 양자, 물질과 에너지, 화학 반응의 세계
	체육·예술	
	기술·가정/정보	
	제2외국어/한문	
	교양	
융합 선택	**수학, 사회, 과학**	수학과제 탐구, 기후변화와 지속가능한 세계, 기후변화와 환경생태, 융합과학 탐구
	체육·예술	
	기술·가정/정보	창의 공학 설계
	제2외국어/한문	
	교양	

추천 도서 목록

- 세계 역사와 지도를 바꾼 흙의 전쟁, 도현신, 이다북스
- 넘버스, EBS 넘버스 제작팀, 민음인
- 에너지 때문에 전쟁을 한다고?, 크리스티나 슈타이라인, 토노북
- 넷제로 에너지 전쟁, 정철균 외, 한스미디어
- 2050 에너지 제국의 미래, 양수영 외, 비즈니스북스
- 배터리 전쟁, 루카스 베드나르스키, 위즈덤하우스
- 프로메테우스의 금속, 기욤 피트롱, 갈라파고스
- 자원위기와 차세데에너지, 김신종, 박영사
- 처음 만나는 신재생에너지, 김지홍, 한빛아카데미
- 우주 신재생에너지에 투자하라, 이봉진, 경향BP
- 도시수업 탄소중립도시, 김정곤 외, 베타랩
- 탄소중립, 어떻게 해결할까?, 신방실, 동아엠엔비
- 대한민국 탄소중립 2050, KEI 한국환경연구원, 크레파스북

- 공학자의 세상 보는 눈, 유만선, 시공사
- 기후변화와 에너지산업의 미래, 강신홍 외, 아모르문디
- 김기사의 e-쉬운 전기, 김명진, 성안당
- 다시 생각하는 원자력, 어근선, 엠아이디
- 에너지가 바꾼 세상, 후루타치 고스케, 좋은글방
- 재생에너지와의 공존, 안희민, 크레파스북
- 처음 읽는 2차전지 이야기, 사리이시 다쿠, 플루토
- 에너지 혁명 2030, 토니 세바, 교보문고
- 열정과 야망의 전기 이야기, 김석환, 대영사
- 원자력의 유혹, 심기보, 한솜미디어
- 에너지 대전환, 레스터 브라운, 어문학사
- 이기적 유전자, 리처드 도킨스, 을유문화사
- 엔트로피, 제레미 리프킨, 세종연구원

학교생활 TIPS

- 에너지공학 전공에 기본이 되는 수학, 과학(물리학, 화학, 지구과학), 정보, 환경 교과 성적을 상위권으로 유지하고, 정규 교과 수업 활동 참여를 통해서 에너지공학 전공과 관련한 역량 발휘, 지원 전공의 궁금증 해결을 위해 기울인 태도, 전공 관련 활동과 경험, 학업에 대한 열의와 문제 해결 능력 등 자신의 장점이 학교생활기록부 교과 세부능력 및 특기사항에 기록되는 것이 좋습니다.
- 학교 교육계획에 의한 행사 활동, 수련 활동 및 학년·학급 단위로 진행 되는 활동에서 자발성과 자율성, 적극성, 대인 관계, 공동체 의식, 리더십 등이 드러날 수 있도록 적극적으로 참여하는 것이 중요합니다.
- 학교 정규 동아리(과학 탐구 실험, 공학, 발명, 컴퓨터, 코딩, 아두이노, 프로그래밍) 활동을 추천하고, 동아리 활동을 통해 학문적 열정과 지적

관심의 정도, 전공 분야에 대한 관심과 열정, 특정한 결과물이나 성과로 이어지는 경험을 하고, 이를 통해 배우고 느낀 점이 나타나는 것이 좋습니다.
- 학교생활 내에서도 자신의 능력을 나누어줄 수 있는 다양한 봉사 활동 (에너지 도우미, 급식 도우미, 사서 도우미, 학습 멘토링, 분리수거 도우미, 교단 선진화 기자재 도우미) 참여를 통해 타인을 위해 헌신하고 봉사하는 모습을 나타내는 것이 중요합니다.
- 에너지공학 관련 기업 탐방, 직업 탐색, 직업인 특강, 에너지공학과 학과 탐방 등 전공 관련 진로 활동 참여를 통해 에너지공학 전공에 대한 관심과 열정, 자기주도적인 진로 설정 과정, 과정의 유의미성, 전공 적합성 등이 기록되는 것이 좋습니다.

158

원자력공학과

학과소개

원자력공학은 원자핵으로부터 방출되는 방사선이나 핵반응으로 얻게 되는 막대한 에너지를 평화적으로 이용하기 위한 공학으로서, 공업적·농업적·의학적 이용은 물론 원자력 발전 등과 관련한 무한한 잠재력과 응용성을 갖는 학문입니다. 또한 원자력공학은 물리학, 화학, 수학, 의학과 같은 기초 과학 기술과 기계공학, 재료공학, 전기 및 제어공학, 컴퓨터공학과 같은 공학 기반 기술이 통합된 기술 집약적 첨단 융합 학문입니다. 원자력공학과는 방사성 동위원소의 공업적·농업적·의학적 이용과 관련된 방사성공학 기술과 핵 물질의 취급·처리, 원자력 발전소의 설계·운전·관리 및 안전성 평가에 대한 학문을 배우는 학과입니다.

원자력공학과는 원자력 시스템과 방사선에 대한 이해 및 활용 능력을 갖춘 현장 중심의 인재, 원자력 에너지와 방사선 위험의 바른 이해를 바탕으로 인류의 복지와 사회 발전을 위해 봉사할 수 있는 인재, 원자력공학의 다양성을 바탕으로 한 적응력과 창의성, 도전 정신을 가진 21세기형 인재 양성을 교육 목표로 합니다.

개설대학

- 경희대학교
- 조선대학교
- 제주대학교
- 한양대학교 등

진출직업

- 방사성폐기물관리원
- 에너지공학기술자
- 방사선사
- 원자력공학기술자
- 물리학연구원
- 원자력연구원
- 핵물리학자
- 핵융합로연구원 등

관련학과

- 양자원자력공학과
- 원자력에너지산업학과
- 원자핵공학과 등

취득가능 자격증

- 방사선취급감독자면허
- 방사선취급자일반면허
- 원자력기사
- 원자력발전기술사
- 방사성동위원소취급일반 면허(RI)
- 방사선비파괴검사기사
- 방사선비파괴검사산업기사 등

진출분야

기업체	각 대학 병원 핵의학과, 핵의학 기기 제조 관리 업체, 비파괴 검사 관련 회사, 원자력 관련 벤처 기업, 원자로 설계 회사, 원자력 분야 기기 제작 회사, 방사선관련 검사 및 의료 기기 업체, 동위원소 검사 장비 제조업체 등
정부 및 공공 기관	과학기술정보통신부, 산업통상자원부, 한국전력공사, 한국수력원자력 등 원자력 발전 관련 공기업, 한전원자력연료㈜, ㈜ 한빛원자력본부, 한국전력기술, 원자력발전기술원, 한국방사선진흥협회, 한국비파괴검사학회 등
연구 기관	한국원자력연구원, 전력연구원, 한국원자력안전기술원, 고등기술연구원 등

학과 주요 교과목

기초 과목	미분적분학, 일반화학 및 실험, 일반물리학 및 실험, 원자력과 환경, 공업수학, 원자로공학, 수치해석, 원자핵물리, 에너지와 환경, 방사선공학, 재료공학 등
심화 과목	기초핵공학실험, 계통공학, 원자로이론, 원자로물리, 신뢰성공학, 응용열역학, 기초원자로재료, 방사선차폐설계, 원자력폐기물공학, 원자로실험, 원자로설계, 방사선응용기술, 핵공학개론, 원자력정책, 핵연료관리, 원자력발전소계통, 방사성동위원소이용,핵공학응용 등

학과 인재상 및 갖추어야 할 자질

- 에너지, 특히 원자력 에너지원에 관심과 흥미가 있는 학생
- 새로운 것을 발견하고 응용하는 것을 좋아하는 학생
- 창의적인 발상과 새로운 분야에 대한 호기심을 가지고 있는 학생
- 어떤 일을 할 때, 꼼꼼하게 마무리하고 차분하며 집중력이 높은 학생
- 공학 및 과학의 기초 지식을 바탕으로 한 논리력과 창의력을 갖춘 학생
- 기초 과학 분야의 지식과 정보, 기술을 공학 문제해결에 응용할 수 있는 능력을 지닌 학생
- 데이터를 분석하고, 주어진 사실이나 가설을 실험을 통해 확인할 수 있는 능력을 지닌 학생

학과 관련 선택 과목

※ 국어, 영어 교과는 모든 학문의 기초적인 성격을 가진 도구교과로 모든 학과에 이수가 필요하여 생략함.

공통 과목		공통국어1,2, 공통수학1,2, 공통영어1,2, 한국사1,2, 통합사회1,2, 통합과학1,2, 과학탐구실험1,2
수능 필수		화법과 언어, 독서와 작문, 문학, 대수, 미적분 I, 확률과 통계, 영어 I, 영어 II, 한국사, 통합사회, 통합과학, 성공적인 직업생활(직업)
일반 선택	수학, 사회, 과학	대수, 미적분 I, 확률과 통계, 물리학, 화학
	체육·예술	
	기술·가정/정보	기술·가정
	제2외국어/한문	
	교양	생태와 환경
진로 선택	수학, 사회, 과학	기하, 미적분 II, 역학과 에너지, 전자기와 양자, 물질과 에너지, 화학 반응의 세계
	체육·예술	
	기술·가정/정보	
	제2외국어/한문	
	교양	
융합 선택	수학, 사회, 과학	수학과제 탐구, 기후변화와 지속가능한 세계, 기후변화와 환경생태, 융합과학 탐구
	체육·예술	
	기술·가정/정보	창의 공학 설계
	제2외국어/한문	
	교양	

추천 도서 목록

- 수학은 어떻게 문명을 만들었는가, 마이클 브룩스, 브론스테인
- 수학 문명을 지배하다, 모리스 클라인, 경문사
- 수학은 우주로 흐른다, 소용진, 브라이트
- 10대를 위한 미래과학 콘서트, 정재승 외, 청어람미디어
- 기후변화와 에너지산업의 미래, 강신홍 외, 아모르문디
- 2050 에너지 제국의 미래, 양수영 외, 비즈니스북스
- 원자력, 무엇이 문제일까?, 김명자, 동아엠앤비
- 다시 생각하는 원자력, 어근선, 엠아이디
- 기후는 기다려주지 않는다, 조슈아 S. 골드스타인, 프리뷰
- 에너지가 바꾼 세상, 후루타치 고스케, 에이지21
- 원자력, 우리의 미래인가?, 데이비드 엘리엇 외, 교보문고
- 원자력발전소와 디자인 이야기, 김영정, 행복에너지

- 재생에너지와의 공존, 안희민, 크레파스북
- 떨림과 울림, 김상욱, 동아시아
- 방사선과 원소, 정완상, 성림원북스
- 방사선 방사능 이야기, 타다 준이치로, 성안당
- 방사능 팩트 체크, 조건우 외, 북스힐
- 세상을 바꾼 다섯 개의 방정식, 마이클 길렌, 경문사
- 코스모스, 칼 세이건, 사이언스북스
- 세상에서 가장 재미있는 물리학, 래리 고닉, 궁리
- 정재승의 과학 콘서트, 정재승, 어크로스
- 에너지 혁명 2030, 토니 세바, 교보문고

학교생활 TIPS

- 원자력공학을 전공하는 데 기본이 되는 수학, 과학(물리학, 화학) 등 기초 과학 과목에 대한 학업 성취도를 높이고, 학업 능력, 전공 적합성, 문제 해결 능력, 창의력 등이 발휘되도록 관련 교과 수업 활동에 자기주도적으로 참여합니다.
- 학교 교육계획에 의한 행사 활동, 수련 활동 및 학년·학급 단위로 진행되는 활동에서 자발성과 자율성, 적극성, 대인 관계, 공동체 의식, 리더십 등이 드러날 수 있도록 적극적으로 참여하는 것이 중요합니다.
- 학교 정규 동아리(과학 탐구 실험, 수리 논술, 공학, 코딩, 아두이노) 활동을 추천하고, 동아리 활동을 통해 학문적 열정과 지적 관심의 정도, 전공 분야에 대한 관심과 열정, 특정한 결과물이나 성과로 이어지는 경험을 하고, 이를 통해 배우고 느낀 점이 나타나는 것이 좋습니다.

- 학교생활 내에서도 자신의 능력을 나누어줄 수 있는 다양한 봉사 활동 (에너지 도우미, 급식 도우미, 사서 도우미, 학습 멘토링, 분리수거 도우미, 교단 선진화 기자재 도우미) 참여를 통해 타인을 위해 헌신하고 봉사하는 모습을 나타내는 것이 중요합니다.
- 원자력, 에너지, 신재생 에너지 등의 에너지 관련 분야와 인문학, 철학, 역사학, 심리학 등 다양한 분야의 독서를 통해 융합적 지식을 신장하도록 노력합니다.

159

원자핵공학과

학과소개

원자핵공학은 핵분열 반응으로 방출되는 막대한 에너지를 실용화하여 전력을 생산하는 원자력 발전과 에너지 고갈 문제를 근본적으로 해결하기 위한 최신 과학 기술에 관한 학문으로 플라즈마, 방사선, 가속기, 레이저 등과 같은 에너지를 이용하여 새로운 기술과 시스템을 연구 개발합니다. 원자핵 공학과는 핵분열을 이용한 에너지 생산 시스템을 다루는 원자력시스템공학 분야, 핵융합 발전 실현과 여기에서 파생되는 플라즈마 응용을 다루는 핵융합·플라즈마공학 분야, 방사선의 계측과 활용을 다루는 방사선 공학 분야를 연구하고 배우는 학과입니다.

원자핵공학 전공 분야에 대한 전문적인 지식과 높은 수준의 기술을 갖춘 인재, 복잡한 문제를 단순화할 수 있는 개념화 능력과 문제 해결 능력, 지식 창출 능력 및 커뮤니케이션 능력을 갖춘 인재, 원자력 에너지와 방사선 위험의 바른 이해를 바탕으로 인류의 복지와 사회 발전을 위해 봉사할 수 있는 인재, 문화적 다원성을 이해하고 국제 사회에서 활약할 수 있는 글로벌 인재의 양성은 원자핵공학과의 교육 목표입니다.

개설대학

- 서울대학교 등

진출직업

- 방사선학자
- 방사성폐기물관리원
- 에너지공학기술자
- 원자력연구원
- 핵물리학자
- 핵융합로연구원 등

관련학과

- 양자원자력공학과
- 원자력공학과
- 원자력·에너지시스템공학과
- 원자력·에너지시스템공학전공
- 원자력방재학과
- 원자력융합공학과
- 원자력응용공학부
- 원전·제어시스템공학전공 등

취득가능 자격증

- 방사선취급감독자면허
- 방사선취급자일반면허
- 원자력기사
- 원자력발전기술사
- 방사성동위원소취급일반 면허(RI)
- 방사선비파괴검사기사 등

진출분야

기업체	각 대학 병원 핵의학과, 핵의학 기기 제조 관리 업체, 비파괴 검사 관련 회사, 원자력 관련 벤처 기업, 원자로 설계 회사, 원자력 분야 기기 제작 회사, 방사선 관련 검사 및 의료 기기 업체, 동위원소 검사 장비 제조업체 등
정부 및 공공 기관	교육부, 한국전력공사, 한국수력원자력, 한전원자력연료㈜, ㈜한빛원자력본부, 한국전력기술, 원자력발전기술원, 한국방사선진흥협회, 한국비파괴검사학회 등
연구 기관	한국원자력연구원, 전력연구원, 한국원자력안전기술원, 고등기술연구원 등

학과 주요 교과목

기초 과목	고급수학, 물리학, 화학, 생물학, 공학수학, 고전역학, 핵물리, 원자물리, 전자기학, 열역학, 통계학, 방사선의과학기초, 핵공학개론 등
심화 과목	원자력시스템, 시스템공학열역학, 응용핵물리기초, 플라즈마전자역학, 원자로이론, 플라즈마기초, 방사선공학, 원자로물리, 열수력, 원자력재료, 안전공학, 핵융합, 에너지정책, 원자로안전공학, 응용핵물리, 산업플라즈마공학, 핵계측, 에너지물리화학 등

학과 인재상 및 갖추어야 할 자질

- 에너지, 특히 원자력 에너지원에 관심과 흥미가 있는 학생
- 새로운 것을 발견하고 응용하는 것을 좋아하는 학생
- 창의적인 발상과 새로운 분야에 대한 호기심을 가지고 있는 학생
- 어떤 일을 할 때, 꼼꼼하게 마무리하고 차분하며 집중력이 높은 학생
- 공학 및 과학의 기초 지식을 바탕으로 한 논리력과 창의력을 갖춘 학생
- 기초 과학 분야의 지식과 정보, 기술을 공학 문제해결에 응용할 수 있는 능력을 지닌 학생

학과 관련 선택 과목

※ 국어, 영어 교과는 모든 학문의 기초적인 성격을 가진 도구교과로 모든 학과에 이수가 필요하여 생략함.

공통 과목		공통국어1,2, 공통수학1,2, 공통영어1,2, 한국사1,2, 통합사회1,2, 통합과학1,2, 과학탐구실험1,2
수능 필수		화법과 언어, 독서와 작문, 문학, 대수, 미적분Ⅰ, 확률과 통계, 영어Ⅰ, 영어Ⅱ, 한국사, 통합사회, 통합과학, 성공적인 직업생활(직업)
일반 선택	수학, 사회, 과학	대수, 미적분Ⅰ, 확률과 통계, 물리학, 화학
	체육·예술	
	기술·가정/정보	기술·가정
	제2외국어/한문	
	교양	생태와 환경
진로 선택	수학, 사회, 과학	기하, 미적분Ⅱ, 역학과 에너지, 전자기와 양자, 물질과 에너지, 화학 반응의 세계
	체육·예술	
	기술·가정/정보	
	제2외국어/한문	
	교양	
융합 선택	수학, 사회, 과학	수학과제 탐구, 기후변화와 지속가능한 세계, 기후변화와 환경생태, 융합과학 탐구
	체육·예술	
	기술·가정/정보	창의 공학 설계
	제2외국어/한문	
	교양	

추천 도서 목록

- 원자핵에서 핵무기까지, 다다 쇼, 한스미디어
- 원자핵의 세계, 모리다 마사토, 전파과학사
- 10대가 알아야 할 핵의 역사, 문경환, 나무야
- 강력의 탄생, 김현철, 계단
- 세상에서 가장 쉬운 과학 수업 양자혁명, 정완상, 성림원북스
- 어떻게 물리학을 사랑하지 않을 수 있을까?, 짐 알칼릴리, 월북
- 아인슈타인처럼 양자역학하기, 리 스몰린, 김영사
- E=mc2이란 무엇인가?, 장루이 보뱅, 민음인
- 10대를 위한 미래과학 콘서트, 정재승 외, 청어람미디어
- 기후변화와 에너지산업의 미래, 강신홍 외, 아모르문디
- 2050 에너지 제국의 미래, 양수영 외, 비즈니스북스
- 원자력, 무엇이 문제일까?, 김명자, 동아엠앤비

- 다시 생각하는 원자력, 어근선, 엠아이디
- 기후는 기다려주지 않는다, 조슈아 S. 골드스타인, 프리뷰
- 에너지가 바꾼 세상, 후루타치 고스케, 에이지21
- 원자력, 우리의 미래인가?, 데이비드 엘리엇 외, 교보문고
- 원자력발전소와 디자인 이야기, 김영정, 행복에너지
- 재생에너지와의 공존, 안희민, 크레파스북
- 떨림과 울림, 김상욱, 동아시아
- 방사능 팩트 체크, 조건우 외, 북스힐
- 공대생도 잘 모르는 재미있는 공학 이야기, 한화택, 플루토
- 총 균 쇠, 재레드 다이아몬드, 문학사상
- 엔트로피, 제레미 리프킨, 세종연구원
- 코스모스, 칼 세이건, 사이언스북스

학교생활 TIPS

- 원자핵공학 전공과 관련이 깊은 수학, 과학(물리학, 화학, 지구과학) 교과의 높은 학업 성취도를 보이는 것이 중요하고, 교과 수업에서 전공 적합성, 학업 능력, 문제 해결 능력, 발전 가능성, 자기주도성 등 자신의 장점을 드러낼 수 있는 내용 등이 학교생활기록부 교과 세부능력 및 특기사항에 기록되는 것이 좋습니다.
- 학교 교육계획에 의한 행사 활동, 수련 활동 및 학년·학급 단위로 진행되는 활동에 적극적으로 참여하여 자발성과 지율성, 적극성, 대인 관계, 공동체 의식, 리더십 등이 드러날 수 있도록 하는 것이 중요합니다.
- 학교 정규 동아리(과학 탐구 실험, 수리 탐구 논술, 독서 토론, 컴퓨터, 봉사) 활동 참여를 통해 학문적 열정이나 지적 관심의 정도, 특정 활동을 통해 성과로 이루어진 경험을 하고 이를 통해 배우고 느낀 점 등이 나타

나는 것이 좋습니다.
- 학교 교육계획에 의해 진행되는, 일회성이 아닌 지속적인 봉사(급식 도우미, 사서 도우미, 학습 멘토링, 교통 지도) 활동 참여를 통해서 타인을 위해 봉사하고 헌신하는 학교생활 모습을 보이는 것이 중요합니다.
- 원자력이나 에너지 관련 직업 탐색 활동, 관련 직업인 특강, 원자력 및 에너지 관련 학과 탐방 등 전공과 관련한 진로 활동 참여를 통해 원자핵 공학 진로에 대한 관심과 진로 설정 과정, 전공 적합도, 진로에 대한 열정 등이 기록되는 것이 중요합니다.

인문계열

사회계열

자연계열

공학계열

의약계열

예체능계열

교육계열

계약학과 & 특성화학과

160

응용화학과

학과소개

화학은 인류의 생활에 필요한 새로운 물질을 합성하여 분자 수준에서 이를 조작·분석하고 제어하는 학문입니다. 분자 수준에서 세계를 관찰하는 화학은 현대의 나노과학 및 생명과학 분야의 발전을 이끈 핵심 기반 학문이기도 합니다. 응용화학과는 화학을 기반으로 하여 재료에서 소자까지, 그리고 분자에서 생명 물질까지 다루는 교육과정을 통해 첨단 연구와 산업의 전문 인력을 양성하는 학과입니다.

응용화학의 관심 분야는 인류의 삶의 거의 전 영역을 포함하고 있는데 첨단 전자 산업의 중심에 있는 반도체를 비롯하여 차세대 디스플레이 발광 소재, IT 혁명을 이끈 전자 회로의 화학 소재, 고강도 합성 플라스틱류와 합성고무 등이 이에 해당하며, 생명공학과 관련해서는 새로운 기능의 화장품 원료와 방향제, 식품 첨가제, 방부제, 의약품 및 인공 장기, 진단 시약 등 지속적으로 인류의 삶에 기여하게 될 중요한 제품들이 응용화학의 관심 분야에 해당됩니다. 미래에는 응용화학의 관심 분야가 더욱 확대될 것이며, 따라서 응용화학은 계속해서 인류의 삶과 함께할 것입니다.

개설대학

- 경북대학교
- 동의대학교
- 청주대학교 등

관련학과

- 화학공학과
- 화학공학교육과
- 화학공학부
- 화학생명공학과
- 공업화학과
- 그린화학공학과
- 나노화학공학과
- 나노화학생명공학과
- 나노화학소재공학과
- 생명화학공학과
- 석유화학소재공학과
- 신소재화학공학과
- 에너지화학공학과
- 유기나노공학과
- 유기재료공학과
- 융합바이오화학공학과
- 응용화학생명공학과
- 첨단소재공학과
- 화공생명공학과
- 화공생명공학부
- 화공생물공학과
- 화공신소재공학전공 등

진출분야

기업체	석유 화학 업체, 화학 공학 업체, 신소재 개발 업체, 화장품 제조 업체, 정유 업체, 전자·반도체 업체, 태양광 에너지 업체, 에너지 저장 및 서비스 업체 등
정부 및 공공 기관	국가과학기술연구회, 각 지역 국립과학관 등
연구 기관	화학 분석 및 제품 개발 관련 연구소, 생명공학 연구소, 환경 연구소, 한국교육학술정보원, 한국장학재단, 한국과학창의재단, 각 지역 과학기술원, 한국나노기술원, 한국과학기술원, 한국과학기술연구원 등

진출직업

- 화학공학기술자
- 자연과학시험원
- 생명과학시험원
- 변리사
- 의약품영업원
- 재료공학기술자
- 석유화학공학기술자
- 도료 및 농약화학공학기술자
- 비누 및 화장품화학공학기술자
- 고무 및 플라스틱화학공학기술자
- 음식료품화학공학기술자
- 의약품화학공학기술자
- 화학공학시험원
- 조향사
- 친환경제품인증심사원
- 품질관리사무원
- 산업안전원
- 위험관리원 등

취득가능 자격증

- 고분자제품기술사
- 고분자제품제조기능사
- 화공산업기사
- 화공기술사
- 고분자제품제조산업기사
- 플라스틱성형가공기능사
- 공업화학기사
- 공업화학기술사
- 세라믹기능사
- 세라믹기사
- 세라믹기술사
- 세라믹산업기사
- 화공기사
- 화공산업기사
- 화학공장설계기술사
- 화약류제조기사
- 화약류관리기술사
- 화약류제조산업기사
- 화학분석기능사
- 위험물산업기사 등

학과 주요 교과목

기초 과목	화학수학, 유기화학실험, 분석화학실험, 물리화학실험, 생화학, 무기화학실험 등
심화 과목	분석화학, 물리화학, 유기화학, 첨단화학, 생화학개론, 무기화학, 현대기기분석, 환경물리화학, 유기공업화학, 나노화학, 무기화학실험, 화학결합론, 무기화학과 응용, 세라믹스화학, 방사화학, 현대전기분석화학, 고분자화학, 재료과학, 생화학과 응용, 분자세포생물학, 고체화학 등

학과 인재상 및 갖추어야 할 자질

- 과학이 기술과 사회의 발전에 미치는 영향력을 인식하고, 이에 대한 책임감과 윤리 의식을 갖춘 학생
- 환경 교육, 에너지 교육, 과학 탐구 및 실험, 발명 등에 관심이 있는 학생
- 강한 지적 호기심과 정확한 방법을 바탕으로 사실을 관찰하려는 학생
- 자연 현상과 주변 사물의 과학적 탐구를 통하여 과학의 기본 개념을 이해하려고 노력하는 학생
- 21세기 과학 기술 사회에 능동적으로 대처할 수 있는 학생
- 첨단 기술 및 정보 매체를 활용하여 자기 주도적 학습을 하려는 자세를 가진 학생

인문계열

사회계열

자연계열

공학계열

의약계열

예체능계열

교육계열

계약학과 & 특성화학과

※ 국어, 영어 교과는 모든 학문의 기초적인 성격을 가진 도구교과로 모든 학과에 이수가 필요하여 생략함.

공통 과목		공통국어1,2, 공통수학1,2, 공통영어1,2, 한국사1,2, 통합사회1,2, 통합과학1,2, 과학탐구실험1,2
수능 필수		화법과 언어, 독서와 작문, 문학, 대수, 미적분 I, 확률과 통계, 영어 I, 영어 II, 한국사, 통합사회, 통합과학, 성공적인 직업생활(직업)
일반 선택	수학, 사회, 과학	대수, 미적분 I, 확률과 통계, 물리학, 화학, 생명과학, 지구과학
	체육·예술	
	기술·가정/정보	정보
	제2외국어/한문	
	교양	생태와 환경
진로 선택	수학, 사회, 과학	미적분 II, 물질과 에너지, 화학 반응의 세계, 세포와 물질대사, 생물의 유전
	체육·예술	
	기술·가정/정보	
	제2외국어/한문	
	교양	논리와 사고, 보건
융합 선택	수학, 사회, 과학	수학과제 탐구, 기후변화와 지속가능한 세계, 과학의 역사와 문화, 기후변화와 환경생태, 융합과학 탐구
	체육·예술	
	기술·가정/정보	
	제2외국어/한문	
	교양	논술

- 화학의 발자취를 찾아서, 오진근, 전파과학사
- 화학의 역사, 윌리엄 H. 브록, 교유서가
- 화학의 역사를 알면 화학이 보인다, 백성혜, 이모션미디어
- 교양인을 위한 화학사 강의, 옌스 죈트겐, 반니
- 세상의 모든 원소 118, 시어도어 그레이, 영림카디널
- 세상의 시작, 118개의 원소 이야기, 석원경, 생각의힘
- 물리 화학 대백과 사전, 사와 노부유키, 동양북스
- 생활속의 화학, W. 릭스너, 전파과학사
- 아파트 속 과학, 김홍재, 어바웃어북
- 분자 조각가들, 백승민, 해나무
- 기계의 법칙, 넬로 크리스티아니니, 한빛미디어
- 미래 세대를 위한 인고잊는 이야기, 배성호 외, 철수와영희
- 꼬리에 꼬리를 무는 호모 사피엔스, 정주혜, 주니어태학

- 교양으로 읽는 반도체 상식, 고죠 마사유키, 시그마북스
- 전기차 상식사전, 정우덕, 넥서스북
- 공학의 ABC, 크리스 페리, 책세상어린이
- 처음 읽는 2차전지 이야기, 사리이시 다쿠, 플루토
- 배터리 전쟁, 루카스 베드나르스키, 위즈덤하우스
- 이해하기 쉬운 2차전지, 오서영 외, 동화기술
- 폐배터리 용어사전, 도정국 외, 도드림미디어
- 이차전지 승자의 조건, 정경윤 외, 길벗
- 진정일 교수의 교실 밖 화학 이야기, 진정일, 궁리
- 화학의 발자취, 휴 W. 샐츠버그, 범양사
- 역사를 바꾼 17가지 화학 이야기, 제이 버레슨 외, 사이언스북스
- MT 화학, 이익모, 청어람

 학교생활 TIPS

- 자연계열의 필수 교과인 수학, 과학 교과 성적을 상위권으로 유지하고, 학업 능력, 전공 적합성, 문제 해결 능력 등이 학교생활기록부 교과 세부능력 및 특기사항에 기록될 수 있도록 자기주도적으로 수업에 참여합니다.
- 교과에서 느낀 지적 호기심을 해결하기 위한 과학 실험 및 탐구, 환경, 에너지 관련 동아리에 가입하여 궁금증을 풀어나가는 활동을 할 것을 추천합니다.
- 다양한 과학 이슈에 관심을 갖고, 독서 및 저널 읽기 활동을 지속적으로 하며 관련 문제를 해결하고자 하는 과정을 경험하는 것이 중요합니다.
- 자기주도성, 추론 능력, 정보 처리 능력, 의사소통 능력, 경험의 다양성,

성실성, 창의성, 문제 해결 능력, 통합적 사고 등이 학교생활을 통해 나타나고, 이같은 내용이 학교생활기록부에 기록되도록 성실히 학교생활을 하는 것을 추천합니다.

161

의공학과

학과소개

의공학은 진단 또는 치료와 같은 의료를 목적으로 공학적인 원리와 설계 개념을 의학이나 생물학에 적용하는 학문 분야로 공학과 의학 간의 간격을 좁히거나, 이 두 분야의 융합을 통해 새로운 의료 장비를 개발하고, 기존에 풀지 못한 문제들을 새로운 접근 방식으로 해결하는 것을 추구하는 학문입니다.

의공학과는 의학, 전자공학, 컴퓨터공학, 기계공학, 생물학 분야의 폭넓은 기초 및 응용 지식, 실험 실습, 심화 과정, 산학 연계 프로그램 등을 통하여 의공학 산업 현장에서 실질적으로 요구되는 전반적인 지식 및 기술을 교육하는 학과입니다. 의료와 생물학의 설계 개념 및 공학 원리가 융합된 응용 분야에 대해서도 배웁니다.

의료 현장에서 발생하는 새로운 문제를 파악하고 해결할 수 있는 공학적 문제 해결 능력과 설계 기술을 갖춘 인재, 의공학 분야의 전문 지식과 외국어 소통 능력을 바탕으로 문제 해결 능력을 발휘하는 인재, 기초 소양 교육을 통해 책임감 및 협동심을 갖춘 의공학 인재, 의공학 분야의 최신 이론 및 응용 지식, 관련 분야의 국제적 경쟁력을 갖춘 인재 양성을 교육 목표로 합니다.

개설대학

- 가천대학교,
- 건양대학교(제2캠퍼스)
- 순천향대학교 등

관련학과

- 생체의공학과
- 의공학부
- 의료공학과
- 의용공학과
- 의용메카트로닉스공학과
- 의용생체공학과
- 바이오의공학부
- 한방의료공학과
- 의료IT공학과
- 의료신소재학과 등

진출직업

- 스마트헬스케어기기개발자
- 의공학자
- 의료기기마케터
- 의료경영컨설턴트
- 의료기기임상학자
- 의료기기개발 및 마케팅전문가
- 의료장비기사
- 의료기기시험·인증관리전문가
- 의료기기관리전문가
- 의료영상 및 생체정보처리 전문가 등

취득가능 자격증

- PA 규제과학자격증
- 방사선동위원소 면허
- 자동화 산업기사
- 보조공학사
- 광학기사
- 의료전자기능사
- 의공산업기사
- 의공기사
- 인간공학기사
- 의지보조기기사 등

진출분야

기업체	대형 병원, 의료 기기 업체, 의료 기기 관련 인허가 업체, 일반 제약 및 생명 공학 기업, 특허 관련 기업, 의료 기기 및 한방 의료 기기 관련 업체, 원자력 발전소, 의료 장비 수출입 업체, 전기·전자 및 컴퓨터 관련 기업 등
정부 및 공공 기관	보건복지부, 산업통상자원부, 한국연구재단, 식품의약품안전처, 오송첨단의료산업진흥재단, 한국과학기술연구원, 한국의료기기기술원, 한국보건의료연구원, 한국보건산업진흥원 등
연구 기관	국내외 의학 및 의공학 관련 연구소, 병원의 기초 의학 연구실, 의공학 관련 전문 평가원, 한국생명공학연구원, 한국전자통신연구원 등

학과 주요 교과목

기초 과목	미적분학, 공업수학, 일반생물학, 의학물리, 의학용어, 의공학개론, 기초전기회로이론, 해부학, 생리학, 생체정보학, 보건정보학, 의료공학실험, 의공생화학, 의공유기화학, 의공통계학 등
심화 과목	생체신호·시스템, 의공학프로그램, 고급C프로그래밍, 생체유체역학, 의공전자회로설계입문, 디지털이미지프로세싱, 바이오센서기술, Java응용프로그래밍, 의료영상학, 디지털헬스케어기기설계, 전자기학, 생체열전달, 모바일프로그래밍, 웨어러블의료기기설계, 생체모방시뮬레이션, 데이터사이언스, 레이저치료기술, 첨단의공학소재기술, 인공지능및빅데이터, 분자생체정보처리, 바이오메카트로닉스 등

학과 인재상 및 갖추어야 할 자질

- 수학, 물리학, 화학, 생명과학 등의 다양한 분야를 융합하는 능력을 지닌 학생
- 어떤 일을 할 때 꼼꼼하게 마무리하고, 차분하며 집중력이 높은 학생
- 팀 단위 활동 시 협업 능력 및 주인 의식을 발휘하여 적극적 협력 관계를 이끌 수 있는 학생
- 복잡한 기기나 기계를 분해해 보거나 스스로 만들어보고 싶은 의지가 강한 학생
- 남들이 생각하지 못한 방법으로 문제를 푸는 능력, 대상을 바라보는 창의력과 응용력을 갖춘 학생
- 인문적 기초 소양과 주어진 문제를 공학적으로 분석하고 해결할 수 있는 능력을 지닌 학생

학과 관련 선택 과목

※ 국어, 영어 교과는 모든 학문의 기초적인 성격을 가진 도구교과로 모든 학과에 이수가 필요하여 생략함.

공통 과목		공통국어1,2, 공통수학1,2, 공통영어1,2, 한국사1,2, 통합사회1,2, 통합과학1,2, 과학탐구실험1,2
수능 필수		화법과 언어, 독서와 작문, 문학, 대수, 미적분 I, 확률과 통계, 영어 I, 영어 II, 한국사, 통합사회, 통합과학, 성공적인 직업생활(직업)
일반 선택	수학, 사회, 과학	대수, 미적분 I, 확률과 통계, 화학, 생명과학
	체육·예술	
	기술·가정/정보	
	제2외국어/한문	
	교양	
진로 선택	수학, 사회, 과학	기하, 미적분 II, 물질과 에너지, 화학 반응의 세계, 세포와 물질대사, 생물의 유전
	체육·예술	
	기술·가정/정보	로봇과 공학세계, 인공지능 기초, 데이터 과학
	제2외국어/한문	
	교양	보건
융합 선택	수학, 사회, 과학	융합과학 탐구
	체육·예술	
	기술·가정/정보	창의 공학 설계, 지식 재산 일반
	제2외국어/한문	
	교양	

추천 도서 목록

- 사회정의와 건강, 배리 S. 레비, 한울아카데미
- 의료인이 포스트 코로나 시대를 대비하여 알아야 할 사회 트렌드, 비피기술거래, 비피기술거래
- 사이디오 시그마, 홍원기 외, 아시아
- 의료 AI 입문, 야마시타 야스유키, 양병원출판부
- 유전체, 다가온 미래 의학, 김경철, 메디게이트뉴스
- 노인을 위한 의학은 있다, 히구치 마사야, 군자출판사
- 자신만만 보험청구, 김기범 외, 군자출판사
- 기발해서 더 놀라운 의학의 역사, 리처드 홀링엄, 지식서가
- 태초의 의사들, 이원길, 마니피캇
- 의사 만들기, 토마스 네빌 보너, 청년의사
- 건강보험론, 강공언 외, 메디시언
- 차세대 융합바이오와 정밀의학, 이정승 외, 성균관대학교출판부
- 국민건강보험실무, 황성완 외, 계축문화사
- 세계의 건강보험, 박지연, 비즈프레스
- 베스트 인턴, 김태준 외, 대한의학

- 병원의 인문학, 여인석 외, 역사공간
- 디지털 헬스케어, 이광우 외, 한누리미디어
- 의철학 입문, 제임스 A. 마컴 외, 씨아이알
- 의학의 미래, 토마스 슐츠, 웅진지식하우스
- 수술의 탄생, 린지 피츠해리스, 열린책들
- 이야기로 푸는 의학, Marini, Maria Giulia, 학지사
- 차라투스트라는 이렇게 아팠다, 이찬휘 외, 들녘
- 기발해서 더 놀라운 의학의 역사, 리처드 홀링엄, 지식서가
- 미국의사 다이어리, 김하림, 군자출판사
- 이상한 나라의 모자장수는 왜 미쳤을까, 유수연, 에이도스
- 이토록 재밌는 의학 이야기, 김은중, 반니
- 의대가 죽어야 나라가 산다, 윤인모, 미래플랫폼
- 환자란 무엇인가, 공혜정 외, 모시는사람들
- 나는 미래의 병원으로 간다, 김영훈, 범문에듀케이션
- 보건의료 입문서, 강주성, 행복한책읽기

학교생활 TIPS

- 의공학 전공과 관련이 깊은 과목인 영어, 수학, 사회, 과학(물리학, 화학, 생명과학), 정보 교과의 학업 성취도 향상에 많은 노력이 필요하고, 적극적인 교과 수업 활동 참여를 통해서 전공 적합성, 문제 해결 능력, 창의력, 협업 능력 등이 학교생활기록부 교과 세부능력 및 특기사항에 기록될 수 있도록 합니다.
- 학교 교육계획에 의해 진행되는, 일회성이 아닌 지속적으로 진행되는 봉사 활동(급식 도우미, 통합반 도우미, 멘토링, 장애인 및 독거노인 대상 돌봄 활동 등) 참여를 통해서 타인을 위해 봉사하고 헌신하는 학교생활 모습이 드러나는 것이 중요합니다.
- 의공학 전공과 관련 있는 다양한 진로 활동(의료 기기 회사 및 헬스 케어

관련 회사 견학 활동, 의공학 관련 직업 체험, 의공학과 탐방 활동) 참여를 통해 자신의 진로 역량을 키우는 것이 중요합니다. 단순 참여 사실보다는 참여하게 된 계기나 자신의 역할, 배우고 느낀 점 등이 드러나면 좋습니다.
- 의료, 공학 탐구, 보건, 생명 탐구, 독서, 과학 탐구 실험 등의 동아리 활동이 도움이 되고, 다양한 분야(의료, 공학, 보건, 생명, 윤리, 인문학)의 독서를 통해 융합적 지식을 습득하는 것을 추천합니다.
- 진로 역량, 자기주도성, 문제 해결 능력, 창의력, 인성, 나눔과 배려, 리더십, 발전 가능성 등 학업 태도와 학업 의지에 대한 장점들이 학교생활기록부에 기록되는 것이 중요합니다.

인문계열 사회계열 자연계열 공학계열 의약계열 예체능계열 교육계열 계약학과 & 특성화학과

162

임베디드시스템공학과

학과소개

임베디드 시스템이란 어떤 제품이나 솔루션에 추가로 탑재되어 그 제품 안에서 특정한 작업을 수행하도록 하는 솔루션입니다. 예를 들어 스마트폰에 텔레비전 기능이 들어가 있다면, 그 텔레비전 기능(시스템)이 바로 임베디드 시스템입니다. 즉, 다른 제품과 결합해 추가적인 기능을 수행하는 것을 의미합니다. 임베디드시스템공학과는 임베디드 시스템 설계 기술과 임베디드 소프트웨어 설계 기술, 센서 및 제어공학, 통신 및 네트워크 기술, 영상 처리 기술 등 임베디드 엔지니어로서 필수적으로 습득해야 할 내용을 배우는 학과입니다.

임베디드시스템공학과는 임베디드 시스템을 위한 융합 소프트 웨어 설계 및 개발 능력을 갖춘 글로벌 인재, 산업체가 요구하는 최신 임베디드 소프트웨어와 하드웨어 요구 사항을 체계적으로 분석·설계·구현·검증할 수 있는 인재, 최신 임베디드 시스템에 관한 지식을 능동적으로 습득하며, 효율적으로 의사소통할 수 있는 인재, 직업 윤리 의식과 창의적인 업무 추진력, 글로벌 마인드를 갖춘 인재의 양성을 교육 목표로 합니다.

개설대학

- 인천대학교 등

관련학과

- 정보통신공학과
- 정보통신공학부
- 전자공학부(임베디드시스템 전공)
- 시스템반도체공학과
- 시스템반도체학부
- 모바일시스템공학과
- 반도체시스템공학과 등

진출직업

- 응용SW개발자
- 네트워크시스템분석 및 개발자
- 데이터베이스관리자
- 시스템SW개발자
- 컴퓨터하드웨어기술자
- 모바일콘텐츠개발자
- 경영정보시스템개발자
- 정보시스템운영자
- 가상현실전문가
- 모바일콘텐츠개발자
- 변리사
- 스마트폰애플리케이션개발자
- 웹프로그래머
- 임베디드시스템프로그래머
- 증강현실전문가
- 정보시스템운영자
- 컴퓨터프로그래머
- IT컨설턴트 등

취득가능 자격증

- 정보처리 산업기사
- 정보처리기사
- 데이터분석전문가(ADP)
- 데이터분석준전문가(ADsP)
- 데이터아키텍처(DA)
- SQL전문가(SQLP)
- SQL개발자(SQLD)
- 산업보안관리사
- 컴퓨터그래픽스운용기능사
- 그래픽기술자격(GTQ)
- 디지털포렌식전문가(1급, 2급) 등

진출분야

기업체	소프트웨어 개발업체, 컴퓨터 개발업체, 반도체 장비 개발업체, 내비게이션 업체, CCTV 감시 카메라 등 보안 시스템 업체, 스마트폰 개발업체, 이동 통신시스템 개발업체 등
정부 및 공공 기관	전산직 공무원, 국가 기관(한국인터넷진흥원, 한국콘텐츠진흥원, 한국정보화진흥원, 한국소프트웨어진흥원) 등
연구 기관	정보 통신 관련 민간·국가 연구소(한국전자통신연구원, 전자부품연구원) 등

학과 주요 교과목

기초 과목	미적분학, 공업수학, 디지털논리회로, 디지털회로 및 소자, C언어프로그래밍, 이산수학, 대학수학, 아날로그회로 및 소자, 임베디드시스템개론, 창의설계입문, 운영체제 등
심화 과목	데이터구조, 마이크로컨트롤러구조, 선형시스템, 신호처리입문, 임베디드SW기초, 알고리즘, 랜덤프로세스, 통신공학, 임베디드구조, 센서공학, 임베디드통신시스템, 인공지능, 제어시스템공학, 로봇시스템, 임베디드비전시스템, 고급알고리즘, 보안 및 암호, 사물인터넷 등

학과 인재상 및 갖추어야 할 자질

- 수학과 물리학, 화학을 비롯한 기초 과학 과목에 대한 역량을 갖춘 학생
- 새로운 분야의 기술에 호기심과 탐구심을 지닌 학생
- 공학적인 마인드를 갖추고, 스토리, 심리, 인문학 등의 분야에도 관심이 있는 학생
- 컴퓨터과학 분야에 대한 관심과 활용 및 응용 능력을 갖춘 학생
- 공학 및 과학의 기초 지식을 바탕으로 한 논리력과 창의력을 갖춘 학생
- 소프트웨어 응용과 관련한 창의적인 발상과 새로운 분야에 대한 호기심을 갖춘 학생

학과 관련 선택 과목

※ 국어, 영어 교과는 모든 학문의 기초적인 성격을 가진 도구교과로 모든 학과에 이수가 필요하여 생략함.

공통 과목		공통국어1,2, 공통수학1,2, 공통영어1,2, 한국사1,2, 통합사회1,2, 통합과학1,2, 과학탐구실험1,2
수능 필수		화법과 언어, 독서와 작문, 문학, 대수, 미적분Ⅰ, 확률과 통계, 영어Ⅰ, 영어Ⅱ, 한국사, 통합사회, 통합과학, 성공적인 직업생활(직업)
일반 선택	수학, 사회, 과학	대수, 미적분Ⅰ, 확률과 통계, 세계시민과 지리, 사회와 문화, 현대사회와 윤리, 물리학, 화학
	체육·예술	
	기술·가정/정보	기술·가정, 정보
	제2외국어/한문	
	교양	
진로 선택	수학, 사회, 과학	기하, 미적분Ⅱ, 윤리와 사상, 인문학과 윤리, 역학과 에너지, 전자기와 양자
	체육·예술	
	기술·가정/정보	인공지능 기초, 데이터 과학
	제2외국어/한문	
	교양	
융합 선택	수학, 사회, 과학	실용 통계, 수학과제 탐구, 사회문제 탐구, 융합과학 탐구
	체육·예술	
	기술·가정/정보	창의 공학 설계
	제2외국어/한문	
	교양	

추천 도서 목록

- 객체지향 UI 디자인, 후지이 코타 외, 에이콘출판
- 마음을 꿰뚫는 일상의 심리학, 장원정, 미디어숲
- 코스모스, 칼 세이건, 사이언스북스
- 객체 지향 소프트웨어 공학, 최은만, 한빛아카데미
- 이기적 유전자, 리처드 도킨스, 을유문화사
- 일렉트릭 유니버스, 데이비드 보더니스, 글램북스
- 인간의 얼굴을 한 과학, 홍성욱, 서울대학교출판문화원
- 거의 모든 것의 역사, 빌 브라이슨, 까치
- 행복한 프로그래밍, 임백준, 한빛미디어 등
- 4차 산업혁명과 미래사회, 안병태 외, 길벗
- 메타버스 시대의 사물 인터넷, 양순옥 외, 생능출판사
- 모바일 미래보고서 2024, 커넥팅랩, 비즈니스북스

- 박태웅의 AI 강의, 박태웅, 한빛비즈
- 보이지 않는 위협, 김홍선, 한빛미디어
- 빅데이터개론, 노규성 외, 광문각
- 사물인터넷 개론, 서경환 외, 배움터
- 세상을 바꿀 미래기술 25, 한국현, 위키북스
- 인공지능 윤리, 비브르티그르 외, 탐
- 임베디드의 모든 것, 구제길 외, 위키북스
- 핀테크 금융 서비스 가이드, 데비 모한, 도서출판청람
- AI전쟁, 하정우 외, 한빛미디어
- 나도 하는 파이썬 데이터 분석, 김규석 외, 한빛미디어
- 모빌리티의 미래, 서성현, 반니
- 소프트웨어 장인 정신 이야기, 로버트 C. 마틴, 인사이트

학교생활 TIPS

- 임베디드시스템 전공과 관련이 있는 수학, 과학(물리학), 사회, 정보 교과의 높은 학업 성취도를 향상하도록 노력하고, 열정과 의지, 전공에 대한 흥미와 관심과 기울인 노력, 문제 해결 능력, 창의력 등 수업에서 보인 자신의 장점이 학교생활기록부 교과 세부능력 및 특기사항에 기록되도록 하는 것이 좋습니다.
- 학교 정규 동아리(과학 탐구 실험, 공학, 발명, 사회 참여) 활동을 추천하고, 동아리 활동을 통해 학문적 열정과 지적 관심, 새로운 아이디어 제안, 전공 분야에 대한 관심과 열정, 특정한 결과물이나 성과로 이어지는 경험을 하고 이를 통해 배우고 느낀 점이 나타나는 것이 좋습니다. C언어, 파이썬과 같은 프로그래밍 공부도 권장합니다.

- 학교 교육계획에 의한 행사 활동, 수련 활동, 학년·학급 단위로 진행되는 체험 활동 참여를 통해 공동체의 목표 달성을 위해 노력한 모습을 보이고, 학교생활 내에서 자신의 능력을 나누어줄 수 있는 다양한 활동(교단 선진화 기자재 도우미, 학습 멘토링, 급식 도우미, 교통 지도, 통합반 도우미)에 참여하는 것을 권장합니다.
- 소프트웨어, 컴퓨터, 공학 일반, 프로그래밍, 인문학, 철학, 역사 등 다양한 분야의 독서를 통해서 융합적 지식을 습득하는 것이 중요합니다.

163

자동차공학과

학과소개

기계공학의 한 분야인 자동차공학은 자동차를 구성하는 각 부분을 공학적 접근을 통해 다루는 학문입니다. 자동차의 설계, 조립, 시뮬레이션 및 전체 자동차 시스템과 개별 부품의 동작에 대한 전체적인 연구를 합니다. 자동차공학과는 자동차 기술 개발에 필요한 기초 공학 이론을 바탕으로, 자동차 분야의 전문 기술과 최첨단 과학 기술을 접목해 보다 편리하고 안전한 자동차를 만들기 위해 공부하는 학과입니다. 자동차공학과에서는 자동차 부품과 시스템에 대한 이해를 바탕으로 자동차 부품 설계, 자작 자동차 제작, 차량 정비 기술 등을 익히며, 나아가 첨단 자동차공학과 차세대 자동차의 설계 및 제조에 대해 연구합니다.

자동차공학과는 자동차공학 분야의 최신 전문 지식을 바탕으로 산업 현장 업무를 능동적으로 수행할 수 있는 유능한 자동차 분야의 엔지니어, 종합적이고 창의적인 설계 능력과 윤리 의식을 갖춘 유능한 자동차 엔지니어, 글로벌 기술인으로서의 자동차 전문인, 미래의 자동차 산업을 이끌어 갈 종합적이고 창의적인 자동차 엔지니어 양성을 교육 목표로 합니다.

개설대학

- 국립강릉원주대학교(제2캠퍼스)
- 계명대학교
- 동의대학교
- 국립한국교통대학교 등

관련학과

- 자동차공학부
- 자동차·기계공학과
- 자동차기계공학과
- 자동차소프트웨어학과
- AI모빌리티공학과
- 기계자동차공학과
- 기계자동차공학전공
- 미래자동차공학과
- 미래자동차공학부
- 미래자동차학과
- 미래모빌리티공학과
- 미래모빌리티학과
- 미래형자동차학과
- 스마트자동차학과
- 스마트모빌리티공학과
- 스마트모빌리티학과
- 지능형모빌리티공학과
- 지능형모빌리티융합학과 등

진출직업

- 교통안전연구원
- 기계공학기술자
- 대체에너지개발연구원
- 메카트로닉스공학기술자
- 산업공학기술자
- 소음진동기술자
- 손해사정사
- 엔진기계공학기술자
- 자동차공학기술자
- 자동차부품기술영업원
- 자동차소재연구자
- 재료공학기술자
- 전자계측제어기술자
- 전자공학기술자
- 레이싱미캐닉
- 자동차튜닝엔지니어
- 전동차정비원
- 철도차량공학기술자 등

취득가능 자격증

- 기계설계기사
- 메카트로닉스기사
- 메카트로닉스산업기사
- 자동차정비기사
- 자동차정비산업기사
- 손해사정사
- 그린전동자동차기사
- 자동차정비기능장
- 기계설계산업기사
- 기계설계기사
- 건설기계산업기사
- 건설기계기사
- 농업기계산업기사
- 3D프린터개발산업기사 등

진출분야

기업체	완성차 업체, 자동차 부품업체, 자동차 전문 연구 기관, 자동차 엔지니어링 업체, 기타 자동차 유관 산업체 등
정부 및 공공 기관	한국기연구원, 한국자동차연구원, 한국표준과학연구원, 한국과학기술연구원, 한국기계연구원, 한국국방연구원, 산업연구원 등
연구 기관	기술·기계·통신 관련 연구소 등

학과 주요 교과목

기초 과목	일반물리 및 실험, 공학설계입문, 자동차공학기초, 공학기초수학, 공학수학, 프로그래밍언어, 공학응용프로그래밍, 재료역학, 자동차재료, 전기전자공학, 자동차공학개론 등
심화 과목	동역학, 회로이론, 기계진동학, 소음공학, 내연기관, 자동제어, 자동차인간공학, 자동차생산공학, 자동차메카트로닉스, 지능형자동차, 자동차역학, 로봇공학, 연소공학, 기계진동학, 자동차신기술 등

학과 인재상 및 갖추어야 할 자질

- 수학과 물리학, 화학, 기술·가정, 정보 교과 등에 흥미가 있는 학생
- 다양한 공학적 지식과 이론을 응용할 수 있는 능력을 갖춘 학생
- 기계, 항공, 전기, 전자, 디자인, 심리학 등의 주변 학문에 관심이 많은 학생
- 과학적 탐구 능력, 지적 호기심, 창의적 표현 능력을 지닌 학생
- 팀의 구성원으로서 팀 성과에 기여하고자 하는 팀워크 능력을 지닌 학생
- 지적 호기심, 직업 윤리, 사회적 책임에 대한 이해력을 지닌 학생

학과 관련 선택 과목

※ 국어, 영어 교과는 모든 학문의 기초적인 성격을 가진 도구교과로 모든 학과에 이수가 필요하여 생략함.

공통 과목		공통국어1,2, 공통수학1,2, 공통영어1,2, 한국사1,2, 통합사회1,2, 통합과학1,2, 과학탐구실험1,2
수능 필수		화법과 언어, 독서와 작문, 문학, 대수, 미적분 I, 확률과 통계, 영어 I, 영어 II, 한국사, 통합사회, 통합과학, 성공적인 직업생활(직업)
일반 선택	수학, 사회, 과학	대수, 미적분 I, 확률과 통계, 물리학, 화학
	체육·예술	
	기술·가정/정보	기술·가정, 정보
	제2외국어/한문	
	교양	
진로 선택	수학, 사회, 과학	기하, 미적분 II, 인공지능 수학, 역학과 에너지, 전자기와 양자, 물질과 에너지, 화학 반응의 세계
	체육·예술	
	기술·가정/정보	
	제2외국어/한문	
	교양	
융합 선택	수학, 사회, 과학	수학과제 탐구, 융합과학 탐구
	체육·예술	
	기술·가정/정보	창의 공학 설계, 지식 재산 일반
	제2외국어/한문	
	교양	

추천 도서 목록

- 데이터 인문학, 김택우, 한빛미디어
- 넥스트 레볼루션, 리처드 디베니, 부키
- 문과생도 이해하는 전기전자수학, 야마시타 아키라, 한빛아카데미
- 미적분의 힘, 스티븐 스트로가츠, 해나무
- 손에 잡히는 파이썬, 문용준, 비제이퍼블릭
- 세상을 뒤바꿀 미래기술 25,(2024)이데일리 미래기술 특별취재팀, 이데일리
- 디스플레이 이야기, 주병권, 열린책방
- 모빌리티 대백과, 뉴모빌리티연구소, 효리원
- 스마트 모빌리티 지금 올라타라, 모빌리티 강국 보고서 팀, 매일경제 신문사
- 모빌리티 이노베이션, 마상문, 박영사
- 미래 모빌리티, 김민형, 스리체어스

- 배터리 전쟁, 루카스 베드나르스키, 위즈덤하우스
- 자율주행차와 반도체의 미래, 권영화, 이코노믹북스
- 모빌리티 혁명, 이상헌 외, 브레인플랫폼
- 포스트 모빌리티, 차두원 외, 위즈덤하우스
- 모든 움직이는 것들의 과학, 한근우, 사과나무
- 개념이 잡히는 디지털 전자회로, 강영국, 한빛아카데미
- 누가 미래의 자동차를 지배할 것인가, 페르디난트 두덴회퍼, 미래의창
- 반도체와 디스플레이공학을 위한 센서공학, 김현후 외, 내하출판사
- 대한민국 자동차 명장 박병일의 자동차 백과, 박병일 외, 라의눈
- 로봇 시대, 인간의 일, 구본권, 어크로스
- 이기적 유전자, 리처드 도킨스, 을유문화사
- 일렉트릭 유니버스, 데이비드 보더니스, 글램북스
- 페르마의 마지막 정리, 사이먼 싱, 영림카디널

학교생활 TIPS

- 자동차공학 전공에 기본이 되는 수학, 과학(물리학, 화학), 정보 교과 성적을 상위권으로 유지하고, 정규 교과수업 활동 시간에 전공과 관련된 역량 발휘, 지원 전공의 궁금증 해결을 위해 기울인 태도, 학습을 수행하는 자발적인 의지와 태도, 문제 해결 능력 등 자신의 장점이 학교생활기록부 교과 세부능력 및 특기사항에 기록되도록 하는 것이 좋습니다.
- 학교 교육계획에 의한 행사 활동, 수련 활동 및 학년·학급 단위로 진행되는 활동에서 자발성과 자율성, 적극성, 대인 관계, 공동체 의식, 리더십 등이 드러날 수 있도록 적극적으로 참여하는 것이 중요합니다.
- 학교 정규 동아리(과학 탐구 실험, 수리 탐구 논술, 공학, 자동차, 발명, 아두이노 및 코딩) 활동 참여를 통해 학문적 열정이나 지적 관심의 정도,

리더십, 발전 가능성, 새로운 아이디어 제안, 특정한 결과물이나 성과로 이어지는 경험을 하고, 이를 통해 배우고 느낀 점 등이 나타나는 것이 좋습니다.
- 학교생활 내에서도 자신의 능력을 나누어줄 수 있는 자발적이고 지속적인 봉사 활동(급식 도우미, 사서 도우미, 학습 멘토링, 교통 지도, 분리수거 도우미, 교단 선진화 기자재 도우미)에 참여하여 봉사 정신을 실천한 사례가 많으면 좋습니다.
- 자동차 관련 기업이나 자동차 연구소 탐방 등 직업 체험, 직업인 특강, 자동차공학과 학과 탐방 등 전공 관련 진로 활동 참여를 통해 자동차공학 전공에 대한 관심과 열정, 자기주도적인 진로 설정 과정, 과정의 유의미성, 전공 적합성 등이 기록되는 것이 좋습니다.

164

자동차IT융합학과

학과소개

지능형 스마트 자동차, 하이브리드 자동차, 전기 자동차, 연료 전지 자동차, 자율주행 자동차 등으로 대표되는 미래의 첨단 자동차 기술은 자동차공학, 컴퓨터공학, 전기·전자공학 기술과의 융합 과정을 통해 완성됩니다. 자동차IT융합공학과는 이러한 첨단자동차 기술을 이해하고 선도할 수 있는, 자동차공학, 컴퓨터공학, 전기·전자공학의 융합적 지식을 두루 갖춘 자동차 분야의 융합형 전문 엔지니어를 양성하는 학과입니다.

자동차공학, 컴퓨터공학, 전기·전자공학의 지식을 골고루 갖춘 고급 전문 인재, 최신 자동차 기술의 트렌드에 맞추어 새로운 가치를 창조할 수 있는 인재, 다양한 공학 영역을 이해하고 융합하여 글로벌 시장에서 두각을 나타낼 수 있는 자동차 분야 전문 인재의 양성은 자동차IT융합학과의 교육 목표입니다.

개설대학

- 국민대학교 등

관련학과

- 자동차공학과
- 자동차공학부
- 자동차·기계공학과
- 자동차기계공학과
- 자동차소프트웨어학과
- AI모빌리티공학과
- 기계자동차공학과
- 기계자동차공학전공
- 미래자동차공학과
- 미래자동차공학부
- 미래자동차학과
- 미래모빌리티공학과
- 미래모빌리티학과
- 미래형자동차학과
- 스마트자동차학과
- 스마트모빌리티공학과
- 스마트모빌리티학과
- 지능형모빌리티공학과
- 지능형모빌리티융합학과 등

진출직업

- 교통안전연구원
- 기계공학기술자
- 메카트로닉스공학기술자
- 산업공학기술자
- 소음진동기술자
- 손해사정사
- 엔진기계공학기술자
- 자동차공학기술자
- 자동차부품기술영업원
- 자동차소재연구자
- 재료공학기술자
- 전자계측제어기술자
- 전자공학기술자
- 제품생산관련관리자
- 레이싱미캐닉
- 자동차튜닝엔지니어
- 전동차정비원
- 철도차량공학기술자 등

취득가능 자격증

- 기계설계기사
- 메카트로닉스기사
- 메카트로닉스산업기사
- 자동차정비기사
- 자동차정비산업기사
- 손해사정사
- 그린전동자동차기사
- 자동차정비기능장
- 기계설계산업기사
- 기계설계기사
- 건설기계산업기사
- 건설기계기사
- 농업기계산업기사
- 3D프린터개발산업기사 등

진출분야

기업체	완성차 업체, 자동차 부품업체, 자동차 전문 연구 기관, 자동차 엔지니어링 업체, 기타 자동차 유관 산업체 등
정부 및 공공 기관	한국기연구원, 한국자동차연구원, 한국표준과학연구원, 한국과학기술연구원, 한국기계연구원, 한국국방연구원, 산업연구원 등
연구 기관	기술·기계·통신 관련 연구소 등

학과 주요 교과목

기초 과목	공학수학, 프로그래밍언어, 일반물리, 일반물리실험, 일반화학, 이산수학, 확률 및 통계, 정역학, 고체역학, 동역학, 열역학, 자동차공학기초, 공학설계입문, 저자회로, 회로이론 등
심화 과목	객체지향프로그램, 자료구조 및 알고리즘, 차량소프트웨어엔지니어링, 디지털논리회로, 자동제어, 통신공학, 구동 및 제동시스템, 자동차차량임베디드시스템, 전력전자공학, 자동차메카트로닉스, 지능형자동차, 차량동역학, 소음공학, 자동차 인간공학, 대체에너지자동차 등

학과 인재상 및 갖추어야 할 자질

- 수학과 물리학, 화학 등 기초 과학 관련 교과, 기술·가정, 정보 교과에 흥미가 있는 학생
- 기계, 항공, 전기, 전자, 디자인, 심리학 등의 주변 학문에 관심이 많은 학생
- 인문적 소양과 상상력이 풍부하고, 한번 시작한 일은 끝을 보는 성격의 학생
- 과학적 탐구 능력, 지적 호기심, 창의적 표현 능력을 지닌 학생
- 팀의 구성원으로서 팀 성과에 기여하고자 하는 팀워크 능력을 지닌 학생
- 지적 호기심, 직업 윤리, 사회적 책임에 대한 이해력을 지닌 학생

학과 관련 선택 과목

※ 국어, 영어 교과는 모든 학문의 기초적인 성격을 가진 도구교과로 모든 학과에 이수가 필요하여 생략함.

공통 과목		공통국어1,2, 공통수학1,2, 공통영어1,2, 한국사1,2, 통합사회1,2, 통합과학1,2, 과학탐구실험1,2
수능 필수		화법과 언어, 독서와 작문, 문학, 대수, 미적분Ⅰ, 확률과 통계, 영어Ⅰ, 영어Ⅱ, 한국사, 통합사회, 통합과학, 성공적인 직업생활(직업)
일반 선택	수학, 사회, 과학	대수, 미적분Ⅰ, 확률과 통계, 물리학, 화학
	체육·예술	
	기술·가정/정보	기술·가정, 정보
	제2외국어/한문	
	교양	
진로 선택	수학, 사회, 과학	기하, 미적분Ⅱ, 인공지능 수학, 역학과 에너지, 전자기와 양자, 물질과 에너지, 화학 반응의 세계
	체육·예술	
	기술·가정/정보	
	제2외국어/한문	
	교양	
융합 선택	수학, 사회, 과학	실용 통계, 수학과제 탐구, 융합과학 탐구
	체육·예술	
	기술·가정/정보	창의 공학 설계, 지식 재산 일반
	제2외국어/한문	
	교양	

추천 도서 목록

- 손에 잡히는 파이썬, 문용준, 비제이퍼블릭
- 세상을 뒤바꿀 미래기술 25(2024), 이데일리 미래기술 특별취재팀, 이데일리
- 디스플레이 이야기, 주병권, 열린책빵
- 모빌리티 대백과, 뉴모빌리티연구소, 효리원
- 스마트 모빌리티 지금 올라타라, 모빌리티 강국 보고서 팀, 매일경제신문사
- 모빌리티 이노베이션, 마상문, 박영사
- 미래 모빌리티, 김민형, 스리체어스
- 배터리 전쟁, 루카스 베드나르스키, 위즈덤하우스
- 자율주행차와 반도체의 미래, 권영화, 이코노믹북스
- 모빌리티 혁명, 이상헌 외, 브레인플랫폼

- 포스트 모빌리티, 차두원 외, 위즈덤하우스
- 과학으로 보는 4차 산업과 미래직업, 이보경, 지브레인
- 기계는 어떻게 생각하는가, 숀 게리시, 이지스퍼블리싱
- 모든 움직이는 것들의 과학, 한근우, 사과나무
- 개념이 잡히는 디지털 전자회로, 강영국, 한빛아카데미
- 누가 미래의 자동차를 지배할 것인가, 페르디난트 두덴회퍼, 미래의창
- 반도체와 디스플레이공학을 위한 센서 기술, 김현후, 내하출판사
- 대한민국 자동차 명장 박병일의 자동차 백과, 박병일 외, 라의눈
- 로봇 시대, 인간의 일, 구본권, 어크로스
- 이기적 유전자, 리처드 도킨스, 을유문화사
- 일렉트릭 유니버스, 데이비드 보더니스, 글램북스
- 페르마의 마지막 정리, 사이먼 싱, 영림카디널

학교생활 TIPS

- 자동차IT융합 전공에 기본이 되는 수학, 과학(물리학, 화학), 정보 교과 성적을 상위권으로 유지하고, 정규 교과 수업 시간을 통해 자동차IT융합 전공에 대한 관심과 이해 정도, 지원 전공에 대한 관심을 충족시키기 위해 노력한 과정, 학습을 수행하는 자발적인 의지와 태도, 전공 관련 역량 발휘 경험 등 자신의 장점이 학교생활기록부 교과 세부능력 및 특기사항에 기록되도록 하는 것이 좋습니다.
- 학교 교육계획에 의한 행사 활동, 수련 활동 및 학년·학급 단위로 진행되는 활동에서 자발성과 자율성, 적극성, 대인 관계, 공동체 의식, 리더십 등이 드러날 수 있도록 적극적으로 참여하는 것이 중요합니다.
- 학교 정규 동아리(공학, 융합, 자동차, 컴퓨터, 과학 탐구 실험, 발명) 활동을 추천하고, 동아리 활동을 통해 자동차IT융합학과에 대한 학문적 열정과 지적 관심, 새로운 아이디어 제안, 특정한 결과물로 이어지는

과정을 통해 배우고 느낀 점 등이 나타나도록 하는 것이 좋습니다.
- 학교생활 내에서도 자신의 능력을 나누어줄 수 있는 다양한 봉사 활동(급식 도우미, 사서 도우미, 학습 멘토링, 교통 지도, 분리수거 도우미, 교단 선진화 기자재 도우미) 참여를 권장하고, 사회 소외 계층(독거노인, 장애인, 다문화 가정) 대상 봉사 활동을 통해 타인을 위해 헌신 하는 모습이 나타나는 것이 중요합니다.
- 자동차 및 IT 관련 기업이나 연구소 탐방, 관련 직업인 탐색 및 직업인 특강, 자동차 관련 학과 탐방 등 전공 관련 진로 활동 참여를 통해 지원 전공에 대한 올바른 이해 여부, 자동차IT융합 전공에 대한 관심과 열정, 자기주 도적인 진로 설정 과정, 과정의 유의미성, 전공 적합성 등이 기록되는 것이 좋습니다.

인문계열

사회계열

자연계열

공학계열

의약계열

예체능계열

교육계열

계약학과 & 특성화학과

전자공학과

학과소개

전자공학은 전자의 흐름으로 만들어진 전기를 에너지로 사용하여, 우리 생활과 밀접하고도 다양한 제품을 연구 개발하는 학문입니다. 전자공학과에서는 고도로 산업화된 정보화 시대에 필수적이라 할 수 있는 전자 정보, 반도체, 통신, 컴퓨터 분야에 대한 교육과 연구를 수행합니다. 전자공학과는 21세기 신 성장 동력인 IT 기술의 기초 및 응용에 대한 교육과 연구를 수행하여 4차 산업혁명을 이끌어나갈 전자 공학도를 양성하고자 합니다.

수학, 기초 과학, 공학의 원리와 개념을 이해하고 응용하는 능력을 갖춘 인재, 전자공학 관련 하드웨어 및 소프트웨어의 실습 및 설계로 전공 기반의 실무 능력을 갖춘 인재, 효과적인 의사 전달 능력 및 외국어 구사 능력, 현장 적응력 등 팀워크의 자질을 겸비한 인재, 전자 기술의 발전에 대한 인식과 체계적인 공학 접근 방법을 이해하는 인재의 양성은 전자공학과의 교육 목표입니다.

개설대학

- 경상국립대학교
- 강원대학교
- 경성대학교
- 계명대학교
- 광운대학교
- 국립군산대학교
- 남서울대학교
- 대진대학교
- 동아대학교
- 동의대학교
- 상명대학교(제2캠퍼스)
- 서강대학교
- 서울과학기술대학교
- 선문대학교
- 순천향대학교
- 신한대학교(제2캠퍼스)
- 아주대학교
- 국립경국대학교
- 영남대학교
- 원광대학교
- 인제대학교
- 전남대학교
- 제주대학교
- 청운대학교
- 청주대학교
- 충남대학교
- 충북대학교
- 국립한국교통대학교
- 국립한밭대학교
- 호서대학교 등

관련학과

- 전자공학부
- 전자공학부(전자공학전공)
- 전자공학(지능IoT전공)
- 전자공학전공
- ICT융합공학과
- ICT융합학과
- 나노반도체공학과
- 반도체전자공학과
- 반도체공학과
- 반도체시스템공학과
- 시스템반도체공학과
- 전기전자공학과
- 전기전자공학부
- 전기전자제어공학부
- 전저및정보공학과
- 전자시스템공학전공
- 전자재료공학과
- 전자전기공학부
- 전자정보공학과
- 전자정보통신공학부
- 전자통신공학과
- 지능형반도체공학과
- 항공전자공학과 등

진출분야

기업체	전자 기기·부품 설계 및 제조업체, 통신 회사, 자동차 업체, 건설 회사, 첨단 의료 장비 제조업체, 전자소자 제조업체 등
정부 및 공공 기관	한국전력공사, 국방부, 국방연구원, 한국전력공사, 한국철도공사, 한국수자원공사, 특허청 등
연구 기관	전자·전기 관련 기업 연구소, 한국전자통신연구원, 기초전력연구원, 한국기계전기전자시험연구원, 국립전파연구원, 한국전기연구원, 한국전자통신연구원, 정보통신정책연구원 등

진출직업

- 전자공학기술자
- 전자제품개발기술자
- 반도체공학기술자
- 전자계측제어기술자
- 전자의료기기개발기술자
- 디스플레이연구원
- 정보공학전자기술자
- LED연구 및 개발자
- RFID시스템개발자
- 빌딩자동화설계기술자
- 공장자동화설계기술자
- 공학계열 교수
- 변리사
- 중등학교 교사(전자) 등

취득가능 자격증

- 전자산업기사
- 전자기사
- 반도체설계산업기사
- 반도체설계기사
- 전자기기기능장
- 전자계산기기사
- 전자계산기제어산업기사
- 전자계산기조직응용기사
- 전자응용기술사
- 산업계측제어기술사
- 정보통신산업기사
- 정보통신기사
- 중등학교 정교사 2급(전자) 등

학과 주요 교과목

기초 과목	물리, 대학수학, 선형대수학, 디지털논리설계, 기초전기실험, 기초전자실험, 기초전자회로, 전자기학, 컴퓨터네트워크, 회로 이론, 전자프로그래밍 등
심화 과목	공학설계, 광전자공학, 디지털논리설계, 디지털논리실험, 디지털제어, 디지털통신, 마이크로프로세서응용, 물리전자공학, 반도체소재공학, 센서공학, 신호처리, 통신공학, 무선공학, 집적회로, 디스플레이공학, 멀티미디어시스템, 전파공학, 네트워크, 의용전자공학, 광전자공학 등

학과 인재상 및 갖추어야 할 자질

- 수학, 물리학, 화학 등의 과목에 흥미가 있는 학생
- 새로운 것에 대한 호기심이 왕성하고, 기계를 다루는 것에 흥미가 있는 학생
- 문제를 끝까지 해결해 보려는 끈기와 인내심이 있는 학생
- 집중력이 뛰어나고, 풍부한 독서 활동으로 다양한 분야에 지식을 갖춘 학생
- 복잡한 수식을 계산할 수 있는 능력을 갖춘 학생
- 수학 문제의 답을 외우기보다는 풀이 과정을 중요시하는 자세를 가진 학생

학과 관련 선택 과목

※ 국어, 영어 교과는 모든 학문의 기초적인 성격을 가진 도구교과로 모든 학과에 이수가 필요하여 생략함.

공통 과목		공통국어1,2, 공통수학1,2, 공통영어1,2, 한국사1,2, 통합사회1,2, 통합과학1,2, 과학탐구실험1,2
수능 필수		화법과 언어, 독서와 작문, 문학, 대수, 미적분Ⅰ, 확률과 통계, 영어Ⅰ, 영어Ⅱ, 한국사, 통합사회, 통합과학, 성공적인 직업생활(직업)
일반 선택	수학, 사회, 과학	대수, 미적분Ⅰ, 확률과 통계, 물리학, 화학
	체육·예술	
	기술·가정/정보	기술·가정, 정보
	제2외국어/한문	
	교양	
진로 선택	수학, 사회, 과학	기하, 미적분Ⅱ, 인공지능 수학, 역학과 에너지, 전자기와 양자, 물질과 에너지, 화학 반응의 세계
	체육·예술	
	기술·가정/정보	
	제2외국어/한문	
	교양	
융합 선택	수학, 사회, 과학	실용 통계, 수학과제 탐구, 융합과학 탐구
	체육·예술	
	기술·가정/정보	창의 공학 설계, 지식 재산 일반
	제2외국어/한문	
	교양	

추천 도서 목록

- 손에 잡히는 파이썬, 문용준, 비제이퍼블릭
- 세상을 뒤바꿀 미래기술 25(2024), 이데일리 미래기술 특별취재팀, 이데일리
- 디스플레이 이야기, 주병권, 열린책빵
- 모빌리티 대백과, 뉴모빌리티연구소, 효리원
- 스마트 모빌리티 지금 올라타라, 모빌리티 강국 보고서 팀, 매일경제신문사
- 모빌리티 이노베이션, 마상문, 박영사
- 미래 모빌리티, 김민형, 스리체어스
- 배터리 전쟁, 루카스 베드나르스키, 위즈덤하우스
- 자율주행차와 반도체의 미래, 권영화, 이코노믹북스
- 모빌리티 혁명, 이상헌 외, 브레인플랫폼

- 포스트 모빌리티, 차두원 외, 위즈덤하우스
- 과학으로 보는 4차 산업과 미래직업, 이보경, 지브레인
- 기계는 어떻게 생각하는가, 숀 게리시, 이지스퍼블리싱
- 모든 움직이는 것들의 과학, 한근우, 사과나무
- 개념이 잡히는 디지털 전자회로, 강영국, 한빛아카데미
- 누가 미래의 자동차를 지배할 것인가, 페르디난트 두덴회퍼, 미래의창
- 반도체와 디스플레이공학을 위한 센서 기술, 김현후, 내하출판사
- 대한민국 자동차 명장 박병일의 자동차 백과, 박병일 외, 라의눈
- 로봇 시대, 인간의 일, 구본권, 어크로스
- 이기적 유전자, 리처드 도킨스, 을유문화사
- 일렉트릭 유니버스, 데이비드 보더니스, 글램북스
- 페르마의 마지막 정리, 사이먼 싱, 영림카디널

학교생활 TIPS

- 자동차IT융합 전공에 기본이 되는 수학, 과학(물리학, 화학), 정보 교과 성적을 상위권으로 유지하고, 정규 교과 수업 시간을 통해 자동차IT융합 전공에 대한 관심과 이해 정도, 지원 전공에 대한 관심을 충족시키기 위해 노력한 과정, 학습을 수행하는 자발적인 의지와 태도, 전공 관련 역량 발휘 경험 등 자신의 장점이 학교생활기록부 교과 세부능력 및 특기 사항에 기록되도록 하는 것이 좋습니다.
- 학교 교육계획에 의한 행사 활동, 수련 활동 및 학년·학급 단위로 진행되는 활동에서 자발성과 자율성, 적극성, 대인 관계, 공동체 의식, 리더십 등이 드러날 수 있도록 적극적으로 참여하는 것이 중요합니다.
- 학교 정규 동아리(공학, 융합, 자동차, 컴퓨터, 과학 탐구 실험, 발명) 활동을 추천하고, 동아리 활동을 통해 자동차IT융합학과에 대한 학문적 열정과 지적 관심, 새로운 아이디어 제안, 특정한 결과물로 이어지는

과정을 통해 배우고 느낀 점 등이 나타나도록 하는 것이 좋습니다.
- 학교생활 내에서도 자신의 능력을 나누어줄 수 있는 다양한 봉사 활동(급식 도우미, 사서 도우미, 학습 멘토링, 교통 지도, 분리수거 도우미, 교단 선진화 기자재 도우미) 참여를 권장하고, 사회 소외 계층(독거노인, 장애인, 다문화 가정) 대상 봉사 활동을 통해 타인을 위해 헌신 하는 모습이 나타나는 것이 중요합니다.
- 자동차 및 IT 관련 기업이나 연구소 탐방, 관련 직업인 탐색 및 직업인 특강, 자동차 관련 학과 탐방 등 전공 관련 진로 활동 참여를 통해 지원 전공에 대한 올바른 이해 여부, 자동차IT융합 전공에 대한 관심과 열정, 자기주 도적인 진로 설정 과정, 과정의 유의미성, 전공 적합성 등이 기록 되는 것이 좋습니다.

인문계열
사회계열
자연계열
공학계열
의약계열
예체능계열
교육계열
계약학과 & 특성화학과

165

전기공학과

학과소개

전기공학은 전기 에너지를 다른 형태의 에너지로 변환 및 제어하는 방법은 물론, 전기의 발생과 수송 및 효과적 활용에 관하여 연구하는 학문입니다. 태양광 발전·풍력 발전 등의 신재생 에너지 분야, 로봇, 전기 자동차, KTX, 자기 부상 열차, 초전도에 의한 에너지 저장, 전력선 통신, 새로운 전기 재료 개발 등이 전기공학이 담당해야 할 학문 분야입니다. 전기공학과에서는 전기와 자기의 흐름, 전기를 만들 수 있는 다양한 에너지원, 그리고 정보 전달의 소재인 전기에 대해 연구하고 이를 응용하는 학문을 배웁니다.

전기공학과는 풍부한 이론 교육과 다양한 실습 교육을 통한 기초 공학 지식의 배양, 전기공학도로서 갖추어야 할 시스템 분석 능력과 창의 설계 능력의 배양, 공학인에게 요구되는 윤리적 책임 의식과 협동심의 배양, 국가 기간산업 발전의 핵심인 전기공학의 인재가 갖추어야 할 현장 실무 능력과 국제 협력 능력의 배양을 교육 목표로 합니다.

개설대학

- 가천대학교
- 국립강릉원주대학교 (제2캠퍼스)
- 경남대학교
- 경북대학교
- 경상국립대학교
- 경성대학교
- 광운대학교
- 광주대학교
- 국립군산대학교
- 남부대학교
- 대구가톨릭대학교
- 동신대학교
- 동아대학교
- 동의대학교
- 국립목포대학교
- 국립순천대학교
- 순천향대학교
- 영남대학교
- 원광대학교
- 인천대학교
- 인하대학교
- 전남대학교
- 전북대학교
- 조선대학교
- 충남대학교
- 국립한국교통대학교
- 국립한밭대학교
- 호남대학교
- 호서대학교 등

관련학과

- 전기공학부
- 전기공학전공
- 스마트전기제어공학과
- 에너지전기공학과
- 에너지기계공학부
- 전기시스템공학과
- 전기전자공학과
- 전기전자공학부
- 전기정보공학과
- 전기제어계측공학부
- 전자전기공학과
- 지능형전력시스템공학과
- 철도시스템학부 철도전기시스템전공 등

진출분야

기업체	각종 전기·전자 관련 제조업체, 통신 회사, 전력 회사, 발전소, 전기 기기 설비 업체, 전기 안전 관리 업체, 중공업, 통신 회사, 자동차 업체, 건설 회사 등
정부 및 공공 기관	중앙 정부 및 지방 자치 단체, 한국전력공사, 한국전력거래소, 한국수력원자력, 한국철도공사, 한국도로공사, 각 지역 지하철 공사, 한국수자원공사, 한국전기안전공사 등
연구 기관	전기·전자 관련 기업 연구소, 한국전자통신연구원, 한국전파연구원, 기초전력연구원, 한국기계전기전자시험연구원 등

진출직업

- 전기공학기술자
- 발전설비기술자
- 송배전설비기술자
- 전기계측제어기술자
- 전기설비설계기술자
- 전기감리기술자
- 전기안전기술자
- 전기제품개발기술자
- 공학계열 교수
- 전기직 공무원
- 변리사
- 공장자동화전기설비기술자
- 전기콘트롤패널설계기술자
- 전기장비제조 및 수리기술자
- 전기 및 전자설비조작원
- 중등학교 교사(전기) 등

취득가능 자격증

- 전기기능사
- 전기산업기사
- 전기기사
- 전기기능장
- 전기공사산업기사
- 전기공사기사
- 전기응용기술사
- 전기안전기술사
- 발송배전기술사
- 건축전기설비기술사
- 신재생에너지발전설비기능사
- 신재생에너지설비산업기사
- 신재생에너지설비기사
- 정보통신산업기사
- 정보통신기사
- 전기철도산업기사
- 전기철도기사
- 전기철도기술자
- 중등학교 정교사 2급(전기) 등

학과 주요 교과목

기초 과목	전기회로, 회로이론 전자기학, 디지털회로, 제어공학, 전자기장, 물리학 및 실험, 공업수학, 프로그래밍언어, 화학 및 실험, 디지털시스템, 기초전기공학실험, 현대물리학 등
심화 과목	반도체공학, 전기에너지공학, 로봇공학, 전기설비, 신호처리, 전력기기실험, 디지털시스템설계, 전기기기, 전력공학, 전력전자공학, 제어공학, 통신공학, 반도체공학, 센서시스템공학, 에너지변환공학, 전기응용, 플라즈마공학, 전력전자공학, 에너지 하베스팅, 현대제어이론 등

학과 인재상 및 갖추어야 할 자질

- 논리적인 사고방식과 수학 및 기초 과학에 대한 기본 소양을 지닌 학생
- 복잡한 시스템의 구조를 정확하게 분석하고 잘 이해할 수 있는 학생
- 수학, 물리학, 화학 등의 과목에 관심이 많고, 수식 계산을 좋아하는 학생
- 호기심이 왕성하고, 원인과 결과를 분석하여 상관관계를 찾는 데 재능이 있는 학생
- 자연 에너지원을 전기 에너지로 변환하는 것에 관심이 있는 학생
- 집중력이 뛰어나며, 풍부한 독서 활동으로 다방면의 지식을 갖춘 학생

인문계열
사회계열
자연계열
공학계열
의학계열
예체능계열
교육계열
계약학과 & 특성화학과

학과 관련 선택 과목

※ 국어, 영어 교과는 모든 학문의 기초적인 성격을 가진 도구교과로 모든 학과에 이수가 필요하여 생략함.

공통 과목		공통국어1,2, 공통수학1,2, 공통영어1,2, 한국사1,2, 통합사회1,2, 통합과학1,2, 과학탐구실험1,2
수능 필수		화법과 언어, 독서와 작문, 문학, 대수, 미적분Ⅰ, 확률과 통계, 영어Ⅰ, 영어Ⅱ, 한국사, 통합사회, 통합과학, 성공적인 직업생활(직업)
일반 선택	수학, 사회, 과학	대수, 미적분Ⅰ, 확률과 통계, 물리학, 화학
	체육·예술	
	기술·가정/정보	기술·가정, 정보
	제2외국어/한문	
	교양	생태와 환경
진로 선택	수학, 사회, 과학	기하, 미적분Ⅱ, 전자기와 양자, 역학과 에너지
	체육·예술	
	기술·가정/정보	
	제2외국어/한문	
	교양	
융합 선택	수학, 사회, 과학	수학과제 탐구, 기후변화와 지속가능한 세계, 기후변화와 환경생태, 융합과학 탐구
	체육·예술	
	기술·가정/정보	창의 공학 설계, 지식 재산 일반
	제2외국어/한문	
	교양	

추천 도서 목록

- 에너지가 바꾼 세상, 후루타치 고스케, 에이지21
- 에너지의 불편한 미래, 라스 쉐르니카우 저, 어문학사
- 세상을 움직이는 힘, 에너지, 한귀영, 사람과무늬
- 배터리 전쟁, 루카스 베드나르스키, 위즈덤하우스
- 단번에 개념 잡는 에너지, 박순혜 외, 다른
- 그리드, 그레천 바크, 동아시아
- 감상욱의 양자 공부, 김상욱, 사이언스북스
- 해킹 일렉트로닉스, 권기영, 한빛아카데미
- 전기차 첨단기술 교과서, 톰 덴튼, 보누스
- 세상에서 가장 쉬운 재미있는 물리, 미사와 신야, 미디어숲
- 배터리의 미래, M. 스탠리 위팅엄 외, 이음
- 에너지가 바꾼 세상, 후루타치 고스케, 에이지21

- 처음 읽는 2차전지 이야기, 사리이시 다쿠, 플루토
- AI는 인문학을 먹고 산다, 한지우, 미디어숲
- 김상욱의 양자 공부, 김상욱, 사이언스북스
- 김상욱의 과학공부, 김상욱, 동아시아
- 떨림과 울림, 김상욱, 동아시아
- 하늘과 바람과 별과 인간, 김상욱, 바다출판사
- 열정과 야망의 전기 이야기, 김석환, 대영사
- 페르마의 마지막 정리, 사이먼 싱, 영림카디널
- 로봇 시대, 인간의 일, 구본권, 어크로스
- 창의성의 또 다른 이름 트리즈, TRIZ, 김효준, 인피니티북스
- 꿈의 물질, 초전도, 김찬중, 하늬바람에영글다

학교생활 TIPS

- 전기공학 전공에 기본이 되는 수학, 과학(물리학, 화학), 정보 교과 성적을 상위권으로 유지하고, 전공 적합성, 전공과 관련된 역량 발휘, 지원 전공의 궁금증 해결을 위해 기울인 태도, 전공 관련 활동과 경험 등이 학교생활기록부 교과 세부능력 및 특기사항에 기록되도록 하는 것이 좋습니다.
- 학교 교육계획에 의한 행사 활동, 수련 활동 및 학년 및 학급 단위로 진행되는 다양한 활동에서 문제점을 극복해 나가는 과정, 공동의 목표를 이루기 위해 기울인 노력, 자발성과 자율성, 적극성, 대인 관계, 공동체 의식, 리더십 등이 발휘될 수 있도록 적극적인 활동 참여가 중요합니다.
- 학교 정규 동아리(과학 탐구 실험, 수리 탐구 논술, 공학, 발명, 아두이노 및 코딩) 활동 참여를 통해 학문적 열정이나 지적 관심의 정도, 새로운 아이디어 제안, 특정한 결과물이나 성과로 이어지는 경험을 하고, 이를

통해 배우고 느낀 점이 나타나는 것이 좋습니다.
- 학교생활 내에서도 자신의 능력을 나누어줄 수 있는 다양한 봉사 활동(급식 도우미, 사서 도우미, 학습 멘토링, 교통 지도, 분리수거 도우미, 교단 선진화 기자재 도우미) 참여를 통해서 타인을 배려하고 존중하는 생활 태도를 보이는 것이 중요합니다.
- 전기공학 관련 진로 활동(기업이나 연구소 탐방, 직업 체험, 직업인 특강, 학과 탐방) 참여를 통해 전기공학 전공에 대한 관심과 열정, 자기주도적인 진로 설정 과정, 과정의 유의미성, 전공 적합성 등이 나타나는 것이 좋습니다.

166

전자공학과

학과소개

전자공학은 전자의 흐름으로 만들어진 전기를 에너지로 사용하여, 우리 생활과 밀접하고도 다양한 제품을 연구 개발하는 학문입니다. 전자공학과에서는 고도로 산업화된 정보화 시대에 필수적이라 할 수 있는 전자 정보, 반도체, 통신, 컴퓨터 분야에 대한 교육과 연구를 수행합니다. 전자공학과는 21세기 신 성장 동력인 IT 기술의 기초 및 응용에 대한 교육과 연구를 수행하여 4차 산업혁명을 이끌어나갈 전자 공학도를 양성하고자 합니다.

수학, 기초 과학, 공학의 원리와 개념을 이해하고 응용하는 능력을 갖춘 인재, 전자공학 관련 하드웨어 및 소프트웨어의 실습 및 설계로 전공 기반의 실무 능력을 갖춘 인재, 효과적인 의사 전달 능력 및 외국어 구사 능력, 현장 적응력 등 팀워크의 자질을 겸비한 인재, 전자 기술의 발전에 대한 인식과 체계적인 공학 접근 방법을 이해하는 인재의 양성은 전자공학과의 교육 목표입니다.

개설대학

- 경상국립대학교
- 강원대학교
- 경성대학교
- 계명대학교
- 광운대학교
- 국립군산대학교
- 남서울대학교
- 대진대학교
- 동아대학교
- 동의대학교
- 상명대학교(제2캠퍼스)
- 서강대학교
- 서울과학기술대학교
- 선문대학교
- 순천향대학교
- 신한대학교(제2캠퍼스)
- 아주대학교
- 국립경국대학교
- 영남대학교
- 원광대학교
- 인제대학교
- 전남대학교
- 제주대학교
- 청운대학교
- 청주대학교
- 충남대학교
- 충북대학교
- 국립한국교통대학교
- 국립한밭대학교
- 호서대학교 등

관련학과

- 전자공학부
- 전자공학부(전자공학전공)
- 전자공학(지능형IT전공)
- 전자공학전공
- ICT융합공학과
- ICT융합학과
- 나노반도체공학과
- 반도체전자공학과
- 반도체공학과
- 반도체시스템공학과
- 시스템반도체공학과
- 전기전자공학과
- 전기전자공학부
- 전기전자제어공학부
- 전저및정보공학과
- 전자시스템공학전공
- 전자재료공학과
- 전자전기공학부
- 전자정보공학과
- 전자정보통신공학부
- 전자통신공학과
- 지능형반도체공학과
- 항공전자공학과 등

진출분야

기업체	전자 기기·부품 설계 및 제조업체, 통신 회사, 자동차 업체, 건설 회사, 첨단 의료 장비 제조업체, 전자소자 제조업체 등
정부 및 공공 기관	한국전력공사, 국방부, 국방연구원, 한국전력공사, 한국철도공사, 한국수자원공사, 특허청 등
연구 기관	전자·전기 관련 기업 연구소, 한국전자통신연구원, 기초전력연구원, 한국기계전기전자시험연구원, 국립전파연구원, 한국전기연구원, 한국전자통신연구원, 정보통신정책연구원 등

진출직업

- 전자공학기술자
- 전자제품개발기술자
- 반도체공학기술자
- 전자계측제어기술자
- 전자의료기기개발기술자
- 디스플레이연구원
- 정보공학전자기술자
- LED연구 및 개발자
- RFID시스템개발자
- 빌딩자동화설계기술자
- 공장자동화설계기술자
- 공학계열 교수
- 변리사
- 중등학교 교사(전자) 등

취득가능 자격증

- 전자산업기사
- 전자기사
- 반도체설계산업기사
- 반도체설계기사
- 전자기기기능장
- 전자계산기기사
- 전자계산기제어산업기사
- 전자계산기조직응용기사
- 전자응용기술사
- 산업계측제어기술사
- 정보통신산업기사
- 정보통신기사
- 중등학교 정교사 2급(전자) 등

학과 주요 교과목

기초 과목	물리, 대학수학, 선형대수학, 디지털논리설계, 기초전기실험, 기초전자실험, 기초전자회로, 전자기학, 컴퓨터네트워크, 회로이론, 전자프로그래밍 등
심화 과목	공학설계, 광전자공학, 디지털논리설계, 디지털논리실험, 디지털제어, 디지털통신, 마이크로프로세서응용, 물리전자공학, 반도체소재공학, 센서공학, 신호처리, 통신공학, 무선공학, 집적회로, 디스플레이공학, 멀티미디어시스템, 전파공학, 네트워크, 의용전자공학, 광전자공학 등

학과 인재상 및 갖추어야 할 자질

- 수학, 물리학, 화학 등의 과목에 흥미가 있는 학생
- 새로운 것에 대한 호기심이 왕성하고, 기계를 다루는 것에 흥미가 있는 학생
- 문제를 끝까지 해결해 보려는 끈기와 인내심이 있는 학생
- 집중력이 뛰어나고, 풍부한 독서 활동으로 다양한 분야에 지식을 갖춘 학생
- 복잡한 수식을 계산할 수 있는 능력을 갖춘 학생
- 수학 문제의 답을 외우기보다는 풀이 과정을 중요시하는 자세를 가진 학생

학과 관련 선택 과목

※ 국어, 영어 교과는 모든 학문의 기초적인 성격을 가진 도구교과로 모든 학과에 이수가 필요하여 생략함.

공통 과목		공통국어1,2, 공통수학1,2, 공통영어1,2, 한국사1,2, 통합사회1,2, 통합과학1,2, 과학탐구실험1,2
수능 필수		화법과 언어, 독서와 작문, 문학, 대수, 미적분Ⅰ, 확률과 통계, 영어Ⅰ, 영어Ⅱ, 한국사, 통합사회, 통합과학, 성공적인 직업생활(직업)
일반 선택	수학, 사회, 과학	대수, 미적분Ⅰ, 확률과 통계, 물리학, 화학
	체육·예술	
	기술·가정/정보	기술·가정, 정보
	제2외국어/한문	
	교양	
진로 선택	수학, 사회, 과학	기하, 미적분Ⅱ, 역학과 에너지, 전자기와 양자
	체육·예술	
	기술·가정/정보	
	제2외국어/한문	
	교양	
융합 선택	수학, 사회, 과학	수학과제 탐구, 융합과학 탐구
	체육·예술	
	기술·가정/정보	창의 공학 설계, 지식 재산 일반
	제2외국어/한문	
	교양	

추천 도서 목록

- 앨빈 토플러 청소년 부의 미래, 엘빈 토플러 외, 청림출판
- 10대가 알아야 할 미래 부의 이동, 신지나 외, 한스미디어
- 세상에서 가장 재미있는 미적분, 래리 고닉, 궁리
- 세상에서 가장 재미있는 물리 이야기, 하시모토 고지, 사람과나무사이
- 우리 몸은 전기다, 샐리 에이디, 세종서적
- 전자공학 만능 레시피, 사이먼 몽크, 인사이트
- 교양으로 읽는 반도체 상식, 고쵸 마사유키, 시그마북스
- 반도체 경제를 쉽게 읽는 책, 김희영, 칼라북스
- 퀀텀스토리, 짐 배것, 반니
- 김상욱의 양자공부, 김상욱, 사이언스북스
- 데이터 인문학, 김택우, 한빛미디어
- 문과생도 이해하는 전기전자수학, 야마시타 아키라, 한빛아카데미

- 물질의 물리학, 한정훈, 김영사
- 미래의 물리학, 미치오 카쿠, 김영사
- 미적분의 힘, 스티븐 스트로가츠, 해나무
- 일렉트릭 유니버스, 데이비드 보더니스, 글램북스
- 구글은 어떻게 일하는가?, 에릭 슈미트 외, 김영사
- 데일 카네기 인간관계론, 데일 카네기, 현대지성
- 세상에서 가장 재미있는 물리학, 래리 고닉, 궁리
- 수학 천재를 만드는 두뇌 트레이닝, 알폰스 봐이넴, 작은책방
- 맛있고 간편한 과학 도시락, 김정훈, 은행나무
- 커넥션, 제임스 버크, 살림
- 파인만의 여섯가지 물리 이야기, 리처드 파인만, 승산

학교생활 TIPS

- 전자공학 전공에 기본이 되는 수학, 과학(물리학, 화학), 정보 교과 성적을 상위권으로 유지하고, 교과 수업 활동을 통해 전공 적합성, 전공과 관련된 역량 발휘, 지원 전공의 궁금증 해결을 위해 기울인 태도, 전공 관련 활동 경험 등이 학교생활기록부 교과 세부능력 및 특기사항에 기록되도록 하는 것이 좋습니다.
- 학교 교육계획에 의해 진행되는 학교 활동에서 공동의 목표를 이루기 위해 기울인 노력, 자발성과 자율성, 적극성, 대인 관계, 공동체 의식, 리더십 등이 발휘될 수 있도록 적극적인 활동 참여가 중요합니다.
- 학교 정규 동아리(과학 탐구 실험, 수리 탐구 논술, 공학, 발명, 아두이노 및 코딩) 활동 참여를 통해 학문적 열정이나 지적 관심의 정도, 새로운 아이디어 제안, 특정한 결과물이나 성과로 이어지는 경험을 하고, 이를

통해 배우고 느낀 점이 나타나는 것이 좋습니다.
- 학교생활 내에서도 자신의 능력을 나누어줄 수 있는 다양한 봉사 활동 (급식 도우미, 사서 도우미, 학습 멘토링, 교통 지도, 분리수거 도우미, 교단 선진화 기자재 도우미) 참여를 통해서 타인을 배려하고 존중하는 생활 태도를 보이는 것이 중요합니다.
- 전자공학 관련 진로 활동(기업이나 연구소 탐방, 직업 체험, 직업인 특강, 학과 탐방) 참여를 통해 전자공학 전공에 대한 관심과 열정, 자기주도적인 진로 설정 과정, 과정의 유의미성, 전공 적합성 등이 나타나는 것이 좋습니다.

167

전파정보통신공학과

학과소개

전파정보통신공학은 전파 신호를 송수신하는 데 필요한 회로 및 시스템을 해석하고 설계하는 전파 분야와 사람과 사람의 통신에서부터 사람과 컴퓨터의 통신 관련 기술을 배우는 정보통신 분야가 융합된 학문입니다. 전파정보통신공학과는 이동 통신, 방송 매체, 전파 항법, 가전 기기 등 산업 및 일상생활에 매우 밀접하게 이용되는 전자파의 효율적 이용과 전파 환경의 영향에 대해 연구하고, 무선 통신 관련 하드웨어·소프트웨어 실험 및 설계 실습을 통해 실무 능력을 기르는 학과입니다.

전파정보통신공학 분야의 폭넓은 이론 및 실무 능력을 갖춘 실무형 전문 인재, 전파 및 정보통신 분야의 핵심기술에 대한 이론과 응용 능력을 갖춘 창의적인 인재, 전파·정보통신 시대를 선도하는 능동성, 실용성, 유연성을 갖춘 인재를 양성하는 것을 교육 목표로 합니다.

개설대학

- 충남대학교 등

관련학과

- 전자전기정보공학부(전파융합 공학전공)
- 정보통신공학부
- 정보통신공학과
- 정보통신공학부(정보통신공학 전공)
- 정보통신공학부(정보보안전공)
- 정보통신공학전공
- 정보통신보안학과
- 정보통신융합공학과
- 스마트정보통신공학과
- 전자정보통신공학과
- 컴퓨터정보통신공학과 등

진출분야

기업체	이동 통신 시스템 설계·관리 분야 기업, 텔레매틱스와 홈네트워크 단말 및 서비스 개발 기업, 금융 기관, 의료 기관, 통신 및 반도체 설계 회사, 방송국, 각종 전기·전자 관련 제조업체, 전기 기기 설비업체, 전기 안전 관리 업체 등
정부 및 공공 기관	한국공항공사, 한국전력공사, 한국전력거래소, 한국수력원자력, 한국철도공사, 한국도로공사, 각 지역 지하철 공사, 한국전기안전공사, 한국인터넷진흥원 등
연구 기관	전자·전기 관련 기업 연구소, 한국전자통신연구원, 기초전력연구원, 한국기계전기전자시험연구원, 국립전파연구원, 한국전기연구원, 한국전자통신연구원, 정보통신정책연구원 등

진출직업

- 통신공학기술자
- 무선주파수(RF)엔지니어
- 위성통신설비연구원
- 통신기기기술자
- 통신기술개발자
- 통신망운영기술자
- 통신장비기사
- 통신장비기술자
- 정보통신컨설턴트
- 컴퓨터시스템감리전문가
- 변리사
- 정보보호전문가
- 통신망설계운영기술자
- 클라우드시스템엔지니어
- 인공지능전문가
- 중등학교 교사(통신) 등

취득가능 자격증

- 전파전자통신기사
- 전파전자통신산업기사
- 무선설비기사
- 전기산업기사
- 전기기사
- 정보통신기사
- 네트워크관리기사
- 정보보호전문가
- 전자산업기사
- 전자응용기사
- 방송통신기사
- 무선설비기사
- 네트워크관리사
- 정보처리기사
- 정보시스템감사전문가(CISA)
- 중등학교 정교사 2급(통신)
- 정보기술산업기사
- 전파전자통신기사
- 정보처리산업기사
- 전자계산기조직응용기사
- 정보관리기술사
- 컴퓨터시스템응용기술사 등

학과 주요 교과목

기초 과목	공업수학, 선형대수, 공학윤리, 기초물리학, 기초전자회로, 기초회로실험, 디지털공학, 전자기학, 확률 및 통계, 회로이론, 디지털회로실험 등
심화 과목	RF시스템공학, 마이크로프로세서, 무선통신기기, 이동통신공학, 지능제어시스템, 초고주파무선시스템, 초고주파공학, 회로망해석, 물리전자, 논리회로, 전기자기학, 전자파이론, 초고주파공학, 전자파환경공학, 전자회로설계, 마이크로파회로설계, 디지털신호처리, 컴퓨터통신응용 등

학과 인재상 및 갖추어야 할 자질

- 수학, 기초 과학, 공학 관련 지식과 정보 기술을 응용할 수 있는 능력을 갖춘 학생
- 실험의 계획과 수행에 흥미를 가진 학생
- 컴퓨터와 정보 통신 영역에 대한 이해가 빠른 학생
- 수학·통계학·물리학, 정보 통신 및 전파공학에 대한 기초 지식을 갖춘 학생
- 논리적인 사고력과 과학적인 응용력을 지닌 학생
- 정확한 판단력, 기계나 사물의 원리에 대한 호기심과 탐구심을 지닌 학생

학과 관련 선택 과목

※ 국어, 영어 교과는 모든 학문의 기초적인 성격을 가진 도구교과로 모든 학과에 이수가 필요하여 생략함.

공통 과목		공통국어1,2, 공통수학1,2, 공통영어1,2, 한국사1,2, 통합사회1,2, 통합과학1,2, 과학탐구실험1,2
수능 필수		화법과 언어, 독서와 작문, 문학, 대수, 미적분Ⅰ, 확률과 통계, 영어Ⅰ, 영어Ⅱ, 한국사, 통합사회, 통합과학, 성공적인 직업생활(직업)
일반 선택	수학, 사회, 과학	대수, 미적분Ⅰ, 확률과 통계, 물리학, 화학
	체육·예술	
	기술·가정/정보	기술·가정, 정보
	제2외국어/한문	
	교양	
진로 선택	수학, 사회, 과학	기하, 미적분Ⅱ, 인공지능 수학, 역학과 에너지, 전자기와 양자, 물질과 에너지, 화학 반응의 세계
	체육·예술	
	기술·가정/정보	데이터 과학
	제2외국어/한문	
	교양	
융합 선택	수학, 사회, 과학	수학과제 탐구, 융합과학 탐구
	체육·예술	
	기술·가정/정보	창의 공학 설계, 지식 재산 일반
	제2외국어/한문	
	교양	

추천 도서 목록

- 지능정보사회와 AI 윤리, 한국정보통신보안윤리학회, 배움터
- 4차 산업혁명과 미래사회, 안병태 외, 길벗
- 과학이 필요한 시간, 궤도, 동아시아
- 메타버스 시대의 사물 인터넷, 양순옥 외, 생능출판사
- 박태웅의 AI 강의, 박태웅, 한빛비즈
- 보이지 않는 위험, 김홍선, 한빛미디어
- 인공지능과 딥러닝, 마쓰오 유타카, 동아엠앤비
- AI전쟁, 하정우 외, 한빛미디어
- 에너지로 말하는 현대물리학, 오노 슈, 전파과학사
- 알고 보면 재미나는 전기 자기학, 박승범 외, 전파과학사
- 과학, 명화에 숨다, 김달우, 전파과학사
- 청소년을 위한 위대한 수학자들 이야기, 야노 겐타로, 전파과학사

- 물리학을 뒤흔든 30년, G. 가모프, 전파과학사
- 사이버네틱스, 노버트 위너, ITTA
- 정보통신 배움터, 정진욱 외, 생능출판사
- 일렉트릭 유니버스, 데이비드 보더니스, 글램북스
- 디지털 시대의 마법사들, 프랭크 모스, 알에이치코리아
- 세상을 바꾼 작은 우연들, 마리 노엘 샤를, 윌컴퍼니
- 페르마의 마지막 정리, 사이먼 싱, 영림카디널
- 이기적 유전자, 리처드 도킨스, 을유문화사
- 꿈의 물질, 초전도, 김찬중, 하늬바람에영글다

학교생활 TIPS

- 전파정보통신공학 전공과 관련이 있는 수학, 물리학, 화학, 정보 교과의 학업 성취도를 향상하도록 노력하고, 교과 수업 시간에 학습에 대한 의지와 열정, 수업의 집중도, 전공 적합성, 문제 해결 능력, 창의력 등이 학교생활기록부 교과 세부능력 및 특기사항에 기록되도록 하는 것이 좋습니다.
- 과학 및 공학 관련 동아리 활동 참여를 권장하고, 동아리 활동 과정에서 구성원의 화합과 단결을 이끌어 낸 경험이나 활동 중에 부딪히는 문제점을 슬기롭게 해결한 경험, 다양한 활동 경험, 새로운 아이디어 제안을 통한 성과로 이어진 경험 등이 나타나는 것이 중요합니다.
- 전파정보통신공학에 대한 흥미와 관심, 지원 전공에 대해 이해, 자신의 경험과 지원 전공과 관련성이 깊은 정보통신 분야 기업 탐방, 관련 직업 체험 및 학과 탐방 등의 진로 활동 참여를 통해 전공에 대한 관심과 진로 설정 과정, 진로 열정, 자기주도적 참여 자세 등이 나타나는 것이 중요합니다.
- 학교 교육계획에 의한 행사 활동, 수련 활동, 학년·학급 단위로 진행되는 체험 활동 참여를 통해 공동체의 목표 달성을 위해 노력한 모습을 보이고, 학교생활 내에서 자신의 능력을 나누어줄 수 있는 다양한 활동(학습 멘토링, 급식 도우미, 교통 지도, 통합반 도우미)이나 각종 학교 행사 중에 참여하는 봉사 활동 참여를 통해 타인을 위해 봉사하고 실천하는 모습, 상대방을 배려하고 존중하는 태도가 나타나는 것이 좋습니다.

168

정보보안학과

학과소개

정보보안학은 조직이 보유하고 있는 정보 자산 및 시스템을 다양한 공격과 재해로부터 효과적·효율적으로 보호하려는 다양한 보호 활동을 수행하기 위한 학문입니다. 정보 통신 기술의 발전에 따라 국가 기반 시설이 대부분 사이버 공간으로 옮겨오게 됨으로써, 정보보안학은 매우 중요한 학문으로 자리 잡았습니다. 정보보안학과는 컴퓨터 서버와 네트워크의 취약점을 분석하고 악성 코드 탐지, 침해 대응 및 디지털 포렌식 기법 등에 대해 배우는 학과입니다.

정보 보안 이론과 실무 지식을 활용하여 보안 업무를 효율적으로 수행하는 인재, 가족과 사회, 기업과 국가를 보호하고 안전한 세상을 만들어 가는 데 기여하는 인재, 정보 보안 및 정보 처리 지식을 활용하여 보안 업무를 효율적으로 해결하는 전문 인재 양성이 정보보안학과의 교육 목표입니다.

개설대학

- 대전대학교
- 동서대학교
- 우석대학교 등

관련학과

- 정보보안공학과
- 정보보안전공
- 정보보호학과
- 정보보호학부
- 정보보호학전공
- 정보시스템학과
- 정보통신공학과
- 정보통신공학부
- 정보통신공학부(정보보안전공)
- 정보통신보안학과
- 정보통신융합학과
- AI정보공학과
- AI정보보안학과
- 사이버국방학과
- 스마트정보기술공학과
- 융합보안공학과
- 융합보안학과
- 인공지능공학부 등

진출분야

기업체	기업체 및 금융 기관, 정보 보호 전문 기업, 인터넷 쇼핑몰 회사, 게임 개발 회사, 정보 통신 관련 업체, 웹 기반 인터넷 응용 회사, IS 업체, 스마트폰 보안 업체, 응용 프로그램 개발업체 등
정부 및 공공 기관	국방부, 국가정보원, 경찰청 사이버안전국, 검찰, 군 정보 부서 및 보안 부대, 한국정보화진흥원, 한국정보화진흥원, 금융결제원, 한국정보인증㈜, 한국전자인증㈜
연구 기관	보안·정보 보호 및 재난 대응 연구 기관, 한국인터넷진흥원, 한국전자통신연구소, 국가보안기술연구소, 금융보안연구소, 전자부품연구원 등

진출직업

- 디지털포렌식전문가
- 사이버수사요원
- 컴퓨터보안전문가
- 정보보호전문가
- 소프트웨어엔지니어
- 웹프로그래머
- 네트워크엔지니어
- 정보통신컨설턴트
- 컴퓨터시스템감리전문가
- 보안관제사
- 보안로그분석가
- 침해사고분석가
- 악성코드분석가
- 네트워크보안전문가
- 전자상거래관리자
- 정보보호컨설턴트
- 인증시스템스마트카드관리자 등

취득가능 자격증

- 정보보호전문가(SIS)
- 정보보안관리사(ISM)
- 국제공인정보시스템감사(CISA)
- 국제공인정보시스템보안전문가(CISSP)
- 정보처리기능사
- 정보처리산업기사
- 정보처리기사
- 정보보안기사
- 정보보안산업기사
- 정보기기운용기능사
- 인터넷정보검색사
- 전자상거래관리사
- 디지털포렌식전문가
- 리눅스마스터1·2급
- 전자계산기조직응용기사
- 개인정보관리사(CPPG)
- 인터넷보안전문가
- 해킹보안전문가 등

학과 주요 교과목

기초 과목	정보보호개론, 컴퓨터프로그래밍이론, 리눅스개론, 프로그램기초, 프로그램응용, 정보보안일반, 운영체제론, JAVA프로그래밍, 데이터베이스, 파일처리론, 디지털논리 등
심화 과목	현대암호학기초, 보안자료구조, 디지털논리회로, 사물인터넷보안, 데이터베이스서버보안, 보안시스템구조, 암호학, 운영체제보안, 정보보호법, 클라우드 및 빅데이터보안, 디지털포렌식, 악성코드분석, 블록체인의 이해, 인공지능과 정보보호, 네트워크보안관리 등

학과 인재상 및 갖추어야 할 자질

- 다양한 상황에서 발생할 수 있는 보안 위험 요소를 예방할 수 있는 창의적 문제해결 역량을 지닌 학생
- 문제점을 찾고 해결하는 업무를 위한 분석적이고 꼼꼼한 성향의 학생
- 수학, 물리학, 화학, 통계학 등 다양한 분야를 융합하는 일에 관심이 있는 학생
- 보안 경영과 보안 기술 등에 대한 지식을 동시에 수용 할 수 있는 능력을 가진 학생
- 복잡한 수식을 계산하는 능력과 도전 의식, 새로운 것에 대한 상상력, 창의성을 지닌 학생
- 남들이 생각하지 못한 방법으로 문제를 풀거나 대상을 바라보는 등 응용력과 창의성이 뛰어난 학생

※ 국어, 영어 교과는 모든 학문의 기초적인 성격을 가진 도구교과로 모든 학과에 이수가 필요하여 생략함.

공통 과목		공통국어1,2, 공통수학1,2, 공통영어1,2, 한국사1,2, 통합사회1,2, 통합과학1,2, 과학탐구실험1,2
수능 필수		화법과 언어, 독서와 작문, 문학, 대수, 미적분Ⅰ, 확률과 통계, 영어Ⅰ, 영어Ⅱ, 한국사, 통합사회, 통합과학, 성공적인 직업생활(직업)
일반 선택	수학, 사회, 과학	대수, 미적분Ⅰ, 확률과 통계, 현대사회와 윤리, 물리학, 화학
	체육·예술	
	기술·가정/정보	기술·가정, 정보
	제2외국어/한문	
	교양	
진로 선택	수학, 사회, 과학	기하, 미적분Ⅱ, 인공지능 수학, 법과 사회, 윤리와 사상, 역학과 에너지, 전자기와 양자, 물질과 에너지, 화학 반응의 세계
	체육·예술	
	기술·가정/정보	데이터 과학
	제2외국어/한문	
	교양	
융합 선택	수학, 사회, 과학	실용 통계, 수학과제 탐구, 사회문제 탐구, 융합과학 탐구
	체육·예술	
	기술·가정/정보	창의 공학 설계, 지식 재산 일반
	제2외국어/한문	
	교양	

추천 도서 목록

- 키워드로 정리하는 정보보안 119, 문광석, 제이펍
- 4차 산업혁명 시대의 정보보안과 진로설계, 최성배, 박영사
- 포렌의 정보보안 카페, 이수현, 좋은땅
- 정보보안 인문학, 최은선 외, 제주대학교출판부
- 10대에 정보 보안 전문가가 되고 싶은 나, 어떻게 할까?, 마이클 밀러, 오유아이
- 데이터 과학으로 접근하는 정보보안, 제이 제이콥스 외, 에이콘출판
- 4차 산업혁명 시대 정보보안기사로 성공을 디자인하라, 김동혁, 비팬북스
- IT시대 개인정보, 이정수, 법률신문사
- 해커의 심리, 브루스 슈나이어, 에이콘출판
- 보이지 않는 위협, 김홍선, 한빛미디어
- 빅데이터 생활을 바꾸다, BC카드 빅데이터센터, 미래의창
- 빅데이터 사용설명서, 김진호, 메이트북스
- 세상을 읽는 새로운 언어, 빅데이터, 조성준, 21세기북스
- 블록체인 경제, 정희연 외, 미래와혁신21
- 한눈에 보이는 블록체인 그림책, 한선관 외, 성안당
- 블록체인과 인공지능의 융합, 한승무, 북코리아
- 거의 모든 인터넷의 역사, 정지훈, 메디치미디어
- 보안 위협 예측, 존 피어츠 외, 에이콘출판
- 페르마의 마지막 정리, 사이먼 싱, 영림카디널
- 로봇 시대, 인간의 일, 구본권, 어크로스
- 이기적 유전자, 리처드 도킨스, 을유문화사
- 부분과 전체, 베르너 하이젠베르크, 서커스, 서커스출판상회

학교생활 TIPS

- 정보보안학 전공과 관련이 있는 교과를 선택하고(수학, 물리학, 화학, 정보 등), 관련 교과의 학업 역량을 보여 줄 수 있도록 관리합니다. 수업 과정에서 수행한 과제와 과제물의 수준, 수업 태도, 수업 참여 내용, 전공 적합성, 문제 해결 능력, 발전 가능성, 창의력 등이 학교생활기록부 교과 세부능력 및 특기사항에 나타나는 것이 좋습니다.
- 과학 및 공학 관련(과학 탐구, 과학 실험, 컴퓨터, 코딩, 아두이노) 동아리 활동 참여를 권장하고, 구성원의 화합과 단결을 이끌어 낸 경험이나 활동 중에 부딪히는 문제점을 슬기롭게 해결한 경험, 다양한 활동 경험, 새로운 아이디어 제안이 성과로 이어진 경험 등이 나타나는 것이 중요합니다.

- 정보보안학 전공에 대한 흥미와 관심, 지원 전공에 대해 이해, 자신의 경험과 지원 전공과 관련성이 깊은 정보보안 관련 기관 및 연구소 탐방, 직업 체험 및 학과 탐방 등의 진로 활동 참여를 통해 전공에 대한 관심과 진로 설정 과정, 자기주도적 참여 자세 등이 나타나는 것이 중요합니다.
- 학교 교육계획에 의한 행사 활동, 수련 활동, 학년·학급 단위로 진행되는 체험 활동 참여를 통해 공동체의 목표 달성을 위해 노력한 모습을 보이고, 학교생활 내에서 자신의 능력을 나누어줄 수 있는 다양한 활동(학습 멘토링, 급식 도우미, 교통 지도, 통합반 도우미)이나 각종 학교 행사 중에 참여하는 봉사 활동 참여를 통해 타인을 위해 봉사하고 실천하는 모습, 상대방을 배려하고 존중하는 태도가 나타나는 것이 좋습니다.

169

정보보호학과

학과소개

정보보호학이란 정보의 수집, 가공, 저장, 검색, 송신, 수신 도중에 정보의 훼손, 변조, 유출 등을 방지하기 위한 관리적·기술적 분야를 다루는 학문입니다. 내부와 외부의 위협 요인들로부터 정보 자산을 안전하게 보호하고, 개인 정보 유출과 남용 방지를 위한 목적을 가지고 있습니다. 정보보호학과는 컴퓨터 관련 기초 기술 교육과 함께 정보 보호 분야의 전문 교육을 실시하여, 안전한 정보 처리 환경 구축 및 관리를 위해 훈련된 정보 보호 분야의 전문 인력을 양성하는 학과입니다. 컴퓨터 분야에 관한 종합적인 개념 습득 및 응용 능력은 물론, 암호, 시스템 보안, 네트워크 보안 등 정보 보호 분야의 전문적인 능력을 키웁니다.

정보보호학과는 도덕적 책임감과 협동심, 그리고 정보 보호 기초 지식을 보유한 인재, 정보 시스템의 취약성 및 정보 자원의 위협 요소에 대하여 효율적으로 대처할 수 있는 능력을 갖춘 인재, 공동 작업에 필요한 팀워크와 원활한 의사소통 능력 및 정보 윤리를 갖춘 인재의 양성을 교육 목표로 합니다.

개설대학

- 세종대학교
- 순천향대학교
- 숭실대학교 등

관련학과

- 정보보안공학과
- 정보보안전공
- 정보보호학부
- 정보보호학전공
- 정보시스템학과
- 정보통신공학과
- 정보통신공학부
- 정보통신공학부(정보보안전공)
- 정보통신보안학과
- 정보통신융합학과
- AI정보공학과
- AI정보보안학과
- 사이버국방학과
- 스마트정보기술공학과
- 융합보안공학과
- 융합보안학과
- 인공지능공학부 등

진출직업

- 디지털포렌식전문가
- 사이버수사요원
- 컴퓨터보안전문가
- 정보보호전문가
- 소프트웨어엔지니어
- 정보보호컨설턴트
- 정보통신컨설턴트
- 컴퓨터시스템감리전문가
- 보안관제사
- 보안로그분석가
- 침해사고분석가
- 악성코드분석가
- 네트워크보안전문가
- 전자상거래관리자
- 인증시스템스마트카드관리자 등

취득가능 자격증

- 정보보호전문가(SIS)
- 정보보안관리사(ISM)
- 국제공인정보시스템감사사(CISA)
- 정보처리기능사
- 정보처리산업기사
- 정보처리기사
- 정보보안기사
- 정보보안산업기사
- 정보기기운용기능사
- 인터넷정보검색사
- 전자상거래관리사
- 디지털포렌식전문가
- 리눅스마스터1·2급
- 전자계산기조직응용기사
- 개인정보관리사(CPPG)
- 인터넷보안전문가
- 해킹보안전문가 등

진출분야

기업체	기업체 및 금융 기관, 정보 보호 전문 기업, 인터넷쇼핑몰 회사, 게임 개발 회사, 정보 통신 관련 업체, 웹 기반 인터넷 응용 회사, IS 업체, 스마트폰 보안업체, 응용 프로그램 개발업체 등
정부 및 공공 기관	국방부, 국가정보원, 경찰청 사이버안전국, 검찰, 군정보 부서 및 보안 부대, 한국정보화진흥원, 한국정보화진흥원, 금융결제원, 한국정보인증㈜, 한국전자인증㈜ 등
연구 기관	보안·정보 보호·재난 대응 연구 기관, 한국인터넷진흥원, 한국전자통신연구소, 국가보안기술연구소, 금융보안연구소, 전자부품연구원 등

학과 주요 교과목

기초 과목	일반물리, 일반수학, 이산수학, 암호수학, 확률과 통계, 컴퓨터구조, 컴퓨터프로그래밍실습, 공학설계입문, 창의적 공학설계, 정보보호시스템개론, 자료구조, 운영체제, 논리회로 등
심화 과목	정보보호법과 윤리, 컴퓨터네트워크, 시스템보안, 암호학, 네트워크보안, 해킹과 바이러스, 객체지향 프로그래밍, 데이터베이스설계, 시스템프로그래밍, 웹프로그래밍, 모바일프로그래밍, 정보보호프로토콜, 스마트환경보안, 전자상거래보안, 임베디드시스템, 모바일시스템보안 등

학과 인재상 및 갖추어야 할 자질

- 다양한 상황에서 발생할 수 있는 보안 위험 요소를 예방할 수 있는 창의적 문제해결 역량을 지닌 학생
- 분석적이고 꼼꼼한 성향의 학생
- 수학, 물리학, 화학, 컴퓨터 등 다양한 분야를 융합하는 일에 관심이 있는 학생
- 호기심이 왕성하고, 원인과 결과를 분석하여 상관관계를 찾는 것에 재능이 있는 학생
- 보안 경영과 보안 기술 등에 대한 지식을 동시에 수용 할 수 있는 능력을 가진 학생
- 복잡한 수식을 계산하는 능력과 도전 의식, 새로운 것에 대한 상상력, 창의성을 지닌 학생

학과 관련 선택 과목

※ 국어, 영어 교과는 모든 학문의 기초적인 성격을 가진 도구교과로 모든 학과에 이수가 필요하여 생략함.

공통 과목		공통국어1,2, 공통수학1,2, 공통영어1,2, 한국사1,2, 통합사회1,2, 통합과학1,2, 과학탐구실험1,2
수능 필수		화법과 언어, 독서와 작문, 문학, 대수, 미적분Ⅰ, 확률과 통계, 영어Ⅰ, 영어Ⅱ, 한국사, 통합사회, 통합과학, 성공적인 직업생활(직업)
일반 선택	수학, 사회, 과학	대수, 미적분Ⅰ, 확률과 통계, 현대사회와 윤리, 물리학, 화학
	체육·예술	
	기술·가정/정보	기술·가정, 정보
	제2외국어/한문	
	교양	
진로 선택	수학, 사회, 과학	기하, 미적분Ⅱ, 인공지능 수학, 법과 사회, 윤리와 사상, 역학과 에너지, 전자기와 양자, 물질과 에너지, 화학 반응의 세계
	체육·예술	
	기술·가정/정보	데이터 과학
	제2외국어/한문	
	교양	
융합 선택	수학, 사회, 과학	실용 통계, 수학과제 탐구, 사회문제 탐구, 융합과학 탐구
	체육·예술	
	기술·가정/정보	창의 공학 설계, 지식 재산 일반
	제2외국어/한문	
	교양	

추천 도서 목록

- 키워드로 정리하는 정보보안 119, 문광석, 제이펍
- 4차 산업혁명 시대의 정보보안과 진로설계, 최성배, 박영사
- 포렌의 정보보안 카페, 이수현, 좋은땅
- 정보보안 인문학, 최은선 외, 제주대학교출판부
- 10대에 정보 보안 전문가가 되고 싶은 나, 어떻게 할까?, 마이클 밀러, 오유아이
- 데이터 과학으로 접근하는 정보보안, 제이 제이콥스 외, 에이콘출판
- 4차 산업혁명 시대 정보보안기사로 성공을 디자인하라, 김동혁, 비팬북스
- IT시대 개인정보, 이정수, 법률신문사
- 해커의 심리, 브루스 슈나이어, 에이콘출판
- 보이지 않는 위협, 김홍선, 한빛미디어
- 빅데이터 생활을 바꾸다, BC카드 빅데이터센터, 미래의창

- 빅데이터 사용설명서, 김진호, 메이트북스
- 세상을 읽는 새로운 언어, 빅데이터, 조성준, 21세기북스
- 블록체인 경제, 정희연 외, 미래와혁신21
- 한눈에 보이는 블록체인 그림책, 한선관 외, 성안당
- 블록체인과 인공지능의 융합, 한승무, 북코리아
- 디지털포렌식 기술, 노명선 외, 미디어북
- 거의 모든 인터넷의 역사, 정지훈, 메디치미디어
- 상상 오디세이, 최재천, 다산북스
- 페르마의 마지막 정리, 사이먼 싱, 영림카디널
- 로봇 시대, 인간의 일, 구본권, 어크로스
- 이기적 유전자, 리처드 도킨스, 을유문화사
- 부분과 전체, 베르너 하이젠베르크, 서커스, 서커스출판상회

학교생활 TIPS

- 정보보호학 전공과 관련이 있는 교과(수학, 물리학, 화학, 정보)의 높은 학업 성취를 올릴 수 있도록 노력하고, 학교생활기록부 교과 세부능력 및 특기사항에 수업 활동에서 수행한 과제와 과제물의 수준, 수업 태도, 수업 참여 내용과 전공 적합성, 문제 해결 능력, 발전 가능성, 창의력 등이 나타날 수 있도록 하는 것이 좋습니다.
- 정보보호학 분야에 대한 흥미와 관심, 지원 전공에 대해 이해, 자신의 경험과 지원 전공과의 연관성이 드러날 수 있는 교내 및 교외 활동(정보보호 관련 직업 탐색 및 기관 탐방, 직업인 특강 및 학과 탐방) 등에 적극 참여하는 것이 중요합니다.
- 학교 교육계획에 의해 진행되는, 일회성이 아닌 지속적으로 진행되는 봉사 활동(캠페인, 불우 이웃 돕기, 기아 아동 돕기, 장애인 돕기, 독거노인

돕기, 멘토링, 도서관 사서 도우미, 급식 도우미)에 적극적으로 참여하여 타인을 위해 헌신하고 봉사하는 태도를 나타내는 것이 필요합니다.
- 학교 내 정규 동아리(정보보안, 컴퓨터, 코딩, 아두이노, 컴퓨터, 공학, 과학) 활동 참여를 권장하고, 동아리 활동 과정에서 구성원의 화합과 단결을 이끌어 낸 리더십 경험이나 활동 중에 부딪히는 문제점을 슬기롭게 해결한 경험, 전공 관련 다양한 구체적인 활동 경험 등이 드러나면 좋습니다.
- 정보보호, 정보통신, 컴퓨터, 전자, 반도체, 환경, 에너지, 인공지능, 로봇, 인문학, 철학, 역사, 심리학 등 다양한 분야의 독서 활동 경험을 통해 융합적 사고 능력을 키우도록 합니다.

170

정보통신공학과

학과소개

정보통신공학은 4차 산업혁명의 핵심 기술인 지능 정보 기술, 정보 보안 기술, 통신 네트워크 기술이 융합된 종합적 학문입니다. 정보통신공학과는 정보를 빠르고 안정적으로 전송하기 위한 방법과 데이터 통신 및 광통신 등을 연구하고, 이를 인터넷이나 스마트폰은 물론, 항공기, 자동차 등에 적용하기 위한 것을 배우는 학과입니다. 정보통신공학의 이론을 비롯해 정보 수집 및 관리 기술, 정보 분석, 정보 처리, 컴퓨터 시스템, 네트워크, 인공지능에 관련된 다양한 내용을 배웁니다.

정보통신공학과는 기초 과학의 충실한 학습과 창의적 사고를 바탕으로 정보통신 분야의 시스템, 부품, 공정, 방법을 분석하고 설계하는 능력을 갖춘 인재, 글로벌 경쟁력을 갖추고 지속적 자기 계발을 통해 세계 무대에서 활약할 수 있는 인재, 신기술을 효과적으로 습득할 수 있는 능력을 갖춘 인재의 양성을 교육 목표로 합니다.

개설대학

- 국립강릉원주대학교(제2캠퍼스)
- 경성대학교
- 국립공주대학교
- 동국대학교
- 대전대학교
- 성결대학교
- 순천향대학교
- 인천대학교
- 인하대학교
- 전주대학교
- 국립창원대학교
- 한국외국어대학교
- 한남대학교
- 국립한밭대학교
- 호남대학교 등

진출직업

- 네트워크관리자
- 네트워크엔지니어
- 데이터베이스개발자
- 드론개발자
- 디지털영상처리전문가
- 로봇공학기술자
- 모바일콘텐츠개발자
- 방송송출장비기사
- 시스템소프트웨어개발자
- 사이버수사요원
- 음성처리전문가
- 응용소프트웨어개발자
- 정보시스템운영자
- 정보통신컨설턴트
- 지리정보시스템전문가 (GIS전문가)
- 컴퓨터보안전문가
- 컴퓨터시스템감리전문가
- 중등학교 교사(통신)
- 컴퓨터하드웨어기술자
- 통신공학기술자
- 통신기기기술자
- 통신기술개발자
- 통신망운영기술자
- 통신장비기사
- 통신장비기술자
- 변리사 등

관련학과

- 정보통신계열
- 정보통신공학부
- 정보통신공학부(정보통신공학전공)
- 정보통신공학부(정보보안전공)
- 정보통신공학전공
- 정보통신군사학과
- 정보통신보안학과
- 정보통신전자공학부
- 정보통신학부
- 전파정보통신공학과
- 지능정보통신공학과 등

취득가능 자격증

- 정보통신기사
- 네트워크관리사
- 인터넷정보검색사
- 정보통신기술사
- 전자기사
- 방송통신기사
- 무선설비기사
- 인터넷정보관리사
- 인터넷정보설계사
- 인터넷시스템관리사
- 네트워크관리사
- 정보처리기사
- 국제공인정보시스템 감사(CISA)
- 전자상거래관리사
- 전자계산기기사
- 정보기술산업기사
- 전파전자통신기사
- 사무자동화산업기사
- 정보처리산업기사
- 전자계산기조직응용기사
- 정보관리기술사
- 컴퓨터시스템응용기술사
- 중등학교 정교사 2급(통신) 등

진출분야

기업체	정보 통신 기기 제조업체, IT업체, 네트워크 및 통신업체, 시스템 통합 업체, 정보 통신 서비스 업체, 부가 통신 서비스 사업체, 이동 통신 사업체, 금융기관, 방송국, CATV 사업체, DSL 사업체, 금융 기관, 보안 관련 업체 등
정부 및 공공 기관	기술직 공무원, 정보 통신 관련 공공 기관, 정보 통신표준화 관련 기관, 한국전자통신연구원, 전자부품연구원, 한국과학기술연구원 등
연구 기관	정보 통신 관련 국가 및 민간 기업 연구소

학과 주요 교과목

기초 과목	이산수학, 기초미적분학, 컴퓨터개론 및 실습, 논리회로 및 실험, 확률과 통계, 컴퓨터프로그래밍실습, 컴퓨터통신개론, 자료구조, 정보통신개론, 디지털시스템, 디지털통신 등
심화 과목	컴퓨터구조, 통신시스템프로그래밍 및 실습, 회로해석 및 실험, 소프트웨어공학, 신호 및 시스템, 데이터통신 및 실험, 컴퓨터네트워크 및 실습, 디지털통신 및 실습, 마이크로프로세서응용설계, 네트워크보안, 정보통신종합설계, 정보통신망설계, 멀티미디어통신 등

학과 인재상 및 갖추어야 할 자질

- 수학, 기초 과학, 공학의 지식과 정보 기술을 응용할 수 있는 능력을 가진 학생
- 공학 분야의 문제를 해결하고자 하는 열정과 창의적인 문제 해결 능력을 가진 학생
- 실험 계획과 수행에 흥미를 가진 학생
- 수학, 통계학, 물리학 등에 대한 기본 지식, 정보 통신 공학 분야에 대한 기초 지식을 갖춘 학생
- 논리적인 사고력과 과학적인 응용력을 지닌 학생
- 정확한 판단력, 기계나 사물의 원리에 대한 호기심과 탐구심을 지닌 학생

학과 관련 선택 과목

※ 국어, 영어 교과는 모든 학문의 기초적인 성격을 가진 도구교과로 모든 학과에 이수가 필요하여 생략함.

공통 과목		공통국어1,2, 공통수학1,2, 공통영어1,2, 한국사1,2, 통합사회1,2, 통합과학1,2, 과학탐구실험1,2
수능 필수		화법과 언어, 독서와 작문, 문학, 대수, 미적분Ⅰ, 확률과 통계, 영어Ⅰ, 영어Ⅱ, 한국사, 통합사회, 통합과학, 성공적인 직업생활(직업)
일반 선택	수학, 사회, 과학	대수, 미적분Ⅰ, 확률과 통계, 세계시민과 지리, 사회와 문화, 물리학, 화학
	체육·예술	
	기술·가정/정보	기술·가정, 정보
	제2외국어/한문	
	교양	
진로 선택	수학, 사회, 과학	기하, 미적분Ⅱ, 인공지능 수학, 한국지리 탐구, 경제, 윤리와 사상, 역학과 에너지, 전자기와 양자, 물질과 에너지, 화학 반응의 세계
	체육·예술	
	기술·가정/정보	인공지능 기초
	제2외국어/한문	
	교양	
융합 선택	수학, 사회, 과학	수학과제 탐구, 사회문제 탐구, 융합과학 탐구
	체육·예술	
	기술·가정/정보	창의 공학 설계, 지식 재산 일반
	제2외국어/한문	
	교양	

추천 도서 목록

- 세상에서 가장 쉬운 재미있는 물리, 미사와 신야, 미디어숲
- 누구나 읽을 수 있는 수학의 역사4: 중세 수학사2, 정완상, 지오북스
- 수학의 힘, 올리버 존슨, 더퀘스트
- 수를 표현하는 다채로운 방법, 김하얀, 자음과모음
- 다정한 수학책, 수전 다고스티노, 해나무
- 물리지 않는 물리학, 이노키 마사후미, 필름
- 청소년을 위한 처음 물리학, 권영균, 청아출판사
- 10대에게 권하는 물리학, 이강영, 글담출판
- 제네시스, 귀도 토넬리, 쌤앤파커스
- 하루 한 권, 일상속 물리학, 하리 야스오 외, 드루
- 지능정보사회와 AI 윤리, 한국정보통신보안윤리학회, 배움터
- 과학이 필요한 시간, 쿼도, 동아시아

- 메타버스 시대의 사물 인터넷, 양순옥 외, 생능출판사
- 인공지능과 딥러닝, 마쓰오 유타카, 동아엠앤비
- AI전쟁, 하정우 외, 한빛미디어
- 에너지로 말하는 현대물리학, 오노 슈, 전파과학사
- 알고 보면 재미나는 전기 자기학, 박승범 외, 전파과학사
- 청소년을 위한 위대한 수학자들 이야기, 야노 겐타로, 전파과학사
- 정보통신 배움터, 정진욱 외, 생능출판사
- 유비쿼터스 사회의 정보통신개론, 김영춘 외, 홍릉과학출판사
- 일렉트릭 유니버스, 데이비드 보더니스, 글램북스
- 디지털 시대의 마법사들, 프랭크 모스, 알에이치코리아
- 세상을 바꾼 작은 우연들, 마리 노엘 샤를, 윌컴퍼니, 윌스타일
- 세상에서 가장 재미있는 물리학, 래리 고닉, 궁리

학교생활 TIPS

- 정보통신공학 전공과 관련이 있는 교과(수학, 물리학, 화학, 정보 등)를 선택하고, 관련 교과의 학업 성취도가 향상되는 것이 중요합니다. 교과 활동 시간을 통해 학교 생활기록부 교과 세부능력 및 특기사항에 전공 적합성, 문제 해결 능력, 발전 가능성, 창의력, 협업 능력 등이 나타날 수 있도록 합니다.
- 학교 교육계획에 의해 진행되는 학교 활동(행사 활동, 수련 활동, 체험 활동)에서 공동의 목표를 이루기 위해 기울인 노력, 자발성과 자율성, 적극성, 대인 관계, 공동체 의식, 리더십 등이 발휘될 수 있도록 적극적인 활동 참여가 중요합니다.
- 학교 교육계획에 의해 진행되는 봉사 활동(급식 도우미, 학습 멘토링, 교문 교통 지도, 급식 도우미, 사서 도우미)에 자발적으로 참여하여 타인을

위해 봉사하는 모습을 보이는 것이 중요하고, 사회 소외 계층(장애인, 독거노인, 다문화 가정)을 대상으로 하는 봉사 활동에 참여하는 것도 좋습니다.
- 과학 관련 동아리(과학 탐구 실험, 수리 탐구 논술), 공학, 코딩 분야 등 이공계 관련 분야의 동아리 활동 참여를 통해서 학문적 열정이나 지적 관심, 새로운 아이디어 제안, 특정한 결과물이나 성과로 이어지는 경험을 통해 배우고 느낀 점 등이 드러나면 좋습니다.
- 정보통신공학 전공과 관련한 진로 활동(관련 기업 및 연구소 탐방, 직업 체험, 학과 탐방) 참여를 통해 진로 설정 과정, 진로에 대한 고민과 노력, 전공 적합도, 소질 계발을 위한 노력 및 열정 등이 나타나면 좋습니다.

171

제약공학과

학과소개

제약공학을 흔히 융합 과학이라고 합니다. 제약공학의 학문적 특성이 물리학, 생명 과학 및 기술, 환경 과학 및 기술, 정보 과학 및 기술 등의 모든 자연 과학 및 기술 공학의 중심에 있어 다른 분야와도 밀접히 연결되어 있기 때문입니다. 제약공학과는 제약 산업의 제조와 품질에 초점을 두고 시설의 개념, 디자인, 공정 연구 등을 통해 화학 및 생물학적 물질을 부가 가치가 높은 의약품 원료 또는 의약품 완제품으로 생산할 수 있는 이론과 실무 능력을 배우는 학과입니다. 또, 제약공학 관련 지식의 적용을 통해서 궁극적으로 국민의 건강 증진과 제약과 관련된 사회적 요구에 부응할 수 있는 인재를 양성합니다.

약학이나 생명 과학과 관련된 산업 분야에서 새로운 과학과 기술의 변화를 주도할 수 있는 인재, 의약품과 정밀 화학 제품, 정보전자 제품 등의 고부가 가치 신소재 및 신제품 개발에 기여할 수 있는 인재, 보건 의료 공학자로서 필요한 인성과 기본 소양을 갖추고 제약공학 관련 분야의 전공 지식을 습득하여 제약 관련 산업에 기여할 수 있는 전문 인재의 양성을 교육 목표로 합니다.

개설대학

- 경남대학교,
- 경상국립대학교
- 대구가톨릭대학교
- 호서대학교
- 경성대학교
- 단국대학교(제2캠퍼스)
- 대구한의대학교
- 서원대학교
- 인제대학교
- 청주대학교 등

진출직업

- 공정품질관리전문가
- 기능성의약소재개발전문가
- 기능성화장품개발전문가
- 바이오의약품전문가
- 신약개발전문가
- 의약품제조전문가
- 제약공정관리전문가
- 제약마케팅전문가
- 제약회사연구원 등

관련학과

- 바이오제약공학전공
- 바이오제약산업학부
- 의약공학과
- 제약생명공학과
- 제약식품공학부
- 제약화장품학과
- 한방보건제약학과
- 화장품·제약자율 전공 등

취득가능 자격증

- 의약정보사
- 변리사
- 생명공학기사
- 화학분석사
- 산업위생관리기사
- 품질경영기사
- 화공기사
- 위생사
- 수질기사
- 대기기사
- 맞춤형화장품조제관리사
- 바이오화학제품산업기사 등

진출분야

기업체	국내외 제약회사, BT 관련 벤처 기업, 신약 개발 벤처 기업, 의약·제약 정보 회사, 임상 시험 관련 기업, 대학 병원, 화장품 회사, 식품 회사, 건강식품업체, 농약 회사, 첨단 전자 재료 회사, 석유 화학 관련 회사 등
정부 및 공공 기관	보건복지부, 식품의약품안전처, 산업통상자원부, 한국과학기술연구원, 한국의료기기기술원, 한국보건의료연구원, 한국보건산업진흥원 등
연구 기관	BT 관련 연구소, 정부출연 연구소, 한국생명공학연구원, 한국화학연구원, 한국전자통신연구원, 한국표준과학연구원 등

학과 주요 교과목

기초 과목	일반수학, 이산수학, 공업수학, 일반물리, 일반화학, 일반생물학, 약학개론, 유기화학, 생화학, 제약공학개론, 분자생물학, 기기분석학, 제약개발학, 생물공학개론 등
심화 과목	생약학, 약물학, 약물전달공학, 지식재산과 특허, 제약마케팅, 의약화학, 동물의약품학, 바이오의약품공학, 단백질공학, 바이오공정공학, 제제공학실험, 분리정제공학, 유전공학, 약제학, 분자약리학, 제제공학, 의약품제조공학, 천연물학, 제약통계학 등

학과 인재상 및 갖추어야 할 자질

- 정확한 상황 판단 능력, 빠르고 신속하게 대처할 수 있는 능력을 갖춘 학생
- 어떠한 일을 꼼꼼하게 처리하고, 차분하며 집중력이 높은 학생
- 생명을 소중히 여길 줄 아는 마음과 타인을 위해 봉사 할 수 있는 마음을 지닌 학생
- 인체, 질병, 생명 등에 관심이 있고, 수학, 물리학, 화학, 생명과학 등의 교과목에 흥미와 소질이 있는 학생
- 남들이 생각하지 못한 방법으로 문제를 푸는 능력, 대상을 바라보는 창의력과 응용력을 갖춘 학생
- 인문적 기초 소양, 주어진 문제를 공학적으로 분석하고 해결할 수 있는 능력을 지닌 학생

인문계열

사회계열

자연계열

의약계열

예체능계열

교육계열

계약학과 & 특성화학과

학과 관련 선택 과목

※ 국어, 영어 교과는 모든 학문의 기초적인 성격을 가진 도구교과로 모든 학과에 이수가 필요하여 생략함.

공통 과목		공통국어1,2, 공통수학1,2, 공통영어1,2, 한국사1,2, 통합사회1,2, 통합과학1,2, 과학탐구실험1,2
수능 필수		화법과 언어, 독서와 작문, 문학, 대수, 미적분Ⅰ, 확률과 통계, 영어Ⅰ, 영어Ⅱ, 한국사, 통합사회, 통합과학, 성공적인 직업생활(직업)
일반 선택	수학, 사회, 과학	대수, 미적분Ⅰ, 확률과 통계, 물리학, 화학, 생명과학
	체육·예술	
	기술·가정/정보	기술·가정, 정보
	제2외국어/한문	
	교양	
진로 선택	수학, 사회, 과학	기하, 미적분Ⅱ, 물질과 에너지, 화학 반응의 세계, 세포와 물질대사, 생물의 유전
	체육·예술	
	기술·가정/정보	
	제2외국어/한문	
	교양	인간과 심리, 보건
융합 선택	수학, 사회, 과학	수학과제 탐구, 융합과학 탐구
	체육·예술	
	기술·가정/정보	
	제2외국어/한문	
	교양	

추천 도서 목록

- 디지털 치료제, 김선현, 포르체
- K바이오 트렌드, 2022, 김병호 외, 허클베리북스
- 아이들에게 코로나 백신을 맞힌다고?, 이은혜, 북앤피플
- 코로나19에서 사람을 살리는 Basic Story, 배진건, 메디게이트뉴스
- 코로나19, 걸리면 진짜 안 돼?, 서주현, 아침사과
- 사이디오 시그마, 홍원기 외, 아시아
- 코로나19 데카메론, 경희대학교 인문학연구원 HK 외, 모시는사람들
- 유전체, 다가온 미래 의학, 김경철, 메디게이트뉴스
- 현미경에 기대어, 이민철, 전남대학교출판문화원
- 처음 만나는 혈액의 세계, 예병일, 반니
- 비밀노트: 해부생리 소화기계편, 안단테, 드림널스
- 세균에서 생명을 보다, 고관수, 계단
- 최신 인체해부학, 강경환 외, 의학서원
- 핵심 병리학, 권혁규 외, 의학교육
- 알기쉬운 인체생리학, 조영욱, 의학교육
- 진단 기생충학, 양병선 외, 메디컬에듀케이션
- 세포의 세계, Hardin, Jeff 외, 교문사

- 병원미생물과 감염관리, 고한철 외, 바이오사이언스
- 임상병리사를 위한 일반 미생물학 실습, 미생물교수회 외, 고려의학
- 임상세포유전학, 심문정 외, 고려의학
- 질병과 함께 걷다, 경희대학교 인문학연구원 HK+통합의료인문학연구단, 모시는사람들
- 첨단기술시대의 의료와 인간, 경희대학교 인문학연구원 HK+통합의료인문학연구단, 모시는사람들
- 호모 팬데미쿠스, 경희대학교 인문학연구원 HK+통합의료인문학연구단, 모시는사람들
- 감염병의 장면들, 박성호 외, 모시는사람들
- 의학사의 새 물결, 프랭크 하위스만 외, 모시는사람들
- 불멸을 꿈꾸는 수명 연장의 역사, 제럴드 J. 그루만, 성균관대학교출판부
- 의학에 관한 위험한 헛소문, 시마 야스민, 모티브북
- 당신이 생각조차 못 해 본 30년 후 의학 이야기, 윤경식 외, 청아출판사
- 5리터의 피, 로즈 조지, 한빛비즈
- 미래의료 4.0, 김영호, 전파과학사

학교생활 TIPS

- 제약공학 전공과 관련이 깊은 과학(화학, 물리학, 생명 과학), 정보 교과의 학업 성취도를 향상할 필요가 있고, 진로 역량, 문제 해결 능력, 창의력, 협업 능력, 발전 가능성, 자기주도성 등이 학교생활기록부 교과 세부능력 및 특기사항에 드러나는 것이 좋습니다.
- 다양한 교내 활동 중에서 융합 교실, 리더십, 민주 시민 교육, 보건 교육, 생태 체험, 심폐 소생술, 환경 교육 등에 참여하여 자신의 지적 소양 및 발전 가능성, 지식의 확장성 등이 나타나도록 합니다.
- 약학, 의료, 보건, 생명 과학 실험, 생명 탐구, 생태 체험, 과학 탐구 등의 동아리 활동 참여를 통해서 동아리 가입 동기, 본인의 역할, 배우고 느낀

점, 전공과 관련 있는 학업 의지나 열정 등이 나타날 수 있도록 참여합니다.
- 학교 교육계획에 의해 진행되는, 일회성이 아닌 지속적인 봉사 활동(급식 도우미, 통합반 도우미, 도서관 도우미, 교문 교통 지도, 장애인 및 독거노인 대상 돌봄 활동) 참여를 통해서 타인을 위해 봉사하고 헌신하는 학교생활 모습이 드러나는 것이 중요합니다.
- 제약공학 전공과 관련 있는 다양한 진로 활동(제약 회사 및 대학 병원 약국, 제약 연구소 견학 활동이나 제약 관련 분야의 직업 탐색 및 제약공학과 학과 탐방 활동)을 통해 자신의 진로 역량을 키우는 것이 중요합니다.

172

조선해양공학과

학과소개

조선해양공학은 해양에 대한 물리·화학·생물·지질학적 접근을 통해 바다를 분석하고 이해함으로써 각종 식량 자원, 광물 자원, 에너지 자원을 획득하고, 해양을 합리적으로 이용하기 위한 해양 개발 및 응용을 연구하는 학문입니다. 조선해양공학과는 선박, 해양 플랜트, 해양 에너지 플랫폼과 같은 다양한 조선 해양 구조물의 설계 및 연구 개발에 관한 학문을 다루는 학과입니다.

조선해양공학 분야 엔지니어가 갖추어야 할 기본 소양과 인격, 품성을 지닌 인재, 조선해양공학 분야의 실무에 필요한 종합적 지식과 응용 능력을 갖춘 인재, 창의적인 설계 및 문제 해석 능력을 갖춘 인재, 도덕적·사회적 지도자로서 자질과 국제적·시대적 감각을 갖춘 인재를 양성하는 것은 조선해양공학과의 교육 목표입니다.

개설대학

- 경상국립대학교
- 동아대학교
- 동의대학교
- 국립목포해양대학교
- 서울대학교
- 인하대학교
- 전남대학교(제2캠퍼스)
- 홍익대학교(제2캠퍼스) 등

관련학과

- 조선해양공학부
- 조선해양시스템공학부
- 조선공학과
- 조선정비학과
- 글로벌조선학과
- 선박해양공학과
- 스마트조선시스템학과
- 항만물류시스템학과
- 항해융합학부
- 항해정보시스템학부
- 항해학부
- 해상운송학부
- 해양공학과
- 해양메카트로닉스학부
- 해양산업융합학과
- 해양시스템공학과 등

진출직업

- 도선사
- 선박교통관제사
- 선박운항관리사
- 선장 및 항해사
- 수산학연구원
- 해양공학기술자
- 해양수산기술자
- 환경 및 해양과학연구원
- 조선공학기술자
- 해양환경기사
- 환경영향평가원
- 중등학교 교사(기관) 등

취득가능 자격증

- 해양공학기사
- 해양자원개발기사
- 해양환경기사
- 해양생산관리기사
- 조선기사
- 조선기술사
- 조선산업기사
- 수자원개발기술사
- 해양기술사
- 해양조사산업기사
- 전산응용조선제도기능사
- 선체건조기능사
- 동력기계정비기능사
- 중등학교 정교사 2급(기관) 등

진출분야

기업체	조선 기자재 생산 전문 회사, 대형 조선 회사, 해양 건설 관련 업체, 중공업 관련 업체, 항만 장비 개발 업체, 건설 관련 업체 등
정부 및 공공 기관	각 지역 해운항만청, 국내외 선급 협회 및 어선 협회, 해군, 해양수산부, 국립수산과학원, 국립해양조사원, 산업통상자원부, 해양경찰청, 방위사업청, 국방기술품질원, 한국조선해양플랜트협회, 한국조선해양기자재연구원 등
연구 기관	해양 플랜트 사업 분야 연구소, 중소조선연구원, 한국해양연구원, 선박해양플랜트연구소, 국방과학연구소, 한국해양과학기술원 등

학과 주요 교과목

기초 과목	공업수학, 일반화학, 일반수학, 일반물리학, 공학미적분학, 공학선형대수학, 정역학, 동역학, 열역학, 재료역학, 고체역학, 조선해양공학개론 등
심화 과목	열전달, 용접공학, 심해저공학, 해양구조물진동론, 해양구조물해석, 선박구조설계, 선박저항추진론, 박용기관, 해양파역학, 선박운동조종론, 해양구조물생산관리, 해양구조물건조공학, 조선해양공학종합실험, 해양플랜트공학, 해양시스템제어론, 조선해양공학종합설계 등

학과 인재상 및 갖추어야 할 자질

- 바다는 물론, 선박을 비롯한 해양 구조물에 관심이 많고 인접 학문에 대한 관심도가 높은 학생
- 분석적이고 꼼꼼한 성향의 학생
- 수학, 물리학, 화학, 지질학, 역학 등에 흥미가 있고, 다양한 분야를 융합하는 일에 관심이 있는 학생
- 미지의 분야로 도전해 나갈 수 있는 창조적 능력과 문제 해결 능력을 갖춘 학생
- 리더십, 책임감, 도덕성과 글로벌 감각을 갖춘 학생
- 남들이 생각하지 못한 방법으로 문제를 풀거나 대상을 바라보는 등 응용력과 창의력이 뛰어난

인문계열

사회계열

자연계열

공학계열

의약계열

예체능계열

교육계열

계약학과 & 특성화학과

학과 관련 선택 과목

※ 국어, 영어 교과는 모든 학문의 기초적인 성격을 가진 도구교과로 모든 학과에 이수가 필요하여 생략함.

공통 과목		공통국어1,2, 공통수학1,2, 공통영어1,2, 한국사1,2, 통합사회1,2, 통합과학1,2, 과학탐구실험1,2
수능 필수		화법과 언어, 독서와 작문, 문학, 대수, 미적분Ⅰ, 확률과 통계, 영어Ⅰ, 영어Ⅱ, 한국사, 통합사회, 통합과학, 성공적인 직업생활(직업)
일반 선택	수학, 사회, 과학	대수, 미적분Ⅰ, 확률과 통계, 물리학, 화학, 지구과학
	체육·예술	
	기술·가정/정보	기술·가정
	제2외국어/한문	
	교양	
진로 선택	수학, 사회, 과학	기하, 미적분Ⅱ, 역학과 에너지, 전자기와 양자, 물질과 에너지, 화학 반응의 세계, 지구시스템과학, 행성우주과학
	체육·예술	
	기술·가정/정보	
	제2외국어/한문	
	교양	
융합 선택	수학, 사회, 과학	수학과제 탐구, 융합과학 탐구
	체육·예술	
	기술·가정/정보	창의 공학 설계, 지식 재산 일반
	제2외국어/한문	
	교양	

추천 도서 목록

- 배는 끊임없이 바로 서려 한다, 김효철, 지성사
- 엔지니어 정약용, 김평원, 다산초당
- 아시아 바다의 역사기행, 이재일, 이서원
- 한국 중세시대 선박사, 김병근, 주류성
- 작지만 무서워! 미세 플라스틱, 이명희, 아르볼
- 뜨거운 지구가 보내는 차가운 경고 기후 위기, 데이비드 깁슨, 머핀북
- 바다 생물 콘서트, 프라우케 바구쉐, 흐름출판
- 플라스틱 수프, 미힐 로스캄 아빙, 양철북
- 우리를 둘러싼 바다, 레이첼 카슨, 에코리브르
- 바다를 알면 미래가 보인다, 김세권, 월드사이언스
- 망간각, 해저산에서 건져 올린 21세기 자원, 문재운 외, 지성사
- 눈부신 심연, 헬렌 스케일스, 시공사

- 지구를 구하는 수업, 양경윤 외, 케렌시아
- 해양학의 ABC, 크리스 페리 외, 책세상어린이
- 아무도 본 적 없던 바다, 에디스 위더, 타인의사유
- 친애하는 인간에게, 물고기 올림, 황선도, 동아시아
- 공대생도 잘 모르는 재미있는 공학 이야기, 한화택, 플루토
- 물리학자는 영화에서 과학을 본다, 정재승, 어크로스
- 과학이 말해주는 신화의 진실, 박영목, 북스힐
- 총 균 쇠, 재레드 다이아몬드, 문학사상
- 엔트로피, 제레미 리프킨, 세종연구원
- 재미있는 물리여행, 루이스 캐럴 엡스타인, 꿈결
- 교양으로 읽는 조선공학, 해리 벤포드, 지성사

학교생활 TIPS

- 조선해양공학 전공과 관련이 있는 교과(수학, 물리학, 화학, 지구과학)를 선택하고, 관련 교과의 학업 역량을 보여줄 수 있도록 관리합니다. 학교 생활기록부 교과 세부능력 및 특기사항에 전공 적합성, 문제 해결 능력, 발전 가능성, 창의력, 자기주도 능력 등이 나타날 수 있도록 수업에 참여합니다.

- 조선해양공학 분야에 대한 흥미와 관심, 지원 전공에 대해 이해, 자신의 경험과 지원 전공과의 연관성이 드러날 수 있는 교내 및 교외 활동에 적극 참여하고, 전공 관련 진로 활동(조선소 및 관련 연구소 탐방, 직업 체험, 학과 탐방) 참여를 통해 진로에 대한 관심과 진로 설정 과정, 전공 적합성, 소질 계발을 위해 들인 노력 및 열정 등이 드러나도록 하는 것이 좋습니다.

- 학교 교육계획에 의해 진행되는 봉사 활동(학습 멘토링, 급식 도우미, 분리수거 도우미, 사서 도우미, 통합반 도우미)에 참여하여 타인을 위해 봉사하는 생활을 실천하는 것이 중요하고, 사회 소외 계층(장애인, 독거 노인, 다문화 가정) 대상 봉사 활동도 추천합니다.

- 과학 탐구 실험, 수리 탐구, 공학, 컴퓨터, 코딩 및 아두이노 관련 동아리 활동 참여를 권장합니다. 동아리 활동을 통해서 학문적 열정이나 지적 관심도, 리더십, 전공 적합성 등이 드러나면 좋습니다.

- 조선, 해양, 정보 통신, 컴퓨터, 전자, 반도체, 환경, 에너지, 인공지능, 로봇, 인문학, 철학, 역사, 심리학 등 다양한 분야의 독서 활동 경험을 통해 융합적 사고 능력을 키우도록 합니다.

173

조선해양시스템공학과

학과소개

조선해양시스템공학은 초대형 유조선, 컨테이너선, LNG선, 초고속선, 어선, 여객선 등의 선박, 석유시추선, 폐기물 처리시설, 해상 도시, 해상 공항, 파력 발전소 등에 사용될 해양 구조물의 설계와 건조 및 해상에서의 작업과 사용 성능의 해석에 관한 학문입니다. 조선해양시스템공학과에서는 선박 및 해양 구조물의 설계와 생산에 관련된 공학과 기술을 교육하고, 다양한 조선 해양 구조물의 설계를 연구합니다. 조선해양시스템 각 분야에 대한 기초적인 지식을 쌓고 동시에 신기술을 습득하며, 컴퓨터 활용 능력과 설계 능력을 길러 조선 해양 산업 현장에서의 문제 해결 능력 및 적응 능력을 키우도록 합니다.

조선해양시스템공학과는 수학, 기초 과학 및 전공 지식을 현장 실무에 적용할 수 있는 인재, 창의적인 사고를 발휘하여 다양한 공학 문제를 해결할 수 있는 인재, 윤리적 사고와 사회적 책임 의식을 갖추고 지역 산업 발전을 선도하는 인재, 조선해양시스템공학 분야의 전문 기술 교류 및 산학 협동을 위한 의사소통 능력과 국제화 능력을 갖춘 인재의 양성을 교육 목표로 합니다.

개설대학

- 경남대학교
- 국립한국해양대학교
- 국립부경대학교 등

관련학과

- 조선공학과
- 조선기자재공학전공
- 조선해양공학과
- 조선해양공학부
- 조선해양공학전공
- 조선해양시스템공학부
- 조선해양시스템전공
- 조선해양플랜트공학과
- 조선해양플랜트설계전공
- 항공조선산업공학부
- 기계해양시스템공학과
- 해양공학과 등

진출직업

- 도선사
- 선박교통관제사
- 선박운항관리사
- 선장 및 항해사
- 수산학연구원
- 해양공학기술자
- 해양수산기술자
- 환경 및 해양과학연구원
- 조선공학기술자
- 해양환경기사
- 환경영향평가원
- 중등학교 교사 등

취득가능 자격증

- 해양공학기사
- 해양자원개발기사
- 해양환경기사
- 해양생산관리기사
- 조선기사
- 조선산업기사
- 수자원개발기술사
- 해양조사산업기사
- 전산응용조선제도기능사
- 선체건조기능사
- 동력기계정비기능사
- 일반기계기사
- 기계설계기사
- 소음진동기사
- 용접기사
- 중등학교 정교사 2급 등

진출분야

기업체	조선 기자재 생산 전문 회사, 대형 조선 회사, 해양 건설 관련 업체, 중공업 관련 업체, 항만 장비 개발업체, 건설 관련 업체 등
정부 및 공공 기관	각 지역 해운항만청, 국내외 선급협회 및 어선협회, 해군, 해양수산부, 국립수산과학원, 국립해양조사원, 산업통상자원부, 해양경찰청, 방위사업청, 국방기술품질원, 한국조선해양플랜트협회, 한국조선해양기자재연구원 등
연구 기관	해양 플랜트 사업 분야 연구소, 중소조선연구원, 한국해양연구원, 선박해양플랜트연구소, 국방과학연구소, 한국해양과학기술원 등

학과 주요 교과목

기초 과목	공업수학, 확률과 통계, 공업역학, 재료역학, 유체역학, 열역학, 정역학, 조선해양공학개론, 선박해양유체역학, 선박계산, 컴퓨터언어, 유체역학실험, 재료역학 및 실험, 선박동력추진장치 등
심화 과목	선체저항론, 해양파역학, 진동소음공학, 선박생산공학, 시스템공학개론, 선박추진기설계, 선박저항실험, 선박기본설계, 내항성설계, 해양구조물설계, 선체구조설계, 용접생산공학, 선박조종론, 해양플랜트시스템공학, 선박운동조종론, 선박구조역학, 선박진동공학, 선박건조공학 등

학과 인재상 및 갖추어야 할 자질

- 바다는 물론, 선박을 비롯한 해양 구조물에 관심이 많고 인접 학문에 대한 관심도가 높은 학생
- 분석적이고 꼼꼼한 성향의 학생
- 수학, 물리학, 화학, 지질학, 역학 등에 흥미가 있고, 다양한 분야를 융합하는 일에 관심이 있는 학생
- 미지의 분야로 도전해 나갈 수 있는 창조적 능력과 문제 해결 능력을 갖춘 학생
- 리더십, 책임감, 도덕성과 글로벌 감각을 갖춘 학생
- 남들이 생각하지 못한 방법으로 문제를 풀거나 대상을 바라보는 등 응용력과 창의력이 뛰어난 학생

학과 관련 선택 과목

※ 국어, 영어 교과는 모든 학문의 기초적인 성격을 가진 도구교과로 모든 학과에 이수가 필요하여 생략함.

공통 과목		공통국어1,2, 공통수학1,2, 공통영어1,2, 한국사1,2, 통합사회1,2, 통합과학1,2, 과학탐구실험1,2
수능 필수		화법과 언어, 독서와 작문, 문학, 대수, 미적분 I , 확률과 통계, 영어 I , 영어 II , 한국사, 통합사회, 통합과학, 성공적인 직업생활(직업)
일반 선택	수학, 사회, 과학	대수, 미적분 I , 확률과 통계, 물리학, 화학, 지구과학
	체육·예술	
	기술·가정/정보	기술·가정, 정보
	제2외국어/한문	
	교양	
진로 선택	수학, 사회, 과학	기하, 미적분 II , 역학과 에너지, 전자기와 양자, 물질과 에너지, 화학 반응의 세계, 지구시스템과학, 행성우주과학
	체육·예술	
	기술·가정/정보	
	제2외국어/한문	
	교양	
융합 선택	수학, 사회, 과학	수학과제 탐구, 융합과학 탐구
	체육·예술	
	기술·가정/정보	창의 공학 설계
	제2외국어/한문	
	교양	

추천 도서 목록

- 친환경 선박 잡학지식, 임영섭, 지성사
- 친환경 선박의 이해, 임영섭, 성안당
- 바다 위에도 길은 있으니까, 전소현 외, 현대지성
- 한국 중세시대 선박사, 김병근, 주류성
- 배는 끊임없이 바로 서려 한다, 김효철, 지성사
- 엔지니어 정약용, 김평원, 다산초당
- 아시아 바다의 역사기행, 이재일, 이서원
- 한국 중세시대 선박사, 김병근, 주류성
- 바다 생물 콘서트, 프라우케 바구쉐, 흐름출판
- 플라스틱 수프, 미힐 로스캄 아빙, 양철북
- 우리를 둘러싼 바다, 레이첼 카슨, 에코리브르
- 바다를 알면 미래가 보인다, 김세권, 월드사이언스

- 망간각, 해저산에서 건져 올린 21세기 자원, 문재운 외, 지성사
- 눈부신 심연, 헬렌 스케일스, 시공사
- 지구를 구하는 수업, 양경윤 외, 케렌시아
- 해양학의 ABC, 크리스 페리 외, 책세상어린이
- 공대생도 잘 모르는 재미있는 공학 이야기, 한화택, 플루토
- 물리학자는 영화에서 과학을 본다, 정재승, 어크로스
- 과학이 말해주는 신화의 진실, 박영목, 북스힐
- 총 균 쇠, 재레드 다이아몬드, 문학사상
- 엔트로피, 제레미 리프킨, 세종연구원
- 재미있는 물리여행, 루이스 캐럴 엡스타인, 꿈결
- 교양으로 읽는 조선공학, 해리 벤포드, 지성사

학교생활 TIPS

- 조선해양시스템공학 전공과 관련이 있는 교과(수학, 물리학, 화학, 지구과학)를 선택하고, 관련 교과의 학업 역량을 보여줄 수 있도록 관리합니다. 학교생활기록부 교과 세부능력 및 특기사항에 전공 적합성, 문제 해결 능력, 발전 가능성, 자기주도적 학습 참여 내용 등이 기록되는 것이 좋습니다.
- 조선해양시스템공학 전공과 관련 있는 진로 활동(조선소 및 조선해양 연구소 탐방, 조선해양 관련 직업 탐색 및 학과 탐방 활동, 직업인 특강) 참여를 통해 전공에 대한 관심과 진로 설정 과정 및 전공 적합성을 키우기 위해 기울인 노력 및 열정이 학교생활기록부에 나타나도록 합니다.
- 봉사 활동의 양보다는 지속적인 활동에 참여하는 것이 중요하고, 학교 교육계획에서 진행된 봉사 활동(통합반 도우미, 사서 도우미, 컴퓨터 기자재 도우미, 교통 봉사) 참여를 통해서 타인을 위해 봉사하고 헌신하는 모습을 보여주는 것이 중요합니다.
- 과학 탐구 실험, 수리 탐구 논술, 공학, 코딩 등의 동아리 활동 참여를 통해서 학업 역량, 전공 적합성, 인성, 발전 가능성 등이 드러나도록 자기 주도적으로 참여하는 것이 중요합니다. 새로운 아이디어 제안이나 성공적인 활동 경험, 다양한 경험을 통해 배우고 느낀 점 등이 나타나도록 합니다.
- 조선, 해양, 정보 통신, 전자, 반도체, 환경, 에너지, 인공 지능, 로봇, 인문학, 철학, 역사, 심리학 등 다양한 분야의 독서 활동 경험을 통해 융합적 사고 능력을 키우도록 합니다.

174

컴퓨터공학과

학과소개

컴퓨터공학은 컴퓨터를 이용하여 정보를 처리하는 데 관련된 분야를 연구하는 학문으로, 공학 및 과학의 기초 지식을 바탕으로 한 논리적 추리력과 독창적 사고력을 활용하여 소프트웨어 및 하드웨어의 설계 및 개발, 프로그래밍 원리, 생활에서의 응용 등을 연구합니다. 컴퓨터공학과는 현대 지식 정보화 사회의 기본인 컴퓨팅 기술을 배우는 학과입니다.

컴퓨터공학 전문 지식 습득과 정보화 사회에 대한 이해를 바탕으로 글로벌 사회에서 각 분야의 리더로서 활동할 수 있는 인재, 기초 과학의 충실한 학습을 바탕으로 지식 기반 사회에서 요구되는 창의적 능력을 갖춘 인재, 기술적 첨단 공학 도구를 사용하여 실험을 설계하고 수행함으로써 당면한 문제를 체계적으로 해결할 수 있는 인재, 공학적 윤리의식을 갖추고 미래 가치를 창출하며 산업 발전을 선도할 수 있는 인재의 양성은 컴퓨터공학과의 교육 목표입니다.

개설대학

- 강원대학교
- 건국대학교(글로컬)
- 경상국립대학교
- 경성대학교
- 경희대학교
- 계명대학교
- 국립공주대학교
- 국립금오공과대학교
- 단국대학교
- 동국대학교(WISE)
- 동서대학교
- 동아대학교
- 명지대학교
- 국립목포해양대학교
- 서강대학교
- 서울과학기술대학교
- 서원대학교
- 성신여자대학교
- 세종대학교
- 국립순천대학교
- 순천향대학교
- 국립경국대학교
- 인하대학교
- 조선대학교
- 국립창원대학교
- 충북대학교
- 국립한국교통대학교
- 한국항공대학교
- 한남대학교
- 협성대학교
- 홍익대학교
- 충북대학교
- 이화여자대학교 등

관련학과

- 컴퓨터공학부
- 컴퓨터공학전공
- 컴퓨터과학과
- 컴퓨터과학부
- 컴퓨터과학전공
- 컴퓨터융합학부
- 컴퓨터인공지능학부
- 컴퓨터정보공학과
- 컴퓨터학과
- AI빅데이터공학과
- AI빅데이터융합학과
- AI융합학과
- AI학과
- 데이터과학과
- 멀티미디어공학과 등

진출분야

기업체	컴퓨터 관련 기업, 정보 통신 관련 기업, 금융 기관, 시스템 엔지니어링 업체, 네트워크 엔지니어링 업체, 소프트웨어·게임·모바일·웹 개발업체, 보안 회사, 통신사, 전자 상거래 업체 등
정부 및 공공 기관	전산직 공무원, 국가정보원, 경찰청 사이버수사국, 국방부, 한국철도공사, 한국전력공사, 한국전력기술, 한국감정원, 한국인터넷진흥원, 한국정보화진흥원, 한국전기안전공사, 한국가스안전공사, 한국도로공사, 방위사업청, 국민건강보험공단 등
연구 기관	한국전자통신연구원, 국가보안기술연구소, 소프트웨어정책연구소, FITI시험연구원, 금융보안원 등

진출직업

- 네트워크관리자
- 네트워크프로그래머
- 데이터베이스개발자
- 시스템소프트웨어개발자
- 웹마스터
- 웹엔지니어
- 웹프로그래머
- 응용소프트웨어개발자
- 정보시스템운영자
- 컴퓨터보안전문가
- 컴퓨터시스템감리전문가
- 컴퓨터시스템설계분석가
- 디지털포렌식수사관
- 사이버범죄수사관
- 중등학교 교사(정보·컴퓨터) 등

취득가능 자격증

- 게임프로그래밍전문가
- 멀티미디어콘텐츠제작전문가
- 반도체설계기사
- 반도체설계산업기사
- 임베디드SW개발전문가
- 전자계산기기사
- 전자계산기조직응용기사
- 전자기사
- 전파전자통신기사
- 정보처리기사
- 정보통신기사
- 데이터분석전문가
- 데이터아키텍처전문가
- 중등학교 교사(정보·컴퓨터) 등

학과 주요 교과목

기초 과목	미분적분학, 컴퓨터공학개론, 기초공학설계, 프로그래밍기초, 정보통신기초, 창의적 공학설계입문, 디지털공학, 프로그래밍언어, 논리회로, 컴퓨터구조, 운영체제, 마이크로프로세서 등
심화 과목	컴퓨터보안, 멀티미디어공학, 확률 및 랜덤변수, 이산구조, 프로그래밍프로젝트, 알고리즘, 시스템프로그래밍, 고급객체지향프로그래밍, 자료구조, 윈도우즈프로그래밍, 시스템분석 및 설계, 데이터통신, 네트워크프로그래밍, 소프트웨어설계방법론, JAVA프로그래밍, UNIX시스템프로그래밍, 인공지능, 정보보호, 임베디드소프트웨어, 로봇소프트웨어 등

학과 인재상 및 갖추어야 할 자질

- 컴퓨터 하드웨어와 다양한 응용 소프트웨어에 관심과 흥미가 높은 학생
- 공학 및 과학에 근거한 논리적 추리력과 창의력, 끊임없이 탐구하는 자세를 갖춘 학생
- 수리 능력, 논리적인 사고력, 물리학 등의 기초 과학 분야에 흥미와 재능을 지닌 학생
- 창의적이고 독창적인 시각으로 공학적 현상과 사회적 변화를 관찰하는 학생
- 풍부한 인문적 소양과 함께 문제에 대한 다각적인 통찰력을 가진 학생
- 내용을 이해할 때까지 계속 질문하는 자세를 가진 학생

학과 관련 선택 과목

※ 국어, 영어 교과는 모든 학문의 기초적인 성격을 가진 도구교과로 모든 학과에 이수가 필요하여 생략함.

공통 과목		공통국어1,2, 공통수학1,2, 공통영어1,2, 한국사1,2, 통합사회1,2, 통합과학1,2, 과학탐구실험1,2
수능 필수		화법과 언어, 독서와 작문, 문학, 대수, 미적분Ⅰ, 확률과 통계, 영어Ⅰ, 영어Ⅱ, 한국사, 통합사회, 통합과학, 성공적인 직업생활(직업)
일반 선택	수학, 사회, 과학	대수, 미적분Ⅰ, 확률과 통계, 물리학, 화학
	체육·예술	
	기술·가정/정보	기술·가정, 정보
	제2외국어/한문	
	교양	
진로 선택	수학, 사회, 과학	기하, 미적분Ⅱ, 인공지능 수학, 역학과 에너지, 전자기와 양자, 물질과 에너지, 화학 반응의 세계
	체육·예술	
	기술·가정/정보	로봇과 공학세계, 인공지능 기초, 데이터 과학
	제2외국어/한문	
	교양	
융합 선택	수학, 사회, 과학	실용 통계, 수학과제 탐구, 융합과학 탐구
	체육·예술	
	기술·가정/정보	창의 공학 설계, 소프트웨어와 생활
	제2외국어/한문	
	교양	

추천 도서 목록

- 세상을 바꾼 미래기술 12가지, 한국현, 위키북스
- 알아두면 쓸모 있는 IT 상식, 정철환, 원앤원북스
- 우리 미래를 결정할 과학 4.0, 박재용, 북루덴스
- 인공지능과 딥러닝, 마쓰오 유타카, 동아엠앤비
- 임베디드의 모든 것, 구제길 외, 위키북스
- 처음 읽는 양자컴퓨터 이야기, 다케다 순타로, 플루토
- AI전쟁, 하정우 외, 한빛미디어
- 다정한 인공지능을 만나다, 장대익, 샘터
- 만들면서 배우는 생성 AI, 데이비드 포스터, 한빛미디어
- 소프트웨어 세상을 여는 컴퓨터 과학, 김종훈, 한빛아카데미
- 소프트웨어 장인 정신 이야기, 로버트 C. 마틴, 인사이트
- 십 대를 위한 SW 인문학, 두일철 외, 영진닷컴

- 알고리즘, 인생을 계산하다, 브라이언 크리스천 외, 청림출판
- 웹 3.0이 온다, 장세형 외, 위키북스
- 일렉트릭 유니버스, 데이비드 보더니스, 글램북스
- 코스모스, 칼 세이건, 사이언스북스
- 엔트로피, 제레미 리프킨, 세종연구원
- 바이오테크 시대, 제러미 리프킨, 민음사
- 문명과 수학, EBS 문명과 수학 제작팀 외, 민음인
- 세상에서 가장 재미있는 물리학, 래리 고닉, 궁리
- 이기적 유전자, 리처드 도킨스, 을유문화사
- 수학, 문명을 지배하다, 모리스 클라인, 경문사
- 철학 콘서트, 황광우, 생각정원

학교생활 TIPS

- 컴퓨터공학과 관련이 있는 수학, 과학(물리학, 화학), 정보 교과의 학업 성취도를 향상하고, 교과 활동을 통해 학업 능력, 전공 적합성, 문제 해결 능력, 창의력 등이 학교생활기록부 교과 세부능력 및 특기사항에 기록될 수 있도록 자기주도적으로 수업에 참여합니다.
- 컴퓨터공학 전공에 대한 흥미와 관심, 지원 전공에 대한 이해, 자신의 경험과 지원 전공과의 연관성이 드러날 수 있도록 대학 주관 창의 공학 캠프 및 IT 전시회 참여, 관련 기관 및 학과 탐색 활동, 직업 체험 활동을 추천합니다.
- 학교생활 내에서도 자신의 능력을 나누어줄 수 있는 다양한 봉사 활동 (급식 도우미, 사서 도우미, 학습 멘토링, 교통 지도, 분리수거 도우미, 교단 선진화 기자재 도우미) 참여를 통해서 타인을 배려하고 존중하는

생활 태도를 보이는 것이 중요합니다.
- 학교 교육계획에 의해 진행되는 학교 활동에서 공동의 목표를 이루기 위해 기울인 노력, 자발성과 자율성, 적극성, 대인 관계, 공동체 의식, 리더십 등이 나타날 수 있도록 적극적으로 참여하는 것이 좋습니다.
- 과학 탐구, 수리 논술 탐구, 공학, 코딩 동아리 활동 참여와 C언어, 파이썬과 같은 프로그래밍 공부를 권장하고, 컴퓨터, 정보 통신, 4차 산업혁명, 인공지능, 로봇, 인문학, 철학, 역사, 심리학 등 다양한 분야의 독서 활동 경험을 통해 융합적 사고 능력을 키우도록 합니다.

인문계열

사회계열

자연계열

공학계열

의약계열

예체능계열

교육계열

계약학과 & 특성화학과

학과소개

토목공학은 인간 생활에 필요한 교량, 터널, 철도 및 고속철도, 지하철, 공항, 원자력 발전소, 항만, 도로, 댐 등의 구조물과 수자원, 상하수도, 환경 오염 방지 및 폐기물 처리, 방재 및 안전 관리 등을 위한 시설물을 안전하게, 그리고 경제적이며 아름답게 계획하고 설계하여 건설하기 위한 기술을 연구, 교육하는 학문입니다. 토목공학과는 도로, 철도, 항만, 공항, 댐, 교량, 터널, 상하수도, 플랜트와 공단 및 택지 등의 사회 간접 자본 시설, 간척과 매립, 해저 도시, 지하 공간 구조물과 같은 국토 정비, 태풍, 홍수, 가뭄, 지진, 해일 및 환경 공해와 같은 재해로부터 국민을 보호하기 위한 재해 방지 시스템의 설계, 시공, 유지 관리에 대한 지식을 배우는 학과입니다.

토목공학과는 토목 공학 분야의 전공 지식을 바탕으로 공학 문제를 해석, 실험, 설계할 수 있는 인재, 글로벌 감각을 바탕으로 고도의 복합 업무를 수행할 수 있는 인재, 토목공학 기술자로서의 책임감, 윤리의식에 바탕을 둔 능동적인 업무 수행 능력을 갖춘 인재의 양성을 교육 목표로 합니다.

개설대학

- 경북대학교
- 경상국립대학교
- 경성대학교
- 계명대학교'
- 광주대학교
- 국립군산대학교
- 국립금오공과대학교
- 동의대학교
- 서울시립대학교
- 국립순천대학교
- 전남대학교
- 제주대학교
- 조선대학교
- 청주대학교
- 충남대학교
- 국립한국해양대학교 등

관련학과

- 건설공학부
- 건설방재공학과
- 건설시스템공학과
- 건설환경공학과
- 건설환경공학부
- 교통물류공학과
- 사회인프라공학과
- 위치정보시스템공학과
- 재난안전건설학과
- 지역건설공학과
- 토목공학부
- 토목건축공학과
- 토목환경공학과
- 해양토목공학과
- 해양건설공학과 등

진출분야

기업체	건설 회사, 토목 설계 용역 업체, 시공 감리 업체, 엔지니어링 업체, 건설 안전 진단 업체, 토질 조사 및 시험 업체, 항만 개발 업체 등
정부 및 공공 기관	한국수자원공사, 한국토지주택공사, 한국도로공사, 한국국토 정보공사, 한국철도공사, 대한주택공사, 한국농어촌공사, 국토 연구원, 한국건설기술연구원, 지자체시설 공단, 지방 자치 단체, 대학교, 중고등학교 등
연구 기관	한국환경정책·평가연구원, 한국건설기술연구원, 한국건설교통 기술평가원, 국토연구원, 공간정보산업협회, 한국철도기술연구 원 등

진출직업

- 토목공학기술자
- 토목시공기술자
- 토목구조설계기술자
- 토목직 공무원
- 토목안전환경기술자
- 지능형교통시스템연구원
- 도시재생전문가
- 대학 교수
- 중등학교 교사(토목) 등

취득가능 자격증

- 토목산업기사
- 토목시공기사
- 건설재료시험기사
- 건설재료시험산업기사
- 응용지질기사
- 지적기사
- 지적산업기사
- 철도토목기사
- 철도토목산업기사
- 콘크리트기사
- 콘크리트산업기사
- 해양자원개발기사
- 환경산업기사
- 환경기사
- 자연환경관리기술사
- 교통산업기사
- 교통기사
- 신재생발전에너지설비기사
- 대기환경산업기사
- 대기관린기사
- 측량 및 지형공간 정보산업기사
- 측량 및 지형공간 정보기사
- 화약류관리기사
- 화약류관리산업기사
- PE(미국토목기술사)
- SE(미국구조기술사)
- GE(미국지반기술사)
- 증등학교 정교사 2급(건설) 등

학과 주요 교과목

기초 과목	공학프로그래밍입문, 일반화학, 미분적분학, 일반물리학, 기초 물리학, 선형대수, 기초공학설계, 건설플랜트설계입문, 역학의 이해, 공학수학 등
심화 과목	토목공학개론, 창의적설계입문, 토목CAD, 재료역학, 유체역 학, 수문학, 건설재료학, 측량학, 토목지질학, 지적측량학, 토목 시공학, 철근콘크리트공학, 응용역학, 토질역학, 토목시공관리 학, 구조역학, 교통공학, 댐공학, 상하수도공학, 교량공학, 하천 공학, 수자원공학, 구조물유지보수, 해안 및 항만공학, 환경플 랜트공학, 공업윤리학, 유체역학 및 실험, 토목환경공학 등

학과 인재상 및 갖추어야 할 자질

- 변화를 두려워하지 않는, 능동적이고 진취적이며 도전적인 성향을 가진 학생
- 토목공학의 기본이 되는 수학과 물리학, 그리고 역학 분야에 특히 뛰어난 학생
- 공간 감각 및 설계도에 대한 이해도가 뛰어나고 협동심이 강한 학생
- 큰 건물을 성공적으로 건설하여 엄청난 성취감을 맛보고 싶은 학생
- 각종 건축 구조물에 대한 호기심이 있고, 첨단 기술 및 정보 매체를 활용한 학습 능력을 지닌 학생
- 사회 환경을 내 손으로 업그레이드하고 싶고, 환경에도 관심이 많은 학생

학과 관련 선택 과목

※ 국어, 영어 교과는 모든 학문의 기초적인 성격을 가진 도구교과로 모든 학과에 이수가 필요하여 생략함.

공통 과목		공통국어1,2, 공통수학1,2, 공통영어1,2, 한국사1,2, 통합사회1,2, 통합과학1,2, 과학탐구실험1,2
수능 필수		화법과 언어, 독서와 작문, 문학, 대수, 미적분Ⅰ, 확률과 통계, 영어Ⅰ, 영어Ⅱ, 한국사, 통합사회, 통합과학, 성공적인 직업생활(직업)
일반 선택	수학, 사회, 과학	대수, 미적분Ⅰ, 확률과 통계, 세계시민과 지리, 물리학, 지구과학
	체육·예술	
	기술·가정/정보	기술·가정, 정보
	제2외국어/한문	
	교양	생태와 환경
진로 선택	수학, 사회, 과학	기하, 미적분Ⅱ, 한국지리 탐구, 역학과 에너지, 전자기와 양자, 물질과 에너지, 화학 반응의 세계, 지구시스템과학, 행성우주과학
	체육·예술	
	기술·가정/정보	
	제2외국어/한문	
	교양	
융합 선택	수학, 사회, 과학	수학과제 탐구, 사회문제 탐구, 기후변화와 지속가능한 세계, 기후변화와 환경생태, 융합과학 탐구
	체육·예술	
	기술·가정/정보	창의 공학 설계, 지식 재산 일반
	제2외국어/한문	
	교양	

추천 도서 목록

- 자연과 문명의 조화 토목공학, 대한토목학회 출판위원회, KSCE PRESS
- 도시의 환경 건축, 규림당 편집부, 규림당
- 그림으로 쉽게 설명한 건축환경, 사토미 이마무라 외, 문운당
- 디자인의 나라 이탈리아 디자인의 도시 밀라노, 김성곤 외, 다원티앤에스
- 우리가 알아야 할 도시 디자인 101, 매류 프레더릭 외, 정예씨
- 기후 책, 그레타 툰베리, 김영사
- 도시는 왜 불평등한가, 리처드 플로리다, 매일경제신문사
- 시간과 공간의 연결, 교통이야기, 대한교통학회, 씨아이알
- 요즈음 건축, 국형걸, 효형출판
- 10대에게 권하는 물리학, 이강영, 글담출판)

- 과학의 역사, 윌리엄 바이넘, 소소의책)
- 만일 물리학으로 세상을 볼 수 있다면, 정창욱, 콘텍트
- 물리적 힘, 헨리 페트로스키, 서해문집
- 세상을 바꾼 과학 이야기, 권기균, 종이책
- 죽기 전에 꼭 봐야 할 세계 건축 1001, 마크 어빙 외, 마로니에북스
- 엔트로피, 제레미 리프킨, 세종연구원
- 바이오테크 시대, 제레미 리프킨, 민음사
- 부분과 전체, 베르너 하이젠베르크, 서커스, 서커스출판상회
- 이기적 유전자, 리처드 도킨스, 을유문화사
- 거의 모든 것의 역사, 빌 브라이슨, 까치
- 재미와 장난이 만든 꿈의 도시 꾸리찌바, 박용남, 녹색평론산
- 이집트 구르나 마을 이야기, 하싼 화티, 열화당

학교생활 TIPS

- 토목공학 전공에 기본이 되는 수학, 과학(물리학, 화학, 지구과학), 정보 교과 성적을 상위권으로 유지하고, 교과 수업 활동에서 전공 적합성, 전공과 관련된 역량 발휘, 지원 전공의 궁금증 해결을 위해 기울인 태도, 전공 관련 활동과 경험 등이 학교생활기록부 교과 세부능력 및 특기사항에 기록되는 것이 좋습니다.
- 학교 교육계획에 의해 진행되는 학교 활동에서 공동의 목표를 이루기 위해 기울인 노력, 자발성과 자율성, 적극성, 내인 관계, 공동체 의식, 리더십 등이 발휘될 수 있도록 적극적으로 참여하는 것이 중요합니다.
- 학교 정규 동아리(과학 탐구 실험, 수리 탐구 논술, 공학, 건축, 발명, 아두이노 및 코딩) 활동 참여를 통해 학문에 대한 열정이나 지적 관심, 새로운 아이디어 제안, 특정한 결과물이나 성과로 이어지는 경험을 하고, 이를

통해 배우고 느낀 점이 나타나는 것이 좋습니다.
- 학교생활 내에서도 자신의 능력을 나누어줄 수 있는 다양한 봉사 활동(급식 도우미, 사서 도우미, 학습 멘토링, 교통 지도, 분리수거 도우미, 교단 선진화 기자재 도우미) 참여를 통해서 타인을 배려하고 존중하는 생활 태도를 보이는 것이 중요합니다.
- 토목공학 관련 진로 활동(기업이나 연구소 탐방, 직업 체험, 직업인 특강, 학과 탐방) 참여를 통해 토목공학 전공에 대한 관심과 열정, 자기주도적인 진로 설정 과정, 과정의 유의미성, 전공 적합성 등이 나타나는 것이 좋습니다.

176

토목환경공학과

학과소개

토목환경공학은 국가 기간산업 및 국토 개발 분야, 지구 환경의 유지·보전 기술 분야를 연구하는 학문입니다. 또한 급속히 발전하는 과학 기술을 통해 계획 및 설계의 인공지능화, 시공 및 유지 관리의 자동화를 실현하여 건설의 생산성을 향상하고, 사회 기반 시설 및 교통과 환경 분야에서 발생하는 문제들을 해결하는 학문입니다. 토목환경공학과에서는 사회 및 생활 환경을 유익하게 개선하고 창조하며 사회 간접 자본을 건설하는 데 요구되는 기초 학문 및 응용 분야에 관한 이론과, 현장에서 실제로 시공을 수행할 수 있는 능력을 배양하기 위한 공부를 합니다.

토목공학 프로젝트 설계, 시공, 감리 및 관리 업무 수행에 필요한 지식과 실무 능력을 갖춘 인재, 투철한 책임감과 건전한 윤리의식, 그리고 의사소통 능력과 협동력을 갖춘 인재, 새로운 지식과 기술에 대한 탐구심과 창의성을 바탕으로 자아 발전을 지속할 의지와 능력을 갖춘 인재, 21세기 문화 기반의 사회에서 세계화를 선도할 토목 인재의 양성은 토목환경공학과의 교육 목표입니다.

개설대학

- 가천대학교
- 단국대학교
- 대전대학교
- 동신대학교
- 송원대학교(야)
- 전주대학교
- 청운대학교
- 호남대학교 등

관련학과

- 토목공학과
- 토목공학부
- 토목건축공학과
- 해양토목공학과
- 해양건설공학과
- 건설공학부
- 건설시스템공학과
- 건설환경공학과
- 건설환경공학부
- 교통물류공학과
- 사회인프라공학과
- 재난안전건설학과
- 지역건설공학과 등

진출분야

기업체	건축 및 환경 관련 대기업, 감리 및 설계 엔지니어링 회사, 화학 공업 회사, 제약 회사, 식품 회사, 오·폐수 배출 업체, 폐수 처리 전문 업체, 환경 플랜트 회사, 환경 오염 방지 설계 및 시공 회사
정부 및 공공 기관	국토교통부, 환경부, 농림축산식품부, 해양수산부, 소방방재청, 행정안전부, 한국도로공사, 한국수자원공사, 한국농어촌공사, 한국토지주택공사, 한국전력공사, 한국수력원자력, 한국환경단, 한국에너지공단 등
연구 기관	한국과학기술원, 한국건설기술연구원, 국토지리정보원, 한국해양과학기술원, 한국원자력연구원, 한국원자력안전기술원, 건설 회사 기술 연구소 등

진출직업

- 토목직·건축직·환경직 공무원
- 환경시설전문관리인
- 토목구조설계기술자
- 토목시공기술자
- 변리사
- 감정평가사
- 토목감리원
- 토목안전환경기술자
- 건축감리기술자
- 건축안전기술자
- 도시계획가 및 교통전문가
- 플랜트기계공학기술자
- 건축 및 토목캐드원 등

취득가능 자격증

- 토목산업기사
- 토목시공기사
- 건설안전기사
- 건설재료시험기사
- 콘크리드산업기사
- 콘크리트기사
- 수질환경산업기사
- 수질관리기사
- 대기환경산업기사
- 대기관린기사
- 폐기물처리산업기사
- 폐기물처리기사
- 소음진동산업기사
- 소음진동기사
- ISO14000 인증심사원
- 산업안전지도사
- 산업보건지도사
- 도시계획기사
- 측량 및 지형공간정보기사 등

학과 주요 교과목

기초 과목	일반수학, 일반물리학, 일반화학, 토목수학, 공학수학, 공학생물, 공학경제, 공업역학, 건설안전관리학, 융합재료학, 인간과 건축, 환경생태학개론, 친환경건설개론, 컴퓨터프로그래밍 등
심화 과목	응용역학, 정역학, 유체역학, 구조역학, 재료역학, 토질역학, 수리학, 상수도공학, 철근콘크리트공학, 공학수치해석, 토목시공학, 하수도공학, 하천공학설계, 교통공학, BIM시공학, 수자원공학, 교량공학, 해안 및 항만공학, 드론GPS, 폐수처리공학, 교량설계, 환경설계 등

학과 인재상 및 갖추어야 할 자질

- 신기술 개발 및 응용을 위한 창조적 연구 능력을 쌓을 수 있는 책임감과 끈기를 지닌 학생
- 토목공학의 기본이 되는 수학과 물리학, 그리고 역학 분야에 특히 뛰어난 학생
- 사회 환경을 내 손으로 업그레이드하고 싶고, 환경에도 관심이 많은 학생
- 자연 현상에 대한 과학적 해석 능력과 분석력, 체계적인 사고 능력을 지닌 학생
- 평소 자연 과학 분야와 환경 문제에 흥미와 관심이 많은 학생
- 활동적인 성격, 끈기와 인내심, 책임감과 신뢰성이 있는 학생

※ 국어, 영어 교과는 모든 학문의 기초적인 성격을 가진 도구교과로 모든 학과에 이수가 필요하여 생략함.

공통 과목		공통국어1,2, 공통수학1,2, 공통영어1,2, 한국사1,2, 통합사회1,2, 통합과학1,2, 과학탐구실험1,2
수능 필수		화법과 언어, 독서와 작문, 문학, 대수, 미적분 I , 확률과 통계, 영어 I , 영어 II , 한국사, 통합사회, 통합과학, 성공적인 직업생활(직업)
일반 선택	수학, 사회, 과학	대수, 미적분 I , 확률과 통계, 세계시민과 지리, 물리학, 화학, 생명과학, 지구과학
	체육·예술	
	기술·가정/정보	기술·가정, 정보
	제2외국어/한문	
	교양	생태와 환경
진로 선택	수학, 사회, 과학	기하, 미적분 II , 한국지리 탐구, 역학과 에너지, 전자기와 양자, 물질과 에너지, 화학 반응의 세계, 세포와 물질대사, 생물의 유전
	체육·예술	
	기술·가정/정보	
	제2외국어/한문	
	교양	
융합 선택	수학, 사회, 과학	실용 통계, 수학과제 탐구, 사회문제 탐구, 기후변화와 지속가능한 세계, 기후변화와 환경생태, 융합과학 탐구
	체육·예술	
	기술·가정/정보	창의 공학 설계
	제2외국어/한문	
	교양	

추천 도서 목록

- 미래의 지구, 에릭 홀트하우스, 교유서가
- 에코 사전, 강찬수, 꿈결
- 인류세와 에코바디, 몸문화연구소, 필로소픽
- 자연과 문명의 조화 토목공학, 대한토목학회 출판위원회, KSCE PRESS
- 도시의 환경 건축, 규림당 편집부, 규림당
- 그림으로 쉽게 설명한 건축환경, 사토미 이마무라 외, 문운당
- 디자인의 나라 이탈리아 디자인의 도시 밀라노, 김성곤 외, 다원티앤에스
- 우리가 알아야 할 도시 디자인 101, 매튜 프레더릭 외, 정예씨
- 기후 책, 그레타 툰베리, 김영사
- 도시는 왜 불평등한가, 리처드 플로리다, 매일경제신문사
- 시간과 공간의 연결, 교통이야기, 대한교통학회, 씨아이알

- 요즈음 건축, 국형걸, 효형출판
- 10대에게 권하는 물리학, 이강영, 글담출판
- 과학의 역사, 윌리엄 바이넘, 소소의책
- 만일 물리학으로 세상을 볼 수 있다면, 정창욱, 콘텍트
- 물리적 힘, 헨리 페트로스키, 서해문집
- 세상을 바꾼 과학 이야기, 권기균, 종이책
- 연금술사, 파울로 코엘료, 문학동네
- 토목공학의 역사, 한스 스트라우브, 대한토목학회
- 엔트로피, 제레미 리프킨, 세종연구원
- 파란하늘 빨간 지구, 조천호, 동아시아

학교생활 TIPS

- 토목환경공학 전공과 관련이 깊은 수학, 과학(물리학, 지구과학), 정보 교과의 학업 성취도를 향상할 수 있도록 하는 것이 중요하고, 모든 교과의 수업 활동에서 전공 적합성, 학업 능력, 문제 해결 능력 등 자신의 장점이 학교생활기록부 교과 세부능력 및 특기사항에 드러나는 것이 좋습니다.
- 과학 관련 동아리(과학 탐구 실험, 수리 탐구 논술, 물리학, 자연 과학), 컴퓨터 관련 동아리(아두이노, 코딩, 컴퓨터), 공학, 환경, 발명 동아리 활동 참여를 추천합니다.
- 동아리 참여 계기나 자신의 역할, 배우고 느낀 점을 중심으로 전공과의 연관성, 자기주도성, 성실함과 열정 등이 나타나도록 적극적으로 참여하는 것이 좋습니다.

- 학교 교육계획에 의해 진행되는, 일회성이 아닌 지속적인 봉사 활동(분리수거, 급식 도우미, 사서 도우미, 학습 멘토링, 통합반 도우미, 컴퓨터 도우미) 참여를 통해 타인을 위해 봉사하는 모습이 나타나도록 하는 것이 좋습니다.
- 토목환경공학 전공과 관련 있는 다양한 진로 활동(토목 및 환경 관련 직업 체험, 직업인 특강, 토목 건설 현장 및 관련 기업체 방문, 토목이나 환경 관련 학과 탐방 활동) 참여를 통해 자신의 진로 역량을 신장시킬 것을 추천합니다.
- 토목, 환경, 공학, 생명, 화학, 정보 통신, 4차 산업혁명, 인공지능, 로봇, 인문학, 철학, 역사, 심리학 등 다양한 분야의 독서 활동을 통해 융합적 사고 능력을 키우도록 합니다.

177

파이버시스템공학과

학과소개

파이버시스템공학은 식물 섬유, 동물 섬유, 광물 섬유, 인조 섬유, 합성 섬유, 유리 섬유, 인조 단백 섬유 등을 이용하여 만들어지는 제품의 기본 재료, 제조 공정, 용도 개발에 관한 학문입니다. 섬유의 재료가 되는 고분자와 실, 직물, 부직포의 제조법, 섬유의 용도별 제조와 가공 및 그 응용에 대한 전체적인 과정을 포함합니다. 파이버시스템공학과는 21세기 산업 발전의 핵심인 6T(IT−정보, BT−생명, NT−나노, ST−우주, ET−환경, CT−문화) 분야와의 다각적인 융합과 천연 및 합성 고분자 물질, 무기 물질, 금속 물질을 원료로 하는 고부가 가치 첨단 섬유 신소재의 제조와 가공 및 그 응용에 대해 배우는 학과입니다.

파이버시스템공학과는 첨단 섬유 산업의 고도화를 선도할 창의적 인재, 국제 경쟁력을 갖춘 섬유 산업 분야의 고급 인재, 현장 적응 능력을 갖춘 섬유 산업의 핵심 인재, 인성과 리더십을 겸비하고 세계로 뻗어가는 인재의 양성을 교육 목표로 합니다.

개설대학

- 영남대학교 등

진출직업

- 물류관리전문가
- 변리사
- 섬유공학기술자
- 섬유 및 염료시험원
- 생산관리사무원
- 재료공학기술자
- 품질관리사무원
- 품질인증심사전문가
- MIS전문가 등

관련학과

~~AI정보공학과~~
~~AI전자보안학과~~

- 섬유시스템공학과
- 소재디자인공학과
- 유기소재섬유공학과
- 유기소재시스템공학과 등

취득가능 자격증

- 섬유기사
- 섬유산업기사
- 의류기사
- 섬유공정기술사
- 섬유물리기사
- 섬유화학기사
- 화공산업기사
- 화공기사
- 방사산업기사
- 방직산업기사
- 염색가공기사 등

진출분야

기업체	염색 가공업체, 섬유 제조업체, 화학 관련 산업체 등
정부 및 공공 기관	한국산업기술평가관리원, 산업통상자원부, 국가기술표준원, 중소벤처기업부, 특허청, 한국섬유개발연구원, 다이텍연구원, 한국섬유기계융합연구원, 한국과학기술연구원, 한국생산기술연구원, FITI시험연구원 등
연구 기관	섬유 제조 및 가공과 관련된 민간·국가 연구소(한국섬유기술연구소, 한국섬유소재연구소, 한국염색기술연구소) 등

학과 주요 교과목

기초 과목	섬유공학개론, 섬유물리학, 섬유화학, 고분자과학, 섬유재료학, 섬유고분자화학, 색채과학, 유기화학개론, 물리화학개론, 합성섬유재료, 천연섬유재료, 유기소재실험, 합성섬유 등
심화 과목	섬유제품공학, 섬유계면화학, 염색공학, 편성공학, 섬유가공학 및 실험, 의복공학 및 설계, 의류생산관리, 고성능인공섬유, 공업유기화학, 섬유공정실험, 섬유물리학, 섬유응용공학, 섬유집합체공학, 지능형융합섬유, 천연섬유, 파이버시스템공학개론, 파이버시스템종합설계 등

학과 인재상 및 갖추어야 할 자질

- 주변 사물에 과학적 호기심이 많고, 실험 정신이 뛰어난 학생
- 공학 및 과학적 지식에 근거한 사고력과 판단력, 창의성을 가진 학생
- 수학, 기초 과학과 응용과학에 흥미가 있고, 끊임없이 탐구하는 자세를 갖춘 학생
- 창의적이고 독창적인 시각으로 공학적 현상과 사회적 변화를 관찰하는 학생
- 성실하고 관찰력과 표현 능력이 뛰어난 학생
- 데이터를 분석하고, 주어진 가설을, 실험을 통하여 확인·증명할 수 있는 능력을 갖춘 학생

학과 관련 선택 과목

※ 국어, 영어 교과는 모든 학문의 기초적인 성격을 가진 도구교과로 모든 학과에 이수가 필요하여 생략함.

공통 과목		공통국어1,2, 공통수학1,2, 공통영어1,2, 한국사1,2, 통합사회1,2, 통합과학1,2, 과학탐구실험1,2
수능 필수		화법과 언어, 독서와 작문, 문학, 대수, 미적분Ⅰ, 확률과 통계, 영어Ⅰ, 영어Ⅱ, 한국사, 통합사회, 통합과학, 성공적인 직업생활(직업)
일반 선택	수학, 사회, 과학	대수, 미적분Ⅰ, 확률과 통계, 물리학, 화학, 생명과학
	체육·예술	
	기술·가정/정보	기술·가정, 정보
	제2외국어/한문	
	교양	
진로 선택	수학, 사회, 과학	기하, 미적분Ⅱ, 역학과 에너지, 전자기와 양자, 물질과 에너지, 화학 반응의 세계, 세포와 물질대사, 생물의 유전
	체육·예술	
	기술·가정/정보	데이터 과학
	제2외국어/한문	
	교양	
융합 선택	수학, 사회, 과학	수학과제 탐구, 융합과학 탐구
	체육·예술	
	기술·가정/정보	창의 공학 설계
	제2외국어/한문	
	교양	

추천 도서 목록

- 과학으로 세상보기, 이인화, 동화기술
- 천재들의 과학노트 3.: 물리학, 캐서린 쿨랜, 지브레인
- 천재들의 과학노트 2: 화학캐서린 쿨렌, 지브레인
- 초공간, 미치오 카쿠, 김영사
- 한 번 읽으면 절대 잊을 수 없는 화학 교과서, 사마키 다케오, 시그마북스
- 여인형의 화학 공부, 여인형, 사이언스북스
- 모든 것에 화학이 있다, 케이트 비버도프, 문학수첩
- 머리속에 쏙쏙! 화학 노트, 사이토 가쓰히로, 시그마북스
- 거의 모든 물질의 화학, 김병민, 현암사
- 오늘도 화학, 오타 히로미치, 시프
- 이토록 재밌는 화학 이야기, 사마키 다케오, 반니
- 걱정 많은 어른들을 위한 화학 이야기, 윤정인, 푸른숲

- 역사가 묻고 화학이 답하다, 장홍제, 지상의책
- 천연염색: 섬유패션산업의 미래를 보다, 허북구, 중앙생활사
- 텍스타일, 송화순 외, 교문사
- 벌거벗은 패션사, 프레데리크 고다르 외, 그림씨
- 어제는 패션, 오늘은 쓰레기! 패스트 패션, 이명희, 지학사 아르볼
- 지구를 살리는 옷장, 박진영, 창비
- 패션, 영화를 디자인하다, 진경옥, 산지니
- 패션디자인 1000드레스, 트레시 피트제랄드 외, 엠지에이치북스
- 역사를 바꾼 17가지 화학 이야기, 페니 르 쿠터 외, 사이언스북스
- 시크릿 스페이스, 서울과학교사모임, 어바웃어북

학교생활 TIPS

- 파이버시스템 전공에 기본이 되는 수학, 과학(물리학, 화학), 정보 교과목의 학업 성취도 향상을 위한 노력이 필요하고, 학교 수업 활동을 통해 학습에 대한 의지와 열정, 지원 전공에 대한 흥미와 관심, 지원 전공과 관련한 교과 활동 여부, 지원 전공을 위해 기울인 노력, 문제 해결 능력, 창의력 등이 학교생활기록부 교과 세부능력 및 특기사항에 기록되는 것이 좋습니다.
- 파이버시스템공학 전공에 대한 흥미와 관심, 지원 전공에 대해 이해, 자신의 경험과 지원 전공과의 연관성이 드러날 수 있는 교내 공학 프로그램이나 미디어 탐색 활동 등에 적극 참여하고, 섬유 및 패션 관련 회사 견학, 관련 직업 탐색 및 학과 탐방, 패션쇼나 섬유 전시회 참관 활동 참여를 통해 자신의 진로 역량을 키우는 것이 중요합니다.

- 과학 및 공학, 컴퓨터 관련 동아리 활동 참여를 추천하고, 동아리 활동 과정에서 구성원의 화합과 단결을 이끌어 낸 경험이나 활동 중에 부딪히는 문제점을 슬기롭게 해결한 경험, 다양한 활동 경험, 전공 관련 다양한 구체적인 활동 경험 등이 나타나는 것이 좋습니다.
- 학교 교육계획에 의한 행사 활동, 수련 활동, 학년·학급 단위로 진행되는 체험 활동 참여를 통해 공동체의 목표 달성을 위해 노력한 모습을 보이고, 학교생활 내에서 자신의 능력을 나누어줄 수 있는 다양한 활동(학습 멘토링, 급식 도우미, 교통 지도, 통합반 도우미)이나 각종 학교 행사 중에 참여하는 봉사 활동을 통해 타인을 위해 봉사하고 실천하는 모습을 보이는 것이 좋습니다.

178

항공기계공학과

학과소개

항공기계공학은 미래의 생활 공간인 우주를 개척하는 우주 기술, 우리 생활을 안락하고 편안하게 해주는 에너지 기술, 그리고 자동화된 첨단 로봇 생산 시스템 기술의 근간을 이루는 첨단 핵심 공학 학문입니다. 항공기계공학과는 기계공학을 기초로 제어, 전기·전자, 기계재료, 설계 등 다양한 분야를 비롯하여 기계공학의 기본 원리와 관련 학문은 물론, 기계공학의 범주인 기계, 자동차, 조선 해양, 중공업 및 발전 산업, 급격히 성장하는 항공기 및 부품의 설계와 제작 분야에 대해 배우는 학과입니다.

항공기계공학과에서는 항공기계 분야의 전문 지식과 항공기계시스템 설계 및 해석 능력을 지닌 창의적 인재, 항공기계 분야의 전문 지식과 이론은 물론, 과학적 사고 능력과 창의력을 겸비한 인재, 외국어 의사소통 능력 향상을 통해 글로벌 시대에 능동적으로 대처할 수 있는 항공기계 분야의 인재 양성을 교육 목표로 합니다.

개설대학

- 경운대학교
- 신라대학교
- 청주대학교
- 한서대학교 등

관련학과

- 항공드론학과
- 항공모빌리티학과
- 항공보안학과
- 항공산업공학과
- 항공우주공학과
- 항공우주공학전공
- 항공운항학과
- 항공전자공학과
- 항공정비기계학과
- 항공정비학과
- 항공정비학전공
- 항공컴퓨터학과
- 항공학부
- 기계항공공학과
- 기계우주항공공학부
- 무인항공기학과
- 무인항공기계학과
- 스마트드론공학과 등

진출분야

기업체	항공기 운항 및 정비업체, 항공기 조립 및 생산업체, 해외 항공사, 국내 민간 항공사, 항공기 운송업체, 항공기 부품업체, 항공기 제작업체, 산업 기계 제작 회사, 자동차 생산업체, 자동차 부품 설계 및 생산업체, 자동차 정비 및 검사업체, 조선소 등
정부 및 공공 기관	국토교통부, 국가정보원, 공군, 육군, 해군, 소방청, 각 지역 해양수산청, 산림청, 경찰청, 한국철도공사, 한국항공우주연구원, 한국생산기술연구원, 한국표준과학연구원, 한국과학기술연구원, 한국해양과학기술원, 한국기계연구원 등
연구 기관	국방과학연구소, 대한항공항공기술연구원, 한국전자통신연구원, 한국기계연구원, 한국원자력연구원, 한국항공우주연구원, 자본재공제조합, 전력연구원 등

진출직업

- 군인(장교, 부사관)
- 제트엔진수리원
- 항공기계기정비원
- 항공기기체정비검사원
- 항공기동체정비원
- 항공기보조기계정비원
- 항공기부속품기계원
- 항공기정비사
- 인공위성발사체기술연구원
- 인공위성분석원
- 항공기계부품검사원
- 항공우주공학기술자 등

취득가능 자격증

- 항공정비사
- 항공산업기사
- 일반기계기사
- 일반기계산업기사
- 기계설계기사
- 기계설계산업기사
- 항공기사
- 항공기관사
- 항공기체기술사
- 항공기관기술사
- 기계기술사
- 산업기계설비기술사
- 건설기계기술사
- 메카트로닉스기사
- 메카트로닉스산업기사
- 건설기계설비기사
- 농업기계기사
- 생산자동화산업기사
- 생산자동화기능사
- 공유압기능사 등

학과 주요 교과목

기초 과목	자연과학개론, 항공기계공학개론, 항공정비일반, 기초공학설계, 정역학, 항공정비실습기초, 전산기계제도, 공학수학, 기계공작법, 유체역학, 열역학, 재료역학, 항공정비학개론 등
심화 과목	비행역학, 항공역학, 무인항공시스템, 비행기구조설계, 항공기실습, 항공우주학개론, 헬리콥터일반, 항공역학, 비행기역학, 항공기술영어, 공기역학, 공업역학, 기체구조론, 동력장치, 항공기제동제어, 국제항공법, 국내항공법, 항공부품구조설계 등

학과 인재상 및 갖추어야 할 자질

- 주변의 다양한 기계들을 작동시키는 것에 흥미가 있는 학생
- 수학과 물리학, 역학, 기계학 등에 대해 관심과 흥미가 있는 학생
- 과학적 탐구 능력과 상상력이 풍부하고, 인문적 소양이 깊은 학생
- 책임감과 끈기, 집중력과 판단력이 있고, 기계 및 전자 분야에 대한 관심이 많은 학생
- 기계나 사물을 다루는 것을 좋아하고 진취적이며 새로운 것에 도전하는 열정이 있는 학생
- 영어 실력이 우수하고 다양한 정보와 기술의 습득에 많은 노력을 기울이는 학생

학과 관련 선택 과목

※ 국어, 영어 교과는 모든 학문의 기초적인 성격을 가진 도구교과로 모든 학과에 이수가 필요하여 생략함.

공통 과목		공통국어1,2, 공통수학1,2, 공통영어1,2, 한국사1,2, 통합사회1,2, 통합과학1,2, 과학탐구실험1,2
수능 필수		화법과 언어, 독서와 작문, 문학, 대수, 미적분Ⅰ, 확률과 통계, 영어Ⅰ, 영어Ⅱ, 한국사, 통합사회, 통합과학, 성공적인 직업생활(직업)
일반 선택	수학, 사회, 과학	대수, 미적분Ⅰ, 확률과 통계, 물리학, 화학, 지구과학
	체육·예술	
	기술·가정/정보	기술·가정, 정보
	제2외국어/한문	
	교양	
진로 선택	수학, 사회, 과학	기하, 미적분Ⅱ, 역학과 에너지, 전자기와 양자, 물질과 에너지, 화학 반응의 세계, 지구시스템과학, 행성우주과학
	체육·예술	
	기술·가정/정보	
	제2외국어/한문	
	교양	
융합 선택	수학, 사회, 과학	수학과제 탐구, 융합과학 탐구
	체육·예술	
	기술·가정/정보	창의 공학 설계, 지식 재산 일반
	제2외국어/한문	
	교양	

추천 도서 목록

- 공학의 눈으로 미래를 설계하라, 연세대학교 공과대학, 해냄출판사
- 직감하는 양자역학, 마쓰우라 소, 보누스
- 로켓의 과학적 원리와 구조, 데이비드 베이커, 하이픈
- 우주미션 이야기, 황정아, 플루토
- 처음 읽는 인공위성 원격탐사 이야기, 김현옥, 플루토
- 분리수거부터 인공위성까지, 김용만, 온하루출판사
- 비행의 시대, 장조원, 사이언스북스
- 비행기는 어떻게 날까?, 장밥티스트 투샤르, 민음인
- 우리는 로켓맨, 조광래 외, 김영사
- 항공우주 비행원리, John D. Anderson, Jr., 텍스트북스
- 하늘의 과학, 장조원, 사이언스북스
- 파일럿, 정비사, 승무원 마스터플랜, 치재승, 더디퍼런스
- 공학은 언제나 여기 있어, 박재용, 우리학교
- 우주에 도착한 투자자들, 로보트 제이콥슨, 유노북스
- 푸른빛의 위대한 도약: 우주, 황정아, 이다북스
- 우주 패권의 시대, 4차원의 우주 이야기, 이철환, 새빛
- 하늘의 신호등 항공교통관제사, 유영미 외, 토크쇼
- 항공정비사를 위한 항공법규, 세화 편집부, 세화
- 드론 바이블, 강왕구 외, 플래닛미디어
- 창의적 공학설계, 김은경, 한빛아카데미
- 총 균 쇠, 재레드 다이아몬드, 문학사상
- 엔트로피, 제레미 리프킨, 세종연구원
- 우주로켓, 조경철, 별공작소
- 공대생도 잘 모르는 재미있는 공학이야기, 한화택, 플루토

학교생활 TIPS

- 항공기계공학을 전공하는 데 기본이 되는 수학, 과학(물리학, 화학), 정보 교과 성적을 상위권으로 유지하고, 교과 활동을 통해 학문에 대한 열정이나 지적 관심, 지원 전공에 대한 흥미와 관심, 지원 전공과 관련한 교과 활동 여부, 지원 전공을 위해 기울인 노력 등이 학교생활기록부 교과 세부능력 및 특기사항에 기록되도록 하는 것이 좋습니다.
- 항공기계공학에 대한 흥미와 관심, 지원 전공에 대한 이해, 자신의 경험과 지원 전공과의 연관성이 드러닐 수 있는 진로 활동(한국항공우주연구원 탐방, 항공우주 관련 회사에서 진행하는 체험 프로그램 참여, 학과 및 직업 체험)을 추천합니다.
- 항공, 공학, 과학, 환경, 컴퓨터 관련 동아리 활동 참여를 권장하고, 동아리 활동 과정에서 구성원의 화합과 단결을 이끌어 낸 리더십 경험이나 활동 중에 부딪히는 문제점을 슬기롭게 해결한 경험, 전공과 관련된 다양하고 구체적인 활동 경험, 새로운 아이디어 제안이 구체적인 성과로 이어진 경험 등이 나타나도록 하는 것이 중요합니다.
- 학교 교육계획에 의해 진행되는 지속적인 봉사 활동(학습 멘토링, 급식 도우미, 교통 지도, 통합반 도우미, 사서 도우미, 분리수거 도우미, 교단 선진화 기자재 도우미) 참여를 통해 타인을 위해 봉사하고 헌신하는 학교생활 모습을 보이는 것이 중요합니다.
- 항공, 기계공학, 정보 통신, 4차 산업혁명, 인공지능, 로봇, 인문학, 철학, 역사, 심리학 등 다양한 분야의 독서 활동을 통해 융합적 사고 능력을 키우도록 합니다.

179

항공우주공학과

학과소개

항공우주공학은 항공 우주 공간에서 비행하거나 유영할 수 있는 물체의 설계(design), 제작(manufacture), 발사(launch), 유도(guide), 그리고 통제(control) 등에 관련된 시스템을 다루는 학문입니다. 항공우주공학과는 항공기, 헬리콥터 등의 대기권 비행체와 인공위성, 발사체와 같은 우주 비행체의 설계, 해석, 제작, 시험 평가, 운용을 위한 기반 학문 및 최신 공학 기술을 배우고 교육하는 학과입니다.

항공우주공학의 기초 지식과 이론을 체계적으로 습득하여 과학적 사고 능력과 창의력을 겸비한 인재, 항공우주 비행체의 설계 실습을 통하여 항공우주 산업 분야에서 적용할 수 있는 실무 능력과 첨단 기술을 갖춘 인재, 항공우주 산업 사회에서 요구하는 미래 지향적인 기술을 연구하여 유익하게 적용할 수 있는 능력을 지닌 인재, 컴퓨터 활용 능력과 외국어 의사소통 능력을 향상하여 글로벌 시대에 능동적으로 대처할 수 있는 인재의 양성은 항공우주공학과의 교육 목표입니다.

 개설대학

- 부산대학교
- 서울대학교
- 인하대학교
- 전북대학교
- 충남대학교
- 한국항공대학교 등

 관련학과

- 항공우주공학부
- 항공우주공학전공
- 우주공학부
- 우주항공드론공학부(우주항공공학전공)
- 우주항공드론공학부(지능형드론융합전공)
- 우주항공드론공학부(항공시스템공학전공)
- 기계우주항공공학부
- 드론응용학과
- 무인항공기학과
- 스마트드론공학과
- 항공드론학과
- 항공모빌리티학과
- 항공산업공학과
- 항공운항학과
- 항공정비학과 등

 진출직업

- 인공위성개발원
- 항공공학기술자
- 기계공학기술자
- 인공위성발사체기술연구원
- 우주센터발사지휘통제원
- 우주전파예보관
- 인공위성분석원
- 항공기계부품검사원
- 항공우주공학기술자 등

 취득가능 자격증

- 항공기관기술사
- 항공기사
- 항공기체기술사
- 항공교통관제사
- 항공기관사
- 항공운항관리사
- 항공정비사 등

진출분야

기업체	민간 항공사, 항공기 제작 회사, 항공기 부품 회사, 중공업 업체, 우주 관련 설계·엔지니어링 회사, 항공기 제작업체, 항공기 정비업체, 자동차 회사 등
정부 및 공공 기관	기술직 공무원, 중앙 정부 및 지방 자치 단체, 한국기계연구원, 한국항공우주연구원, 국방과학연구소 등
연구 기관	항공, 우주 관련 국가 연구소 및 민간 연구소, 산업체연구소 등

 학과 주요 교과목

기초 과목	기초컴퓨터프로그래밍, 공업역학, 정역학, 열역학, 재료역학, 동역학, 유체역학, 공학미적분학, 미분방정식, 일반물리학, 일반화학, 선형대수학, 항공우주공학개론, 창의공학설계 등
심화 과목	공학설계입문, 전산응용제도, 수치해석, 전기전자공학, 계측공학, 공기역학실험, 열공학실험, 구조역학 및 실험, 수치해석, 신호 및 시스템, 임베디드시스템 설계, 항공우주형상설계, 공업재료, 기계제작법, 자동제어, 항공역학, 항공우주구조역학, 기계진동, 항공기제어, 응용구조역학, 전산유체역학, 로켓추진공학, 우주비행역학, 항공우주구조설계, 인공위성시스템 등

학과 인재상 및 갖추어야 할 자질

- 주변의 다양한 기계들을 작동시키는 것에 흥미가 있는 학생
- 수학과 물리학, 역학, 기계학 등에 대해 관심과 흥미가 있는 학생
- 과학적 탐구 능력과 상상력이 풍부하고, 인문적 소양이 깊은 학생
- 책임감과 끈기, 집중력과 판단력이 있고, 기계 및 전자 분야에 대한 관심이 많은 학생
- 기계나 사물을 다루는 것을 좋아하고 진취적이며 새로운 것에 도전하는 열정이 있는 학생
- 영어 실력이 우수하고 다양한 정보와 기술의 습득에 많은 노력을 기울이는 학생

학과 관련 선택 과목

인문계열
사회계열
자연계열
공학계열
의약계열
예체능계열
교육계열
계약학과 & 특성화학과

※ 국어, 영어 교과는 모든 학문의 기초적인 성격을 가진 도구교과로 모든 학과에 이수가 필요하여 생략함.

공통 과목		공통국어1,2, 공통수학1,2, 공통영어1,2, 한국사1,2, 통합사회1,2, 통합과학1,2, 과학탐구실험1,2
수능 필수		화법과 언어, 독서와 작문, 문학, 대수, 미적분Ⅰ, 확률과 통계, 영어Ⅰ, 영어Ⅱ, 한국사, 통합사회, 통합과학, 성공적인 직업생활(직업)
일반 선택	수학, 사회, 과학	대수, 미적분Ⅰ, 확률과 통계, 물리학, 화학, 지구과학
	체육·예술	
	기술·가정/정보	기술·가정, 정보
	제2외국어/한문	
	교양	
진로 선택	수학, 사회, 과학	기하, 미적분Ⅱ, 역학과 에너지, 전자기와 양자, 지구시스템과학, 행성우주과학
	체육·예술	
	기술·가정/정보	
	제2외국어/한문	
	교양	
융합 선택	수학, 사회, 과학	수학과제 탐구, 융합과학 탐구
	체육·예술	
	기술·가정/정보	창의 공학 설계, 지식 재산 일반
	제2외국어/한문	
	교양	

추천 도서 목록

- 직감하는 양자역학, 마쓰우라 소, 보누스
- 몰입 생각의 재발견, 위니프레드 갤러거, 오늘의책
- 초공간, 미치오 카쿠, 김영사
- 다세계, 숀 캐럴, 프시케의숲
- 우주산업의 로켓에 올라타라, 조동연, 미래의창
- 우리는 다시 달에 간다, 최기혁 외, MID
- 우주탐사 메뉴얼, 김성수, 위즈덤하우스
- 공학의 눈으로 미래를 설계하라, 연세대학교 공과대학, 해냄출판사
- 직감하는 양자역학, 마쓰우라 소, 보누스
- 로켓의 과학적 원리와 구조, 데이비드 베이커, 하이픈
- 우주미션 이야기, 황정아, 플루토
- 처음 읽는 인공위성 원격탐사 이야기, 김현옥, 플루토
- 분리수거부터 인공위성까지, 김용만, 온하루출판사
- 비행의 시대, 장조원, 사이언스북스
- 비행기는 어떻게 날까?, 장밥티스트 투샤르, 민음인

- 우리는 로켓맨, 조광래 외, 김영사
- 항공우주 비행원리, John D. Anderson, Jr., 텍스트북스
- 하늘의 과학, 장조원, 사이언스북스
- 파일럿, 정비사, 승무원 마스터플랜, 치재승, 더디퍼런스
- 공학은 언제나 여기 있어, 박재용, 우리학교
- 우주에 도착한 투자자들, 로보트 제이콥슨, 유노북스
- 푸른빛의 위대한 도약: 우주, 황정아, 이다북스
- 우주 패권의 시대, 4차원의 우주 이야기, 이철환, 새빛
- 하늘의 신호등 항공교통관제사, 유영미 외, 토크쇼
- 항공정비사를 위한 항공법규, 세화 편집부, 세화
- 드론 바이블, 강왕구 외, 플래닛미디어
- 항공기개론, 강한종 외, 상학당
- 공대생도 잘 모르는 재미있는 공학 이야기, 한화택, 플루토
- 총 균 쇠, 재레드 다이아몬드, 문학사상
- 엔트로피, 제레미 리프킨, 세종연구원

학교생활 TIPS

- 항공우주공학을 전공하는 데 기본이 되는 수학, 과학, 정보 교과 성적을 상위권으로 유지하고, 학업 능력, 전공 적합성, 문제 해결 능력, 창의력 등이 학교생활기록부 교과 세부능력 및 특기사항에 기록될 수 있도록 자기주도적으로 수업에 참여합니다.
- 학교 정규 동아리(과학 탐구 실험, 수리 탐구 논술, 항공, 공학, 발명, 아두이노 및 코딩) 활동 참여를 통해 학문적 열정이나 지적 관심, 새로운 아이디어 제안, 특정한 결과물이나 성과로 이어지는 경험을 하고, 이를 통해 배우고 느낀 점이 나타나는 것이 좋습니다.
- 학교생활 내에서도 자신의 능력을 나누어줄 수 있는 다양한 봉사 활동

(급식 도우미, 사서 도우미, 학습 멘토링, 교통 지도, 분리수거 도우미, 교단 선진화 기자재 도우미) 참여를 통해서 타인을 배려하고 존중하는 생활 태도를 보이는 것이 중요하고, 항공, 우주, 정보 통신, 4차 산업혁명, 인공지능, 로봇, 인문학, 철학, 역사, 심리학 등 다양한 분야의 독서 활동을 통해 융합적 사고 능력을 키우도록 합니다.
- 항공우주공학 관련 진로 활동(항공우주 관련 기업 및 연구소 탐방, 직업 체험, 직업인 특강, 학과 탐방) 참여를 통해 항공우주공학 전공에 대한 관심과 열정, 자기주도적인 진로 설정 과정, 과정의 유의미성, 전공 적합성 등이 나타나는 것이 좋습니다.

180

항공운항학과

학과소개

항공운항학과는 항공기와 시뮬레이터 등 첨단 장비를 이용한 체계적인 교육 프로그램과 실무적인 교육 훈련을 통하여 항공 산업의 급속한 발전과 운항 환경의 변화에 적극 대처할 수 있는 창의적 적응력과 실무 능력을 함양하는 학과입니다. 항공운항학과에서는 항공 산업의 급속한 발전과 운항 환경의 변화에 부응하여 항공운항에 관한 기초 이론을 익히고, 비행기와 모의 비행 장치 등을 이용한 체계적인 조종 실습을 거쳐 실무 능력을 겸비한 전문 직업 조종사를 양성합니다.

조종 관련 이론 및 실무 교육을 통해 최고 수준의 경쟁력을 갖춘 인재, 항공 산업의 급속한 발전과 운항 환경의 변화에 적극 대처할 수 있는 창의적 적응력을 갖춘 인재, 빠르게 변화하는 글로벌 정보화 시대를 주도할 수 있는 지식과 실무 능력을 갖춘 항공 인재의 양성은 항공운항학과의 교육 목표 입니다.

개설대학

- 경운대학교
- 국립한국교통대학교극동대학교
- 세한대학교
- 신라대학교
- 중원대학교
- 초당대학교
- 청주대학교
- 한국항공대학교
- 한서대학교 등

진출직업

- 비행기 조종사
- 공군장교
- 해군장교
- 비행교육원비행교관
- 국토교통부 공무원
- 항공교통관제사
- 항공공학기술자 등

관련학과

- 항공운항전공
- 항공운송학과
- 항공교통관리학과
- 항공드론학과
- 항공모빌리티학과
- 항공산업공학과
- 항공소프트웨어공학과
- 항공시스템계열
- 항공우주공학과
- 항공우주공학부
- 항공우주공학전공
- 항공운항전공
- 항공전자공학과
- 항공컴퓨터학과
- 항공학부
- 무인항공기학과
- 스마트드론공학과 등

취득가능 자격증

- 자가용조종사
- 사업용조종사
- 운송용조종사
- 항공무선통신사
- 초경량비행장치조종사
- 항공기관사
- 항공기관기술사
- 항공기사
- 항공산업기사
- 항공운항관리사 등

진출분야

기업체	민간 항공사, 항공기 제작 회사, 항공기 정비업체, 항공기 부품 회사, 중공업 관련 업체, 기계 및 자동차관련 기업, 국내외 비행 교육원, 무인 항공기(드론) 관련 업체 등
정부 및 공공 기관	공군, 해군, 인천국제공항공사, 한국공항공사, 한국기계연구원, 한국항공우주연구원, 국방과학연구소 등
연구 기관	항공, 우주 관련 국가 연구소 및 민간 연구소 등

학과 주요 교과목

기초 과목	선형대수학, 물리, 미분적분학, 항공우주학개론, 항공무선통신, 항공전자, 항공기엔진, 항공기역학, 항공생리학, 항행안전시스템, 항공우주산업개론 등
심화 과목	항공안전개론, 항공기시스템 및 장비, 항공기추진장치, 항공기상학, 항공역학, 공중항법학, 계기비행론, 항공기체구조, 항공교육론, 비행교육학, 항공전자시스템, 항행안전시설, 항공영어, 운항실습, 항공역학, 계기비행, 항공기상, 항공법규, 항공교통업무, 비행안전론 등

학과 인재상 및 갖추어야 할 자질

- 수학, 영어, 물리학에 대한 지식과 관심이 많고, 주변의 다양한 기계들을 작동시키는 것에 흥미가 있는 학생
- 비행 원리를 비롯, 기상 등의 항공우주와 관련한 자연 현상에 관심이 많은 학생
- 항공우주 기술에 대한 관심과 이해 능력이 있고, 논리적인 사고와 책임감을 갖춘 학생
- 책임감과 끈기, 창의적 표현 능력, 의사소통 능력, 협업 능력을 지닌 학생
- 기계나 사물을 다루는 것을 좋아하고 진취적이며 새로운 것에 도전하는 열정이 있는 학생
- 영어 실력이 우수하고 다양한 정보와 기술의 습득에 많은 노력을 기울이는 학생

학과 관련 선택 과목

※ 국어, 영어 교과는 모든 학문의 기초적인 성격을 가진 도구교과로 모든 학과에 이수가 필요하여 생략함.

공통 과목		공통국어1,2, 공통수학1,2, 공통영어1,2, 한국사1,2, 통합사회1,2, 통합과학1,2, 과학탐구실험1,2
수능 필수		화법과 언어, 독서와 작문, 문학, 대수, 미적분Ⅰ, 확률과 통계, 영어Ⅰ, 영어Ⅱ, 한국사, 통합사회, 통합과학, 성공적인 직업생활(직업)
일반 선택	수학, 사회, 과학	대수, 미적분Ⅰ, 확률과 통계, 물리학, 화학, 지구과학
	체육·예술	
	기술·가정/정보	기술·가정, 정보
	제2외국어/한문	
	교양	
진로 선택	수학, 사회, 과학	기하, 미적분Ⅱ, 법과 사회, 역학과 에너지, 전자기와 양자, 지구시스템과학, 행성우주과학
	체육·예술	
	기술·가정/정보	
	제2외국어/한문	
	교양	인간과 철학, 논리와 사고, 보건
융합 선택	수학, 사회, 과학	수학과제 탐구, 여행지리, 사회문제 탐구, 윤리문제 탐구, 융합과학 탐구
	체육·예술	
	기술·가정/정보	창의 공학 설계
	제2외국어/한문	
	교양	논술

추천 도서 목록

- 파일럿의 진로탐색비행, 최재승, 누벨끌레
- 부시파일럿, 나는 길이 없는 곳으로 간다, 오현호, 한빛비즈
- 현직 기장이 알려주는 에어라인 파일럿 되기, 이승재, 와스코월간항공
- 어쩌다 파일럿, 정인웅, 루아크
- 탑건 리더의 법칙, 가이 스노드그라스, 현익출판
- 조종사가 들려주는 비행 이야기, 노명환, 북랩
- 직감하는 양자역학, 마쓰우라 소, 보누스
- 다세계, 숀 캐럴, 프시케의숲
- 우리는 다시 달에 간다, 최기혁 외, MID
- 우주탐사 메뉴얼, 김성수, 위즈덤하우스
- 공학의 눈으로 미래를 설계하라, 연세대학교 공과대학, 해냄출판사
- 직감하는 양자역학, 마쓰우라 소, 보누스

- 우주미션 이야기, 황정아, 플루토
- 비행기는 어떻게 날까?, 장밥티스트 투샤르, 민음인
- 항공우주 비행원리, John D. Anderson, Jr., 텍스트북스
- 하늘의 과학, 장조원, 사이언스북스
- 공학은 언제나 여기 있어, 박재용, 우리학교
- 푸른빛의 위대한 도약: 우주, 황정아, 이다북스
- 창의력에 미쳐라, 김광희, 넥서스BIZ
- 공대생도 잘 모르는 재미있는 공학 이야기, 한화택, 플루토
- 총 균 쇠, 재레드 다이아몬드, 문학사상
- 엔트로피, 제레미 리프킨, 세종연구원
- 재미있는 물리여행, 루이스 캐럴 엡스타인, 꿈결

학교생활 TIPS

- 항공운항학 전공에 기본이 되는 수학, 영어, 물리학, 화학, 정보 교과 성적을 상위권으로 유지하고, 정규 교과수업 시간을 통해 항공운항학 전공에 대한 관심과 이해, 지원 전공에 대해 관심을 충족시키기 위해 노력한 과정, 학습을 수행하는 자발적인 의지와 태도, 항공운항학 전공과 관련된 역량 발휘 경험 등 자신의 장점이 학교생활기록부 교과 세부능력 및 특기사항에 기록되도록 하는 것이 좋습니다.
- 학교 교육계획에 의한 행사 활동, 수련 활동 및 학년·학급 단위로 진행되는 활동에서 자발성과 자율성, 적극성, 대인 관계, 공동체 의식, 리더십 등이 드러날 수 있도록 적극적인 활동 참여가 중요합니다.
- 학교 정규 동아리(항공, 로봇, 공학, 융합, 컴퓨터, 과학 탐구 실험, 발명) 활동을 추천하고, 동아리 활동을 통해 항공운항에 대한 학문적 열정과

지적 관심의 정도, 새로운 아이디어 제안, 특정한 결과물로 이어지는 과정을 통해 배우고 느낀 점 등이 나타나는 것이 좋습니다.
- 학교생활 내에서도 자신의 능력을 나누어 줄 수 있는 다양한 봉사 활동(급식 도우미, 사서 도우미, 학습 멘토링, 교통 지도, 교단 선진화 기자재 도우미) 참여를 통해 타인을 위해 헌신하는 모습을 드러내는 것이 좋습니다.
- 항공기 회사나 비행교육원 탐방, 직업 탐색 및 직업인 특강, 관련 학과 탐방, 에어쇼 행사 참여 등 전공 관련 진로 활동을 통해 지원 전공에 대한 올바른 이해, 항공운항학 전공에 대한 관심과 열정, 자기주도적인 진로 설정 과정, 전공 적합성 등이 기록되는 것이 좋습니다.

181

항공정비학과

학과소개

항공정비학이란 항공기가 최적의 상태를 유지하면서 안전하게 운항할 수 있도록 하는 항공기의 유지 보수와 관련된 학문을 말합니다. 시간이 지남에 따라 항공기를 이루는 기기들의 기능이 저하되고, 마모 등으로 인하여 각각의 기능을 제대로 수행하지 못하게 되면 대형 사고가 일어날 가능성이 매우 크기 때문에 항공기가 최상의 기능을 유지하는 것은 매우 중요한 일입니다. 항공정비학과는 항공기의 설계 및 개발, 운항과 관련된 전반적인 기술과 공학적 지식은 물론, 항공정비 실무 응용 기술에 대해 배우는 학과입니다.

항공정비학과에서는 항공공학의 기본 이론과 항공기(기관, 기체, 장비, 전자 등)에 대한 지식과 기술을 습득합니다. 항공기 정비 관련 기초 실습 및 창의적 응용 실습을 통해 현장 적응력을 기른 인재, 항공 산업 발전에 기여할 능동적이고 창의적인 도전 정신을 갖춘 인재, 인성과 전문성, 그리고 현장 실무 능력이 뛰어난 항공정비 분야 인재의 양성은 항공정비학과의 교육 목표입니다.

개설대학

- 극동대학교
- 세한대학교
- 신라대학교
- 중원대학교
- 초당대학교
- 한서대학교 등

진출직업

- 항공정비장교 및 부사관
- 제트엔진수리원
- 항공기계기정비원
- 항공기기체정비검사원
- 항공기동체정비원
- 항공기보조기계정비원
- 항공기부속품기계원
- 항공기정비사 등

관련학과

- 항공정비기계학과
- 항공정비학전공
- 항공학부
- 기계항공공학과
- 기계항공공학부
- 무인항공기계학과 등

취득가능 자격증

- 항공기관정비기능사
- 항공기체정비기능사
- 항공장비정비기능사
- 항공정비사
- 항공정비기능장
- 비파괴검사산업기사
- 비파괴검사기사
- 항공산업기사 등

진출분야

기업체	국내 대형 항공사, 외국 항공사, 항공기 부품 제작 및 정비업체, 항공부품 및 장비 개발업체, 무인 항공기(드론) 제작 및 조립 업체, 비파괴 검사 및 품질 관리업체, 중대형 드론·요트 및 선박 엔진 제조업체, 대한항공 교육원, 한국항공대학교 항공기술교육원, 한서대학교 항공기술교육원 등
정부 및 공공 기관	국토교통부, 한국교통안전공단, 한국항공우주연구원, 육군, 해군, 공군, 기상청, 산림청, 소방방재청, 행정안전부, 산림항공본부, 경찰청 등
연구 기관	한국한공우주연구원, 한국기계연구원, 비행 훈련원 등

학과 주요 교과목

기초 과목	공업역학, 공업수학, 항공기체, 왕복기관, 항공산업개론, 항공정비학, 항공역학, 항공기체구조, 항공기가스터빈엔진, 항공정비기초실습, 항공기체계통, 항공왕복엔진, 항공전자기초 등
심화 과목	항공법규, 헬리콥터개론, 항공통신항법계기, 항공기재료공학, 비파괴검사론, 항공정비관리, 항공기운용, 자동항행시스템, 항공안전관리시스템, 항공기사고조사, 항공정비실무, 항공기제어공학, 항공정비실무영어, 가스터빈기관, 항공인적요인, 항공통신항법계기, 복합재료역학 등

학과 인재상 및 갖추어야 할 자질

- 항공정비와 관련 있는 수학이나 물리학 등의 기초 과학에 흥미와 관심이 있는 학생
- 집중력과 판단력이 뛰어나고, 기계 및 전기 전자 분야에 흥미가 있는 학생
- 기본적인 체력, 외국어에 대한 실력과 흥미가 있는 학생
- 대상이 움직이는 원리를 상상하고 궁금해 하는 학생
- 치밀하고 꼼꼼한 성격을 지녔으며, 기계 조작 능력이 뛰어난 학생
- 방대한 자료의 전산 관리에 필요한 컴퓨터 활용 능력과 통계 분석에 관심이 있는 학생

학과 관련 선택 과목

※ 국어, 영어 교과는 모든 학문의 기초적인 성격을 가진 도구교과로 모든 학과에 이수가 필요하여 생략함.

공통 과목		공통국어1,2, 공통수학1,2, 공통영어1,2, 한국사1,2, 통합사회1,2, 통합과학1,2, 과학탐구실험1,2
수능 필수		화법과 언어, 독서와 작문, 문학, 대수, 미적분 I, 확률과 통계, 영어 I, 영어 II, 한국사, 통합사회, 통합과학, 성공적인 직업생활(직업)
일반 선택	수학, 사회, 과학	대수, 미적분 I, 확률과 통계, 물리학, 화학, 지구과학
	체육·예술	
	기술·가정/정보	기술·가정, 정보
	제2외국어/한문	
	교양	
진로 선택	수학, 사회, 과학	기하, 미적분 II, 법과 사회, 역학과 에너지, 전자기와 양자
	체육·예술	
	기술·가정/정보	
	제2외국어/한문	
	교양	논리와 사고, 보건
융합 선택	수학, 사회, 과학	수학과제 탐구, 여행지리, 사회문제 탐구, 융합과학 탐구
	체육·예술	
	기술·가정/정보	창의 공학 설계
	제2외국어/한문	
	교양	논술

추천 도서 목록

- 알기 쉬운 기계공학 기초, 유주식, 경문사
- 뉴턴의 법칙에서 아인타인의 상대론까지, 팡 리즈 이, 전파과학사
- 과학은 이것을 상상력이라고 한다, 이상욱, 휴머니스트
- 한눈에 보는 과학자 트리, 김소정, 청솔
- 10대에게 권하는 공학, 한화택, 글담출판
- 10대에게 권하는 물리학, 이강영, 글담출판
- 공학자의 세상 보는 눈, 유만선, 시공사
- 비행기는 어떻게 날까?, 장밥티스트 투샤르, 민음인
- 항공우주 비행원리, John D. Anderson, Jr., 텍스트북스
- 파일럿, 정비사, 승무원 마스터플랜, 치재승, 더디퍼런스
- 공학은 언제나 여기 있어, 박재용, 우리학교
- 푸른빛의 위대한 도약: 우주, 황정아, 이다북스

- 우주 패권의 시대, 4차원의 우주 이야기, 이철환, 새빛
- 항공정비사를 위한 항공법규, 세화 편집부, 세화
- 드론 바이블, 강왕구 외, 플래닛미디어
- 현대창의공학, 김관형 외, 북스힐
- 창의적 공학설계, 김은경, 한빛아카데미
- 총 균 쇠, 재레드 다이아몬드, 문학사상
- 엔트로피, 제레미 리프킨, 세종연구원

학교생활 TIPS

- 항공정비학 전공과 관련이 있는 수학, 영어, 과학(물리학, 화학), 정보 교과의 학업 성취도 향상을 위한 노력이 필요합니다. 학교 수업 시간에 수업의 집중도, 학문에 대한 열정이나 지적 관심, 지원 전공에 대한 흥미와 관심, 지원 전공과 관련한 교과 활동 여부, 지원 전공을 위해 기울인 노력 등이 학교생활기록부 교과 세부능력 및 특기사항에 기록되도록 하는 것이 좋습니다.
- 항공정비학 전공과 관련하여 전공에 대해 이해, 자신의 경험과 지원 전공과의 연관성이 드러날 수 있는 교내 활동과 항공정비 관련 교육원에서 주관하는 견학 및 체험 프로그램, 항공정비학과 체험, 관련 직업인 특강 참여 활동을 추천합니다.
- 교내 정규 동아리(기계, 항공, 과학 탐구, 공학, 사회 참여) 활동 참여를

권장하고, 동아리 활동 과정에서 구성원의 화합과 단결을 이끌어 낸 리더십 경험이나 활동 중에 부딪히는 문제점을 슬기롭게 해결한 경험, 전공 관련 다양한 구체적인 활동 경험 등이 드러나면 좋습니다.
- 학교 교육계획에 의해 진행되는 지속적인 봉사 활동(학습 멘토링, 급식 도우미, 교통 지도, 통합반 도우미, 사서 도우미, 분리수거 도우미) 참여를 통해 타인을 위해 봉사하고 헌신하는 학교생활 모습을 보이는 것이 중요합니다.
- 항공, 기계, 공학, 정보 통신, 4차 산업혁명, 인공지능, 로봇, 인문학, 철학, 역사, 심리학 등 다양한 분야의 독서 활동을 통해 융합적 사고 능력을 키우도록 합니다.

인문계열

사회계열

자연계열

공학계열

의약계열

예체능계열

교육계열

계약학과 & 특성화학과

182

항해학부

학과소개

항해학이란 한 장소에서 다른 장소로 선박, 항공기, 우주선 및 자동차 등을 안전하고 경제적인 방법으로 운항하는 기술과 원리를 배우는 과학입니다. 장소를 바다로 한정 짓게 되면 '선박을 한 장소에서 다른 장소로 항행시키는 과정에서 필요한 선박의 위치, 방향, 거리를 결정하는 방법과 이에 관계되는 기술 및 과학'이라 정의할 수 있습니다. 항해학부는 최첨단 자동화 선박의 운항 및 관리에 필요한 해기 전문 지식과 해운 및 해양 산업 분야에 필요한 전문 지식을 함께 배우는 학과입니다. 항해에 필요한 지문항해학, 천문항해학, 전파항해학, 선박조종술, 항해기기론, 화물운송론, 각종 해사법규 등을 배웁니다.

항해학과는 항해학에 필요한 최첨단 기기의 원리, 운용 및 개발 기법에 대한 교육을 통하여 첨단 기술의 운영 능력을 갖춘 인재, 해상 운송에 관한 높은 수준의 전문성과 지도자가 갖추어야 할 리더십 및 훌륭한 품성을 지닌 인재, 세계 해상과 육상의 운송 산업을 선도할 글로벌 인재의 양성을 교육 목표로 합니다.

개설대학

- 국립목포해양대학교 등

관련학과

- 항해융합학부
- 항해정보시스템학부
- 해양경찰학부(항해전공)
- 해상운송학부
- 첨단운송기계시스템학과 등

진출분야

기업체	국내외 대형 상선 회사, 대형 해운 회사, 크루즈 선박 회사, 선박 관리 회사, 해운 중개업 회사, 보험 회사, 도선사협회, 해기사협회, 선주협회, 한국해운조합, 한국해사신문, 한국선급, 국제해사기구, 해양오염방제조합, 항해통신장비 및 조선기자재업, 세관 등
정부 및 공공 기관	해양수산부, 중앙해양안전심판원, 해양경찰청, 해군, 관세청, 한국해양수산연수원, 부산항만소방서, 한국선급, 한국해양교통안전공단, 각 지역 항만공사, 국제해사기구(IMO) 등
연구 기관	선박 및 해운 관련 연구소, 한국해양연구원, 해양수산과학기술진흥원, 한국해사문제연구소, 한국조선해양기자재연구원 등

진출직업

- 선박기관사
- 선장
- 항해사
- 도선사
- 해양수산부 공무원
- 해양경찰관
- 해군장교
- 해운중개사
- 선박관리전문가
- 선박금융전문가
- 선박매매전문가
- 해사감독관
- 해상보험설계전문가
- 해상교통 및 항만관제사공무원
- 중등학교 교사(해양)
- 관세청 공무원
- 항만소방서 공무원
- 선박검사관
- 해사관련국제회의전문가
- 해상안전진단전문연구원 등

취득가능 자격증

- 소형선박조종사(해기사)
- 운항사
- 도선사
- 항해사
- 중등학교 정교사 2급(항해) 등

학과 주요 교과목

기초 과목	기초통계학, 물리학, 미적분학, 기초수학, 공업수학, 벡터해석, 선형대수학, 기초물리학, 물리학 및 실험, 현대물리학, 선박구조 및 정비, 해사법규, 무선통신개론 등
심화 과목	항해계기학, 천문항해학, 선박조종학, 전자항해학, 레이더항법, 특수선운용학, 기관공학개론, 해양기상학, 수색 및 구조론, 선박모의운항, 항로표지관리론, 항만공학, 해양플랜트위치제어론, 항해응용역학, 해양오염방제론, 전파항해학, 항해기기론, 화물운송론, 각종해사법규 등

학과 인재상 및 갖추어야 할 자질

- 문제점을 찾고 해결하는 업무에 적합한 분석적이고 꼼꼼한 성향의 학생
- 수학, 물리학, 화학, 지질학, 역학 등에 흥미가 있고, 다양한 분야를 융합하는 일에 관심이 있는 학생
- 호기심이 왕성하고, 원인과 결과를 분석하여 상관관계를 찾는 데 재능이 있는 학생
- 미지의 분야로 도전해 나갈 수 있는 창조적 능력과 문제 해결 능력을 갖춘 학생
- 리더십, 책임감, 도덕성과 글로벌 감각을 지닌 학생
- 바다와 항해학에 대한 관심, 건강한 체력을 갖춘 학생

학과 관련 선택 과목

※ 국어, 영어 교과는 모든 학문의 기초적인 성격을 가진 도구교과로 모든 학과에 이수가 필요하여 생략함.

공통 과목		공통국어1,2, 공통수학1,2, 공통영어1,2, 한국사1,2, 통합사회1,2, 통합과학1,2, 과학탐구실험1,2
수능 필수		화법과 언어, 독서와 작문, 문학, 대수, 미적분Ⅰ, 확률과 통계, 영어Ⅰ, 영어Ⅱ, 한국사, 통합사회, 통합과학, 성공적인 직업생활(직업)
일반 선택	수학, 사회, 과학	대수, 미적분Ⅰ, 확률과 통계, 물리학, 화학, 지구과학
	체육·예술	
	기술·가정/정보	기술·가정, 정보
	제2외국어/한문	
	교양	
진로 선택	수학, 사회, 과학	기하, 미적분Ⅱ 역학과 에너지, 전자기와 양자, 물질과 에너지, 화학 반응의 세계, 지구시스템과학, 행성우주과학
	체육·예술	
	기술·가정/정보	
	제2외국어/한문	
	교양	
융합 선택	수학, 사회, 과학	수학과제 탐구, 융합과학 탐구
	체육·예술	
	기술·가정/정보	
	제2외국어/한문	
	교양	

추천 도서 목록

- 알해양 대백과사전, 제이미 엠브로스 외, 사이언스북스
- 해양 문화산업의 이해, 김성민 외, 위즈덤하우스
- 탄소 해양 기후, 현상민 외, 에이퍼브프레스
- 해양실크로드 문명사, 주강현, 바다위의정원
- 해양 빅데이터의 세계, 박상일, 교우
- 난파선과 구경꾼, 한스 블루멘베르크, 새물결
- 배를 타며 파도치는 내 마음을 읽습니다, 이동현, 이담북스
- 해양 인문학, 김태만, 호밀밭
- 바다 인류, 주경철, 휴머니스트
- 나는 스물일곱, 2등 항해사입니다, 김승주, 한빛비즈
- 대항해시대의 탄생, 송동훈, 시공사
- 1945. 마지막 항해, 시나다 시게루, 어문학사
- 항해일지, 드니 게즈, 효형출판

- 나는 매일 새로운 항해를 시작한다, 한성진, 산지니
- 아라온 오디세이, 김용수, 미다스북스
- 바다해부도감, 줄리아 로스먼, 더숲
- 바다 생물 콘서트, 프라우케 바구쉐, 흐름출판
- 바다, 또 다른 숲, 이영호 외, 오래
- 아무도 본 적 없던 바다, 에디스 위더, 타인의사유
- 바다의 눈, 소리의 비밀, 최복경 외, 지성사
- 물리학자는 영화에서 과학을 본다, 정재승, 어크로스
- 공대생도 잘 모르는 재미있는 공학 이야기, 한화택, 플루토
- 총 균 쇠, 재레드 다이아몬드, 문학사상
- 엔트로피, 제레미 리프킨, 세종연구원
- 재미있는 물리여행, 루이스 캐럴 엡스타인, 꿈결

학교생활 TIPS

- 항해학을 전공하는 데 기본이 되는 수학, 과학(물리학, 지구과학), 정보, 환경 교과의 학업 성취도를 향상하고 전공 적합성, 학업 능력, 문제 해결 능력, 창의력 등이 학교생활기록부 교과 세부능력 및 특기사항에 기록될 수 있도록 자기주도적으로 수업에 참여합니다.
- 항해학에 대한 흥미와 관심, 열정, 자기주도적인 진로 설정 과정, 지원 전공에 대해 이해, 자신의 경험과 지원 전공과의 연관성 등이 드러날 수 있도록 항해 관련 기업이나 기관에서 주관하는 캠프나 체험 프로그램에 참가하고, 관련 직업 및 학과 체험 활동에 참여하는 것이 좋습니다.
- 학교 정규 동아리(해양, 융합, 컴퓨터, 과학 탐구 실험, 발명) 활동을 추천하고, 동아리 활동을 통해 항해학부 전공에 대한 학문적 열정과 지적 관심, 새로운 아이디어 제안, 특정한 결과물로 이어지는 과정을 통해 배우고

느낀 점 등이 나타나는 것이 좋습니다.
- 학교 교육계획에 의해 진행되는 지속적인 봉사 활동(학습 멘토링, 교통 지도, 통합반 도우미, 사서 도우미, 컴퓨터 기자재 도우미)에 참여하여 타인을 배려하는 모습을 보여주는 것이 중요합니다. 항해학, 해양, 정보 통신, 4차 산업혁명, 인공지능, 로봇, 인문학, 철학, 역사, 심리학 등 다양한 분야의 독서 활동을 통해 융합적 사고 능력을 키우도록 합니다.

183

해양공학과

학과소개

해양공학이란 연안과 심해를 포함하는 바다에서 이루어지는 인간의 활동과 관련하여 발생하는 여러 문제를 해결하기 위한 공학의 한 분야입니다. 바다의 환경, 자원, 에너지와 관련된 문제, 연안, 음향, 정보 등에 관한 문제, 유체와 구조 등의 제반 문제를 연구합니다. 해양공학과는 상대적으로 아직 덜 개척된 공간인 해양의 개발과 이용에 관한 첨단 해양 과학 기술을 연구하고, 해양 공간 및 해양 에너지의 개발, 해양·해안·항만 구조물의 건설, 해양 원격 탐사, 정보 관리, 해양 환경의 제어·보전 기술 등 해양의 종합적 이용·개발과 관련된 과학 기술을 중점적으로 배우는 학과입니다.

해양공학과의 교육 목표는 해양 구조물 및 지반 공학, 해양 유체 및 수중 음향 등의 해양과 관련된 폭넓은 공학적 해석 및 설계 지식을 갖춘 인재, 다양한 실험 실습 과정을 통해 실무 능력을 갖춘 현장 맞춤형 인재, 해양의 개발과 이용에 관한 첨단 해양 과학 기술을 선도할 유능한 해양공학 인재의 양성입니다.

개설대학

- 국립부경대학교
- 국립한국해양대학교 등

관련학과

- 해양메카트로닉스학부
- 해양공간건축학부
- 해양산업융합학과
- 해양시스템공학과
- 해양토목공학과
- 해양환경공학과
- 선박해양공학과
- 조선해양공학과
- 조선해양공학부
- 조선해양시스템공학부
- 조선해양공학과
- 조선공학과
- 항만물류시스템학과
- 항해융합학부
- 항해정보시스템학부 등

진출분야

기업체	대형 조선 회사, 해양 구조물 설치 관련 기업, 해양 구조물 엔지니어링 관련 회사, 해양 플랜트 및 기자재 관련 기업, 해양 건설 관련 업체, 항만 장비 개발업체, 건설 관련 업체, 조선소, 선박 관련 기자재 산업체 등
정부 및 공공 기관	국토교통부, 해양수산부, 한국전력공사, 한국수자원공사, 한국도로공사, 한국석유공사, 해양환경공단, 한국수산자원관리공단, 국립수산과학원, 한국농어촌공사, 해양환경공단 등
연구 기관	해양 관련 국가 및 민간 연구소, 한국건설기술연구원, 한국해양과학기술원 부설 선박해양플랜트연구소, 국방과학연구소, 국립재난안전연구원, 한국해양연구원, 국립해양조사원 등

진출직업

- 해양공학기술자
- 해양과학연구자
- 해양공학연구자
- 수질환경기술자
- 폐기물처리기술자
- 해양환경기술자
- 선박교통관제사
- 선박운항관리사
- 무선항해통신장비 설치원
- 해양경찰관
- 수산학연구원
- 환경 및 해양과학 연구원
- 조선공학기술자
- 토목구조설계기술자
- 플랜트기계공학기술자
- 선박정비원
- 해양수산기술자
- 환경영향평가원
- 레저선박시설전문가
- 산업잠수사
- 해양설비기본설계사
- 중등학교 교사(해양) 등

취득가능 자격증

- 해양공학기사
- 해양자원개발기사
- 해양환경기사
- 토목기사
- 항로표지기사
- 해양조사산업기사
- 해양생산관리기사
- 해양기술사
- 항만 및 해안기술사
- 수자원개발기술사
- 선박기계기사
- 건축기사
- 측량 및 지형공간 정보기사
- 수질환경기사
- 선체건조기능사
- 동력기계정비기능사
- 중등학교 정교사 2급(해양) 등

학과 주요 교과목

기초 과목	해양공학개론, 미적분학, 통계학, 물리학, 화학, 창의 공학설계, 공업역학, 공업수학, 유체역학, 재료역학, 수리학 및 실습, 측량학 및 실습, 토질역학 및 실험, 해양환경역학 등
심화 과목	구조역학 및 연습, 파랑역학 및 연습, 수문기상학, 해양측량학 및 GIS, 기초공학, 해양공학 및 실험, 구조역학, 해양구조물 해석 및 설계, 해양에너지공학, 해안수리학, 해양환경 및 방재공학, 항만시스템공학, 해양공학실험, 선박운항제어론, 해양장비설계, 선체 진동 등

학과 인재상 및 갖추어야 할 자질

- 복잡한 구조물도 잘 이해할 수 있는 공간 지각 능력을 지닌 학생
- 지적 호기심, 직업 윤리와 사회적 책임의 개념을 이해할 수 있는 학생
- 바다와 선박을 비롯한 해양 구조물에 관해 관심과 흥미가 있는 학생
- 수학, 물리학, 화학, 지질학, 역학 등에 대한 기초적인 학습 능력이 있는 학생
- 강인한 체력과 인내심, 높은 수준의 관찰력과 분석 능력을 지닌 학생
- 신기술 개발 및 응용을 위한 창조적 연구를 수행할 수 있는 책임감, 리더십, 창의력을 지닌 학생

학과 관련 선택 과목

※ 국어, 영어 교과는 모든 학문의 기초적인 성격을 가진 도구교과로 모든 학과에 이수가 필요하여 생략함.

공통 과목		공통국어1,2, 공통수학1,2, 공통영어1,2, 한국사1,2, 통합사회1,2, 통합과학1,2, 과학탐구실험1,2
수능 필수		화법과 언어, 독서와 작문, 문학, 대수, 미적분Ⅰ, 확률과 통계, 영어Ⅰ, 영어Ⅱ, 한국사, 통합사회, 통합과학, 성공적인 직업생활(직업)
일반 선택	수학, 사회, 과학	대수, 미적분Ⅰ, 확률과 통계, 세계시민과 지리, 물리학, 화학, 지구과학
	체육·예술	
	기술·가정/정보	기술·가정, 정보
	제2외국어/한문	
	교양	생태와 환경
진로 선택	수학, 사회, 과학	기하, 미적분Ⅱ, 역학과 에너지, 전자기와 양자, 물질과 에너지, 화학 반응의 세계, 지구시스템과학, 행성우주과학
	체육·예술	
	기술·가정/정보	
	제2외국어/한문	
	교양	
융합 선택	수학, 사회, 과학	수학과제 탐구, 기후변화와 지속가능한 세계, 기후변화와 환경생태, 융합과학 탐구
	체육·예술	
	기술·가정/정보	창의 공학 설계
	제2외국어/한문	
	교양	

추천 도서 목록

- 뜨거운 지구가 보내는 차가운 경고 기후 위기, 데이비드 깁슨, 머핀북
- 미래의 자원, 깨끗한 바다, 길 아버스노트, 애플트리태일즈
- 바다에 대한 예의, 주현희, 지성사
- 물고기 박사가 들려주는 신기한 바다 이야기, 명정구, 신지니
- 바다를 알면 미래가 보인다, 김세권, 월드사이언스
- 해양 대백과사전, 제이미 엠브로스 외, 사이언스북스
- 해양 문화산업의 이해, 김성민 외, 위즈덤하우스
- 탄소 해양 기후, 현상민 외, 에이퍼브프레스
- 해양실크로드 문명사, 주강현, 바다위의정원
- 해양 빅데이터의 세계, 박상일, 교우
- 난파선과 구경꾼, 한스 블루멘베르크, 새물결
- 배를 타며 파도치는 내 마음을 읽습니다, 이동현, 이담북스
- 해양 인문학, 김태만, 호밀밭
- 바다 인류, 주경철, 휴머니스트
- 나는 스물일곱, 2등 항해사입니다, 김승주, 한빛비즈
- 나는 매일 새로운 항해를 시작한다, 한성진, 산지니
- 아라온 오디세이, 김용수, 미다스북스
- 바다해부도감, 줄리아 로스먼, 더숲
- 바다 생물 콘서트, 프라우케 바구쉐, 흐름출판
- 바다, 또 다른 숲, 이영호 외, 오래
- 아무도 본 적 없던 바다, 에디스 위더, 타인의사유
- 총 균 쇠, 재레드 다이아몬드, 문학사상
- 바다 위 인공섬 시토피아, 권오순 외, 지성사
- 이기적 유전자, 리처드 도킨스, 을유문화사
- 엔트로피, 제레미 리프킨, 세종연구원
- 재미있는 물리여행, 루이스 캐럴 엡스타인, 꿈결

학교생활 TIPS

- 해양공학 전공과 관련이 있는 수학, 과학(물리학, 화학, 지구과학), 정보 교과의 학업 성취도 향상을 위한 노력이 필요합니다. 학교 수업 활동을 통해 학습에 대한 의지와 열정, 수업의 집중도, 학문에 대한 열정이나 지적 관심의 정도, 지원 전공에 대한 흥미와 관심, 지원 전공과 관련한 교과 활동 여부, 지원 전공을 위해 기울인 노력 등이 학교생활기록부 교과 세부능력 및 특기사항에 나타나는 것이 좋습니다.
- 학교 교육계획에 의한 행사 활동, 수련 활동, 학년·학급 단위로 진행되는 활동(융합 교실, 리더십, 민주 시민 역량 교육, 보건 교육, 생태 체험 학습, 창의성 교육, 보건교육) 참여를 통해 공동체의 목표 달성을 위해 노력한 모습, 자신의 목표를 위해 도전한 사례, 창의적이고 논리적인 사고로 문제를 해결하는 능력 등이 나타나면 좋습니다.
- 해양공학 전공 관련 진로 활동(해양 관련 기업이나 기관 탐방, 해양 관련 직업 및 학과 체험, 직업 탐색) 참여를 통해 해양공학에 대한 흥미와 관심, 지원 전공에 대한 이해, 자신의 경험과 지원 전공과의 연관성 등이 드러날 수 있도록 합니다.
- 학교생활 내에서 자신의 능력을 나누어줄 수 있는 다양한 활동(학습 멘토링, 급식 도우미, 교통 지도, 통합반 도우미)이나 각종 학교 행사 중에 참여하는 봉사 활동 참여를 통해 타인을 위해 봉사하고 실천하는 모습을 보이는 것이 좋습니다.

184

화공생명공학과

학과소개

화공생명공학이란 천연자원, 생물 자원을 활용하여 인간의 문화생활에 필요한 물질을 만드는 화학, 물리 및 생물 공정의 개발, 설계, 운전 및 관리 운영을 연구하는 학문으로, 화학공학과 생명 공학이 융합된 학문이기도 합니다. 인류의 생존과 건강, 풍요로운 생활을 위해서 꼭 필요한 공학 분야입니다. 화공생명공학과는 자연환경에서 발생하는 현상과 관련하여 화학, 물리학, 생물학을 기초로 하여 수학, 컴퓨터 활용 능력, 공정 설계 및 운전 등의 내용을 교육하며, 전반적인 화학 및 바이오공학 제품의 개발과 공정 설계에 대한 체계적이고 전문적인 지식도 교육하는 학과입니다.

화공생명공학과는 산업 현장에서 화공 기술자가 갖추어야 할 자질을 갖추어 기술적 문제를 창의적으로 해결할 수 있는 인재, 수학, 기초 과학, 공학의 지식과 정보 기술을 공학 문제의 해결에 응용할 수 있는 인재, 창의적인 연구 및 응용 능력을 발휘하고 우수한 도덕적 책임 의식 및 협동심을 갖춘 지도자적 인재의 양성을 교육 목표로 합니다.

개설대학

- 고려대학교
- 부산대학교
- 서강대학교
- 서울과학기술대학교
- 전남대학교(제2캠퍼스) 등

관련학과

- 화학공학과
- 화학공학교육과
- 화학공학부
- 그린화학공학과
- 나노화학공학과
- 생명화학공학과
- 석유화학소재공학과
- 스마트그린공학부 화학공학전공
- 에너지화학공학과
- 유기나노공학과
- 응용화학공학과
- 의공생명공학과
- 화공생명공학부
- 화공생명배터리공학부
- 화공생물공학과
- 화학생명공학과 등

진출직업

- 화학공학기술자
- 화학제품제조원
- 화학직 공무원
- 변리사
- 대기환경기술자
- 도료 및 농약품화학 공학기술자
- 비누 및 화장품화학 공학기술자
- 석유화학공학기술자
- 수질환경기술자
- 음식료품화학공학 기술자
- 의약품화학공학기술자
- 조향사
- 폐기물처리기술자
- 화학공학시험원
- 환경공학기술자 등

취득가능 자격증

- 화공기술사
- 위험물기능장
- 화약류제조기사
- 대기관리기술사
- 수질관리기술사
- 폐기물처리기술사
- 산업위생관리기술사
- 토양환경기술사
- 농화학기술사
- 에너지관리기능사
- 화공기사
- 화약류관리기사
- 대기환경기사
- 수질환경기사
- 폐기물처리기사
- 토양환경기사
- 화약류제조산업기사
- 산업안전산업기사
- 가스산업기사
- 열관리산업기사
- 위험물산업기사
- 대기환경산업기사
- 수질환경산업기사
- 폐기물처리산업기사
- 산업위생관리산업기사
- 토양환경기사 등

진출분야

기업체	석유 화학 및 정유업체, 정밀 화학업체, 환경 및 에너지 관련 산업체, 식료 업체, 신소재 관련 업체, 제약 및 생명과학 관련 업체, 펄프 및 제지업체, 기능성화장품업체 등
정부 및 공공 기관	과학기술정보통신부, 한국연구재단, 한국석유공사, 한국가스공사, 한국전력공사, 한국표준협회 등
연구 기관	국·공립 연구소, 화학 관련 기업체 연구소, 한국화학연구원, 한국에너지기술연구원, 한국연구재단 등

학과 주요 교과목

기초 과목	일반물리, 일반화학, 화공수학, 미분적분학, 고급미분적분학, 공학수학, 물리화학, 응용유기화학, 응용생화학, 화공열역학, 화공양론 등
심화 과목	화공유체역학, 무기화학공학, 석유화학공학, 분자생물공학, 반응공학, 전기화학공학, 반도체공정, 나노소재, 원자력화학공학, 생물화학공학, 환경화학공학, 에너지공학, 화공생명공학공정실험, 생물화학공학, 바이오 및 의공학, 표면 및 계면공학, 시스템 및 제어공학 등

학과 인재상 및 갖추어야 할 자질

- 수학이나 물리학 등 기초 과학 교과에 흥미와 관심이 있는 학생
- 자연 현상에 대한 과학적·논리적 해석에 능한 학생
- 평소 화학 실험에 관심이 있거나 물질의 변화에 흥미가 많은 학생
- 자료를 이해하고 분석할 수 있는 능력과 실험을 계획하고 수행할 수 있는 능력을 갖춘 학생
- 컴퓨터 활용 능력이 뛰어나고, 새로운 것에 도전하는 것을 즐기는 열정이 있는 학생
- 각종 화학 관련 실험이나 실습에 적합한 꼼꼼하고 주의 깊은 성격을 가진 학생

학과 관련 선택 과목

※ 국어, 영어 교과는 모든 학문의 기초적인 성격을 가진 도구교과로 모든 학과에 이수가 필요하여 생략함.

공통 과목		공통국어1,2, 공통수학1,2, 공통영어1,2, 한국사1,2, 통합사회1,2, 통합과학1,2, 과학탐구실험1,2
수능 필수		화법과 언어, 독서와 작문, 문학, 대수, 미적분Ⅰ, 확률과 통계, 영어Ⅰ, 영어Ⅱ, 한국사, 통합사회, 통합과학, 성공적인 직업생활(직업)
일반 선택	수학, 사회, 과학	대수, 미적분Ⅰ, 확률과 통계, 현대사회와 윤리, 물리학, 화학, 생명과학
	체육·예술	
	기술·가정/정보	기술·가정, 정보
	제2외국어/한문	
	교양	생태와 환경
진로 선택	수학, 사회, 과학	기하, 미적분Ⅱ, 역학과 에너지, 전자기와 양자, 물질과 에너지, 화학 반응의 세계, 세포와 물질대사, 생물의 유전
	체육·예술	
	기술·가정/정보	
	제2외국어/한문	
	교양	
융합 선택	수학, 사회, 과학	수학과제 탐구, 기후변화와 지속가능한 세계, 기후변화와 환경생태, 융합과학 탐구
	체육·예술	
	기술·가정/정보	창의 공학 설계
	제2외국어/한문	
	교양	

추천 도서 목록

- 미술관에 간 화학자. 두번째 이야기, 전창림, 어바웃어북
- 화학의 역사, 윌리엄 H. 브록, 고유서가
- 교양인을 위한 화학사 강의, 옌스 죈트겐, 반니
- 세상을 바꾼 화학, 원정현, 리베르스쿨
- 가볍게 읽는 무기화학, 사이토 가츠히로, 북스힐
- 가볍게 읽는 유기화학, 사이토 가츠히로, 북스힐
- 화학공학기술자 어떻게 되었을까?, 캠퍼스멘토, 캠퍼스멘토
- 분자 조각가들, 백승만, 해나무
- 세상이 보이는 스팀사이언스 100, 제니 제이코비, 파란자전거
- 과학과 공학의 기초를 쉽게 정리한 단위 기호 사전, 사이트 가쓰히로, 그린북
- 거의 모든 물질의 화학, 김병민, 현암사

- 걱정 많은 어른들을 위한 화학 이야기, 윤정민, 푸른숲
- 곽재식의 먹는 화학 이야기, 곽재식, 요다
- 곽재식의 유령 잡는 화학자, 곽재식, 김영사
- 나노화학, 장홍제, 휴머니스트
- 모든 것에 화학이 있다, 케이트 비버도프, 문학수첩
- 배터리 전쟁, 루카스 베드나르스키, 위즈덤하우스
- 생활 속의 화학, W. 릭스너 외, 전파과학사
- 역사를 바꾼 17가지 화학이야기, 페니 르 쿠터 외, 사이언스북스
- MT 화학, 이익모, 청어람
- 세상에서 가장 재미있는 화학, 크레이그 크리들, 궁리
- 총 균 쇠, 재레드 다이아몬드, 문학사상
- 엔트로피, 제레미 리프킨, 세종연구원

학교생활 TIPS

- 화공생명공학 전공과 관련이 있는 수학, 과학(물리학, 화학, 생명과학), 정보 교과의 학업 성취도 향상을 위해 노력이 필요합니다. 학교 수업 활동을 통해 학습에 대한 의지와 열정, 학문에 대한 열정이나 지적 관심의 정도, 지원 전공에 대한 흥미와 관심, 지원 전공과 관련한 교과 활동 여부, 지원 전공을 위해 기울인 노력 등이 학교생활기록부 교과 세부능력 및 특기사항에 기록되는 것이 좋습니다.
- 화공생명공학에 대한 흥미와 관심 정도, 지원 전공에 대해 이해, 자신의 경험과 지원 전공과의 연관성이 드러날 수 있는 교내 활동에 적극 참여하고, 화공생명공학 관련 기업이나 연구소 견학, 탐방 프로그램 참여, 관련 학과 및 직업 체험 활동을 할 것을 추천합니다.
- 공학, 과학, 환경, 컴퓨터 관련 동아리 활동 참여를 권장 하고, 동아리 활동

과정에서 구성원의 화합과 단결을 이끌어 낸 리더십 경험이나 활동 중에 부딪히는 문제점을 슬기롭게 해결한 경험, 전공 관련 다양한 구체적인 활동 경험 등이 드러나면 좋습니다.
- 학교 교육계획에 의해 진행되는 지속적인 봉사 활동(학습 멘토링, 급식 도우미, 교통 지도, 통합반 도우미, 사서도우미, 분리수거 도우미) 참여를 통해 타인을 위해 봉사하고 헌신하는 학교생활 모습을 보이는 것이 중요합니다.
- 화학공학, 생명, 화학, 정보 통신, 4차 산업혁명, 인공지능, 로봇, 인문학, 철학, 역사, 심리학 등 다양한 분야의 독서 활동을 통해 융합적 사고 능력을 키우도록 합니다.

185

화장품공학과

학과소개

화장품공학은 화장품 제조에 관한 바이오 신소재 개발, 제형 및 제제 공정, 품질 검사, 유효성 평가, 브랜드 마케팅 및 피부 의과학을 연구하는 학문입니다. 보다 안전한 화장품 산업, 피부 노화 방지 및 일부 피부 질환의 개선을 위한 새로운 화장품 산업을 주도하는 학문입니다. 화장품공학과는 화장품 산업의 새로운 트렌드에 발맞춰 생물공학 기반의 화장품 분야 교육 및 연구를 주도하며, 경영 마인드 및 예술적 감성을 갖춘 화장품 산업의 전문가를 양성하는 학과입니다.

화장품공학과는 화장품 산업의 발전과 미래 시장의 개척을 위해 일할 수 있는 다학제적 학문 소양을 지닌 인재, 강한 지적 호기심과 국제적 감각을 활용하는 인재, 첨단 기술이 집약된 화장품 산업의 글로벌 시대를 주도할 인재의 양성을 교육 목표로 합니다.

개설대학

- 건국대학교
- 동의대학교 등

관련학과

- 화장품과학과
- 화장품학과
- 화장품학전공
- 바이오화장품학과
- 뷰티화장품학과
- 화장품발명디자인학과
- 바이오코스메틱학과
- 화학·코스메틱스학과 등

진출직업

- 화장품R&D전문가
- 화장품브랜드매니저
- 화장품생산제조자
- 화장품품질관리연구원
- 화장품품질관리기술자
- 화장품임상평가연구원
- 화장품마케팅전문가
- 화장품마케팅매니저
- 화장품사업경영자
- 피부과학연구원
- 화장품인허가전문가
- 조향사
- 보건직 공무원 등

취득가능 자격증

- 위생사
- 화학분석기사
- 화학분석기능사
- 공업화학기사
- 고분자제품제조산업기사
- 화공산업기사
- 화공기사 등

진출분야

기업체	화장품 제조업체, 화장품 재료 및 소재 공급업체, 다국적 화장품 기업, 생물 소재 벤처 기업, 항료 회사, 식품 및 제약업체, 헬스케어 관련 업체, 제약 바이오 업체, 기능성 화장품업체, 화장품 수입업체 등
정부 및 공공 기관	보건복지부, 식품의약품안전처, 특허청 등
연구 기관	화장품 관련 연구소, 생명공학 관련 연구소, 한국생명공학연구원, 한국화학연구원 등

학과 주요 교과목

기초 과목	화학 및 실험, 물리학 및 실험, 확률 및 통계학, 컴퓨터, 화장품공학입문, 생화학, 세포생물학, 분자생물학, 유기화학, 무기화학 등
심화 과목	화장품성분학, 화장품기능성소재학, 화장품품질검사학, 미생물학 및 발효공학, 화장품제형공학, 화장품용기용품학, 화장품분체공학, 화장품유전체학, 화장품피부의과학, 동물대체시험기술학 등

학과 인재상 및 갖추어야 할 자질

- 수학, 물리학, 정보, 미술 등의 교과에 대한 지식과 관심이 깊은 학생
- 인간 중심의 인문적 소양과 스토리텔링 능력 및 기획력을 갖춘 학생
- 상상력과 관찰력, 창의력이 풍부하고, 새로운 것을 배우기 좋아하는 학생
- 다양한 시각적 표현력 및 조형 감각, 예술과 공학 기술의 첨단 창의 융합형 사고를 지닌 학생
- 과학적 탐구 능력과 지적 호기심이 있고, 사물을 보는 시야가 넓은 학생
- IT, 미디어 융합 등의 다양한 컴퓨팅 기술에 관심이 많은 학생

학과 관련 선택 과목

※ 국어, 영어 교과는 모든 학문의 기초적인 성격을 가진 도구교과로 모든 학과에 이수가 필요하여 생략함.

공통 과목		공통국어1,2, 공통수학1,2, 공통영어1,2, 한국사1,2, 통합사회1,2, 통합과학1,2, 과학탐구실험1,2
수능 필수		화법과 언어, 독서와 작문, 문학, 대수, 미적분Ⅰ, 확률과 통계, 영어Ⅰ, 영어Ⅱ, 한국사, 통합사회, 통합과학, 성공적인 직업생활(직업)
일반 선택	수학, 사회, 과학	대수, 미적분Ⅰ, 확률과 통계, 세계시민과 지리, 사회와 문화, 현대사회와 윤리, 물리학, 화학, 생명과학
	체육·예술	
	기술·가정/정보	기술·가정, 정보
	제2외국어/한문	
	교양	생태와 환경
진로 선택	수학, 사회, 과학	기하, 미적분Ⅱ, 경제 수학, 경제, 윤리와 사상, 물질과 에너지, 화학 반응의 세계, 세포와 물질대사, 생물의 유전
	체육·예술	
	기술·가정/정보	
	제2외국어/한문	
	교양	
융합 선택	수학, 사회, 과학	수학과제 탐구, 사회문제 탐구, 기후변화와 지속가능한 세계, 기후변화와 환경생태, 융합과학 탐구
	체육·예술	
	기술·가정/정보	창의 공학 설계
	제2외국어/한문	
	교양	

추천 도서 목록

- 비싼 화장품 내게도 좋을까?, 오경희, 머메이드
- 매일 피부가 새로워지는 화장품 다이어트, 오필, 라온북
- 화장품은 내게 거짓말을 한다, 한정선, 다온북스
- 화장품이 궁금한 너에게, 최지현, 창비
- 항노화 바이오 화장품, 신동욱, 자유아카데미
- 냄새 박물관, 강진웅, 미래아이
- 세상을 바꾸는 반응, 시어도어 그레이, 다른
- 세상을 바꾼 화학, 원정현, 리베르스쿨
- 알기 쉬운 고분자 이야기, 박오옥, 자유아카데미
- 역사가 묻고 화학이 답하다, 장홍제, 지상의책
- 오늘의 화학, 조지 자이던, 시공사
- 우리는 어떻게 화학 물질에 중독되는가, 로랑 슈발리에, 흐름출판

- 원소의 이름, 피터 워터스, 윌북
- 이토록 재밌는 화학 이야기, 사마키 다케오, 반니
- 인간이 만든 물질, 물질이 만든 인간, 아이니사 라미레즈, 김영사
- 처음부터 화학이 쉬웠다면, 사마키 다케오, 한국경제신문
- 화학, 알아두면 사는 데 도움이 됩니다, 씨에지에양, 지식너머
- 재밌어서 밤새 읽는 화학 이야기, 사마키 다케오, 더숲
- 원소가 뭐길래, 장홍제, 다른
- 역사를 바꾼 17가지 화학 이야기, 페니 르 쿠터 외, 사이언스북스
- 세상에서 가장 재미있는 화학, 크레이그 크리들, 궁리
- 공학으로 세상을 말한다, 한화택, 한승
- 엔트로피, 제레미 리프킨, 세종연구원

학교생활 TIPS

- 화장품공학 전공과 관련이 깊은 수학, 과학(물리학, 화학, 생명과학), 정보 교과의 학업 성취도를 향상할 필요가 있고, 학교 수업을 통해서 전공 적합성, 문제 해결 능력, 창의력, 자기주도 능력 등 자신의 장점이 학교 생활 기록부 교과 세부능력 및 특기사항에 드러나는 것이 좋습니다.
- 학교 교육계획에 의한 행사 활동, 수련 활동 및 학년·학급 단위로 진행되는 활동에서 자발성과 자율성, 적극성, 대인 관계, 공동체 의식, 리더십 등이 드러날 수 있도록 적극적으로 참여하는 것이 중요합니다.
- 과학 탐구, 생명 탐구, 공학, 코딩, 컴퓨터 관련 동아리 활동을 추천하고, 동아리 내 다양한 활동 참여를 통해서 자신의 관심 분야를 확장한 경험, 진로와 관련한 활동 경험, 공동체 구성원의 화합과 단결을 이끌어 낸 경험 등이 구체적으로 나타나도록 합니다.

- 화장품 제조 기업이나 연구소 탐방, 화장품공학 관련 직업 탐색 및 직업인 특강 참여, 관련 학과 탐방 활동 등 전공 관련 진로 탐색 활동을 통해 진로에 대한 열정과 노력이 기록되면 좋습니다.
- 학교 교육계획에 의해 진행되는, 일회성이 아닌 지속적인 봉사 활동(교통 지도, 급식 도우미, 사서 도우미, 학습 멘토링, 통합반 도우미) 참여를 통해서 타인을 위해 봉사하고 헌신하는 학교생활 모습을 보이는 것이 중요합니다. 인문학, 철학, 역사, 심리학, 화장품, 의료, 보건 등 다양한 분야의 독서를 통해 융합적 소양을 키우는 것이 좋습니다.

186

화학공학과

학과소개

화학공학은 생필품부터 하이테크 소재 제품에 이르는 수많은 제품의 새로운 공정의 개발은 물론, 미래의 경제적 효과를 거두기 위한 연료 전지, 태양 에너지 등의 새로운 에너지 개발과 이용기술, 기능성 식품과 신약 개발, 인공 장기 등의 생체 물질 합성으로 이어지는 생명화학공학 분야 전반을 다루는 종합 학문 분야입니다. 화학공학과는 우리 실생활과 밀접한 관련이 있는 화학 물질에 대한 내용분만 아니라 국가의 기간산업인 정유 및 석유 화학 산업의 기본이 되는 핵심적인 내용, 에너지공학, 환경공학, 생명 공학 등 거의 모든 산업 분야의 광범위한 내용을 교육하는 학과입니다.

화학공학과는 화학공학의 학문적 기초를 바탕으로 창의적 연구 및 응용 능력을 발휘할 수 있는 인재, 산업 현장에서 발생하는 여러 가지 문제를 해결하고 개선할 능력을 갖춘 인재, 글로벌 시대가 요구하는 의사소통 능력과 효율적인 업무 처리 능력, 국제적 감각을 갖춘 인재의 양성을 교육 목표로 합니다.

개설대학

- 경북대학교
- 경상국립대학교
- 경성대학교
- 경희대학교
- 계명대학교
- 광운대학교
- 국립군산대학교
- 국립금오공과대학교
- 단국대학교
- 동아대학교
- 동의대학교
- 국립부경대학교
- 서울시립대학교
- 국립순천대학교
- 숭실대학교
- 아주대학교
- 원광대학교
- 인하대학교
- 제주대학교
- 중앙대학교
- 충북대학교
- 한남대학교
- 한양대학교
- 호서대학교 등

진출직업

- 화학공학기술자
- 화학제품제조원
- 화학직 공무원
- 변리사
- 대기환경기술자
- 도료 및 농약품화학공학기술자
- 비누 및 화장품화학공학기술자
- 석유화학공학기술자
- 수질환경기술자
- 음식료품화학공학기술자
- 의약품화학공학기술자
- 조향사
- 폐기물처리기술자
- 플랜트기계공학기술자
- 화학공학시험원
- 환경공학기술자
- 중등학교 교사(화공) 등

관련학과

- 그린화학공학과
- 나노화학공학과
- 바이오화학공학과
- 바이오메디컬화학공학과
- 생명화학공학과
- 신소재화학공학과
- 에너지화학공학과
- 에너지자원화학공학과
- 융합바이오화학공학과
- 응용화학공학과
- 화학공학교육과
- 화학공학부
- 공업화학과 등

취득가능 자격증

- 공업화학기술사
- 고분자제품기술사
- 화공기술사
- 화학공장설계기술사
- 화약류제조산업기사
- 화약류제조기사
- 화학분석기능사
- 화공기사
- 화약류관리산업기사
- 화약류관리기사
- 화약류관리기술사
- 화공안전기술사
- 화공산업기사
- 화학분석기사
- 수질환경기사
- 대기환경기사
- 가스기사
- 산업안전기사
- 중등학교 정교사 2급(화공) 등

진출분야

기업체	석유 화학 및 정유업체, 정밀 화학업체, 환경 및 에너지 관련 산업체, 식음료 업체, 섬유업체, 신소재 관련업체, 제약 및 생명과학 관련 업체, 펄프 및 제지업체, 기능형 화장품업체, 기능성 도료업체
정부 및 공공 기관	한국석유공사 및 화학 관련 공공 기관, 한국가스공사, 한국전력공사, 한국표준협회 등
연구 기관	국·공립 연구소, 화학 관련 기업체 연구소, 화학 관련 대학 부설 연구소, 한국화학연구원, 한국에너지기술연구원 등

학과 주요 교과목

기초 과목	일반수학, 공학수학, 일반물리학, 무기화학, 물리화학, 유기화학, 화학생명공학, 화공기초실험, 계측실험, 공학컴퓨터, 창의공학설계, 화학공학입문설계 등
심화 과목	공정설계, 공정제어, 공정자동화, 재료화학공학, 화공열역학, 화공유체역학, 나노재료공학, 반도체화학공정, 에너지공학, 촉매이론, 고분자개론, 생명공학개론, 화공수치해석, 분리공정, 전기화학공학, 고분자화학, 반도체화학공정, 고분자공정공학, 환경화학공학, 생명화학공 등

학과 인재상 및 갖추어야 할 자질

- 수학이나 물리학 등 기초 과학에 흥미와 관심이 있는 학생
- 평소 화학적인 분석이나 실험, 물질의 변화 등에 관심과 흥미가 많은 학생
- 자료를 이해하고 분석하는 능력과 실험을 계획하고 수행하는 능력을 가진 학생
- 팀을 이루어 업무를 수행하는 데 적합한 원만한 대인 관계를 갖춘 학생
- 컴퓨터 활용 능력이 뛰어나고, 새로운 것에 도전하는 것을 즐기는 열정이 있는 학생
- 각종 화학 관련 실험이나 실습 수행에 적합한 꼼꼼하고 주의 깊은 성격을 가진 학생

학과 관련 선택 과목

※ 국어, 영어 교과는 모든 학문의 기초적인 성격을 가진 도구교과로 모든 학과에 이수가 필요하여 생략함.

공통 과목		공통국어1,2, 공통수학1,2, 공통영어1,2, 한국사1,2, 통합사회1,2, 통합과학1,2, 과학탐구실험1,2
수능 필수		화법과 언어, 독서와 작문, 문학, 대수, 미적분 I , 확률과 통계, 영어 I , 영어 II , 한국사, 통합사회, 통합과학, 성공적인 직업생활(직업)
일반 선택	**수학, 사회, 과학**	대수, 미적분 I , 확률과 통계, 물리학, 화학
	체육·예술	
	기술·가정/정보	기술·가정, 정보
	제2외국어/한문	
	교양	생태와 환경
진로 선택	**수학, 사회, 과학**	기하, 미적분 II , 역학과 에너지, 전자기와 양자, 물질과 에너지, 화학 반응의 세계
	체육·예술	
	기술·가정/정보	
	제2외국어/한문	
	교양	
융합 선택	**수학, 사회, 과학**	수학과제 탐구, 기후변화와 지속가능한 세계, 기후변화와 환경생태, 융합과학 탐구
	체육·예술	
	기술·가정/정보	창의 공학 설계
	제2외국어/한문	
	교양	

추천 도서 목록

- 하루 한 권, 일상 속 화학 물질, 사마키 다케오, 드루
- 미술관에 간 화학자. 두번째 이야기, 전창림, 어바웃어북
- 화학의 역사, 윌리엄 H. 브룩, 고유서가
- 교양인을 위한 화학사 강의, 옌스 죈트겐, 반니
- 세상을 바꾼 화학, 원정현, 리베르스쿨
- 가볍게 읽는 무기화학, 사이토 가츠히로, 북스힐
- 가볍게 읽는 유기화학, 사이토 가츠히로, 북스힐
- 화학공학기술자 어떻게 되었을까?, 캠퍼스멘토, 캠퍼스멘토
- 분자 조각가들, 백승만, 해나무
- 세상이 보이는 스팀사이언스 100, 제니 제이코비, 파란자전거
- 과학과 공학의 기초를 쉽게 정리한 단위 기호 사전, 사이트 가쓰히로, 그린북

- 거의 모든 물질의 화학, 김병민, 현암사
- 걱정 많은 어른들을 위한 화학 이야기, 윤정민, 푸른숲
- 곽재식의 먹는 화학 이야기, 곽재식, 요다
- 곽재식의 유령 잡는 화학자, 곽재식, 김영사
- 나노화학, 장홍제, 휴머니스트
- 모든 것에 화학이 있다, 케이트 비버도프, 문학수첩
- 배터리 전쟁, 루카스 베드나르스키, 위즈덤하우스
- 생활 속의 화학, W. 릭스너 외, 전파과학사
- 역사를 바꾼 17가지 화학이야기, 페니 르 쿠터 외, 사이언스북스
- 세상에서 가장 재미있는 화학, 크레이그 크리들, 궁리
- 총 균 쇠, 재레드 다이아몬드, 문학사상
- 엔트로피, 제레미 리프킨, 세종연구원

학교생활 TIPS

- 화학공학 전공과 관련이 있는 수학, 과학(물리학, 화학), 정보 교과의 학업 성취도 향상을 위해 노력이 필요하고, 학교 수업 활동을 통해 학습에 대한 의지와 열정, 수업의 집중도, 학문에 대한 열정이나 지적 관심의 정도, 지원 전공에 대한 흥미와 관심, 지원 전공과 관련한 교과 활동 여부, 지원 전공을 위해 기울인 노력 등이 학교생활기록부 교과 세부능력 및 특기사항에 기록되도록 하는 것이 좋습니다.
- 공학, 과학, 환경, 컴퓨터 관련 동아리 활동 참여를 권장 하고, 동아리 활동 과정에서 구성원의 화합과 단결을 이끌어 낸 리더십 경험이나 활동 중에 부딪히는 문제점을 슬기롭게 해결한 경험, 전공 관련 다양한 구체적인 활동 경험 등이 드러나면 좋습니다.
- 화학공학 진로와 관련한 다양한 진로 활동(화학 공업 관련 기업 및 연구소 탐방 및 직업 체험, 학과 탐방) 참여를 통해 전공에 대한 관심과 진로 설정 과정, 진로에 대한 열정, 자기주도적 참여 자세 등이 나타나는 것이 좋습니다.
- 학교 교육계획에 의해 진행되는 지속적인 봉사 활동(학습 멘토링, 급식 도우미, 교통 지도, 통합반 도우미, 사서 도우미, 분리수거 도우미) 참여를 통해, 타인을 위해 봉사하고 헌신하는 학교생활 모습을 보이는 것이 중요합니다.
- 화학공학, 화학, 정보 통신, 4차 산업혁명, 인공지능, 로봇, 인문학, 철학, 역사, 심리학 등 다양한 분야의 독서활동을 통해 융합적 사고 능력을 키우도록 합니다.

187

환경공학과

학과소개

환경공학은 인간과 다른 생명체의 생활에 필요한 건강한 수자원, 공기, 땅을 공급하고, 오염된 지역을 정화하는 등 과학과 공학의 원리를 통합하여 주변 자연환경을 개선하고자 하는 학문입니다. 또한 인간과 동물의 활동으로부터 발생하는 폐기물의 관리와, 에너지 자원의 보호 및 공급에 관한 이슈를 다루는 응용과학 기술의 한 분야이기도 합니다. 환경공학과에서는 쾌적한 환경의 확보, 자연 생태계의 보전, 지속 가능한 에너지 기술의 개발을 목적으로 공학적·자연과학적·계획적 지식을 이용하여 각종 환경 및 에너지 문제를 다룹니다.

공학 기초 학문을 이론과 실습을 통해 배우고, 환경공학에 대한 기초 및 응용 기술의 기반을 확립할 수 있는 인재, 각종 환경 문제를 분석하고 해결할 수 있는 전문 지식을 습득한 인재, 세계화 시대를 이끌어 나가는 데 필요한 의사소통 능력과 환경 기술 등을 갖춘 환경 분야의 전문 인재 양성은 환경공학과의 교육 목표입니다.

개설대학

- 경북대학교
- 경상국립대학교
- 경성대학교
- 계명대학교
- 국립공주대학교
- 광운대학교
- 국립군산대학교
- 국립금오공과대학교
- 동의대학교
- 부산대학교
- 서울과학기술대학교
- 서원대학교
- 국립순천대학교
- 국립경국대학교
- 영남대학교
- 이화여자대학교
- 인하대학교
- 제주대학교
- 조선대학교
- 청주대학교
- 충남대학교
- 충북대학교
- 국립한국해양대학교
- 호서대학교 등

관련학과

- 환경공학부
- 환경공학전공
- 건설환경공학과
- 건설환경도시교통공학부
- 사회환경시스템공학부
- 생태공학전공
- 스마트그린공학부 환경에너지공학전공
- 에너지환경공학과
- 자원환경공학과
- 지구환경시스템공학과
- 해양환경공학과
- 환경시스템공학과
- 환경안전공학과
- 환경에너지공학과 등

진출분야

기업체	환경 오염 방지 회사, 환경 운동 단체, 기업 환경 관리 관련 부서, 환경 보전 및 폐기물 처리 업체, 엔지니어링 기업, 환경 공법 개발 기업, 환경 오염 방지시설 업체, 환경 측정 대행 업체, 설계 용역 회사, 감리 전문 업체 등
정부 및 공공 기관	환경부, 기상청, 한국환경정책평가연구원, 한국환경공단, 한국수자원공사, 한국자원재생공사, 한국토지주택공사, 국립환경과학원, 유역환경청 등
연구 기관	국립환경과학원, 한국건설기술연구원, 보건환경연구원, 국립기상과학원, 한국과학기술연구원 등

진출직업

- 대기환경기술자
- 상하수처리관련조작원
- 소각로관련장치조작원
- 수질환경기술자
- 중등학교 교사(환경)
- 환경공학시험원
- 환경영향평가원
- 환경관련장치조작원
- 환경위생검사원
- 해양공학기술자
- 환경공학기술자
- 환경직 공무원
- 폐기물처리기술자 등

취득가능 자격증

- 대기관리기술사
- 대기환경기사
- 대기환경산업기사
- 수질환경산업기사
- 수질환경기사
- 수질관리기술사
- 소음진동산업기사
- 소음진동기사
- 소음진동기술사
- 온실가스관리산업기사
- 온실가스관리기사
- 자연생태복원산업기사
- 자연생태복원기사
- 자연환경관리기술사
- 폐기물처리산업기사
- 폐기물처리기사
- 폐기물처리기술사
- 토양환경기사
- 토양환경기술사
- 환경기능사
- 중등학교 정교사 2급(환경) 등

학과 주요 교과목

기초 과목	대학수학, 물리학 및 실험, 화학 및 실험, 생물학, 환경화학, 환경미생물학, 대기오염개론, 수질오염, 대기오염제어공학, 하폐수처리공학, 하폐수처리설계, 환경시설설계, 창의공학설계 등
심화 과목	환경공학개론, 환경화학 및 실험, 수질오염론, 환경CAD, 생태공학개론, 수처리공학, 환경생물공학, 대기환경학, 대기오염방지설계, 대기 및 수질모델링과 실습, 재생에너지공학, 소각 및 연소공학, 자원재생 공학, 소음 및 진동, 대기오염제어설계, 상하수도설계, 상하수도공학 등

학과 인재상 및 갖추어야 할 자질

- 수학이나 물리학 등 기초 과학에 흥미와 관심이 있는 학생
- 자연 현상에 대한 과학적 해석 및 분석 능력, 체계적인 사고 능력을 지닌 학생
- 평소 환경 문제에 관심이 많은 학생
- 자료를 이해하고 분석하는 능력과 실험을 계획하고 수행하는 능력을 가진 학생
- 팀을 이루어 업무를 수행하는 데 적합한 원만한 대인 관계를 갖춘 학생
- 현장 근무에 적합한 활동적인 성격, 끈기와 인내심, 책임감과 신뢰성이 있는 학생

학과 관련 선택 과목

※ 국어, 영어 교과는 모든 학문의 기초적인 성격을 가진 도구교과로 모든 학과에 이수가 필요하여 생략함.

공통 과목		공통국어1,2, 공통수학1,2, 공통영어1,2, 한국사1,2, 통합사회1,2, 통합과학1,2, 과학탐구실험1,2
수능 필수		화법과 언어, 독서와 작문, 문학, 대수, 미적분 I , 확률과 통계, 영어 I , 영어 II , 한국사, 통합사회, 통합과학, 성공적인 직업생활(직업)
일반 선택	수학, 사회, 과학	대수, 미적분 I , 확률과 통계, 세계시민과 지리, 사회와 문화, 물리학, 화학, 생명과학, 지구과학
	체육·예술	
	기술·가정/정보	기술·가정
	제2외국어/한문	
	교양	생태와 환경
진로 선택	수학, 사회, 과학	미적분 II , 도시의 미래 탐구, 경제, 물질과 에너지, 화학 반응의 세계, 세포와 물질대사, 생물의 유전
	체육·예술	
	기술·가정/정보	
	제2외국어/한문	
	교양	
융합 선택	수학, 사회, 과학	실용 통계, 수학과제 탐구, 사회문제 탐구, 기후변화와 지속가능한 세계, 기후변화와 환경생태, 융합과학 탐구
	체육·예술	
	기술·가정/정보	창의 공학 설계, 지식 재산 일반
	제2외국어/한문	
	교양	

추천 도서 목록

- 원자력, 무엇이 문제일까?, 김명자, 동아엠엔비
- 기후는 기다려주지 않는다, 조슈아 S. 골드스타인 외, 프리뷰
- 생태시민을 위한 동물지리와 환경 이야기, 한준호 외, 롤로코스터
- 지구를 위한 소비 수업, 선보라 외, 휴머니스트
- 지구 온난화의 미래, 박선호, 북랩
- 10대를 위한 총균쇠 수업, 김정진, 넥스트씨
- 그린 쇼크, 최승민 외, 바른북스
- 기후변화, 그게 좀 심각합니다, 빌 맥과이어, 양철북
- 당신의 쓰레기는 재활용되지 않았다, 미카엘리 르 뫼르, 풀빛
- 미래를 위한 환경철학, 김완구 외, 연암서가
- 빌게이츠, 기후재앙을 피하는 법, 빌게이츠, 김영사
- 식사혁명, 남기선, 엠아이디

- 쓰레기에 관한 모든 것, 피에로 마틴 외, 북스힐
- 오늘의 기후, 노광준, 루아크
- 우주 쓰레기가 온다, 최은정, 갈매나무
- 지구별 생태사상가, 황대권 외, 작은것이 아름답다
- 지속가능한 세계에서 도시는 생명체다, 배성호, 이상북스
- 탄소 농업, 허북구, 중앙생활사
- 환경사란 무엇인가, 도널드 휴즈, 엘피
- 새로워진 세계의 바다와 해양생물, 김기태, 채륜
- 파란 하늘 빨간 지구, 조천호, 동아시아
- 청소년을 위한 환경교과서, 클라우스 퇴퍼 외, 사계절

학교생활 TIPS

- 환경공학 전공과 관련이 있는 수학, 과학(물리학, 화학, 생명과학, 지구과학), 정보 교과의 학업 성취도 향상을 위해 노력해야 하고, 학교 수업 활동을 통해 학문에 대한 열정이나 지적 관심의 정도, 지원 전공에 대한 흥미와 관심, 지원 전공과 관련한 교과 활동 여부, 지원 전공을 위해 기울인 노력 등이 학교생활기록부 교과 세부능력 및 특기사항에 기록되도록 하는 것이 좋습니다.
- 환경공학에 대한 흥미와 관심, 지원 전공에 대해 이해, 자신의 경험과 지원 전공과의 연관성이 드러날 수 있는 학교 내 환경 관련 프로그램에 적극 참여하고, 환경 관련 기관이나 환경 관련 업체, 자연 학습장, 생태 복원 지역 체험, 환경공학 관련 직업 탐색, 환경공학과 탐방 프로그램 등에 참여할 것을 추천합니다.

- 환경, 공학, 과학, 컴퓨터 관련 동아리 활동 참여를 권장하고, 동아리 활동 과정에서 구성원의 화합과 단결을 이끌어 낸 리더십 경험이나 활동 중에 부딪히는 문제점을 슬기롭게 해결한 경험, 전공 관련 다양한 구체적인 활동 경험 등이 드러나면 좋습니다.
- 학교 교육계획에 의해 진행되는 지속적인 봉사 활동(환경 지킴이, 분리 수거 도우미, 학습 멘토링, 급식 도우미, 교통 지도, 통합반 도우미, 사서 도우미) 참여를 통해 타인을 위해 봉사하고 헌신하는 학교생활 모습을 보이는 것이 중요합니다.
- 환경공학, 공학, 생명, 화학, 정보 통신, 4차 산업혁명, 인공지능, 로봇, 인문학, 철학, 역사, 심리학 등 다양한 분야의 독서 활동을 통해 융합적 사고 능력을 키우도록 합니다.

PART

의약계열 23개 학과

MEDICAL & HEALTH AFFILIATION

각 계열별 학과 게재 순서는 '가나다' 순

* 희망하는 대학의 교육과정이나 관련자료에 따라 다를 수 있으니 유의하시기 바랍니다.

188

간호학과

학과소개

간호학은 인간의 건강을 보호하고 증진하며 질병으로부터 회복 할 수 있도록 돕는 행위에 관한 학문으로, 주어진 환경 속에서 어떻게 건강을 유지, 증진하도록 간호할 것에 관한 실무 과학이라고 할 수 있습니다. 간호학과에서는 건강의 회복, 질병의 예방, 건강의 유지 및 증진에 필요한 지식과 함께, 환자들을 회복시키고 재활을 돕는 간호 활동에 대한 이론을 배웁니다. 간호학은 간호 대상의 특성과 변화에 따라 성인간호학, 아동간호학, 모성간호학, 노인간호학, 정신건강간호학, 지역사회간호학 등으로 구분할 수 있습니다.

인간 존중의 정신과 생명 윤리 규범을 준수하는 윤리적인 간호 분야의 인재, 다양한 건강 관리 체계 내에서 국가와 지역 사회에 공헌하는 리더십을 갖춘 간호 전문 인재, 비판적 사고와 합리적 의사소통 능력을 갖춘 글로벌 전문직 간호 인재의 양성을 교육 목표로 합니다.

개설대학

- 가천대학교
- 가톨릭대학교
- 강원대학교
- 건국대학교(글로컬)
- 건양대학교
- 경남대학교
- 경북대학교
- 경상국립대학교
- 경희대학교
- 계명대학교
- 국립공주대학교
- 단국대학교(제2캠퍼스)
- 대구대학교
- 대구한의대학교
- 동국대학교(WISE)
- 동서대학교
- 국립목포대학교
- 국립부경대학교
- 부산대학교
- 삼육대학교
- 상명대학교(제2캠퍼스)
- 성신여자대학교
- 국립순천대학교
- 순천향대학교
- 아주대학교
- 연세대학교
- 우석대학교
- 울산대학교
- 원광대학교
- 을지대학교
- 인제대학교
- 인하대학교
- 전남대학교
- 전북대학교
- 제주대학교
- 조선대학교
- 중앙대학교
- 충남대학교
- 충북대학교
- 국립한국교통대학교
- 한림대학교
- 한양대학교 등

진출직업

- 가정전문간호사
- 간호사
- 간호장교
- 간호직 공무원
- 감염관리전문간호사
- 초중등학교 교사(보건)
- 보건직 공무원
- 보호관찰관
- 보험사무원
- 산업전문간호사
- 산후조리사
- 수술실간호사
- 응급구조사
- 의료관광코디네이터
- 의료코디네이터
- 조산원
- 호스피스전문간호사 등

취득가능 자격증

- 간호사
- 감염관리전문간호사
- 보건교사(2급)
- 보건교육사
- 의료정보관리사
- 전문간호사(가정전문간호사, 노인전문간호사, 마취전문간호사,
- 보건전문간호사, 산업전문간호사, 응급전문간호사, 정신전문간호사, 종양전문간호사, 중환자전문간호사, 호스피스전문간호사, 아동전문간호사, 임상전문간호사)
- 중독전문상담가
- 조산사 등

관련학과

- 간호대학
- 간호학부
- 간호학부 간호학과
- 간호헬스케어학과 등

진출분야

기업체	종합 병원, 대학 병원, 개인 병·의원, 노인 복지관,사회 복지관, 산후조리원, 조산원, 요양원, 의료 기기 업체, 의료 정보 회사, 보험 회사, 제약회사, 레저 및 스포츠 관련 회사, 기업체 의무실, 대한의사협회, 대한약사회, 보건 의료 분야의 언론사 등
정부 및 공공 기관	보건복지부 산하 기관, 지방 자치 단체 간호직 및 보건직 공무원, 보건소, 국민건강보험공단, 국립정신건강센터, 국립재활원, 질병관리본부, 육해공군, 해병대 등
연구 기관	보건 관련 연구소, 보건 산업 관련 연구소, 한국보건사회연구원, 보건환경연구원 등

학과 주요 교과목

기초 과목	생물학, 생물학실험, 심리학개론, 화학, 화학실험, 생명의료윤리, 생명과학, 성장발달이론, 통계학, 심리학, 해부학, 생리학, 사회복지학개론, 인간성장발달과 건강 등
심화 과목	간호학개론, 병원미생물학, 병태생리학, 간호통계학, 약물기전과 효과, 건강교육과 상담, 영양과 식이, 건강증진행위개론, 의사소통 및 인간관계 및 실습, 기본간호학 및 실습, 지역사회간호학, 인체구조와 기능 및 실험, 간호연구개론, 아동건강간호학, 정신건강간 호학, 재활간호학 및 실습, 지역사회간호학 실습, 가족건강간호 및 실습, 간호관리학, 간호특론 등

학과 인재상 및 갖추어야 할 자질

- 어떤 일을 할 때, 꼼꼼하게 마무리하고 차분하며 집중력이 높은 학생
- 대인 관계, 팀워크 등 타인과의 협동심과 배려심이 뛰어난 학생
- 상황에 대한 이해력을 바탕으로 창의적인 문제 해결을 할 수 있는 학생
- 마음이 따뜻하고 타인을 잘 이해하며 배려하는 태도를 지닌 학생
- 논리적인 사고와 건전한 비판적 사고를 할 수 있는 통찰력을 지닌 학생
- 인체나 질병, 생명 등에 관심이 있고, 생명과학과 화학, 사회 등의 교과목에 흥미와 소질이 있는 학생

학과 관련 선택 과목

※ 국어, 영어 교과는 모든 학문의 기초적인 성격을 가진 도구교과로 모든 학과에 이수가 필요하여 생략함.

공통 과목		공통국어1,2, 공통수학1,2, 공통영어1,2, 한국사1,2, 통합사회1,2, 통합과학1,2, 과학탐구실험1,2
수능 필수		화법과 언어, 독서와 작문, 문학, 대수, 미적분Ⅰ, 확률과 통계, 영어Ⅰ, 영어Ⅱ, 한국사, 통합사회, 통합과학, 성공적인 직업생활(직업)
일반 선택	수학, 사회, 과학	대수, 미적분Ⅰ, 확률과 통계, 사회와 문화, 현대사회와 윤리, 화학, 생명과학
	체육·예술	
	기술·가정/정보	
	제2외국어/한문	
	교양	
진로 선택	수학, 사회, 과학	미적분Ⅱ, 윤리와 사상, 인문학과 윤리, 물질과 에너지, 화학 반응의 세계, 세포와 물질대사, 생물의 유전
	체육·예술	
	기술·가정/정보	
	제2외국어/한문	
	교양	인간과 철학, 인간과 심리, 보건
융합 선택	수학, 사회, 과학	윤리문제 탐구, 융합과학 탐구
	체육·예술	
	기술·가정/정보	
	제2외국어/한문	
	교양	

추천 도서 목록

- 작은 생물에게서 인생을 배운다, 래니 샤, 드림셀러
- 절대지식 치매 백과사전, 홍경환, 스마트비즈니스
- 최신 환자안전간호, 구소연 외, 의학서원
- 전직 간호사, 현직 보건교사의 가꿈노트, 정진주, 미디어북스
- 체크인 미국 간호사, 허혜리, 드림널스
- 체크인 일본 간호사, 이선아, 드림널스
- 병원적응 의학용어, 간호사적응연구소, 포널스출판사
- 아름다운 간호사의 손, 정순옥, 지식공감
- 실버 간호사의 골든 메모리, 함채윤, 포널스출판사
- 간호의 경제학, 츠노다 유카, 호밀밭
- 연구간호사를 간직하다, 박유원 외, 드림널스
- 메이드 인 간호사, 송영애 외, 포널스출판사
- 알찬 간호학과 비법노트, 손희진 외, 포러스

- 간호사 생활백서, 강민애, 드림널스
- 간호사 혁명시대, 이경주, 라온북
- 간호사 프로를 꿈꿔라, 도나 일크 카르딜로, 한언
- 간호장교를 간직하다, 조원경, 드림널스
- 간호사가 말하는 간호사, 권혜림 외, 부키
- 미스터 나이팅게일, 문광기, 김영사
- 간호사는 고마워요, 잭 캔필드 외, 원더박스
- 간호사를 부탁해, 정인희, 원더박스

학교생활 TIPS

- 간호학과와 관련이 깊은 사회, 과학, 수학 교과의 우수한 학업 성취를 위한 노력이 필요하고, 학교 수업 활동을 통해서 적극적인 수업 태도, 타인에 대한 관심과 배려, 협력을 통해 결과를 이끌어 내는 모습, 전공 적합성, 문제 해결 능력, 발전 가능성 등이 학교생활기록부 교과 세부능력 및 특기 사항에 기록될 수 있도록 합니다.
- 학교 교육계획에 의해 운영되는 봉사 활동에 지속적으로 참여하는 것을 권장하고, 돌봄 활동(환우, 장애인, 독거 노인)과 자선 봉사 활동(캠페인, 불우 이웃 돕기, 기아 아동 돕기) 등을 권장합니다. 간호 및 과학 탐구 실험, 생명 연구, 사회 참여, 의료, 보건, 봉사 관련 동아리 활동 참여도 추천합니다.

- 다양한 교내외 활동(보건 교육, 심폐 소생술 교육)에 적극적으로 참여하고, 간호학과에 대한 관심과 흥미를 바탕으로 인성, 나눔과 배려, 협동심, 창의력, 리더십 등이 드러나도록 합니다.
- 간호, 생명, 의료, 윤리, 인문학 등 폭넓은 독서 활동을 통해서 관련 전공 소양을 키우도록 합니다.
- 학교생활기록부에 협업 능력, 전공 적합성, 자기주도성, 문제 해결 능력, 창의력, 발전 가능성, 자기주도성, 나눔과 배려, 학업 태도와 학업 의지에 대한 장점 등이 기록되도록 합니다.

189

건강관리학과

학과소개

웰빙 시대를 맞이하여 인간의 건강 증진을 위한 의학, 기초과학, 운동과학, 건강 증진, 노인학 등의 다양한 학문간 융합 교육의 중요성이 커지고 있습니다. 건강관리학과는 운동의 의학적 효과와 중요성에 대한 인식의 확산을 위해 의학적 입장에서 운동을 다룹니다. 성인 질환의 예방과 치료, 건강과 체력 증진, 재활 등 건강 관리에 대한 과학적 지식을 학습하여 운동 프로그램 처방 능력을 키우고, 스트레스 관리와 합리적인 영양 섭취, 그리고 신체 활동과 관련된 부상 등에 관해 상담 및 교육할 수 있는 지도자 양성에 교육 목표를 두고 있습니다.

국제적 경쟁력을 갖춘 전문적인 이론 및 융합적 실습 교육을 통한 맞춤형 인재, 건강 관리 문제의 진단, 연구 및 기획을 효과적으로 수행할 수 있는 보건 전문 인재, 정의롭고 건강한 사회성을 갖추고 인류의 건강 증진에 기여할 수 있는 글로벌 인재, 체계적인 전문 지식과 창의성을 겸비한 전문 인재 양성을 교육 목표로 합니다.

개설대학

- 동아대학교
- 서울장신대학교 등

관련학과

- 건강보건대학
- 건강뷰티향장학과
- 재활건강증진학과
- 건강운동관리학과
- 건강재활서비스학과
- 스포츠건강관리학과
- 스포츠건강학과
- 운동건강관리학과
- 운동건강학부 등

진출직업

- 건강상담전문가
- 건강증진광고 및 캠페인기획가
- 레크리에이션지도자
- 보건전문기자
- 보건직 공무원
- 보건통계학자
- 보건교육사
- 병원코디네이터
- 병원행정사
- 스포츠강사
- 스포츠지도사
- 스포츠트레이너
- 시니어컨설턴트
- 운동처방사
- 응급처치법강사
- 의료서비스에이전트 등

취득가능 자격증

- 생활스포츠지도사
- 건강운동관리사
- 국제의료관광코디네이터
- 노인스포츠지도사
- 병원행정사
- 생활체육지도사
- 스포츠경영관리사
- 응급구조사
- 임상심리사
- 의지보조기기사
- 유소년스포츠지도사
- 장애인스포츠지도사 등

진출분야

기업체	대학 병원, 제약 및 의료 보험 회사, e-Health Care 업체, 종합 병원, 일반 병원, 노인 요양 병원, 보건 의료 분야의 언론사, 의료 보험 회사 등
정부 및 공공 기관	보건복지부, 보건소, 국민건강보험공단, 질병관리본부, 한국보건복지인력개발원, 건강보험심사평가원, 한국산업안전보건공단, 한국법무보호복지공단, 한국보훈복지의료공단, 국립암센터 등
연구 기관	보건 관련 연구소, 보건 산업 관련 연구소, 한국보건사회연구원 등

학과 주요 교과목

기초 과목	일반생물학, 일반화학, 인체해부학, 보건전산학, 인체생리학, 건강증진개론, 해부생리학, 인간발달론, 건강학개론, 보건학, 보건교육학, 건강교육, 운동생리학, 운동역학, 스포츠의학 등
심화 과목	스포츠의학, 약물과 건강, 재활의학, 운동생화학, 운동생리학, 응급처치, 운동생리학, 뇌·행동과학, 기능해부학, 노인보건, 병태생리학, 신경정신과학, 건강운동프로그램방법론, 노인증후군의 예방과 관리, 임상바이오메카닉스, 보건의사소통, 병원관리학, 보건통계, 보건의료법규 등

학과 인재상 및 갖추어야 할 자질

- 강한 지적 호기심과 비판적 사고, 합리적인 의사 결정 능력을 지닌 학생
- 과학적 탐구력과 풍부한 표현력을 갖추고 체육학 연구 분야에 대한 연구 의지와 열정이 있는 학생
- 의사소통 능력, 팀워크 등 타인과의 협동심과 배려심이 뛰어난 학생
- 진취적이고 도전적이며, 협업을 통해 새로운 사회적 가치를 창조하려는 자세를 지닌 학생
- 운동과 건강에 관련된 정보 및 지식에 관심이 많은 학생
- 스포츠 상황에서 발생하는 문제에 대한 과학적 해결 능력을 지닌 학생

학과 관련 선택 과목

※ 국어, 영어 교과는 모든 학문의 기초적인 성격을 가진 도구교과로 모든 학과에 이수가 필요하여 생략함.

공통 과목		공통국어1,2, 공통수학1,2, 공통영어1,2, 한국사1,2, 통합사회1,2, 통합과학1,2, 과학탐구실험1,2
수능 필수		화법과 언어, 독서와 작문, 문학, 대수, 미적분Ⅰ, 확률과 통계, 영어Ⅰ, 영어Ⅱ, 한국사, 통합사회, 통합과학, 성공적인 직업생활(직업)
일반 선택	수학, 사회, 과학	대수, 미적분Ⅰ, 확률과 통계, 현대사회와 윤리
	체육·예술	체육1, 체육2
	기술·가정/정보	
	제2외국어/한문	
	교양	
진로 선택	수학, 사회, 과학	미적분Ⅱ, 윤리와 사상, 인문학과 윤리
	체육·예술	운동과 건강, 스포츠 과학
	기술·가정/정보	
	제2외국어/한문	
	교양	인간과 철학, 인간과 심리, 교육의 이해, 보건
융합 선택	수학, 사회, 과학	
	체육·예술	스포츠 생활1, 스포츠 생활2
	기술·가정/정보	
	제2외국어/한문	
	교양	

추천 도서 목록

- 스포츠 스타와 만나는 운동생리학, 김태욱, 라이프사이언스
- 백년다리, 다쓰미 이치로, 로그인
- 통증보감, 아닌, 해피북미디어
- 내 몸이 궁금해서 내 맘이 궁금해서, 나흥식, 이와우
- 모세혈관도 모르고 건강관리 한다고?, 김성호, 예나무
- 100세 시대를 위한 자연식품과 건강관리, 이채호, 생각나눔
- 캐토제닉 건강관리, 문동성, 아이프렌드
- 백세시대 건강관리, 김홍백, 형설eLIFE
- 내 몸을 살리는 혈행 건강법, 송봉준, 모아북스
- 중년, 질병 없이 살기로 했다, 서원기, 미다스북스
- 치매 때문에 불안하지 않으면 좋겠습니다, 강현숙, 유노라이프
- 120세 시대가 온다, 정병헌, 자수정출판사
- 최고의 노후, 야마다 유지, 루미너스

- 웃는 허리, 오재호, 바른북스
- 마이오카인 운동, 박병준, 헤르몬하우스
- 현대인의 건강비법, D.dam 건강연구회, 다담북
- 휴먼 퍼포먼스와 운동생리학, 정일규 외, 대경북스
- 스포츠 문화의 이해, 임수원 외, 경북대학교출판부
- 플러스 스포츠 마케팅, 이병기 외, 대경북스
- 운동과 스포츠 생리학, Jack H. Wilmore 외, 대한미디어
- 하루 15분 기적의 림프 청소, 김성중 외, 비타북스
- 의학, 인문으로 치유하다, 예병일, 한국문화사
- 인체는 건축물이 아니다, 이문환, 책과나무

학교생활 TIPS

- 건강관리학 전공과 관련이 깊은 영어, 수학, 과학(물리학, 생명과학), 체육 교과의 우수한 학업 성취를 올릴 수 있도록 관리하고, 교과 수업 활동을 통해서 전공 적합성, 문제 해결 능력, 창의력, 협업 능력 등의 결과를 이끌어 낸 내용이 학교생활기록부 교과 세부능력 및 특기사항에 드러나도록 하는 것이 좋습니다.
- 다양한 교내 활동 중 리더십, 심폐소생술, 보건 교육, 융합 교실, 독서 토론, 환경 교육, 창의성 교육 등 전공 적합성과 지적 확장성을 키울 수 있는 활동에 적극 참여하는 것을 권장합니다.
- 스포츠, 경영 및 마케팅, 발명, 건강, 보건, 안전, 토론, 봉사 관련 동아리 활동에 참여하는 것을 추천합니다. 그리고 학교 교육계획에 의해 진행

되는, 일회성이 아닌 지속적인 봉사 활동(또래 상담, 학습 멘토링, 급식 도우미, 통합반 도우미, 사서 도우미, 교문 교통 지도, 장애인 및 독거 노인 대상 돌봄 활동 등) 참여를 통해서 타인을 위해 봉사하고 헌신하는 학교 생활 모습이 드러나는 것이 중요합니다.

- 건강관리학 전공과 관련 있는 다양한 진로 활동(스포츠센터 및 헬스장, 건강 관리 센터, 건강 검진 센터 탐방 활동이나 건강 관련 직업 및 학과 체험 활동) 참여를 통해 자신의 진로 역량을 키우는 것이 중요하며, 단순 참여 사실보다는 참여하게 된 계기나 자신의 역할, 배우고 느낀 점, 전공에 대한 준비 노력 등이 드러나는 것이 좋습니다.

190

물리치료학과

학과소개

물리치료학은 재활의학과 관련된 학문으로, 질병, 절단, 손상 등으로 인해 장애를 가진 환자들을 치료적 운동과 열, 냉, 물, 빛, 전기, 초음파 및 마사지를 이용한 온열, 자극 등의 방법으로 치료를 하는 학문입니다. 일차적 장애 때문에 발생하기 쉬운 이차적 후유 장애를 예방하는 것에 대한 학문입니다. 물리치료학과에서는 물리치료의 원리를 이해하고 물리치료를 발전시킬 수 있는 지식과 역량에 대해 배우며, 운동생리학 및 임상운동학, 관절 생리학, 운동 치료 및 기능 훈련을 통하여 환자의 손상 및 장애 등을 치료, 진단하고 손상된 기능을 회복시키는 방법을 공부합니다.

물리치료사로서 기초 의학 지식과 과학적으로 검증된 최신 전문 지식을 갖춘 인재, 체계적 이론 지식과 실무 중심의 실습 경험을 겸비한 인재, 사회에서 요구하는 지성과 인성을 겸비한 능동적인 인재, 국제화 능력을 갖춘 물리치료사의 양성을 교육 목표로 합니다.

개설대학

- 가야대학교
- 가천대학교
- 강원대학교(제2캠퍼스)
- 건양대학교(제2캠퍼스)
- 건양대학교
- 경남대학교
- 경동대학교
- 경성대학교
- 김천대학교
- 나사렛대학교
- 단국대학교(제2캠퍼스)
- 대구가톨릭대학교
- 대구대학교
- 대구한의대학교
- 대전대학교
- 동의대학교
- 백석대학교
- 삼육대학교
- 상지대학교
- 선문대학교
- 신라대학교
- 연세대학교(미래)
- 용인대학교
- 우석대학교
- 우송대학교
- 을지대학교
- 인제대학교
- 전주대학교
- 청주대학교
- 국립한국교통대학교
- 한서대학교
- 호원대학교
- 호서대학교 등

관련학과

- 미술심리치료학과
- 스포츠재활학과
- 언어치료청각재활학과
- 언어치료학과
- 운동재활학과
- 운동처방학과
- 작업치료학과
- 재활치료학부
- 재활상담학과
- 재활심리학과 등

진출직업

- 물리치료사
- 보건직 공무원
- 스포츠지도사
- 스포츠트레이너
- 작업치료사
- 피트니스지도사 등

취득가능 자격증

- 노인재활상담사
- 물리치료사
- 발달재활서비스자격증
- 병원코디네이터
- 비만전문물리치료사
- 산림치유지도사
- 산업체물리치료사
- 생활건강관리사
- 스포츠마사지 1급
- 심폐소생술
- 운동처방사 1급
- 응급구조사
- 인간공학기사
- 작업치료사
- 치료교육교사
- 필라테스
- 테이핑자격증
- 특수학교 정교사 2급 등

진출분야

기업체	종합 병원, 대학 병원, 한방 병원, 개인 병·의원, 발달 장애 치료실, 사회 복지관, 직업 재활 시설, 의료 기기 및 보조기 제작·판매 업체, 스포츠 관련 단체 종합 병원, 치과 병·의원, 스포츠 및 피트니스 센터 등
정부 및 공공 기관	중앙 정부 및 지방 자치 단체(보건직 및 의료기술직), 보건소, 특수학교, 노인 복지관, 장애인 복지관, 사회 복지관 등
연구 기관	치료 관련 연구소, 재활 관련 연구소, 구강 보건 관련 연구소 등

학과 주요 교과목

기초 과목	물리치료학개론, 해부학, 기능해부학, 생리학, 병리학, 생물학, 물리학, 화학, 신경과학, 임상신경학, 내과학, 약리학, 의학용어, 응급처리, 공중보건학, 의료관계법규, 심리학 등
심화 과목	근골격물리치료학, 신경물리치료학, 아동물리치료학, 노인물리치료학, 스포츠물리치료학, 심폐물리치료학, 피부재활, 전기광선물리치료학, 수치료학, 운동치료학, 보조기 및 의수족학, 보행분석학, 임상운동학, 임상실습, 운동치료학 및 실습, 임상운동학 및 실습, 물리치료진단학, 생리학, 병리학, 스포츠물리치료학 및 실습, 물리치료연구방법론, 임상물리치료학 등

학과 인재상 및 갖추어야 할 자질

- 인간을 사랑하고 환자와 함께 고통을 나눌 수 있는 마음가짐을 지닌 학생
- 문제 해결 능력, 협동심과 배려심이 뛰어난 학생
- 물리학이나 화학, 생명과학, 사회, 수학 등의 교과에 흥미를 지닌 학생
- 마음이 따뜻하고 타인을 잘 이해하며 배려하는 태도를 지닌 학생
- 창의력과 진취성, 인내심과 끈기, 적극성을 지닌 학생
- 인체의 움직임에 대한 흥미와 공간 지각 능력을 지닌 학생

학과 관련 선택 과목

※ 국어, 영어 교과는 모든 학문의 기초적인 성격을 가진 도구교과로 모든 학과에 이수가 필요하여 생략함.

공통 과목		공통국어1,2, 공통수학1,2, 공통영어1,2, 한국사1,2, 통합사회1,2, 통합과학1,2, 과학탐구실험1,2
수능 필수		화법과 언어, 독서와 작문, 문학, 대수, 미적분Ⅰ, 확률과 통계, 영어Ⅰ, 영어Ⅱ, 한국사, 통합사회, 통합과학, 성공적인 직업생활(직업)
일반 선택	수학, 사회, 과학	대수, 미적분Ⅰ, 확률과 통계, 현대사회와 윤리, 생명과학
	체육·예술	체육1, 체육2
	기술·가정/정보	
	제2외국어/한문	
	교양	
진로 선택	수학, 사회, 과학	미적분Ⅱ, 세포와 물질대사, 생물의 유전
	체육·예술	운동과 건강, 스포츠 과학
	기술·가정/정보	
	제2외국어/한문	
	교양	인간과 심리, 보건
융합 선택	수학, 사회, 과학	
	체육·예술	스포츠 생활1, 스포츠 생활2
	기술·가정/정보	
	제2외국어/한문	
	교양	

추천 도서 목록

- 물리치료사로 살아가기, 오덕원, 학지사메디컬
- 베스트 물리치료사, 안소윤 외, 학지사메디컬
- 호주물리치료사의 13가지 체형교정법, 라이프에이드 연구소, 용감한북스
- 물리치료사는 이렇게 일한다, 최명원, 청년의사
- 나는 날마다 성장하는 물리치료사입니다, 안병택, 푸른들녘
- 느리게 살살 운동합시다, 안병택, 크루
- 소아 청소년 물리치료, 전재근 외, 범문에듀케이션
- 대학교수에서 물리치료사로 차라리, 창업, 이문환, 책과나무
- 운동하는 물리치료사와 함께하는 30일 체형 교정, 남궁형, 한국경제신문
- 오십견, 근사슬이완술, 이문환, 책과나무
- 손발에 숨겨진 건강비법, 건강연구회, 지성문화사
- 평생건강 관리비법, 우병호, 비티타임즈
- 건강 불균형 바로잡기, 닐 바너드, 브론스테인

- 기적의 자세요정, 자세요정, 다산라이프
- 웃는 허리, 오재호, 바른북스
- 평생 통증 없는 몸으로 살아가기, 박세관, 나비의활주로
- 통증 해방 스트레칭, 사라이 텐도, 즐거운상상
- 하루 15분 기적의 림프 청소, 김성중 외, 비타북스
- 나는 대한민국 물리치료사다, 이문환, 책과나무
- 인체는 건축물이 아니다, 이문환, 책과나무
- 과학혁명의 구조, 토머스 S. 쿤, 까치
- 통증혁명, 존 사노, 국일미디어
- 몸, 그것은? 손발이 고생해야 몸이 낫는다, 박용남 외, 군자출판사
- 궁금해요! 물리치료사, 심재훈, 학지사메디컬

학교생활 TIPS

- 물리치료학과와 관련이 깊은 과학, 체육 교과의 우수한 학업 성취를 올릴 수 있도록 관리하고, 교과 수업 활동에서 적극적인 수업 태도, 타인에 대한 관심과 배려, 협력, 리더십, 문제 해결 능력, 창의력 등이 학교생활기록부 교과 세부능력 및 특기사항에 나타나는 것이 좋습니다.
- 과학 탐구 실험, 의료, 생명 연구, 사회 참여, 보건, 봉사 관련 동아리 활동, 돌봄 활동(환우, 장애인, 독거노인), 자선 봉사 활동(캠페인, 불우 이웃 돕기, 기아 아동 돕기)과 사회 복지 시설, 요양원, 병원 등에서 진행되는 봉사 활동 등에 지속적으로 참여하는 것이 중요합니다.
- 다양한 교내외 활동(보건 교육, 심폐소생술 교육)을 통해 타인을 위한 헌신적인 태도가 드러나는 학교생활을 하도록 하고, 물리치료학과에 대한 관심과 흥미를 바탕으로 인성, 나눔과 배려, 협동심, 창의력, 리더십 등이 드러나도록 합니다.
- 보건, 의료, 생명, 윤리, 인문학 등 폭넓은 독서 활동을 통해서 관련 전공 소양을 키우도록 합니다.
- 학교생활기록부에 전공 적합성, 자기주도성, 문제 해결 능력, 창의력, 발전 가능성, 나눔과 배려, 학업 태도와 학업 의지에 대한 장점이 기록되도록 합니다.

191

방사선학과

학과소개

방사선학은 질병의 진단과 함께 암 치료 등에서 많이 사용되며 의학 기술의 발전과 함께 빠르게 발전하고 있는 학문 분야입니다. 또한 X-선, 라듐 방사선, 초음파 등의 취급 기술과 검사 원리 및 검사 과정 등을 학습하여 병원 현장에서 바로 응용할 수 있는 학문이기도 합니다. 방사선학과는 각종 첨단 의료 장비를 이용하여 환자 질병의 진단과 치료에 대한 영상 의학적 학문과 기술을 습득하고, 방사선을 이용한 다양한 암의 치료에 대한 방사선 종양 분야, 방사선 동위원소를 이용한 핵의학 검사를 수행하는 핵의학 기술 과학 등을 배우는 학과입니다.

의료인으로서의 인성을 기반으로 한 투철한 직업의식과 사명감이 있는 방사선 전문 인재, 봉사 정신이 투철하고 실무 능력과 창의적인 문제 해결 능력을 갖춘 인재, 방사선 전문인으로서의 국제적 의사소통 능력과 정보 처리 능력을 갖춘 인재를 양성합니다.

개설대학

- 가야대학교
- 가천대학교
- 강원대학교(제2캠퍼스)
- 건양대학교(제2캠퍼스)
- 극동대학교
- 김천대학교
- 남부대학교
- 대구가톨릭대학교
- 동서대학교
- 동신대학교
- 동의대학교
- 부산가톨릭대학교
- 신한대학교(제2캠퍼스)
- 연세대학교(미래)
- 을지대학교(제2캠퍼스)
- 전주대학교
- 청주대학교
- 한서대학교 등

관련학과

- 방사선화학과

진출직업

- 방사선사
- 방사선투과검사산업기사
- 원자로조정제어원
- 의료장비기사
- 진단방사선사
- 치료방사선사
- 핵의학방사선사 등

취득가능 자격증

- 건강보험청구관리사
- 국제임상초음파사
- 방사선검사기사
- 방사선검사산업기사
- 방사선취급감독자
- 방사성동위원소취급자일반면허
- 방사성동위원소취급자특수면허
- 방사선카운슬러
- 병원코디네이터
- 실험동물기술원 2급
- 심폐소생술
- 의료정보관리사
- 초음파비파괴검사기사
- 초음파비파괴검사산업기사 등

진출분야

기업체	의료 장비 및 방사성 의약품 판매 업체, 방사선 관련 기기 생산 업체, 방사선 또는 비파괴 검사 관련 업체, 종합 병원, 치과 병원, 보건소, 비파괴 검사 전문 회사, 보험 회사, 중공업과 건설업 분야, 원자력 산업 분야, 의료 영상 전송 관련 회사, 각 기업체의 안전 진단 분야 등
정부 및 공공 기관	중앙 정부 및 지방 자치 단체 보건직 및 의료기술직 공무원, 한국원자력환경공단, 한국원자력안전재단, 한국전력공사, 질병관리본부, 국민연금관리공단 등
연구 기관	보건 의료 연구 기관, 방사성 동위원소 취급 연구소, 원자력 관련 연구소, 한국수력원자력 등

학과 주요 교과목

기초 과목	해부학, 생리학, 물리학, 병리학, 방사선학개론, 의학 용어, 인체해부학, 방사선수학, 인체생리학, 방사선 물리학, 보건통계학, 원자력이론, 방사선생물학 등
심화 과목	초음파영상학, 방사선치료학, 자기공명영상학, 전산 화단층촬영학, 디지털영상학, 디지털영상처리, 방사선계측학, 핵의학기술학, 투시조영영상학, 혈관조영촬영 및 중재적 시술, 진료영상기술학, 원자력법령, 치과방사선학, 전기전자공학개론, 보건의료법규, 방사선관리학, 공중보건학 등

학과 인재상 및 갖추어야 할 자질

- 전기 전자 공학 분야에 대한 흥미가 있고, 기기 조작에 능숙한 학생
- 어떤 일을 할 때, 꼼꼼하게 마무리하고 차분하며 집중력이 높은 학생
- 의사소통 능력, 팀워크 등 타인과의 협동심과 배려심이 뛰어난 학생
- 물리학, 화학, 생명과학, 사회, 수학 등의 교과에 흥미가 있는 학생
- 마음이 따뜻하고 타인을 잘 이해하며 배려하는 태도를 지닌 학생
- 도전적인 정신으로 방사선 관련 연구 분야를 활성화할 수 있는 학생
- 타인을 배려하는 밝은 성격과 성실성, 책임감을 지닌 학생

학과 관련 선택 과목

※ 국어, 영어 교과는 모든 학문의 기초적인 성격을 가진 도구교과로 모든 학과에 이수가 필요하여 생략함.

공통 과목		공통국어1,2, 공통수학1,2, 공통영어1,2, 한국사1,2, 통합사회1,2, 통합과학1,2, 과학탐구실험1,2
수능 필수		화법과 언어, 독서와 작문, 문학, 대수, 미적분Ⅰ, 확률과 통계, 영어Ⅰ, 영어Ⅱ, 한국사, 통합사회, 통합과학, 성공적인 직업생활(직업)
일반 선택	수학, 사회, 과학	대수, 미적분Ⅰ, 확률과 통계, 현대사회와 윤리, 물리학, 화학, 생명과학
	체육·예술	
	기술·가정/정보	정보
	제2외국어/한문	
	교양	
진로 선택	수학, 사회, 과학	미적분Ⅱ, 역학과 에너지, 전자기와 양자, 물질과 에너지, 화학 반응의 세계, 세포와 물질대사, 생물의 유전
	체육·예술	
	기술·가정/정보	
	제2외국어/한문	
	교양	인간과 심리, 보건
융합 선택	수학, 사회, 과학	융합과학 탐구
	체육·예술	
	기술·가정/정보	
	제2외국어/한문	
	교양	

추천 도서 목록

- 알기쉽게 풀이한 방사선생물학, 강도양개 외, 아카데미아
- 알기 쉬운 방사능 방사선 & 식품안전, 권중호, 식안연
- 머릿속에 쏙쏙! 방사선 노트, 고다마 가즈야, 시그마북스
- 생활 속에서 알아야 할 라돈 이야기, 박경북, 지우북스
- 조건우의 방사선방호 이야기, 조건우, 집문당
- 방사선물리학, 방사선물리학 교육연구회, 대학서림
- 하루 한 권, 주기율의 세계, 사이토 가쓰히로, 드루
- 물리학자가 들려주는 물리학 이야기, 다나카 미유키 외, 동아엠앤비
- 청소년을 위한 물리 이야기, 사마키 다케오, 리듬문고
- 너무 재밌어서 잠 못 드는 물리 이야기, 션 코널리, 생각의힘
- 내가 사랑한 물리학 이야기, 요코가와 준, 청아람e
- 잠 못들 정도로 재미있는 이야기: 물리로 보는 스포츠, 모지즈키 오사무, 성안당

- 내가 처음 아인슈타인을 만났을 때, 에드윈 E. 슬로슨, 돋을새김
- 어쩌면 당신이 원했던 과학 이야기, 이송교, 북스고
- 시간여행을 위한 최소한의 물리학, 콜린 스튜어트, 미래의창
- 우주날씨 이야기, 황정아, 플루토
- 과학이 우주를 만났을 때, 제임스 진스, 돋을새김
- 한 권으로 읽는 과학 노벨상, 가키모지, 주니어태학
- 수학 없는 물리, Paul G. Hewitt, 프로텍미디어
- 프랑켄슈타인주니어 박사의 만화 인체 해부학, 미래창조창작과, 군자출판사
- 분자와 원자 속으로 GO!, 러셀 스태나드, 하늘을나는교실
- 고등학생을 위한 일반물리학, 김형근, 책과나무
- 질의 응답으로 알아보는 방사선 방사능 이야기, 타다 준이치로, 성안당

학교생활 TIPS

- 방사선학과와 관련이 깊은 화학, 물리학, 생명과학, 사회, 수학 교과의 우수한 학업 성취를 올릴 수 있도록 관리하고, 교과 수업 활동에서 전공과 관련한 수업 참여 활동이나 문제 해결 능력, 창의력, 자기주도성, 발전 가능성 등이 학교생활기록부 교과 세부능력 및 특기사항에 기록될 수 있도록 합니다.
- 학교 교육계획에 의해 진행되는, 일회성이 아닌 지속적으로 진행되는 봉사 활동 참여를 통해서 타인을 위해 봉사하고 헌신하는 태도가 나타나는 것이 중요합니다.
- 방사선학 전공과 관련 있는 다양한 진로 활동(방사선사 직업 체험, 직업인 특강, 병원이나 보건소 탐방 활동, 방사선학과 학과 탐방 등) 참여를 통해

자신의 진로 역량을 신장시키는 활동을 할 것을 추천합니다. 단순한 참여 사실보다는 참여하게 된 계기나 자신의 역할, 배우고 느낀 점 등이 구체적으로 드러나면 좋습니다.
- 방사선학, 의학, 생체학, 생명, 윤리, 인문학 등 폭넓은 독서 활동을 통해서 다양한 분야의 지식 습득과 방사선학 전공 관련 다양한 지식, 기본 소양 등을 키울 것을 추천합니다.
- 성실성, 인성, 발전 가능성, 나눔과 배려, 학업 의지 등 자신의 강점이 학교생활기록부 곳곳에 나타날 수 있도록 성실한 학교생활을 할 것을 추천합니다.

인문계열

사회계열

자연계열

공학계열

의약계열

예체능계열

교육계열

계약학과 & 특성화학과

192

보건관리학과

학과소개

보건관리학은 개인이나 집단, 지역 사회, 그리고 지구 공동체의 건강 수준과 삶의 질을 향상하기 위한 목적으로 다양한 보건 프로그램을 개발, 기획, 수행 및 평가하는 방법을 연구하는 학문입니다. 보건관리학과는 스트레스 관리, 약물 오·남용, 성교육, 운동 처방, 보건 사업 관리 등 건강 관리에 대한 과학적 지식, 건강 증진 프로그램을 개발하고 운용하는 방법, 보건 관련 최신 전문 지식과 컴퓨터 기술을 습득하고 자료를 수집, 정리, 분석하는 방법은 물론, 프로그램을 기획, 수행, 평가하는 방법에 대해 배우는 학과입니다.

보건관리학과는 보건 전문 영역에서 보건 문제의 진단, 연구 및 기획을 효과적으로 수행할 수 있는 보건 전문 인재, 컴퓨터 통신을 이용한 보건 정보의 수집 및 분석, 정보의 생산과 분배, 정보의 해석과 활용을 원활히 할 수 있는 인재, 정의롭고 건강한 사회성을 갖추고 인류의 건강 증진에 기여할 수 있는 글로벌 보건 전문 인재 양성을 교육 목표로 합니다.

개설대학

- 삼육대학교
- 전주대학교
- 협성대학교 등

진출직업

- 건강증진광고 및 캠페인기획가
- 병원행정사무원
- 보건전문기자
- 보건행정직 공무원
- 보험사무원
- 복지시설기관장 등

관련학과

- 보건관리학전공
- 건강관리학과
- 보건경영학과
- 보건의료경영학과
- 보건행정학과
- 보건행정학부
- 보건환경학부
- 안전보건학과
- 의료경영학과
- 의료정보학과 등

취득가능 자격증

- 건강보험사
- 건강운동관리사
- 금연상담사
- 미국보건교육사
- 보건교육사
- 보험심사평가사
- 병원행정관리사
- 병원코디네이터
- 산업위생산업기사
- 산업위생관리기사
- 산업안전산업기사
- 산업안전관리기사
- 손해사정사
- 의료보험사
- 의무기록사
- 위생사
- 응급처치사
- 응급구조사 등

진출분야

기업체	보험 기업체, 제약회사, 병원 원무과, 대한의사협회, 대한약사회, 보건 의료 분야의 언론사, 보건 단체, 의료 기관, 의료 보험 회사, e-Health Care 업체 등
정부 및 공공 기관	보건복지부 및 산하 기관, 건강 보험 관련 공공 기관, 보건소, 검역소, 질병관리본부, 국민건강보험공단, 한국보건복지인력개발원, 건강보험심사평가원, 한국산업안전보건공단, 한국법무보호복지공단, 한국국제협력단, 한국보훈복지의료공단, 국립암센터 등
연구 기관	보건 관련 연구소, 보건 산업 관련 연구소, 보건사회연구원 등

학과 주요 교과목

기초 과목	일반생물학, 일반화학, 인체해부학, 보건전산학, 인체생리학, 보건영어, 해부생리학, 건강상담학, 보건영양학, 보건교육학, 건강운동심리학, 의무기록관리학, 공중보건학, 조사방법론 등
심화 과목	보건통계학, 운동생리학, 보건행동 및 건강증진, 의료정보관리학, 보건교육방법론, 보건의료법규, 건강원리와 실제, 병리학, 운동처방론, 환경보건학, 운동역학, 보건행정학, 의료보험론, 병원재무회계, 의무기록실무 및 전사, 중독약리학, 노인건강관리론, 보건사회학, 병원인사관리, 보건의사소통, 수질오염방지기술 등

학과 인재상 및 갖추어야 할 자질

- 많은 사람들과 만나는 것을 좋아하고 외향적이며 활동적인 성향을 가진 학생
- 어떤 일을 할 때, 꼼꼼하게 마무리하고 차분하며 집중력이 높은 학생
- 의사소통 능력, 팀워크 등 타인과의 협동심과 배려심이 뛰어난 학생
- 화학, 생명과학, 사회 등의 교과에 흥미를 가진 학생
- 상황 판단력과 순발력이 있으며, 상담 및 심리 분야에 관심이 많은 학생
- 건강 및 환경에 관심이 많고, 인류의 건강 증진과 환경 개선에 기여하고자 하는 도전 정신을 갖춘 학생
- 타인을 배려하고 밝은 성격과 성실성, 책임감을 지닌 학생

학과 관련 선택 과목

※ 국어, 영어 교과는 모든 학문의 기초적인 성격을 가진 도구교과로 모든 학과에 이수가 필요하여 생략함.

공통 과목		공통국어1,2, 공통수학1,2, 공통영어1,2, 한국사1,2, 통합사회1,2, 통합과학1,2, 과학탐구실험1,2
수능 필수		화법과 언어, 독서와 작문, 문학, 대수, 미적분Ⅰ, 확률과 통계, 영어Ⅰ, 영어Ⅱ, 한국사, 통합사회, 통합과학, 성공적인 직업생활(직업)
일반 선택	수학, 사회, 과학	대수, 미적분Ⅰ, 확률과 통계, 현대사회와 윤리, 화학, 생명과학
	체육·예술	
	기술·가정/정보	정보
	제2외국어/한문	
	교양	
진로 선택	수학, 사회, 과학	미적분Ⅱ, 윤리와 사상, 인문학과 윤리, 물질과 에너지, 화학 반응의 세계, 세포와 물질대사, 생물의 유전
	체육·예술	
	기술·가정/정보	
	제2외국어/한문	
	교양	인간과 심리, 보건
융합 선택	수학, 사회, 과학	사회문제 탐구, 윤리문제 탐구, 융합과학 탐구
	체육·예술	
	기술·가정/정보	
	제2외국어/한문	
	교양	

추천 도서 목록

- 비만 당뇨 콩팥병 악순환 고리를 끊다, 송정숙, 북아지트
- 100세 시대 건강상식, 류영창, 건설교통저널
- 아무도 늙지 않는 세상, 라정찬, 쌤엔파커스
- 스포츠 스타와 만나는 운동생리학, 김태욱, 라이프사이언스
- 백년다리, 다쓰미 이치로, 로그인
- 통증보감, 아닌, 해피북미디어
- 내 몸이 궁금해서 내 맘이 궁금해서, 나흥식, 이와우
- 모세혈관도 모르고 건강관리 한다고?, 김성호, 예나무
- 100세 시대를 위한 자연식품과 건강관리, 이채호, 생각나눔
- 캐토제닉 건강관리, 문동성, 아이프렌드
- 백세시대 건강관리, 김홍백, 형설eLIFE
- 내 몸을 살리는 혈행 건강법, 송봉준, 모아북스
- 중년, 질병 없이 살기로 했다, 서원기, 미다스북스

- 치매 때문에 불안하지 않으면 좋겠습니다, 강현숙, 유노라이프
- 120세 시대가 온다, 정병헌, 자수정출판사
- 최고의 노후, 야마다 유지, 루미너스
- 웃는 허리, 오재호, 바른북스
- 마이오카인 운동, 박병준, 헤르몬하우스
- 현대인의 건강비법, D.dam 건강연구회, 다담북
- 하루 15분 기적의 림프 청소, 김성중 외, 비타북스
- 영원한 젊음, 리카르도 콜레르, 삼인

학교생활 TIPS

- 보건관리학과와 관련이 깊은 화학, 생명과학, 사회, 수학 교과의 우수한 학업 성취를 올릴 수 있도록 관리하고, 수업 활동 참여를 통해서 보건관리학과 전공과 연관성이 있는 문제 해결 능력, 창의력, 자기주도성, 발전 가능성 등의 장점이 학교생활기록부 교과 세부능력 및 특기사항에 기록될 수 있도록 합니다.
- 학교 교육계획에 의해 진행되는, 일회성이 아닌 지속적으로 진행되는 봉사 활동이나 보건 및 의료 관련 봉사 활동 참여를 추천합니다.
- 보건관리학과 전공과 관련 있는 다양한 진로 활동(보건 및 병원 직업 체험, 직업인 특강, 병원이나 보건소 탐방 활동, 보건관리학과 학과 탐방 등) 참여를 통해 자신의 진로 역량을 신장시킬 것을 추천합니다. 단순

참여 사실보다는 참여하게 된 계기나 자신의 역할, 배우고 느낀 점 등이 드러나면 좋습니다.
- 보건, 의료, 생명 윤리, 인문학 등 폭넓은 독서 활동을 통해서 다양한 분야의 지식을 습득하고 융합적 사고 능력을 키우는 것이 좋습니다.
- 성실성, 책임감, 인성, 발전 가능성, 나눔과 배려, 학업 의지 등 자신의 강점이 학교생활기록부 곳곳에 나타날 수 있도록 성실한 학교생활을 할 것을 추천합니다.

193

수의예과

학과소개

수의학은 사회가 발전하는 데 있어 꼭 필요한 학문으로, 동물의 질병을 치료하여 인간과 동물의 건강한 삶의 질 향상에 기여하고, 각종 동물의 건강을 감시하고 예방하여 국민 건강을 책임지는 학문입니다. 또한 인간과 동물의 건강은 식품 위생과 생명과학 발전 및 환경 보존에 영향을 미치기 때문에, 인간과 동물의 상호작용 및 자연의 유지에 있어 많은 역할을 담당하고 있습니다. 수의예과에서는 동물을 대상으로 하는 수의 임상 및 관련 학문의 이론과 실무를 교육하고 연구합니다. 소, 돼지, 말, 염소, 닭, 오리와 같은 산업 동물부터 실험용 쥐, 토끼, 햄스터, 개, 영장류와 같은 실험동물, 개와 고양이로 대표할 수 있는 반려동물, 수생 동물, 야생 동물 및 꿀벌 등의 곤충에 이르기까지 모든 동물에 대한 진료와 치료에 대한 학문을 배우는 학과입니다.

생명에게 필요한 건강하고 행복한 삶을 구현하고, 병들고 아픈 동물을 치료하는 동시에 사람에게 필요한 건강한 생태적 환경 여건을 만드는 데 기여하는 인재, 사회적 사명감과 윤리관을 갖춘 유전공학 및 생물공학 발달에 기여할 수 있는 수의학 분야의 전문 인재, 창의적 연구 수행과 선도적 동물 의료 서비스 제공 및 수의학 분야에서 글로벌 리더십을 발휘할 수 있는 인재 양성을 교육 목표로 합니다.

개설대학

- 강원대학교
- 건국대학교
- 경북대학교
- 경상국립대학교
- 서울대학교
- 전남대학교
- 전북대학교
- 제주대학교
- 충남대학교
- 충북대학교 등

진출직업

- 가축연구원
- 공항검역관
- 검역원
- 동물사육사
- 수의직 공무원
- 수의장교
- 생명과학시험원
- 임상수의사
- 축산 및 수의학연구원 등

관련학과

- 수의학과 등

취득가능 자격증

- 가축인공수정사
- 수의사
- 축산기사
- 축산산업기사 등

진출분야

기업체	동물 병원, 제약회사, 동물 약품 회사, 동물 사료 회사, 인체 약품 회사, 수출입 업체, 식품 위생 업체, 육류 및 우유 가공 회사, 화장품 회사, 식품 제조 회사, 생명공학 관련 업체, 동물원 등
정부 및 공공 기관	농림축산식품부, 특허청, 농림축산검역본부, 국립보건연구원, 식품의약품안전처, 식품의약품안전평가원, 환경부 및 국립환경과학원, 각 지역 동물위생시험소, 보건환경연구원, 농협, 한국마사회, 한국동물약품협회, 한국사슴협회 등
연구 기관	수의학 관련 국가 연구소(국립수의과학검역원, 국립독성연구원), 기업체 동물 의약품 연구소, 동물 생명 과학 연구소 등

학과 주요 교과목

기초 과목	수의생화학, 수의미생물학, 수의해부학, 수의생리학, 수의조직학, 수의발생학, 수의면역학, 축산식품학, 유기화학, 기초생화학, 영양학개론, 동물행동학, 수의학사, 일반화학 등
심화 과목	수의병리학, 수의약리학, 수의독성학, 수의기생충학, 수의공중보건학, 수의방사선학, 수의임상병리학, 수의전염병학, 어류질병학, 조류질병학, 야생동물질병학, 세포생물학, 분자생물학, 생명윤리와 법, 생활 속의 미생물, 자연과학의 이해, 생명현상의 이해, 자료와 정보 등

학과 인재상 및 갖추어야 할 자질

- 평소 동물을 돌보거나 치료하는 것에 관심이 많은 학생
- 의사소통 능력, 팀워크 등 타인과의 협동심과 배려심이 뛰어난 학생
- 기초과학뿐 아니라 생명과학, 화학 등에 관한 적성이 있는 학생
- 마음이 따뜻하고 타인을 잘 이해하며 배려하는 태도를 지닌 학생
- 하나의 현상에 대해 꾸준히 탐구하는 자세와 지적 호기심, 끈기와 인내심, 집중력을 갖춘 학생
- 동물과 교감할 수 있는 자세, 응급 상황에 대처할 수 있는 침착함, 정교한 손놀림을 가진 학생

학과 관련 선택 과목

※ 국어, 영어 교과는 모든 학문의 기초적인 성격을 가진 도구교과로 모든 학과에 이수가 필요하여 생략함.

공통 과목		공통국어1,2, 공통수학1,2, 공통영어1,2, 한국사1,2, 통합사회1,2, 통합과학1,2, 과학탐구실험1,2
수능 필수		화법과 언어, 독서와 작문, 문학, 대수, 미적분Ⅰ, 확률과 통계, 영어Ⅰ, 영어Ⅱ, 한국사, 통합사회, 통합과학, 성공적인 직업생활(직업)
일반 선택	수학, 사회, 과학	대수, 미적분Ⅰ, 확률과 통계, 사회와 문화, 현대사회와 윤리, 화학, 생명과학
	체육·예술	
	기술·가정/정보	
	제2외국어/한문	
	교양	생태와 환경
진로 선택	수학, 사회, 과학	미적분Ⅱ, 윤리와 사상, 인문학과 윤리, 물질과 에너지, 화학 반응의 세계, 세포와 물질대사, 생물의 유전
	체육·예술	
	기술·가정/정보	
	제2외국어/한문	
	교양	인간과 심리, 보건
융합 선택	수학, 사회, 과학	수학과제 탐구, 기후변화와 지속가능한 세계, 기후변화와 환경생태, 융합과학 탐구
	체육·예술	
	기술·가정/정보	
	제2외국어/한문	
	교양	

추천 도서 목록

- 동물에게 권리가 있는 이유, 김지숙 외, 나무를심는사람들
- 반려동물 보건행동학, 반려동물보건행동학 교재편찬연구회, 형설출판사
- 개는 어떻게[말하는가, 스탠리 코렌, 보누스
- 반려동물 산업의 이해, 최동락 외, 동문사
- 동물이 만드는 지구 절반의 세계, 장구, 21세기북스
- 인간과 동물의 이해, 함희진, 정일
- Dr. Lee의 좌충우돌 미국 수의사 도전기, 이기은, 생각나눔
- 수의사는 오늘도 짝사랑 중, 김명철, 김영사
- 수의사라서 행복한 수의사, 김희진, 토크쇼
- 고양이 집사 메뉴얼, 수의사 낭토스, 서사원
- 사는 동안 행복하게, 손서영, 린틴틴
- 사연 많은 귀여운 환자들을 돌보고 있습니다, 김야옹, 뜻밖
- 반려견 홈페어, 김나연, 포레스트북스

- 미술관 옆 동물병원 479번지, 구본우, 모베리
- 휠퀴고 물려도 나는 수의사니까, 박근필, 씽크스마트
- 의사 어떻게 되었을까, 한승배, 캠퍼스멘토
- 희망의 이유, 제인 구달, 궁리
- 반려동물 행동학, 강성호, 박영스토리
- 최재천의 인간과 동물, 최재천, 궁리
- 수의사가 말하는 수의사, 이학범 외, 부키
- 야생동물병원 24시, 전북대학교 수의과대학 야생동물의학실, 책공장더불어
- 나의 직업은 수의사, 청소년행복연구실, 동천출판
- 생물학 이야기, 김웅진, 행성B
- 유기동물에 관한 슬픈 보고서, 고다마 사에, 책공장더불어

학교생활 TIPS

- 수의예과와 관련이 깊은 화학, 생명과학, 사회 교과의 학업 성취도를 향상하도록 노력하고, 교과 수업 중 공동 과제 수행이나 모둠 활동 등에서 타인의 의견을 경청하고, 자신의 의견을 효과적으로 표현하는 모습이나 학업 역량, 전공 적합성, 발전 가능성, 협업 능력 등 자신의 장점과 진로에 대한 열정이 학교생활기록부 교과 세부능력 및 특기사항에 드러나도록 수업에 참여합니다.
- 학교 교육계획에 의해 진행되는, 일회성이 아닌 지속적으로 진행되는 봉사 활동(도서 도우미, 급식 도우미, 멘토링 등)에 자기주도적으로 참여하는 것이 좋고, 동물원, 유기견 보호소 등 동물 관련 병원이나 기관에서 진행되는 전공과 관련한 봉사 활동도 추천합니다.
- 수의예과 전공과 관련 있는 다양한 진로 활동(수의사 직업 체험, 직업인 특강, 동물 병원, 야생 동물 구조 센터, 동물 복지 센터, 수의예과 학과 탐방) 참여를 통해, 자신의 진로 역량을 신장시킬 것을 추천합니다. 단순 참여 사실보다는 참여하게 된 계기나 자신의 역할, 배우고 느낀 점 등이 드러나면 좋습니다.
- 애견이나 애완동물, 의료, 보건, 생태, 생명 탐구, 과학 탐구 동아리 등 수의예과 전공과 관련한 자신의 잠재 능력을 개발하기 위한 동아리에 주도적으로 참여합니다.
- 성실성, 인성, 발전 가능성, 나눔과 배려, 학업 의지 등 자신의 강점이 학교생활기록부 곳곳에 나타날 수 있도록 성실한 학교생활을 하는 것이 중요합니다.

194

안경광학과

학과소개

사회 활동의 증가와 산업공해의 영향은 많은 사람들의 시력을 저하시키고 있습니다. 시력을 보호하기 위해서는 정밀하고 과학적인 이론을 바탕으로 시력 보호 관리에 관한 전문적 역량을 갖춘 안경학 분야의 전문가가 필요합니다. 안경광학과는 안경광학의 줄기 학문인 안경학, 안과학, 안광학 및 콘택트렌즈, 안기능 검사, 안경 조제 및 가공에 대한 체계적인 이론과 정확한 기술을 습득하여 과학적이고 편안한 안경의 제작과 더불어 각종 안과 관련 검사와 광학 실습에 관한 지식을 배우는 학과입니다.

체계적이고 전문화된 이론과 임상 능력을 갖춘 전문 인재, 안경 광학 및 검안 분야에서 과학적이고 실용적인 지식은 물론, 건전한 인성과 책임감을 갖춘 전문 인재, 검안과 광학 분야에 대한 과학적이고 체계적인 이론과 실무 능력을 갖춘 인재, 안경광학 분야의 전문가로서 창의적 문제 해결 능력과 국제적 의사소통 능력, 정보 처리 능력 등을 갖춘 인재 양성을 교육 목표로 합니다.

개설대학

- 강원대학교(제2캠퍼스)
- 건양대학교
- 경동대학교
- 극동대학교
- 김천대학교
- 대구가톨릭대학교
- 동신대학교
- 백석대학교
- 서울과학기술대학교
- 신한대학교
- 을지대학교 등

관련학과

- 광공학과
- 광기술공학과
- 광시스템공학과
- 나노광전자학과 등

진출분야

기업체	종합 병원 및 개인 병원, 안경원, 안경 제조업체, 광학 기기 업체, 안경 및 광학 기기 벤처 기업, 안경 렌즈 및 콘택트렌즈 제조업체, 광통신 및 광 정보(광섬유, 광디스크, 광 입출력 장치) 관련 업체, 귀금속 도금업체, 광학 산업 분야 설계 부서 등
연구 기관	안경 디자인 연구소, 광학 관련 연구소 등

진출직업

- 광반도체연구원
- 광학기기수리원
- 광학응용기술자
- 광학용품기술자
- 광학용품조립원
- 광학유리재단원
- 안경디자이너
- 보건직공무원
- 안경사 등

취득가능 자격증

- 광학기사
- 방사선취급감독자면허
- 안경사
- 병원코디네이터
- 국제콘택트렌즈교육자협의회 (IACLE) 자격증(STE)
- 광학기기산업기사
- 광학기능사
- 방사선비파괴검사기사
- 방사선비파괴검사산업기사 등

학과 주요 교과목

기초 과목	생물학, 화학 및 실험, 물리학 및 실험, 미분적분학, 고급미분적분학, 생물학, 안경학개론, 안경수학, 기초물리학, 청각학, 안경의 이해, 안광학기기학 등
심화 과목	옵토메트리개론, 기하광학, 광전자공학, 안경조제가공학, 콘택트렌즈학, 현대광학, 안경조제광학, 안경광학, 안기능검사, 물리광학, 임상실습, 시기해부학, 시기생리학, 안경디자인, 기초안과학, 안경재료학, 콘택트렌즈학, 양안시검사, 약물 및 처치, 캡스톤디자인, 의료관계법규, 보건행정학 등

학과 인재상 및 갖추어야 할 자질

- 기계와 장비 등을 다루는 것을 좋아하고, 정교한 손동작을 지닌 학생
- 물리학, 화학, 생명과학과 같은 기초 과학 분야에 지식과 흥미를 지닌 학생
- 창의적인 사고와 의사 결정 능력 및 원활한 의사소통 능력을 지닌 학생
- 침착하게 상황을 판단할 줄 아는 능력과 신속하고 정확하게 대처할 수 있는 능력을 갖춘 학생
- 대인 관계, 팀워크 등 타인과의 협동심과 배려심, 리더십이 뛰어난 학생
- 생명을 소중히 여길 줄 아는 마음과 타인을 위해 봉사할 수 있는 마음을 지닌 학생
- 자기 통제 능력과 정직성, 꼼꼼한 성격을 지닌 학생

학과 관련 선택 과목

※ 국어, 영어 교과는 모든 학문의 기초적인 성격을 가진 도구교과로 모든 학과에 이수가 필요하여 생략함.

공통 과목		공통국어1,2, 공통수학1,2, 공통영어1,2, 한국사1,2, 통합사회1,2, 통합과학1,2, 과학탐구실험1,2
수능 필수		화법과 언어, 독서와 작문, 문학, 대수, 미적분Ⅰ, 확률과 통계, 영어Ⅰ, 영어Ⅱ, 한국사, 통합사회, 통합과학, 성공적인 직업생활(직업)
일반 선택	수학, 사회, 과학	대수, 미적분Ⅰ, 확률과 통계, 화학, 생명과학
	체육·예술	
	기술·가정/정보	기술·가정, 정보
	제2외국어/한문	
	교양	
진로 선택	수학, 사회, 과학	기하, 미적분Ⅱ, 물질과 에너지, 화학 반응의 세계, 세포와 물질대사, 생물의 유전
	체육·예술	
	기술·가정/정보	
	제2외국어/한문	
	교양	인간과 심리, 보건
융합 선택	수학, 사회, 과학	실용 통계, 수학과제 탐구, 융합과학 탐구
	체육·예술	
	기술·가정/정보	
	제2외국어/한문	
	교양	

추천 도서 목록

- 양자역학 이야기, 팀 제임스, 한빛비즈
- 빛의 핵심, 고재현, 사이언스북스
- 클래식 파인만, 리처드 파인만 외, 사이언스북스
- 김상욱의 과학공부, 김상욱, 동아시아
- 떨림과 울림, 김상욱, 동아시아
- 하늘과 바람과 별과 인간, 김상욱, 바다출판사
- 뉴턴의 법칙에서 아인슈타인의 상대론까지, 팡 리즈 외, 전파과학사
- 거의 모든 안경의 역사, 트래비스 엘버러, 유유
- 3분만 바라보면 눈이 좋아진다, 히라마쓰 루이, 쌤엔파커스
- 눈은 1분 만에 좋아진다, 콘노 세이시, 나라원
- 내 안경이 왜 이래, 최병무, 라온북
- 안경재료학, 강성수 외, 해진미디어
- 청소년을 위한 처음 물리학, 권영균, 청아출판사

- 청소년을 위한 물리 이야기, 사마키 다케오, 리듬문고
- 10대에게 권하는 물리학, 이강영, 글담출판
- 기초 물리사전, 오가와 신지로, 그린북
- 빛의 물리학: EBS 다큐프라임, EBS 다큐프라임 〈빛의 물리학〉 제작팀, 해나무
- 빛의 공학: 색채 공학으로 밝히는 빛의 비밀, 석현정 외, 사이언스북스
- 김상욱의 양자 공부, 김상욱, 사이언스북스
- 이기적 유전자, 리처드 도킨스, 을유문화사
- 코스모스, 칼 세이건, 사이언스북스
- 페르마의 마지막 정리, 사이먼 싱, 영림카디널

학교생활 TIPS

- 안경광학 전공과 관련이 깊은 수학, 과학(물리학, 화학, 생명과학) 교과의 학업 성취도를 향상할수 있도록 노력하고, 안경광학 전공과 관련한 수업 참여 활동을 통해 문제 해결 능력, 창의력, 협업 능력, 발전 가능성 등이 교과 세부능력 및 특기사항에 나타나도록 합니다.
- 학교 교육계획에 의해 진행되는, 일회성이 아닌 지속적으로 진행되는 봉사 활동 참여를 통해서 타인을 위해 봉사하고 헌신하는 학교생활을 히는 것이 중요합니다.
- 안경광학 전공과 관련 있는 다양한 진로 활동(안경광학 관련 직업 체험, 직업인 특강, 안과 병원 탐방, 안경광학과 탐방)을 통해 자신의 진로 역량을 신장시킬 것을 추천합니다. 단순 참여 사실보다는 참여하게 된 계기나

자신의 역할, 배우고 느낀 점 등이 드러나면 좋습니다.
- 안경광학, 의학, 보건, 생명, 윤리, 인문학 등 폭넓은 독서 활동을 통해서 안경광학을 비롯한 다양한 분야의 지식과 기본 소양을 키우는 것이 좋습니다.
- 성실성, 인성, 나눔과 배려, 학업 의지 등 자신의 강점이 학교생활기록부 종합의견 및 특기사항 등에 나타날 수 있도록 성실한 학교생활을 할 것을 추천합니다.

인문계열 / 사회계열 / 자연계열 / 공학계열 / 의약계열 / 예체능계열 / 교육계열 / 계열합과 & 특성화학과

195

약학과

학과소개

약학은 인간의 건강 증진과 위생, 특히 질병의 예방과 치료에 이용되는 물질에 관하여 연구하는 응용과학입니다. 약학과는 생물학, 화학, 물리학 등의 기초 과학을 근간으로 하여 의약품의 취급에 관련된 제반 분야를 다루기 위한 학술적 이론과 기술 중심의 교육과정을 제공합니다. 원료 의약품의 합성, 의약품 및 그 제제의 개발, 의약품 개발 정보 관리, 생리 활성 물질의 성질과 생체내에서의 작용, 의약품의 배합, 조제, 투약 및 복약 지도 등에 관한 정보와 환경 오염으로부터 인체를 보호하기 위한 기술에 관한 광범위한 교육과정을 운영하고 있으며, 특히 기초 의학과 천연 약물 교육과정도 함께 운영하고 있습니다.

인문적 소양, 사회적 책임감과 윤리관을 겸비한 창조적 인재, 약학 분야 전문가로서 사회에 봉사하고 공헌할 수 있는 창의적인 약학 전문 인재, 빠르게 변화하는 세계화 시대에 능동적이며 적극적으로 대처할 수 있는 글로벌 리더십과 봉사심을 갖춘 인재 양성을 교육 목표로 합니다.

개설대학

- 가천대학교
- 가톨릭대학교
- 강원대학교
- 경북대학교
- 경성대학교
- 고려대학교
- 단국대학교(제2캠퍼스)
- 동국대학교
- 동덕여자대학교
- 삼육대학교
- 성균관대학교
- 아주대학교
- 연세대학교
- 우석대학교
- 원광대학교
- 인제대학교
- 전북대학교
- 제주대학교
- 충남대학교
- 충북대학교
- 한양대학교(ERICA)
- 국립목포대학교
- 국립순천대학교
- 경상국립대학교
- 경희대학교
- 덕성여자대학교
- 조선대학교 등

관련학과

- 바이오의약학부
- 바이오제약산업학부
- 제약학과
- 약과학과
- 임상의약학과
- 한방보건제약학과
- 한약학과 등

진출직업

- 개국약사
- 보건복지부 공무원
- 변리사
- 병원약사
- 약학연구원
- 의약전문기자
- 의약정보관리자
- 제약회사연구원 등

취득가능 자격증

- 약사 등

진출분야

기업체	개인 및 대형 약국, 종합 병원, 화장품 제조업체, 건강 식품 업체, 전통 약제 가공 및 제조업체, 식품 회사, 동물 약품 회사 등
정부 및 공공 기관	중앙 정부 및 지방 자치 단체 약무직, 보건복지부, 식품의약품안전처, 국립보건연구원, 각 지역 보건환경연구원, 한국약품수출입협회 등
연구 기관	생명 공학 연구소, 화학 연구소, 제약 회사 부설 연구소, 식품 의약품 관련 연구소, 보건 관련 연구소, 환경 관련 연구소, 국립 과학수사연구소 등

학과 주요 교과목

기초 과목	수학, 화학, 생물학, 물리학, 약학개론, 약용식물학, 약품미생물학, 약품분석학, 약품생화학, 약품합성학, 물리약학, 생리학, 해부생리학, 의약화학, 생약학 등
심화 과목	옵토메트리개론, 기하광학, 광전자공학, 안경조제가공학, 콘택트렌즈학, 현대광학, 안경조제광학, 안경광학, 안기능검사, 물리광학, 임상실습, 시기해부학, 시기생리학, 안경디자인, 기초안과학, 안경재료학, 콘텍트렌즈학, 양안시검사, 약물 및 처치, 캡스톤디자인, 의료관계법규, 보건행정학 등

학과 인재상 및 갖추어야 할 자질

- 화학, 생물학, 물리학 등 기초 자연 과학 과목에 흥미를 지닌 학생
- 원만한 대인 관계 능력, 원활한 의사소통 능력을 갖춘 학생
- 생명을 소중히 여길 줄 아는 마음과 타인을 위해 봉사할 수 있는 마음을 지닌 학생
- 마음이 따뜻하고 타인을 잘 이해하며 배려하는 태도를 지닌 학생
- 통찰력과 상황에 대한 이해력을 바탕으로 한 창의적인 문제 해결 능력을 지닌 학생
- 개인의 이익보다 환자 및 공중의 이익을 우선시하는 도덕성을 가진 사람

학과 관련 선택 과목

※ 국어, 영어 교과는 모든 학문의 기초적인 성격을 가진 도구교과로 모든 학과에 이수가 필요하여 생략함.

공통 과목		공통국어1,2, 공통수학1,2, 공통영어1,2, 한국사1,2, 통합사회1,2, 통합과학1,2, 과학탐구실험1,2
수능 필수		화법과 언어, 독서와 작문, 문학, 대수, 미적분Ⅰ, 확률과 통계, 영어Ⅰ, 영어Ⅱ, 한국사, 통합사회, 통합과학, 성공적인 직업생활(직업)
일반 선택	수학, 사회, 과학	대수, 미적분Ⅰ, 확률과 통계, 현대사회와 윤리, 물리학, 화학, 생명과학
	체육·예술	
	기술·가정/정보	정보
	제2외국어/한문	
	교양	
진로 선택	수학, 사회, 과학	기하, 미적분Ⅱ, 윤리와 사상, 인문학과 윤리, 물질과 에너지, 화학 반응의 세계, 세포와 물질대사, 생물의 유전
	체육·예술	
	기술·가정/정보	
	제2외국어/한문	
	교양	인간과 심리, 보건
융합 선택	수학, 사회, 과학	수학과제 탐구, 사회문제 탐구, 윤리문제 탐구, 융합과학 탐구
	체육·예술	
	기술·가정/정보	
	제2외국어/한문	
	교양	

추천 도서 목록

- 생명과 약의 연결고리, 김성훈, 웅진지식하우스
- 모르는 게 약?, 최혁재, 스푼북
- 알면 약이 되는 약 이야기, 배현, 사계절
- 인류에게 필요한 11가지 약 이야기, 정승규, 반니
- 인류를 구한 12가지 약 이야기, 정승규, 반니
- 위대하고 위험한 약 이야기, 정진호, 푸른숲
- 약국에 없는 약 이야기, 박성규, 엠아이디
- 일상을 바꾼 14가지 약 이야기, 송은호, 카시오페이
- 아프면 소문내라, 박덕영, 경진출판
- 슬기로운 환자생활, 김기덕, 헤르몬하우스
- 병원에서 알려주지 않는 음식과 약의 또 다른 비밀, 김남헌, 바른북스
- 약사 선배, 이태영, 지식과감성
- 약사들이 답하는 스포츠 영양QA, 정상원 외, 참약사

- 김준영 약사의 재미있는 스포츠약학, 김준영, 정다와
- 육일약국 갑시다, 김성오, 21세기북스
- MT 약학, 대한약학회, 장서가
- 약사가 말하는 약사, 홍성광 외, 부키
- 약국에서 써본 첫 번째 약 이야기, 박정완, 참약사협동조합
- 약은 우리 몸에 어떤 작용을 하는가, 야자와 사이언스오피스, 전나무 숲

학교생활 TIPS

- 약학과와 관련성이 높은 수학, 과학(물리, 화학, 생명과학), 사회 교과의 우수한 학업 성취를 올릴 수 있도록 관리하고, 학교생활기록부 교과 세부능력 및 특기사항에 전공 적합성, 자기주도성, 문제 해결 능력, 창의력, 발전 가능성 등의 역량이 드러날 수 있도록 하는 것이 중요합니다.
- 약학, 과학 탐구, 생명 탐구, 보건, 의료 등 약학 전공 관련 동아리 참여를 통해 가입 동기, 본인의 역할, 배우고 느낀 점, 전공 적합성, 자기주도성, 인성 등 자신의 장점이 잘 나타나도록 하는 것이 좋습니다.
- 약학 전공과 관련 있는 다양한 진로 활동(약학 관련 직업 체험, 직업인 특강, 병원이나 약학 연구소 및 제약회사 탐방, 약학과 학과 체험) 참여를 통해 자신의 진로 역량을 신장시키는 활동을 추천합니다. 단순 참여 사실

보다는 참여하게 된 계기나 자신의 역할, 배우고 느낀 점 등이 드러나면 좋습니다.
- 성실성, 인성, 나눔과 배려, 학업 의지 등 자신의 강점이 학교생활기록부 종합의견 및 특기사항 등에 나타날 수 있도록 성실한 학교생활을 할 것을 추천합니다.
- 약학, 의료, 보건, 생명, 윤리, 인문학, 심리학 등 폭넓은 독서 활동을 통해서 약학을 비롯한 다양한 분야의 지식과 기본 소양을 키우는 것이 좋습니다.

196

언어청각치료학과

학과소개

언어청각치료학은 영아기부터 노인기에 이르는 전 생애에 걸쳐 다양하게 경험할 수 있는 말과 언어 및 청각과 관련된 문제로 의사소통이 어려운 사람들에게 중재 서비스를 제공하여 의사소통을 증진시키는 학문입니다. 언어청각치료학과에서는 아동기 언어 발달 장애를 비롯하여, 뇌졸중 또는 치매와 같이 두뇌 기능 장애로 인한 언어 장애, 발음에 문제를 보이는 조음 음운 장애, 청각 장애를 동반한 말·언어 장애와 같은 의사소통 장애의 원인과 특성을 연구합니다. 의사소통 장애가 있는 사람을 대상으로 언어 재활 및 청능 재활 지원 서비스를 담당하는 언어치료사와 청능사를 양성하는 학과입니다.

언어 청각 치료 분야의 지식과 임상 능력을 갖추고 지역 사회 복지 및 삶의 질 향상에 기여하는 인재, 의사소통 장애와 청각 장애를 이해하고 대상자의 특성을 평가 및 진단할 수 있는 능력을 지닌 인재, 인간 존중과 생명 사랑을 실천하는 언어 청각 치료 분야의 전문 인재 양성을 교육 목표로 합니다.

개설대학

- 대구가톨릭대학교
- 부산가톨릭대학교 등

진출직업

- 교재 및 교구개발자
- 언어치료사
- 보육교사
- 작업치료사
- 사회복지사
- 청능치료사
- 수화통역사
- 치료교육교사
- 임상심리사
- 특수 교사 등

관련학과

- 언어청각치료학과
- 재활상담학과
- 언어청각학부
- 재활심리학과
- 언어치료·청각재활학과
- 재활치료학부 등
- 언어치료학과

취득가능 자격증

- 다문화 언어발달지도사
- 사회복지사
- 언어재활사
- 수화통역사
- 동화구연 지도사
- 언어재활사 1, 2급
- 첨단인지재활사
- 장애인재활상담사
- 언어치료사
- 청능사
- 다문화언어지도사
- 행동치료사 등

진출분야

기업체	특수교육센터, 아동발달센터, 개인 언어 치료실, 난청 센터, 보청기 회사, 인공 와우 회사, 언어 치료 기자재 업체, 의료 기기 및 보조기 제작 판매 업체, 언어 치료 클리닉 센터, 요양 병원 등
정부 및 공공 기관	국공립 특수학교, 장애인 종합 복지관, 사회 종합 복지관, 노인 복지관, 청소년 상담센터, 다문화가족지원센터, Wee 클래스, 장애 아동 전담 어린이집, 건강가정지원센터 등
연구 기관	재활 관련 연구소, 언어 발달 연구소, 청능 재활 연구소, 언어/인지 관련 연구소, 청각 재활 연구소 등

학과 주요 교과목

기초 과목	의사소통장애개론, 언어학개론, 청각학개론, 청각장애, 말과학, 언어기관해부생리, 언어발달, 청각해부생리, 의사소통장애 진단평가 및 실습 등
심화 과목	조음음운장애, 행동청능평가, 청각장애언어재활, 문제행동언어재활, 장애아동이해, 음성장애, 보청기평가, 의사소통장애상담, 특수청력평가, 신경언어장애, 학습장애언어재활, 인공와우, 뇌성마비언어재활, 전정기능장애, 아동청각학, 노화와 의사소통장애, 청능재활 등

학과 인재상 및 갖추어야 할 자질

- 인간을 사랑하고 사회적 약자에 대해 거부감이 없으며, 그들과 원활한 대인 관계를 형성할 수 있는 학생
- 다른 사람의 아픔과 어려움에 대해 이해하고 공감하는 능력과 의사소통 능력을 갖춘 학생
- 평소에 환자, 장애인 등 사회적 약자들에 대한 지속적인 봉사를 실천하는 학생
- 배려심이 깊고 융통성 있는 사고를 할 수 있으며, 건강 및 체력에 자신 있는 학생
- 지식을 습득하여 '이해-적용-분석-종합-평가'를 할 수 있는 사고 능력을 가진 학생

학과 관련 선택 과목

※ 국어, 영어 교과는 모든 학문의 기초적인 성격을 가진 도구교과로 모든 학과에 이수가 필요하여 생략함.

공통 과목		공통국어1,2, 공통수학1,2, 공통영어1,2, 한국사1,2, 통합사회1,2, 통합과학1,2, 과학탐구실험1,2
수능 필수		화법과 언어, 독서와 작문, 문학, 대수, 미적분Ⅰ, 확률과 통계, 영어Ⅰ, 영어Ⅱ, 한국사, 통합사회, 통합과학, 성공적인 직업생활(직업)
일반 선택	수학, 사회, 과학	대수, 미적분Ⅰ, 확률과 통계, 현대사회와 윤리, 물리학, 생명과학
	체육·예술	
	기술·가정/정보	기술·가정, 정보
	제2외국어/한문	
	교양	
진로 선택	수학, 사회, 과학	미적분Ⅱ, 윤리와 사상, 인문학과 윤리, 역학과 에너지, 전자기와 양자, 세포와 물질대사, 생물의 유전
	체육·예술	
	기술·가정/정보	
	제2외국어/한문	
	교양	교육의 이해, 보건
융합 선택	수학, 사회, 과학	실용 통계, 수학과제 탐구, 융합과학 탐구
	체육·예술	
	기술·가정/정보	아동발달과 부모
	제2외국어/한문	
	교양	

추천 도서 목록

- 눈이 보이지 않는 친구와 예술을 보러 가다, 가와우치 아리오, 다다서재
- 사양합니다, 동네 바보 형이라는 말, 류승연, 푸른숲
- 장애의 역사, 킴 닐슨, 동아시아
- 휠체어 탄 소녀를 위한 동화는 없다, 어맨다 레덕, 을유문화사
- 장애와 소셜 미디어, Katie Ellis 외, 학지사
- 엄마는 너를 기다리면서, 희망을 잃지 않는 법을 배웠어, 잔드라 슐츠, 생각정원
- 철학, 장애를 논하다, 크리스트야나 크리스티안센 외, 그린비
- 우리에 관하여, 공마리아 외, 해리북스
- 열 번쯤은 만나야 틈이 생깁니다, 홍성훈 외, 훈훈
- "나는" 괜찮지 않아도 괜찮아, 비장애형제 자조모임, 한울림스페셜
- 내일도 출근합니다, 소소한 소통, 소소한소통
- 탁트임 엄마표 언어치료, 김다은, 탁트임출판사
- 우리 아이 언어 발달 ABA 치료 프로그램, 메리 린치 바르베라, 예문아카이브
- 조음·음운장애, 신혜정 외, 학지사
- 말소리장애, 김수진 외, 시그마프레스
- 언어재활 워크북 표현력 편, 서혜경 외, 학지사
- 의사소통장애아 교육, 고은, 학지사
- 어휘력을 길러주는 우리아이 언어학습: 학교편, 김재리 외, 예꿈
- 생각이 쑥쑥 크는 언어치료: 학령기 아동편, 김정완 외, 이담북스
- 말더듬 치료 퍼팩트, 행위치료, 휴우, 명지출판사 등
- 실어증 및 인지의사소통장애를 위한 언어재활 워크북 표현력 편, 서혜경 외, 학지사
- 어린 말더듬 아동을 위한 페일린 부모-아동 상호작용 치료, Elaine Kelman, 학지사
- 언어치료사가 말하는 자폐, ADHD 부모상담서, 이명은, 율도국
- 언어치료사를 위한 언어학개론, 이희란 외, 에이스북
- 100% 순서대로 말하기, 김아영 외, 봄비와씨앗
- 언어재활사는 이렇게 일한다, 우정수, 청년의사
- 재활의학, 대한재활의학회, 군자출판사
- 한국인의 종합병원, 신재규, 생각의힘
- 아픔은 치료했지만 흉터는 남았습니다, 김준혁, 계단
- 라이넥과 함께 하는 슬기로운 환자 생활, 박경미 외, 한솔의학서적

학교생활 TIPS

- 언어청각치료학 전공과 관련이 깊은 영어, 수학, 과학(물리학, 화학, 생명과학) 교과의 높은 학업 성취도를 달성할 수 있도록 노력하고, 학교 수업 활동을 통해 전공 적합성, 문제 해결 능력, 창의력, 협업 능력, 자기주도적 참여 모습 등이 학교생활기록부 교과 세부능력 및 특기사항에 드러나는 것이 좋습니다.
- 학교 교육계획에 의해 진행되는, 일회성이 아닌 지속적으로 진행되는 봉사 활동(급식 도우미, 통합반 도우미, 학습 멘토링, 교통 지도, 사서 도우미 등) 참여를 통해서 타인을 위해 봉사하고 헌신하는 학교생활을 하는 것이 중요합니다.
- 언어청각치료학 전공과 관련 있는 다양한 진로 활동(언어 치료 및 언어 재활 관련 직업 체험, 직업인 특강, 언어치료 연구소나 언어 치료 클리닉 센터 탐방, 언어 치료 관련 학과 탐방 등) 참여를 통해 자신의 진로 역량을 키우도록 노력하는 것이 좋습니다. 단순 참여 사실보다는 참여하게 된 계기나 자신의 역할, 배우고 느낀 점 등이 표현이 되면 좋습니다.
- 생명 탐구, 독서, 과학 탐구 실험, 보건, 봉사 동아리 활동을 추천하고, 다양한 분야(언어 치료, 의료, 재활, 보건, 생명, 윤리, 인문학)의 독서를 통해 융합적 지식을 습득하는 것을 추천합니다.

인문계열 · 사회계열 · 자연계열 · 공학계열 · 의약계열 · 예체능계열 · 교육계열 · 계약학과 & 특성화학과

197

언어치료학과

학과소개

언어치료학은 인간의 의사소통 장애에 대한 평가 및 치료를 연구하는 학문으로, 말과 언어 문제로 의사소통이 어려운 사람에게 중재 서비스를 제공하여 의사소통을 증진시키는 것이 목표입니다. 언어병리학이나 의사소통장애학이라고도 하며, 언어 발달 장애, 조음 음운 장애, 음성 장애, 유창성 장애, 신경 언어 장애 등의 세부 분야로 나누어집니다. 언어치료학과는 여러 가지 원인으로 말을 전혀 하지 못하거나 말이 불명료하여 의사소통이 곤란한 언어 장애 아동 및 성인들에게 언어 재활 치료 서비스를 제공하여 언어적, 비언어적 의사소통이 가능하도록 중재하는 것을 연구하고 배우는 학과입니다.

언어 재활을 위한 교육 시스템을 구축하여 언어 장애인의 삶의 질 향상에 기여할 수 있는 인성과 실력을 갖춘 언어 치료 인재, 인간을 존중하고 이해하며 인류 사회에 헌신을 실천하는 인재, 과학적이고 전문적인 지식과 융합적 실무 능력을 갖춘 인재, 자기 주도성과 균형성을 갖고 문제 해결을 위한 통합적 사고 능력을 갖춘 인재 양성을 교육 목표로 합니다.

개설대학

- 나사렛대학교
- 고신대학교
- 광주대학교
- 대구대학교
- 동신대학교
- 루터대학교
- 조선대학교 등

진출직업

- 교재 및 교구개발자
- 물리치료사
- 보육교사
- 사회복지사
- 임상심리사
- 언어치료사
- 작업치료사
- 청능치료사
- 치료교육교사
- 특수 교사 등

관련학과

- 언어청각치료학과
- 언어청각학부
- 언어치료·청각재활학과
- 디아코니아학부(언어치료학전공)
- 재활치료학부(언어치료학전공, 심리상담학트랙)
- 언어치료청각학과 등

취득가능 자격증

- 다문화 언어발달지도사
- 동화구연 지도사
- 첨단인지 재활사
- 다문화언어지도사
- 사회복지사
- 언어재활사 1, 2급
- 장애인재활상담사
- 청능사
- 행동치료사 등

진출분야

기업체	특수교육센터, 아동발달센터, 개인 언어 치료실, 다문화센터, 난청 센터, 보청기 회사, 인공 와우 회사, 소음 관리 사업장, 언어 치료 기자재 업체, 소프트웨어 개발 회사, 의료 기기 및 보조기 제작 판매 업체, 언어 치료 클리닉 센터 등
정부 및 공공 기관	유아원, 유치원, 국공립 특수학교, 일반 학교 특수 학급, 장애인 종합 복지관, 사회 종합 복지관, 노인 복지관, 청소년 상담센터, 다문화가정지원센터, Wee클래스, 장애 아동 전담 어린이집, 각 지역 건강가정지원센터 등
연구 기관	재활 관련 연구소, 언어 치료 클리닉, 언어 발달 연구소, 청능 재활 연구소, 언어/인지 관련 연구소, 청각재활 연구소 등

학과 주요 교과목

기초 과목	언어발달, 심리학개론, 음운론, 특수교육학, 언어학적 기초, 의학 및 해부학적 기초, 청각학, 언어학, 유아 및 아동발달, 교육/심리학적 기초, 의사소통장애개론 등
심화 과목	언어발달장애, 조음음운장애, 유창성장애, 음성장애, 신경언어장애, 자폐성장애언어치료, 다문화와 의사소통, 의사소통장애진단 및 평가, 언어재활실습, 학습장애언어재활, 자폐장애언어재활, 말운동장애, 노화와 의사소통장애, 지적장애언어재활, 다문화의사소통, 뇌성마비언어재활 등

학과 인재상 및 갖추어야 할 자질

- 인간을 사랑하고 사회적 약자에 대해 거부감이 없으며, 그들과 원활한 대인 관계를 형성할 수 있는 학생
- 다른 사람의 아픔과 어려움에 대해 이해하고 공감하는 능력과 의사소통 능력을 갖춘 학생
- 평소에 환자, 장애인 등 사회적 약자들에 대한 지속적인 봉사를 실천하는 학생
- 화학, 생명과학, 사회, 수학, 체육, 보건 등의 교과에 흥미를 지닌 학생
- 배려심이 깊고 융통성 있는 사고를 할 수 있으며, 건강 및 체력에 자신 있는 학생
- 지식을 습득하여 '이해-적용-분석-종합-평가'를 할 수 있는 사고 능력을 가진 학생

학과 관련 선택 과목

※ 국어, 영어 교과는 모든 학문의 기초적인 성격을 가진 도구교과로 모든 학과에 이수가 필요하여 생략함.

공통 과목		공통국어1,2, 공통수학1,2, 공통영어1,2, 한국사1,2, 통합사회1,2, 통합과학1,2, 과학탐구실험1,2
수능 필수		화법과 언어, 독서와 작문, 문학, 대수, 미적분Ⅰ, 확률과 통계, 영어Ⅰ, 영어Ⅱ, 한국사, 통합사회, 통합과학, 성공적인 직업생활(직업)
일반 선택	수학, 사회, 과학	대수, 미적분Ⅰ, 확률과 통계, 현대사회와 윤리, 물리학, 생명과학
	체육·예술	
	기술·가정/정보	기술·가정, 정보
	제2외국어/한문	
	교양	
진로 선택	수학, 사회, 과학	미적분Ⅱ, 인공지능 수학, 윤리와 사상, 인문학과 윤리, 역학과 에너지, 전자기와 양자, 세포와 물질대사, 생물의 유전
	체육·예술	
	기술·가정/정보	
	제2외국어/한문	
	교양	교육의 이해, 보건
융합 선택	수학, 사회, 과학	실용 통계, 수학과제 탐구, 융합과학 탐구
	체육·예술	
	기술·가정/정보	아동발달과 부모
	제2외국어/한문	
	교양	

추천 도서 목록

- 마술로 하는 언어치료, 원민우 외, 인싸이트
- 한눈에 보이는 이야기 언어치료 세트, 김빛나 외, 봄비와씨앗
- 탁트임 엄마표 언어치료, 김다은, 탁트임출판사
- 생각이 크는 언어치료 세트, 활동+부록: 학령 전기 아동편, 김정완 외, 이담북스
- 우리 아이 언어 발달 ABA 치료 프로그램, 메리 린치 바르베라, 예문아카이브
- 뇌졸중 환자와 보호자를 위한 언어치료 워크북: 표현편, 오선정 외, 학지사
- 부모코칭 언어치료 가이드북, 조여진 외, 휴먼북스
- 실제 사례로 배우는 말소리장애 워크북, 김민정 외, 휴브알앤씨
- 실어증 및 인지의사소통장애를 위한 언어재활 워크북 표현력 편, 서혜경 외, 학지사
- 어린 말더듬 아동을 위한 페일린 부모-아동 상호작용 치료, Elaine Kelman, 학지사
- 언어치료사가 말하는 자폐, ADHD 부모상담서, 이명은, 율도국
- 언어치료사를 위한 언어학개론, 이희란 외, 에이스북
- 100% 순서대로 말하기, 김아영 외, 봄비와씨앗
- 언어재활사는 이렇게 일한다, 우정수, 청년의사
- 실어증 회복 챌린지 언어재활 워크북: 초급, 황윤경 외, 창조와지식
- 재활의학, 대한재활의학회, 군자출판사
- 마음과 고통의 돌봄을 위한 인문학, 경희대학교 인문학연구원 HK+통합의료인문학연구단, 모시는사람들
- 화병의 인문학: 근현대편, 박성호 외, 모시는사람들
- 죽음의 인문학, 김재현 외, 모시는사람들
- 화병의 인문학: 전통편, 김양진 외, 모시는사람들
- 질병과 함께 걷다, 경희대학교 인문학연구원 HK+통합의료인문학연구단, 모시는사람들
- 84일간의 회복여행일지, 백수현, 하나의학사
- 진리는 의학이다, 영탁, 하이비전
- 마음을 바꾸는 방법, 마이클 폴란, 소우주
- 병원의 진짜이야기, 이치하라 신, 군자출판사
- 한국인의 종합병원, 신재규, 생각의힘
- 아픔은 치료했지만 흉터는 남았습니다, 김준혁, 계단
- 라이넥과 함께 하는 슬기로운 환자 생활, 박경미 외, 한솔의학서적
- 환자의 행복 의사의 사명, 방산옥, 한국학술정보
- 의사의 인문학, 안태환, 생각의길
- 의료 인문학 산책, 심정임, 문화의힘
- 마음 실험실, 이고은, 심심
- 어쩌다 정신과 의사, 김지용, 심심
- 환자란 무엇인가, 공혜정 외, 모시는사람들
- 나는 미래의 병원으로 간다, 김영훈, 범문에듀케이션
- 칼끝의 심장, 스티븐 웨스터비, 지식서가
- 몸만들기 처방전, 연세대학교 의과대학 ARMS, 플루토
- 서사의학, 박용익, 역락

학교생활 TIPS

- 언어치료학 전공과 관련이 깊은 국어, 영어, 사회, 과학 교과의 학업 성취도를 향상하는 노력이 필요하고, 문제 해결 능력, 창의력, 협업 능력, 자기주도적 참여 모습 등이 학교생활기록부 교과 세부능력 및 특기사항에 기록될 수 있도록 학교 수업에 적극 참여하는 것이 중요합니다.
- 학교 교육계획에 의해 진행되는, 일회성이 아닌 지속적으로 진행되는 봉사 활동(급식 도우미, 통합반 도우미, 멘토링, 장애인 및 독거노인 대상 돌봄 활동 등) 참여를 통해서 타인을 위해 봉사하고 헌신하는 학교생활이 나타나도록 하는 것이 중요합니다.
- 언어치료학 전공과 관련 있는 다양한 진로 활동(언어 치료 및 재활 관련 직업 체험, 직업인 특강, 언어 치료 연구소나 언어 치료 클리닉 센터 탐방, 언어치료학과 탐방) 참여를 통해 자신의 진로 역량을 키우는 노력이 필요합니다. 단순 참여 사실보다는 참여하게 된 계기나 자신의 역할, 배우고 느낀 점 등이 드러나면 좋습니다.
- 생명 탐구, 독서, 과학 탐구 실험, 보건, 봉사 등의 동아리 활동을 추천하고, 다양한 분야(언어, 언어 치료, 의료, 재활, 보건, 생명, 윤리, 인문학)의 독서를 통해 융합적 지식을 습득하는 것을 추천합니다.

198

응급구조학과

학과소개

응급구조학과는 최근 발생하고 있는 각종 재난 사고 현장에 출동하여 현장에서의 응급 처치, 환자 이송, 이송 중의 처치 등을 동시에 수행하고, 갑작스러운 질병이나 부상으로 고통받는 환자의 생명을 보호하고 고통을 감소시켜주며, 추가 손상이 발생하지 않도록 응급 처치를 수행하는 응급 구조사를 양성하는 학과입니다. 응급구조학과에서는 응급 의료 지식을 갖출 수 있도록 응급 처치 및 구조법에 대한 실무를 배우고, 졸업 후 응급 구조사로서의 활동을 위해 기초 의학에 대한 이해를 바탕으로 신경외과, 소아과, 정형외과, 심장 관련 전문 응급 처치법 등을 공부합니다.

응급구조학과는 응급구조학 및 기초 과학 전반에 관한 이론과 이에 따른 체계적인 실습을 통해 유능한 응급구조사로서의 자질을 갖춘 인재, 올바른 질병 처치에 대해 이해하고 추진할 수 있으며, 리더십을 발휘하여 동료 간의 의사소통을 통해 재빠르게 처치하고 이송 지시를 내릴 수 있는 능력을 지닌 인재, 응급 환자의 생명과 건강을 보호할 수 있는 전문 응급 처치 능력을 갖추고 생명의 존엄성에 대한 인식을 바탕으로 국민 보건의 향상에 이바지할 수 있는 인재 양성을 교육 목표로 합니다.

개설대학

- 가천대학교
- 강원대학교(제2캠퍼스)
- 건양대학교(제2캠퍼스)
- 경동대학교(제3캠퍼스)
- 경일대학교
- 국립공주대학교
- 광주대학교
- 나사렛대학교
- 남부대학교
- 남서울대학교
- 대구대학교
- 대전대학교
- 동명대학교
- 동신대학교
- 목원대학교
- 백석대학교
- 서원대학교
- 선문대학교
- 우석대학교
- 우송대학교
- 원광대학교
- 을지대학교(제2캠퍼스)
- 인제대학교
- 창신대학교
- 호남대학교
- 호원대학교 등

관련학과

- 응급구조과
- 소방안전구급과
- 소방구조구급과
- 산업보건응급구조학과 등

진출분야

기업체	의료 기기 업체, 수상 및 산악 관련 업체, 종합 병원 및 대학 병원의 응급 의료 센터, 권역별 응급 의료 센터, 응급 환자 이송 센터, 스포츠 관련 의무실, 산업현장 의무실, 레저 스포츠 센터(수영장, 해수욕장) 등
정부 및 공공 기관	중앙 정부 및 지방 자치 단체 공무원, 육해공군, 법무부(교정직), 해양경찰청(112구조대), 소방방재청(각 지역 산림항공관리소), 소방직(119구급대) 공무원, 보건직 공무원(보건소), 한국마사회 등
연구 기관	국립소방연구원 등

진출직업

- 국가 및 지방 자치 단체
- 보건직 공무원
- 경찰직 공무원
- 교정직 공무원
- 산악구조요원
- 소방직 공무원
- 소방안전관리자
- 응급구조사
- 인명구조원
- 의무행정장교
- 의무부사관
- 해양경찰직 공무원 등

취득가능 자격증

- 동력수상레저기구 조종면허
- 라이프가드
- 인명구조사
- 응급구조사 1, 2급
- 산악전문지도사
- 스킨스쿠버
- 수상구조사
- 수상인명구조원
- 육상무선통신사
- 응급처치원
- 응급처치강사
- 재난안전지도사 등

학과 주요 교과목

기초 과목	병리학, 생리학, 해부학, 의학용어, 응급구조학개론, 약리학, 공중보건학, 소방법규, 심폐소생술, 스포츠 의학, 응급처치총론, 응급의학총론, 심전도, 의사소통론, 의료데이터분석 등
심화 과목	외상응급처치학, 수상인명구조, 환경응급처치학, 정형외과처치학, 신경외과처치학, 전문소아 소생술, 전문심장소생술, 외과처치학, 심폐소생술PBL, 응급환자관리학, 재해응급의료, 심전도측정과 판독, 내과전문응급처치학, 외상처치학, 중독학, 전문소아소생술, 전문외상소생술, 응급의료관련법규, 재난안전 관리학, 외상학, 응급통신학, 소방법규 및 실무 등

학과 인재상 및 갖추어야 할 자질

- 위기 상황에서도 침착한 태도와 냉철한 이성, 정확한 판단 능력을 유지할 수 있는 학생
- 어떤 일을 할 때 꼼꼼하게 마무리하고, 차분하며 집중력이 높은 학생
- 의사소통 능력, 팀워크 등 타인과의 협동심과 배려심이 뛰어난 학생
- 마음이 따뜻하고 타인을 잘 이해하며 배려하는 태도를 지닌 학생
- 응급 의료 분야에 대해 관심이 많고 책임 의식과 사명감, 성실성과 창의력을 지닌 학생
- 대화를 통해서 환자들의 마음을 평온하게 해주는 친절함과 원만한 대인 관계 능력을 지닌 학생

학과 관련 선택 과목

※ 국어, 영어 교과는 모든 학문의 기초적인 성격을 가진 도구교과로 모든 학과에 이수가 필요하여 생략함.

공통 과목		공통국어1,2, 공통수학1,2, 공통영어1,2, 한국사1,2, 통합사회1,2, 통합과학1,2, 과학탐구실험1,2
수능 필수		화법과 언어, 독서와 작문, 문학, 대수, 미적분Ⅰ, 확률과 통계, 영어Ⅰ, 영어Ⅱ, 한국사, 통합사회, 통합과학, 성공적인 직업생활(직업)
일반 선택	수학, 사회, 과학	현대사회와 윤리, 화학, 생명과학
	체육·예술	체육1, 체육2
	기술·가정/정보	
	제2외국어/한문	
	교양	
진로 선택	수학, 사회, 과학	윤리와 사상, 인문학과 윤리, 세포와 물질대사, 생물의 유전
	체육·예술	운동과 건강, 스포츠 과학
	기술·가정/정보	
	제2외국어/한문	
	교양	보건
융합 선택	수학, 사회, 과학	윤리문제 탐구, 융합과학 탐구
	체육·예술	스포츠 생활1, 스포츠 생활2
	기술·가정/정보	
	제2외국어/한문	
	교양	

추천 도서 목록

- 응급사례로 접근하는 응급간호학, 심재란 외, 수문사
- 응급구조학 총론, 한국 응급구조학 표준교재편찬위원회, 군자출판사
- 인명구조견 입문서, 사단법인 한국인명구조견협회 외, 동문사
- 인명구조학, 김정기 외, 진영사
- 응급간호, 병원응급간호사회, 메디컬에듀케이션
- 병원 전 외상 소생술, NAEMT, 군자출판사
- SMART 응급진료매뉴얼: 근골격편, 이상봉, 바른의학연구소
- 구조학개론, 조병준, 대학서림
- 응급 의료장비운영, 기은영 외, 학지사메디컬
- AMLS: 내과전문응급처치, NAEMT, 군자출판사
- 구조 및 응급처치, 이원태 외, 의학서원
- 알기쉬운 중환자의학 핸드북, 이성우, 메디안북
- 응급처치와 안전, 김재호, 대경북스
- 응급 및 재난간호, 고봉연 외, 퍼시픽북스
- 인명구조학, 노영수, 글로벌

- 응급처치와 심폐소생술, AAOS, 한미의학
- SMART 응급진료 매뉴얼 세트, 이상봉, 바른의학연구소
- 기본소생술 강사, 군자출판사 편집부, 군자출판사
- 응급구조학 개론, 이재민 외, 군자출판사
- 응급구조와 응급처치, 연세대학교 원주의과대학 응급의학교실, 군자출판사
- 응급의료관련법령, 강병우, 청구문화사
- 인명구조학개론, 채진, 동화기술
- 난생처음 응급구조, 이태양, 군자출판사
- 병원 전 외상소생술, Military Edition, NAMET, 군자출판사
- 기본소생술, KBLS, 대한심폐소생협회, 군자출판사
- 응급의학을 빛낸 인물, 김연욱, 마이스터연구소
- 한국전문소생술, 대한심폐소생협회, 군자출판사
- 병원 전 단계 기도관리, 이재현, 한미의학
- 응급처치와 심폐소생술, 서길준 외, 의학서원

학교생활 TIPS

- 응급구조학 전공과 관련이 깊은 과목인 수학(확률과 통계), 사회, 과학(화학, 생명과학), 체육 교과의 학업 성취도를 향상하는 노력이 필요하고, 전공 적합성, 문제 해결 능력, 창의력, 협업 능력 등이 학교생활기록부 교과 세부능력 및 특기사항에 기록될 수 있도록 교과 수업에 적극 참여합니다.
- 학교 교육계획에 의해 진행되는, 일회성이 아닌 지속적으로 진행되는 봉사 활동(급식 도우미, 통합반 도우미, 멘토링, 장애인 및 독거노인 대상 돌봄 활동 등) 참여를 통해서 타인을 위해 봉사하고 헌신하는 학교생활 모습이 드러나도록 하는 것이 중요합니다.
- 응급구조학 전공과 관련 있는 다양한 진로 활동(소방서나 119 구급 센터 견학 활동, 응급구조사 관련 직업 체험 활동, 응급구조학과 탐방 활동 등)

참여를 통해 자신의 진로 역량을 키우는 것이 중요합니다. 단순 참여 사실보다는 참여하게 된 계기나 자신의 역할, 배우고 느낀 점 등이 드러나면 좋습니다.
- 소방, 보건, 의료, 생명 탐구, 독서, 과학 탐구 실험 등의 동아리 활동이 도움이 되고, 다양한 분야(의료, 보건, 생명, 윤리, 인문학)의 독서를 통해 융합적 지식을 습득하는 것을 추천합니다.
- 전공 적합성, 자기주도성, 문제 해결 능력, 창의력, 인성, 나눔과 배려, 리더십, 발전 가능성 등 학업 태도와 학업 의지에 대한 장점들이 학교생활기록부에 기록되는 것이 중요합니다.

199

의료공학과

학과소개

의료공학은 공학 기술을 의학과 인체에 적용하는 학문으로, 생체 재료, 인공 장기, 의료 기기 개발 등 의학과 관련된 기기, 장비 등을 만들거나 연구하는 분야입니다. 공학적 원리와 방법을 의학 분야에 적용하여 의학 분야에서도 새로운 현상 및 사실을 탐구하고, 이를 임상적 진료에까지 응용합니다. 의료공학과는 의학 기술과 첨단 정보 공학 기술의 융합을 통하여 의학에 적용하는 공학적인 원리와 기술을 교육하고, 인체를 대상으로 하는 생체 신호의 계측 장비, 영상을 통한 진단 및 치료 기기 실험 분석기 등을 포함하는 의료 기기의 기술과 정보를 다루며, 의료 기기의 운영과 관리 측면에서 첨단 공학 기술에 대해 배웁니다.

인체의 구조 및 생리에 대한 호기심과 노인 및 환자에 대한 공감 능력을 지닌 인재, 과학적 이해력과 창의력을 가진 인재, 의료기기 산업 발전 및 국제화에 기여할 수 있는 의료 기기 전문 인재, 미래의 보건 및 의료 기기 산업에 필요한 첨단 장비 기술 및 정보 관리 시스템 분야의 전문적인 인재 양성을 교육 목표로 합니다.

개설대학

- 대구가톨릭대학교
- 을지대학교(제2캠퍼스) 등

관련학과

- 바이오메디컬공학부
- 바이오융합공학계열
- 바이오의공학부
- 의료IT공학과
- 의료IT학과
- 의용메카트로닉스공학과
- 의용공학과
- 의용생체공학과
- 한방의료공학과
- 휴먼기계바이오공학부 등

진출분야

기업체	대형 병원, 의료 기기 업체, 의료 기기 관련 인허가업체, 의료 기기 특허 관련 기업, 의료 기기 및 한방의료 기기 관련 업체, 재활 병원 등의 의공실, 치과병원의 치과 기공실, 치과 기공소, 치과 재료업체, 치과 기자재 업체, 의료 장비 수출입 업체, 전기·전자 및 컴퓨터 관련 기업 등
정부 및 공공 기관	보건복지부, 산업통상자원부, 식품의약품안전처, 오송첨단의료산업진흥재단, 한국과학기술연구원, 한국의료기기기술원, 한국보건의료연구원, 한국보건산업진흥원, 식품의약품안전평가원, 한국산업기술시험원, 국민건강보험공단, 건강보험심사평가원 등
연구 기관	국립소방연구원 등

진출직업

- 보건기술직 공무원
- 스마트헬스케어기기개발자
- 시험·인증관리전문가
- 의료장비기사
- 의료기기관리전문가
- 의료장비생산관리원
- 의료장비설치수리원
- 의료장비영업원
- 의료장비품질관리원
- 전자의료기기개발기술자 등

취득가능 자격증

- PA 규제과학자격증
- 방사선동위원소 면허
- 자동화 산업기사
- 광학기사
- 디지털제어산업기사
- 의료기기RA전문가
- 의료전자기능사
- 의공산업기사
- 의공기사
- 인간공학기사
- 의지·보조기기사
- 전기기사
- 전자기사
- 정보처리기사 등

학과 주요 교과목

기초 과목	교양물리학, 교양화학, 생물학, 공업수학, 대학수학, 해부학, 생리학, 의학용어, 전산학개론, 생명과 과학, 인체생리학, 인체해부학, 심폐소생술, 기초의용회로, 의료기기법규, 의료기기안전 등
심화 과목	생체역학, 회로이론, 전자회로, 의용계측기기, 의용 재료 및 의료기기인허가, 의용전자회로실험, 의료정보통신, 방사선기기, 마이크로프로세서, 디지털공학및실험, 생체전기, 디지털영상처리, 임상의공학, 초음파공학, 의용마이크로컴퓨터, 재활공학, 방사선치료, 인공신체제어공학, 레이저의료기기, MRI영상학, 의료계측기기 등

학과 인재상 및 갖추어야 할 자질

- 수학, 물리학, 화학, 생명과학 등 다양한 분야를 융합하는 능력을 지닌 학생
- 컴퓨터나 전자 장비 등의 각종 기계나 장비에 대한 관심이 높은 학생
- 팀 단위 활동 시 협업 능력과 주인 의식으로 적극적 협력 관계를 이끌 수 있는 능력을 지닌 학생
- 기계나 장비 등 정교한 것을 만들거나 분석, 측정, 실험, 조작하는 것에 흥미를 지닌 학생
- 남들이 생각하지 못한 방법으로 문제를 풀거나, 대상을 바라보는 창의력과 응용력을 갖춘 학생
- 인문적 기초 소양과 주어진 문제를 공학적으로 분석하고 해결할 수 있는 능력을 지닌 학생

학과 관련 선택 과목

※ 국어, 영어 교과는 모든 학문의 기초적인 성격을 가진 도구교과로 모든 학과에 이수가 필요하여 생략함.

공통 과목		공통국어1,2, 공통수학1,2, 공통영어1,2, 한국사1,2, 통합사회1,2, 통합과학1,2, 과학탐구실험1,2
수능 필수		화법과 언어, 독서와 작문, 문학, 대수, 미적분Ⅰ, 확률과 통계, 영어Ⅰ, 영어Ⅱ, 한국사, 통합사회, 통합과학, 성공적인 직업생활(직업)
일반 선택	수학, 사회, 과학	대수, 미적분Ⅰ, 확률과 통계, 현대사회와 윤리, 물리학, 화학, 생명과학
	체육·예술	
	기술·가정/정보	기술·가정, 정보
	제2외국어/한문	
	교양	
진로 선택	수학, 사회, 과학	기하, 미적분Ⅱ,윤리와 사상, 인문학과 윤리, 역학과 에너지, 전자기와 양자, 물질과 에너지, 화학 반응의 세계, 세포와 물질대사, 생물의 유전
	체육·예술	
	기술·가정/정보	로봇과 공학세계, 인공지능 기초, 데이터 과학
	제2외국어/한문	
	교양	보건
융합 선택	수학, 사회, 과학	수학과제 탐구, 윤리문제 탐구, 융합과학 탐구
	체육·예술	
	기술·가정/정보	창의 공학 설계, 지식 재산 일반
	제2외국어/한문	
	교양	

추천 도서 목록

- 의료인이 포스트 코로나 시대를 대비하여 알아야 할 사회 트렌드, 비피기술거래, 비피기술거래
- 사이디오 시그마, 홍원기 외, 아시아
- 의료 AI 입문, 야마시타 야스유키, 양병원출판부
- 사회정의와 건강, 배리 S. 레비, 한울아카데미
- K바이오 트렌드, 2022, 김병호 외, 허클베리북스
- 노인을 위한 의학은 있다, 히구치 마사야, 군자출판사
- 자신만만 보험청구, 김기범 외, 군자출판사
- 의학의 미래, 토마스 슐츠, 웅진지식하우스
- 수술의 탄생, 린지 피츠해리스, 열린책들
- 이야기로 푸는 의학, Marini, Maria Giulia, 학지사
- 기발해서 더 놀라운 의학의 역사, 리처드 홀링엄, 지식서가
- 태초의 의사들, 이원길, 마니피캇
- 의사 만들기, 토마스 네빌 보너, 청년의사
- 건강보험론, 강공언 외, 메디시언

- 차세대 융합바이오와 정밀의학, 이정승 외, 성균관대학교출판부
- 국민건강보험실무, 황성완 외, 계축문화사
- 유전체, 다가온 미래 의학, 김경철, 메디게이트뉴스
- 차라투스트라는 이렇게 아팠다, 이찬휘 외, 들녘
- 기발해서 더 놀라운 의학의 역사, 리처드 홀링엄, 지식서가
- 미국의사 다이어리, 김하림, 군자출판사
- 이상한 나라의 모자장수는 왜 미쳤을까, 유수연, 에이도스
- 이토록 재밌는 의학 이야기, 김은중, 반니
- 서사의학, 박용익, 역락
- 의학 전문가들이 만난 유니시티, 아이프렌드 편집부, 아이프렌드
- 환자의 행복 의사의 사명, 방산옥, 한국학술정보
- 의사의 인문학, 안태환, 생각의길
- 죽음학 교실, 고윤석 외, 허원북스
- 불멸을 꿈꾸는 수명 연장의 역사, 제럴드 J. 그루만, 성균관대학교출판부

학교생활 TIPS

- 의료공학 전공과 관련이 깊은 관련 과목인 수학, 사회, 과학(물리학, 화학, 생명과학), 정보 교과의 높은 학업 성취도 유지가 중요하고, 전공 적합성, 문제 해결 능력, 창의력, 협업 능력 등이 학교생활기록부 교과 세부능력 및 특기사항에 기록될 수 있도록 수업에 적극 참여합니다.
- 학교 교육계획에 의해 진행되는, 일회성이 아닌 지속적으로 진행되는 봉사 활동(급식 도우미, 통합반 도우미, 멘토링, 장애인 및 독거노인 대상 돌봄 활동) 참여를 통해서 타인을 위해 봉사하고 헌신하는 학교생활 모습이 드러나는 것이 중요합니다.
- 의료공학 전공과 관련 있는 다양한 진로 활동(의료 기기 회사 및 헬스

케어 관련 회사 견학 활동, 첨단 의료 기기 전시회 관람, 의료공학 관련 직업 체험, 의료공학과 탐방 활동) 참여를 통해 자신의 진로 역량을 키우는 것이 중요합니다.
- 의료, 공학, 리더십, 의사소통 능력 배양, 보건, 생명, 과학 탐구 실험 등의 동아리 활동이 도움이 되고 다양한 분야(의료, 공학, 보건, 생명, 윤리, 인문학)의 독서를 통해 융합적 지식을 습득하는 것을 추천합니다.
- 진로 역량, 자기주도성, 문제 해결 능력, 창의력, 인성, 나눔과 배려, 리더십, 발전 가능성 등 학업 태도와 학업 의지에 대한 장점들이 학교생활 기록부에 기록이 되는 것이 중요합니다.

200

의료정보학과

학과소개

의료정보학은 개인의 건강이나 의료와 관련된 정보를 디지털화하여 안정적이고 효율적인 의료 서비스로 제공하기 위한 학문 분야로, 의무 기록, 영상 의학 자료, 처방 및 치료와 관련된 보험 정보 등 의학과 병원을 포괄한 광범위한 의학 영역에서 생성되는 모든 데이터를 연구 대상으로 합니다. 의료정보학과는 생명정보학과 임상의료정보학으로 나뉘며, 환자의 질병으로부터 수집된 각종 의무 기록 정보, 영상 검사 정보, 처방 및 수술 정보와 보험 정보 등을 분석, 관리할 수 있는 방법과 보건 의료 및 IT 융합의 글로벌 첨단 기술, 보건 의료 서비스 기법에 대해 배우는 학과입니다.

의료정보학과의 교육 목표는 보건 의료 분야의 전문 지식과 높은 직업 윤리 의식을 가진 의료 정보 전문 인재 양성, 보건 의료 정보 전문 지식과 산업체 현장의 적용 능력을 갖춘 인재 양성, 양질의 정보 생성을 위한 창의적 보건 의료 정보 활용 능력을 지닌 인재 양성, 보건 의료 정보 정책 변화에 빠르게 대처할 수 있는 국제적인 자기 계발 능력을 지닌 인재 양성입니다.

개설대학

• 국립공주대학교 등

진출직업

• 데이터과학자
• 보건의료정보관리사
• 보건직 공무원
• 보험심사평가전문가
• 병원행정전문가
• 손해사정사
• 시니어헬스케어
• 의료코디네이터
• 의정장교 등

관련학과

• 의료경영학부
• IT의료데이터과학전공
• 국제의료경영학과
• 보건의료경영학과
• 보건의료정보학과
• 보건의료행정학과
• 스마트시스템공학과
• 스마트시스템소프트웨어학과 등

취득가능 자격증

• 건강보험사
• 보건교육사
• 보건의료정보사
• 보험심사평가사
• 병원행정사
• 병원코디네이터
• 정신건강 사회복지사
• 보건의료 정보관리사
• 손해사정사
• 의무기록사 등

진출분야

기업체	대형 병원, 의료 기관 의무 기록과, 보험 회사, 금융기관, 보건 의료 관련 산업체, 의료 기기 회사, 제약회사, 의료 정보 업체, 보건 의료 전문 언론 기관, 보건 의료 기관, 의료 정보 전문 IT 업체 등
정부 및 공공 기관	보건복지부, 산업통상자원부, 오송첨단의료산업진흥재단, 한국과학기술연구원, 한국의료기기기술원, 한국보건의료연구원, 국민건강보험공단, 건강보험심사평가원, 근로복지공단 등
연구 기관	정부출연 연구소 등

학과 주요 교과목

기초 과목	의학용어, 의무기록학, 해부학, 생리학, 병리학, 인체해부학, 생활과 건강, 데이터베이스, 프로그래밍, 운영체계 등
심화 과목	의무기록정보학, 질병 및 의료행위분류실무, 암등록, 의무기록실무, 의학전사, 양질의 의료관리, 건강보험론, 공중보건학, 보험계약론, 조사방법론, 손해사정이론, 보건교육학, 치의학개론, 재무회계론, 한의학개론, 데이터마이닝, 데이터웨어하우스, 의료정보프로젝트, 병원경영정보관리, 임상의학세미나 등

학과 인재상 및 갖추어야 할 자질

• 수학, 화학, 생명과학, 정보 등 다양한 분야를 융합하는 능력을 지닌 학생
• 컴퓨터에 관심이 많고, 컴퓨터를 활용한 정보 처리 분야에 흥미와 능력을 갖춘 학생
• 팀 단위 활동 시 협업 능력 및 주인 의식을 갖고 적극적 협력 관계를 이끌 수 있는 능력을 지닌 학생

• 기계나 장비 등 정교한 것을 만들고 분석하며 조작하는 것에 흥미를 지닌 학생
• 남들이 생각하지 못한 방법으로 문제를 풀거나, 대상을 바라보는 창의력과 응용력을 갖춘 학생
• 인문적 기초 소양과 주어진 문제를 공학적으로 분석하고 해결할 수 있는 능력을 지닌 학생

인문계열

사회계열

자연계열

공학계열

의약계열

예체능계열

교육계열

계약학과 & 특성화학과

학과 관련 선택 과목

※ 국어, 영어 교과는 모든 학문의 기초적인 성격을 가진 도구교과로 모든 학과에 이수가 필요하여 생략함.

공통 과목		공통국어1,2, 공통수학1,2, 공통영어1,2, 한국사1,2, 통합사회1,2, 통합과학1,2, 과학탐구실험1,2
수능 필수		화법과 언어, 독서와 작문, 문학, 대수, 미적분 I , 확률과 통계, 영어 I , 영어 II , 한국사, 통합사회, 통합과학, 성공적인 직업생활(직업)
일반 선택	수학, 사회, 과학	대수, 미적분 I , 확률과 통계, 물리학, 화학, 생명과학
	체육·예술	
	기술·가정/정보	기술·가정, 정보
	제2외국어/한문	
	교양	
진로 선택	수학, 사회, 과학	미적분 II , 역학과 에너지, 전자기와 양자, 물질과 에너지, 화학 반응의 세계, 세포와 물질대사, 생물의 유전
	체육·예술	
	기술·가정/정보	로봇과 공학세계, 인공지능 기초, 데이터 과학
	제2외국어/한문	
	교양	보건
융합 선택	수학, 사회, 과학	융합과학 탐구
	체육·예술	
	기술·가정/정보	창의 공학 설계, 지식 재산 일반, 소프트웨어와 생활
	제2외국어/한문	
	교양	

추천 도서 목록

- 사회정의와 건강, 배리 S. 레비, 한울아카데미
- K바이오 트렌드, 2022, 김병호 외, 허클베리북스
- 코로나19에서 사람을 살리는 Basic Story, 배진건, 메디게이트뉴스
- 의료인이 포스트 코로나 시대를 대비하여 알아야 할 사회 트렌드, 비피기술거래, 비피기술거래
- 코로나19, 걸리면 진짜 안 돼?, 서주현, 아침사과
- 사이디오 시그마, 홍원기 외, 아시아
- 의료 AI 입문, 야마시타 야스유키, 양병원출판부
- 코로나19 데카메론, 경희대학교 인문학연구원 HK 외, 모시는사람들
- 유전체, 다가온 미래 의학, 김경철, 메디게이트뉴스
- 현미경에 기대어, 이민철, 전남대학교출판문화원
- 보건의료정보학, 대한의료정보학회 편집부, 군자출판사
- 이것이 마이데이터다, 고은이 외, 슬로디미디어
- 노인을 위한 의학은 있다, 히구치 마사야 외, 군자출판사
- 신뢰할 수 있는 인공지능 개발 안내서: 의료분야, 2023, 한국정보통신기술협회, 진한엠앤비

- 보건의료정보관리사는 이렇게 일한다, 양지현, 청년의사
- 보건의료정보관리학, 박종선 외, 보문각
- 의료영상정보학, 의료영상정보연구회, 청구문화사
- 베스트 인턴, 김태준 외, 대한의학
- 병원의 인문학, 여인석 외, 역사공간
- 디지털 헬스케어, 이광우 외, 한누리미디어
- 유전체, 다가온 미래 의학, 김경철, 메디게이트뉴스
- 차라투스트라는 이렇게 아팠다, 이찬휘 외, 들녘
- 기발해서 더 놀라운 의학의 역사, 리처드 홀링엄, 지식서가
- 미국의사 다이어리, 김하림, 군자출판사
- 이상한 나라의 모자장수는 왜 미쳤을까, 유수연, 에이도스
- 이토록 재밌는 의학 이야기, 김은중, 반니
- 별것 아닌 의학용어, 최형석, 영진닷컴
- 어떻게 하면 의학을 잘할 수 있을까?, 김수기, 연세대학교출판문화원
- 돌팔이 의학의 역사, 리디아 강 외, 더봄
- 당신에게 나는, 좋은 의사일까요?, 레이첼 클라크, 책든손

학교생활 TIPS

- 의료공학 전공과 관련이 깊은 과목인 수학, 영어, 과학(화학, 생명과학), 기술·가정, 정보 교과의 높은 학업 성취도 유지가 중요하고, 전공 적합성, 문제 해결 능력, 창의력, 협업 능력 등이 학교생활기록부 교과 세부능력 및 특기사항에 기록될 수 있도록 학교 교과 수업에 적극 참여합니다.
- 학교 교육계획에 의해 진행되는, 일회성이 아닌 지속적으로 진행되는 봉사 활동(급식 도우미, 통합반 도우미, 멘토링, 장애인 및 독거노인 대상 돌봄 활동 등) 참여를 통해서 타인을 위해 봉사하고 헌신하는 학교생활 모습이 드러나도록 하는 것이 중요합니다.
- 의료공학 전공과 관련 있는 다양한 진로 활동(의료 정보 관련 회사 견학

활동, 첨단 의료 기기 전시회 관람, 의료공학 관련 직업 체험, 의료공학과 탐방 활동 등) 참여를 통해 자신의 진로 역량을 키우는 것이 필요합니다.
- 의료, 컴퓨터, 공학, 리더십, 보건, 생명, 과학 탐구 실험 등의 동아리 활동을 추천하고, 동아리에 참여하게 된 계기나 자신의 역할, 배우고 느낀 점, 진로에 미친 영향 등이 기록될 수 있도록 관리합니다.
- 진로 역량, 자기주도성, 문제 해결 능력, 창의력, 인성, 나눔과 배려, 리더십, 발전 가능성, 학업 태도와 학업 의지에 대한 장점들이 학교생활기록부에 기록되는 것이 중요합니다.

201

의예과

학과소개

의학은 인체의 구조와 기능을 조사하여 인체의 보건, 질병이나 상해의 치료 및 예방에 관한 방법과 기술을 연구하는 학문입니다. 현대 의학은 투약이나 수술과 같은 '임상 의학'뿐만 아니라, 해부학이나 병리학 등의 '기초 의학', 사회적 요인에 의한 건강 장애에 관심을 가지는 '사회 의학' 등 다방면의 분야를 아우르고 있습니다. 의예과는 본격적인 의학 지식을 습득하기 전 단계에서, 의학 교육의 기초를 다지는 과정입니다. 생명과학 및 의학에 대한 기초를 충실히 학습하며, 예비 의학자로서의 사회적, 윤리적, 학문적 기초 및 자질 형성을 위한 교양 과목 그리고 의학을 배우는 데 필요한 생명과학의 기초를 배우게 됩니다.

의사에게 필수적인 의학 지식과 기술, 효과적인 의사소통 능력에 바탕을 둔 기본적인 진료 능력을 갖춘 인재, 건전한 윤리관과 사회적 책무성, 능동적인 자기 계발 능력을 함께 갖춘 의학 인재, 비판적 탐구 자세를 통해 다양한 문제를 창의적으로 해결하여 의학 발전에 기여할 수 있는 연구 능력을 갖춘 인재, 이웃과 국가, 나아가 인류 공동체의 유익을 위해 헌신하고 봉사할 수 있는 인재 양성을 교육 목표로 합니다.

개설대학

- 가천대학교
- 가톨릭대학교(제2캠퍼스)
- 강원대학교
- 건국대학교(글로컬)
- 경북대학교
- 경상국립대학교
- 경희대학교
- 계명대학교
- 고려대학교
- 고신대학교
- 단국대학교(제2캠퍼스)
- 대구가톨릭대학교
- 동국대학교(WISE)
- 동아대학교
- 부산대학교
- 서울대학교
- 성균관대학교
- 순천향대학교
- 아주대학교
- 연세대학교
- 연세대학교(미래)
- 영남대학교
- 원광대학교
- 울산대학교
- 을지대학교
- 이화여자대학교
- 인제대학교
- 인하대학교
- 전남대학교
- 전북대학교
- 제주대학교
- 조선대학교
- 충남대학교
- 충북대학교
- 한림대학교
- 한양대학교 등

관련학과

- 기초의·화학부
- 글로벌의과학과
- 의학과
- 의학부 등

진출분야

기업체	종합 병원, 대학 병원, 개인 병·의원, 보건소, 방송사, 신문사 등 언론사, 제약회사 등
정부 및 공공 기관	보건·의료 관련 공무원(보건복지부, 질병관리본부, 식품의약품안전처, 보건소 등), 국립보건연구원, 세계보건기구, 의료 관련 비영리 기구(글로벌 NGO) 등
연구 기관	국립암센터, 식품의약품안전처, 국립과학수사연구소, 의료 관련 연구소 등

진출직업

- 가정의학과의사
- 내과의사
- 마취병리과의사
- 방사선과의사
- 보건의료관련관리자
- 비뇨기과의사
- 산부인과의사
- 성형외과의사
- 소아과의사
- 안과의사
- 의학연구원
- 외과의사
- 이비인후과의사
- 정신과의사
- 피부과의사
- 의학전문기자
- 의학평론가
- 의학전문방송인
- 의학칼럼리스트
- 생명과학시험원 등

취득가능 자격증

- 의사면허
- 전문의사면허 등

내과, 외과, 정형외과, 흉부외과, 신경외과, 소아청소년과, 산부인과, 안과, 이비인후과, 피부과, 비뇨기과, 신경과, 정신건강의학과, 진단검사의학과, 영상의학과, 방사선종양학과, 마취통증의학과, 병리과, 예방의학과, 재활의학과, 결핵과, 성형외과, 가정의학과, 응급의학과, 핵의학과, 작업환경의학과 등 26개

학과 주요 교과목

기초 과목	일반생물, 일반생물실험, 의학적소통법, 의료사회복지론, 의학물리학, 의학심리학, 반화학, 일반화학실험, 생명과 윤리, 사회와 의료, 의사학, 일반화학, 생명물리학, 유기화학, 의료정보학개론 등
심화 과목	의과학입문, 의학개론, 세포생물학, 기초의학통합실습, 독성학개론, 분자생물학, 의학통계학, 생화학, 의학유전학, 의료정보학, 인체의 구조, 의학유전학, 생명윤리, 의사학, 의학유전학, 해부학, 의사학, 의학심리학, 의료정보학 및 실습 등

학과 인재상 및 갖추어야 할 자질

- 침착하게 상황을 판단할 줄 아는 능력과 신속하고 정확하게 대처할 수 있는 능력을 갖춘 학생
- 어떤 일을 할 때 꼼꼼하게 마무리하고, 차분하고 집중력이 높은 학생
- 대인 관계, 팀워크 등 타인과의 협동심과 배려심이 뛰어난 학생
- 생명을 소중히 여길 줄 아는 마음과 타인을 위해 봉사할 수 있는 마음을 지닌 학생
- 인체나 질병, 생명 등에 관심이 있고, 물리학, 화학, 생명과학 등의 과학 교과목에 흥미와 소질이 있는 학생
- 높은 수준의 영어 사용 능력과 스트레스 감내성, 강인한 체력, 정신력을 갖춘 학생

학과 관련 선택 과목

※ 국어, 영어 교과는 모든 학문의 기초적인 성격을 가진 도구교과로 모든 학과에 이수가 필요하여 생략함.

공통 과목		공통국어1,2, 공통수학1,2, 공통영어1,2, 한국사1,2, 통합사회1,2, 통합과학1,2, 과학탐구실험1,2
수능 필수		화법과 언어, 독서와 작문, 문학, 대수, 미적분 I , 확률과 통계, 영어 I , 영어 II , 한국사, 통합사회, 통합과학, 성공적인 직업생활(직업)
일반 선택	수학, 사회, 과학	대수, 미적분 I , 확률과 통계, 현대사회와 윤리, 화학, 생명과학
	체육·예술	
	기술·가정/정보	
	제2외국어/한문	
	교양	
진로 선택	수학, 사회, 과학	미적분 II , 윤리와 사상, 인문학과 윤리, 물질과 에너지, 화학 반응의 세계, 세포와 물질대사, 생물의 유전
	체육·예술	
	기술·가정/정보	
	제2외국어/한문	
	교양	인간과 철학, 인간과 심리, 보건
융합 선택	수학, 사회, 과학	윤리문제 탐구, 융합과학 탐구
	체육·예술	
	기술·가정/정보	
	제2외국어/한문	
	교양	

추천 도서 목록

- 의대를 꿈꾸는 대한민국의 천재들, 이종훈, 한언
- 별것 아닌 의학용어, 최형석, 영진닷컴
- 처음 듣는 의대 강의, 안승철, 궁리
- 골든아워, 이국종, 흐름출판
- 의대가 죽어야 나라가 산다, 윤인모, 미래플랫폼
- 메스를 잡다, 아르놀트 판 더 라르, 을유문화사
- 미술관에 간 의학자, 박광혁, 어바웃어북
- 세상을 구한 의학의 전설들, 로널트 D. 게르슈테, 한빛비즈
- 닥터단감의 의학 이야기, 유진수, 군자출판사
- 어떻게 일할 것인가, 아툴 가완디, 웅진지식하우스
- 수술의 탄생, 린지 피츠해리스, 열린책들
- 한국인의 종합병원, 신재규, 생각의힘
- 당신에게 나는, 좋은 의사일까요?, 레이첼 클라크, 책든손
- 포크라시, 레이첼 부크바인더, 책세상
- 이야기로 푸는 의학, Marini, Maria Giulia, 학지사

- 영화관에서 만나는 의학의 세계, 고병수, 바틀비
- 김 박사의 공감 클리닉, 정영화, 박영사
- 의학의 법칙들, 싯다르타 무케르지, 문학동네
- 의학의 미래, 토마스 슐츠, 웅진지식하우스
- 돌팔이 의학의 역사, 리디아 강, 더봄
- 디지털 치료제, 김선현, 포르체
- 이토록 재밌는 의학 이야기, 김은중, 반니
- 왜 의학이 발전해도 우리는 계속 아플까?, 이규황, 메디치미디어
- 좋은 의사 나쁜 의사, Larry R. Churchill, 박영사
- 병원의 진짜이야기, 이치하라 신, 군자출판사
- 의대에 간 그리스 신들, 김대영, 하움출판사
- 죽음과 죽어감에 답하다, 엘리자베스 퀴블러 로스, 청미
- 유전체, 다가온 미래 의학, 김경철, 메디게이트뉴스
- 누구 먼저 살려야 할까?, 제이콥 M. 애펠, 한빛비즈
- 히포크라시, 레이첼 부크바인더, 책세상

학교생활 TIPS

- 의예과와 관련성이 높은 국어, 수학, 영어, 과학(화학, 생명과학) 교과의 우수한 학업 성취를 올리며, 전공 적합성, 자기주도성, 문제 해결 능력, 창의력, 발전 가능성 등의 역량이 발휘될 수 있도록 수업에 적극 참여합니다.
- 의학이나 의료, 보건 관련 동아리에 참여하여 가입 동기, 본인의 역할, 배우고 느낀 점, 진로 역량, 그밖에 자신의 장점들이 학교생활기록부에 나타나도록 합니다. 학교 교육계획에 의한, 일회성이 아닌 지속적인 봉사 활동 참여를 권장합니다. 특히 의예과 전공과 관련 있는 봉사 활동(병원, 요양원, 사회 복지 기관 봉사 활동)은 매우 좋습니다.

- 다양한 교내외 활동을 통해 타인을 위해 헌신적으로 봉사하는 모습, 의학 분야에 대한 관심과 흥미를 바탕으로 인성, 나눔과 배려, 협동심, 창의력, 의사 결정 능력, 리더십 등이 드러나도록 할 것을 추천합니다.
- 의학, 생명, 윤리, 인문학, 스마트 헬스 케어 등 폭넓은 분야의 독서 활동을 통해서 관련 전공 소양을 키우도록 하고, 의사 및 기타 의료 관련 직업 정보 탐색, 의과 대학 학과 체험 활동 참여도 권장합니다.

202

임상병리학과

학과소개

임상병리학은 환자의 혈액이나 체액, 소변, 조직 등을 화학·생물학·물리학·유전학적인 방법으로 분석하여 정보를 제공할 수 있도록 임상검사 기술을 연구하는 학문입니다. 임상병리학은 크게 혈청학, 임상화학, 분자진단학, 미생물학, 혈액은행, 혈액학, 조직병리학 등으로 나뉩니다. 임상 병리학과는 임상화학, 진단혈액학, 임상미생물학, 임상면역학, 수혈의학, 진단조직세포학, 세포유전학 및 분자유전학 등 다양한 분야에서 신뢰성 있는 정확한 검사 결과를 제공하여 과학적이고 질 높은 의료 서비스를 가능하게 하는 임상병리사를 양성하는 학과입니다. 인체에서 발생하는 각종 질병의 원인, 치료 과정 등을 과학적으로 분석하여 치료 및 예방에 도움을 줄 수 있으므로, 현대 의학에서 중요한 역할을 수행합니다.

질병의 진단, 치료 경과 및 예후 등을 판단하는 데 필요한 임상병리 업무에 전문성을 갖춘 인재, 인간 존중과 건강 복지 사회 구현에 필요한 인격과 태도를 갖춘 적극적이고 창의적인 인재, 문제 해결 능력과 의사소통 능력을 바탕으로 복합적 문제를 유연하게 해결할 수 있는 활동적인 인재, 임 상병리학 분야에서 연구 능력과 창의성을 갖춘, 과학적인 전문성을 지닌 인재의 양성을 교육 목표로 합니다.

개설대학

- 가톨릭관동대학교
- 건양대학교(제2캠퍼스)
- 경동대학교(제3캠퍼스)
- 경운대학교
- 극동대학교
- 김천대학교
- 나사렛대학교
- 남서울대학교
- 단국대학교(제2캠퍼스)
- 대구한의대학교
- 대전대학교
- 동서대학교
- 동의대학교
- 부산가톨릭대학교
- 상지대학교
- 세명대학교
- 순천향대학교
- 신한대학교(제2캠퍼스)
- 연세대학교(미래)
- 을지대학교(제2캠퍼스)
- 을지대학교(제3캠퍼스)
- 인제대학교
- 중원대학교
- 청주대학교
- 호남대학교
- 호서대학교 등

진출직업

- 군의장교
- 보건위생 및 환경검사원
- 병리학자
- 생명과학시험원
- 임상병리사
- 임상연구코디네이터
- 환경 및 보건직 공무원 등

취득가능 자격증

- 산업보건지도사
- 임상병리사
- 위생사
- 방사선동위원소 면허
- 방사선사
- 요양보호사 등

관련학과

- 임상병리과
- 임상의약학과 등

진출분야

기업체	종합 병원, 한방 병원, 보건소, 임상 검사 센터, 전문 검진 센터, 제약업체, 제약회사, 바이오 진단 회사, 시약 회사, 화학 회사 등
정부 및 공공 기관	중앙 정부 및 지방 자치 단체, 고용노동부, 환경부, 보건소, 각 지역 경찰청, 국립과학수사연구소, 식품의약품안전처, 질병관 리본부, 각 지역 보건환경연구원, 국립보건연구원, 출입국관리 사무소, 한국건강관리협회, 대한적십자사 각 지역 혈액원 등
연구 기관	의료 관련 연구소, 생명 과학 및 유전 공학 연구소, 줄기세포 연 구소, 유전자 검사 연구 기관, 대학 연구소 등

학과 주요 교과목

기초 과목	생명과학, 심폐소생술, 일반화학, 의학용어, 임상병리학원론, 보건학원론, 유기화학, 인체해부학, 일반미생물학, 물리학, 화학, 생물학, 임상의학개론, 해부학 등
심화 과목	임상미생물학, 조직검사학, 생화학, 면역학, 조직학, 임상혈액학, 기생충학, 분석화학, 임상화학, 진단혈액학, 임상미생물학, 진단세포학, 임상혈액학, 검사기기분석학, 임상생화학, 임상분자생물학, 공중보건학, 기생충학 및 실험, 바이러스학, 나노바이오체외진단학 등

학과 인재상 및 갖추어야 할 자질

- 학업에 대한 창의성, 열정과 배움의 자세, 꾸준히 수행하는 인내심, 적극성을 지닌 학생
- 어떤 일을 할 때 꼼꼼하게 마무리하고, 차분하며 집중력이 높은 학생
- 의사소통 능력, 팀워크 등 타인과의 협동심과 배려심이 뛰어난 학생
- 마음이 따뜻하고 타인을 잘 이해하며 배려하는 태도를 지닌 학생
- 차분하고 쉽게 당황하지 않으며 정확한 판단을 할 수 있고 빠른 움직임을 지닌 학생
- 예리한 관찰력과 섬세함을 지녔으며 시각 장애가 없고 평소 기계나 장비를 다루는 것에 흥미가 있는 학생

학과 관련 선택 과목

※ 국어, 영어 교과는 모든 학문의 기초적인 성격을 가진 도구교과로 모든 학과에 이수가 필요하여 생략함.

공통 과목		공통국어1,2, 공통수학1,2, 공통영어1,2, 한국사1,2, 통합사회1,2, 통합과학1,2, 과학탐구실험1,2
수능 필수		화법과 언어, 독서와 작문, 문학, 대수, 미적분Ⅰ, 확률과 통계, 영어Ⅰ, 영어Ⅱ, 한국사, 통합사회, 통합과학, 성공적인 직업생활(직업)
일반 선택	수학, 사회, 과학	대수, 미적분Ⅰ, 확률과 통계, 현대사회와 윤리, 화학, 생명과학
	체육·예술	
	기술·가정/정보	
	제2외국어/한문	
	교양	
진로 선택	수학, 사회, 과학	미적분Ⅱ, 윤리와 사상, 인문학과 윤리, 물질과 에너지, 화학 반응의 세계, 세포와 물질대사, 생물의 유전
	체육·예술	
	기술·가정/정보	
	제2외국어/한문	
	교양	인간과 심리, 보건
융합 선택	수학, 사회, 과학	윤리문제 탐구, 융합과학 탐구
	체육·예술	
	기술·가정/정보	
	제2외국어/한문	
	교양	

추천 도서 목록

- 복잡계와 의학, 콜린 제임스 알렉산더, 글통
- 아이들에게 코로나 백신을 맞힌다고?, 이은혜, 북앤피플
- 코로나19에서 사람을 살리는 Basic Story, 배진건, 메디게이트뉴스
- 의료인이 포스트 코로나 시대를 대비하여 알아야 할 사회 트렌드, 비피기술거래, 비피기술거래
- 코로나19, 걸리면 진짜 안 돼?, 서주현, 아침사과
- 사이디오 시그마, 홍원기 외, 아시아
- 코로나19 데카메론, 경희대학교 인문학연구원 HK 외, 모시는사람들
- 유전체, 다가온 미래 의학, 김경철, 메디게이트뉴스
- 현미경에 기대어, 이민철, 전남대학교출판문화원
- 병원미생물과 감염관리, 고한철 외, 바이오사이언스
- 방사선과학개론, 방사선과학연구회, 청구문화사
- 방사선 감광학, 권달관 외, 청구문화사
- 인체구조와기능Ⅰ,Ⅱ, 워크북, 심재란 외, 수문사
- 간호미생물학, 권상민 외, 수문사
- 간호사를 위한 병리학, 홍준현 외, 수문사
- 기초 의학생화학, 의학생화학연구회, 청구문화사

- 보건의료인을 위한 병태생리학, Karin C. VanMenter 외, 계축문화사
- 간추린사람해부학, 사람해부학교재편찬위원회, 현문사
- 머리 및 목 해부학, 2024 보완판, 김명국, 의치학사
- 하루 한 권, 혈액, 나라 노부오, 드루
- 언어기관의 해부와 생리, 고도흥, 학지사
- 임상병리사를 위한 일반 미생물학 실습, 미생물교수회 외, 고려의학
- 임상세포유전학, 심문정 외, 고려의학
- 노화 공부, 이덕철, 위즈덤하우스
- 인체 해부학 포켓 아틀라스, Jarmey, Chris, 영문출판사
- Vander 인체생리학, Eric P. Widmaier 외, 교문사
- 그림으로 쉽게 공부하는 핵심해부학 컬러링북, 메디컬아카데미아 해부학연구회, 아카데미아
- 인체생리학, 김구환 외, JMK
- 인체 구조와 기능, 이영희 외, 의학교육
- 인간과 질병, 경희대학교 인문학연구원 HK+통합의료인문학연구단, 모시는사람들

학교생활 TIPS

- 임상병리학과와 관련이 깊은 영어, 수학, 과학(화학, 물리학, 생명과학), 사회 교과의 우수한 학업 성취를 올릴 수 있도록 관리하고, 관련 교과 수업 활동을 통해서 전공 적합성, 문제 해결 능력, 창의력, 협업 능력 등을 이끌어 내 학교생활기록부 교과 세부능력 및 특기사항에 기록되도록 하는 것이 좋습니다.
- 다양한 교내 활동 중에서 융합 교실, 독서 토론, 리더십, 모의 법정, 민주시민 교육, 보건 교육, 생태 체험, 보건 교육, 환경 교육 등 전공 적합성을 키울 수 있는 활동에 적극 참여하는 것을 권장합니다.
- 의료, 보건, 생명 과학 실험, 생명 탐구, 생태 체험, 과학 탐구, 토론, 봉사 관련 동아리 활동에 참여하는 것이 도움이 되고, 학교 교육계획에 의해

진행되는, 일회성이 아닌 지속적인 봉사 활동(급식 도우미, 통합반 도우미, 도서관 도우미, 교문 교통 지도, 장애인 및 독거노인 대상 돌봄 활동) 참여를 통해서 타인을 위해 봉사하고 헌신하는 학교생활 모습이 드러나도록 하는 것이 중요합니다.
- 임상병리학 전공과 관련 있는 다양한 진로 활동(대형 병원, 건강 검진 센터 및 보건소 견학 활동이나 관련 직업 탐색 및 임상병리학과 탐방 활동)을 통해 자신의 진로 역량을 키우는 것이 중요합니다. 단순 참여 사실보다는 참여하게 된 계기나 자신의 역할, 배우고 느낀 점, 전공에 대한 준비 노력 등이 드러나면 좋습니다.

203

작업치료학과

학과소개

작업치료학은 신체적, 정신적, 그리고 발달 과정에서 어떠한 이유로 기능이 저하된 사람이 의미 있는 치료적 활동(작업)을 통해 최대한 독립적으로 일상생활을 수행하고 능동적으로 사회생활에 참여함으로써 삶의 질과 만족도를 높일 수 있도록 치료, 교육하는 재활 의학의 한 분야입니다. 사람들이 일상적인 삶을 살아가는데 필요한 행동, 정상적인 삶을 살아가는 데 필요한 생산적인 활동 및 여가 활동을 포함하여 관리하는, 인간 작업에 관한 학문입니다. 작업치료학과에서는 인간의 작업 활동에 영향을 미치는 발달 장애 아동과 신체, 인지 기능 장애를 가진 성인이 기본적인 일상생활 활동, 직업 및 레저 활동이 가능하도록 전문적인 재활 서비스를 제공하고 교육합니다.

인본주의를 바탕으로 한 윤리의식과 올바른 인성을 갖추고, 사회적인 요구와 작업 치료 흐름에 적극적으로 대처할 수 있는 인재, 이론적인 지식과 임상적인 경험을 두루 갖추고 현장 적응성을 발휘하는 인재, 다양한 작업 치료 환경(병원, 재활원, 요양소, 정신 병원 등)에서 최대한의 능력을 발휘할 수 있는 인재, 변화·발전하는 치료 이론과 세계화에 대비한 체계적인 교육을 통해 국제사회 경쟁력을 갖춘 인재의 양성을 교육 목표로 합니다.

📖 개설대학

- 강원대학교(제2캠퍼스)
- 건양대학교(제2캠퍼스)
- 경남대학교
- 경동대학교(제3캠퍼스)
- 경운대학교
- 고신대학교
- 광주대학교
- 극동대학교
- 대구대학교
- 동명대학교
- 동서대학교
- 동신대학교
- 백석대학교
- 상지대학교
- 세명대학교
- 순천향대학교
- 연세대학교(미래)
- 우석대학교
- 우송대학교
- 원광대학교
- 유원대학교
- 인제대학교
- 전주대학교
- 조선대학교
- 중원대학교
- 청주대학교
- 한서대학교
- 호남대학교 등

🎓 관련학과

- 스포츠건강재활학과
- 스포츠재활학과
- 언어치료·청각재활학과
- 재활건강증진학과
- 재활퍼스널트레이닝학과
- 직업재활학과 등

📺 진출분야

기업체	대학 병원, 종합 병원, 재활 전문 병원, 정신 병원, 노인 요양 병원, 발달장애센터, 장애 아동 전담 어린이집, 장애인 직업 훈련 기관, 의료 기기 및 의수족 보조기 관련 회사, 장애인·노인 복지관, 재활센터, 산업체 건강 관리실 등
정부 및 공공 기관	중앙 정부 및 지방 자치 단체 보건직 및 의료 기술직공무원, 보건소, 국민건강보험공단, 근로복지공단, 한국장애인고용공단, 건강보험심사평가원, 각 지역 광역치매센터, 각 지역 광역보조기기센터 등
연구 기관	장애 아동 발달 연구소, 보조 공학 센터, 장애인 용품 개발 연구원, 재활 관련 연구소 등

📄 진출직업

- 놀이치료사
- 물리치료사
- 미술치료사
- 보건직 공무원
- 사회복지사
- 스포츠트레이너
- 임상심리사
- 예술치료사
- 언어치료사
- 음악치료사
- 웃음치료사
- 작업치료사
- 직업평가사
- 중독치료사
- 청능치료사 등

🏅 취득가능 자격증

- 정신건강 작업치료사
- 감각발달 재활사
- 노인심리상담사
- 노인활동지도사
- 물리치료사
- 보조공학사
- 사회복지사
- 인간공학기사
- 인지활동지도사
- 작업치료사
- 치매전문작업치료사 등

📋 학과 주요 교과목

기초 과목	인체해부학, 의학용어, 생리학, 기능해부학, 재활치료의 심리학적 기초, 신경해부학, 인체검사학, 임상신경학, 재활의학, 인체운동학, 아동발달학, 공중보건학, 연구방법론 등
심화 과목	작업치료학개론, 작업수행분석, 임상작업치료평가, 운동치료학, 아동작업치료학, 보조기 및 의지학, 감각통합치료, 신경계작업치료학, 근골격계작업치료학, 노인작업치료학, 정신사회작업치료학, 지역사회작업치료학, 직업재활, 운전재활, 환경과 재활보조공학 등

🌱 학과 인재상 및 갖추어야 할 자질

- 인간을 사랑하고 환자와 함께 고통을 나눌 수 있는 마음가짐을 지닌 학생
- 의사소통 능력과 원만한 대인 관계 능력을 지닌 학생
- 팀워크 등 타인과의 협동심과 배려심이 뛰어나고 건강 및 체력을 갖춘 학생
- 영어, 사회, 과학(화학, 생명과학), 수학, 체육 등의 교과에 흥미를 지닌 학생
- 다양한 환경에 대한 적응력과 꾸준히 수행하는 인내심과 끈기, 적극성을 지닌 학생
- 책임감과 인내력, 희생정신을 갖추고 새로운 분야에 도전하는 것을 즐기는 학생

학과 관련 선택 과목

※ 국어, 영어 교과는 모든 학문의 기초적인 성격을 가진 도구교과로 모든 학과에 이수가 필요하여 생략함.

공통 과목		공통국어1,2, 공통수학1,2, 공통영어1,2, 한국사1,2, 통합사회1,2, 통합과학1,2, 과학탐구실험1,2
수능 필수		화법과 언어, 독서와 작문, 문학, 대수, 미적분 I , 확률과 통계, 영어 I , 영어 II , 한국사, 통합사회, 통합과학, 성공적인 직업생활(직업)
일반 선택	수학, 사회, 과학	대수, 미적분 I , 확률과 통계, 현대사회와 윤리, 생명과학
	체육·예술	체육1, 체육2
	기술·가정/정보	
	제2외국어/한문	
	교양	
진로 선택	수학, 사회, 과학	미적분 II , 윤리와 사상, 인문학과 윤리, 세포와 물질대사, 생물의 유전
	체육·예술	운동과 건강, 스포츠 과학
	기술·가정/정보	
	제2외국어/한문	
	교양	인간과 심리, 보건
융합 선택	수학, 사회, 과학	윤리문제 탐구, 융합과학 탐구
	체육·예술	
	기술·가정/정보	
	제2외국어/한문	
	교양	

추천 도서 목록

- 작업치료의 이해, 오명화 외, 범문에듀케이션
- 학교에는 작업치료가 필요합니다, 나카마 치호, 케렌시아
- 기능적 인지와 작업치료, Timothy J. Wolf 외, 학지사메디컬
- 작업치료평가학, 이한석, 계축문화사
- 치매작업치료, 양영애, 학지사메디컬
- 작업치료학개론, 최혜숙 외, 계축문화사
- 노인작업치료학, 양영애 외, 계축문화사
- 작업치료사를 위한 임상지침서, 박수현, 수문사
- 아동작업치료학, Jane Clifford O'Brien 외, 한미의학
- 작업치료사를 위한 인지재활, 권재성 외, 퍼시픽북스
- 정신사회작업치료학, 이지연 외, 학지사메디컬
- 물리치료사와 작업치료사를 위한 연구방법론, 이충휘, 계축문화사
- 운동치료학, 김희탁 외, 범문에듀케이션
- 작업치료사를 위한 신경과학, 박지혁, 대한나래출판사
- 재활 필라테스, Samantha Wood, 영문출판사
- 실전! 암 생존자의 재활과 운동, 양은주 외, 봄이다프로젝트

- 알차고 새로워진 하루 한번 인지재활, 김민정, 창조와지식
- 재활의학에서 임상진단: 사례별 접근, Subhadra Nori 외, 영문출판사
- 신경계 재활 총론, Dennis W. Fell 외, 영문출판사
- 작업치료사를 위한 인지재활, 권재성 외, 퍼시픽북스
- 대동작기능평가, Dianne J. Russell 외, 학지사메디컬
- 안면신경마비, 카야모리 료지, 군자출판사
- 보행 훈련, 어떻게 해야 할까?, 이성철, 군자출판사
- 어깨 복합체의 통합 도수치료, John Gibbons, 군자출판사
- 안녕! 테라피스트, 심재훈 외, 학지사메디컬
- 유 · 청소년 축구선수 과사용부상 예방가이드북, 대한스포츠의학회, 군자출판사
- 말의 뇌, 사람의 뇌, Janet L. Jones, 군자출판사
- 질병은 존재하지 않는다?, 유영현, 행복우물
- 의료 인문학 산책, 심정임, 문화의힘
- 마음 실험실, 이고은, 심심

학교생활 TIPS

- 작업치료학 전공과 관련이 깊은 영어, 수학, 과학(생명 과학), 사회, 체육 교과의 우수한 학업 성취를 올릴 수 있도록 관리하고, 관련 교과 수업 활동을 통해서 진로 역량, 문제 해결 능력, 창의력, 협업 능력 등의 결과를 이끌어내 학교생활기록부 교과 세부능력 및 특기사항에 드러나도록 하는 것이 좋습니다.
- 다양한 교내 활동(융합 교실, 독서 토론, 리더십, 민주 시민 교육, 생태 체험, 보건 교육, 환경, 심폐 소생술) 등을 통해서 경험의 동기와 발전 가능성, 가치관의 변화, 자발적 참여, 적극성, 대인 관계 능력 등이 나타나고, 활동 과정에서 부딪힐 수 있는 문제점을 극복해 나가는 과정, 갈등 해결 경험, 창의적 문제해결 방법 등이 나타나도록 합니다.
- 의료, 보건, 생명 과학 실험, 생명 탐구, 생태 체험, 과학 탐구, 토론, 봉사

관련 동아리 활동을 통해서 자신의 학문적 열정이나 전공 준비도, 지적 관심이나 확장성 등이 나타날 수 있도록 참여합니다. 더불어 학업 역량, 인성, 발전 가능성, 전공 적합성 등이 구체적으로 동아리 활동에 나타날 수 있도록 합니다. 학교 교육계획에 의해 진행되는, 일회성이 아닌 지속적인 봉사 활동 참여를 통해서 타인을 위해 봉사하고 헌신하는 학교생활 모습을 보이는 것이 중요합니다.
- 작업치료학 전공 관련 다양한 진로 활동(재활 센터, 재활 전문 병원, 직업 훈련 센터 견학이나 작업 치료사 직업 체험 및 학과 탐방)을 통해 자신의 진로 역량을 키우는 것이 중요합니다. 단순 참여 사실보다는 참여하게 된 계기나 자신의 역할, 배우고 느낀 점, 전공에 대한 준비 노력 등이 드러나면 좋습니다.

204

재활상담학과

학과소개

현대 사회는 각종 사고의 증가로 신체적·정신적 장애를 겪고 있는 사람들이 늘어나면서 재활학에 대한 관심도 높아지고 있습니다. 몸이 불편한 사람들의 복지에 대한 의식이 높아지고, 복지서비스가 전문화되면서 장애인의 재활을 전담하는 인력은 앞으로 늘어날 것으로 기대됩니다. 장애인이 비장애인과 차별 없이 사회 활동에 참여하고, 직업 활동과 지역 사회 활동 등을 통해 보다 높은 '삶의 질'을 누리며 독립적으로 생활할 수 있도록 하는 것은 이제 매우 중요한 복지 정책의 하나로 자리 잡았습니다.

재활상담학과는 재활과 치료를 중심으로 장애인과 어르신 그리고 정서적·행동적 지원이 필요한 개인과 가족이 사회 적응과 삶의 질 향상을 위해 필요한 신체, 심리·사회, 교육 및 직업 능력을 기르고, 이들의 사회 참여를 지원하기 위한 전문 지식과 기술, 인성을 쌓아가는 학과입니다. 재활상담학과에서는 일상생활을 돕는 사회재활(social rehabilitation), 직업 활동을 돕는 직업재활(job rehabilitation), 심리 적응을 돕는 심리재활(psychological rehabilitation) 등의 3개 재활 영역에서 실천적 학문과 현장 실무 역량 중심의 교육 과정을 통해 전문가를 양성합니다. 앞으로 우리들이 살아가야 할 사회는 '함께 나눔으로 성장하는' 커뮤니티 중심의 사회이며, 이를 이끌어나갈 재활 상담 전문가를 꿈꾸는 학생들에게 재활상담학과는 그 능력과 미래를 키우고 펼칠 기회를 제공합니다.

 개설대학

- 평택대학교
- 대구대학교 등

진출직업

- 물리치료사
- 작업치료사
- 장애인재활상담사
- 특수학교교사
- 놀이치료사
- 직업능력평가사 등

관련학과

- 언어치료학과
- 운동재활학과
- 중독재활상담학과
- 산림치유학과
- 스포츠건강재활학과
- 심리상담치료학과
- 언어치료·청각재활학과
- 운동처방재활학과

취득가능 자격증

- 장애인재활상담사
- 발달재활서비스제공인력
- 직업재활사
- 직업능력평가사
- 놀이재활사
- 놀이치료사
- 물리치료사
- 작업치료사
- 특수학교 정교사 2급 등

 진출분야

기업체	종합 병원, 개인 병·의원, 발달 장애 치료실, 언어 장애 치료실, 난청 센터, 의료 기기 및 보조기 제작·판매 업체, 직업 재활 기관, 발달 재활 서비스 기관, 치료 재활 서비스 기관 등
정부 및 공공 기관	한국장애인고용공단, 근로복지공단, 국민연금공단, 사회복지공동모금회 등의 정부 산하 기관 및 단체, 국가직 및 지방직 공무원(보건직 및 의료기술직 공무원), 장애인 단체 및 시민 사회 단체(인권 단체, 민간 복지 재단 등), 중앙장애아동·발달장애인지원센터, 사회 복지관 및 장애인 복지 기관, 보건소 등
연구 기관	보건 의료 연구 관련 국공립·민간 연구소, 치료·재활 관련 연구소 등

학과 주요 교과목

기초 과목	상담심리학, 장애의 이해와 재활, 직업재활개론, 발달심리, 장애아동의 이해와 지원, 지역사회재활시설론, 장애의 진단과 평가, 발달정신병리학, 재활행정, 재활상담, 보호 및 지원고용, 발달진단
심화 과목	놀이치료, 직업평가, 재활사례관리, 직업적응훈련, 응용행동분석, 직업상담, 재활실습, 재활시설경영과 마케팅, 발달놀이치료, 아동심리치료, 직무개발과 배치, 자립생활, 연구방법론, 놀이치료관찰 및 실습, 특수아동치료, 놀이치료실습 및 슈퍼비전, 직업재활 연구, 전환교육 등

학과 인재상 및 갖추어야 할 자질

- 재활 상담 및 재활 서비스 분야의 전문가로 일하고 싶은 학생
- 인간의 존엄성을 존중하며 사회 정의를 실천하고 싶은 학생
- 장애인 정책에 관심이 많고, 함께 사는 복지 사회 구현에 앞장서고 싶은 학생
- 재활 상담과 놀이·심리·재활 치료 등을 공부하여 장애인들에게 도움을 주고 싶은 학생
- 다른 사람의 이야기를 잘 들어주고, 그들의 어려움에 공감할 수 있는 학생
- 인간에 대한 지속적인 관심을 갖고 사람들의 성격, 사고, 행동 등을 공부하고 싶은 학생

학과 관련 선택 과목

※ 국어, 영어 교과는 모든 학문의 기초적인 성격을 가진 도구교과로 모든 학과에 이수가 필요하여 생략함.

공통 과목		공통국어1,2, 공통수학1,2, 공통영어1,2, 한국사1,2, 통합사회1,2, 통합과학1,2, 과학탐구실험1,2		
수능 필수		화법과 언어, 독서와 작문, 문학, 대수, 미적분 I, 확률과 통계, 영어 I, 영어 II, 한국사, 통합사회, 통합과학, 성공적인 직업생활(직업)		
일반 선택	수학, 사회, 과학	대수, 미적분 I, 확률과 통계, 현대사회와 윤리, 생명과학		
	체육·예술	체육1, 체육2		
	기술·가정/정보			
	제2외국어/한문			
	교양			
진로 선택	수학, 사회, 과학	미적분 II, 윤리와 사상, 인문학과 윤리, 세포와 물질대사, 생물의 유전		
	체육·예술	운동과 건강, 스포츠 과학		
	기술·가정/정보			
	제2외국어/한문			
	교양	인간과 심리, 보건		
융합 선택	수학, 사회, 과학	사회문제 탐구, 윤리문제 탐구		
	체육·예술	스포츠 생활1, 스포츠 생활2		
	기술·가정/정보			
	제2외국어/한문			
	교양			

추천 도서 목록

- 재활상담, 한국장애인재활상담사협회 외, 성민사
- 장애인 재활상담의 이론과 실제, Fong Chan 외, 학지사
- 장애학과 재활상담, 나운환 , 동문사
- 재활상담학 개론, Vilia M. Tarvydas 외, 박영스토리
- 나는 상담심리사입니다, 허지은, 바다출판사
- 아들러의 인간이해, 을유문화사, 알프레드 아들러, 홍혜경 역
- 음악은 어떻게 우리의 감정을 자극하는가, 인물과사상사, 박진우
- 우연한 아름다움, 에이도스, 김건종
- 감정은 어떻게 만들어지는가, 생각연구소, 리사 펠드먼 배럿, 최소영 역
- 세상에서 가장 재미있는 63가지 심리실험, 사람과나무사이, 이케가야유지, 서수시 역
- 만만한 심리학개론, 사회평론아카데미, 임현규
- 더 알고 싶은 심리학, 학지사, 한국심리학회
- 내 그림자에 빛이 들어오기 시작했다, 김서영, 생각속의집

- 갈등을 관리하는 방법, 피터 T. 콜먼 외, 마리북스
- 장애아동 미술재활, 이근매, 학지사
- 사피엔스의 뇌, 아나이스 루, 윌북
- 작업치료사를 위한 인지재활, 권재성, 퍼시픽북스
- 감정이 어려운 사람들을 위한 뇌과학, 딘 버넷, 북트리거
- 내안의 아이 치유하기, Gitta Jacob 외, 메타미디어
- 스포츠 재활 이론과 실전, 아오키 하루히토, 범문에듀케이션
- 알차고 새로워진 하루 한번 인지재활, 김민정 외, 창조와지식
- 재활 사례관리, 공창숙, 양서원
- 인지-의사소통장애 재활 프로그램, 김정완, 이담북스
- 인지심리학 입문, 정혜선, 사회평론아카데미
- 사람의 마음은 어떻게 움직이는가, 심리학 수업, 임낭연, 사람in

학교생활 TIPS

- 재활상담학과와 관련이 깊은 국어, 사회, 생명과학 교과의 우수한 학업 성취를 올릴 수 있도록 하고, 각 수업 활동에 적극적으로 참여하여 학업 역량, 문제 해결 능력, 탐구력 등이 학교생활기록부 교과 세부능력 및 특기사항에 기록될 수 있도록 합니다.
- 전공과 관련 있는 다양한 진로 활동(장애인 복지 기관, 관련 학과 등 탐방, 장애인재활상담사 직업 체험 등)에 참여하여 새롭게 알게 된 사실이나 느낀 점을 중심으로 자신의 진로 역량을 키우도록 합니다.
- 또래 상담, 시사 탐구, 신문, 토론, 나눔 봉사 등의 교내 동아리에서 장애인 복지 등과 관련된 내용을 조사, 발표 하는 등 전공 관련 활동을 주도적으로 하고, 의미 있는 역할을 했음을 드러냅니다.

- 학급이나 학생회의 임원 활동, 장애인 도우미, 또래 학습 나누미, 환경 정화 활동 등과 같은, 학교 교육계획에 의해 진행되는 봉사 활동이나 행사 활동, 수련 활동, 체험 활동에 적극적으로 참여하여 리더십과 의사소통 능력, 협력하는 마음, 배려하는 마음 등을 보이는 것이 중요합니다.
- 역사, 문학, 예술, 의학, 사회학, 물리학, 체육학 등 폭넓은 분야의 독서를 통해 기본적인 소양을 키웁니다.
- 협업과 소통능력, 나눔과 배려, 성실성과 규칙준수, 창의성 등 자신의 강점이 학교생활기록부 행동특성 및 종합의견에 기록될 수 있도록 학교생활에 성실하게 임할 것을 권장합니다.

인문계열 / 사회계열 / 자연계열 / 공학계열 / 의약계열 / 예체능계열 / 교육계열 / 계약학과 & 특성화학과

205

재활학과

학과소개

재활학은 장애인들의 재활 복지에 대한 사회적인 요구에 부응하는 학문적 연구를 진행하고, 효율적인 재활 서비스를 제공하기 위한 재활 전문가를 양성하는 학문입니다. 국내 재활 공학 및 장애인들의 직업 재활, 사회 재활, 심리 재활을 이끌고, 나아가 장애인들의 삶의 질을 높이며 장애인들이 사회의 일원으로 당당히 참여할 수 있도록 중추적인 역할을 담당하는 학문입니다. 재활학과는 장애인 재활 서비스 분야에 대한 사회적인 요구를 충족하는 학문적 연구를 수행하고, 재활의 여러 영역 중 특히 직업, 심리, 사회 재활 분야의 전문성과 역량을 갖춘 재활 전문가를 양성하는 학과입니다.

장애인 재활 서비스 분야에 대한 전문적 지식을 갖춘 인재, 장애인 재활 복지에 대한 사회적인 요구에 부응하는 학문적 연구를 수행하고 효율적인 재활 서비스를 제공할 수 있는 역량을 갖춘 인재, 장애인들의 능력 개발과 인권 보장, 그리고 삶의 질 향상을 위해 최선의 노력을 다하는 인재, 재활 분야의 전문 지식과 다양한 현장 실습을 통하여 성인기 장애인들의 삶의 질을 향상시키는 인재의 양성을 교육 목표로 합니다.

개설대학

- 전주대학교 등

관련학과

- 재활공학과
- 재활보건학과
- 재활복지학과
- 재활복지학전공
- 스포츠재활복지학과
- 운동재활복지학과
- 중독재활복지학과
- 중독재활학과
- 중독재활상담학과
- 직업재활학과
- 치매전문재활학과
- 유아특수재활학과 등

진출직업

- 교재 및 교구개발자
- 놀이치료사
- 물리치료사
- 미술치료사
- 보건직 공무원
- 스포츠트레이너
- 스포츠재활치료사
- 아동발달전문가
- 의료기술직 공무원
- 음악치료사
- 의지보조기기사
- 임상운동사
- 중독치료사
- 작업치료사
- 청능치료사
- 특수학교 교사 등

취득가능 자격증

- 놀이심리상담사
- 물리치료사
- 발달심리사
- 사회복지사
- 언어재활사
- 작업치료사
- 장애인재활상담사
- 임상심리사
- 특수교육교사 등

진출분야

기업체	종합 병원, 대학 병원, 한방 병원, 발달 장애 치료실, 장애인 복지관, 재활원, 사회 복지관, 직업 재활 시설, 노인 복지관, 장애아동 지원 센터, 보조 기기 서비스 센터, 장애인 일자리 지원 센터, 장애인 인권 센터, 의료 기기 및 보조기 제작·판매 업체 등
정부 및 공공 기관	중앙 정부 및 지방 자치 단체, 보건소, 국가인권위원회, 한국장애인고용공단, 한국장애인개발원, 한국보건사회연구원, 근로복지공단, 국민연금공단, 국민건강보험공단 등
연구 기관	재활 관련 연구소, 치료 관련 연구소 등

학과 주요 교과목

기초 과목	심리학이해, 아동발달, 재활연구방법론, 발달심리학, 직업재활개론, 재활상담, 상담이론과 실제, 지역사회재활시설론, 장애아동의 이해, 놀이치료이론과 실제 등
심화 과목	직업재활개론, 직업재활상담, 직업적응훈련, 성격심리학, 임상심리학, 자립생활, 재활사례관리, 보조공학의 이해, 발달진단 및 심리평가, 노동법규와 재활, 재활윤리와 철학, 재활행정, 재활정책, 이상심리학, 정서장애교육, 특수치료, 직업재활방법론 등

학과 인재상 및 갖추어야 할 자질

- 사람에 대한 관심과 애정이 많고, 사람들과 어울리기 좋아하는 성향을 가진 학생
- 신체적 불편을 가진 사람들을 이해하고 먼저 배려해 줄 수 있는 품성을 지닌 학생
- 평소 성격이 낙천적이고 밝은 학생
- 원만한 대인 관계 능력, 의사소통 능력, 사교성, 공감 능력이 뛰어난 학생
- 사회적 약자의 권리 보호에 관심이 많고, 사회적 약자를 대상의 봉사 활동을 지속적으로 하는 학생
- 차분하고 쉽게 당황하지 않으며 정확한 판단을 하는, 빠른 움직임을 지닌 학생

학과 관련 선택 과목

※ 국어, 영어 교과는 모든 학문의 기초적인 성격을 가진 도구교과로 모든 학과에 이수가 필요하여 생략함.

공통 과목		공통국어1,2, 공통수학1,2, 공통영어1,2, 한국사1,2, 통합사회1,2, 통합과학1,2, 과학탐구실험1,2
수능 필수		화법과 언어, 독서와 작문, 문학, 대수, 미적분Ⅰ, 확률과 통계, 영어Ⅰ, 영어Ⅱ, 한국사, 통합사회, 통합과학, 성공적인 직업생활(직업)
일반 선택	수학, 사회, 과학	대수, 미적분Ⅰ, 확률과 통계, 현대사회와 윤리, 생명과학
	체육·예술	체육1, 체육2
	기술·가정/정보	
	제2외국어/한문	
	교양	
진로 선택	수학, 사회, 과학	미적분Ⅱ, 윤리와 사상, 인문학과 윤리, 세포와 물질대사, 생물의 유전
	체육·예술	운동과 건강, 스포츠 과학
	기술·가정/정보	
	제2외국어/한문	
	교양	인간과 심리, 보건
융합 선택	수학, 사회, 과학	윤리문제 탐구
	체육·예술	스포츠 생활1, 스포츠 생활2
	기술·가정/정보	
	제2외국어/한문	
	교양	

추천 도서 목록

- 가정에서 할 수 있는 인지재활 프로젝트, 김미현 외, 군자출판사
- 원격재활: 원칙과 실습, Marcalee Alexander 외, 한미의학
- 안뜰재활, Susan J. Herdman 외, 학지사메디컬
- 어지럼 재활 프로토콜, Dario Carlo Alpini 외, 메디컬포럼
- 필라테스 재활 바이블, 노수연 외, 한미의학
- 재활 근육학, 신원범, 대경북스
- 치료사를 위한 재활의학, 한진태 외, 범문에듀케이션
- 병원에서 언어재활사로 살아남기, 강영애 외, 충남대학교출판문화원
- 신경계 재활, Annie Burke-Doe 외, 학지사메디컬
- 재활을 위한 신경과학, Tony mosconi 외, 학지사메디컬
- 안녕! 테라피스트, 심재훈 외, 학지사메디컬
- 유·청소년 축구선수 과사용부상 예방가이드북, 대한스포츠의학회, 군자출판사
- 말의 뇌, 사람의 뇌, Janet L. Jones, 군자출판사
- 슬링운동치료, 윤기현 외, 범문에듀케이션
- 허리 운동, Brian Richey 외, 영문출판사

- 실전 기계환기법, 고윤석 외, 군자출판사
- 고장난 뇌, Mike Dow 외, 군자출판사
- 소아재활의학, 대한소아재활 발달의학회, 군자출판사
- 알차고 새로워진 하루 한번 인지재활, 김민정, 창조와지식
- 재활의학에서 임상진단: 사례별 접근, Subhadra Nori 외, 영문출판사
- 신경계 재활 총론, Dennis W. Fell 외, 영문출판사
- 작업치료사를 위한 인지재활, 권재성 외, 퍼시픽북스
- 재활 필라테스, Samantha Wood, 영문출판사
- 실전! 암 생존자의 재활과 운동, 양은주 외, 봄이다프로젝트
- 알차고 새로워진 하루 한번 인지재활, 김민정, 창조와지식
- 재활의학에서 임상진단: 사례별 접근, Subhadra Nori 외, 영문출판사
- 신경계 재활 총론, Dennis W. Fell 외, 영문출판사
- 이토록 재밌는 의학 이야기, 김은중, 반니
- 의료산책 1: 광장으로 나온 의료, 김장한, 북랩
- 의사는 윤리적이어야 하는가, 장동익, 씨아이알

학교생활 TIPS

- 재활학 전공과 관련이 깊은 영어, 수학, 과학(생명과학), 사회 교과의 우수한 학업 성취를 올릴 수 있도록 관리하고, 관련 교과 수업 활동을 통해서 이끌어낸 전공 적합성, 문제 해결 능력, 창의력, 협업 능력 등이 학교생활기록부 교과 세부능력 및 특기사항에 기록되는 것이 좋습니다.
- 다양한 교내 활동 중에서 융합 교실, 창의성 교육, 리더십, 보건 교육, 생태 체험, 보건 교육, 학교 폭력 예방 교육, 수화 교실 등 공동체 의식과 리더십, 적극성을 키울 수 있는 활동에 적극 참여할 것을 권장합니다.
- 생명 탐구, 응급 구조, 보건, 의료, 보건, 생태 체험, 과학 탐구, 인권, 사회 참여, 봉사 관련 동아리 활동 참여를 통해서 학문적 열정이나 지적 관심, 전공 적합성 등을 키우는 것이 좋고, 학교 교육계획에 의해 진행되는,

일회성이 아닌 지속적인 봉사 활동(급식 도우미, 통합반 도우미, 멘토링, 도서관 도우미, 교문 교통 지도, 장애인 및 독거노인 대상 돌봄 활동) 참여를 통해서 타인을 위해 봉사하고 헌신하는 학교생활 모습이 드러나는 것이 중요합니다.
- 재활학 전공과 관련 있는 다양한 진로 활동(재활 센터, 발달 장애 치료실, 재활 병원 견학 활동이나 재활 관련 직업 탐색 및 학과 탐방 활동)을 통해 자신이 희망하는 전공에 대한 열정이 나타나도록 하고, 진로 탐색 과정에서 자기주도적 모습이 드러나는 것이 중요합니다. 단순 참여 사실보다는 참여하게 된 계기나 자신의 역할, 배우고 느낀 점, 전공에 대한 준비 노력 등이 드러나면 좋습니다.

206

치기공학과

학과소개

치기공학은 고도의 정밀성과 심미성이 요구되는 치아 및 주위 조직과 악안면 부위의 결손 및 손상된 기능을 인위적으로 회복하는 치과 보철물과, 부정 교합을 치료하는 교정 장치물에 관한 이론과 실기를 다루는 치과 의료 분야 학문입니다. 결손된 치아나 그 주위 조직의 형태와 기능을 회복하기 위한 치과 보철물 및 부정 교합의 예방과 치료를 위한 치과 교정 장치의 개념과 원리, 제작 과정에 관한 이론과 실기를 다룹니다. 치기공학과에서는 치기공학 전공 이론에 관한 이해와 더불어 섬세하고 숙련된 치과 보철물과 교정 장치물 제작에 필요한 전문 기술, 치과 질환의 치료와 구강 내 치아나 지지 조직 결손부의 기능 회복을 목적으로 사용되는 각종 치과 보철물과 치과 장치물의 제작에 관한 내용을 배웁니다.

치과 의술의 발전에 따른 고도의 정밀성과 심미성을 재현할 수 있는 지식과 기술을 갖춘 인재, 국민 구강 보건 증진에 기여할 치과 기공 전문성을 갖춘 인재, 올바른 가치관과 윤리의식을 확립하여 책임 있는 사회의 일원으로서 신뢰받는 인재, 효율적인 의사소통 능력을 바탕으로 원만한 대인 관계를 형성하고 상호 소통을 통한 협업을 수행하는 인재의 양성을 교육 목표로 합니다.

개설대학

- 경동대학교(제3캠퍼스)
- 신한대학교(제2캠퍼스)
- 김천대학교
- 호남대학교 등
- 부산가톨릭대학교

진출직업

- 보건직 공무원
- 의료장비기술영업원
- 의료장비기사
- 치과기공사 등

관련학과

- 치기공과 등

취득가능 자격증

- 3D프린팅마스터
- 치과기공사
- 국제의료관광코디네이터
- 치과코디네이터
- 보건교육사
- 치과 위생사
- 의지보조기기사
- 병원코디네이터 등

진출분야

기업체	치과 기공소, 대학 병원 치과 기공실, 종합 병원 치과 기공실, 개인 병·의원 치과 기공실, 치과 재료 제조 업체, 치과 기기 제조 업체, 치과 재료 유통 업체, 의료 기기 개발·제조 및 판매 업체, 의료 기기 수출입업체, 전기·전자 관련 업체, 의료 정보 영상 기기 개발 업체 등
정부 및 공공 기관	중앙 정부 및 지방 자치 단체(보건직 및 의료 기술직), 보건소 등
연구 기관	의료 기기 관련 연구소, 전기·전자 관련 연구소, 구강 보건 관련 연구소 등

학과 주요 교과목

기초 과목	치아형태학, 치아재료학, 치과재료학실습, 구강해부학, 구강보건학, 치기공실무영어, 응용치과재료학, 재료과학, 의료법규, 치아형태학실습, 치과기공학개론, 미학개론, 치의학용어 등
심화 과목	관교의치기공학, 교합학개론, 국부의치기공학, 국소의치기공학, 치과매식기공학, 치과교정기공학, 치과기공소인테리어, 치과주조학, 치주학, 치과도재기공학, 심미치과기공학, 관교의치기공학, 악안면보철기공학, 임플란트기공학, 충전기공학, 총의치기공학, 치과도재기공학 등

학과 인재상 및 갖추어야 할 자질

- 그림 그리기와 만들기를 좋아하며, 미술적인 감각이 있는 학생
- 문제 해결 능력, 의사소통 능력, 팀워크 등 타인과의 협동심과 공동체 의식, 배려심이 뛰어난 학생
- 영어, 과학(화학, 생명과학), 사회, 수학, 미술 등의 교과에 흥미를 지닌 학생
- 마음이 따뜻하고 타인을 잘 이해하며 배려하는 태도를 지닌 학생
- 문화적 소양과 감성을 바탕으로 인간의 다양성을 이해하고 나눔을 실천하는 학생
- 예리한 관찰력과 지구력, 집중력을 갖췄으며, 물체를 입체적으로 생각하고 표현하는 공간 지각력을 지닌 학생

인문계열

사회계열

자연계열

공학계열

의약계열

예체능계열

교육계열

계약학과 & 특성화학과

학과 관련 선택 과목

※ 국어, 영어 교과는 모든 학문의 기초적인 성격을 가진 도구교과로 모든 학과에 이수가 필요하여 생략함.

공통 과목		공통국어1,2, 공통수학1,2, 공통영어1,2, 한국사1,2, 통합사회1,2, 통합과학1,2, 과학탐구실험1,2
수능 필수		화법과 언어, 독서와 작문, 문학, 대수, 미적분Ⅰ, 확률과 통계, 영어Ⅰ, 영어Ⅱ, 한국사, 통합사회, 통합과학, 성공적인 직업생활(직업)
일반 선택	수학, 사회, 과학	대수, 미적분Ⅰ, 확률과 통계, 물리학, 화학, 생명과학
	체육·예술	
	기술·가정/정보	
	제2외국어/한문	
	교양	
진로 선택	수학, 사회, 과학	미적분Ⅱ, 물질과 에너지, 화학 반응의 세계, 세포와 물질대사, 생물의 유전
	체육·예술	
	기술·가정/정보	로봇과 공학세계
	제2외국어/한문	
	교양	인간과 심리, 보건
융합 선택	수학, 사회, 과학	융합과학 탐구
	체육·예술	
	기술·가정/정보	
	제2외국어/한문	
	교양	

추천 도서 목록

- 100세 치아 매뉴얼, 강동호 외, 대한나래출판사
- 자연치 형태학, Shigeo Kataoka, 대한나래출판사
- 치과의사가 시작하는 수면무호흡치료, Miyachi Mai, 대한나래출판사
- 디지털 치과에서의 3D 프린터 활용, 박영대 외, 대한나래출판사
- 공중구강보건학, 김설악 외, 대한나래출판사
- 지역사회 구강보건학, 김영숙 외, 대한나래출판사
- 그치? 잘할 수 있지!, 김태언, 대한나래출판사
- 좋은 의치 나쁜 의치1, 2, Suzuki Tetsuya 외, 대한나래출판사
- 난생처음 치과데스크, 윤지혜 외, 군자출판사
- 메타 임플란트, 그리고 메타, 전인성 외, 대한나래출판사
- 수복재건치의학의 디지털워크플로우, Wael Att 외, 한국퀸테센스
- 치주학, 김병옥 외, 대한나래출판사
- 소아·청소년치과학, 이제호 외, 의학교육
- 구강내과학, 안형준 외, 의학교육
- 이해하기 쉬운 교합채득, 이노우에 켄, 대한나래출판사

- 홍성우의 임상가를 위한 교합학, 홍성우, 도서출판웰
- 디지털 덴티스트리, 김석범 외, 대한나래출판사
- 구강보건교육학, 김희경 외, 대한나래출판사
- 치과감염관리학, 곽정숙 외, 대한나래출판사
- 구강악안면병리학, 대한나래출판사 편집부, 대한나래출판사
- 치기공사를 위한 디지털 덴티스트리, 남나은, 북랩
- 구강보건학, 구강보건학연구회, 명문출판사
- 구강미생물학, Oral Microbiology, 차정헌 외, 현우사
- 핵심 치의학용어, 강정인 외, 의학교육
- 임상 치과재료학, 김영숙 외, 의학교육
- 와타나베 전문가 치간세정요법, Watanabe Tatsuo, 대한나래출판사
- 눈으로 익히는 상악동 골이식술, 권용대, 명문출판사
- MARPE: 치과교정의 한계를 넘어서, Júlio Gurgel 외, 대한나래출판사
- 미니튜브 임상교정, 김왕식 외, 명문출판사
- 최신 지역사회구강보건학, 김영경 외, 고문사

학교생활 TIPS

- 치기공학과와 관련이 깊은 영어, 과학(화학, 생명과학), 미술 교과의 우수한 학업 성취를 올릴 수 있도록 관리하고, 전공 적합성, 문제 해결 능력, 창의력, 협업 능력 등이 학교생활기록부 교과 세부능력 및 특기 사항에 드러나는 것이 좋습니다.
- 교내 활동 중에서도 특히 융합 교실, 독서 토론 캠프, 리더십, 보건 교육, 생태 체험, 심폐 소생술, 수화 교실 등 다양한 경험과 전공 적합성, 발전 가능성을 키울 수 있는 활동에 적극 참여할 것을 권장합니다.
- 의료, 보건, 생명 과학 실험, 응급 구조, 인권, 사회 참여, 발명, 토론, 생태 체험, 과학 탐구 등의 동아리 활동 참여를 추천하고, 동아리 활동을 통해서 치기공학 전공에 대한 학문적 열정이나 지적 관심, 적극적인 참여도와

배우고 느낀 점들이 나타날 수 있도록 자기주도적으로 참여합니다.
- 치기공학 전공과 관련 있는 다양한 진로 활동(치과 병원, 치과 기공소, 치과 기기 제조 업체 견학 활동이나 치기공사 직업 탐색 및 학과 탐방 활동)을 통해 자신의 진로 역량을 키우는 것이 중요합니다. 단순 참여 사실보다는 참여하게 된 계기나 자신의 역할, 배우고 느낀 점, 전공에 대한 준비 노력 등이 드러나면 좋습니다.
- 의학, 치기공학, 생체학, 생명, 윤리, 인문학 등 폭넓은 분야의 독서 활동을 하고, 학교 교육계획에 의해 진행되는, 일회성이 아닌 지속적인 봉사 활동을 통해서 타인을 위해 봉사하고 헌신하는 모습을 드러내는 것이 중요합니다.

207

치위생학과

학과소개

치위생학은 기초 의학에 대한 이해를 바탕으로 치아의 특성, 구강 조직, 치주 조직 등을 이해하기 위해 구강생리학, 치아형태학, 구강병리학 등의 치위생 기초 과학은 물론, 임상 영역별 질병을 예방하고 치료하는 데 필요한 치과임상학, 치주학, 보존학, 구강병리학, 치과방사선학 등의 임상치위생학, 그리고 가정 및 지역 사회의 구강 건강 증진을 위한 구강보건교육학 등을 배우는 학문입니다. 치위생학과는 국민의 구강 보건 향상을 위하여 구강 보건 교육, 예방 치과 처치, 치과 진료 협조와 경영 관리 지원을 담당하는, 치의학 분야의 전문화와 함께 구강 보건 발전에 기여할 전문적·지도자적 역량을 갖춘 우수한 치과위생사를 양성하는 학과입니다.

다양하게 변화하고 있는 사회와 치의학계의 흐름에 능동적으로 대처할 수 있는 건전한 직업의식과 봉사 정신을 갖춘 인재, 치아 및 구강 질환을 예방할 수 있는 기본적인 지식과 기술을 갖춘 인재, 효율적인 의사소통을 통해 협력하며 구강 건강 증진에 기여할 수 있는 인재, 지역 사회 구강 보건 사업 참여자로서 지역 사회 구강 건강에 기여할 수 있는 인재, 치과위생사로서의 사명감, 책임감 및 건전한 직업 윤리를 갖춘 인재, 창의적인 문제 해결 능력과 리더십을 겸비한 글로벌 인재의 양성을 교육 목표로 합니다.

📖 개설대학

- 가천대학교
- 가톨릭관동대학교
- 강릉원주대학교
- 강원대학교(제2캠퍼스)
- 건양대학교(제2캠퍼스)
- 경동대학교(제3캠퍼스)
- 경북대학교
- 경운대학교
- 광주여자대학교
- 김천대학교
- 남서울대학교
- 단국대학교(제2캠퍼스)
- 동서대학교
- 동의대학교
- 백석대학교
- 선문대학교
- 송원대학교
- 신라대학교
- 신한대학교(제2캠퍼스)
- 연세대학교(미래)
- 영산대학교
- 유원대학교
- 을지대학교(제2캠퍼스)
- 청주대학교
- 초당대학교
- 한서대학교
- 호남대학교
- 호원대학교 등

📑 진출직업

- 구강보건행정가
- 군무원
- 구강보건전문가
- 보건직 공무원
- 의료코디네이터
- 의약품영업원
- 의정장교
- 의무부사관
- 의료 기술직 공무원
- 치과임상전문가
- 치과위생사
- 치과병의원관리자 등

🎖 취득가능 자격증

- 금연금주교육사
- 3D프린팅마스터
- 보건교육사
- 병원코디네이터
- 요양보호사
- 치과위생사
- 병원코디네이터
- 치과코디네이터 등

📓 관련학과

- 치위생과 등

💻 진출분야

기업체	치과 대학 부속 치과 병원, 종합 병원 치과, 치과병의원, 종합 검진 센터, 구강 관련 의료기 회사, 치과 장비 재료 회사, 의료 경영 컨설팅 회사, 산업체 의무실, 구강 보건 관리 용품 회사, 치약 회사, 치과 장비재료 회사 등
정부 및 공공 기관	중앙 정부 및 지방 자치 단체, 국공립 의료 기관, 보건복지부, 보건소, 보건지소, 건강보험심사평가원, 국민건강보험공단 등
연구 기관	구강 보건 관련 연구소 등

📋 학과 주요 교과목

기초 과목	생물학, 화학, 생리학, 치아형태학, 구강병리학, 치과영양학, 치과위생학개론, 치위생학개론, 해부생리학, 치의학용어, 임상 기초치위생학, 치주학, 구강생리학, 임상치과학 등
심화 과목	치과교정학, 치과보철학, 구강보건학, 치과방사선학, 임상치과학, 구강외과학, 치과재료학, 약리학, 감염관리학 및 응급처치, 예방치과학, 공중보건학, 구강보건통계학 및 실습, 심폐소생술, 치과건강보험 및 실무, 공중구강보건학, 구강미생물학, 보건의료 법규 등

🌿 학과 인재상 및 갖추어야 할 자질

- 그림 그리기와 손으로 만들기를 좋아하며, 미술적인 감각이 뛰어난 학생
- 기계나 도구를 사용하는 것을 좋아하고, 손놀림이 정교 하고 꼼꼼한 학생
- 평소 원만한 대인관계 능력, 의사소통능력, 다른 사람을 배려하는 자세를 갖춘 학생
- 물리학이나 화학, 생명과학, 사회, 수학, 미술 등의 교과에 흥미를 지닌 학생
- 나눔과 배려를 실천할 수 있고, 문제 해결을 위한 통합적 사고 능력을 지닌 학생
- 사물에 대한 관찰력이 예리하고, 물체를 입체적으로 생각하고 표현하는 공간 지각력을 지닌 학생

학과 관련 선택 과목

※ 국어, 영어 교과는 모든 학문의 기초적인 성격을 가진 도구교과로 모든 학과에 이수가 필요하여 생략함.

공통 과목		공통국어1,2, 공통수학1,2, 공통영어1,2, 한국사1,2, 통합사회1,2, 통합과학1,2, 과학탐구실험1,2
수능 필수		화법과 언어, 독서와 작문, 문학, 대수, 미적분Ⅰ, 확률과 통계, 영어Ⅰ, 영어Ⅱ, 한국사, 통합사회, 통합과학, 성공적인 직업생활(직업)
일반 선택	수학, 사회, 과학	대수, 미적분Ⅰ, 확률과 통계, 화학, 생명과학
	체육·예술	
	기술·가정/정보	
	제2외국어/한문	
	교양	
진로 선택	수학, 사회, 과학	미적분Ⅱ, 물질과 에너지, 화학 반응의 세계, 세포와 물질대사, 생물의 유전
	체육·예술	
	기술·가정/정보	
	제2외국어/한문	
	교양	보건
융합 선택	수학, 사회, 과학	융합과학 탐구
	체육·예술	
	기술·가정/정보	
	제2외국어/한문	
	교양	

추천 도서 목록

- 치과위생사는 이렇게 일한다, 정은지, 청년의사
- 나의 직업은 치과기공사, 이푸름, 설렘
- 그치? 잘할 수 있지!, 김태언, 대한나래출판사
- 좋은 의치 나쁜 의치1, 2, Suzuki Tetsuya 외, 대한나래출판사
- 난생처음 치과데스크, 윤지혜 외, 군자출판사
- 소아·청소년치과학, 이제호 외, 의학교육
- 구강내과학, 안형준 외, 의학교육
- 이해하기 쉬운 교합채득, 이노우에 켄, 대한나래출판사
- 홍성우의 임상가를 위한 교합학, 홍성우, 도서출판웰
- 메타 임플란트, 그리고 메타, 전인성 외, 대한나래출판사
- 수복재건치의학의 디지털워크플로우, Wael Att 외, 한국퀸테센스
- 치주학, 김병옥 외, 대한나래출판사
- 임상치과건강보험, 신성행 외, 대한나래출판사
- 치과재료학, 문준모 외, 대학서림
- 구강보건학, 구강보건학연구회, 명문출판사

- 구강미생물학, Oral Microbiology, 차정헌 외, 현우사
- 핵심 치의학용어, 강정인 외, 의학교육
- 임상 치과재료학, 김영숙 외, 의학교육
- 소아청소년 근관치료학, Anna B. Fuks 외, 대한나래출판사
- 치과건강보험 핵심이론과 실무, 신인순 외, 의학교육
- 치과감염관리학, 김소연 외, 의학교육
- 필수 치의학용어, 홍수민 외, 대한나래출판사
- 치과보존학의 원리와 임상, 정원균 외, 대한나래출판사
- 건강한 의사소통을 위한 치과심리학, 박명숙 외, 대한나래출판사
- 치아형태학, 강경희 외, 고문사
- 치과위생사를 위한 구강악안면외과학, 강현숙 외, 고문사
- 구강방사선학실습, 박일순 외, 고문사
- 예방치위생실무, 강부월 외, 고문사
- 쉽디쉬운 임플란트 이야기, 문석준, 좋은땅
- 치과위생사로 살아가는 법, 최유리 외, 메소드

학교생활 TIPS

- 치위생학과와 관련이 깊은 국어, 영어, 수학, 과학(생명 과학, 화학), 보건, 사회, 미술 교과의 학업 성취도 향상에 많은 노력이 필요하고, 학업 수행 능력, 전공 적합성, 진로에 대한 열정, 자기주도학습 능력, 창의적 문제 해결 능력, 도전 의식, 발전 가능성 등이 학교생활기록부 교과 세부능력 및 특기사항에 나타날 수 있도록 자기주도적인 수업 참여가 요구됩니다.
- 의료, 보건, 생명 과학 실험, 생명 탐구, 생태 체험, 토론, 봉사 관련 동아리 활동에 참여하는 것이 도움이 됩니다. 전공에 대한 열정과 지적 관심, 적극적인 태도와 역할 수행 내용, 특정한 결과물이나 성과로 이어지는 경험이 동아리 특기사항에 기록되면 좋습니다.

- 학교 교육계획에 의해 진행되는, 일회성이 아닌 지속적인 봉사 활동(급식 도우미, 통합반 도우미, 도서관 도우미, 교문 교통 지도, 장애인 및 독거노인 대상 돌봄 활동) 참여를 통해서 타인을 위해 봉사하고 헌신하는 학교생활 모습을 드러내는 것이 중요합니다.
- 치위생학 전공과 관련 있는 다양한 진로 활동(치과 병원, 건강 검진 센터 및 보건소 견학 활동이나 치위생사 직업 탐색 및 치위생학과 탐방 활동) 등을 통해 자신의 진로 역량을 키우는 것이 중요합니다. 단순 참여 사실보다는 참여하게 된 계기나 자신의 역할, 배우고 느낀 점, 전공에 대한 준비 노력 등이 드러나면 좋습니다.

인문계열
사회계열
자연계열
공학계열
의약계열
예체능계열
교육계열
계약학과 & 특성화학과

208

치의예과

학과소개

　치의학은 치아 및 구강 외에도 아래턱, 위턱, 얼굴 등의 악안면을 포함하여 얼굴의 질환과 장애, 기형 등을 치료하고 예방하는 학문입니다. '기초치의학'과 '임상치의학'으로 분류합니다. 치과의사가 되기 위해서는 2년의 치의예과 과정을 마친 후 4년의 치의학과 교육을 받게 되는데, 치의예과에서는 치과의사가 되기 위한 기본 교육과정 및 화학이나 생물학, 유전학 등의 기초 과목을 학습합니다. 치의예과는 치의학의 광범위한 학문 분야의 학습에 필요한 기본적인 지식을 갖추고, 그 지식을 치의학에 능동적으로 적용할 수 있는 능력 및 올바른 가치관과 윤리의식을 지닌 미래의 치과의사를 양성합니다.

　논리적, 과학적 사고를 바탕으로 치의학 및 그와 관련된 학문에서 창의적인 연구를 수행할 수 있는 인재, 미래의 치과의사로서 올바른 사명감, 책임감 및 윤리의식을 갖춘 인재, 구강 질환을 예방, 진단하고 치료할 수 있는 지식과 기술을 습득하고 시대에 적합한 최신 지식을 수용할 수 있는 능력을 지닌 인재, 지역 사회 및 국가의 구강 보건 지도 및 봉사를 성실히 수행하고 최신 치의학 지식으로 지속적인 자기 계발을 할 수 있는 인재의 양성이 치의예과의 교육 목표입니다.

개설대학

- 국립강릉원주대학교
- 경북대학교
- 경희대학교
- 단국대학교(제2캠퍼스)
- 연세대학교
- 원광대학교
- 서울대학교
- 전남대학교
- 전북대학교
- 조선대학교 등

진출직업

- 공중보건의
- 군의관
- 기초치의학연구원
- 기초치의학자
- 보건직 공무원
- 생명과학연구원
- 치의학연구원
- 의료전문기자
- 치과의사 등

관련학과

- 치의학과 등

취득가능 자격증

- 치과의사면허
- 치과의사전문의면허 등

구강악안면외과, 치과보철과, 치과교정과, 소아치과, 치주과, 치과보존과, 구강내과, 영상치의학과, 구강병리과, 예방치과 및 통합치의학과 등 11개 분야

진출분야

기업체	종합 병원, 대학 병원, 제약회사, 치과 병원, 개인 병·의원, 방송사, 신문사 등
정부 및 공공 기관	중앙 정부 및 지방 자치 단체 의무직, 보건복지부, 국립암센터, 식품의약품안전처, 질병관리본부, 보건소, 보건지소, 육군, 해군, 공군 등
연구 기관	국립과학수사연구소, 생명 과학 연구원, 치의학 관련 연구소 등

학과 주요 교과목

기초 과목	화학, 생물학, 발생학, 일반물리학, 창의과학설계, 치의학입문, 의용공학, 치학개론, 일반생물학 및 실험, 일반화학 및 실험, 유기화학, 세포생물학, 기초물리화학, 치의학윤리 등
심화 과목	생화학, 치의학기초연구, 치의학 역사, 치의학개론, 기초유기화학, 의학용어, 생화학 및 실습, 해부학, 치과조직학, 발생학, 치아형태학 및 실습, 발생학, 유전학, 분자생물학, 치과영양학, 생리학 및 실습, 조직학 및 실습, 해부학 및 실습, 세포분자생물학, 구강해부학 등

학과 인재상 및 갖추어야 할 자질

- 침착하게 상황을 판단할 줄 아는 능력과 신속하고 정확하게 대처할 수 있는 능력을 갖춘 학생
- 꼼꼼한 성격과 정교한 손놀림을 지닌 학생
- 대인 관계, 팀워크, 협동심과 배려심이 뛰어나고, 타인의 아픔에 대한 공감 능력을 지닌 학생
- 생명을 소중히 여길 줄 아는 마음과 타인을 위해 봉사 할 수 있는 마음을 지닌 학생
- 인간의 치아 구조나 아름다운 턱선 및 구강 구조에 관심이 많은 학생
- 인체, 질병, 생명 등에 관심이 있고, 물리학, 화학, 생명 과학 등 과학 교과목에 흥미와 소질이 있는 학생

학과 관련 선택 과목

※ 국어, 영어 교과는 모든 학문의 기초적인 성격을 가진 도구교과로 모든 학과에 이수가 필요하여 생략함.

공통 과목		공통국어1,2, 공통수학1,2, 공통영어1,2, 한국사1,2, 통합사회1,2, 통합과학1,2, 과학탐구실험1,2
수능 필수		화법과 언어, 독서와 작문, 문학, 대수, 미적분Ⅰ, 확률과 통계, 영어Ⅰ, 영어Ⅱ, 한국사, 통합사회, 통합과학, 성공적인 직업생활(직업)
일반 선택	수학, 사회, 과학	대수, 미적분Ⅰ, 확률과 통계, 현대사회와 윤리, 물리학, 화학, 생명과학
	체육·예술	
	기술·가정/정보	
	제2외국어/한문	
	교양	
진로 선택	수학, 사회, 과학	미적분Ⅱ, 윤리와 사상, 인문학과 윤리, 물질과 에너지, 화학 반응의 세계, 세포와 물질대사, 생물의 유전
	체육·예술	
	기술·가정/정보	
	제2외국어/한문	
	교양	인간과 심리, 보건
융합 선택	수학, 사회, 과학	윤리문제 탐구, 융합과학 탐구
	체육·예술	
	기술·가정/정보	
	제2외국어/한문	
	교양	

추천 도서 목록

- 무엇이든 물어보세요! 치과진료 QA, 김영균 외, 군자출판사
- 구강악안면 외과학, 임순연 외, 의학교육
- 구강생리학, 권홍민 외, 의학교육
- 알기 쉬운 치과약리학, 강민경 외, 의학교육
- 구강병리학, 이민경 외, 의학교육
- 치과보철학, 심준성 외, 의학교육
- 구강조직발생학, 김선헌, 의학교육
- 치주학, 최성호 외, 의학교육
- 치과건강보험 핵심이론과 실무, 신인순 외, 의학교육
- 치과감염관리학, 김소연 외, 의학교육
- 자연치 형태학, Shigeo Kataoka, 대한나래출판사
- 치과의사가 시작하는 수면무호흡치료, Miyachi Mai, 대한나래출판사
- 디지털 치과에서의 3D 프린터 활용, 박영대 외, 대한나래출판사
- 공중구강보건학, 김설악 외, 대한나래출판사
- 지역사회 구강보건학, 김영숙 외, 대한나래출판사
- 디지털 덴티스트리, 김석범 외, 대한나래출판사

- 구강보건교육학, 김희경 외, 대한나래출판사
- 치과감염관리학, 곽정숙 외, 대한나래출판사
- 소아·청소년치과학, 이제호 외, 의학교육
- 구강내과학, 안형준 외, 의학교육
- 이해하기 쉬운 교합채득, 이노우에 켄, 대한나래출판사
- 홍성우의 임상가를 위한 교합학, 홍성우, 도서출판웰
- 어느 치과의사의 북미 오디세이: 캐나다·미국 치과의사 되기, 김재원, 대한나래출판사
- 와타나베 전문가 치간세정요법, Watanabe Tatsuo, 대한나래출판사
- 눈으로 익히는 상악동 골이식술, 권용대, 명문출판사
- MARPE: 치과교정의 한계를 넘어서, Júlio Gurgel 외, 대한나래출판사
- 미니튜브 임상교정, 김왕식 외, 명문출판사
- 최신 지역사회구강보건학, 김영경 외, 고문사
- 습관을 이기는 교정은 없다, 최종석, 명문출판사
- 접착치의학, Giacomo Derchi 외, 군자출판사

학교생활 TIPS

- 치의예과와 관련성이 높은 수학, 영어, 과학(물리학, 화학, 생명과학), 사회 교과의 우수한 학업 성취를 올릴 수 있도록 관리하고, 전공 적합성, 자기주도성, 문제 해결 능력, 창의력, 발전 가능성 등의 역량이 학교생활기록부 교과 세부능력 및 특기사항에 나타나도록 수업 활동에 적극적으로 참여합니다.
- 의료, 보건, 생명 과학 실험, 생명 탐구, 생태 체험, 과학 탐구, 토론 등의 동아리 활동 참여를 통해서 학문적 열정이나 학업 역량, 진로 역량, 공동체 역량 등이 드러나도록 합니다.
- 학교 교육계획에 의해 진행되는, 일회성이 아닌 지속적인 봉사 활동(급식 도우미, 통합반 도우미, 도서관 도우미, 교문 교통 지도, 학습 멘토링)

참여를 통해 자신의 능력을 나누어 줄 수 있도록 합니다.
- 다양한 교내 활동 중에서 특히 융합 교실, 독서 토론, 리더십, 모의 법정, 민주 시민 교육, 보건 교육, 생태 체험, 보건 교육, 환경 교육 등 전공 적합성 및 자신의 역량을 키울 수 있는 활동에 적극 참여하는 것을 권장합니다.
- 치의예학 전공과 관련 있는 다양한 진로 활동(치과 병원, 치의학 관련 연구소 및 보건소 견학 활동, 치과의사 직업 탐색 및 치의예과 학과 탐방 등) 참여를 통해 자신의 진로 역량을 키우는 것이 중요합니다. 단순 참여 사실보다는 참여하게 된 계기나 자신의 역할, 배우고 느낀 점, 전공에 대한 준비 노력 등이 드러나면 좋습니다.

209

한약학과

학과소개

한약학은 동양의 전통적인 약물을 응용하여 각종 질병의 예방, 치료를 연구하는 분야입니다. 한약학은 한의 치료의 주요 수단이 되는 한약의 약성과 채취 가공 및 이용에서 제기되는 이론과 방법 등을 연구하는 한의학의 한 분과로, 한약재를 채취·가공하여 병을 예방, 치료하는 과정을 통하여 점차 이론적으로 체계화되면서 하나의 학문으로 발전하였습니다. 한약학과는 한약학에 대한 전문적인 원리와 지식을 연구, 습득한 한약사와, 전통 약물인 한약을 과학적으로 연구하여 질병의 예방과 치료에 공헌하는 우수한 보건 의료 인력을 양성하는 학과입니다.

한약의 생산 및 제조, 조제, 감정, 보관 및 유통 분야의 전문 인재, 질병의 예방과 치료에 사용되는 한약재와 관련한 기초 이론과 기술을 갖춘 인재, 한약품 생산과 품질 관리에 요구되는 지식과 전문성을 지닌 인재, 국민의 건강과 복지 증진에 기여하는 윤리의식과 봉사 정신을 갖춘 인재, 창의적 문제 해결 능력 및 융합적 사고와 올바른 가치관을 갖춘 한약학 전문 인재 양성을 교육 목표로 합니다.

개설대학

- 경희대학교
- 우석대학교
- 원광대학교 등

진출직업

- 약무직 공무원
- 한약사 등

관련학과

- 농학·한약자원학부(한약자원전공)
- 한방보건제약학과
- 한방재료공학과
- 한약재산업학과
- 한약자원학과
- 한약자원개발학과
- 한약개발학전공 등

취득가능 자격증

- 변리사
- 한약사 등

진출분야

기업체	제약회사, 화장품 회사, 식품 회사, 바이오 벤처 기업, 동물약 제조 회사, 한약 제조업체, 종묘 회사, 한약재 생산 및 유통 관련 회사 등
정부 및 공공 기관	보건복지부, 식품의약품안전처, 중앙약사심의위원회, 한약진흥재단, 국립과학수사연구소 등
연구 기관	국립중앙의료원, 한방 병원, 요양 병원, 동물 병원, 약국 등

학과 주요 교과목

기초 과목	한약학개론, 한약한문, 약용식물학, 인체생리학, 일반약화학, 원전강독, 유기약화학, 본초학총론, 메디시널푸드입문, 약학개론 등
심화 과목	한방생리학, 본초학, 생약학, 식의약생화학, 식의약분석학, 기능성식품학, 면역학, 병태생리학, 식의약소재화학, 식의약미생물학, 한방약제학, 예방약학, 기기분석학, 한약감정학, 사상의학, 포제학, 한방진단학, 한약유통학, 한약저장학, 한약국관리학, 한방면역학 등

학과 인재상 및 갖추어야 할 자질

- 물리학이나 화학, 생명과학 등 자연과학 과목에 대한 흥미가 있는 학생
- 많은 실험과 실습을 수행할 꼼꼼함과 침착함을 지닌, 시각과 후각이 발달한 학생
- 침착하게 상황을 판단할 줄 아는 능력과 신속하고 정확하게 대처할 수 있는 능력을 갖춘 학생
- 원만한 대인관계 능력, 의사소통 능력, 팀워크 능력을 갖춘 학생
- 인간의 생명을 귀하게 여기고 다양성을 인정하며, 다른 사람들의 아픔에 대한 공감 능력을 지닌 학생
- 학습에 대한 끊임없는 열의와 공부하는 자세, 인내심 및 성실함을 지닌 학생

인문계열

사회계열

자연계열

공학계열

의약계열

예체능계열

교육계열

계약학과 & 특성화학과

학과 관련 선택 과목

※ 국어, 영어 교과는 모든 학문의 기초적인 성격을 가진 도구교과로 모든 학과에 이수가 필요하여 생략함.

공통 과목		공통국어1,2, 공통수학1,2, 공통영어1,2, 한국사1,2, 통합사회1,2, 통합과학1,2, 과학탐구실험1,2
수능 필수		화법과 언어, 독서와 작문, 문학, 대수, 미적분Ⅰ, 확률과 통계, 영어Ⅰ, 영어Ⅱ, 한국사, 통합사회, 통합과학, 성공적인 직업생활(직업)
일반 선택	수학, 사회, 과학	대수, 미적분Ⅰ, 확률과 통계, 현대사회와 윤리, 화학, 생명과학
	체육·예술	
	기술·가정/정보	
	제2외국어/한문	중국어, 한문
	교양	
진로 선택	수학, 사회, 과학	미적분Ⅱ, 윤리와 사상, 인문학과 윤리, 물질과 에너지, 화학 반응의 세계, 세포와 물질대사, 생물의 유전
	체육·예술	
	기술·가정/정보	
	제2외국어/한문	한문 고전 읽기
	교양	인간과 철학, 인간과 심리, 보건
융합 선택	수학, 사회, 과학	윤리문제 탐구
	체육·예술	
	기술·가정/정보	
	제2외국어/한문	언어생활과 한자
	교양	

추천 도서 목록

- 한의원의 인류학, 김태우, 돌베개
- 식료본초학, 김규열 외, 의성당
- 생명의 벗, 약초, 장영덕, 목수책방
- 역사 속의 전염병과 한의학, 송지청, 은행나무
- 쉽게 풀어 쓴 선조들의 질병 치료법, 정지훈, 은행나무
- 의학심오 톺아보기, 정국팽 외, 물고기숲
- 우주 변화와 한의학, 정다래 외, 학민사
- 핵심 사상의학, 유준상, 의방출판사
- 한눈에 보이는 경혈학 참고서, 곽도원 외, 생각나눔
- 경락학, 전국한의과대학 한의학전문대학원 경락경혈학 교재편찬위원회, 정담
- 한의학 탐사여행, 윤영주, 부산대학교출판문화원
- 한의약 한문, 신동원 외, 문운당
- 음양승강으로 해석하는 사상의학 의안, 곽노규, 물고기숲
- 자생력 증진을 위한 마음챙김과 기공 훈련, 김종우 외, 집문당
- 한의학 기초이론, 김병수, 의방출판사
- 최신 한약약제학, 오주희 외, 신일서적
- 한방약리학, 한방약리학 편찬위원회, 신일북스
- 공정서 약용식물, 홍승헌, 신일북스
- 약용식물생산학 개론, 김관수 외, 신일서적
- 생명의 벗, 약초, 장영덕, 목수책방
- 팔체질로 암, 간, 당뇨, 혈압, 대장염 다스린다, 임근택, 좋은땅
- 한의사를 위한 통증치료 매뉴얼 Part 1: 총론, 상지, 최수용, 가온해미디어
- 임상온병학, 이재철, 이재철연구소
- 난치성질환 한의치료 증례집, 양주노, 군자출판사
- 침법의 재해석 :운기적 해독침법, 김인, 의성당
- 최소침습 도침치료, 윤상훈, 군자출판사
- 우리 약초, 한방편, 김태정, 현암사
- 동의보감 한방약초 도감, 박종철, 푸른행복
- 한방약초 민간요법 대백과, 한국성인병예방연구회, 아이템북스
- 꼭 알아야 할 야생 산약초 약재 도감, 김범정, 푸른행복

학교생활 TIPS

- 한약학 전공과 관련이 깊은 물리학, 화학, 생명과학 교과의 우수한 학업 성취를 올릴 수 있도록 관리하고, 진로 역량, 자기주도성, 문제 해결 능력, 창의력, 발전 가능성 등 자신의 뛰어난 역량이 학교생활기록부 교과 세부능력 및 특기사항에 기록되도록 하는 것이 좋습니다.
- 한의학, 보건, 생명 과학 실험, 생명 탐구, 생태 체험, 과학 탐구 등의 동아리 활동 참여를 추천하고, 학교 교육계획에 의해 진행되는, 일회성이 아닌 지속적인 봉사 활동(급식 도우미, 통합반 도우미, 학습 멘토링, 교문 교통 지도 등) 참여를 통해서 타인을 위해 봉사하고 헌신하는 학교생활을 하는 것이 중요합니다.
- 다양한 교내 활동 중에서 융합 교실, 보건 교육, 창의성 교육, 수화 교실,

독서 토론, 리더십, 환경 교육 등 자신의 역량을 키울 수 있는 활동에 적극 참여합니다. 자신의 역할, 배우고 느낀 점 등이 학교생활기록부 곳곳에 드러나는 것이 좋습니다.
- 한약학 전공과 관련 있는 다양한 진로 활동(한방 병원이나 한약국 탐방 활동, 한약사 직업 탐색 및 한약학과 학과 탐방)을 통해 자신의 진로 역량을 키우는 것이 중요합니다. 단순 참여 사실보다는 참여하게 된 계기나 자신의 역할, 배우고 느낀 점, 전공에 대한 준비 노력 등이 드러나면 좋습니다.
- 한약학, 의학, 생명, 윤리, 인문학, 스마트헬스케어 등 폭 넓은 분야의 독서 활동을 통해서 융합적 소양을 키우는 것이 좋습니다.

210

한의예과

학과소개

한의학이란 인체의 구조, 기능을 탐구하여 보건의 증진, 질병의 치료, 예방 등에 대한 방법과 기술을 연구하는 학문입니다. 한국에서 기원하였으며 꾸준한 교류를 통해 발전해 온 학문이기도 합니다. 한의예과는 질병의 근본적인 원인을 알아내어 인체의 기능을 정상으로 회복시키기 위해 한약과 침술을 사용하는 방법, 침을 놓는 혈 자리, 침과 뜸의 이론과 치료 방법, 우리나라 고유의 체질 의학, 한약재의 기원, 효능 등 고대부터 내려온 전통 치료법에 대해 배우는 학과이며, 한의예과 2년과 한의학과 4년, 총 6년의 과정으로 이루어져 있습니다.

민족 의학을 창조적으로 계승 발전시키고, 한의학을 세계화하여 보건 의료를 선도할 수 있는 인재, 창의적인 연구와 교육을 수행하기 위한 폭넓은 사고력을 지닌 인재, 자연과 인간에 대한 존엄성과 한의학의 기초 이론 학습을 통한 한의사의 자질을 갖춘 인재, 동서 의학의 지식과 기술을 바탕으로 인류의 건강 증진에 기여할 수 있는 역량을 갖춘 인재의 양성을 교육 목표로 합니다.

개설대학

- 가천대학교
- 경희대학교
- 대구한의대학교
- 대전대학교
- 동국대학교(WISE)
- 동신대학교
- 동의대학교
- 상지대학교
- 세명대학교
- 우석대학교
- 원광대학교 등

진출직업

- 공중보건의
- 군의장교
- 생명과학연구원
- 의학전문기자
- 한의사
- 한의학연구원 등

관련학과

- 한의학과
- 한약학과 등

취득가능 자격증

- 한의사면허
- 한의사전문의면허 등

한방내과, 한방부인과, 한방소아과, 한방신경정신과, 침구과, 한방안·이비인후·피부과, 한방재활의학과, 사상체질과 등 8개

진출분야

기업체	제약회사, 한방 화장품 회사, 의료 기기 회사, 한방 병원, 한의원, 양방 종합 병원의 한방과 등
정부 및 공공 기관	중앙 정부 및 지방 자치 단체, 보건소, 보건지소, 국립중앙의료원, 국립재활원, 한약진흥재단, 한국보건산업진흥원 등
연구 기관	한의학 관련 연구소, 식품 및 제약 관련 연구소, 한국한의학연구원 등

학과 주요 교과목

기초 과목	기초중국어, 의학용어, 영어회화, 동양철학, 한의학개론, 한의학한문, 한의학용어, 일반화학, 일반생물학, 일반화학실험, 일반생물학실험, 한문, 한의학원론, 의학영어, 한의철학 등
심화 과목	생리학, 병리학, 진단학, 약리학, 본초학, 방제학, 처방학, 경혈학, 내과, 침구과, 부인과, 소아과, 신경정신과, 이비인후과, 사상체질의학, 중국어회화, 의학한문, 의사학, 생리학, 생리학실습, 생화학 및 실습, 발생학, 의학기공학, 의학통계학, 본초학총론, 해부학 등

학과 인재상 및 갖추어야 할 자질

- 사람과의 대화를 좋아하고, 원만한 의사소통 능력과 대인 관계 능력을 지닌 학생
- 자연 과학적 지식과 인문적 소양을 두루 갖춘 학생
- 생명을 소중히 여길 줄 아는 마음과 타인을 위해 봉사 할 수 있는 마음을 지닌 학생
- 고대 동양 철학에 대한 기초 지식과 한자에 대한 흥미와 지식을 갖춘 학생
- 인체나 질병, 생명 등에 관심이 있고, 화학, 생명과학, 한문 등의 교과목에 흥미와 소질이 있는 학생
- 학습에 대한 열의와 인내심 그리고 꾸준함과 성실함을 지닌 학생

학과 관련 선택 과목

※ 국어, 영어 교과는 모든 학문의 기초적인 성격을 가진 도구교과로 모든 학과에 이수가 필요하여 생략함.

공통 과목		공통국어1,2, 공통수학1,2, 공통영어1,2, 한국사1,2, 통합사회1,2, 통합과학1,2, 과학탐구실험1,2
수능 필수		화법과 언어, 독서와 작문, 문학, 대수, 미적분Ⅰ, 확률과 통계, 영어Ⅰ, 영어Ⅱ, 한국사, 통합사회, 통합과학, 성공적인 직업생활(직업)
일반 선택	수학, 사회, 과학	대수, 미적분Ⅰ, 확률과 통계, 현대사회와 윤리, 화학, 생명과학
	체육·예술	
	기술·가정/정보	
	제2외국어/한문	중국어, 한문
	교양	
진로 선택	수학, 사회, 과학	미적분Ⅱ, 윤리와 사상, 인문학과 윤리, 물질과 에너지, 화학 반응의 세계, 세포와 물질대사, 생물의 유전
	체육·예술	
	기술·가정/정보	
	제2외국어/한문	한문 고전 읽기
	교양	인간과 철학, 인간과 심리, 보건
융합 선택	수학, 사회, 과학	윤리문제 탐구, 융합과학 탐구
	체육·예술	
	기술·가정/정보	
	제2외국어/한문	언어생활과 한자
	교양	

추천 도서 목록

- 한의원의 인류학, 김태우, 돌베개
- 한방 간호학개론, 유준상, 행림서원
- 온열침 치료 매뉴얼, 최성운 외, 생각나눔
- 편작 별맥, 리젠민, 토담미디어
- 황황 경방의화, 황황, 물고기숲
- 안전하고 효과적인 장침 사용법, 권고은 외, K-Medicine Academy
- 정통 침구술 백과, 황종찬, 태을출판사
- 사계절의 한의학, 고광석, 일상출판
- 한의사를 위한 통증치료 매뉴얼 Part2: 하지, 전신자세교정, 최수용, 가온해미디어
- 광명침 비법, 박선식, 광명사
- 병인 병기로 설명하는 상한론, 김종성, 지식과감성
- 『금궤요략』강해, 이한영, 집문당
- 왕홍도 내경강의, 왕훙투, 물고기숲
- 의감중마, 한국학자료원 편집부, 한국학자료원
- 소문대요, 한국학자료원 편집부, 한국학자료원

- 최강실전한방, 배진석, 의성당
- 한의학의 현대적 해석과 고혈압, 이준우, 군자출판사
- 한의원으로 출근하기, 황진철, 대한나래출판사
- 오링테스트 진단과 처방, 홍종휘, 정담
- 한의학의 재조명, 홍창의, 시간의물레
- 내 몸을 지키는 침구학, 이승호 외, 신일서적
- 면역약침 임상가이드, 정철 외, 군자출판사
- 동의사상초본, 이제마, 하움출판사
- 침구 치료 원론 강의, 김두식, 시간의물레
- 표점현토역주 비위론, 이동원, 물고기숲
- 명의의 경방응용, 강춘화 외, 청홍
- 생활한자와 한의학, 반재유 외, 행림서원
- 한의학치료지침, 야카즈 게이도 외, 물고기숲
- 현대한의학개론, 이충열 외, 군자출판사
- 한의방제학, 한의방제학 공동교재 편찬위원회, 군자출판사

학교생활 TIPS

- 한의예과와 관련이 깊은 화학, 생명과학, 한문 교과의 우수한 학업 성취를 올릴 수 있도록 관리하고, 전공 적합성, 문제 해결 능력, 창의력, 협업 능력 등의 결과를 이끌어낸 결과들이 학교생활기록부 교과 세부능력 및 특기사항에 기록되는 것이 좋습니다.
- 다양한 교내 활동 중에서 융합 교실, 독서 토론, 리더십, 심폐 소생술, 민주 시민 교육, 보건 교육, 생태 체험, 보건 교육, 환경 교육 등 전공 적합성을 키울 수 있는 활동에 적극 참여하는 것을 권장합니다.
- 한의학, 보건, 생명 과학 실험, 생명 탐구, 생태 체험, 과학 탐구, 토론, 봉사 관련 동아리 활동에 참여하는 것이 도움이 되고, 학교 교육계획에 의해 진행되는, 일회성이 아닌 지속적인 봉사 활동(급식 도우미, 통합반

도우미, 도서관 도우미, 교문 교통 지도, 장애인 및 독거노인 대상 돌봄 활동) 참여를 통해서 타인을 위해 봉사하고 헌신하는 학교생활 모습이 드러나는 것이 중요합니다.
- 한의예과 전공과 관련 있는 다양한 진로 활동(한방 병원이나 한의원 및 보건소 견학 활동, 한의사 직업 탐색 및 한의예과 학과 탐방)을 통해 자신의 진로 역량을 키우는 것이 중요합니다. 단순 참여 사실보다는 참여하게 된 계기, 역할, 배우고 느낀 점, 전공에 대한 준비 노력 등이 드러나면 좋습니다.
- 한의학, 의료, 보건, 역사, 윤리, 인문학 등 폭넓은 분야의 독서 활동을 통해서 융합적 소양을 키우도록 합니다.

PART

예체능계열 36개 학과

ART, MUSIC, PHYSICAL EDUCATION

각 계열별 학과 게재 순서는 '가나다' 순

* 희망하는 대학의 교육과정이나 관련자료에 따라 다를 수 있으니 유의하시기 바랍니다.

211

경호학과

학과소개

사회가 개방화, 도시화, 과학화되고 정보 통신 기술이 발달함에 따라 현시대는 과거 어느 때보다도 복잡해지고 있으며, 이에 따라 각종 범죄 또한 증가하고 있습니다. 또, 안전의 중요성이 날로 커지면서 전 세계적으로 경호의 영역이 첨단 기계 경비 및 인텔리 전트 빌딩 등의 관리와 각종 재해 방지로 확대되고 있습니다.

경호학과는 이러한 시대적 흐름 속에서 산업 시설 및 공공건물의 안전 관리와 국민의 생명과 재산을 보호하기 위한 안전 및 경호에 관련된 학문을 배우는 학과입니다. 경호학과에서는 경호의 학문적 발전을 통해 사회 안전에 기여할 보안 전문가 및 이론과 실무 능력을 갖춘 전문 경호 인력의 양성을 교육 목표로 하고 있습니다. 그리고 이를 위해 최첨단 실습 장비를 이용한 실무 중심의 교육과 경호·경비 분야의 체계적 이론 교육을 진행하고 있습니다. 구체적으로 경호경비발달사, 경호정보론, 경호인성교육, 경호경비법, 기계경비 기획설계, 국가안보 대테러론, 경호무도 등의 다양한 교과목 교육과정을 운영하고 있습니다.

전문 경호 인력을 필요로 하는 곳은 정부 기관, 경찰, 민간 경호 업체, 대기업 비서실, 안전 관리를 담당하는 기업 등으로 다양하며, 따라서 앞으로 그 수요도 더욱 늘어날 것으로 보입니다.

개설대학

- 용인대학교
- 중원대학교 등

진출직업

- 경비업체요원
- 경찰관
- 교도관
- 군인(장교)
- 소방공무원
- 안전순찰원
- 해외무도사범
- 생활체육지도자 등

관련학과

- 무도경호학과
- 스포츠경호학과
- 태권도경호학과
- 경호무도학과
- 경보보안전공
- 경보보안학과
- 항공보안경호학부 등

취득가능 자격증

- 경비지도사
- 기계경비지도사
- 생활체육지도사
- 실기교사(체육)
- 스포츠지도사
- 신변보호사
- 수상인명구조
- 응급처치
- 레크리에이션지도사 등

진출분야

기업체	전문 경호·경비 업체, 스포츠 센터, 대기업 및 일반 기업의 경호·경비 부서, 항공사, 실버 요양 기관 등
정부 및 공공 기관	정부 기관의 경호·경비 부서, 검찰 및 경찰, 경호공무원 등
연구 기관	보안 경호 관련 국가·민간 연구소 등

학과 주요 교과목

기초 과목	경호경비발달사, 경호정보론, 경호인성교육, 경호무도(유도, 태권도, 용무도), 경호제압술초급, 경호학개론, 경호무도론, 경호체력육성법, 경호경비법, 기계경비기획설계 등
심화 과목	국가안보대테러론, 경호제압술상급, 민간경비론, 경호방법론, 안전관리학, 경호무도상급, 경호인턴실습, 경호경비기법연구, 경호현장실무, 시큐리티산업보안론, 경호경비기획론, 안전진단실무, 국내인턴십, 경호세미나, 경호무도고급, 경호비서학, 응급처치법, 경호행정학, 소방학 등

학과 인재상 및 갖추어야 할 자질

- 운동 신경이 좋고, 순발력이 뛰어난 학생
- 체육 교과를 좋아하고, 정의심이 강한 학생
- 정확한 판단력과 남을 배려하는 마음을 지닌 학생
- 리더십이 있고, 분석적으로 사고하는 방법을 잘 아는 학생
- 사회 안전에 기여할 보안 전문가가 되고 싶은 학생
- 위협으로부터 자신을 방어하는 무도 기법을 배우고 싶은 학생

학과 관련 선택 과목

※ 국어, 영어 교과는 모든 학문의 기초적인 성격을 가진 도구교과로 모든 학과에 이수가 필요하여 생략함.

공통 과목		공통국어1,2, 공통수학1,2, 공통영어1,2, 한국사1,2, 통합사회1,2, 통합과학1,2, 과학탐구실험1,2
수능 필수		화법과 언어, 독서와 작문, 문학, 대수, 미적분Ⅰ, 확률과 통계, 영어Ⅰ, 영어Ⅱ, 한국사, 통합사회, 통합과학, 성공적인 직업생활(직업)
일반 선택	수학, 사회, 과학	사회와 문화, 현대사회와 윤리, 물리학, 생명과학
	체육·예술	체육1, 체육2
	기술·가정/정보	기술·가정, 정보
	제2외국어/한문	제2외국어
	교양	
진로 선택	수학, 사회, 과학	정치, 법과 사회, 윤리와 사상, 인문학과 윤리
	체육·예술	운동과 건강, 스포츠 과학
	기술·가정/정보	
	제2외국어/한문	
	교양	인간과 심리
융합 선택	수학, 사회, 과학	사회문제 탐구, 융합과학 탐구
	체육·예술	스포츠 생활1, 스포츠 생활 2
	기술·가정/정보	
	제2외국어/한문	
	교양	

추천 도서 목록

- 누구나 한번쯤 읽어야 할 손자병법, 미리내공방, 정민미디어
- 한 권으로 읽는 삼국지 인물열전, 최용현, OHK
- 다시 태어난다면, 한국에서 살겠습니까, 이재열, 21세기북스
- 나는 매주 시체를 보러 간다, 유성호, 21세기북스
- 클라우제비츠 전쟁론 완성하기, 르네 지라르 외, 한길사
- 경호학개론, 김두현, 엑스퍼트원
- 핵심 경호경비 관련법, 김진환, 윤성사
- 경호학, 최선우, 박영사
- 경호인성교육, 김진환, 진영사
- 생명과 안전을 지키는 직업 1: 군인·스파이 경호원, 박민규, 빈빈책방
- 경찰경호 체포술, 정훈, 진영사
- 손자가 말하는 경호방법론, 김상진, 윤성사
- 스포츠 사회와 윤리: 21세기 과제와 비전, 문개성, 박영사
- 실전 예제로 배우는 스포츠분석을 위한 인공지능 딥러닝 입문, 박재현 외, 레인보우북스
- 스포츠 심리와 마케팅, 오주훈, 에듀컨텐츠휴피아
- 스포츠 마케팅, Matthew D. Shank 외, 한경사
- 스포츠 커뮤니케이션 인사이트, 한국소통학회, 한울아카데미
- 야외활동과 건강생활, 백남섭 외, 토담출판사
- 파워 뉴 운동생리학, 최대혁 외, 라이프사이언스
- 힘 훈련 해부학, 제롬 마일로, 대성의학사
- 치료적 운동 처방, Kim Dunleavy 외, 영문출판사
- 생활체육 이론 및 실기, 송상욱 외, 진영사
- 운동기술 획득의 역동성, 크리스 버튼 외, 대성의학사
- VVIP 운동과 건강, 김수연, 한국학술정보
- 평생 써먹는 기적의 운동 20, 카르스텐 레쿠타트, 피카 라이프
- 인간은 어떻게 움직임을 배우는가, 롭 그레이, 코치라운드
- 현대사회와 미디어커뮤니케이션, 한국언론정보학회, 한울아카데미
- 위험커뮤니케이션의 쟁점과 과제, 송해룡, 한국학술정보
- 설득 커뮤니케이션의 이해와 활용, 김정현, 커뮤니케이션북스
- 세계는 왜 싸우는가, 김영미, 김영사

학교생활 TIPS

- 경호학과 관련이 깊은 체육, 과학, 영어 교과의 우수한 학업 성취를 올릴 수 있도록 하고, 각 수업 활동에 적극적으로 참여하여 학업 역량, 문제 해결 능력, 전공 적합성 등이 학교생활기록부 교과 세부능력 및 특기사항에 기록될 수 있도록 합니다.
- 전공과 관련 있는 다양한 진로 활동(경찰서 탐방, 경찰관, 경호원 등 직업 체험, 학과 탐방 등)에 참여하여 새롭게 알게 된 사실이나 느낀 점을 중심으로 자신의 진로 역량을 키우도록 합니다.
- 축구, 태권도, 유도 등의 교내 동아리에서 운동, 경호 등과 관련된 내용을 조사, 발표하는 등 전공 관련 활동을 주도적으로 하고, 의미 있는 역할을 했음을 드러냅니다.
- 학급이나 학생회의 임원 활동, 체육 대회 행사 보조, 장애인 도우미, 교통 봉사, 급식 도우미 등과 같은, 학교 교육계획에 의해 진행되는 봉사 활동이나 행사 활동, 수련 활동, 체험 활동에 적극적으로 참여하여 리더십, 배려하는 마음, 의사소통 능력, 협동심 등을 보이는 것이 중요합니다.
- 스포츠학, 예술, 자연과학, 생물학 등 폭넓은 분야의 독서를 통해 기본적인 소양을 키웁니다.
- 인성, 발전 가능성, 나눔과 배려, 학업 의지, 창의성 등 자신의 강점이 학교생활기록부 행동특성 및 종합의견에 기록될 수 있도록 학교생활에 성실하게 임할 것을 권장합니다.

212

공업디자인학과

학과소개

공업디자인은 인간의 삶에 필요한 제품과 서비스를 창안해 내고, 그 외관과 사용 과정을 설계하여, 기업과 사용자 모두에게 가치를 제공하는 산업 사회의 전문 분야입니다. 우수한 공업디자인 결과물은 사용자 개인에게는 심미적 만족감과 우아한 사용 경험을 제공하며, 기업에는 영리 창출과 기업 이미지 제고 효과를, 국가적·사회적 차원에서는 국가 경쟁력과 문화 수준을 향상하는 효과를 제공합니다.

공업디자인의 적용 대상은 TV, 세탁기와 같은 가전제품, 스마트폰을 비롯한 정보 통신 기기, 자동차 등의 운송 기기, 사무 용품, 주방 기기 등의 제품은 물론, 로봇 산업, 항공 우주 산업, 디지털 미디어, VR 및 게임, 공공 시설물과 환경 구조물, 서비스 시스템 등의 모든 산업에 폭넓게 걸쳐 있습니다. 졸업 후의 진출 분야로는 전자 제품 디자인, 생활용품 디자인, 로봇 디자인, 항공 우주 디자인, 산업 기기 디자인, 사용자 경험 디자인, UI 디자인, 서비스 디자인, 게임 디자인, 디자인 전략 경영, 디자인 행정, 디자인 교육 분야 등이 있습니다.

공업디자인학과에서는 우수한 공업디자이너를 양성하기 위해 '실무 중심 교육'과 '종합적 문제 해결 능력의 제고'를 지향합니다. 다양한 분야의 실무 디자인 교육과 선도적인 디지털 디자인 교육을 통해 디자이너에게 일차적으로 요구되는 조형 표현 능력을 배양합니다. 또한 예술, 과학 기술, 인문 사회학의 종합적 접근을 통해 문제를 이해하고 해결하는 종합적 능력을 기릅니다.

개설대학

- 국민대학교 등

관련학과

- 산업디자인학과
- 산업디자인전공
- 디자인공학부
- 디자인학부
- 귀금속보석공예과
- 디자인융합학과
- 산업디자인학과
- 공학디자인전공
- 요트디자인융합과
- 요트건축디자인융합과
- 전시디자인학과 등

진출분야

기업체	국내외 기업의 디자인 경영 및 실무 담당 부서, 디자인 전문 회사, 자동차 제조업체, 멀티미디어 업체, 이벤트 업체, 문구·완구 업체, 게임·캐릭터 개발업체, 공간 디자인 업체, 디지털·팬시 제품 회사, 가구·조명 회사, 라이프스타일 디자인 업체, 의류 제조 업체, 방송국, 영화사, 잡지사, 디스플레이 디자인 사무소, 광고 기획사 등
정부 및 공공 기관	영화진흥위원회, 한국콘텐츠진흥원, 한국게임산업협회 등
연구 기관	디자인 관련 국가·민간 연구소 등

진출직업

- 인하우스디자이너
- 중등학교 교사
- 대학 교수
- 디자인연구원
- 자동차디자이너
- 가구디자이너
- 산업디자이너
- 시각디자이너
- 제품디자이너
- 캐릭터디자이너
- 컬러리스트 등

취득가능 자격증

- 멀티미디어콘텐츠제작전문가
- 게임그래픽전문가
- 게임기획전문가
- 시각디자인기사
- 실내건축기사
- 웹디자인기능사
- 제품디자인산업기사
- 컴퓨터그래픽스운용기능사
- 포장산업기사
- 문화예술교육사 등

학과 주요 교과목

기초 과목	디지털드로잉, 디자인제도, 형태와 구조, 입체조형, 산업디자인사, 디지털모델링, 컴퓨터응용제도, 형태와 기능, 조형의 발상, 환경과 디자인, 산업디자인론, 2D CAID, 아이디어표현기법, 산업디자인프로세스, 재료와 구조, 인간공학, 그린디자인, 색채기획, 3D Modeling, 디자인제기법, 산업디자인프로그램, 생산과 공정, 디자인방법론, 유니버설디자인, 디자 인그래픽스 등
심화 과목	생활기기디자인, 산업기기디자인, 공공시설물디자인, VR제품기획, 제품개발론, 인터페이스디자인, 디자인커뮤니케이션론, 정보기기디자인, 스포츠레저용품디자인, 공공환경디자인, VR제품디자인, 인터랙션디자인, 디지털콘텐츠개발론, 제품시스템디자인, 환경시스템디자인, VR제품시스템디자인, 포트폴리오, 디자인비즈니스론, 디자인문화론 등

학과 인재상 및 갖추어야 할 자질

- 종합적 문제 해결 능력 및 소통 능력을 갖춘 학생
- 평소 기발하고 창의적인 생각을 자주 하는 학생
- 평소 주변 사물 혹은 환경을 관심 있게 바라보는 습관을 지닌 학생
- 일상생활의 사물과 공간에 대한 감각이 있으며, 독창적인 디자인을 하고자 하는 학생
- 능동적인 학과 생활을 통해 글로벌 인재가 되고자 하는 학생
- 다양한 분야의 예술과 사상을 접하는 것을 좋아하고, 남다른 미적 감각과 표현력을 지닌 학생

학과 관련 선택 과목

※ 국어, 영어 교과는 모든 학문의 기초적인 성격을 가진 도구교과로 모든 학과에 이수가 필요하여 생략함.

공통 과목		공통국어1,2, 공통수학1,2, 공통영어1,2, 한국사1,2, 통합사회1,2, 통합과학1,2, 과학탐구실험1,2
수능 필수		화법과 언어, 독서와 작문, 문학, 대수, 미적분 I, 확률과 통계, 영어 I, 영어 II, 한국사, 통합사회, 통합과학, 성공적인 직업생활(직업)
일반 선택	수학, 사회, 과학	대수, 확률과 통계, 세계사, 사회와 문화, 현대사회와 윤리
	체육·예술	음악, 미술
	기술·가정/정보	정보
	제2외국어/한문	제2외국어
	교양	
진로 선택	수학, 사회, 과학	인공지능 수학
	체육·예술	미술 창작, 미술 감상과 비평
	기술·가정/정보	인공지능 기초, 생활과학 탐구
	제2외국어/한문	
	교양	인간과 철학, 인간과 심리
융합 선택	수학, 사회, 과학	여행지리, 사회문제 탐구
	체육·예술	미술과 매체
	기술·가정/정보	창의 공학 설계, 지식 재산 일반
	제2외국어/한문	
	교양	

추천 도서 목록

- 디자인, 이렇게 하면 되나요?, 오자와 하야토, 제이펍
- 고전 한국 전통 문양: 기하학적 문양과 추상 문양, 월드해피북스 편집부, 월드해피북스
- 디자이너의 일상과 실천, 권준호, 안그라픽스
- 하루 5분 UX, 조엘 마시, 유엑스리뷰
- 색채학의 50가지 비밀, 조앤 엑스터트 외, 유엑스리뷰
- 내 디자인의 꽃은 럭셔리다, 양태유, 박영사
- 글짜씨 25, 한국타이포그라피학회, 안그라픽스
- 디자인, 이것만 알면 쉬워져요 with 63가지 LESSON, 요네쿠라 아키오 외, 책만
- 4차산업혁명과 소셜디자인 문화전략, 이흥재, 푸른길
- 앞서 나가는 10대를 위한 산업디자인, 카를라 무니, 타임북스
- 디자인의 정석, 우에다 아키, 지경사
- 비전공자 디자이너로 살아남기, 이응삼이, 길벗
- 광고의 모든 것, 김재인, 그림씨
- 디자인과 인문학적 상상력, 최범, 안그라픽스

- 디자인 노트, 정경원, 안그라픽스
- 상업 공간, 경험을 디자인하다, CSLV Edition, 시공사
- 디자인의 길, 최명식, 학고방
- 일러스트와 자연과 건축, 시케이북스 편집부, 아키포레
- 공간, 자연, 아트 디자인, 시케이북스 편집부, 시케이북스
- 일러스트로 표출된 새로운 상상력, 시케이북스 편집부, 도래미 북스
- 4차산업혁명과 소셜디자인 문화전략, 이흥재, 푸른길
- 앞서 나가는 10대를 위한 산업디자인, 카를라 무니, 타임북스
- 도널드 노먼의 인터랙션 디자인 특강, 도널드 노먼, 유엑스리뷰
- 아빠, 디자인이 뭐예요, 윤여경, 이숲
- 현대 디자인의 역사, 박연실, 이담북스
- 세상을 디자인하라, 정동완, 진한엠앤비
- 패스트컴퍼니 디자인 혁명, 스테파니 메타, 이콘
- 삶을 예술로 만드는 법, 로버트 프리츠, 라이팅하우스
- 에너지 인문학, 강신욱, 지식과감성
- 지적 대화를 위한 교양인의 서양 건축사, 이민정, 팬덤북스

학교생활 TIPS

- 공업디자인학과 관련이 깊은 국어, 사회, 미술 교과의 우수한 학업 성취를 올릴 수 있도록 하고, 각 수업 활동에 적극적으로 참여하여 학업 역량, 문제 해결 능력, 전공 적합성 등이 학교생활기록부 교과 세부능력 및 특기사항에 기록될 수 있도록 합니다.
- 전공과 관련 있는 다양한 진로 활동(디자인 회사, 게임 회사, 학과 탐방, 자동차디자이너 인터뷰 등)에 참여하여 새롭게 알게 된 사실이나 느낀 점을 중심으로 자신의 진로 역량을 키우도록 합니다.
- 미술, 디자인 연구, 사진, 방송 등의 교내 동아리에서 미술, 디자인, 영상 등과 관련된 내용을 조사, 발표하는 등 전공 관련 활동을 주도적으로 하고, 의미 있는 역할을 했음을 드러냅니다.

- 학급이나 학생회의 임원 활동, 미술 봉사, 학습 도우미, 환경 정화 활동, 벽화 그리기 등과 같은, 학교 교육계획에 의해 진행되는 봉사 활동이나 행사 활동, 수련 활동, 체험 활동에 적극적으로 참여하여 리더십, 배려하는 마음, 의사소통 능력, 협동심 등을 보이는 것이 중요합니다.
- 역사, 문학, 예술, 자연과학, 생물학 등 폭넓은 분야의 독서를 통해 기본적인 소양을 키웁니다.
- 인성, 발전 가능성, 나눔과 배려, 학업 의지, 창의성 등 자신의 강점이 학교생활기록부 행동특성 및 종합의견에 기록될 수 있도록 학교생활에 성실하게 임할 것을 권장합니다.

213

관현악과

학과소개

관현악이란 여러 가지 악기로 이루어진 합주체를 말하며, 포함되는 악기의 종류는 크게 관악기와 현악기로 나눌 수 있습니다. 관악기는 다시 목관 악기, 금관 악기, 타악기로 나뉘며 목관 악기로는 플루트, 오보에, 클라리넷, 바순, 색소폰 등이 있고, 금관 악기로는 트럼펫, 호른, 트롬본, 튜바 등이 있으며 타악기는 오케스트라 연주에 필요한 다양한 종류의 타악기를 포함합니다. 현악기에는 바이올린, 비올라, 첼로, 더블 베이스, 하프 등이 있습니다.

관현악과는 오케스트라 악기 편성 인원으로 이루어진 학과입니다. 악기와 연주자가 갖춰졌다고 해서 오케스트라가 완성되는 것은 아닙니다. 같은 종류의 여러 악기가 각각의 소리를 내지만 마치 악기 하나를 연주하는 것과 같은 소리를 만드는 것이 오케스트라의 매력이라고 할 수 있습니다. 이러한 여러 파트의 소리가 조화롭게 어우러져 무대와 객석을 뒤덮을 때, 비로소 오케스트라가 완성되는 것입니다. 관현악과에서는 중고등학교 때 쉽게 접할 수 없는 실내악, 관악, 현악 합주, 관현악 수업을 통해 함께 소리를 내는 법과 서로의 소리를 배려하는 법을 배웁니다. 또한, 개인의 실기 능력을 향상하며 체계적인 이론 수업을 통해 학생들이 한층 더 성숙한 음악을 할 수 있도록 합니다.

관현악과에서는 일반 음악 이론 수업 외에도 매 학기 학내 연주 및 정기 연주회, 실내악 연주 등을 통해 연주가로서의 기술 향상과 음악적 경험의 폭을 넓힌, 재능 있고 창조적인 전문 연주인을 배출합니다. 또한 음악을 통해 사회봉사를 하는 음악 교육자를 양성하는 데에도 교육의 목표를 두고 있습니다.

개설대학

- 계명대학교
- 서울대학교
- 수원대학교
- 숙명여자대학교
- 연세대학교
- 이화여자대학교
- 추계예술대학교
- 충남대학교
- 한양대학교 등

관련학과

- 관현악전공
- 관현악학부 관악전공
- 관현악학부 현악전공
- 관현악 및 타악
- 음악학부 관현악
- 음악학과 관현악전공 등

진출분야

기업체	음반 제작 회사, 합창단, 연주 단체, 출판사, 방송사, 잡지사, 대기업 기획 홍보팀, 악기 및 악보 관련 업체, 음악 학원 등
정부 및 공공 기관	시립 합창단, 시립 교향악단, 오케스트라, 초중고등 학교, 대학교 등
연구 기관	음악 관련 국가·민간 연구소 등

진출직업

- 연주가
- 음악평론가
- 음악감독
- 작곡가
- 지휘자
- 공연기획자
- 교향악단원
- 오케스트라 단원
- 대학 교수
- 강사
- 중등학교 교사(음악)
- 음악 교사 등

취득가능 자격증

- 문화예술교육사
- 무대예술전문인
- 실기교사
- 피아노조율기능사
- 음악심리지도사
- 중등학교 정교사 2급(음악) 등

학과 주요 교과목

기초 과목	시창 및 청음, 연주와 비평, 과학기술의 철학적 이해, 커리어개발Ⅰ: 취창업진로로드맵, 관현악, 실내악, 관현악전공실기, 기초뮤지션십, 관악·현악합주, 말과 글, 창의적 컴퓨팅, 연주와 비평, 음악이론, 전문학술영어, 특수악기
심화 과목	음악이론, 연주와 비평, 오케스트라, 특수악기, 관현악전공실기, 기악앙상블, 관악·현악합주, 관현악문헌, 음악교과교육론, 커리어개발Ⅱ: 취창업진로포트폴리오, 기업가정신과 비즈니스 리더십, 음악논리 및 논술, 현대음악연주, 지휘법, 마스터클래스, 셀프리더십, 음악교과교재연구 및 지도 등

학과 인재상 및 갖추어야 할 자질

- 음악의 역사와 이론에 관심이 있는 학생
- 소리에 호기심을 가지고, 악기를 연주하는 것을 즐기는 학생
- 다양한 국가의 음악과 문학에 관심과 흥미를 가진 학생
- 클래식 공연뿐 아니라 다른 음악 장르의 공연을 즐기는 생활 태도를 가진 학생
- 풍부한 음악성과 장시간의 꾸준한 연습을 이겨낼 수 있는 인내력, 성실함을 갖춘 학생
- 영화, 연극, 뮤지컬, 문학 등 다양한 문화 예술 장르에 관심이 있는 학생

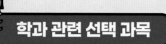

학과 관련 선택 과목

※ 국어, 영어 교과는 모든 학문의 기초적인 성격을 가진 도구교과로 모든 학과에 이수가 필요하여 생략함.

공통 과목		공통국어1,2, 공통수학1,2, 공통영어1,2, 한국사1,2, 통합사회1,2, 통합과학1,2, 과학탐구실험1,2
수능 필수		화법과 언어, 독서와 작문, 문학, 대수, 미적분Ⅰ, 확률과 통계, 영어Ⅰ, 영어Ⅱ, 한국사, 통합사회, 통합과학, 성공적인 직업생활(직업)
일반 선택	수학, 사회, 과학	세계시민과 지리, 세계사, 사회와 문화, 현대사회와 윤리
	체육·예술	음악, 미술, 연극
	기술·가정/정보	
	제2외국어/한문	
	교양	
진로 선택	수학, 사회, 과학	
	체육·예술	음악 연주와 창작, 음악 감상과 비평, 미술 감상과 비평
	기술·가정/정보	
	제2외국어/한문	
	교양	인간과 철학, 인간과 심리
융합 선택	수학, 사회, 과학	여행지리, 융합과학 탐구
	체육·예술	음악과 미디어
	기술·가정/정보	지식 재산 일반
	제2외국어/한문	
	교양	

추천 도서 목록

- 선율 위에 눕다, 송지인, 자음과모음
- 음악이론 중급 화성학 독학하기, 이지영, 가득뮤직출판사
- 피아노, Piano 실용반주학, 강경민·뮤직에듀벤처
- 2024 K-콘텐츠: 한류를 읽는 안과 밖의 시선, 안숭범 외, 경희대학교 출판문화원
- 국가와 음악, 오쿠나카 야스토, 민속원
- 음악형식의 이론과 분석, 송무경 외, 모노폴리
- 하룻밤 공연장 여행, 최민아, 다른
- 오늘의 감정, 클래식, 김기홍, 초록비책공방
- 김민기, 김창남, 한울
- 21세기 문화적 경계를 넘어서, 손민경, 서울대학교출판문화원
- 음악으로 먹고살기, 박성배, 1458music
- 음악의 사생활 99 : 2012년 신승은, 신승은, 삐약삐약북스
- 유튜브로 따라하며 배우는 발성테크닉트레이닝, 강하늘, 와이즈뮤직
- 조선 초기 신악 창제와 회례 용악, 임영선, 민속원
- 클래식의 클래식, 이영록, 아트레이크 ArtLake

- 음악을 아는 사람은 모르는 사람보다 행복하다, 한숙현, 리음북스
- 한반도의 국민음악: 음악,국민,국가, 김은영 외, 지금풍류
- 시티 앤 더 클래식, 정재윤, 책과나무
- 음악, 밀당의 기술, 이미경, 곰출판
- 베토벤 아저씨, 이상환, 바른북스
- 인성과 오케스트라를 위한 Shadow of Life, 한경진, 전남대학교출판 문화원
- 조용필과 위대한 탄생, 윤영인, 북코리아
- 클래식 음악 수업, 김준희, 사람in
- 에트빈 피셔의 마스터 클래스, 에트빈 피셔, 포노
- 알고 보면 흥미로운 클래식 잡학사전, 정은주, 해더일
- 클래식을 사랑하는 당신에게, 최영옥, 태림스코어
- 바흐의 네 아들, 마르틴 겍, 풍월당
- 바그너의 마지막 인터뷰, 오해수, 산지니
- 요한 제바스티안 바흐, 알베르트 슈바이처, 풍월당
- 모차르트 평전, 이채훈, 혜다

학교생활 TIPS

- 관현악과 관련이 깊은 국어, 음악, 사회, 미술 등의 교과에서 우수한 학업 성취를 올릴 수 있도록 하고, 각 수업 활동에 적극적으로 참여하여 학업 역량, 문제 해결 능력, 전공 적합성 등이 학교생활기록부 교과 세부능력 및 특기사항에 기록될 수 있도록 합니다.
- 전공과 관련 있는 다양한 진로 활동(오케스트라, 학과 탐방, 교향악단원 직업인 인터뷰 등)에 참여하여 새롭게 알게 된 사실이나 느낀 점을 중심으로 자신의 진로 역량을 키우도록 합니다.
- 오케스트라, 합창, 클래식 음악, 방송 등의 교내 동아리에서 음악 실기나 음악 이론 등과 관련된 내용을 깊이 있게 공부하는 등 전공 관련 활동을 주도적으로 하고 의미 있는 역할을 했음을 드러냅니다.

- 학급이나 학생회의 임원 활동, 학교 행사의 음악 담당, 장애인 도우미, 환경 정화 활동 등과 같은, 학교 교육계획에 의해 진행되는 봉사 활동이나 행사 활동, 수련 활동, 체험 활동에 적극적으로 참여하여 리더십, 배려하는 마음, 의사소통 능력, 협동심 등을 보이는 것이 중요합니다.
- 사회학, 문학, 예술학, 심리학 등 폭넓은 분야의 독서를 통해 기본적인 소양을 키웁니다.
- 인성, 발전 가능성, 나눔과 배려, 학업 의지, 창의성 등 자신의 강점이 학교생활기록부 행동특성 및 종합의견에 기록될 수 있도록 학교생활에 성실하게 임할 것을 권장합니다.

214

금속공예학과

학과소개

표현 예술의 매체이며 동시에 디자인의 한 분야이기도 한 공예는 다양한 물질을 통해 인간이 가진 상상력을 풍요롭게 드러내고 공유하는 일입니다. 이는 산업 사회와 대량 생산품에 둘러싸인 현대의 생활 환경 속에서 인간의 정서를 일깨우고 의식주의 생활용품에 심미성을 부여하는 중요한 역할을 담당합니다.

공예는 인간의 정신세계를 담은 머리, 감성을 품은 가슴, 그리고 조형 능력(형태를 만드는 능력)을 가진 손, 이 세 요소의 합일에 의해 이루어집니다. 이는 현대 산업 사회에서 점점 더 가속되고 있는 분업화, 세분화 경향 속에서 잃기 쉬운 인간 능력의 전체성(대상의 전체를 보고 다루는 능력)과 조화의 능력을 회복하는 중요한 의미를 갖습니다. 공예 관련 학과에서는 다양한 재료를 바탕으로 조형물을 디자인하고 창작하는 것을 배우며, 대학에 따라 금속 공예, 도자 공예 등 재료별로 전공을 세분화되기도 합니다.

금속공예학과는 조형성을 중심으로 한 디자인 교육을 통해 표현 예술이 생활 문화 전반에 널리 응용될 수 있도록 교육하고 있습니다. 지속적인 직업에 의해 깃춰진 전문싱은 평생 직업으로서의 큰 매력을 지니며, 보다 나은 삶에 대한 관심이 높아지는 오늘날, 금속공예는 웰빙 문화의 대표적 장르로 자리 잡고 있습니다.

개설대학

- 국민대학교 등

관련학과

- 공예과
- 공예디자인과
- 공예디자인전공
- 공예디자인학과
- 공예학과
- 공예전공
- 금속공예디자인학과
- 도예·유리과
- 디지털공예과 등

진출직업

- 금속공예가
- 장신구작가
- 귀금속디자이너
- 생활용품 및 문화상품디자이너
- 상품기획 및 유통전문가
- 화랑운영자
- 공예원
- 제품디자이너
- 점토공예가
- 학예사
- 큐레이터
- 한지공예가
- 기자
- 중등학교 교사(미술)
- 대학 교수
- 예체능 강사
- 광고 및 홍보전문가 등

취득가능 자격증

- 금속기사
- 보석가공기능사
- 보석 감정사
- 귀금속가공산업기사
- 금속도장기능사
- 목공예기능사
- 도자기공예기능사
- 컬러리스트산업기사
- 문화예술교육사
- 중등학교 정교사 2급(미술)

학과 주요 교과목

기초 과목	평면미술, 조형원리 I · II, 기초금속공예, 기초금속기법응용, 디지털드로잉, 디지털모델링, 공예의 이해, 형태와 구조, 금속공예 I · II, 재료와 기법, 융합적 재료연구와 제작기법, 장신구제작 I · II, 디지털조형, 디지털크래프트맨십, 공예연구와 토론, 공예연구와 교육, 금속공예사
심화 과목	유리공예 I · II, 공예조형 I · II, 예술장신구 I · II, 상업장신구, 패션상품기획, 리빙오브젝트캡스톤디자인, 공예세미나 I · II, 현대미술론, 우리문화 속 디자인, 공예조형 III · IV, 예술장신구 III, 산업금속제품캡스톤디자인, 졸업작품연구캡스톤디자인, 공예경영, 문화연구와 기획, 사제동행세미나 등

진출분야

기업체	출판사, 방송사, 잡지사, 일반 기업 기획 홍보실, 일반 기업 디자인실, 장신구 제조 회사, 공예품 제작 업체, 공방, 도자기·가구 제작 회사, 금속 벽화 제작 업체, 문화센터, 미술 학원 등
정부 및 공공 기관	한국공예 ·디자인문화진흥원, 한국콘텐츠진흥원, 각 지역 문화재단, 박물관, 미술관, 중고등학교, 대학교 등
연구 기관	미술 관련 국가·민간 연구소

학과 인재상 및 갖추어야 할 자질

- 세계 무대에서도 원활히 소통하고, 한 발 앞서 나가는 공예인이 꿈인 학생
- 예술적 감성을 바탕으로 인류 사회의 건강한 미래를 위한 일을 하고자 하는 학생
- 국제화 마인드를 갖추고 미래 지향적이며 공예 문화 산업의 혁신에 기여하고 싶은 학생
- 금속공예의 발전에 이바지하고 싶은 마음이 있고, 창업과 창작에 대한 열정이 높은 학생
- 자유로운 사고와 창의력이 있으며 봉사 정신이 남다른 학생

학과 관련 선택 과목

※ 국어, 영어 교과는 모든 학문의 기초적인 성격을 가진 도구교과로 모든 학과에 이수가 필요하여 생략함.

공통 과목		공통국어1,2, 공통수학1,2, 공통영어1,2, 한국사1,2, 통합사회1,2, 통합과학1,2, 과학탐구실험1,2
수능 필수		화법과 언어, 독서와 작문, 문학, 대수, 미적분Ⅰ, 확률과 통계, 영어Ⅰ, 영어Ⅱ, 한국사, 통합사회, 통합과학, 성공적인 직업생활(직업)
일반 선택	수학, 사회, 과학	확률과 통계, 세계사, 사회와 문화, 화학
	체육·예술	미술
	기술·가정/정보	기술·가정, 정보
	제2외국어/한문	
	교양	
진로 선택	수학, 사회, 과학	
	체육·예술	미술 창작, 미술 감상과 비평
	기술·가정/정보	생활과학 탐구, 인공지능 기초
	제2외국어/한문	
	교양	인간과 심리
융합 선택	수학, 사회, 과학	여행지리, 사회문제 탐구
	체육·예술	미술과 매체
	기술·가정/정보	지식 재산 일반
	제2외국어/한문	
	교양	

추천 도서 목록

- 공예란 무엇인가, 하워드 리사티, 우아당
- 한국 고대의 금속공예, 이난영, 서울대학교 출판문화원
- 보편성과 개성으로 본 한국미술사 아홉마당, 전호태, 진인진
- 100개의 브로치, 이동춘, 소금나무
- 우아한 색, 순박한 형태, 이병창, 한국학자료원
- 도자 위에 시를 짓다, 이어령, 금성출판사
- 일본 도자기 여행: 규슈의 8대 조선가마, 조용준, 도도
- 유럽 도자기 여행: 동유럽 편, 조용준, 도도
- 누구나 가죽공예 예술가가 될 수 있다, 이장노, 좋은땅
- 공예를 생각한다, 최범, 안그라픽스
- 젬스톤 매혹의 컬러, 윤성운, 모요사
- 김지아의 보석 이야기, 김지아, 대원사
- 미술 재료 백과, 전창림, 미술문화
- 내 곁에 미술, 안동선, 모요사
- 난처한 미술이야기7, 양정무, 사회평론
- 귀금속 세공사가 바라보는 보석이야기: 가넷, 박민수, 힘찬문서

- 자화상 내 마음을 그리다, 김선현, 한길사
- 내가 본 미술관 루브르 성화, 진병철, 열린북스
- 북유럽 미술관 여행, 이은화, 상상출판
- 그림이 더 잘 보이는 미술관 이야기, 이소영, 모요사
- 공예란 무엇인가, 하워드 리사티, 유아당
- 나의 백남준: 기억, 보존, 확산, 국립현대미술관 외, 국립현대미술관
- 살아있는 지성을 키우는 발도르프학교의 공예수업, 패트리샤 리빙스턴, 푸른씨앗
- 사적이고 지적인 미술관, 이원율, 알에이치코리아
- 창작형 인간의 하루, 임수연, 빅피시
- 점·선·면, 구마 겐고, 안그라픽스
- 당신이 사랑한 예술가, 조성준, 작가정신
- 한국의 미술들: 개항에서 해방까지, 김영나, 워크룸프레스
- 뉴 큐레이터, 플러 왓슨, 안그라픽스
- 6년, 루시 R. 리파드, 현실문화연구

학교생활 TIPS

- 금속공예학과 관련이 깊은 국어, 미술, 기술·가정, 미술 등의 교과의 우수한 학업 성취를 올릴 수 있도록 하고, 각 수업 활동에 적극적으로 참여하여 학업 역량, 문제 해결 능력, 전공 적합성 등이 학교생활기록부 교과 세부능력 및 특기사항에 기록될 수 있도록 합니다.
- 전공과 관련 있는 다양한 진로 활동(공방, 학과 탐방, 공예인 직업인 인터뷰 등)에 참여하여 새롭게 알게 된 사실이나 느낀 점을 중심으로 자신의 진로 역량을 키우도록 합니다.
- 미술, 디자인, 공예, 미술 감상 등의 교내 동아리에서 미술 실기, 이론 학습, 감상 활동 등을 꾸준히 하고, 자신의 주도적인 노력과 리더십이 나타나도록 합니다.

- 학급이나 학생회의 임원 활동, 학교 행사의 미술·홍보 담당, 교내 바자회에서 장신구 만들어 팔기, 장애인 도우미, 환경 정화 활동 등 학교 교육 계획에 의해 진행되는 봉사 활동이나 행사 활동, 수련 활동, 체험 활동에 적극적으로 참여하여 리더십, 배려하는 마음, 의사소통 능력, 협동심 등을 보이는 것이 중요합니다.
- 사회학, 문학, 예술학, 심리학 등 폭넓은 분야의 독서를 통해 기본적인 소양을 키웁니다.
- 인성, 발전 가능성, 나눔과 배려, 학업 의지, 창의성 등 자신의 강점이 학교생활기록부 행동특성 및 종합의견에 기록될 수 있도록 학교생활에 성실하게 임할 것을 권장합니다.

인문계열 / 사회계열 / 자연계열 / 공학계열 / 의약계열 / 예체능계열 / 교육계열 / 계약학과 & 특성화학과

215

디지털콘텐츠학과

학과소개

스마트폰, 3D 영화, 게임, 디지털 음악 등으로 대표되는 디지털 콘텐츠 산업은 세계 및 국가 경제에 있어서 매우 중요한 비중을 차지하고 있으며, 지식 경제 대국으로 발전하기 위해서 필요한 분야입니다. 디지털콘텐츠학은 문화 콘텐츠 산업의 핵심 분야로서, 예술과 산업, 기술의 융합을 통하여 고부가 가치를 창출하고자 하는 새로운 학문입니다.

디지털콘텐츠학과에서는 디지털 콘텐츠 제작과 관련하여 지식 정보를 기반으로 하는 스토리텔링 및 기획력을 갖추게 하고, 예술적 소양을 바탕으로 하는 아트워크 및 창의력을 함양하는 것은 물론, 이를 표현하기 위한 뛰어난 디지털 기술력과 비즈니스 감각을 익힐 수 있도록 교육을 진행합니다. 디지털콘텐츠학과에서는 디지털 게임, 디지털 영상, 애니메이션, 인터랙티브 디자인 콘텐츠 등의 기획과 연출, 다양한 시각적 표현과 디자인, 유통에 관한 연구를 통해, 컴퓨터와 디지털 이미지, 출판과 방송, 게임과 영상 산업이 혼합되고 있는 정보와 커뮤니케이션의 영역을 확장하고 새로운 가능성을 탐색하고자 합니다.

개설대학

- 건양대학교
- 경희대학교
- 동양대학교
- 동의대학교
- 울산대학교 등

관련학과

- 디지털프로덕션전공
- 영상정보공학과
- 지식콘텐츠전공
- 지식콘텐츠학부
- 컬처앤테크놀로지융합전공
- 디지털콘텐츠학부
- 디지털콘텐츠전공
- 디지털콘텐츠디자인학전공
- 영상디자인학과
- 영상예술디자인학과
- 영상제작학과
- 영상학과
- AI미디어학과
- 공연영상학과
- 공연영상학부
- 문화영상학부
- 미디어영상제작학과
- 미디어영상학과
- 미디어콘텐츠학과
- 방송영화영상학과
- 영화영상학과 등

진출직업

- 소프트웨어개발자
- 방송작가
- 편집기사
- 그래픽디자이너
- 전자책디자이너
- 디지털영상제작자
- 디지털영상편집전문가
- 멀티미디어콘텐츠제작자
- 게임그래픽디자이너
- 게임원화작가
- 게임애니메이터
- 게임캐릭터디자이너
- 게임배경작가
- 에듀테인먼트콘텐츠개발자
- e-러닝개발자
- 영상콘텐츠기획 및 제작자
- 출판편집디자이너
- CF감독
- 인터페이스디자이너
- 광고기획자 등

취득가능 자격증

- 정보처리기사
- 정보처리산업기사
- 컴퓨터그래픽운용기능사
- 게임프로그래밍전문가
- 게임그래픽전문가
- 게임기획전문가
- 디지털영상편집
- 미디어교육사
- 검색광고마케터
- 무대예술전문인
- 옥외광고사
- Adobe Certified Associate 등

진출분야

기업체	멀티미디어 제작 회사, 교육 콘텐츠 개발 회사, 교육 방송, 출판사, 게임 회사, 엔터테인먼트 회사, 스마트 콘텐츠 및 게임 기획 업체, CG 제작업체, 신문사, 잡지사, 광고 마케팅 업체, 공연 기획사, 캐릭터 제작업체, 영화 제작사, 인터넷 포털, 게임·애니메이션회사, 이벤트 회사, 멀티미디어 제작 회사, 웹 콘텐츠개발 회사 등
정부 및 공공 기관	우정사업정보센터, 한국인터넷진흥원, 한국방송통신전파진흥원, 국립전파연구원, 한국콘텐츠진흥원, 한국문화예술위원회 등

학과 주요 교과목

기초 과목	디지털콘텐츠, 게임기획, 디지털드로잉, 프로그래밍아트, 영상편집및제작, 게임콘텐츠제작, 기초프로그래밍, 3D모델링, 비주얼스토리텔링, 전산수학, 컴퓨터구조, 객체지향프로그래밍 등
심화 과목	UX/UI디자인, 비주얼이펙트, 실감콘텐츠개론, 운영체제, 실감콘텐츠기획, 웹프로그래밍, 컴퓨터네트워크, VR콘텐츠제작, 디지털콘텐츠윤리, 앱프로그래밍, 3D애니메이션, 사물인터넷, 인공지능, 스마트미디어프로덕션, 콘텐츠창작, 디지털스토리텔링, 모바일프로그래밍 등

학과 인재상 및 갖추어야 할 자질

- 수학, 물리학, 정보, 미술 등의 교과에 대한 지식과 관심이 깊고, 미디어 분야에 관심이 많은 학생
- 인문적 소양과 스토리텔링 능력, 기획력을 갖춘 학생
- 상상력과 관찰력, 창의력이 풍부하고 새로운 것을 배우는 것을 좋아하는 학생
- 다양한 시각적 표현 및 조형 감각, 예술과 공학 기술의 첨단 창의 융합형 사고를 지닌 학생
- 과학적 탐구 능력과 지적 호기심, 사물을 보는 시야가 넓은 학생
- IT 및 컴퓨터, 미디어 융합 등 다양한 컴퓨팅 기술 등에 관심이 많은 학생

학과 관련 선택 과목

※ 국어, 영어 교과는 모든 학문의 기초적인 성격을 가진 도구교과로 모든 학과에 이수가 필요하여 생략함.

공통 과목		공통국어1,2, 공통수학1,2, 공통영어1,2, 한국사1,2, 통합사회1,2, 통합과학1,2, 과학탐구실험1,2
수능 필수		화법과 언어, 독서와 작문, 문학, 대수, 미적분Ⅰ, 확률과 통계, 영어Ⅰ, 영어Ⅱ, 한국사, 통합사회, 통합과학, 성공적인 직업생활(직업)
일반 선택	수학, 사회, 과학	대수, 미적분Ⅰ, 확률과 통계, 세계사, 사회와 문화, 현대사회와 윤리, 물리학, 지구과학
	체육·예술	음악, 미술, 연극
	기술·가정/정보	정보
	제2외국어/한문	
	교양	
진로 선택	수학, 사회, 과학	기하, 미적분Ⅱ, 경제, 윤리와 사상
	체육·예술	음악 감상과 비평, 미술 창작, 미술 감상과 비평
	기술·가정/정보	생활과학 탐구
	제2외국어/한문	
	교양	인간과 심리
융합 선택	수학, 사회, 과학	수학과제 탐구, 사회문제 탐구, 융합과학 탐구
	체육·예술	미술과 매체
	기술·가정/정보	지식 재산 일반, 소프트웨어와 생활
	제2외국어/한문	
	교양	논술

추천 도서 목록

- 처음부터 다시 배우는 웹 기획, 정재용 외, 한빛미디어
- MBC 14층 사람들은 이렇게 기획합니다, 손재일 외, 21세기북스
- 스토리 유니버스, 이동은, 사회평론아카데미
- 한국문화콘텐츠의 스토리텔링, 서순복, 박영사
- 문화콘텐츠 DNA 스토리텔링, 김현식 외, 북코리아
- 미디어 아트와 함께한 나의 20년, 노소영, 북코리아
- 백남준고 미디어아트 그 시작, 수잔네 레너르트 외, 성균관대학교출판부
- 디지털콘텐츠 창작, 이찬복, 커뮤니케이션북스
- 디지털콘텐츠는 처음입니다만, 애덤 워터스, 미디어숲
- 스마트폰으로 즐기는 디지털 리터러시, 이종구 외, 에스엔에스소통연구소
- 광고 리터러시, 안순태, 한나래
- 예술을 소유하는 새로운 방법, 박제정, 리마인드

- 굿 콘텐츠, 김원제 외, 신영사
- 새로운 부의 기회 NFT, 이시한, 넷마루
- 디지털 콘텐츠 기획김성은, 한빛아카데미
- 디지털 디자인 다이어리김주연 외, 구미서관
- 문화 콘텐츠 디자인, 정희정 외, 미세움
- 문화콘텐츠 스토리텔링, 정창권, 북코리아
- 미디어아트, 진중권, 휴머니스트
- 가짜 뉴스 시대에서 살아남기, 류희림, 글로세움

학교생활 TIPS

- 디지털콘텐츠학 전공에 기본이 되는 수학, 과학, 정보, 미술 교과 성적을 상위권으로 유지하고, 정규 교과 수업 활동 시간에 지원 전공을 위해 관심을 충족시키기 위해 노력한 과정과 배운 점, 학습을 해나가는 자발적인 의지와 태도, 디지털콘텐츠학 전공 관련된 역량 발휘, 전공 관련 활동과 경험 등 자신의 장점이 학교생활기록부 교과 세부능력 및 특기 사항에 기록되는 것이 좋습니다.
- 학교 교육계획에 의한 행사 활동, 수련 활동 및 학년·학급 단위로 진행되는 활동에서 자발성과 자율성, 적극성, 대인 관계, 공동체 의식, 리더십 등이 드러날 수 있도록 적극적으로 참여하는 것이 중요합니다.
- 학교 정규 동아리(컴퓨터, 미디어, 미술, 디자인, 과학 탐구 실험, 시사 토론, 발명, 사회 참여) 활동을 추천하고, 동아리 활동을 통해 학문적 열정과 지적 관심의 정도, 새로운 아이디어 제안, 전공 분야에 대한 관심과 열정, 특정한

결과물로 이어지는 과정을 통해 배우고 느낀 점이 나타나는 것이 좋습니다.
- 학교생활 내에서도 자신의 능력을 나누어줄 수 있는 다양한 봉사 활동(급식 도우미, 사서 도우미, 학습 멘토링, 교통 지도, 분리수거 도우미, 교단 선진화 기자재 도우미) 참여를 권장하고, 사회 소외 계층(독거노인, 장애인, 다문화 가정 학생) 대상 봉사 활동을 통해 타인을 위해 헌신하는 모습을 보이는 것이 중요합니다.
- 디지털콘텐츠학 관련 기관이나 직업인 탐색, 직업인 특강, 디지털콘텐츠학과 탐방 등 전공 관련 진로 활동 참여를 통해 지원 전공에 대한 올바른 이해 여부, 디지털콘텐츠학과 전공에 대한 관심과 열정, 자기주도적인 진로 설정 과정, 과정의 유의미성, 전공 적합성 등이 기록되는 것이 좋습니다.

학과소개

만화애니메이션 산업은 디지털 미디어 기술 및 모바일 인터넷 기술의 발전과 더불어 급속하게 발전하고 있습니다. 특히, 웹툰이나 웹소설 등으로 대표되는 만화 시장의 급성장과 애니메이션의 해외 진출 활성화 등으로 인해 관련 인력 수요는 꾸준히 증가하고 있으며, 고용 전망 또한 매우 밝다고 할 수 있습니다. 영화, 소설, 방송 등 다양한 콘텐츠에서 인기몰이를 하며 엔터테인먼트 산업의 대세로 자리 잡은 웹툰과 TV·영화 애니메이션, 각종 게임, 인터넷 미디어 등에 활용되는 애니메이션은 앞으로도 지속적으로 성장할 것으로 예상됩니다.

만화애니메이션학과는 창의력을 바탕으로 예술과 디지털 미디어 기술의 체계적인 문화 콘텐츠 융합 교육을 통해 글로벌 시대 차세대 한류 문화 콘텐츠를 선도하는 만화애니매이션 분야의 인재를 양성하는 학과입니다. 출판 만화, 웹툰, 카툰, 게임, 만화 영상, 애니메이션 등의 핵심 요소인 이야기와 연출의 중요성을 강화하기 위해 다양한 이론과 실기 교육을 병행하는 한편, 허구의 등장인물을 설정하고 인물의 움직임과 표정, 배경 표현은 물론 칸 나누기, 면 나누기 등을 통한 연출 작업에 이르기까지 트렌드에 구애받지 않는 균형 잡힌 교육을 실시합니다. 급변하는 만화애니메이션 산업 현장에 잘 적응할 수 있도록 실기와 이론이 조화를 이룬 탄탄한 기초 교육과 더불어, 실무를 고려한 심화 교육과정을 마련해 놓고 있습니다.

개설대학

- 상지대학교
- 영산대학교
- 청주대학교
- 호남대학교 등

관련학과

- 만화게임영상전공
- 만화애니메이션학부
- 만화애니메이션학전공
- 만화애니메이션전공
- 창의소프트학부(만화애니메이션 텍전공) 등

진출분야

기업체	웹툰 관련 기업, 출판사 편집부, 신문사 디자인팀, 광고 회사, 게임 회사, 캐릭터 디자인 회사, 애니메이션 제작 회사, 3D 애니메이션·4D 입체 영상 제작 업체
정부 및 공공 기관	한국콘텐츠진흥원, 만화애니메이션 관련 공공 기관, 중고등학교, 대학교 등
연구 기관	만화애니메이션 분야 국공립 연구소 등

진출직업

- 웹툰작가
- 웹툰PD
- 웹소설일러스트레이터
- 애니메이션감독
- 기획 및 연출가
- 스토리보드아티스트
- 애니메이터
- 캐릭터디자이너
- 게임그래픽아티스트
- 가상현실(VR)·증강현실(AR) 아티스트
- VFX·SFX전문가
- 중등학교 교사(미술)
- 대학 교수 등

취득가능 자격증

- 게임그래픽전문가
- 멀티미디어콘텐츠제작전문가
- 시각디자인 기사
- 컬러리스트기사
- 문화예술교육사
- 웹디자인기능사
- 마이크로사MDF(Flash자격증)
- 미술치료사
- 컴퓨터그래픽스운용기능사
- 중등학교 정교사 2급(미술) 등

학과 주요 교과목

기초 과목	사고와 표현, CG기초, 만화애니메이션드로잉, 만화 애니메이션기초, 만화애니메이션캐릭터워크샵, 컴퓨팅사고와 문제해결, 디지털영상기초, 만화애니메이션발상, 만화애니메이션페인팅, 카툰애니메이션스토리연출, 스토리텔링워크샵, 만화애니메이션교육론, 만화애니메이션그래픽스, 3D프린팅의 이해, 표현기법, 영상게임콘셉트아트, 콘텐츠기획 & 제작, 비주얼스토리텔링 등
심화 과목	만화애니메이션, 교육교재교구개발 및 활용, 스토리제작워크숍, 만화애니메이션일러스트레이션, 3D그래픽스, 인턴십, 만화애니메이션감상과 비평, 전공과 창업, 만화애니메이션캐릭터연출워크숍, 영상게임디자인, 장르만화, 기획제작 및 시연, 캡스톤디자인, 프로덕션, 만화애니메이션교육프로그램개발, 현장실습, 졸업작품, 포트폴리오 등

학과 인재상 및 갖추어야 할 자질

- 융합형 문화 콘텐츠로서의 만화애니메이션을 이해하고 체계화하는 데 이바지하고 싶은 학생
- 디지털 이미지의 다양한 가능성을 모색하고, 이를 창의적으로 발전시킬 수 있는 응용 능력을 갖춘 학생
- 세계화 시대에 새로운 문화 창달의 가치를 실천해 나갈 수 있는 글로벌 마인드를 갖춘 학생
- 미래 예술을 선도하고, 다양한 융복합 미디어 환경에 적응할 수 있는 학생
- 미적 감각과 더불어 미술에 소질과 흥미가 있는 학생
- 전달하고자 하는 내용을 그림으로 표현할 수 있는 분석력과 표현력, 창의력을 지닌 학생

학과 관련 선택 과목

※ 국어, 영어 교과는 모든 학문의 기초적인 성격을 가진 도구교과로 모든 학과에 이수가 필요하여 생략함.

공통 과목		공통국어1,2, 공통수학1,2, 공통영어1,2, 한국사1,2, 통합사회1,2, 통합과학1,2, 과학탐구실험1,2
수능 필수		화법과 언어, 독서와 작문, 문학, 대수, 미적분 I, 확률과 통계, 영어 I, 영어 II, 한국사, 통합사회, 통합과학, 성공적인 직업생활(직업)
일반 선택	수학, 사회, 과학	세계시민과 지리, 세계사, 사회와 문화, 현대사회와 윤리
	체육·예술	음악, 미술, 연극
	기술·가정/정보	정보
	제2외국어/한문	일본어
	교양	
진로 선택	수학, 사회, 과학	
	체육·예술	음악 감상과 비평, 미술 창작, 미술 감상과 비평
	기술·가정/정보	생활과학 탐구, 인공지능 기초
	제2외국어/한문	일본어 회화
	교양	인간과 철학, 인간과 심리
융합 선택	수학, 사회, 과학	여행지리, 사회문제탐구, 융합과학 탐구
	체육·예술	미술과 매체
	기술·가정/정보	지식 재산 일반
	제2외국어/한문	
	교양	

추천 도서 목록

- 제대로 스케치 동물, 연필이야기, 더디퍼런스
- 효고노스케가 직접 알려주는 일러스트 그리기, 효고노스케, 므큐
- 매력적인 캐릭터를 그리는 방법: 1년 차 애니메이터를 위한, 카오류, 영진닷컴
- 서사가 전해지는 그림 연출법, 가토 오스왈도, 잉크잼
- 상상력을 끌어내는 디자이너의 드로잉 테크닉 일본 애니메이션&만화, 3dtotal 편집부, 므큐
- 잘 그리는 사람의 시크릿 노트, 이케가미 코우키, 한스미디어
- 인물 쉽게 그리는 방법, 카와이 센세, 정보문화사
- 우리 시대 만화가 열전, 한창완 외, 행성B
- 입문자를 위한 캐릭터 메이킹 with 클립스튜디오, 사이드랜치, 므큐
- 한국 만화 캐릭터 열전, 한유희 외, 한국만화영상진흥원
- 잘 그리기 습관, 야키 마유루, 잉크잼
- 만화 스타일 작가로 성공하는 법, 3D 토털 퍼블리싱, 미술문화
- 쉽고 예쁜 손그림 일러스트, 카모, 길벗스쿨
- 스티브 휴스턴의 인체 드로잉, 스티브 휴스턴, 잉크잼

- 도현의 만화 연출법, 도현, 잉크잼
- 판타지 크리처 제작 도감, 알렉스 리에스 외, 므큐
- 관객의 마음을 사로잡는 영상 연출법 101, 스킴온웨스트, 김성영, 동녘
- 데즈카 오사무의 만화 교과서, 데즈카 오사무, 영진닷컴
- 다이내믹 액션 만화 스케치, 하야마 준이치, 잉크잼
- 메타버스 세상 속 웹툰 콘텐츠의 미래, 설지형, 북토리
- SF 만화, 그리고 인공지능, 김치훈, 이담북스
- 다음 화가 궁금해지는 웹툰 연출, 박연조, 더블북
- 재미난 이야기 디자인 HOW 웹툰, 이오기, 이오
- 만화, 영화 상상력의 원형, 백건우, 한국만화영상진흥원
- 만화학의 재구성, 한상정, 이숲
- 웹툰 비즈니스 딜레마, 한창완, 커뮤니케이션북스
- SF 만화, 그리고 인공지능, 김치훈, 이담북스
- 만화와 웹툰에서 표현된 폭력과 선정성의 이해, 김치훈, 책과나무
- 만화의 가치 재미의 사회학, 장진영, 정음서원

학교생활 TIPS

- 만화애니메이션과 관련이 깊은 국어, 미술, 음악 등의 교과에서 우수한 학업 성취를 올릴 수 있도록 하고, 각 수업 활동에 적극적으로 참여하여 학업 역량, 문제 해결 능력, 전공 적합성 등이 학교생활기록부 교과 세부 능력 및 특기사항에 기록될 수 있도록 합니다.
- 전공과 관련 있는 다양한 진로 활동(웹툰업체, 학과 탐방, 애니메이터 직업인 인터뷰 등)에 참여하여 새롭게 알게 된 사실이나 느낀 점을 중심으로 자신의 진로 역량을 키우도록 합니다.
- 미술, 만화, 방송, 영상 창작 등의 교내 동아리에서 실기력 기르기, 이론 학습, 만화애니메이션 관련 연구, 발표 등을 꾸준하게 하면서 자신의 주도적인 노력과 리더십이 나타나도록 합니다.

- 학급이나 학생회의 임원, 교내 행사의 미술 담당, 방과 후 미술 교실, 환경 정화 활동 등 학교 교육계획에 의해 진행되는 봉사 활동이나 행사 활동, 수련 활동, 체험 활동에 적극적으로 참여하여 리더십, 배려하는 마음, 의사소통 능력, 협동심 등을 보이는 것이 중요합니다.
- 문학, 사회학, 예술학, 심리학, 역사학 등 폭넓은 분야의 독서를 통해 기본적인 소양을 키웁니다.
- 인성, 발전 가능성, 나눔과 배려, 학업 의지, 창의성 등 자신의 강점이 학교생활기록부 행동특성 및 종합의견에 기록될 수 있도록 학교생활에 성실하게 임할 것을 권장합니다.

217

모델연기전공

학과소개

현대 사회에서 모델이란 정보 산업 사회의 가장 중요한 부분인 커뮤니케이션을 연기 예술로 승화시키는 산업 예술 전문가를 뜻합니다. 따라서 모델은 대중문화 시대를 선도하는 감성 산업의 주역으로 각광받고 있으며, 사회 발전에 따라 문화 성숙도도 높아짐으로써 인간 신체 언어를 구사하는 모델의 사회 문화적 영향력과 역할은 더욱 커지게 되었습니다.

모델연기전공은 신체 및 이미지를 통합적으로 관리하는 컨설턴트를 비롯한 광고, 홍보, 유통 등 다양한 분야에서 역량을 발휘할 수 있는 전문 인력을 양성하고, 모델 관련 분야의 학문적 이론의 기틀을 정립하는 것을 교육의 목표로 합니다. 이에 각종 훈련을 통하여 개성과 재능을 향상시키며, 신체 이미지를 자유롭게 창조할 수 있는 실기 능력을 배양할 뿐 아니라 이론적 탐구를 통해 풍부한 상상력과 지적 능력을 기르도록 합니다. 모델로서의 자질과 가능성을 중시하고 전통적 모델로서의 완벽한 표현력을 추구하는 것을 기본 목표로 하며, 궁극적으로는 이론 지식과 실기 능력을 겸비한 전문 모델로서의 자질을 길러 고부가 가치를 창출하는 산업 예술의 생산 활동을 선도적으로 수행할 전문 인력을 양성하고자 합니다.

개설대학

• 서경대학교 등

관련학과

• 모델연기전공
• 모델콘텐츠전공
• 방송연예과
• 방송연예전공 등

진출분야

기업체	방송국, 연예 기획사, 이벤트 회사, 광고 기획사, 광고 에이전시, 모델 에이전시, CF 프로덕션, 패션 전문 잡지사, 일반 기업의 홍보 및 마케팅 부서, 연기·모델 학원 등
정부 및 공공 기관	한국콘텐츠진흥원, 대학교
연구 기관	모델 엔터테인먼트 관련 연구소 등

진출직업

• 가수
• CF모델
• 패션모델
• 나레이터모델
• 연기자(탤런트, 영화배우)
• 방송인(MC, 리포터, VJ)
• 홈쇼핑모델
• 모델교육 강사
• 연기교육 강사
• 연예인메이크업아티스트 및 코디네이터
• 프로듀서
• 분장사 등

취득가능 자격증

• 워킹교육지도사 1급
• 패션 스타일리스트
• 샵 마스터
• 모델교육지도사 등

학과 주요 교과목

기초 과목	모델학개론, 인체구조, 모델미학, 무대미술과 기술, 워킹기초, 기공체조, 메이크업기초, 코디네이션기초, 사진포즈, 테크닉워킹, 메이크업스타일링, 포트폴리오, 퍼포먼스워킹, 패션변천사, 리듬과 스트레칭, 브랜드의 이해, 프로페셔널워킹
심화 과목	조명과 카메라실습, 기공과 명상, 발성 및 연기법, 패션쇼기획, 패션과 저널리즘, 모델매니지먼트, 문화콘텐츠세미나, 셀프이미지, 동서양모델변천, 모델과 마케팅, 트렌드분석, 크리에이티브스타일리즘, 프레젠테이션이론과 실습, 워킹비교분석, 패션쇼연출, 광고의 이해, 패션화보기획, 워킹지도법, 미디어와 PR, 패션문화산업의 이해, 엔터테인먼트마케팅 등

학과 인재상 및 갖추어야 할 자질

• 자기표현에 적극적이고, 인간관계가 원활한 학생
• 공동체 중심적인 사고방식을 지녔으며, 예술적 실험 정신과 창의력이 우수한 학생
• 감정이나 상황을 신체로 표현할 수 있는 표현력을 갖춘 학생
• 공연 및 영상 예술에 관심이 많고, 개성과 미적 감각이 있는 학생
• 예술적 감수성이 풍부하고 꼼꼼하며 책임감이 있는 학생
• 다소 힘든 상황도 견딜 수 있는 지구력을 가진 학생

학과 관련 선택 과목

※ 국어, 영어 교과는 모든 학문의 기초적인 성격을 가진 도구교과로 모든 학과에 이수가 필요하여 생략함.

공통 과목		공통국어1,2, 공통수학1,2, 공통영어1,2, 한국사1,2, 통합사회1,2, 통합과학1,2, 과학탐구실험1,2
수능 필수		화법과 언어, 독서와 작문, 문학, 대수, 미적분Ⅰ, 확률과 통계, 영어Ⅰ, 영어Ⅱ, 한국사, 통합사회, 통합과학, 성공적인 직업생활(직업)
일반 선택	수학, 사회, 과학	세계사, 사회와 문화, 현대사회와 윤리
	체육·예술	음악, 미술, 연극
	기술·가정/정보	정보
	제2외국어/한문	
	교양	
진로 선택	수학, 사회, 과학	
	체육·예술	음악 감상과 비평, 미술 창작, 미술 감상과 비평
	기술·가정/정보	
	제2외국어/한문	
	교양	인간과 철학, 인간과 심리, 보건
융합 선택	수학, 사회, 과학	여행지리, 융합과학 탐구
	체육·예술	미술과 매체
	기술·가정/정보	
	제2외국어/한문	
	교양	

추천 도서 목록

- 3D 패션모델링, 조현진, 빛을여는책방
- 시니어모델 워킹 바이블, 주윤, 교문사
- 칠십에 걷기 시작했습니다, 윤영주, 마음의숲
- 아름다움을 다루는 직업 2: 배우 모델, 박민규, 빈빈책방
- 패션 앤 아트, 김영애, 마로니에북스
- 패션 비즈니스 아이콘 스트릿 컬처 브랜드, 남윤수, 북랩
- 패션 스타일리스트, 아네 륑에요를렌, 워크룸프레스
- 벌거벗은 패션사, 프레데리크 고다르 외, 그림씨
- 2023 패션스타일리스트 한권으로 끝내기, 박영진 외, 시대고시기획
- 프리다, 스타일 아이콘, 찰리 콜린스, b.read
- 퍼스널 컬러로 나를 브랜딩하라, 윤미선 외, 북앤미디어 디엔터
- 패션, 색을 입다, 캐롤라인 영, 리드리드출판
- 패션브랜드와 커뮤니케이션, 고은주 외, 교문사

- 옷이 당신에게 말을 걸다, 김윤우, 페이퍼스토리
- 패션 디자인, 염혜정 외, 교문사
- 패션 마케팅, 설봉식, 이담북스
- 패션 디자이너, 미래가 찬란한 너에게, 박민지, 크루
- 샤넬: 자유, 사랑 그리고 미학, 키아라 파스콸레티 존슨, 동글디자인
- 패션 컬렉션과 런웨이, 이기열, 구민사
- 패션, 근대를 만나다, 변경희 외, 사회평론아카데미

학교생활 TIPS

- 모델과와 관련이 깊은 국어, 미술, 음악, 체육 등의 교과에서 우수한 학업 성취를 올릴 수 있도록 하고, 각 수업 활동에 적극적으로 참여하여 학업 역량, 문제 해결 능력, 전공 적합성 등이 학교생활기록부 교과 세부능력 및 특기사항에 기록될 수 있도록 합니다.
- 전공과 관련 있는 다양한 진로 활동(연예 기획사, 학과 탐방, 모델 인터뷰 등)에 참여하여 새롭게 알게 된 사실이나 느낀 점을 중심으로 자신의 진로 역량을 키우도록 합니다.
- 무용, 방송, 모델 등의 교내 동아리에서 모델과 엔터테인먼트 관련 연구, 발표 등을 꾸준하게 하면서 자신의 주도적인 노력과 리더십이 나타나도록 합니다.
- 학급이나 학생회의 임원, 교내 행사의 홍보 담당, 환경 정화 활동, 장애인

도우미 등 학교 교육계획에 의해 진행되는 봉사 활동이나 행사 활동, 수련 활동, 체험 활동에 적극적으로 참여하여 리더십, 배려하는 마음, 의사소통 능력, 협동심 등을 보이는 것이 중요합니다.
- 문학, 사회학, 예술학, 심리학, 역사학 등 폭넓은 분야의 독서를 통해 기본적인 소양을 키웁니다.
- 인성, 발전 가능성, 나눔과 배려, 학업 의지, 창의성 등 자신의 강점이 학교생활기록부 행동특성 및 종합의견에 기록될 수 있도록 학교생활에 성실하게 임할 것을 권장합니다.

218

무용학과

학과소개

무용은 인간 신체의 다양한 미적 움직임을 토대로 내면세계를 표현하는 예술입니다. 무용은 기본기를 바탕으로 풍부한 리듬감을 고취하고, 유연한 신체 움직임과 창의적 사고를 계발하여 인간의 삶을 더욱 아름답게 합니다.

무용학과는 한국 무용, 발레, 현대 무용의 세 전공 분야로 나누어지며, 무용 이론을 바탕으로 학문적 연구와 전공별 기능을 연마하는 학과입니다. 무용학과는 무대 예술(연출, 음악, 조명, 의상, 분장, 무대 디자인)의 각 분야별 실기 실습을 통해 예술가로서 자질을 배양하고, 세계적인 무용인을 양성하는 데 교육 목표를 둡니다. 다양한 춤 테크닉을 체득하는 실기 교육과 더불어 공연 예술 현장 교육, 무용 창작 교육을 실시하는 등 다양한 분야의 경험 교육에 중점을 두고 있습니다. 무용을 전공하려면 유연한 신체 조건과 표현력, 음악에 대한 리듬 감각 등이 필요하므로 어릴 때부터 음악에 어울리는 신체의 움직임에 집중하는 연습을 하는 것이 좋고, 생활 속에서 자신의 감정 표출에 필요한 민감한 정서를 갖출 수 있도록 꾸준히 연구하는 자세도 필요합니다.

개설대학

- 강원대학교
- 계명대학교
- 국립공주대학교
- 전북대학교
- 국립창원대학교
- 충남대학교
- 한양대학교 등

진출직업

- 대중무용수(백업댄서)
- 무용 강사
- 스포츠 강사
- 안무가
- 중등학교 교사(무용)
- 발레리나
- 대학 교수 등

관련학과

- 민속무용학과
- 생활무용학과
- 공연영상창작학부(무용전공)
- 무용학과 발레(한국무용, 현대 무용) 전공
- 무용예술학과
- 무용전공
- 무용학부
- 무용학전공
- 발레전공
- 생활무용예술학과
- 스포츠·무용학부 등

취득가능 자격증

- 생활체육지도사
- 운동재활 요가지도사
- 체형교정 운동재활지도사
- 실기교사
- 문화예술교육사
- 한국무용실기지도사
- 방과후아동무용지도사
- 레크리에이션지도사
- 유아발레지도자
- 중등학교 정교사 2급(무용) 등

학과 주요 교과목

기초 과목	무용전공실기, 무용전공실기워크숍, 무용해부생리학, 발레실기, 한국무용실기, 현대무용실기, 무용공연관람실기, 무용공연관람체험, 발레, 세계무용사, 무용구성법, 뮤지컬레퍼토리, 안무워크숍, 제작실습, 무용교육을 위한 음악연구, 뮤지컬실습, 안무실습, 제작실습, 창작무용 등
심화 과목	무대론, 무용미학, 무용전공실기, 무용전공실기워크숍, 안무워크숍심화, 제작실습, 창의적 방법을 통한 안무교수법, 기획제작 및 시연, 무용심리, 안무실습, 제작실습, 최신무용문화트렌드분석, 무용교수학습 방법, 통합예술프로그램의 이해, 무용감상 및 비평, 캡스톤디자인프로젝트 등

진출분야

기업체	방송사, 잡지사, 기업체 홍보 부서, 마케팅 회사, 발레단, 무용단, 사설 무용 학원, 문화센터 등
정부 및 공공 기관	문화 예술 단체, 서울문화재단, 한국문화예술교육진흥원, 한국문화예술위원회, 전통공연예술진흥재단, 한국콘텐츠진흥원, 국립무용단, 국립발레단, 시립무용단, 중고등학교, 대학교 등
연구 기관	무용 관련 연구소 등

학과 인재상 및 갖추어야 할 자질

- 독창적인 창의력과 풍부한 표현력을 지닌 학생
- 예술적 실험 정신을 바탕으로 내면세계를 역동적으로 표현하는 학생
- 감정이나 상황을 신체로 표현하는 것을 좋아하는 학생
- 발레와 무용에 관심이 많고, 개성과 미적 감각을 지닌 학생
- 예술적 감수성이 풍부하고 꼼꼼하며 책임감이 있는 학생
- 다소 힘든 상황도 견딜 수 있는 지구력을 가진 학생

학과 관련 선택 과목

※ 국어, 영어 교과는 모든 학문의 기초적인 성격을 가진 도구교과로 모든 학과에 이수가 필요하여 생략함.

공통 과목		공통국어1,2, 공통수학1,2, 공통영어1,2, 한국사1,2, 통합사회1,2, 통합과학1,2, 과학탐구실험1,2
수능 필수		화법과 언어, 독서와 작문, 문학, 대수, 미적분Ⅰ, 확률과 통계, 영어Ⅰ, 영어Ⅱ, 한국사, 통합사회, 통합과학, 성공적인 직업생활(직업)
일반 선택	수학, 사회, 과학	세계사, 사회와 문화, 현대사회와 윤리
	체육·예술	체육1, 체육2, 음악
	기술·가정/정보	정보
	제2외국어/한문	
	교양	
진로 선택	수학, 사회, 과학	윤리와 사상, 인문학과 윤리
	체육·예술	운동과 건강, 스포츠 문화, 음악 감상과 비평
	기술·가정/정보	
	제2외국어/한문	
	교양	인간과 철학, 인간과 심리
융합 선택	수학, 사회, 과학	여행지리
	체육·예술	스포츠 생활1, 스포츠 생활2
	기술·가정/정보	
	제2외국어/한문	
	교양	

추천 도서 목록

- 인물로 본 한국무용사, 이영란, 토담출판사
- 역사의 흐름을 통한 한국무용사, 이영란, 토담출판사
- 스윙 댄스를 추고 인생이 바뀌었다, 김두한, 스토리로즈
- 펼쳐낸 춤사위, 장정윤, 세종출판사
- 발레 용어 사전, 도미나가 아키코, 에이케이커뮤니케이션즈
- 춤, 건강을 지키는 예술이다, 이지현, 지식공감
- 한국의 춤을 찾아서, 이찬주 외, 한양춤길
- 춤, 언어의 춤, 노영재, 현북스
- 서양 스트리트 댄스의 역사, 박성진, 상상
- 발레리나 멘탈 수업, 메건 페어차일드, 동글디자인
- 이애주의 춤 생각, 이애주, 개마서원
- 유아무용지도자를 위한 유아무용가이드북, 이정숙 외, 디자인21
- 최은희, 한국춤의 긴 여정, 최은희, 산지니
- 무용학개론, 안제승, 디프넷
- 한국신무용사, 안제승, 디프넷

- 안무가의 핸드북, 조나단 버로우스, 작업실유령
- 이사도라 덩컨의 영혼의 몸짓, 이사도라 던컨, 이다북스
- 현대무용 인물 표현 실행, 홍선미, 글로벌콘텐츠
- 춤추는 사람들의 웰니스, M. Virginia Wilmerding 외, DH미디어
- 춤의 기록, 김광범, 책과나무
- 춤의 재미, 춤의 어려움, 허유미, 에테르
- 춤, 역사로 숨쉬다, 김운미, 역락
- 전통 춤의 변용과 근대 무용의 탄생, 김호연, 보고사
- 발레리노 이야기, 이영철, 플로어웍스
- 무용 비평과 감상, 심정민, 레인보우북스
- 세상의 모든 것이 춤이 될 때, 팝핀현준, 시공사
- 무용수의 마음을 챙겨주는 무용 심리학, 황규자 외, 한양대학교출판부
- 그림자 무용, 해막, 부비프
- 현대무용 인물 표현 실행, 홍선미, 글로벌콘텐츠
- 니진스키, 리처드 버클, 을유문화사

학교생활 TIPS

- 무용학과와 관련이 깊은 국어, 음악, 체육 등의 교과에서 우수한 학업 성취를 올릴 수 있도록 하고, 각 수업 활동에 적극적으로 참여하여 학업 역량, 문제 해결 능력, 전공 적합성 등이 학교생활기록부 교과 세부능력 및 특기사항에 기록될 수 있도록 합니다.
- 전공과 관련 있는 다양한 진로 활동(무용단, 학과 탐방, 안무가 인터뷰 등)에 참여하여 새롭게 알게 된 사실이나 느낀 점을 중심으로 자신의 진로 역량을 키웁니다.
- 발레, 체육, 댄스, 민속춤, 응원, 치어리더 등의 교내 동아리에서 무용과 체육 관련 연구, 발표 등을 꾸준히 하면서 자신의 주도적인 노력과 리더십이 나타나도록 합니다.

- 학급이나 학생회의 임원, 교내 행사의 홍보 도우미, 환경 정화 활동, 장애인 도우미, 지역 문화 축제 도우미 등 학교 교육계획에 의해 진행되는 봉사 활동이나 행사 활동, 수련 활동, 체험 활동에 적극적으로 참여하여 리더십, 배려하는 마음, 의사소통 능력, 협동심 등을 보이는 것이 중요합니다.
- 인성, 발전 가능성, 나눔과 배려, 학업 의지, 창의성 등 자신의 강점이 학교생활기록부 행동특성 및 종합의견에 기록될 수 있도록 학교생활에 성실하게 임하도록 합니다.

219

뮤지컬전공

학과소개

뮤지컬은 뮤지컬 코미디(musical comedy) 또는 뮤지컬 플레이(musical play)의 준말로, 노래, 춤, 연기가 어우러지는 공연 양식을 가리키며, 음악, 특히 노래를 중심으로 무용(춤)과 극적 요소(드라마)가 조화를 이룬 종합 공연물입니다. 뮤지컬은 19세기 영국에서 시작되었는데, 그 근원에는 유럽의 대중 연극과 오페라, 오페레타, 발라드 오페라 등이 있습니다.

뮤지컬전공은 음악, 무용, 뮤지컬은 물론, 극장 및 예술 교육 프로그램 등 실전에서 활약할 수 있는 전문 배우 및 지도자의 양성을 목표로 폭넓은 융·복합 예술 교육을 실시하는 학과입니다. 실용적인 교육 시스템을 구축하여 종합 예술의 장을 마련하고, 미국 브로드웨이 뮤지컬과 유럽 뮤지컬, 한국 창작 뮤지컬 등 공연 위주의 전문화된 실기와 체계적인 이론 교육을 병행합니다. 또한 학생들이 실제 공연의 기회를 충분히 갖도록 하여, 예술적 표현 능력을 갖춘 뮤지컬 분야의 특화된 인재로 성장하도록 교육합니다. 그 밖에도 다양한 예술 관련 학과와의 연계 작업 및 강의 교류를 통해 다양한 장르의 연기, 연출, 디자인 등의 실기 중심 교육을 실시하여, 예술 산업 현장에서 활동할 수 있는 직업 예술가를 양성하고자 합니다.

개설대학

- 청운대학교 등

관련학과

- 뮤지컬과
- 공연예술학부(뮤지컬전공)
- 연극뮤지컬전공
- 예술학부(뮤지컬공연전공)
- 공연예술뮤지컬전공
- 공연예술뮤지컬학과
- 뮤지컬전공
- 성악·뮤지컬학과
- 실용음악·뮤지컬전공 등

진출직업

- 가수
- 댄서
- 뮤지컬배우
- 탤런트
- 연극배우
- 영화배우
- 성우
- 디스크자키
- 연출가
- 작곡가
- 안무가
- 기술감독
- 무대감독
- 조명디자이너
- 의상디자이너
- 분장디자이너
- 기획자
- 중등학교 교사 (연극영화)
- 대학 교수 등

취득가능 자격증

- 문화예술교육사
- 무대예술전문인
- 레크리에이션지도사
- 피아노실기지도사
- 음악심리지도사
- 음악치료사
- 음악재활지도사
- 방과후지도사
- 멀티미디어 콘텐츠제작 전문가
- 중등학교 정교사 2급 (연극영화) 등

학과 주요 교과목

기초 과목	시창청음, 배우의 몸과 움직임, 공연진행실습, 음향의 이해, 조명의 이해, 배우의 몸과 움직임, 발성과 화술, 뮤지컬가사의 이해, 연극감상과 비평, 연극교육론, 기초연기, 발레, 뮤지컬개론, 재즈댄스, 노래, 뮤지컬앙상블, 뮤지컬제작실습, 합창 등
심화 과목	중급연기, 전통소리, 뮤지컬레퍼토리분석, 탭댄스, 취창업전공세미나, 연극영화교과교육론, 전통춤, 노래-목소리, 아크로배틱, 연극영화교과교재연구 및 지도법, 인문사회교과논리 및 논술, 국내인턴십, 국 외인턴십, 고급연기, 창업진로세미나, 오디션(노래, 춤, 연기), 산업체현장실습 등

진출분야

기업체	방송국, 극단, 공연 기획사, 연예 기획사, 기업 홍보팀, 사설 무용 학원, 문화센터 등
정부 및 공공 기관	국공립 문화 예술 단체, 서울문화재단, 한국문화예술교육진흥원, 한국문화예술위원회, 중고등학교, 대학교 등
연구 기관	뮤지컬 관련 연구소 등

학과 인재상 및 갖추어야 할 자질

- 예술가로서의 창의적인 마인드를 갖추고, 춤과 연기에 자질이 있는 학생
- 음악의 흐름에 따른 신체의 움직임이 자유로우며, 자기표현에 적극적인 학생
- 감정을 음악으로 표현할 수 있는 기본적인 음악적 재능이 있는 학생
- 문화 예술 분야에 관심이 있고, 평소 뮤지컬을 즐겨 보며 감수성이 풍부한 학생
- 독서, 영화 및 연극 관람, 미술 작품 감상 등에 관심이 있는 학생

학과 관련 선택 과목

※ 국어, 영어 교과는 모든 학문의 기초적인 성격을 가진 도구교과로 모든 학과에 이수가 필요하여 생략함.

공통 과목		공통국어1,2, 공통수학1,2, 공통영어1,2, 한국사1,2, 통합사회1,2, 통합과학1,2, 과학탐구실험1,2
수능 필수		화법과 언어, 독서와 작문, 문학, 대수, 미적분Ⅰ, 확률과 통계, 영어Ⅰ, 영어Ⅱ, 한국사, 통합사회, 통합과학, 성공적인 직업생활(직업)
일반 선택	수학, 사회, 과학	세계사, 사회와 문화, 현대사회와 윤리
	체육·예술	음악, 미술, 연극
	기술·가정/정보	
	제2외국어/한문	
	교양	
진로 선택	수학, 사회, 과학	
	체육·예술	음악 연주와 창작, 음악 감상과 비평, 미술 창작, 미술 감상과 비평
	기술·가정/정보	
	제2외국어/한문	
	교양	인간과 철학, 인간과 심리
융합 선택	수학, 사회, 과학	여행지리, 사회문제 탐구
	체육·예술	음악과 미디어, 미술과 매체
	기술·가정/정보	
	제2외국어/한문	
	교양	

추천 도서 목록

- 마법 같은 뮤지컬 생활 안내서, 홍악가, 파이퍼프레스
- 뮤지컬 중독, 조복행, 휴먼컬처아리랑
- 디스 이즈 어 뮤지컬, 최지이, 라곰
- 뮤지컬의 탄생, 변화를 두려워하지 않는 뮤지컬 150년의 역사, 고희경, 마인드빌딩
- 방구석 뮤지컬, 이서희, 리텍콘텐츠
- 세상에서 가장 쉬운 뮤지컬 수업, 원치수, 푸른칠판
- 뮤지컬 익스프레스 슈퍼스타, 황조교, 초록비책공방
- 뮤지컬 인문학, 송진완, 알렙
- 마법 같은 뮤지컬 생활 안내서, 홍악가, 파이퍼프레스
- 뮤지컬 여행, 홍정원, 텍스트북스
- 뮤지컬 영화, 민경원, 커뮤니케이션북스
- 뮤지컬 갤러리, 홍정원, 텍스트북스
- 미국 뮤지컬과 국가정체성의 형성, 레이먼드 냅, 소명출판
- 인간이 그리는 무늬, 최진석, 소나무
- 인간다움, 김기현, 21세기북스

- 질문하는 세계, 이소임, 시공사
- 여기 살아 있는 것들을 위하여, 배리 로페즈, 북하우스
- 약자의 결단, 강하단, 궁리
- 의존을 배우다, 에바 페더 키테이, 반비
- 뮤지컬을 위한 무대 발성법, 박용열, 성안당
- 교실에서 뮤지컬해요, 홍진표, 평사리
- 뮤지컬 중독, 조복행, 휴먼컬처아리랑
- 건반 위의 뮤지컬, 김다솜, 세광음악출판사
- 뮤지컬 노래 그리고 영어, 서용득, YOUNG
- 밤새도록 뮤지컬, 이수진, 테오리아
- 뮤지컬 탐독, 박병성, 마인드빌딩
- 당신의 꿈은 무엇인가요, 방승호, 샘터
- 어른이 되었어도 외로움에 익숙해지진 않아, 마리사 프랑코, 21세기북스
- 나는 어떻게 살고 사랑할까?, 황진규, 한언
- 라이프 레슨, 이창수, 사람in

학교생활 TIPS

- 뮤지컬전공과와 관련이 깊은 국어, 음악, 체육 등의 교과에서 우수한 학업 성취를 올릴 수 있도록 하고, 각 수업 활동에 적극적으로 참여하여 학업 역량, 문제 해결 능력, 전공 적합성 등이 학교생활기록부 교과 세부 능력 및 특기 사항에 기록될 수 있도록 합니다.
- 전공과 관련 있는 다양한 진로 활동(뮤지컬 감상, 학과 탐방, 뮤지컬배우 인터뷰 등)에 참여하여 새롭게 알게 된 사실이나 느낀 점을 중심으로 자신의 진로 역량을 키우도록 합니다.
- 뮤지컬, 댄스, 응원, 치어리더 등의 교내 동아리를 통해 뮤지컬과 관련된 공연, 발표회 등에 꾸준하게 참여하고, 자신의 주도적인 노력과 리더십이 나타나도록 합니다.

- 학급이나 학생회의 임원, 교내 행사의 홍보 도우미, 장애인 도우미, 지역 문화 축제 도우미 등 학교 교육계획에 의해 진행되는 봉사 활동이나 행사 활동, 수련 활동, 체험 활동에 적극적으로 참여하여 리더십, 배려하는 마음, 의사소통 능력, 협동심 등을 보이는 것이 중요합니다.
- 문학, 사회학, 예술학, 심리학, 역사학, 체육학 등 폭넓은 분야의 독서를 통해 기본적인 소양을 키웁니다.
- 인성, 발전 가능성, 나눔과 배려, 학업 의지, 창의성 등 자신의 강점이 학교생활기록부 행동특성 및 종합의견에 기록될 수 있도록 학교생활에 성실하게 임합니다.

220

미술학과

학과소개

미술은 미적 세계를 창조하고 생활 공간을 예술화함으로써 삶의 질을 윤택하게 합니다. 현대인들에게 미술은 정신적인 풍요함과 심리적인 안정을 위해 없어서는 안 될 분야로 자리 잡았습니다.

미술학과는 지식 정보화 시대의 전인 교육과 예술 창조라는 기본적 교육 이념을 실현하고 있습니다. 자유롭고 창의적인 사고로 호기심을 키우고 자신의 미적 표현 능력을 적극적으로 발현하는 것을 교육의 목표로 삼고, 개개인의 개성과 기본 실기 능력을 향상시키기 위해 교육합니다. 미술학과에서는 다양한 전공 분야, 즉 한국화, 서양화, 조소뿐만 아니라 실무에 응용할 수 있는 컴퓨터그래픽, 광고론, 디자인 마케팅, 일러스트레이션을 교육함으로써 미술과 관련된 여러 분야의 진로를 탐색하고, 자신의 적성에 적합한 미술 분야로의 진출을 가능하게 합니다.

미술학과는 국가와 지역 사회 및 민족 예술 문화 발전에 기여할 수 있는 인재, 창작 활동에 필요한 폭넓은 소양과 잠재력, 지식과 기술, 전문가적 비전을 겸비한 개성적이고 창의적인 예술 및 디자인 분야의 전문인을 양성합니다. 그 밖에도 개인의 창작 능력을 높이기 위해 다양한 신소재와 새로운 예술 정보화 교육을 동하여 교사, 작가, 프리랜서 등의 광범위한 진로의 가능성을 제시하고, 자율적인 창작 활동 및 연구를 가능하게 합니다.

개설대학

- 강원대학교
- 군산대학교
- 동아대학교
- 국립경국대학교
- 전남대학교
- 전북대학교
- 제주대학교
- 국립창원대학교 등

진출직업

- 순수미술작가
- 그래픽디자이너
- 편집디자이너
- 조형예술가
- 학예연구사
- 미술품보존전문가
- 컬러리스트
- 큐레이터
- 중등학교 교사(미술)
- 귀금속디자이너
- 디스플레이어
- 불교미술작가
- 문화재수리기술자
- 미술치료사
- 미술평론가 등

관련학과

- 무대미술학과
- 미술·디자인학부(디자인)
- 미술·디자인학부(회화·조소)
- 미술과
- 미술조형전공
- 미술콘텐츠전공
- 미술학과(한국화전공, 서양화전공, 조소전공, 조형예술이론 전공)
- 미술학부 생활예술학과
- 미술학부 조형예술학과
- 기독교미술전공
- 미술학부 서양화전공
- 미술학부 한국화전공 등

취득가능 자격증

- 게임그래픽 전문가
- 멀티미디어 전문가
- 평생교육사
- 시각디자인 기사
- 박물관 및 미술관 준학예사
- 실기교사
- 문화예술교육사
- 컬러리스트기사
- 컬러리스트산업기사
- 미술치료사
- 아동미술실기교사
- 중등학교 정교사 2급(미술) 등

진출분야

기업체	방송국, 광고 기획사, 컴퓨터 영상 제작 업체, 무대 세트 제작 업체, 문구·완구 업체, 공간 디자인 업체, 가구·조명 관련 라이프 스타일 디자인 업체, 디스플레이 디자인 사무소, 디지털 제품·게임 및 캐릭터개발 업체, 멀티미디어 업체, 이벤트 업체 등
정부 및 공공 기관	문화체육관광부, 한국콘텐츠진흥원, 서울문화재단, 국립현대미술관, 중고등학교, 대학교, 미술관, 박물관 등
연구 기관	미술·디자인 관련 연구소, 공방, 창작 센터 등

학과 주요 교과목

기초 과목	소재와 기법, 소묘, 조형연구, 전공실기, 미술해부학 실기, 재료기법, 판화, 공예실기, 서양화, 영상, 한국화, 미술사, 조형론, 예술철학, 공예론 등
심화 과목	전공실기, 표현기법, 포토폴리오제작, 디지털프린트, 다매체표현, 패턴디자인, 색채와 공간계획, 자유제작, 전시기획실습, 실용생활디자인, 실용미술제작, 문화상품개발, 컴퓨터아트, 현대미술론, 전시와 커뮤니케이션, 인테리어디자인, 현대공예실기, 현대 미술종합세미나, 공예매체연구, 미술교과논리 및 논술, 졸업작품제작 등

학과 인재상 및 갖추어야 할 자질

- 인간과 세상에 대한 깊은 이해심과 공감 능력이 있는 학생
- 미술, 음악, 무용 등의 예술 분야에 관심과 흥미가 있는 학생
- 자신의 미적 표현 능력을 적극적으로 표현할 수 있는 학생
- 예술적 실험 정신이 있고, 창의력이 우수한 학생
- 창의적 사고를 바탕으로 세계와 인간에 대하여 생각하는 학생
- 창작 활동에 관심이 많고, 오랜 연습을 견딜 수 있는 인내력이 있는 학생

학과 관련 선택 과목

※ 국어, 영어 교과는 모든 학문의 기초적인 성격을 가진 도구교과로 모든 학과에 이수가 필요하여 생략함.

공통 과목		공통국어1,2, 공통수학1,2, 공통영어1,2, 한국사1,2, 통합사회1,2, 통합과학1,2, 과학탐구실험1,2
수능 필수		화법과 언어, 독서와 작문, 문학, 대수, 미적분Ⅰ, 확률과 통계, 영어Ⅰ, 영어Ⅱ, 한국사, 통합사회, 통합과학, 성공적인 직업생활(직업)
일반 선택	수학, 사회, 과학	세계시민과 지리, 세계사, 사회와 문화, 현대사회와 윤리
	체육·예술	미술
	기술·가정/정보	
	제2외국어/한문	
	교양	
진로 선택	수학, 사회, 과학	동아시아 역사 기행
	체육·예술	미술 창작, 미술 감상과 비평
	기술·가정/정보	생활과학 탐구, 인공지능 기초
	제2외국어/한문	
	교양	인간과 철학, 인간과 심리
융합 선택	수학, 사회, 과학	여행지리, 사회문제 탐구
	체육·예술	미술과 매체
	기술·가정/정보	지식 재산 일반
	제2외국어/한문	
	교양	

추천 도서 목록

- 명화의 탄생, 그때 그 사람, 성수영, 한경arte
- 나의 축제는 거칠 것이 없어라, 이수영 외, 미디어버스
- 최소한의 서양미술사, 채효영, 느낌
- 고갱의 도전, 노마 브라우드, 예술문화연구소M
- 영유아 미술교육, 황소영 외, 정민사
- 상상력을 끌어내는 디자이너의 드로잉 테크닉 다크 아트, 3dtotal 편집부, 므큐
- 손·발 해부학 드로잉, 가토 고타, 므큐
- 예술가의 지구별연구소, 국립현대미술관, 국립현대미술관
- 그리되, 그리지 않은 것 같은, 채호기 외, 난다
- 세상의 모든 미술 수업, 유홍준 외, 창비교육
- 자화상 내 마음을 그리다, 김선현, 한길사
- 내가 본 미술관 루브르 성화, 진병철, 열린북스
- 북유럽 미술관 여행, 이은화, 상상출판
- 그림이 더 잘 보이는 미술관 이야기, 이소영, 모요사
- 공예란 무엇인가, 하워드 리사티, 유아당

- 나의 백남준: 기억, 보존, 확산, 국립현대미술관 외, 국립현대미술관
- 빈센트 반 고흐, 박덕흠, 재원
- 김홍도 새로움, 정병모, 다할미디어
- 소피의 행복한 미술 이야기, 박혜원, 바오출판사
- 재미로 보는 우리의 옛 그림, 정유현, 교음사
- 최소한의 서양미술사, 채효영, 느낌
- 그림의 진심, 김태현, 교육과실천
- 에드워드 호퍼의 시선, 이연식, 은행나무
- 거장의 시선, 사람을 향하다, 국립중앙박물관, 이엔에이파트너스
- 프리다 칼로, 타자의 자화상, 우성주, 이담북스
- 처음 읽는 서양 미술사, 이케가미 히데히로, 탐나는책
- 미술관에 간 클래식, 박소현, 믹스커피
- 사적이고 지적인 미술관, 이원율, 알에이치코리아
- 거의 모든 순간의 미술사, 존-폴 스타나드, 까치
- 화가들의 마스터피스, 데브라 N. 맨커프, 마로니에북스

학교생활 TIPS

- 미술학과와 관련이 깊은 국어, 미술, 사회·문화, 세계사 등의 교과에서 우수한 학업 성취를 올릴 수 있도록 하고, 각 수업 활동에 적극적으로 참여하여 학업 역량, 문제 해결 능력, 전공 적합성 등이 학교생활기록부 교과 세부능력 및 특기사항에 기록될 수 있도록 합니다.
- 전공과 관련 있는 다양한 진로 활동(미술관 관람, 학과 탐방, 화가 인터뷰 등)에 참여하여 새롭게 알게 된 사실이나 느낀 점을 중심으로 자신의 진로 역량을 키우도록 합니다.
- 미술, 디자인, 영상 창작, 광고 홍보 등의 교내 동아리를 통해 미술과 관련된 전시, 발표회 등에 꾸준하게 참여 하며 자신의 주도적인 노력과 리더십이 나타나도록 합니다.

- 학급이나 학생회의 임원, 교내 행사의 홍보 도우미, 장애인 도우미, 지역 문화 축제 도우미 등 학교 교육계획에 의해 진행되는 봉사 활동이나 행사 활동, 수련 활동, 체험 활동에 적극적으로 참여하여 리더십, 배려하는 마음, 의사소통 능력, 협동심 등을 보이는 것이 중요합니다.
- 인성, 발전 가능성, 나눔과 배려, 학업 의지, 창의성 등 자신의 강점이 학교생활기록부 행동특성 및 종합의견에 기록될 수 있도록 학교생활에 성실하게 임할 것을 권장합니다.

221

방송연예전공

학과소개

오늘날 많은 사람들의 관심을 받는 방송연예 분야는 그 영역이 더욱 넓어지고 있습니다. 방송연예 분야는 공연예술 분야의 발전과 함께 성장하고 있으며, 최근 문화 콘텐츠 산업의 부가 가치가 상승함에 따라 우리 문화 예술을 전 세계적으로 널리 알리는 데도 크게 기여하고 있습니다.

방송연예전공은 방송, 영화, 무대 공연 등에서 활동할 대중 예술인을 양성하는 학과입니다. 연기자와 코미디언, 리포터, MC 등 배우와 방송인 등의 양성에 필요한 교육을 단계별 역량 강화 수업을 통해 실시하며, 미디어계의 만능 엔터테인먼트 인재 양성을 교육 목표로 합니다.

방송연예전공은 인문적 소양을 기초로 상상력과 창의력 개발을 위해 문화 예술을 적극적으로 활용하는 수업을 진행하므로, 학생들은 서로의 아이디어를 자유롭게 교류함으로써 자신의 전공을 능동적이고 창의적으로 탐구할 수 있습니다. 졸업 후에는 방송, 영화, 무대 공연 등에서 활약할 연기자, MC, 리포터, 코미디언 등으로 진출하거나, 성우, 엔터테인먼트 산업 분야에서 공연 기획, 예술 경영, 연예 매니지먼트 등의 분야에서 활동할 수도 있고, 관련 자격증을 취득하거나 지원 프로그램을 이수한 후 해당 교육 기관에서 연기 지도 강사, 교육자 등으로도 활동할 수 있습니다.

개설대학

- 동덕여자대학교 등

진출직업

- 방송인
- 영화배우
- 뮤지컬배우
- 연극배우
- 연기자
- CF모델
- 쇼핑호스트
- TV 및 라디오리포터
- 코미디언
- 라디오DJ
- 연예기자
- PD
- 광고 및 공연기획자
- 이미지메이킹강사
- 영상편집기사
- 강사 등

관련학과

- 공연영상콘텐츠학과
- 방송공연예술학과
- 문화예술학부(뮤지컬전공)
- 문화예술학부(연기예술전공)
- 방송연예학과 등

취득가능 자격증

- 무대예술 전문인
- 문화예술 교육사
- 방송통신 산업기사
- 연기지도
- 창의놀이지도사
- 레크리에이션지도사
- 웃음치료사
- 방송영상연출전문인
- 영상촬영전문인
- 영상편집전문인
- 연극치료사 등

진출분야

기업체	영화 제작사, 영화 배급사, 극장, 기업의 영상 관련 마케팅 부서, 광고 회사, 방송국, 잡지사, 문화센터 등
정부 및 공공 기관	영화진흥위원회, 각 지역 미디어센터, 공공 기관 영상 관련 부서, 중고등학교, 대학교 등
연구 기관	방송 연예 관련 연구소 등

학과 주요 교과목

기초 과목	기초연기, 움직임의 이해, 가창실습, 연극영화개론, 연기의 이해, 공연제작실습, 매체연기, 심화연기, 대본분석과 캐릭터창작, 뮤지컬가창실습, 연극사 등
심화 과목	공연제작실습, 카메라연기실습, 스튜디오실습, 뮤지컬장면실습, 드라마연기분석과 실체, 오디션테크닉, 엔터테인먼트비즈니스1, 2, 창의융합워크숍1, 2, 전공연구1, 2, 코미디연구1, 2, 대중문화예술산업, 졸업작품제작워크숍 등

학과 인재상 및 갖추어야 할 자질

- 인간과 세상에 대한 깊은 이해와 공감을 지닌 학생
- 영화, 영상 분야의 예술가를 지망하거나, 방송과 관련한 분야에서 일하고 싶은 학생
- 자기표현에 적극적이고 인간관계가 원활하며 연기에 대한 열정이 있는 학생
- 예술적 실험 정신이 있고, 자기 재능을 발휘하고자 하는 의욕이 넘치는 학생
- 공연 및 영상 예술에 관심이 많고, 예술적 감수성을 창의적으로 표현할 수 있는 학생
- 문화 예술적인 소양을 갖추고 끊임없는 자기 변신의 노력을 할 준비가 되어 있는 학생

학과 관련 선택 과목

※ 국어, 영어 교과는 모든 학문의 기초적인 성격을 가진 도구교과로 모든 학과에 이수가 필요하여 생략함.

공통 과목		공통국어1,2, 공통수학1,2, 공통영어1,2, 한국사1,2, 통합사회1,2, 통합과학1,2, 과학탐구실험1,2
수능 필수		화법과 언어, 독서와 작문, 문학, 대수, 미적분Ⅰ, 확률과 통계, 영어Ⅰ, 영어Ⅱ, 한국사, 통합사회, 통합과학, 성공적인 직업생활(직업)
일반 선택	수학, 사회, 과학	세계사, 사회와 문화, 현대사회와 윤리
	체육·예술	음악, 미술, 연극
	기술·가정/정보	
	제2외국어/한문	
	교양	
진로 선택	수학, 사회, 과학	윤리와 사상, 인문학과 윤리
	체육·예술	음악 연주와 창작, 음악 감상과 비평, 미술 창작, 미술 감상과 비평
	기술·가정/정보	
	제2외국어/한문	
	교양	인간과 철학, 인간과 심리
융합 선택	수학, 사회, 과학	여행지리, 사회문제 탐구
	체육·예술	음악과 미디어, 미술과 매체
	기술·가정/정보	지식 재산 일반
	제2외국어/한문	
	교양	

추천 도서 목록

- 방송진화론, 유승관, 한국학술정보
- 방송산업과 재원정책, 강명현, 박영사
- 방송영상미디어 새로 읽기, 강형철, 나남
- 미디어와 뉴스, 사은숙, 에듀컨텐츠휴피아
- 인공지능, 디지털 플랫폼 시대 미디어 리터러시 이해, 권장원, 한울아카데미
- 초융합 시대의 멀티미디어와 콘텐츠, 김용태, 한빛아카데미
- 디지털 미디어 리터러시, 김경희, 한울아카데미
- 연결하는 소설: 미디어로 만나는 우리, 김애란, 창비교육
- 스타를 빛나게 만드는 연예기획사대표, 원욱, 토크쇼
- 어서 와, 연예기획사는 처음이지?, 벨루가, 마인드빌딩
- 파워하우스, 김일중, 인물과사상사
- 이미지로 배우는 영상제작을 위한 연출과 편집, 최상식, 구민사
- 기획하는 일, 만드는 일, 장수연, 터틀넥프레스
- 오디오드라마를 만드는 사람들, 안익수, 생각나눔
- TV 세트 디자인의 세계, 정종훈, 작가교실

- 알기 쉬운 조명 교과서, 김대욱, 에이콘출판
- 무엇이 나를 행복하게 만드는가, 리처드 J. 라이더 외, 북플레저
- 그런데, 심리학이 말하기를, 클레어 프리랜드 외, 픽(잇츠북)
- K-뷰티메이크업, 안나현, 구민사
- 패션뷰티 스타일링, 김지연, 메디시언
- Big Data를 활용한 K-뷰티경영학, 이범식외, 구민사
- 제로 웨이스트 클래스, 이윤, 싸이프레스
- 에스테틱 경영론, 김진구, 중앙경제평론사
- 퍼스널컬러 & 골격진단 패션클래스 북, 김세련, 에듀웨이
- 운명을 열어주는 퍼스널컬러, 박선영, 북스타
- 뇌는 어떻게 세상을 보는가, 빌라야누르 라마찬드란, 바다출판사
- 내 머릿속에서 이 생각 좀 치워주세요, 클라우스 베른하르트, 동녘라이프
- 뇌는 윤리적인가, 마이클 S. 가자니가, 바다출판사
- 마음을 돌보는 뇌과학, 안데르스 한센, 한국경제신문
- 보여주기, 오후, 생각의힘

학교생활 TIPS

- 방송연예과와 관련이 깊은 국어, 사회·문화, 음악, 미술, 기술·가정 등의 교과에서 우수한 학업 성취를 올릴 수 있도록 하고, 각 수업 활동에 적극적으로 참여하여 학업 역량, 문제 해결 능력, 전공 적합성 등이 학교생활기록부 교과 세부능력 및 특기사항에 기록될 수 있도록 합니다.
- 전공과 관련 있는 다양한 진로 활동(방송국 탐방, 학과 탐방, 방송인 인터뷰 등)에 참여하여 새롭게 알게 된 사실이나 느낀 점을 중심으로 자신의 진로 역량을 키우도록 합니다.
- 방송, 댄스, 영상 창작, 광고 홍보 등의 교내 동아리에서 방송연예와 관련된 발표회, 공모전 등에 꾸준히 참여하여 자신의 주도적인 노력과 리더십이 나타나도록 합니다.

- 학급이나 학생회의 임원, 교내 행사의 홍보 도우미, 장애인 도우미, 지역 문화 축제 도우미 등 학교 교육계획에 의해 진행되는 봉사 활동이나 행사 활동, 수련 활동, 체험 활동에 적극적으로 참여하여 리더십, 배려하는 마음, 의사소통 능력, 협동심 등을 보이는 것이 중요합니다.
- 문학, 사회학, 예술학, 심리학, 역사학, 체육학 등 폭넓은 분야의 독서를 통해 기본적인 소양을 키우도록 합니다.
- 인성, 발전 가능성, 나눔과 배려, 학업 의지, 창의성 등 자신의 강점이 학교생활기록부 행동특성 및 종합의견에 기록될 수 있도록 학교생활에 성실하게 임합니다.

222

뷰티디자인학과

학과소개

뷰티 산업은 21세기 4차 산업혁명 시대의 창조적이고 지속 가능한 산업 구현을 목표로, 집중적으로 육성되고 있는 산업 중 하나입니다. 또한 메이크업 디자인, 헤어 디자인, 코스메틱, 이미지 메이킹을 접목한 전문적 지식과 글로벌한 국제적 감각으로 대표되는 산업입니다.

뷰티 관련 학과에서는 크게 피부의 구조와 기능을 이해하고, 피부 유형과 피부 관리법 및 관리 기기 이용법 등을 학습하는 '피부관리', 시간이나 장소, 목적에 맞는 화장법으로 결점을 보완하고 개성 있는 얼굴을 표현하는 '메이크업', 헤어스타일 연출 및 모발 관리와 관련된 기술을 익히는 '헤어 디자인', 건강한 손톱을 유지하고 인조 손톱, 매니큐어 등을 예술적으로 응용하는 '네일아트' 분야의 이론과 실기를 학습합니다. 뷰티 산업 전반에 관한 전문 지식을 습득하고, 이론과 실습의 병행으로 화장품학, 피부학, 메이크업 등의 기초 소양을 다지며, 마케팅, 트렌드 분석, 디자인 등으로 응용력을 개발합니다. 나아가 뷰티 산업 분야의 새로운 장르를 개척하고, 창의적인 미의 개념을 융합하고 확장하는 능력 또한 배양합니다.

뷰티 관련 학과는 국제적인 경쟁력을 강화할 수 있는 글로벌 뷰티 산업의 인력, 즉 중국, 베트남, 홍콩, 말레이시아 등 동아시아와 유럽, 미주에 진출할 수 있는 전문성과 예술성을 갖춘 뷰티 산업 관련 인재의 배출을 교육 목표로 합니다.

개설대학

- 대전대학교
- 성결대학교
- 초당대학교
- 한라대학교
- 한성대학교 등

진출직업

- 뷰티서비스분야전문가
- 헤어디자이너
- 메이크업아티스트
- 에스테티션
- 네일리스트
- 스파테라피스트
- 병원코디네이터
- 중등학교 교사(미용)
- 뷰티숍매니저
- 뷰티교육강사
- 뷰티방송크리에이터
- 대학 교수 등

관련학과

- 의료뷰티학과
- K-뷰티화장품산업학부
- K뷰티산업융합학과
- 건강뷰티향장학과
- 미용과학과
- 미용예술학과
- 뷰티건강관리학과
- 뷰티디자인경영학과
- 뷰티디자인전공
- 뷰티미용학과
- 뷰티산업학과
- 뷰티예술학과
- 뷰티케어학과 등

취득가능 자격증

- 미용사(일반, 피부, 메이크업, 네일)
- 국제의료관광코디네이터
- 병원코디네이터
- 두피관리사
- 아로마테라피스트
- 컬러리스트산업기사
- 중등학교 정교사 2급(미용)
- 미용사
- 맞춤형 화장품 조제 관리사 등

학과 주요 교과목

기초 과목	뷰티산업의 진로와 전망, 미용학개론, 기초메이크업, 미용중국어기초, 피부과학, 화장품학개론, 뷰티일러스트레이션, 기초에스테틱, 전공실무중국어, 전공실무영어, 체형관리에스테틱, 모발과학, 기초헤어스타일링, 응용메이크업, 미용문화사, 공중보건과위생, 뷰티색채학, 시대별테마메이크업, 뷰티영양과헬스, 향과 아로마테라피, 이미지메이킹 등
심화 과목	화장품제조 및 실습, 컬러코디네이트미학, 뷰티마케팅, 화장품성분학, 3D일러스트레이션, 화보 및 영상메이크업, 헤어디자인, 무대분장, 기능성화장품학, 성격분장디자인, 인체해부생리학, 화장품질경영, 뷰티마케팅과 경영, 업스타일, 메디컬에스테틱, 화장심리학, 특수분장, 뷰티트렌드세미나, 전공실무인턴십, 졸업작품 및 논문 등

진출분야

기업체	병원, 국내외 화장품 회사, 기업의 홍보·마케팅 부서, 광고 회사, 방송국, 잡지사, 토털 케어 전문 기업, 미용실, 웨딩 관련 업체, 분장 관련 업체, 백화점, 문화센터 등
정부 및 공공 기관	특성화 고등학교, 대학교 등
연구 기관	뷰티·화장품 연구소 등

학과 인재상 및 갖추어야 할 자질

- 뷰티 산업 환경의 변화에 능동적으로 대처할 수 있는 지식과 창의력을 갖춘 학생
- 뷰티 디자인 이론에 대한 체계적 접근과 실무 능력을 지닌 학생
- 미에 대한 관심이 남다르고, 차별화된 아름다움과 개성을 추구하는 학생
- 꼼꼼하고 세심하게 피부와 헤어 등을 다룰 수 있는 손 재주가 있는 학생
- 사람들과 어울리는 것을 좋아하고, 서비스 마인드를 갖춘 학생

인문계열

사회계열

자연계열

공학계열

의약계열

예체능계열

교육계열

계약학과 & 특성화학과

학과 관련 선택 과목

※ 국어, 영어 교과는 모든 학문의 기초적인 성격을 가진 도구교과로 모든 학과에 이수가 필요하여 생략함.

공통 과목		공통국어1,2, 공통수학1,2, 공통영어1,2, 한국사1,2, 통합사회1,2, 통합과학1,2, 과학탐구실험1,2
수능 필수		화법과 언어, 독서와 작문, 문학, 대수, 미적분Ⅰ, 확률과 통계, 영어Ⅰ, 영어Ⅱ, 한국사, 통합사회, 통합과학, 성공적인 직업생활(직업)
일반 선택	수학, 사회, 과학	세계사, 사회와 문화, 현대사회와 윤리, 화학, 생명과학
	체육·예술	미술
	기술·가정/정보	
	제2외국어/한문	
	교양	생태와 환경
진로 선택	수학, 사회, 과학	
	체육·예술	미술 창작, 미술 감상과 비평
	기술·가정/정보	
	제2외국어/한문	
	교양	인간과 철학, 인간과 심리, 보건
융합 선택	수학, 사회, 과학	여행지리, 기후변화와 지속가능한 세계, 기후변화와 환경생태, 융합과학 탐구
	체육·예술	미술과 매체
	기술·가정/정보	지식 재산 일반
	제2외국어/한문	
	교양	

추천 도서 목록

- 뷰티디자인 개론, 전연숙 외, 구민사
- 뷰티 디자인, 허정록 외, 형설출판사
- 토탈 뷰티 캡스톤디자인, 김효정 외, 청구문화사
- 비주얼 이미지 메이킹, 이선경 외, 구민사
- K-뷰티메이크업, 안나현, 구민사
- 패션뷰티 스타일링, 김지연, 메디시언
- Big Data를 활용한 K-뷰티경영학, 이범식외, 구민사
- 뷰티테라피스트를 위한 인체해부생리학, 이지안 외, 다락원
- 제로 웨이스트 클래스, 이윤, 싸이프레스
- 에스테틱 경영론, 김진구, 중앙경제평론사
- 퍼스널컬러 & 골격진단 패션클래스 북, 김세련, 에듀웨이
- 운명을 열어주는 퍼스널컬러, 박선영, 북스타
- 뷰티색채, 김채희, 경춘사
- 패션뷰티 스타일링, 김지연, 메디시언
- 뷰티미용인을 위한 해부생리학, 나명석, 바이오사이언스출판
- 뷰티 서비스 경영, 곽진만 외, 구민사
- 뷰티 디자인, 허정록 외, 형설출판사
- 뷰티서비스실무론, 홍수남, 구민사
- 강박적 아름다움, 핼 포스터, 아트북스
- 글로 빚은 꽃, 이동훈, 참글세상
- 혐오의 의미, 콜린 맥긴, 한울아카데미
- 중독된 아이들, 박정현 외, 셈퍼파이
- '좋아요'가 왜 안 좋아?: 미디어, 구본권, 나무를심는사람들
- 나이 듦과 함께하는 의료인문학, 김현수 외, 모시는사람들
- 뷰티테크, 기능성 화장품으로 성장하는 글로벌 화장품 산업 실태와 장래전망, 씨에치오 얼라이언스 편집부, 씨에치오 얼라이언스
- 화장품은 내게 거짓말을 한다, 한정선, 다온북스
- 뇌는 행복을 기억하지 않는다, 미츠쿠라 야스에, 알에이치코리아
- 뇌는 어떻게 세상을 보는가, 빌라야누르 라마찬드란, 바다출판사
- 마음을 돌보는 뇌과학, 안데르스 한센, 한국경제신문

학교생활 TIPS

- 뷰티학과와 관련이 깊은 국어, 사회·문화, 미술, 기술·가정 등의 교과에서 우수한 학업 성취를 올릴 수 있도록 하고, 각 수업 활동에 적극적으로 참여하여 학업 역량, 문제 해결 능력, 전공 적합성 등이 학교생활기록부 교과 세부능력 및 특기사항에 기록될 수 있도록 합니다.
- 전공과 관련 있는 다양한 진로 활동(방송국 분장실, 학과 탐방, 헤어디자이너 인터뷰 등)에 참여하여 새롭게 알게 된 사실이나 느낀 점을 중심으로 자신의 진로 역량을 키우도록 합니다.
- 미술, 디자인, 메이크업, 네일 아트, 영상 등의 교내 동아리에서 뷰티 산업과 관련된 발표회, 공모전 등에 꾸준하게 참여하며 자신의 주도적인 노력과 리더십이 나타나도록 합니다.
- 학급이나 학생회의 임원, 교내 행사의 홍보 도우미, 장애인 도우미, 요양원이나 병원 등에서의 미용 봉사 등 학교 교육계획에 의해 진행되는 봉사 활동이나 행사 활동, 수련 활동, 체험 활동에 적극적으로 참여하여 리더십, 배려 하는 마음, 의사소통 능력, 협동심 등을 보이는 것이 중요합니다.
- 문학, 사회학, 예술학, 심리학, 역사학, 철학 등 폭넓은 분야의 독서를 통해 기본적인 소양을 키웁니다.
- 인성, 발전 가능성, 나눔과 배려, 학업 의지, 창의성 등 자신의 강점이 학교생활기록부 행동특성 및 종합의견에 기록될 수 있도록 학교생활에 성실하게 임합니다.

학과소개

화장품 미용 산업은 '미(美)'를 추구하는 인간의 본능적 욕구와 수요가 증가함에 따라, 자동차, 반도체 산업과 함께 21세기의 가장 각광받는 고부가 가치 산업으로 손꼽히고 있습니다.

뷰티화장품학과는 화장품 산업의 전문인을 양성하기 위하여 화학, 생물학 등의 과학을 중심으로 연구하고, 화장품과 뷰티 산업의 융합을 위한 체계적인 이론 교육과 실기 교육을 운영하고 있습니다. 또한 피부 생명 현상에 대한 이해와 기초 연구 역량을 갖춘 전문 연구 인력을 양성하여 피부 관련 연구 분야의 발전에 기여하는 데 교육 목표를 두고 있습니다.

뷰티화장품학과에서는 기초 과학과 응용과학을 중심으로 하는 화장품 분야와 피부, 헤어, 메이크업 등의 뷰티 분야의 융합을 통해 시너지 효과를 창출할 차별화된 전문인과, 피부 생명과학의 기초 연구 발전에 기여할 수 있는 글로벌한 전문 연구 인력을 배출하는 데 필요한 글로벌 감각, 영어 회화 능력 및 전산학 관련 능력 등도 배양하고자 합니다.

개설대학

• 건국대학교(글로컬) 등

관련학과

• 건강뷰티향장학과
• 글로벌의료뷰티학과
• 미용화장품과학과
• 뷰티건강관리학과
• 뷰티보건학과
• 뷰티헬스전공
• 의료뷰티케어학과
• 토탈뷰티케어학과
• 향장미용학과
• 화장품·뷰티생명공학부 등

진출분야

기업체	화장품 기업, 미용실, 피부 관리실, 발 관리 전문점, 네일 전문점, 전문 제품 취급점, 패션 잡지사, 방송국, 피부 미용 관련 강의 기업, 미용 관련 학원, 백화점 문화센터, 화장품 관련 기업 등
정부 및 공공 기관	복지관 등
연구 기관	한국피부과학연구원, 화장품 연구소, 피부 과학(항노화, 피부 재생, 인공 피부, 피부 질환) 연구소 등

진출직업

• 조향사
• 향료화장품연구원
• 화장품시험원
• 메이크업아티스트
• 미용사
• 분장사
• 피부관리사
• 헤어디자이너
• 두피관리사
• 네일아티스트
• 미용관련저널리스트
• 미용관련회사연구원
• 화장품회사마케팅전문가
• 홍보 및 교육담당자
• 방송국분장코디네이터 등

취득가능 자격증

• 미용사
• 화장품 제조 판매 관리사
• 환경기사
• 화약류 제조기사
• 무대분장사
• 미용사(일반, 피부, 메이크 업,네일)
• 위생사
• 화학분석기능사
• 스포츠마사지
• 발관리
• 경락마사지
• 타이마사지
• 아로마테라피
• 병원코디네이터
• 국제의료관광코디네이터
• 화장품처방전문가
• 가발전문가
• 두피관리사
• 전통머리공예사 등

학과 주요 교과목

기초 과목	미용학개론, 기초화장품, 화장품분석, 헤어미용, 미용교육론, 향료학 및 실습, 응용피부미용 및 실습, 화장품성분, 기초미용 경락 및 실습, 화장품학, 기능성화장품학 등
심화 과목	헤어커트디자인, 모발미용과학, 미용화장품용어학, 샴푸·트리트먼트, 기초피부미용, 응용화장품, 블로우드라이, 세트롤, 헤어펌디자인, 피부미용과학, 비만체형관리, 반영구메이크업, 천연물질, 헤어컬러디자인, 색조화장품학, 아로마테라피, 미용기기분석 등

학과 인재상 및 갖추어야 할 자질

• 다양한 공모전 및 전시회를 통해서 자신의 능력을 발전 시킬 수 있는 학생
• 글로벌 시대가 요구하는 뷰티 스페셜리스트로서의 국제적 감각 능력을 갖춘 학생
• 뷰티 산업 환경의 변화에 능동적으로 대처할 수 있는 학생
• 뷰티디자인 이론에 대한 체계적 지식과 창의력을 갖춘 학생
• 미에 대한 관심이 남다르고, 차별화된 아름다움과 개성을 추구하는 학생
• 꼼꼼하고 세심하게 피부와 헤어 등을 다룰 수 있는 손재주가 있는 학생

학과 관련 선택 과목

※ 국어, 영어 교과는 모든 학문의 기초적인 성격을 가진 도구교과로 모든 학과에 이수가 필요하여 생략함.

공통 과목		공통국어1,2, 공통수학1,2, 공통영어1,2, 한국사1,2, 통합사회1,2, 통합과학1,2, 과학탐구실험1,2
수능 필수		화법과 언어, 독서와 작문, 문학, 대수, 미적분 I, 확률과 통계, 영어 I, 영어 II, 한국사, 통합사회, 통합과학, 성공적인 직업생활(직업)
일반 선택	수학, 사회, 과학	세계사, 사회와 문화, 현대사회와 윤리, 화학, 생명과학
	체육·예술	미술
	기술·가정/정보	
	제2외국어/한문	
	교양	
진로 선택	수학, 사회, 과학	인문학과 윤리
	체육·예술	음악 감상과 비평, 미술 창작, 미술 감상과 비평
	기술·가정/정보	생활과학 탐구
	제2외국어/한문	
	교양	인간과 철학, 인간과 심리, 보건
융합 선택	수학, 사회, 과학	여행지리
	체육·예술	미술과 매체
	기술·가정/정보	지식 재산 일반
	제2외국어/한문	
	교양	

추천 도서 목록

- 올 댓 코스메틱, 김동찬, 이담북스
- 피부미용학 총론, 김남연, 구민사
- 피부미용학 개론, 김은주, 구민사
- 최신 피부미용학, 김남연, 구민사
- 피부미용 페이셜관리, 김현숙, 메디시언
- 피부미용 관리학, 양도현, 형설출판사
- 피부미용 몸매관리: 하체편, 김현숙, 메디시언
- 전신피부미용 이론 및 실습, 박영은, 청구문화사
- 피부미용 몸매관리: 상체편, 김현숙, 메디시언
- 비싼 화장품 내게도 좋을까?, 오경희, 머메이드
- 한 권으로 끝내는 화장품학, 김경영, 메디시언
- 화장품 제조 이론 및 실습, 김나영, 메디시언
- 피부과학 & 화장품학, 강정인, 가담플러스
- 항노화 바이오 화장품, 신동욱, 자유아카데미
- 화장품 과학 실험, 김운중, 자유아카데미

- 나의 향료와 화장품, 이도훈, 사이플러스
- 미용인을 위한 화장품학, 김성숙, 위북스
- 화장품학, 윤경섭, 구민사
- 화장품 화학 개론, 김건, 자유아카데미
- 소재를 중심으로 한 화장품학, 김동욱, 자유아카데미
- 니꼴라드바리의 예술적 향수, 니꼴라드바리, 샹다롬 에디션
- 화장품 미생물학, 김보라, 자유아카데미
- 뷰티테크, 기능성 화장품으로 성장하는 글로벌 화장품 산업 실태와 장래전망, 씨에치오 얼라이언스 편집부, 씨에치오 얼라이언스
- 화장품은 내게 거짓말을 한다, 한정선, 다온북스
- 뷰티미용인을 위한 해부생리학, 나명석, 바이오사이언스출판
- 뷰티 서비스 경영, 곽진만 외, 구민사
- 뷰티 디자인, 허정록 외, 형설출판사
- 뷰티서비스실무론, 홍수남, 구민사
- K-뷰티메이크업, 안나현, 구민사

학교생활 TIPS

- 피부미용화장품과학을 전공하는 데 기본이 되는 생명과학, 화학, 미술 교과 성적을 상위권으로 유지하고, 교과수업을 통해 전공 관련 지식을 확장하는 과정을 경험하고 학업 능력, 전공 적합성, 창의성, 의사소통 능력, 미적 감각 등이 학교생활기록부 교과 세부능력 및 특기사항에 기록될 수 있도록 합니다.
- 피부, 미용, 화장품, 패션과 관련된 학과 체험 및 관련 회사 탐방, 패션 잡지 읽기 등을 통해 자신의 진로를 개척하고 미용, 화장품의 트렌드에 관심을 두고 관찰할 것을 추천합니다.
- 공동 과제 수행이나 프로젝트 활동을 통하여 리더십, 협동 능력, 의사

소통 능력을 기르고, 사람들의 마음을 읽는 공감 능력으로 사람들의 요구를 디자인적으로 표현하는 활동에 적극 참여합니다. 이러한 과정이 학교생활기록부에 나타나는 것이 중요합니다.
- 미술, 디자인, 헤어, 화장품 관련 연구 동아리 활동을 권장하며, 디자인, 뷰티, 인문학, 철학, 심리학, 과학 등 다양한 분야의 독서를 통하여 인문적 소양을 확장하는 것을 추천합니다.
- 자기주도성, 경험의 다양성, 성실성, 창의성, 의사소통 능력, 문제 해결 능력, 미적 능력 및 예술적 감수성 등이 학교생활을 통해 학교생활기록부에 기록될 수 있도록 성실히 학교생활을 할 것을 추천합니다.

224

사진학과

학과소개

사진 관련 학과는 첨단 사진 콘텐츠 제작 능력을 함양하는 교육을 통해 사진·영상·커뮤니케이션 분야를 선도하고 핵심적 역량을 발휘하는 창의적 인재를 양성하고자 합니다. 그 밖에도 창의적 사고를 선도하는 인재, 감성과 지성이 조화된 시각적 표현을 할 수 있는 인재, 예술과 문화를 공감하고 이해할 수 있는 인재의 육성을 기본 교육 목표로 하여, 관련 교육에 필요한 최첨단 장비와 시설을 마련하여 교육하고 있습니다.

사진 관련 학과에서는 사진분만 아니라 다양한 디지털 영상 콘텐츠 제작을 위한 이론과 실습을 병행합니다. 최근에는 디지털카메라 사용의 증가와 다매체 다채널의 멀티미디어 시대가 본격화되면서, 사진과 영상을 함께 배우는 융합학과들도 생겨나고 있으며, 드론 관련 수업이 진행되기도 합니다.

사진과 영상은 과학 기술의 바탕 위에 이루어진 예술 분야로, 예술적인 표현분만 아니라 기록, 보도, 광고, 학술 연구, 의료, 항공 사진 측량, 우주 개발, 고고학 연구 등 그 응용 범위가 더욱 넓어지고 있습니다. 이들 학과에서는 다양한 분야를 아우르는 사진 촬영 및 편집, 영상 연출, 촬영 등과 관련한 제작 기법과 기획력을 배양합니다.

개설대학

• 경성대학교 등

진출직업

• 사진가
• 사진기자
• 그래픽리터처
• 웹디자이너
• 편집디자이너

• 미술가
• 큐레이터
• 문화예술교육강사
• 광고홍보전문가 등

관련학과

• 광고사진영상학과
• 방송사진예술학과
• 사진미디어과
• 사진영상드론학과

• 사진영상미디어전공
• 사진영상콘텐츠학과
• 사진영상학과
• 사진예술학과 등

취득가능 자격증

• 사진 기능사
• 항공사진 기능사

• 멀티미디어콘텐츠제작전문가
• 문화예술교육사 등

진출분야

기업체	방송국, 기업체 홍보실, 사진 및 카메라 산업체, 광고 회사, 출판사, 잡지사, 슬라이드 전문 현상소, 스튜디오, 영화사, 웨딩업체, 이벤트 업체, 애니메이션제작사, 멀티미디어 제작업체, 게임 소프트웨어 개발업체, 디지털 프린팅 업체, 온라인 쇼핑몰, 문화센터 등
정부 및 공공 기관	정부 기관, 공공 기관 보도실, 한국콘텐츠진흥원, 중고등학교, 대학교 등
연구 기관	사진, 영상 관련 연구소 등

학과 주요 교과목

기초 과목	사고와 표현, 소프트웨어기초코딩, 고전낭송, 기초촬영실기, 사진영상론, 이미지발상과 표현, 사진사와 미학, 디지털이미지프로세스, 은염사진실기, 조명실기, 포토저널리즘론, 예술사진론, 디지털그래픽실기, 동영상실기, 예술사진프로젝트, 인터랙티브포토그래피 등
심화 과목	커머셜포토1/2, 포토저널리즘1/2/3, 다큐멘터리스타일연구, 디지털컬러프로세스, 포트레이트실기, 현대사진워크숍, 디지털미디어디자인, 패션사진연출, 사진감상과 비평, 기획제작 및 시연, 포토저널리즘 등

학과 인재상 및 갖추어야 할 자질

• 문화, 기술, 디자인이 융합된 엔터테인먼트 문화를 선도하고 싶은 학생
• 학문과 문화적 경계를 초월한 글로벌 엔터테인먼트 문화에 관심이 있는 학생
• 촬영하고자 하는 대상이나 콘텐츠에 대한 이해력과 관찰력, 탐구력을 지닌 학생

• 공연 및 영상 예술에 관심이 있고, 미적 감각과 예술적 감수성이 풍부한 학생
• 자신의 생각이나 감정을 사진이나 영상 매체를 통해 표현하는 것을 즐기는 학생

학과 관련 선택 과목

※ 국어, 영어 교과는 모든 학문의 기초적인 성격을 가진 도구교과로 모든 학과에 이수가 필요하여 생략함.

공통 과목		공통국어1,2, 공통수학1,2, 공통영어1,2, 한국사1,2, 통합사회1,2, 통합과학1,2, 과학탐구실험1,2
수능 필수		화법과 언어, 독서와 작문, 문학, 대수, 미적분Ⅰ, 확률과 통계, 영어Ⅰ, 영어Ⅱ, 한국사, 통합사회, 통합과학, 성공적인 직업생활(직업)
일반 선택	수학, 사회, 과학	세계시민과 지리, 세계사, 사회와 문화, 현대사회와 윤리
	체육·예술	음악, 미술, 연극
	기술·가정/정보	기술·가정, 정보
	제2외국어/한문	
	교양	
진로 선택	수학, 사회, 과학	
	체육·예술	음악 감상과 비평, 미술 창작, 미술 감상과 비평
	기술·가정/정보	인공지능 기초
	제2외국어/한문	
	교양	인간과 철학, 인간과 심리
융합 선택	수학, 사회, 과학	여행지리, 사회문제 탐구
	체육·예술	미술과 매체
	기술·가정/정보	지식 재산 일반
	제2외국어/한문	
	교양	

추천 도서 목록

- 입문자를 위한 천체 사진 촬영법 1: DSLR 카메라 편, 조용현, 이비락
- 레바논으로 간 아이들, 박태성, 눈빛
- 생성사진 프로젝트, 박평종, 달콤한책
- 매혹의 사진, 이언 헤이든 스미스, 북커스
- 사진가를 위한 캡처원 가이드북, 홍명희 외, 영진닷컴
- 멋진 사진 촬영, 좋은 사진을 만드는 사진디자인, 채수창, 앤써북
- 디지털 영상 조명, 김용규, 커뮤니케이션북스
- 사진촬영 알파에서 오메가까지, 손상철, 투데이북스
- 사진 속 지리여행, 손일 외, 푸른길
- 신 사진학 개론, 이종원, 비전21
- 오늘도 스마트폰으로 인생사진을 찍습니다, 방쿤, 티더블유아이지
- 언커머셜: 한국 상업사진, 1984년 이후, 일민시각문화 편집위원회, 워크룸프레스
- 창작의 순간, 조인원, 타임라인
- 색을 찍는 사진관, 복원왕, 초록비책공방
- 사진 50년 라떼는 말이야, 류제원, 성원인쇄문화사

- 한국사진사 인사이드 아웃, 1929~1982, 뮤지엄한미, 가현문화재단
- 한 권으로 끝내는 스마트폰 제품사진, 채수창, 앤써북
- 사진 기획 전시, 양정아, 비엠케이
- 신 사진학 개론, 이종원, 비전21
- REZA의 포토저널리즘 강의, 플로렌스 앳, 북스힐
- 포토 프린팅, 서학연, 눈빛
- 나도 잘 찍고 싶은 마음 간절하다, 양해남, 눈빛
- 사진책과 함께 살기, 최종규, 포토넷
- 신 사진학 개론, 이종원, 비전21
- 사진적 성장을 위한 사진 강의 노트, 김원섭, 푸른세상
- 모든 것은 선을 만든다, 팀 잉골드, 이비
- 마음 해방, 곽정은, 웅진지식하우스
- 보여주기, 오후, 생각의힘
- 디지털 시대, 인문학의 미래를 말하다, 서울대학교 인문대학, 사회평론 아카데미
- 서사의 단순 형식들, 안드레 욜레스, 서울대학교출판문화원

학교생활 TIPS

- 사진학과와 관련이 깊은 국어, 사회·문화, 미술, 기술·가정 등의 교과에서 우수한 학업 성취를 올릴 수 있도록 하고, 각 수업 활동에 적극적으로 참여하여 학업 역량, 문제 해결 능력, 전공 적합성 등이 학교생활기록부 교과 세부능력 및 특기사항에 기록될 수 있도록 합니다.
- 전공과 관련 있는 다양한 진로 활동(스튜디오, 학과 탐방, 사진작가, 사진 기자 인터뷰 등)에 참여하여 새롭게 알게 된 사실이나 느낀 점을 중심으로 자신의 진로 역량을 키우도록 합니다.
- 사진, 방송, 미술, 디자인, 영상 등의 교내 동아리에서 사진과 관련된 발표회, 공모전 등에 꾸준하게 참여하여 자신의 주도적인 노력과 리더십이 나타나도록 합니다.

- 학급이나 학생회의 임원, 교내 행사의 홍보, 캠페인 활동, 방송 영상제 도우미, 사진 전시회 도우미 등 학교 교육계획에 의해 진행되는 봉사활동이나 행사 활동, 수련 활동, 체험 활동에 적극적으로 참여하여 리더십, 배려하는 마음, 의사소통 능력, 협동심 등을 보이는 것이 중요합니다.
- 문학, 사회학, 예술학, 심리학, 역사학, 철학 등 폭넓은 분야의 독서를 통해 기본적인 소양을 키웁니다.
- 인성, 발전 가능성, 나눔과 배려, 학업 의지, 창의성 등 자신의 강점이 학교생활기록부 행동특성 및 종합의견에 기록될 수 있도록 학교생활에 성실하게 임합니다.

225

사회체육학과

학과소개

현대 사회의 편리하고 간편한 생활 양식은 현대인의 신체 활동을 감소시켰고, 동시에 각종 질병을 얻거나 체력 저하에 이르는 부정적인 요소 또한 발생시켰습니다. 이에 국민들의 사회체육에 대한 필요성과 욕구는 점점 커지고 있으며, 사회체육 분야를 이끌어 갈 수 있는 사회체육지도자의 필요성도 더욱 높아지고 있습니다.

사회체육학과는 새로운 영역의 사회체육을 밀도 높게 연구하여 과학적 근거에 의한 학문적인 체계화를 이루고, 사회체육 분야의 인재를 양성하고자 하는 학과입니다. 신체 활동을 바탕으로 하여 건강, 운동, 스포츠과학, 그리고 여가를 포함한 인간의 행동 등에 대해 연구하고, 체육 지도자 및 스포츠 연구자 양성을 위해 신체 운동에 관한 기초 이론과 실기를 교육합니다. 사회체육학과에서는 스포츠 산업이 활성화됨에 따라 스포츠마케팅 등 문화 영역으로서의 스포츠를 다루기도 하며, 스포츠의 대중화와 경기력 향상을 위한 스포츠과학과 관련된 연구를 하기도 합니다.

개설대학

- 계명대학교
- 극동대학교
- 국립순천대학교
- 순천향대학교
- 한국체육대학교
- 호서대학교 등

진출직업

- 경기감독 및 코치
- 경기기록원
- 경기심판
- 경호원
- 레크리에이션 강사
- 스포츠 강사
- 스포츠마케터
- 스포츠에이전트
- 스포츠트레이너
- 스포츠기자
- 스포츠해설자
- 운동처방사
- 경찰관
- 스포츠외교관
- 중등학교 교사(체육)
- 대학 교수
- 스포츠연구원
- 생활체육지도자 등

관련학과

- 생활체육학과
- 운동처방학과
- 사회체육(학)전공
- 스포츠과학과
- 스포츠과학부(사회체육트랙)
- 스포츠레저학과
- 골프산업학과 등

취득가능 자격증

- 중등학교 정교사 2급(체육)
- 생활체육지도사
- 경기지도사
- 스포츠경영관리사
- 경비지도사
- 신변 보호사
- 운동처방사
- 생활체육지도자
- 수상인명구조
- 스포츠테이핑지도사
- 레크리에이션지도사
- 잠수기능사 등

학과 주요 교과목

기초 과목	사회체육개론, 수영, 육상, 체조, 댄스스포츠, 등산캠핑, 에어로빅스, 볼링, 탁구, 필라테스, 실용요가, 수상인명구조, 사회조사방법론, 스포츠안전학, 인체해부학, 체육사, 저항운동기능학, 빙상, 사회체육프로그램, 스포츠심리학, 운동생리학, 체육철학, 스포츠문화콘텐츠개발 등
심화 과목	스포츠사회복지론, 스포츠산업론, 운동역학, 트레이닝방법론, 스포츠경영론, 골프, 배드민턴, 사회체육지도론, 스포츠사회학, 스포츠의학, 사회체육행정, 스포츠마사지와 테이핑, 운동처방실습, 실용무도, 노인체육론, 체육측정평가, 평생체육, 스포츠소비자행동론, 스포츠영상촬영, 테니스, 스포츠마케팅, 여가스포츠정책론, 건강교육증진, 퍼스널트레이닝 등

진출분야

기업체	사회 체육 단체, 스포츠 센터, 병원의 운동 처방 센터, 기업의 실업팀, 기업의 마케팅 부서, 방송국, 신문사, 잡지사 등
정부 및 공공 기관	문화체육관광부, 국민체육진흥공단, 대한체육회, 한국문화체육관광협회, 경찰, 중고등학교, 대학교 등
연구 기관	체육·스포츠 연구소 등

학과 인재상 및 갖추어야 할 자질

- 미래 지향적이고 자기주도적이며 새로운 것에 도전하는 것을 즐기는 학생
- 운동을 좋아하고, 한 종목 이상의 체육 특기가 있는 학생
- 건강한 정신과 신체를 지녔으며, 올바른 가치관과 책임 의식을 갖춘 학생
- 경기를 정당하게 치러내는 스포츠맨십이 있으며, 올바른 윤리관을 지닌 학생
- 끈기와 인내심이 있으며, 다른 사람들을 가르치는 것을 좋아하는 학생

인문계열
사회계열
자연계열
공학계열
의약계열
예체능계열
교육계열
계약학과 & 특성화학과

학과 관련 선택 과목

※ 국어, 영어 교과는 모든 학문의 기초적인 성격을 가진 도구교과로 모든 학과에 이수가 필요하여 생략함.

공통 과목		공통국어1,2, 공통수학1,2, 공통영어1,2, 한국사1,2, 통합사회1,2, 통합과학1,2, 과학탐구실험1,2
수능 필수		화법과 언어, 독서와 작문, 문학, 대수, 미적분Ⅰ, 확률과 통계, 영어Ⅰ, 영어Ⅱ, 한국사, 통합사회, 통합과학, 성공적인 직업생활(직업)
일반 선택	수학, 사회, 과학	사회와 문화, 현대사회와 윤리, 물리학, 생명과학
	체육·예술	체육1, 체육2
	기술·가정/정보	정보
	제2외국어/한문	
	교양	
진로 선택	수학, 사회, 과학	정치, 법과 사회
	체육·예술	운동과 건강, 스포츠 문화, 스포츠 과학
	기술·가정/정보	
	제2외국어/한문	
	교양	인간과 심리, 보건
융합 선택	수학, 사회, 과학	실용 통계, 사회문제 탐구, 융합과학 탐구
	체육·예술	스포츠 생활1, 스포츠 생활 2
	기술·가정/정보	
	제2외국어/한문	
	교양	

추천 도서 목록

- 야외활동과 건강생활, 백남섭 외, 토담출판사
- 파워 뉴 운동생리학, 최대혁 외, 라이프사이언스
- 힘 훈련 해부학, 제롬 마일로, 대성의학사
- 치료적 운동 처방, Kim Dunleavy 외, 영문출판사
- 생활체육 이론 및 실기, 송상욱 외, 진영사
- 운동기술 획득의 역동성, 크리스 버튼 외, 대성의학사
- 생활 건강과 운동, 김수연, 한국학술정보
- 체육측정평가, 조정환 외, 위북스
- 최신 운동과 건강, 오주훈, 에듀컨텐츠휴피아
- 운동 재활을 위한 Manual 테크닉, 김병곤 외, 바이오사이언스출판
- NBA, 도시를 입다, 이형빈, 시소
- 후프야, 놀자, 박상욱, 북랩
- 체육학 연구방법, 김병준 외, 레인보우북스
- 휴먼 퍼포먼스와 운동생리학, 정일규, 대경북스
- 너의 꿈이 될게, 지소연 외, 클
- VVIP 운동과 건강, 김수연, 한국학술정보

- 평생 써먹는 기적의 운동 20, 카르스텐 레쿠타트, 피카 라이프
- 인간은 어떻게 움직임을 배우는가, 롭 그레이, 코치라운드
- 한국의 축구 천재들, 오규상 외, 북스타
- 스포츠 코칭이란 무엇인가, 최의창, 레인보우북스
- 스포츠심리학원론, 권성호, 레인보우북스
- 야외활동과 건강생활, 백남섭 외, 토담출판사
- 개념 중심 스포츠사회학, 이혁기 외, 레인보우북스
- 최고 운동 건강 이야기, 이광무, 보성
- 최고의 움직임은 어떻게 만들어지는가, 롭 그레이, 코치라운드
- 스포츠시설 안전관리론, 곽봉현, 박영사
- 체육사, 옥광, 충북대학교출판부
- 스포츠윤리학, 김정효, 레인보우북스
- 스포츠 마케팅, 문개성, 박영사
- 파워 뉴 운동생리학, 최대혁 외, 라이프사이언스
- 힘 훈련 해부학, 제롬 마일로, 대성의학사
- 올림픽 웨이트리프팅과 스포츠 퍼포먼스, 댄 밀러, 대성의학사

학교생활 TIPS

- 사회체육학과와 관련이 깊은 국어, 체육, 물리학, 생명 과학 등의 교과에서 우수한 학업 성취를 올릴 수 있도록 하고, 각 수업 활동에 적극적으로 참여하여 학업 역량, 문제 해결 능력, 전공 적합성 등이 학교생활기록부 교과 세부능력 및 특기사항에 기록될 수 있도록 합니다.
- 전공과 관련 있는 다양한 진로 활동(스포츠 센터, 학과 탐방, 스포츠 트레이너 인터뷰 등)에 참여하여 새롭게 알게 된 사실이나 느낀 점을 중심으로 자신의 진로 역량을 키우도록 합니다.
- 축구, 농구, 탁구, 배드민턴, 댄스, 요가 등의 교내 동아리에서 스포츠와 관련된 발표회, 대회 등에 꾸준히 참여하고, 자신의 주도적인 노력과 리더십이 나타나도록 합니다.

- 학급이나 학생회의 임원, 교내 체육 행사의 진행 보조, 캠페인 활동, 교내외 스포츠클럽 활동, 환경 정화 등 학교 교육계획에 의해 진행되는 봉사 활동이나 행사 활동, 수련 활동, 체험 활동에 적극적으로 참여하여 리더십, 배려하는 마음, 의사소통 능력, 협동심 등을 보이는 것이 중요합니다.
- 문학, 사회학, 예술학, 심리학, 물리학, 철학 등 폭넓은 분야의 독서를 통해 기본적인 소양을 키웁니다.
- 인성, 발전 가능성, 나눔과 배려, 학업 의지, 창의성 등 자신의 강점이 학교생활기록부 행동특성 및 종합의견에 기록될 수 있도록 학교생활에 성실하게 임합니다.

226

산업디자인학과

학과소개

경제와 산업이 발달하면서, 제품에 대한 기능적인 요구는 물론 세련된 디자인에 대한 요구도 점점 늘어나는 추세입니다. 제품은 기능도 물론 우수해야 하지만, 참신하고 아름다운 디자인을 갖추는 것도 그만큼 중요합니다. 디자인은 말 그대로 경쟁력이기 때문입니다.

산업디자인학은 생활에 필요한 다양한 산업 제품들을 기능적·예술적으로 디자인하기 위한 학문으로, 산업디자인학과에서는 각종 공산품에서부터 전자 제품 가구, 자동차에 이르는 다양한 제품의 디자인 개발을 주도하는 지식과 방법을 배웁니다. 산업디자인은 각종 디자인 분야 중 가장 광범위한 분야로, 제품의 외양적인 디자인뿐만 아니라 기능 활용의 유용성까지도 고려하는, 조형 예술, 과학 기술, 인문학 등이 융합된 분야라고 할 수 있습니다.

산업디자인학과는 디자인 이론 및 실기, 다양한 미디어를 다루기 위한 실습 등의 심도 있는 교육 프로그램을 통해 사회에 기여할 수 있는 유능한 예비 디자이너를 양성하고자 합니다. 나아가 인간과 사회, 그리고 기술, 철학, 문화에 대한 폭넓은 교양 교육과 전공 교육의 유기적인 연계를 통해, 사회적 역할을 자각하고 전문성과 창의성을 겸비한 디자이너의 양성을 교육 목표로 하고 있습니다.

개설대학

- 건국대학교
- 건국대학교(글로컬)
- 경희대학교
- 광주대학교
- 군산대학교
- 대구대학교
- 대진대학교
- 동아대학교
- 목원대학교
- 상지대학교
- 서울여자대학교
- 세명대학교
- 신한대학교(제2캠퍼스)
- 영남대학교
- 전북대학교
- 전주대학교
- 국립창원대학교
- 청주대학교
- 한곡교통대학교
- 한밭대학교
- 한서대학교
- 협성대학교
- 호서대학교 등

관련학과

- 디자인창의학과
- 디자인학부 산업디자인전공
- 디자인학부(융합디자인전공)
- 미술·디자인학부(산업디자인)
- 산업디자인전공
- 디자인학과(산업디자인전공)
- 디자인학부(산업디자인전공)
- 디자인조형학과 산업디자인전공
- 산업디자인학과 공업(시각)디자인전공 등

진출직업

- 제품디자이너
- 제품연구원
- 자동차인테리어 및 익스테리어 디자이너
- 환경디자이너
- 실내디자이너
- 인테리어디자이너
- 무대디자이너
- 디스플레이디자이너
- 전시디자이너 등

취득가능 자격증

- 게임그래픽전문가
- 시각디자인산업기사
- 제품디자인기사
- 제품응용모델링기능사
- 컴퓨터그래픽스운용기능사
- 컬러리스트산업기사
- 문화예술교육사
- 실내 건축기사
- 포장 산업기사 등

진출분야

기업체	기업의 디자인 연구소·개발 부서·디자인 부서, 산업 디자인 회사, 환경 디자인 회사, 전시 디자인 회사, 인테리어 디자인 회사, 게임 회사, 방송국, 영화사, 잡지사, 가구 관련 회사, 광고 기획사 등
정부 및 공공 기관	한국디자인진흥원, 한국콘텐츠진흥원, 한국문화예술위원회 등 문화 예술 관련 정부 부서 및 국책 연구소, 중고등학교, 대학교 등
연구 기관	미술·디자인 관련 연구소 등

학과 주요 교과목

기초 과목	디자인제도, 입체조형1/2, 평면조형1/2, 기초디자인1/2, 디지털드로잉(CAD), 재료와 가공산업디자인론, 디자인발상, 제품디자인1/2, 디지털디자인1/2, 모형제작, 산업디자인프로세스, ID그래픽 등
심화 과목	환경디자인1/2, 어드밴스제품디자인1/2, 산학디자인연구1/2, 리빙프로덕트디자인1/2, 디자인스튜디오1/2, 졸업작품연구1/2, 지역개발디자인1/2, 디자인실무1/2 등

학과 인재상 및 갖추어야 할 자질

- 문제 해결 능력과 소통 능력을 갖춘 창의적인 학생
- 평소 주변 사물이나 환경에 관심을 가지고 관찰하는 습관을 지닌 학생
- 다양한 분야의 예술과 사상을 접하여 기른 안목은 물론, 남다른 미적 감각과 감수성을 지닌 학생
- 끊임없는 호기심과 관찰력으로 새로운 아이디어를 잘 만들어 내는 학생
- 최종 작업물을 완성해 내는 끈질긴 근성과 꼼꼼함을 지닌 학생
- 사람들이 관심을 가지는 최신 트렌드를 파악하고, 디자인에 적용할 수 있는 학생

인문계열

사회계열

자연계열

공학계열

의약계열

예체능계열

교육계열

계약학과 & 특성화학과

학과 관련 선택 과목

※ 국어, 영어 교과는 모든 학문의 기초적인 성격을 가진 도구교과로 모든 학과에 이수가 필요하여 생략함.

공통 과목		공통국어1,2, 공통수학1,2, 공통영어1,2, 한국사1,2, 통합사회1,2, 통합과학1,2, 과학탐구실험1,2
수능 필수		화법과 언어, 독서와 작문, 문학, 대수, 미적분Ⅰ, 확률과 통계, 영어Ⅰ, 영어Ⅱ, 한국사, 통합사회, 통합과학, 성공적인 직업생활(직업)
일반 선택	수학, 사회, 과학	대수, 미적분Ⅰ, 확률과 통계, 세계시민과 지리, 세계사, 사회와 문화, 현대사회와 윤리
	체육·예술	미술
	기술·가정/정보	정보
	제2외국어/한문	
	교양	
진로 선택	수학, 사회, 과학	
	체육·예술	미술 창작, 미술 감상과 비평
	기술·가정/정보	
	제2외국어/한문	
	교양	인간과 철학, 인간과 심리
융합 선택	수학, 사회, 과학	여행지리, 사회문제 탐구
	체육·예술	미술과 매체
	기술·가정/정보	지식 재산 일반
	제2외국어/한문	
	교양	

추천 도서 목록

- 나는 어떻게 책을 디자인하는가, 프리드리히 포르스만, 정제소
- 꼴, 좋다! 1,2, 박종서, 싱긋
- 악마와 크리스찬 디올과 뉴 룩, 정진주, 생각나눔
- 박물관에서 서성이다, 박현택, 통나무
- 상업 공간, 경험을 디자인하다, CSLV Edition, 시공사
- 디자인의 길, 최명식, 학고방
- 일러스트와 자연과 건축, 시케이북스 편집부, 아키포레
- 공간, 자연, 아트 디자인, 시케이북스 편집부, 시케이북스
- 일러스트로 표출된 새로운 상상력, 시케이북스 편집부, 도래미 북스
- 디자인 노트, 정경원, 안그라픽스
- 4차산업혁명과 소셜디자인 문화전략, 이흥재, 푸른길
- 앞서 나가는 10대를 위한 산업디자인, 카를라 무니, 타임북스
- 도널드 노먼의 인터랙션 디자인 특강, 도널드 노먼, 유엑스리뷰
- 4차 산업혁명 시대 콘텐츠디자인 스토리텔링, 변민주, 커뮤니케이션북스
- 아빠, 디자인이 뭐예요, 윤여경, 이숲

- 현대 디자인의 역사, 박연실, 이담북스
- 세상을 디자인하라, 정동완, 진한엠앤비
- 패스트컴퍼니 디자인 혁명, 스테파니 메타, 이콘
- 삶을 예술로 만드는 법, 로버트 프리츠, 라이팅하우스
- 방구석 미술학원 with 프로크리에이트, 두경훈, 길벗
- 영상과 일러스트의 융합, 월드해피북스 편집부, 월드해피북스
- 창작을 위한 아트일러스트, 월드해피북스 편집부, 월드해피북스
- 가상세계의 일러스트 포트폴리오, 월드해피북스 편집부, 월드해피북스
- 3D의 일러스트 세계, 월드해피북스 편집부, 월드해피북스
- 일러스트와 광고의 효과, 월드해피북스 편집부, 월드해피북스
- 최소한 그러나 더 나은, 디터 람스, 위즈덤하우스
- 디자이너의 일상과 실천, 권준호, 안그라픽스
- 하루 5분 UX, 조엘 마시, 유엑스리뷰
- 색채학의 50가지 비밀, 조앤 엑스터트 외, 유엑스리뷰
- 디자인, 이렇게 하면 되나요?, 오자와 하야토, 제이펍

학교생활 TIPS

- 산업디자인학과와 관련이 깊은 국어, 미술, 정보 등의 교과에서 우수한 학업 성취를 올릴 수 있도록 하고, 각 수업 활동에 적극적으로 참여하여 학업 역량, 문제 해결 능력, 전공 적합성 등이 학교생활기록부 교과 세부 능력 및 특기사항에 기록될 수 있도록 합니다.
- 전공과 관련 있는 다양한 진로 활동(디자인회사, 학과 탐방, 제품디자이너 인터뷰 등)에 참여하여 새롭게 알게 된 사실이나 느낀 점을 중심으로 자신의 진로 역량을 키우도록 합니다.
- 미술, 디자인, 만화, 광고, 영상 제작, 방송 등의 교내 동아리에서 디자인과 관련된 전시회, 공모전, 학교 축제 홍보물 만들기 등에 꾸준하게 참여하고, 자신의 주도적인 노력이 나타나도록 합니다.

- 학급이나 학생회의 임원, 학교 행사의 팸플릿 제작, 캠페인 활동, 환경 정화, 방과 후 미술 교실 등 학교 교육계획에 의해 진행되는 봉사 활동이나 행사 활동, 수련 활동, 체험 활동에 적극적으로 참여하여 리더십, 배려하는 마음, 의사소통 능력, 협동심 등을 보이는 것이 중요합니다.
- 문학, 사회학, 예술학, 심리학, 역사학, 철학 등 폭넓은 분야의 독서를 통해 기본적인 소양을 키웁니다.
- 인성, 발전 가능성, 나눔과 배려, 학업 의지, 창의성 등 자신의 강점이 학교생활기록부 행동특성 및 종합의견에 기록될 수 있도록 학교생활에 성실하게 임합니다.

227

서양화과

학과소개

서양화란 서양에서 발생하여 발달한 그림, 즉 서양에서 보급된 재료와 기술로 그려진 그림을 의미합니다. 서양화과는 인간의 미적 감각을 활용해 시각적 표현을 하고, 이를 예술 작품으로 승화하는 데 필요한 역량을 연구하는 학과입니다.

서양화과는 미술 교육을 통해 품성과 인격을 도야하는 동시에, 현대 미술을 이해하고 미술 문화를 계승하는 전문인을 배출하는 것을 교육 목표로 삼고 있습니다. 특히 창작 활동을 하는 분야로서, 보다 창조적이고 전문적인 특성을 갖출 수 있는 실기 과정을 체계적으로 밟도록 하며, 판화, 입체, 사진, 영상 등과 함께 회화사, 미학, 미술론, 영상학 등의 이론 교육도 실시합니다. 이렇듯 서양화과는 폭넓은 실기와 이론 교육을 병행하여, 자유로운 사고와 사회 문화 전반의 흐름에 대한 통찰 및 문제의식을 바탕으로 진취적이며 능동적으로 행동할 수 있는 전문 미술인을 육성하고자 합니다.

개설대학

- 서울대학교
- 성신여자대학교 등

진출직업

- 작가
- 중등학교 교사(미술)
- 큐레이터
- 미술평론가
- 박물관 학예사
- 진학·유학 등 전문교육기관의 미술 강사
- 디자이너
- 미술잡지사기자
- 프리랜서 등

관련학과

- 서양화
- 서양화·미술경영학과
- 서양화전공
- 서양화학과
- 회화학과(서양화전공) 등

취득가능 자격증

- 컬러리스트
- 미술심리 상담사
- 박물관 및 미술관 준학예사
- 아동미술지도사
- 중등학교 정교사 2급(미술) 등

진출분야

기업체	디자인 관련 업체, 무대 설치 업체, 미술관, 박물관, 잡지사, 방송국, 언론사, 출판사, 영화사, 건축 및 인테리어 업체, 광고업체, 기업의 홍보 부서, 미술학원 등
정부 및 공공 기관	중고등학교, 국공립 미술관 또는 박물관, 문화체육관광부 등
연구 기관	자인진흥원, 한국콘텐츠진흥원 등

학과 주요 교과목

기초 과목	입체와 공간, 미술사와 창작, 획과 여백, 모델링, 한국미술사, 조각의 이해, 인체표현, 모델표현, 미술의 역사와 사회, 미술과 글쓰기, 현대회화, 현대드로잉, 재현적 표현, 서양근세미술과 문화, 현대판화, 사진, 모더니즘미술사, 디지털이미징 등
심화 과목	뉴미디어, 현대회화(구상), 현대회화(추상), 현대회화(복합매체), 현대미술의 동향, 영상, 시각예술론, 현대미술, 졸업작품연구 등

학과 인재상 및 갖추어야 할 자질

- 자신의 미적 표현 능력을 적극적으로 발휘할 수 있는 학생
- 예술에 대한 끝없는 탐구 열정을 갖춘 학생
- 서양화에 많은 관심이 있는 학생
- 적극적인 창작 욕구와 탐구 자세를 가지고 있으며, 강한 인내심을 갖춘 학생
- 독창적인 실험을 지향하는 학생
- 독창적인 개성과 기본적인 실기 능력을 갖춘 학생
- 풍부한 상상력 및 창의력을 갖춘 학생
- 충분한 독서를 통해 쌓인 인문적인 교양을 가지고 있는 학생

학과 관련 선택 과목

※ 국어, 영어 교과는 모든 학문의 기초적인 성격을 가진 도구교과로 모든 학과에 이수가 필요하여 생략함.

공통 과목		공통국어1,2, 공통수학1,2, 공통영어1,2, 한국사1,2, 통합사회1,2, 통합과학1,2, 과학탐구실험1,2
수능 필수		화법과 언어, 독서와 작문, 문학, 대수, 미적분 I , 확률과 통계, 영어 I , 영어 II , 한국사, 통합사회, 통합과학, 성공적인 직업생활(직업)
일반 선택	수학, 사회, 과학	세계시민과 지리, 세계사, 사회와 문화, 현대사회와 윤리
	체육·예술	음악, 미술
	기술·가정/정보	
	제2외국어/한문	
	교양	
진로 선택	수학, 사회, 과학	동아시아 역사 기행
	체육·예술	미술 창작, 미술 감상과 비평
	기술·가정/정보	
	제2외국어/한문	
	교양	인간과 철학, 인간과 심리
융합 선택	수학, 사회, 과학	여행지리, 사회문제 탐구
	체육·예술	미술과 매체
	기술·가정/정보	지식 재산 일반
	제2외국어/한문	
	교양	

추천 도서 목록

- 그림의 운명, 이명, 미술문화
- 처음 만나는 미술사수업, 김민정 외, 학교도서관저널
- 한국의 미술들: 개항에서 해방까지, 김영나, 워크룸프레스
- 그림 속 숨겨진 이야기, 박홍순, 레디앙
- 스토리가 있는 옛그림 이야기, 양정윤 외, 이화출판사
- 최소한의 서양미술사, 채효영, 느낌
- 그림의 진심, 김태현, 교육과실천
- 에드워드 호퍼의 시선, 이연식, 은행나무
- 거장의 시선, 사람을 향하다, 국립중앙박물관, 이엔에이파트너스
- 프리다 칼로, 타자의 자화상, 우성주, 이담북스
- 처음 읽는 서양 미술사, 이케가미 히데히로, 탐나는책
- 미술관에 간 클래식, 박소현, 믹스커피
- 사적이고 지적인 미술관, 이원율, 알에이치코리아
- 거의 모든 순간의 미술사, 존-폴 스토나드, 까치
- 화가들의 마스터피스, 데브라 N. 맨커프, 마로니에북스
- 고갱의 도전, 노마 브라우드, 예술문화연구소M

- 영유아 미술교육, 황소영 외, 정민사
- 상상력을 끌어내는 디자이너의 드로잉 테크닉 다크 아트, 3dtotal 편집부, 므큐
- 손·발 해부학 드로잉, 가토 고타, 므큐
- 예술가의 지구별연구소, 국립현대미술관, 국립현대미술관
- 그리되, 그리지 않은 것 같은,, 채호기 외, 난다
- 세상의 모든 미술 수업, 유홍준 외, 창비교육
- 자화상 내 마음을 그리다, 김선현, 한길사
- 내가 본 미술관 루브르 성화, 진병철, 열린북스
- 북유럽 미술관 여행, 이은화, 상상출판
- 카파도키아 미술, 조수정, 아카넷
- 쉽고 재미있는 서양미술사, 최윤희, 책과나무
- 자화상의 심리학, 윤현희, 문학사상
- 합스부르크 600년, 매혹의 걸작들, 국립중앙박물관, 한국경제신문
- 그림의 진심, 김태현, 교육과실천

학교생활 TIPS

- 서양화를 전공하는 데 기본이 되는 미술 및 예술 교과에 대한 우수한 학업 성취를 보이도록 하고, 수업 및 실기 활동을 통하여 미술에 대한 상상력 및 개성, 전공 적합성, 창의력 등이 학교생활기록부 교과 세부 능력 및 특기 사항에 기록될 수 있도록 합니다.
- 미술관 및 박물관을 자주 방문하여 서양화의 흐름을 파악하는 등 관련 정보를 탐색해 보고, 관련 학과에 대한 체험 활동을 할 것을 권장합니다.
- 인문학, 철학, 역사 등 다양한 분야의 독서와 봉사 활동 등 다양한 인문적 소양을 갖출 수 있는 활동을 추천합니다. 사람의 요구에 공감할 수 있는 능력을 함양하는 활동에도 적극 참여할 것을 권장합니다.

- 미술, 정보, 디자인과 관련된 동아리에서 미술적 창의성을 개발하고, 학교생활기록부에 해당 진로 관련 역량이 나타나도록 합니다.
- 인성, 나눔, 배려, 협동심, 팀워크, 의사소통 능력 및 성실성이 학교생활 기록부에 나타날 수 있도록 학교생활에 적극적으로 참여할 것을 추천합니다.

228

성악과

학과소개

성악은 인체의 성대를 바탕으로 감정, 사상 등을 표현하고 창조하는 음악 예술의 중요한 분야이며, 인간의 육체의 모든 근육과 신경 조직, 그리고 생리적인 리듬, 심리적인 반응 등이 잘 조화를 이루어야 성립되는 예술입니다. 또한 인간의 본성에 의한 절제의 아름다움을 알게 하고, 같이 하는 노래를 통해 상대방을 이해하며, 정신적 가치 기준을 설정할 수 있는 지혜와 조화로운 문화 세계의 창조에 기여하는 예술 분야입니다.

성악과에서는 보다 바람직한 예술가로서 성장할 수 있는 환경 조성과 개인 지도를 통하여 발성, 곡 해석, 오페라 연기의 자질을 개발하고, 음악회, 오페라 공연, 정기 연주회 및 각 실기 위주 교과목의 연구 발표 등을 통해 연주 능력을 향상시켜 최고의 예술미에 도달할 수 있도록 합니다.

성악과는 연주가로서의 음악적 재능을 최대한 계발하고, 성악 예술의 진리 탐구와 기량 연마를 통하여 성악계에 공헌할 수 있는 성악인의 양성에 교육 목표를 두고 있습니다.

개설대학

- 경희대학교
- 계명대학교
- 서울대학교
- 성신여자대학교
- 수원대학교
- 숙명여자대학교
- 연세대학교
- 이화여자대학교
- 추계여자대학교
- 한양대학교 등

진출직업

- 대학 교수
- 뮤지컬가수
- 중등학교 교사(음악)
- 음악전문기자
- 클래식음악해설가
- 음악구성작가
- 음악PD
- 음악감독
- 무대음악·방송음악·뮤지컬·미디어음악기획자
- 유아음악교사
- 전문지휘자 등

관련학과

- 성악·뮤지컬학과
- 성악·뮤지컬학부
- 성악·작곡과
- 성악전공
- 예술학부(성악전공) 등

취득가능 자격증

- 실기교사
- 문화예술교육사
- 음악심리상담사
- 노래지도사
- 실용음악지도사
- 성악지도사
- 무대 예술 전문인
- 중등교사 정교사 2급(음악) 등

진출분야

기업체	합창단, 음악 전문 방송사, 공연 기획사, 예술원, 음반 제작 회사, 오페라단, 출판사, 음악 학원, 음악 관련 기업 및 단체, 방송국 등
정부 및 공공 기관	중고등학교, 국공립 공연 예술 단체, 국립·시립 합창단 등
연구 기관	한국문화예술교육진흥원 등

학과 주요 교과목

기초 과목	합창, 시창 및 청음, 음악이론, 연주와 비평, 성악전공실기, 딕션, 피아노실습, 음악사, 한국가곡의 이해 등
심화 과목	무대예술, 가곡과 앙상블, 연주기획과 평론, 성악문헌, 전공솔페지오, 한국가곡문헌, 콘서트쾌이어, 연주, 클래식피아노, 화성학, 무대연기의 이해, 성악시창, 합창지휘법, 고음악, 오페라 공연과 실습, 음악코칭, 음악교육프로그램개발, 20세기음악연구 등

학과 인재상 및 갖추어야 할 자질

- 타고난 음악적 재능과 예술적 감각이 있는 학생
- 꾸준히 연습할 수 있는 남다른 인내와 끈기가 있는 학생
- 악보 읽는 법 등의 음악적 지식을 갖춘 학생
- 화성의 진행이나 악기의 음색 등을 파악할 수 있는 학생
- 정확한 발음과 호흡, 건강한 신체 조건을 갖춘 학생
- 오페라나 성악가의 공연에 관심이 있고, 음악적 재능을 키우기 위해 노력하는 학생
- 다양한 음악이나 문학에 관심과 흥미가 있는 학생
- 자신의 감정을 글이나 사진으로 남겨 놓는 습관이 있는 학생

학과 관련 선택 과목

※ 국어, 영어 교과는 모든 학문의 기초적인 성격을 가진 도구교과로 모든 학과에 이수가 필요하여 생략함.

공통 과목		공통국어1,2, 공통수학1,2, 공통영어1,2, 한국사1,2, 통합사회1,2, 통합과학1,2, 과학탐구실험1,2
수능 필수		화법과 언어, 독서와 작문, 문학, 대수, 미적분Ⅰ, 확률과 통계, 영어Ⅰ, 영어Ⅱ, 한국사, 통합사회, 통합과학, 성공적인 직업생활(직업)
일반 선택	수학, 사회, 과학	세계시민과 지리, 세계사, 사회와 문화, 현대사회와 윤리
	체육·예술	음악, 연극
	기술·가정/정보	
	제2외국어/한문	제2외국어(스페인어, 독일어, 프랑스어)
	교양	
진로 선택	수학, 사회, 과학	
	체육·예술	음악 연주와 창작, 음악 감상과 비평
	기술·가정/정보	
	제2외국어/한문	
	교양	인간과 철학, 인간과 심리
융합 선택	수학, 사회, 과학	여행지리, 융합과학 탐구
	체육·예술	음악과 미디어
	기술·가정/정보	지식 재산 일반
	제2외국어/한문	
	교양	

추천 도서 목록

- 디지털 시대의 양적연구방법론, 조슈아 A. 러셀, 예솔
- 루브르에서 쇼팽을 듣다, 안인모, 지식서재
- 클래식 비스트로, 원현정, 한스미디어
- 바흐의 네 아들, 마르틴 겍, 풍월당
- 난처한 클래식 수업 89, 민은기, 사회평론
- 월드뮤직 도슨트, 유영민, 서해문집
- 삶이 행복해지는 순간의 클래식, 스칼라 라디오, 태림스코어
- 뉴 노멀 시대의 디지털 미디어 기반 음악교육 방법, 민경훈 외, 어가
- 인성과 오케스트라를 위한 Shadow of Life, 한경진, 전남대학교출판문화원
- 조용필과 위대한 탄생, 윤영인, 북코리아
- 클래식 음악 수업, 김준희, 사람in
- 에트빈 피셔의 마스터 클래스, 에트빈 피셔, 포노
- 알고 보면 흥미로운 클래식 잡학사전, 정은주, 해더일
- 디어 마이 오페라, 백재은, 그래도봄
- 그래서 우리는 음악을 듣는다, 히사이시 조 외, 현익출판

- 나의 보컬 레슨, 김아람, 에이아이북스
- 클래식 음악의 이해, 김유정, 커뮤니케이션북스
- 음악을 듣는 법, 오카다 아케오, 끌레마
- 피아니스트의 뇌, 후루야 신이치, 끌레마
- 장승용의 음악 여행: 테마가 있는 오페라 여행, 장승용, 제이북스앤미디어
- 2024 K-콘텐츠: 한류를 읽는 안과 밖의 시선, 안숭범 외, 경희대학교 출판문화원
- 국가와 음악, 오쿠나카 야스토, 민속원
- 음악형식의 이론과 분석, 송무경 외, 모노폴리
- 하룻밤 공연장 여행, 최민아, 다른
- 오늘의 감정, 클래식, 김기홍, 초록비책공방
- 바흐의 네 아들, 마르틴 겍, 풍월당
- 바그너의 마지막 인터뷰, 오해수, 산지니
- 요한 제바스티안 바흐, 알베르트 슈바이처, 풍월당
- 모차르트 평전, 이채훈, 혜다
- 음악을 한다는 것, 베네데타 로발보, 지노

학교생활 TIPS

- 성악을 전공하는 데 기본이 되는 음악 및 예술 교과 성적을 상위권으로 유지하고, 교과 활동을 통해 음악에 대한 이론과 발성법 등을 익힙니다. 그 과정에서 학업 능력, 전공 적합성, 창의력, 발전 가능성 등이 나타나고, 이같은 내용이 학교생활기록부 교과 세부능력 및 특기사항에 기록될 수 있도록 합니다.
- 음악 및 예술 관련 대회 수상 경력, 모범상, 선행상, 봉사상 등의 수상 경력이 도움이 됩니다. 영화, 연극, 뮤지컬 등의 문화 예술 활동에 참여하여 다양한 장르를 경험해 보거나, 관련 전공에 대한 진로 탐색 활동을 하는 것을 권장합니다.
- 공동 과제 수행이나 모둠 활동을 통해 다른 사람의 의견을 경청하는 능력, 상대방의 관심 사항과 요구에 공감하는 능력, 주도적으로 과제 수행에 임하는 열의, 탐구 능력 등을 기르고, 이러한 역량들이 학교생활기록부에 나타나도록 합니다.
- 음악 관련 동아리 활동을 통하여 음악적 역량을 함양하고, 인문학, 철학, 역사, 심리학 등 다양한 분야의 독서를 통하여 인문적 소양을 기를 것을 추천합니다.
- 학교생활기록부에 자기주도성, 경험의 다양성, 성실성, 창의성 및 음악적 재능과 예술적 다양성 등이 나타날 수 있도록 적극적인 학교생활을 할 것을 권장합니다.

229

스포츠건강관리학과

학과소개

현대인들은 신체 활동 기회의 감소, 과다한 영양 섭취, 불규칙한 생활 습관, 여러 가지 유형의 스트레스 증가로 인한 만성적인 질병과 건강상의 문제들을 경험하고 있습니다. 스포츠건강관리학은 건강 관리에 대한 과학적이고 체계적인 지식을 연구하여 운동 프로그램을 처방 및 지도하며, 스트레스 관리와 합리적인 영양 섭취 그리고 신체 활동과 관련된 부상 등에 대해 연구하는 학문입니다.

스포츠건강관리학과는 스포츠 현장의 창의적인 실무형 스포츠지도자와 국민 건강 증진에 기여할 수 있는 전문 스포츠 건강 관리자를 양성하는 것에 교육 목표를 두고 있습니다. 이를 위해 교육 시설 환경을 개선하고, 교육의 내실화 및 교육 내용의 실용화를 지향하며, 국내외 학술 교류 및 산학 협동 교육도 강화하고 있습니다. 또한 스포츠건강관리학과에서는 자연 친화형 스포츠 프로그램을 운영함으로써 스포츠 관광의 수요를 증대하고, 이에 따라 지역 경제의 발전에 기여하고자 합니다. 대상별·질환별로 운동 처방 프로그램과 운동 지도 서비스를 제공하여 지역 사회의 복지 및 건강 증진에 기여하며, 취약 계층 및 장애인을 대상으로 하는 스포츠 재능 기부를 통해 지역 사회의 균형 발전에도 기여합니다.

개설대학

- 남서울대학교
- 목원대학교
- 세한대학교 등

관련학과

- 건강관리학과
- 뷰티건강관리학과
- 운동건강관리학과
- 스포츠·무용학부 스포츠건강관리학과 등

진출직업

- 헬스트레이너
- 건강운동관리사
- 운동재활전문지도사
- 수중재활운동사
- 선수트레이너
- 일반경비지도사
- 유소년스포츠지도사
- 청소년지도사
- 청소년상담사
- 의무트레이너
- 퍼스널트레이너
- 스포츠심리상담사
- 스포츠시설기획 및 경영업자
- 스포츠리조트시설운영자
- 스포츠시설임대업자 등

취득가능 자격증

- 전문스포츠 지도사
- 경기지도사
- 신체 교정사
- 청소년 지도사
- 생활스포츠지도사
- 건강운동관리사
- 노인스포츠지도사
- 유소년스포츠지도사
- 장애인스포츠지도사
- 운동사
- 운동재활전문지도사
- 수중재활지도자
- 레크리에이션지도사 등

진출분야

기업체	프로 및 아마추어 구단, 운동 처방 및 건강 증진 센터, 클리닉 센터(스포츠 의학 센터, 스포츠 재활 클리닉), 스포츠 마케팅 업체, 스포츠 신문사, 스포츠 여행업체, 스포츠 복권 사업단, 스포츠 용품 제조업체 및 유통 업체, 스포츠 시설 건설업체 등
정부 및 공공 기관	공공 기관(시, 군, 구 보건소 및 스포츠 센터), 복지 시설(노인 복지 시설, 유아 교육 시설, 장애인 재활 시설), 한국마사회, 경륜경정사업본부, 국민체육진흥공단 등
연구 기관	건강·스포츠 관련 국가·민간 연구소 등

학과 주요 교과목

기초 과목	스포츠실기지도, 스포츠원리, 스포츠의학입문, 하계스포츠, 기능해부학, 동계스포츠, 스포츠사회학, 유아체육론, 운동생리학, 스포츠심리학, 운동처방론, 특수체육론, 노인체육론, 생활스포츠지도사커리어개발, 운동역학, 운동상해, 임상운동테크놀로지 I 등
심화 과목	트레이닝방법론, 스포츠커뮤니케이션, 심폐소생술 및 응급처치, 운동부하검사, 스포츠실기지도, 임상 운동테크놀로지 II, 건강체력평가, 운동건강리더십, 평생스포츠, 뉴스포츠디자인, 스포츠건강현장실습, 재활레크리에이션, 운동학습론, 취업준비와 사회진출 등

학과 인재상 및 갖추어야 할 자질

- 지성과 글로벌 역량을 갖춘 전문적 스포츠 교육자가 되고 싶은 학생
- 미래 지향적이며, 무엇이든 도전하고자 하는 자세를 갖춘 학생
- 건강한 정신과 신체, 정당하게 경기를 치르는 스포츠맨십을 지닌 학생
- 올바른 가치관과 책임 의식을 갖춘 생활 스포츠 지도자가 꿈인 학생
- 한 종목 이상의 특기를 기르기 위해 시간과 노력을 투자할 수 있는 끈기와 인내심을 지닌 학생
- 다른 사람을 가르치는 데 필요한 지도력과 인격을 지닌 학생

학과 관련 선택 과목

※ 국어, 영어 교과는 모든 학문의 기초적인 성격을 가진 도구교과로 모든 학과에 이수가 필요하여 생략함.

공통 과목		공통국어1,2, 공통수학1,2, 공통영어1,2, 한국사1,2, 통합사회1,2, 통합과학1,2, 과학탐구실험1,2
수능 필수		화법과 언어, 독서와 작문, 문학, 대수, 미적분Ⅰ, 확률과 통계, 영어Ⅰ, 영어Ⅱ, 한국사, 통합사회, 통합과학, 성공적인 직업생활(직업)
일반 선택	수학, 사회, 과학	사회와 문화, 현대사회와 윤리, 물리학, 생명과학
	체육·예술	체육1, 체육2
	기술·가정/정보	
	제2외국어/한문	
	교양	
진로 선택	수학, 사회, 과학	정치, 법과 사회
	체육·예술	운동과 건강, 스포츠 문화, 스포츠 과학
	기술·가정/정보	생활과학 탐구
	제2외국어/한문	
	교양	인간과 심리, 보건
융합 선택	수학, 사회, 과학	사회문제 탐구, 융합과학 탐구
	체육·예술	스포츠 생활1, 스포츠 생활 2
	기술·가정/정보	
	제2외국어/한문	
	교양	

추천 도서 목록

- 스포츠손상예방 해부학, David Potach 외, 영문출판사
- 초보트레이너가 꼭 알아야 할 7가지, 이민우, 비엠북스
- 신경계 운동치료학, 김명철 외, 학지사메디컬
- 뉴 스포츠 비즈니스 인사이트, 박성배, 인물과사상사
- 스포츠, 윤리를 마주하다, 박성주 외, 북스힐
- 스포츠 리터러시 교육론, 최의창, 레인보우북스
- 약사들이 답하는 스포츠 영양 QA, 정상원 외, 참약사
- 스포츠 트레이닝의 기본과 이론, 사쿠마 카즈히코, 성안당
- 스포츠 인문학 다이제스트, 장대순 외, 책과나무
- 스포츠마사지와 신체교정학, 백남섭 외, 청풍출판사
- 스포츠 마케팅의 미래, 박재민, 클라우드나인
- 스포츠 윤리, Robert L. Simon, 글로벌콘텐츠
- 스포츠 거버넌스, 오준혁, 박영사
- 스포츠 마인드 트레이닝, 한덕현 외, 학지사
- 스포츠심리학의 정석, 김병준, 레인보우북스
- 스포츠 멘탈, 박영곤, 벗

- 스포츠마케팅 관리론, 김정만 외, 대한미디어
- 새로운 스포츠 심리학: 마음챙김과 수용전념, 크리스토퍼 헨릭센 외, 군자출판사
- 멘탈 퍼포먼스, 이상우, 대경북스
- 스포츠재활운동, 한성준 외, 하움출판사
- 피지컬 코치 축구시장의 판을 바꿔라, 손동민, 라온북
- 스포츠를 철학하다, 김진훈 외, 이담북스
- 스포츠철학과 윤리학, 김상용, 청풍출판사
- 스포츠를 철학하다, 김진훈 외, 이담북스
- 대학교수의 스포츠 교육 이야기, 고문수, 한국학술정보
- 치료적 운동 처방, Kim Dunleavy 외, 영문출판사
- 임상운동처방 기전, 지용석, 디자인21
- 건강운동관리사를 위한 운동상해, 김용권 외, 한미의학
- 운동치료학, 최재청 외, 현문사
- 브릿지 더 갭, 수 팔소니, 대성의학사

학교생활 TIPS

- 스포츠건강관리학과와 관련이 깊은 체육, 사회, 물리학, 생명과학 교과의 우수한 학업 성취를 올릴 수 있도록 하고, 각 수업 활동에 적극적으로 참여하여 학업 역량, 문제 해결 능력, 전공 적합성 등이 학교생활기록부 교과 세부능력 및 특기사항에 기록될 수 있도록 합니다.
- 전공과 관련 있는 다양한 진로 활동(국민체육진흥공단, 스포츠 센터, 학과 탐방, 헬스트레이너 인터뷰 등)에 참여하여 새롭게 알게 된 사실이나 느낀 점을 중심으로 자신의 진로 역량을 키우도록 합니다.
- 체육, 무용, 축구 등의 교내 동아리나 방과 후 체육 교실, 주말 체육 교실 등에서 체육, 스포츠와 관련된 활동을 주도적으로 하고, 의미 있는 역할을 했음을 드러냅니다.

- 학급이나 학생회의 임원 활동, 교내 체육 대회 진행 및 보조, 장애인 도우미, 환경 정화 활동 등과 같은, 학교 교육계획에 의해 진행되는 봉사 활동이나 행사 활동, 수련 활동, 체험 활동에 적극적으로 참여하여 리더십, 배려하는 마음, 의사소통 능력, 협동심 등을 보이는 것이 중요합니다.
- 예술, 생물학, 물리학, 인문학 등 폭넓은 분야의 독서를 통해 기본적인 소양을 키웁니다.
- 인성, 발전 가능성, 나눔과 배려, 학업 의지, 창의성 등 자신의 강점이 학교생활기록부 행동특성 및 종합의견에 기록될 수 있도록 학교생활에 성실하게 임할 것을 권장합니다.

예체능계열
ART, MUSIC, PHYSICAL EDUCATION

학과소개

스포츠과학은 스포츠 현상에 존재하는 여러 법칙을 발견하고, 스포츠 활동과 관계있는 생리·심리·역학적 양상, 나아가서는 스포츠 활동 자체에 유익한 과학적 지식의 획득을 추구함으로써 스포츠 수행 능력의 향상과 건강 증진을 목적으로 하는 학문입니다.

스포츠과학과(부)는 스포츠의 과학화·정보화·대중화를 위해 이론 개발과 현장 연구에 주력하여 생활 체육 진흥과 삶의 질 향상에 기여할 수 있는 스포츠 전문 인력을 양성하는 학과입니다. 21세기 고부가 가치 산업이며 융·복합 산업으로 대두되는 스포츠 산업 시장을 선도하며, 스포츠 산업 선진국으로의 도약에 이바지하고, 스포츠 복지 국가를 이루는 데 필요한 책임감 있는 인재를 기르는 것을 교육 목표로 합니다. 또한 고령화 사회에 대비하여 스포츠 건강 및 노인 건강 관련 전문 인력도 양성합니다. 스포츠과학과(부)는 스포츠과학 전문가로서 갖추어야 할 이론적 지식과 전문적 실기 능력을 배양하는 교육, 다양한 국민적 운동 수요에 대처할 수 있는 집중적이고 실제적인 교육을 지향합니다.

개설대학

- 강원대학교
- 경남대학교
- 부산대학교
- 서울과학기술대학교
- 서울시립대학교
- 성균관대학교
- 순천향대학교
- 안양대학교(제2캠퍼스)
- 예원예술대학교
- 인하대학교
- 전북대학교
- 제주대학교
- 청운대학교
- 충남대학교
- 한남대학교 등

관련학과

- e스포츠산업학과
- 스포츠재활복지학과
- 스포츠건강과학과
- 스포츠건강학과
- 스포츠건강관리학과
- 스포츠과학부
- 스포츠마케팅학과
- 스포츠비즈니스학과
- 스포츠산업레저학과
- 레저스포츠산업학과
- 건강스포츠학부
- 국제스포츠레저학부
- 레저스포츠학과
- 레저해양스포츠학과 등

진출분야

기업체	병원, 요양소, 사회체육 단체, 스포츠 이벤트 업체, 피트니스클럽, 스포츠 경기 구단, 스포츠 시설 운영 업체, 스포츠 마케팅 대행업체, 스포츠 에이전시, 스포츠 마케팅 회사, 스포츠 용품 개발 및 유통업체, 스포츠 IT 개발 관리 업체, 스포츠 미디어 업체, 스포츠관광 및 이벤트 업체, 스포츠 인터넷 사업체, 일반 기업의 영업·마케팅·홍보 부서 등
정부 및 공공 기관	문화체육관광부, 보건소, 국민체육진흥공단, 대한체육회, 대한장애인체육회, 한국문화체육관광협회, 지방 자치 단체, 공공 체육 시설, 실버타운, 사회 복지관, 중고등학교, 대학교 등
연구 기관	체육·스포츠 관련 연구소, 체육·스포츠 관련 협회 등

진출직업

- 체육대학 교수 및 강사
- 시청 및 실업팀 소속 운동선수
- 스포츠마케터
- 스포츠과학연구원
- 스포츠센터 및 스포츠클리닉 운영자
- 스포츠시설관리자
- 퍼스널건강 및 체력관리사
- 스포츠PD
- 체육기자
- 운동처방사
- 스포츠환경전문가
- 스포츠상품기획개발자
- 에이전트
- 스포츠이벤트기획자
- 스포츠정보개발자
- 선수트레이너
- 스포츠해설 및 평론가 등

취득가능 자격증

- 전문스포츠지도사
- 장애인스포츠지도사
- 건강운동관리사
- 운동사
- 스포츠경영관리사
- 수상인명구조
- 스포츠테이핑지도사
- 레크리에이션지도사
- 생활스포츠지도자
- 스포츠 심리상담사
- 경기지도사
- 응급처치법강사
- 퍼스널 트레이너 등

학과 주요 교과목

기초 과목	스포츠경영원론, 스포츠과학의 이해, 운동기능해부학, 축구, 골프, 수영, 스포츠심리학, 스포츠철학, 운동생리학, 태권도, 장애인스포츠지도, 배구, 수영과인명구조, 스포츠문화사, 스포츠사회학, 운동처방론, 핸드볼, 건강체력평가, 스포츠교육학, 유소년스포츠지도, 해양스포츠, 농구, 볼링, 수상안전과 해양활동, 헬스트레이닝 등
심화 과목	스키, 스포츠마케팅, 스포츠상담, 운동상해 및 처치, 노인스포츠지도, 스포츠윤리, 야외활동, 운동역학, 병태생리학, 스포츠과학세미나, 스포츠데이터분석, 여가레크리에이션, 운동처방실습, 스포츠산업론, 스포츠트레이닝론, 그룹운동, 댄스스포츠, 레크리에이션지도, 스포츠마사지, 운동학습 및 제어, 테니스, 라켓구기, 스포츠창업, 스포츠코칭, 운동영양학 등

학과 인재상 및 갖추어야 할 자질

- 운동을 좋아하고 즐기며, 스포츠맨십을 갖춘 학생
- 스포츠에 관심이 많고, 기획과 마케팅 업무를 배우고 싶은 학생
- 건강한 정신과 신체를 지니고, 올바른 가치관과 책임 의식을 갖춘 학생
- 체육학 연구에 관심이 많고, 물리학과 의학의 기초 지식을 지닌 학생
- 끈기와 인내심이 있으며, 남다른 지도력과 인격을 갖춘 학생

학과 관련 선택 과목

※ 국어, 영어 교과는 모든 학문의 기초적인 성격을 가진 도구교과로 모든 학과에 이수가 필요하여 생략함.

공통 과목		공통국어1,2, 공통수학1,2, 공통영어1,2, 한국사1,2, 통합사회1,2, 통합과학1,2, 과학탐구실험1,2
수능 필수		화법과 언어, 독서와 작문, 문학, 대수, 미적분Ⅰ, 확률과 통계, 영어Ⅰ, 영어Ⅱ, 한국사, 통합사회, 통합과학, 성공적인 직업생활(직업)
일반 선택	수학, 사회, 과학	사회와 문화, 현대사회와 윤리, 물리학, 생명과학
	체육·예술	체육1, 체육2
	기술·가정/정보	
	제2외국어/한문	
	교양	
진로 선택	수학, 사회, 과학	정치, 법과 사회
	체육·예술	운동과 건강, 스포츠 문화, 스포츠 과학
	기술·가정/정보	
	제2외국어/한문	
	교양	인간과 심리
융합 선택	수학, 사회, 과학	실용 통계, 사회문제 탐구, 융합과학 탐구
	체육·예술	스포츠 생활1, 스포츠 생활 2
	기술·가정/정보	
	제2외국어/한문	
	교양	

추천 도서 목록

- 개념 중심 스포츠사회학, 이혁기 외, 레인보우북스
- 스포츠시설 안전관리론, 곽봉현, 박영사
- 스포츠윤리학, 김정효, 레인보우북스
- 스포츠 마케팅, 문개성, 박영사
- 도핑검사관이 직접 알려주는 스포츠 도핑, 박주희 외, 가나출판사
- 올림픽 웨이트리프팅과 스포츠 퍼포먼스, 댄 밀러, 대성의학사
- 새로운 스포츠 심리학: 마음챙김과 수용전념, 크리스토퍼 헨릭센 외, 군자출판사
- 멘탈 퍼포먼스, 이상우, 대경북스
- 스포츠 사회와 윤리: 21세기 과제와 비전, 문개성, 박영사
- 실전 예제로 배우는 스포츠분석을 위한 인공지능 딥러닝 입문, 박재현 외, 레인보우북스
- 스포츠 심리와 마케팅, 오주훈, 에듀컨텐츠휴피아
- 스포츠 마케팅, Matthew D. Shank 외, 한경사
- 스포츠 커뮤니케이션 인사이트, 한국소통학회, 한울아카데미
- 스포츠의학에서 재생치료, Suad Trebinjac 외, 메디안북

- 스포츠마사지와 신체교정학, 백남섭 외, 토담출판사
- 꿈의 스포츠 마케팅, 김영진, 이지컴
- Mathletics: 수학으로 풀어보는 스포츠, Wayne L. Winston 외, 영진닷컴
- 스포츠, 돈 그 이상의 가치, 박성수, 학현사
- 상위 1% 트레이너 빌드업, 라이프빌딩 변기현, 비엠북스
- 이스포츠 인사이트, 김기한 외, 한울아카데미
- 최고 운동 건강 이야기, 이광무, 보성
- 최고의 움직임은 어떻게 만들어지는가, 롭 그레이, 코치라운드
- 스포츠시설 안전관리론, 곽봉현, 박영사
- 체육사, 옥광, 충북대학교출판부
- 스포츠윤리학, 김정효, 레인보우북스
- 스포츠 마케팅, 문개성, 박영사
- 파워 뉴 운동생리학, 최대혁 외, 라이프사이언스
- 힘 훈련 해부학, 제롬 마일로, 대성의학사
- 올림픽 웨이트리프팅과 스포츠 퍼포먼스, 댄 밀러, 대성의학사
- 치료적 운동 처방, Kim Dunleavy 외, 영문출판사

학교생활 TIPS

- 스포츠과학과 관련이 깊은 체육, 물리학 등의 교과에서 우수한 학업 성취를 올릴 수 있도록 하고, 각 수업 활동에 적극적으로 참여하여 학업 역량, 문제 해결 능력, 전공 적합성 등이 학교생활기록부 교과 세부능력 및 특기사항에 기록될 수 있도록 합니다.
- 전공과 관련 있는 다양한 진로 활동(재활 전문 병원 및 학과 탐방, 스포츠 트레이너 인터뷰 등)에 참여하여 새롭게 알게 된 사실이나 느낀 점을 중심으로 자신의 진로 역량을 키웁니다.
- 축구, 농구, 탁구, 배드민턴, 댄스, 수영 등의 교내 스포츠 관련 동아리에서 활동하며, 발표회, 행사 등에 적극적으로 참여하고 자신의 의미 있는 역할과 노력이 나타나도록 합니다.

- 학급이나 학생회의 임원, 교내 체육 행사 진행, 캠페인 활동, 교내외 스포츠클럽 진행, 환경 정화 등 학교 교육계획에 의해 진행되는 봉사 활동이나 행사 활동, 수련 활동, 체험 활동에 적극적으로 참여하여 리더십, 배려하는 마음, 의사소통 능력, 협동심 등을 보이는 것이 중요합니다.
- 문학, 사회학, 예술학, 심리학, 물리학, 철학 등 폭넓은 분야의 독서를 통해 기본적인 소양을 키웁니다.
- 인성, 발전 가능성, 나눔과 배려, 학업 의지, 창의성 등 자신의 강점이 학교생활기록부 행동특성 및 종합의견에 기록될 수 있도록 학교생활에 성실하게 임합니다.

학과소개

바쁜 현대인이 삶 속에서 '어떻게 하면 행복하게 살 수 있는가?'를 성찰하고 배울 기회는 그리 많지 않습니다. 스포츠레저학은 현대인들이 겪는 '피로 사회'와 '과로 사회'에 대한 문제를 성찰하고, 한 개인이 일(노동)과 여가 생활의 조화를 이루어 보다 행복하게 살아가는 방향과 방법에 대한 것을 핵심적으로 연구하는 학문입니다. 스포츠레저학과는 사람들이 개인의 행복뿐만 아니라 타인, 사회 구성원들과 함께 행복한 삶을 이루기 위해 일상 생활, 특히 여가 생활에서 어떤 선택을 하는 것이 필요한지 고민하며 스스로 행복을 찾는 방법을 터득하고, 행복한 삶을 영위하도록 돕는 레저 및 스포츠 산업 분야의 전문가를 양성하고 있습니다.

스포츠레저학과는 현대 사회에서 스포츠의 가치와 역할의 이해, 다양한 스포츠 관련 시스템의 이해를 통한 창조적인 레저 및 스포츠 산업의 전문 인력 양성을 목표로 하고 있습니다. 레저 및 스포츠 산업 현장에서 필요한 국제적 감각과 실무 능력, 실천적 지식을 배양하여 국내 레저 및 스포츠 산업의 건전한 발전을 선도하는 전문 인력을 양성하고자 합니다.

개설대학

- 남부대학교
- 대구대학교
- 아주대학교
- 용인대학교
- 홍남대학교 등

관련학과

- 레저스포츠학과
- 스포츠산업레저학과
- 국제스포츠레저학부
- 레저스포츠산업학과
- 레저스포츠학전공
- 래저해양스포츠학과
- 해양레저관광학과
- 스포츠레저학전공 등

진출직업

- 레저스포츠지도자
- 스포츠에이전트
- 스포츠기획자
- 체육행정관리자
- 스포츠마케터
- 이벤트기획자
- 스포츠트레이너
- 레크리에이션 강사
- 운동처방사
- 스포츠기자
- 스포츠PD
- 스포츠해설자
- 체육행정 공무원
- 중등학교 교사(체육)
- 대학 교수 등

취득가능 자격증

- 전문스포츠지도사
- 스포츠경영관리사
- 스포츠테이핑지도사
- 레크리에이션지도사
- 잠수기능사
- 생활스포츠지도사
- 운동처방사
- 청소년지도사
- 생활체육지도사
- 수상안전 요원
- 퍼스널 트레이너
- 중등학교 정교사 2급(체육) 등

진출분야

기업체	기업체 프로 스포츠 팀, 스포츠 경영 및 마케팅 부서, 스포츠레저 산업 관련 기업체, 사회 체육 단체, 스포츠 복지 관련 서비스 업체, 스포츠 센터 등
정부 및 공공 기관	대한체육회 및 정부 산하 체육 행정 기관, 각종 체육단체 및 협회, 중고등학교, 대학교 등
연구 기관	스포츠·체육 관련 국가·민간 연구소 등

학과 주요 교과목

| 기초 과목 | 스포츠산업경영론, 여가레크리에이션, 하계스포츠리더십, 동계스포츠, 수영, 뉴스포츠, 스포츠마케팅원론, 스포츠산업영어, 스포츠미디어 및 광고론, 스포츠시설마케팅론, 수상스포츠, 볼링, 배구, 스포츠사회학, 스포츠복지행정론, 스포츠와 사회문화, 레저복지론, 건강교육 등 |
| 심화 과목 | 스포츠산업실무경험, 레저스포츠프로그래밍, 프로스포츠팀경영론, 스포츠에이전트론, 스포츠이벤트기획론, 운동실기, 검도, 캠핑, 스포츠조직관리론, 스포츠정책 및 법, 스포츠관광론, 스포츠소비자행정론, 스포츠PR론, 평생스포츠, 스포츠마케팅조사방법론, 스포츠마케팅전략 및 사례연구, 현대사회와 여가트렌드, 실내생활스포츠, 스포츠클라이밍, 재활승마, 특수체육, 스포츠철학, 체육교과 및 논리논술 등 |

학과 인재상 및 갖추어야 할 자질

- 미래 지향적이고 자기주도적으로 새로운 것에 도전하는 것을 즐기는 학생
- 올바른 가치관과 책임 의식을 갖춘 생활 스포츠 지도자를 꿈꾸는 학생
- 건강한 정신과 신체를 지녔으며, 운동과 스포츠에 자질이 있는 학생
- 경기를 정당하게 치러내는 스포츠맨십을 지닌 학생
- 특기를 기르기 위해서 시간과 노력을 투자하는 끈기가 있는 학생

학과 관련 선택 과목

※ 국어, 영어 교과는 모든 학문의 기초적인 성격을 가진 도구교과로 모든 학과에 이수가 필요하여 생략함.

공통 과목		공통국어1,2, 공통수학1,2, 공통영어1,2, 한국사1,2, 통합사회1,2, 통합과학1,2, 과학탐구실험1,2
수능 필수		화법과 언어, 독서와 작문, 문학, 대수, 미적분 I , 확률과 통계, 영어 I , 영어 II , 한국사, 통합사회, 통합과학, 성공적인 직업생활(직업)
일반 선택	수학, 사회, 과학	사회와 문화, 현대사회와 윤리, 물리학, 생명과학
	체육·예술	체육1, 체육2, 음악, 미술, 연극
	기술·가정/정보	
	제2외국어/한문	
	교양	
진로 선택	수학, 사회, 과학	정치, 법과 사회
	체육·예술	운동과 건강, 스포츠 문화, 스포츠 과학, 음악 연주와 창작, 미술 창작
	기술·가정/정보	
	제2외국어/한문	
	교양	인간과 심리, 보건
융합 선택	수학, 사회, 과학	여행지리, 사회문제 탐구
	체육·예술	스포츠 생활1, 스포츠 생활 2, 음악과 미디어
	기술·가정/정보	
	제2외국어/한문	
	교양	

추천 도서 목록

- 스포츠시설 안전관리론, 곽봉현, 박영사
- 스포츠윤리학, 김정효, 레인보우북스
- 스포츠 마케팅, 문개성, 박영사
- 실전 예제로 배우는 스포츠분석을 위한 인공지능 딥러닝 입문, 박재현 외, 레인보우북스
- 스포츠 심리와 마케팅, 오주훈, 에듀컨텐츠휴피아
- 스포츠 마케팅, Matthew D. Shank 외, 한경사
- 스포츠 커뮤니케이션 인사이트, 한국소통학회, 한울아카데미
- VVIP 운동과 건강, 김수연, 한국학술정보
- 평생 써먹는 기적의 운동 20, 카르스텐 레쿠타트, 피카 라이프
- 인간은 어떻게 움직임을 배우는가, 롭 그레이, 코치라운드
- 스포츠 마인드 트레이닝, 한덕현 외, 학지사
- 스포츠심리학의 정석, 김병준, 레인보우북스
- 스포츠 멘탈, 박영곤, 벗
- 스포츠 코칭이란 무엇인가, 최의창, 레인보우북스
- 스포츠심리학원론, 권성호, 레인보우북스

- 야외활동과 건강생활, 백남섭 외, 토담출판사
- 개념 중심 스포츠사회학, 이혁기 외, 레인보우북스
- 최고 운동 건강 이야기, 이광무, 보성
- 최고의 움직임은 어떻게 만들어지는가, 롭 그레이, 코치라운드
- 스포츠시설 안전관리론, 곽봉현, 박영사
- 체육사, 옥광, 충북대학교출판부
- 스포츠윤리학, 김정효, 레인보우북스
- 스포츠 마케팅, 문개성, 박영사
- 파워 뉴 운동생리학, 최대혁 외, 라이프사이언스
- 힘 훈련 해부학, 제롬 마일로, 대성의학사
- 올림픽 웨이트리프팅과 스포츠 퍼포먼스, 댄 밀러, 대성의학사
- 건강운동관리사를 위한 운동상해, 김용권 외, 한미의학
- 운동치료학, 최재청 외, 현문사
- 브릿지 더 갭, 수 팔소니, 대성의학사
- 운동재활관리, 동아대학교 출판부, 동아대학교출판부
- 운동손상, 임승길 외, 라이프사이언스

학교생활 TIPS

- 스포츠레저학과 관련이 깊은 국어, 체육, 물리학, 생명 과학 등의 교과에서 우수한 학업 성취를 올릴 수 있도록 하고, 각 수업 활동에 적극적으로 참여하여 학업 역량, 문제 해결 능력, 전공 적합성 등이 학교생활기록부 교과 세부능력 및 특기사항에 기록될 수 있도록 합니다.
- 전공과 관련 있는 다양한 진로 활동(스포츠레저 관련 업체, 학과 탐방, 레저 스포츠지도자 직업인 인터뷰 등)에 참여하여 새롭게 알게 된 사실이나 느낀 점을 중심으로 자신의 진로 역량을 키우도록 합니다.
- 축구, 태권도, 유도, 야구 등의 교내 동아리에서 실기 역량 기르기, 이론 학습, 스포츠레저 관련 연구, 조사 등을 꾸준히 하면서 자신의 주도적인 노력과 리더십이 나타나도록 합니다.

- 학급이나 학생회 임원, 행사의 체육 활동 담당, 방과 후 체육 교실, 학교 스포츠 활동 등 학교 교육계획에 의해 진행되는 봉사 활동이나 행사 활동, 수련 활동, 체험 활동에 적극적으로 참여하여 리더십, 배려하는 마음, 의사소통 능력, 협동심 등을 보이는 것이 중요합니다.
- 생명공학, 사회학, 문학, 예술학, 심리학, 체육학 등 폭넓은 분야의 독서를 통해 기본적인 소양을 키웁니다.
- 인성, 발전 가능성, 나눔과 배려, 학업 의지, 창의성 등 자신의 강점이 학교생활기록부 행동특성 및 종합의견에 기록될 수 있도록 학교생활에 성실하게 임할 것을 권장합니다.

232

스포츠산업학과

학과소개

현대 사회가 발전을 거듭하면서 평균 소득이 증가했고 여가 생활도 다양해졌습니다. 이에 따라 스포츠에 대한 관심과 참여 또한 증대되었고, 스포츠 산업은 새로운 고부가 가치 산업으로 대두되고 있습니다. 실제로 스포츠 산업 시장의 규모는 매년 증가하고 있으며, 미국과 유럽, 일본 등 선진국의 스포츠 산업 규모는 실로 거대합니다. 반면 국내 스포츠 산업 시장은 아직 태동 단계입니다. 아직 시장의 규모는 작지만, 이는 반대로 앞으로의 성장 가능성과 잠재력이 무궁무진함을 뜻하기도 합니다.

스포츠산업학과는 이러한 시대적 요구에 능동적으로 대처하고, 스포츠 산업을 선도할 전문 인력을 배출하기 위해 개설되었습니다. 단순히 스포츠를 이론으로 배우는 학과가 아닌, 스포츠를 활용해 부가 가치를 생성하는 방법, 스포츠를 통해 수익을 거둘 수 있는 방법에 대해 고민하고 연구하는 학과 입니다. 실제로 스포츠산업학과에서는 현장에서 일하고 있는 전문가들의 목소리를 직접 들을 수 있는 현장 실습의 기회나 프로 야구단에서 인턴 활동을 할 수 있는 기회 등을 학생들에게 제공합니다. 또한 직접 설문을 통해 스포츠를 관람하는 소비자들의 소비 행태를 통계학적으로 파악하고, TV나 인터넷에 노출되는 프로 구단 광고를 수치상으로 계산하여 각 프로 구단의 직간접적인 규모를 계산하기도 합니다. 이러한 조사를 통해 다양한 마케팅 프로세스를 구사하게 되면, 스포츠 구단의 활성화 방안, 스포츠 수익 구조, 수지 개선 등에 대해서도 학습합니다. 이외에도 스포츠산업학과 에는 스포츠 베팅 산업 및 스포츠 창업에 관련된 수업 등이 개설되어 있어 다채로운 스포츠 산업 세계를 탐색할 수 있습니다.

개설대학

- 안양대학교(제2캠퍼스)
- 조선대학교
- 중원대학교
- 한국교통대학교
- 한국체육대학교 등

진출직업

- 전문경영마케팅기획자
- 스포츠마케터
- 스포츠에이전트
- 스포츠트레이너
- 스포츠기자
- 스포츠해설자
- 대학 교수
- 스포츠연구원
- 생활체육지도자
- 스포츠시설디자이너 등

관련학과

- e스포츠산업학과
- 레저스포츠산업학과
- 건강스포츠학부
- 국제스포츠레저학부
- 레저스포츠학과
- 레저해양스포츠학과 등

취득가능 자격증

- 생활체육지도자
- 스포츠경영관리사
- 경기지도자
- 운동처방사
- 생활스포츠지도사
- 전문스포츠지도사
- 스포츠경영관리사
- 일반경비지도사
- 수상인명구조
- 스포츠테이핑지도사
- 레크리에이션지도사
- 잠수기능사 등

학과 주요 교과목

기초 과목	스포츠와 문화, 스포츠경영원론, 스포츠사회학, 스포츠와 4차 산업, e스포츠론, 스포츠경제학, 스포츠마케팅원론, 스포츠비 즈니스기본영어, 스포츠와 미디어, 스포츠PR론, 스포츠산업특 강, 스포츠시설경영론, 스포츠세일즈전략, 국제스포츠비즈니 스전략, 스포츠공공정책론 등
심화 과목	스포츠전공실기, 스포츠시장트렌드분석, 스포츠광고실습, 스 포츠와 법, 스포츠마케팅조사방법론, 스포츠와 국제관계, 스포 츠재무론, 스포츠소비자행동론, 축구문화산업론, 스포츠방송 산업론, 스포츠에이전트실무, 스포츠빅데이터분석, 스포츠글 로벌라이제이션, 스포츠산업현장실습, 프로스포츠산업연구, 스포츠관광, 스포츠상품기획, 스포츠와 베팅, 스포츠창업론 등

진출분야

기업체	사회 체육 단체, 프로 스포츠 구단, 프로 스포츠 협회, 스포츠 관련 기업, 스포츠 에이전시, 스포츠 마케팅 회사, 스포츠 용품 개발 및 유통업체, 스포츠 IT개발 관리 업체, 스포츠 미디어 회사, 스포츠 관광 및 이벤트 업체, 스포츠 식품 및 음료 개발사, 일반 기업의 영업·마케팅·홍보 부서 등
정부 및 공공 기관	문화체육관광부, 국민체육진흥공단, 대한체육회, 한국문화체 육관광협회, 경찰, 중고등학교, 대학교 등
연구 기관	체육·스포츠 관련 연구소 등

학과 인재상 및 갖추어야 할 자질

- 미래 지향적이고, 자기주도적이며, 새로운 것에 도전하는 것을 즐기는 학생
- 스포츠에 관심이 많고, 기획과 마케팅 업무를 배우고 싶어 하는 학생
- 건강한 정신과 신체, 올바른 가치관과 책임 의식을 갖춘 학생
- 인문, 사회, 예체능의 융합적 사고력을 발휘하며 서비스 산업에 종사 하고 싶은 학생
- 끈기와 인내심이 있으며, 사람들과 더불어 일하는 것을 즐기는 학생

학과 관련 선택 과목

※ 국어, 영어 교과는 모든 학문의 기초적인 성격을 가진 도구교과로 모든 학과에 이수가 필요하여 생략함.

공통 과목		공통국어1,2, 공통수학1,2, 공통영어1,2, 한국사1,2, 통합사회1,2, 통합과학1,2, 과학탐구실험1,2
수능 필수		화법과 언어, 독서와 작문, 문학, 대수, 미적분 I , 확률과 통계, 영어 I , 영어 II , 한국사, 통합사회, 통합과학, 성공적인 직업생활(직업)
일반 선택	수학, 사회, 과학	사회와 문화, 현대사회와 윤리, 물리학, 생명과학
	체육·예술	체육1, 체육2
	기술·가정/정보	정보
	제2외국어/한문	
	교양	
진로 선택	수학, 사회, 과학	정치, 법과 사회, 경제, 국제 관계의 이해
	체육·예술	운동과 건강, 스포츠 문화, 스포츠 과학
	기술·가정/정보	생활과학 탐구
	제2외국어/한문	
	교양	인간과 심리
융합 선택	수학, 사회, 과학	여행지리, 사회문제 탐구
	체육·예술	스포츠 생활1, 스포츠 생활 2
	기술·가정/정보	지식 재산 일반
	제2외국어/한문	
	교양	

추천 도서 목록

- 스포츠시설 안전관리론, 곽봉현, 박영사
- 스포츠윤리학, 김정효, 레인보우북스
- 스포츠 마케팅, 문개성, 박영사
- 도핑검사관이 직접 알려주는 스포츠 도핑, 박주희 외, 가나출판사
- 올림픽 웨이트리프팅과 스포츠 퍼포먼스, 댄 밀러, 대성의학사
- 새로운 스포츠 심리학: 마음챙김과 수용전념, 크리스토퍼 헨릭센 외, 군자출판사
- 스포츠윤리학, 김정효, 레인보우북스
- 멘탈 퍼포먼스, 이상우, 대경북스
- 스포츠 사회와 윤리: 21세기 과제와 비전, 문개성, 박영사
- 실전 예제로 배우는 스포츠분석을 위한 인공지능 딥러닝 입문, 박재현 외, 레인보우북스
- 스포츠 심리와 마케팅, 오주훈, 에듀컨텐츠휴피아
- VVIP 운동과 건강, 김수연, 한국학술정보
- 평생 써먹는 기적의 운동 20, 카르스텐 레쿠타트, 피카 라이프
- 인간은 어떻게 움직임을 배우는가, 롭 그레이, 코치라운드

- 스포츠 마케팅, Matthew D. Shank 외, 한경사
- 스포츠 커뮤니케이션 인사이트, 한국소통학회, 한울아카데미
- 신경계 운동치료학, 김명철 외, 학지사메디컬
- 스포츠 다큐: 죽은 철인의 사회, 정영재, 중앙북스
- 레저 스포츠 산업론, 김홍백 외, 형설출판사
- 나 혼자 스포츠마케팅 회사 창업하기, 김주택, 신사우동호랑이
- 스포츠 마케팅, 광고주에게 팔리는 제안서, 노창기, 박영사
- 스포츠 마케터로 산다는 것, 롸이팅 브로, 하모니북
- 체육·스포츠 행정의 이론과 실제, 문개성 외, 박영사
- 스포츠마케터의 세상, 김도균 외, DH미디어
- 스포츠 비즈니스 실무론, 정구현, 좋은땅
- 스포츠마케팅 관리론, 김정만 외, 대한미디어
- 스포츠 브랜드 마케팅, 필립 코틀러 외, 지식의날개
- 성공하는 스포츠 비즈니스, 박성배, 북카라반
- 스포츠 거버넌스, 오준혁, 박영사
- 현대 스포츠경영학, 강호정 외, 학현사

학교생활 TIPS

- 스포츠산업학과와 관련이 깊은 국어, 체육, 물리학, 경제 등의 교과에서 우수한 학업 성취를 올릴 수 있도록 하고, 각 수업 활동에 적극적으로 참여하여 학업 역량, 문제 해결 능력, 전공 적합성 등이 학교생활기록부 교과 세부능력 및 특기사항에 기록될 수 있도록 합니다.
- 전공과 관련 있는 다양한 진로 활동(스포츠 관련 업체, 학과 탐방, 스포츠 마케터 인터뷰 등)에 참여하여 새롭게 알게 된 사실이나 느낀 점을 중심으로 자신의 진로 역량을 키웁니다.
- 축구, 농구, 탁구, 배드민턴, 댄스, 요가 등의 교내 동아리에서 스포츠와 관련된 발표회, 대회 등에 꾸준히 참여하여 자신의 주도적인 노력과 리더십이 나타나도록 합니다.

- 학급이나 학생회의 임원, 교내 체육 행사의 진행 보조, 캠페인 활동, 교내외 스포츠클럽 진행, 환경 정화 등 학교 교육계획에 의해 진행되는 봉사활동이나 행사 활동, 수련 활동, 체험 활동에 적극적으로 참여하여 리더십, 배려하는 마음, 의사소통 능력, 협동심 등을 보이는 것이 중요합니다.
- 문학, 사회학, 예술학, 심리학, 물리학, 철학 등 폭넓은 분야의 독서를 통해 기본적인 소양을 키웁니다.
- 인성, 발전 가능성, 나눔과 배려, 학업 의지, 창의성 등 자신의 강점이 학교생활기록부 행동특성 및 종합의견에 기록될 수 있도록 학교생활에 성실하게 임합니다.

233

스포츠의학과

학과소개

현대 사회의 스포츠는 신체적·정신적 가치를 넘어서 삶을 풍요롭게 하는 문화적 가치를 지니고 있습니다. 따라서 학교 현장뿐 아니라 그밖에 다양한 장소에서 다양한 사람들이 즐기는 중요한 문화 코드로서 자리매김하고 있습니다. 또한 여가 시간의 증가와 생활 수준의 향상으로 인해 스포츠 체험에 대한 요구 역시 양적·질적으로 변화하고 있습니다. 국가적 차원에서도 스포츠와 다른 분야들의 융·복합을 통해 파생 가치를 창출하고자 노력하고 있으며, 새로운 형태의 질병 출현에 대응하고 건강한 심신을 유지하기 위한 스포츠의 중요성은 더욱 확대되고 있습니다.

스포츠의학은 인간의 신체적 움직임을 생리학, 해부학, 생화학 등의 생명과학적 관점에서 측정, 평가하고, 운동 기능의 향상과 건강한 삶의 유지에 기여할 수 있는 운동 및 건강과 관련된 전반적인 생활 방식을 연구, 지도, 처방, 관리하는 학문입니다. 스포츠의학과에서는 운동선수의 건강 관리와 부상 치료의 지침을 제시하여 경기력 향상을 도모하고, 일반인들에게는 당뇨병과 고혈압과 같은 만성 질환의 예방과 개선에 적합한 운동 요법을 지도하는 스포츠의학 전문가를 양성하고자 합니다.

개설대학

- 건양대학교
- 경희대학교
- 순천향대학교
- 신한대학교(제2캠퍼스)
- 한국교통대학교 등

진출직업

- 선수트레이너(AT)
- 스포츠에이전트
- 운동처방사
- 인명구조원
- 재활운동지도자 등

관련학과

- 건강스포츠전공
- 건강스포츠학부
- 스포츠건강의학과
- 스포츠의학전공
- 운동처방학과
- 운동처방학전공
- 재활치료학부(특수체육학전공)
- 재활치료학부(스포츠재활전공)
- 한방스포츠의학과 등

취득가능 자격증

- 보건교육사
- 체육지도자연수원
- 스포츠테이핑지도사
- 응급구조사
- 스포츠마사지사
- 재활마사지사
- 유소년/노인/장애인 스포츠 지도사
- 노인/장애/특수 체육 지도사
- 운동처방사
- 건강관리사
- 건강운동관리사
- 필라테스지도사
- 실버건강관리사 등

진출분야

기업체	병원 및 의료 기관, 프로 및 아마추어 운동 팀, 스포츠센터, 제약 회사, 스포츠 IT 개발업체, 운동 장비 개발업체, 각종 운동 시설, 건강 센터 및 재활 센터 등
정부 및 공공 기관	문화체육관광부, 보건소 및 공공 기관, 체육 관련 공기업, 대한 체육회 등
연구 기관	스포츠 연구소, 한국스포츠개발원, 스포츠문화연구소, 한국스포츠정책과학원, 대한스포츠의학회 등

학과 주요 교과목

기초 과목	수상스포츠, 스키, 맨손체조, 육상, 스포츠와 컴퓨터, 해부생리학, 스포츠의학개론, 운동생리학, 운동생리학, 운동처방론 등
심화 과목	인체해부학, 운동생리학실험법, 심전도, 병태생리학, 응급처치 및 심폐소생법, 스포츠카이로프랙틱, 물리치료학, 특수체육, 스포츠카이로프랙틱실습법, 특수체육실습, 스포츠마사지 및 테이핑, 운동손상학, 운동손상평가, 캡스톤디자인, 운동손상관리, 스포츠의공학, 운동영양학, 운동생화학, 성인병과 운동, 운동과 환경생리, 도핑과 에르고제닉스, 심상실습, 기능해부학, 재활운동실습 등

학과 인재상 및 갖추어야 할 자질

- 미래 지향적이고 자기주도적이며 도전적인 학생
- 풍부한 인성과 윤리적 가치관을 갖춘 학생
- 건강한 정신과 신체를 갖춘 학생
- 올바른 가치관과 책임 의식을 갖춘 학생
- 건강한 육체와 사고, 인성을 겸비한 학생
- 타인을 잘 배려하며, 생명을 소중하게 생각하는 학생
- 인접 학문에 대한 이해가 깊고, 새로운 분야를 개척할 수 있는 능력을 갖춘 학생
- 아픈 사람을 돕는 것을 좋아하고, 희생정신을 발휘함으로써 보람을 느끼는 학생

학과 관련 선택 과목

※ 국어, 영어 교과는 모든 학문의 기초적인 성격을 가진 도구교과로 모든 학과에 이수가 필요하여 생략함.

공통 과목		공통국어1,2, 공통수학1,2, 공통영어1,2, 한국사1,2, 통합사회1,2, 통합과학1,2, 과학탐구실험1,2
수능 필수		화법과 언어, 독서와 작문, 문학, 대수, 미적분 I , 확률과 통계, 영어 I , 영어 II , 한국사, 통합사회, 통합과학, 성공적인 직업생활(직업)
일반 선택	수학, 사회, 과학	사회와 문화, 현대사회와 윤리, 물리학, 생명과학
	체육·예술	체육1, 체육2
	기술·가정/정보	
	제2외국어/한문	
	교양	
진로 선택	수학, 사회, 과학	정치, 법과 사회, 세포와 물질대사, 생물의 유전
	체육·예술	운동과 건강, 스포츠 문화, 스포츠 과학
	기술·가정/정보	생활과학 탐구
	제2외국어/한문	
	교양	인간과 심리, 보건
융합 선택	수학, 사회, 과학	사회문제 탐구, 융합과학 탐구
	체육·예술	스포츠 생활1, 스포츠 생활 2
	기술·가정/정보	
	제2외국어/한문	
	교양	

추천 도서 목록

- 스포츠 커뮤니케이션 인사이트, 한국소통학회, 한울아카데미
- 스포츠의학에서 재생치료, Suad Trebinjac 외, 메디안북
- 스포츠마사지와 신체교정학, 백남섭 외, 토담출판사
- 꿈의 스포츠 마케팅, 김영진, 이지컴
- Mathletics: 수학으로 풀어보는 스포츠, Wayne L. Winston 외, 영진 닷컴
- 스포츠, 돈 그 이상의 가치, 박성수, 학현사
- 상위 1% 트레이너 빌드업, 라이프빌딩 변기현, 비엠북스
- 이스포츠 인사이트, 김기한 외, 한울아카데미
- VVIP 운동과 건강, 김수연, 한국학술정보
- 평생 써먹는 기적의 운동 20, 카르스텐 레쿠타트, 피카 라이프
- 인간은 어떻게 움직임을 배우는가, 롭 그레이, 코치라운드
- 치료적 운동 처방, Kim Dunleavy 외, 영문출판사
- 생활체육 이론 및 실기, 송상욱 외, 진영사
- 운동기술 획득의 역동성, 크리스 버튼 외, 대성의학사
- 생활 건강과 운동, 김수연, 한국학술정보

- 스포츠 코칭이란 무엇인가, 최의창, 레인보우북스
- 스포츠심리학원론, 권성호, 레인보우북스
- 야외활동과 건강생활, 백남섭 외, 토담출판사
- 개념 중심 스포츠사회학, 이혁기 외, 레인보우북스
- 최고 운동 건강 이야기, 이광무, 보성
- 최고의 움직임은 어떻게 만들어지는가, 롭 그레이, 코치라운드
- 스포츠시설 안전관리론, 곽봉현, 박영사
- 체육사, 옥광, 충북대학교출판부
- 스포츠윤리학, 김정효, 레인보우북스
- 스포츠 마케팅, 문개성, 박영사
- 파워 뉴 운동생리학, 최대혁 외, 라이프사이언스
- 힘 훈련 해부학, 제롬 마일로, 대성의학사
- 올림픽 웨이트리프팅과 스포츠 퍼포먼스, 댄 밀러, 대성의학사
- 신경계 운동치료학, 김명철 외, 학지사메디컬
- 임상운동처방 기전, 지용석, 디자인21

학교생활 TIPS

- 스포츠의학을 전공하는 데 기본이 되는 과학과 수학, 그리고 체육 교과 성적을 상위권으로 유지하고, 교과 활동을 통해 지식의 폭을 확장하는 것이 좋습니다. 학업 능력, 전공 적합성, 문제 해결 능력 등이 학교생활기록부 교과 세부능력 및 특기사항에 기록될 수 있도록 적극적으로 교과 수업에 참여합니다.
- 스포츠의학과 관련된 진로 박람회 및 전공 체험에 참여하여 자기주도적으로 진로를 개척해 나갈 것을 권장합니다.
- 일상생활에서 나눔과 배려를 실천할 수 있는 다양한 봉사 활동에 참여하고, 이를 통해 다른 사람의 마음에 공감하는 능력을 함양할 것을 추천합니다.

- 축구, 농구, 태권도 등 체육 관련 동아리 및 의학 관련 동아리에서 전공 관련 역량을 함양하고, 인문학, 의학, 과학, 철학, 체육학, 심리학 등 다양한 분야의 독서를 할 것을 추천합니다.
- 학교생활을 통해 자기주도성, 성실성, 책임감, 의사소통 능력이 나타날 수 있도록 각종 학교 행사에 적극 참여하고, 관련 내용이 학교생활기록부에 나타날 수 있도록 합니다.

234

시각디자인학과

학과소개

현재 우리는 새로운 산업 시대인 4차 산업혁명 시대를 살고 있습니다. 디자인은 4차 산업혁명 시대 미래 산업의 핵심적 활동 영역이 되어가고 있습니다. 이에 따라 창의적 아이디어에 바탕을 둔, 고도의 전문성을 갖춘 디자이너의 역할 또한 강조되고 있습니다.

시각디자인학은 창의적 기획과 감성적 콘셉트를 바탕으로 시각 기반의 디자인 원리와 표현을 통해 시각 정보를 생산하고, 이를 미디어를 통해 전달하는 섬세한 분야입니다. 따라서 시각디자인학과에서는 시각디자이너가 갖추어야 할 진리 탐구의 정신과 과학적인 사고력을 배양하고, 창의적 이며 합리적인 디자인 활동을 할 수 있는 창조적 자아실현 능력을 계발합니다.

디자인과 연계된 콘텐츠 시장의 규모가 점점 증가하고 있으므로, 시각디자인학과에서는 실질적인 콘텐츠 디자인 현장에서 창조적이며 능동적으로 대처할 수 있는 전문 디자이너의 양성에 집중합니다. 또한 온·오프라인 디자인 산업 전 분야에서 활용 할 수 있는 시각 디자인 콘텐츠를 개발하고, 급변하는 시대의 흐름을 적극적으로 수용하는 첨단 문화 산업의 주역, 혁신적이며 전문화된 교육 프로그램과 폭넓은 체험을 통해 실무 능력을 갖춘 전문 디자이너의 양성을 교육 목표로 합니다.

개설대학

- 건양대학교
- 경희대학교
- 고신대학교
- 국민대학교
- 대진대학교
- 동명대학교
- 신라대학교
- 영남대학교
- 전주대학교
- 조선대학교
- 청주대학교
- 한서대학교
- 협성대학교
- 호서대학교 등

관련학과

- CG디자인전공
- 뉴미디어디자인학과
- 디자인영상학부
- 디자인컨버전스학부
- 미디어콘텐츠디자인학과
- 미술·디자인학부(시각디자인)
- 복지융합인재학부 유니버설비주얼디자인전공
- 비주얼디자인전공
- 생활디자인학과
- 시각·영상디자인과
- 시각공간디자인학과
- 시각디자인과
- 시각멀티미디어디자인학과
- 시각문화융합디자인학과
- 시각영상디자인전공
- 시각정보디자인과
- 영상디자인전공
- 융·복합시각예술디자인학부 등

진출분야

기업체	자동차 제조 업체, 멀티미디어 업체, 이벤트 업체, 문구·완구 업체, 3D 업체, 게임 및 캐릭터 개발 업체, 공간 디자인 업체, 디지털 제품·팬시 제품·가구·조명 관련 라이프 스타일 디자인 업체, 조선·의료 기기·산업 장비·플랜트·환경·색채 관련 디자인 업체, 디스플레이 디자인 사무소, 광고 기획사 등
정부 및 공공 기관	문화체육관광부, 영화진흥위원회, 한국콘텐츠진흥원, 중고등학교 등
연구 기관	한국디자인진흥원 등

진출직업

- 멀티미디어디자이너
- 컴퓨터게임그래픽디자이너
- 편집디자이너
- 게임그래픽디자이너
- 영상그래픽디자이너
- 웹디자이너
- 일러스트레이터
- 제품디자이너
- 직물디자이너(텍스타일디자이너)
- 캐릭터디자이너
- 광고디자이너
- 자동차인테리어디자이너
- 환경디자이너
- 출판물편집자
- 연출가
- 광고감독
- 만화가
- 애니메이터
- 중등학교 교사(미술·디자인) 등

취득가능 자격증

- 게임그래픽전문가
- 게임기획전문가
- 멀티미디어콘텐츠제작전문가
- 시각디자인기사
- 중등학교 정교사 2급 (미술·디자인)
- 컴퓨터 그래픽스 운용 기능사
- 컬러리스트 기사
- 포장 산업기사
- 제품 디자인 기사
- 문화 예술 교육사 등

학과 주요 교과목

기초 과목	드로잉, 기초디자인, 디자인사, 타이포그래픽, 그래픽디자인, 디자인과 글쓰기, 디자인론 등
심화 과목	디지털드로잉, 컴퓨터프로그래밍, 디지털프린팅, 하이브리드 디지털이미징, 디지털모델링, 디지털퍼블리싱, 인터랙션코딩, 영상디자인, 경험디자인, 서비스디자인, 광고디자인, 디자인전략 등

학과 인재상 및 갖추어야 할 자질

- 예술과 사상에 대한 안목이 넓은 학생
- 상상력과 감성이 풍부한 학생
- 사물에서 느끼는 이미지를 시각적으로 표현할 수 있는 학생
- 호기심이 많고, 세심하게 주위를 관찰하는 능력이 있는 학생
- 시장의 흐름을 분석하여 사람들의 관심을 끌 수 있는 디자인을 만들 수 있는 학생
- 자신만의 미적 감각과 분석력, 창조력, 응용력을 가진 학생

인문계열

사회계열

자연계열

공학계열

의약계열

예체능계열

교육계열

계약학과 & 특성화학과

학과 관련 선택 과목

※ 국어, 영어 교과는 모든 학문의 기초적인 성격을 가진 도구교과로 모든 학과에 이수가 필요하여 생략함.

공통 과목		공통국어1,2, 공통수학1,2, 공통영어1,2, 한국사1,2, 통합사회1,2, 통합과학1,2, 과학탐구실험1,2
수능 필수		화법과 언어, 독서와 작문, 문학, 대수, 미적분 I, 확률과 통계, 영어 I, 영어 II, 한국사, 통합사회, 통합과학, 성공적인 직업생활(직업)
일반 선택	수학, 사회, 과학	세계시민과 지리, 세계사, 사회와 문화, 현대사회와 윤리
	체육·예술	음악, 미술
	기술·가정/정보	정보
	제2외국어/한문	
	교양	
진로 선택	수학, 사회, 과학	인문학과 윤리
	체육·예술	미술 창작, 미술 감상과 비평
	기술·가정/정보	인공지능 기초
	제2외국어/한문	
	교양	인간과 철학, 인간과 심리
융합 선택	수학, 사회, 과학	여행지리, 사회문제 탐구, 융합과학 탐구
	체육·예술	미술과 매체
	기술·가정/정보	지식 재산 일반
	제2외국어/한문	
	교양	

추천 도서 목록

- 색채학의 50가지 비밀, 조앤 엑스터트 외, 유엑스리뷰
- 일러스트로 보는 조선의 무비: 군사복식편, 금수, 길찾기
- 내 디자인의 꽃은 럭셔리다, 양태유, 박영사
- 글짜씨 25, 한국타이포그라피학회, 안그라픽스
- 디자인, 이것만 알면 쉬워져요 with 63가지 LESSON, 요네쿠라 아키오 외, 책만
- 고전 한국 전통 문양: 기하학적 문양과 추상 문양, 월드해피북스 편집부, 월드해피북스
- 운명을 열어주는 퍼스널컬러, 박선영, 북스타
- 영상과 일러스트의 융합, 월드해피북스 편집부, 월드해피북스
- 창작을 위한 아트일러스트, 월드해피북스 편집부, 월드해피북스
- 가상세계의 일러스트 포트폴리오, 월드해피북스 편집부, 월드해피북스
- 3D의 일러스트 세계, 월드해피북스 편집부, 월드해피북스
- 일러스트와 광고의 효과, 월드해피북스 편집부, 월드해피북스
- 디자인 아트 갤러리, 월드해피북스 편집부, 월드해피북스
- 메타버스 디자인 교과서, 오석희, 안그라픽스

- 최소한 그러나 더 나은, 디터 람스, 위즈덤하우스
- 디자이닝 프로그램스, 카를 게르스트너, 안그라픽스
- 디자인의 정석, 우에다 아키, 지경사
- 비전공자 디자이너로 살아남기, 이응삼이, 길벗
- 광고의 모든 것, 김재인, 그림씨
- 디자인과 인문학적 상상력, 최범, 안그라픽스
- 디자인 노트, 정경원, 안그라픽스
- 4차산업혁명과 소셜디자인 문화전략, 이흥재, 푸른길
- 앞서 나가는 10대를 위한 산업디자인, 카를라 무니, 타임북스
- 도널드 노먼의 인터랙션 디자인 특강, 도널드 노먼, 유엑스리뷰
- 4차 산업혁명 시대 콘텐츠디자인 스토리텔링, 변민주, 커뮤니케이션북스
- 최소한 그러나 더 나은, 디터 람스, 위즈덤하우스
- 디자이너의 일상과 실천, 권준호, 안그라픽스
- 하루 5분 UX, 조엘 마시, 유엑스리뷰
- 색채학의 50가지 비밀, 조앤 엑스터트 외, 유엑스리뷰
- 디자인, 이렇게 하면 되나요?, 오자와 하야토, 제이펍

학교생활 TIPS

- 시각디자인을 전공하는 데 기본이 되는 정보, 미술 및 예술 교과 성적을 상위권으로 유지하고, 교과 수업을 통하여 자신의 생각과 감정을 표현하는 방법 및 주변 사물의 이미지를 시각화하는 연습을 합니다. 학업 능력, 전공 적합성, 창의성, 의사소통 능력, 분석력 등이 학교생활기록부 교과 세부능력 및 특기사항에 기록될 수 있도록 자기주도적으로 수업에 참여합니다.
- 디자인 관련 학과 전공 체험 프로그램 및 진로 박람회에 참석하여 자신의 진로를 개척하도록 하고, 디자인 관련 공모전에 지속적으로 참가하여 진로 역량을 발휘하는 것도 좋습니다.
- 공동 과제 수행이나 프로젝트 활동에 참여하여 프로젝트 수행 능력을 기릅니다. 이 밖에도 사람들의 요구를 시각적으로 표현할 수 있는 미적 감각, 창의력 및 공감 능력 등의 역량을 기를 수 있는 활동에 적극 참여하는 것이 좋습니다.
- 미술, 디자인, 정보 관련 동아리 활동을 권장하며, 디자인, 인문학, 철학, 심리학 등 다양한 분야의 독서를 통하여 융합적 사고를 함양하고 진로 관련 지식을 확장하도록 합니다.
- 자기주도성, 경험의 다양성, 성실성, 창의성, 의사소통 능력, 문제 해결 능력, 미적 감각, 예술적 감수성 등이 학교생활을 통해 나타나고, 이같은 내용이 학교생활기록부에 기록될 수 있도록 성실히 학교생활을 할 것을 추천합니다.

235

실내디자인학과

학과소개

실내디자이너는 환경과 물체를 사용하고 이에 반응하는 사용자를 위하여, 환경과 물체에 아이디어를 적용하는 창조적인 사람입니다. 실내디자인은 구조, 생명 유지 장치, 가구 및 비품, 설비류 등을 포함한 실내의 모든 환경을 창조하고 개선하는 것을 포함합니다. 건축에 대한 인식이 단순한 구축물이 아닌 환경 차원으로 바뀌어 가면서 건축의 내부 공간에 대한 관심은 더욱 높아졌고, 점차 인테리어 디자인에 의한 건축의 질도 향상되었습니다. 다가오는 미래 사회에는 질 높은 생활 문화의 추구와 함께 인간 존중과 삶의 가치가 더욱 중요시될 것입니다.

실내디자인학과에서는 새로운 공간 문화를 창출하기 위하여 창조적 가치로서의 미와 기능 및 기술에 대한 연구, 교육이 이루어집니다. 건축적 제반 요소와 주거, 상업, 문화, 복합 및 공공에 이르는 실내 공간의 모든 분야와 재료, 색채, 가구, 조명 등 실내 구성 요소에 대한 연구와 교육을 통해 디자이너가 갖추어야 할 진리 탐구의 정신과 과학적인 사고력을 배양하며, 창의적이고 합리적인 디자인 활동을 할 수 있는 창조적 자아실현 능력을 개발합니다.

개설대학

- 건국대학교(글로컬)
- 세명대학교
- 신한대학교(제2캠퍼스)
- 협성대학교
- 호서대학교 등

관련학과

- 가구디자인학과
- 건축실내디자인전공
- 건축실내디자인학과
- 공간디자인학과
- 디자인학부(실내디자인)
- 디자인학부(실내환경디자인전공)
- 생활공간디자인학과
- 실내가구디자인학과
- 실내건축디자인전공
- 실내건축디자인학과
- 실내공간디자인학전공
- 실내디자인전공
- 실내디자인학과
- 실내환경디자인전공
- 실내환경디자인학과
- 의료공간디자인학과
- 인테리어디자인전공
- 인테리어디자인학과
- 인테리어디자인학전공
- 인테리어학과 등

진출직업

- 가구디자이너
- 그래픽디자이너
- 디스플레이디자이너
- 무대디자이너
- 실내디자이너
- 환경디자이너
- 조명디자이너
- VMD
- 공간디자이너 등

취득가능 자격증

- 건축산업기사
- 시각디자인기사
- 실내건축산업기사
- 컬러리스트기사
- 문화예술교육사
- 컴퓨터그래픽스운용기능사
- GTQ
- ATC
- 전산응용건축제도 기능사 등

진출분야

기업체	실내 디자인 및 전시 디자인 관련 기업, 건축 설계 사무소, 건설 회사 인테리어 사업부, 환경 및 공공 디자인 관련 기업, 조명 및 특수 조명 관련 기업, 조선 회사, 크루즈 실내 디자인 업체, 테마 파크 계획 및 디자인 업체, 무대 디자인 및 연출 관련 회사 등
정부 및 공공 기관	문화체육관광부, 영화진흥위원회, 한국콘텐츠진흥원, 중고등학교 등
연구 기관	디자인 연구소, 한국디자인진흥원 등

학과 주요 교과목

기초 과목	기초인테리어디자인, CAD와 제도, 디자인현장워크숍, 발상과 디자인, 디지털3D스케치, 공간디자인스튜디오, 색채심리와 디자인, 인테리어CAD, 실내공간구조 등
심화 과목	인테리어코디네이터, 인테리어디자인세미나, 가구디자인, 숍마케팅프로젝트, VM디자인프로젝트, 디자인상품개발, 융복합문화공간프로젝트, 재료와 조명, 디자인실무워크숍, 공간기획프로젝트, 주거공간디자인, 상업공간디자인, 문화공간디자인, 업무공간디자인 등

학과 인재상 및 갖추어야 할 자질

- 인테리어에 대한 감각과 함께 인내력을 갖춘 학생
- 복잡한 도면을 이해하기 위한 수치 해석 능력을 갖춘 학생
- 설계 도면을 그리기 위한 꼼꼼함과 섬세함을 지닌 학생
- 호기심이 많고, 세심하게 주위를 관찰하는 능력이 있는 학생
- 시장의 흐름을 분석하여 사람들의 관심을 끌 수 있는 디자인을 만들 수 있는 학생
- 자신만의 미적 감각과 분석력, 창조력, 응용력을 가진 학생

학과 관련 선택 과목

※ 국어, 영어 교과는 모든 학문의 기초적인 성격을 가진 도구교과로 모든 학과에 이수가 필요하여 생략함.

공통 과목		공통국어1,2, 공통수학1,2, 공통영어1,2, 한국사1,2, 통합사회1,2, 통합과학1,2, 과학탐구실험1,2
수능 필수		화법과 언어, 독서와 작문, 문학, 대수, 미적분 I , 확률과 통계, 영어 I , 영어 II , 한국사, 통합사회, 통합과학, 성공적인 직업생활(직업)
일반 선택	수학, 사회, 과학	세계시민과 지리, 세계사, 사회와 문화, 현대사회와 윤리
	체육·예술	미술
	기술·가정/정보	정보
	제2외국어/한문	
	교양	
진로 선택	수학, 사회, 과학	인공지능 수학
	체육·예술	미술 창작, 미술 감상과 비평
	기술·가정/정보	인공지능 기초
	제2외국어/한문	
	교양	인간과 철학, 인간과 심리
융합 선택	수학, 사회, 과학	여행지리, 사회문제 탐구, 융합과학 탐구
	체육·예술	미술과 매체
	기술·가정/정보	지식 재산 일반
	제2외국어/한문	
	교양	

추천 도서 목록

- 최소한 그러나 더 나은, 디터 람스, 위즈덤하우스
- 디자이너의 일상과 실천, 권준호, 안그라픽스
- 하루 5분 UX, 조엘 마시, 유엑스리뷰
- 색채학의 50가지 비밀, 조앤 엑스터트 외, 유엑스리뷰
- 디자인, 이렇게 하면 되나요?, 오자와 하야토, 제이펍
- 내 디자인의 꽃은 럭셔리다, 양태유, 박영사
- 글짜씨 25, 한국타이포그라피학회, 안그라픽스
- 디자인, 이것만 알면 쉬워져요 with 63가지 LESSON, 요네쿠라 아키오 외, 책만
- 고전 한국 전통 문양: 기하학적 문양과 추상 문양, 월드해피북스 편집부, 월드해피북스
- 메타버스 디자인 교과서, 오석희, 안그라픽스
- 최소한 그러나 더 나은, 디터 람스, 위즈덤하우스
- 디자이닝 프로그램스, 카를 게르스트너, 안그라픽스
- 디자인의 정석, 우에다 아키, 지경사
- 비전공자 디자이너로 살아남기, 이응삼이, 길벗
- 일러스트로 배우는 실내디자인 기초, 하라구치 히데아키, 기문당

- COLOR DESIGN, 실내건축 공간을 위한 색채 디자인, 한국실내디자인학회, 기문당
- 실내건축디자인 프로세스 A to Z, 최준혁, 미세움
- 실내디자인 제도 지침서, 동방디자인교재개발원, 동방디자인
- 세계의 실내 디자인 모음집, 건영출판사 편집부, 건영출판사
- 실내디자인과 환경디자인의 특색, 탑이미지 편집부, 탑이미지
- 실내건축 디자인 총론, 권선국 외, 서우
- 안락한 실내와 정원의 디자인, 월드해피북스 편집부, 월드해피북스
- 인테리어 디자인을 위한 실내건축재료, 조준현 외, 기문당
- 자연친화적인 환경디자인과 실내인테리어건축의 다양한 변화, 월드해피북스 편집부, 월드해피북스
- 더 한옥, 행복이가득한집 편집부, 디자인하우스
- 인간행복, 김진향, 행복책방
- 창조적 인간으로 살아가기, 최광진, 현암사
- 에너지 인문학, 강신욱, 지식과감성
- 지적 대화를 위한 교양인의 서양 건축사, 이민정, 팬덤북스
- 한류가 뭐길래, 심두보, 어나더북스

학교생활 TIPS

- 실내디자인을 전공하는 데 기본이 되는 정보, 미술 및 예술 교과 성적을 상위권으로 유지하도록 합니다. 교과 수업을 통하여 자신의 생각과 감정을 표현하는 방법을 배우고, 공간 개념에 대한 이해와 미적 감각을 기르도록 합니다. 학업 능력, 전공 적합성, 창의성, 의사소통 능력, 분석력 등이 학교생활기록부 교과 세부능력 및 특기사항에 기록될 수 있도록 자기주도적으로 수업에 참여합니다.
- 미술 및 디자인 관련 학과 전공 체험, 디자인 관련 회사 탐방 등을 통하여 자신의 진로를 개척하고, 실내디자인에 대해 지속적으로 관심을 가지고 조사할 것을 추천합니다.
- 공동 과제 수행이나 프로젝트 활동을 통하여 리더십, 협동 능력과 같은

프로젝트 수행 능력을 함양하는 것이 좋습니다. 이 밖에도 사람들의 요구를 디자인적으로 표현할 수 있는 역량을 기를 수 있는 활동에 적극 참여하고, 이 과정이 학교생활기록부에 나타나도록 합니다.
- 미술, 디자인, 정보 관련 동아리 활동을 권장하며, 디자인, 인문학, 철학, 심리학 등 다양한 분야의 책을 통하여 융합적 사고와 진로 관련 지식을 확장하는 것을 추천합니다.
- 자기주도성, 경험의 다양성, 성실성, 창의성, 의사소통 능력, 문제 해결 능력, 미적 능력 및 예술적 감수성 등이 학교생활을 통해 나타나고, 이같은 내용이 학교생활기록부에 기록될 수 있도록 성실히 학교생활을 할 것을 추천합니다.

236

실용음악과

학과소개

실용음악은 20세기에 형성된 가장 중요한 예술의 한 분야로, 비단 음악에만 국한되지 않고 총체적인 미디어 사회를 선도하는 멀티미디어의 역할을 하는 것은 물론, 많은 사람들의 사랑을 받으면서 최근 더욱 부각되고 있습니다.

실용음악과 또한 현대 사회가 요구하는 대중적 감각을 음악 세계에 부여하는 동시에 예술성을 잃지 않는 독특한 음악 장르를 구축함으로써 미래 미디어 산업을 이끌어 나가는 학과입니다. 실용음악과는 대중음악의 독자성과 창의성이 창출되도록 유도하고, 전통 음악과 현대 대중음악의 접목을 시도하는 등의 다양한 실험적 접근을 통해 음악 세계를 확장합니다. 또한, 영화, 방송, 가요 등의 대중음악과 관련한 일반 이론 교육은 물론 실용음악 계의 전문가를 양성할 수 있는 실습 및 현장 교육을 위주로 교육합니다.

실용음악과는 보컬, 작곡, 컴퓨터 음악, 피아노(실용), 드럼, 베이스, 기타, 관악기 전공으로 세분화되며, 연주, 앙상블, 이론, 프로듀싱 등의 다양한 교과 과정을 포함한 폭넓은 교육을 실시하여 미래 지향적이고 역량 있는 실용음악 전문가를 양성하고자 합니다.

개설대학

- 서울장신대학교
- 대구가톨릭대학교
- 성결대학교
- 용인대학교
- 한서대학교 등

관련학과

- K-POP학과
- 글로벌예술학부(실용음악전공)
- 대중음악전공
- 대중음악학과
- 문화예술학부 실용음악전공
- 문화예술학부(실용음악학과)
- 뮤지컬·실용음악과
- 뮤직테크놀로지학과
- 뮤직프로덕션과
- 보컬전공
- 생활음악과
- 실용음악·공연예술학부
- 실용음악공연학과
- 실용음악학과
- 실용음악학부
- 융합예술실용음악학과
- 음악공연학과
- 음악공연학부
- 전자디지털음악학과
- 현대실용음악학과 등

진출직업

- 가수
- 성악가
- 악기수리원 및 조율사
- 연주가
- 음악치료사
- 음향 및 녹음기사
- 음반기획자
- 음악평론가
- 음악프로듀서
- 작곡가
- 편곡가
- 지휘자
- 영화음악전문가
- 공연기획자
- 보이스트레이닝전문가
- 중등학교 교사(음악)
- 음악강사 등

취득가능 자격증

- 문화예술교육사
- 무대예술전문인
- 음악심리상담사
- 음악치료사
- 음악심리지도사
- 음악재활지도사
- 방과후지도사
- 실용음악 지도사
- 중등학교 정교사 2급(음악)
- 피아노조율기능사 등

학과 주요 교과목

기초 과목	음악이론기초, 전공실기, 시창청음, 기초리듬연구, 기초화성학, 음향기초이론 및 실습, 대중음악사, 대위법, 음악분석연구, 작편곡법 등
심화 과목	스타일연주법, 컴퓨터노테이션, 실용화성학, 국악장단실습, 재즈음악사, 댄스와 리듬, 리듬편곡법, 고급미디어음향편집, 재즈보이싱실습, 앙상블지휘법, 고전음악사, Brass편곡법, 드라마와 영상음악, 아티스트집중연구, 월드뮤직, 악기제작실습, 포스트모더니즘실습 등

진출분야

기업체	음반 제작 회사, 연주 단체, 출판사, 방송사, 잡지사, 음악 학원, 음반 기획사, 공연 기획사, 악기 관련 업체 등
정부 및 공공 기관	지자체 합창단 및 오케스트라, 국공립 중등학교, 대학교, 합창단, 예술경영지원센터, 한국예술인복지재단 등
연구 기관	한국문화정보원, 한국문화예술교육진흥원 등

학과 인재상 및 갖추어야 할 자질

- 예술 분야에 관심이 많고, 음악 교과 및 음악 활동의 성취도가 우수한 학생
- 음악적 기본기가 우수하고, 예술가로서의 창의적인 마인드를 갖춘 학생
- 대중적 감각을 요구하는 현대 사회의 음악 세계에 부응하는 창의성을 갖춘 학생
- 무한한 상상력을 음악적 소재로 승화하여 콘텐츠를 만들 수 있는 학생
- 음악 전반에 대한 관심은 물론, 대중음악 등 다양한 실용음악 장르에 관심이 많은 학생
- 음악 실기 능력이 뛰어나고, 도전 정신과 적극적인 사고 및 창의적 사고를 갖춘 학생

인문계열
사회계열
자연계열
공학계열
의약계열
예체능계열
교육계열
계약학과 & 특성화학과

학과 관련 선택 과목

※ 국어, 영어 교과는 모든 학문의 기초적인 성격을 가진 도구교과로 모든 학과에 이수가 필요하여 생략함.

공통 과목		공통국어1,2, 공통수학1,2, 공통영어1,2, 한국사1,2, 통합사회1,2, 통합과학1,2, 과학탐구실험1,2
수능 필수		화법과 언어, 독서와 작문, 문학, 대수, 미적분 I, 확률과 통계, 영어 I, 영어 II, 한국사, 통합사회, 통합과학, 성공적인 직업생활(직업)
일반 선택	수학, 사회, 과학	세계사, 사회와 문화, 현대사회와 윤리
	체육·예술	음악
	기술·가정/정보	정보
	제2외국어/한문	
	교양	
진로 선택	수학, 사회, 과학	
	체육·예술	음악 연주와 창작, 음악 감상과 비평
	기술·가정/정보	인공지능 기초
	제2외국어/한문	
	교양	인간과 심리
융합 선택	수학, 사회, 과학	여행지리, 사회문제 탐구, 융합과학 탐구
	체육·예술	음악과 미디어
	기술·가정/정보	지식 재산 일반
	제2외국어/한문	
	교양	

추천 도서 목록

- 장승용의 음악 여행: 월드뮤직, 장승용, 제이북스앤미디어
- 음악, 죽음을 노래하다, 음악미학연구회, 풍월당
- 김현식, 피아노로 노래하다, 그래서음악 편집부, 그래서음악
- 문화융합: 소통와 공명의 합, 음악미학연구회 외, 모노폴리
- 세계사와 함께 알아보는 음악 이야기, 정봉교, 메이킹북스
- 진심을 노래하는 트바로티, 김호중의 음악세계, 조성진, 한스미디어
- 임영웅 신드롬, 유한준, 광문각출판미디어
- 나도 클래식 애호가가 될 수 있다, 김창수, 아이러브북
- 서양음악의 이해, 빈대욱, 베스트디자인
- 문화예술교육으로서의 음악감상법, 이보림, 어가
- 송사비의 클래식 사용 설명서, 송사비, 1458music
- 힙합과 한국, 김봉현, 한겨레출판사
- 한국 현대음악 작곡가의 초상, 김규현, 현대문화
- 김민기, 김창남, 한울
- 실용음악 기초 화성학, 이채현, 1458music
- 꼭 알아야 하는 실용음악 이론: 기초 편, 이지영, 가득뮤직

- 실용음악통론, 황성곤, 학지사
- 적중 실용음악대학 재즈 피아노 입시곡 모음집, 임유진, 스코어
- 실용음악 2, 이영석 외, 지식과감성
- 심화 실용음악 화성학, 이화균, 해피엠뮤직
- 기초 실용음악 화성학, 이화균, 해피엠뮤직
- 실용시창청음: 기초음악이론, 손진숙, 삼호ETM
- 알기 쉬운 실용음악 이론, 이기녕, 예솔
- 차근차근 시창청음, 하멜리, 예솔
- 모던K 실용 화성학, 김형규 외, 삼호ETM
- 지민도시의 30일, 나의 새로운 취미 재즈피아노, 지민도시, 삼호 ETM
- 체계적으로 배우는 실용화성학, 최영신, 동아크누아
- 아노, Piano 실용반주학, 강경민, 뮤직에듀벤처
- 화성에서 온 실용 화성학, 배장은, 세광음악출판사
- 이토록 재밌는 음악 이야기, 크리스토프 로이더, 반니

학교생활 TIPS

- 다양한 음악 이론과 실기 수업을 소화하기 위한 지적 능력과 성실성이 요구되므로, 음악 및 예술 교과 수업뿐만 아니라 기본적 소양을 함양할 수 있는 교과 활동에도 적극적으로 참여합니다.
- 기본적으로 악보를 볼 수 있는 능력이 필요하며, 피아노와 같은 기본적인 악기를 연주하거나 합창단 등에서 음악 활동을 하는 것이 도움이 되므로 이러한 교내외 활동에 적극 참여할 것을 권장합니다.
- 음악 관련 동아리 활동 참여를 권장하며, 대학 및 기관에서 주관하는 콩쿠르 및 보컬, 노래 대회 참여도 적극 권장합니다.
- 음악 관련 동아리 활동을 통해 음악적 역량을 함양하고, 자신의 음악적 재능을 지역 사회에 환원할 수 있는 연주회 등의 봉사 활동을 할 것을 추천합니다.
- 음악적 감수성을 기르는 데 도움이 되는 영화, 연극, 뮤지컬 등 다양한 문화 예술 장르에 관심을 두고, 인문적 소양을 함양하기 위한 지속적인 독서 활동을 합니다.
- 자기주도성, 경험의 다양성, 성실성, 창의성, 의사소통 능력, 문제 해결 능력, 책임감, 리더십, 예술적 감수성 등이 교내 생활을 통해 나타나고 이같은 내용이 학교생활기록부에 기록될 수 있도록 성실히 학교생활을 할 것을 추천합니다.

237

연극영화학과

학과소개

연극영화학과는 연극과 영화를 '삶과 인간에 대한 근원적 성찰'을 기반으로 하는 인문학적 종합 예술로 인식하고, 창조적 능력과 미학적 토대를 갖춘 인재를 양성하고 있습니다. 그래서 연극영화학과에서는 연극, 영화 제작에 필요한 기반 지식의 교육과 실습 과정을 통해서 미래의 연기자 및 연극, 영화의 예술인을 양성하는 한편, 산학 협동에 의한 현장 실습 경험을 토대로 연극에 국한되지 않는 미래 지향적 공연 예술 교육을 실시하고, 철학, 예술사 등 인문학적 연구도 병행합니다.

연극영화학과는 올바른 인간 정신의 탐구를 바탕으로 연극의 본질과 역사를 알고 현 사회를 그려내는 전문적인 연극인, '공연예술'의 필요성을 인식하여 현 사회의 부조리나 인생의 한 단면을 창조적으로 그려낼 수 있는 창의적인 연극인의 양성에 중점을 둡니다. 또한 영화, 방송, 연극, 뮤지컬, 대중음악 등 공연 콘텐츠의 제작 및 출연은 물론이고, 모바일 중심의 새로운 미디어 환경에서 제작과 출연이 모두 가능한 인재(1인 미디어 크리에이터, 인플루언서 등)를 발굴하는 역할도 하고 있습니다.

개설대학

- 경희대학교
- 인하대학교
- 한양대학교 등

관련학과

- K-연극영화과
- 공연예술계열연극전공
- 모델연기학과
- 문화융복합학부
- 문화콘텐츠융합ICT과
- 방송영상·연기학부
- 방송영상·영화과
- 방송제작연기전공(자연)
- 방송제작연예과(연예연기전공)
- 연극영상과
- 연극영상전공
- 연극영상학과
- 연극영화방송예술학부
- 연극영화학과
- 연극전공
- 연기영상과
- 연기예술과
- 연기예술학과
- 연출극작전공
- 예술체육학부 모델·연기영상과 등

진출분야

기업체	영화사, 공연 제작사, 광고 기획사, 기업 마케팅 부서, 항공사, 연예 기획사, 이벤트 회사, 출판사, 방송사, 홈쇼핑 업체 등
정부 및 공공 기관	한국콘텐츠진흥원, 한국문화예술위원회 및 각종 문화 재단, 국제방송교류재단, 고등학교, 대학교 등
연구 기관	영화진흥위원회 등

진출직업

- 개그맨
- 공연기획자
- 모델
- 무대감독
- 뮤직비디오감독
- 방송연출가
- 쇼핑호스트
- 아나운서
- 연극연출가
- 연기자
- 영화감독
- 영화기획자
- 조명기사
- 촬영기사
- 탤런트
- 평론가
- 행사기획자
- 중등학교 교사(연극영화) 등

취득가능 자격증

- 무대예술전문인(무대기계, 무대조명, 무대음향)
- 방송통신산업기사
- 중등학교 정교사 2급(연극영화)
- 문화예술교육사
- 멀티미디어콘텐츠제작전문가
- 영상연출전문인
- 영상촬영전문인
- 영상편집전문인
- 연극치료사 등

학과 주요 교과목

기초 과목	스토리텔링의 기초, 희곡개론, 뉴미디어랩, 공연개론, 디자인실습, 영화편집, 초급영화제작 워크숍, 예술철학과 사상, 영화촬영실습, 대본창작, 연출디자인세미나, 한국영화역사, 4차 산업기술과 창의적 예술공간, 시나리오창작, 이미지미학 등
심화 과목	영화연기와 연출, 중급영화제작워크숍, 영화분석과비평이론, 공동창작, 연극제작실습, 문화이론연구, 영화감독연구, 상상과 표현기법, 현대사회의 쟁점과 영화창작, 연극영화캡스톤PBL, 오디션테크닉, 영상 미디어산업연구 등

학과 인재상 및 갖추어야 할 자질

- 공연 및 예술에 흥미와 관심이 많은 학생
- 기존의 방식이 아닌 자신만의 독창적인 방식으로 문제를 해결하는 것을 즐기는 학생
- 개성과 창의력, 예술적 감수성이 많은 학생
- 새로운 것을 시도해 보는 성격을 가진 학생
- 자신의 생각이나 감정을 무대나 영상을 통해 표현할 수 있는 학생
- 촬영하고자 하는 대상이나 콘텐츠에 대한 이해와 창의적 사고력을 갖춘 학생

학과 관련 선택 과목

※ 국어, 영어 교과는 모든 학문의 기초적인 성격을 가진 도구교과로 모든 학과에 이수가 필요하여 생략함.

공통 과목		공통국어1,2, 공통수학1,2, 공통영어1,2, 한국사1,2, 통합사회1,2, 통합과학1,2, 과학탐구실험1,2
수능 필수		화법과 언어, 독서와 작문, 문학, 대수, 미적분Ⅰ, 확률과 통계, 영어Ⅰ, 영어Ⅱ, 한국사, 통합사회, 통합과학, 성공적인 직업생활(직업)
일반 선택	수학, 사회, 과학	세계사, 사회와 문화, 현대사회와 윤리
	체육·예술	음악, 미술, 연극
	기술·가정/정보	정보
	제2외국어/한문	
	교양	
진로 선택	수학, 사회, 과학	인문학과 윤리
	체육·예술	음악 연주와 창작, 음악 감상과 비평, 미술 창작, 미술 감상과 비평
	기술·가정/정보	생활과학 탐구
	제2외국어/한문	
	교양	인간과 철학, 인간과 심리
융합 선택	수학, 사회, 과학	여행지리, 사회문제 탐구
	체육·예술	스포츠 생활1, 음악과 미디어, 미술과 매체
	기술·가정/정보	지식 재산 일반
	제2외국어/한문	
	교양	

추천 도서 목록

- 액팅 트라이앵글, 문홍식, 이담북스
- 이상한 막간극, 유진 오닐, 지만지드라마
- 연극에서 자연주의, 에밀 졸라, 지만지드라마
- 나의 연출 수업, 김대현, 동인
- 말과 정치문화, 연극의 싸움의 기술, 김건표, 연극과인간
- 연출과 드라마투르기에 관하여: 집을 불태우다, 유제니오 바르바, 궁리 소문다
- 셰익스피어의 햄릿 읽기, 백승진, 세창출판사
- 무대기술일반, 국립극장, 교보문고
- 무대음향, 국립극장, 교보문고
- 공연장안전 및 관련법규, 국립극장, 교보문고
- 무대조명, 국립극장, 교보문고
- 한국교육연극 since 1992, 박은희, 해드림출판사
- 극예술, 바다를 상상하다, 공연과 미디어 연구회, 지식과교양
- 공연기획자의 ChatGPT 활용법, 인승현, 사회적협동조합 문화공장
- 셰익스피어 5대 희극, 윌리엄 셰익스피어, 다상
- 퍼포머연기론, 라경민, 연극과인간
- 연출가연극과 드라마투르기, 이인순, 푸른사상
- 배우의 연기수업, 전영우, 역락
- 한국연극의 승부사들, 김건표, 연극과인간
- 우리 희곡 재미있게 읽기, 김미도, 연극과인간
- 가면을 이용한 인물 창조 핸드북, 리비 아펠, 연극과인간
- 뮤지컬 인문학, 송진완 외, 알렙
- 청소년을 위한 발도르프학교의 연극수업, 데이비드 슬론, 푸른씨앗
- Shakespeare의 작품 세계와 Macbeth, 박주은, 한국학술정보
- 연극에서 감정은 어떻게 작용하는가, 리처트 코트니, 박이정
- 여행과 영화, 이영철, 미다스북스
- 21세기 한국 영화의 중국 진출과 발전, 진묵 외, 북코리아
- 영화의 이론, 지크프리트 크라카우어, 문학과지성사
- 드라마, 일상성의 미학, 김윤정 외, 박이정
- 1980년대 한국영화, 정성일 외, 앨피
- 영화의 역사, 김성태, 불란서책방

학교생활 TIPS

- 연극영화학과의 기본이 되는 문학, 미술 및 음악 교과 성적을 상위권으로 유지하고, 교과 수업을 통하여 자신의 생각과 감정을 표현하는 방법 및 관련 지식을 확장하는 과정을 경험합니다. 학업 능력, 전공 적합성, 창의성, 의사소통 능력 등이 학교생활기록부 교과 세부능력 및 특기사항에 기록될 수 있도록 자기주도적으로 수업에 참여합니다.
- 문학, 정보, 미술, 예술 관련 수상 경력, 글쓰기, 연극제, 시나리오 대회의 수상 경력 등이 도움이 되며, 방송국 탐방이나 연극, 영화 관련 학과 및 직업 탐방을 통하여 자신의 진로 및 대학 진학 이후의 삶에 대해 고민해 볼 것을 권장합니다.
- 교내외 활동을 통하여 다양하고 지속적인 봉사를 하는 것을 권장하며, 교내 축제 및 수련회 무대를 통해 자신의 생각이나 감정을 대중 앞에서 표현하는 경험을 하는 것이 중요합니다.
- 방송, 연극, 영화, 광고 영상 등의 동아리 활동에 참여합니다. 인문학, 철학, 심리학 등 폭넓은 분야의 독서 활동을 통하여 예술과 관련된 기초 소양을 함양할 것을 추천합니다.
- 자기주도성, 경험의 다양성, 성실성, 창의성, 의사소통 능력, 문제 해결 능력, 비판적 사고, 분석력 및 예술적 감수성 등이 학교생활을 통해 나타나고, 이같은 내용이 학교생활기록부에 기록될 수 있도록 성실히 학교생활을 할 것을 추천합니다.

238

영상디자인학과

학과소개

영상디자인은 인문, 사회, 과학, 공학, 예술 등 인접 분야와 유기적이고 상호 작용적인 관계가 있습니다. 영화와 비디오를 위한 전통적인 영상, 방송뿐만 아니라 디지털 기술의 진보에 대한 정보 통신 기술의 발달에 힘입어 영상 디자인의 영역은 점차 확대되고 있습니다. 또한 영상디자인은 전자 기술에 의해 상호작용을 하는 매체를 기반으로 하는 첨단 디자인 분야이기도 합니다.

이렇듯 영상디자인은 과학 기술의 바탕 위에 이루어진 예술 분야이므로, 예술적인 표현뿐만 아니라 기록, 보도, 광고, 학술 연구, 의료, 항공사진, 측량, 우주 개발, 고고학 연구 등 그 응용 범위가 더욱 넓어지고 있습니다. 최근에는 영상 문화 산업 전반에 걸친 인문적 소양, 사회 과학적 비판 인식, 디자인적 감수성, 경영학적 마인드가 결합된 복합적 학문으로써의 연구를 진행합니다.

영상디자인학과는 현대 사회가 지향하는 맞춤형 첨단 문화 예술 인재, 융합 산업 분야의 통섭형 창의 인재, 상상력과 창의력을 바탕으로 우리 고유의 문화유산을 자원으로 활용하여 영화 및 공연 예술계를 주도할 수 있는 인재의 양성을 교육 목표로 하고 있습니다.

개설대학

- 국민대학교
- 국립순천대학교
- 한양대학교(ERICA) 등

관련학과

- 게임·영화학부
- 공연영상콘텐츠학과
- 디자인·영상학부
- 영상·영화전공
- 디지털영상제작전공
- 문화예술학부(미디어영상학과)
- 미디어영상연기학과
- 미디어영상제작학과
- 미디어영상학과
- 미디어영상학부
- 방송영상과
- 방송영상전공트랙
- 엔터테인먼트전공
- 연출과
- 연합전공 영상매체예술
- 영상영화학과
- 영상예술디자인학과
- 영상학전공
- 특수영상전공 등

진출직업

- CF감독
- 공연기획자
- 사진기자
- 연극연출자
- 영화감독
- 영화기획자
- 제작PD
- 카메라감독
- 사운드감독
- 조명감독
- 편집감독
- 그래픽디자이너
- 작가
- VJ(프리랜서)
- 콘텐츠기획자 등

취득가능 자격증

- 시각 디자인기사
- 컬러리스트
- 멀티미디어콘텐츠제작전문가
- 웹디자인기능사
- 컴퓨터그래픽스운용기능사
- 디지털영상편집
- ACA
- GTQ
- 문화예술교육사 등

진출분야

기업체	언론사(방송국, 위성 및 지상파 방송국, 각 기업체 사내 방송국, 신문사, 잡지사 등), 멀티미디어 콘텐츠 제작업체, 인터넷 콘텐츠 기획 및 제작업체, 영화 제작사, 극장 및 극단, 기업체의 홍보실, 이벤트 사업체, 오락 및 연예 기획사 등
정부 및 공공 기관	문화체육관광부, 한국문화정보원, 한국영상자료원 등
연구 기관	한국영화예술교육원, 한국언론진흥재단 등

학과 주요 교과목

기초 과목	말과 글, 과학기술의 철학적 이해, 컴퓨터와 디자인, 기초디자인, 디지털이미지워크숍, 영상디자인의 이해, 디자인과 프로그래밍입문, 디지털일러스트레이션, 컴퓨터그래픽스입문, 멀티미디어디자인, 디지털타이포그라피, 애니메이션워크숍 등
심화 과목	데스크탑퍼블리싱, 디자인과 프로그래밍, 디자인사, 커뮤니케이션디자인, 디지털사운드디자인, 포토그래픽스튜디오, 디지털그래픽스, 모션그래픽스, 디지털인터페이스, 콘텐츠디자인, 디지털영상디자인 등

학과 인재상 및 갖추어야 할 자질

- 열정과 의지를 두고 끊임없이 도전하는 실험 정신을 가진 학생
- 양심적 리더로서 대중을 배려하고 선도할 수 있는, 적극적인 소통 능력을 지닌 학생
- 미래의 미디어 영역에서 능동적으로 활약할 수 있는 학생
- 자신의 생각이나 감정을 사진이나 영상 매체를 통해 표현하기 위한 관찰력과 탐구력이 있는 학생
- 촬영하고자 하는 대상이나 콘텐츠에 대한 이해와 창의적 사고가 있는 학생
- 공연이나 영상 예술에 대한 관심, 개성 및 창의력, 미적 감각, 예술적 감수성 등을 가진 학생

학과 관련 선택 과목

※ 국어, 영어 교과는 모든 학문의 기초적인 성격을 가진 도구교과로 모든 학과에 이수가 필요하여 생략함.

공통 과목		공통국어1,2, 공통수학1,2, 공통영어1,2, 한국사1,2, 통합사회1,2, 통합과학1,2, 과학탐구실험1,2
수능 필수		화법과 언어, 독서와 작문, 문학, 대수, 미적분 I, 확률과 통계, 영어 I, 영어 II, 한국사, 통합사회, 통합과학, 성공적인 직업생활(직업)
일반 선택	수학, 사회, 과학	세계시민과 지리, 세계사, 사회와 문화, 현대사회와 윤리
	체육·예술	음악, 미술
	기술·가정/정보	
	제2외국어/한문	
	교양	
진로 선택	수학, 사회, 과학	윤리와 사상, 인문학과 윤리
	체육·예술	음악 감상과 비평, 미술 창작, 미술 감상과 비평
	기술·가정/정보	인공지능 기초, 생활과학 탐구
	제2외국어/한문	
	교양	인간과 철학, 인간과 심리
융합 선택	수학, 사회, 과학	여행지리, 사회문제 탐구
	체육·예술	음악과 미디어, 미술과 매체
	기술·가정/정보	지식 재산 일반
	제2외국어/한문	
	교양	

추천 도서 목록

- 셰익스피어의 햄릿 읽기, 백승진, 세창출판사
- 무대기술일반, 국립극장, 교보문고
- 무대음향, 국립극장, 교보문고
- 공연장안전 및 관련법규, 국립극장, 교보문고
- 무대조명, 국립극장, 교보문고
- 한국교육연극 since 1992, 박은희, 해드림출판사
- 극예술, 바다를 상상하다, 공연과 미디어 연구회, 지식과교양
- 공연기획자의 ChatGPT 활용법, 인승현, 사회적협동조합 문화공장
- 셰익스피어 5대 희극, 윌리엄 셰익스피어, 다상
- 디지털 영상 조명, 김용규, 커뮤니케이션북스
- 영상제작을 위한 연출과 편집, 최상식, 구민사
- 관객의 마음을 사로잡는 영상 연출법 101, 스킴온웨스트, 김성영, 동녘
- 기획하는 일, 만드는 일, 장수연, 터틀넥프레스
- 우리는 도전을 즐겼다, 박관우 외, 생각나눔
- 영상은 움직이지 않는다, 이훈희, 책과나무
- 상상그리다필름의 영상클래스, 정도행 외, 비상교육

- 시선을 사로잡는 매력적인 영상 만들기, 강수석, 북핀
- 웹툰과 영상의 기호학, 이수진, 커뮤니케이션북스
- 10년차 디자이너에게 1:1로 배우는 모션 그래픽&영상 디자인 강의
- with 애프터 이펙트, 장유민, 한빛미디어
- 예술영상의 에코디자인, 칼라죤 편집부, 칼라죤
- 유튜브 채널 운영을 위한 포토샵 디자인, 우디, 서영열, 제이펍
- 누구나 쉽게 캔바 Canva로 끝내는 콘텐츠 디자인, 김민아, 제이펍
- 영상음향 기초 입문서, 서순정, 퍼플
- 크리에이터 영상편집, 박찬자, 디자인21
- 한류가 뭐길래, 심두보, 어나더북스
- 질문하는 세계, 이소임, 시공사
- 여기 살아 있는 것들을 위하여, 배리 로페즈, 북하우스
- 이렇게 살아가도 괜찮은가, 피터 싱어, 시대의창
- 젊은 여성 과학자의 초상, 린디 엘킨스탠턴, 흐름출판
- 약자의 결단, 강하단, 궁리

학교생활 TIPS

- 영상디자인을 전공하는 데 기본이 되는 정보, 미술 및 예술 교과 성적을 상위권으로 유지하고, 교과 수업을 통하여 자신의 생각과 감정을 표현하는 방법 및 관련 지식을 확장하고 이를 실제 생활에 적용하는 과정을 경험하도록 합니다. 학업 능력, 전공 적합성, 창의성, 의사소통 능력 등이 학교생활기록부 교과 세부능력 및 특기사항에 기록될 수 있도록 자기주도적으로 수업에 참여합니다.
- 영상 관련 학과 전공 체험이나 진로 박람회 참석 등 자신의 진로를 개척하는 활동을 꾸준히 하는 것이 좋습니다. 공익 광고 만들기, UCC 만들기 대회, 영상 공모전 등에 꾸준히 참여하여 진로 역량을 발휘할 것을 추천합니다.

- 공동 과제 수행이나 프로젝트 활동을 통하여 프로젝트 수행 능력을 함양하고, 이 과정에서 역할 분담의 배려, 나눔, 공감 등의 능력을 함양하며, 이와 같은 내용이 학교생활기록부에 기록되도록 합니다.
- 방송반, UCC 만들기 동아리 및 디자인, 편집 프로그램을 다루는 동아리 활동을 권장합니다. 디자인, 인문학, 철학, 심리학 등 다양한 분야의 독서를 통하여 진로에 관한 호기심을 채워나갈 것을 추천합니다.
- 자기주도성, 경험의 다양성, 성실성, 창의성, 의사소통 능력, 문제 해결 능력, 미적 능력 및 예술적 감수성 등이 학교생활을 통해 나타나고, 이를 학교생활기록부에 기록될 수 있도록 성실히 학교생활을 할 것을 추천합니다.

예체능계열
ART, MUSIC, PHYSICAL EDUCATION

학과소개

4차 산업혁명 시대에는 지금과는 다른 콘텐츠의 중요성이 확대되면서 새로운 매체의 개발 또한 빠르게 이루어질 것입니다. 영상 애니메이션 산업은 매체의 변환이 용이하므로, 현재 그에 따른 콘텐츠 개발도 증가하고 있습니다. 이러한 환경 속에서 영상 애니메이션 산업은 빠른 속도로 변화, 성장하고 있습니다.

영상애니메이션학과에서는 시대적 요구를 반영하여 디지털 기반의 2D·3D 애니메이션, 영상 기획, 연출, 제작, 후반 작업 등 애니메이션 제작의 모든 과정을 이해하고, 실무에서 꼭 필요한 과정을 운영할 수 있도록 교육합니다. 이러한 교육을 통해 영상애니메이션 매체의 특성을 이해하여 독창적인 영상 언어와 아이디어, 창의적인 감각과 융복합적 사고 능력을 함양하고 실무에서 빛을 발할 수 있는 애니메이션 전문가를 양성하고자 합니다. 자신만의 예술적 감성과 창의적, 독창적 아이디어를 바탕으로 하는 창작 프로젝트를 수행할 수 있도록 돕고, 학과 차원에서 스튜디오와 녹음실 등을 운영함으로써 학생들이 자율적으로 몰입할 수 있도록 교육 환경을 제공하며, 워크숍이나 산학 협력을 통한 실무 능력 강화에도 중점을 두고 있습니다.

개설대학

- 동서대학교
- 한서대학교 등

관련학과

- 게임애니메이션전공
- 게임애니메이션학과
- 디자인·영상학부 애니메이션전공
- 디자인·영상학부 영상·애니메이션전공
- 디지털애니메이션학과
- 만화게임영상전공
- 만화게임영상학과
- 모바일게임웹툰전공
- 산업애니메이션학과
- 애니메이션과
- 애니메이션영상학과
- 애니메이션학과
- 카툰코믹스전공 등

진출분야

기업체	언론사(방송국, 각 기업체 사내 방송국, 신문사, 잡지사 등), 멀티미디어 콘텐츠 제작업체, 인터넷 콘텐츠 기획 및 제작업체, 영화제작사, 극장 및 극단, 기업체의 홍보실, 이벤트 사업체, 오락 및 연예 기획사 등
정부 및 공공 기관	문화체육관광부, 한국문화정보원, 한국영상자료원 등
연구 기관	한국영화예술교육원, 한국언론진흥재단 등

진출직업

- 애니메이터
- 애니메이션프로듀서
- 스토리보드아티스트
- 레이아웃아티스트
- 캐릭터디자이너
- 제작프로듀서(PD)
- 연출자
- 카메라감독
- 사운드감독
- 조명감독
- 편집감독
- 그래픽 디자이너
- 작가
- VJ(프리랜서)
- 콘텐츠기획자
- 게임기획자
- 게임캐릭터디자이너
- 3D CG모델러
- 애니메이터
- 모션캡처애니메이터
- 모바일게임디자이너
- CG영상타이틀제작자
- 웹디자이너
- 플래시애니메이션제작자
- 영상편집/방송CG
- 모션그래픽제작자
- VR콘텐츠전문가 등

취득가능 자격증

- 멀티미디어콘텐츠제작전문가
- 웹디자인기능사
- 컴퓨터그래픽스운용기능사
- 디지털영상편집
- GTQ
- 문화예술교육사
- 시각 디자인기사
- 컬러리스트 등

학과 주요 교과목

기초 과목	소프트웨어기초코딩, 영상콘텐츠개론, 컴퓨터그래픽스, 영상구성기초, 드로잉, 영상촬영편집, 3D그래픽스 등
심화 과목	영상미학, TV제작스튜디오, 사운드기초, 게임애니메이션분석, 모션그래픽, 동작연구, 스토리텔링, 영장제작연출, 사운드스튜디오, 카메라&라이팅스튜디오, 스토리보드와 연출, 고급영상편집, 특수영상촬영, 콘셉트드로잉, 다큐멘터리제작, 홍보CF영상제작, 드라마제작 등

학과 인재상 및 갖추어야 할 자질

- 융합형 문화 콘텐츠로서의 영상, 애니메이션을 이해하고 흥미로워 하는 학생
- 디지털 이미지의 다양한 가능성을 모색하고, 이를 창의적으로 발전시킬 수 있는 응용력을 가진 학생
- 세계화 시대에 새로운 문화 창달의 가치를 실현해 나갈 수 있는 학생
- 예술과 산업의 위상을 높이고, 미래 예술을 선도할 수 있는 학생
- 미적 감각과 미술에 대한 소질이 있는 학생
- 스토리 기획을 위한 창의력이 있는 학생

학과 관련 선택 과목

※ 국어, 영어 교과는 모든 학문의 기초적인 성격을 가진 도구교과로 모든 학과에 이수가 필요하여 생략함.

공통 과목		공통국어1,2, 공통수학1,2, 공통영어1,2, 한국사1,2, 통합사회1,2, 통합과학1,2, 과학탐구실험1,2
수능 필수		화법과 언어, 독서와 작문, 문학, 대수, 미적분Ⅰ, 확률과 통계, 영어Ⅰ, 영어Ⅱ, 한국사, 통합사회, 통합과학, 성공적인 직업생활(직업)
일반 선택	수학, 사회, 과학	세계사, 사회와 문화, 현대사회와 윤리
	체육·예술	음악, 미술, 연극
	기술·가정/정보	정보
	제2외국어/한문	일본어
	교양	
진로 선택	수학, 사회, 과학	윤리와 사상, 인문학과 윤리
	체육·예술	음악 감상과 비평, 미술 창작, 미술 감상과 비평
	기술·가정/정보	인공지능 기초, 생활과학 탐구
	제2외국어/한문	일본어 회화
	교양	인간과 심리
융합 선택	수학, 사회, 과학	여행지리, 사회문제 탐구
	체육·예술	음악과 미디어, 미술과 매체
	기술·가정/정보	지식 재산 일반, 소프트웨어와 생활
	제2외국어/한문	
	교양	

추천 도서 목록

- 영상 글쓰기의 본질, 짐 머큐리오, 도레미
- 세상에서 가장 쉬운 교육영화 수업, 구자경 외, 푸른칠판
- 우리가 사랑한 영화, 손은경, 클
- K-한국영화 스토리텔링, 김용희, 소명출판
- 드라마를 읽는 세 가지 키워드, 박명진 외, 박이정
- 한 권으로 읽는 TV 드라마 이론, 홍상우, 경상국립대학교출판부
- 동아시아 영화도시를 걷는 여성들, 남승석, 갈무리
- 영상 제작자의 생존 매뉴얼, 뤼도크, 경당
- 영상제작을 위한 연출과 편집, 최상식, 구민사
- 관객의 마음을 사로잡는 영상 연출법 101, 스킴온웨스트, 김성영, 동녘
- 기획하는 일, 만드는 일, 장수연, 터틀넥프레스
- 메타버스 세상 속 웹툰 콘텐츠의 미래, 설지형, 북토리
- SF 만화, 그리고 인공지능, 김치훈, 이담북스
- 다음 화가 궁금해지는 웹툰 연출, 박연조, 더블북
- 재미난 이야기 디자인 HOW 웹툰, 이오기, 이오
- 만화, 영화 상상력의 원형, 백건우, 한국만화영상진흥원
- 상상력을 끌어내는 디자이너의 드로잉 테크닉 일본 애니메이션&만화, 3dtotal 편집부, 므큐
- 잘 그리는 사람의 시크릿 노트, 이케가미 코우키, 한스미디어
- 인물 쉽게 그리는 방법, 카와이 센세, 정보문화사
- 우리 시대 만화가 열전, 한창완 외, 행성B
- 입문자를 위한 캐릭터 메이킹 with 클립스튜디오, 사이드랜치, 므큐
- 디지털 영상 조명, 김용규, 커뮤니케이션북스
- 영상제작을 위한 연출과 편집, 최상식, 구민사
- 관객의 마음을 사로잡는 영상 연출법 101, 스킴온웨스트, 김성영, 동녘
- 기획하는 일, 만드는 일, 장수연, 터틀넥프레스
- 우리는 도전을 즐겼다, 박관우 외, 생각나눔
- 영상은 움직이지 않는다, 이훈희, 책과나무
- 상상그리다필름의 영상클래스, 정도행 외, 비상교육
- 시선을 사로잡는 매력적인 영상 만들기, 강수석, 북핀
- 웹툰과 영상의 기호학, 이수진, 커뮤니케이션북스

학교생활 TIPS

- 영상애니메이션을 전공하는 데 기본이 되는 정보, 미술 및 예술 교과 성적을 상위권으로 유지하고, 교과 수업을 통하여 자신의 생각과 감정을 표현하는 방법 및 스토리를 기획하는 과정을 경험합니다. 교과 간 지식을 융복합하는 과정을 통하여 학업 능력, 전공 적합성, 창의성, 의사소통 능력 등이 학교생활기록부 교과 세부능력 및 특기사항에 기록될 수 있도록 합니다.
- 정보, 미술, 예술 관련 수상 경력, 컴퓨터 프로그램 관련 대회, 디자인 대회, 홍보, UCC, 방송 관련 대회 수상 경력 등이 도움이 되며, 영상, 애니메이션 관련 학과 전공 체험이나 진로 박람회 참석 등 자신의 진로를 개척하는 활동을 꾸준히 하는 것이 좋습니다. 공익 광고 만들기, UCC 만들기 대회, 영상 공모전 등에 꾸준히 참여하여 진로 역량을 발휘할 것을 추천합니다.
- 공동 과제 수행이나 프로젝트 활동을 통하여 프로젝트 수행 능력을 함양하고, 이 과정에서 역할 분담의 배려, 나눔, 공감 등의 능력을 함양하며, 이와 같은 내용이 학교생활기록부에 기록되도록 합니다.
- 방송, UCC 만들기, 애니메이션 관련 동아리 혹은 디자인, 편집 프로그램을 다루는 동아리 활동을 권장합니다. 디자인, 인문학, 문화, 철학, 심리학 등 다양한 분야의 독서를 통하여 진로에 관한 호기심을 채워나갈 것을 추천합니다.
- 자기주도성, 경험의 다양성, 성실성, 창의성, 의사소통 능력, 문제 해결 능력, 통합적 사고, 비판적 사고, 미적 능력 및 예술적 감수성 등이 학교생활을 통해 나타나고, 이같은 내용이 학교생활기록부에 기록될 수 있도록 성실히 학교생활을 할 것을 추천합니다.

인문계열

사회계열

자연계열

공학계열

의약계열

예체능계열

교육계열

계약학과 & 특성화학과

240

운동처방학과

학과소개

운동처방학은 체력 향상과 건강 증진을 목적으로 운동을 하는 일반인들이 자신의 신체 활동이나 운동을 언제, 어디서, 어떻게, 얼마만큼 해야 하는지에 대한 기준과 지침을 제시하는 학문입니다. 모든 사람들이 튼튼한 체력과 건강을 유지할 수 있도록 하는 여러 가지 체육 및 보건 활동을 보다 체계적, 과학적으로 전문화한 학문입니다. 운동처방학과는 현대인들의 체력 저하와 노화에 따른 만성 대사성 질환 및 근골격계 질환, 운동 상해에 대한 예방과 회복을 위한 운동 전문가를 양성하는 학과입니다.

첨단 의료 정보를 적극적으로 활용하여 건강의 유지와 증진을 위한 최상의 건강 서비스를 제공할 수 있는 능력을 지닌 인재, 보건 의료 분야에 대한 전문 운동처방사로서의 윤리의식을 갖춘 인재, 참된 인성을 기반으로 지역 및 인류에 봉사할 수 있는 인재 양성을 교육 목표로 합니다.

개설대학

- 동서대학교
- 동신대학교
- 전주대학교 등

진출직업

- 건강운동관리사
- 비만운동관리사
- 스포츠지도사
- 선수트레이너
- 인명구조원
- 운동재활헬스지도사
- 재활운동지도자 등

관련학과

- 건강스포츠학부
- 스포츠의학과
- 시니어운동처방학과
- 스포츠건강과학과
- 스포츠건강관리학과
- 스포츠건강관리학전공
- 스포츠건강재활학과
- 한방스포츠의학과 등

취득가능 자격증

- 건강운동관리사
- 노인스포츠지도사
- 선수트레이너
- 생활스포츠지도사
- 스포츠테이핑관리사
- 운동사
- 운동처방사
- 응급처치 및 CPR 강사
- 필라테스
- 퍼스널트레이너 등

진출분야

기업체	병원, 노인 병원, 재활 센터, 노인 전문 요양원, 한방 병원, 보건 의료원, 피트니스 센터, 헬스클럽, 프로스포츠 구단, 스포츠 클리닉 센터, 생활 체육 관련 시설, 실버산업체, 건강 기구 제조업체 등
정부 및 공공 기관	국공립 장애인 복지 센터, 특수학교, 유치원, 초등학교, 국민건강보험공단, 보건소, 보건진료소, 각 지역종합사회복지관, 장애인 복지관, 국가대표 선수촌, 대한장애인체육회 등
연구 기관	스포츠 재활 연구소, 스포츠 의학 연구소 등

학과 주요 교과목

기초 과목	일반생물학, 해부생리학, 한국체육사, 일반화학, 건강과 운동, 기능해부학, 기초생물학, 운동과 건강, 스포츠심리학, 스포츠윤리, 운동생리학, 인체생리학, 교정운동학, 운동손상재활, 운동처방론 등
심화 과목	운동역학, 인체해부학, 개인운동지도법, 스포츠영양학, 심전도, 질환별 운동처방, 병태생리학, 운동부하검사, 운동손상평가, 기능해부학, 도수근력검사, 운동상해, 신체운동분석, 퍼스널트레이닝, 매뉴얼테크닉, 스포츠테이핑, 운동손상평가 및 재활, 노인체육론 등

학과 인재상 및 갖추어야 할 자질

- 인간을 사랑하고 사회적 약자에 대해 거부감이 없으며, 그들과 원활한 대인 관계를 형성할 수 있는 학생
- 다른 사람의 아픔과 어려움에 대해 이해하고 공감하는 능력과 의사소통 능력을 갖춘 학생
- 평소에 환자, 장애인 등 사회적 약자들에 대한 지속적인 봉사를 실천하는 학생
- 화학, 생명과학, 사회, 수학, 체육, 보건 등의 교과에 흥미를 지닌 학생
- 배려심이 깊고 융통성 있는 사고를 할 줄 알며, 건강 및 체력에 자신 있는 학생
- 지식을 습득하여 '이해-적용-분석-종합-평가'를 할 수 있는 사고 능력을 가진 학생

인문계열

사회계열

자연계열

공학계열

의약계열

예체능계열

교육계열

계약학과 & 특성화학과

학과 관련 선택 과목

※ 국어, 영어 교과는 모든 학문의 기초적인 성격을 가진 도구교과로 모든 학과에 이수가 필요하여 생략함.

공통 과목		공통국어1,2, 공통수학1,2, 공통영어1,2, 한국사1,2, 통합사회1,2, 통합과학1,2, 과학탐구실험1,2
수능 필수		화법과 언어, 독서와 작문, 문학, 대수, 미적분Ⅰ, 확률과 통계, 영어Ⅰ, 영어Ⅱ, 한국사, 통합사회, 통합과학, 성공적인 직업생활(직업)
일반 선택	수학, 사회, 과학	사회와 문화, 현대사회와 윤리, 물리학, 생명과학
	체육·예술	체육1, 체육2
	기술·가정/정보	
	제2외국어/한문	
	교양	
진로 선택	수학, 사회, 과학	정치, 법과 사회
	체육·예술	운동과 건강, 스포츠 문화, 스포츠 과학
	기술·가정/정보	생활과학 탐구
	제2외국어/한문	
	교양	인간과 심리, 보건
융합 선택	수학, 사회, 과학	여행지리, 사회문제 탐구
	체육·예술	스포츠 생활1, 스포츠 생활 2
	기술·가정/정보	
	제2외국어/한문	
	교양	

추천 도서 목록

- 운동치료학, 김희탁 외, 범문에듀케이션
- 치료적 운동 처방, Kim Dunleavy 외, 영문출판사
- 임상운동처방 기전, 지용석, 디자인21
- Heysard's 운동처방, Ann L. Gibson 외, 한미의학
- ACSMs 운동검사·운동처방 지침, ACSM, 한미의학
- 운동처방과 운동재활, 한동성, 학이당
- 건강과 운동처방, 김남익, 의학서원
- 건강운동관리사를 위한 운동상해, 김용권 외, 한미의학
- 슬링운동치료, 윤기현 외, 범문에듀케이션
- 허리 운동, Brian Richey 외, 영문출판사
- 실전 기계환기법, 고윤석 외, 군자출판사
- 고장난 뇌, Mike Dow 외, 군자출판사
- 소아재활의학, 대한소아재활 발달의학회, 군자출판사
- 동물재활간호학, 동물재활간호학 교재편찬위원회, 하늘뜨락
- 노인재활의학, 대한노인재활의학회, 군자출판사
- 재활의학, 대한재활의학회, 군자출판사

- 한방재활의학, 한방재활의학과학회, 군자출판사
- 반려동물 물리치료와 재활치료, 영문출판사 편집부, 영문출판사
- 안녕! 테라피스트, 심재훈 외, 학지사메디컬
- 유·청소년 축구선수 과사용부상 예방가이드북, 대한스포츠의학회, 군자출판사
- 말의 뇌, 사람의 뇌, Janet L. Jones, 군자출판사
- 필라테스 재활 바이블, 노수연 외, 한미의학
- 재활 근육학, 신원범, 대경북스
- 치료사를 위한 재활의학, 한진태 외, 범문에듀케이션
- 병원에서 언어재활사로 살아남기, 강영애 외, 충남대학교출판문화원
- 신경계 재활, Annie Burke-Doe 외, 학지사메디컬
- 재활을 위한 신경과학, Tony mosconi 외, 학지사메디컬
- 정신사회작업치료학, 이지연 외, 학지사메디컬
- 물리치료사와 작업치료사를 위한 연구방법론, 이충휘, 계축문화사
- 작업치료사를 위한 신경과학, 박지혁, 대한나래출판사

학교생활 TIPS

- 운동처방학 전공과 관련이 깊은 관련이 깊은 국어, 사회, 과학, 체육 교과의 학업 성취도를 향상하는 노력이 필요하고, 전공과 관련한 문제 해결 능력, 창의력, 협업 능력, 자기주도적 참여 모습 등이 학교생활기록부 교과 세부 능력 및 특기사항에 기록될 수 있도록 교과 수업에 적극 참여하는 것이 중요합니다.
- 학교 교육계획에 의해 진행되는, 일회성이 아닌 지속적으로 진행되는 봉사 활동(급식 도우미, 통합반 도우미, 멘토링, 장애인 및 독거노인 대상 돌봄 활동 등) 참여를 통해서 타인을 위해 봉사하고 헌신하는 학교생활을 하는 것이 중요합니다.

- 운동처방학 전공과 관련 있는 다양한 진로 활동(재활 센터 및 헬스 및 건강 관리 관련 직업 체험, 직업인 특강, 재활 병원이나 스포츠 클리닉 센터 견학, 운동처방학과 견학 등) 참여를 통해 자신의 진로 역량을 키우는 노력이 필요합니다. 단순 참여 사실보다는 참여하게 된 계기나 자신의 역할, 배우고 느낀 점 등이 드러나면 좋습니다.
- 체육, 보건, 의료, 생명 탐구, 독서, 과학 탐구 실험, 봉사 동아리 활동을 추천하고, 다양한 분야(운동, 스포츠, 의료, 보건, 재활 생명, 윤리, 인문학)의 독서를 통해 융합적 지식을 습득하는 것을 추천합니다.

241

음악학과

학과소개

'모든 예술은 음악을 지향한다'라는 말이 있을 정도로, 음악은 가장 강력한 호소력을 가진 예술 분야라고 할 수 있습니다.

소리를 통해 자연과 인간 본성의 결정체인 영혼의 세계를 표현하는 예술인 음악 분야는 크게 악기 연주, 성악, 작곡 등으로 세분됩니다. 음악학과에서도 대부분 기악, 성악, 작곡 등의 세부 전공을 통해 서양 음악뿐만 아니라 우리 전통 음악인 국악에 대한 이론과 연주 교육을 병행하며 학생들이 전문 예술가로서의 역량을 쌓을 수 있도록 합니다.

음악학과에서는 학문적 이론 지식과 고도의 음악 기술, 창조적인 예술적 표현 능력 등을 갖춘 전문 음악인, 교양인으로서의 인격과 지식이 뛰어난 인재 등을 양성하기 위해 힘쓰고 있습니다.

전공별 연주회, 춘·추계 정기 연주회, 오케스트라 연주회, 오페라공연 등 다양한 연주 기회와 전공 실습을 통하여 학생들이 잠재되어 있는 예술적 재능을 도출해 내고, 졸업 후에도 다양한 진로를 선택할 수 있도록 하고 있습니다.

개설대학

- 강남대학교
- 강릉원주대학교
- 강서대학교
- 강원대학교
- 대구가톨릭대학교
- 동아대학교
- 동의대학교
- 삼육대학교
- 서울대학교
- 서울시립대학교
- 안양대학교
- 전남대학교
- 전주대학교
- 창신대학교
- 평택대학교
- 한국교통대학교
- 한세대학교 등

관련학과

- 음악과
- 음악학부
- 실용음악과
- 작곡과
- 성악과
- 성악전공
- 관현악과
- 관현악전공
- 기악과
- 예술학부
- 피아노과
- 피아노학과
- 국악과
- 국악학과
- 한국음악과
- 전통예술학부
- 실용음악과
- 음악콘텐츠학과
- 음악교육과 등

진출직업

- 가수
- 성악가
- 악기수리원 및 조율사
- 연주가
- 음악치료사
- 음향 및 녹음기사
- 음반기획자
- 음악평론가
- 음악프로듀서
- 작곡가
- 편곡가
- 지휘자
- 영화음악전문가
- 공연기획자
- 보이스트레이닝전문가
- 중등학교 교사(음악)
- 음악 강사
- 공연기획자 등

취득가능 자격증

- 실용음악지도사
- 문화예술교육사
- 무대예술전문인
- 음악심리상담사
- 음악치료사
- 음악심리상담사
- 음악재활지도사
- 방과후 지도사
- 중등학교 정교사 2급(음악)
- 피아노조율기능사 등

진출분야

기업체	음반 제작 회사, 연주 단체, 출판사, 방송사, 잡지사, 음악 학원, 음반 기획사, 공연 기획사, 악기 관련 업체 등
정부 및 공공 기관	지방 자치 단체 합창단 및 오케스트라, 국공립 중등학교, 대학교, 합창단, 예술경영지원센터, 한국예술인복지재단 등
연구 기관	한국문화정보원, 한국문화예술교육진흥원 등

학과 주요 교과목

기초 과목	시창청음, 전공실기, 음악기초이론, 콘서트콰이어, 연주, 클래식피아노, 기악앙상블, 반음계적 화성학, 합주, 서양음악사 등
심화 과목	재즈화성학, 미디어편곡법, 영상과 음악, 악기실기, 퓨전앙상블, 음악치료, 음악교육론, 재즈음악사, 대중음악사, 지휘법, 한국음악개론, 사운드엔지니어링, 음악미학, 무대퍼포먼스, 오케스트라 및 합주지도법, 합창 및 성가지도법, 대위법 등

학과 인재상 및 갖추어야 할 자질

- 예술 분야에 관심이 많고, 음악 교과 및 음악 활동의 성취도가 우수한 학생
- 음악적 재능을 통해 사회 복지를 실현하고자 하며, 봉사 정신을 갖춘 학생
- 예술가로서의 창의력과 예술적 감각을 가진 학생
- 음악 실기 능력이 뛰어나고, 도전 정신과 적극적인 사고 및 창의적 사고를 갖춘 학생
- 풍부한 음악성과 장기간의 꾸준한 연습을 견딜 수 있는 인내심 및 성실성을 가진 학생
- 음악적 감수성이 풍부하고, 연극이나 뮤지컬 등 다양한 문화 예술 장르에 관심이 많은 학생

학과 관련 선택 과목

※ 국어, 영어 교과는 모든 학문의 기초적인 성격을 가진 도구교과로 모든 학과에 이수가 필요하여 생략함.

공통 과목		공통국어1,2, 공통수학1,2, 공통영어1,2, 한국사1,2, 통합사회1,2, 통합과학1,2, 과학탐구실험1,2
수능 필수		화법과 언어, 독서와 작문, 문학, 대수, 미적분Ⅰ, 확률과 통계, 영어Ⅰ, 영어Ⅱ, 한국사, 통합사회, 통합과학, 성공적인 직업생활(직업)
일반 선택	수학, 사회, 과학	세계시민과 지리, 세계사, 사회와 문화, 현대사회와 윤리
	체육·예술	음악, 미술, 연극
	기술·가정/정보	
	제2외국어/한문	
	교양	
진로 선택	수학, 사회, 과학	윤리와 사상, 인문학과 윤리
	체육·예술	음악 연주와 창작, 음악 감상과 비평, 미술 감상과 비평
	기술·가정/정보	생활과학 탐구, 인공지능 기초
	제2외국어/한문	
	교양	인간과 철학, 인간과 심리
융합 선택	수학, 사회, 과학	여행지리, 윤리문제 탐구
	체육·예술	음악과 미디어
	기술·가정/정보	지식 재산 일반
	제2외국어/한문	
	교양	

추천 도서 목록

- 김현식, 피아노로 노래하다, 그래서음악 편집부, 그래서음악
- 문화융합: 소통와 공명의 합, 음악미학연구회 외, 모노폴리
- 세계사와 함께 알아보는 음악 이야기, 정봉교, 메이킹북스
- 진심을 노래하는 트바로티, 김호중의 음악세계, 조성진, 한스미디어
- 임영웅 신드롬, 유한준, 광문각출판미디어
- 클래식 음악 수업, 김준희, 사람in
- 에트빈 피셔의 마스터 클래스, 에트빈 피셔, 포노
- 알고 보면 흥미로운 클래식 잡학사전, 정은주, 해더일
- 음악을 한다는 것, 베네데타 로발보, 지노
- 알고 보면 흥미로운 클래식 잡학사전, 정은주, 해더일
- 클래식을 사랑하는 당신에게, 최영옥, 태림스코어
- 바흐의 네 아들, 마르틴 겍, 풍월당
- 모두의 리듬 트레이닝, 박경호, 그래서음악
- 음악형식의 이론과 분석, 송무경 외, 모노폴리
- 클래식의 클래식, 이영록, 아트레이크
- 나 혼자 음악 만들기, 송택동, 그래서음악

- 김광민의 재즈교실, 김광민, SRMUSIC
- 문화융합: 소통와 공명의 합, 음악미학연구회 외, 모노폴
- 정약용의 음악이론, 김세중, 민속원
- 알기 쉬운 음악 저작권계약 핵심, 김현숙 외, 세광음악출판사
- 3부형식 피아노곡 작곡법, 천광우, 노래알
- 문화예술교육으로서의 음악감상법, 이보림, 어가
- 뮤직코노믹스, 지인엽, 학교법인 동국대학교 출판문화원
- 재즈를 듣다, 테드 지오이아, 꿈꿀자유
- 음악인문학, 전선구, 북코리아
- 음악학 핵심 개념 96, 데이비드 비어드 외, 태림스코어
- 메시앙 작곡 기법, 전상직, 음악춘추사
- 고수에게 배우는 시벨리우스, 장민호, 예솔
- 음악이론 기초 화성학 독학하기, 이지영, 가득뮤직
- 시벨리우스 가이드 BASIC, 명은혜, 예솔

학교생활 TIPS

- 음악 교과 및 음악 활동을 통해 음악 이론 지식을 풍부히 하고 실기 능력을 기르도록 합니다. 다양한 국가의 음악이나 문학에 관심을 두고, 이러한 관심을 교내 활동을 통해 표현한 경험이 학교생활기록부에 나타나도록 합니다.
- 예술적 감수성과 장시간의 꾸준한 연습을 할 수 있는 인내심 및 끈기가 필요하므로, 이러한 역량을 함양하는 교내외 활동에 적극 참여합니다.
- 음악 관련 동아리 활동을 통해 음악적 역량을 함양하며, 공동 프로젝트 및 과제를 통해 친구들의 의견을 경청하고 공감하는 능력을 기르도록 합니다. 공동체 의식을 함양하는 활동, 음악적 재능을 통한 지역 사회에

서의 봉사 활동을 추천합니다.
- 영화, 연극, 뮤지컬 등 다양한 문화 예술 장르에 관심을 가져 음악적 감수성을 기르도록 합니다. 인문적 소양을 함양하기 위한 지속적인 독서 활동도 권장합니다.
- 자기주도성, 경험의 다양성, 성실성, 창의성, 의사소통 능력, 문제 해결 능력, 예술적 감수성 등이 학교생활을 통해 나타나고, 이같은 내용이 학교생활기록부에 기록될 수 있도록 성실히 학교생활을 할 것을 추천합니다.

242

작곡과

학과소개

곡이 없다면 천상의 악기나 천상의 목소리라 할지라도 단순한 소리에 지나지 않을 것입니다. 작곡은 다양한 음계를 재배열하고, 강약과 빠르기 등을 조절하여 한 편의 조화로운 곡을 만들어 냄으로써 인간의 내면과 영혼을 음악적으로 표현하는 예술입니다.

작곡가는 단순히 곡을 만들고 프로듀싱하는 사람이 아닙니다. 가수나 연주자의 심리적인 부분까지 읽어 내고, 녹음할 때 가수나 연주자가 좋은 컨디션을 유지할 수 있도록 하는 것도 작곡가의 몫입니다.

작곡과는 순수 예술로서 음악을 창작하는 작곡가와, 음악의 학문적인 접근인 이론과 음악사를 연구하는 음악학자를 길러내는 학과입니다. 음악 구조를 이해하고 음악을 설계할 수 있는 예술창작 능력과, 진보된 음악 이론 및 미학을 지향합니다. 작곡과는 크게 작곡 전공, 이론 전공으로 이루어져 있고, 전공별로 작곡법, 음악 이론 등을 집중적으로 연수케 하여 자신의 전공 분야에서 능률적으로 활동할 수 있는 전문인을 양성하는 데 그 목적이 있습니다. 이러한 목적을 달성하기 위하여 음악의 형식과 구조를 이해하는 이론 교육은 물론, 다양한 악기의 연주를 위한 곡을 작곡할 때 필요한 악기 교육도 병행합니다.

개설대학

- 경희대학교
- 서울대학교
- 성신여자대학교
- 숙명여자대학교
- 연세대학교
- 이화여자대학교
- 추계예술대학교
- 한양대학교 등

진출직업

- 예체능 강사
- 음악평론가
- 편곡가
- 음악치료사
- 중등학교 교사(음악)
- 음악학원강사
- 작곡가
- 교향악단 지휘자 등

관련학과

- 뉴미디어작곡과
- 뉴미디어작곡전공
- 예술학부(작곡전공)
- 작곡·성악·피아노전공
- 작곡·실용음악과
- 작곡·재즈학부
- 작곡과(이론전공)
- 작곡과(작곡전공)
- 작곡전공
- 한국음악작곡과 등

취득가능 자격증

- 문화예술 교육사
- 융합음악지도사
- 무대 예술 전문인
- 음악 실기 지도사
- 음향전문사
- 중등학교 정교사 2급(음악)
- 예술문화복지사
- 멀티미디어콘텐츠제작전문가 등

진출분야

기업체	스튜디오, 방송국, 인터넷·스마트폰 음향업체, 게임 음악 제작 업체, 연예 기획사, 합창단, 음악 기획사, 음반 제작 회사 등
정부 및 공공 기관	문화체육관광부, 서울시립교향악단, 서울문화재단, 국립·시립 합창단, 교향악단 등
연구 기관	한국문화예술교육진흥원 등

학과 주요 교과목

기초 과목	작곡실기, 연주, 심포닉콰이어, 컴퓨터음악, 고급시 창청음, 작곡음악통론, 건반화성, 고전음악사, 작곡음악통론, 현대화성, 현대음악사 등
심화 과목	작곡악기론, 낭만음악사, 대위법, 합창편곡법, 컴퓨터음악입문, 고전·낭만음악분석, 관현악편곡법, 지휘법, 현대음악분석, 실용음악, 국악작곡론 등

학과 인재상 및 갖추어야 할 자질

- 기본적으로 음악을 좋아하고 즐기는 학생
- 타고난 음악적 재능을 바탕으로 끊임없이 노력하는 학생
- 한 가지 이상의 악기를 자유자재로 연주할 수 있는 학생
- 음악을 폭넓게 감상할 수 있는 능력을 갖춘 학생
- 다양한 언어에 관심이 있는 학생
- 작곡 프로그램을 사용하는 데 필요한 기본 이상의 컴퓨터 능력을 갖추고 있는 학생
- 자신이 하고자 하는 일에 대한 책임감과 집중력을 가지고 있는 학생
- 자신의 느낌을 음악에 담아 다른 사람의 감정을 움직일 수 있는 표현력을 가진 학생

학과 관련 선택 과목

※ 국어, 영어 교과는 모든 학문의 기초적인 성격을 가진 도구교과로 모든 학과에 이수가 필요하여 생략함.

공통 과목		공통국어1,2, 공통수학1,2, 공통영어1,2, 한국사1,2, 통합사회1,2, 통합과학1,2, 과학탐구실험1,2
수능 필수		화법과 언어, 독서와 작문, 문학, 대수, 미적분Ⅰ, 확률과 통계, 영어Ⅰ, 영어Ⅱ, 한국사, 통합사회, 통합과학, 성공적인 직업생활(직업)
일반 선택	수학, 사회, 과학	세계시민과 지리, 세계사, 사회와 문화, 현대사회와 윤리
	체육·예술	음악
	기술·가정/정보	
	제2외국어/한문	
	교양	
진로 선택	수학, 사회, 과학	윤리와 사상, 인문학과 윤리
	체육·예술	음악 연주와 창작, 음악 감상과 비평
	기술·가정/정보	생활과학 탐구, 인공지능 기초
	제2외국어/한문	
	교양	인간과 철학, 인간과 심리
융합 선택	수학, 사회, 과학	여행지리, 윤리문제 탐구
	체육·예술	음악과 미디어
	기술·가정/정보	지식 재산 일반
	제2외국어/한문	
	교양	

추천 도서 목록

- 월드뮤직 도슨트, 유영민, 서해문집
- 삶이 행복해지는 순간의 클래식, 스칼라 라디오, 태림스코어
- 뉴 노멀 시대의 디지털 미디어 기반 음악교육 방법, 민경훈 외, 어가
- 인성과 오케스트라를 위한 Shadow of Life, 한경진, 전남대학교출판문화원
- 조용필과 위대한 탄생, 윤영인, 북코리아
- 김현식, 피아노로 노래하다, 그래서음악 편집부, 그래서음악
- 문화융합: 소통와 공명의 합, 음악미학연구회 외, 모노폴리
- 세계사와 함께 알아보는 음악 이야기, 정봉교, 메이킹북스
- 진심을 노래하는 트바로티, 김호중의 음악세계, 조성진, 한스미디어
- 이토록 재밌는 음악 이야기, 크리스토프 로이더, 반니
- 음악을 듣는 법, 오카다 아케오, 끌레마
- 철학으로 현대음악 읽기, 박영욱, 바다출판사
- 20세기 미국의 현대음악, 전미은, 예솔
- 상호문화성으로 보는 한국의 현대음악, 오희숙, 민속원
- 알기 쉬운 음악 저작권계약 핵심, 김현숙 외, 세광음악출판사
- 3부형식 피아노곡 작곡법, 천광우, 노래알

- 미디왕의 작곡 독학, 이신재, 옴니사운드
- 작곡, 편곡자를 위한 코드진행 레시피, 사이토 오사무, 서울음악출판사
- 누구나 작곡할 수 있는 작곡법, 김정양 외, 엘맨
- 인공지능 융합수업 가이드, 오한나, 다빈치books
- 오늘부터 프로듀서! 아이패드로 나만의 음악 만들기 with 개러지밴드, 이진호, 제이펍
- 시벨리우스 2023, 박영권, 글로벌
- 스쿨 오브 뮤직, 메이리그 보엔, 길벗어린이
- 진짜! 큐베이스 사용법, 홍성선, 책바세
- 마음 속 기억창고를 만드는 K-POP작곡가, 서정진, 토크쇼
- 어메이징 콩쿠르 현대작곡가, 이지선, 음악세계
- 위대한 작곡가들의 삶 1, 해럴드 C. 숀버그, 클
- 어린이와 여성을 위한 다섯작곡가의 합창 이야기, 조용석, 중앙아트
- 대중음악을 위한 선율 작곡법, 타카야마 히로시, 음악세계
- 나의 보컬 레슨, 김아람, 에이아이북스

학교생활 TIPS

- 작곡의 기본이 되는 음악 교과 성적을 상위권으로 유지하고, 교과 수업을 통하여 자신의 생각과 감정을 표현하는 방법 및 관련 지식을 확장하는 과정을 경험합니다. 학업 능력, 전공 적합성, 창의성, 의사소통 능력, 발전 가능성 등이 학교생활기록부 교과 세부능력 및 특기사항에 기록될 수 있도록 적극적으로 수업에 참여합니다.
- 음악 대학 및 학과 체험 활동이나 작곡가 관련 직업 탐방 활동에 적극적으로 참여하며 음악 관련 진로 역량을 함양하고 자신의 진로에 대해 고민할 것을 추천합니다.
- 모둠 활동 및 프로젝트 활동을 통하여 리더십, 갈등 관리 능력, 협력, 나눔,

주변 사람들의 필요를 공감하는 능력, 음악을 통해 다른 사람의 감정을 움직일 수 있는 표현력 등을 기를 것을 권장합니다.
- 음악 및 악기 관련 동아리 활동에 참여하고, 인문학, 철학, 심리학 등 폭넓은 분야의 독서 활동을 통하여 예술과 관련된 기초 소양을 기를 것을 추천합니다.
- 자기주도성, 경험의 다양성, 성실성, 창의성, 의사소통 능력, 문제 해결 능력, 비판적 사고, 분석력 및 예술적 감수성 등이 학교생활기록부에 기록될 수 있도록 성실히 학교생활을 할 것을 추천합니다.

243

조소과

학과소개

조소란 재료를 깎고 새기거나 빚어서 입체적인 형상을 제작하는 일체의 행위를 지칭하는 단어입니다. 보통 '조각'이라는 표현을 '조소'라는 말 대신 많이 쓰지만, 엄밀히 따지자면 조소는 조각과 소조를 아우르는 말입니다.

조소과에서는 조소의 조형적 특질과 미술사에 대한 이해를 바탕으로 조형 능력을 연마하고 다양한 재료를 활용한 실습으로 조형의 기초를 다지게 합니다. 다양한 실험을 통해 재료의 연구와 실험 방법의 체득을 유도하고 있습니다. 나아가 이론 연구를 통해 위의 내용들을 심화합니다.

조소과는 전통성과 현대성의 유기적 조화를 바탕으로 다양한 미적 탐구 활동을 권장하여 학생 개개인이 작가의 자질을 육성할 수 있도록 하고, 이를 통해 국가와 사회가 필요로 하는 창의적 전문 인력을 양성하고자 합니다. 또한 이론과 실기의 균형 있는 교육을 바탕으로, 입체에 대한 개성적·창의적 사고와 표현 능력을 발휘할 수 있게 함과 동시에 작품에 대한 비평적 능력을 함양할 수 있도록 합니다. 나아가 재료, 기법, 형식 등에 대한 폭넓은 실험, 미술 이론 학습, 작품 감상 및 비평 등을 통해 미술 현장과 긴밀하게 관계하는 역동적 예술 세계를 형성할 수 있도록 합니다.

개설대학

- 서울대학교
- 성신여자대학교
- 충남대학교
- 홍익대학교 등

관련학과

- 조각학과
- 조소과
- 조소전공 등

진출직업

- 조각가
- 큐레이터
- 학예사(큐레이터)
- 소품디자이너
- 용기디자이너
- 문화예술기자
- 비디오아티스트
- 환경조각가
- 강사
- 대학 교수
- 중등학교 교사(미술)
- 가상현실콘텐츠디자이너
- 게임캐릭터디자이너 등

취득가능 자격증

- 컬러시스트 기사
- 중등학교 정교사 2급(미술)
- 박물관 및 미술관 준학예사
- 시각디자인기사
- 문화예술교육사 등

진출분야

기업체	미술 학원, 클레이 애니메이션 제작업체, 캐릭터 디자인 업체, 무대 미술 관련 업체, 특수분장 업체, 마네킹 제작업체, 장식 조각 업체, 디스플레이 업체, 인테리어 회사, 영화사, 소품 디자인 회사, 잡지사, 신문사, 방송국, 박물관 등
정부 및 공공 기관	박물관, 미술관, 초·중고등학교 교사, 문화체육관광부, 한국문화예술위원회 등
연구 기관	조형 연구소 등

학과 주요 교과목

기초 과목	조소기초, 평면조형, 입체조형, 기초시각디자이너, 기초공업디자이너, 기초도예, 기초금속공예, 한국미술과 문화, 서양미술사, 입체와 공간, 인체표현, 미술의 역사와 사회, 미술사 등
심화 과목	조소, 목조, 석조, 금속조, 작품연구, 주형기법, 표현과 해석, 디지털조각, 3D미디어구현기법, 점토조각연구, 현대조각론, 도조기법, 미디어아트, 재료기법, 현대조각의 흐름, 융합문화예술창업 등

학과 인재상 및 갖추어야 할 자질

- 풍부한 상상력과 창의력을 가지고 있는 학생
- 미적 표현 양식을 만들어 내고자 하는 열정을 가진 학생
- 미술과 문화 전반에 대한 관심과 열정이 있는 학생
- 최소한의 실기 능력을 갖추고 있는 학생
- 자신의 미적 표현 능력을 적극적으로 발휘할 수 있는 학생
- 다양한 문화 장르와 사회상을 작품에 적극 반영할 수 있는 학생

인문계열

사회계열

자연계열

공학계열

의약계열

예체능계열

교육계열

계약학과 & 특성화학과

학과 관련 선택 과목

※ 국어, 영어 교과는 모든 학문의 기초적인 성격을 가진 도구교과로 모든 학과에 이수가 필요하여 생략함.

공통 과목		공통국어1,2, 공통수학1,2, 공통영어1,2, 한국사1,2, 통합사회1,2, 통합과학1,2, 과학탐구실험1,2
수능 필수		화법과 언어, 독서와 작문, 문학, 대수, 미적분 I, 확률과 통계, 영어 I, 영어 II, 한국사, 통합사회, 통합과학, 성공적인 직업생활(직업)
일반 선택	수학, 사회, 과학	세계사, 사회와 문화
	체육·예술	미술
	기술·가정/정보	
	제2외국어/한문	
	교양	
진로 선택	수학, 사회, 과학	동아시아 역사 기행, 인문학과 윤리
	체육·예술	미술 창작, 미술 감상과 비평
	기술·가정/정보	
	제2외국어/한문	
	교양	인간과 철학, 인간과 심리
융합 선택	수학, 사회, 과학	여행지리, 사회문제 탐구
	체육·예술	미술과 매체
	기술·가정/정보	지식 재산 일반
	제2외국어/한문	
	교양	

추천 도서 목록

- 상상력을 끌어내는 디자이너의 드로잉 테크닉 다크 아트, 3dtotal 편집부, 므큐
- 손·발 해부학 드로잉, 가토 고타, 므큐
- 예술가의 지구별연구소, 국립현대미술관, 국립현대미술관
- 그리되, 그리지 않은 것 같은,, 채호기 외, 난다
- 세상의 모든 미술 수업, 유홍준 외, 창비교육
- 자화상 내 마음을 그리다, 김선현, 한길사
- 내가 본 미술관 루브르 성화, 진병철, 열린북스
- 북유럽 미술관 여행, 이은화, 상상출판
- 그림이 더 잘 보이는 미술관 이야기, 이소영, 모요사
- 공예란 무엇인가, 하워드 리사티, 유아당
- 나의 백남준: 기억, 보존, 확산, 국립현대미술관 외, 국립현대미술관
- 살아있는 지성을 키우는 발도르프학교의 공예수업, 패트리샤 리빙스턴, 푸른씨앗
- 사적이고 지적인 미술관, 이원율, 알에이치코리아
- 거의 모든 순간의 미술사, 존–폴 스토나드, 까치

- 화가들의 마스터피스, 데브라 N. 맨커프, 마로니에북스
- 고갱의 도전, 노마 브라우드, 예술문화연구소M
- 창조적 행위: 존재의 방식, 릭 루빈, 코쿤북스
- 다른 방식으로 보기, Ways of Seeing, 존 버거, 열화당
- 디어 컬렉터, 김지은, 아트북스
- 예술 경영, 이용관, 마이디어북스
- 예술이란 무엇인가, 레프 니콜라예비치, 톨스토이
- 예술의 종말 이후, 아서 단토, 미술문화
- 태도가 작품이 될 때, 박보나, 바다출판사
- 예술과 창조성, 윤소정, 휴먼북스
- 예술가가 되는 법, 제리 살츠, 처음북스
- 예술의 발명, 래리 샤이너, 바다출판사
- 예술, 인간을 말하다, 전원경, 시공아트
- 창작형 인간의 하루, 임수연, 빅피시
- 점·선·면, 구마 겐고, 안그라픽스
- 당신이 사랑한 예술가, 조성준, 작가정신

학교생활 TIPS

- 조소과 진학과 관련 있는 미술 및 예술 교과 성적을 상위권으로 유지하고, 교과 수업을 통하여 자신의 생각과 감정을 표현하는 방법을 배우고 미술과 문화에 대한 관심과 열정을 기릅니다. 학업 능력, 전공 적합성, 문제 해결 능력, 예술적 감수성 등이 학교생활기록부 교과 세부 능력 및 특기사항에 기록될 수 있도록 자기주도적으로 수업에 참여합니다.
- 조소 관련 공모전에 지속적으로 참여하며 성장하는 모습을 기록해 둘 것을 권장합니다. 조소 작품을 많이 접하고, 자신만의 표현 기법을 작품 제작에 반영하는 등의 실기 능력을 기르는 것이 중요합니다.
- 공동 과제 수행이나 프로젝트 활동을 통하여 프로젝트 수행 능력을 기르고,

사람들의 요구를 예술적으로 표현할 수 있는 공감 능력 및 창의력 등을 발휘할 수 있는 활동에도 적극 참여합니다.
- 미술, 디자인 관련 동아리 활동과 박물관 및 미술관 견학을 권장하며, 디자인, 인문학, 철학, 심리학 등 다양한 분야의 독서를 통하여 진로 역량을 함양하도록 합니다.
- 자기주도성, 경험의 다양성, 성실성, 창의성, 의사소통 능력, 문제 해결 능력, 미적 능력 및 예술적 감수성 등이 학교생활을 통해 나타나고, 이같은 내용이 학교생활기록부에 기록될 수 있도록 성실히 학교생활을 할 것을 추천합니다.

244

조형예술학과

학과소개

미술의 여러 분야 중 가장 중심적이고 기본이 되는 전공이라 할 수 있는 조형예술학은 이론과 실기를 심도 있게 교육하여 창의적인 표현 능력을 배양하는 것과 폭넓은 사고와 우수한 의식을 갖추도록 하는 것에 중점을 두고 있습니다. 공예와 회화의 구별이 모호해진 현대 미술의 본질을 이해하고, 실기 전반에 대한 전문 지식과 표현 능력을 습득하여 현대성을 지닌 독창적 작품을 제작하는 데 집중합니다.

조형예술학과는 이론 및 실기의 교육을 통해 미래의 미술 전문가에게 주어질 요구와 도전을 예상하고 그것에 부응할 창의적 능력을 개발합니다. 이를 위해 회화, 조각, 판화 등의 전통적 매체와 현대 과학 기술이 제공한 첨단 매체를 아울러 습득하고, 미술 이론을 통해 논리적 사고와 표현 능력의 신장에 대해 연구합니다. 조형예술학과의 교육 목표는 총체적인 비평적 시각과 올바른 균형 감각, 글로벌한 마인드를 지니고 미래의 비전을 제시할 전문 예술 인력을 양성하는 것입니다.

개설대학

- 건국대학교(글로컬)
- 서울과학기술대학교
- 인천가톨릭대학교(제2캠퍼스)
- 인하대학교
- 충북대학교 등

관련학과

- 가구조형전공
- 금속조형디자인과
- 금속조형디자인전공
- 금속조형디자인학과
- 디자인·조형학부
- 디자인조형학과
- 문화조형디자인전공
- 미술조형학과
- 미술학부 조형예술학과
- 생활조형디자인학과
- 세라믹디자인전공
- 세라믹콘텐츠디자인학과
- 시각조형디자인학과
- 융합예술학부(생활조형디자인학전공)
- 입체조형학과
- 조형디자인학부
- 조형문화과
- 조형미술전공
- 조형예술과
- 조형예술학부
- 조형학과
- 조형학부
- 조형회화학과
- 판화과
- 한지공간조형디자인전공
- 한지공간조형디자인학과
- 한지조형디자인학과
- 현대조형학부 등

진출직업

- 가구디자이너
- 공간디자이너
- 환경디자이너
- 조명디자이너
- 산업디자이너
- 보석디자이너
- 큐레이터
- 미술평론가
- CG디자이너
- 애니메이터 등

취득가능 자격증

- 문화예술교육사
- 웹디자인기능사
- 컬러리스트산업기사
- 미술심리상담사
- 게임그래픽전문가
- 원형기능사
- 석공예기능사
- 귀금속가공기능사
- 시각디자인기사
- 컴퓨터그래픽스운용기사
- 제품디자인기사
- 제품응용모델링기능사
- 무대예술전문인
- 문화재수리기능사
- 박물관 및 미술관 준학예사 등

진출분야

기업체	시각 디자인 업체, 미술 학원, 웹 디자인 업체, 인테리어 디자인 업체, 공방, 제품 디자인 업체, 방송국, 광고 회사, 컴퓨터 영상 제작업체, 환경 장식 업체, 무대 세트 제작업체 등
정부 및 공공 기관	미술관, 박물관, 초·중고등학교 등
연구 기관	조형 연구소 등

학과 주요 교과목

기초 과목	미술의 이해, 기초조형, 드로잉, 회화, 입체조형, 평면조형, 동양미술사, 서양미술사, 현대회화, 현대채색화, 현대작가론, 미술경영과 기획, 현대미술의 쟁점 등
심화 과목	판화, 컨텍스트, 오브제, 무빙이미지, 디자인교수법, 사진과 표현, 일러스트아트페인팅, 디지털도구와 현장매뉴얼, 리빙세라믹, 3D메이커스랩, 4차 산업과 3D프린팅, 캡스톤금속제품디자인, 금속과 표현, 도시화조형, 미디어와 인터랙션 등

학과 인재상 및 갖추어야 할 자질

- 그리기, 만들기 등에 재능과 소질이 있는 학생
- 입체적, 공간적 감수성과 다양한 재료를 선택하여 다루는 능력이 있는 학생
- 사물에 대한 깊은 통찰력이 있는 학생
- 인간의 삶의 세계를 이해하기 위한, 다양한 인문 사회학적 감수성이 있는 학생
- 전통 공예와 현대적 조형 예술에 관심이 있는 학생
- 시대를 읽는 통찰력과 창의력을 지닌, 미래의 조형 예술가를 꿈꾸는 학생

학과 관련 선택 과목

※ 국어, 영어 교과는 모든 학문의 기초적인 성격을 가진 도구교과로 모든 학과에 이수가 필요하여 생략함.

공통 과목		공통국어1,2, 공통수학1,2, 공통영어1,2, 한국사1,2, 통합사회1,2, 통합과학1,2, 과학탐구실험1,2
수능 필수		화법과 언어, 독서와 작문, 문학, 대수, 미적분Ⅰ, 확률과 통계, 영어Ⅰ, 영어Ⅱ, 한국사, 통합사회, 통합과학, 성공적인 직업생활(직업)
일반 선택	수학, 사회, 과학	세계사, 사회와 문화, 화학
	체육·예술	음악, 미술
	기술·가정/정보	기술·가정, 정보
	제2외국어/한문	
	교양	
진로 선택	수학, 사회, 과학	동아시아 역사 기행, 인문학과 윤리
	체육·예술	음악 감상과 비평, 미술 창작, 미술 감상과 비평
	기술·가정/정보	생활과학 탐구, 인공지능 기초
	제2외국어/한문	
	교양	인간과 철학, 인간과 심리
융합 선택	수학, 사회, 과학	여행지리, 사회문제 탐구
	체육·예술	미술과 매체
	기술·가정/정보	지식 재산 일반
	제2외국어/한문	
	교양	

추천 도서 목록

- 이것은 라울 뒤피에 관한 이야기, 이소영, 알에이치코리아
- 줄리언 반스의 아주 사적인 미술 산책, 줄리언 반스, 다산책방
- 미술사 연대기, 이언 자체크, 마로니에북스
- 컬렉팅 듀오, 채민진, 아르테카
- 예술과 인공지능, 이재박, MID
- 예술적 감정조절, 임상빈, 박영사
- 토크 아트: 인터뷰, 러셀 토비 외, Pensel
- 르 코르뷔지에, 콘크리트 배를 만나다, 미셸 캉탈-뒤파르, 체크포인트찰리
- 내 안의 아티스트, 플로렌스 케인, 심산출판사
- 예술가의 연인들, 이태주, 푸른사상
- 사회가 자살시킨 자, 반 고흐, 앙토냉 아르토, ITTA
- 매혹하는 미술관, 송정희, 아트북스
- 예술 경영, 이용관, 마이디어북스
- 예술이란 무엇인가, 레프 니콜라예비치, 톨스토이
- 예술의 종말 이후, 아서 단토, 미술문화
- 태도가 작품이 될 때, 박보나, 바다출판사
- 예술과 창조성, 윤소정, 휴먼북스
- 예술가가 되는 법, 제리 살츠, 처음북스
- 예술의 발명, 래리 샤이너, 바다출판사
- 예술, 인간을 말하다, 전원경, 시공아트
- 창작형 인간의 하루, 임수연, 빅피시
- 점·선·면, 구마 겐고, 안그라픽스
- 당신이 사랑한 예술가, 조성준, 작가정신
- 한국의 미술들: 개항에서 해방까지, 김영나, 워크룸프레스
- 뉴 큐레이터, 플러 왓슨, 안그라픽스
- 6년, 루시 R. 리파드, 현실문화연구
- 지각의 정지, 조너선 크레리, 문학과지성사
- 우리의 첫 미술사 수업, 강은주, 이봄
- 문화예술교육론, 김동일 외, 동문사
- 조각조각 미학 일기, 편린, 미술문화

학교생활 TIPS

- 조형예술을 전공하는 데 기본이 되는 미술 및 예술 교과 성적을 상위권으로 유지하고, 교과 수업을 통하여 그리기와 만들기에 대한 실기 및 지식을 확장합니다. 학업 능력, 전공 적합성, 창의성, 의사소통 능력, 인문 사회학적 감수성 등이 학교생활기록부 교과 세부능력 및 특기사항에 기록될 수 있도록 자기주도적으로 수업에 참여합니다.
- 실기 능력을 꾸준히 개발하고, 이와 함께 미술 및 조형 관련 전공 체험, 학과 및 대학 캠프, 관련 공모전 등에 참여하여 자신의 진로 역량을 강화하도록 합니다.
- 공동 과제 수행이나 프로젝트 활동을 통하여 리더십과 의사소통 능력, 타인의 말을 경청하고 그들의 요구를 예술적 능력으로 표현하는 공감 능력, 창의력 등의 역량을 개발하고, 이와 같은 사실이 학교생활기록부에 나타나도록 합니다.
- 미술, 디자인 관련 동아리 활동에 적극 참여합니다. 그밖에 디자인, 인문학, 철학, 심리학, 사회학 등 다양한 분야의 독서를 통하여 융합적 사고력을 기르고 진로 관련 지식을 확장할 것을 추천합니다.
- 자기주도성, 경험의 다양성, 성실성, 창의성, 의사소통 능력, 문제 해결 능력, 미적 능력 및 예술적 감수성 등이 학교생활을 통해 나타나고, 이같은 내용이 학교생활기록부에 기록될 수 있도록 성실히 학교생활을 할 것을 추천합니다.

245

체육학과

학과소개

체육학과에서는 신체 활동을 바탕으로 건강, 운동, 스포츠과학 그리고 여가를 포함한 인간의 행동에 대한 지식과 이해를 연구하고, 신체 운동에 관한 기초 이론과 실기를 교육합니다. 최근, 스포츠 산업이 활성화됨에 따라 스포츠 마케팅 등 문화 영역으로서의 스포츠를 다루기도 하며, 스포츠의 대중화와 경기력 향상을 위한 스포츠 과학 최신 이론을 교육하기도 합니다. 또한 점차 중요시되는 질병 예방과 건강 관리를 위한 사회체육 운동 처방과 관련된 내용 등을 다루며, 이를 통해 체육학과는 국민 건강과 복지 증진에 기여할 수 있는 유능한 체육 지도자를 양성하고자 합니다.

그 밖에도 체육학과에서는 첨단 스포츠과학 장비를 이론과 실습 교육에 활용함으로써 스포츠 과학화에 대한 마인드를 높일 수 있도록 하며, 개인의 적성과 관심에 따라 해당 분야에서 최고 수준의 전문가로 성장하는 데 필요한 소질과 자질을 갖추도록 하고 있습니다.

개설대학

- 강릉원주대학교
- 경기대학교
- 경동대학교(제4캠퍼스)
- 경희대학교
- 계명대학교
- 대구대학교
- 대구한의대학교
- 동서대학교
- 동아대학교
- 동의대학교
- 국립목포대학교
- 삼육대학교
- 세종대학교
- 국립경국대학교
- 안양대학교(제2캠퍼스)
- 용인대학교
- 우석대학교
- 조선대학교
- 국립창원대학교
- 한국체육대학교
- 한림대학교 등

관련학과

- 사회체육과
- 체육교육과
- 생활스포츠과
- 생활체육과
- 스포츠과학과
- 스포츠과학학부
- 스포츠복지과
- 스포츠레저학과
- 골프산업학과
- 골프사업학과
- 태권도학과
- 특수체육전공
- 운동처방학과
- 공연예술체육학부
- 무도스포츠산업학과
- 평생체육지도전공
- 축구학과 등

진출분야

기업체	스포츠 센터, 경호업체, 스포츠 관련 기업, 스포츠 마케팅 기업, 트레이닝 센터, 스포츠 관련 사업체, 스포츠 에이전시, 레크리에이션 관련 기관, 신문사, 방송국 등
정부 및 공공 기관	국공립 중등학교, 문화체육관광부, 소방 공무원, 경찰 공무원, 체육지도자연수원, 지역 스포츠 센터, 국민체육진흥기금, 대한장애인체육회, 대한체육회, 태권도진흥재단 등
연구 기관	한국스포츠정책과학원, 스포츠 과학 연구소, 스포츠 산업 연구소, 한국골프산업연구원, 국기원 태권도연구소, 한국스포츠산업경영학회, 스포츠 융합 콘텐츠연구소 등

진출직업

- 생활체육지도자
- 스포츠과학연구원
- 유아 및 아동체육지도자
- 노인체육지도자
- 여가교육전문가
- 경기지도사
- 선수트레이너
- 스포츠심리상담사
- 에이전트
- 스포츠마케터
- 스포츠기자
- 스포츠해설자
- 운동처방사
- 방송인
- 프로스포츠단체행정전문인
- 스포츠마케팅전문가
- 레크리에이션 강사
- 스포츠 강사
- 중등학교 교사(체육)
- 특수체육지도자
- 경기감독 및 코치
- 경기기록원
- 경호원
- 스포츠트레이너 등

취득가능 자격증

- 운동처방사
- 생활스포츠지도사
- 전문스포츠지도사
- 스포츠경영관리사
- 일반경비지도사
- 수상인명구조
- 스포츠테이핑지도사
- 레크리에이션지도사
- 잠수기능사
- 생활체육지도사
- 경기지도사
- 중등학교 정교사 2급(체육) 등

학과 주요 교과목

기초 과목	체육원리, 야영, 인체해부학, 기능해부학, 운동생리학, 체육철학, 운동학습제어, 체육측정평가, 체육사회학, 트레이닝방법론 등
심화 과목	수영, 뉴스포츠, 체조, 배구, 체육문화사, 스포츠심리학, 휘트니스트레이닝지도법, 스포츠사회학, 운동역학, 골프, 배드민턴, 운동처방, 유도, 유아체육론, 장애인스포츠, 스포츠경영학, 체육심리학, 체육관리학, 체육사, 농구, 태권도, 축구, 레저스포츠, 학교보건, 스포츠마케팅 등

학과 인재상 및 갖추어야 할 자질

- 지성과 글로벌 역량을 갖춘 학생
- 건전한 육체와 사고와 함께 경기를 정당하게 치러내는 스포츠맨십을 갖춘 학생
- 한 종목 이상의 특기를 기르기 위해 노력하는 학생
- 올바른 가치관과 책임 의식을 갖춘 학생
- 강인한 체력과 운동 신경을 가진 학생
- 정확한 판단력과 순발력을 가진 학생
- 융통성과 인내심, 자기 통제력을 가진 학생

학과 관련 선택 과목

※ 국어, 영어 교과는 모든 학문의 기초적인 성격을 가진 도구교과로 모든 학과에 이수가 필요하여 생략함.

공통 과목		공통국어1,2, 공통수학1,2, 공통영어1,2, 한국사1,2, 통합사회1,2, 통합과학1,2, 과학탐구실험1,2
수능 필수		화법과 언어, 독서와 작문, 문학, 대수, 미적분Ⅰ, 확률과 통계, 영어Ⅰ, 영어Ⅱ, 한국사, 통합사회, 통합과학, 성공적인 직업생활(직업)
일반 선택	수학, 사회, 과학	사회와 문화, 현대사회와 윤리, 생명과학
	체육·예술	체육1, 체육2
	기술·가정/정보	정보
	제2외국어/한문	
	교양	
진로 선택	수학, 사회, 과학	
	체육·예술	운동과 건강, 스포츠 문화, 스포츠 과학
	기술·가정/정보	
	제2외국어/한문	
	교양	인간과 심리, 보건
융합 선택	수학, 사회, 과학	사회문제 탐구
	체육·예술	스포츠 생활1, 스포츠 생활 2
	기술·가정/정보	
	제2외국어/한문	
	교양	

추천 도서 목록

- 운동기술 획득의 역동성, 크리스 버튼 외, 대성의학사
- 생활 건강과 운동, 김수연, 한국학술정보
- 체육측정평가, 조정환 외, 위북스
- 최신 운동과 건강, 오주훈, 에듀컨텐츠휴피아
- 운동 재활을 위한 Manual 테크닉, 김병곤 외, 바이오사이언스출판
- NBA, 도시를 입다, 이형빈, 시소
- 후프야, 놀자, 박상욱, 북랩
- 체육학 연구방법, 김병준 외, 레인보우북스
- 휴먼 퍼포먼스와 운동생리학, 정일규, 대경북스
- 너의 꿈이 될게, 지소연 외, 클
- 스포츠 심리와 마케팅, 오주훈, 에듀컨텐츠휴피아
- 스포츠 마케팅, Matthew D. Shank 외, 한경사
- 스포츠 커뮤니케이션 인사이트, 한국소통학회, 한울아카데미
- 스포츠의학에서 재생치료, Suad Trebinjac 외, 메디안북
- 스포츠마사지와 신체교정학, 백남섭 외, 토담출판사
- 최고 운동 건강 이야기, 이광무, 보성

- 최고의 움직임은 어떻게 만들어지는가, 롭 그레이, 코치라운드
- 스포츠시설 안전관리론, 곽봉현, 박영사
- 체육사, 옥광, 충북대학교출판부
- 스포츠윤리학, 김정효, 레인보우북스
- 스포츠 마케팅, 문개성, 박영사
- 파워 뉴 운동생리학, 최대혁 외, 라이프사이언스
- 힘 훈련 해부학, 제롬 마일로, 대성의학사
- 올림픽 웨이트리프팅과 스포츠 퍼포먼스, 댄 밀러, 대성의학사
- 새로운 스포츠 심리학: 마음챙김과 수용전념, 크리스토퍼 헨릭센 외, 군자출판사
- 멘탈 퍼포먼스, 이상우, 대경북스
- 스포츠재활운동, 한성준 외, 하움출판사
- 문기주의 e스포츠 세상, 문기주, 새론북스
- 피지컬 코치 축구시장의 판을 바꿔라, 손동민, 라온북
- 스포츠를 철학하다, 김진훈 외, 이담북스

학교생활 TIPS

- 체육 교과와 관련된 다양한 활동뿐만 아니라 교과 및 비교과 활동을 통해 올바른 가치관 및 책임 의식, 자기 통제력 등을 기르고, 이와 같은 내용이 학교생활기록부 교과 세부능력 및 특기사항에 기록될 수 있도록 적극적으로 교내 활동에 참여합니다.
- 하나 이상의 종목에 뛰어난 실력을 갖추고, 체육 관련 교내외 올바른 활동에 주도적으로 참여하여 인성을 보여줄 수 있도록 합니다.
- 공동 과제 수행 과제지만 중장기적인 프로젝트를 통하여 끈기, 문제 해결 능력, 의사소통 능력, 리더십 등의 역량을 함양하고, 이와 같은 내용이 학교생활기록부에 나타나도록 노력합니다.

- 인문적 소양을 함양하기 위한 인문학, 철학, 역사 등 다양한 분야의 독서를 할 것을 권장합니다.
- 자기주도성, 경험의 다양성, 리더십, 성실성, 의사소통 능력, 문제 해결 능력, 책임 의식 등이 학교생활을 통해 나타나고, 이같은 내용이 학교생활기록부에 기록될 수 있도록 성실히 학교생활을 할 것을 추천합니다.

246

패션디자인학과

학과소개

패션디자인학과란 단순히 옷을 만드는 방법을 배우는 학과라고 생각하는 경우가 많지만, 사실 패션디자인에는 옷을 디자인하는 분야만 있는 것이 아니라 새로운 직물을 고안하는 직물 디자인과 액세서리 디자인, 가방 디자인, 신발 디자인, 그리고 제품 디자인 등의 세부 분야가 포함되어 있습니다. 모자 디자이너로 유명한 필립 트레이시가 좋은 예입니다. 패션을 중시하는 시대적인 흐름에 맞추어 패션디자인학과의 인기는 지속될 전망입니다.

패션디자인학과는 지역 사회 및 국내외 패션 산업의 발전에 기여하고 나아가 세계화의 시대적 흐름을 선도할 수 있는 국제적 감각을 갖춘 패션 전문 인력 양성을 교육 목표로 합니다. 패션디자인학과에서는 패션에 관한 역사 문화성, 사회 유행성, 예술성, 과학 물성을 이해하고 응용력과 창의력을 바탕으로 한 패션디자인을 개발함과 동시에, 마케팅을 통해 산업화 전략을 수립할 수 있는 능력을 배양함으로써 패션 산업에 관한 종합적 능력을 갖추고 실무 수행 능력을 지속적으로 발전시켜 나갈 수 있는 인재를 양성하고 있습니다.

개설대학

- 세명대학교
- 세종대학교
- 국립순천대학교
- 신한대학교(제2캠퍼스)
- 영산대학교(제2캠퍼스)
- 청운대학교
- 한서대학교
- 호남대학교 등

관련학과

- e-패션학과
- i-패션디자인과
- 니트패션디자인학과
- 디자인학부 패션디자인전공
- 뷰티디자인계열
- 뷰티디자인과
- 뷰티토탈디자인과
- 섬유의상코디과
- 섬유패션디자인과
- 섬유패션디자인학과
- 웨딩뷰티패션과
- 인테리어패션디자인과
- 패션·문화디자인과 (자연과학계열)
- 패션·슈즈디자인과
- 패션·주얼리디자인과
- 패션디자인과
- 패션디자인마케팅과
- 패션리빙디자인과
- 패션메이커스비즈니스학과
- 패션메이커스스타일리스트 전공
- 패션생활디자인과
- 패션스쿨
- 패션코디디자인과
- 패션테크니컬디자인전공
- 패션학부 등

진출직업

- 소재디자이너
- 패션디자이너
- 패션머천다이저(MD)
- 모델리스트
- 테크니컬디자이너
- 스타일리스트
- 패션에디터
- 무대의상디자이너
- 의상 관련 박물관 큐레이터

취득가능 자격증

- 의류기사
- 직기조정기능사
- 섬유디자인산업기사
- 양복산업기사
- 양장기능사
- 염색가공기술사
- 한복기능사
- 패션디자인산업기사
- 컬러리스트산업기사
- 패션머천다이징산업기사
- 샵마스터
- 유통관리사 등

진출분야

기업체	의류 제조업체, 복장 학원, 전통 직물 제작소, 특수 의상 제작소, 공연 기획사, 방송국, 영화사, 잡지사, 멀티미디어 업체, 이벤트 업체, 문구·완구업체, 가구 관련 회사, 디스플레이 디자인 사무소, 조명 관련 회사, 게임 및 캐릭터 개발업체, 의류 박물관, 쇼핑몰 등
정부 및 공공 기관	문화 예술 관련 정부 부서 등
연구 기관	섬유 실험 연구소, 삼성패션연구소, 한국패션산업연구원 등

학과 주요 교과목

기초 과목	패션커뮤니케이션, 스케치기법, 조형, 패션인트로덕션, 패션리사이클, 색채학, 패션소잉, 기초패션디자인, 디자인제도 등
심화 과목	패션소재연구, 서양패션문화, 패션일러스트, 어패럴제작실습, 패션숍마스터이론과 실무, 직물디자인, 동양패션문화, 무대의상기획, 창작의상디자인, 패션마켓리서치, 아트패브릭, 드레이핑, 테일러링, 패션상품기획, 액세서리디자인, 크리에이티브패션디자인, 컴퓨터그래픽, 디스플레이, 패션매니지먼트, 디지털클로징 등

학과 인재상 및 갖추어야 할 자질

- 패션에 대해 남다른 흥미가 있는 학생
- 사물에 내재된 고유의 아름다움을 발견할 수 있는 미적 감각을 가진 학생
- 추상적인 이미지를 실현하는 것에 즐거움을 느끼는 학생
- 색채에 대한 감각과 조합 능력이 있는 학생
- 감각을 구체적으로 표현하는 일에 능숙한 학생
- 호기심이 많고, 세심하게 주위를 관찰하는 능력이 있는 학생
- 시장의 흐름을 분석하고, 사람들의 관심을 끌 수 있는 디자인을 만들 수 있는 능력을 갖춘 학생
- 자신만의 미적 감각과 분석력, 창조력, 응용력을 가진 학생

학과 관련 선택 과목

※ 국어, 영어 교과는 모든 학문의 기초적인 성격을 가진 도구교과로 모든 학과에 이수가 필요하여 생략함.

공통 과목		공통국어1,2, 공통수학1,2, 공통영어1,2, 한국사1,2, 통합사회1,2, 통합과학1,2, 과학탐구실험1,2
수능 필수		화법과 언어, 독서와 작문, 문학, 대수, 미적분Ⅰ, 확률과 통계, 영어Ⅰ, 영어Ⅱ, 한국사, 통합사회, 통합과학, 성공적인 직업생활(직업)
일반 선택	수학, 사회, 과학	세계사, 사회와 문화, 현대사회와 윤리
	체육·예술	미술
	기술·가정/정보	기술·가정, 정보
	제2외국어/한문	
	교양	
진로 선택	수학, 사회, 과학	동아시아 역사 기행, 경제, 윤리와 사상
	체육·예술	미술 창작, 미술 감상과 비평
	기술·가정/정보	
	제2외국어/한문	
	교양	인간과 철학, 인간과 심리
융합 선택	수학, 사회, 과학	여행지리, 사회문제 탐구
	체육·예술	미술과 매체
	기술·가정/정보	지식 재산 일반
	제2외국어/한문	
	교양	

추천 도서 목록

- 최소한 그러나 더 나은, 디터 람스, 위즈덤하우스
- 디자이너의 일상과 실천, 권준호, 안그라픽스
- 하루 5분 UX, 조엘 마시, 유엑스리뷰
- 색채학의 50가지 비밀, 조앤 엑스터트 외, 유엑스리뷰
- 디자인, 이렇게 하면 되나요?, 오자와 하야토, 제이펍
- 디자인의 정석, 우에다 아키, 지경사
- 사계절을 그리다, 조정은, 이덴슬리벨
- 마법의 디자인, 사카모토 신지, 우듬지
- 디자인을 위한 색채 15강, 배용진 외, 지구문화
- 디자인 정치학, 뤼번 파터르, 고트
- 운명을 열어주는 퍼스널컬러, 박선영, 북스타
- 배색 디자인 북, 오비 요헤이, 영진닷컴
- 배색 도감, NEO HIMEISM, 지경사
- 저공비행, 하라 켄야, 안그라픽스
- 완벽한 배색, 사라 칼다스, 지금이책
- 진짜 하루만에 끝내는 퍼스널 컬러, 정지민, 티더블유아이지

- 스페큘러티브 디자인, 앤서니 던 외, 안그라픽스
- 디자이닝 프로그램스, 카를 게르스트너, 안그라픽스
- 상업 공간, 경험을 디자인하다, CSLV Edition, 시공사
- 천개의 컬러, 유리 로마뉴크, 도토리하우스
- 그림책의 모든 것, 마틴 솔즈베리 외, 시공사
- 디자이너란 무엇인가, 노먼 포터, 워크룸프레스
- 디자인과 인문학적 상상력, 최범, 안그라픽스
- 한국 일러스트레이션의 현재, SASAKI Mikio, 한림사
- 한류가 뭐길래, 심두보, 어나더북스
- 질문하는 세계, 이소임, 시공사
- 여기 살아 있는 것들을 위하여, 배리 로페즈, 북하우스
- 일상의 색다른 시선, 김정태, 바른북스
- 통념에 반하다, 이동하, 보고사
- 인문학의 성격과 인문교육, 나일수, 해드림출판사
- 인간이 그리는 무늬, 최진석, 소나무

학교생활 TIPS

- 패션디자인을 전공하는 데 기본이 되는 정보, 미술 및 예술 교과 성적을 상위권으로 유지하고, 교과 수업을 통하여 자신의 생각과 감정을 표현하는 방법을 익힙니다. 학업 능력, 전공 적합성, 창의성, 의사소통 능력, 분석력 등이 학교생활기록부 교과 세부능력 및 특기사항에 기록될 수 있도록 합니다.
- 미술이나 패션 디자인 관련 학과 체험 및 디자인 관련 회사 탐방, 패션쇼 관람 및 패션 잡지 읽기를 통하여 자신의 진로와 현재 패션의 흐름에 지속적으로 관심을 가질 것을 추천합니다.
- 공동 과제 수행이나 프로젝트 활동을 통하여 리더십, 협동 능력, 트렌드를 읽는 능력, 디자인적으로 표현하는 능력을 기르고, 이러한 과정이

학교생활기록부에 나타나도록 합니다.
- 미술, 디자인, 패션 관련 동아리 활동을 권장하며, 디자인, 인문학, 철학, 심리학 등 다양한 분야의 독서를 통하여 지식과 융합적 사고를 확장할 것을 추천합니다.
- 자기주도성, 경험의 다양성, 성실성, 창의성, 의사소통 능력, 문제 해결 능력, 미적 능력 및 예술적 감수성 등이 학교생활을 통해 학교생활기록부에 기록될 수 있도록 성실히 학교생활을 할 것을 추천합니다.

PART

교육계열 31개 학과

P E D A G O G Y   A F F I L I A T I O N

각 계열별 학과 게재 순서는 '가나다' 순

* 희망하는 대학의 교육과정이나 관련자료에 따라 다를 수 있으니 유의하시기 바랍니다.

247

가정교육과

학과소개

현대의 사회 문제 중 많은 부분이 가정생활과 연관되어 있다는 점을 감안한다면 가정과 교사의 역할은 더욱 중요하다고 할 수 있습니다. 가정교육과는 건강하고 행복한 가정을 만드는 생활 기술 역량을 길러 지속 가능한 가정생활 문화를 조성할 수 있도록 학생을 지도하는 가정교사를 양성하는 학과입니다.

가정교육과에서는 가정 교과 본질의 이해와 철학적 바탕 위에 가족생활, 식생활, 의생활, 소비 생활, 주생활, 교과 교육 등 가정 교과의 전문 지식을 교육하고, 가정학의 전문 영역을 응용적, 실천적으로 가정생활에 접목할 수 있는 내용을 다룹니다. 또한 학생들이 의사결정 능력, 문제 해결 능력, 의사소통 능력, 정보 활용 능력 등을 기르도록 교육하며, 바람직한 교직관을 정립하고 교수 학습 방법의 연구 및 가정과 교육을 창의적으로 탐구할 수 있는 능력을 갖춘 교사를 양성하고 있습니다.

개설대학

- 강원대학교
- 경남대학교
- 경북대학교
- 고려대학교
- 동국대학교
- 동국대학교(WISE)
- 원광대학교
- 전남대학교
- 전주대학교
- 한국교원대학교 등

관련학과

- 기술·가정교육과 등

진출직업

- 중등학교 교사(가정)
- 대학 교수
- 장학사
- 아동·청소년 및 소비자관련
- 상담사
- 공무원
- 식품·영양관련연구원 및 강사
- 방송인
- 기자
- PD
- 패션디자이너
- 아동관련프로그램기획자
- 아동발달전문가
- 소비자상담사 등

취득가능 자격증

- 중등학교 정교사 2급(가정)
- 평생교육사
- 가정복지사
- 패션머천다이징 산업기사
- 의류기사
- 패션디자인산업기사
- 영양사
- 조리기능사
- 식품기사
- 식품산업기사
- 주택관리사
- 의장기사
- 주택상담사
- 공공가정관리사
- 영유아보육교사
- 가족생활교육사
- 가족상담사 등

학과 주요 교과목

기초 과목	가족학, 의복행동교육론, 식품학지도, 주거학, 가정경영, 가정경제, 한국가정생활사, 소비자학, 교육학개론, 교육철학 및 교육사, 교육과정, 교육평가, 교육방법 및 교육공학, 교육심리, 교육행정 및 교육경영, 생활지도 등
심화 과목	생리학 및 임상영양, 의복디자인과 구성, 식품과 조리, 실내디자인, 식품가공저장 및 실습, 가족자원관리교육, 의복설계 및 제작실무, 전통복식지도, 의복행동교육론, 가정생활과 진로, 식생활교과교육의 실제, 가정생활과 복지, 가족생활설계, 생애주기영양과 환경, 의상심리, 생활공예지도, 패션스타일링, 영양교육 등

진출분야

기업체	금융계 일반 기업체, 섬유 및 의류 업체, 유통 업체, 식품 업체, 아동 관련 업체, 패션 디자인 및 패션 마케팅 관련 직종, 언론 매체(신문사, 방송사, 잡지사 등), 교구 및 교재 개발 업체 등
정부 및 공공 기관	국공립 중등학교, 대학교, 한국식품안전관리인증원, 식품안전정보원, 사회사업 기관(복지관 및 시설, 국제 아동 기구), 각 지역 건강가정지원센터, 한국청소년상담원 등
연구 기관	가정경제연구소, 한국청소년활동진흥원, 한국소비자원 등

학과 인재상 및 갖추어야 할 자질

- 언어 능력, 표현력, 추리력, 창의력, 비판적 사고 능력, 과학적 분석 능력이 뛰어난 학생
- 가정 교과와 관련된 서적을 즐겨 읽고, 가정생활 현상과 관련된 시사 문제에 관심이 많은 학생
- 평소에 공작이나 생활 소품, 옷 만들기, 요리 등을 좋아하고, 관련 자격증이 있는 학생
- 학습자를 비롯한 인간을 보는 눈이 긍정적이고 발전 지향적인 학생
- 가족을 둘러싼 주변 환경에 관심이 높고, 이와 관련된 창의적 재능을 지닌 학생
- 합리적 의사소통 능력과 문제 해결 능력의 중요성을 알고 실천하려고 하는 학생

학과 관련 선택 과목

※ 국어, 영어 교과는 모든 학문의 기초적인 성격을 가진 도구교과로 모든 학과에 이수가 필요하여 생략함.

공통 과목		공통국어1,2, 공통수학1,2, 공통영어1,2, 한국사1,2, 통합사회1,2, 통합과학1,2, 과학탐구실험1,2
수능 필수		화법과 언어, 독서와 작문, 문학, 대수, 미적분Ⅰ, 확률과 통계, 영어Ⅰ, 영어Ⅱ, 한국사, 통합사회, 통합과학, 성공적인 직업생활(직업)
일반 선택	수학, 사회, 과학	세계시민과 지리, 사회와 문화, 현대사회와 윤리, 화학, 생명과학
	체육·예술	
	기술·가정/정보	기술·가정
	제2외국어/한문	
	교양	생태와 환경
진로 선택	수학, 사회, 과학	미적분Ⅱ, 윤리와 사상, 인문학과 윤리, 물질과 에너지, 화학 반응의 세계, 세포와 물질대사, 생물의 유전
	체육·예술	
	기술·가정/정보	생활과학 탐구
	제2외국어/한문	
	교양	인간과 철학
융합 선택	수학, 사회, 과학	사회문제 탐구, 윤리문제 탐구, 기후변화와 지속가능한 세계, 기후변화와 환경생태
	체육·예술	
	기술·가정/정보	생애 설계와 자립, 아동발달과 부모
	제2외국어/한문	
	교양	인간과 경제활동

추천 도서 목록

- 집에서 일하는 사람들, 문희정, 문화다방
- 행복한 가족대화법(2023), 문송란, 공감
- 엄마부터 행복해지겠습니다, 신여윤, 좋은습관연구소
- 프랑스 아이처럼, 파멜라 드러커맨, 북하이브
- 우리는 가족, 위 소사이어티, 명랑한책방
- 가족의 말하기, 이은아 외, 북랩
- 인간관계 관점에서의 결혼과 가족, 김영희, 파워북
- 결혼부터 아이까지, 윤금정, 맥스밀리언북하우스
- 희망가족, 황선미, 지식과감성
- 자녀는 왜 부모를 거부하는가, 조슈아 콜먼, 리스컴
- 가족, 넌 괜찮니?, 신영호, 좋은땅
- 행복한 치유, 송준용 외, 지식과감성
- 가족습관, 이호선, 북코리아

- 결혼과 가족, 이유리, 박영사
- 다음세대교육, 가정이 답이다, 장한섭 저자, 한국NCD미디어
- 초등 저학년 아이의 사회성이 자라납니다, 이다랑, 아울북
- 실전! 가정 하브루타, 배정욱, 블레싱북스
- 우리 먹거리 이야기, 정수정 외, 생각나눔
- 어떻게 교사리더십을 발휘할 것인가?, 김병찬, 박영스토리
- 바이러스를 이기는 영양과 음식, 김경철 외, 사람의 집
- 식사에 대한 생각, 비 윌슨, 어크로스
- 교사를 꿈꾸는 너에게, 곽초롱, 바른북스
- 에니어그램으로 보는 교사 속마음, 강소향, 좋은교사
- 인성교육, 참! 잘하는 교사, 김경희, 인생
- 교사를 위한 마음공부, 류성창, 지노

학교생활 TIPS

- 가정교육을 전공하는 데 기본이 되는 교과 성적을 상위권으로 유지하고, 의식주와 관련된 교과 활동을 통해 지적 호기심을 채우는 한편, 학업능력 및 전공 적합성, 문제 해결 능력 및 합리적 의사소통 능력이 학교생활기록부 교과 세부능력 및 특기사항에 기록될 수 있도록 자기주도적으로 수업에 참여합니다.
- 중·장기 프로젝트, 공동 과제 수행, 모둠 활동 등 리더십 및 다른 친구들의 의견을 경청하고, 공감하는 능력을 함양할 수 있는 활동에 적극 참여하고, 이러한 경험이 학교생활기록부에 나타나도록 합니다.

- 인문적 소양을 함양할 수 있는 독서와 시대의 흐름을 파악할 수 있는 신문 및 저널 읽기를 지속적으로 할 것을 권장합니다.
- 자기주도성, 경험의 다양성, 학업능력, 성실성, 책임감, 리더십, 의사소통 능력, 문제 해결 능력, 나눔과 배려, 갈등 관리 능력 등의 장점이 학교생활 속에서 나타나고, 이같은 내용이 학교생활기록부에 기록될 수 있도록 성실히 학교생활을 할 것을 추천합니다.

인문계열 / 사회계열 / 자연계열 / 공학계열 / 의약계열 / 예체능계열 / 교육계열 / 계열학과 & 특성화학과

248

과학교육과

학과소개

현대 사회가 정보 산업 사회·지식 기반 사회로 발전해 가면서 과학의 역할 또한 점차 확대되어 가고 있습니다. 이에 따라 과학교사의 양성 또한 그 어느 때보다도 많은 주목을 받고 있습니다.

과학교육과는 21세기 첨단 과학 시대가 요구하는 탐구적 지도 능력을 갖춘 중학교 과학교사와 고등학교 통합과학, 물리학, 화학, 생명과학, 지구과학 교사 및 과학교육 전문가를 양성하는 것을 목적으로 하고 있습니다.

과학교육과에서는 과학 전반에 걸친 광범위한 지식 및 효과적인 학습 지도 방법을 교육하며, 학생들에게 정신적인 감화를 줄 수 있는 자질을 갖춘 과학교사 양성 교육 과정을 운영하고 있습니다. 2학년부터는 세부 전공인 물리학, 화학, 생명과학, 지구과학 전공으로 나뉘어 각 전공교사 자격증 취득을 목표로 공부하게 되며, 동시에 통합과학 교육 과정을 연계 전공하면 통합과학 교사 자격증을 취득하게 됩니다.

개설대학

- 단국대학교
- 이화여자대학교
- 전주대학교 등

진출직업

- 중등학교 교사(과학)
- 대학 교수
- 연구원
- 과학시험원
- 과학관큐레이터
- 과학학습지 및 교재개발자
- 학원강사
- 과학강사
- 출판물기획자
- 과학PD 등

관련학과

- 과학교육학부 물리교육전공
- 물리교육과
- 화학교육과
- 생물교육과
- 지구과학교육과
- 생물학과
- 생명과학과
- 신소재화학과
- 분자생물학과
- 화학과
- 응용화학과
- 물리학과
- 응용물리학과
- 지질학과
- 지구과학과
- 대기과학과 등

취득가능 자격증

- 중등학교 정교사 2급(통합과학)
- 평생교육사
- 바이오화학제품제조산업기사
- 생물공학기사
- 화공기사
- 화공기술사
- 화약류제조기사
- 화약류제조산업기사
- 화학분석기능사
- 화학분석기사
- 생물공학기사
- 식품기사
- 생물분류기사
- 자연생태복원기사
- 종자기사
- 원예기능사
- 유기농업기사
- 산림기능사
- 산림기술사
- 산림산업기사
- 식물보호산업기사
- 환경영향평가사
- 산림치유지도사
- 산림교육전문가
- 사회환경교육지도사 등

진출분야

기업체	학습지 및 교재 개발 업체, 교구 개발 업체, 과학 학원, 방송국, 출판사, 언론사 등
정부 및 공공 기관	국공립 중등학교, 각 지역 국립과학관, 각 지역 과학기술원, 한국나노기술원, 한국과학기술원 등
연구 기관	한국교육학술정보원, 한국장학재단, 한국과학창의재단, 국가과학기술연구회, 한국과학기술연구원, 국가평생교육진흥원, 한국교육개발원, 한국교육과정평가원, EBS미래교육연구소 등

학과 주요 교과목

기초 과목	일반물리학, 일반생물학, 일반지구과학, 일반화학, 일반지구과학실험, 대기과학, 일반생물학 및 지구과학 등
심화 과목	일반화학실험, 통합과학교육론, 과학교과교재연구 및 지도법, 과학사와 과학철학, 환경과학교육, 국내인턴십, 국외인턴십, 과학문학과 과학교육, 산업체현장실습(과학교육), 물리화학, 유기화학, 역학, 지구의 이해 등

학과 인재상 및 갖추어야 할 자질

- 자연 현상과 주변 사물의 과학적 탐구를 통하여 과학의 기본 개념을 이해하려고 노력하는 학생
- 주변 사물을 바라보는 관찰력이 뛰어난 학생
- 과학이 기술과 사회의 발전에 미치는 영향력을 인식하고, 이에 대한 책임감과 윤리 의식을 갖춘 학생
- 과학 실험, 과학 토론 및 환경 교육, 에너지 교육, 발명 등에 관심을 가진 학생
- 21세기 과학 기술 사회에 능동적으로 대처할 수 있는 학생
- 예비 교사로서의 과학적 사고와 타인에 대한 이해력 및 지도력이 뛰어난 학생

학과 관련 선택 과목

※ 국어, 영어 교과는 모든 학문의 기초적인 성격을 가진 도구교과로 모든 학과에 이수가 필요하여 생략함.

공통 과목		공통국어1,2, 공통수학1,2, 공통영어1,2, 한국사1,2, 통합사회1,2, 통합과학1,2, 과학탐구실험1,2
수능 필수		화법과 언어, 독서와 작문, 문학, 대수, 미적분Ⅰ, 확률과 통계, 영어Ⅰ, 영어Ⅱ, 한국사, 통합사회, 통합과학, 성공적인 직업생활(직업)
일반 선택	수학, 사회, 과학	대수, 미적분Ⅰ, 확률과 통계, 물리학, 화학, 생명과학, 지구과학
	체육·예술	
	기술·가정/정보	기술·가정, 정보
	제2외국어/한문	
	교양	생태와 환경
진로 선택	수학, 사회, 과학	기하, 미적분Ⅱ, 역학과 에너지, 전자기와 양자, 물질과 에너지, 화학 반응의 세계, 세포와 물질대사, 생물의 유전, 지구시스템과학, 행성우주과학
	체육·예술	
	기술·가정/정보	
	제2외국어/한문	
	교양	인간과 심리, 교육의 이해
융합 선택	수학, 사회, 과학	수학과제 탐구, 기후변화와 지속가능한 세계, 과학의 역사와 문화, 기후변화와 환경생태, 융합과학 탐구
	체육·예술	
	기술·가정/정보	
	제2외국어/한문	
	교양	

추천 도서 목록

- 탐정이 된 과학자들, 마릴리 피터스, 다른
- 세포부터 나일까? 언제부터 나일까?, 이고은, 창비
- 왜요, 기후가 어떤데요?, 최원형, 동녘
- 지금 당장 기후 토론, 김추령, 우리학교
- 지피지기 챗GPT, 오승현, 우리학교
- 과학 인터뷰, 그분이 알고 싶다, 이운근, 다른
- 유전자 쫌 아는 10대, 전방욱, 풀빛
- 무섭지만 재밌어서 밤새 읽는 화학 이야기, 사마키 다케오, 더숲
- 교실 밖에서 듣는 바이오메디컬공학, 임창환 외, MID
- 과학이란 무엇인가, 버트런드 러셀, 사회평론
- 최무영 교수의 물리학 강의, 최무영, 책갈피
- 코스모스 : 가능한 세계들, 앤 드루얀, 사이언스 북스
- 에듀테크의 미래, 홍정민, 책밥

- 내 몸 안의 작은 우주 분자생물학, 하기와라 기요후미, 전나무숲
- 세상을 바꾼 과학 세트, 원정현, 리베르스쿨
- 쿤의 과학혁명의 구조, 박영대, 작은길
- 한 세대 안에 기후위기 끝내기, 폴 호컨, 글항아리
- SDSs 교과서, 이창언, 도서출판선인
- 세상에서 가장 쉬운 재미있는 물리, 미사와 신야, 미디어숲
- 세상 모든 것이 과학이야!, 신방실 외, 북트리거
- 신소재 쫌 아는 10대, 장홍제, 풀빛
- 인공지능과 4차 산업혁명의 미래, 전승민, 팜파스
- 나는 과학교사입니다, 김요섭 외, 성안당
- 학생과 교사가 함께 성장하는 교사 교육과정, 김덕년 외, 교육과실천
- 나는 하고픈 게 많은 교사입니다, 유경옥, 애플북스

학교생활 TIPS

- 자연 계열의 필수 교과인 수학, 과학 교과 성적을 상위권으로 유지하고, 학업능력, 전공 적합성, 문제 해결 능력, 창의력 등이 학교생활기록부 교과 세부능력 및 특기사항에 기록될 수 있도록 자기주도적으로 교과 수업에 참여합니다.
- 독서, 논술 교육, 환경 교육, 에너지 교육, 과학 탐구 및 실험, 발명 동아리에 참여할 것을 권장합니다. 또는 과학 현상에 관해 토론할 수 있는 동아리를 만들거나 가입하여 다양한 아이디어 제시 활동에 참여하고 전공 관련 역량을 함양할 것을 추천합니다.
- 자신이 경험한 과학적 지식을 주변에 전달하는 멘토링 봉사 또는 다문화

가정 학생, 장애인 대상 봉사 활동 등 다양한 계층의 사람들을 만나 생각을 공유할 수 있는 봉사 활동에 참여하여 협업과 소통능력, 나눔과 배려 정신이 나타나도록 합니다.
- 과학 관련 이슈들에 대한 관심을 가지고, 과학, 공학 분야 관련 도서 및 신문 읽기 활동을 지속적으로 할 것을 권장합니다.
- 자기주도성, 경험의 다양성, 성실성, 책임감, 리더십, 분석력, 의사소통 능력, 문제 해결 능력, 나눔과 배려, 갈등 관리, 비판적 사고 등이 학교 생활기록부에 기록될 수 있도록 성실한 학교생활을 할 것을 추천합니다.

249

교육공학과

학과소개

　교육공학과는 교육 현장에서 발생하는 다양한 문제의 해결을 위해 학습 과정과 자원의 설계, 개발, 활용, 관리, 평가를 총체적으로 연구하고, 교육 현장의 문제점에 대한 대안을 제시하는 학과입니다. 다시 말해 교육 현장에서 교수자가 학습자에게 효율적으로 내용을 전달할 방법을 배우는 학과입니다. 여기서 '교육'이란 좁게는 학교에서의 교육만을 의미하기도 하지만, 넓게는 기업에서의 성인 교육, 그리고 국가 단위의 다양한 교육 콘텐츠에 이르는 모든 것을 포함하기도 합니다. 이러한 이유로 교육공학과에서는 대상자, 과목, 그리고 목적에 따라 달라지는 다양한 교육 과정을 배우게 됩니다. 또한 교육공학과는 특정 교과에 대한 내용만을 전문적으로 배우는 곳이 아니라, 전반적인 내용 전달에 대한 프로세스를 전문적으로 배우는 곳입니다. 교육공학자의 역할은 한 분야의 전문가와 협력하여 해당 분야의 교육 내용을 효율적으로 전달할 수 있는 방법을 제시하는 것이기 때문입니다.

　교육공학과는 보다 나은 교육 환경과 방법을 만들기 위해 다양한 이론과 기술을 연구하는 학과입니다. 동시에 학습자의 창의적 학습을 위한 교육 프로그램을 설계 및 개발하는 전문가를 양성하는 학과입니다.

개설대학

- 건국대학교
- 국립경국대학교
- 이화여자대학교
- 한양대학교 등

관련학과

- 교육심리학과
- 교육학과
- 교육학부
- 청소년교육·상담학과
- 글로벌교육학부
- 평생교육학과
- 평생교육·청소년상담학과 등

진출직업

- 기업체인재개발·교육담당자
- 온라인교육과정설계 및 개발자
- 중등학교 교사(교육학)
- 연구원
- 교육학연구원
- 교재 및 교구개발자
- 시스템소프트웨어개발자
- 응용소프트웨어개발자
- 인사관리담당자
- CEO
- 경영컨설턴트
- 교육방송연출자
- 교육분야기자
- 방송인
- 광고기획자
- PD 등

취득가능 자격증

- 사회조사분석사
- 중등학교 정교사 2급(교육학)
- 평생교육사 등

진출분야

기업체	각 지역 인력개발원, 한국여성교육개발원, 한국지역사회교육협의회, 문화센터, 사설 학원 강사, 교재 개발 업체, 교육 단체, 사무 및 교육 관련 컨설팅 회사, 이러닝 업체, 방송국, 신문사, 광고 회사 등
정부 및 공공 기관	국공립 중등학교, 각 지역 여성인력개발센터, 청소년 상담실 등
연구 기관	교육 관련 연구소 등

학과 주요 교과목

기초 과목	첨단매체와 스마트러닝, 교육공학이론 및 실제, 소통미디어교육론, 교수체제개발, 교수설계, 4차 산업혁명시대의 인재경영론, 오프러닝과 적응적 기술의 활용, 교수학습이론, 이러닝설계론, 디지털변혁시대의 HRD방법론, 이러닝개발 등
심화 과목	GBL설계와 적용, 교육공학데이터분석, 글로벌HRD동향, 국제교육개발협력과 SDGs세미나, LMS와 학습분석, 교육공학세미나, 교육공학연구방법과 통계, 산업교육프로그램개발 등

학과 인재상 및 갖추어야 할 자질

- 학교에서 사용하고 있는 교육 프로그램에 관심이 있는 학생
- 교육을 통하여 사람을 변화시키고자 하는 목표를 가지고 있는 학생
- 첨단 기술 학습에 활용할 수학적 재능을 가지고 있는 학생
- 과학적 응용력과 논리적 사고력을 가진 학생 컴퓨터 분야에 대한 관심, 컴퓨터 활용 및 응용 능력을 겸비한 학생
- 첨단 기술 및 정보 매체를 활용하여 자기 주도적 학습 능력을 배양하려는 자세를 가진 학생

학과 관련 선택 과목

※ 국어, 영어 교과는 모든 학문의 기초적인 성격을 가진 도구교과로 모든 학과에 이수가 필요하여 생략함.

공통 과목		공통국어1,2, 공통수학1,2, 공통영어1,2, 한국사1,2, 통합사회1,2, 통합과학1,2, 과학탐구실험1,2
수능 필수		화법과 언어, 독서와 작문, 문학, 대수, 미적분Ⅰ, 확률과 통계, 영어Ⅰ, 영어Ⅱ, 한국사, 통합사회, 통합과학, 성공적인 직업생활(직업)
일반 선택	**수학, 사회, 과학**	대수, 미적분Ⅰ, 확률과 통계, 사회와 문화, 현대사회와 윤리
	체육·예술	
	기술·가정/정보	기술·가정, 정보
	제2외국어/한문	
	교양	
진로 선택	**수학, 사회, 과학**	기하, 미적분Ⅱ, 인공지능 수학, 인문학과 윤리
	체육·예술	
	기술·가정/정보	생활과학 탐구, 인공지능 기초, 데이터 과학
	제2외국어/한문	
	교양	인간과 심리, 교육의 이해
융합 선택	**수학, 사회, 과학**	수학과제 탐구, 사회문제 탐구, 윤리문제 탐구
	체육·예술	
	기술·가정/정보	창의 공학 설계, 지식 재산 일반, 소프트웨어와 생활
	제2외국어/한문	
	교양	

추천 도서 목록

- 생각이 보이는 교실, 론 리치하트 외, 사회평론아카데미
- 선생님, 평가 어떻게 하세요?, 성열관 외, 살림터
- 미래 사회를 위한 리터러시 교육의 다각화 모색, 김성수 외, 박이정
- 강의의 정석, 조벽, 해냄출판사
- 지피지기 챗GPT, 오승현, 우리학교
- 메타버스 유니버시티, 구자억 외, 동문사
- 게임과 학습, 이은택, 커뮤니케이션북스
- 효과적인 학습 방법, 정호용, 바른북스
- AI와 미디어교육, 하채현, 한국문화사
- 알파세대가 학교에 온다, 최은영, 지식프레임
- 수업역량 강화를 위한 교육방법 및 교육공학, 류지헌, 학지사
- 최신 교육방법 및 교육공학, 강이철, 양성원
- 에듀테크의 미래, 홍정민, 책밥

- 교육방법 및 교육공학, 김보경, 학지사
- 에듀테크 트렌드: 메타버스 편, 박찬 외, 다빈치books
- 교사를 위한 교육과 공학, 정한호, 박영스토리
- 스쿨 메타버스, 김상균 외, 테크빌교육
- 미래교육의 Master Key 2: 증강학교, 김수겸 외, 거꾸로미디어
- 세상에서 가장 쉬운 AI 앱 수업, 공민수 외, 리틀에이
- 인공지능 리터러시 교육의 이해와 실제, 김진석 외, 한국문화사
- 디지털 도구 활용백서, 조은쌤(박조은), 지식오름
- 열정민쌤의 완전 쉬운 에듀테크, 태블릿 활용수업, 원정민 외, 테크빌교육
- 우리 교실에 스며드는 구글, Holly Clark 외, 도서출판 홍릉(홍릉과학출판사)
- 교사를 위한 마음공부, 류성창, 지노
- 교사라는 세계, 김민지 외, 리더북스

학교생활 TIPS

- 교육공학은 사회, 과학, 정보 등 다양한 과목을 기반으로 하므로 대부분의 교과 성적을 상위권으로 유지하고, 교육 활동에서 교사들이 진행하는 다양한 교수 학습 방법에 대해 호기심을 가지고 지식을 채워 나가는 것이 좋습니다. 학업능력, 잠재력, 합리적 의사소통 능력 등이 학교생활기록부 교과 세부능력 및 특기사항에 기록될 수 있도록 자기주도적으로 수업에 참여합니다.
- 전공과 관련 있는 다양한 진로활동(교육 관련 직업 탐색, 직업인 인터뷰, 학과 체험) 등에 참여하여, 새롭게 알게 된 사실이나 느낀 점을 중심으로 자신의 진로 역량을 키우도록 합니다. 대학에서 주관하는 캠프에 참여하는 것을 권장합니다. 다양한 교육 프로그램에 관심을 가지고, 각 프로그램이 만들어진 이유와 원리에 대해 탐색하는 경험도 추천합니다.
- 교육공학에서 가장 중요한 것은 학습자에게 효율적으로 내용을 전달하는 것이기에, 학습자와 눈높이를 맞추고 학습자를 배려하며 공감하는 역량이 필요합니다. 따라서 합리적인 의사소통 능력을 함양할 수 있는 동아리, 봉사 활동 및 교내외 활동에 적극적으로 참여하고, 그러한 사실이 학교생활기록부에 나타나도록 합니다.
- 인문학, 철학, 역사, 공학 일반, 환경, 미래학 등 다양한 분야의 독서를 권장합니다.
- 자기주도성, 경험의 다양성, 성실성, 책임감, 리더십, 분석력, 의사소통 능력, 문제 해결 능력, 나눔과 배려, 갈등 관리 능력 등이 학교생활기록부에 기록될 수 있도록 성실히 학교생활을 할 것을 추천합니다.

250

교육학과

학과소개

교육이란 인간 형성의 과정이며, 인간은 교육을 통하여 바람직한 인격을 형성하고 행복을 영위하게 됩니다. 교육학과는 이러한 교육 현상들에 대해 과학적으로 탐구하고 다양한 분야에서 응용할 수 있는 교육의 기초 학문을 학습하는 학과입니다. 그렇기 때문에 흔히 '교육학과' 하면 교사라는 직업만을 떠올리는 것과 달리 다양한 진로로 진출이 가능합니다. 교육학과의 교육 목표는 교육에 대한 학문적 이해를 바탕으로 광범위한 교육 실천을 위하여 효과적인 기술과 방법을 연마하는 것입니다.

따라서 교육학과에서는 학습자의 발달 과정에 맞는 교육 과정과 평가 방법을 배워 실제로 교육 지도안을 짜보는 등의 활동을 하기도 하고, 교육심리학자의 이론을 바탕으로 영화, 소설이나 만화에 등장하는 현상들을 교육심리학적으로 분석하기도 합니다. 또한 현 교육 이슈에 대한 토론이나 교육철학 등의 수업을 통해 자신만의 교육관을 정립하게 됩니다. 이러한 과정을 통해 미래의 교육인에게 필요한 예비 경험을 쌓을 수 있을 뿐 아니라, 이론과 실천을 동시에 추구하는 기회도 가질 수 있습니다.

개설대학

- 강남대학교
- 강원대학교
- 경남대학교
- 경북대학교
- 경상국립대학교
- 계명대학교
- 고려대학교
- 국립공주대학교
- 국민대학교
- 대구가톨릭대학교
- 동국대학교
- 동아대학교
- 국립목포대학교
- 부산대학교
- 상명대학교
- 서울대학교
- 서원대학교
- 성균관대학교
- 성신여자대학교
- 세종대학교
- 신라대학교
- 영남대학교
- 원광대학교
- 이화여자대학교
- 인하대학교
- 전남대학교
- 전북대학교
- 조선대학교
- 중앙대학교
- 충남대학교
- 충북대학교
- 한국교원대학교
- 한남대학교
- 한양대학교
- 홍익대학교 등

관련학과

- 교육공학과
- 교육학부
- 청소년교육·상담학과
- 글로벌교육학부
- 아동청소년교육학과
- 평생교육학과 등

진출직업

- 대안학교 교사
- 중등학교 교사(교육학)
- 특수교육교사
- 학원 강사
- 대학 교수
- 사회교육전문가
- HRD전문가
- 교육 관련 연구소 연구원
- 웹개발자
- 교재개발원
- 응용소프트웨어개발자 등

취득가능 자격증

- 사회조사분석사
- 상담심리사
- 중등학교 정교사 2급(교육학)
- 직업상담사
- 청소년지도사
- 평생교육사 등

진출분야

기업체	각 지역 인력개발원, 각 지역 여성인력개발센터, 한국지역사회교육협의회, 문화센터, 청소년 상담실, 학원 강사, 교원 단체 및 교육 관련 회사 등
정부 및 공공 기관	교육행정전문가(각 시도교육청, 교육부), 입학사정관 등
연구 기관	한국교육개발원, 국가평생교육진흥원, 한국교육학술정보원, 한국교육과정평가원, 한국청소년상담복지개발원, 한국대학교육협의회 등

학과 주요 교과목

기초 과목	교육의 이해, 교육의 심리적 기초, 교육통계, 교육논술, 교수학습이론, 교육평가, 교육과정, 발달심리학, 상담이론, 교육의 사회적 기초, 교육조직행동론, 학교폭력예방 및 학생의 이해 등
심화 과목	인적자원개발개론, 고등사고력평가, 성격심리, 인지심리, 학습과학, 성인교육, 심리검사, 사회심리학의 이해, 평생교육론, 교육프로그램개발 및 평가, 셀프리더십, 교육현장연구, 뇌기반교육과 상담, 교육연구와 통계 등

학과 인재상 및 갖추어야 할 자질

- 사람에 대한 이해와 애정을 바탕으로, 타인의 가치와 잠재력을 존중하는 자세를 가진 학생
- 평소 교육 정책을 비롯한 교육 문제와 청소년 문제에 관해 관심이 있는 학생
- 학생에 대한 애정, 교육에 대한 열정을 가지고 있는 학생
- 교육을 통하여 사람을 변화시키고자 하는 목표를 가지고 있는 학생
- 학생의 발달적 특성과 인성적 특성을 이해할 수 있는 학생
- 교육 변화에 능동적으로 대처할 수 있는 창의적인 사고력과 정보 활용 능력을 갖춘 학생

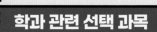

학과 관련 선택 과목

※ 국어, 영어 교과는 모든 학문의 기초적인 성격을 가진 도구교과로 모든 학과에 이수가 필요하여 생략함.

공통 과목		공통국어1,2, 공통수학1,2, 공통영어1,2, 한국사1,2, 통합사회1,2, 통합과학1,2, 과학탐구실험1,2
수능 필수		화법과 언어, 독서와 작문, 문학, 대수, 미적분Ⅰ, 확률과 통계, 영어Ⅰ, 영어Ⅱ, 한국사, 통합사회, 통합과학, 성공적인 직업생활(직업)
일반 선택	수학, 사회, 과학	세계시민과 지리, 사회와 문화, 현대사회와 윤리
	체육·예술	
	기술·가정/정보	정보
	제2외국어/한문	
	교양	
진로 선택	수학, 사회, 과학	윤리와 사상, 인문학과 윤리
	체육·예술	
	기술·가정/정보	생활과학 탐구
	제2외국어/한문	
	교양	인간과 철학, 인간과 심리, 교육의 이해
융합 선택	수학, 사회, 과학	사회문제 탐구, 윤리문제 탐구
	체육·예술	
	기술·가정/정보	아동발달과 부모
	제2외국어/한문	
	교양	

추천 도서 목록

- 평균의 종말, 토드 로즈, 21세기북스
- 그림책 수업 대백과 261, 좋아서 하는 그림책 연구회 외, 카시오페아
- 화법 교육을 위한 의사소통 이론, 박재현, 사회평론아카데미
- 학교 외부자들, 박순걸, 교육과실천
- 질문에 관한 질문들, 백희정, 노르웨이숲
- 학습의 비밀, 스즈키 히로아키, 여문책
- 디지털 소양을 위한 미디어 리터러시 교육, 김대희 외, 태학사
- 에듀테크의 시대, 이진우, 다산스마트에듀
- 지속가능한 리더십, 앤디 하그리브스 외, 살림터
- IB교육, 우리는 이렇게 합니다!, 제이슨 송, 스텝스톤
- 수업활동 100, 김성규, 학교도서관저널
- 생각이 보이는 교실, 론 리치하트 외, 사회평론아카데미
- 교육심리학, 신명희 외, 학지사

- 함께 걷는 느린 학습자 학교생활, 이보람, 이담북스
- 이거 좋은 질문이야!, 에릭 M. 프랜시스, 사회평론아카데미
- 미래세대를 위한 인성교육, 강선보, 학지사
- 에밀, 장자크 루소, 황성원 역, 책세상
- 미래교육의 불편한 진실, 박제원, EBS BOOKS
- 교육사상의 역사, 고려대학교교육사철학연구모임, 집문당
- 페다고지, 파울로 프레이리, 남경태 역, 그린비
- 다시 읽는 민주주의와 교육, 존 듀이, 교육과학사
- 교사생활 월령기, 경기교육연구소, 에듀니티
- 교육학개론, 정미경, 공동체
- 왜 잘사는 집 아이들이 공부를 더 잘하나?, 신명호, 한울아카데미
- 우당퉁탕 프로젝트 수업, 배움의숲나무학교PBL센터, 에듀니티

학교생활 TIPS

- 교육학을 전공하는 데 기본이 되는 국어, 과학, 사회 교과 등 대부분의 교과 성적을 상위권으로 유지하고, 전공 관련 지식의 폭을 확장하여 학업 능력, 탐구력, 잠재 역량 등이 학교생활기록부 교과 세부능력 및 특기사항에 기록될 수 있도록 적극적으로 학교 수업 및 교과 활동에 참여합니다.
- 교육 정책과 교육 문제, 그리고 청소년 문제에 관심을 가지고 이를 해결하기 위한 방법을 모색하는 활동에 적극 참여할 것을 추천합니다.
- 예비 교육자로서의 리더십, 정직성과 같은 인성은 물론, 학생들과 눈높이를 맞출 수 있는 능력이 필요하므로 봉사 활동 및 다양한 기타 활동을 통하여 이러한 역량을 함양할 것을 추천합니다.

- 교육 멘토링, 토론, 심리 등의 동아리 활동을 통해 교육자로서의 인성 및 능력을 기를 것을 추천합니다.
- 교육자에게 필요한 폭넓은 교양 및 인문학적 소양을 기를 수 있는 인문학, 철학, 역사, 공학 일반, 미래학 등 다양한 분야의 독서를 권장합니다.
- 자기주도성, 경험의 다양성, 성실성, 책임감, 리더십, 창의성, 의사소통 능력, 문제 해결 능력, 나눔과 배려, 갈등 관리 등이 학교생활기록부에 기록될 수 있도록 성실히 학교생활을 하는 것을 추천합니다.

251

국어교육과

학과소개

국어 능력은 우리의 일상생활이나 학습 활동은 물론, 전문 직업 활동의 모든 분야에 필수적이고 핵심적인 기본 능력입니다. 그리고 한국어는 한국인의 과거와 현재, 그리고 미래를 연결해 주는 핵심적인 소통의 통로이자 문화의 핵심입니다. 이러한 언어와 문화를 연구하고 교육하는 학과가 바로 국어교육과입니다.

국어 능력의 배양과 향상을 교육 목표로 하는 국어교육과는 국어 전문가 양성을 비롯하여 국어 교육, 국어 문화는 물론, 언론, 광고, 홍보, 출판, 창작 등 매우 다양한 분야에서 여러분의 꿈을 펼칠 기회를 만드는 학과입니다.

국제화·다문화 시대의 핵심 요소는 바로 우리의 언어와 문화를 세계로 펼쳐 나가는 한편, 해외의 사고방식이나 문화도 원활하게 이해하며 소통하는 것입니다. 그렇기에 국어교육과는 21세기 지식 정보 사회의 교육 현장에서 교육자로서의 전문적인 소양을 갖춘 유능하고 진취적인, 국어 교육을 이끌어 갈 국어교사를 양성하는 것을 교육 목표로 합니다.

개설대학

- 가톨릭관동대학교
- 강원대학교
- 경남대학교
- 경북대학교
- 경상국립대학교
- 계명대학교
- 고려대학교
- 국립공주대학교
- 대구가톨릭대학교
- 동국대학교
- 목원대학교
- 부산대학교
- 상명대학교
- 서울대학교
- 서원대학교
- 국립순천대학교
- 신라대학교
- 국립경국대학교
- 영남대학교
- 우석대학교
- 원광대학교
- 이화여자대학교
- 인천대학교
- 인하대학교
- 전남대학교
- 전북대학교
- 전주대학교
- 제주대학교
- 조선대학교
- 청주대학교
- 충남대학교
- 충북대학교
- 한국교원대학교
- 한남대학교
- 한양대학교
- 홍익대학교 등

관련학과

- 한국어교육과
- 국어국문학과
- 문예창작학과
- 국어국문한국어교육학과
- 국어국문문예창작학부 등

진출직업

- 중등학교 교사(국어)
- 교수
- 장학사
- 독서 및 논술지도사
- 사회 및 기업교육자
- 문화예술계종사자
- 시인·소설가 등 문필인
- 전통문화·예술인
- 문화·문명비평가
- 방송·언론인
- 출판·편집인
- 홍보·광고제작자
- 외국어학원 강사
- 교육행정직 공무원
- 방송기자
- 번역가
- 평론가 등

취득가능 자격증

- 중등학교 정교사 2급(국어)
- 평생교육사
- 독서논술지도사
- 한국어능력시험
- 국어인증능력시험 등

진출분야

기업체	방송국, 출판사, 대기업, 공기업, 방송국, 출판사, 웅진·대교 등 학습지 관련 업체 등
정부 및 공공 기관	각 시도교육청, 교육부, 외교부, 해외문화홍보원, 출입국심사관, 국립국어원 등
연구 기관	한국교육개발원, 한국교육과정평가원, 국어 연구 기관, 한국교육정책연구소, 언어학 연구원 등

학과 주요 교과목

기초 과목	국어학개론, 국문학개론, 학교문법론, 고전시가교육론, 현대소설교육론, 국문학사, 국어사, 언어와 언어교육, 한국현대문학사, 국어과교육과정 및 평가론, 문학교육론 등
심화 과목	음운교육론, 현대소설작품지도론, 고전소설교육론, 현대시교육론, 시가작품지도론, 희곡·연희지도론, 문학비평론, 국어통사교육론, 산문교육론, 의미교육론, 현대시작품지도론, 매체언어교육론, 독서교육론 등

학과 인재상 및 갖추어야 할 자질

- 상대방에 대한 배려와 공감, 이해 능력이 높은 학생
- 국어에 대한 기초 지식과 실제적인 언어 능력을 갖춘 학생
- 국어 교사의 기본 자질과 진취적 품성을 갖춘 학생
- 우리말과 우리글에 대한 긍지와 애정을 가진 학생
- 국어 교육과 연구를 담당할 수 있는 전문 능력을 갖추고자 노력하는 학생
- 언어를 이해하기 위해 외국의 문학, 철학, 예술 등 다양한 분야에도 관심을 두는 학생

학과 관련 선택 과목

※ 국어, 영어 교과는 모든 학문의 기초적인 성격을 가진 도구교과로 모든 학과에 이수가 필요하여 생략함.

공통 과목		공통국어1,2, 공통수학1,2, 공통영어1,2, 한국사1,2, 통합사회1,2, 통합과학1,2, 과학탐구실험1,2
수능 필수		화법과 언어, 독서와 작문, 문학, 대수, 미적분 I, 확률과 통계, 영어 I, 영어 II, 한국사, 통합사회, 통합과학, 성공적인 직업생활(직업)
일반 선택	수학, 사회, 과학	사회와 문화, 현대사회와 윤리
	체육·예술	
	기술·가정/정보	정보
	제2외국어/한문	한문
	교양	
진로 선택	수학, 사회, 과학	동아시아 역사 기행, 윤리와 사상, 인문학과 윤리
	체육·예술	
	기술·가정/정보	
	제2외국어/한문	한문 고전 읽기
	교양	인간과 철학, 인간과 심리, 교육의 이해
융합 선택	수학, 사회, 과학	사회문제 탐구, 윤리문제 탐구
	체육·예술	
	기술·가정/정보	
	제2외국어/한문	언어생활과 한자
	교양	논술

추천 도서 목록

- 국어 교육의 이해, 최미숙 외, 사회평론아카데미
- 국어시간에 생각키우기, 전국국어교사모임, 휴머니스트
- 우리말 문법론, 고영근, 집문당
- 언어 이론과 그 응용, 김진우 한국문화사
- 가르칠 수 있는 용기, 파커 J. 파머, 한문화
- 내 문장이 그렇게 이상한가요?, 김정선, 유유
- 생각, 세 번(김교상), 지식과감성
- 멋진 신세계, 올더스 헉슬리, 소담출판사
- 뼛속까지 내려가서 써라, 나탈리 골드버그, 한문화
- 떠먹는 국어문법, 서울대 국어교육과 페다고지 프로젝트, 쏠티북스
- 에밀, 장자크 루소, 책세상
- 독서 교육론, 천경록, 역락
- 한글의 최전선, 지구촌 한글학교 스토리, 박인기, 푸른사상

- 화법 교육을 위한 의사소통 이론, 박재현, 사회평론아카데미
- 국어 시간에 소설 써 봤니?, 구자행, 양철북
- 독서심리학, 폴라 J. 슈와넨플루겔 외, 사회평론아카데미
- 언제나 어디서나 누구나 낭독극 수업, 이민수 외, 에듀니티
- 국어 시간에 시 써 봤니?, 구자행, 양철북
- 우리들의 문학시간, 하고운, 롤러코스터
- 어휘 격차의 해소, Alex Quigley, 글로벌콘텐츠
- 교실에서 펼치는 우리말 우리글 역사이야기, 김유범 외, 역락
- EBS 교육 인사이트 학교 속 문해력 수업, 박제원, EBS BOOKS
- 시험 없는, '진짜 국어수업'은 어때?, 정아름, 생각의빛
- 더 문법하고 싶은 문법, 신승용 외, 역락
- 국어 교사를 위한 논증 교육론, 서영진 저자, 사회평론아카데미

학교생활 TIPS

- 언어를 전공하는 데 필요한 국어, 한문, 사회 성적을 상위권으로 유지하고 지식의 폭을 확장하며, 학업능력, 문제 해결 능력 등이 학교생활기록부 교과 세부능력 및 특기사항에 기록될 수 있도록 자기주도적으로 교과 수업에 참여합니다.
- 전공과 관련 있는 다양한 진로활동(관련 직업인 인터뷰, 교육 관련 직업 탐색, 학과 탐방 등)에 참여하거나 대학에서 주관하는 문학 관련 활동에 참여하여 진로 역량을 키우고, 다양한 경험을 할 것을 추천합니다.
- 다양한 문화를 이해하는 것이 도움이 되므로, 다문화 멘토링 봉사 등과 같은 다양한 문화 또는 계층의 사람들에게 도움이 될 수 있는 봉사 활동을

추천합니다. 타인의 삶에 공감하고 의견을 경청할 수 있는 능력을 향상할 것을 권장하며, 이러한 유의미한 성장 과정이 학교생활기록부에 나타나야 합니다.
- 인문학, 철학, 역사, 사회 등 인문학적 소양을 함양할 수 있는 다양한 분야의 독서를 권장합니다.
- 자기주도성, 학업능력, 경험의 다양성, 성실성, 책임감, 리더십, 의사소통 능력, 문제 해결 능력, 나눔과 배려, 갈등 관리, 공감 능력 등이 학교생활 기록부에 기록될 수 있도록 성실히 학교생활을 하는 것을 추천합니다.

252

기술교육과

학과소개

기술교육은 현대 문명사회를 살아가는 데 필수적인 기술적 지식, 태도 및 능력을 길러주기 위한 일반 교육입니다.

기술교육과는 기술학에 기초한 제조 기술, 건설 기술, 수송 기술, 정보 통신 기술, 생명 기술 등 공학 기술에 관한 전반적인 이해와 실천적 학습을 통하여 유능한 기술교사, 기술교육전문가를 양성하고자 하는 학과입니다.

기술교육과 학생들은 4년 동안 교육학 분야와 전공 분야를 심도 있게 공부하며 기술교사로서 전문 교과 지식을 갖추게 됩니다. 기술교육과에서는 일반교육학과 기술교과교육학, 기술 교과내용학을 다루며, 기술교과내용학으로는 제조 기술, 건설 기술, 수송 기술, 통신 기술, 생명 기술 등 각 세부 분야의 현대와 미래의 핵심 기술 내용을 다룹니다. 또한, 다양한 교육 시설을 이용한 여러 가지 실험·실습을 통해 장차 한국의 기술교육을 이끌어 갈 선도적인 기술교사에게 필요한 경험을 하게 합니다.

개설대학

- 세한대학교
- 충남대학교
- 한국교원대학교 등

진출직업

- 중등학교 교사(기술)
- 대학 교수
- 연구원
- 학원 강사
- 교재개발자 등

관련학과

- 기술·가정교육과
- 가정교육과
- 건설공학교육과
- 기계교육과
- 화학공학교육과 등

취득가능 자격증

- 중등학교 정교사 2급(기술)
- 평생교육사 등

진출분야

기업체	학원, 방송국, 출판사, 공기업, 학습지 및 교재 개발 업체, 교구 개발 업체 등
정부 및 공공 기관	각 시도교육청, 교육부, 중고등학교 등
연구 기관	한국교육개발원, 한국교육과정평가원, 한국교육학술정보원, 한국장학재단, 한국교육정책연구원, 언어학 연구원, 한국공학 교육인증원 등

학과 주요 교과목

기초 과목	공업물리, 공업수학, 미래설계상담, 설계제도, 공업역학, 정보 기술실습, 창의공학설계입문, 기술교육론, 교육과 컴퓨터 등
심화 과목	기술교육최신동향, 컴퓨터프로그래밍, 생물기술, 컴퓨터기술, CAD실습, 교육통계와 전산자료분석, 기계기술, 발명과 특허, 지속가능발전과 기술교육, 건설기술, 인터넷기술실습, 전기기술, 제조기술, 기술교육실천사례, 목재가공실습, 열유체공학, 토목기술, 수송기술, 전자기술, 교육로봇기술, 융합기술최근동향, 건설재료 및 시공학, 에너지와 동력, 정보통신기술 등

학과 인재상 및 갖추어야 할 자질

- 과학, 수학 등의 이공계 기초 과목에 흥미를 느낀 학생
- 학생들을 만나고 가르치는 일에 흥미를 느낀 학생
- 기술 교과를 가르치는 데 필요한 논리적 사고력, 수리 능력을 갖춘 학생
- 사물을 예리하게 관찰하는 능력을 갖춘 학생
- 공학 및 과학의 기초 지식을 바탕으로 분석력과 창의성을 갖춘 학생
- 첨단 기술 및 정보 매체를 활용하여 자기 주도적 학습 능력을 기르고자 하는 자세를 가진 학생
- 학생의 발달적 특성과 인성적 특성을 이해할 수 있는 학생
- 교육 변화에 능동적으로 대처할 수 있는 창의적인 사고력과 정보 활용 능력을 갖춘 학생

학과 관련 선택 과목

※ 국어, 영어 교과는 모든 학문의 기초적인 성격을 가진 도구교과로 모든 학과에 이수가 필요하여 생략함.

공통 과목		공통국어1,2, 공통수학1,2, 공통영어1,2, 한국사1,2, 통합사회1,2, 통합과학1,2, 과학탐구실험1,2
수능 필수		화법과 언어, 독서와 작문, 문학, 대수, 미적분Ⅰ, 확률과 통계, 영어Ⅰ, 영어Ⅱ, 한국사, 통합사회, 통합과학, 성공적인 직업생활(직업)
일반 선택	**수학, 사회, 과학**	대수, 미적분Ⅰ, 확률과 통계, 현대사회와 윤리, 물리학, 화학, 생명과학, 지구과학
	체육·예술	
	기술·가정/정보	기술·가정, 정보
	제2외국어/한문	
	교양	생태와 환경
진로 선택	**수학, 사회, 과학**	기하, 미적분Ⅱ 역학과 에너지, 전자기와 양자
	체육·예술	
	기술·가정/정보	로봇과 공학세계, 인공지능 기초, 데이터 과학
	제2외국어/한문	
	교양	인간과 심리, 교육의 이해
융합 선택	**수학, 사회, 과학**	수학과제 탐구, 윤리문제 탐구, 기후변화와 지속가능한 세계, 과학의 역사와 문화, 기후변화와 환경생태, 융합과학 탐구
	체육·예술	
	기술·가정/정보	창의 공학 설계, 지식 재산 일반, 소프트웨어와 생활
	제2외국어/한문	
	교양	

추천 도서 목록

- 에듀테크의 미래, 홍정민, 책밥
- 세상을 뒤바꿀 미래기술 25(2024), 이데일리 미래기술 특별취재팀, 이데일리
- 실험 KIT로 쉽게 배우는 아두이노로 코딩배우기, 이진우, 광문각
- 아두이노를 이용한 IoT 디바이스 개발 실무, 박현준, 광문각
- 과학 영재를 만드는 아두이노 교실, 최재철, 에이콘출판
- 스크래치 프로그래밍으로 배우는 창의설계 코딩, 박신성, 광문각
- Z세대를 위한 학습자 중심교육 진짜 공부를 하다, 박희진, 미디어숲
- 세상을 만드는 글자, 코딩, 박준석, 동아시아
- 프로그래머 수학으로 생각하라, 유키 히로시, 프리렉
- 모두의 알고리즘 with 파이썬, 이승찬, 길벗
- 물리학자의 은밀한 밤 생활, 라인하르트 렘포트, 더숲
- 공학의 눈으로 미래를 설계하라, 연세대학교 공과대학, 해냄출판사

- 교사생활 월령기, 경기교육연구소, 에듀니티
- 공부의 미래, 구본권, 한겨레출판사
- 기술의 시대, 브래드 시미스, 한빛비즈
- 기술교과교육 탐구, 최유현, 형설출판사
- 교육기술 입문, 무코야마 요이치, 테크빌교육
- 에듀테크의 시대, 이진우, 다산스마트에듀
- 기술교과 교육신론: 기술교육 및 교육과정론, 진의남, 교육과학사
- 생성형 AI로 여는 교육의 미래, 윤상혁, 한국기술교육대학교출판부
- 창의적 문제해결력, 전명남 외, 학지사
- 선생님, 평가 어떻게 하세요?, 성열관 외, 살림터
- 교사를 위한 챗GPT 활용 핸드북, 임태형 외, 박영스토리
- 천문학자들이 코딩하느라 바쁘다고?, 이정환, 나무를심는사람들
- 궁금해! 상상을 현실로 만드는 모빌리티 수업, 한대희, 청어람미디어

학교생활 TIPS

- 기술교육을 전공하는 데 기본이 되는 수학, 과학 교과 성적을 상위권으로 유지하고, 교과 활동을 통해 지식의 폭을 확장합니다. 다양한 방법으로 호기심을 해결하려는 모습, 학업능력, 탐구력, 문제 해결 능력 등이 학교 생활기록부 교과 세부능력 및 특기사항에 기록될 수 있도록 자기주도적으로 수업에 참여합니다.
- 전공과 관련 있는 다양한 진로활동(관련 직업인 인터뷰, 학과 체험)이나 대학에서 주관하는 창의 공학 캠프, 첨단 기술 관련 분야에 참여하여 자신의 진로 역량을 키우도록 합니다.
- 공동 과제, 프로젝트 등 모둠과 함께 일을 수행하는 활동을 통해 리더십

및 의사소통 능력, 문제 해결 능력이 학교생활기록부에 나타나도록 하고, 이 과정에서 다른 사람의 의견을 경청하고, 상대방의 요구에 공감하는 능력을 함양할 것을 권장합니다.
- 과학 탐구, 공학, 코딩 등 공학 관련 분야의 동아리 활동과 인문학, 철학, 역사, 공학 일반, 4차 산업 사회, 환경, 미래학 등 다양한 분야의 독서를 권장합니다.
- 성실성, 책임감, 의사소통 능력, 문제 해결 능력, 갈등 관리, 공감 역량 등이 학교생활기록부에 기록될 수 있도록 성실한 학교생활을 할 것을 추천합니다.

253

독어교육과

학과소개

독일은 28개의 회원국을 가진 유럽 연합의 중심 국가로, 통일 이후 그 위상이 날로 높아지고 있습니다. 특히 정치와 경제, 교육, 사회 복지, 에너지 환경 정책 등 사회 제반 분야에 있어서 모범적인 나라입니다. 또한 독일어는 독일과 오스트리아, 스위스는 물론, 동유럽에서도 널리 통용되고 있어 유럽에서 가장 많이 사용되고 있는 언어 중 하나에 속하기도 합니다.

독일어교육과는 중고등학교 독일어 교육에 필요한 지식을 습득 및 연구하여 훌륭한 자질의 독일어 교사를 양성하는 학과입니다. 독일어교육과에서는 독일어의 실용 능력을 기르는 것은 물론 독일의 역사, 문화, 경제, 사회 등을 이해하고 교육하고자 합니다.

독일어교육과는 독일어교육 및 독일어문학 전반에 관한 이론과 실제를 체계적으로 학습하여 21세기 한국의 독일어교육은 물론 인문학 발전에도 기여할 수 있는 유능하고 창의적인 독일어 교사 양성을 주된 교육 목표로 합니다. 나아가 융·복합적 학문 연구에 기여할 수 있는 학자와 독일어권 지역학의 전문인, 독일과의 다양한 교류에 필요한 인적 자원의 양성에 교육 목표를 두고 있습니다.

개설대학

- 서울대학교
- 전북대학교
- 한국교원대학교 등

진출직업

- 중등학교 교사(독일어)
- 장학사
- 통역관
- 외교관
- 학원 강사
- 언론인
- 무역담당자
- 인문과학연구원
- 작가
- 교육행정가
- 문학비평가 등

관련학과

- 독일어교육전공
- 유럽어교육학부 독어교육전공
- 독일학과
- 독어독문학과
- 독일어문화학
- 독일어과
- 독일어문·문화학과
- 유럽문화학부(독일어문학전공)
- 독일어통번역학과
- 독일언어문학과 등

취득가능 자격증

- 중등학교 정교사 2급(독일어)
- 평생교육사
- 독일어능력시험(Zertifikat Deutsch(ZD))
- (외국어로서의) 독일어능력시험(TestDaF) 등

학과 주요 교과목

기초 과목	독일문화생활, 기초독문법, 독일문화와 영상매체, 독어발음 및 듣기지도, 기초독일어회화, 고급독일어회화 등
심화 과목	기초독어회화실습, 독일문학의 이해, 독어교육론, 독어텍스트강독, 중급독어회화실습, 독일청소년문학, 독어번역연습, 독어학입문, 독일소설과 사회문화, 매스컴독일어, 독일문학사, 독어청취연습, 학습독작문, 독어교육세미나, 독일드라마와 공연예술, 독토토론연습, 독어교재연구 및 지도법, 독일문학과 상호문화, 독어학교수법, 상호문화소통과 독어교육 등

진출분야

기업체	독일계 기업, 기업의 해외 업무 분야, 언론 기관, 출판사, 무역회사, 방송국, 신문사 등
정부 및 공공 기관	국공립 중등학교, 한국교육과정평가원, 국가평생교육진흥원, 한국교육방송공사, 한국직업능력개발원, 교육직 공무원 등
연구 기관	한국교육개발원, 인문 과학 연구소, 독일어 연구 기관 등

학과 인재상 및 갖추어야 할 자질

- 교사가 지녀야 할 사명감, 책임감, 봉사 정신을 갖추고 있는 학생
- 기본적인 독일어 능력을 갖추고 이를 더욱 향상하고자 꾸준한 노력을 하는 학생
- 언어와 문화에 대한 높은 감각과 관심을 가진 학생
- 교양과 전문적 지식을 갖춘 학생
- 다중 문화, 다중 언어 시대에 걸맞은 역량을 갖춘, 독일어·독일 문화 전문가를 꿈꾸는 학생
- 다른 문화에 대한 호기심이 있는 학생
- 외국어 배우기를 좋아하는 학생
- 새로운 세계로의 도전을 두려워하지 않는 학생

학과 관련 선택 과목

※ 국어, 영어 교과는 모든 학문의 기초적인 성격을 가진 도구교과로 모든 학과에 이수가 필요하여 생략함.

공통 과목		공통국어1,2, 공통수학1,2, 공통영어1,2, 한국사1,2, 통합사회1,2, 통합과학1,2, 과학탐구실험1,2
수능 필수		화법과 언어, 독서와 작문, 문학, 대수, 미적분Ⅰ, 확률과 통계, 영어Ⅰ, 영어Ⅱ, 한국사, 통합사회, 통합과학, 성공적인 직업생활(직업)
일반 선택	수학, 사회, 과학	세계시민과 지리, 세계사, 사회와 문화, 현대사회와 윤리
	체육·예술	
	기술·가정/정보	
	제2외국어/한문	독일어
	교양	
진로 선택	수학, 사회, 과학	윤리와 사상, 인문학과 윤리, 국제 관계의 이해
	체육·예술	
	기술·가정/정보	
	제2외국어/한문	독일어 회화, 심화 독일어
	교양	인간과 철학, 인간과 심리, 교육의 이해
융합 선택	수학, 사회, 과학	여행지리, 사회문제 탐구, 윤리문제 탐구
	체육·예술	
	기술·가정/정보	
	제2외국어/한문	독일어권 문화
	교양	

추천 도서 목록

- 이토록 아이들이 반짝이는 순간, 안나진, 미다스북스
- 우리, 학교에서 만납시다, 이장규, 르네상스
- 독일어 문법의 이해와 응용, 장병희, 명지출판사
- 내게는 특별한 독일어를 부탁해: 첫걸음, 서유경, 다락원
- 어린 왕자 독일어판 Der Kleine Prinz fur Deutschlernende, 앙투안 드 생텍쥐페리, 노이지콘텐츠
- 작고 아름다운 학교, 그 이상(큰글자책), 최영아 외, 단비
- 독일어 오류 마스터, 박성철 외, 시원스쿨닷컴
- 변신·소송, 프란츠 카프카, 살림
- 독일어 패턴 쓰기 노트, 안희철(다미안), 넥서스
- 좀머 씨 이야기, 파트리크 쥐스킨트, 열린책들
- 독일인의 사랑 미니북, 막스 뮐러, 더클래식
- 에밀리의 10시간 독일어 첫걸음, 에밀리(임은선), 길벗이지톡

- 비둘기, 파트리크 쥐스킨트, 열린책들
- 속담과 명언으로 배우는 독일어 구문, 허남영 외, 신아사
- 언어와 독일의 분열, 패트릭 스티븐스, 사회평론아카데미
- 아무도 미워하지 않는 자의 죽음, 잉게 숄, 평단
- 나의 하루 1줄 독일어 쓰기 수첩: 중급문장 100, 박주연, 시대인
- 수레바퀴 아래서, 헤르만 헤세, 아르테(arte)
- 파우스트, 괴테, 열린책들
- 젊은 베르테르의 슬픔, 요한 볼프강 폰 괴테, 미래지식
- 데미안, 헤르만 헤세, 문예춘추사
- 네이티브는 쉬운 독일어로 말한다, 에밀리(임은선), 길벗이지톡
- 하룻밤에 읽는 독일사, 안병억, 페이퍼로드
- 어떻게 교사리더십을 발휘할 것인가?, 김병찬, 박영스토리
- 교사를 위한 마음공부, 류성창, 지노

학교생활 TIPS

- 독어교육을 전공하는 데 기본이 되는 언어, 영어, 독일어 교과 성적을 상위권으로 유지하고, 교과 수업을 통해 독일의 언어와 문화에 관해 관심과 지식을 확장합니다. 학업능력, 탐구력, 진로 역량, 의사소통 능력 등이 학교생활기록부 교과 세부능력 및 특기사항에 기록될 수 있도록 자기주도적으로 수업에 참여합니다.
- 독일어 교육과 관련된 전공을 탐색하기 위한 전공 캠프 및 진로 박람회, 체험 등의 다양한 활동을 추천합니다.
- 다문화 가정 학생 또는 학급의 친구들에게 자신이 알고 있는 것을 전달하는 멘토링과 같은 봉사 활동을 할 것을 권장합니다. 봉사 활동을 통해

타인을 이해하고 눈높이를 맞출 수 있는 능력, 상대방의 요구에 공감할 수 있는 능력을 함양하도록 하고, 이러한 성장 과정이 학교생활기록부에 나타나도록 합니다.
- 교육 및 외국 문화, 사회 탐구 등의 동아리 활동을 권장하며, 인문학, 철학, 문화, 사회 등 인문학적 소양과 기본적 지식을 함양하기 위해 독서를 할 것을 권장합니다.
- 성실성, 책임감, 의사소통 능력, 문제 해결 능력, 갈등 관리, 공감 역량 등이 학교생활기록부에 기록될 수 있도록 성실한 학교생활을 할 것을 추천합니다.

254

물리교육과

학과소개

물리학은 자연 현상을 연구 대상으로 하는 순수 과학으로서, 다른 응용과학의 기초가 되는 학문입니다. 그 중요성 또한 날로 증대되어 가고 있는바, 유능한 과학자와 물리교육을 담당하는 의욕적인 물리교육자의 양성은 매우 중요한 과제입니다. 물리교육과는 과학적인 이론과 실제적인 실험을 통하여 교육 현장에서 학생을 지도할 수 있는 능력을 갖춘 중등 교원을 양성하는 데 목표를 두고 있습니다.

물리교육과는 일반물리, 전자기학, 열물리학, 파동과 광학, 현대물리 등 물리의 이해를 돕는 물리교과내용학과, 물리 교육 현장에서 필요한 물리교육론, 물리교재연구 및 지도법, 물리탐구학습론 등을 포함하는 물리교과교육학으로 교육과정을 구성하며, 이론 및 실기 교과들을 다양하게 제공하고 있습니다.

건전한 인격을 소유하고 탁월한 전문 지식을 바탕으로 한 인재, 창의적이고 유능하며 국가와 지역 사회의 발전에 기여할 수 있는 책임감 있는 교사의 양성이 물리교육과의 교육 목표입니다.

개설대학

- 경북대학교
- 경상국립대학교
- 국립공주대학교
- 부산대학교
- 서울대학교
- 국립순천대학교
- 전남대학교
- 조선대학교
- 충북대학교
- 한국교원대학교
- 대구대학교 등

관련학과

- 물리교육전공
- 과학교육학부(물리교육전공)
- 과학교육학부
- 물리·천문학부
- 물리천문학과
- 물리학과
- 물리학전공
- 나노전자물리학과
- 디스플레이·반도체물리학부
- 응용물리학과
- 전자물리학과
- 전자바이오물리학과
- 응용물리전공
- 융합전공학부 물리학-나노반도체물리학 등

진출분야

기업체	학습지 및 교재 개발 업체, 교구 개발 업체, 과학 학원, 방송국, 출판사, 언론사 등
정부 및 공공 기관	국공립 중등학교, 각 지역 국립과학관, 한국나노기술원, 한국과학기술원 등
연구 기관	한국교육학술정보원, 한국장학재단, 한국과학창의재단, 각 지역 과학기술원, 국가과학기술연구회, 한국과학기술연구원, 국가평생교육진흥원, 한국교육개발원, 한국교육과정평가원, EBS 미래교육연구소 등

진출직업

- 중등학교 교사(물리)
- 대학 교수
- 연구원
- 과학시험원
- 과학관 큐레이터
- 과학학습지 및 교재개발자
- 학원 강사
- 과학 강사
- 출판물기획자
- 과학PD 등

취득가능 자격증

- 중등학교 정교사 2급(물리)
- 평생교육사
- 건축전기설비기술사
- 발송배전기술사
- 전기공사기사
- 전기공사산업기사
- 전기기능사
- 전기기사
- 전기산업기사 등

학과 주요 교과목

기초 과목	물리학의 기초, 물리수학, 현대물리학 및 실험, 전기자기학, 현대물리교육, 일반역학, 물리학사 등
심화 과목	교과교육론, 열물리학실험, 통계물리학개론, 양자물리, 물리학습자료개발, 파동과 광학교육, 파동과 광학 및 실험, 물리논리 및 논술지도, 컴퓨터기반물리교육, 물리토픽연구, 중등물리실험지도, 물리교육 및 교재연구 등

학과 인재상 및 갖추어야 할 자질

- 자연 현상과 원리에 대한 관심과, 이를 이해하려는 호기심이 많은 학생
- 예비 물리교사로서 갖추어야 할 타인에 대한 이해력과 지도력이 뛰어난 학생
- 과학 대중화 활동을 위한 과학적 소양과 자세를 가진 학생
- 학생을 가르치는 것에 흥미와 애정을 가진 학생
- 논리적 사고력 및 수리 능력, 꼼꼼한 관찰력을 가진 학생
- 21세기 과학 기술 사회에 능동적으로 대처할 수 있는 학생
- 물리학 전반의 지식 습득에 관심을 가지며, 이를 탐구하려는 연구 능력을 갖춘 학생

학과 관련 선택 과목

※ 국어, 영어 교과는 모든 학문의 기초적인 성격을 가진 도구교과로 모든 학과에 이수가 필요하여 생략함.

공통 과목		공통국어1,2, 공통수학1,2, 공통영어1,2, 한국사1,2, 통합사회1,2, 통합과학1,2, 과학탐구실험1,2
수능 필수		화법과 언어, 독서와 작문, 문학, 대수, 미적분Ⅰ, 확률과 통계, 영어Ⅰ, 영어Ⅱ, 한국사, 통합사회, 통합과학, 성공적인 직업생활(직업)
일반 선택	수학, 사회, 과학	대수, 미적분Ⅰ, 확률과 통계, 물리학, 화학
	체육·예술	
	기술·가정/정보	기술·가정, 정보
	제2외국어/한문	
	교양	생태와 환경
진로 선택	수학, 사회, 과학	기하, 미적분Ⅱ, 역학과 에너지, 전자기와 양자
	체육·예술	
	기술·가정/정보	
	제2외국어/한문	
	교양	인간과 철학, 인간과 심리, 교육의 이해
융합 선택	수학, 사회, 과학	수학과제 탐구, 기후변화와 지속가능한 세계, 과학의 역사와 문화, 기후변화와 환경생태, 융합과학 탐구
	체육·예술	
	기술·가정/정보	
	제2외국어/한문	
	교양	

추천 도서 목록

- 노벨상을 꿈꿔라, 이충환 외, 동아엠엔비
- 다시 보는 과학 교과서, 곽수근, 포르체
- 집요한 과학자들의 우주 언박싱, 이지유, 휴머니스트
- 로켓 물리학, 매슈 브렌든 우드, 타임북스
- 과학 영재를 만드는 아두이노 교실, 최재철, 에이콘출판
- 한 권으로 읽는 과학 노벨상, 가키모치, 주니어태학
- 하리하라의 과학 24시, 이은희, 비룡소
- 까다롭지만 탈 없이 배우는 중학 물리, 강태형, 엠아이디
- 청소년을 위한 처음 물리학, 권영균, 청아출판사
- 나 없이는 존재하지 않는 세상, 카를로 로벨리, 쌤앤파커스
- 물리학자의 은밀한 밤 생활, 라인하르트 렘포트, 더숲
- 현대물리학, Beiser 외, 맥그로힐에듀케이션코리아
- 교사생활 월령기, 경기교육연구소 , 에듀니티

- 양자컴퓨터의 미래, 미치오 카쿠, 김영사
- 초전도체, 김기덕, 김영사
- 퀀텀의 세계, 이순칠, 해나무
- 괴짜 교수 크리스 페리의 빌어먹을 양자역학, 크리스 페리, 김영사
- 에듀테크의 시대, 이진우, 다산스마트에듀
- 물리학 속의 첨단과학, 손종역, 교문사
- 생성형 AI로 여는 교육의 미래, 윤상혁, 한국기술교육대학교출판부
- 상대성 이론이란 무엇인가, 제프리 베네트, 처음북스
- 선생님, 평가 어떻게 하세요?, 성열관 외, 살림터
- 교사를 위한 챗GPT 활용 핸드북, 임태형 외, 박영스토리
- 나우: 시간의 물리학, 리처드 뮬러, 바다출판사
- 어떻게 교사리더십을 발휘할 것인가?, 김병찬, 박영스토리

학교생활 TIPS

- 자연 계열의 필수 교과인 수학, 과학 교과 성적을 상위권으로 유지하고, 학업능력, 탐구력, 문제 해결 능력 등이 학교생활기록부 교과 세부능력 및 특기사항에 기록될 수 있도록 자기주도적으로 관련 교과 수업에 참여합니다.
- 독서, 논술, 환경, 에너지, 과학 탐구 및 실험, 발명 동아리를 만들거나 가입하여 다양한 아이디어 제시 및 활동에 적극 참여할 것을 권장합니다.
- 자신이 경험한 과학적 지식을 주변에 전달하는 멘토링 봉사 활동, 다문화 가정 학생이나 장애인 등 다양한 계층의 사람을 만나 생각을 공유할 수

있는 봉사 활동 등에 적극적으로 참여하는 것을 추천합니다.
- 과학과 관련한 많은 이슈에 관심을 가지고, 자연, 공학 일반 관련 독서 및 신문 읽기를 지속적으로 할 것을 권장합니다.
- 자기주도성, 경험의 다양성, 성실성, 책임감, 리더십, 분석력, 의사소통 능력, 문제 해결 능력, 나눔과 배려, 갈등 관리, 비판적 사고 등이 학교생활기록부에 기록될 수 있도록 성실한 학교생활을 할 것을 추천합니다.

255

미술교육과

학과소개

제4차 산업혁명이 임박한 현재, 인공지능(AI)의 등장과 함께 시대는 빠르게 변화하고 있습니다. 이러한 변화 속에서 주목받고 있는 분야가 바로 미술입니다. 빠른 발전 속도와 함께, 매일 같이 쏟아져 나오는 새로운 제품과 서비스들을 이용자가 좀 더 쉽고 간편하게 사용할 수 있도록 하는 것이 바로 미술이기 때문입니다.

또한 미술의 다양한 감각 활동이 학생들의 인지 및 창의성 발달과 자신은 물론 타인의 감정을 이해할 수 있는 정서 발달에 도움이 된다는 사실이 입증되면서 그 중요성이 더욱 강조되고 있습니다.

미술교육과는 미술교육에 관한 전문적 소양을 기를 수 있는 교육과정을 통해 창의적이고 개성적인 조형 능력, 미술 전반에 대해 폭넓고 풍부한 지식을 갖춘 유능한 미술교육자, 현대 사회가 요구하는 미적 정서와 감수성, 조형 능력과 창의성을 겸비한 예술가의 양성에 교육 목표를 두고 있습니다.

개설대학

- 경남대학교
- 경상국립대학교
- 국립공주대학교
- 목원대학교
- 한국교원대학교
- 한남대학교 등

관련학과

- 응용미술교육과
- 미술과
- 미술학과
- 고고미술사학과
- 공예과
- 공예디자인
- 공간디자인학과
- 공업디자인학과
- 금속·주얼리디자인과
- 디자인영상학부
- 디자인예술학부
- 디자인학과
- 미디어디자인학과
- 산업디자인학과
- 시각디자인학과
- 실내디자인학과
- 융합디자인학과
- 동양화과
- 서양학과
- 조소과
- 회화과
- 회회학과
- 멀티미디어디자인학과 영상디자인전공
- 미술학과 한국화전공 등

진출분야

기업체	방송국, 광고 회사, 컴퓨터 영상 제작 업체, 무대 세트 제작 업체, 미술관, 박물관, 미술 학원, 패션 디자인 업체, 건축 회사, 미술 관련 잡지사, 미술품 감정 업체 등
정부 및 공공 기관	국공립 중등학교, 대학교, 문화체육관광부, 한국콘텐츠진흥원, 각 지역 문화재단, 국립 미술관 및 박물관, 한국공예·디자인문화진흥원, 한국예술인복지재단 등
연구 기관	미술사 연구 기관, 대한민국예술원, 사단법인 목우회, 한국미술경영연구소, 한국문화예술위원회, 한국문화원연합회, 서울현대미술연구소 등

진출직업

- 중등학교 교사(미술)
- 미술관 학예사 및 큐레이터
- 박물관 학예사 및 큐레이터
- 방송 및 영상산업 미술감독
- 미술심리치료상담사
- 아동미술심리상담사
- 문화예술교육사
- 작가
- 광고홍보사무원
- 광고기획자
- 만화가
- 미술관장
- 서예가
- 시각디자이너
- 웹디자이너
- 일러스트레이터
- 조각가
- 조명디자이너
- 화가
- 미술품감정사 등

취득가능 자격증

- 중등학교 정교사 2급(미술)
- 평생교육사
- 문화예술교육사
- 미술치료사
- 아동미술지도사
- 실기교사
- 컬러리스트기사
- 클레이아트
- 학예사
- 피규어원형사
- GTQ일러스트 등

학과 주요 교과목

기초 과목	표현기법, 소묘, 현대미술론, 미술과 교육과정 및 평가방법, 한국화기법, 서양화기법, 디자인기법, 조소기법, 서양미술사, 미술교구학습방법, 서예, 한국미술사, 미술교육론, 교육학개론, 교육철학 및 교육사, 교육과정, 교육평가, 교육방법 및 교육공학, 교육심리, 교육행정 및 교육경영, 생활지도 등
심화 과목	공예, 색채학, 미학, 판화, 동양미술사, 영상디자인론, 한국화연구, 서양화연구, 조소연구, 디자인연구, 문화예술교육개론, 문화예술교육현장의 이해와 실습, 미술교육프로그램개발, 컴퓨터디자인, 입체표현지도법, 평면표현지도법, 미술감상비평론, 미술교육과 논리 등

학과 인재상 및 갖추어야 할 자질

- 미술과 교육에 대한 전문적 지식을 갖춘 학생
- 개방적인 사고를 하는 학생
- 미술 분야에 뛰어난 능력을 갖춘 학생
- 가르치는 것에 대한 흥미와 애정, 교사로서 자질을 갖춘 학생
- 예술가로서의 창의성과 예술적 감각을 가진 학생
- 새로운 것을 유심히 관찰할 수 있는 능력을 갖춘 학생

학과 관련 선택 과목

※ 국어, 영어 교과는 모든 학문의 기초적인 성격을 가진 도구교과로 모든 학과에 이수가 필요하여 생략함.

공통 과목		공통국어1,2, 공통수학1,2, 공통영어1,2, 한국사1,2, 통합사회1,2, 통합과학1,2, 과학탐구실험1,2
수능 필수		화법과 언어, 독서와 작문, 문학, 대수, 미적분Ⅰ, 확률과 통계, 영어Ⅰ, 영어Ⅱ, 한국사, 통합사회, 통합과학, 성공적인 직업생활(직업)
일반 선택	수학, 사회, 과학	세계사, 현대사회와 윤리
	체육·예술	미술
	기술·가정/정보	
	제2외국어/한문	
	교양	
진로 선택	수학, 사회, 과학	동아시아 역사 기행, 윤리와 사상, 인문학과 윤리
	체육·예술	미술 창작, 미술 감상과 비평
	기술·가정/정보	
	제2외국어/한문	
	교양	인간과 철학, 인간과 심리, 교육의 이해
융합 선택	수학, 사회, 과학	윤리문제 탐구
	체육·예술	미술과 매체
	기술·가정/정보	
	제2외국어/한문	
	교양	

추천 도서 목록

- 세상의 모든 미술 수업, 유홍준 외, 창비교육
- 오늘도 열심히, 미술 수업하러 갑니다, 조성희 외 2인, 미진사
- 교사를 위한 미술치료, 김소울 외 2인, 학지사
- 세상의 모든 미술 수업, 유홍준 외 9인, 창비교육
- 예비 미술교사를 위한 창의 교육, 쥬디스 W. 심스, 김세은 역, 미진사
- 디자인 미술교육을 위한 색채, 이정아, 지식과감성
- 미술교육과 문화, 이주연 외 2인, 학지사
- 미술교육의 이해와 방법, 임정기 외 2인, 예경
- 미술교육의 기초, 류지영 외 4인, 교육과학사
- 미래교육 미술교육, 류지영 외 16인, 교육과학사
- 미술교육으로 삶·사회 가로지르기, 류지영 외 3인, 교육과학사
- 현대미술, 보이지 않는 것을 보여주다, 프랑크 슐츠, 황종민 역, 미술문화
- 문학과 예술의 사회사, 아르놀트 하우저, 백낙청 역, 창비
- 단숨에 읽는 현대미술사, 에이미 뎀프시, 조은형 역, 시그마북
- 서양회화사: 조토에서 세잔까지, 마이클 리비, 양정무 역, 시공아트
- 세계 건축가 해부도감, 오이 다카히로 외 3인, 노경아 역, 더숲
- 알수록 다시 보는 서양 미술 100, 차홍규 외 1인, 미래타임즈
- 세계 건축의 이해, 마르코 부살리, 우영선 역, 마로니에북스
- 현대 미술의 개념, 니코스 스탠고스, 성완경 역, 문예출판사
- 한국의 미술과 문화, 안휘준, 시공사
- 교사를 위한 아동미술교육의 이해, 백중열 외 1인, 공동체
- 처음 만나는 미술사수업, 김민정 외, 학교도서관저널
- 뚱미샘의 미술 수다, 서인숙, 지식과감성
- 바로 만들어 바로 써먹는 미술 레시피, 김보연 외, 성안당
- 한 권으로 끝내는 미술 수업 가이드북, 김유미 외, 교육과학사

학교생활 TIPS

- 최근 미술 분야에서도 비실기 전형이 증가하고 있으므로, 교사로서의 기본 소양을 위해 교과 성적에 소홀하지 않아야 합니다. 교과 지식뿐만 아니라 창의적인 아이디어와 문제 해결 능력이 강조되므로 이러한 역량이 학교생활기록부에 기록될 수 있도록 적극적으로 교과 수업에 참여합니다.
- 전공과 관련 있는 다양한 진로 활동(미술 교사 인터뷰, 관련 학과 탐방, 미술관 체험)에 참여하여 새롭게 알게 된 사실이나 느낀 점을 중심으로 자신의 진로 역량을 키우도록 합니다.
- 최근 컴퓨터를 이용한 미술 및 디자인 작업이 증가하면서 컴퓨터 활용 능력이 중요해지고 있습니다. 컴퓨터 활용 능력을 함양할 수 있는 동아리 활동을 통해, 미술은 물론 컴퓨터 관련 기능도 함양할 것을 권장합니다.
- 인문학, 철학 등 인문적 소양을 함양할 수 있는 독서를 추천합니다.
- 자기주도성, 경험의 다양성, 성실성, 창의성, 의사소통 능력, 문제 해결 능력, 미적 능력 및 예술적 감수성 등이 학교생활기록부에 기록될 수 있도록 성실히 학교생활을 할 것을 추천합니다.

256

불어교육과

학과소개

불어교육과는 프랑스어학과 프랑스문학에 대한 기초 과정과 프랑스어교육학의 이론 학습 및 실습을 통해 유능한 프랑스어 교사를 양성하고, 나아가 교육 관련 분야의 전문가를 배출하는 데 그 교육 목표를 두고 있습니다. 불어교육과 교육과정은 실제적인 프랑스어 교수 이론 및 학습 방법론을 접할 수 있는 프랑스어 교육 분야와 함께 독창적인 프랑스 언어학의 이론과 전반적인 언어학 이론을 접할 수 있는 어학 분야, 전체적인 개관을 통하여 그 본질과 주된 경향을 파악할 수 있는 프랑스 문학 및 프랑스 문화 분야, 그리고 실용적인 측면에서 프랑스어 능력을 갖추기 위한 발음 및 회화와 작문 분야로 이루어져 있습니다.

불어교육과는 각종 멀티미디어 시설을 활용한 강의 진행 방식과 프랑스 원어민을 통한 프랑스어의 말하기와 듣기 능력 증진에 주안점을 두고 있으며, 세미나 형식 수업을 통해 학생들의 자발적인 발표와 토론을 유도하여 창의적인 표현 능력을 연마하는 데도 주력하고 있습니다.

개설대학

- 서울대학교
- 한국교원대학교 등

진출직업

- 중등학교 교사(프랑스어)
- 장학사
- 통역관
- 외교관
- 학원 강사
- 언론인
- 무역담당자
- 인문과학연구원
- 작가
- 교육행정가
- 문학비평가 등

관련학과

- 프랑스·아프리카학과
- 프랑스어·프랑스학과
- 프랑스어과
- 프랑스어문학과
- 프랑스어문학전공
- 프랑스어학과
- 프랑스어학부
- 프랑스언어·문화학과
- 프랑스학과
- 불어불문학과
- 프랑스어교육전공
- 프랑스어문·문화학과
- 프랑스어문전공
- 프랑스언어문화학과 등

취득가능 자격증

- 중등학교 정교사 2급(프랑스어)
- 평생교육사
- 일반프랑스어능력시험(DELF)
- 고급프랑스어능력시험(DALF) 등

진출분야

기업체	프랑스계 기업, 기업의 해외 업무 분야, 언론 기관, 출판사, 무역 회사, 방송국, 신문사 등
정부 및 공공 기관	국공립 중등학교, 한국교육과정평가원, 국가평생교육진흥원, 한국교육방송공사, 한국직업능력개발원, 교육직 공무원 등
연구 기관	한국교육개발원, 인문과학연구소, 프랑스어 연구 기관 등

학과 주요 교과목

기초 과목	프랑스어문법, 프랑스어강독, 프랑스어작문, 프랑스어문화, 프랑스어문학개론, 프랑스어교육론, 프랑스어학개론 등
심화 과목	프랑스어발음연습, 프랑스작품선, 고급프랑스어문법, DELF, 프랑스소설강독, 실용프랑스어연습, 프랑스어음성학, 프랑스문예사조론, 20세기프랑스문학, 프랑스고전주의, 프랑스문학과 영화, 프랑스문화연구, 프랑스어의미·화용론, 프랑스학특강, 프랑스비평연구, 프랑스문학세미나, 프랑스교육연구 등

학과 인재상 및 갖추어야 할 자질

- 누군가를 가르치고 지도하는 것에 흥미를 느낀 학생
- 예비 교사로서 학생에 대한 애정, 교육에의 열정, 정직성, 리더십을 갖추고 있는 학생
- 프랑스어를 사용하는 국가의 문화와 철학 등 다양한 분야에 관심이 있는 학생
- 언어와 문화에 대한 높은 감각과 관심을 가진 학생
- 다중 문화, 다중 언어 시대의 역량을 갖추고, 프랑스어·문화 전문가를 꿈꾸는 학생
- 새로운 세계로의 도전을 두려워하지 않는 학생
- 외국어 배우기를 좋아하는 학생
- 교양과 전문적 지식을 갖춘 학생

캠퍼스멘토 | **학과바이블**

인문계열

사회계열

자연계열

공학계열

의약계열

예체능계열

교육계열

계약학과 & 특성화학과

학과 관련 선택 과목

※ 국어, 영어 교과는 모든 학문의 기초적인 성격을 가진 도구교과로 모든 학과에 이수가 필요하여 생략함.

공통 과목		공통국어1,2, 공통수학1,2, 공통영어1,2, 한국사1,2, 통합사회1,2, 통합과학1,2, 과학탐구실험1,2
수능 필수		화법과 언어, 독서와 작문, 문학, 대수, 미적분Ⅰ, 확률과 통계, 영어Ⅰ, 영어Ⅱ, 한국사, 통합사회, 통합과학, 성공적인 직업생활(직업)
일반 선택	수학, 사회, 과학	세계시민과 지리, 세계사, 사회와 문화, 현대사회와 윤리
	체육·예술	
	기술·가정/정보	
	제2외국어/한문	프랑스어
	교양	
진로 선택	수학, 사회, 과학	동아시아 역사 기행, 윤리와 사상, 인문학과 윤리, 국제 관계의 이해
	체육·예술	
	기술·가정/정보	
	제2외국어/한문	프랑스어 회화, 심화 프랑스어
	교양	인간과 철학, 인간과 심리, 교육의 이해
융합 선택	수학, 사회, 과학	여행지리, 사회문제 탐구, 윤리문제 탐구
	체육·예술	
	기술·가정/정보	
	제2외국어/한문	프랑스어권 문화
	교양	

추천 도서 목록

- 실수 없는 프랑스어 글쓰기: 단어편, 김미진 외, 부산대학교출판문화원
- 프랑스어 기본문법과 활용, 김선미, 신아사
- GO! 독학 프랑스어 첫걸음, 김지연, 시원스쿨닷컴
- 역사, 문화, 정체성의 교차로: 북아프리카 프랑스어 문학과 프랑스어, 김지현, 서강대학교출판부
- 프랑스어 관용어, 김진수, 한불포럼
- 누보 프랑스어 문법, 이경자 외, 북포레
- The 바른 프랑스어 Step 1, 김선미 외, ECKBOOKS
- 프랑스어식 사고법, 박만규, 도서출판 씨엘
- 유머로 배우는 프랑스어, 박만규, 도서출판 씨엘
- 누보 프랑스어 어휘·숙어, 이경자 외, 북포레
- 신나는 프랑스어, 김선미 외, 신아사
- 내게는 특별한 프랑스어를 부탁해, 이경자, 다락원

- 핵심 프랑스어 문법, 하영동, 전남대학교출판문화원
- 프랑스 문화와 예술, 곽노경, 동양북스
- 710 프랑스어로 쉽게 말하기, 엘로디(안임주), Pub.365
- 동화로 배우는 레벨업 프랑스어, 박미선(Emma) 외, 시원스쿨닷컴
- 유창한 프랑스어를 위한 단어 결합법, 박만규, 도서출판 씨엘
- 알베르 카뮈를 읽다, 박윤선, 휴머니스트
- 프랑스어 사전의 역사, 하영동, 전남대학교출판문화원
- 파리, 프랑스 작가들의 숨결이 머무는 도시, 송민숙, 지앤유
- 교사의 사계, 최상길, 행복한미래
- 한권으로 읽는 잃어버린 시간을 찾아서, 마르셀 프루스트, 국일미디어
- 교사, 넌 오늘도 행복하니, 서화영, 구름학교
- 신, 베르나르 베르베르, 열린책들
- 매일 교사가 되는 중입니다, 임광찬, 창비교육

학교생활 TIPS

- 불어교육을 전공하는 데 기본이 되는 언어, 영어, 프랑스어 교과 성적을 상위권으로 유지하고, 프랑스의 언어와 문화에 대한 관심과 지식을 확장합니다. 학업능력, 탐구력, 의사소통 능력 등이 학교생활기록부 교과 세부능력 및 특기사항에 기록될 수 있도록 자기주도적으로 교과 수업에 참여합니다.
- 프랑스어 교육과 관련된 전공을 탐색하기 위한 전공 캠프 및 진로 박람회, 체험 등에 참여하여 자신의 진로 역량을 키울 것을 권장합니다.
- 다문화 가정 학생 또는 학급의 친구들에게 자신이 알고 있는 것을 알려주는 멘토링과 같은 봉사 활동을 권장합니다. 타인을 이해하고 눈높이를 맞출

수 있는 능력, 상대방의 요구에 공감하는 능력을 함양할 수 있는 활동에 적극 참여하고, 이 과정이 학교생활기록부에 나타나도록 합니다.
- 교육 및 외국 문화, 사회 탐구 등의 동아리 활동을 권장하며, 인문학, 철학, 문화, 사회 등 인문학적 소양과 기본적인 지식을 함양하기 위한 독서를 권장합니다.
- 성실성, 책임감, 의사소통 능력, 문제 해결 능력, 갈등 관리, 공감 역량 등이 학교생활기록부에 기록될 수 있도록 성실하게 학교생활을 할 것을 추천합니다.

257

사회교육과

학과소개

사회교육과는 사회생활을 영위하는 데 필요한 사회 여러 분야의 지식과 탐구 방법을 체계적으로 이해하고, 사회문제의 합리적 해결을 위하여 지식을 활용하며, 민주 시민으로서의 자질과 능력을 갖춘 사회교사의 양성을 교육 목표로 하는 학과입니다.

사회교사는 중학교에서 사회 과목을 가르치거나 고등학교에서 탐구 영역 사회 교과군의 과목인 사회·문화, 정치와 법, 경제 등의 교과목을 가르치게 됩니다. 이와 더불어 연계 전공으로 통합사회 과정을 마치면 고등학교에서 통합사회를 가르칠 수도 있습니다. 일반적으로 사회교사는 사회, 정치와 법, 경제, 사회·문화 등을 가르치는데, 이들 과목 외에도 한국지리, 세계지리, 여행지리 등 지리 영역 과목과 세계사, 동아시아사 등 역사 영역 과목을 포함하여 가르치는 경우도 있습니다. 대부분의 대학교에서는 지리 영역과 역사 영역 두 가지를 모두 가르칠 수 있도록 교육과정을 구성하고 있습니다.

사회교육과에서는 이렇듯 넓은 사회 영역을 담당할 수 있는 사회교사 양성을 위해 정치, 경제, 사회·문화, 지리, 역사 전반에 걸친 사회 과학의 지식을 교육하고, 학습된 지식을 학교 교육의 문제와 교과 교육적 이슈들과 접목해 논의하며, 다양한 경험적 자료들을 분석하고 해석하는 능력을 함양하기 위해 노력합니다.

개설대학

- 서울대학교
- 서원대학교
- 성신여자대학교
- 국립순천대학교
- 인하대학교
- 충북대학교
- 제주대학교 등

관련학과

- 일반사회교육과
- 역사교육과
- 지리교육과
- 윤리교육과 일반 사회교육전공
- 사회학과
- 사회학전공
- 사회과학부
- 지리학과
- 공간환경학부
- 국제도시부동산학과
- 사회복지학과
- 사회복지학부
- 사회심리학과
- 사회적경제학과
- 사회적기업학과
- 국제인문사회학부
- 문화인류학과
- 융합사회학부
- 인문사회계열
- 사회언론정보학부 사회학전공 등

진출분야

기업체	교육 관련 기업, 방송국, 신문사, 잡지사, 박물관, 출판사, 학원, 사회적 기업, 교재 및 교구 개발 업체 등
정부 및 공공 기관	국공립 중등학교, 각 시도교육청, 교육부, 사회 조사 기관, 한국청소년상담원, 한국청소년활동진흥원, 한국양성평등교육진흥원, 한국문화재단, 한국산업인력공단, 한국국토정보공사, 대한무역투자진흥공사, 국민건강보험공단, 사회보장정보원, 한국노인인력개발원 등
연구 기관	사회 관련 연구소, 교재 개발 연구소, 한국교육개발원, 한국교육과정평가원, 국토연구원, 서울연구원, 한국교육학술정보원, 한국국제협력단, 한국법제연구원, 한국청소년정책연구원 등

진출직업

- 중등학교 교사(사회)
- 장학사
- 방송기자
- 편집기자
- 교재 및 교구개발자
- 사진기자
- 잡지기자
- 연구원
- 사회조사전문가
- 평론가
- 데이터분석가
- 평생교육사 등

취득가능 자격증

- 중등학교 정교사 2급 (통합사회·일반사회)
- 평생교육사
- 청소년지도사
- 사회조사분석사 등

학과 주요 교과목

기초 과목	물리학의 기초, 물리수학, 현대물리학 및 실험, 전기자기학, 현대물리교육, 일반역학, 물리학사 등
심화 과목	교과교육론, 열물리학실험, 통계물리학개론, 양자물리, 물리학습자료개발, 파동과 광학교육, 파동과 광학 및 실험, 물리논리 및 논술지도, 컴퓨터기반물리교육, 물리토픽연구, 중등물리실험지도, 물리교육 및 교재연구 등

학과 인재상 및 갖추어야 할 자질

- 사회 문제 해결을 위해 적극적으로 참여하는 학생
- 정치, 경제, 사회, 역사, 문화의 사회 현상 또는 문제에 관심이 많은 학생
- 다양한 사회 문제들을 다양한 시선에서 바라볼 수 있는 능력을 갖춘 학생
- 정치적 문제들에 대한 자신의 입장을 분명히 드러낼 수 있는 표현력을 지닌 학생
- 학생을 가르치는 것에 적성과 흥미가 있는 학생
- 예비 교사로서 모범을 보일 수 있는 도덕적 품성과 폭넓은 교양 지식을 가진 학생

학과 관련 선택 과목

※ 국어, 영어 교과는 모든 학문의 기초적인 성격을 가진 도구교과로 모든 학과에 이수가 필요하여 생략함.

공통 과목		공통국어1,2, 공통수학1,2, 공통영어1,2, 한국사1,2, 통합사회1,2, 통합과학1,2, 과학탐구실험1,2
수능 필수		화법과 언어, 독서와 작문, 문학, 대수, 미적분 I , 확률과 통계, 영어 I , 영어 II , 한국사, 통합사회, 통합과학, 성공적인 직업생활(직업)
일반 선택	수학, 사회, 과학	세계시민과 지리, 세계사, 사회와 문화, 현대사회와 윤리
	체육·예술	
	기술·가정/정보	
	제2외국어/한문	
	교양	생태와 환경
진로 선택	수학, 사회, 과학	한국지리 탐구, 도시의 미래 탐구, 동아시아 역사 기행, 정치, 법과 사회, 경제, 윤리와 사상, 인문학과 윤리, 국제 관계의 이해
	체육·예술	
	기술·가정/정보	
	제2외국어/한문	
	교양	인간과 철학, 인간과 심리, 교육의 이해
융합 선택	수학, 사회, 과학	여행지리, 사회문제 탐구, 금융과 경제생활, 윤리문제 탐구, 기후변화와 지속가능한 세계
	체육·예술	
	기술·가정/정보	
	제2외국어/한문	
	교양	인간과 경제활동, 논술

추천 도서 목록

- 좋아요의 함정, 이사벨 메이라, 북극곰
- 혐오, 나는 네가 싫어, 한세리 외, 전개의바람
- 인권을 들어 올린 스포츠 선수들, 최동호, 다른
- 지구는 시원해질 거야, 팀 슐체, 탐
- 남자다운 게 뭔데?, 저스틴 밸도니, 창비
- 중등 필독 신문, 이현옥 외, 체인지업
- 엄마의 환경수업, 정명희, 북센스
- 박쥐는 죄가 없다, 채인택 외, 북카라반
- 있는 그대로 앙골라, 김성민, 초록비책공방
- 발견의 책읽기, 이권우, 오도스
- 떠나는 도시 모이는 도시, 이동학, 오도스
- 인공지능만 믿고 공부는 안 해도 될까요?, 이여운, 글라이더
- 처음 만나는 자폐, 박재용, 이상북스

- 가짜 뉴스 세계에서 살아남기, 도안 부이, 탐
- 세계시민을 위한 없는 나라 지리 이야기, 서태동 외, 롤러코스터
- 도시 대 도시! 맞짱 세계지리 수업, 조지욱, 주니어태학
- 미래 세대를 위한 건축과 국가 권력 이야기, 서윤영, 철수와영희
- 미디어 문해력의 힘, 윤세민 외, 유아이북스
- 경쟁 교육은 야만이다, 김누리, 해냄출판사
- 미래를 여는 교육학, 김남주 외, 박영스토리
- 디지털 시대의 인공지능과 교육, 이용상 외, 학지사
- 정답 찾는 아이, 질문 찾는 아이, 메이저맵 주식회사, 포르체
- 죽은 교사의 사회, 차승민, 케렌시아
- 미래 교실의 혁신, 아람 편집부, 아람
- 나는 사회·지리 교사입니다, 강정숙 외, 성안당

학교생활 TIPS

- 사회교육을 전공하는 데 기본이 되는 사회 및 역사 교과 성적을 상위권으로 유지하고, 교과 수업 활동을 통해 학업능력, 탐구력, 진로 역량, 문제 해결 능력을 보여줄 수 있도록 합니다.
- 경제, 다문화, 민주시민교육 및 논술, 시사 탐구 토론, 역사 문화 탐구 등과 같은 동아리 및 교과 활동을 통해 우리 사회가 당면한 정치, 경제, 사회, 문화 등 사회 현상 또는 문제에 관심을 두고 이를 해결할 수 있는 활동에 적극 참여한 후, 이같은 내용이 학교생활기록부에 나타나도록 합니다.
- 어린이, 노인 그리고 다문화 가정 학생 등 다양한 계층을 만날 수 있는

봉사 활동을 통해 타인을 이해하고, 사회의 여러 가지 문제를 배우고 느끼는 경험을 할 것을 추천합니다.
- 독서 및 신문 읽기 활동을 통해 정치, 경제, 사회 등 세상 돌아가는 일에 대해 지속적으로 관심을 가지고 이를 기록하는 습관을 지니기를 권장합니다.
- 자기주도성, 학업능력, 리더십, 경험의 다양성, 성실성, 책임감, 분석력, 의사소통 능력, 문제 해결 능력, 나눔과 배려, 갈등 관리, 비판적 사고 등이 학교생활기록부에 기록될 수 있도록 성실히 학교생활을 할 것을 추천합니다.

258

생물교육과

학과소개

생물교육과는 미래 세대의 과학교육을 위해 자연 과학의 기초 지식 및 개념을 정립하고 생물 분야를 중점적으로 다루어 더 합리적이고 역동적인 과학교육의 방향을 제시합니다.

생물교육과는 기초 과학 분야 중 생명 현상을 탐구하는 학과로서, 생명과학과 관련된 과학적 사고력과 실험 실습을 통한 탐구 능력을 배양하여 전문적 자질을 지닌 생명과학 교사를 양성하는 것을 교육 목표로 하고 있습니다.

이를 위하여 생물교육과에서는 충실한 이론 습득과 다양한 실험 실습을 통한 과학적 사고방식과 탐구 정신을 함양하고자 합니다. 자연환경과 생명에 대한 존중감, 생명 현상을 탐구하는 과학자적 태도, 과학적 사고력, 과학 기술과 사회를 연계하여 이해시킬 수 있는 조력자로서 능력을 갖춘 우수한 생물교사 양성에 교육 목표를 두고 있습니다.

개설대학

- 경북대학교
- 경상국립대학교
- 국립공주대학교
- 부산대학교
- 서울대학교
- 서원대학교
- 전남대학교
- 조선대학교
- 충북대학교
- 한국교원대학교
- 대구대학교 등

관련학과

- 과학교육과
- 과학교육학부
- 생물과학과
- 생물교육전공
- 생물산업공학부
- 생물산업학부
- 생물의소재공학과
- 생물자원과학과
- 생물학과
- 생물학화학융합학부
- 생물환경학과
- 생물환경화학과
- 농생물학과
- 미생물소재학과
- 미생물학과
- 분자생물학과
- 생명과학부
- 시스템생물학
- 양식생물학과
- 응용생물공학과
- 응용생물학과
- 자원생물학과
- 해양생물공학과
- 생물공학과
- 화공생물공학과
- 화학생물공학부
- 미생물·분자생명과학과
- 의생명과학부 미생물학전공
- 응용생물화학부
- 해양생물자원학과 등

진출직업

- 중등학교 교사(생물)
- 대학 교수
- 연구원
- 과학시험원
- 과학관 큐레이터
- 과학학습지 및 교재개발자
- 학원 강사
- 과학 강사
- 출판물기획자
- 과학PD 등

취득가능 자격증

- 중등학교 정교사 2급(생물)
- 평생교육사
- 생물공학기사
- 식품기사
- 생물분류기사
- 자연생태복원기사
- 종자기사
- 원예기능사
- 유기농업기사
- 산림기능사
- 산림기술사
- 산림산업기사
- 식물보호산업기사
- 환경영향평가사
- 산림치유지도사
- 산림교육전문가
- 사회환경교육지도사 등

진출분야

기업체	학습지 및 교재 개발 업체, 교구 개발 업체, 과학 학원, 방송국, 출판사, 언론사 등
정부 및 공공 기관	국공립 중등학교, 각 지역 국립과학관, 한국과학기술원, 국가평생교육진흥원 등
연구 기관	한국교육학술정보원, 한국장학재단, 한국과학창의재단, 각 지역 과학기술원, 국가과학기술연구회, 한국과학기술연구원, 국가평생교육진흥원, 한국교육개발원, 한국교육과정평가원, EBS 미래교육연구소 등

학과 주요 교과목

기초 과목	교육학개론, 교육철학 및 교육사, 교육과정, 교육평가, 교육방법 및 교육공학, 교육심리, 교육행정 및 교육경영, 생활지도, 생물화학, 생태학, 분자생물학 및 실험지도, 동물생리학 및 실험지도, 식생생리학 및 실험지도, 생명과학교육과정 및 평가, 생명과학교육론 등
심화 과목	생명과학교육세미나, 생명과학연구실습, 발생학, 유전학, 진화생물학, 과학사의 이해, 생명의 신비, 면역학, 일반화학, 일반생물학, 생명과학, 분자생물학 및 실험지도, 계통분류학, 세포생물학 및 실험지도, 진화생물학, 현대생물학, 통합과학탐구 실험, 생태계탐구 등

학과 인재상 및 갖추어야 할 자질

- 생명 현상과 원리에 대한 관심이 있고, 이를 이해하려는 호기심이 많은 학생
- 예비 교사로서 타인에 대한 이해력과 지도력이 뛰어난 학생
- 어떤 현상에 대해 알기 쉽게 설명하기를 좋아하는 학생
- 논리적 사고 및 수리 능력, 꼼꼼한 관찰력을 가진 학생
- 과학 교육을 통해 학생들이 과학적 소양을 갖추도록 도우려는 자세를 가진 학생
- 생명과학 학습의 주체적인 설계 능력과 적극적인 실행
- 의지 및 수행 능력을 갖춘 학생

학과 관련 선택 과목

※ 국어, 영어 교과는 모든 학문의 기초적인 성격을 가진 도구교과로 모든 학과에 이수가 필요하여 생략함.

공통 과목		공통국어1,2, 공통수학1,2, 공통영어1,2, 한국사1,2, 통합사회1,2, 통합과학1,2, 과학탐구실험1,2
수능 필수		화법과 언어, 독서와 작문, 문학, 대수, 미적분 I , 확률과 통계, 영어 I , 영어 II, 한국사, 통합사회, 통합과학, 성공적인 직업생활(직업)
일반 선택	수학, 사회, 과학	대수, 미적분 I , 확률과 통계, 물리학, 화학, 생명과학, 지구과학
	체육·예술	
	기술·가정/정보	기술·가정, 정보
	제2외국어/한문	
	교양	생태와 환경
진로 선택	수학, 사회, 과학	기하, 미적분 II , 역학과 에너지, 화학 반응의 세계, 세포와 물질대사, 생물의 유전
	체육·예술	
	기술·가정/정보	생활과학 탐구
	제2외국어/한문	
	교양	인간과 심리, 교육의 이해
융합 선택	수학, 사회, 과학	수학과제 탐구, 기후변화와 지속가능한 세계, 과학의 역사와 문화, 기후변화와 환경생태, 융합과학 탐구
	체육·예술	
	기술·가정/정보	
	제2외국어/한문	
	교양	

추천 도서 목록

- 풀꽃, 어디까지 알고 있니?(2024), 이동혁, 이비락
- 루소의 식물학 강의, 장 자크 루소, 에디투스
- 북극을 꿈꾸다, 배리 로페즈, 북하우스
- 세포의 노래, 싯다르타 무케르지, 까치
- 쉽게 배우는 핵심 미생물학, 김미향 외, 의학교육
- 자연을 찾아서, 토니 라이스, 글항아리
- 의학유전학, 대한의학유전학회, 군자출판사
- 식물의 사회생활, 이영숙 외, 동아시아
- 스마트 생명과학, 김 원, 라이프사이언스
- 장정구의 하천 이야기, 장정구, 다인아트
- 미생물을 응원하다, 아일사 와일드 외, 레드스톤
- 곰팡이, 가장 작고 은밀한 파괴자들, 에밀리 모노선, 반니
- 겉씨식물 바르게 알기, 성은숙, 전북대학교출판문화원

- 질병 정복의 꿈, 바이오 사이언스, 이성규, MID
- 토끼는 당근을 먹지 않는다, 위고 클레망, 구름서재
- 내 몸안의 작은 우주, 분자생물학, 하기와라 기요후미, 전나무숲
- 면역, 필리프 데트머, 사이언스북스
- 인간 등정의 발자취, 제이콥 브로노우스키, 바다출판
- 국립생물자원관, 국립생물자원관 전시교육과 교육팀 외, 주니어김영사
- 생진의 찐 생명과학 수업, 진현정, 바른북스
- 우리 함께 살아요, 에릭 마티베, 머스트비
- 허약하지만 살아남았습니다!, 곽범신 역, 우리교육
- 미생물을 응원하다, 아일사 와일드, 레드스톤
- 교사를 위한 마음공부, 류성창, 지노
- 어떻게 교사리더십을 발휘할 것인가?, 김병찬 저자(글), 박영스토리
- 나는 과학 교사입니다, 김요섭 외, 성안당

학교생활 TIPS

- 자연 계열의 필수 교과인 수학, 과학 교과 성적을 상위권으로 유지하고, 학업능력, 탐구력, 진로 역량, 문제 해결 능력 등이 학교생활기록부 교과 세부능력 및 특기사항에 기록될 수 있도록 자기주도적으로 교과 수업에 참여합니다.
- 독서, 논술, 환경, 에너지, 과학 탐구 및 실험, 발명 동아리를 만들거나 가입하여 다양한 아이디어 제시 및 활동에 적극 참여할 것을 권장합니다.
- 자신이 경험한 과학적 지식을 주변에 전달하는 멘토링 봉사 활동 또는 다문화 가정 학생, 장애인 등 다양한 계층의 사람을 만나 생각을 공유할 수 있는 봉사 활동에 적극적으로 참여할 것을 추천합니다.
- 과학 관련 이슈에 대한 관심을 가지고 자연, 공학 일반 관련 독서 및 신문 읽기 활동을 지속적으로 할 것을 권장합니다.
- 자기주도성, 학업능력, 경험의 다양성, 성실성, 책임감, 리더십, 분석력, 의사소통 능력, 문제 해결 능력, 나눔과 배려, 갈등 관리, 비판적 사고 등이 학교생활기록부에 기록될 수 있도록 성실한 학교생활을 할 것을 추천합니다.

259

수학교육과

학과소개

수학교육과는 글로벌 시대를 이끌어 갈 유능한 중등 수학교사, 수학교육을 학문적으로 연구하여 실천하는 교육 전문가 양성을 목표로 합니다. 이를 위해 수학교육과에서는 미래 인재를 양성하는 교사로서 갖추어야 할 전문 지식을 위하여 해석학, 대수학, 기하학, 위상수학, 확률통계학을 비롯한 현대수학의 기본 과목을 학습할 뿐만 아니라 소양과 자질, 리더십을 갖추도록 힘쓰고 있습니다.

수학교육과에서는 수학교사가 알아야 할 수학내용학과 수학교육학 이론을 학습합니다. 수학교육과는 교육 현장 실습 등을 통해 현장 지도 능력 신장과, 교사로서의 사명감과 교육자적 자질 함양을 목적으로 하는 학과입니다. 수학교육과 졸업 시 2급 중등 수학교사 자격증을 취득하게 되며, 졸업생들은 국내외 중등학교 교사뿐만 아니라 수학교육 관련 분야 전문직과 행정가, 연구 분야 등 다양한 분야로 진출하고 있습니다.

개설대학

- 가톨릭관동대학교
- 강원대학교
- 건국대학교
- 경남대학교
- 경북대학교
- 경상국립대학교
- 고려대학교
- 국립공주대학교
- 단국대학교
- 대구가톨릭대학교
- 대구대학교
- 동국대학교
- 동국대학교(WISE)
- 목원대학교
- 국립목포대학교
- 부산대학교
- 상명대학교
- 서울대학교
- 서원대학교
- 성균관대학교
- 국립순천대학교
- 신라대학교
- 국립경국대학교
- 영남대학교
- 우석대학교
- 원광대학교
- 이화여자대학교
- 인천대학교
- 인하대학교
- 전남대학교
- 전북대학교
- 전주대학교
- 조선대학교
- 청주대학교
- 충남대학교
- 충북대학교
- 한국교원대학교
- 한남대학교
- 한양대학교
- 홍익대학교 등

관련학과

- 수학과
- 수학통계학과
- 수학물리학부
- 응용수학과
- 금융수학과
- 정보수학과
- 컴퓨터응용수학부
- 데이터응용수학과
- 데이터응용수학과
- 수리통계데이터사이언스학부(수학, 핀테크)
- 수리과학부
- 수리빅데이터학과
- 수리금융학
- AI수리학과
- 수리금융학 등

진출분야

기업체	학습지 및 교재 개발 업체, 교구 개발 업체, 과학 학원, 방송국, 출판사, 언론사, 은행, 증권 회사, 보험 회사, 회계 사무소, 세무서, 리서치 회사 등
정부 및 공공 기관	중고등학교, 대학, 각 시도교육청, 교육부 등
연구 기관	한국교육학술정보원, 한국장학재단, 한국과학창의재단, 국가평생교육진흥원, 한국교육개발원, 한국교육과정평가원, EBS 미래교육연구소, 수학 영재 교육원, 한국창의인성교육연구원, 국가수리과학연구소 등

진출직업

- 중등학교 교사(수학)
- 대학 교수
- 수학교육행정가
- 수학학습지 및 교재개발자
- 연구원
- 학원 강사
- 출판물기획자
- 방송PD
- 전산·금융·보험 사무직
- 변리사
- 회계사
- 계리사 등

취득가능 자격증

- 중등학교 정교사 2급(수학)
- 평생교육사
- 정보처리기사
- 사회조사분석사
- 보험계리사
- 손해사정사
- 세무회계사
- 전산세무사
- 전산회계사
- 정보보안기사
- 전산회계운용사
- 손해평가사
- 세무사
- 변리사 등

학과 주요 교과목

기초 과목	교육학입문, 교육학개론, 교육철학 및 교육사, 교육과정, 교육평가, 교육방법 및 교육공학, 교육심리, 교육행정 및 교육경영, 생활지도, 수학교육론, 미분적분학, 이산수학, 선형대수학, 수학적 문제해결, 수학교재연구 및 지도법, 특수교육학개론, 생활 속 통계, 논리와 비판적 사고, 수학사와 수학교육 등
심화 과목	집합론, 대수학, 일반기하학, 해석학, 선형대수학의 응용, 정수론, 미분방정식, 미분기하학, 위상수학, 추상대수학, 확률통계학, 복소함수론, 실해석학, 고급위상학, 현대대수학, 해석기하학, 고급해석학, 추상대수학, 복소해석학, 고급이산수학, 조합 및 그래프이론, 통합수학문제해결, 정수론, 창의융합적수학추론 등

학과 인재상 및 갖추어야 할 자질

- 예비 교사로서 수학적 사고와 타인에 대한 이해력이 뛰어난 학생
- 학생을 가르치는 것에 흥미와 애정을 가진 학생
- 수학교육 및 수학 관련 분야 사업을 하고 싶은 학생
- 수학적 사고와 합리적 의사소통 능력을 갖춘 학생
- 창의적 수학 문제 해결력을 가진 학생
- 논리적인 사고와 수리력, 꼼꼼한 관찰력을 갖춘 학생
- 하나의 문제를, 끈기를 가지고 풀어 나갈 수 있는 학생

학과 관련 선택 과목

※ 국어, 영어 교과는 모든 학문의 기초적인 성격을 가진 도구교과로 모든 학과에 이수가 필요하여 생략함.

공통 과목		공통국어1,2, 공통수학1,2, 공통영어1,2, 한국사1,2, 통합사회1,2, 통합과학1,2, 과학탐구실험1,2
수능 필수		화법과 언어, 독서와 작문, 문학, 대수, 미적분 I , 확률과 통계, 영어 I , 영어 II , 한국사, 통합사회, 통합과학, 성공적인 직업생활(직업)
일반 선택	수학, 사회, 과학	대수, 미적분 I , 확률과 통계, 현대사회와 윤리
	체육·예술	
	기술·가정/정보	정보
	제2외국어/한문	
	교양	
진로 선택	수학, 사회, 과학	기하, 미적분 II , 경제 수학, 인공지능 수학, 직무 수학, 윤리와 사상
	체육·예술	
	기술·가정/정보	인공지능 기초, 데이터 과학
	제2외국어/한문	
	교양	인간과 철학, 인간과 심리, 교육의 이해
융합 선택	수학, 사회, 과학	수학과 문화, 실용 통계, 수학과제 탐구
	체육·예술	
	기술·가정/정보	
	제2외국어/한문	
	교양	

추천 도서 목록

- 역사를 품은 수학, 수학을 품은 역사, 김민형, 21세기 북스
- 청소년을 위한 수학의 역사, 한상직, 초록서재
- 자기주도학습 코칭 매뉴얼, 정현권, 성안당
- 학생들의 즐거운 수학교실, 김진호, 교육과학사
- 수학이 필요한 순간, 김민형, 인플루엔셜
- 수학비타민 플러스 UP, 박경미, 김영사
- 페르마의 마지막 정리, 사이먼 싱, 영림카디널
- 교사를 위한 교육학강의, 이형빈, 살림터
- 대량살상 수학무기, 캐시 오닐, 김정혜 역, 흐름출판
- 매스프레소 , 배티(배상면), 애플씨드
- 세상을 바꾼 특별한 수학 공식, 박구연, 지브레인
- 이차방정식의 꽃 판별식, 김승태, 자음과모음
- 관계의 수학, 권미애, 궁리

- 미시경제학, 이준구 외, 문우사
- 대부분의 실수는 무리수, 이상엽, 해나무
- 인도 베다수학, 손호성, 봄봄스쿨
- 미지수를 품은 일차방정식, 송륜진, 자음과모음
- 음악에 수를 놓다, 국가수리과학연구소 수학문화정책연구팀, 지헌
- 공간에서 바라본 다각형과 다면체, 권현직, 자음과모음
- 미적분, 초등도 풀 만큼 쉽게 가르쳐주마, 조안호, 동양북스
- 수학교육 논술, 이경화 외, 경문사
- 미래를 여는 교육학, 김남주 외, 박영스토리
- 정답 찾는 아이, 질문 찾는 아이, 메이저맵 주식회사, 포르체
- 선생님의 특별한 수학 수업, 김성우, 슬로디미디어
- 해볼 만한 수학, 이창후, 궁리

학교생활 TIPS

- 자연 계열의 필수 교과인 수학, 과학 교과 성적을 상위권으로 유지하고, 학업능력, 탐구력, 진로역량, 문제 해결 능력 등 수학교사가 갖추어야 할 역량이 학교생활기록부 교과 세부능력 및 특기사항에 기록될 수 있도록 자기주도적으로 수업에 참여합니다.
- 수학적 지식을 통하여 다양한 문제를 해결할 수 있는 동아리를 만들거나 참여하여 다양한 경험을 해보는 것을 권장합니다.
- 자신이 경험한 수학적 지식을 주변에 전달하는 멘토링 봉사 또는 다문화 가정 학생, 장애인 대상 봉사 등 다양한 계층의 사람을 만나 생각을 공유

할 수 있는 봉사에 적극적으로 참여합니다.
- 수학 관련 독서 활동을 지속적으로 수행하고, 이를 통해 하나의 현상에 대해 논리적으로 분석하고 통합적으로 이해하려고 노력해 보는 것이 중요합니다.
- 자기주도성, 학업능력, 경험의 다양성, 성실성, 창의성, 의사소통 능력, 문제 해결 능력, 분석적 사고, 책임감, 나눔과 배려, 갈등 관리 등이 학교생활기록부에 기록될 수 있도록 성실히 학교생활을 하는 것을 추천합니다.

인문계열 / 사회계열 / 자연계열 / 공학계열 / 의약계열 / 예체능계열 / 교육계열 / 계열학과 & 특성화학과

학과소개

영유아기는 신체 기관이나 정신적 발달의 기초를 이루는 시기입니다. 가족의 구조가 핵가족화하고 여성의 사회적 참여가 증가하고 있는 현재, 아이를 믿고 맡길 수 있는 아동 보육과 유아 교육의 중요성 또한 커지고 있습니다.

여기서 '보육'은 영유아의 심신을 보호하고 건전하게 교육하며, 아울러 보호자의 경제적·사회적 활동에 도움을 주는 목적을 가집니다. '교육'은 유아에게 알맞은 교육 환경을 제공하여 교육하는 것을 중점으로 하여, 생활에 필요한 기초 체력을 기르며, 건강하고 안전한 생활 습관을 갖게 하는 데 그 목적이 있습니다.

이러한 의미에서 아동보육과는 현대의 다양한 사회적 변화와 함께 변화하는 부모들의 요구를 파악하고, 보육 현장에서 필요로 하는 올바른 인성과 영유아의 전인적인 발달에 도움을 줄 수 있는 실무 능력을 갖추고 아이들과 정서적 교감을 할 수 있는 유능한 보육 교사를 양성하는 것을 교육 목표로 합니다. 이를 위해 아동보육과에서는 영유아와 가족에 대한 제반 지식을 습득하고 아동 보육과 관련된 다양한 이론을 학습할 뿐 아니라, 실제적으로 적용하고 평가하는 경험을 통해 보육 교사로서의 전문성을 함양하고자 노력하고 있습니다.

개설대학

- 서울한영대학교
- 협성대학교

관련학과

- 아동·사회복지학부(아동학전공)
- 소비자아동학부(아동가족학전공)
- 아동학과(인문사회)
- 아동가족학과
- 아동학과
- 아동복지학과
- 아동가족학과
- 아동교육상담학과
- 아동·청소년학과
- 사회과학부 아동학전공
- 영유아보육학과
- 유아특수보육학전공 등

진출분야

기업체	직장 어린이집, 놀이방, 사립 유치원, 아동 상담소, 아동 심리치료소, 아동 관련 방송 매체, 유아 프로그램 업체, 유아 교육·보육 관련 프로그램 제작자, 유아용 멀티미디어 제작 업체, 출판사, 학원(독서 학원, 공부방, 글짓기 교실) 등
정부 및 공공 기관	대학 교수, 국공립 유치원, 국공립·직장 보육 민간(법인) 어린이집, 특수 학교, 공사립 유치원, 교육청, 초등학교 돌봄 교실, 중앙 및 각 시도 육아종합지원센터, 각 시도교육청유아교육진흥원, 각 시도 유아교육원, 한국보육진흥원, 사회 복지 기관 등
연구 기관	관련 기관 및 연구소, 한국양성평등교육진흥원, 육아정책연구소 등

진출직업

- 연구원
- 방송작가 및 연출가
- 유아프로그램개발자
- 아동심리사
- 인형극연출가
- 유아교육 관련 프로그램작가
- 구연동화사
- 놀이치료사
- 미술치료심리사
- 유아숲지도사 등

취득가능 자격증

- 보육교사
- 실기교사
- 사회복지사
- 유치원 정교사 2급
- 방과 후 아동지도사
- 아동미술지도사
- 미술심리상담사
- 동화구연지도사
- 상담심리사
- 놀이치료사
- 예절지도사
- 아동지도사
- 유아체육지도자
- 유아숲지도사 등

학과 주요 교과목

기초 과목	보육학개론, 유아교육론, 가족복지론, 자원봉사, 교육학개론, 교육철학 및 교육사, 교육과정, 교육평가, 교육방법 및 교육공학, 교육심리, 교육행정 및 교육경영, 생활지도 등
심화 과목	아동권리와 복지, 영유아발달, 유아교육과정, 유아음악교육, 아동과학지도, 놀이지도, 유아사회교육, 아동관찰 및 행동연구, 유아창의성교육, 아동생활지도, 아동미술, 아동건강교육, 언어지도, 유아교과교재연구 및 지도법, 유아안전교육, 가족관계론, 아동영양학, 아동상담론, 아동문학교육, 인간행동과 사회환경, 보육정책론 등

학과 인재상 및 갖추어야 할 자질

- 아동을 이해하고 그들의 실생활에 공헌하는 일에 관심을 가진 학생
- 봉사나 교육 활동에 대한 경험과 관심이 많은 학생
- 다양한 교육을 위해 음악, 무용, 미술 등에 소질을 갖춘 학생
- 아이들을 지도하기 위한 통솔력, 의사소통 능력, 언어 구사 능력을 갖춘 학생
- 모든 사물에 대하여 편견을 갖지 않는 열린 사고를 가진 학생
- 주변의 환경 및 자연을 활용할 줄 아는 자연 친화력을 갖춘 학생
- 논리적 의사소통 능력과 협력적 문제 해결 능력을 갖춘 학생
- 종이접기, 동화 구연, 인형극 등 아이들이 좋아할 만한 특기를 가진 학생

학과 관련 선택 과목

※ 국어, 영어 교과는 모든 학문의 기초적인 성격을 가진 도구교과로 모든 학과에 이수가 필요하여 생략함.

공통 과목		공통국어1,2, 공통수학1,2, 공통영어1,2, 한국사1,2, 통합사회1,2, 통합과학1,2, 과학탐구실험1,2
수능 필수		화법과 언어, 독서와 작문, 문학, 대수, 미적분Ⅰ, 확률과 통계, 영어Ⅰ, 영어Ⅱ, 한국사, 통합사회, 통합과학, 성공적인 직업생활(직업)
일반 선택	수학, 사회, 과학	세계시민과 지리, 사회와 문화, 현대사회와 윤리
	체육·예술	체육1, 체육2, 음악, 미술, 연극
	기술·가정/정보	기술·가정
	제2외국어/한문	
	교양	
진로 선택	수학, 사회, 과학	윤리와 사상, 인문학과 윤리
	체육·예술	운동과 건강, 스포츠 문화, 음악 연주와 창작, 음악 감상과 비평, 미술 창작, 미술 감상과 비평
	기술·가정/정보	생활과학 탐구
	제2외국어/한문	
	교양	인간과 철학, 인간과 심리, 교육의 이해
융합 선택	수학, 사회, 과학	사회문제 탐구, 윤리문제 탐구
	체육·예술	스포츠 생활1, 스포츠 생활2, 음악과 미디어, 미술과 매체
	기술·가정/정보	생애 설계와 자립, 아동발달과 부모
	제2외국어/한문	
	교양	

추천 도서 목록

- 딥스, 버지니아 M. 액슬린, 주정일 역, 샘터
- 왜 잘사는 집 아이들이 공부를 더 잘하나?, 신명호, 한울아카데미
- 아이가 원하는 것을 모른 채 부모는 하고 싶은 말만 한다, 오연경, 위즈덤하우스
- 행복한 가정을 완성하는 베이비 위스퍼: 패밀리 편, 트레이시 호그, 세종서적
- 놀이로 시작하는 유아 생활교육, 이자정, 맘에드림
- 방정환과 어린이 해방 선언 이야기, 이주영, 모시는사람들
- 미래세대를 위한 인성교육, 강선보, 학지사
- 에밀, 장자크 루소, 책세상
- 찰리와 초콜릿 공장, 로알드 달, 지혜연 역, 시공주니어
- 아이의 사생활, EBS 아이의 사생활제작팀, 지식플러스
- 아기는 놀이에서 배운다, 안케 친저, 이정희 역, 한국인지학출판사
- 이제 쓸모없는 사람은 없다, 에드가 칸, 구미사랑고리공동체 역, 새물결

- 창가의 토토, 구로야나기 테츠코, 권남희 역, 김영사
- 나, 있는 그대로 참 좋다, 조유미, 허밍버드
- 서머힐, A.S.닐, 이현정 역, 매월당
- 학교 밖 학교, 장재현, 누림과이룸
- 얘들아, 밥 먹고 놀자(마을 돌봄 이야기), 김보민, 삶창
- 생일을 모르는 아이, 구로카와 쇼코, 사계절
- 자율적인 아이 만들기, 구도 유이치, 에이지21
- 아이를 위한 하루 한 줄 인문학, 김종원, 청림라이프
- 중독된 아이들, 박정현 외, 셈퍼파이
- 정답 찾는 아이, 질문 찾는 아이, 메이저맵 주식회사, 포르체
- 숲에서 놀아요, 김은숙 외, 동문사
- 디지털 소양을 위한 미디어 리터러시 교육, 김대희 외, 태학사
- 이토록 아이들이 반짝이는 순간, 안나진, 미다스북스

학교생활 TIPS

- 다양한 교과의 성적을 우수하게 유지하고, 교내 활동에 적극적으로 참여하여 공감 능력, 통솔력, 의사소통 능력, 문제 해결 능력, 책임감, 창의력 등이 학교생활기록부에 기록될 수 있도록 합니다.
- 동아리 활동을 통해 교육 관련 주제 토론, 교육 관련 신문 만들기, 수업 시연, 교육 관련 독서 토론, 학교 및 지역을 긍정적으로 변화하는 프로젝트 참여 등 다양한 활동을 기획하고 참여하며, 이를 통해 공동체 활동 및 보육교사에 필요한 역량을 함양합니다.
- 영유아 멘토링 봉사와 교육 관련 봉사를 통해 다양한 역량을 기르고, 아이들이 좋아할 만한 특기를 만들도록 노력하는 것이 필요합니다.
- 자연 과학, 인문학뿐만 아니라 교육, 미술, 음악과 같은 다양한 분야의 독서를 통해 기본적 소양을 함양하는 것을 추천합니다.
- 자기주도성, 경험의 다양성, 성실성, 창의성, 의사소통 능력, 문제 해결 능력, 나눔과 배려, 갈등 관리, 책임감, 리더십 등이 학교생활기록부에 기록될 수 있도록 성실히 학교생활을 하는 것을 추천합니다.

261

역사교육과

학과소개

독도 문제 등 각종 역사 관련 문제들이 여기저기서 지속적으로 떠오르면서 한국사 교육 강화에 대한 필요성도 꾸준히 제시되고 있습니다. 2017년 도부터는 대입 수능 시험 필수 과목으로 한국사가 추가되었으며, 대기업에서도 지원자에게 한국사 관련 지식을 평가하는 시험의 성적을 요구하는 등 역사 교육의 필요성이 확대되고 있습니다.

역사교육과는 한국사와 세계사에 대한 올바른 이해와 역사 교육자로서의 소양을 구비하게 하고, 한국의 역사 교육과 역사 연구에 기여할 수 있는 역량을 기르도록 돕는 학과입니다. 이를 위해 역사 일반에 대한 수업을 통해 학습 지도 능력을, 역사 연구법, 사료 강독 등을 통해 기초적인 연구 능력을 배양합니다. 한편, 정기적인 고적 답사를 통해 역사의 현장과 문화유산에 대한 현장 학습 지도 능력을 배양하며, 바람직한 인간 교육을 실현할 수 있는 이상적인 중등 역사 교사와 역사 교육 전문가 양성을 교육 목표로 두고 있습니다.

개설대학

- 가톨릭관동대학교
- 강원대학교
- 경북대학교
- 경상국립대학교
- 고려대학교
- 국립공주대학교
- 대구가톨릭대학교
- 대구대학교
- 동국대학교
- 부산대학교
- 서울대학교
- 서원대학교
- 신라대학교
- 원광대학교
- 인천대학교
- 전남대학교
- 전북대학교
- 총신대학교
- 충북대학교
- 한국교원대학교
- 한남대학교
- 홍익대학교 등

진출직업

- 중등학교 교사(역사)
- 사회교육원 강사
- 학원 강사
- 방문교사
- 대학 교수
- 교육행정가
- 역사연구원
- 교재 및 교구개발자
- 박물관 및 지자체 학예직
- 역사·문화콘텐츠 기획 및 제작자
- 큐레이터
- 문화관광해설사
- 기자
- PD
- 일반기업사무원
- 금융관련사무원
- 출판물전문가 등

관련학과

- 역사·문화콘텐츠학과
- 역사학과
- 역사문화학과
- 역사문화콘텐츠학과
- 역사학부
- 역사·문화학과
- 역사문화학부 사학전공
- 한국역사학과
- 인문콘텐츠학부 역사콘텐츠전공
- 융합전공학부 국사학-도시역사 경관학 전공

취득가능 자격증

- 중등학교 정교사 2급(역사)
- 평생교육사
- 한국사능력검정시험
- 세계사능력검정시험 등

진출분야

기업체	방송국, 신문사, 잡지사, 박물관, 출판사, 학원, 에듀넷·티-클리어, 교구 개발 업체, 눈높이대교닷컴, 웅진씽크빅 등
정부 및 공공 기관	국공립 중등학교, 각 시도교육청, 교육부 등
연구 기관	한국교육개발원, 한국교육과정평가원, 국토연구원, 역사박물관, 한국교육학술정보원, 한국장학재단, 한국국제협력단, 교재개발연구소 등

학과 주요 교과목

기초 과목	한국사개론, 동양사개론, 서양사개론, 역사교육론, 역사교재 및 연구법, 역사교수법, 역사교육과정평가론 등
심화 과목	역사학개론, 사료강독, 한국고대사, 한국중세사, 동아시아고대사, 서양고대사, 통합사회교육론, 동아시아중세사, 서양중세사, 한국문화사, 일본의 역사와 문화, 역사연구법, 한국근대사, 동아시아근대사, 서양근대사, 한국사회경제사, 한국현대사, 동아시아현대사 등

학과 인재상 및 갖추어야 할 자질

- 역사책이 익숙하고, 역사 공부가 즐거운 학생
- 책임감이 강하고 남을 가르치는 것을 좋아하는 학생
- 시사적 논점에 대한 기본 지식은 물론, 해석할 수 있는 능력을 갖춘 학생
- 시사 문제를 과거의 역사적인 사건과 비교하여 살펴보는 학생
- 한국사와 세계사에 대한 올바른 이해와 역사 교육자로서의 소양을 겸비한 학생
- 연대기 파악력, 역사 탐구 능력, 역사적 상상력, 역사적 판단력이 뛰어난 학생

학과 관련 선택 과목

※ 국어, 영어 교과는 모든 학문의 기초적인 성격을 가진 도구교과로 모든 학과에 이수가 필요하여 생략함.

공통 과목		공통국어1,2, 공통수학1,2, 공통영어1,2, 한국사1,2, 통합사회1,2, 통합과학1,2, 과학탐구실험1,2
수능 필수		화법과 언어, 독서와 작문, 문학, 대수, 미적분 I, 확률과 통계, 영어 I, 영어 II, 한국사, 통합사회, 통합과학, 성공적인 직업생활(직업)
일반 선택	수학, 사회, 과학	세계사, 현대사회와 윤리
	체육·예술	
	기술·가정/정보	정보
	제2외국어/한문	한문
	교양	
진로 선택	수학, 사회, 과학	동아시아 역사 기행, 윤리와 사상, 인문학과 윤리, 국제 관계의 이해
	체육·예술	
	기술·가정/정보	
	제2외국어/한문	한문 고전 읽기
	교양	인간과 철학, 인간과 심리, 교육의 이해
융합 선택	수학, 사회, 과학	여행지리, 역사로 탐구하는 현대 세계, 사회문제 탐구, 윤리문제 탐구, 과학의 역사와 문화
	체육·예술	
	기술·가정/정보	
	제2외국어/한문	언어생활과 한자
	교양	논술

추천 도서 목록

- 교육철학 및 교육사, 김상섭 외, 교육과학사
- 권은중의 청소년 한국사 특강, 권은중, 철수와영희
- 꿰뚫는 한국사, 홍창원, 날리지
- 빛으로 본 한국역사, 김영석, 바다위의 정원
- 대한민국 국민이 꼭 알아야 할 일제강점기 역사, 이영, 동양북스
- 역사교육 첫걸음, 김민정 외, 책과함께
- 청소년 역사필독서 임금도 보고싶은 조선왕조실록, 김홍중 외, 실록청
- 하룻밤에 읽는 고려사, 최용범, 페이퍼로드
- 지금 유용한, 쉽게 맥을 잡는 단박에 중국사, 심용환, 북플랫
- 학습의 비밀, 스즈키 히로아키, 여문책
- 서양사 강좌, 박윤덕 외, 아카넷
- 서양교육철학사, 안드레아 R. 잉글리쉬, 학지사
- 교육 심리학, 임효진 외, 학이시습
- 100년을 이어온 역사가의 길, 박환, 선인
- 청소년을 위한 보각국사 일연의 삼국유사, 일연, 마당
- 질문에 관한 질문들, 백희정, 노르웨이숲
- 백범일지, 김구, 범우
- 역사 선생님이 들려주는 동아시아 맞수 열전, 전국역사교사모임 외, 북멘토
- 디지털 역사란 무엇인가?, 한누 살미, 앨피
- 역사는 반복된다, 배기성, 왕의서재
- 문명을 품은 인류의 공간, 민유기, 드레북스
- 역사학 1교시, 사실과 해석, 오항녕, 푸른역사
- 조선, 민국 600년, 남정욱 외, 북앤피플
- 우리 고대 역사의 영웅들, 황순종 외, 시민혁명
- 최소한의 한국사, 최태성, 프런트페이지
- 매일 교사가 되는 중입니다, 임광찬, 창비교육

학교생활 TIPS

- 역사교육을 전공하는 데 기본이 되는 한국사, 동아시아사, 세계사 성적을 상위권으로 유지하고, 역사와 관련된 지적 호기심을 해결하기 위해 노력을 합니다. 그리고 그 결과가 학교생활기록부 교과 세부능력 및 특기사항에 기록될 수 있도록 자기주도적으로 수업에 참여합니다.
- 대학 및 지자체에서 진행하는 다양한 역사 프로그램에 참여하거나, 학과 체험, 관련 직업 탐색 등 역사 관련 분야의 적극적인 진로 탐색 및 다양한 경험을 할 것을 추천합니다.
- 프로젝트 및 공동 과제 수행이나 모둠 활동에서 타인과 상호작용을 하는 모습, 궁금한 부분을 해결하는 모습, 역사 교사에게 필요한 역량 등이 학교생활기록부에 나타날 수 있도록 노력합니다.
- 역사 및 사회 탐구 동아리 활동, 다양한 계층에게 자신의 지식을 전달하는 멘토링 봉사 활동을 권장합니다.
- 역사, 노동, 인권, 철학, 여성 등과 같은 다양한 분야의 사회 과학 서적 및 인문적 소양을 높일 수 있는 서적 읽기를 권장합니다.
- 학업능력, 자기주도성, 경험의 다양성, 성실성, 책임감, 리더십, 분석적 사고, 의사소통 능력, 문제 해결 능력, 나눔과 배려, 갈등 관리, 비판적 사고, 관계 지향성 등이 학교생활기록부에 기록될 수 있도록 성실히 학교생활을 할 것을 추천합니다.

262

영어교육과

학과소개

영어교육학은 영어 의사소통 능력을 신장하기 위한 다양한 교수 방법과 학습 과정을 체계적으로 연구하는 학문으로서, 순수 이론의 추구에 그치는 기초 학문이나 기초 과학이 아니라 이론을 실천하는 응용학문입니다.

정보화, 세계화로 특징지어지는 미래 사회에서 국가 경쟁력을 높이고 삶의 질을 향상하기 위해서는 영어 의사소통 능력을 함양하는 것이 무엇보다 중요합니다. 아울러 인간에 대한 폭넓고 체계적인 지식은 물론 언어 교육에 필요한 제반 교육의 이론과 실제에 대한 전문적인 지식도 요구되고 있습니다. 때문에 영어 사용 능력과 효율적이고 다양한 교수 방법에 대한 이해를 갖추고, 언어 습득의 과정과 관련된 제반 이론을 학습함으로써 인간을 이해하는 영어 교사의 양성이 필수적입니다. 이에 영어교육과는 중등학교 영어 교육을 의사소통 중심으로 유도하고, 학생 중심의 교육에 이바지할 수 있는 인재 양성에 그 교육 목표를 두고 교육하고 있습니다.

개설대학

- 강원대학교
- 건국대학교
- 경남대학교
- 경북대학교
- 경상국립대학교
- 계명대학교
- 고려대학교
- 국립공주대학교
- 대구가톨릭대학교
- 대구대학교
- 동신대학교
- 목원대학교
- 국립목포대학교
- 부산대학교
- 상명대학교
- 서울대학교
- 서원대학교
- 국립순천대학교
- 신라대학교
- 국립경국대학교
- 영남대학교
- 원광대학교
- 이화여자대학교
- 인천대학교
- 인하대학교
- 전남대학교
- 전북대학교
- 전주대학교
- 제주대학교
- 조선대학교
- 중앙대학교
- 총신대학교
- 충남대학교
- 충북대학교
- 한국교원대학교
- 한국외국어대학교
- 한남대학교
- 한양대학교
- 홍익대학교 등

관련학과

- 영어영문학과
- 영어영문학부
- 영어학과
- 영어과
- 영어문화학과
- 영어통번역전공
- 영어영문학전공
- 응용영어통번역학과
- 해양영어영문학과
- 응용영어콘텐츠학과
- 시민영어교육학과
- 관광&영어통역융복합
- 합학과
- 비즈니스영어학과
- 국제학부(영어학전공)
- 글로벌지역학부 영어전공

진출직업

- 중등학교 교사(영어)
- 외국어학원 강사
- 교육행정 공무원
- 대학 교수
- 영어교육 관련 전문저술가
- 영어교재 및 참고서 전문출판인
- 대기업
- 공기업
- 방송기자 및 PD
- 영어교재 및 교구개발자
- 통역사
- 관광통역원 등

취득가능 자격증

- 중등학교 정교사 2급(영어)
- 평생교육사
- 관광통역안내사
- 무역영어
- 영어독서지도사
- 국제공인영어시험
- 영어번역능력인정시험 등

진출분야

기업체	사회 교육원, 방송국, 신문사, 출판사, 여행사, 학습지 및 교재 개발 업체, 사설 학원 등
정부 및 공공 기관	국·공립 중등학교, 각 시도교육청, 교육부, 국가평생교육진흥원, 교육과정평가원, 한국국제협력단, 한국교육방송공사, 국립국제교육원, 한국직업능력개발원 등
연구 기관	한국교육개발원, EBS 미래교육연구소, 창의력영어연구소, 영어 연구 기관, 한국연구재단, 한국교육학술정보원 등

학과 주요 교과목

기초 과목	영어회화, 영어독해, 응용영어학, 영어작문연습, 응용영어음성학, 영어습득과 통사론, 교육학개론 등
심화 과목	영미소설과 영화, 토익/토플연습, 특수목적영어교육, 고급영어작문, 영어문학·문화사, 음성영어연습, 영어학개론, 영어연극교육, 영미문화의 이해, 영어독해 및 작문교육론, 영어토론과 발표, 의사소통을 위한 영어문법, 영어희곡과 고급회화, 외국어교수학습론 등

학과 인재상 및 갖추어야 할 자질

- 영어에 흥미와 관심이 있는 학생
- 다른 나라의 언어를 과학적으로 탐구할 수 있는 꼼꼼한 성격을 가진 학생
- 매사에 종합적으로 분석하는 능력이 있는 학생
- 학생에 대한 사랑과 심신의 건강, 성실하고 원만한 성격 및 풍부한 교양을 갖춘 학생
- 팝송, 영어권 드라마, 영화, 원서 등에 관심이 많은 학생
- 국제어로서의 영어에 대한 지적 탐구심과 학습 능력이 뛰어난 학생

학과 관련 선택 과목

※ 국어, 영어 교과는 모든 학문의 기초적인 성격을 가진 도구교과로 모든 학과에 이수가 필요하여 생략함.

공통 과목		공통국어1,2, 공통수학1,2, 공통영어1,2, 한국사1,2, 통합사회1,2, 통합과학1,2, 과학탐구실험1,2
수능 필수		화법과 언어, 독서와 작문, 문학, 대수, 미적분 I, 확률과 통계, 영어 I, 영어 II, 한국사, 통합사회, 통합과학, 성공적인 직업생활(직업)
일반 선택	수학, 사회, 과학	세계시민과 지리, 사회와 문화, 현대사회와 윤리
	체육·예술	
	기술·가정/정보	정보
	제2외국어/한문	제2외국어 회화
	교양	
진로 선택	수학, 사회, 과학	윤리와 사상, 인문학과 윤리, 국제 관계의 이해
	체육·예술	
	기술·가정/정보	
	제2외국어/한문	제2외국어
	교양	인간과 철학, 인간과 심리, 교육의 이해
융합 선택	수학, 사회, 과학	여행지리, 사회문제 탐구, 윤리문제 탐구
	체육·예술	
	기술·가정/정보	
	제2외국어/한문	
	교양	

추천 도서 목록

- 영어교육 연구방법론, 노경희, 한국문화사
- 영어 교육의 AI혁명, 곽지영, 아이엠스쿨
- 매일 책읽는 영어교육이 고3까지 간다, 양은아, 리더북스
- 영어 공부 말고 영어 독서 합니다, 쏘피쌤 외, 지식과감성
- 영단어 이미지 기억법 2, 전왕, 북랩
- 영어, 이번에는 끝까지 가봅시다, 정김경숙(로이스 김), 웅진지식하우스
- 우리말과 영어의 만남, 이상도, 이진법영어사
- 센스, 안준성, 도서출판 안다
- 뇌과학 외국어 학습 혁명, 이충호, 북랩
- 챗GPT 영어 질문법, 일간 소울영어(레바 김), 로그인
- 구슬쌤의 예의 바른 영어 표현에 더하여, 구슬, 사람in
- 챗GPT 영어 혁명, 슈퍼윌 김영익, 동양북스
- 원리를 깨우치는 영문법, 이동현, 넥서스

- 프라이드 그린 토마토, 패니 플래그, 민음사
- 이것이 영어다, Brian Morikuni, 온북스
- 우주의 알, 테스 건티, 은행나무
- 원리를 깨우치는 영문법, 이동현, 넥서스
- 힐링 영어 문법 여행, 홍민선, 지식과감성
- Dr. Lee의 똑똑영어, 이상혁, 연암사
- 쉽게 쓸 수 있는 글, 잉글, 임오르, 북랩
- 한글처럼 이해되는 영어 숙어, 박성진, 창조와지식
- 똑똑한 뇌는 어떻게 만들어지는가, 다키 야스유키, 길벗
- 인문학과 손잡은 영어 공부 1, 강준만, 인물과사상사
- 교사, 넌 오늘도 행복하니, 서화영, 구름학교
- 대한민국 미래 교육 트렌드, 미래 교육 집필팀 외, 뜨인돌출판사

학교생활 TIPS

- 영어교육과의 기본이 되는 영어 등의 언어, 그리고 제2외국어 교과 성적을 상위권으로 유지하고, 학업능력, 탐구력 등이 학교생활기록부 교과 세부 능력 및 특기사항에 기록될 수 있도록 자기주도적으로 수업에 참여합니다.
- 전공과 관련 있는 다양한 진로 활동(영어교사 인터뷰, 영어교육과 탐방, 교육 관련 직업 탐색)에 참여하여 새롭게 알게 된 사실이나 느낀 점을 중심으로 자신의 진로 역량을 키우도록 합니다.
- 프로젝트 및 공동 과제 수행이나 모둠 활동, 단체 활동 등에서 다른 사람의 의견을 경청하고 공감하는 능력을 함양할 수 있도록 노력하고, 이러한

노력의 과정이 학교생활기록부에 나타나야 합니다.
- 다양한 계층의 사람들을 만나 봉사하는 것이 좋으며, 특히 멘토링 등의 활동을 할 것을 권장합니다.
- 인문학, 철학, 사회 등 인문적 소양을 함양할 수 있는 다양한 분야의 독서를 권장합니다.
- 자기주도성, 학업 역량, 목표 의식, 경험의 다양성, 성실성, 책임감, 리더십, 분석력, 의사소통 능력, 문제 해결 능력, 나눔과 배려, 갈등 관리, 잠재력 등이 학교생활기록부에 기록될 수 있도록 성실히 학교생활을 하는 것을 추천합니다.

263

유아교육학과

학과소개

'올바른 사회는 어린이들에게 참다운 교육을 실시함으로써 이루어질 수 있다.'고 합니다. 바람직한 유아 교육을 위해서는 유아에 대한 올바른 이해가 필요합니다. 사람의 일생 중 유아기는 인격 형성의 많은 부분이 이루어지는 시기라는 점에서 중요합니다. 유아교육과는 유아를 하나의 인격체로 받아들이며, 한 개인으로서 올바로 성장할 수 있도록 돕는 것을 교육 목표로 합니다. 유아교육과에서는 영·유아기 발달 과정을 이해하고 효과적인 유아 교육을 위한 이론 및 실습을 제공하며, 건전한 인성을 바탕으로 유아의 특성에 맞는 교육을 개발 및 적용하는 전문 인력을 양성합니다.

유아교육과는 폭넓은 사회과학적 인식을 배경으로 삼고, 인간의 기본적인 성품이 유아기에 결정된다는 인식을 바탕으로 유아 교육에 대한 전문 지식 및 기술을 갖춘 유능한 전문가를 양성하는 데 교육의 주안점을 두고 있습니다.

📖 개설대학

- 가야대학교
- 강남대학교
- 국립강릉원주대학교
  (제2캠퍼스)
- 강원대학교
  (제2캠퍼스)
- 건국대학교(글로컬)
- 건양대학교
- 경기대학교
- 경남대학교
- 경동대학교
- 경상국립대학교
- 계명대학교
- 고신대학교
- 국립공주대학교
- 광신대학교
- 광주대학교
- 광주여자대학교
- 남부대학교
- 덕성여자대학교
- 대구가톨릭대학교
- 대구대학교
- 동국대학교(WISE)
- 동의대학교
- 목원대학교
- 목포가톨릭대학교
- 배재대학교
- 백석대학교
- 국립부경대학교
- 부산대학교
- 삼육대학교
- 성결대학교
- 성신여자대학교
- 순천향대학교
- 안양대학교
- 영남대학교
- 우송대학교
- 원광대학교
- 이화여자대학교
- 인제대학교
- 인천대학교
- 전남대학교
- 중부대학교
- 중앙대학교
- 국립창원대학교
- 총신대학교
- 한국교원대학교
- 호서대학교
- 호원대학교 등

🎓 관련학과

- 아동·사회복지학부
  (아동학전공)
- 소비자아동학부
  (아동가족학전공)
- 아동가족학과
- 아동학과
- 아동복지학과
- 아동가족학과
- 아동교육상담학과
- 아동·청소년학과
- 사회과학부 아동학
  전공
- 영유아보육학과
- 유아특수보육학전공

🖥 진출분야

기업체	아동상담소, 아동심리치료소, 아동 관련 방송 매체, 유아 프로그램 업체, 유아 교육·보육 관련 프로그램 제작 업체, 유아용 멀티미디어 제작 업체, 출판사, 사회단체, 문화센터, 어린이집, 놀이방, 학원, 공부방 등
정부 및 공공 기관	공사립 유치원, 각 시도교육청, 중앙 및 각 시도 보육정보센터, 한국양성평등교육진흥원, 국공립·민간(법인) 어린이집, 특수학교, 유아교육진흥원, 유아교육원, 한국보육진흥원, 사회복지기관 등
연구 기관	관련 기관 및 연구소, 육아정책연구소 등

📋 진출직업

- 공·사립유치원 교사
- 원감
- 원장
- 연구원
- 방송작가 및 연출가
- 유아프로그램개발자
- 아동심리사
- 유아교육프로그램작가
- 인형극연출가
- 구연동화사
- 놀이치료사
- 미술치료심리사
- 유아숲지도사 등

🎀 취득가능 자격증

- 유치원 정교사
- 실기교사
- 보육교사
- 사회복지사
- 방과후아동지도사
- 미술심리상담사
- 동화구연지도사
- 상담심리사
- 놀이치료사
- 예절지도사
- 아동지도사
- 유아체육지도자
- 유아숲지도사 등

📖 학과 주요 교과목

기초 과목	영유아발달, 아동복지, 유아교육개론, 유아동작교육, 인지이론과 교육, 유아교육사상사, 유아음악교육, 아동미술, 유아교육사조, 유아창의인성교육, 유아사회교육, 아동건강교육, 유아수학교육, 유아동작교육 등
심화 과목	유아연구방법, 유아교육매체, 유아상담과 지도, 영유아프로그램, 유아관찰 및 평가, 유아교사론, 유아교육실습, 보육실습, 유아교육현장의 실제, 영유아교수방법론, 아동관찰 및 행동연구, 놀이지도, 부모교육, 유아교과교재연구 및 지도법 등

🌱 학과 인재상 및 갖추어야 할 자질

- 어린이를 사랑하고 존중하는 마음가짐을 가진 학생
- 다양한 교육을 위한 음악, 무용, 미술 등의 능력을 갖춘 학생
- 아이들을 지도하기 위한 통솔력, 의사소통 능력, 언어 구사 능력을 갖춘 학생
- 모든 사물에 대하여 편견을 갖지 않는 열린 사고를 가진 학생
- 주변의 환경 및 자연을 활용할 줄 아는 자연 친화력을 갖춘 학생
- 긍정적 사고에 바탕을 둔 배려를 할 수 있는 학생
- 종이접기, 동화 구연, 인형극 등 아이들이 좋아할 만한 특기를 가진 학생

학과 관련 선택 과목

※ 국어, 영어 교과는 모든 학문의 기초적인 성격을 가진 도구교과로 모든 학과에 이수가 필요하여 생략함.

공통 과목		공통국어1,2, 공통수학1,2, 공통영어1,2, 한국사1,2, 통합사회1,2, 통합과학1,2, 과학탐구실험1,2
수능 필수		화법과 언어, 독서와 작문, 문학, 대수, 미적분Ⅰ, 확률과 통계, 영어Ⅰ, 영어Ⅱ, 한국사, 통합사회, 통합과학, 성공적인 직업생활(직업)
일반 선택	수학, 사회, 과학	사회와 문화, 현대사회와 윤리
	체육·예술	음악, 미술, 연극
	기술·가정/정보	기술·가정, 정보
	제2외국어/한문	
	교양	
진로 선택	수학, 사회, 과학	윤리와 사상, 인문학과 윤리
	체육·예술	음악 연주와 창작, 음악 감상과 비평, 미술 창작, 미술 감상과 비평
	기술·가정/정보	
	제2외국어/한문	
	교양	인간과 철학, 인간과 심리, 교육의 이해, 보건
융합 선택	수학, 사회, 과학	사회문제 탐구, 윤리문제 탐구
	체육·예술	음악과 미디어, 미술과 매체
	기술·가정/정보	생애 설계와 자립, 아동발달과 부모
	제2외국어/한문	
	교양	

추천 도서 목록

- 딥스, 버지니아 M. 액슬린, 주정일 역, 샘터
- 에밀, 장 자크 루소, 김중현 역, 한길사
- 좋은 삶을 위한 가치 수업, 이석재, 북하우스
- 놀이로 자라는 유치원, 이정희, 기역
- 스스로 마음을 지키는 아이, 송미경, 시공사
- 에듀테크의 미래, 홍정민, 책밥
- 유아교육철학, 이원영, 학지사
- 생태유아교육 이해 , 김은영, 수양재
- 놀이로 시작하는 유아 생활교육, 이자정, 맘에드림
- 방정환과 어린이 해방 선언 이야기, 이주영, 모시는사람들
- 미래세대를 위한 인성교육, 강선보, 학지사
- 찰리와 초콜릿 공장, 로알드 달, 지혜연 역, 시공주니어
- 아이의 사생활, EBS 아이의 사생활제작팀, 지식플러스
- 아기는 놀이에서 배운다, 안케 친저, 이정희 역, 한국인지학출판사
- 이제 쓸모없는 사람은 없다, 에드가 칸, 구미사랑고리공동체 역, 새물결
- 창가의 토토, 구로야나기 테츠코, 권남희 역, 김영사
- 나, 있는 그대로 참 좋다, 조유미, 허밍버드
- 서머힐, A.S.닐, 이현정 역, 매월당
- 학교 밖 학교, 장재현, 누림과이룸
- 얘들아, 밥 먹고 놀자(마을 돌봄 이야기), 김보민, 삶창
- 생일을 모르는 아이, 구로카와 쇼코, 사계절
- 자율적인 아이 만들기, 구도 유이치, 에이지21
- 아이를 위한 하루 한 줄 인문학, 김종원, 청림라이프
- 유아교육개론, 김수향 외, 공동체
- 발도르프 유아교육의 모든 것, 샤리파 오펜하이머 외, 한국인지학출판사

학교생활 TIPS

- 유아교육과와 관련이 깊은 국어, 사회, 음악, 미술, 체육 등의 교과에 대한 우수한 학업 성취를 올릴 수 있도록 하고, 각 수업 활동에 적극적으로 참여하여 학업 역량, 문제 해결 능력, 탐구력 등이 학교생활기록부 교과 세부능력 및 특기 사항에 기록될 수 있도록 합니다. 비교과 활동에도 열심히 참여하여 공감 능력, 책임감, 창의력 및 다양한 상황의 문제를 해결할 수 있는 능력을 함양합니다.
- 동아리 활동을 통해 교육 관련 주제 토론, 교육 관련 신문 만들기, 수업 시연, 교육 관련 독서 토론, 학교를 긍정적으로 변화하는 프로젝트 등을 기획하고 참여할 것을 권장합니다.

- 유아 대상 멘토링 봉사와 교육 관련 봉사를 통해 다양한 역량 및 아이들이 좋아할 만한 특기를 만들도록 노력합니다.
- 자연 과학 및 인문학적 소양뿐만 아니라 교육, 미술, 음악과 같은 분야의 책도 꾸준히 읽어야 합니다.
- 책임감, 나눔과 배려, 문제 해결 능력, 의사소통 능력, 자기주도성, 경험의 다양성, 성실성, 책임감, 협동심, 관계 지향성 등이 학교생활기록부에 기록될 수 있도록 성실히 학교생활을 하는 것을 추천합니다.

264

윤리교육과

학과소개

윤리 교육의 목표는 인간 본질을 우리의 현 사회에서 실현하는 데 있습니다. 윤리교육과에서는 인간으로서의 도덕성 증진과 교육 현장에서 이론의 자유를 위해 정의에 대한 동서양의 윤리학적 이론을 토대로 한 교육을 합니다. 또한 전문적인 이론의 적용은 물론, 이론의 실천력을 함양하는 데에도 중점을 두고 있습니다. 윤리의 보편성에 따라서 우리의 공동체에서 우리의 정체성과 윤리관을 확보하기 위한 한국 윤리, 통일에 대비한 교육의 차원에서의 북한 연구도 윤리 교육의 일부분을 이루고 있습니다.

더 나아가 우리 사회가 당면한 정치, 경제, 사회의 여러 갈등 구조를 의식과 실천의 측면에서 화해의 구조로 전환하기 위해서, 동서양의 윤리적인 방법 및 관련 교육 현장에서 중시되는 이론과 실천을 통해 그 해결 방안을 강구합니다. 윤리교육과에서는 청소년들의 자아실현과 인격 완성을 위한 전문 교육자 양성을 교육 목표로 하고 있습니다.

📖 개설대학

- 강원대학교
- 경북대학교
- 경상국립대학교
- 경성대학교
- 국립공주대학교
- 국립목포대학교
- 부산대학교
- 서울대학교
- 서원대학교
- 성신여자대학교
- 국립경국대학교
- 인천대학교
- 전남대학교
- 전북대학교
- 제주대학교
- 충북대학교
- 한국교원대학교 등

📑 진출직업

- 중등학교 교사(도덕·윤리)
- 장학사
- 학원 강사
- 교육행정직 공무원
- 대학 교수
- 윤리관련저술가
- 정훈교육담당자
- 방송PD
- 기자
- 교구 및 교재개발자
- 윤리경영기획자
- 카운슬러
- 인성교육담당자
- 컨설턴트
- 도덕윤리교육콘텐츠·프로그램 제작자 등

🎓 관련학과

- 유학·동양학과
- 철학과
- 철학생명의료윤리학과 등

🏅 취득가능 자격증

- 중등학교 정교사 2급(도덕·윤리)
- 평생교육사
- 사회복지사
- 청소년지도사
- 청소년상담사 등

🖥 진출분야

기업체	학습지 및 교재 개발 업체, 사설 학원, 사회교육원, 방송국, 신문사, 출판사 등
정부 및 공공 기관	중등학교, 각 시도교육청, 교육부, 대학교, 군, 경찰, 청소년상담소, 국가생명윤리정책원, 청소년 복지 시설, 아동·청소년 대상 상담 기관 등
연구 기관	한국교육개발원, 한국교육과정평가원, 한국교육학술정보원, 가톨릭생명윤리연구소, 퇴계학연구원, 한국고전번역원, 한국종교문화연구소, 한국국학진흥원 등

📄 학과 주요 교과목

기초 과목	민주주의론, 현대윤리학개론, 사회윤리, 동양윤리사상, 도덕윤리와 교육론, 다문화와 국제윤리, 한국윤리사상, 도덕성발달론, 도덕윤리과지도 및 평가론, 통일교육론, 정치사상교육론 등
심화 과목	시민과 덕목, 남북한사회연구, 문화와 윤리, 한국사상개론, 통일문제연구, 철학적 인간학, 도덕·가치교육론, 서양윤리사상사, 국가안보연구, 국제문제와 윤리, 현대사회의 윤리적 쟁점, 국가와 윤리, 생명과 윤리, 국가와 정의, 신유학윤리사상, 동양고전강독, 도덕윤리과교재론, 윤리와 논술 등

🌱 학과 인재상 및 갖추어야 할 자질

- 주변 사람 및 동식물을 배려하는 따뜻한 마음과 이타심을 가진 학생
- 다각적인 관점에서 고민하는 습관을 지닌 학생
- 동서양의 윤리 사상 및 가치문제에 대한 호기심과 이해력을 가진 학생
- 다양한 사상과 주장들을 종합적으로 판단할 줄 아는 능력을 갖춘 학생
- 동서양의 철학 사상을 실생활에 연결할 수 있는 역량을 가진 학생
- 도덕 및 윤리 교사로서 모범을 보일 수 있는 도덕적 품성과 윤리적 지식을 가진 학생

학과 관련 선택 과목

※ 국어, 영어 교과는 모든 학문의 기초적인 성격을 가진 도구교과로 모든 학과에 이수가 필요하여 생략함.

공통 과목		공통국어1,2, 공통수학1,2, 공통영어1,2, 한국사1,2, 통합사회1,2, 통합과학1,2, 과학탐구실험1,2
수능 필수		화법과 언어, 독서와 작문, 문학, 대수, 미적분 I , 확률과 통계, 영어 I , 영어 II , 한국사, 통합사회, 통합과학, 성공적인 직업생활(직업)
일반 선택	수학, 사회, 과학	세계시민과 지리, 사회와 문화, 현대사회와 윤리
	체육·예술	
	기술·가정/정보	
	제2외국어/한문	
	교양	
진로 선택	수학, 사회, 과학	정치, 법과 사회, 경제, 윤리와 사상, 인문학과 윤리, 국제 관계의 이해
	체육·예술	
	기술·가정/정보	
	제2외국어/한문	
	교양	인간과 철학, 인간과 심리, 교육의 이해, 삶과 종교
융합 선택	수학, 사회, 과학	여행지리, 역사로 탐구하는 현대 세계, 사회문제 탐구, 윤리문제 탐구
	체육·예술	
	기술·가정/정보	
	제2외국어/한문	
	교양	인간과 경제활동, 논술

추천 도서 목록

- 정의란 무엇인가, 마이클 샌델, 김명철 역, 와이즈베리
- 노명우의 한 줄 사회학, 노명우, EBS BOOKS
- 그림으로 이해하는 정치사상, 김만권, 개마고원
- 니코마코스 윤리학, 아리스토텔레스, 박문재 역, 현대지성
- 현대사회학, 앤서니 기든스, 김미숙 역, 을유문화사
- 사회 계약론, 장 자크 루소, 김영욱 역, 후마니타스
- 아리스토텔레스 정치학, 김재홍, 쌤앤파커스
- 공정하다는 착각, 마이클 샌델, 함규진 역, 와이즈베리
- 사회적 갈등 해결하기, 쿠르트 레빈, 정명진 역, 부글북스
- 법의 정신, 샤를 드 몽테스키외, 고봉만 역, 책세상
- 국부론, 애덤 스미스, 이종인 역, 현대지성
- 사회학 아는 척하기, 존 네이글, 양영철 역, 팬덤북스
- 진실의 힘, 윌리엄 조던, 행복에너지

- 글로 빚은 꽃, 이동훈, 참글세상
- 모든 것은 선을 만든다, 팀 잉골드, 이비
- 자아폭발, 스티브 테일러, 서스테인
- 무엇이 나를 행복하게 만드는가, 리처드 J. 라이더 외, 북플레저
- 고교학점제를 위한 인문학과 윤리, 김미덕 외, 책과나무
- 나의 생각 글쓰기: 미래유망기술 AI 윤리, 한국진로교육센터, 한국콘텐츠미디어
- 부모의 인성 공부, 신동기, 생각여행
- 주도성, 김덕년 외, 교육과실천
- 인공 지능 판사는 공정할까?, 오승현, 개암나무
- 15명의 서양 철학자와 함께하는 도덕교육, 곽영근, 교육과학사
- 교육학개론, 이신동 외, 학지사
- 에니어그램으로 보는 교사 속마음, 강소향 외, 좋은 교사

 학교생활 TIPS

- 윤리교육을 전공하는 데 기본이 되는 사회 교과 성적을 상위권으로 유지하고, 교과 활동을 통해 학업능력과 전공 적합성을 보여줄 수 있도록 하며, 사회 교과 이외의 타 교과 활동에도 적극적으로 참여합니다.
- 전공과 관련 있는 다양한 진로 활동(윤리교사 인터뷰, 윤리교육과 탐방, 교육 관련 직업 탐색)에 참여하여 새롭게 알게 된 사실이나 느낀 점을 중심으로 자신의 진로 역량을 키우도록 합니다.
- 우리 사회가 당면한 정치, 경제, 사회의 여러 갈등 구조를 인식하고 이를 해결할 수 있는 프로젝트 및 공동 과제 등에 참여하여, 다양한 관점을 이해하고 이를 종합적으로 판단하는 능력을 함양한 사실이 학교생활

기록부에 나타나도록 합니다.
- 다양한 계층을 만날 수 있는 봉사를 통해 타인을 이해하는 역량을 함양할 것을 추천합니다.
- 인문학, 철학, 역사, 사회 등 인문적 소양과 사회 과학적 지식을 함양할 수 있는 독서 및 신문 읽기 활동을 권장합니다.
- 자기주도성, 학업능력, 규칙 준수, 배려, 나눔, 갈등 관리, 경험의 다양성, 성실성, 책임감, 리더십, 의사소통 능력, 문제 해결 능력, 잠재력 등이 학교생활기록부에 기록될 수 있도록 성실히 학교생활을 하는 것을 추천합니다.

265

음악교육과

학과소개

음악 교육은 인간의 감정을 훈련시키는 교육 활동으로, 소리에 대해 지각하고 반응할 수 있는 음악적 감수성을 최대로 길러주는 것이 목표입니다.

이러한 측면에서 음악교육과는 학생들로 하여금 정서와 지각 반응이 상호작용을 하게 하여 심미적 음악 경험을 풍부하게 하고, 비언어적 표현력을 개발시켜 창의적인 의사소통 능력을 기르는 교육을 담당할 음악 교사 양성을 주된 교육 목표로 하고 있습니다.

음악교육과는 음악 교육자로서 갖춰야 할 기본적인 소양을 갖추고 음악 수업에 필요한 역량을 연마할 수 있도록, 실기 및 이론 등 음악의 다양한 분야를 창의적인 태도로 접할 수 있도록 하고 있습니다. 또, 음악 교사가 음악 교육의 본질적 가치를 바르게 인식하고 학교 현장에서 효과적으로 지도할 수 있도록 교육 과정을 운영하고 있습니다.

개설대학

- 건국대학교
- 경남대학교
- 경상국립대학교
- 국립공주대학교
- 목원대학교
- 서원대학교
- 전남대학교
- 한국교원대학교
- 조선대학교 등

관련학과

- 음악전공
- 음악·공연예술대학
- 음악학부 피아노전공
- 음악학과(작곡전공)
- 음악학부(성악)
- 음악공연예술학과
- 음악학과(관현악전공)
- 한국음악학과
- 실용음악학과
- 교회음악과
- 한국음악과
- 모던음악학전공
- 한국음악과
- 실용음악음향과
- 뮤지컬·실용음악학과
- 전통예술학부(음악예술전공)
- 글로벌예술학부(실용음악전공)
- PostModern음악학과 등

진출직업

- 중등학교 교사(음악)
- 장학사
- 교육공무원
- 가수
- 악기수리원 및 조율사
- 연주가
- 음반기획자
- 음악평론가
- 음악 프로듀서
- 작곡가
- 편곡가
- 영화음악전문가
- 공연기획자
- 보이스트레이닝전문가 등

취득가능 자격증

- 중등학교 정교사 2급(음악)
- 평생교육사
- 문화예술교육사
- 음악심리상담사
- 피아노실기지도사
- 피아노조율기능사 등

진출분야

기업체	음반 제작 회사, 연주 단체, 출판사, 방송사, 잡지사, 음악 학원, 음반 기획사, 공연 기획 업체, 악기 관련 업체 등
정부 및 공공 기관	국공립 중등학교, 대학, 예술의전당, 합창단, 예술경영지원센터, 한국예술인복지재단 등
연구 기관	한국문화정보원, 한국문화예술교육진흥원 등

학과 주요 교과목

기초 과목	전공실기, 합창 합주, 피아노 반주법, 음악분석 및 형식론, 교육학개론, 교육철학 및 교육사, 교육과정, 교육평가, 교육방법 및 교육공학, 교육심리, 교육행정 및 교육경영, 생활지도 등
심화 과목	음악과 인성교육, 부전공악기, 장구반주법, 악기연구 및 기악지도법, 음악이론, 시창, 청음, 국악개론, 서양음악사, 가창지도법, 화성학, 음악융합교육, 음악교재 및 연구법, 전통음악, 컴퓨터음악, 다문화음악교육의 이해, 지휘 및 편곡법 등

학과 인재상 및 갖추어야 할 자질

- 음악을 좋아하는 학생
- 음악 관련 세부 전공 실기 능력을 갖춘 학생
- 기본적인 피아노 및 가창 실력을 갖춘 학생
- 예술가로서의 창의성과 예술적 감각을 가진 학생
- 음악 이론과 실기 수업을 소화하기 위한 지적 능력과 성실성을 갖춘 학생
- 가르치는 것에 흥미와 애정이 있는 학생

학과 관련 선택 과목

※ 국어, 영어 교과는 모든 학문의 기초적인 성격을 가진 도구교과로 모든 학과에 이수가 필요하여 생략함.

공통 과목		공통국어1,2, 공통수학1,2, 공통영어1,2, 한국사1,2, 통합사회1,2, 통합과학1,2, 과학탐구실험1,2
수능 필수		화법과 언어, 독서와 작문, 문학, 대수, 미적분 I , 확률과 통계, 영어 I , 영어 II , 한국사, 통합사회, 통합과학, 성공적인 직업생활(직업)
일반 선택	수학, 사회, 과학	세계시민과 지리, 사회와 문화, 현대사회와 윤리
	체육·예술	음악
	기술·가정/정보	
	제2외국어/한문	제2외국어
	교양	
진로 선택	수학, 사회, 과학	동아시아 역사 기행, 윤리와 사상, 인문학과 윤리
	체육·예술	음악 연주와 창작, 음악 감상과 비평
	기술·가정/정보	
	제2외국어/한문	
	교양	인간과 철학, 인간과 심리, 교육의 이해
융합 선택	수학, 사회, 과학	윤리문제 탐구
	체육·예술	음악과 미디어
	기술·가정/정보	
	제2외국어/한문	
	교양	

추천 도서 목록

- 국악 실기교육의 이해, 서승미, 음악세계
- 예비 음악교사를 위한 피아노 반주법, 조성기 외 1인, 교육과학사
- 음악 감상과 비평의 이론과 실제, 민경훈 외 1인, 어가
- 황쌤의 재미있는 시창과 청음, 황녹연, 사랑이있는풍경
- 음악과 교수학습의 실제, 조성기 외 5인, 교육과학사
- 음악교육학 개론, 김미숙 외 8인, 어가
- MIT 음악 수업, 스가노 에리코, 현익출판
- 음악교육의 기초, 권덕원 외 8인, 교육과학사
- 문화예술교육사를 위한 음악교육론, 최미영 외 7인, 교육과학사
- 음악교사론, CHARLES R.HOFFER, 안미자 역, 이화여자대학교출판문화원
- 열려라 클래식, 이헌석, 돋을새김
- 쇼팽, 그 삶과 음악, 제러미 니콜러스, 임희근 역, 포노
- Classics A to Z: 서양 음악의 이해, 민은기 외 1인, 음악세계

- 내가 사랑하는 클래식, 박종호, 시공사
- 음악의 기쁨 스페셜 에디션, 롤랑 마뉘엘, 이세진 역, 북노마드
- 쇼스타코비치, 그 삶과 음악, 리치드 화이트하우스, 김형수 역, 포노
- 대중음악 공연기획, 권준원, 커뮤니케이션북스
- 클래식 음악 수업, 김준희, 사람in
- 음악이 흐르는 동안, 당신은 음악이다, 빅토리아 윌리엄슨, 노승림 역, 바다출판사
- 김이나의 작사법, 김이나, 문학동네
- 음악에서 무엇을 들어 낼 것인가, 에런 코플런드, 이석호 역, 포노
- 다락방 재즈, 황덕호, 그책
- 뮤지컬의 이해, 이동섭, 살림
- 하노버에서 온 음악 편지, 손열음, 중앙북스
- 기다렸어, 이런 음악 수업, 조현영, 다른

학교생활 TIPS

- 교사로서의 기본적 소양을 위해서는 교과 성적에 소홀하지 않아야 합니다. 교과 수업에 적극적으로 참여하고, 음악 이론과 실기 능력 향상을 위해 노력할 것을 권장합니다.
- 전공과 관련 있는 다양한 진로 활동(음악교사 인터뷰, 음악교육과 탐방, 음악관련 직업 탐색)에 참여하여 새롭게 알게 된 사실이나 느낀 점을 중심으로 자신의 진로 역량을 키우도록 합니다.
- 동아리 활동을 통해 음악적 역량을 함양합니다. 그리고 공동체 프로젝트 및 과제를 통해 문제를 해결하거나 다른 친구들의 의견을 경청하고 공감

하는 등 음악 교사에 필요한 역량을 함양할 수 있는 활동에 적극 참여하고, 이러한 활동을 한 사실이 학교생활기록부에 나타나도록 합니다.
- 인문학, 철학 등 인문적 소양을 기를 수 있는 분야의 독서를 추천합니다.
- 자기주도성, 경험의 다양성, 성실성, 창의성, 의사소통 능력, 문제 해결 능력, 예술적 감수성, 나눔, 배려, 갈등 관리 등이 학교생활기록부에 기록될 수 있도록 성실히 학교생활을 하는 것을 추천합니다.

인문계열

사회계열

자연계열

공학계열

의약계열

예체능계열

교육계열

계약학과 & 특성화학과

266

일반사회교육과

학과소개

일반사회교육과는 학생들이 사회 과학의 제반 분야, 즉 사회학, 정치학, 경제학, 법학, 인구학, 사회심리학 등의 전문적인 지식과 더불어 빠르게 변화하는 세계에 적응 및 대처하는 능력을 습득하고, 이를 통해 현실적인 각종 사회 관련 문제에 올바르게 대처하여 합리적인 의사 결정을 하는 민주 시민이 될 수 있도록 조력하는 일반사회교사 양성을 교육 목표로 합니다.

일반사회교육과의 교육 과정은 교과교육, 정치교육, 경제교육, 사회문화교육, 법교육 등 5개 영역으로 구성되어 있습니다. 이들 영역에서는 사회 과학 전반에 걸친 지식과 그 탐구 방법을 습득하며, 이를 바탕으로 실제 교육 현장에서의 실천을 위한 교수-학습 방법의 탐색과 개발에 중점을 두고 있습니다. 일반사회교육과는 이러한 교육 과정을 통해 중등학생이 합리적으로 의사결정을 하도록 돕고, 민주 시민으로 성장할 수 있도록 조력하는, 참사랑을 가진 교사를 양성하는 학과입니다.

개설대학

- 강원대학교
- 경북대학교
- 경상국립대학교
- 국립공주대학교
- 대구대학교
- 부산대학교
- 전북대학교
- 한국교원대학교 등

관련학과

- 사회교육과
- 사회학과
- 사회과학부
- 사회복지학과
- 사회복지학부
- 사회심리학과
- 사회적기업학과
- 국제인문사회학부
- 문화인류학과
- 인문사회계열
- 사회언론정보학부 사회학전공
- 융합인문사회과학부
- 지역사회개발학과
- 정보사회미디어학과 등

진출직업

- 중등학교 교사(사회)
- 장학사
- 방송기자
- 편집기자
- 교재 및 교구개발자
- 사진기자
- 잡지사
- 교재개발출판사
- 연구원
- 사회조사전문가
- 평론가
- 데이터분석가
- 평생교육사 등

취득가능 자격증

- 중등학교 정교사 2급(일반사회)
- 평생교육사
- 청소년지도사
- 사회조사분석사 등

진출분야

기업체	방송국, 신문사, 잡지사, 박물관, 출판사, 학원, 사회적 기업, 교재 및 교구 개발 업체 등
정부 및 공공 기관	각 시도교육청, 교육부, 사회조사기관, 한국산업인력공단, 한국국토정보공사, 대한무역투자진흥공사, 국민건강보험공단, 사회보장정보원, 한국노인인력개발원 등
연구 기관	사회 관련 연구소, 교재 개발 연구소, 한국교육개발원, 한국교육과정평가원, 국토연구원, 서울연구원, 한국교육학술정보원, 한국국제협력단, 한국법제연구원, 한국청소년정책연구원 등

학과 주요 교과목

기초 과목	정치와 사회, 경제와 사회, 문화와 사회, 시민교육과 사회윤리, 사회과교육방법론, 법과 사회, 교육학개론, 교육철학 및 교육사, 교육과정, 교육평가, 교육방법 및 교육공학, 교육심리, 교육행정 및 교육경영, 생활지도 등
심화 과목	한국정치와 시민교육, 정치교육연습, 정치학교재연구, 공공경제와 환경교육, 미시경제교육, 거시경제교육, 경제교육론, 현대사회학이론과 교육, 사회사상사와 교육, 사회문화교재연구, 민법과 교육, 형법과 교육, 법철학과 교육, 법학교재연구 등

학과 인재상 및 갖추어야 할 자질

- 정치, 경제, 사회, 문화 등 사회 현상 또는 문제에 관심이 많은 학생
- 사회 문제 해결을 위해 적극적으로 참여하는 학생
- 사회 과학 전반을 폭넓게 수렴하고 통합적인 시각에서 사회 문제를 해결할 줄 아는 학생
- 사회의 각 분야에서 실천적 지성을 발휘하며 사회 정의를 실현하는 인재
- 글로벌 시대 다문화 사회의 사회 통합을 위해 봉사하는 학생
- 학생을 가르치는 것에 적성과 흥미가 있는 학생

캠퍼스멘토 | 학과바이블

인문계열

사회계열

자연계열

공학계열

의약계열

예체능계열

교육계열

계약학과 & 특성화학과

학과 관련 선택 과목

※ 국어, 영어 교과는 모든 학문의 기초적인 성격을 가진 도구교과로 모든 학과에 이수가 필요하여 생략함.

공통 과목		공통국어1,2, 공통수학1,2, 공통영어1,2, 한국사1,2, 통합사회1,2, 통합과학1,2, 과학탐구실험1,2
수능 필수		화법과 언어, 독서와 작문, 문학, 대수, 미적분Ⅰ, 확률과 통계, 영어Ⅰ, 영어Ⅱ, 한국사, 통합사회, 통합과학, 성공적인 직업생활(직업)
일반 선택	수학, 사회, 과학	세계시민과 지리, 세계사, 사회와 문화, 현대사회와 윤리
	체육·예술	
	기술·가정/정보	
	제2외국어/한문	
	교양	생태와 환경
진로 선택	수학, 사회, 과학	한국지리 탐구, 도시의 미래 탐구, 동아시아 역사 기행, 정치, 법과 사회, 경제, 윤리와 사상, 인문학과 윤리, 국제관계의 이해
	체육·예술	
	기술·가정/정보	
	제2외국어/한문	
	교양	인간과 철학, 인간과 심리, 교육의 이해
융합 선택	수학, 사회, 과학	여행지리, 사회문제 탐구, 금융과 경제생활, 윤리문제 탐구, 기후변화와 지속가능한 세계, 기후변화와 환경생태
	체육·예술	
	기술·가정/정보	
	제2외국어/한문	
	교양	인간과 경제활동, 논술

추천 도서 목록

- 정의란 무엇인가, 마이클 샌델, 김명철 역, 와이즈베리
- 노명우의 한 줄 사회학, 노명우, EBS BOOKS
- 핵심개념으로 배우는 경제지리학, 유코 아오야마, 이철우 역, 푸른길
- 그림으로 이해하는 정치사상, 김만권, 개마고원
- 프리즌 서클, 사카가미 가오리, 다다서재
- 한국 교육의 오늘을 읽다, 정용주 외, 교육공동체벗
- 현대사회학, 앤서니 기든스, 김미숙 역, 을유문화사
- 사회 계약론, 장 자크 루소, 김영욱 역, 후마니타스
- 아리스토텔레스 정치학, 김재홍, 쌤앤파커스
- 공정하다는 착각, 마이클 샌델, 함규진 역, 와이즈베리
- 사회적 갈등 해결하기, 쿠르트 레빈, 정명진, 부글북스
- 법의 정신, 샤를 드 몽테스키외, 고봉만 역, 책세상
- 국부론, 애덤 스미스, 이종인 역, 현대지성

- 사회학 아는 척하기, 존 네이글, 양영철 역, 팬덤북스
- 학교와 마을이 정말 만날 수 있을까, 이하나, 푸른칠판
- 눈은 알고 있다, 권만우, 서울인스티튜트
- 대한민국을 만들고 지켜온 분들, 이상우, 기파랑
- 같이 가면 길이 된다, 이상헌, 생각의힘
- 함께 만든 기적, 꺼지지 않는 불꽃, 김기흥 외, 나남
- 굿 콘텐츠, Good Content 김원제 외, 신영사
- 생각의 좌표, 홍세화, 한겨레출판사
- 문화와 사회를 읽는 카워드, 레이먼드 윌리엄스, 컬처룩
- 한국 교육의 오늘을 읽다, 정용주 외, 교육공동체벗
- 사진신부 이야기, 노선희, 북코리아
- 나는 사회·지리 교사입니다, 강정숙 외, 성안당

학교생활 TIPS

- 일반사회교육을 전공하는 데 기본이 되는 사회 교과 성적을 상위권으로 유지하고, 민주 시민 교육과 같은 교과 활동을 통해 학업능력과 탐구력을 보여줄 수 있도록 합니다.
- 우리 사회가 당면한 정치, 경제, 사회, 문화 등 사회 현상 또는 문제에 관심을 가지고 이를 해결할 수 있는 프로젝트 및 공동 과제를 수행하는 등 통합적 관점에서 종합적으로 판단하는 능력을 함양할 수 있는 활동에 적극 참여하고 이러한 사실이 학교생활기록부에 나타나도록 합니다.
- 어린이, 노인 그리고 다문화 가정 학생 등 다양한 계층을 만날 수 있는

봉사를 통해 타인을 이해하고 사회의 여러 가지 문제를 배우고 느끼는 활동을 추천합니다.
- 인문학, 철학, 역사, 사회 등 인문적 소양과 사회 과학적 지식을 함양할 수 있는 독서 및 신문 읽기 활동을 권장합니다.
- 자기주도성, 관계 지향성, 경험의 다양성, 학업 역량, 성실성, 책임감, 리더십, 분석적 사고, 의사소통 능력, 문제 해결 능력, 나눔과 배려, 갈등 관리, 비판적 사고 등이 학교생활기록부에 기록될 수 있도록 성실히 학교생활을 하는 것을 추천합니다.

267

일어교육과

학과소개

일어교육과는 일본어라는 매개체를 통하여 일본의 문화를 탐구함은 물론, 엄격한 어학 훈련을 통해 완숙한 중등교사를 양성하고, 사회에서 요구하는 일본어 실력이 뛰어난 인재를 배출하고 있습니다.

일어교육과는 다양하고 심도 있는 지식과 새롭게 변해가는 교수법 등을 교수함으로써 일본어로 일상적 의사소통이 가능한 실용적 언어 능력과 일본의 정치, 경제, 사회, 문화 전반에 관한 전문적 지식을 배양합니다. 동시에 우리 문화에 대해 깊은 소양과 자긍심을 가진 글로벌한 인재를 키우기 위한 노력도 하고 있습니다.

일어교육과는 유능한 일본어 교사, 세계화, 정보화, 다문화 시대를 맞이하여 우수한 일본어 능력과 더불어 인성, 덕성 등을 고루 갖춘 일본어 교육 및 일본 지역 전문가를 양성하여 사회의 발전에 기여하고자 합니다.

개설대학

- 건국대학교
- 경남대학교
- 경상국립대학교
- 신라대학교
- 원광대학교
- 인천대학교 등

진출직업

- 중등학교 교사(일본어)
- 번역사
- 통역사
- 관광통역안내사
- 항공승무원
- 무역회사 및 일반기업체사원
- 교육공무원 등

관련학과

- 일본어일본문화학과
- 일본어일본학과
- 일본어과
- 일본어학과
- 일본언어문화학부
- 일본학과
- 일본학전공
- 국제학부(일본학전공)
- 융합일본지역학부
- 일어일본문화학과
- 일본어문·문화학과
- 일본지역문화학과
- 비즈니스일본어학과
- 아시아중동학부 일본학전공
- 아시아문화학부(일본어문학전공)
- 글로벌지역학부 일어일본학전공 등

취득가능 자격증

- 중등학교 정교사 2급(일본어)
- JLPT(Japanese Language Proficiency Test)
- JPT(Japanese Proficiency Test)
- 평생교육사
- 번역능력인정시험(TCT)
- 일본어
- 관광통역안내사
- 외국어번역행정사 등

진출분야

기업체	출판사, 통·번역 관련 국내 기업, 국내 일본계 기업, 일본 내 기업, 언론사, 금융 기관, 여행사, 호텔, 면세점, 기업의 해외 영업직 등
정부 및 공공 기관	국공립 중등학교, 한국교육과정평가원, 국가평생교육진흥원, 한국교육방송공사, 한국직업능력개발원, 교육공무원, 일본대사관, 무역·수출입 관련 공공 기관 등
연구 기관	한국교육개발원, 인문 과학 연구소, 일본 연구 기관, 국제 경제·무역 관련 국가·민간 연구소 등

학과 주요 교과목

기초 과목	일본어강독, 일본어교육론, 일본어문법과 표현, 실용일본어강독, 실용일본어작문, 일본어교재연구 및 지도법, 실용일본어회화, 일본어논리 및 논술 등
심화 과목	일본역사의 이해, 일본문학개론, 일본어학개론, 일본어음성교육론, 일본어작문, 일본어회화, 일본현대소설읽기, 일본근현대문학세계의 이해, 일본문화교육론, 일본전통문학세계의 발견, 한국어일본어대조연구, 한일문학과 영상문화, 일본어교수법, 일본학의 이해 등

학과 인재상 및 갖추어야 할 자질

- 국제화, 정보화 시대에 대응할 수 있는 유연한 사고를 하는 학생
- 일본어 교육과 일본에 관심을 두고 있는 학생
- 일본어의 네 가지 기능(듣기, 말하기, 읽기, 쓰기)의 습득을 통해 일본어를 잘하고자 하는 학생
- 국제 환경의 급속한 변화에 대처할 수 있는 학생
- 창의적이고 도전 의식을 가진 자기주도적인 학생
- 누군가를 가르치고 지도하는 일에 흥미가 있는 학생
- 교사로서 학생에 대한 애정, 교육에 대한 애정, 정직성, 리더십을 갖추고 있는 학생
- 외국의 문화와 철학 등 다양한 분야에 관심이 있는 학생

학과 관련 선택 과목

※ 국어, 영어 교과는 모든 학문의 기초적인 성격을 가진 도구교과로 모든 학과에 이수가 필요하여 생략함.

공통 과목	공통국어1,2, 공통수학1,2, 공통영어1,2, 한국사1,2, 통합사회1,2, 통합과학1,2, 과학탐구실험1,2	
수능 필수	화법과 언어, 독서와 작문, 문학, 대수, 미적분Ⅰ, 확률과 통계, 영어Ⅰ, 영어Ⅱ, 한국사, 통합사회, 통합과학, 성공적인 직업생활(직업)	
일반 선택	**수학, 사회, 과학**	세계시민과 지리, 사회와 문화, 현대사회와 윤리
	체육·예술	
	기술·가정/정보	
	제2외국어/한문	일본어
	교양	
진로 선택	**수학, 사회, 과학**	동아시아 역사 기행, 윤리와 사상, 인문학과 윤리, 국제 관계의 의해
	체육·예술	
	기술·가정/정보	
	제2외국어/한문	일본어 회화, 심화 일본어
	교양	인간과 철학, 인간과 심리, 교육의 이해
융합 선택	**수학, 사회, 과학**	여행지리, 사회문제 탐구, 윤리문제 탐구, 기후변화와 지속가능한 세계
	체육·예술	
	기술·가정/정보	
	제2외국어/한문	일본 문화
	교양	

추천 도서 목록

- 일본어 교과교육의 이론과 실제, 이명희 외, 한국학술정보
- 착! 붙는 일본어 독학 첫걸음, 일본어 공부기술연구소, 시사일본어사
- 진짜 여행 일본어, 시원스쿨어학연구소, 시원스쿨닷컴
- 리사이클링으로 잡는 일본어, 구태훈, 휴먼메이커
- 한국어로 잡는 일본어, 구태훈, 휴먼메이커
- 바로바로 하루 10분 일상 일본어, 이원준, 탑메이드북
- 일본어뱅크 좋아요 일본 문화와 사회, 사이키 가쓰히로 외, 동양북스
- 하나, 둘, 셋! 일본어 요이~땅!, 이신희, 상서각
- 동화로 배우는 일본어 필수한자 1006자, 이노우에 노리오, 중앙에듀북스
- 독학 일본어 필수 문법, 김수경, 넥서스JAPANESE
- 유하다요 일본어 상용한자 1026, 유하다요컨텐츠개발팀, 유하다
- 생활 속의 일본어 단어, 김동호, 신라출판사
- 한 일 공감각 오노마토피어, 장진영, 계명대학교출판부

- 보고 듣고 따라하는 일본어 첫걸음, 박유자, 제이플러스
- 잼잼 쉬운 일본어 첫걸음, 이원준, 반석출판사
- 유하다요의 10시간 일본어 첫걸음, 전유하, 길벗이지톡
- 일본어교육을 위한 오용 연구, 조남성, 지식과교양
- 아는데 모르는 나라, 일본, 박탄호, 따비
- 감각으로 잡는 일본어, 구태훈, 휴먼메이커
- 한국 교육의 오늘을 읽다, 정용주 외, 교육공동체벗
- 알면 다르게 보이는 일본 문화, 이경수 외, 지식의날개
- 교사, 넌 오늘도 행복하니, 서화영, 구름학교
- 일본 문화를 바라보는 창 우키요에, 판리, 아트북스
- 전근대부터 현대까지 빠짐없이 둘러보는 일본 문화 이야기, 신종대, 글로벌콘텐츠
- 위험한 일본책, 박훈, 어크로스

학교생활 TIPS

- 일어교육을 전공하는 데 기본이 되는 언어, 영어, 일본어 교과 성적을 상위권으로 유지하고, 교과 수업을 통해 일본의 언어와 문화에 관해 관심을 가지고 지식을 확장하는 모습을 드러냅니다. 학업능력, 탐구력, 의사소통 능력 등이 학교생활기록부 교과 세부능력 및 특기사항에 기록될 수 있도록 자기주도적으로 수업에 참여합니다.
- 일본어교육과 관련된 전공을 탐색하기 위해 전공 캠프 및 진로 박람회, 체험 등의 다양한 활동에 참여하여 새롭게 알게 된 사실이나 느낀 점을 중심으로 자신의 진로 역량을 키우도록 합니다.
- 다문화 가정 학생 또는 학급의 친구들에게 자신이 알고 있는 것을 알려

주는 멘토링 봉사를 권장하며, 이러한 활동을 통해 타인을 이해하고 눈높이를 맞출 수 있는 능력과 상대방의 요구에 공감할 수 있는 능력을 함양한 과정이 학교생활기록부에 나타나야 합니다.
- 교육 동아리 및 외국 문화 동아리, 사회 탐구 동아리 활동을 권장하며, 인문학, 철학, 문화, 사회 등 인문학적 소양과 기본적 지식을 함양하기 위한 독서를 권장합니다.
- 성실성, 책임감, 의사소통 능력, 문제 해결 능력, 갈등 관리, 공감 역량 등이 학교생활기록부에 기록될 수 있도록 성실한 학교생활을 하는 것을 추천합니다.

268

중국어교육과

학과소개

중국어는 한반도에서 가장 오랜 접촉과 교육의 역사가 있으며, 한국과 중국은 '죽의 장막'으로 상징되는 단절의 시기를 지나 개혁 개방과 한중 수교를 거치며 비약의 시기를 맞이하고 있습니다.

중국어교육과는 중국의 문화와 역사, 문학, 전통과 중국어의 특징에 대한 인식을 기초로 효과적인 교수 방법을 통해 중국어와 중국 문화를 지도함으로써, 시대가 요구하는 인재를 길러낼 수 있는 중국어 교육전문가 양성을 목표로 합니다.

이를 위해 중국어교육과에서는 다양한 의사소통 상황에 대응할 수 있도록 중국어 구어와 문어 훈련을 충실히 지도함과 동시에 고급 문어의 이해와 산출을 위한 고대 중국어(한문) 교육, 중국 인문 전통의 이해를 위한 고전 교육과 중국 정통 문학 교육, 현대 중국과 중국인에 대한 인식 심화를 위한 중국 현대 문학 교육, 중국인의 삶과 사고에 다가가기 위한 중국 문화 교육 등을 폭넓게 실시하고 있습니다. 또 중국의 언어와 문자에 대한 심층적인 접근을 돕기 위해 중국 언어학 교육을 실시하고, 대상과 상황에 맞게 효율적으로 중국어를 지도할 수 있도록 언어 습득, 외국어 교수법, 교재론, 교육과정, 평가론 등을 교육하고 있습니다.

개설대학

- 한국교원대학교
- 한국외국어대학교 등

관련학과

- 중국어중국학과
- 외국어학부 중국어문화전공
- 중국어과, 중국어문화학과
- 중국어학과
- 중국어문전공
- 중국어문·문화학과
- 중국어교육전공
- 아시아문화학부(중국어문학전공)
- 아시아언어문화학부(중국어문화학전공)

진출직업

- 중등학교 교사(중국어)
- 번역사
- 통역사
- 관광가이드
- 항공승무원
- 무역회사 및 일반기업체사원
- 교육공무원 등

취득가능 자격증

- 중등학교 정교사 2급(중국어)
- 평생교육사
- BCT(Business Chinese Test)
- HSKK
- HSK
- TSC
- FLEX 중국어
- CPT(중국어실용능력시험)
- 중국어관광통역안내사시험
- 번역능력인정시험(TCT) 중국어 등

진출분야

기업체	출판사, 통·번역 관련 국내 기업, 국내 중국계 기업, 중국 내 기업, 언론사, 금융 기관, 여행사, 호텔, 면세점, 기업의 해외 영업직 등
정부 및 공공 기관	국공립 중등학교, 한국교육과정평가원, 국가평생교육진흥원, 한국교육방송공사, 한국직업능력개발원, 교육공무원, 중국대사관, 무역·수출입 관련 공공 기관 등
연구 기관	한국교육개발원, 인문 과학 연구소, 중국 연구 기관, 국제 경제·무역 관련 국가·민간 연구소 등

학과 주요 교과목

기초 과목	고대중국어의 기초, 중국어회화, 중국어작문, 중국어강독, 한문강독, 초급중국어회화, 중국어문법, 중국어문헌독해, 중국어교육론 등
심화 과목	중국어예술문화실습, 중국어학개론, 중급중국어회화, 중국어교재연구 및 지도법, 한류중국어회화, 멀티미디어중국어교육, 중국문학과 중국어교육, 중국어교과교육론, 중국어교육현장실습, 중국어듣기 및 말하기지도법, 중국어교사론, 중국어수업지도법, 중국어학습평가, 중국어학특강, 한국문화콘텐츠중국어교육, 중국문화지도법, 중국어논리 및 논술 등

학과 인재상 및 갖추어야 할 자질

- 국제화, 정보화 시대에 대응할 수 있는 유연한 사고를 하는 학생
- 중국어 교육 및 중국에 관심을 두고 있는 학생
- 중국어의 네 가지 기능(듣기, 말하기, 읽기, 쓰기)의 습득을 통해 중국어를 잘하고자 하는 학생
- 국제 환경의 급속한 변화에 대처할 수 있는 학생
- 창의적이고 도전 의식을 가진 자기주도적인 학생
- 누군가를 가르치고 지도하는 것에 흥미가 있는 학생
- 교사로서 학생에 대한 애정, 교육에 대한 애정, 정직성, 리더십을 갖추고 있는 학생
- 중국어를 사용하는 국가의 문화와 철학 등 다양한 분야에 관심이 있는 학생

인문계열

사회계열

자연계열

공학계열

의약계열

예체능계열

교육계열

계약학과 & 특성화학과

학과 관련 선택 과목

※ 국어, 영어 교과는 모든 학문의 기초적인 성격을 가진 도구교과로 모든 학과에 이수가 필요하여 생략함.

공통 과목		공통국어1,2, 공통수학1,2, 공통영어1,2, 한국사1,2, 통합사회1,2, 통합과학1,2, 과학탐구실험1,2
수능 필수		화법과 언어, 독서와 작문, 문학, 대수, 미적분Ⅰ, 확률과 통계, 영어Ⅰ, 영어Ⅱ, 한국사, 통합사회, 통합과학, 성공적인 직업생활(직업)
일반 선택	수학, 사회, 과학	세계시민과 지리, 사회와 문화, 현대사회와 윤리
	체육·예술	
	기술·가정/정보	
	제2외국어/한문	중국어, 한문
	교양	
진로 선택	수학, 사회, 과학	동아시아 역사 기행, 윤리와 사상, 인문학과 윤리, 국제 관계의 이해
	체육·예술	
	기술·가정/정보	
	제2외국어/한문	중국어 회화, 심화 중국어, 한문 고전 읽기
	교양	인간과 철학, 인간과 심리, 교육의 이해
융합 선택	수학, 사회, 과학	여행지리, 사회문제 탐구, 윤리문제 탐구, 기후변화와 지속가능한 세계
	체육·예술	
	기술·가정/정보	
	제2외국어/한문	중국 문화, 언어생활과 한자
	교양	

추천 도서 목록

- 착! 붙는 중국어 독학 첫걸음, 허은진 외, 시사중국어사
- 스마트 중국어 Step 1, 김현철 외, 동양북스
- 중국어 진짜학습지 첫걸음, 시원스쿨어학연구소, 시원스쿨닷컴
- 진짜 중국어 단어장, 성구현 외, 파고다북스
- 중국어 직독직해, STT Books 편집부, STT Books
- New 레전드 중국어 필수단어, 더 콜링, 랭귀지북스
- 매일 새로운 나를 발견하는 365 한 줄 논어, 다온북스 편집부, 다온북스
- 24 중국어 직독직해, STT Books 편집부, STT Books
- 스탠다드 탄탄 중국어 역량강화, 정주연, 중문출판사
- 중국어로 탐구하는 중국 근현대사(상), 이태준, 신아사
- 프렌즈 중국어 2, 감건 외, 동양북스
- 한국어와 중국어의 이형 한자 동의어 대조, 최금단, 시간의물레
- 한자 변환법으로 배우는 중국어, 리동밍, 행복에너지

- 중국 언어 알기, 한중인문학교류연구소, 시사중국어사
- 프렌즈 중국어 1, 서선화 외, 동양북스
- New 맛있는 중국어 어법, 한민이, 맛있는북스
- 세계 언어 속의 중국어, 백은희, 한국문화사
- 중국어 교육론, 엄익상 외, 한국문화사
- 사기열전, 사마천, 글항아리
- 옛이야기 다시 쓰다, 루쉰, 문학동네
- 루쉰 독본, 루쉰, 휴머니스트
- 단박에 중국사, 심용환, 북플랫
- 중국어 교육연구의 실제와 응용, 최은재, 신아사
- 중국문화 한상차림, 박민수, 한국문화사
- 진짜 중국어, 성구현 외, 파고다북스

학교생활 TIPS

- 중국어교육을 전공하는 데 기본이 되는 언어, 영어, 중국어 교과 성적을 상위권으로 유지하고, 중국의 언어와 문화에 관해 관심을 가지고 지식을 확장합니다. 학업능력, 탐구력, 의사소통 능력 등이 학교생활기록부 교과 세부능력 및 특기사항에 기록될 수 있도록 자기주도적으로 수업에 참여합니다.
- 중국어 교육과 관련된 전공을 탐색하기 위한 전공 캠프 및 진로 박람회, 체험 등의 다양한 활동에 참여하여 새롭게 알게 된 사실이나 느낀 점을 중심으로 자신의 진로 역량을 키우도록 합니다.
- 다문화 가정 학생 또는 학급의 친구들에게 자신이 알고 있는 것을 알려 주는 멘토링 봉사를 권장하며, 이러한 활동을 통해 타인을 이해하고 눈높이를 맞출 수 있는 능력과 상대방의 요구를 공감할 수 있는 능력을 함양한 과정이 학교생활기록부에 나타나야 합니다.
- 교육 동아리 및 외국 문화 동아리, 사회 탐구 동아리 활동을 권장하며, 인문학, 철학, 문화, 사회 등 인문적 소양과 기본적 지식을 함양하기 위한 독서를 권장합니다.
- 성실성, 책임감, 의사소통 능력, 문제 해결 능력, 갈등 관리, 공감 역량 등이 학교생활기록부에 기록될 수 있도록 성실하게 학교생활을 하는 것을 추천합니다.

269

지구과학교육과

학과소개

지구과학은 지구의 구조, 구성 물질, 활동 과정, 변천의 역사, 그리고 우주 환경을 종합적으로 연구하는 학문입니다. 지구과학의 세부 분야로는 우주 환경과 천체의 진화를 연구하는 천문학, 지구 대기에서 발생하는 여러 자연 현상과 그 원인을 연구하는 대기 과학, 지각의 구성 물질, 구조 및 성인을 밝히고 무생물계와 생물계의 역사를 연구하는 지질학, 수권을 연구하는 해양학, 지구 내부 및 그 주변 공간의 물리적 성질을 연구하는 지구물리학 등이 있습니다.

지구과학교육과는 각 분야에 대한 전공 지식을 습득하고, 이 지식을 효과적으로 학생들에게 가르치는 방법을 지구과학 각 분야의 전공 지식 및 교과 교육을 통하여 학습할 수 있도록 교육과정을 운영하고 있습니다.

지구과학교육과는 지구의 대기, 지질, 해양 및 천문 분야에 관해 깊고도 폭넓은 지식을 갖춘 우수한 중, 고등학교 지구과학 교사와 지구과학 교육 분야의 전문 인력을 양성하는 데 교육 목표를 두고 있습니다.

📖 개설대학

- 경북대학교
- 국립공주대학교
- 대구대학교
- 부산대학교
- 서울대학교
- 전남대학교
- 조선대학교
- 충북대학교
- 한국교원대학교 등

📋 진출직업

- 중등학교 교사(지구과학)
- 대학 교수
- 연구원
- 과학시험원
- 과학관 큐레이터
- 과학학습지 및 교재개발자
- 학원 강사
- 과학 강사
- 출판물기획자
- 과학PD 등

🎓 관련학과

- 과학교육학부
- 과학교육과
- 지구시스템과학과
- 지구해양과학과
- 지구환경과학과
- 지질·지구물리학부
- 지질과학과
- 지질환경과학과
- 대기과학과
- 대기환경과학과
- 과학교육학부 지구과학교육전공 등

🏅 취득가능 자격증

- 중등학교 정교사 2급(지구과학)
- 평생교육사
- 응용지질기사
- 소음진동기사
- 광산보안기사
- 지적기사 등

💻 진출분야

기업체	학습지 및 교재 개발 업체, 교구 개발 업체, 과학 학원, 방송국, 출판사, 언론사 등
정부 및 공공 기관	한국교육학술정보원, 한국장학재단, 한국과학창의재단, 각 지역 과학기술원, 각 지역 국립과학관, 국가평생교육진흥원, 한국교육개발원, 한국교육과정평가원, EBS 미래교육연구소 등
연구 기관	국가과학기술연구회, 한국나노기술원, 한국과학기술원, 한구과학기술연구원 등

📑 학과 주요 교과목

기초 과목	교육심리, 교육과정, 교육사회, 교육심리, 지구과학교육론, 태양계천문학, 수학Ⅰ, 대기과학, 해양학, 수리지구과학, 지구과학실험지도, 지구시스템교육 등
심화 과목	광물·암석학, 은하계천문학, 관측천문학교육, 종관기상학교육, 해양물리학, 지구환경과학, 지질학, 광물학, 지구과학논리 및 논술지도, 고체지구물리학, 고체지구과학, 천체지구과학, 대기지구과학, 해양지구과학, 운석과 태양계, 환경지구과학, 지구과학실험 및 탐구지도 등

🌿 학과 인재상 및 갖추어야 할 자질

- 자연 현상과 원리에 관해 관심이 있으며, 이를 이해하려는 호기심이 많은 학생
- 예비 교사로서 타인에 대한 이해력과 지도력이 뛰어난 학생
- 과학 대중화 활동을 위한 과학적 소양과 자세를 가진 학생
- 독서, 논술 교육, 환경 교육, 에너지 교육, 과학 탐구 및 실험, 발명 등에 관심이 있는 학생
- 학생을 가르치는 것에 흥미와 애정을 가진 학생
- 폭넓은 사고와, 통합적 분석력 및 과학적 창의성을 가진 학생
- 21세기 과학 기술 사회에 능동적으로 대처하며, 지구 환경에 흥미를 느낀 학생

학과 관련 선택 과목

※ 국어, 영어 교과는 모든 학문의 기초적인 성격을 가진 도구교과로 모든 학과에 이수가 필요하여 생략함.

공통 과목		공통국어1,2, 공통수학1,2, 공통영어1,2, 한국사1,2, 통합사회1,2, 통합과학1,2, 과학탐구실험1,2
수능 필수		화법과 언어, 독서와 작문, 문학, 대수, 미적분Ⅰ, 확률과 통계, 영어Ⅰ, 영어Ⅱ, 한국사, 통합사회, 통합과학, 성공적인 직업생활(직업)
일반 선택	수학, 사회, 과학	대수, 미적분Ⅰ, 확률과 통계, 물리학, 화학, 생명과학, 지구과학
	체육·예술	
	기술·가정/정보	기술·가정, 정보
	제2외국어/한문	
	교양	생태와 환경
진로 선택	수학, 사회, 과학	기하, 미적분Ⅱ, 물질과 에너지, 지구시스템과학, 행성우주과학
	체육·예술	
	기술·가정/정보	생활과학 탐구
	제2외국어/한문	
	교양	인간과 심리, 교육의 이해
융합 선택	수학, 사회, 과학	수학과제 탐구, 기후변화와 지속가능한 세계, 기후변화와 환경생태, 융합과학 탐구
	체육·예술	
	기술·가정/정보	
	제2외국어/한문	
	교양	

추천 도서 목록

- 북극에서 얼어붙다, 마르쿠스 렉스 외, 동아시아
- 빅 픽스, 저스틴 길리스 외, 알레
- 날씨의 음악, 이우진, 한겨레출판사
- 반드시 다가올 미래, 남성현, 포르체
- 지구의 고층대기, 김용하, 충남대학교출판문화
- 지금 당장 기후 토론, 김추령, 우리학교
- 바다, 또 다른 숲, 이영호 외, 오래
- 인류세, 엑소더스, 가이아 빈스, 곰출판
- 굴참나무, 기후위기를 건다, 백년어서원, 전망
- EBS 지식채널e ×기후시민, 지식채널ⓔ 제작팀, EBS BOOKS
- 기후 1.5℃ 미룰 수 없는 오늘, 박상욱, 초사흘달
- 되돌릴 수 없는 미래, 신방실, 문학수
- 기후 책, 그레타 툰베리, 김영사

- 아무도 본 적 없던 바다, 에디스 위더, 타인의사
- 지질학: 46억 년 지구의 시간을 여행하는 타임머신, 얀 잘라시에비치 외, 김영사
- 지구의 절반을 넘어서, 트로이 베티스 외, 이콘
- 기후변화, 그게 좀 심각합니다, 빌 맥과이어, 양철
- 허리케인 도마뱀과 플라스틱 오징어, 소어 핸슨, 위즈덤하우스
- 모두의 내일을 위한 기후위기와 탄소중립 수업 이야기, 한문정, 우리학교
- 최종 경고: 6도의 멸종, 마크 라이너스, 세종서적
- 기후위기 행동사전, 김병권 외, 산현재
- 지구과학교육론, 김찬종 외, 북스
- 나는 과학교사입니다, 김요섭 외, 성안당
- 탄소로운 식탁, 윤지로, 세종서적
- 나는 하고픈 게 많은 교사입니다, 유경옥, 애플북스

학교생활 TIPS

- 자연 계열의 필수 교과인 수학, 과학 교과 성적을 상위권으로 유지하고, 학업능력, 탐구력, 진로 역량, 문제 해결 능력 등이 학교생활기록부 교과 세부능력 및 특기사항에 기록될 수 있도록 자기주도적으로 수업에 참여합니다.
- 독서, 논술 교육, 환경 교육, 에너지 교육, 과학 탐구 및 실험, 발명 동아리 활동을 통해 다양한 아이디어 제시에도 적극 참여하는 것이 좋습니다.
- 자신이 경험한 과학적 지식을 주변에 전달하는 멘토링 봉사 또는 다문화 가정 학생, 장애인 대상 봉사 등 다양한 계층의 사람을 만나 생각을 공유

할 수 있는 봉사에 적극적으로 참여합니다.
- 과학 관련 많은 이슈들에 대해 관심을 가지고, 자연, 공학 일반 관련 독서 및 신문 읽기 활동을 지속적으로 할 것을 권장합니다.
- 자기주도성, 분석적 사고, 경험의 다양성, 학업 역량, 성실성, 책임감, 리더십, 의사소통 능력, 문제 해결 능력, 나눔과 배려, 갈등 관리 능력 등이 학교생활기록부에 기록될 수 있도록 성실히 학교생활을 하는 것을 추천합니다.

인문계열

사회계열

자연계열

공학계열

의약계열

예체능계열

교육계열

계약학과 & 특성화학과

270

지리교육과

학과소개

지리학은 지표 공간상에 나타나는 자연환경과 인문 현상 및 인간과 자연 간의 상호 관계를 탐구하는, 자연 과학과 사회 과학의 성격을 겸비한 학문입니다. 도시와 농촌, 인구, 산업의 입지, 자원 유통 등의 사회·경제 현상, 지형, 기후 등 자연적 현상 모두가 생활 공간을 형성하는 요소로 지리학자의 연구 대상이 되며, 이러한 연구를 위하여 항공 사진, 위성 사진과 각종 지도가 이용되고 있습니다.

지리교육과는 지리학 전반에 관한 지식과 이론, 연구 방법 등을 체계적으로 이해하고, 야외 답사를 통해 실증적인 검증을 하며 이를 바탕으로 종합적이고 합리적인 사고를 갖춘, 세계화에 부응할 수 있는 지리 교사와 지리학자를 양성하는 데 주된 교육 목적을 두고 있습니다.

지리교육과에서는 지리학 및 지리교육에 관한 폭넓은 이론 연구와 함께 학과의 특성상 현장 답사를 중시하며, 봄, 가을에 걸친 정기 답사와 수시 답사를 통해 지리적 사고를 함양하고자 합니다.

개설대학

- 가톨릭관동대학교
- 강원대학교
- 경북대학교
- 경상국립대학교
- 고려대학교
- 국립공주대학교
- 대구가톨릭대학교
- 대구대학교
- 동국대학교
- 부산대학교
- 서울대학교
- 전남대학교
- 전북대학교
- 제주대학교
- 충북대학교
- 한국교원대학교 등

진출직업

- 중등학교 교사(지리)
- 대학 교수
- 교육행정직 공무원 및 교육공무원
- 장학사
- 강사
- 교재 및 교구개발업자
- 방송PD
- 기자
- 출판물기획자
- 문화콘텐츠기획자
- 지리연구원
- 지리정보시스템전문가
- 관광 및 여행컨설턴트 등

관련학과

- 사회교육학부 지리교육전공
- 지리학과
- 공간환경학부
- 국제도시부동산학과
- 도시개발·행정학과
- 도시계획부동산학과
- 도시계획학과
- 융합전공학부 도시사회학-국제 도시개발학 전공 등

취득가능 자격증

- 중등학교 정교사 2급(지리)
- 평생교육사
- 지적기사
- 지적기능사
- 측량 및 지형공간 정보산업기사 등

진출분야

기업체	공기업, 학습지 및 교재 개발 업체, 학원, 방송국, 언론사, 출판사, 여행사 등
정부 및 공공 기관	한국토지주택공사, 한국광물자원공사, 한국관광공사, 한국수자원공사, 한국농어촌공사, 한국사회교육원 등
연구 기관	GIS 관련 연구소(국토지리정보원, 국토연구원), 통계 관련 연구소(통계개발원), 지질·자원 관련 연구소(한국지질자원연구원), 지역 개발 관련 연구소 등

학과 주요 교과목

기초 과목	지리교과논리 및 논술, 지리교과교재연구 및 지도법, 지리교과교육론, 자연지리학개론, 인문지리학개론, 지형학, 도시지리학, 한국지리총론, 경제지리학, 문화지리학 등
심화 과목	사진지리 및 지리조사법, 유럽·아프리카지리, 원격탐사 및 사진판독, 인구지리학, 응용지형학, 아시아·오세아니아지리, 경제지리학, 기후학, 세계화와 지역문제, 정치지리학, 사회지리학, GIS, 촌락지리학, 환경지리학, 자원지리학, 관광지리학, 여행지리학, 지역개발론 등

학과 인재상 및 갖추어야 할 자질

- 여행을 좋아하며, 여행 중에 주변 자연 환경과 인문 특성을 관찰하는 것에 흥미를 느끼는 학생
- 주변에 대한 관심이 많고, 그 속에서 벌어지는 질서와 규칙을 파악하는 데 흥미가 있는 학생
- 평소 책을 많이 읽어서 비평적 성찰이나 분석에 자신이 있는 학생
- 지도를 읽는 것이 즐거우며, 내가 아는 지식을 지도에 표현하는 것에 기쁨을 느끼는 학생
- 논리적 사고 및 수리력, 꼼꼼한 관찰력을 가진 학생
- 교육자로서 갖추어야 할 건전한 인성과 타인에 대한 이해력, 지도력이 뛰어난 학생

학과 관련 선택 과목

※ 국어, 영어 교과는 모든 학문의 기초적인 성격을 가진 도구교과로 모든 학과에 이수가 필요하여 생략함.

공통 과목		공통국어1,2, 공통수학1,2, 공통영어1,2, 한국사1,2, 통합사회1,2, 통합과학1,2, 과학탐구실험1,2
수능 필수		화법과 언어, 독서와 작문, 문학, 대수, 미적분Ⅰ, 확률과 통계, 영어Ⅰ, 영어Ⅱ, 한국사, 통합사회, 통합과학, 성공적인 직업생활(직업)
일반 선택	수학, 사회, 과학	세계시민과 지리, 사회와 문화, 현대사회와 윤리
	체육·예술	
	기술·가정/정보	
	제2외국어/한문	
	교양	생태와 환경
진로 선택	수학, 사회, 과학	한국지리 탐구, 도시의 미래 탐구, 동아시아 역사 기행, 정치, 법과 사회, 경제, 윤리와 사상, 인문학과 윤리, 국제 관계의 이해
	체육·예술	
	기술·가정/정보	
	제2외국어/한문	
	교양	인간과 철학, 인간과 심리, 교육의 이해
융합 선택	수학, 사회, 과학	여행지리, 사회문제 탐구, 금융과 경제생활, 윤리문제 탐구, 기후변화와 지속가능한 세계, 기후변화와 환경생태
	체육·예술	
	기술·가정/정보	
	제2외국어/한문	
	교양	인간과 경제활동, 논술

추천 도서 목록

- 지리교육학, 조철기, 푸른길
- 세계시민을 위한 없는 나라 지리 이야기, 서태동 외, 롤러코스터
- 애매모호해서 흥미진진한 지리 이야기, 김성환, 푸른길
- 그림에 담긴 지리이야기, 임은진, 푸른길
- 경제를 읽는 쿨한 지리 이야기, 성정원, 맘에드림
- 이야기 세계지리, 최재희, 살림FRIENDS
- 한국지리이야기, 권동희, 한울
- 지리사상사 강의노트, 권정화, 한울아카데미
- 지리의 쓸모, 전국지리교사모임, 한빛라이프
- 십 대를 위한 영화 속 지리 인문학 여행, 성정원 외, 팜파스
- 지리는 어떻게 세상을 움직이는가?, 옥성일, 맘에드림
- 지리쌤과 함께하는 우리나라 도시 여행 3, 전국지리교사모임, 폭스코너
- 한 번 읽으면 절대 잊을 수 없는 지리 교과서, 야마사키 케이치, 시그마북스

- 나의 첫 지정학 수업, 전국지리교사모임 외, 탐
- 새로운 사회 수업의 발견, 이종원, 창비교육
- 세계시민교육과 지리교육, 이경한, 푸른길
- 사진, 삶과 지리를 말하다, 전국지리교사모임, 푸른길
- 아홉 개의 시간이 흐르는 나라가 있다고?, 서해경 외, 파랑새
- 역사가 묻고 지리가 답하다, 마경묵, 지상의책(갈매나무)
- 지리를 알면 보이는 것들, 정은혜, 보누스
- 시민성의 공간과 지리교육, 조철기, 푸른길
- 장소기반 지리교육, 조철기, 경북대학교출판부
- 한국 근대의 지리교육, 서태열, 교육과학사
- 나는 사회·지리 교사입니다, 강정숙 외 성안당
- 지리 덕후가 떠먹여주는 풀코스 세계지리, 서지선, 크루

학교생활 TIPS

- 지리교육을 전공하는 데 기본이 되는 지리 및 사회 교과 성적을 상위권으로 유지하고, 지적 호기심을 채워나가는 활동을 통하여 학업능력, 문제 해결 능력 등이 학교생활기록부 교과 세부능력 및 특기사항에 기록될 수 있도록 자기주도적으로 수업에 참여합니다.
- 전공과 관련 있는 다양한 진로 활동(지리교사 인터뷰, 지리교육과 탐방, 교육 관련 직업 탐색)에 참여하여 새롭게 알게 된 사실이나 느낀 점을 중심으로 자신의 진로 역량을 키우도록 합니다.
- 지역의 자연환경과 인공 환경을 파악하고 이를 분석할 수 있는 동아리를 조직하여, 다양한 경험을 통해 지적 호기심을 함양하고, 다른 사람의 의견을 경청하고 공감하는 활동에도 적극 참여합니다.
- 인문학, 철학, 사회, 지리 등 다양한 분야의 독서 및 신문 읽기 활동을 권장합니다.
- 자기주도성, 분석적 사고, 학업 역량, 관계 지향성, 경험의 다양성, 학업 역량, 성실성, 책임감, 리더십, 분석력, 의사소통 능력, 문제 해결 능력, 나눔과 배려, 갈등 관리 등이 학교생활기록부에 기록될 수 있도록 성실히 학교생활을 하는 것을 추천합니다.

271

체육교육과

학과소개

국민 소득 증대와 경제 발전에 힘입어 요즘의 체육은 일부 엘리트 선수의 전유물이 아닌, 전 국민이 참여하고 대중의 삶의 질을 높이는 결정적 역할을 담당하는 것으로 인식되고 있으며, 특히 과학 기술, 의학의 발달과 함께 21세기 유망한 분야로 각광받고 있습니다.

체육은 신체 활동이 가지고 있는 다양한 가치 요소를 종합적으로 체험하여 신체 활동의 가치를 내면화하고 이를 삶 속에서 실천하는 교과입니다. 또한 다양한 신체 활동에 지속적으로 참여하면서 신체 활동의 가치를 내면화하고, 주요 역량인 건강 관리 능력, 신체 수련 능력, 경기 수행 능력, 신체 표현 능력을 길러, 자신의 삶을 스스로 계발하고 신체 문화 활동을 할 수 있는 능력을 발전시키는 교과입니다.

체육교육과는 신체 활동을 근간으로 하는 스포츠 활동을 학문적으로 연구함과 동시에 중등학교 체육 교사를 양성하는 데 그 교육 목표가 있습니다. 더불어 폭넓은 지식과 전문적인 소양을 겸비한, 전문적인 학문 분야로서의 체육 교육을 연구할 수 있는 인재 양성을 교육 목표로 하고 있습니다.

개설대학

- 가톨릭관동대학교
- 강원대학교
- 건국대학교
- 경남대학교
- 경북대학교
- 경상국립대학교
- 고려대학교
- 국립공주대학교
- 단국대학교
- 대구가톨릭대학교
- 동국대학교
- 부산대학교
- 서울대학교
- 서원대학교
- 성결대학교
- 숙명여자대학교
- 원광대학교
- 인천대학교
- 인하대학교
- 전남대학교
- 전북대학교
- 제주대학교
- 중앙대학교
- 충남대학교
- 충북대학교
- 한국교원대학교 등

관련학과

- 특수체육교육과
- 체육학과
- 사회체육과
- 생활스포츠과
- 생활체육과
- 스포츠복지과
- 생활체육지도학과
- 사회체육학과
- 생활체육학과
- 사회체육전공
- 골프생활체육학과 등

진출직업

- 중등학교 교사(체육)
- 특수체육지도자
- 생활체육지도자
- 스포츠과학연구원
- 유아 및 아동체육지도자
- 노인체육지도자
- 여가교육전문가
- 경기지도사
- 선수트레이너
- 스포츠심리상담사
- 에이전트
- 스포츠마케터
- 스포츠기자
- 방송인
- 프로스포츠단체행정전문인 등

취득가능 자격증

- 중등학교 정교사 2급(체육)
- 생활체육지도사
- 경기지도사
- 생활스포츠지도사 등

진출분야

기업체	신문사, 방송국, 스포츠 센터, 경호업체, 스포츠 관련 기업, 스포츠 마케팅 기업, 트레이닝 센터, 스포츠 관련 사업, 스포츠 에이전시 등
정부 및 공공 기관	국공립 중등학교, 문화체육관광부, 소방공무원, 경찰공무원, 체육지도자연수원, 지역 스포츠 센터, 국민체육진흥기금, 대한장애인체육회, 대한체육회, 태권도진흥재단 등
연구 기관	한국교육과정평가원, 한국교육개발원, 한국스포츠정책과학원, 스포츠 과학 연구소, 스포츠 산업 연구소 등

학과 주요 교과목

기초 과목	교육학개론, 교육심리학, 교육사회학, 교육과정 및 평가교육행정, 운동생리학, 체육교육과정평가, 체육사·철학, 체육교재연구 및 지도법 등
심화 과목	교과교육론, 교재연구 및 지도법, 교재강독, 스포츠심리학, 운동역학, 체육측정평가, 육상경기, 체육측정평가, 레크리에이션, 기계체조, 체육학, 스포츠사회학, 운동처방 및 재활, 체육관리, 구급법, 태권도, 창작무용, 배구지도법, 스키지도법, 운동처방, 기능해부학, 건강교육 등

학과 인재상 및 갖추어야 할 자질

- 운동에 대한 관심이 많고, 이를 통해 심신을 단련하려고 노력하는 학생
- 학생들을 사랑하는 마음과 풍부한 교양 지식을 갖추고 있는 학생
- 결단력과 문제 해결력이 좋으며, 지도자적 자질이 다분한 학생
- 남을 배려하는 마음가짐과 뛰어난 운동 신경을 가진 학생
- 교육자로서 갖추어야 할 건전한 인성, 올바른 국가관과 교직관을 가진 학생
- 스포츠 전반의 지식의 습득에 관심을 가지며, 이를 탐구하려는 연구 능력을 갖춘 학생

학과 관련 선택 과목

※ 국어, 영어 교과는 모든 학문의 기초적인 성격을 가진 도구교과로 모든 학과에 이수가 필요하여 생략함.

공통 과목		공통국어1,2, 공통수학1,2, 공통영어1,2, 한국사1,2, 통합사회1,2, 통합과학1,2, 과학탐구실험1,2
수능 필수		화법과 언어, 독서와 작문, 문학, 대수, 미적분Ⅰ, 확률과 통계, 영어Ⅰ, 영어Ⅱ, 한국사, 통합사회, 통합과학, 성공적인 직업생활(직업)
일반 선택	수학, 사회, 과학	현대사회와 윤리, 생명과학
	체육·예술	체육1, 체육 2
	기술·가정/정보	
	제2외국어/한문	
	교양	
진로 선택	수학, 사회, 과학	정치, 법과 사회, 윤리와 사상, 인문학과 윤리
	체육·예술	운동과 건강, 스포츠 문화, 스포츠 과학
	기술·가정/정보	
	제2외국어/한문	
	교양	인간과 철학, 인간과 심리, 교육의 이해, 보건
융합 선택	수학, 사회, 과학	윤리문제 탐구
	체육·예술	스포츠 생활1, 스포츠 생활2
	기술·가정/정보	
	제2외국어/한문	
	교양	

추천 도서 목록

- 꼭 봐야 할 신규 체육 교사 백서, 윤정기, 지식과감성
- 체육학 연구방법, 김병준 외, 레인보우북스
- 스포츠 리터러시 교육론, 최의창, 레인보우북스
- 선생님, 오늘 체육 뭐해요?, 성기백, 학토재
- 체육교과교육론, 이제행 외, 정민사
- 스포츠 페다고지, 최의창, 레인보우북스
- 인문적 체육교육과 하나로 수업, 최의창, 레인보우북스
- 체육학습지도 방법론, 남윤호, 대경북스
- 학교야, 체육하자, 김건우 외, 에듀니티
- 학생과 교사, 수업을 묻다, 전용진, 살림터
- 스포츠 교육의 미래, 김상범 외, 벗나래
- 그림으로 읽는 잠 못들 정도로 재미있는 이야기: 물리로 보는 스포츠, 모치즈키 오사무, 성안당

- 운동화 신은 뇌, 존 레이티, 녹색지팡이
- 쫌 이상한 체육시간, 최진환, 창비교육
- 쏨쌤의 놀이를 적용한 체육수업, 송성근, 미래와 경영
- 나는 체육 교사입니다, 김정섭, 성안당
- 스포츠사회학, 한국스포츠사회학회, 레인보우북스
- 체육교육심리학 이론과 실제, 송용관, 한미의학
- 초등 체육수업 보물찾기, 손혁준, 바른북스
- 업그레이드 체육 수업, 이재풍, 휴먼컬처아리랑
- 십 대를 위한 실패수업: 사회, 정치, 스포츠 편, 루크 레이놀즈, 청어람e
- 뉴스포츠를 활용한 체육수업, 고문수, 이담북스
- 학교체육의 놀라운 힘, 이태구 외, 꿈엔들
- 인공지능이 스포츠 심판이라면, 스포츠문화연구소, 다른

학교생활 TIPS

- 체육 교과와 관련된 다양한 활동뿐만 아니라 언어, 외국어, 수학, 사회, 과학 등 교과의 성적을 상위권으로 유지하고, 학업능력, 탐구력, 문제 해결 능력, 리더십 및 의사소통 능력 등이 학교생활기록부 교과 세부능력 및 특기사항에 기록될 수 있도록 자기주도적으로 수업에 참여합니다.
- 전공과 관련 있는 다양한 진로 활동(체육교사 인터뷰, 체육교육과 탐방, 교육 관련 직업 탐색)에 참여하여 새롭게 알게 된 사실이나 느낀 점을 중심으로 자신의 진로 역량을 키우도록 합니다.
- 공동 과제나 프로젝트 수행을 통하여 문제를 해결하거나 다른 친구들의

의견을 경청하고 공감하는 등 체육 교육에 필요한 역량을 함양한 사실이 학교생활기록부에 나타나야 합니다.
- 인문학, 철학, 역사, 등 인문적 소양을 함양하기 위한 다양한 분야의 독서를 권장합니다.
- 자기주도성, 경험의 다양성, 학업 역량, 성실성, 책임감, 리더십, 분석력, 의사소통 능력, 문제 해결 능력, 나눔과 배려, 갈등 관리, 비판적 사고 등이 학교생활기록부에 기록될 수 있도록 성실히 학교생활을 하는 것을 추천합니다.

272

초등교육과

학과소개

초등교육은 6세에서 12세까지의 아동을 대상으로 실시하는 교육을 말합니다.

초등교육과에서는 아동의 심리적 특성을 파악하고 국어, 수학, 미술 등 다양한 교과에 대한 이론적 기초를 토대로 교육 현장에서 교사로서 활약할 방법을 공부합니다. 교사는 단순 지식 전달이 아닌, 인성 발달을 위한 전인 교육을 해야 한다는 점에서 다른 직업과 다르다고 할 수 있습니다.

특히 초등 교사는 아동에게 매우 큰 영향을 미치기 때문에 교사로서의 전문성이 더욱 중요합니다. 초등교육학의 교육 과정은 교육학 분야와 교과 교육 분야로 구분됩니다. 교육학 분야는 초등 교사를 비롯하여 학계 전문 인력이 될 사람들에게 교육학의 기초 이론과 교사로서의 사명과 의무를 교육 하는 분야입니다. 교과교육 분야는 초등학교 교사로서 알아야 하는 교과에 대한 교육과정과 교수 방법을 습득하고 모의 수업을 통해 실습의 기회를 가지는 분야입니다.

개설대학

- 경인교육대학교
- 공주교육대학교
- 광주교육대학교
- 대구교육대학교
- 부산교육대학교
- 이화여자대학교
- 전주교육대학교
- 제주대학교
- 진주교육대학교
- 한국교원대학교 등

진출직업

- 국·공·사립초등학교 교사
- 교감
- 교장
- 아동방송작가 및 연출가
- 프로그램개발자
- 콘텐츠개발자
- 출판기획자
- 아동교재개발자
- 교육프로그램개발자
- 병원아동생활전문가
- 난독증학습장애지도사
- 아동발달전문가
- 아동상품기획자
- 1인미디어콘텐츠창작자
- 어린이용앱개발자 등

관련학과

- 초등교육학과 등

취득가능 자격증

- 초등학교 정교사 2급
- 독서논술지도사
- 독서지도사
- 방과후아동지도사
- 미술심리상담사
- 동화구연지도사
- 상담심리사
- 놀이치료사
- 예절지도사
- 방과후아동지도사
- 유아체육지도자
- 유아숲지도사 등

진출분야

기업체	방송국, 출판사, 한국몬테소리, 교재 제작 업체, 앱 개발 업체, 눈높이 대교닷컴, 웅진씽크빅, 에듀넷·티-클리어, 초록우산 어린이재단 등
정부 및 공공 기관	국공립 초등학교, 한국교육개발원, 한국교육과정평가원, 각 시 도교육청, 교육부, 과학 영재 교육원, 미술 영재 교육원, 소프트 웨어 영재 교육원 등
연구 기관	초등 교육 연구소, 교육 관련 연구 기관, 육아 정책 연구소, EBS 미래교육연구소 등

학과 주요 교과목

기초 과목	아동발달과 교육, 초등교육론, 아동문학, 특수교육의 이해, 교 육현장의 이해, 학교폭력예방의 이론과 실제 등
심화 과목	초등교육과정, 초등수학기초이론, 초등영어기초이론, 초등과 학기초이론, 초등사회기초이론, 초등컴퓨터교육, 초등국어기 초이론, 초등실과교육, 초등종교 및 도덕기초이론, 초등교과교 육론, 다문화교육의 이론 및 실제, 초등학교학급문화 및 경영, 초등학교교육사, 창의성교육, 초등교육행정 및 경영, 초등교육 이론 및 실제 등

학과 인재상 및 갖추어야 할 자질

- 아이들을 좋아하고, 잘 이해할 수 있는 학생
- 아이들의 입장을 이해하고 눈높이를 아이들에게 맞출 수 있는 학생
- 국어, 수학, 미술, 사회, 과학 등 다양한 과목에 두루두루 관심이 있는 학생
- 다양한 교육 방법을 적용하기 위한 창의력이 뛰어난 학생
- 아이들에게 솔직하고, 도덕적인 성격을 가진 학생
- 사람들과 좋은 관계를 유지하며, 협조적인 태도를 갖춘 학생

학과 관련 선택 과목

※ 국어, 영어 교과는 모든 학문의 기초적인 성격을 가진 도구교과로 모든 학과에 이수가 필요하여 생략함.

공통 과목		공통국어1,2, 공통수학1,2, 공통영어1,2, 한국사1,2, 통합사회1,2, 통합과학1,2, 과학탐구실험1,2
수능 필수		화법과 언어, 독서와 작문, 문학, 대수, 미적분 I, 확률과 통계, 영어 I, 영어 II, 한국사, 통합사회, 통합과학, 성공적인 직업생활(직업)
일반 선택	수학, 사회, 과학	세계시민과 지리, 사회와 문화, 현대사회와 윤리
	체육·예술	체육1, 체육2, 음악, 미술, 연극
	기술·가정/정보	기술·가정, 정보
	제2외국어/한문	
	교양	생태와 환경
진로 선택	수학, 사회, 과학	동아시아 역사 기행 윤리와 사상, 인문학과 윤리
	체육·예술	운동과 건강, 스포츠 문화, 음악 연주와 창작, 음악 감상과 비평, 미술 창작, 미술 감상과 비평
	기술·가정/정보	생활과학 탐구
	제2외국어/한문	
	교양	인간과 철학, 인간과 심리, 교육의 이해, 보건
융합 선택	수학, 사회, 과학	사회문제 탐구, 윤리문제 탐구, 기후변화와 지속가능한 세계, 기후변화와 환경생태
	체육·예술	스포츠 생활1, 스포츠 생활2, 음악과 미디어, 미술과 매체
	기술·가정/정보	생애 설계와 자립, 아동발달과 부모
	제2외국어/한문	
	교양	

추천 도서 목록

- 그림책 수업 대백과 261, 좋아서 하는 그림책 연구회 외, 카시오페아
- 선생님, 오늘 체육 뭐해요?, 성기백, 학토재
- 초등영어교육, 박선호 외, 경문사
- 놀이를 적용한 초등 영어 수업, 김영미, 미래와경영
- 학급경영, 관계로 풀어가다, 이규배 외, 바른북스
- 생태환경 수업, 어떻게 시작할까, 전국초등국어교과모임 우리말가르침이, 푸른칠판
- 초등 놀이토론, 이인희 외, 애플씨드북스
- 선생님을 위한 챗GPT 수업 지침서, 심민정 외, NE능률
- 아이들은 모험으로 자란다, 최관의, 보리출판
- 학교에서 생긴 일, 김지연 외, 인싸이트
- 한 권으로 끝내는 초간단 월간 교실 놀이, 김혜정, 교육과학사
- 다정한 교실을 만드는 유니버설 디자인, 아베 도시히코 외, 한국교육정보연구원

- 교사와 학생, 행복한 수업을 만나다, 함혜성 외, 북랩
- 감사일기장, 정종진, 인싸이트
- 인간 역사 교육과 어린이 교육, 박재순, 나눔사
- 초등 인공지능 수업 첫걸음, 초등 인공지능 교육 연구회 C.I.A, 비상교육
- 초등 논어 수업, 이도영, 비비투(VIVI2)
- 질문하고 답하기, 김정완 외, 이담북스
- 변화의 시대 초등교육을 논하다, 경인교육대학교 교육연구원, 지식과감성
- 교사, 교육전문가로 성장하다, 하건예, 행복한 미래
- 정동 중심 쓰기 교육, 김은지, 미래엔
- 함께 책을 읽으며 친구 마음에 공감하는 자존감 수업, 이보경, 우리교육
- 신세계 초등 과학 수업, 이완석 외, 우리교과서
- 초등 수업 디자인, 김병섭, 지식프레임
- 아이들과 함께 걷는 초등교사, 전소영, 토크쇼

학교생활 TIPS

- 전공과 관련 있는 다양한 진로 활동(초등교사 인터뷰, 초등교육과 탐방, 교육 관련 직업 탐색)에 참여하여 새롭게 알게 된 사실이나 느낀 점을 중심으로 자신의 진로 역량을 키우도록 합니다.
- 교육 관련 동아리를 만들어 멘토링 및 교육 관련 프로젝트를 진행하고, 이를 통해 다양한 지식을 효율적으로 전달할 방법을 습득합니다.
- 언어, 수학, 영어, 사회, 과학뿐만 아니라 체육, 음악, 미술 및 교양 과목 모두 두루두루 좋은 성적이 필요합니다. 다양한 교과 발표 및 프로젝트에 적극 참여하여 갈등 관리나 리더십, 문제 해결 능력 등 초등 교사에게 필요한 역량이 학교생활기록부에 기록될 수 있도록 합니다.
- 자기주도성, 나눔, 배려, 책임감, 갈등 관리, 협동심, 관계 지향성, 경험의 다양성, 학업 역량, 성실성, 의사소통 능력, 문제 해결 능력 등이 학교생활기록부에 기록될 수 있도록 성실히 학교생활을 하는 것을 추천합니다.

273

컴퓨터교육과

학과소개

컴퓨터는 눈부신 발전을 거쳐 현대 사회를 구성하는 핵심으로 자리 잡게 되었고, 모든 학문 분야에서 다양하게 사용되고 있습니다. 2018학년도부터 중학교 '정보' 교과는 지식·정보 사회를 올바르게 이해하고, 정보 사회 구성원으로서의 정보 윤리의식, 정보 보호 능력, 정보 기술 활용 능력 등 정보 문화 소양을 갖추며, 컴퓨터 과학의 기본 개념과 원리를 바탕으로 실생활 및 다양한 학문 분야의 문제를 창의적으로 해결하는 컴퓨팅 사고력을 기르기 위한 필수 교과가 되었습니다.

이에 컴퓨터교육과는 21세기 정보화 사회에 대비하여, 미래의 컴퓨터 교육을 주도할 정보 컴퓨터 담당 교사의 양성을 교육 목표로 합니다. 컴퓨터 교육과에서는 체계적인 컴퓨터 이론과 실습을 통하여 전문적인 전공 지식과 중등학교 교사로서의 갖추어야 할 투철한 사명감, 교수 학습 이론과 실무를 학습합니다.

컴퓨터교육과는 '정보 문화'와 '자료와 정보' 영역에서 정보 사회 구성원으로서 갖추어야 할 기본 소양을 증진시키는 데 중점을 두고, '문제 해결과 프로그래밍', '컴퓨팅 시스템' 영역에서 컴퓨터 과학을 토대로 한 실생활 및 다양한 학문 분야의 문제 해결 능력 신장에 중점을 두고 있습니다.

개설대학

- 가톨릭관동대학교
- 국립공주대학교
- 성균관대학교
- 국립순천대학교
- 신라대학교
- 국립경국대학교
- 제주대학교
- 한국교원대학교 등

관련학과

- 컴퓨터과학과
- 컴퓨터학과
- 컴퓨터학부
- 컴퓨터IT학과
- 컴퓨터·소프트웨어공학과
- 컴퓨터·정보보호학부
- 정보융합학부
- 응용소프트웨어학과
- 정보컴퓨터공학부 인공지능전공
- 컴퓨터정보공학부(컴퓨터소프트웨어전공)
- 컴퓨터학부(글로벌소프트웨어융합전공)
- 컴퓨터정보공학부
- AI융합학부(컴퓨터공학전공) 등

진출분야

기업체	학습지 및 교재 개발 업체, 교구 개발 업체, 학원, 컴퓨터 관련 기업, 벤처 기업, 금융·소프트웨어·게임·모바일 웹 개발 업체, IT 정보 보안 회사, 통신사, 전자 상거래 업체 등
정부 및 공공 기관	국공립 중등학교, 국방부, 전산직 공무원 등
연구 기관	한국전자통신연구원, 한국인터넷진흥원, 국가보안기술연구소, 소프트웨어정책연구소 등

진출직업

- 중등학교 교사 (정보·컴퓨터)
- 네트워크관리자
- 데이터베이스개발자
- 변리사
- 시스템소프트웨어개발자
- 웹마스터
- 웹프로그래머
- 응용소프트웨어개발자
- 정보시스템운영자
- 컴퓨터보안전문가
- 디지털포렌식수사관 등

취득가능 자격증

- 중등학교 교사 (정보·컴퓨터)
- 평생교육사
- 멀티미디어콘텐츠제작전문가
- 사무자동화산업기사
- 전자계산기조직응용기사
- 정보관리기술사
- 정보기기운용기능사
- 정보처리기능사
- 정보처리기사
- 정보처리산업기사
- 컴퓨터시스템응용기술사
- 워드프로세서
- 전산회계운용사
- 전자상거래관리사
- 컴퓨터활용능력
- 데이터분석전문가
- 반도체설계기사
- 전파전자통신기사
- 임베디드SW개발전문가 등

학과 주요 교과목

기초 과목	교육과 인터넷, 기본프로그래밍, UNIX입문, 컴퓨터교육개론, 인터넷윤리, 시스템프로그래밍, 객체지향프로그래밍, 논리회로, 컴퓨터수업설계 및 연습, 컴퓨터교육과정론, 비주얼프로그래밍, 인터넷시스템, 자료구조 등
심화 과목	교육용멀티미디어, 데이터통신기술, 데이터베이스알고리즘, 컴퓨터구조, U-Learning의 이해, 교육용소프트웨어개발, 인터넷서버구축론, 객체지향소프트웨어개발, 컴파일러, 컴퓨터교과과정개발, 컴퓨터교과교육론, 소프트웨어공학, 컴퓨터그래픽스, 운영체제, 프로그래밍언어론, 네트워크운영관리, 인공지능, 분산처리개론, 정보시스템, 컴퓨터보안 등

학과 인재상 및 갖추어야 할 자질

- 새로운 분야를 개척하여 인터넷과 멀티미디어 분야의 미래를 이끌고자 하는 학생
- 기초 수학 능력을 갖춘, 첨단 정보 시대에 관심이 많은 학생
- 컴퓨터 분야에 대한 관심과 활용 및 응용 능력을 겸비한 학생
- 공학 및 과학의 기초 지식을 바탕으로 논리력과 창의성을 갖춘 학생
- 컴퓨터에 대한 제반 지식과 기능을 다루는 데 필요한 흥미를 느낀 학생
- 소프트웨어 응용을 위한 창의적인 발상과 새로운 분야에 대한 호기심이 많은 학생
- 첨단 기술 및 정보 매체를 활용하여 자기 주도적 학습 능력을 배양하려는 자세를 가진 학생

학과 관련 선택 과목

※ 국어, 영어 교과는 모든 학문의 기초적인 성격을 가진 도구교과로 모든 학과에 이수가 필요하여 생략함.

공통 과목		공통국어1,2, 공통수학1,2, 공통영어1,2, 한국사1,2, 통합사회1,2, 통합과학1,2, 과학탐구실험1,2
수능 필수		화법과 언어, 독서와 작문, 문학, 대수, 미적분Ⅰ, 확률과 통계, 영어Ⅰ, 영어Ⅱ, 한국사, 통합사회, 통합과학, 성공적인 직업생활(직업)
일반 선택	수학, 사회, 과학	대수, 미적분Ⅰ, 확률과 통계, 현대사회와 윤리, 물리학
	체육·예술	
	기술·가정/정보	기술·가정, 정보
	제2외국어/한문	
	교양	
진로 선택	수학, 사회, 과학	기하, 미적분Ⅱ, 인공지능 수학, 윤리와 사상, 인문학과 윤리, 전자기와 양자, 물질과 에너지
	체육·예술	
	기술·가정/정보	로봇과 공학세계, 인공지능 기초, 데이터 과학
	제2외국어/한문	
	교양	인간과 철학, 인간과 심리, 교육의 이해
융합 선택	수학, 사회, 과학	수학과제 탐구, 사회문제 탐구, 윤리문제 탐구, 융합과학 탐구
	체육·예술	
	기술·가정/정보	창의 공학 설계, 지식 재산 일반, 소프트웨어와 생활
	제2외국어/한문	
	교양	

추천 도서 목록

- 디지털 교과서 만들기, 강경욱 외. 지노
- 구름 속의 학교, 수가타 미트라. 다봄교육
- 컴퓨팅 사고와 정보과학, 한국비버챌린지(Bebras Korea), 생능출판
- 챗GPT 수업에서 바로 써먹는 컴퓨터 및 AI 활용, 황우현 외, 광문각출판 미디어
- IT 시스템의 정석, 이시구로 나오키 외, 비제이퍼블릭
- entry를 활용한 피지컬컴퓨팅과 코딩 교육, 임미숙, 도서출판 홍릉(홍릉과학출판사
- R로 쉽게 시작하는 빅데이터 분석, 이안용 외, 광문각출판미디어
- 인공지능 수업 혁명, 신정, 포르체
- 소프트웨어 교육론, 정영식 외, 씨마스21
- 챗GPT: 마침내 찾아온 특이점, 반병현, 생능북
- 4차 산업혁명 문제는 과학이야, 박재용, MID
- 짜릿짜릿 전자회로 DIY 플러스, 인사이트, 팔스 플랫

- 바이오테크 시대, 제러미 리프킨, 전영택 역, 민음사
- 한국의 IT 천재들, 유한준, 북스타
- 누구나 아는 나만 모르는 교육 활용 IT, 이성원 외, 미래와경영
- 소프트웨어 교육 방법, 한선관, 생능출판사
- 세상을 여는 컴퓨터 이야기, 오일석, 인피니티북스
- 알고리즘 리더,, 마이크 월시, 방영호 역, 알파미디어
- 컴퓨팅 사고와 문제해결, 천인국 외, 인피니티북스
- 손에 답하는 데이터통신, 임석구, 한빛아카데미
- 그림으로 공부하는 IT 인프라 구조, 야마자키 야스시, 김완섭 역, 제이펍
- 생각하지 않는 사람들, 니콜라스 카, 최지향 역, 청림출판
- 그림으로 배우는 프로그래밍 구조, 마스이 도시카츠, 김성훈 역, 영진닷컴
- 1억 배 빠른 양자 컴퓨터가 온다, 니시모리 히데토시, 신상재 역, 로드북
- 교사 어떻게 되었을까?, 한승배, 캠퍼스멘토

학교생활 TIPS

- 컴퓨터 교육을 전공하기 위해서는 좋은 성적을 유지하는 것이 중요하며, 특히 과학과 수학, 정보 교과 성적을 상위권으로 유지하도록 합니다. 정보 교과 활동을 통해 지식의 폭을 확장하고 있음이 학교생활기록부 교과 세부 능력 및 특기사항에 기록될 수 있도록 적극적으로 수업에 참여합니다.
- 전공과 관련 있는 다양한 진로 활동(컴퓨터교사 인터뷰, 컴퓨터교육과 탐방, 교육 관련 직업 탐색)에 참여하여 새롭게 알게 된 사실이나 느낀 점을 중심으로 자신의 진로 역량을 키우도록 합니다. 또한 대학에서 주관하는 컴퓨터 관련 캠프나 컴퓨터 관련 분야의 적극적인 진로 탐색 경험을 추천합니다.
- 자신이 경험한 지식을 주변에 전달하는 멘토링 봉사 또는 다문화 가정

학생, 장애인 대상 봉사 활동 등 다양한 계층의 사람을 만나 생각을 공유할 수 있는 봉사에 적극적으로 참여합니다.
- 과학 탐구 동아리, 공학 동아리, 코딩 동아리 및 학습 멘토링 동아리 활동을 적극 권장합니다.
- 프로그래밍, 정보 통신, 4차 산업혁명 분야와 관련된 독서를 권장합니다.
- 자기주도성, 경험의 다양성, 학업 역량, 성실성, 책임감, 리더십, 분석력, 의사소통 능력, 문제 해결 능력, 나눔과 배려, 갈등 관리, 비판적 사고 등이 학교생활기록부에 기록될 수 있도록 성실히 학교생활을 하는 것을 추천합니다.

274

특수교육과

학과소개

특수교육학은 지적 기능, 사회적 기술, 의사소통, 감각 기능 또는 신체 기능 중에서 한 가지 이상 결함이 있어 학습과 사회 활동에 어려움이 있는 아동과 학생들을 특별한 방법과 서비스로 교육시켜, 사회 구성원으로 당당히 설 수 있도록 하는 방법을 연구하는 학문입니다.

장애인은 신체적, 정서적으로 어려움이 있는 사람들이기 때문에 비장애인과 똑같은 교육을 받기에 힘든 면이 있습니다. 일반 교육을 받기 곤란한 시각장애아, 청각장애아, 지체부자유아, 언어장애아 등에게 그들의 특성에 맞는 교육을 제공하여, 장애를 효과적으로 극복하고 사회에 잘 적응할 수 있도록 해야 합니다.

특수교육과는 인간의 존엄성에 대한 실천적·응용적 접근을 중시합니다. 장애인이 지닌 가능성과 강점에 관심을 가지고 더불어 사는 사회를 실현함으로써 그들이 만족스러운 삶을 살아갈 수 있도록 도와주는 학과입니다.

개설대학

- 가야대학교
- 가톨릭대학교
- 국립공주대학교
- 나사렛대학교
- 단국대학교
- 대구대학교
- 백석대학교
- 부산대학교
- 부산장신대학교
- 세한대학교
- 순천향대학교
- 우석대학교
- 이화여자대학교
- 인제대학교
- 조선대학교
- 국립창원대학교
- 한국교원대학교
- 중부대학교 등

관련학과

- 특수교육과(중등특수교육)
- 특수교육과(초등특수교육)
- 특수교육과(중등특수교육전공)
- 특수교육과(유아특수교육)
- 특수교육과(초등특수교육전공)
- 중등특수교육과
- 초등특수교육과
- 유아특수교육과 등

진출분야

기업체	병원 부설 치료실 및 상담실, 언론사, 교구 개발 업체 등
정부 및 공공 기관	중고등학교, 교육공무원, 특수교육 장학사 및 장학관, 장애인복지관, 한국장애인고용공단, 각 지역 종합사회복지관, 한국장애인복지시설협회, 한국장애인단체총연합회 등
연구 기관	특수교육 관련 연구 기관, 특수교육지원센터, 장애우권익문제연구소, 한국발달장애인가족연구소, 발달장애교육치료연구소, 한국장애인개발원, 한국뇌발달연구소, 재활공학연구소 등

진출직업

- 특수 교사
- 교육공무원
- 특수교육장학사
- 특수교육 관련 기업종사자
- 사회복지사
- 특수교육교구개발자
- 방송PD
- 기자 등

취득가능 자격증

- 특수학교 정교사 2급(이수 과목에 따라 유아특수교육, 초등특수교육, 중등특수교육으로 구분)
- 언어재활사
- 청능사
- 사회복지사 등

학과 주요 교과목

기초 과목	교육학개론, 생리학개론, 심리학개론, 사회복지학개론, 언어발달과 지도, 교육사회학, 교육심리학, 특수유아론, 유아특수교육개론, 영유아발달, 장애아행동지원 및 중재, 언어병리학개론, 재활학개론, 청각학개론, 발달심리학, 언어발달 등
심화 과목	시각장애아교육, 정신지체아교육, 특수교육과 철학, 학습장애아교육, 정서장애아교육, 물리·작업치료, 중증중복장애아교육, 장애유아과학교육, 지체장애유아교육, 정서·행동장애유아교육, 장애아심리, 시각장애유아교육, 장애유아응용행동분석, 언어장애진단 및 평가, 언어진단 훈련, 학습장애언어치료, 대뇌생리학, 신경언어장애 등

학과 인재상 및 갖추어야 할 자질

- 학생의 발달적 특성과 인성적 특성을 이해할 줄 아는 학생
- 교육 현장에 대해 관심과 이해를 가진 학생
- 장애아에 대한 사랑과 투철한 소명 의식을 가진 학생
- 봉사 정신과 희생정신이 투철하고, 교육자적 자질과 사명감이 있는 학생
- 어떠한 상황에서도 침착하게 자기 통제를 하는 능력과 인내심을 가진 학생
- 생각하지 못한 일에도 당황하지 않고 항상 침착하게 행동할 수 있는 자기 통제 능력을 갖춘 학생
- 특수교육 및 교육 현장 전반에 대한 관심과 비판 능력을 갖춘 학생
- 교육 변화에 능동적으로 대처할 수 있는 창의적인 사고력과 정보 활용 능력을 갖춘 학생

학과 관련 선택 과목

※ 국어, 영어 교과는 모든 학문의 기초적인 성격을 가진 도구교과로 모든 학과에 이수가 필요하여 생략함.

공통 과목		공통국어1,2, 공통수학1,2, 공통영어1,2, 한국사1,2, 통합사회1,2, 통합과학1,2, 과학탐구실험1,2
수능 필수		화법과 언어, 독서와 작문, 문학, 대수, 미적분Ⅰ, 확률과 통계, 영어Ⅰ, 영어Ⅱ, 한국사, 통합사회, 통합과학, 성공적인 직업생활(직업)
일반 선택	수학, 사회, 과학	사회와 문화, 현대사회와 윤리
	체육·예술	체육1, 체육2, 음악, 미술, 연극
	기술·가정/정보	
	제2외국어/한문	
	교양	
진로 선택	수학, 사회, 과학	윤리와 사상, 인문학과 윤리
	체육·예술	운동과 건강, 스포츠 문화, 음악 연주와 창작, 미술 창작
	기술·가정/정보	
	제2외국어/한문	
	교양	인간과 철학, 인간과 심리, 교육의 이해, 보건
융합 선택	수학, 사회, 과학	사회문제 탐구, 윤리문제 탐구, 기후변화와 지속가능한 세계
	체육·예술	스포츠 생활1, 스포츠 생활2
	기술·가정/정보	생애 설계와 자립, 아동발달과 부모
	제2외국어/한문	
	교양	논술

추천 도서 목록

- 특수교사, 수업을 유리하다! 학급경영 편, 정명철, 교육과학사
- 나는 특수교사다, 한경화, 교육과학사
- 특수교사119, 원재연, 에듀니티
- 에밀, 장자크 루소(문경자), 생각정거장
- 격려하는 선생님, 이해중, 학지사
- 딥스, 버지니아 M. 액슬린, 주정일 역, 샘터
- 자폐 부모교육2, 김붕년, 학지사
- 경계선 지능 아동의 정서사회성, 정하나 외, 이담북스
- 특수교육교사를 위한 교직실무, 강창욱, 학지사
- 특수아동교육, 이소현 외, 학지사
- 조음·음운장애, 신혜정 외, 학지사
- 언어치료학 개론, 곽미영 외, 학지사
- 사회성을 키워 주는 사고력 훈련, 김선경 외, 학지사

- 특수교육학개론, 양명희 외, 북앤정
- 느린 학습자를 위한 문해력, 박찬선, 학교도서관저널
- 개별화교육프로그램, 조윤경 외, 공동체
- 언어치료사가 말하는 자폐, ADHD 부모상담서, 이명은, 율도
- 인지행동놀이치료 워크북 125가지 활동, Lisa Weed Phifer 외, 학지사
- 자폐 완벽 지침서, 앨런 로젠블라트 외, 서울의학서적
- 말소리장애, 김수진 외, 시그마프레스
- 특별한 소통법 서포트북, 다카하시 미카와, 마음책
- 발달장애 & 그레이 존 아이의 미래는 초등 6년에 결정된다, 이노우에 마사히코, 이담북스
- 발달장애 아동을 위한 미술치료 가이드북, 박성혜 외, 피와이메이트
- 문제행동 한방에 마스터하기, 한윤선 외, 팔성문화사
- 특수교육철학의 관점, 방성혁, 교육과학사

학교생활 TIPS

- 교과에 대한 이해를 바탕으로 자신이 이해한 내용을 발표하고, 멘토링을 하는 활동에 적극 참여하며, 자신의 구체적인 수업 참여 내용과 그로 인해 변화된 사항이 학교생활기록부에 나타나도록 합니다.
- 전공과 관련 있는 다양한 진로 활동(특수교사 인터뷰, 특수교육과 남방, 교육 관련 직업 탐색)에 참여하여 새롭게 알게 된 사실이나 느낀 점을 중심으로 자신의 진로 역량을 키우도록 합니다.
- 장애인과 어울리고 함께하는 일이 적성에 맞는지 경험해 보고, 자신이 왜 특수교사가 되어야 하는지에 대해서도 고민해 봅니다.

- 장애인 복지관, 노인 복지관 등에서 봉사를 경험해 보고, 자신에게 적합한 봉사 활동을 찾아봅니다. 특히 멘토링 봉사와 교육 관련 봉사를 통해 다양한 역량을 기를 것을 권장합니다.
- 자기주도성, 나눔, 배려, 책임감, 갈등 관리, 관계 지향성, 경험의 다양성, 학업 역량, 성실성, 책임감, 리더십, 분석력, 의사소통 능력, 문제 해결 능력 등이 학교생활기록부에 기록될 수 있도록 성실히 학교생활을 하는 것을 추천합니다.

275

한문교육과

학과소개

한자 문화권에 속한 우리나라에서는 오늘날 국제화, 세계화 시대를 맞이하여 우리의 전통문화를 계승 발전시켜 나가기 위한 과정으로서 한문 교육의 중요성이 더욱 강조되고 있습니다.

20세기 초에 이르기까지 우리나라의 지적·문화적 성과의 대부분은 한문으로 기록되었기 때문에, 이들을 정리·번역·연구하는 것은 다양한 학문 분야에 기여하는 바가 클 뿐 아니라 지금 우리의 사유와 문화를 풍요롭게 하는 자산을 제공하는 소중한 작업입니다.

한문교육과에서는 한문교육에 관한 전반적인 지식과 이론 체계를 폭넓게 전달하고, 한문 고전의 올바른 이해를 이끌어내고자 합니다. 그리고 전통 문화와 민족정신의 창조적 계승과 함께 새로운 가치관, 문화를 형성하는 한문 교육을 담당하는, 전문성을 갖춘 한문 교사의 양성을 교육 목표로 하고 있습니다.

개설대학

- 강원대학교
- 계명대학교
- 국립공주대학교
- 단국대학교
- 성균관대학교
- 성신여자대학교
- 영남대학교
- 원광대학교
- 전주대학교 등

진출직업

- 중등학교 교사(한문)
- 연구원
- 한문관련출판사종사자
- 언론인
- 학원 강사
- 고전번역가
- 서예사
- 동양서전문번역자
- 한문고전리라이터 등

관련학과

- 한문학과
- 중국어교육과
- 중국어학과
- 국어교육과
- 국문학과 등

취득가능 자격증

- 중등학교 정교사 2급(한문)
- 평생교육사
- 한자능력검정시험
- 한자한문지도사 등

진출분야

기업체	대기업, 금융 기관, 언론사 등
정부 및 공공 기관	국공립 중등학교, 한국교육과정평가원, 국가평생교육진흥원, 한국교육방송공사, 한국직업능력개발원, 교육공무원, 대사관, 무역·수출입 관련 공공 기관 등
연구 기관	한국학중앙연구원, 한국국학진흥원 등의 한문 문헌 전문 연구원, 한국고전번역원, 한국교육개발원, 인문 과학 연구소 등

학과 주요 교과목

기초 과목	서예, 기초한문, 한문학개론, 한자문화권의 이해, 자기이해 및 한문교육진로탐색, 사서입문, 한문문법교육론, 한자교육방법론, 고전해석방법론, 경서강독, 한국학문학사, 한시교육론, 금석서예, 한국고전신화읽기, 경서해석연습 등
심화 과목	경전교수학습지도법, 한문교과교육론, 한문논리 및논술, 중국역사산문, 중국문학사, 한국경학강의, 역대산문선독, 한문교과교재연구 및 지도법, 한시특강, 한문학사특강, 한국한문소설강독, 산문교육론, 시화강독, 한중고사원문선독, 한문산문특강, 한문고전강독, 고전번역과 사상 등

학과 인재상 및 갖추어야 할 자질

- 우리나라 전통문화에 관심이 있는 학생
- 중고등학교 교과 범위 내에서의 한문 해독에 많은 흥미를 느끼고 있는 학생
- 중국어, 일본어 등 한자 문화권 언어에 소질이 있는 학생
- 교사로서의 학생에 대한 애정, 교육에 대한 애정, 정직성, 리더십을 갖추고 있는 학생
- 누군가를 가르치고 지도하는 것에 흥미가 있는 학생
- 한문(고전)에 대한 기초 지식과 실제 언어 능력을 갖춘 학생
- 시대 변화에 능동적으로 대응하는 창조적 지성을 갖춘 학생
- 각 나라의 문학, 철학, 예술 등 다양한 분야에 관심을 가진 학생

학과 관련 선택 과목

※ 국어, 영어 교과는 모든 학문의 기초적인 성격을 가진 도구교과로 모든 학과에 이수가 필요하여 생략함.

공통 과목		공통국어1,2, 공통수학1,2, 공통영어1,2, 한국사1,2, 통합사회1,2, 통합과학1,2, 과학탐구실험1,2
수능 필수		화법과 언어, 독서와 작문, 문학, 대수, 미적분Ⅰ, 확률과 통계, 영어Ⅰ, 영어Ⅱ, 한국사, 통합사회, 통합과학, 성공적인 직업생활(직업)
일반 선택	수학, 사회, 과학	사회와 문화, 현대사회와 윤리
	체육·예술	
	기술·가정/정보	
	제2외국어/한문	한문
	교양	
진로 선택	수학, 사회, 과학	동아시아 역사 기행, 윤리와 사상, 인문학과 윤리
	체육·예술	
	기술·가정/정보	
	제2외국어/한문	한문 고전 읽기
	교양	인간과 철학, 인간과 심리, 교육의 이해
융합 선택	수학, 사회, 과학	역사로 탐구하는 현대 세계, 사회문제 탐구, 윤리문제 탐구
	체육·예술	
	기술·가정/정보	
	제2외국어/한문	언어생활과 한자
	교양	

추천 도서 목록

- 사자성어를 알면 문해력이 보인다, 신성권, 하늘아래
- 동봉 스님의 천자문 공부, 동봉스님 역, 도반
- 이야기로 배우는 부수한자, 손인욱 외, 이비락
- 선생님 한자책, 전광진, 속뜻사전교육출판사(LBH교육출판사)
- 한국과 중국의 디지털인문학 연구, 단국대학교 한문교육연구소 엮음, 문예원
- 한문교사, 논문을 읽다, 백광호 외, 교육과학사
- 공자가 들려주는 지혜, 이민형, 도반
- 이이화의 한문 공부, 이이화, 역사비평사
- 이조한문단편집, 이우성, 창비
- 한자로 이해하는 문화인류학, 장이칭, 김태성 역, 여문책
- 강의: 나의 동양고전 독법, 신영복, 돌베개
- 삶의 지혜 한문 공부, 한원식, 해드림출판사
- 한번은 한문 공부, 정춘수, 부키

- 한문 독해 기본 패턴, 동양고전정보화연구소 고전 교육연구실, 전통문화연구회
- 한문을 바로 알자, 천명일, 지혜의 나무
- 한문 해석 사전, 김원중, 휴머니스트
- 생활과 한문, 남기택, 북스힐
- 고전으로 읽는 고사성어 인문학, 최종준, 비움과소통
- 청소년을 위한 이야기 동양사상, 김경일, 바다출판사
- 공자 평전, 장세후 역, 쾅야밍, 연암서가
- 생활 속의 고사성어, 생활한자교육회, 브라운힐
- 중용, 자사, 윤지산 역, 지식여향
- 부모가 함께읽는 사자소학, 이민형, 도반
- 학예연구사가 알려주는 한문 해석의 비밀: 중용 편, 우승하, 좋은땅
- 삶의 지혜 한문 공부, 한원식, 해드림출판사

학교생활 TIPS

- 한문교육을 전공하는 데 기본이 되는 언어, 한문 교과 성적을 상위권으로 유지하고, 전통 문화 및 문학에 관해 관심을 가지고 지식을 확장하는 것이 중요합니다. 학업능력, 탐구력, 의사소통 능력 등이 학교생활기록부 교과 세부능력 및 특기사항에 기록될 수 있도록 자기주도적으로 수업에 참여합니다.
- 전공과 관련 있는 다양한 진로 활동(한문교사 인터뷰, 한문교육과 탐방, 교육 관련 직업 탐색)에 참여하여 새롭게 알게 된 사실이나 느낀 점을 중심으로 자신의 진로 역량을 키우도록 합니다. 한문교육과 관련된 전공을 탐색하기 위한 전공 캠프나 진로 박람회, 체험 등의 다양한 활동을 추천합니다.

- 다문화 가정 학생 또는 학급의 친구들에게 자신이 알고 있는 것을 알려주는 멘토링 봉사를 권장하며, 이러한 활동을 통해 타인을 이해하고 눈높이를 맞출 수 있는 능력과 상대방의 요구에 공감할 수 있는 능력을 함양하고, 그 과정이 학교생활기록부에 나타나도록 합니다.
- 교육 동아리 및 전통문화 동아리 활동을 권장하며, 인문학, 고전, 철학, 문화, 사회 등 인문적 소양과 기본적 지식을 함양할 수 있는 독서를 권장합니다.
- 성실성, 책임감, 의사소통 능력, 문제 해결 능력, 갈등 관리, 공감 역량 등이 학교생활기록부에 기록될 수 있도록 성실하게 학교생활을 할 것을 추천합니다.

276

화학교육과

학과소개

화학교육과는 새로운 화학 교육의 방향을 연구할 수 있도록 화학 교과와 관련한 전문 지식을 제공하여 화학 교육 전공 교사를 양성하는 학과입니다.
화학은 물질의 구성 성분, 구조 및 성분을 다루는 순수 과학으로서, 다른 응용 분야의 밑거름이 되어 인류 문명의 발전에 큰 역할을 담당하고 있기 때문에 화학의 중요성은 날로 증대되어 가고 있으며, 이에 화학 교육을 담당하는 의욕적인 화학 교육자의 양성은 매우 중요한 교육 목표입니다.
따라서 화학교육과에는 화학의 제 분야인 물리 화학, 유기 화학, 분석 화학, 무기 화학, 생화학을 비롯하여 화학 외의 다른 과학 분야인 물리학, 생물학, 지구과학에 걸친 제반 강좌도 개설되어 강의와 실험 및 연구가 진행되고 있습니다. 화학교육과는 급변하는 화학에 대한 지식을 교수하는 방법을 익히고 활용할 수 있으며, 학생의 발달 특성과 인성적 특성을 이해하는, 교사로서 품성과 자질을 갖춘 전인적 교육인을 양성하고자 합니다.

개설대학

- 경북대학교
- 경상국립대학교
- 국립공주대학교
- 대구대학교
- 부산대학교
- 서울대학교
- 국립순천대학교
- 전남대학교
- 조선대학교
- 충북대학교
- 한국교원대학교 등

진출직업

- 중등학교 교사(화학)
- 대학 교수
- 연구원
- 과학시험원
- 과학관 큐레이터
- 과학학습지 및 교재개발자
- 학원 강사
- 과학 강사
- 출판물기획자
- 과학PD 등

관련학과

- 화학과
- 화학공학과
- 화학부
- 화학생물공학부
- 화학신소재학과
- 화학·코스메틱스학과
- 화학생명공학과
- 화학생명분자과학부
- 화학·에너지융합학부
- 화학공학·신소재공학부 등

취득가능 자격증

- 중등학교 정교사 2급(화학)
- 평생교육사
- 바이오화학제품제조산업기사
- 생물공학기사
- 화공기사
- 화공기술사
- 화약류제조기사
- 화약류제조산업기사
- 화학분석기능사
- 화학분석기사 등

진출분야

기업체	학습지 및 교재 개발 업체, 교구 개발 업체, 과학 학원, 방송국, 출판사, 언론사 등
정부 및 공공 기관	중고등학교, 한국교육학술정보원, 한국장학재단, 한국과학창의재단, 각 지역 과학기술원, 각 지역 국립과학관, 국가평생교육진흥원, 한국교육개발원, 교육과정평가원 등
연구 기관	국가과학기술연구회, 각 지역 과학기술원, 한국나노기술원, 한국과학기술원, 한국과학기술연구원, EBS 미래교육연구소 등

학과 주요 교과목

기초 과목	교육학개론, 교육심리학, 교육사회학, 교육과정 및 평가, 교육행정, 화학 및 실험, 유기화학, 유기화학실험, 화학교육론, 물리화학, 물리화학실험, 무기화학, 무기화학실험, 과학논리 및 논술, 화학교육교수법 등
심화 과목	화학열역학, 분석화학, 화학평형, 화학수학, 화학실험조작법, 화학교육평가, 분석화학실험 II, 무기화학실험 II, 화학교육과정, 환경화학, 유기분광화학, 기기분석화학, 물리화학연습, 화학결합론, 합성유기화학, 4차산업과 과학교육, 배위화학 등

학과 인재상 및 갖추어야 할 자질

- 자연 현상과 원리에 대한 관심이 있고, 이를 이해하려는 호기심이 많은 학생
- 예비 교사로서 과학적 사고와 타인에 대한 이해력 및 지도력을 갖춘 학생
- 과학이 기술과 사회의 발전에 미치는 영향력을 인식하고 이에 대한 책임감과 윤리의식을 갖춘 학생
- 독서, 논술 교육, 환경 교육, 에너지 교육, 과학 탐구 및 실험, 발명 등에 관심을 가진 학생
- 자연 현상과 주변 사물의 과학적 탐구를 통하여 과학의 기본 개념을 이해하려고 노력하는 학생
- 21세기 과학 기술 사회에 능동적으로 대처할 수 있는 학생
- 화학 및 화학 교수법에 대한 지적 호기심 및 화학 탐구 능력이 뛰어난 학생

학과 관련 선택 과목

※ 국어, 영어 교과는 모든 학문의 기초적인 성격을 가진 도구교과로 모든 학과에 이수가 필요하여 생략함.

공통 과목		공통국어1,2, 공통수학1,2, 공통영어1,2, 한국사1,2, 통합사회1,2, 통합과학1,2, 과학탐구실험1,2
수능 필수		화법과 언어, 독서와 작문, 문학, 대수, 미적분 I, 확률과 통계, 영어 I, 영어 II, 한국사, 통합사회, 통합과학, 성공적인 직업생활(직업)
일반 선택	수학, 사회, 과학	대수, 미석분 I, 확률과 통계, 물리학, 화학, 생명과학, 지구과학
	체육·예술	
	기술·가정/정보	정보
	제2외국어/한문	
	교양	생태와 환경
진로 선택	수학, 사회, 과학	기하, 미적분 II, 물질과 에너지, 화학 반응의 세계, 세포와 물질대사, 생물의 유전
	체육·예술	
	기술·가정/정보	
	제2외국어/한문	
	교양	논리와 사고, 교육의 이해, 보건
융합 선택	수학, 사회, 과학	수학과제 탐구, 기후변화와 지속가능한 세계, 기후변화와 환경생태, 융합과학 탐구
	체육·예술	
	기술·가정/정보	
	제2외국어/한문	
	교양	논술

추천 도서 목록

- 수상한 화학책, 이광렬, 블랙피쉬
- 화학 혁명, 사이토 가쓰히로, 그린북
- 무섭지만 재밌어서 밤새 읽는 화학 이야기, 사마키 다케오, 더숲
- 노벨상을 꿈꿔라 9, 이충환 외, 동아엠앤비
- 다시 보는 과학 교과서, 곽수근, 포르체
- 줌달의 일반화학, Steven S. Zumdahl, 사이플러스
- 앳킨스의 물리화학, Peter Atkins 외, 사이플러스
- 오늘도 화학?, 오타 히로미치, 시프
- 생활속의 화학, John L Hogg, 사이플러스
- 미래를 읽다 과학이슈 11 Season 15, 한상욱 외, 동아엠앤비
- 개념, 용어, 이론을 쉽게 정리한 기초 화학 사전, 다케다 준이치로, 그린북
- 하리하라의 과학 24시, 이은희, 비룡소
- 청소년을 위한 위대한 과학 고전 25권을 1권으로 읽는 책, 김성근, 빅피시

- 내가 에너지를 생각하는 이유, 이필렬 외, 나무를심는사람들
- 원자의 춤, 이명식, 자유아카데미
- 곽재식의 유령 잡는 화학자, 곽재식, 김영사
- 과학, 재미가 먼저다, 장인수, 포르체
- 10대가 알아야 할 핵의 역사, 문경환, 나무야
- 천재들의 과학노트 2: 화학, 캐서린 쿨렌, 지브레인
- 원자력, 무엇이 문제일까?, 김명자, 동아엠앤비
- 그래서 과학자는 단위가 되었죠, 김경민, 다른
- 오늘은 유전자가위, 김응빈, 다른
- 단번에 개념 잡는 에너지, 박순혜 외, 다른
- 카툰과학: 화학1,2, 한재필 외, 어진교육
- 교사, 넌 오늘도 행복하니, 서화영, 구름학교

학교생활 TIPS

- 자연 계열 필수 교과인 수학, 과학 교과 성적을 상위권으로 유지하고, 관련 교과 시간에 학업능력, 탐구력, 문제 해결 능력 등이 학교생활기록부 교과 세부능력 및 특기사항에 기록될 수 있도록 자기주도적으로 수업에 참여합니다.
- 전공과 관련 있는 다양한 진로 활동(화학교사 인터뷰, 화학교육과 탐방, 교육 관련 직업 탐색)에 참여하여 새롭게 알게 된 사실이나 느낀 점을 중심으로 자신의 진로 역량을 키우도록 합니다.
- 독서, 논술 교육, 환경 교육, 에너지 교육, 과학 탐구 및 실험, 발명 동아리에서 다양한 아이디어 제시 활동에 적극 참여할 것을 권장합니다.

- 자신이 경험한 과학적 지식을 주변에 전달하는 멘토링 봉사 또는 다문화 가정 학생, 장애인 대상 봉사 등 다양한 계층의 사람을 만나 생각을 공유할 수 있는 봉사 활동에 적극적으로 참여합니다.
- 과학 관련 많은 이슈들에 대한 관심을 가지고 자연, 공학 일반 관련 독서 및 신문 읽기 활동을 지속적으로 할 것을 권장합니다.
- 자기주도성, 경험의 다양성, 학업 역량, 성실성, 책임감, 리더십, 분석력, 의사소통 능력, 문제 해결 능력, 나눔과 배려, 갈등 관리, 비판적 사고 등이 학교생활기록부에 기록될 수 있도록 성실히 학교생활을 하는 것을 추천합니다.

277

환경교육과

학과소개

지구 환경 문제는 현세대와 차세대의 모든 지구인이 지구 환경에 대한 올바른 가치관을 가지고 올바른 해결 방안을 실천할 때 해결 가능하며, 이에 따른 환경 교사의 필요성이 절실히 요구되고 있습니다. 그리고 그 요구는 앞으로도 계속해서 증가할 전망입니다.

환경교육과는 생태계에 대한 종합적 지식을 습득하고 올바른 가치관을 정립하여 환경 교육인으로서의 자질을 배양하고, 환경 오염에 관한 자연 과학적 지식을 습득하여 환경 오염의 예방과 처방에 기여할 수 있는 환경 교사와 환경 교육 전문 인력을 양성하는 학과입니다.

환경교육과에서는 환경 교사와 환경 교육 전문인이 변화하는 미래 사회에 능동적으로 대처할 수 있도록 학교와 사회의 환경 교육 현장에서 요구되는 교육 프로그램의 개발 능력, 수업 지도 능력, 정보 통신 활용 능력, 상담 지도 능력 등과 같은 제반 실무 능력의 함양을 교육 목표로 하고 있습니다.

개설대학

- 국립공주대학교
- 국립목포대학교
- 국립순천대학교
- 한국교원대학교 등

관련학과

- 과학교육학과
- 수학교육학과
- 가정교육학과
- 환경공학과
- 환경보건과학과
- 환경보건학과
- 환경생명공학과
- 환경생태공학부
- 환경융합학부
- 대기환경과학과
- 바이오환경과학과
- 바이오환경에너지학과
- 생명환경화학과
- 생물환경학과
- 생물환경화학과
- 지구환경과학과
- 환경에너지공학과
- 환경학및환경공학과
- 환경·에너지공학부 환경안전전공
- 화공생명.환경공학부 환경공학전공
- 환경재료과학과
- 대기환경과학과

진출분야

기업체	학습지 및 교재 개발 업체, 교구 개발 업체, 과학 학원, 방송국, 출판사, 언론사, 환경 전문 엔지니어링 업체, 환경 전문 시공 업체, 환경 오염 물질 분석 업체, 폐수 및 폐기물 처리 업체, 환경 영향 평가 업체 등
정부 및 공공 기관	중고등학교, 대학, 환경부, 한국환경공단, 한국수자원공사, 한국가스공사, 한국수력원자력, 한국전력공사, 국립공원공단, 국립생태원, 한국환경산업기술원, 수도권매립지관리공사, 한국상하수도협회, 환경보전협회, 국립생물자원관 등
연구 기관	국립환경과학원, 한국과학기술연구원, 기업의 환경 분석 연구소 등

진출직업

- 중등학교 교사(환경)
- 환경부 및 지방 환경청 공무원
- 일반기업체 대기·수질·폐수처리·소음·진동 분야 환경관리인
- 엔지니어
- 연구원 등

취득가능 자격증

- 중등학교 정교사 2급(환경)
- 평생교육사
- 농림토양평가관리산업기사
- 대기관리기술사
- 대기환경기사
- 대기환경산업기사
- 생물분류기사
- 소음진동기사
- 소음진동기술사
- 소음진동산업기사
- 수질관리기술사
- 수질환경기사
- 수질환경산업기사
- 온실가스관리기사
- 온실가스관리산업기사
- 자연생태복원기사
- 자연생태복원산업기사
- 자연환경관리기술사
- 토양환경기사
- 토양환경기술사
- 폐기물처리기사
- 폐기물처리기술사
- 폐기물처리산업기사
- 환경기능사
- 환경위해관리기사 등

학과 주요 교과목

기초 과목	환경철학, 환경학개론, 기초환경화학 및 실험, 환경위생학, 수질환경학, 환경교과교육론, 환경생태학, 환경교과교재 및 연구법, 환경교과논리 및 논술 등
심화 과목	토양환경학, 대기환경학, 환경화학, 환경교육교수학습방법, 환경사회학, 지속가능발전교론론, 환경보건학, 환경교육평가방법, 공업과 환경, 환경기본통계, 소음진동학, 자원과 폐기물관리학, 환경분석실험, 환경정책과 법, 환경독성학, 사회환경교육현장실습, 해양환경학 등

학과 인재상 및 갖추어야 할 자질

- 사회, 경제, 문화 등과 환경의 관계성을 이해하려고 노력하는 학생
- 기초 과학 지식을 쌓는 데 관심이 많고, 우리 사회의 환경 개선에 적용하도록 노력하는 학생
- 문제를 파악하고 이에 대한 최적의 답안을 도출하는 논리적 사고 체계를 가진 학생
- 어려운 문제에 도전하고 목표를 성취하는 학생 학생을 가르치는 것에
- 흥미와 애정을 가진 학생
- 자연환경에 대한 분석력과 체계적인 사고 능력을 갖춘 학생
- 삶의 질과 가치를 생각하면서 한 차원 더 높은 수준의 삶에 관심과 호기심을 보이는 학생
- 인간과 자연, 인간과 인간의 배려와 상생을 위해 봉사할 수 있는 능력을 갖춘 학생

학과 관련 선택 과목

※ 국어, 영어 교과는 모든 학문의 기초적인 성격을 가진 도구교과로 모든 학과에 이수가 필요하여 생략함.

공통 과목	공통국어1,2, 공통수학1,2, 공통영어1,2, 한국사1,2, 통합사회1,2, 통합과학1,2, 과학탐구실험1,2	
수능 필수	화법과 언어, 독서와 작문, 문학, 대수, 미적분Ⅰ, 확률과 통계, 영어Ⅰ, 영어Ⅱ, 한국사, 통합사회, 통합과학, 성공적인 직업생활(직업)	
일반 선택	**수학, 사회, 과학**	세계시민과 지리, 사회와 문화, 현대사회와 윤리, 물리학, 화학, 생명과학, 지구과학
	체육·예술	
	기술·가정/정보	기술·가정, 정보
	제2외국어/한문	
	교양	생태와 환경
진로 선택	**수학, 사회, 과학**	한국지리 탐구, 물질과 에너지, 화학 반응의 세계, 세포와 물질대사, 생물의 유전, 지구시스템과학
	체육·예술	
	기술·가정/정보	생활과학 탐구, 데이터 과학
	제2외국어/한문	
	교양	인간과 철학, 인간과 심리, 교육의 이해
융합 선택	**수학, 사회, 과학**	사회문제 탐구, 윤리문제 탐구, 기후변화와 지속가능한 세계, 기후변화와 환경생태, 융합과학 탐구
	체육·예술	
	기술·가정/정보	
	제2외국어/한문	
	교양	

추천 도서 목록

- 지구를 살리는 자원순환 환경수업, 박숙현, 한언
- 미세먼지, 어떻게 해결할까?, 이충환, 동아엠앤비
- 지구 생활자를 위한 핵, 바이러스, 탄소 이야기, 김경태 외, 단비
- 십 대가 꼭 알아야 할 기후변화 교과서, 이충환, 더숲
- 궁금해! 지구를 살리는 미래과학 수업, 박재용, 청어람미디어
- 제인 구달, 윤해윤, 나무처럼
- 지구를 살리는 생태 환경 활동 대백과, 엘렌 라이차크, 봄나무
- 기후위기 행동사전, 김병권 외, 산현재
- 청소년을 위한 위대한 과학 고전 25권을 1권으로 읽는 책, 김성근, 빅피시
- 그대로 멈춰라, 지구 온난화, 허창회, 풀빛
- 사계절 생태 환경 수업, 지구하자 초등환경교육연구회 저자(글), 지식프레임
- 이산화탄소의 변명, 김기명, 현북스
- 지구를 살리는 업사이클링 환경놀이, Eco STEAM 연구회, 테크빌교육
- 메타버스 환경교육 프로젝트 for 에듀테크, 박찬, 다빈치북스

- 지금 시작하는 나의 환경수업, 홍세영, 테크빌교육
- 기후위기 시대의 환경교육: 세 학교 이야기, 남미자, 학이시습
- 생태환경교육을 만나고 실천하다, 조현서, 지식터
- 논쟁하는 환경교과서, 김찬미, 씨아이알
- 학교, 생명을 노래하다, 학교환경교육사업단, 우리교육
- 생태시민을 위한 동물지리와 환경이야기, 한준호, 롤러코스터
- 뜨거운 지구 열차를 멈추기 위해, 장미정, 한울림
- 미래를 위한 새로운 생각, 마야 괴펠, 나무생각
- 환경인문학과 인류의 미래, 김옥동, 나남출판
- 생태적 전환, 슬기로운 지구 생활을 위하여, 최재천, 김영사
- 반다나 시바, 상처받은 지구를 위로해, 최형미, 탐
- 생태환경수업, 어떻게 시작할까, 전국초등국어교과모임우리말가르침이, 푸른칠판

학교생활 TIPS

- 자연 계열 필수 교과인 수학, 과학 교과 성적을 상위권으로 유지하고, 관련 교과 시간에 학업능력, 탐구력, 문제 해결 능력, 의사소통 능력 및 갈등 관리 역량 등이 학교생활기록부 교과 세부능력 및 특기사항에 기록될 수 있도록 자기주도적으로 수업에 참여합니다.
- 전공과 관련 있는 다양한 진로 활동(환경교사 인터뷰, 환경교육과 탐방, 교육 관련 직업 탐색)에 참여하여 새롭게 알게 된 사실이나 느낀 점을 중심으로 자신의 진로 역량을 키우도록 합니다.
- 환경 관련 동아리 및 환경 단체에 가입하여 환경 개선을 위해 다양한 아이디어를 제시하는 활동에 적극 참여합니다.

- 자연과의 공존과 배려에 대하여 생각할 수 있는 다양한 봉사 활동에 적극 참여합니다.
- 인문학, 철학, 역사, 사회 문제에 대한 인문적 소양을 함양할 수 있는 독서, 자연, 공학 일반 분야의 독서, 지속적인 신문 읽기 등을 권장합니다.
- 자기주도성, 경험의 다양성, 학업 역량, 성실성, 책임감, 리더십, 분석력, 의사소통 능력, 문제 해결 능력, 나눔과 배려, 갈등 관리, 비판적 사고 등이 학교생활기록부에 기록될 수 있도록 성실히 학교생활을 하는 것을 추천합니다.

PART

계약학과&특성화학과 53개 학과

CONTRACT & SPECIALIZATION MAJOR

각 계열별 학과 게재 순서는 '가나다' 순

* 희망하는 대학의 교육과정이나 관련자료에 따라 다를 수 있으니 유의하시기 바랍니다.

278

EICC학과

학과소개

EICC(English for International Conferences and Communication)학과는 국제회의 통·번역 커뮤니케이션 학과로 한국외대가 대표해 온 영어통번역학과의 계보를 이어 국제적 안목을 갖춘 전문가 양성을 목표로 2015년에 새로이 설립되었습니다. 우수한 통번역 실무능력을 바탕으로 국제교류의 중앙 무대에서 활약할 수 있는 인재, 국제관계에 대한 실무적인 이해를 바탕으로 영어를 능숙하게 구사하고 국위 선양에 이바지할 글로벌 커뮤니케이션 전문가, 영미 지역 및 문화에 대한 이해와 통찰을 바탕으로 다양한 국제영역을 넘나들 수 있는 인재의 양성을 교육의 목표로 합니다. 학과의 거의 모든 수업은 21세기 국제화 시대의 요구에 부응하기 위해 영어로 진행되고 있습니다. 또한 최근의 학문 추세에 발맞추어 실용적 의사소통을 중시하되, 관련 이론 및 학문적 소양을 충분히 습득할 수 있도록 교육과정을 체계적으로 구성하였습니다.

한국외국어대학교 EICC학과는 교육부 대학 인문 역량 강화 사업(CORE)에 선정된 학과로 급변하는 직업세계를 반영한 최첨단 커리큘럼을 제공합니다. 교육과정은 국제회의 및 전문 통역, 전문 번역, 글로벌 커뮤니케이션, 이(異)문화소통 등의 전공 세부영역으로 나누어져 있습니다. 국제회의 통역사나 유명 전문번역사 등으로 구성된 훌륭한 강사진, 전문통번역 아르바이트 제공, 다양한 장학금, 영어 대학 동문 특강 등 많은 혜택을 제공합니다.

 ## 개설대학

- 한국외국어대학교

 ## 관련학과

- 국제학부(영어학전공)
- 글로벌커뮤니케이션학부
- 영미문학·문화학과
- 응용영어통번역학과
- 영어통번역학부
- 영미문화계
- 영미문화학과
- 영어영문학과
- 영어영문학부
- 영어영문학전공
- 글로벌지역문화학과(영미문화전공)
- 영미인문학과 등

진출분야

기업체	대기업의 국제업무 담당, 외국계 기업(국제협력, 해외영업, 국외마케팅 등), 국내 방송사, 신문사, 은행, 증권회사, 보험회사, 법조계 등
정부 및 공공 기관	각종 정부 부처, 공기업(국회사무처, 코트라, 한국수출입은행, 외신대변인실, 언론중재위원회, 신용보증기금, 산업통상자원부, 한국발명진흥회 등)에서의 해외 업무 담당 등
연구 기관	통번역 관련 연구소, 대학 내 연구소 등

 ## 진출직업

- 프리랜서 번역가
- 국제회의 통역사
- 출판번역전문가
- 문학번역가
- 기자(방송, 신문)
- 아나운서
- 변호사
- 대학 교수
- 중등학교 교사(영어) 등

취득가능 자격증

- 중등학교 정교사 2급(영어)
- FLEX 영어
- OPIC
- TOEIC
- TOEFL
- TEPS
- SEPT
- G-TELP
- 각종 번역능력인증시험 등

 ## 학과 주요 교과목

1학년	English for International Conferences, Foundations of Interpreting and Translation Presenting in English, Discussion & Debate, Prose & Paragraphs, English for International Communication, Essay Writing
2학년	English for Negotiations, Translation Theory & Practice, English-Korean Consecutive Interpreting, English-Korean Translation, Korean-English Translation, Public Speaking, Public Writing
3학년	Issues in International Relations, Global English Perspectives, Culture & Language, Culture & Media Translation, Literary Translation, Korean-English Consecutive Interpreting, Advanced English-Korean Consecutive Interpreting, Advanced English-Korean Translation, Underanding Story Structures for Translation, Career Development, Legal English, Understanding Digital Media for Translation
4학년	Translation Studies Capstone Design, Advanced English Reading for Translation, Advanced Korean-English Consecutive Interpreting, Advanced Korean-English Translation, T&I Practicum, Translation and Korean Culture Capstone Design

학과 인재상 및 갖추어야 할 자질

- 영어, 불어, 스페인어 등 언어 과목에 대한 관심과 지식을 갖춘 학생
- 국제관계 및 영미 지역·문화에 대한 이해와 흥미를 지닌 학생
- 영어-한국어 통번역에 적성과 자질을 갖추고 적극성을 겸비한 학생
- 독서를 즐겨 하고 글쓰기에 소질이 있으며 외국어 습득에 재능이 학생
- 자신의 생각을 논리적으로 전달할 수 있는 언어적 감각이 있는 학생
- 국제적 안목과 통번역 능력을 갖춘 국제커뮤니케이션 전문가가 되고 싶은 학생

학과 관련 선택 과목

※ 국어, 영어 교과는 모든 학문의 기초적인 성격을 가진 도구교과로 모든 학과에 이수가 필요하여 생략함.

공통 과목		공통국어1,2, 공통수학1,2, 공통영어1,2, 한국사1,2, 통합사회1,2, 통합과학1,2, 과학탐구실험1,2
수능 필수		화법과 언어, 독서와 작문, 문학, 대수, 미적분Ⅰ, 확률과 통계, 영어Ⅰ, 영어Ⅱ, 한국사, 통합사회, 통합과학, 성공적인 직업생활(직업)
일반 선택	수학, 사회, 과학	세계시민과 지리, 세계사, 사회와 문화, 현대사회와 윤리
	체육·예술	
	기술·가정/정보	
	제2외국어/한문	제2외국어
	교양	
진로 선택	수학, 사회, 과학	동아시아 역사기행, 정치, 법과 사회, 경제
	체육·예술	
	기술·가정/정보	
	제2외국어/한문	제2외국어 회화, 심화 제2외국어
	교양	인간과 철학, 인간과 심리
융합 선택	수학, 사회, 과학	여행지리, 사회문제 탐구, 윤리문제 탐구
	체육·예술	
	기술·가정/정보	
	제2외국어/한문	제2외국어 문화
	교양	

추천 도서 목록

- 거의 모든 묘사 표현의 영어, 최주연, 사람in
- 빌 브라이슨 언어의 탄생, 빌 브라이슨, 유영
- 동시통역 영어회화, 제이플러스 기획편집부, 제이플러스
- 통역의 바이블, 임종령, 길벗이지톡
- 원서, 읽, 힌, 다, 강주헌, 길벗이지톡
- 생각을 키우는 번역학 수업, 이상빈, 한국외국어대학교 지식출판콘텐츠원
- 한영 번역, 이럴 땐 이렇게: 실전편, 조원미, 이다새
- 노트테이킹 핵심기술, 이상빈, 한국문화사
- 번역의 일, 데이비드 벨로스, 메멘토
- 영어와 세계, 최은영, 북코리아
- 영문학 인사이트, 박종성, 렛츠북
- 번역, 그까짓 것?, 송영규, 좋은땅
- 번역전쟁, 이희재, 궁리

- 오역사전, 안정효, 열린책들
- 현대사회와 미디어커뮤니케이션, 한국언론정보학회, 한울아카데미
- 위험커뮤니케이션의 쟁점과 과제, 송해룡, 한국학술정보
- 글로벌 시대의 문화 간 커뮤니케이션, 문영인, 한국문화사
- 설득 커뮤니케이션의 이해와 활용, 김정현, 커뮤니케이션북스
- 외교는 감동이다, 유복근, 하다
- 국제분쟁, 무엇이 문제일까?, 김미조, 동아엠앤비
- 세계는 왜 싸우는가, 김영미, 김영사

학교생활 TIPS

- EICC 학과의 기본이 되는 영어, 제2외국어, 국어, 사회·문화 교과 성적을 상위권으로 유지하고, 정규 교과 수업 시간을 통해 전공과 관련된 역량을 기르기 위해 자발적으로 노력한 과정이나 태도, 역량 발휘 경험 등이 학교생활기록부 교과 세부능력 및 특기사항에 기록되도록 하는 것이 좋습니다.
- 학교 교육계획에 의한 행사 활동, 수련 활동 및 학년·학급 단위로 진행되는 활동(독서 토론, 모의 법정, 리더십, 창의성 교육, 환경 교육)에서 자발성과 자율성, 적극성, 대인 관계, 공동체 의식, 리더십 등이 드러날 수 있도록 적극적으로 참여하는 것이 중요합니다.
- 학교 정규동아리(번역동아리, TED 강연연구반, 미드감상반, Voice Of America뉴스청취반, 영자신문반) 활동을 추천하고, 이를 통해 전공에 대한 열정과 관심이 특정 결과물로 이어지는 과정을 경험하고, 활동을 통해 새롭게 배우고 성장한 점들이 나타나는 것이 좋습니다.
- 자신의 능력을 나누어줄 수 있는 다양한 교내 봉사활동(급식 도우미, 사서 도우미, 영어 교과 학습 도우미, 영미권 문화 알리미 등)의 참여를 통해 타인을 위해 헌신하는 모습을 나타내는 것이 중요합니다.
- 통번역 관련 연구소나 출판사, 기업의 해외 담당 부서 탐방, 통번역 관련 직업 탐색 및 직업인 특강, 영어 관련 학과 탐방 등 전공 관련 진로 활동 참여를 통해 지원 전공에 대한 올바른 이해, 관심과 열정, 전공 적합성 등이 기록되는 것이 좋습니다.

학과소개

IT융합디자인공학과는 4차 산업혁명 시대를 선도할 창의적 인재 양성을 목표로, 디자인과 IT 기술을 융합하여 혁신적인 제품과 콘텐츠를 개발할 수 있는 역량을 키우는 학과입니다. 본 학과는 창의적 아이디어를 기술, 지식, 서비스와 결합하여 구현하는 데 필요한 핵심 역량을 교육하며, 인터랙티브 앱 개발, 웹 서비스 디자인, 영상디자인, 제품설계디자인 등 다양한 분야에서 실무 중심의 교육을 실시합니다. 이를 통해 학생들은 사용자 경험(UX)을 기반으로 한 설계와 제조 기술을 학습하고, 디자인 기획부터 구현까지 통합적인 능력을 함양합니다.

졸업생들은 창의적·융합형·실무형 인재로 성장하여 지능형 혁신 제품 개발, 디자인 기획 및 설계, 웹과 모바일 앱의 사용자 경험 개선 등 다양한 직무에서 활약할 수 있습니다. 또한, 사용자 니즈를 분석하여 제품과 인터페이스의 사용성을 개선하는 전문적 역할을 수행합니다. IT융합디자인공학과는 창의성과 기술의 융합을 통해 미래 산업을 주도할 인재를 양성하는 데 앞장서는 학과입니다.

개설대학

- 한국공학대학교 IT융합디자인공학과는 중소 중견기업의 경쟁력 강화를 위한 맞춤형 인재 양성과 지원자의 진학 욕구 및 조기 취업의 목적을 동시에 달성하는 청년 일자리 창출을 목적으로 하는 조기 취업형 계약학과로 3년 6학기제로 운영하는 학사과정입니다. 1학년 과정은 100% 학생 신분으로 교육비 전액을 정부 지원 받게 되며, 2학년 과정부터는 기업에서 근무하면서 학업을 병행하게 되며 2~3학년 동안 2년 교육비의 50%를 기업에서 부담하며 산업체에 필요한 교육과정을 이수합니다.

관련학과

- 건설공학부
- 건축설비공학과
- 건축설비시스템공학과
- 건축실내학과
- 건축공학전공
- 건축융복합학과
- 도시건축학부
- 건설공학부
- 융합건설시스템학과
- 건축시스템공학과
- 건축·토목·환경공학부
- 건축·해양건설융합공학
- 토목건축공학과 등

진출직업

- 제품디자이너
- 제품연구원
- 자동차인테리어
- 환경디자이너
- 실내디자이너
- 인테리어디자이너
- 무대디자이너
- 디스플레이디자이너
- 전시디자이너
- 디자인연구원
- 자동차디자이너
- 산업디자이너
- 시각디자이너
- 제품디자이너
- 캐릭터디자이너
- 컬러리스트 등

취득가능 자격증

- 게임그래픽전문가
- 시각디자인산업기사
- 제품디자인기사
- 제품응용모델링기능사
- 컴퓨터그래픽스운용기능사
- 컬러리스트산업기사
- 문화예술교육사
- 멀티미디어콘텐츠제작전문가
- 게임기획전문가
- 시각디자인기사
- 실내건축기사
- 웹디자인기능사 등

진출분야

기업체	국내외 기업의 디자인 경영 및 실무 담당 부서, 디자인 전문회사, 자동차 제조업체, 멀티미디어 업체, 이벤트업체, 게임·캐릭터 개발 업체, 공간 디자인 업체, 가구·조명 회사, 라이프스타일 디자인 업체, 방송국, 영화사, 잡지사, 디스플레이 디자인 사무소, 광고 기획사 등
정부 및 공공 기관	영화진흥위원회, 한국콘텐츠진흥원, 한국게임산업협회 등
연구 기관	디자인 관련 국가·민간 연구소 등

학과 주요 교과목

1학년	디자인론, 컨셉디자인, 2D 그래픽, 영상 편집디자인, 영상 편집디자인, CAD 도면, 디자인과 역학, 4차 산업혁명 비즈니스 전략, 디자인기획, 사진기법, 서비스 디자인 웹디자인 등
2학년	3D 그래픽 실수, GUI 디자인, 3D 모델링 응용, 창의 공학, 3D 애니메이션, 디자인방법론, 웹퍼블리싱, 제품상세설계, 영상디자인 실무, 공모전 전략 등
3학년	디자인 마케팅, IOT 제품개발, 모바일 콘텐츠 개발, 최적 디자인 설계, 동시공학, 인터렉션 디자인 실무, 제품 설계 실무 등

학과 인재상 및 갖추어야 할 자질

- 문제해결 능력과 소통 능력을 갖춘 창의적인 학생
- 평소 주변 사물이나 환경에 관심을 가지고 관찰하는 습관을 지닌 학생
- 다양한 분야의 예술과 사상을 접하여 기른 안목은 물론, 남다른 미적 감각과 감수성을 지닌 학생
- 끊임없는 호기심과 관찰력으로 새로운 아이디어를 잘 만들어 내는 학생
- 최종 작업물을 완성해 내는 끈질긴 근성과 꼼꼼함을 지닌 학생
- 사람들이 관심을 가지는 최신 트렌드를 파악하고, 디자인에 적용할 수 있는 학생

인문계열

사회계열

자연계열

공학계열

의약계열

예체능계열

교육계열

계약학과 & 특성화학과

학과 관련 선택 과목

※ 국어, 영어 교과는 모든 학문의 기초적인 성격을 가진 도구교과로 모든 학과에 이수가 필요하여 생략함.

공통 과목		공통국어1,2, 공통수학1,2, 공통영어1,2, 한국사1,2, 통합사회1,2, 통합과학1,2, 과학탐구실험1,2
수능 필수		화법과 언어, 독서와 작문, 문학, 대수, 미적분Ⅰ, 확률과 통계, 영어Ⅰ, 영어Ⅱ, 한국사, 통합사회, 통합과학, 성공적인 직업생활(직업)
일반 선택	수학, 사회, 과학	확률과 통계, 세계시민과 지리, 사회와 문화, 현대사회와 윤리
	체육·예술	미술
	기술·가정/정보	기술·가정, 정보
	제2외국어/한문	
	교양	
진로 선택	수학, 사회, 과학	인공지능 수학, 인문학과 윤리
	체육·예술	미술 창작, 미술 감상과 비평
	기술·가정/정보	로봇과 공학세계, 인공지능 기초, 데이터 과학
	제2외국어/한문	
	교양	인간과 심리
융합 선택	수학, 사회, 과학	윤리문제 탐구
	체육·예술	미술과 매체
	기술·가정/정보	창의 공학 설계, 지식 재산 일반, 소프트웨어와 생활
	제2외국어/한문	
	교양	

추천 도서 목록

- 문화콘텐츠 DNA 스토리텔링, 김헌식 외, 북코리아
- 문화콘텐츠 트렌드워치, 이동미 외, 북코리아
- 문화콘텐츠 인사이트, 권병웅 외, 생각나눔
- 네이버 밴드 제작 만들기 운영 마케팅 하는 방법과 개설 배우기 sns 홍보 광고 책 교재 학원강의보다 좋은 USB 강좌 교육, 액션미디어 편집부, 액션미디어
- 현대사회와 미디어커뮤니케이션, 한국언론정보학회, 한울아카데미
- 커뮤니케이션과 미디어의 이해, 이제영, 시간의물레
- 디지털트랜스포메이션 시대의 디지털마케팅 커뮤니케이션 전략, 김형택, 비제이퍼블릭
- 미디어 격차, 한국여성커뮤니케이션학회, 한울아카데미
- 미디어와 홍보, 송의호, 한국학술정보
- 디지털 디퍼런스, W. 러셀 뉴먼, 한울아카데미
- 디자인의 정석, 우에다 아키, 지경사
- 정보 디자인 교과서, 오병근 외, 안그라픽스
- 시각 커뮤니케이션의 기본 원리, 최알버트영, 북랩
- 3D 디자인모음집, 에코탑월드북 편집부, 에코탑월드북
- 플러스 알파디자인, 칼라존 편집부, 칼라존
- 깔끔한 그래픽디자인, 메가북 편집부, 메가북
- 디자인 레시피 표지 디자인, 달꽃 편집부, 달꽃
- 레이아웃 뷰: 아이디어와 형태, 마들북 편집부, 마들북
- 레이아웃 불변의 법칙 100가지, 베스 톤드로, 아트인북
- 디자인, 경영을 만나다, 브리짓 보르자 드 모조타 외, 유엑스리뷰
- 브랜드로 남는다는 것, 홍성태, 북스톤
- Fusion 360으로 디자인하는 나만의 굿즈 with 3D 프린팅, 노상균, 제이펍
- 3D 크리에이티브공공디자인의 건축물이미지, 워크디자인북 편집부, 워크디자인북
- 3D 인테리어디자인의 작품연구, 월드해피북스 편집부, 월드해피북스
- 3D프린터를 활용한 디자인모델링, 한석우 외, 지구문화
- 3D 멀티디자인 모음, 칼라존 편집부, 칼라존
- 멀티 비트맵 디자인, 칼라존 편집부, 칼라존
- 유니티로 배우는 게임 디자인 패턴, 데이비드 바론, 제이펍
- 게임 시스템 디자인 입문, 댁스 개저웨이, 책만

학교생활 TIPS

- 창의디자인학과와 관련이 깊은 국어, 미술, 정보 등의 교과에서 우수한 학업 성취를 올릴 수 있도록 하고, 각 수업 활동에 적극적으로 참여하여 학업 역량, 문제해결 능력, 전공 적합성 등이 학교생활기록부 교과 세부 능력 및 특기사항에 기록될 수 있도록 합니다.
- 전공과 관련 있는 다양한 진로 활동(디자인회사, 학과 탐방, 웹디자이너 인터뷰 등)에 참여하여 새롭게 알게 된 사실이나 느낀 점을 중심으로 자신의 진로 역량을 키우도록 합니다.
- 미술, 디자인, 만화, 광고, 영상 제작, 방송, 컴퓨터 등의 교내 동아리에서 디자인과 관련된 전시회, 공모전, 학교 축제 홍보물 만들기 등에 꾸준하게 참여하고, 자신의 주도적인 노력이 나타나도록 합니다.
- 학급이나 학생회의 임원, 학교 행사의 팸플릿 제작, 캠페인 활동, 환경 정화, 방과 후 미술 교실 등 학교 교육계획에 의해 진행되는 봉사활동이나 행사 활동, 수련 활동, 체험 활동에 적극적으로 참여하여 리더십, 배려하는 마음, 의사소통 능력, 협동심 등을 보이는 것이 중요합니다.
- 문학, 사회학, 예술학, 심리학, 역사학, 철학 등 폭넓은 분야의 독서를 통해 기본적인 소양을 키웁니다.
- 인성, 발전 가능성, 나눔과 배려, 학업 의지, 창의성 등 자신의 강점이 학교생활기록부 행동 발달 특성 및 종합 의견에 기록될 수 있도록 학교 생활에 성실하게 임합니다.

학과소개

하나의 게임을 제작하기 위해서는 기획해야 하고, 그래픽 디자이너도 필요하고, 사운드도 입혀야 하며, 프로그래밍도 개발해야 합니다. 게임소프트웨어학과는 이러한 게임 프로그래머를 양성하는 학과입니다.

호서대학교 게임소프트웨어학과는 창의적이고 협동할 수 있는 1인 게임 개발자 양성을 교육 목표로 합니다. 단순히 게임 관련 기술이 우수한 인재가 아니라 사람들 간의 다양한 관계를 이해하고 화합하는 인재를 만들기 위해 노력합니다. 게임소프트웨어학과는 게임 프로그래밍을 중심으로 게임기획과 테크니컬아트를 함께 수강할 수 있도록 운영하며, 프로젝트 협동 작업을 합니다. 1997년 전국 최초로 게임 관련 학과를 설립하여 이미 많은 졸업생이 국내외 유수한 게임회사들에서 팀장급 이상으로 활약하고 있습니다. 2020년 9월 17일 호서대학교 AI융합대학 게임소프트학과와 충남정보문화산업진흥원은 지역 인재 양성 및 기술협력을 위해 산학협력 협약을 체결했습니다. 충남정보문화산업진흥원 지역 게임 산업의 구심점이 될 '충남글로벌게임센터'에는 현재 16개의 중소게임 기업이 입주하여 있습니다. 충남글로벌센터와 호서대의 게임소프트웨어학과는 게임산업현장에 필요한 SW전문인력 양성과 기술협력을 통해 지역 게임산업의 구심점으로 자리매김하고 있습니다.

개설대학

- 호서대학교
- 계명대학교 등

관련학과

- 게임공학과
- 게임소프트웨어공학과
- 게임소프트웨어전공
- 게임소프트웨어학과
- 게임콘텐츠학과
- 게임학과
- 디지털게임공학과
- 게임콘텐츠학과
- 소프트웨어공학과
- 응용소프트웨어공학과
- 멀티미디어공학과
- 정보통신공학과
- 컴퓨터공학과 등

진출분야

기업체	게임 관련 회사(QA, 마케팅 영업직 등) 언론사, 게임개발 업체, ICT 관련 회사 등
정부 및 공공 기관	한국소프트웨어진흥원, 한국콘텐츠진흥원, 한국인터넷진흥원 등
연구 기관	ICT 관련 연구소 등

진출직업

- 게임 개발자
- 게임 프로그래머
- 게임 기획자
- 1인 인디 게임 개발자
- 게임 기자
- 마케팅
- 영업직
- 게임 기자
- 게임 PD
- 가상현실
- 증강현실 및 인공지능 분야의 개발자 및 연구원
- 게임시나리오작가
- 게임음악가
- 게임프로듀서
- 게임디렉터
- 비디오게임해설자
- 게임 마스터 등

취득가능 자격증

- 정보처리기사
- 게임프로그래머
- 정보처리산업기사
- 컴퓨터그래픽스운용기술사
- 게임기획전문가
- 게임그래픽전문가
- SCJP
- MCSD
- 전자계산조직응용기술자
- 전자계산기조직응용산업기사
- 전자계산기조직응용기사
- 반도체설계기사
- 전파전자기사
- 정보관리기술사
- 정보기술산업기사 등

학과 주요 교과목

1학년	컴퓨터프로그래밍 기초, 창의 프로그래밍입문 및 설계, 게임제작의 이해, 컴퓨터프로그래밍 심화, 게임수학, 2D게임 스크립트, 이미지 편집, 세계신화의 이해 등
2학년	자료구조, 게임디자인패턴, 게임알고리즘, 객체지향 프로그래밍, 게임개발기술응용, 게임제작기초및 실습, 3D게임제작 실습, 임프레임워크, 2D게임레벨디자인, 게임시스템디자인 등
3학년	게임엔진기초, 3D게임그래픽스 프로그래밍, 게임물리, 게임OS 및 DB, 3D그래픽모델링, 게임콘텐츠디자인, 고급게임엔진프로그래밍, 3D게임그래픽스 엔진개발, 게임인공지능 등
4학년	게임 알고리즘 실무, 고급게임서버 프로그래밍, 실감형콘텐츠제작(AR/VR), 게임마케팅, 고급게임서버 프로그래밍, 게임기술세미나, 졸업프로젝트 등

학과 인재상 및 갖추어야 할 자질

- 수학, 과학 등의 과목에 대한 관심과 지식을 갖춘 학생
- 사람들과 소통하며 협동할 수 있는 창의적인 학생
- 스토리를 재미있게 만들 수 있는 상상력과 언어적 감각이 있는 학생
- 게임에 관심이 많고 미래를 주도할 글로벌 역량을 갖춘 학생
- 정보화 시대에 능동적으로 대처하고 효과적인 의사 전달 능력을 지닌 학생

캠퍼스멘토 | 학과바이블

인문계열

사회계열

자연계열

공학계열

의약계열

예체능계열

교육계열

계약학과 & 특성화학과

학과 관련 선택 과목

※ 국어, 영어 교과는 모든 학문의 기초적인 성격을 가진 도구교과로 모든 학과에 이수가 필요하여 생략함.

공통 과목		공통국어1,2, 공통수학1,2, 공통영어1,2, 한국사1,2, 통합사회1,2, 통합과학1,2, 과학탐구실험1,2
수능 필수		화법과 언어, 독서와 작문, 문학, 대수, 미적분Ⅰ, 확률과 통계, 영어Ⅰ, 영어Ⅱ, 한국사, 통합사회, 통합과학, 성공적인 직업생활(직업)
일반 선택	수학, 사회, 과학	대수, 미적분Ⅰ, 확률과 통계, 세계사, 사회와 문화, 현대사회와 윤리, 물리학, 지구과학
	체육·예술	음악, 미술, 연극
	기술·가정/정보	기술·가정, 정보
	제2외국어/한문	
	교양	
진로 선택	수학, 사회, 과학	기하, 미적분Ⅱ, 경제, 윤리와 사상, 인문학과 윤리, 역학과 에너지, 전자기와 양자
	체육·예술	음악 감상과 비평, 미술 창작, 미술 감상과 비평
	기술·가정/정보	생활과학 탐구, 데이터 과학
	제2외국어/한문	
	교양	인간과 심리, 보건
융합 선택	수학, 사회, 과학	수학과제 탐구, 사회문제 탐구, 윤리문제 탐구, 융합과학 탐구
	체육·예술	
	기술·가정/정보	창의 공학 설계, 지식 재산 일반, 소프트웨어와 생활
	제2외국어/한문	
	교양	논술

추천 도서 목록

- 유니티로 배우는 게임 디자인 패턴, 데이비드 바론, 제이펍
- Do it! 첫 파이썬, 엘리스 코딩, 이지스퍼블리싱
- 슈퍼 패미컴, 마에다 히로유키, 삼호미디어
- 게임 테스팅, 찰스 슐츠, 에이콘출판
- 게임 법무 & 정책을 위한 게임법, 김윤명, 도서출판 홍릉
- 누구나 할 수 있는 유니티 2D 게임 제작, STUDIO SHIN, 제이펍
- 이득우의 게임 수학, 이득우, 책만
- 재미있는 게임 제작 프로세스, 리차드 르마샹, 영진닷컴
- 스테이블 디퓨전으로 만드는 게임 그래픽: 게임 캐릭터, 배경 생성부터 ChatGPT 연동까지, 크로노스 크라운 야나이 마사카즈, 한빛미디어
- 만들면서 배우는 40개의 엔트리 게임 + 인공지능 게임, 전진아, 앤써북
- 3ds Max 게임 캐릭터 디자인 2024, 김현, 프리렉
- 살아 있는 것은 모두 게임을 한다, 모시 호프먼, 김영사
- 게임 디자이너를 위한 문서 작성 기술, 주진영, 성안당
- 손쉬운 로블록스 게임 코딩, 잰더 브룸보, 에이콘출판
- 현업 기획자 마이즈가 알려주는 게임 기획 스쿨, 김현석, 초록비책공방

- 게임 인류, 김상균, 몽스북
- 나는 게임한다 고로 존재한다, 이동은, 자음과모음
- 게임법연구 1, 박종현, 정독
- 게임 디자인, 프로토타입 제작, 개발, 제레미 깁슨 본드, 에이콘출판
- 유한 게임과 무한 게임, 제임스 P. 카스, 마인드빌딩
- 캐주얼 게임, 예스퍼 율, 커뮤니케이션북스
- 프로젝트 기반으로 배우는 언리얼 엔진 5 게임 개발, 곤살로 마르케스, 에이콘출판
- 엔트리와 아두이노로 만나는 게임 학교, 로니킴, 영진닷컴
- 세상을 바꾼 게임들, 김동현, 스리체어스
- 게임 시스템 디자인 입문, 댁스 개저웨이, 책만
- 우리가 사랑한 한국 PC 게임, 장세용, 한빛미디어
- 유니티로 배우는 게임 디자인 패턴, 데이비드 바론, 제이펍
- 인공지능은 게임을 어떻게 움직이는가?, 미야케 요이치로, 이지스퍼블리싱
- 닌텐도 컴플리트 가이드: 컴퓨터 게임 편, 야마자키 이사오, 라의눈

학교생활 TIPS

- 게임소프트웨어 전공에 기본이 되는 수학, 정보 교과 성적을 상위권으로 유지하고, 정규 교과 수업 시간을 통해 전공에 대한 관심과 이해, 지원 전공에 대해 관심을 충족시키기 위해 노력한 과정, 학습을 수행하는 자발적인 의지와 태도, 전공 관련 역량 발휘 경험 등이 학교생활기록부 교과 세부능력 및 특기사항에 기록되도록 하는 것이 좋습니다.
- 학교 교육계획에 의한 행사 활동, 수련 활동 및 학년·학급 단위로 진행되는 활동(융합 교실, 독서 토론, 과학의 날, 리더십, 기업가정신, 창의성 교육, 환경 교육)에서 자발성과 자율성, 적극성, 대인 관계, 공동체 의식, 리더십 등이 드러날 수 있도록 적극적으로 참여하는 것이 중요합니다.
- 학교 정규 동아리(로봇, 공학, 융합, 컴퓨터, 과학 탐구 실험, 발명, 소프트웨어) 활동을 추천하고, 동아리 활동을 통해 전공에 대한 학문적 열정과

지적 관심, 새로운 아이디어 제안이 특정한 결과물로 이어지는 과정을 통해 배우고 느낀 점이 나타나는 것이 좋습니다.
- 학교생활 내에서도 자신의 능력을 나누어줄 수 있는 다양한 봉사 활동(컴퓨터 도우미, 방송 도우미, 학습 멘토링, 교통 지도, 교단 선진화 기자재 도우미) 참여를 통해 타인을 위해 헌신하는 모습을 나타내는 것이 중요합니다.
- 게임 개발 회사나 연구소 탐방, 직업 탐색 및 직업인 특강, 관련 학과 탐방, 게임 대회 관람 등 전공 관련 진로 활동 참여를 통해 지원 전공에 대한 올바른 이해와 열정, 자기주도적인 진로 설정 과정, 전공 적합성 등이 기록되는 것이 좋습니다.

281

게임·영상학과

학과소개

게임·영상학과는 ICT융합 콘텐츠 분야로 게임 엔진, 게임 제작 프로세스 지원 도구, 네트워크 기술, 영상 기술 등 다양한 첨단 기술과 마케팅, 시나리오 등 인문학적 요소를 결합한 엔터테인먼트 산업으로 즉시 업무가 가능한 게임·영상 산업인력 양성을 교육 목표로 합니다.

가천대학교 게임·영상학과는 2020년 교육부의 조기취업형 계약학과 선도대학 육성 사업에 선정되어 설립된 조기취업형 계약학과입니다. 미래 산업에 맞춘 유망 신산업 분야로 산·학·연을 통합하는 융·복합 교육과정으로 미래를 지향하고 최고를 추구하는 맞춤형 전문 인재를 양성합니다. 3년 만에 4년제 학사학위를 취득할 수 있으며, 졸업 이수 학점은 총 120학점으로 교양 30학점과 전공 90학점으로 구성됩니다. 게임프로그래밍, 영상그래픽, 프로듀싱에 대한 트랙별 기초, 심화, 실무단계로 설계된 교육과정을 구성하고, 각 분야에서 단계별 학습과 심화전공 교육을 진행합니다. 또한 정규학기에는 해당 트랙 전공 교과를 이수하고, 계절학기(여름, 겨울)에는 타 분야(프로그래밍, 그래픽)의 교과수업을 진행하여 융합인재 양성 지식 기반을 설계하고 있습니다. 참여기업으로는 ㈜넥스텝스튜디오, ㈜세시소프트, 비쥬얼다트㈜, ㈜나인아크, ㈜큐게임즈 등이 있습니다.

개설대학

- 가천대학교에 개설된 조기 취업형 계약학과로, 학생들은 3년 만에 학사학위를 취득합니다. 1학년 때에는 학생 신분으로 기업 맞춤형 교육과정에 따라 전공 교육을 실시하고, 입학과 동시에 취업이 보장됩니다. 2~3학년부터는 기업 현장에서 실무를 익히며, 낮에는 기업에서, 평일 야간 및 주말에는 학교에서 전공 심화 교육이 시행됩니다. 1학년 동안 100% 장학금을 지원하며 2학년과 3학년 동안 일과 학습을 병행하는데 기업으로부터 월급과 50% 이상의 학비 지원을 지원받습니다.

관련학과

- 게임멀티미디어전공
- 게임영상콘텐츠학과
- 게임영상공학전공
- 게임모바일공학전공
- 게임소프트웨어전공
- 게임·콘텐츠전공
- 게임디자인학과
- 만화게임영상전공 등

진출분야

기업체	모바일 H/W 및 S/W개발업체, 게임개발업체, 게임스튜디오, 게임기업 및 콘텐츠 관련 회사, 통신업체의 모바일사업부, 모바일 게임, 인터넷 및 컴퓨터관련업체, 방송국 등
정부 및 공공 기관	문화관광체육부, 한국문화정보원, 한국영상자료원, 한국콘텐츠진흥원 등
연구 기관	게임관련 연구기관, 모바일 및 정보통신 관련 민간기업연구소 등

진출직업

- 게임기획자
- 시스템운영관리자
- 웹프로그래머
- 컴퓨터게임프로그래머
- 게임프로듀서
- 미디어융합콘텐츠전문가
- 게임마케터
- 게임시나리오작가
- 테크니컬아티스트
- 콘텐츠기획자
- 게임캐릭터디자이너
- 모바일게임디자이너
- 웹디자이너
- 모션그래픽제작자
- 게임애니메이션 및 영상콘텐츠 개발자 등

취득가능 자격증

- 게임그래픽전문가
- 게임기획전문가
- 게임프로그래밍전문가
- 소프트웨어개발자
- 애니메이터
- 정보처리기사
- 전자계산기조직응용기사
- 3D모델러
- 멀티미디어콘텐츠제작전문가
- 디지털영상편집 등
- 게임기획전문가
- SCJP
- MCSD 등

학과 주요 교과목

1학년	Python기초, Python응용, 프로그래밍 SW활용(영상그래픽, 게임툴), 게임분석, 게임산업개론, 게임엔진, 고전게임의 이해, 게임스토리텔링, 게임플랫폼, 게임UI/UX, 기초공학설계 등
2학년	게임프로그래밍, 데이터베이스, 자료구조네트워크, 게임그래픽, 게임드로잉, 애니메이션, 영상그래픽툴, 게임기획, 게임운영, 문서작성법, 게임시나리오, 시스템프로그래밍, 모바일프로그래밍, 게임3D모델링, 게임알고리즘, 게임컨셉디자인, 게임특수효과, 심화게임프로그래밍, E-Sports, 게임 O.V 테스팅, 게임시스템기획, VR/AR 프로젝트 등
3학년	게임프로젝트, Serious Game 프로젝트, 기업연구 등

학과 인재상 및 갖추어야 할 자질

- 게임콘텐츠에 대한 흥미를 지니고, 기획력을 갖춘 학생
- 수학, 컴퓨터공학, 정보 과목에 대한 관심과 지식을 갖춘 학생
- 윤리의식을 갖추고 기술적, 예술적인 능력의 통합적인 소질을 지닌 학생
- 다양한 프로그램을 활용하여 영상으로 표현하고 제작하는 것에 흥미가 있는 학생
- 창의적인 사고력, 상상력을 갖추고, 아이디어를 논리적으로 표현할 수 있는 학생

학과 관련 선택 과목

※ 국어, 영어 교과는 모든 학문의 기초적인 성격을 가진 도구교과로 모든 학과에 이수가 필요하여 생략함.

공통 과목		공통국어1,2, 공통수학1,2, 공통영어1,2, 한국사1,2, 통합사회1,2, 통합과학1,2, 과학탐구실험1,2
수능 필수		화법과 언어, 독서와 작문, 문학, 대수, 미적분 I, 확률과 통계, 영어 I, 영어 II, 한국사, 통합사회, 통합과학, 성공적인 직업생활(직업)
일반 선택	수학, 사회, 과학	대수, 미적분 I, 확률과 통계, 세계사, 사회와 문화, 현대사회와 윤리, 물리학, 지구과학
	체육·예술	음악, 미술, 연극
	기술·가정/정보	기술·가정, 정보
	제2외국어/한문	
	교양	
진로 선택	수학, 사회, 과학	기하, 미적분 II, 경제, 윤리와 사상, 인문학과 윤리, 역학과 에너지, 전자기와 양자
	체육·예술	음악 감상과 비평, 미술 창작, 미술 감상과 비평
	기술·가정/정보	생활과학 탐구, 데이터 과학
	제2외국어/한문	
	교양	인간과 심리, 보건
융합 선택	수학, 사회, 과학	수학과제 탐구, 사회문제 탐구, 윤리문제 탐구, 융합과학 탐구
	체육·예술	음악과 미디어, 미술과 매체
	기술·가정/정보	지식 재산 일반
	제2외국어/한문	
	교양	논술

추천 도서 목록

- 게임의 심리학, 규리네, 루비페이퍼
- 0년차 게임 개발, 김다훈, 성안당
- 취업 가능한 게임 콘텐츠 기획, 한상신, 나우출판사
- 누구나 쉽게 시작하는 게임 디자인페이퍼 프로토타입, 이은정, 길벗캠퍼스
- 게임 속 역사 이야기, 사신청룡, 김동영, 디지털북스
- 신들린 게임과 개발자들, 김쿠만, 네오픽션
- 취업 가능한 게임 레벨 디자인 기획, 한상신, 나우출판사
- 시스템으로 풀어 보는 게임 디자인, 마이클 셀러스, 에이콘출판
- 게임보이 퍼펙트 카탈로그, 삼호미디어 편집부, 삼호미디어
- 도전을 즐기면 게임개발자, 이홍철, 토크쇼
- 유한 게임과 무한 게임, 제임스 P. 카스, 마인드빌딩
- 캐주얼 게임, 예스퍼 율, 커뮤니케이션북스
- 프로젝트 기반으로 배우는 언리얼 엔진 5 게임 개발, 곤살로 마르케스, 에이콘출판
- 엔트리와 아두이노로 만나는 게임 학교, 로니킴, 영진닷컴
- 세상을 바꾼 게임들, 김동현, 스리체어스

- 게임 시스템 디자인 입문, 댁스 개저웨이, 책만
- 우리가 사랑한 한국 PC 게임, 장세용, 한빛미디어
- 유니티로 배우는 게임 디자인 패턴, 데이비드 바론, 제이펍
- 인공지능은 게임을 어떻게 움직이는가?, 미야케 요이치로, 이지스퍼블리싱
- 닌텐도 컴플리트 가이드: 컴퓨터 게임 편, 야마자키 이사오, 라의눈
- 만들면서 배우는 40개의 엔트리 게임 + 인공지능 게임, 전진아, 앤써북
- 3ds Max 게임 캐릭터 디자인 2024, 김현, 프리렉
- 살아 있는 것은 모두 게임을 한다, 모시 호프먼, 김영사
- 게임 디자이너를 위한 문서 작성 기술, 주진영, 성안당
- 손쉬운 로블록스 게임 코딩, 잰더 브룸보, 에이콘출판
- 현업 기획자 마이즈가 알려주는 게임 기획 스쿨, 김현석, 초록비책공방
- 게임 인류, 김상균, 몽스북
- 나는 게임한다 고로 존재한다, 이동은, 자음과모음
- 게임법연구 1, 박종현, 정독
- 게임 디자인, 프로토타입 제작, 개발, 제레미 깁슨 본드, 에이콘출판

학교생활 TIPS

- 게임·영상학 전공에 기본이 되는 수학, 과학, 정보 교과 성적을 상위권으로 유지하고, 정규 교과 수업 시간을 통해 해당 전공에 대한 관심과 열정, 노력의 과정과 의미 있는 결과가 학교생활기록부 교과 세부능력 및 특기 사항에 기록되도록 하는 것이 좋습니다.
- 학교 교육계획에 의한 행사 활동, 수련 활동 및 학년·학급 단위로 진행되는 다양한 활동(기업가정신, 독서 토론, 모의 법정, 리더십, 창의성 교육, 환경 교육)에서 자발성과 자율성, 적극성, 대인 관계, 공동체 의식, 리더십 등이 드러날 수 있도록 적극적으로 참여하는 것이 중요합니다.
- 학교 정규 동아리(게임, 프로그래밍, 코딩, 알고리즘, 로봇, 공학, 영상 제작 등) 활동을 추천하고, 게임영상학에 대한 관심과 열정 등이 창의적인 결과물로 나타나도록 합니다. 동아리 활동을 통해 느낀 점이나 새롭게

알게 된 점을 제시하고, 그 과정에서 자신이 성장하는 모습을 드러내는 것이 중요합니다.
- 학교생활 내에서도 자신의 능력을 나누어줄 수 있는 다양한 봉사 활동(급식 도우미, 정보 교과 도우미, 학습 멘토링, 교통 지도, 교단 선진화 기자재 도우미) 참여를 통해 타인을 위해 헌신하는 모습을 나타내는 것이 중요합니다.
- 게임 관련 기업이나 게임회사 탐방, 프로그래머 직업 탐색, 게임 관련 학과 탐방 등 전공 관련 진로 활동 참여를 통해 지원 전공에 대한 올바른 이해와 열정, 자기주도적인 진로 설정 과정, 전공 적합성 등이 기록되는 것이 좋습니다.

282

골프산업학과

학과소개

사회 발달과 과학화에 힘입어 개인의 여가에 대한 중요성이 강조되고 있습니다. 여가의 한 수단으로서 스포츠를 접하는 사람들이 많아졌는데 골프 또한 그중 하나입니다. 최근 골프는 그 인기가 날로 상승하고 있으며, 가족 스포츠로 환영받고 있습니다.

대표적으로 경희대학교 골프산업학과는 골프 관련 실기와 이론을 병행할 수 있으며, 과학적이고 체계적인 교육을 통해 골프 산업 분야의 전문인을 양성하는 학과입니다. 교육과정은 크게 실기과목, 이론과목, 각종 실습 및 골프산업, 경영과목 등 네 개의 영역으로 나눌 수 있습니다. 학생들의 실기능력 향상을 위한 실기 수업뿐만 아니라 골프와 유관한 사업, 전문 경영 관련 수업, 골프선수 육성과 같은 이론 수업 등 전문 과목과 선택 과목의 폭넓은 수강 기회가 주어지고 있습니다. 1999년 개설된 이래 매년 경희대학교 총장배 중·고등학생 골프대회를 유치하고 있으며, 골프와 관련된 각 협회 및 타 해외 대학과의 활발한 교류를 통하여 골프 발전에 앞장서고 있습니다. 또한 재학 중에 세미프로, 투어프로, 골프산업 관련 자격증을 취득할 수 있도록 많은 지원을 하고 있습니다. 골프 프로, 지도자, 골프장 관리, 경영 등 크게 4가지 분야를 4년간 학습하며, 그 분야별 전문 교과목을 개설하여 골프산업현장에 부합한 현장 맞춤형 교육을 제공하는 데 그 목적이 있습니다.

개설대학

- 경희대학교
- 건국대학교(글로컬)
- 한라대학교
- 호서대학교 등

관련학과

- 골프학과
- 골프학전공
- 골프생활체육학과
- 골프학전공
- 국제스포츠학부 골프전공
- 체육학과
- 사회체육학과
- 스포츠산업학과
- 글로벌스포츠산업학부 등

진출직업

- 골프프로(티칭, 세미, 투어, 정프로)
- 골프장 시설 관리자
- 골프관련 사업의 경영인
- 골프코스 설계사
- 골프코스 및 잔디전문 관리사
- 골프장 및 용품점 경영
- 골프지도자 및 트레이너
- 프로캐디
- 캐디마스터
- 레저·스포츠 지도자
- 스포츠PD
- 스포츠에이전트
- 체육행정관리자
- 중등학교 교사(체육)
- 대학 교수 등

취득가능 자격증

- 세미프로
- 투어프로
- 티칭프로
- 프로캐디
- 클럽피팅
- 골프트레이너
- 생활체육 3급 지도사
- 전문스포츠지도사
- 생활스포츠지도사
- 스포츠경영관리사
- 골프지도자(레슨프로) 등

학과 주요 교과목

1학년	수상스포츠, 스키, 맨손체조, 전문실기 1/2, 육상, 스포츠와 컴퓨터1, 골프클럽제작과 피팅, 골프경기운영법, 골프룰 및 에티켓, 골프학개론, 토너먼트1 등
2학년	토너먼트1/2, 골프스윙실습 1/2, 골프산업, 골프장잔디관리학, 전문실기3/4, 인사조직 및 식음료 등
3학년	토너먼트3/4, 스포츠마케팅, 스포츠와 법, 독립심화학습 1/2(골프산업학과), 골프기술분석, 재정물류학, 골프룰판례, 골프장전문관리학, 골프멘탈훈련 등
4학년	골프지도법, 골프스윙실습2, 현장연수활동(골프산업학), 골프장설계·시공학, 골프장전문관리학2, 골프전문커리어개발, 골프전문피트니스, 토너먼트5/6, 골프룰판례 등

진출분야

기업체	기업체의 프로골프팀, 각 골프장, 컨트리클럽 경기과, 스포츠레저산업 관련 기업체, 사회체육단체, 스포츠경영 및 마케팅부서, 스포츠복지관련 서비스업체, 스포츠센터 등
정부 및 공공 기관	골프·스포츠·체육 관련 국가, 민간 연구소 , 한국프로골프협회, 각종 티칭프로협회 등
연구 기관	관 문화관광체육부, 대한체육회 및 정부산하 체육기관, 각종 체육단체 및 협회, 중·고등학교, 대학교 등

학과 인재상 및 갖추어야 할 자질

- 체육교과에 흥미를 느끼고 스포츠를 즐기는 학생
- 건강한 정신과 신체를 지녔으며, 운동에 자질이 있는 학생
- 윤리의식을 갖추고 경기를 정당하게 치러내는 스포츠맨십을 지닌 학생
- 미래지향적이고 자기주도적으로 새로운 것에 도전하는 것을 즐기는 학생
- 끈기와 인내심이 있으며, 시간과 노력을 투자하여 자신의 특기를 만드는 학생

학과 관련 선택 과목

※ 국어, 영어 교과는 모든 학문의 기초적인 성격을 가진 도구교과로 모든 학과에 이수가 필요하여 생략함.

공통 과목		공통국어1,2, 공통수학1,2, 공통영어1,2, 한국사1,2, 통합사회1,2, 통합과학1,2, 과학탐구실험1,2
수능 필수		화법과 언어, 독서와 작문, 문학, 대수, 미적분Ⅰ, 확률과 통계, 영어Ⅰ, 영어Ⅱ, 한국사, 통합사회, 통합과학, 성공적인 직업생활(직업)
일반 선택	수학, 사회, 과학	사회와 문화, 현대사회와 윤리, 물리학, 생명과학
	체육·예술	체육1, 체육2
	기술·가정/정보	
	제2외국어/한문	
	교양	생태와 환경
진로 선택	수학, 사회, 과학	정치, 법과 사회, 경제, 인문학과 윤리
	체육·예술	운동과 건강, 스포츠 문화, 스포츠 과학
	기술·가정/정보	
	제2외국어/한문	
	교양	인간과 심리
융합 선택	수학, 사회, 과학	여행지리, 사회문제 탐구, 윤리문제 탐구, 기후변화와 지속가능한 세계, 기후변화와 환경생태
	체육·예술	스포츠 생활1, 스포츠 생활 2
	기술·가정/정보	지식 재산 일반
	제2외국어/한문	
	교양	인간과 경제활동

추천 도서 목록

- 한상석의 골프장 이야기, 한상석, 세창문화사
- 파크골프 표준교재2024, 대한파크골프협회, 대한파크골프협회
- 골프 룰 이것만 알면 된다, 김해환, 골프아카데미
- 기초부터 실전까지 파크골프 잘 치는 법, 김대광, 파크골프
- 공자와 골프 즐기기, 나승복, 박영사
- 골프로 인생을 설계할 수 있다면, 오상준, 시간여행
- 젊어지는 골프, 서경묵, 아주좋은날
- 골프의 기쁨, 강찬욱, 끌리는책
- 골프 초보자가 가장 알고 싶은 최다질문 TOP 63, 심짱, 메이트북스
- 벤 호건 골프의 기본, 벤 호건, 한국경제신문
- 아버지의 마지막 골프 레슨, 윌리엄 데이먼, 북스톤
- 골프, 신이 주신 노하우, 김준식, 좋은땅
- 골프규칙, 박찬희, 의학서원
- 골프 용어해설, 박종업, 스윌컨
- 골프 이론과 실제, 이강웅, 박영사
- 골프에 미치다: 우선 100타는 깨고 보자, 이주호, 박영사
- 시작해!! 골프, 서혜진 외, 브레인스토어

- 성공을 부르는 비즈니스 골프 수업, 김태훈, 웅진윙스
- 골프 이 책을 미리 알았더라면, 김준식, 좋은땅
- 퍼펙트 멘탈, 이종철, 예문당
- 나는 100세 골퍼를 꿈꾼다, 이승헌, 한문화
- 내 생애 최고의 샷, 밥 로텔라, 예문당
- 골린이 4주 만에 필드 나가기, 김정락, 황금부엉이
- 천사골퍼 악마골퍼, 정현권 외, 매일경제신문사
- Fun할 뻔한 Golf Rule, 정경조, 제이제이컬처
- USGTF-KOREA 골프지도서, 미국골프지도자연맹 골프산업연구소, 레인보우북스
- 초보 골퍼 골프 코스 공략하기, 박영진, 골프아카데미
- 2021년, 이제는 골프도 한류다!, 이순숙 외, 골프헤럴드
- 진심골프, 강찬욱, 끌리는책
- 오늘부터 골프, 김형국, 지와수
- 이토록 골프가 좋아지는 순간, 김정락, 설렘
- 골프에서 경영 전략을 배우다, 이국섭, 이지출판

학교생활 TIPS

- 골프산업학 전공에 기본이 되는 체육, 물리학, 생명과학 등의 성적을 상위권으로 유지하고, 정규 교과 수업 시간을 통해 해당 전공에 대한 관심과 열정, 노력의 과정과 의미 있는 결과가 학교생활기록부 교과 세부능력 및 특기사항에 기록되도록 하는 것이 좋습니다.
- 학교 교육계획에 의한 행사 활동, 수련 활동 및 학년·학급 단위로 진행되는 다양한 활동(체육대회, 학급회의, 기업가정신, 학급대항 스포츠, 창의성 교육, 환경 교육)에서 자발성과 자율성, 적극성, 대인 관계, 공동체 의식, 리더십 등이 드러날 수 있도록 적극적으로 참여하는 것이 중요합니다.
- 학교 정규 동아리(골프, 축구, 체력 단련, 농구, 태권도 등 체육관련 동아리) 활동을 추천하고, 골프산업학에 대한 관심과 열정 등이 의미 있는 성과물로 나타나도록 합니다. 동아리 활동을 통해 느낀 점이나

새롭게 알게 된 점을 제시하고, 그 과정에서 자신이 성장하는 모습을 드러내는 것이 중요합니다.
- 학교생활 내에서도 자신의 능력을 나누어줄 수 있는 다양한 봉사 활동(급식 도우미, 체육교과 도우미, 학습 멘토링, 체육행사 도우미, 교통지도, 분리수거 도우미) 참여를 통해 타인을 위해 헌신하는 모습을 나타내는 것이 중요합니다.
- 스포츠·레저 관련 기업이나 컨트리클럽 탐방, 프로 골프 직업 탐색, 골프 관련 학과 탐방 등 전공 관련 진로 활동 참여를 통해 지원 전공에 대한 올바른 이해와 열정, 자기주도적인 진로 설정 과정, 전공 적합성 등이 기록되는 것이 좋습니다.

학과소개

국방디지털융합학과는 국방 ICT분야에 특화된 아주대의 교육 및 연구 역량을 기반으로 공군 ICT 기술 장교를 양성하는 학과입니다. 현대의 전쟁에서는 최첨단 무기체계들을 군사작전에 어떻게 효과적으로 활용하느냐 하는 것이 매우 중요합니다. 국방 ICT기술은 이러한 무기체계들을 컴퓨터 네트워크로 연결하고 소프트웨어로 지능을 부여함으로써 작전능력을 배가시켜 승리를 이끌어내는 핵심 요소로 부상하고 있습니다. 이처럼 최근에 전장환경은 ICT기술을 적용한 시스템으로 급격히 진화하고 있으나 이러한 시스템을 개발하고 운용할 수 있는 전문 기술 인력은 매우 부족한 게 현실입니다.

아주대학교 국방디지털융합학과는 이러한 상황을 타개하기 위해 대한민국 공군과 손을 잡고 국방디지털융합학과를 신설하였습니다. 국방디지털 융합학과는 일반 ICT기술, 공군 특화 ICT기술 그리고 군사작전을 융합하는 특성화학과로서, 공군의 NCW(네트워크중심전 : Network Centric Warfare) 전장 환경 구축 및 운용과 NCW기반 사이버전을 책임질 최정예 엘리트 기술 장교 양성을 목표로 하고 있습니다. 이러한 인재들은 안보 산업 분야에서 전문적인 업무를 할 수 있습니다.

개설대학

- 아주대학교와 공군이 손을 잡고, 2014년에 협정을 체결한 채용조건형 계약학과입니다. 학생들은 4년간 전액 장학금을 지원받고 기숙사 입사도 4년간 보장됩니다. 졸업 후에는 공군 장교로, 의무적으로 7년간 복무하며, 복무 기간 이후에도 자격 요건을 충족하면 장기 복무도 가능합니다. 매 학기 성적 2.0 이상, 4개 학년 누계 평점 3.0 이상이어야 졸업할 수 있습니다. 또한 일정한 공인어학성적을 획득하고, 공군에서 요구하는 정보통신기술 관련 자격증을 취득해야 합니다.

관련학과

- 국가안보학과
- 국방기술학과
- 국방경찰행정학부
- 국방정보공학과
- 사이버국방학과 등

진출분야

기업체	한국항공우주산업, 한화테크원, 대한항공 항공우주사업본부, 아시아나 ICT융합연구소, 삼성텔라스, LIG 넥스원, 한화탈레스, 삼성 SDS, 정보통신회사, ICT 관련업체, 군 관련업체 등
정부 및 공공 기관	국방부, 국토교통부, 항공교통센터, 합동참모본부, 육·해·공군본부, 방위사업청 등
연구 기관	국방항공우주연구원, 한국항공우주연구원, 국책연구소, 대학교 등

진출직업

- 공군 ICT분야 전문기술 장교
- 국방과학 기술 기획자
- 국방정책 연구원
- 항공기 개발자
- 정밀기계산업 전문가
- 항공기 정비사
- 지능형 교통체계 개발자
- 유도무기/지취 통제체계 개발자 등

취득가능 자격증

- 정보처리기사
- 무선설비기사
- 전기기능사
- 전기산업기사
- 전기기능장
- 전자기사
- 전자산업기사
- 전자계산기기사
- 전자계산기기능사
- 전자계산기제어산업기사
- 전자계산기조직응용기사
- 정보보안기사
- 정보통신기사
- 정보통신산업기사
- 반도체설계기사
- 전파전자기사
- 정보관리기술사
- 정보기술산업기사 등

학과 주요 교과목

1학년	리더십, 항공이론, 소프트웨어융합개론, 이산수학, 군사탐방, 컴퓨터프로그램설계, 컴퓨터프로그래밍 등
2학년	항공력의 역할, 컴퓨터네트워크, 자료구조, 객체지향프로그래밍, 항공전사, 확률 및 통계, 신호 및 시스템, 군사탐방2, 암호이론 및 응용, 디지털회로, 컴퓨터구조 등
3학년	국방 ICT시스템, 운영체제, 확률과정론, 정보보호, 네트워크소프트웨어, 시스템프로그래밍, 통신시스템, 알고리즘, 군사탐방3, 국방통신네트워크, 레이더시스템, EA엔지니어링 등
4학년	소프트웨어분석설계, 전술데이터링크, 국방ICT프로젝트, 국방정보보호체계, 군사탐방4, 실시간분산시스템, 위성통신망, 컴퓨터비전, 항공소프트웨어, 사이버전, 인공지능, 비행역학 등

학과 인재상 및 갖추어야 할 자질

- 국가관이 투철하고 소프트웨어 개발에 관심이 있는 학생
- 수학, 물리학, 역학, 기계학 등에 관심과 흥미가 있는 학생
- 복잡한 시스템 구조를 정확하게 분석하고 잘 이해할 수 있는 학생
- 문제를 끝까지 해결하려는 끈기와 창의적으로 생각하는 능력이 있는 학생
- 과학적 탐구 능력과 상상력이 풍부하고, 다양한 정보와 기술의 습득에 노력을 기울이는 학생

학과 관련 선택 과목

※ 국어, 영어 교과는 모든 학문의 기초적인 성격을 가진 도구교과로 모든 학과에 이수가 필요하여 생략함.

공통 과목		공통국어1,2, 공통수학1,2, 공통영어1,2, 한국사1,2, 통합사회1,2, 통합과학1,2, 과학탐구실험1,2
수능 필수		화법과 언어, 독서와 작문, 문학, 대수, 미적분Ⅰ, 확률과 통계, 영어Ⅰ, 영어Ⅱ, 한국사, 통합사회, 통합과학, 성공적인 직업생활(직업)
일반 선택	수학, 사회, 과학	대수, 미적분Ⅰ, 확률과 통계, 세계시민과 지리, 사회와 문화, 현대사회와 윤리, 물리학
	체육·예술	체육1, 체육2
	기술·가정/정보	정보
	제2외국어/한문	
	교양	
진로 선택	수학, 사회, 과학	한국지리 탐구, 경제, 윤리와 사상, 인문학과 윤리
	체육·예술	운동과 건강, 스포츠 문화, 스포츠 과학
	기술·가정/정보	생활과학 탐구, 인공지능 기초, 데이터 과학
	제2외국어/한문	
	교양	논리와 사고, 인간과 심리, 교육의 이해, 보건
융합 선택	수학, 사회, 과학	사회문제 탐구, 윤리문제 탐구
	체육·예술	스포츠 생활1, 스포츠 생활2
	기술·가정/정보	소프트웨어와 생활
	제2외국어/한문	
	교양	

추천 도서 목록

- 과학기술, 미래 국방과 만나다, 한국국방기술학회, 나무와숲
- 거부전략: 강대국 분쟁시대 미국의 국방, 앨브리지 A. 콜비, 박영사
- 국방예산과 국방기획관리: 한국과 미국, 최수동, 온크미디어
- 국방경영과 국방조직: 한국과 미국, 최수동, 온크
- 국방R&D정책, 양희승, 피앤씨미디어
- 현대의 전쟁과 전략, 국방대학교 안보대학원 군사전략학과, 한울아카데미
- 상두지, 이덕리, 휴머니스트
- 시스템 모델링 시뮬레이션, 김탁곤, 한티미디어
- 생각하는 군인, 전계청, 길찾기
- 손자병법, 손무, 플래닛미디어
- 어른의 인성 공부, 신동기, 생각여행
- 시민의 정치학, 임춘한, 박영사
- 혼자일 수 없다면 나아갈 수 없다, 프리드리히 니체, 포레스트북스
- 모든 것은 선을 만든다, 팀 잉골드, 이비
- 마음 해방, 곽정은, 웅진지식하우스
- 남과 북, 좌와 우의 경계에서, 주성하, 싱긋
- 평화시대의 전쟁론, Michael O'Hanlon, 박영사
- 누구나 한번쯤 읽어야 할 손자병법, 미리내공방, 정민미디어
- 만화로 보는 피스톨 스토리, 푸르공, 한빛비즈
- 연결된 위기, 백승욱, 생각의힘

- 군사전략론, 박창희, 플래닛미디어
- 국경 전쟁, 클라우스 도즈, 미래의창
- 미래의 전쟁, 최영찬 외, 북코리아
- 현대 러시아 군사전략, 고이즈미 유, 허클베리북스
- 드론이 여는 미래의 전쟁, 김현종, 좋은땅
- 전쟁을 잇다: 전쟁, 무기, 전략 안내서, 최현호, 타인의사유
- 안보보험, 김현종, 좋은땅
- 전쟁과 무기의 진화, 백상환, 서원각
- 김정은의 통치전략, 빅데이터로 풀다, 송유계, 북코리아
- 21세기 군사동맹론, 알렉산더 라노츠카, 한울아카데미
- 사이버전의 실체, 전술 그리고 전략, 체이스 커닝엄, 책과나무
- 전쟁론, 군사학연구회, 플래닛미디어
- 국제질서 대전환과 남북관계, 민족화해협력범국민협의회 정책위원회, 강돌북스
- 모든 전쟁, 윤민우, 박영사
- 해커와 국가, 벤 뷰캐넌, 두번째테제
- 보여주기, 오후, 생각의힘
- 헤르만 헤세 인생의 말, 헤르만 헤세, 더블북
- 이어령의 강의, 이어령, 열림원
- 무엇이 나를 행복하게 만드는가, 리처드 J. 라이더 외, 북플레저
- 가짜 뉴스 세계에서 살아남기, 도안 부이, 탐

학교생활 TIPS

- 국방디지털융합학 전공에 기본이 되는 수학, 과학(물리학, 화학), 정보 교과 성적을 상위권으로 유지하고, 정규 교과 수업 시간을 통해 해당 전공에 대한 관심과 열정, 노력의 과정과 의미 있는 결과가 학교생활기록부 교과 세부능력 및 특기사항에 기록되도록 하는 것이 좋습니다.
- 학교 교육계획에 의한 행사 활동, 수련 활동 및 학년·학급 단위로 진행되는 다양한 활동(기업가정신, 독서 토론, 과학의 날, 리더십, 창의성 교육, 환경 교육)에서 자발성과 자율성, 적극성, 대인 관계, 공동체 의식, 리더십 등이 드러날 수 있도록 적극적으로 참여하는 것이 중요합니다.
- 학교 정규 동아리(과학탐구 실험, 수리탐구, 발명, 아두이노 및 코딩 등) 활동을 추천하고, 국방디지털융합학에 대한 관심과 열정 등이 창의적인 결과물로 나타나도록 합니다. 동아리 활동을 통해 느낀 점이나 새롭게 알게 된 점을 제시하고, 그 과정에서 자신이 성장하는 모습을 드러내는 것이 중요합니다.
- 학교생활 내에서도 자신의 능력을 나누어줄 수 있는 다양한 봉사 활동(학생자치회, 급식 도우미, 교과 도우미, 학습 멘토링, 교통 지도, 교단 선진화 기자재 도우미) 참여를 통해 타인을 위해 헌신하는 모습을 나타내는 것이 중요합니다.
- 우주산업 관련 기업이나 연구소·군부대·관련 학과 탐방, 공군 장교 직업 탐색 등 관련 진로 활동 참여를 통해 지원 전공에 대한 올바른 이해와 열정, 자기주도적인 진로 설정 과정, 전공 적합성 등이 기록되는 것이 좋습니다.

인문계열 | 사회계열 | 자연계열 | 공학계열 | 의약계열 | 예체능계열 | 교육계열 | 계약학과 & 특성화학과

284

국방시스템공학과

학과소개

국방시스템공학과는 첨단 과학기술을 기반으로 해군에서 필요로 하는 공학적 전문 지식과 리더로서의 덕성을 겸비한 정예 해군 장교를 양성하는 것을 목적으로 하는 학과입니다. 해군으로부터 군복무 지원 가산금을 지원받아 정보화·과학화 속에 점차 첨단화 되어가는 국방 무기 체계의 개발 및 운용을 위한 교육과정을 제공합니다. 국방 무기체계의 공학적 원리를 이해하고 과학기술군을 선도하는 전문가로서 자질 함양을 위해 과학기술 분야에 대한 교과목과, 첨단 무기체계와 관련된 제어공학, 전자 및 정보통신공학, 기계공학 분야 등의 교과목을 중점적으로 개설하고 있습니다.

이와 함께 군의 핵심 간부로서 자질 함양을 위해 해양스포츠, 리더십, 군대윤리, 항해학개론 등의 군사학 교육과정도 필수적으로 제공합니다. 세종대학교 국방시스템공학과의 재학생은 기계공학, 항공우주공학, 정보보호학 중 복수전공이 의무화되어 있습니다. 또한 일정 기준을 만족하면 전자정보통신공학, 양자원자력공학, 전자공학, 컴퓨터공학, 화학, 나노신소재공학 등 공학계열뿐만 아니라 영어영문학, 역사학, 신문방송학, 경영학, 경제통상학 등 인문사회학 계열에 이르기까지 다양한 분야의 전공 과정을 복수전공으로 선택할 수 있습니다.

개설대학

• 세종대학교와 해군이 손을 잡고, 2011년에 체결된 군사학발전협력합의서(MOU)에 따라 2012년 3월에 설립된 채용 조건형 계약학과입니다. 재학생들은 국가로부터 4년간 장학금을 지원받고, 기숙사를 우선 배정받습니다. 요트 실습 및 연안 실습, 해외 순항 훈련 참가가 가능하며, 군부대·방위산업체 및 안보 관련 기관 방문이 허용되고, 3~4학년 해외 교환학생 프로그램에 참여할 수 있습니다. 졸업 후에는 해군 장교(소위)로 임관하여 7년 동안 근무하며, 이 기간에 국내외 석·박사 과정 이수가 가능합니다.

관련학과

• 국가안보학과
• 국방디지털융합학과
• 국방정보공학과
• 사이버국방학과
• 해양안보학전공
• 국방경찰행정학부
• 해양경찰학부
• 해양경찰시스템학과 등

진출분야

기업체	LIG 넥스원, 한화시스템, 한화테크윈, 현대중공업, 대우조선해양, 한진중공업, 풍산그룹 등 대한항공, 첨단무기체제 관련 산업체, 군관련업체, 방위산업체 등
정부 및 공공 기관	국방부, 해군, 항공교통센터, 합동참모본부, 육·해·공군본부, 방위산업청 등
연구 기관	국방과학연구소, 무기체계 개발 관련 연구소, 국방항공우주연구원, 한국항공우주연구원, 국책연구소, 대학교 등

진출직업

• 해군 장교
• 무기체계 공학자
• 연구원
• 정밀기계산업 전문가
• 항공기 정비사
• 항해사
• 대학 교수 등

취득가능 자격증

• 항해사
• 기관사
• 항공기 조종사
• 네트워크관리사
• 정보통신기사
• 전파전기통신기사
• 정보처리기사
• 전기기능사
• 전기산업기사
• 전자계산기기사
• 전자계산기기능사
• 전자계산기제어산업기사
• 전자계산기조직응용기사
• 정보보안기사
• 정보통신기사 등

학과 주요 교과목

1학년	소프트웨어기초코딩, 기초미적분학, 일반물리학 및 실험, 해전사, 해양스포츠, 장교직무교육세미나, 고급프로그래밍입문, 군사전자공학개론 및 실험, 해군장교현장실습 등
2학년	공업수학, 디지털시스템 및 실험, 군대윤리, 항공우주공학개론, 정보통신공학개론, 군사학개론, 해양학개론, 시스템응용SW, 기초역학개론, 함정운용학, 컴퓨터구조 등게임시스템기획, VR/AR 프로젝트 등
3학년	확률 및 통계, 전자기학, 선형대수와 시스템이론, 전자광학시스템, 해양파통계학 및 역학, 시스템공학, 전략론, 신뢰도공학, 제어공학, 초고주파공학, 항해계기학, 레이더시스템 등
4학년	디지털신호처리, 무기체제공학, 로봇공학, 응용제어시스템, 전자전, 통신시스템, 국제법, 진동학, 북한학, 음향학, 현대무기체계와 미래전, 해군교리 및 작전, 무인무기체계특론 등

학과 인재상 및 갖추어야 할 자질

• 건강한 체력과 건전한 정신을 소유한 학생
• 수학, 물리학, 화학 등의 교과목에 대한 관심과 지식을 갖춘 학생
• 전기, 전자 통신, 컴퓨터 분야에 재능과 소질이 있는 학생
• 진취적이고 창의적인 사고, 책임감이 강한 학생
• 국가안보와 민족의 생명을 지키고자 하는 사명감이 강한 학생

학과 관련 선택 과목

※ 국어, 영어 교과는 모든 학문의 기초적인 성격을 가진 도구교과로 모든 학과에 이수가 필요하여 생략함.

공통 과목		공통국어1,2, 공통수학1,2, 공통영어1,2, 한국사1,2, 통합사회1,2, 통합과학1,2, 과학탐구실험1,2
수능 필수		화법과 언어, 독서와 작문, 문학, 대수, 미적분Ⅰ, 확률과 통계, 영어Ⅰ, 영어Ⅱ, 한국사, 통합사회, 통합과학, 성공적인 직업생활(직업)
일반 선택	수학, 사회, 과학	대수, 미적분Ⅰ, 확률과 통계, 세계시민과 지리, 사회와 문화, 현대사회와 윤리, 물리학
	체육·예술	체육1, 체육2
	기술·가정/정보	정보
	제2외국어/한문	
	교양	
진로 선택	수학, 사회, 과학	한국지리 탐구, 경제, 윤리와 사상, 인문학과 윤리
	체육·예술	운동과 건강, 스포츠 문화, 스포츠 과학
	기술·가정/정보	생활과학 탐구, 인공지능 기초, 데이터 과학
	제2외국어/한문	
	교양	논리와 사고, 인간과 심리, 교육의 이해, 보건
융합 선택	수학, 사회, 과학	사회문제 탐구, 윤리문제 탐구
	체육·예술	스포츠 생활1, 스포츠 생활2
	기술·가정/정보	
	제2외국어/한문	
	교양	

추천 도서 목록

- 국방환경과 군사혁신의 미래, 이종호 외, 북코리아
- 국방전략과 군사력 건설: 한국과 미국, 최수동, 온크미디어
- 한국의 안보위기 극복을 위한 안보 국방전략, 김구섭, 유원북스
- 국방 커뮤니케이션, 박창식, 커뮤니케이션북스
- 과학기술 강군을 향한 국방혁신 4.0의 비전과 방책, 정춘일, 행복에너지
- 국방 커뮤니케이션, 박창식, 커뮤니케이션북스
- 홍규덕 교수의 국방혁신 대전략 2: 북한의 핵·미사일 위기와 정보역량 강화, 홍규덕, 로얄컴퍼니
- 글로벌 방위산업과 국방IT 기술, 시장 동향과 전망, IRS Global 편집부, IRS Global
- 미래국방의 국제정치학과 한국, 서울대학교 미래전연구센터, 한울아카데미
- 통일과 평화, 그리고 북한, 진희관 외, 박영사
- 미래 세대를 위한 건축과 국가 권력 이야기, 서윤영, 철수와영희
- 상위 1%의 가르침, 김현태, 레몬북스
- 미래에서 전해 드립니다, 태지원, 다른
- 미래 세대를 위한 인공지능 이야기, 배성호 외, 철수와영희
- 그런데, 심리학이 말하기를, 클레어 프리랜드 외, 픽

- 미래 세대를 위한 건축과 국가 권력 이야기, 서윤영, 철수와영희
- 상위 1%의 가르침, 김현태, 레몬북스
- 미래에서 전해 드립니다, 태지원, 다른
- 미래 세대를 위한 인공지능 이야기, 배성호 외, 철수와영희
- 그런데, 심리학이 말하기를, 클레어 프리랜드 외, 픽
- 남과 북, 좌와 우의 경계에서, 주성하, 싱긋
- 평화시대의 전쟁론, Michael O'Hanlon, 박영사
- 누구나 한번쯤 읽어야 할 손자병법, 미리내공방, 정민미디어
- 만화로 보는 피스톨 스토리, 푸르공, 한빛비즈
- 연결된 위기, 백승욱, 생각의힘
- 사이버전의 실체, 전술 그리고 전략, 체이스 커닝엄, 책과나무
- 전쟁론, 군사학연구회, 플래닛미디어
- 국제질서 대전환과 남북관계, 민족화해협력범국민협의회 정책위원회, 강돌북스
- 모든 전쟁, 윤민우, 박영사
- 해커와 국가, 벤 뷰캐넌, 두번째테제

학교생활 TIPS

- 국방시스템공학 전공에 기본이 되는 수학, 물리학, 화학, 정보 교과 성적을 상위권으로 유지하고, 정규 교과 수업 시간을 통해 국방시스템학 전공에 대한 관심과 이해, 지원 전공에 대해 관심을 충족시키기 위해 노력한 과정, 학습을 수행하는 자발적인 의지와 태도, 전공 관련 역량 발휘 경험 등이 학교생활기록부 교과 세부능력 및 특기사항에 기록되도록 하는 것이 좋습니다.
- 학교 교육계획에 의한 행사 활동, 수련 활동 및 학년·학급 단위로 진행되는 활동(융합 교실, 독서 토론, 모의 법정, 리더십, 생태 체험, 창의성 교육, 환경 교육)에서 자발성과 자율성, 적극성, 대인 관계, 공동체 의식, 리더십 등이 드러날 수 있도록 적극적으로 참여하는 것이 중요합니다.
- 학교 정규 동아리(로봇, 공학, 융합, 컴퓨터, 과학 탐구 실험, 발명) 활동을 추천하고, 동아리 활동을 통해 국방시스템학에 대한 학문적 열정과 지적

관심, 새로운 아이디어 제안이 특정한 결과물로 이어지는 과정을 통해 배우고 느낀 점이 나타나는 것이 좋습니다.
- 학교생활 내에서도 자신의 능력을 나누어줄 수 있는 다양한 봉사 활동(학생자치회, 급식 도우미, 재활용 도우미, 학습 멘토링, 컴퓨터 도우미, 교통 지도, 교단 선진화 기자재 도우미) 참여를 통해 타인을 위해 헌신하는 모습을 나타내는 것이 중요합니다.
- 방위산업체나 연구소·해군부대 탐방, 공학자나 해군 장교 직업 탐색 및 직업인 특강, 관련 학과 탐방, IT 기기 전시회, 전자 기기전 관람 등 전공 관련 진로 활동 참여를 통해 지원 전공에 대한 올바른 이해, 국방시스템공학 전공에 대한 관심과 열정, 자기주도적인 진로 설정 과정, 전공 적합성 등이 기록되는 것이 좋습니다.

인문계열 사회계열 자연계열 공학계열 의약계열 예체능계열 교육계열 계약학과 & 특성화학과

285

국방전략기술공학과

학과소개

국방전략기술공학과는 대한민국 해군의 첨단 무기체계와 네트워크 기반 지휘통제 체계를 이해하고 효율적으로 개발·운영할 수 있는 기술 인력을 교육하는 학과입니다. 국방정보공학과의 교육과정은 해군이 요구하는 최소한의 군사학 과목을 제외한 모든 과정이 일반 공과대학과 동일합니다. 실험·실습이 강화된 정보통신과 컴퓨터 공학 교육 프로그램과 함께, 다양한 현장 지향형 산학교육 프로그램을 실시합니다. 이러한 교육과정을 이수함으로써 해군에서 요구하는 광범위한 기술적 임무를 성공적으로 수행할 수 있음은 물론, 해군 군사전문학교나 대학원에서의 지속적인 교육 활동도 가능하게 합니다.

한양대학교 ERICA 국방전략기술공학과는 미래 전자전 무기체계의 중추적 분야인 디지털 신호처리, 통신 기술, 컴퓨터 네트워크, 정보보호 분야에 대한 다양한 전문적 이론과 기술을 활용할 수 있는 공학적 전문성과 창의성을 겸비한 뉴 밀레니엄 리더의 양성을 목표로 합니다. 협동성과 인성을 중시하면서, 현장실무를 고려한 실험·실습 교육과 목표 지향적 학습 환경을 제공함으로써 국가와 사회가 요구하는 엔지니어를 양성합니다.

개설대학

- 한양대학교 ERICA와 해군이 손을 잡고 개설된 채용조건형 계약학과입니다. 2013년 8월 해군-한양대학교 간 체결된 군사학발전협의서(MOU)에따라 2015년 1학기부터 30명 정원의 학과가 개설되었습니다. 매 학년 여름방학 중 일주일 내외의 군사 실습에 의무적으로 참석하는 것 이외의 군사훈련 따로 받지 않습니다. 국방정보공학과 학생들은 군 장학생 관련 법규에 따라 4년간 장학금을 지급받고, 졸업 후 7년간 해군에서 기술 장교로서 복무해야 합니다. 7년 뒤에는 복무를 연장하거나 전역하여 사회로 진출하게 됩니다.

관련학과

- 국방디지털융합학과
- 국방시스템공학과
- 해양안보학전공 등

진출직업

- 해군 장교
- 무기체계 공학자
- 연구원
- 정밀기계산업 전문가
- 컴퓨터 네트워크 관련 전문인
- 엔지니어
- 대학 교수 등

취득가능 자격증

- 전기기사
- 전기공사기사
- 정보처리기사
- 정보보안기사
- 정보통신기사
- 일반기계기사
- 기계설계기사
- 조선기사
- 네트워크관리사,전파전기통
- 신기사
- 전기기능사
- 전기산업기사
- 전자계산기기사
- 전자계산기기능사
- 전자계산기제어산업기사
- 전자계산기조직응용기사
- 소프트웨어자산관리사
- 국가공인SQL전문가
- 국가공인데이터분석전문가
- 빅데이터분석준전문가(ADsp)
- 빅데이터분석전문가(ADP) 등

진출분야

기업체	LIG 넥스원, 한화시스템, 한화테크원, 현대중공업, 대우조선해양, 한진중공업, 풍산그룹 등 대한항공, 첨단무기체제 관련 산업체, 군관련업체, 방위산업체 등
정부 및 공공 기관	국방부, 해군, 항공교통센터, 합동참모본부, 육·해·공군본부, 방위산업청 등
연구 기관	국방과학연구소, 무기체계 개발 관련 연구소, 국방항공우주연구원, 한국항공우주연구원, 국책연구소, 대학교 등

학과 주요 교과목

1학년	기초 체력단련, 이산 수학, 선형대수, 해전사, 일반물리학, 일반물리학실험, 미분적분학, 해양개론 등
2학년	회로이론, 해양전략과 국가발전, 회계정보를 활용한 의사결정, 시스템프로그래밍기초, 전투 체력단련, 확률과 통계, 전자기학, 항해학개론, 공업수학 등
3학년	신호와 시스템, 전자회로, 해군미기체계공학, 차세대국방통신시스템, 디지털신호처리, 전투태권도, 제어공학, 컴퓨터네트워크, 군대윤리, 수중신호전파론 등
4학년	레이저 소나시스템, 국방해양기상학, 암호학, 인공지능설계, 국방해양기상학, 리더십, 사이버보안 등

학과 인재상 및 갖추어야 할 자질

- 공학적 전문성과 창의성을 겸비한 학생
- 전기, 전자 통신, 컴퓨터 분야에 재능과 소질이 있는 학생
- 협동성과 인성을 겸비하고 리더십과 도전 의식이 있는 학생
- 수학, 물리학, 화학 등의 교과목에 대한 관심과 지식을 갖춘 학생
- 국가안보와 민족의 생명을 지키고자 하는 사명감이 강한 학생

학과 관련 선택 과목

※ 국어, 영어 교과는 모든 학문의 기초적인 성격을 가진 도구교과로 모든 학과에 이수가 필요하여 생략함.

공통 과목		공통국어1,2, 공통수학1,2, 공통영어1,2, 한국사1,2, 통합사회1,2, 통합과학1,2, 과학탐구실험1,2
수능 필수		화법과 언어, 독서와 작문, 문학, 대수, 미적분 I, 확률과 통계, 영어 I, 영어 II, 한국사, 통합사회, 통합과학, 성공적인 직업생활(직업)
일반 선택	수학, 사회, 과학	대수, 미적분 I, 확률과 통계, 사회와 문화, 현대사회와 윤리, 물리학, 화학
	체육·예술	체육1, 체육2
	기술·가정/정보	기술·가정, 정보
	제2외국어/한문	
	교양	
진로 선택	수학, 사회, 과학	기하, 미적분 II, 인공지능 수학, 역학과 에너지, 전자기와 양자, 물질과 에너지, 화학 반응의 세계
	체육·예술	운동과 건강, 스포츠 문화, 스포츠 과학
	기술·가정/정보	로봇과 공학세계, 생활과학 탐구, 인공지능 기초, 데이터 과학
	제2외국어/한문	
	교양	
융합 선택	수학, 사회, 과학	실용 통계, 수학과제 탐구, 사회문제 탐구, 융합과학 탐구
	체육·예술	스포츠 생활1, 스포츠 생활2
	기술·가정/정보	창의 공학 설계, 지식 재산 일반, 소프트웨어와 생활
	제2외국어/한문	
	교양	

추천 도서 목록

- 미래 식량 전쟁, 최후의 승자는?, 나상호, 글라이더
- 미래 세대를 위한 채식과 동물권 이야기, 이유미, 철수와영희
- 퀀텀읽기, 박양규 외, 큐리북
- 챗GPT 시대, 청소년을 위한 미디어 탐구, 이창호, 지금
- 한국의 안보위기 극복을 위한 안보 국방전략, 김구섭, 유원북스
- 국방 커뮤니케이션, 박창식, 커뮤니케이션북스
- 과학기술 강군을 향한 국방혁신 4.0의 비전과 방책, 정춘일, 행복에너지
- 시민의 정치학, 임춘한, 박영사
- 혼자일 수 없다면 나아갈 수 없다, 프리드리히 니체, 포레스트북스
- 모든 것은 선을 만든다, 팀 잉골드, 이비
- 마음 해방, 곽정은, 웅진지식하우스
- 보여주기, 오후, 생각의힘
- 헤르만 헤세 인생의 말, 헤르만 헤세, 더블북
- 이어령의 강의, 이어령, 열림원
- 무엇이 나를 행복하게 만드는가, 리처드 J. 라이더 외, 북플레저

- 가짜 뉴스 세계에서 살아남기, 도안 부이, 탐
- 중독의 역사, 칼 에릭 피셔, 열린책들
- 매일, 더, 많은 숫자의 지배, 미카엘 달렌 외, 김영사
- 창조적 인간으로 살아가기, 최광진, 현암사
- 타인의 고통에 응답하는 공부, 김승섭, 동아시아
- 중국 국방 혁신, 김호성, 매일경제신문사
- 국방 커뮤니케이션, 박창식, 커뮤니케이션북스
- 세계 5대 군사강소국과 한국의 자주국방, 김재엽, 북코리아
- 미래국방의 국제정치학과 한국, 서울대학교 미래전연구센터, 한울아카데미
- 국방 M&S, 조성식 외, 교문사
- 비대칭성 기반의 한국형 군사혁신, 신치범, 광문각출판미디어
- 군사주의: 폭력의 이데올로기와 작동방식, 서보혁, 박영사
- 현대 중국의 군사전략, 테일러 프래블, 한울아카데미
- 한국의 사드, 양혜원, 로얄컴퍼니
- 북한 김씨 일가가 민주주의를 만난다면, 박수유, 린쓰

학교생활 TIPS

- 국방전략기술공학과의 기본이 되는 수학, 물리학, 화학, 정보 교과 성적을 상위권으로 유지하고, 정규 교과 수업 시간을 통해 국방정보학 전공에 대한 관심과 이해, 지원 전공에 대해 관심을 충족시키기 위해 노력한 과정, 학습을 수행하는 자발적인 의지와 태도, 전공 관련 역량 발휘 경험 등이 학교생활기록부 교과 세부능력 및 특기사항에 기록되도록 하는 것이 좋습니다.
- 학교 교육계획에 의한 행사 활동, 수련 활동 및 학년·학급 단위로 진행되는 활동(융합 교실, 독서 토론, 모의 법정, 리더십, 창의성 교육, 환경 교육)에서 자발성과 자율성, 적극성, 대인 관계, 공동체 의식, 리더십 등이 드러날 수 있도록 적극적으로 참여하는 것이 중요합니다.
- 학교 정규 동아리(로봇, 공학, 융합, 컴퓨터, 과학 탐구 실험, 발명) 활동을 추천하고, 동아리 활동을 통해 국방정보공학에 대한 학문적 열정과 지적

관심, 새로운 아이디어 제안이 특정한 결과물로 이어지는 과정을 통해 배우고 느낀 점이 나타나는 것이 좋습니다.
- 학교생활 내에서도 자신의 능력을 나누어줄 수 있는 다양한 봉사 활동(급식 도우미, 재활용 도우미, 학습 멘토링, 컴퓨터 도우미, 교통 지도, 교단 선진화 기자재 도우미) 참여를 통해 타인을 위해 헌신하는 모습을 나타내는 것이 중요합니다.
- 방위산업체나 연구소·해군부대 탐방, 공학자나 해군 장교 직업 탐색 및 직업인 특강, 관련 학과 탐방, IT 기기 전시회, 전자 기기전 관람 등 전공 관련 진로 활동 참여를 통해 지원 전공에 대한 올바른 이해, 국방정보공학 전공에 대한 관심과 열정, 자기주도적인 진로 설정 과정, 전공 적합성 등이 기록되는 것이 좋습니다.

인문계열
사회계열
자연계열
공학계열
의약계열
예체능계열
교육계열
계약학과 & 특성화학과

286

글로벌금융학과

학과소개

인하대학교 글로벌금융학과는 세계화 시대에 동북아를 이끌어갈 금융 전문가 양성을 목표로 금융 경영 & 금융공학 프로그램 분야에서 국내 최고 수준의 글로벌 인재를 육성합니다. 금융전공 지식의 심화와 함께, 수학·통계학 분야와의 연계성을 지닌 교과과정을 통하여 금융공학과 관련된 심화학습을 합니다. 이러한 금융 분야의 전문적인 교육과정은 아시아-태평양 지역에서 글로벌경쟁력을 갖춘 최상의 인재를 양성하고자 하는 글로벌 금융학과만의 특성화된 교육과정이라고 할 수 있습니다.

해외 주요 대학의 교육과정을 벤치마킹하여 기업 재무, 증권투자, 파생상품 및 국제 재무 등의 기초과목과 금융기관 경영, 금융공학, 금융프로그래밍, M&A, 자산운용, 리스크관리, 보험수리 등의 고급 과목 그리고 수학 통계학 과목을 이수할 수 있도록 설계되어 있습니다. 또한 금융 현장의 요구를 반영한 실무 중심의 교과목 편성과 다양한 금융실무 전문가의 특강을 통한 현장 지식 취득, 국내와 해외 금융기관 및 기업체의 인턴십 기회 제공을 통하여 실무에 강한 금융 인재를 양성합니다. 글로벌금융학과는 교육부의 대학 특성화 사업인 CK사업에 선정되어 대규모 국고지원을 받고 있습니다.

개설대학

• 인하대학교

관련학과

• 경제금융학과
• 부동산금융학과
• 국제금융학과
• 수리금융학과
• IT금융경영학과
• IT금융학과
• 경제금융물류학과
• 글로벌금융학과
• 금융경영학과
• 금융투자학과
• 금융정보공학과
• 세계회계금융학과 등

진출직업

• 금융컨설턴트
• 외환딜러
• 손해사정사
• 은행원
• 증권중개인
• 증권분석사
• 금융투자분석사
• 자산관리사
• 보험계리사
• 재무위험관리사
• 세무사 등

취득가능 자격증

• 증권분석사
• 투자자산운용사
• 금융투자문석사
• 보험계리사
• 세무사
• 손해사정사
• TESAT
• 국제투자 분석사
• 재무위험관리사
• 회계정보처리사
• 신용분석사
• 공인회계사 등

진출분야

기업체	은행, 증권회사, 보험회사 등의 국내외 금융기관과 국내외 기업체의 재무·기획부문, 컨설팅회사, 투자신탁 및 자산운용 회사, 무역회사, 유통업체 등
정부 및 공공 기관	금융·무역·수출입 관련 공공기관, 생명보험협회, 신용보증기금, 금융감독원, 국민연금공단 등
연구 기관	증권, 금융, 경제 관련 연구기관 등

학과 주요 교과목

1학년	경영학원론, 경제학, 회계원론, 금융수학, 금융통계, 재무관리, 프로네시스 세미나 I : 가치형성과 진로탐색, 인문사회계열 글쓰기와 토론, 생활한문 의사소통 영어 등
2학년	미시경제, 거시경제, 비즈니스영어, 금융시장론, 금융계량분석, 투자론, 실용영어 L/S, 실용영어 R/W, 고급대학영어 등
3학년	파생상품, 금융실무영어, 비즈니스시사영어, 금융실무의이해, 금융세미나, 금융기관경영, 금융법과 제도, 화폐금융, 국제금융, 금융시계열분석, 금융공학, 금융프로그래밍, 가치평가 등
4학년	보험론, 투자은행론, 부동산금융의 이해, 보험수리, 자산운용 등

학과 인재상 및 갖추어야 할 자질

• 경제질서와 경제 상황에 관심이 많은 학생
• 수학·통계학 등에 관심이 있고, 수치를 정확하게 처리할 수 있는 학생
• 비즈니스 실무 역량을 바탕으로 국가와 사회발전에 이바지하고 싶은 학생
• 금융에 관심이 많고 미래를 주도할 금융 전문가가 꿈인 학생
• 글로벌 시대에 능동적으로 대처하고 효과적인 의사 전달 능력을 지닌 학생

학과 관련 선택 과목

※ 국어, 영어 교과는 모든 학문의 기초적인 성격을 가진 도구교과로 모든 학과에 이수가 필요하여 생략함.

공통 과목		공통국어1,2, 공통수학1,2, 공통영어1,2, 한국사1,2, 통합사회1,2, 통합과학1,2, 과학탐구실험1,2
수능 필수		화법과 언어, 독서와 작문, 문학, 대수, 미적분Ⅰ, 확률과 통계, 영어Ⅰ, 영어Ⅱ, 한국사, 통합사회, 통합과학, 성공적인 직업생활(직업)
일반 선택	수학, 사회, 과학	대수, 미적분Ⅰ, 확률과 통계, 사회와 문화, 현대사회와 윤리
	체육·예술	
	기술·가정/정보	정보
	제2외국어/한문	제2외국어
	교양	
진로 선택	수학, 사회, 과학	기하, 미적분Ⅱ, 경제 수학, 법과 사회, 경제, 국제 관계의 이해
	체육·예술	
	기술·가정/정보	데이터 과학
	제2외국어/한문	
	교양	인간과 심리
융합 선택	수학, 사회, 과학	실용 통계, 수학과제 탐구, 사회문제 탐구, 금융과 경제생활, 윤리문제 탐구, 기후변화와 지속가능한 세계
	체육·예술	
	기술·가정/정보	지식 재산 일반, 생애 설계와 자립
	제2외국어/한문	
	교양	인간과 경제활동

추천 도서 목록

- 주식보다 쉽고 펀드보다 효과적인 ETF 투자지도, 최창윤, 원앤원북스
- 나는 당신이 달러 투자를 시작했으면 좋겠습니다, 황호봉, 원앤원북스
- 글로벌 시장환경과 국제경영, 이장로 외, 한빛아카데미
- 화폐전쟁 1-5, 쑹훙빙, 알에이치코리아
- 머니네버슬립: 미국주식으로 제테크의 잠을 깨워라, 스노우볼랩스, 스노우볼랩스
- 글로벌 ETF, 이승원 외, 경향BP
- 글로벌 부자는 글로벌 투자를 한다, 시무라 노부히코, 시그마북스
- 한입 경제 상식사전, 장민제, 파지트
- 미국주식 투자 입문서, 마츠모토 오키, 지상사
- 스테이블코인 디지털 금융의 미래, 박예신, 더난출판
- 영원한 현재의 철학, 조대호, EBS BOOKS
- 물욕의 세계, 누누 칼라, 현암사
- 당신의 꿈은 무엇인가요, 방승호, 샘터
- 어른이 되었어도 외로움에 익숙해지진 않아, 마리사 프랑코, 21세기북스
- 박학한 무지, 니콜라우스 쿠자누스, 지식을만드는지식
- 글로벌 금융위기 이후 주요 투자은행의 변모, 최순영, 자본시장연구원
- 파이낸셜 모델링 바이블, 홍성현, WST
- 2024 세계대전망, 이코노미스트, 한국경제신문
- 세계지도를 펼치면 돈의 흐름이 보인다, 박정호, 반니
- 빈곤의 가격, 루퍼트 러셀, 책세상
- 글로벌경제 상식사전 2023, 신동원, 길벗
- 글로벌경영 사례 100, 박병일 외, 시대가치
- 미쉬킨의 화폐와 금융, Frederic S. Mishkin, 퍼스트북
- 외환론: 이론과 실제, 이환호 외, 경문사
- 미국 배당주 투자, 버핏타로, 이레미디어
- 비트코인의 미래, 김창익, 클라우드나인
- 인문학으로 읽는 금융화폐 자본주의, 김원동, 지식공감
- 경제금융의 이해, 김흥수, 박영사
- 금융과 생활, 김상봉 외, 지필미디어
- 금융기관론, 강병호 외, 박영사

학교생활 TIPS

- 글로벌금융 전공에 기본이 되는 수학, 경제 교과 성적을 상위권으로 유지하고, 정규 교과 수업 시간을 통해 전공에 대한 관심과 이해, 지원 전공에 대해 관심을 충족시키기 위해 노력한 과정, 학습을 수행하는 자발적인 의지와 태도, 전공 관련 역량 발휘 경험 등이 학교생활기록부 교과 세부 능력 및 특기사항에 기록되도록 하는 것이 좋습니다.
- 학교 교육계획에 의한 행사 활동, 수련 활동 및 학년·학급 단위로 진행되는 활동(금융교육, 독서 토론, 리더십, 기업가정신, 창의성 교육, 경제교육)에서 자발성과 자율성, 적극성, 대인 관계, 공동체 의식, 리더십 등이 드러날 수 있도록 적극적으로 참여하는 것이 중요합니다.
- 학교 정규 동아리(경제연구, 금융, 시사, 독서토론, 신문반, 영어회화) 활동을 추천하고, 동아리 활동을 통해 전공에 대한 학문적 열정과 지적 관심, 새로운 아이디어 제안이 특정한 결과물로 이어지는 과정을 통해 배우고 느낀 점이 나타나는 것이 좋습니다.
- 학교생활 내에서도 자신의 능력을 나누어줄 수 있는 다양한 봉사 활동(컴퓨터 도우미, 방송 도우미, 학습 멘토링, 교통 지도, 교단 선진화 기자재 도우미) 참여를 통해 타인을 위해 헌신하는 모습을 나타내는 것이 중요합니다.
- 금융 관련 회사나 컨설팅회사 탐방, 직업 탐색 및 직업인 특강, 관련 학과 탐방 등 전공 관련 진로 활동 참여를 통해 지원 전공에 대한 올바른 이해와 열정, 자기주도적인 진로 설정 과정, 전공 적합성 등이 기록되는 것이 좋습니다.

학과소개

글로벌바이오메디컬공학과는 미래 사회 트렌드(헬스케어)와 미래 신수종사업분야(의료기기) 및 사회적 수요(고급 인력 양성)에 부응하여 뇌과학/뇌공학, 생체재료 그리고 첨단의료기기 분야에 중점을 두고 교육과 연구를 하는 성균관대학교의 특성화학과입니다. 유연하고 창의적인 사고를 기반으로 첨단 바이오메디컬공학 분야의 지식에 능통하여 바이오메디컬공학 관련 산업과 교육계를 선도해 나갈 수 있는 능동적인 리더의 양성이 교육의 목표입니다. 현대 의학 기술의 놀라운 발달은 생명 연장뿐만 아니라 한층 높아진 삶의 질을 제공하고 있습니다. 특히 첨단의료기기 및 생체재료 분야의 비약적인 발전은 현대 의학 기술의 발달에 많은 기여를 하고 있습니다. 바이오메디컬공학은 공학적인 관점에서 새로운 기술 및 방법론들을 제공함으로써 의료 생명 분야의 여러 가지 문제와 요구를 해결하고 충족시키는 학문 분야입니다. 또한 바이오메디컬공학 분야는 미래지향적이면서 현재 가장 인력 양성 수가 많은 첨단 학문 분야입니다.

성균관대 글로벌바이오메디컬공학과는 삼성전자를 포함하여 세계적인 의료기기 회사들과 연계하여 산학협력 및 공동연구를 하고 있으며, 4년 전액 장학금, 연구 장려금을 지원하고 기숙사를 우선 배정하는 등 우수 학생들을 확보하고 있습니다.

개설대학

- 성균관대학교

관련학과

- 바이오메디컬공학부
- 바이오메디컬학과
- 바이오메디컬정보학과 등

진출직업

- 교수
- 의료기기 관리감독자
- 의료기기 생산품의 안전성 검사 및 관리자
- 보건기술직 공무원
- 의공학자
- 의료기기시험·인증관리 전문가
- 스마트헬스케어기기 개발자
- 의료기기 임상학자 등

취득가능 자격증

- 바이오화학제품제조기사
- 화학분석기사
- 전기기사
- 전기공사기사
- 정보처리기사
- 정보보안기사
- 정보통신기사
- 산업안전기사
- 일반기계기사
- 기계설비기사
- 기계설계기사
- 의공산업기사 등

진출분야

기업체	삼성전자, 삼성의료원, 광교테크노밸리, 화성향남제약단지, 오송생명과학단지 내 바이오 관련 기업, 제약회사, 바이오 관련 벤처, 글로벌 병원, 각 기업 등
정부 및 공공 기관	보건복지부, 오송첨단산업진흥재단, 한국과학기술연구원, 한국보건의료연구원 등
연구 기관	뇌과학이미징 연구단, 삼성융합 의과학원, 국내외 의학 및 의바이오메디컬 관련 연구소, 한국생명과학연구원, 각 대학(원)의 연구소 등

학과 주요 교과목

1학년	고급생명과학, 일반물리학, 일반화학, 생화학, 고급미적분학, 바이오공학수학, 해부와생리학, 바이오물리화학, 생체재료학개론, 방사선의료기기개론, 바이오물질전달, 신경과학, 의공학세미나, 기초의과학 실험, 의공학입문, 기술적글쓰기와 소통 등
2학년	생체역학, 의료전자기학, 나노바이오계면공학, 바이오의학이미징, 의공학설계프로젝트, 생물공정공, 뇌이미징, 의료신호처리 및 시스템, 의공학설계입문, 바이오메디컬확률 및 통계 등
3학년	바이오시뮬레이션, BME선형대수, 해부와 생리학, 생명과학과 미래기술, 융합연구프로젝트, 광학기초, 생체재료화학개론, 생체모방개론, 생체재료역학 등
4학년	의학물리, 생체역학, 기능성생체고분자공학, 체소자공학, 조직공학, 계산신경과학 등

학과 인재상 및 갖추어야 할 자질

- 전기, 전자 통신, 컴퓨터 분야에 재능과 소질이 있는 학생
- 수학, 물리학, 화학 등의 교과목에 대한 관심과 지식을 갖춘 학생
- 국가 및 사회가 요구하는 기본 소양 및 문제해결 능력과 국제적 소양을 갖춘 글로벌 교양인 학생
- 창의적 사고와 도전정신으로 의료기기, 의료 소재·소자 시장을 이끌어 갈 전문가가 되고 싶은 학생
- 의공학 전문 지식을 바탕으로 글로벌 역량을 갖추고 인류 사회에 공헌할 수 있는 리더가 꿈인 학생

학과 관련 선택 과목

※ 국어, 영어 교과는 모든 학문의 기초적인 성격을 가진 도구교과로 모든 학과에 이수가 필요하여 생략함.

공통 과목		공통국어1,2, 공통수학1,2, 공통영어1,2, 한국사1,2, 통합사회1,2, 통합과학1,2, 과학탐구실험1,2
수능 필수		화법과 언어, 독서와 작문, 문학, 대수, 미적분Ⅰ, 확률과 통계, 영어Ⅰ, 영어Ⅱ, 한국사, 통합사회, 통합과학, 성공적인 직업생활(직업)
일반 선택	수학, 사회, 과학	대수, 미적분Ⅰ, 확률과 통계, 현대사회와 윤리, 화학, 생명과학
	체육·예술	
	기술·가정/정보	기술·가정, 정보
	제2외국어/한문	제2외국어
	교양	생태와 환경
진로 선택	수학, 사회, 과학	미적분Ⅱ, 물질과 에너지, 화학 반응의 세계, 세포와 물질대사, 생물의 유전
	체육·예술	
	기술·가정/정보	데이터 과학
	제2외국어/한문	
	교양	보건
융합 선택	수학, 사회, 과학	수학과제 탐구, 사회문제 탐구, 기후변화와 환경생태, 융합과학 탐구
	체육·예술	
	기술·가정/정보	
	제2외국어/한문	
	교양	

추천 도서 목록

- 보건의료인을 위한 의료윤리의 이해, 권복규, 학지사메디컬
- 질병 정복의 꿈, 바이오 사이언스, 이성규, MID
- 첨단기술시대의 의료와 인간, 경희대학교 인문학연구원 HK+통합의료 인문학연구단, 모시는사람들
- 의료기관의 이해와 병의원의 경영전략, 김회창, 보문각
- 삶은 몸 안에 있다, 조너선 라이스먼, 김영사
- 인류의 삶 속에 담긴 질병 극복 이야기, 김애정, 솔과학
- 나이 듦과 함께 하는 의료인문학, 김현수 외, 모시는사람들
- 질병은 없다, 제프리 블랜드, 정말중요한
- 건강의 절대법칙, 장태익, 보민출판사
- 의료쇼핑, 나는 병원에 간다, 최연호, 글항아리
- 의료기기 산업의 미래에 투자하라, 김충현, 클라우드나인
- 디지털 헬스케어는 어떻게 비즈니스가 되는가, 김치원, 클라우드나인
- 알기 쉬운 의료기기학, 이정윤, 여문각
- 보건계열 창업을 위한 의료기기학 입문, 선종률 외, 청구문화사
- AI 메디컬 레볼루션, 피터 리 외, 터닝포인트

- 메디컬 조선, 박영규, 김영사
- 메디컬처치, 소강석, 쿰란출판사
- 메디컬 빅 데이터 연구를 위한 R 통계의 정석, 김종엽, 사이언스북스
- 의료기기 인허가 2024, 김명교, 위즈덤플
- 지극히 짧고도 사소한 인생 잠언, 정신과의사 Tomy, 리텍콘텐츠
- AI 메디컬 레볼루션, 피터 리, 터닝포인트
- 젊음을 유지하고 질병 없이 사는 백년 건강, 다나하시 사카에, 이너북
- 위험한 과잉의료, 피터 괴체, 공존
- 의료 AI 입문, 야마시타 야스유키, 양병원출판부
- 샵(#)의료 마케팅, 김창태 외, 현학사
- 의료사회복지론, 엄태완, 공동체
- 생명의료윤리, 구영모 외, 동녘
- 의료 비즈니스의 시대, 김현아, 돌베개
- 의료경영학, 이견직, 청람
- 인공지능 기반 의료, 앤서니 C. 창, 에이콘출판

학교생활 TIPS

- 글로벌바이오메디컬공학 전공에 기본이 되는 수학, 물리학, 화학, 정보 교과 성적을 상위권으로 유지하고, 정규 교과 수업 시간을 통해 전공에 대한 관심과 이해를 충족시키기 위해 노력한 과정, 학습을 수행하는 자발적인 의지와 태도, 전공 관련 역량 발휘 경험 등이 학교생활기록부 교과 세부능력 및 특기사항에 기록되도록 하는 것이 좋습니다.
- 학교 교육계획에 의한 행사 활동, 수련 활동 및 학년·학급 단위로 진행되는 활동(보건 교육, 독서 토론, 모의 법정, 리더십, 창의성 교육, 환경 교육)에서 자발성과 자율성, 적극성, 대인 관계, 공동체 의식, 리더십 등이 드러날 수 있도록 적극적으로 참여하는 것이 중요합니다.
- 학교 정규 동아리(바이오, 로봇, 공학, 융합, 컴퓨터, 과학 탐구 실험) 활동을 추천하고, 동아리 활동을 통해 글로벌바이오메디컬에 대한 학문적

열정과 지적 관심, 새로운 아이디어 제안이 특정한 결과물로 이어지는 과정을 통해 배우고 느낀 점이 나타나는 것이 좋습니다.
- 학교생활 내에서도 자신의 능력을 나누어줄 수 있는 다양한 봉사 활동(급식 도우미, 보건 도우미, 학습 멘토링, 컴퓨터 도우미, 교통 지도, 교단 선진화 기자재 도우미) 참여를 통해 타인을 위해 헌신하는 모습을 나타내는 것이 중요합니다.
- 병원이나 바이오 관련 연구소·헬스케어 관련 회사 탐방, 의료기기 생산품의 안전성 검사 및 관리자 직업 탐색 및 직업인 특강, 관련 학과 탐방 등 전공 관련 진로 활동 참여를 통해 지원 전공에 대한 올바른 이해, 바이오메디컬 전공에 대한 관심과 열정, 자기주도적인 진로 설정 과정, 전공 적합성 등이 기록되는 것이 좋습니다.

288

기계IT융합공학과

학과소개

기계IT융합공학은 자동차, 기계, IT산업 등 4차 산업혁명 시대를 선도하는 첨단 ICT 기반 문제해결이 가능한 융복합 전문 공학인을 육성하는 학문입니다.

전남대학교 여수캠퍼스 기계IT융합공학과는 지역 기업의 창의 융합 인재 조기 확보 및 산학협력 증진 시책에 발맞춘 교육부 지원사업인 조기 취업형 계약학과로, 총 3년 6학기의 교육과정으로 학사학위(120학점)가 수여됩니다. 1학년 때에는 기업이 요구하는 맞춤형 집중 기본 교육이, 2·3학년 때에는 현장 실무교육 및 연구 능력 배양을 위한 심화 교육이 시행됩니다. 플랜트 설계 및 ICT 분야 관련 교육과정 이수를 통한 기계설비, 플랜트 설계 업무 수행이 가능한 융합 인재 양성을 교육의 목표로 합니다. 또한 산업체에서 요구하는 교육과정 편성을 통해 기업에 적합한 전문 기술인으로 성장할 수 있도록 합니다.

기계IT융합공학과는 현장에서 필요한 실무 중심의 교육을 위해 다양한 기업체의 현장·기술 수요 조사를 통해 지역 기업과의 긴밀하고 실질적인 협력과 기업 맞춤형 인재 양성을 통해 지역경제 발전에 이바지하는 학과입니다. ㈜태화산업, ㈜파루, ㈜현대계전, ㈜대아전력 등 총 29개의 기업이 협약기업으로 참여하고 있습니다.

개설대학

- 전남대학교 여수캠퍼스에 개설된 조기 취업형 계약학과로 학생들은 3년 만에 학사학위를 취득합니다. 1학년 때에는 학생 신분으로 기업 맞춤형 교육과정에 따라 전공 교육을 실시하고, 입학과 동시에 취업이 약정됩니다. 1학년 1학기 입학금 및 등록금 전액을 한국장학재단에서 지원하며, 1학기 취득 성적이 백분위 점수 70점 이상이면 다음 학기도 전액 지원합니다. 2학년 및 3학년 교육비는 전라남도 지자체에서 50%를, 기업에서 25%, 학생이 25%를 부담합니다.

관련학과

- 기계공학과
- 기계설계공학과
- 기계시스템공학과
- 기계로봇에너지공학과
- 메카트로닉스공학과
- 정밀기계공학과
- 로봇시스템공학과
- 기계자동차공학과
- 융합기술공학부(IT융합기전공학전공)
- IT융합학과 등

진출분야

기업체	일반기업, 각공 기계 및 관련 장비 생산업체, 산업기계 제작 회사, 자동차 생산업체, 자동차부품설계 및 생산업체, 자동차 정비 및 검사업체 등
정부 및 공공 기관	중앙 정부 및 지방 자치 단체 기술직 공무원, 한국전력공사, 특성화 고등학교, 대학 등
연구 기관	기계 IT관련 국책연구소, 국방과학연구소, 한국기계연구원, 한국과학기술연구원, 산업연구원, 한국생산기술연구원 등

진출직업

- 기계공학기술자
- 3D프린터개발자
- 산업기계공학기술자
- 메카트로닉스기술자
- 플랜트공학기술자
- 엔진기계공학기술자
- 비파괴검사원
- 건설기계공학기술자
- 인공위성개발원
- 항공우주연구원 등

취득가능 자격증

- 일반기계기사
- 기계설계산업기사
- 기계설비기사
- 메카트로닉스기사
- 정밀측정산업기사
- 기계기술사
- 산업기계설비기술사
- 건설기계설비기사
- 공조냉동기계기사
- 건설기계기술사
- 생산자동화산업기사
- 철도차량산업기사
- 철도차량기사
- 철도차량기술사
- 차량기술사
- 건설기계설비산업기사
- 건설기계기술사
- 공조냉동기계산업기사
- 공조냉동기계기사
- 공조냉동기술사
- 중등 2급 정교사(기계) 등

학과 주요 교과목

1학년	기계공학설계, 물리학 및 실험, 공학수학, 동역학, 열역학, 고체역학, 기계재료, 전자공학 시초, Adventure Design 플랜트계측공학, CAM, 인공지능개론, 빅데이터이해 등
2학년	계측공학, 공학프로그래밍입문, 기계공학종합설계, 메카트로닉스, 내연기관, 프로그래밍, 로봇공학, AutoCAD, CAD 3D, 플랜트CAD 1, 2 등
3학년	기업R&D 프로젝트, 플랜트설계공학, 플랜트검사공학, 플랜트강도설계, 실험통계학, 자동제어, 지능형생산공학 등

학과 인재상 및 갖추어야 할 자질

- 수학, 물리학, 과학 등의 과목에 대한 관심과 지식을 갖춘 학생
- 사람들과 융합하고, 협력하여 문제를 해결할 수 있는 소통력이 있는 학생
- 전기, 전자 통신, 자동차, 컴퓨터 분야에 재능과 소질이 있는 학생
- 첨단 ICT기반 문제를 해결할 수 있는 전문적인 공학도가 되고 싶은 학생
- 신기술을 개발하고 응용할 수 있는 창의력과 끈기를 지닌 학생

학과 관련 선택 과목

※ 국어, 영어 교과는 모든 학문의 기초적인 성격을 가진 도구교과로 모든 학과에 이수가 필요하여 생략함.

공통 과목		공통국어1,2, 공통수학1,2, 공통영어1,2, 한국사1,2, 통합사회1,2, 통합과학1,2, 과학탐구실험1,2
수능 필수		화법과 언어, 독서와 작문, 문학, 대수, 미적분 I, 확률과 통계, 영어 I, 영어 II, 한국사, 통합사회, 통합과학, 성공적인 직업생활(직업)
일반 선택	수학, 사회, 과학	대수, 미적분 I, 확률과 통계, 물리학, 화학
	체육·예술	
	기술·가정/정보	기술·가정, 정보
	제2외국어/한문	
	교양	생태와 환경
진로 선택	수학, 사회, 과학	기하, 미적분 II, 역학과 에너지, 전자기와 양자, 물질과 에너지, 화학 반응의 세계
	체육·예술	
	기술·가정/정보	로봇과 공학세계, 인공지능 기초, 데이터 과학
	제2외국어/한문	
	교양	
융합 선택	수학, 사회, 과학	수학과제 탐구, 기후변화와 지속가능한 세계, 기후변화와 환경생태, 융합과학 탐구
	체육·예술	
	기술·가정/정보	창의 공학 설계, 소프트웨어와 생활
	제2외국어/한문	
	교양	

추천 도서 목록

- 기계제도와 도면해독, 호춘기 외, 마지원
- 정밀측정 혼자하기, 권대규 외, 복두출판사
- 최신 기계설계, 정남용, 학진북스
- 기계설계 이론과 실제, 홍장표, 퍼스트북
- 기계요소설계 포인트, 홍장표, 퍼스트북
- 정밀측정이론과 실습, 최부희, 복두출판사
- 스마트모빌리티 기구학, 이흥식, 에듀컨텐츠휴피아
- 창의적 기계설계법, 정남용, 학진북스
- 시스템엔지니어링 원칙과 실행, 알렉산드로 코시아코프 외, 북코리아
- 생산자동화 프로그래밍, 정건옥 외, 복두출판사
- 기계요소설계, 유진규, 북스힐
- 기계설계학, 김남웅 외, 북스힐
- 기계계측공학, Richard S. Figliola 외, 시그마프레스
- 설계정보에 의한 기계의 분석, 홍준희, 충남대학교출판문화원
- 알기쉬운 기계제도 도면해석, 이국환 외, 진샘미디어

- 기계설계, 한홍걸, 한필
- 실천! 모듈러 설계, 나카야마 사토시, 한경사
- 설계 기술력 향상 기법, 강구봉, 기전연구사
- 구조해석, 심관보 외, 홍릉
- 정밀측정의 최적화 기술, 신현성 외, 기전연구사
- 기계설계, 이상범, 한빛아카데미
- 기계제도 도면해독, 신동명 외, 구민사
- 기계공작법, 전언찬 외, 교문사
- 시스템엔지니어링 관리, 민성기, GS인터비전
- 반도체 설계 및 레이아웃 실습, 김응주, 복두출판사
- 3차원 형상 모델링 실무, 박진기, 북두
- 기계요소설계, Robert C. Juvinall 외, 한티에듀
- 기계설계 이론 및 실제, Ansel C. Ugural, 진샘미디어
- 기계설계도감, 테크노공학기술연구소, 메카피아
- 기계요소설계 포인트, 홍장표, 교보문고

학교생활 TIPS

- 기계IT융합공학 전공에 기본이 되는 수학, 물리학, 정보 교과 성적을 상위권으로 유지하고, 정규 교과 수업 시간을 통해 전공에 대한 관심과 이해, 지원 전공에 대해 관심을 충족시키기 위해 노력한 과정, 학습을 수행하는 자발적인 의지와 태도, 전공 관련 역량 발휘 경험 등이 학교생활기록부 교과 세부능력 및 특기사항에 기록되도록 하는 것이 좋습니다.
- 학교 교육계획에 의한 행사 활동, 수련 활동 및 학년·학급 단위로 진행되는 활동(융합 교실, 독서 토론, 과학의 날, 리더십, 기업가정신, 창의성 교육, 환경 교육)에서 자발성과 자율성, 적극성, 대인 관계, 공동체 의식, 리더십 등이 드러날 수 있도록 적극적으로 참여하는 것이 중요합니다.
- 학교 정규 동아리(로봇, 공학, 융합, 자동차, 컴퓨터, 과학 탐구 실험, 발명) 활동을 추천하고, 동아리 활동을 통해 전공에 대한 학문적 열정과 지적

관심, 새로운 아이디어 제안이 특정한 결과물로 이어지는 과정을 통해 배우고 느낀 점이 나타나는 것이 좋습니다.
- 학교생활 내에서도 자신의 능력을 나누어줄 수 있는 다양한 봉사 활동(컴퓨터 도우미, 방송 도우미, 학습 멘토링, 교통 지도, 교단 선진화 기자재 도우미) 참여를 통해 타인을 위해 헌신하는 모습을 나타내는 것이 중요합니다.
- 자동차생산업체나 연구소 탐방, 직업 탐색 및 직업인 특강, 관련 학과 탐방, IT기기 전시회, 전자 기기전 관람 등 전공 관련 진로 활동 참여를 통해 지원 전공에 대한 올바른 이해와 열정, 자기주도적인 진로 설정 과정, 전공 적합성 등이 기록되는 것이 좋습니다.

289

뇌·인지과학부

학과소개

뇌인지과학은 지각, 행동, 기억, 학습, 사고, 의사결정, 정서 등 고등 정신 기능과 관련된 마음 및 행동의 근간인 뇌를 이해하고, 그 작동 원리를 규명하는 과학입니다. 특히 다양한 분야와의 결합을 통해 신경법학, 신경경제학, 뇌공학, 신경마케팅 등의 신학문 영역으로 무한히 뻗어 나갈 수 있는 미래 성장 기반이 될 수 있는 학문 분야입니다.

융합학부 뇌인지과학전공은 뇌인지과학 분야의 전문 지식을 기반으로 인문학·사회과학·자연과학·공학·의약학 분야와 뇌인지과학을 접목하는 학제간 융합적 접근을 하는 학과입니다. 각 학문 분야에서 기존의 지식을 넘어선 창의적인 문제 해결력을 갖춘 인재 양성을 최종 교육목표로 삼고 있습니다.

이화여자대학교 뇌인지과학 전공은 다학제적 접근을 통해 뇌를 연구하고, 이해하고, 교육하기 위해 설립되었으며, 체계화된 교육을 통해 사회에 적합한 차세대 지도자를 양성합니다. 21세기 인류 최후의 연구 분야인 뇌인지과학 분야 과학자를 비롯해 의학, 생명과학, 사회과학(심리학, 법학, 경제학, 경영학 등), 또는 공학과 뇌·인지과학을 융합한 사회 각 분야에서의 전문가 양성을 목적합니다. 이화여대 스크랜튼 대학에 속해 있는 뇌인지과학전공은 입학생이 규정된 성적 기준을 충족하면 입학 성적에 따라 1년 또는 4년 등록금 전액이 지급되며, 학생들이 적극적이고 다양한 진로를 탐색하고, 미래를 설계할 수 있도록 뇌인지과학 대학원생과의 멘토링을 진행합니다.

개설대학

- 이화여자대학교

관련학과

- 뇌인지과학과
- 뇌인지과학융합전공
- 바이오 및 뇌공학과
- 생명과학과
- 생명공학과
- 의생명공학부
- 생명건강공학과
- 생명보건학부
- 의생명공학전공
- 의공학과
- 의예과 등

진출직업

- 의생명과학자
- 의생명 기초연구원
- 특수교육 교사
- 카운슬링
- 유아교육 교사
- 법의학자
- 언어 전문가
- 정신의학과, 신경의학과
- 재활의학 전문의
- 컴퓨터 프로그래머
- 음성인식 소프트웨어 개발자
- 과학 저널리즘
- 광고회사
- 과학 기술 정책자
- 법의학자 등

취득가능 자격증

- 화학분석기사
- 바이오화학제품제조기사
- 뇌인지지도사
- 노인두뇌훈련지도사
- 뇌인지상담사
- 뇌교육지도사
- 바이오화학제품
- 제조기사
- 품질경영기사
- 위험물산업기사
- 화학분석기사
- 의료전자 기능사 국제의료관광 코디네이터 등

진출분야

기업체	재활의학, 신경의학, 정신의학, 언어전문 치료 기관, 인지공학 업체, 컴퓨터 프로그래밍 업체, 음성인식 소프트웨어 개발업체, 제약회사, 생명공학 회사, 방송, 신문사, 마케팅 회사, 광고회사, 금융기관, 컨설팅 관련 기업체 등
정부 및 공공 기관	과학기술 관련 정부부처 등
연구 기관	뇌 관련 국가 및 민간 연구소, 한국뇌과학연구원 등

학과 주요 교과목

전공 기초	뇌인지과학기초, 뇌인지과학응용, 신경과학원리 등
전공 선택	뇌과학의 발견, 뇌질환이해의 기초, 인지과학, 기능적신경해부학, 감각과 자각, 뇌인지과학연구법, 뇌인지과학세미나, 신경생물학, 신경공학, 계산뇌인지과학, 분자행동신경과학, 신경생물학, 의생명과학뇌인지과학의융합, 법적뇌인지과학, 신경정보학 등

학과 인재상 및 갖추어야 할 자질

- 평소 뇌, 인지과학 분야 및 의학, 생명과학, 사회과학(심리, 법학 등)에 관심과 호기심이 많은 학생
- 분자 수준에서 세포 수준 그리고 인간 마음과 행동에 이르기까지의 접근을 추구하는 학생
- 주어진 문제를 과학적이고 논리적으로 해결할 수 있는 창의적인 능력을 지닌 학생
- 수학과 과학에 대한 관심이 많고, 특히 물리 과목에 관심이 많은 학생
- 뇌·인지 과학분만 아니라 의학, 법학, 경제, 경영학 등을 융합 응용하는 것에 관심이 많은 학생
- 문제를 해결하는 데 합리적인 방향을 고수하는 경향을 지닌 학생

학과 관련 선택 과목

※ 국어, 영어 교과는 모든 학문의 기초적인 성격을 가진 도구교과로 모든 학과에 이수가 필요하여 생략함.

공통 과목		공통국어1,2, 공통수학1,2, 공통영어1,2, 한국사1,2, 통합사회1,2, 통합과학1,2, 과학탐구실험1,2
수능 필수		화법과 언어, 독서와 작문, 문학, 대수, 미적분 I , 확률과 통계, 영어 I , 영어 II , 한국사, 통합사회, 통합과학, 성공적인 직업생활(직업)
일반 선택	수학, 사회, 과학	대수, 미적분 I , 확률과 통계, 사회와 문화, 현대사회와 윤리, 화학, 생명과학
	체육·예술	
	기술·가정/정보	정보
	제2외국어/한문	
	교양	
진로 선택	수학, 사회, 과학	미적분 II , 법과 사회, 경제, 물질과 에너지, 화학 반응의 세계, 세포와 물질대사, 생물의 유전
	체육·예술	
	기술·가정/정보	인공지능 기초, 데이터 과학
	제2외국어/한문	
	교양	인간과 철학, 인간과 심리
융합 선택	수학, 사회, 과학	실용 통계, 수학과제 탐구, 윤리문제 탐구, 융합과학 탐구
	체육·예술	
	기술·가정/정보	
	제2외국어/한문	
	교양	

추천 도서 목록

- 뇌 과학이 인생에 필요한 순간, 김대수, 브라이트
- 너무 재밌어서 잠 못 드는 뇌과학, 테오 컴퍼놀, 생각의길
- 뇌과학 마케팅, 매트 존슨 외, 21세기북스
- 작지만 큰 뇌과학 만화, 장이브 뒤우, 김영사
- 움직임의 뇌과학, 캐럴라인 윌리엄스, 갤리온
- 뇌기반 학습과학, Terry Doyle, 학지사
- 뇌·신경과학으로 본 마음과 문학의 세계, 연규호, 도훈
- 송민령의 뇌과학 이야기, 송민령, 동아시아
- 메타버스에서 찾은 뇌과학 이야기, 고수진, 리틀씨앤톡
- 일터로 간 뇌과학, 프레데리케 파브리티우스, 한빛비즈
- 아무것도 하기 싫은 사람을 위한 뇌 과학, 가토 도시노리, 갤리온
- 지칠 때 뇌과학, 에이미 브랜, 생각의길
- 잠이 부족한 당신에게 뇌과학을 처방합니다, 박솔, 궁리
- 뇌 과학 나라의 앨리스, 예지 베툴라니 외, 책읽는곰
- 현대지성 테마 뇌과학, 제임스 굿윈 외, 현대지성
- 유유보다 뇌과학, 만프레드 슈피처 외, 더난출판

- 자기계발 뇌과학, 이명철, 충남대학교출판문화원
- 심리학 카페에서 만난 뇌 과학, 김은주, 김박킴스
- 행복을 끌어당기는 뇌과학, 이와사키 이치로, 더난출판사
- 김종성 교수의 뇌과학 여행, 브레인 인사이드, 김종성, 궁리
- 뇌과학과 동기이론에 기반한 교수학습방법 연구와 적용의 새로운 패러다임, 김은주, 학지사
- 비열한 시장과 도마뱀의 뇌, 테리 버넘, 다산북스
- 인지 기능의 향상과 뇌 가소성, 보이테크 호츠코-자이코, 고려대학교출판문화원
- 기억하는 뇌, 망각하는 뇌, 이인아, 21세기북스
- 생각한다는 착각, 닉 채터, 웨일북
- 생각은 어떻게 행동이 되는가, 데이비드 바드르, 해나무
- 오늘도 뇌는 거짓말을 한다, 알베르 무케베르, 한빛비즈
- 제정신이라는 착각, 필리프 슈테르처, 김영사
- 인지심리학, 존 폴 민다, 웅진지식하우스
- 마음이 아니라 뇌가 불안한 겁니다, 다니엘 G. 에이멘, 위즈덤하우스

학교생활 TIPS

- 융합전공의 특성상 국어, 영어, 수학, 사회, 과학(생물학, 물리학) 교과의 학업 성취도를 향상하도록 노력하고, 정규 수업 활동을 통해 수업에 대한 열정과 의지, 전공에 대한 흥미와 관심 및 뇌, 인지과학 분야 및 의학, 생명과학, 사회과학(심리, 법학 등)에 대한 기초역량과 뇌인지과학을 이해하고 있음을 학교생활기록부 교과 세부능력 및 특기사항에 기록되도록 하는 것이 좋습니다.
- 뇌인지, 심리, 법학 관련 동아리 활동 참여를 추천하고, 다양한 동아리 활동을 통해 리더십 발휘 정도, 남을 배려하고자 하는 태도, 동아리 활동 과정에서 부딪히는 문제점을 슬기롭게 해결한 경험, 학문적 열정이나

지적 관심 정도 등이 나타나는 것이 중요합니다.
- 감각, 사고, 감정 및 학습과 같은 다양한 인지 및 신경전달 과정에 대한 흥미와 관심, 지원 전공에 대해 이해, 자신의 경험과 지원 전공과의 연관성이 드러날 수 있는 진로 활동 프로그램(뇌과학 관련 기업 및 연구소 탐방, 직업인 체험 및 특강, 학과 체험)에 참여하는 것이 좋습니다.
- 자기주도성, 경험의 다양성, 성실성, 창의성, 의사소통 능력, 문제해결 능력, 미적 능력 및 예술적 감수성 등이 학교생활을 통해 나타나고, 이를 학교생활기록부에 기록될 수 있도록 성실히 학교생활을 할 것을 추천합니다.

인문계열 / 사회계열 / 자연계열 / 공학계열 / 의약계열 / 예체능계열 / 교육계열 / 계약학과 & 특성화학과

학과소개

21세기는 데이터 기술의 시대라고 할 정도로, 사회적으로 데이터 기술 전문가에 대한 수요가 증가하고 있습니다. 데이터사이언스학과는 국가의 첨단산업 발전과 데이터 과학 기술 개발에 이바지하는 창의적이고 분석력이 높은 데이터 전문 기술 인력을 양성합니다. 최근 데이터 분석의 수요가 급증하고 컴퓨터 시스템의 발달로 대용량의 데이터를 수집하고 저장을 하지만, 이를 올바르게 처리·분석하는 전문가가 상당히 부족한 실정입니다. 데이터사이언스학과에서는 데이터 수집, 저장, 처리, 분석하는 전문가를 양성하는 교육과정을 제공하고 이를 학습한 인재들은 사회 및 산업계의 다양한 분야에 진출하여 데이터 기술 전문가로 활동하면서 데이터 분석에 능력을 발휘할 수 있습니다.

세종대학교 데이터사이언스학과는 2017년에 신설된 학과로, 창의적인 데이터 분석 및 소프트웨어 개발 능력을 갖춘 인재, 다양한 분석 능력을 바탕으로 산업현장에서 필요로 하는 전문적인 실무능력을 갖춘 인재, 기초 소양 및 데이터 분석에 요구되는 상황 인지 및 지식 전달 능력을 보유한 인재의 양성을 교육의 목표로 합니다. 다양한 기본적인 컴퓨터공학 교과목을 대부분 이수하고, 경영·통계 등 산업계에서 수요가 있는 특화된 교과목을 학습합니다.

개설대학

- 가톨릭대학교
- 국립강릉원주대학교
- 덕성여자대학교
- 서울신학대학교
- 서울여자대학교
- 이화여자대학교
- 인하대학교
- 제주대학교
- 청주대학교
- 화성의과대학교 등

관련학과

- 데이터사이언스전공
- 빅데이터사이언스학과
- 데이터사이언스학부
- 수리통계데이터사이언스학부 (빅데이터 사이언스)
- 수리통계데이터사이언스학부 (수학)
- 철도경영·물류·데이터사이언스학부 등

진출분야

기업체	IT기업, 금융업계, 마케팅업계, 방송·미디어계, 게임회사, 자동차회사, 물류회사, 빅데이터 컨설팅 및 솔루션 관련 기업, 스타트업 기업 등
정부 및 공공 기관	코레일, 한국남부발전(주), 통계청, 서울교통공사, 한국전력공사, 한국산업인력공단 등
연구 기관	한국철도기술연구원, 통계관련 연구소, 빅데이터 관련 연구소 등

진출직업

- 빅데이터 전문가
- 금융 정보 데이터 전문가
- 데이터 기반 인공지능 전문가
- 수학 및 통계 연구원
- 자료분석전문가 등

취득가능 자격증

- 빅데이터분석기사
- 사회조사분석사
- 국가공인데이터분석전문가
- 빅데이터분석준전문가(ADsp)
- 빅데이터분석전문가(ADP)
- 오라클관련 자격증 (OCA, OCP, OCM, OCJP등)
- SAS 국제공인인증 (Base, Advanced) 등

학과 주요 교과목

1학년	일변수미적분학, 일반물리학 및 실험, C프로그래밍 및 실습, 통계학개론, 공업수학, 공학설계기초, 고급 C프로그래밍 및 실습, 창의SW 융합노마드 등
2학년	문제해결 및 실습(C++ / JAVA), 자료구조 및 실습, 확률통계 및 프로그래밍, 웹프로그래밍, 선형대수 및 프로그래밍, 수치해석, 컴퓨터구조론, 알고리즘 및 실습 등
3학년	Technical Writing 기초, 기계학습, 데이터베이스, 컴퓨터그래픽스, 운영체제, 의사결정분석, 데이터문제해결 및 실습, 오픈소스 SW개론, 경영과학, 대용량 데이터처리개론, 데이터시각화 등
4학년	Capstone디자인, 고급데이터처리, 텍스트마이닝, 시계열분석 및 예측, 비즈니스 인텔리전스, 고급기계학습, 데이터기반 인공지능, 데이터사이언스 특론, 데이터문제해결 및 실습, 특허와 창업 등

학과 인재상 및 갖추어야 할 자질

- 수학, 물리 등의 교과에 대한 이해도가 높고 관심이 많은 학생
- 소프트웨어 프로그래밍에 소질과 흥미가 있는 학생
- 컴퓨터 활용 능력이 뛰어나고 분석적으로 사고하는 능력이 있는 학생
- 합리적인 사고와 논리적인 의사 표현 능력을 지닌 학생
- 진취적인 자세로 다양한 분야에 도전하고 싶은 학생
- 대량으로 쏟아져 나오는 정보들을 과학적으로 분석하고 처리할 수 있는 학생

학과 관련 선택 과목

※ 국어, 영어 교과는 모든 학문의 기초적인 성격을 가진 도구교과로 모든 학과에 이수가 필요하여 생략함.

공통 과목		공통국어1,2, 공통수학1,2, 공통영어1,2, 한국사1,2, 통합사회1,2, 통합과학1,2, 과학탐구실험1,2
수능 필수		화법과 언어, 독서와 작문, 문학, 대수, 미적분Ⅰ, 확률과 통계, 영어Ⅰ, 영어Ⅱ, 한국사, 통합사회, 통합과학, 성공적인 직업생활(직업)
일반 선택	수학, 사회, 과학	대수, 미적분Ⅰ, 확률과 통계, 물리학
	체육·예술	
	기술·가정/정보	정보
	제2외국어/한문	
	교양	
진로 선택	수학, 사회, 과학	기하, 미적분Ⅱ, 경제 수학, 인공지능 수학, 경제
	체육·예술	
	기술·가정/정보	인공지능 기초, 데이터 과학
	제2외국어/한문	
	교양	논리와 사고
융합 선택	수학, 사회, 과학	실용 통계, 수학과제 탐구, 사회문제 탐구, 금융과 경제생활, 융합과학 탐구
	체육·예술	
	기술·가정/정보	창의 공학 설계, 지식 재산 일반
	제2외국어/한문	
	교양	논술

추천 도서 목록

- 데이터는 예측하지 않는다, 김송규, 좋은습관연구소
- 직장인을 위한 실무 데이터 분석 with 엑셀, 선양미, 길벗
- Do it! 데이터 분석을 위한 판다스 입문, 다니엘 첸, 이지스퍼블리싱
- 견고한 데이터 엔지니어링, 조 라이스 외, 한빛미디어
- 데이터에서 비즈니스 성과로, BI를 위한 대시보드 설계와 구축, 이케다 슌스케 외, 프리렉
- 데이터 시각화 교과서, 클라우스 윌케, 책만
- 데이터 과학을 위한 통계, 피터 브루스, 한빛미디어
- 데이터 엔지니어를 위한 97가지 조언, 토비아스 메이시, 길벗
- 컨버티드: 마음을 훔치는 데이터분석의 기술, 닐 호인, 더퀘스트
- 데이터 모델링 실전으로 도약하기, 박종원, 세나북스
- 실시간 데이터 파이프라인 아키텍처, 앤드류 샬티스, 비제이퍼블릭
- 나만의 데이터 분석 플랫폼 엘라스틱서치, 주정남, 비제이퍼블릭
- 데이터는 어떻게 자산이 되는가?, 김옥기, 이지스퍼블리싱
- 데이터 쓰기의 기술, 차현나, 청림출판
- 챗GPT와 데이터 분석 with 코드 인터프리터, 김철수, 위키북스

- 빅데이터 사용설명서, 김진호, 메이트북스
- 데이터 과학 무엇을 하는가?, 김옥기, 이지스퍼블리싱
- 10대에 정보 보안 전문가가 되고 싶은 나, 어떻게 할까?, 마이클 밀러, 오유아이
- AWS 마이크로서비스 보안, 고라브 라제, 에이콘출판
- THICK data 씩 데이터, 백영재, 테라코타
- 따라하며 배우는 파이썬과 데이터 과학, 천인국 외, 생능출판
- 혼자 공부하는 데이터 분석 with 파이썬, 박해선, 한빛미디어
- 무심코 댓글을 달았던 십대에게, 송시현 외, 주니어태학
- 인지 바이어스 60, 정보문화연구소 외, 파피에
- 중독된 아이들, 박정현 외, 셈퍼파이
- 미래에서 전해 드립니다, 태지원, 다른
- 미래 세대를 위한 인공지능 이야기, 배성호 외, 철수와영희
- 챗GPT 시대, 청소년을 위한 미디어 탐구, 이창호, 지금
- 미래 식량 전쟁, 최후의 승자는?, 나상호, 글라이더

학교생활 TIPS

- 데이터사이언스학 전공에 기본이 되는 수학, 과학, 정보 교과의 성적을 상위권으로 유지하고, 정규 교과 수업 시간을 통해 전공에 대한 관심과 이해를 충족시키기 위해 노력한 과정, 학습을 수행하는 자발적인 의지와 태도, 전공 관련 역량 발휘 경험 등이 학교생활기록부 교과 세부능력 및 특기사항에 기록되도록 하는 것이 좋습니다.
- 학교 교육계획에 의한 행사 활동, 수련 활동 및 학년·학급 단위로 진행되는 활동(독서 토론, 모의 법정, 리더십, 창의성 교육, 기업가정신, 과학 교육)에서 자발성과 자율성, 적극성, 대인 관계, 공동체 의식, 리더십 등이 드러날 수 있도록 적극적으로 참여하는 것이 중요합니다.
- 학교 정규 동아리(공학, 데이터통계, 컴퓨터, 융합, 과학 탐구, 생명과학,

실험, 발명) 활동을 추천하고, 동아리 활동을 통해 관련 전공에 대한 학문적 열정과 지적 관심, 새로운 아이디어 제안이 특정한 결과물로 이어지는 과정을 통해 배우고 느낀 점이 나타나는 것이 좋습니다.
- 학교생활 내에서도 자신의 능력을 나누어줄 수 있는 다양한 봉사 활동(급식 도우미, 재활용 도우미, 학습 멘토링, 컴퓨터 도우미, 교통 지도) 참여를 통해 타인을 위해 헌신하는 모습을 나타내는 것이 중요합니다.
- 데이터 관련 기업이나 연구소 탐방, 빅데이터 전문가직업 탐색 및 직업인 특강, 관련 학과 탐방 등 전공 관련 진로 활동 참여를 통해 지원 전공에 대한 올바른 이해, 전공에 대한 관심과 열정, 자기주도적인 진로 설정 과정, 전공 적합성 등이 기록되는 것이 좋습니다.

학과소개

심리뇌과학은 인공지능과 심리학을 접목해 인공지능, 생체 활동, 인간-컴퓨터 공학 등 공학계열 분야에서 활용도가 높은 분야입니다. 심리뇌과학과에서는 인공지능을 학습하며 인간의 의사결정과 인공지능의 중첩 분야를 연구하여 전문가시스템, 지식추론과정, 언어학습 등 새로운 인공지능 개발에 초점을 두고 있습니다.

한양대학교 심리뇌과학과는 생명과학을 기본으로 뇌가 가지고 있는 생물학적 기전을 공부하는 인공지능학과 혹은 딥러닝 전문학과와 비슷하게 뇌가 데이터를 취하고 처리하는 방식을 메커니즘으로 만들어 이를 통해 인공지능신경망을 구축하는 일종의 뇌공학 전공에 가까운 학과입니다.

이를 위해 인지과학 전공 프로그램을 통해 지능적 행동을 수행하는 컴퓨터와 소프트웨어에 관해 공부하며 특히, 주의력, 지식 표현, 기억력, 언어 사용 및 의사결정을 포함한 뇌의 심리적 메커니즘을 배우게 됩니다. 또한 전 강의를 4주 단위 1과목씩 이수하는 집중식 수업을 실시하고 강의는 100% 영어로 진행되며, 정규수업 이외의 TA(Teaching Assistant) 튜터링도 제공하고 있습니다.

개설대학

- 한양대학교

진출직업

- AI 프로그래머
- 인공지능전문가
- 빅데이터전문가
- 가상현실전문가
- 사물인터넷전문가
- 증강현실전문가
- 정보시스템운영자
- 컴퓨터프로그래머
- IT컨설턴트 등

관련학과

- 인공지능과학과
- 인공지능공학과
- 인공지능전공
- HCI사이언스전공
- 휴먼지능정보공학전공
- AI융합학부
- AI학과 등

취득가능 자격증

- 빅데이터 분석기사
- 정보보안산업기사
- 정보처리산업기사
- 데이터분석전문가
- 데이터분석준전문가
- 데이터아키텍처전문가 등

진출분야

기업체	인공지능 관련 업체 등
정부 및 공공 기관	국가 기관(한국인터넷진흥원 등), 경찰청 사이버안전국 등
연구 기관	인공지능 관련 민간·국가연구소(한국전자통신연구원, 국가보안기술연구소) 등

학과 주요 교과목

1학년	이산수학, 데이터사이언스기초 및 프로젝트, 미분적분학, 과학기술의 철학이해, 선행대수, 데이터사이언스 프로젝트, 창의적 소프트웨어 프로그래밍 등
2학년	공업수학, 자료구조론, 객체지향시스템설계, 확률통계론, 머신러닝, 신호와 시스템, 데이터베이스스스템 및 응용, 알고리즘 및 문제해결기법, 인지과학기초 등
3학년	인공지능, 컴퓨터비전, 계산인지과학, 지능형로보스틱, 인간컴퓨터상호작용, 인공지능베이지안이론, 인지행동모델링, 강화학습이론 및 응용, 인지과학실험 등
4학년	딥러닝 및 응용, 뉴로이미징, 지능형생물정보학, 인공지능졸업프로젝트 등

학과 인재상 및 갖추어야 할 자질

- 뇌가 인지하는 데이터 처리 과정에 관심이 있는 학생
- 창의적인 발상 능력과 새로운 분야에 대한 호기심을 가지고 있는 학생
- 첨단 정보 시대를 이끌어갈 창의적인 컴퓨터 활용 능력 및 기초 수학 능력을 갖춘 학생
- 공학 및 과학의 기초 지식을 바탕으로 한 논리력과 창의력을 갖춘 학생
- 미지의 영역에 대한 호기심과 탐구심이 뛰어난 학생
- 소프트웨어 응용 및 인공지능 등을 위한 창의적인 발상 아이디어를 가지고 있는 학생

학과 관련 선택 과목

※ 국어, 영어 교과는 모든 학문의 기초적인 성격을 가진 도구교과로 모든 학과에 이수가 필요하여 생략함.

공통 과목		공통국어1,2, 공통수학1,2, 공통영어1,2, 한국사1,2, 통합사회1,2, 통합과학1,2, 과학탐구실험1,2
수능 필수		화법과 언어, 독서와 작문, 문학, 대수, 미적분Ⅰ, 확률과 통계, 영어Ⅰ, 영어Ⅱ, 한국사, 통합사회, 통합과학, 성공적인 직업생활(직업)
일반 선택	수학, 사회, 과학	대수, 미적분Ⅰ, 확률과 통계, 사회와 문화, 현대사회와 윤리, 화학, 생물과학
	체육·예술	
	기술·가정/정보	기술·가정, 정보
	제2외국어/한문	
	교양	
진로 선택	수학, 사회, 과학	기하, 미적분Ⅱ, 법과 사회, 윤리와 사상, 물질과 에너지, 화학 반응의 세계, 세포와 물질대사, 생물의 유전
	체육·예술	
	기술·가정/정보	인공지능 기초, 생활과학 탐구, 데이터 과학
	제2외국어/한문	
	교양	인간과 철학, 논리와 사고, 인간과 심리
융합 선택	수학, 사회, 과학	실용 통계, 수학과제 탐구, 윤리문제 탐구, 융합과학 탐구
	체육·예술	
	기술·가정/정보	소프트웨어와 생활
	제2외국어/한문	
	교양	

추천 도서 목록

- 우울할 땐 뇌 과학, 앨릭스 코브, 심심
- 불안할 땐 뇌과학, 캐서린 피트먼, 현대지성
- 나의 첫 뇌과학 수업, 앨리슨 콜드웰, 롤러코스터
- 그림으로 읽는 친절한 뇌과학 이야기, 인포비주얼연구소, 북피움
- 통증의 뇌과학, 리처드 앰브론, 상상스퀘어
- 욕망의 뇌과학, 폴 J. 잭, 포레스트북스
- 궁금했어, 뇌과학, 유윤한, 나무생각
- 운동의 뇌과학, 제니퍼 헤이스, 현대지성
- 이토록 뜻밖의 뇌과학, 리사 펠트먼 배럿, 더퀘스트
- 나를 알고 싶을 때 뇌과학을 공부합니다, 질 볼트 테일러, 윌북
- 붓다의 깨달음과 뇌과학, 문일수, 운주사
- 기억의 뇌과학, 리사 제노바, 웅진지식하우스
- 건강의 뇌과학, 제임스 굿윈, 현대지성
- 뇌과학 기반 동기와 학습, 김은주, 학지사
- 소설처럼 재미있게 읽는 뇌과학 강의, 오스미 노리코, 시그마북스
- 뇌과학을 이용한 마음챙김 기반 불안·우울 인지치료 워크북, 이상혁 외, 학지사

- 하루 한 권, 뇌과학, 이쿠다 사토시, 드루
- 아름다움과 예술의 뇌과학, 이시즈 도모히로, 북코리아
- 뇌과학 외국어 학습 혁명, 이충호, 북랩
- 마음을 돌보는 뇌과학, 안데르스 한센, 한국경제신문
- 사랑과 상실의 뇌과학, 메리-프랜시스 오코너, 학고재
- 두 뇌, 협력의 뇌과학, 우타 프리스 외, 김영사
- 다시 아이를 키운다면 뇌과학부터, 카롤리엔 노터베어트, 생각정원
- 감정의 뇌과학, 레오나르드 믈로디노프, 까치
- 뇌 과학과 사회과학이 말하는 가르침의 여정, 뮤리얼 엘머, IVP
- 언어의 뇌과학, 알베르트 코스타, 현대지성
- 길 잃은 사피엔스를 위한 뇌과학, 마이클 본드, 어크로스
- 뇌과학으로 경영하라, 김경덕, 피톤치드
- 똑똑해지는 뇌 과학 독서법, 김호진, 리텍콘텐츠
- 뇌 과학의 모든 역사, 매튜 코브, 심심

학교생활 TIPS

- 뇌과학 전공과 관련이 있는 수학, 과학(생물학, 물리학), 사회, 정보 교과의 학업 성취도를 향상하도록 노력하고, 정규 수업 활동을 통해 수업에 대한 열정과 의지, 전공에 대한 흥미와 관심 및 프로그래밍과 코딩에 대한 기초역량과 뇌인지과학 프로세스를 이해하고 있음을 학교생활 기록부 교과 세부능력 및 특기사항에 기록되도록 하는 것이 좋습니다.
- 인공지능 또는 컴퓨터(코딩, 아두이노, 프로그래밍) 관련 동아리 활동 참여를 추천하고, 다양한 동아리 활동 경험, 리더십 발휘 정도, 남을 배려하고자 하는 태도, 동아리 활동 과정에서 부딪히는 문제점을 슬기롭게 해결한 경험, 학문적 열정이나 지적 관심 정도 등이 나타나는 것이 중요합니다.

- 인공지능 및 뇌과학에 대한 흥미와 관심, 지원 전공에 대해 이해, 자신의 경험과 지원 전공과의 연관성이 드러날 수 있는 진로 활동 프로그램(인공지능 관련 기업 및 연구소 탐방, 직업인 체험 및 특강, 학과 체험)과 IT기기 전시회에 참여하는 것이 좋습니다.
- 학교 교육계획에 의한 행사 활동, 수련 활동, 학년·학급 단위로 진행되는 체험 활동에 참여하여 공동체의 목표 달성을 위해 노력한 모습을 보이고, 학교생활 내에서 자신의 능력을 나누어줄 수 있는 다양한 활동(교단 선진화 기자재 도우미, 학습 멘토링, 급식 도우미, 교통 지도, 통합반 도우미)에 참여하는 것을 권장합니다.

인문계열 / 사회계열 / 자연계열 / 공학계열 / 의약계열 / 예체능계열 / 교육계열 / 계약학과 & 특성화학과

학과소개

동북아국제통상전공은 동북아를 둘러싼 세계 통상환경과 이에 대한 동북아 각 나라들의 통상 현실 및 통상정책 등을 학습하고, 미래의 유능한 동북아 통상전문가를 양성하는 학과입니다. 역사적으로 볼 때 동북아는 오랜 세월 동안 정치·군사적 갈등으로 경제적 잠재력을 충분히 발휘하지 못하였습니다. 그러나 이제는 중국경제의 급성장과 달라진 세계 정세로 인하여 경제활동이 활발히 증대되고 있습니다. 국제통상 환경의 급격한 변화에 능동적으로 대처하고 동북아 시대를 주도하기 위해서는 동북아 지역에 특화되고 국제적으로 활동할 글로벌 지역 통상전문가의 양성이 필수 불가결입니다. 인천대학교 동북아국제통상전공은 외국어·경제학·지역연구 등의 세 요소를 최적으로 결합한 특성화 프로그램을 운영하고 있습니다. 입학생 모두에게 4년간의 장학금 혜택, 캠퍼스 내에서의 기숙사 생활 보장, 그리고 학점 취득이 인정되는 1년간의 해외 무상 유학 및 어학연수 프로그램 등을 통해 준사관학교식 교육을 시행해 왔습니다. 또한 2014년 수도권대학 특성화 사업 대학으로 선정되면서, 학·석사 통합 과정과 한국 통상과정(외국인 프로그램)을 신설하고 외국어 교육 프로그램을 강화하는 등 명실상부한 국제화 학부로서의 위상을 한 단계 더 높여가고 있습니다.

개설대학

- 인천대학교

진출직업

- 관세사
- 관세행정사무원
- 무역사무원
- 물류관리전문가
- 사회계열교수
- 상품기획자
- 상품중개인 및 경매사
- 영업관리사무원
- 의약품영업원
- 자재관리사무원
- 총무사무원
- 포워더(복합운송주선인)
- 해외영업원 등

관련학과

- 동아시아물류학부
- 아시아비즈니스국제학과
- 국제통상학과
- 국제통상학부
- 국제통상학전공
- 상경학부 국제통상학전공
- 국제통상물류학과 등

취득가능 자격증

- 회계사
- 관세사
- 노무사
- 감정평가사
- 변호사
- HSK
- JLPT
- TORFL
- HSK/JLPT/FLEX
- TOEIC/TOEFL
- 국제무역사
- 컨벤션 기획자
- 유통관리사
- 무역영어
- 원산지 실무사 등

학과 주요 교과목

1학년	경제학원론, 동북아경제입문 자기설계세미나, 중국어입문, 일본어입문, 러시아어입문, 미시경제론, 경제통계학, 초급 중국어·일본어·러시아어 회화, 중국경제론, 동북아통상입문 등
2학년	거시경제론, 일본경제론, 러시아경제론, 미국경제론, 한중경제관계론, 국제무역론, 중급 중국어·일본어·러시아어·영어 회화, 중국어·일본어·영어독해작문, 계량분석입문, 아시아경제발전론 등
3학년	한국경제론, 한일경제관계론, 한러경제관계론, 한미경제관계론, 중국경제특강, 국제금융론, 중국시장마케팅, 국제경영론, 중앙아시아경제론, 화폐금융특강, 동북아경제특강 등
4학년	러시아·미국·일본경제특강, 동북아경제세미나, 동북아지역통합, 중국대외경제관계론, 중국경제자료분석, 한국기업론, 국제경제러시아어회화, 한국경제특강, 중국경제실무워크숍 등

진출분야

기업체	제조 및 유통업체, 대기업 및 중소기업체 유통부서, 무역회사, 전국유통단지, 해운회사, 항공회사, 운수회사, 화재해상보험회사, 창고관리업체, 세관, 홈쇼핑, 전자상거래업체, 외국계회사
정부 및 공공 기관	중앙 정부 및 지방 자치 단체(재경직, 국제통상직, 관세직, 철도행정직 공무원), 대한무역투자진흥공사, 농수산물유통공사, 중소기업유통센터 등
연구 기관	공공 및 기업연구소, 한국무역협회, 국제통상 관련 연구소 등

학과 인재상 및 갖추어야 할 자질

- 영어, 중국어, 일본어 등 외국어에 흥미가 있고 습득 능력이 빠른 학생
- 무역과 경제에 관심이 많고, 국제 통상 환경에 대한 이해와 적응력을 지닌 학생
- 적극적이고 도전적인 성격으로 새로운 것을 개척하는 것을 즐기는 학생
- 다양한 문화에 관심이 많고 국제 비즈니스 전문가가 되고 싶은 학생
- 국제통상 환경의 급격한 변화에 능동적으로 대처할 수 있는 자세를 지닌 학생

학과 관련 선택 과목

※ 국어, 영어 교과는 모든 학문의 기초적인 성격을 가진 도구교과로 모든 학과에 이수가 필요하여 생략함.

공통 과목		공통국어1,2, 공통수학1,2, 공통영어1,2, 한국사1,2, 통합사회1,2, 통합과학1,2, 과학탐구실험1,2
수능 필수		화법과 언어, 독서와 작문, 문학, 대수, 미적분Ⅰ, 확률과 통계, 영어Ⅰ, 영어Ⅱ, 한국사, 통합사회, 통합과학, 성공적인 직업생활(직업)
일반 선택	수학, 사회, 과학	세계시민과 지리, 세계사, 사회와 문화, 현대사회와 윤리
	체육·예술	
	기술·가정/정보	
	제2외국어/한문	제2외국어, 한문
	교양	생태와 환경
진로 선택	수학, 사회, 과학	동아시아 역사 기행, 정치, 법과 사회, 인문학과 윤리, 국제 관계의 이해
	체육·예술	
	기술·가정/정보	
	제2외국어/한문	제2외국어 회화, 한문 고전 읽기
	교양	인간과 철학, 논리와 사고, 인간과 심리
융합 선택	수학, 사회, 과학	여행지리, 사회문제 탐구, 윤리문제 탐구, 기후변화와 지속가능한 세계, 기후변화와 환경생태
	체육·예술	
	기술·가정/정보	
	제2외국어/한문	제2외국어 문화
	교양	인간과 경제활동

추천 도서 목록

- 동북아 주요국의 디지털 통화 정책과 경제 금융 협력 방향, 김익수 외, 아연출판부
- 지금 다시, 사우디아라비아, 박인식, 동아시아
- 스트리밍 이후의 세계, 데이드 헤이스 외, 알키
- 정부간 거래론, 박근서 외, 북앤코
- 초강달러 시대, 돈의 흐름, 홍재화, 포르체
- 가난한 미국 부유한 중국, 김연규, 라의눈
- 비즈니스맨 in 러시아, 고수열, 열린북스
- 두 얼굴의 베트남, 이미지, 파지트
- 인도의 시대, 오화석, 공감책방
- 일본이 온다, 김현철, 쌤앤파커스
- 챗GPT도 알려 주지 않는 베트남 비즈니스 2030, 이정훈, 블록체인
- 진격의 인도, 김기상, 클라우드나인
- 베트남 라이징: 베트남의 부상과 한국의 기회, 유영국, 클라우드나인
- 인도 비즈니스 성공비결, 방길호, 피톤치드
- 동아시아지역경제학, 이학성, 세종출판사
- ASEAN 주재원이 바라본 진짜 아세안, 박성민 외, 박영스토리
- 동북아정세의 변화와 남북중 협력의 모색, 동서대학교 동아시아연구원 중국연구센터 외, 산지니
- 환동해경제론, 강승호 외, 두남
- 강대국으로 부상하는 인도, 권순대, 바른북스
- 바로 시작하는 베트남 온라인 비즈니스, 엄주환, 참북스
- 인도상인 이야기, 김문영, 필디앤씨
- 히잡에서 전기차까지, 인도네시아 깨톡, 양동철, 디아스포라
- 신흥국 산업시스템 분석: 인도 편, 김재현, 퍼블리터
- 신흥국 산업시스템 분석: 베트남 편, 김재현, 퍼블리터
- 신흥국 산업시스템 분석: 인도네시아 편, 김재현, 퍼블리터
- 싱가포르 성공의 50가지 비결, Tommy Koh, 박영스토리
- 리씽킹 베트남, 이우식, 신서원
- 동아시아 발전국가의 자본주의 시장경제에 대한 도전, 국민호, 전남대학교출판문화원
- 베트남 성장하는 곳에 기회가 있다, 이정훈, KMAC
- 트렌드 베트남 2020, 경제광 외, 도서출판 참

학교생활 TIPS

- 동북아국제통상학 전공에 기본이 되는 수학, 영어, 경제 사회 교과의 성적을 상위권으로 유지하고, 정규 교과 수업 시간을 통해 전공에 대한 관심과 이해를 충족시키기 위해 노력한 과정, 학습을 수행하는 자발적인 의지와 태도, 전공 관련 역량 발휘 경험 등이 학교생활기록부 교과 세부 능력 및 특기사항에 기록되도록 하는 것이 좋습니다.
- 학교 교육계획에 의한 행사 활동, 수련 활동 및 학년·학급 단위로 진행되는 활동(경제교육, 모의 법정, 리더십, 창의성 교육, 기업가정신, 환경 교육)에서 자발성과 자율성, 적극성, 대인 관계, 공동체 의식, 리더십 등이 드러날 수 있도록 적극적으로 참여하는 것이 중요합니다.
- 학교 정규 동아리(국제통상연구, 경제 연구, 신문, 사회 탐구, 시사 탐구) 활동을 추천하고, 동아리 활동을 통해 관련 전공에 대한 학문적 열정과 지적 관심, 새로운 아이디어 제안이 특정한 결과물로 이어지는 과정을 통해 배우고 느낀 점이 나타나는 것이 좋습니다.
- 학교생활 내에서도 자신의 능력을 나누어줄 수 있는 다양한 봉사 활동(급식 도우미, 재활용 도우미, 학습 멘토링, 컴퓨터 도우미, 교통 지도) 참여를 통해 타인을 위해 헌신하는 모습을 나타내는 것이 중요합니다.
- 무역회사나 유통업체 탐방, 관세사 직업 탐색 및 직업인 특강, 관련 학과 탐방 등 전공 관련 진로 활동 참여를 통해 지원 전공에 대한 올바른 이해, 관심과 열정, 자기주도적인 진로 설정 과정, 전공 적합성 등이 기록되는 것이 좋습니다.

학과소개

숙명여자대학교 르 꼬르동 블루(Le Cordon Bleu) 외식경영전공은 외식경영 전문 인력 양성을 목표로 2007년 신설되었습니다. 1895년 프랑스 파리에 설립된 세계 최고의 요리학교이며 외식산업교육기관인 르 꼬르동 블루와의 협약에 의해 입학과 동시에 Le Cordon Bleu Global Community에 소속되며, 세계 각지에서 LCB BA 경력을 인정받을 수 있습니다. 과정을 수료하면, Le Cordon Bleu Hospitality BA Certificate와 숙명여자 대학교 학사 학위를 동시에 취득할 수 있습니다. 강의는 이론과 실습이 8 : 2의 비율로 진행되며, 호텔 투어·서울시티클럽·CJ 푸드빌 등 다양한 호스피탈리티 현장을 탐방하여 투어 및 조리 실습을 진행합니다. 글로벌 인재 양성을 목표로 하는 만큼 일반적으로 원어 교재를 사용하여, 원어 강의가 다수 개설되어 있습니다. 강의의 진행은 주로 PBL(Problem Based Learning)형식으로, 팀 프로젝트 수행, 프레젠테이션 등을 활용하며, 최근에는 UBL(UbiquitousBased Learning)강의도 진행하여 학생들은 언제 어디서나 교수님이나 학우들과 활발한 학습 교류를 할 수 있습니다. 실습 수업은 르 꼬르동 블루와의 협약으로 프랑스에서 파견된 교수진의 강의로 이뤄집니다.

마케팅, 회계, 재무, 전략, 인사관리 등의 경영 기본 분야에 대한 이해와 더불어 특화된 환대산업 및 서비스 전반에 대한 교육을 받습니다. ARKO 미술관, 하얏트호텔, 강동아트센터, 국립극단 등과 산학협동을 체결하고 있습니다.

개설대학

- 숙명여자대학교

관련학과

- 글로벌조리학부 글로벌외식창업 전공
- 외식·조리학과
- 외식사업학과
- 외식산업경영학과
- 외식서비스경영학전공
- 외식조리창업학과
- 외식산업조리학과
- 외식조리학과
- 호텔외식경영학과
- 호텔외식조리전공
- 호텔외식조리학과
- 호텔외식조리학부
- 호텔관광외식경영학부
- 호텔외식관광프랜차이즈경영학 과 등

진출분야

기업체	CJ푸드빌 이랜드파크 ㈜세븐스프링스, 힐튼호텔, 삼성에버랜드, CJ E&M, 현대백화점, 인터파크, 동원산업, 큐빅플러스, 외식산업과 호스피탈리티 서비스 관련 기업, 프렌차이즈 업체, 레스토랑 등
정부 및 공공 기관	문화관광체육부, 외식관련 정부기관이나 교육기관, 특성화 고등학교, 대학교 등
연구 기관	한국문화관광연구원, 외식산업관련 연구소, 문화관광 관련 연구 기관 등

진출직업

- 호텔관리사
- 컨벤션관리사
- 서비스 전문가
- 컨설턴트
- 외식사업기획·운영자
- 프렌차이즈 경영자
- 호텔 F&B
- 레스토랑 경영
- 소믈리에
- 외식경영 컨설턴트
- 메뉴 개발과 기획자
- 레스토랑 시설·설비 기획자
- 호텔 서비스 메니지먼트
- 레스토랑 테넌트 개발 및 운영자 등

취득가능 자격증

- 호텔관리사
- 컨벤션관리사
- 관광통역안내사
- 국내여행안내사
- 물류관리사
- 바리스타
- 소믈리에
- 호텔경영사
- 외식경영 관리사
- 한식/양식/중식 조리 기능사
- 조주 기능사 등

학과 주요 교과목

1학년	1학년전공 및 진로로드맵설계, 르꼬르동블루의요리학개론, 환대산업의이해, 관광학원론, 문화예술읽기, 와인학개론, 외식산업운영관리, 호텔경영학개론 등
2학년	HOSPITALITY비즈니스관련법, 문화관광자원론, 문화관광경영론, 환대산업세미나, 메뉴계획 및 엔지니어링, 외식산업유통관리, 외식산업인적자원관리, 요리와 와인의 미학, 조리연습 등
3학년	문화관광외식경영정보시스템론, 문화예술경영, 외식산업마케팅전략, 식음료서비스실습, 시설 및 객장개발관리론, 외식산업위생관리, 외식소비자행동론, 프렌차이즈경영론, 호텔경영실무론 등
4학년	외식산업현장리더십, 세계요리와 한식비교연구, 환대산업의사결정론, 푸드투어리즘과 큐레이팅, 환대산업전략경영론(캡스톤디자인), 환대산업상품개발론 등

학과 인재상 및 갖추어야 할 자질

- 서비스 마인드를 갖고, 새로운 아이디어의 창출 능력이 있는 학생
- 호텔, 요리 등 서비스업에 관심이 많고 타인으로부터 신뢰감을 얻을 수 있는 학생
- 서비스 분야의 리더가 되기 위하여 적극적으로 사고하고 지속적인 자기 계발을 하는 학생
- 신속하고 꾸준한 행동력을 갖추며 자신의 일에 열정을 가진 학생
- 세계 서비스 산업을 무대로 변화에 민감하게 대응하며 학과 관련 선택과목 조직을 리드할 수 있는 학생

학과 관련 선택 과목

※ 국어, 영어 교과는 모든 학문의 기초적인 성격을 가진 도구교과로 모든 학과에 이수가 필요하여 생략함.

공통 과목		공통국어1,2, 공통수학1,2, 공통영어1,2, 한국사1,2, 통합사회1,2, 통합과학1,2, 과학탐구실험1,2
수능 필수		화법과 언어, 독서와 작문, 문학, 대수, 미적분Ⅰ, 확률과 통계, 영어Ⅰ, 영어Ⅱ, 한국사, 통합사회, 통합과학, 성공적인 직업생활(직업)
일반 선택	수학, 사회, 과학	확률과 통계, 세계시민과 지리, 세계사, 사회와 문화
	체육·예술	
	기술·가정/정보	정보
	제2외국어/한문	제2외국어
	교양	
진로 선택	수학, 사회, 과학	경제 수학, 한국지리 탐구, 동아시아 역사 기행, 정치, 법과 사회, 경제, 국제 관계의 이해
	체육·예술	
	기술·가정/정보	데이터 과학
	제2외국어/한문	제2외국어 회화
	교양	인간과 심리
융합 선택	수학, 사회, 과학	실용 통계, 여행지리, 사회문제 탐구, 금융과 경제생활
	체육·예술	
	기술·가정/정보	지식 재산 일반
	제2외국어/한문	제2외국어 문화
	교양	인간과 경제활동

추천 도서 목록

- 호텔 외식 관광 인적자원관리, 이준혁, 백산출판사
- 메뉴관리의 이해, 나정기, 백산출판사
- 관광·외식사업 창업을 위한 법의 이해와 적용, 최영민, 백산출판사
- 외식사업경영, 양일선 외, 교문사
- 외식산업경영, 박기용, 청람
- 이해하기 쉬운 외식경영 및 창업: 캡스톤디자인, 한은숙 외, 파워북
- 외식산업 창업과 경영, 함동철, 백산출판사
- 이해하기 쉬운 호텔외식경영, 김진성 외, 백산출판사
- 외식산업 컨설팅과 마케팅 경영전략, 전영직, 기문사
- 4차 산업시대의 외식창업과 경영, 김홍일 외, 새로미
- 외식 경영 노하우, 박진우, 형설출판사
- 맛있는 외식경영 레벨업, 이승환, 지식공감
- 외식산업의 이해, 임현철, 한올출판사
- 나는 외식창업에 적합한 사람인가?, 김상진, 예미
- 외식경영의 이해, 최병호, 백산출판사
- 먹방 말고 인증샷 말고 식사, 정정희, 천개의바람
- 글로벌 금융 키워드, 김신회, 갈라북스
- 2020 ESG 글로벌 서밋: 복원력 강한 경제와 지속 가능한 금융의 길, 전광우, 세계경제연구원

- 글로벌 디지털금융 중심지의 개념과 추진방안, 이병윤 외, KIF
- 글로벌 기후금융의 현황과 발전방향: 녹색채권을 중심으로, 안지연 외, 대외경제정책연구원
- 2030 글로벌 모바일 금융 서비스 트렌드, 서경대학교 MFS 연구회, 박영사
- 글로벌 금융위기 이후 중국의 지역경제구도 변화와 내수시장 진출 전략, 정지현 외, 대외경제정책연구원
- 글로벌 금융위기 이후 주요 투자은행의 변모, 최순영, 자본시장연구원
- 파이낸셜 모델링 바이블, 홍성현, WST
- 2024 세계대전망, 이코노미스트, 한국경제신문
- 세계지도를 펼치면 돈의 흐름이 보인다, 박정호, 반니
- 노벨이 없는 나라에 미래는 없다, 조민선, 지누
- 환율 비밀 노트, 최재영, 시공사
- 보이지 않는 돈, 천헌철, 책이있는마을
- 황금률을 버려라, 김병호, 한국경제신문i
- ESG 2.0, 김용섭, 퍼블리온
- 슈퍼달러 슈퍼리치, 변정규, 연합인포맥스북스
- 토론의 힘 생각의 격, 허원순, 한국경제신문
- 대한민국 0.1%만이 알고 있는 부의 비밀, ASPL, 고귀한 외, 에이엘이

학교생활 TIPS

- 르꼬르동 블루 외식경영 전공에 기본이 되는 국어, 영어, 사회, 기술·가정 등의 성적을 상위권으로 유지하고, 정규 교과 수업 시간을 통해 해당 전공에 대한 관심과 열정, 노력의 과정과 의미 있는 결과가 학교생활기록부 교과 세부능력 및 특기사항에 기록되도록 하는 것이 좋습니다.
- 학교 교육계획에 의한 행사 활동, 수련 활동 및 학년·학급 단위로 진행되는 다양한 활동(체육대회, 학급회의, 기업가정신, 창의성 교육, 환경 교육, 보건 교육)에서 자발성과 자율성, 적극성, 대인 관계, 공동체 의식, 리더십 등이 드러날 수 있도록 적극적으로 참여하는 것이 중요합니다.
- 학교 정규 동아리(요리, 관광, 문화연구, 외국어회화, 레저문화, 호텔 외식) 활동을 추천하고, 르꼬르동 블루 외식경영에 대한 관심과 열정 등이 의미 있는 성과물로 나타나도록 합니다. 동아리 활동을 통해 느낀 점이나 새롭게

알게 된 점을 제시하고, 그 과정에서 자신이 성장하는 모습을 드러내는 것이 중요합니다.
- 학교생활 내에서도 자신의 능력을 나누어줄 수 있는 다양한 봉사 활동(급식 도우미, 교과 도우미, 학습 멘토링, 교통 지도, 분리수거 도우미, 아나바다 도우미) 참여를 통해 타인을 위해 헌신하는 모습을 나타내는 것이 중요합니다.
- 외식 관련 기업이나 호텔 탐방, 외식경영 컨설턴트 직업 탐색, 관련 학과 탐방 등 전공 관련 진로 활동 참여를 통해 지원 전공에 대한 올바른 이해와 열정, 자기주도적인 진로 설정 과정, 전공 적합성 등이 기록되는 것이 좋습니다.

학과소개

물류비즈니스전공트랙은 경영과 경제에 대한 기본 지식을 기본으로 기업의 생산과 유통활동에 수반되는 상품, 서비스, 정보의 흐름에 대한 전략과 기법, 물류체계에 대한 정책과 운영을 연구합니다. 이를 통해 이론과 실무를 겸비한 전인적 인격을 함양하여 국가와 지역 사회 발전에 기여할 수 있는 물류 비즈니스 전문가를 양성하는 데 목적이 있습니다.

순천대학교 물류비즈니스전공트랙은 선취업 후학습자를 위한 학과로, 우리나라 물류·비즈니스 산업을 선도할 글로벌 전문가를 양성하기 위한 국내 최초로 특성화된 학과입니다. 일과 학습을 병행할 수 있는 산업체 재직자를 위한 특별 전형 학과로 만 30세 이상의 고등학교 졸업자 또는 특성화고를 졸업하고 3년 이상 재직하고 있는 자를 대상으로 서류 및 면접을 통해 신입생을 선발합니다. 물류, 석유화학, 철강, 해양관광, 생태 문화의 거점으로 부상하고 있는 광양만권의 물류 수요에 부응하고, 이를 통해 지역 협력을 선도합니다. 학습 능력 향상을 위한 재학생과의 멘토-멘티 프로그램, 워크숍 및 핵심역량 강화캠프 프로그램, 국내외 현장 견학 및 실습 프로그램, 산업체 CEO 및 명사 특강을 통한 핵심역량(리더십, 재테크, 창업 등) 강화 등의 다양한 프로그램을 운영합니다.

 ## 개설대학

• 순천대학교

 ## 진출직업

• 물류관련전문가
• 무역사무원
• 유통관리사
• 국제무역사
• 관세사
• 세무사
• 출입국심사관
• 원산지관리사
• 관세행정사무원
• 물류IT 시스템개발자 등

관련학과

• e-비즈니스학과
• 글로벌비즈니스학과
• 글로벌비즈니스학부(글로벌 경영학과, 관광경영학과)
• 글로벌비즈니스학부
• 글로벌융합비즈니스학과
• 마케팅비즈니스학과
• 비즈니스컨설팅학과 등

취득가능 자격증

• 물류관리사
• 유통관리사
• 국제물류사
• 국제무역사
• 무역영어
• 관세사
• 원산지관리사
• 검수사
• 검량사
• 감정사
• 보세사 등

진출분야

기업체	기업의 물류관련 부서, 물류·유통 기업, 물류 컨설팅 회사, 백화점, 국제운송회사, 다국적 기업 등
정부 및 공공 기관	한국공항공사, 각 지역 항만공사, 한국철도시설공단, 한국농수산식품유통공사 등
연구 기관	국제물류 관련 국공립·민간 연구소 등

학과 주요 교과목

2학년	고객지향마케팅, 지역물류와 인문지리, 기업경영과 회계, 시공간을 관리하는 물류, 통계소프트웨어활용, 물류의사결정과정, 기업활동과 공급체인관리, 물류비즈니스전망과 공급체인관리, 스마트스토어창업, 재테크와 금융 등
3학년	스마트팩토리, TOP경쟁전략, 스마트항만과도시, 물류비즈니스실무영어, 물류비즈니스프로젝트, 국제운송의 이해와 미래, 물류네트워크 구성, 빅데이터로 배우는 4차 산업혁명 등
4학년	물류비즈니스관련법규, 비즈니스혁신모델, 국제물류와경영, 유통물류 재고관리, 물류시설 설계와 운영, 창업아이템과 지적재산, 6차 산업과 물류, 실전마케팅, 항만개발과 운영사례 등

학과 인재상 및 갖추어야 할 자질

• 급변하는 국제 경제 환경에 대한 이해와 적응력을 지닌 학생
• 수학, 경제 교과에 관심이 많고 경영과 경제, 무역 등에 관심이 있는 학생
• 컴퓨터 및 인터넷에 능숙하고 정보화 시대에 앞서가고 싶은 학생
• 미래지향적이고 자기주도적으로 새로운 것에 도전하는 것을 즐기는 학생
• 리더십을 통해 공동체를 이끌고 문제를 창의적으로 해결하는 학생

학과 관련 선택 과목

※ 국어, 영어 교과는 모든 학문의 기초적인 성격을 가진 도구교과로 모든 학과에 이수가 필요하여 생략함.

공통 과목		공통국어1,2, 공통수학1,2, 공통영어1,2, 한국사1,2, 통합사회1,2, 통합과학1,2, 과학탐구실험1,2
수능 필수		화법과 언어, 독서와 작문, 문학, 대수, 미적분Ⅰ, 확률과 통계, 영어Ⅰ, 영어Ⅱ, 한국사, 통합사회, 통합과학, 성공적인 직업생활(직업)
일반 선택	수학, 사회, 과학	대수, 미적분Ⅰ, 확률과 통계, 세계시민과 지리, 사회와 문화
	체육·예술	
	기술·가정/정보	기술·가정, 정보
	제2외국어/한문	제2외국어
	교양	
진로 선택	수학, 사회, 과학	한국지리 탐구, 도시의 미래 탐구, 정치, 법과 사회, 경제
	체육·예술	
	기술·가정/정보	생활과학 탐구
	제2외국어/한문	제2외국어 회화
	교양	인간과 심리
융합 선택	수학, 사회, 과학	사회문제 탐구, 기후변화와 지속가능한 세계
	체육·예술	
	기술·가정/정보	지식 재산 일반
	제2외국어/한문	
	교양	인간과 경제활동

추천 도서 목록

- 물류관련법규, 유창권, 두남
- 미래를 준비하는 실전 무역물류 실무, 김호승, 생각나눔
- 통합교통서비스, MaaS와 모빌리티 혁신, 자율주행차, UAM, 스마트물류 모빌리티의 기술개발 전략과 시장 전망, IRS글로벌, 아이알에스글로벌
- 현대물류관리, 문일경 외, 경문사
- 4차 산업혁명 시대의 국제물류와 운송, 이주섭, 에이드북
- 인공지능 주요산업별 비즈니스 트렌드, 지식산업정보원 R&D정보센터, 지식산업정보원
- 아마존 리테일 리포트, 나탈리 버그, 유엑스리뷰
- 4차 산업혁명과 스마트 비즈니스, 배재권, 박영사
- 글로벌스마트비즈니스, 김병구, 한국방송통신대학교출판문화원
- 비즈니스 관점으로 꿰뚫은 거의 모든 인공지능, 문용석, 스마트비즈니스
- 오늘날 혁명은 왜 불가능한가, 한병철, 김영사
- 에너지 인문학, 강신욱, 지식과감성
- 세계의 종말을 늦추기 위한 아마존의 목소리, 아이우통 크레나키, 오월의봄
- 돈의 심리학, 30만 부 기념 스페셜 에디션, 모건 하우절, 인플루엔셜

- 돈의 속성, 300쇄 리커버에디션, 김승호, 스노우폭스북스
- 부자 아빠 가난한 아빠, 20주년 특별 기념판, 로버트 기요사키, 민음인
- 부의 추월차선, 10주년 스페셜 에디션, 엠제이 드마코, 토트
- 퍼스널 MBA, 10주년 기념 증보판, 조시 카우프만, 진성북스
- ESG와 지속가능한 물류, 이상근, 아웃소싱타임스
- ERP 시스템 기반 비즈니스 실무, 손승희, 노스보스
- 지속가능 구매공급 혁신, 김대수 외, 초아출판사
- 물류관리자를 위한 네트워크와 알고리즘, 변의석, 사이버북스
- 금성에서 온 판매자, 화성에서 온 공급자, 정연태, 신조사
- 엔지니어가 알아야 할 물류시스템의 '지식'과 '기술', 이시카와 카즈유키, 성안당
- 국제물류의 이해, 하명신 외, 탑북스
- 유통물류관리 입문, 이태안, 문운당
- 공급망 불확실시대 물류의 재해석 RE: Logistics, 이상근, 아웃소싱타임스
- 브랜드 설계자, 러셀 브런슨, 윌북
- 당신의 가격은 틀렸습니다, 김유진, 도서담

학교생활 TIPS

- 물류비즈니스전공트랙에 기본이 되는 수학, 영어, 경제, 사회 등의 성적을 상위권으로 유지하고, 정규 교과 수업 시간을 통해 해당 전공에 대한 관심과 열정, 노력의 과정과 의미 있는 결과가 학교생활기록부 교과 세부능력 및 특기사항에 기록되도록 하는 것이 좋습니다.
- 학교 교육계획에 의한 행사 활동, 수련 활동 및 학년·학급 단위로 진행되는 다양한 활동(체육대회, 학급회의, 기업가정신, 창의성 교육, 환경 교육)에서 자발성과 자율성, 적극성, 대인 관계, 공동체 의식, 리더십 등이 드러날 수 있도록 적극적으로 참여하는 것이 중요합니다.
- 학교 정규 동아리(신문, 시사 연구, 독서토론, 경제 연구, 영어 회화) 활동을 추천하고, 물류 비즈니스에 대한 관심과 열정 등이 의미 있는 성과물로 나타나도록 합니다. 동아리 활동을 통해 느낀 점이나 새롭게 알게 된 점을 제시하고, 그 과정에서 자신이 성장하는 모습을 드러내는 것이 중요합니다.
- 학교생활 내에서도 자신의 능력을 나누어줄 수 있는 다양한 봉사 활동(급식 도우미, 정보 교과 도우미, 학습 멘토링, 교통 지도, 교단 선진화 기자재 도우미) 참여를 통해 타인을 위해 헌신하는 모습을 나타내는 것이 중요합니다.
- 물류 관련 기업이나 국제 운송회사 탐방, 유통관리사 직업 탐색, 관련 학과 탐방 등 전공 관련 진로 활동 참여를 통해 지원 전공에 대한 올바른 이해와 열정, 자기주도적인 진로 설정 과정, 전공 적합성 등이 기록되는 것이 좋습니다.

295

미래자동차공학과

학과소개

미래자동차공학과는 자동차의 새로운 패러다임에 부응하는 융복합 핵심 기술 인력과 미래의 산업체에서 필요한 융복합 기술을 습득한 전문 인력을 양성하는 학과입니다. 미래자동차(그린카, 스마트카) 개발을 위해서는 기계공학, 전기/전자공학, IT/소프트웨어 등 다양한 분야의 기술 융합이 필수적이므로 이 분야의 융복합 기술을 중점적으로 교육합니다.

대표적으로 한양대학교 미래자동차공학과는 2017년엔 산업통상자원부가 지원하는 '미래자동차 R&D전문인력 양성사업'에 선정되었고, BK21사업단도 운영하는 등 다양한 특성화 프로그램을 운영합니다. 산업계 기술 수요에 따른 융복합 특성화 교육을 제공하여 미래자동차 핵심기술을 선도할 소수 정예의 융합형 글로벌 엔지니어를 양성합니다. 수학, 기초과학, 기계공학, 전기·전자공학 등 자동차의 설계 및 연구개발에 필요한 기초학문을 배우고, 이들을 융합하여 다양한 융복합 문제를 분석하여 해결할 수 있는 능동형 글로벌 인재를 양성합니다. 입학생 전원에게 1~2학년 동안 등록금 전액 장학 혜택을, 3~4학년에겐 산학 장학금을 지원합니다. 졸업생 모두에게 본인이 희망할 경우 산학협력 지원기업으로 취업을 보장하며, 대학원 진학 시에는 등록금 지원 혜택을 제공합니다. 미래자동차공학과에 후원 및 취업을 약속한 기업으로는 현대, 기아 GM, GNS, 현대모비스, LG전자, Mando, freescale 등이 있습니다.

개설대학

- 경상국립대학교
- 국립공주대학교
- 대구가톨릭대학교
- 신한대학교(제2캠퍼스)
- 영남대학교
- 호서대학교 등

관련학과

- 기계·자동차공학과
- 스마트자동차학과
- 자동차공학과
- IT자동차학과
- 미래자동차공학부 등

진출분야

기업체	현대자동차, 삼성전자, LG전자, 가스공사, 하이닉스, 자동차 부품업체, 자동차 엔지니어링 업체, 벤처기업, 기계, 전기전자, IT 관련 기업 등
정부 및 공공 기관	한국자동차연구원, 한국과학기술연구원, 한국기계연구원, 산업연구원 등
연구 기관	자동차, 기술·기계·통신 관련 연구소, 대학교 연구실 등

진출직업

- 자동차연구원
- 자동차소재연구원
- 자동차공학기술자
- 엔진기계공학기술자
- 재료공학기술자
- 전자공학기술자
- 글로벌 대기업 CEO
- 벤처기업 창업자
- 연구소 전문연구자
- 대학 교수
- 고위직 공무원 등

취득가능 자격증

- 기계설계기사
- 메카트로닉스기사
- 그린전동자동차기사
- 자동차정비기능장
- 기계설계산업기사
- 건설기계기사
- 건설기계산업기사
- 3D프린트개발산업기사
- 전기(산업)기사
- 도로교통사고감정사
- 자동차진단평가사
- 교통기사
- 교통산업기사
- 자동차정비기능장 등

학과 주요 교과목

1학년	일반화학 및 실험, 말과 글, 일반물리학 및 실험, 미적분분학, 과학기술의 철학적이해, 커리어개발, 휴먼리더십, 일반화학 및 실험, 공학입문설계, 일반물리학 및 실험, 디지털논리설계 등
2학년	고체역학, 공업수학1, 전기회로, CAD, 확률통계론, 열역학, 동역학, 공업수학2, 전자회로, 전문학술영어, 유체역학, 전자기학, 글로벌리더십 등
3학년	시스템해석, 신호와 시스템, 에너지변환공학, 마이크로프로세서 응용, 전공현장실습, 생산공학, 선형대수, CAE, 자동차공학실험, 설계공학, 전력전자공학, 자동제어, 테크노경영학 등
4학년	차량센서, 미래자동차공학종합설계, 지능형차량실습, 시스템설계, 미래형자동차, 임베디드시스템, 로봇공학, 셀프 리더십, 차체구조, 전동기응용, 차량동역학시스템 등

학과 인재상 및 갖추어야 할 자질

- 수학, 물리학, 화학, 정보 교과에 대한 흥미를 지닌 학생
- 미래의 산업체에 필요한 융복합 기술을 습득하고 싶은 학생
- 융복합 핵심 기술을 보유한 글로벌 공학인이 되고 싶은 학생
- 새로운 것에 적극적으로 도전하는 것을 즐기는 창의적인 학생
- 미래 자동차에 관심이 많고, 기계·전기·IT 등의 기술 융합을 공부하고 싶은 학생

학과 관련 선택 과목

※ 국어, 영어 교과는 모든 학문의 기초적인 성격을 가진 도구교과로 모든 학과에 이수가 필요하여 생략함.

공통 과목		공통국어1,2, 공통수학1,2, 공통영어1,2, 한국사1,2, 통합사회1,2, 통합과학1,2, 과학탐구실험1,2
수능 필수		화법과 언어, 독서와 작문, 문학, 대수, 미적분Ⅰ, 확률과 통계, 영어Ⅰ, 영어Ⅱ, 한국사, 통합사회, 통합과학, 성공적인 직업생활(직업)
일반 선택	수학, 사회, 과학	대수, 미적분Ⅰ, 확률과 통계, 물리학, 화학
	체육·예술	
	기술·가정/정보	기술·가정, 정보
	제2외국어/한문	
	교양	생태와 환경
진로 선택	수학, 사회, 과학	기하, 미적분Ⅱ, 인공지능 수학, 역학과 에너지, 전자기와 양자, 물질과 에너지, 화학 반응의 세계
	체육·예술	
	기술·가정/정보	로봇과 공학세계, 생활과학 탐구, 인공지능 기초, 데이터 과학
	제2외국어/한문	
	교양	인간과 심리
융합 선택	수학, 사회, 과학	수학과제 탐구, 기후변화와 지속가능한 세계, 기후변화와 환경생태, 융합과학 탐구
	체육·예술	
	기술·가정/정보	창의 공학 설계, 지식 재산 일반
	제2외국어/한문	
	교양	

추천 도서 목록

- 전기차와 하이브리드차, James Halderman 외, 경문사
- 자율주행이 열어가는 새로운 세상, 최정길, 에스앤엠미디어
- 차량 통신 시스템, 오현서, 홍릉
- 다가오는 미래, UAM 사업 시나리오, 이정원, 슬로디미디어
- 레이싱 데이터 분석기법과 활용, 정상명, 골든벨
- 전기자동차 하이브리드 이론과 실무, 이찬수 외, 복두출판사
- F1 레이스카의 공기역학, 윤재수, 골든래빗
- 미래 자동차의 통신 시스템, 이경섭, 복두출판사
- EV 자동차 진단분석 실습, 손병래 외, 구민사
- 자동차공학, 김규희, 구민사
- 자동차 연비 구조 교과서, 이정원, 보누스
- 자동차공학, 장성규, 열린북스
- 지능형 스마트자동차개론, 이용주 외, 구민사
- 자율주행차량의 비전과 행동, 루카 벤투리 외, 에이콘출판
- 자동차 전기전자공학, 김만호 외, 구민사

- NCS기반 자동차 기관 공학, 정찬문, 구민사
- 자동차 기관의 구조와 기능, 이권일, 구민사
- 수소차 충전인프라 관련 산업분석보고서, 비피기술거래 외, 비티타임즈
- 자동차 전기전자공학, 이찬수 외, 복두출판사
- 통신회로를 이용한 자동차 전기회로, 이용주, 구민사
- 최신 전기자동차의 제어시스템, 데구치 요시타카 외, 경문사
- 자동차를 위한 메카트로닉스, 홍준희 외, 충남대학교출판문화원
- 차량용 임베디드 시스템, 도영수 외, 성균관대학교출판부
- 자동차 전기 전자, 김광열, 구민사
- 전기 및 하이브리드 자동차, Iqbal Husain, 한빛아카데미
- 글로벌 전기차 배터리 전쟁: 기술과 정책, 김연규 외, 다해
- 자동차부품 최적화설계기술, 임무생, 기전연구사
- 인공지능 연결기반 자율주행차량, 김재휘, 골든벨
- 자작 자동차 설계실무, 조희창, 복두출판사
- 자율주행 자동차공학, 정승환, 골든벨

학교생활 TIPS

- 미래자동차공학 전공에 기본이 되는 수학, 물리, 화학 등의 성적을 상위권으로 유지하고, 정규 교과 수업 시간을 통해 해당 전공에 대한 관심과 열정, 노력의 과정과 의미 있는 결과가 학교생활기록부 교과 세부능력 및 특기사항에 기록되도록 하는 것이 좋습니다.
- 학교 교육계획에 의한 행사 활동, 수련 활동 및 학년·학급 단위로 진행되는 다양한 활동(체육대회, 학급회의, 기업가정신, 창의성 교육, 환경 교육)에서 자발성과 자율성, 적극성, 대인 관계, 공동체 의식, 리더십 등이 드러날 수 있도록 적극적으로 참여하는 것이 중요합니다.
- 학교 정규 동아리(자동차, 과학실험, 공학, 발명, 코딩, 프로그래밍, 수리논술) 활동을 추천하고, 미래자동차공학에 대한 관심과 열정 등이 의미

있는 성과물로 나타나도록 합니다. 동아리 활동을 통해 느낀 점이나 새롭게 알게 된 점을 제시하고, 그 과정에서 자신이 성장하는 모습을 드러내는 것이 중요합니다.
- 학교생활 내에서도 자신의 능력을 나누어줄 수 있는 다양한 봉사 활동(급식 도우미, 정보 교과 도우미, 학습 멘토링, 환경 도우미, 교단 선진화 기자재 도우미, 교통 도우미) 참여를 통해 타인을 위해 헌신하는 모습을 나타내는 것이 중요합니다.
- 자동차나 IT 관련 기업 탐방, 자동차연구원 직업 탐색, 관련 학과 탐방 등 전공 관련 진로 활동 참여를 통해 지원 전공에 대한 올바른 이해와 열정, 자기주도적인 진로 설정 과정, 전공 적합성 등이 기록되는 것이 좋습니다.

296

미래자동차학과

학과소개

미래자동차학과는 기계공학을 기반으로 미래자동차에 필요한 ICT 융합교육을 통해 친환경자동차와 자율주행차 분야의 창의융합형 기술인력 양성을 목표로 합니다. 미래자동차는 친환경 전기차와 수소차, 정보통신 기술(ICT)과 인공지능(AI)에 기반한 자율주행차를 포괄하는 개념으로 미래 자동차 산업은 전기·수소차, 자율주행차 분야를 중심으로 공유이동서비스산업까지 확장될 전망입니다.

가천대학교 미래자동차학과는 2020년, 정부가 추진하고 있는 청년의 교육 요구 만족 및 일자리 창출, 기업의 창의융합형 인재 조기 확보 및 효율적인 산학협력 증진 시책에 발맞추어 교육부로부터 조기취업형 계약학과로 선정되었습니다. 참여 기업과 함께 기업 맞춤 커리큘럼을 운영하며, 조기 취업에 필요한 인성과 4차 산업혁명 시대에 대응할 수 있는 창의력을 중점적으로 교육합니다. 또한 산업 현장에 필요한 프로그래밍 및 SW 활용 제어 능력을 교육하고, 친환경차 및 자동차 ICT기술에 대한 교과목을 집중적으로 편성하여 운영하고 있습니다. 참여기업으로는 (유)삼송, ㈜ 피티지, ㈜아이스펙, ㈜스프링클라우드, ㈜조인트리, 일렉트린 등 총 12개의 기업이 있습니다.

개설대학

- 가천대학교에 2021년부터 개설된 조기취업형 계약학과로, 학생들은 3년 만에 학사학위를 취득합니다. 1학년 때에는 학생 신분으로 기업 맞춤형 교육과정에 따라 전공 교육을 실시하고, 입학과 동시에 취업이 약정됩니다. 1학년은 학교에서 기본 교육을 받고, 2~3학년부터는 기업 현장에서 실무를 익히며 학업을 병행하는 실무 중심 현장 교육을 결합하여 진행됩니다. 1학기 때는 정부 및 산업체 장학금 100%가 지급되며 1학기 때는 추가로 한국장학재단 희망사다리 장학금 200만 원이 지급됩니다. 또한 2학기는 직전 학기 성적의 70% 이상의 경우 취업 및 창업 지원금이 지원됩니다. 2, 3학년은 정부 및 산업체에서 50%의 장학금이 지원됩니다.

관련학과

- 기계·자동차공학과
- 스마트자동차학과
- 자동차공학과
- IT자동차학과
- 미래자동차공학부 등

진출분야

기업체	현대자동차, 삼성전자, LG전자, 가스공사, 하이닉스, 자동차 부품업체, 자동차 엔지니어링 업체, 벤처기업, 기계, 전기전자, IT 관련 기업 등
정부 및 공공 기관	한국자동차연구원, 한국과학기술연구원, 한국기계연구원, 산업연구원 등
연구 기관	자동차, 기술·기계·통신 관련 연구소, 대학교 연구실 등

진출직업

- 자동차연구원
- 자동차소재연구원
- 자동차공학기술자
- 엔진기계공학기술자
- 재료공학기술자
- 전자공학기술자
- 친환경자동차 R&D엔지니어
- 자율주행차 R&D엔지니어
- 벤처기업 창업자
- 연구원 등

취득가능 자격증

- 기계설계기사
- 메카트로닉스기사
- 그린전동자동차기사
- 자동차정비기능장
- 기계설계기사
- 기계설계산업기사
- 건설기계기사
- 건설기계산업기사
- 3D프린트개발산업기사
- 자동차정비기사
- 손해사정인
- 그린전동자동차산업기사
- 그린전동자동차기사
- 자동차기능장
- 농기계분야 산업기사
- 농기계분야 기사
- 3D프린터개발산업기사 등

학과 주요 교과목

1학년	파이썬기초, 파이썬응용, 프로그래밍, SW활용I(CAD), SW활용I(CAD), 일반물리학, 기초공학수학, 자동차공학, 열체공학, 일반기계공학, 재료역학, 기초공학설계, 창의SW융합실무, 창의직무스쿨 등
2학년	자동차공학실습, 자동차전기전자공학밎실습, 자동차부품설계, 친환경자동차, 드론과 로보틱스, 배터리·연료전지공학, 자동차센서공학, 임베디드시스템, 차량동력학 및 안전시뮬레이션 등
3학년	자동차전자제어시스템, AI자율주행공학, 자동차 빅데이터 활용, 직무능력개발PBL프로젝트, 기업애로기술PBL프로젝트, 기업연구 등

학과 인재상 및 갖추어야 할 자질

- 수학, 물리학, 화학, 정보 교과에 대한 흥미를 지닌 학생
- 미래의 산업체에 필요한 융복합 기술을 습득하고 싶은 학생
- 인공지능, 자율·전기·수소자동차의 전문가가 되고 싶은 학생
- 새로운 것에 적극적으로 도전하는 것을 즐기는 창의적인 학생
- 정보통신에 관심이 많고, 기계·전기·IT 등의 기술 융합을 공부하고 싶은 학생

인문계열

사회계열

자연계열

공학계열

의약계열

예체능계열

교육계열

계약학과 & 특성화학과

학과 관련 선택 과목

※ 국어, 영어 교과는 모든 학문의 기초적인 성격을 가진 도구교과로 모든 학과에 이수가 필요하여 생략함.

공통 과목		공통국어1,2, 공통수학1,2, 공통영어1,2, 한국사1,2, 통합사회1,2, 통합과학1,2, 과학탐구실험1,2
수능 필수		화법과 언어, 독서와 작문, 문학, 대수, 미적분 I, 확률과 통계, 영어 I, 영어 II, 한국사, 통합사회, 통합과학, 성공적인 직업생활(직업)
일반 선택	수학, 사회, 과학	대수, 미적분 I, 확률과 통계, 물리학, 화학
	체육·예술	
	기술·가정/정보	기술·가정, 정보
	제2외국어/한문	
	교양	생태와 환경
진로 선택	수학, 사회, 과학	기하, 미적분 II, 인공지능 수학, 역학과 에너지, 전자기와 양자, 물질과 에너지, 화학 반응의 세계
	체육·예술	
	기술·가정/정보	로봇과 공학세계, 생활과학 탐구, 인공지능 기초, 데이터 과학
	제2외국어/한문	
	교양	인간과 심리
융합 선택	수학, 사회, 과학	수학과제 탐구, 기후변화와 지속가능한 세계, 기후변화와 환경생태, 융합과학 탐구
	체육·예술	
	기술·가정/정보	창의 공학 설계, 지식 재산 일반
	제2외국어/한문	
	교양	

추천 도서 목록

- 미래 세상의 모빌리티, 임덕신 외, 한빛아카데미
- EV 시스템진단실무, 최병희 외, 구민사
- 자율주행 자동차 만들기, 리우 샤오샨 외, 에이콘출판
- 포스트모빌리티, 차두원 외, 위즈덤하우스
- 자율주행차량의 하이테크, 압델아지즈 벤스헤어 외, 골든벨
- 수소 모빌리티 입문, 김홍집 외, 충남대학교출판문화원
- 자동차공학, 김규희, 구민사
- 자동차 연비 구조 교과서, 이정원, 보누스
- 자동차공학, 장성규, 열린북스
- 지능형 스마트자동차개론, 이용주 외, 구민사
- 자율주행차량의 비전과 행동, 루카 벤투리 외, 에이콘출판
- 자동차 전기전자공학, 김만호 외, 구민사
- NCS기반 자동차 기관 공학, 정찬문, 구민사
- 자동차 기관의 구조와 기능, 이권일, 구민사
- 수소차 충전인프라 관련 산업분석보고서, 비피기술거래 외, 비티타임즈
- 자동차 전기전자공학, 이찬수 외, 복두출판사
- 뇌를 바꾼 공학, 공학을 바꾼 뇌, 임창환, MID
- 뇌는 행복을 기억하지 않는다, 미츠쿠라 야스에, 알에이치코리아
- 뇌는 어떻게 세상을 보는가, 빌라야누르 라마찬드란, 바다출판사
- 전기차와 하이브리드차, James Halderman 외, 경문사
- 자율주행이 열어가는 새로운 세상, 최정길, 에스앤엠미디어
- 차량 통신 시스템, 오현서, 홍릉
- 미래 자동차의 통신 시스템, 이경섭, 복두출판사
- 자동차를 알고 싶다, 신성출판사 편집부, 골든벨
- 친환경 전기차, 정용욱 외, GS인터비전
- 차세대 자동차 냉난방공학, 김철수 외, 동명사
- 신개념 자동차 생태학, 강금원, 골든벨
- 수소차도 전기차다, 강성구, 문운당
- 자동차진동소음공학, 한상욱 외, 에듀컨텐츠휴피아
- 자동차 전기 전자, 김광열, 구민사

학교생활 TIPS

- 미래자동차학 전공에 기본이 되는 수학, 물리, 화학 등의 성적을 상위권으로 유지하고, 정규 교과 수업 시간을 통해 해당 전공에 대한 관심과 열정, 노력의 과정과 의미 있는 결과가 학교생활기록부 교과 세부능력 및 특기사항에 기록되도록 하는 것이 좋습니다.
- 학교 교육계획에 의한 행사 활동, 수련 활동 및 학년·학급 단위로 진행되는 다양한 활동(체육대회, 학급회의, 기업가정신, 창의성 교육, 환경 교육)에서 자발성과 자율성, 적극성, 대인 관계, 공동체 의식, 리더십 등이 드러날 수 있도록 적극적으로 참여하는 것이 중요합니다.
- 학교 정규 동아리(자동차, 과학실험, 공학, 발명, 코딩, 프로그래밍, 수리논술) 활동을 추천하고, 미래자동차공학에 대한 관심과 열정 등이 의미

있는 성과물로 나타나도록 합니다. 동아리 활동을 통해 느낀 점이나 새롭게 알게 된 점을 제시하고, 그 과정에서 자신이 성장하는 모습을 드러내는 것이 중요합니다.
- 학교생활 내에서도 자신의 능력을 나누어줄 수 있는 다양한 봉사 활동(교통 도우미, 급식 도우미, 정보 교과 도우미, 학습 멘토링, 환경 도우미, 교단 선진화 기자재 도우미) 참여를 통해 타인을 위해 헌신하는 모습을 나타내는 것이 중요합니다.
- 자동차나 IT 관련 기업 탐방, 자동차연구원 직업 탐색, 관련 학과 탐방 등 전공 관련 진로 활동 참여를 통해 지원 전공에 대한 올바른 이해와 열정, 자기주도적인 진로 설정 과정, 전공 적합성 등이 기록되는 것이 좋습니다.

297

바이오나노학과

학과소개

바이오나노분야는 미래 산업계가 요구하는 첨단 바이오기술(BT), 정보기술(IT), 나노기술(NT), 의공학 기술(MT)을 결합한 융합 신기술 분야로 국가 경쟁력의 핵심이자 국가의 활발한 투자지원을 받는 분야입니다.

가천대학교 바이오나노학과는 학생별 맞춤교육과 특성화 프로그램으로 신설 직후부터 교육부의 수도권 특성화 사업과 세계 수준의 연구 중심 대학 육성 사업에 선정되었습니다. 중장기 발전 전략인 G2+N3의 한 분야이자 현대 산업에서 급속도로 성장하고 있는 분야인 바이오나노 분야를 교육함으로써 다양한 지식을 가진 바이오나노 융합기술 분야의 전문 인력의 양성을 목표로 합니다. 바이오나노학과는 다양한 프로그램을 구성하여 전공을 효과적으로 학습할 수 있는 시스템을 구축하여, 융합 지식과 현장 적응력을 지닌 융복합인재, 창업역량과 글로벌역량을 갖춘 도전 인재, 바이오산업에 적합한 봉사 정신을 지닌 협력 인재를 양성합니다.

바이오소재, 나노재료, 바이오메스, 바이어센서, 나노메디신, 의공학 분야로 특성화된 교육을 실시하기 위해 바이오메디컬 연구 능력을 위한 학습 기초를 다지고 다양한 실용 분야에 응용할 수 있도록 맞춤형 실험 교육에 초점을 둡니다.

개설대학

- 가천대학교

관련학과

- 바이오기능성식품학과
- 바이오나노화학부
- 바이오신약의과학부(바이오신약)
- 바이오식품공학과
- 바이오식품산업 전공
- 바이오의약학부
- 바이오제약산업학부 등

진출직업

- 바이오연구원
- 식품연구원
- 생물공학연구원
- 생명과학연구원
- 바이오관련 벤처 사업가
- 보건위생검사원
- 미생물연구원
- 바이오에너지연구원
- 미생물발효연구원
- 바이오에너지 연구 및 개발자
- 신약개발연구원
- 교수
- 벤처사업가
- 중등학교 교사(과학)
- 변리사
- 공무원 등

취득가능 자격증

- 생물공학기사
- 식품기사
- 생물분류기사
- 보건의료정보관리사
- 바이오화학제품제조기사 등

학과 주요 교과목

1학년	나노산업개론, College English 1, 인성세미나, 물리학 및 실험1, 생물학 및 실험1, 수학1, 화학 및 실험1, 인성과 리더십, 손에 잡히는 프로그래밍, 창의 NTree, 바이오 산업개론, 지능형 정보기술 등
2학년	물리화학1, 생명과학 실험, 생화학1, 유기화학1, 융합공학개론, 융합교양, 사회와 역사, 나노공학 실험, 유기화학2, 물리화학2, 생화학2, 응용수학, 사회봉사, 창의와 사고, 바이오시스템통계학, 생체과학 실험 등
3학년	나노재료공학, 바이오테크놀로지, 분자세포학1, 생리학, 창의와 사고, 융합교양, 세계와 언어, 고급화학실험, 고분자과학, 나노의학, 바이오시스템통계학, 분자세포학2, P−실무프로젝트, 미생물학 등
4학년	나노의공학, 나노화학, 바이오기기분석, 분자진단학, 전달해석, 제제공학, 캡스톤 디자인, 나노소자공학, 바이오멤스 및 바이오칩, 콜로이드 및 계면과학 등

진출분야

기업체	바이오 관련 나노 관련 기업, 병원, 바이오 벤처 기업, 식품회사, 제약회사, 건강기능 식품 제조 및 가공회사 등
정부 및 공공 기관	중앙 정부 및 지방 자치 단체, 국립보건연구원, 보건복지부, 식품의약품안전청, 농촌진흥청, 한국식품연구원, 보건소, 대학원 등
연구 기관	바이오 의약품 산업체·국책연구소, 병원 연구소, 제약회사 연구소, 식품회사 연구소, 질병관리 연구소 등 바이오 관련 연구기관등

학과 인재상 및 갖추어야 할 자질

- 생물, 화학, 물리 등의 교과에 대한 이해도가 높고 관심이 많은 학생
- 실험이나 연구의 원인과 결과를 꼼꼼히 분석할 수 있는 학생
- 창의적 사고 능력과 미래 지향적 가치관으로 탐구정신과 열정을 지닌 학생
- 생명과학과 관련한 다양한 분야의 기본적인 지식과 소양을 갖춘 학생
- 바이오메디컬 분야를 통해서 사회와 인류에 기여하고자 하는 의지를 지닌 학생

학과 관련 선택 과목

※ 국어, 영어 교과는 모든 학문의 기초적인 성격을 가진 도구교과로 모든 학과에 이수가 필요하여 생략함.

공통 과목		공통국어1,2, 공통수학1,2, 공통영어1,2, 한국사1,2, 통합사회1,2, 통합과학1,2, 과학탐구실험1,2
수능 필수		화법과 언어, 독서와 작문, 문학, 대수, 미적분 I , 확률과 통계, 영어 I , 영어 II , 한국사, 통합사회, 통합과학, 성공적인 직업생활(직업)
일반 선택	수학, 사회, 과학	대수, 미적분 I , 확률과 통계, 현대사회와 윤리, 물리학, 화학, 생명과학
	체육·예술	
	기술·가정/정보	정보
	제2외국어/한문	
	교양	생태와 환경
진로 선택	수학, 사회, 과학	미적분 II , 윤리와 사상, 전자기와 양자, 물질과 에너지, 화학 반응의 세계, 세포와 물질대사, 생물의 유전
	체육·예술	
	기술·가정/정보	생활과학 탐구, 데이터 과학
	제2외국어/한문	
	교양	인간과 철학, 보건
융합 선택	수학, 사회, 과학	수학과제 탐구, 윤리문제 탐구, 기후변화와 지속가능한 세계, 기후변화와 환경생태, 융합과학 탐구
	체육·예술	
	기술·가정/정보	
	제2외국어/한문	
	교양	논술

추천 도서 목록

- 나노기술의 미래로 가는 길, 아민 그룬발트, 아카넷
- 나노소재 화학, 이광렬 외, 사이플러스
- 나노세계로 보는 과학의 빅 아이디어, Shawn Y. Stevens 외, 자유아카데미
- 나노 화학, 장홍제, 휴머니스트
- 카본 퀸, 마이아 와인스톡, 플루토
- 미술관에 간 물리학자, 서민아, 어바웃어북
- 나노콜로이드 화학, 유연태, 전북대학교출판문화원
- 원자와 우주 사이, 마크 호, 북스힐
- 김민준의 이너스페이스, 김민준, 동아시아
- 신소재 쫌 아는 10대, 장홍제, 풀빛
- 나노 기술, 축복인가 재앙인가?, 루이 로랑, 민음인
- 원자에서 빅뱅까지 세상의 모든 과학, 자일스 스패로우, 다섯수레
- 화학의 미스터리, 김성근 외, 반니
- 방사선물리학, 방사선물리학 교육연구회, 대학서림
- 혼자 공부하는 대학물리학, 황성태, 북스힐

- 쉽게 배우는 물리학, 물리학교재편찬위원회, 북스힐
- 물리학, 쿼크에서 우주까지, 이종필, 김영사
- 공학도를 위한 전기자기학, 김상훈, 사이버북스
- 프리물리학, 김영유 외, 북스힐
- 퀀텀스토리, 짐 배것, 반니
- 파인먼 평전, 제임스 글릭, 동아시아
- 캐런 바라드, 박신현, 컴북스캠퍼스
- 샐러리맨, 아인슈타인 되기 프로젝트, 이종필, 김영사
- 상대성 이론이란 무엇인가, 제프리 베네트, 처음북스
- 세상 모든 것의 물질, 수지 시히, 까치
- 괴짜 교수 크리스 페리의 빌어먹을 양자역학, 크리스 페리, 김영사
- 양자컴퓨터의 미래, 미치오 카쿠, 김영사
- 에너지로 말하는 현대물리학, 오노 슈, 전파과학사
- 파동 물리학의 기초, 김무준 외, 북스힐
- 물리학 속의 첨단과학, 손종역, 교문사

학교생활 TIPS

- 바이오나노학 전공에 기본이 되는 생명과학, 화학 교과의 성적을 상위권으로 유지하고, 정규 교과 수업 시간을 통해 전공에 대한 관심과 이해를 충족시키기 위해 노력한 과정, 학습을 수행하는 자발적인 의지와 태도, 전공 관련 역량 발휘 경험 등이 학교생활기록부 교과 세부능력 및 특기사항에 기록되도록 하는 것이 좋습니다.
- 학교 교육계획에 의한 행사 활동, 수련 활동 및 학년·학급 단위로 진행되는 활동(독서 토론, 모의 법정, 리더십, 창의성 교육, 기업가 정신, 보건교육)에서 자발성과 자율성, 적극성, 대인 관계, 공동체 의식, 리더십 등이 드러날 수 있도록 적극적으로 참여하는 것이 중요합니다.
- 학교 정규 동아리(생명과학, 화학실험, 융합, 과학 탐구, 바이오 연구) 활동을 추천하고, 동아리 활동을 통해 바이오나노학에 대한 학문적 열정과

지적 관심, 새로운 아이디어 제안이 특정한 결과물로 이어지는 과정을 통해 배우고 느낀 점이 나타나는 것이 좋습니다.
- 학교생활 내에서도 자신의 능력을 나누어줄 수 있는 다양한 봉사 활동(급식 도우미, 보건 도우미, 학습 멘토링, 컴퓨터 도우미, 교통 지도, 텃밭 도우미) 참여를 통해 타인을 위해 헌신하는 모습을 나타내는 것이 중요합니다.
- 바이오 관련 기업이나 연구소·제약회사 탐방, 신품연구원이나 신약 개발 연구원 직업 탐색 및 직업인 특강, 관련 학과 탐방 등 전공 관련 진로 활동 참여를 통해 지원 전공에 대한 올바른 이해, 바이오나노학 전공에 대한 관심과 열정, 자기주도적인 진로 설정 과정, 전공 적합성 등이 기록되는 것이 좋습니다.

인문계열 / 사회계열 / 자연계열 / 공학계열 / 의약계열 / 예체능계열 / 교육계열 / 계약학과 & 특성화학과

학과소개

바이오발효융합학과는 바이오 및 발효 배양 기술을 이용하여 기능성 바이오 식의약 소재의 탐색, 개발 및 생산에 관련된 학문과 바이오 식의약 소재의 산업적 적용을 위한 품질관리 및 생산, 산업화, 마케팅 및 창업 등을 다루는 다학제적인 융복합 학문을 교육하는 학과입니다. 교육과정은 생물학, 미생물학, 생화학, 면역학, 바이오신소재학, 바이오분석화학, 발효대사학, 식품생명공학, 바이오소재공학, 바이오식의약, 바이오안정성, 시스템생물학, 생리학 등 바이오 빛 발효 기본 원리에 바이오산업과 첨단 기술을 융합한 과목들로 이루어져 있습니다.

국민대학교 바이오발효융합학과는 국내 유수의 국가 연구기관 및 미국과 일본 명문 대학의 선도 연구그룹과 공동 교육 및 연구 교류 프로그램을 운영하고 있을 뿐만 아니라, 국가의 지속 가능한 성장 정책과 연계된 다양한 프로그램을 수행하고 있습니다. 글로벌역량과 전문 역량을 함양한 미래 고부가가치 건강 행정부처 및 정부 연구기관의 전문 인력을 양성하고 창의 역량을 갖춘 바이오 창업 및 벤처 사업가를 육성하고자 합니다.

 ## 개설대학

- 국민대학교

 ## 진출직업

- 바이오연구원
- 식품연구원
- 생물공학연구원
- 생명과학연구원
- 바이오관련 벤처 사업가
- 보건위생검사원
- 미생물연구원
- 바이오에너지연구원
- 미생물발효연구원
- 바이오에너지 연구 및 개발자
- 신약개발연구원 등

관련학과

- 바이오기능성식품학과
- 바이오나노화학부
- 바이오식품공학과
- 바이오신약의과학부(바이오신약)
- 바이오식품산업 전공 등

취득가능 자격증

- 생물공학기사
- 식품기사
- 생물분류기사
- 보건의료정보관리사
- 바이오화학제품제조기사 등

학과 주요 교과목

1학년	일반화학, 일반화학 실험, 이공일반수학, 생물학, 생물학 실험, 발효문화 및 산업, 일반물리학, 생물통계학, 유레카프로젝트, S-TEAM Class, English conversation Ⅰ, Ⅱ(Advanced), 글로벌 영어, 유레카 프로젝트 등
2학년	바이오유기화학, 미생물학Ⅰ, 미생물학Ⅱ, 생화학Ⅰ, 생화학Ⅱ, 물리화학, 바이오분석화학, 발효대사학, 미생물학실험 등
3학년	분자유전학, 바이오안전성, 발효식품화학, 생화학실험, 동물세포배양공학 실험, 유전자공학, 바이오제약, 산업생물공학, 발효융합연구Ⅰ, 발효융합캡스톤디자인, 효소학, 바이오헬스 산업 등
4학년	세포생물학, 면역학, 생물공학, 생물정보학, 생리학, 발효공학실험, 바이오식의약, 발효융합연구Ⅱ, 바이오헬스케어, 취창업연계세미나, 바이오융합캡스톤디자인 등

진출분야

기업체	바이오 관련 대기업, 병원, 바이오 벤처 기업, 식품회사, 제약회사, 건강기능 식품 제조 및 가공회사 등
정부 및 공공 기관	중앙정부 및 지자체, 국립보건연구원, 보건복지부, 식품의약품안전청, 농촌진흥청, 한국식품연구원, 보건소 등
연구 기관	바이오 의약품 기업 부설 연구소, 병원 연구소, 제약회사 연구소, 식품회사 연구소, 질병관리 연구소 등 바이오 관련 연구기관 등

학과 인재상 및 갖추어야 할 자질

- 생물, 화학, 물리 등의 교과에 대한 이해도가 높고 관심이 많은 학생
- 실험이나 연구의 원인과 결과를 꼼꼼히 분석할 수 있는 학생
- 창의적 사고와 도전정신으로 바이오 분야에 대한 열정이 있는 학생
- 관찰력이 뛰어나며 끈기 있게 반복적인 실험을 할 수 있는 학생
- 국제화 시대에 대응할 수 있는 개방적이고 진취적인 자세를 지닌 학생

학과 관련 선택 과목

※ 국어, 영어 교과는 모든 학문의 기초적인 성격을 가진 도구교과로 모든 학과에 이수가 필요하여 생략함.

공통 과목		공통국어1,2, 공통수학1,2, 공통영어1,2, 한국사1,2, 통합사회1,2, 통합과학1,2, 과학탐구실험1,2
수능 필수		화법과 언어, 독서와 작문, 문학, 대수, 미적분Ⅰ, 확률과 통계, 영어Ⅰ, 영어Ⅱ, 한국사, 통합사회, 통합과학, 성공적인 직업생활(직업)
일반 선택	수학, 사회, 과학	대수, 미적분Ⅰ, 확률과 통계, 현대사회와 윤리, 물리학, 화학, 생명과학
	체육·예술	
	기술·가정/정보	기술·가정, 정보
	제2외국어/한문	
	교양	생태와 환경
진로 선택	수학, 사회, 과학	정치, 법과 사회, 물질과 에너지, 화학 반응의 세계, 세포와 물질대사, 생물의 유전
	체육·예술	
	기술·가정/정보	생활과학 탐구, 데이터 과학
	제2외국어/한문	
	교양	보건
융합 선택	수학, 사회, 과학	수학과제 탐구, 윤리문제 탐구, 기후변화와 지속가능한 세계, 기후변화와 환경생태, 융합과학 탐구
	체육·예술	
	기술·가정/정보	
	제2외국어/한문	
	교양	인간과 경제활동

추천 도서 목록

- 이해하기 쉬운 식품위생학, 구난숙 외, 파워북
- 식품미생물학, 이종경 외, 파워북
- 이해하기 쉬운 식품화학, 강명화 외, 파워북
- 식품가공저장학, 신성균 외, 파워북
- New 식품공학, 변유량 외, 지구문화
- 실무를 위한 식품분석학, 노봉수 외, 수학사
- 건강기능식품 A to Z, 강보혜 외, 지식과감성
- 콩 발효식품에 숨겨진 비밀, 천정자, 성안당
- 알기 쉬운 식품가공저장학, 김정숙 외, 지구문화
- 식품에 함유된 나노플라스틱과 미세플라스틱 분석, 황대연, 라이프사이언스
- 식품포장학 개론, 김청, 한포연
- 식품표시광고 가이드라인, 김태민 외, 좋은땅
- 포인트 식품위생학, 심창환 외, 문운당
- 전통발효식품, 농촌진흥청, 진한엠앤비
- 쉬운 식품분석, 양종범 외, 유한문화사

- 첨단바이오의약품 제조 및 품질관리기준 가이드라인, 식품의약품안전처, 진한엠앤비
- 바텐더 메디푸드 음료, 이희수, 21세기사
- 개인맞춤 영양의 시대가 온다, 김경철 외, 클라우드나인
- 모던 키친, 박찬용, 에이치비 프레스
- 식사에 대한 생각, 비 윌슨, 어크로스
- 음식의 미래, 라리사 짐버로프, 갈라파고스
- 생활 속 식품과 영양, 김미라 외, 파워북
- 이야기로 풀어쓰는 식품과 영양, 주나미 외, 파워북
- 이해하기 쉬운 식품과 영양, 신말식 외, 파워북
- 식품과 영양, 김주현 외, 교문사
- 무엇이 나를 행복하게 만드는가, 리처드 J. 라이더 외, 북플레저
- 오타쿠의 욕망을 읽다, 마이너 리뷰 갤러리, 메디치미디어
- 어느 날 운명이 삶에 대해 물었다, 팀 구텐베르크, 하움출판사
- 살아가는 힘은 어디에서 나오는가, 마시 코트렐 홀 외, 웨일북
- 삶은 몸 안에 있다, 조너선 라이스먼, 김영사

학교생활 TIPS

- 바이오발효융합학 전공에 기본이 되는 생명과학, 물리학, 화학 교과의 성적을 상위권으로 유지하고, 정규 교과 수업 시간을 통해 전공에 대한 관심과 이해, 지원 전공에 대해 관심을 충족시키기 위해 노력한 과정, 학습을 수행하는 자발적인 의지와 태도, 전공 관련 역량 발휘 경험 등이 학교생활기록부 교과 세부능력 및 특기사항에 기록되도록 하는 것이 좋습니다.
- 학교 교육계획에 의한 행사 활동, 수련 활동 및 학년·학급 단위로 진행되는 활동(보건교육, 독서 토론, 모의 법정, 리더십, 창의성 교육, 기업가정신, 환경 교육)에서 자발성과 자율성, 적극성, 대인 관계, 공동체 의식, 리더십 등이 드러날 수 있도록 적극적으로 참여하는 것이 중요합니다.
- 학교 정규 동아리(공학, 컴퓨터, 융합, 과학 탐구, 생명과학, 실험, 발명) 활동을 추천하고, 동아리 활동을 통해 바이오발효공학에 대한 학문적

열정과 지적 관심, 새로운 아이디어 제안이 특정한 결과물로 이어지는 과정을 통해 배우고 느낀 점이 나타나는 것이 좋습니다.
- 학교생활 내에서도 자신의 능력을 나누어줄 수 있는 다양한 봉사 활동(보건 도우미, 급식 도우미, 재활용 도우미, 학습 멘토링, 컴퓨터 도우미, 교통 지도, 텃밭 도우미) 참여를 통해 타인을 위해 헌신하는 모습을 나타내는 것이 중요합니다.
- 바이오 관련 기업이나 연구소·제약회사 탐방, 식품연구원이나 신약개발 연구원 직업 탐색 및 직업인 특강, 관련 학과 탐방 등 전공 관련 진로 활동 참여를 통해 지원 전공에 대한 올바른 이해, 바이오발효융합 전공에 대한 관심과 열정, 자기주도적인 진로 설정 과정, 전공 적합성 등이 기록되는 것이 좋습니다.

바이오의료기기학과

학과소개

바이오의료기기학과는 차세대 융복합 의료기기 산업을 선도할 의료기기 규제과학(RA) 전문가 및 공학 직무능력을 갖춘 실무형 첨단 의료기기 산업인력을 양성할 목적으로 만들어진 학과입니다.

여기서 의료기기 규제과학(RA) 전문가란 의료기기 판매 국가의 법적 규제 기준을 파악해 해당 의료기기의 안전성과 유효성을 증명하는 의료기기 규제 전문가입니다.

이를 위해 AI 기술을 활용한 SW산업인력 및 IoT 기술 활용이 가능한 전기 전자 산업인력을 위해 의료기기 SW+AI와 의료기기 전지전자 IoT 두 개의 트랙을 운영하고 있습니다.

입학 과정에서부터 기업이 참여하여 학생을 심사하기 때문에 한 번의 면접으로 입학과 취업을 확정할 수 있으며, 대학과 기업은 입학 과정 외에도 지속적으로 협력하여 교육과정을 구축하기 때문에 기업이 원하는 '맞춤형 인재'가 될 수 있습니다. 또한 3년 6학기 만에 4년제 학사학위를 취득할 수 있습니다. 실무에 정말 필요한 기초 능력 위주로 교육을 진행하기 때문에 시간 단축뿐 아니라 활용도 또한 높은 조기 취업형 계약학과입니다.

개설대학

• 가천대학교 바이오의료기기학과는 3학년 6학기제로 운영하며 1학기 때는 정부 및 산업체 장학금 100%가 지급되며 1학기 때는 추가로 한국장학재단 희망사다리 장학금 200만원이 지급됩니다. 또한 2학기는 직전 학기 성적의 70%이상의 경우 취업 및 창업 지원금이 지원됩니다. 2, 3학년은 정부 및 산업체에서 50%의 장학금이 지원됩니다. 조기 취업은 물론 장학금 지원과 함께 효율적으로 시간을 관리할 수 있는 학과입니다.

진출직업

• 의료장비기사
• 의료기기관리전문가
• 보건기술직 공무원
• 스마트헬스케어기기개발자
• 시험·인증관리전문가
• 의료장비생산관리원
• 의료장비설치수리원
• 의료장비영업원
• 의료장비품질관리원
• 전자의료기기개발기술자 등

관련학과

• 의료경영학과
• 의료경영학부
• 의료서비스경영학과
• AI보건의료학부
• 국제의료경영학과
• 보건의료행정학과
• 의료복지공학과
• 의료정보학과
• IT의료데이터과학전공
• 의료IT공학과
• 의료IT학과
• 의료공학과
• 의료공학전공
• 의료인공지능학과
• 빅데이터의료융합학과 등

취득가능 자격증

• 의료기기 규제과학(RA) 전문가
• 전기기사
• 전자기사
• 정보처리기사
• 의료전자기능사
• 의공산업기사
• 의공기사
• 의료기기RA전문가 등

진출분야

기업체	㈜가오앤, ㈜지원파트너스, 정원SFA, 유주TNC㈜, 농업회사법인㈜웰빙, ㈜미린트, ㈜TBB사이언스, ㈜카이미, ㈜지메디텍, ㈜오큐라이트, ㈜파버나인 등
정부 및 공공 기관	보건복지부, 산업통상자원부, 식품의약품안전처, 오송첨단의료산업진흥재단, 한국과학기술연구원, 한국의료기기기술원 등
연구 기관	한국보건의료연구원, 의료 기기 관련 연구소, 전기·전자 관련 연구소 등

학과 주요 교과목

1학년	창의와 사고, 융합(인간예술), Python 기초 및 응용, 프로그래밍, 기초의학 과학, 인체해부 생리학, 의료기기 인허가 이해, 의료기기 임상시험 및 사후관리, 기초공학 설계 등
2학년	의료기기 해외인허가제도, 생체역학 신호처리, 기술평가개론, 전기회로 및 실습, 전자회로 디지털시스템, 마이크로프로세서 나노디그리, 리눅스시스템, 인공지능 등
3학년	생체재료, 보험정책론 및 경제성 분석, 회로설계, 영상처리, 의료기기 품질관리, 고급공학설계, 기업연구 등

학과 인재상 및 갖추어야 할 자질

• 수학, 물리학, 화학, 생명과학 등 다양한 분야를 융합하는 능력을 지닌 학생
• 컴퓨터나 전자 장비 등의 각종 기계나 장비에 대한 관심이 높은 학생
• 팀 단위 활동 시 협업 능력과 주인 의식으로 적극적 협력 관계를 이끌 수 있는 능력을 지닌 학생
• 기계나 장비 등 정교한 것을 만들거나 분석, 측정, 실험, 조작하는 것에

흥미를 지닌 학생
• 남들이 생각하지 못한 방법으로 문제를 풀거나, 대상을 바라보는 창의력과 응용력을 갖춘 학생
• 소프트웨어 응용, 전기, 전자 등을 위한 창의적인 발상과 새로운 분야에 대한 호기심을 갖춘 학생

학과 관련 선택 과목

※ 국어, 영어 교과는 모든 학문의 기초적인 성격을 가진 도구교과로 모든 학과에 이수가 필요하여 생략함.

공통 과목		공통국어1,2, 공통수학1,2, 공통영어1,2, 한국사1,2, 통합사회1,2, 통합과학1,2, 과학탐구실험1,2
수능 필수		화법과 언어, 독서와 작문, 문학, 대수, 미적분 I , 확률과 통계, 영어 I , 영어 II , 한국사, 통합사회, 통합과학, 성공적인 직업생활(직업)
일반 선택	수학, 사회, 과학	대수, 미적분 I , 확률과 통계, 현대사회와 윤리, 물리학, 화학, 생명과학
	체육·예술	
	기술·가정/정보	기술·가정
	제2외국어/한문	
	교양	생태와 환경
진로 선택	수학, 사회, 과학	미적분 II , 윤리와 사상, 물질과 에너지, 화학 반응의 세계, 세포와 물질대사, 생물의 유전
	체육·예술	
	기술·가정/정보	로봇과 공학세계
	제2외국어/한문	
	교양	보건
융합 선택	수학, 사회, 과학	수학과제 탐구, 사회문제 탐구, 윤리문제 탐구, 기후변화와 지속가능한 세계, 기후변화와 환경생태, 융합과학 탐구
	체육·예술	
	기술·가정/정보	창의 공학 설계
	제2외국어/한문	
	교양	논술

추천 도서 목록

- 한국산업기술발전사: 바이오·의료, 이성규, MID
- 디지털 치료제 혁명, 하성욱, 클라우드나인
- 바이오 회사 일반직원들이 약리학을 쉽게 습득하는 법, 바이오연구회, 의료분쟁정보사
- 질병은 어떻게 만들어지나?, 수잔 E. 벨, 책방놀지
- 교실 밖에서 듣는 바이오메디컬공학, 임창환 외, MID
- 의료기기 산업의 미래에 투자하라, 김충현, 클라우드나인
- 디지털 헬스케어는 어떻게 비즈니스가 되는가, 김치원, 클라우드나인
- 알기쉬운 의료기기학, 이정율, 여문각
- 보건계열 창업을 위한 의료기기학 입문, 선종률 외, 청구문화사
- AI 메디컬 레볼루션, 피터 리 외, 터닝포인트
- 메디컬 조선, 박영규, 김영사
- 메디컬처치, 소강석, 쿰란출판사
- 메디컬 빅 데이터 연구를 위한 R 통계의 정석, 김종엽, 사이언스북스
- 의료기기 산업의 미래에 투자하라, 김충현, 클라우드나인
- 의료기기 인허가 2024, 김명교, 위즈덤플

- 의료기기개론, 나승권, 상학당
- 의료기기 GMP 종합해설서, 식품의약품안전처, 진한엠앤비
- 병원진료과 임상분류 및 의료기기, 나승권, 상학당
- 생애주기별 인간성장발달, 방경숙 외, 메디컬팩토리
- AI 메디컬 레볼루션, 피터 리 외, 터닝포인트
- 인류의 삶 속에 담긴 질병 극복 이야기, 김애정, 솔과학
- 나이 듦과 함께하는 의료인문학, 김현수 외, 모시는사람들
- 질병은 없다, 제프리 블랜드, 정말중요한
- 건강의 절대법칙, 장태익, 보민출판사
- 의료쇼핑, 나는 병원에 간다, 최연호, 글항아리
- 중독의 역사, 칼 에릭 피셔, 열린책들
- 나이듦에 대하여, 서울대학교 인문대학, 사회평론아카데미
- 타인의 고통에 응답하는 공부, 김승섭, 동아시아
- 인류의 삶 속에 담긴 질병 극복 이야기, 김애정, 솔과학
- 삶은 몸 안에 있다, 조너선 라이스먼, 김영사

학교생활 TIPS

- 바이오의료기기학과와 관련이 깊은 관련 과목인 수학, 과학(물리학, 생명과학), 정보 교과의 높은 학업 성취도 유지가 중요하고, 전공 적합성, 문제 해결 능력, 창의력, 협업 능력 등이 학교생활기록부 교과 세부능력 및 특기사항에 기록될 수 있도록 수업에 적극 참여합니다.
- 학교 교육계획에 의해 진행되는, 일회성이 아닌 지속적으로 진행되는 봉사 활동(학생 주도 프로젝트 봉사, 급식 도우미, 멘토링, 장애인 및 독거노인 대상 돌봄 활동) 참여를 통해서 타인을 위해 봉사하고 헌신하는 학교생활 모습이 드러나는 것이 중요합니다.
- 바이오의료기기학과와 관련 있는 다양한 진로 활동(의료 기기 회사 및 의료 기기 전시회 관람, 의료공학 관련 직업 체험, 의료공학과 탐방 활동) 참여를 통해 자신의 진로 역량을 키우는 것이 중요합니다.
- 의료, 공학, 리더십, 의사소통 능력 배양, 보건, 생명, 과학탐구 실험 등의 동아리 활동이 도움이 되고, 다양한 분야(의료, 공학, 보건, 생명, 윤리)의 독서를 통해 융합적 지식을 습득하는 것을 추천합니다.
- 전공 적합성, 자기주도성, 문제해결 능력, 창의력, 인성, 나눔과 배려, 리더십, 발전 가능성 등 학업 태도와 학업 의지에 대한 장점들이 학교생활 기록부에 기록이 되는 것이 중요합니다.

학과소개

반도체·디스플레이학과는 차세대 디스플레이 기술과 산업을 선도하는 학과입니다. 디스플레이는 TV 수상기와 비슷한 브라운관에 문자나 도형을 나타내는 기구입니다. 컴퓨터에 직접 연결하여 출력된 데이터를 확인하거나 새로운 정보를 입력하기 위해 사용되거나, 터치·센서 등의 기술과 자동차, IoT, AI 등 타 산업과 융합하여 사용되고 있습니다. 디스플레이 산업의 범위는 패널 및 장비, 부품, 소재, 공장자동화 분야 등을 포함합니다. 디스플레이학과는 장비·부품·소재·계측 기술에 대해 재교육 없이 현장에서 직접 업무가 가능한 전문 인재 양성을 목표로 합니다.

가천대 반도체·디스플레이학과는 2020년 교육부의 '조기 취업형 계약학과 선도대학 육성 사업'에 선정되어 설립되었습니다. 실무와 실습 중심의 교육으로, 나노디그리 교육과정, 산업체와의 공동 교육과정 개발, 현장 맞춤형 교수 학습법 개발을 통한 융복합 교육과정을 운영합니다. 소프트웨어와 기계공학 등 필수적인 기반 관련 기술들을 창의 융합 과정 실습을 통해 실무능력을 배양하고, 창의적이고 혁신적인 공학교육 방법과 기업가 정신을 함양하기 위한 다양한 교과 과정을 편성하고 있습니다.

개설대학

- 가천대학교에 개설된 조기 취업형 계약학과로, 학생들은 3년 만에 학사학위를 취득합니다. 1학년 때에는 학생 신분으로 기업 맞춤형 교육과정에 따라 전공 교육을 실시하고, 입학과 동시에 취업이 약정됩니다. 니다. 2~3학년 때에는 재직자 신분으로 직무 역량 고도화할 수 있는 심화 교육이 진행됩니다. 1학기 때는 정부 및 산업체 장학금 100%가 지급되며 1학기 때는 추가로 한국장학재단 희망사다리 장학금 200만원이 지급됩니다. 또한 2학기는 직전 학기 성적의 70% 이상의 경우 취업 및 창업 지원금이 지원됩니다. 2, 3학년은 정부 및 산업체에서 50%의 장학금이 지원됩니다. 재학 중 전 학기(6학기)에 장학금이 지원되며 거주지와 통학 거리 등을 고려하여 기숙사를 제공하고 있습니다.

관련학과

- 디스플레이·반도체물리학부
- 디스플레이반도체공학과
- 디스플레이신소재공학과
- 반도체·디스플레이학부
- 반도체디스플레이학과
- 융합디스플레이공학과
- 전자및디스플레이공학부
- 정보디스플레이학과 등

진출분야

기업체	디스플레이 주력산업체(삼성전자, 삼성모바일 디스플레이, LG Display 등), 다국적기업(Apple, Universal Display Corporation, KODAK) 등
정부 및 공공 기관	한국과학기술원, 한국생산기술연구원, 한국산업기술실험원, 국토교통과학기술진흥원 등
연구 기관	산업체 및 기업체 연구소, 전자통신연구소, 한국고등과학기술원 등 국가연구소 및 교육기관 등

진출직업

- 디스플레이 소재 개발자
- 디스플레이 연구원
- 반도체소자 연구원
- 반도체 공정기술연구원
- 광반도체연구원
- 광학시스템 설계자

- 반도체제조기술자
- 반도체장비기술자
- 반도체장비정비원
- 반도체검사 기술자
- 반도체품질관리시험원 등

취득가능 자격증

- 광학기사
- 전자산업기사
- 반도체설계산업기사

- 반도체설계기사
- 전자기기기능사
- 전자계산기기능사 등

학과 주요 교과목

1학년	College English1, 인성세미나, 창의와사고, 프로그래밍기초, 반도체 화학, 대학 수학, 디스플레이 공학개론, 반도체 디스플레이, 산업기술이해, 기초공학설계, Python 응용, 공학 수학, 자연과 과학, 프로그래밍 응용, 반도체 물리, 반도게 공학개론, 전공 분석 공학, 반도체 디스플레이, 회로이론 등
2학년	CAD 기초 실습, 재료공학, 반도체소자공학, 반도체제조공정설비, 현대물리, 자동제어실습, CAD 심화실습, 전자회로, 디스플레이 소자공학, 디스플레이제조공설비, 회로 설계실습1 등
3학년	반도체 소자공학, 반도체디스플레이 신기술, 기계공학, 회로 설계실습2, 기업 기술 프로젝트, 반도체디스플레이, 시스템실습, 광학 설계 실습, Machine Learning, OS실습 등

학과 인재상 및 갖추어야 할 자질

- 수학, 물리학, 화학 등의 교과에 흥미가 있는 학생
- 기계를 다루는 것에 소질이 있고 끈기와 인내심이 있는 학생
- 적극적이고 도전적인 성격으로 새로운 것을 개척하는 것을 즐기는 학생
- 실험하는 것을 좋아하고 논리적인 사고력과 과학적인 응용력을 지닌 학생
- 창의적으로 사고하고, 적극적으로 도전하는 글로벌 역량을 지닌 학생

학과 관련 선택 과목

※ 국어, 영어 교과는 모든 학문의 기초적인 성격을 가진 도구교과로 모든 학과에 이수가 필요하여 생략함.

공통 과목		공통국어1,2, 공통수학1,2, 공통영어1,2, 한국사1,2, 통합사회1,2, 통합과학1,2, 과학탐구실험1,2
수능 필수		화법과 언어, 독서와 작문, 문학, 대수, 미적분Ⅰ, 확률과 통계, 영어Ⅰ, 영어Ⅱ, 한국사, 통합사회, 통합과학, 성공적인 직업생활(직업)
일반 선택	**수학, 사회, 과학**	대수, 미적분Ⅰ, 확률과 통계, 물리학, 화학
	체육·예술	
	기술·가정/정보	기술·가정, 정보
	제2외국어/한문	
	교양	
진로 선택	**수학, 사회, 과학**	기하, 미적분Ⅱ, 인공지능 수학, 역학과 에너지, 전자기와 양자
	체육·예술	
	기술·가정/정보	로봇과 공학세계, 인공지능 기초, 데이터 과학
	제2외국어/한문	
	교양	
융합 선택	**수학, 사회, 과학**	수학과제 탐구, 융합과학 탐구
	체육·예술	
	기술·가정/정보	창의 공학 설계, 지식 재산 일반
	제2외국어/한문	
	교양	

추천 도서 목록

- 디스플레이 이야기, 주병권, 열린책방
- 한 권으로 이해하는 OLED&LCD 디스플레이, 사이토 가쓰히로, 북스힐
- 직무별 현직자가 말하는 디스플레이 직무 바이블, 박프로 외, 렛유인
- 비주얼머천다이징 디스플레이, 이지현 외, 교문사
- 유기 EL 디스플레이, Shizuo Tokito 외, 성안당
- OLED 소재 및 소자의 기초와 응용, 이준엽, 홍릉
- 세상을 뒤바꿀 미래기술 25, 이데일리 미래기술 특별취재팀, 이데일리
- 반도체 이야기, 주병권, 항금리문학
- 반도체 인사이트 센서 전쟁, 한국반도체산업협회, 교보문고
- 칩워, 누가 반도체 전쟁의 최후 승자가 될 것인가, 크리스 밀러, 부키
- K 반도체 대전략, 권순용, 위즈덤하우스
- 반도체 오디세이, 이승우, 워너스북
- 교양으로 읽는 반도체 상식, 고조 마사유키, 시그마북스
- 반도체 공학, 김동명, 한빛아카데미
- 반도체 구조 원리 교과서, 니시쿠보 야스히코, 보누스

- 반도체 삼국지, 권석준, 뿌리와이파리
- 반도체 경제를 쉽게 읽는 책, 김희영, 갈라북스
- 반도체 대전 2030, 황정수, 한국경제신문
- TSMC 반도체 제국, 상업주간, 이레미디어
- 2030 반도체 지정학, 오타 야스히코, 성안당
- 인공지능윤리 다원적 접근, 인공지능과 가치 연구회, 박영사
- 인공지능 시대를 위한 컴퓨터 과학 개론, 정기철, 한빛아카데미
- 만들면서 배우는 나만의 인공지능 서비스, 최은석, 위키북스
- 인공지능의 현재와 미래, 나는 미래다 방송제작팀, 보아스
- 이것이 인공지능이다, 김명락, 슬로디미디어
- 누구나 쉽게 따라하는 인공지능, feat 파이썬, 이용권, 씨마스21
- 인공지능 정복을 위한 공략집, 이태욱 외, 교학사
- Do it! 첫 인공지능, 이애리, 이지스퍼블리싱
- 인공지능 세상에서 주인공되기, 오카지마 유시, 라의눈
- 모두가 할 수 있는 앱 인벤터로 11개 인공지능 앱 만들기, 박지숙 외, 앤써북

학교생활 TIPS

- 반도체·디스플레이학과는 전공에 기본이 되는 수학, 물리, 화학 교과의 성적을 상위권으로 유지하고, 정규 교과 수업 시간을 통해 전공에 대한 관심과 이해를 충족시키기 위해 노력한 과정, 학습을 수행하는 자발적인 의지와 태도, 전공 관련 역량 발휘 경험 등이 학교생활기록부 교과 세부능력 및 특기사항에 기록되도록 하는 것이 좋습니다.
- 학교 교육계획에 의한 행사 활동, 수련 활동 및 학년·학급 단위로 진행되는 활동(과학의 날, 독서 토론, 모의 법정, 리더십, 창의성 교육, 기업가정신, 환경 교육)에서 자발성과 자율성, 적극성, 대인 관계, 공동체 의식, 리더십 등이 드러날 수 있도록 적극적으로 참여하는 것이 중요합니다.
- 학교 정규 동아리(과학실험탐구, 수리탐구논술, 공학, 발명, 아두이노 및 코딩) 활동을 추천하고, 동아리 활동을 통해 관련 전공에 대한 학문적

열정과 지적 관심, 새로운 아이디어 제안이 특정한 결과물로 이어지는 과정을 통해 배우고 느낀 점이 나타나는 것이 좋습니다.
- 학교생활 내에서도 자신의 능력을 나누어줄 수 있는 다양한 봉사 활동(급식 도우미, 재활용 도우미, 학습 멘토링, 다문화 학생 도우미, 컴퓨터 도우미, 교통 지도) 참여를 통해 타인을 위해 헌신하는 모습을 나타내는 것이 중요합니다.
- 디스플레이 관련 기업이나 연구소 탐방, 연구원 인터뷰 및 관련 직업인 특강, 관련 학과 탐방 등 전공 관련 진로 활동 참여를 통해 지원 전공에 대한 올바른 이해, 전공에 대한 관심과 열정, 자기주도적인 진로 설정 과정, 전공 적합성 등이 기록되는 것이 좋습니다.

301

반도체시스템공학과

학과소개

반도체시스템공학과는 세계 최고 수준의 반도체 인재 양성을 목표로 2006년 성균관대학교와 삼성이 손을 잡고 첫해 신입생을 받은 이후 지금까지 국가 반도체 산업의 미래를 이끌 글로벌 전문가를 양성하고 있습니다. 전자·전기 분야의 각종 신기술과 융합하여 첨단 반도체 분야의 학문적 발전을 선도할 수 있는 반도체 맞춤형 고급 기술 인력을 양성합니다. 이를 위하여 반도체 산업 기술의 기반이 되는 기초과학과 공학지식에 대한 응용력을 함양하고, 창조적 사고력 배양을 위한 다양한 교육과정을 운영합니다. 또한 현장 실습을 통한 실무 중심 교육을 실시하고, 삼성전자 및 삼성디스플레이의 박사급 연구원들이 실무교육을 담당하고 있습니다.

성균관대학교 반도체시스템공학과는 어떠한 변화도 극복할 수 있는 기본기와 전문성으로 무장하고 세계인과 문화와 정서를 공유할 수 있는 미래형 글로벌 리더의 양성을 교육 목표로 합니다. 이를 위해 인공지능, 사물인터넷 등으로 대변되는 새로운 정보통신기술과 제조업이 융합하는 제4차 산업혁명 시대에 걸맞은 인재를 양성할 시스템을 구축하고 있습니다. 졸업생의 90%는 삼성전자와 연관된 진로를 선택하며, 그 외 국내외 대학원 등의 진로를 개척합니다.

개설대학

- 성균관대학교에 개설된 국내 첫 채용조건형 계약학과입니다. 입학 후 대학이 정한 장학기준 충족시 2년간(4개 학기) 전액 장학금이 지급됩니다. 그 외에도 최소 채용 절차 통과자 및 기준 성적 충족시 삼성전자 입사 및 학업 장려금(재학 5학기 ~ 8학기) 지급이 됩니다. 기숙사 우선 배정이 되며 미국 실리콘밸리 연수를 지원합니다. 또한 최소 채용 절차를 통과시 삼성전자 인턴십 프로그램을 제공받게 됩니다.

관련학과

- 나노반도체전공
- 반도체기계공학전공
- 반도체전자공학전공
- 반도체장비공학과
- 반도체시스템공학부
- 반도체시스템공학과
- 반도체물리전공
- 반도체디스플레이학과
- 반도체기계공학과
- 반도체과학전공
- 반도체과학기술학과
- 응용물리전공
- 반도체공학전공
- 반도체·디스플레이학부
- 물리반도체과학
- 디스플레이·반도체물리학부
- 디스플레이·반도체물리학과 등

진출분야

기업체	삼성전자, 반도체 제조업체, 반도체 장비 및 소재 관련 기업, 전자 정보 소재 관련 업체, 벤처 업체 창업(반도체 회로 및 반도체 장비, 정보통신, 컴퓨터) 등
정부 및 공공 기관	한국과학기술원, 한국생산기술연구원, 한국세라믹기술원, 한국산업기술시험원, 한국기계연구원 등
연구 기관	반도체·세라믹·신소재 관련 기업 연구소, 대학 내 연구소 등

진출직업

- LED연구 및 개발자
- RFID시스템개발자
- 공학계열교수
- 반도체공학기술자
- 반도체장비기술자
- 재료공학기술자
- 전기제품개발기술자
- 전자제품개발기술자
- 컴퓨터하드웨어기술자 등

취득가능 자격증

- 반도체설계기사
- 세라믹기술사
- 세라믹산업기사
- 전자산업기사
- 반도체장비유지보수기능사
- 반도체설계산업기사
- 세라믹기사
- 재료기사
- 전자기사
- 무선설비기사
- 정보처리산업기사
- 정보처리기사 등

학과 주요 교과목

1학년	기초전기회로, 논리회로, 마이크로전자회로, 반도체입문, 전지전자공학, 반도체공정, 기초회로실험, 멀티코터시스템, 컴퓨터구조개론, 인공지능개론, 정보보호개론 빅데이터와 인공지능을 활용한 시스템건강 설계, lot 프로젝트 등
2학년	자료구조, 논리회로설계실험, 마이크로프로세서, 컴퓨터구조, 수치해석, 확률 및 랜덤프로세스, 반도체 물리, 시스템운영체제, 신호와 시스템, 자료구조 및 알고리즘 등
3학년	반도체 재료 및 소자, 반도체설계, 고속도로회계, 신호처리용집적회로설계, 고급 VLSI설계, SoC설계, 반도체소자공정, 프로그래밍언어, 반도체캡스톤설계, 유비쿼터스사회와 소통능력, SOC 설계 및 실습, 메모리반도체 설계 등
4학년	고급컴퓨터시스템, 멀티미디어공학, 디지털시스템, 임베디드시스템설계, 아날로그집적회로설계, 시스템시뮬레이션, 웹프로그래밍, 인터넷아키펙처, RF공학, 제어공학 등

학과 인재상 및 갖추어야 할 자질

- 수학, 물리학, 화학 등 기초 과학 과목에 대한 관심과 지식을 갖춘 학생
- 반도체 산업 분야에 관심이 많고 첨단 기술변화를 적극적으로 창조할 수 있는 학생
- 전기, 전자 통신, 컴퓨터 분야에 재능과 소질이 있는 학생
- 자신이 정한 목적을 성취할 수 있는 도전적이고 진취적인 학생
- 창의적 사고를 바탕으로 첨단 반도체 분야에서 새로운 가치를 창출할 수 있는 학생

학과 관련 선택 과목

공통 과목		공통국어1,2, 공통수학1,2, 공통영어1,2, 한국사1,2, 통합사회1,2, 통합과학1,2, 과학탐구실험1,2
수능 필수		화법과 언어, 독서와 작문, 문학, 대수, 미적분 I, 확률과 통계, 영어 I, 영어 II, 한국사, 통합사회, 통합과학, 성공적인 직업생활(직업)
일반 선택	수학, 사회, 과학	대수, 미적분 I, 확률과 통계, 물리학, 화학
	체육·예술	
	기술·가정/정보	기술·가정, 정보
	제2외국어/한문	
	교양	
진로 선택	수학, 사회, 과학	기하, 미적분 II, 인공지능 수학, 역학과 에너지, 전자기와 양자
	체육·예술	
	기술·가정/정보	로봇과 공학세계, 인공지능 기초
	제2외국어/한문	
	교양	
융합 선택	수학, 사회, 과학	수학과제 탐구, 융합과학 탐구
	체육·예술	
	기술·가정/정보	창의 공학 설계, 지식 재산 일반
	제2외국어/한문	
	교양	

추천 도서 목록

- 반도체 이야기, 주병권, 항금리문학
- 반도체 인사이트 센서 전쟁, 한국반도체산업협회, 교보문고
- SK하이닉스 25년 반도체 전문가가 들려주는 반도체 특강: 소자편, 진종문, 한빛아카데미
- 칩워, 누가 반도체 전쟁의 최후 승자가 될 것인가, 크리스 밀러, 부키
- K 반도체 대전략, 권순용, 위즈덤하우스
- 바로 써먹는 최강의 반도체 투자, 이형수, 헤리티지북스
- 교양으로 읽는 반도체 상식, 고죠 마사유키, 시그마북스
- 반도체 오디세이, 이승우, 위너스북
- 반도체 구조 원리 교과서, 니시쿠보 야스히코, 보누스
- 반도체 공학, 김동명, 한빛아카데미
- 반도체 삼국지, 권석준, 뿌리와이파리
- TSMC 반도체 제국, 상업주간, 이레미디어
- 반도체를 사랑한 남자, 박준영, 북루덴스
- 반도체 경제를 쉽게 읽는 책, 김희영, 갈라북스
- 이건희 반도체 전쟁, 허문명, 동아일보사

- 2030 반도체 지정학, 오타 야스히코, 성안당
- 반도체 제국의 미래, 정인성, 이레미디어
- 반도체 비즈니스 제대로 이해하기, 강구창, 지성사
- 반도체 대전 2030, 황정수, 한국경제신문
- 진짜 하루만에 이해하는 반도체 산업, 박진성, TWIG
- 쉽게 배우는 반도체 프로세스, 사토 준이치, 북스힐
- 한국 반도체 슈퍼 을 전략, 전병서, 경향BP
- 처음 배우는 반도체, 기쿠치 마사노리, 북스힐
- 반도체 공학 개념 핵심정리, 박재우, 홍릉
- 뇌를 바꾼 공학, 공학을 바꾼 뇌, 임창환, MID
- 뇌는 어떻게 세상을 보는가, 빌라야누르 라마찬드란, 바다출판사
- 뇌는 윤리적인가, 마이클 S. 가자니가, 바다출판사
- 마음을 돌보는 뇌과학, 안데르스 한센, 한국경제신문
- 차세대 반도체, 석민구 외, 플루토
- 최리노의 한 권으로 끝내는 반도체 이야기, 최리노, 양문

학교생활 TIPS

- 반도체시스템공학 전공에 기본이 되는 수학, 물리학, 화학, 정보 교과 성적을 상위권으로 유지하고, 정규 교과 수업 시간을 통해 시스템반도체공학 전공에 대한 관심과 이해를 충족시키기 위해 노력한 과정, 학습을 수행하는 자발적인 의지와 태도, 전공 관련 역량 발휘 경험 등이 학교생활기록부 교과 세부능력 및 특기사항에 기록되도록 하는 것이 좋습니다.
- 학교 교육계획에 의한 행사 활동, 수련 활동 및 학년·학급 단위로 진행되는 활동(융합 교실, 독서 토론, 모의 법정, 리더십, 생태 체험, 창의성 교육, 과학의 날)에서 자발성과 자율성, 적극성, 대인 관계, 공동체 의식, 리더십 등이 드러날 수 있도록 적극적으로 참여하는 것이 중요합니다.
- 학교 정규 동아리(로봇, 공학, 융합, 컴퓨터, 과학 탐구 실험, 발명) 활동을 추천하고, 동아리 활동을 통해 반도체공학에 대한 학문적 열정과 지적

관심, 새로운 아이디어 제안이 특정한 결과물로 이어지는 과정을 통해 배우고 느낀 점이 나타나는 것이 좋습니다.
- 학교생활 내에서도 자신의 능력을 나누어줄 수 있는 다양한 봉사 활동(급식 도우미, 정보 도우미, 학습 멘토링, 교통 지도, 교단 선진화 기자재 도우미) 참여를 통해 타인을 위해 헌신하는 모습을 나타내는 것이 중요합니다.
- 반도체 제조 회사나 연구소 탐방, 직업 탐색 및 직업인 특강, 반도체 관련 학과 탐방, IT 기기 전시회, 전자 기기전 관람 등 전공 관련 진로 활동 참여를 통해 지원 전공에 대한 올바른 이해, 반도체시스템공학 전공에 대한 관심과 열정, 자기주도적인 진로 설정 과정, 전공 적합성 등이 기록되는 것이 좋습니다.

302

보험계리학과

학과소개

보험계리학과는 금융학과 또는 금융보험학과라고 하며, 전문적인 보험계리사 양성을 목표로 합니다. 금융관련학과는 대부분 금융(보험) 전문가를 목표로 하지만, 보험계리학과는 국내 유일 보험계리사 양성을 목표로 하는 학과입니다. 보험계리사란 사보험, 퇴직연금, 사회보험 및 금융분야에서 확률이론, 금융공학 및 프로그래밍 방법을 이용해서 위험의 평가 및 분석을 통하여 리스크를 종합적으로 관리하는 직무를 담당하는 사람을 말합니다.

한양대학교 ERICA캠퍼스 보험계리학과는 보험계리, 금융공학 및 프로그래밍 지식을 겸비한 전문적인 보험계리사 양성을 목표로 하는 특성화학과입니다. 2014년부터 한국 보험계리사 시험이 미국이나 영국처럼 과목별 합격 제도로 변경되면서 시험과목들에 대한 체계적이고 심도 있는 교육이 요구되고 있습니다. 보험계리학과는 이러한 과목들을 체계적으로 공부할 수 있는 유일한 학과입니다. 이를 위해 우수한 교수진과 계리사 시험을 위한 체계적 교육과정, 다양한 장학금 혜택과 보험 전문인 반을 운영하고 있습니다.

개설대학

• 한양대학교 ERICA캠퍼스

진출직업

• 보험계리사
• 해외보험사
• 손해사정사
• 자산관리사
• 보험중개사
• 해외 계리컨설팅사 등

관련학과

• 금융보험학과
• 금융학과
• 금융·세무학과
• 금융공학과
• 금융투자학과
• 부동산금융보험융합학과
• 재무금융전공
• 정보통계·보험수리학과
• IT금융경영학과 등

취득가능 자격증

• 보험계리사
• 보험중개사
• 손해사정사
• 신용관리사
• 신용위험분석사
• 경영지도사
• 감정평가사 등

진출분야

기업체	생명보험회사, 손해보험회사, 축협, 수협, 신협, 보험계리법인, 회계법인, 재보험회사, 은행, 증권회사, 해외보험사, 해외 금융공학 관련 회사 등
정부 및 공공 기관	금융감독원, 금융관련협회, 보험개발원, 손해보험협회, 화재보험협회, 국민연금공단 등
연구 기관	금융·무역 관련 국공립·민간 연구소, 경영·경제 관련 연구소 등

학과 주요 교과목

1학년	IC-PBL과 비전설계, 경제원론, 계리프로그래밍, 금융보험수학, 소프트웨어의 이해, 초급중국어, 경제원론, 계리프로그래밍, 금융보험수학, 인공지능과 미래사회, 회계정보의 이해 등
2학년	고급금융보험수학, 논리역량, 보험법, 보험수리학1, 수리통계이론1, 중급회계, 학술영어1:통합, 보험계리학연습, 보험수리학2 수리통계이론2, 재무관리, 중급회계2, 학술영어2:글쓰기 등
3학년	마케팅관리, 보험수리학연구, 연금수리학, 중급보험수리학, IC-PBL과 역량계발, 계리모형론, 금융공학1, 보험계리모델링1, 증권투자론 등
4학년	계리토픽세미나, 금융공학2, 중급계리모형론, 계리리스크관리, 세미나, 금융보험방법론, 금융보험연구, 보험계리모델링2 등

학과 인재상 및 갖추어야 할 자질

• 수학, 경제 교과에 관심이 많고 수치를 정확하게 처리할 수 있는 능력이 있는 학생
• 급변하는 국제 경제 환경에 대한 이해를 바탕으로 더 심화된 학습을 하고 싶은 학생
• 각종 통계의 작성 및 분석을 통한 지표를 제시하는 것에 흥미를 지닌 학생
• 컴퓨터 및 인터넷에 능숙하고 정보화 시대에 앞서가고 싶은 학생
• 금융 환경 변화에 대응할 수 있는 전략적 마인드를 지닌 창의적인 학생

학과 관련 선택 과목

※ 국어, 영어 교과는 모든 학문의 기초적인 성격을 가진 도구교과로 모든 학과에 이수가 필요하여 생략함.

공통 과목		공통국어1,2, 공통수학1,2, 공통영어1,2, 한국사1,2, 통합사회1,2, 통합과학1,2, 과학탐구실험1,2
수능 필수		화법과 언어, 독서와 작문, 문학, 대수, 미적분Ⅰ, 확률과 통계, 영어Ⅰ, 영어Ⅱ, 한국사, 통합사회, 통합과학, 성공적인 직업생활(직업)
일반 선택	수학, 사회, 과학	대수, 미적분Ⅰ, 확률과 통계, 사회와 문화, 현대사회와 윤리
	체육·예술	
	기술·가정/정보	정보
	제2외국어/한문	
	교양	생태와 환경
진로 선택	수학, 사회, 과학	기하, 미적분Ⅱ, 경제 수학, 인공지능 수학, 경제, 국제 관계의 이해
	체육·예술	
	기술·가정/정보	데이터 과학
	제2외국어/한문	
	교양	논리와 사고, 인간과 심리
융합 선택	수학, 사회, 과학	실용 통계, 수학과제 탐구, 사회문제 탐구, 금융과 경제생활, 윤리문제 탐구, 기후변화와 지속가능한 세계, 기후변화와 환경생태
	체육·예술	
	기술·가정/정보	지식 재산 일반, 생애 설계와 자립
	제2외국어/한문	
	교양	인간과 경제활동

추천 도서 목록

- 혼돈 속의 혼돈, 조셉 드 라 베가, 스마트비즈니스
- 그린테크 트랜지션, 하인환, 원앤원북스
- 민스키의 금융과 자본주의, 하이먼 P. 민스키, 카오스북
- 차트 퀴즈로 풀어보는 미국 주식 매수 타점 완전 정복, 장영한 외, 두드림미디어
- 20년 차 신 부장의 채권투자 이야기, 신년기, 지음미디어
- 원자재를 알면 글로벌 경제가 보인다, 이석진, 한국금융연수원
- 빈곤의 가격, 루퍼트 러셀, 책세상
- 글로벌경제 상식사전 2023, 신동원, 길벗
- 글로벌경영 사례 100, 박병일 외, 시대가치
- 미쉬킨의 화폐와 금융, Frederic S. Mishkin, 퍼스트북
- 논리의 힘 지식의 격, 허원순, 한국경제신문
- 이어령과의 대화, 김종원, 생각의힘
- 죽음은 존재하지 않는다, 다사카 히로시, 소미미디어
- 애매모호해서 흥미진진한 지리 이야기, 김성환, 푸른길
- 그루밍, 가십, 그리고 언어의 진화, 로빈 던바, 강
- 두뇌보완계획 100 에센스, 김명석, 학아재

- 세계 금융 시장의 미다스 손 글로벌 국부투자기관, 정영화, 좋은땅
- 환율 비밀 노트, 최재영, 시공사
- 보이지 않는 돈, 천헌철, 책이있는마을
- 황금률을 버려라, 김병호, 한국경제신문i
- ESG 2.0, 김용섭, 퍼블리온
- 슈퍼달러 슈퍼리치, 변정규, 연합인포맥스북스
- 아시아인프라투자은행 법률: 글로벌 거버넌스의 새로운 메커니즘, 꾸빈, 경지출판사
- 달러의 시대는 저무는가?, 이철환, 다락방
- 보험계리사 회계원리 순식간에 과락 맞을 수 있다, 자격증수험연구회, 수학연구사
- 보험계리사를 위한 다국어 빠르고 쉽게 접근하는 법, 최단시간외국어연구회, 수학연구사
- 광기와 천재, 고명섭, 교양인
- 초역 카네기의 말 : 인간관계론, 데일 카네기, 삼호미디어
- 강원국의 인생 공부, 강원국, 디플롯
- 감으로 하는 투자 말고, 진짜 투자, 박원주, 넷마루

학교생활 TIPS

- 보험계리학 전공에 기본이 되는 수학, 경제, 사회 등의 성적을 상위권으로 유지하고, 정규 교과 수업 시간을 통해 해당 전공에 대한 관심과 열정, 노력의 과정과 의미 있는 결과가 학교생활기록부 교과 세부능력 및 특기 사항에 기록되도록 하는 것이 좋습니다.
- 학교 교육계획에 의한 행사 활동, 수련 활동 및 학년·학급 단위로 진행되는 다양한 활동(금융교육, 체육대회, 학급회의, 기업가정신, 창의성 교육, 환경 교육)에서 자발성과 자율성, 적극성, 대인 관계, 공동체 의식, 리더십 등이 드러날 수 있도록 적극적으로 참여하는 것이 중요합니다.
- 학교 정규 동아리(신문, 시사 연구, 독서토론, 경제 연구, 수학 탐구) 활동을

추천하고, 금융·보험에 대한 관심과 열정 등이 의미 있는 성과물로 나타나도록 합니다. 동아리 활동을 통해 느낀 점이나 새롭게 알게 된 점을 제시하고, 그 과정에서 자신이 성장하는 모습을 드러내는 것이 중요합니다.
- 학교생활 내에서도 자신의 능력을 나누어줄 수 있는 다양한 봉사 활동(급식 도우미, 정보 교과 도우미, 학습 멘토링, 교통 지도, 교단 선진화 기자재 도우미) 참여를 통해 타인을 위해 헌신하는 모습을 나타내는 것이 중요합니다.
- 보험회사나 금융감독원 탐방, 보험계리사 직업 탐색, 관련 학과 탐방 등 전공 관련 진로 활동 참여를 통해 지원 전공에 대한 올바른 이해와 열정, 자기주도적인 진로 설정 과정, 전공 적합성 등이 기록되는 것이 좋습니다.

303

뷰티보건학과

학과소개

뷰티보건학과는 뷰티와 보건교육을 접목하여 건강한 아름다움을 추구하는 융합형 인재를 양성하는 학과입니다. 남서울대 뷰티보건학과는 2015년에 개설된 뷰티와 보건을 접목한 융합형 학과로, 2019년도에는 대학원 미용보건학 석사과정을 개설하였습니다. 뷰티보건학과는 뷰티컨설턴트전공과 헤어디자인전공으로 나뉘어 현장에 필요한 문제해결 능력과 관리자적 마인드를 함양하고자 융합된 교과목 체계를 갖추었습니다. 뷰티컨설턴트전공은 다양한 교육기관과 산업체협약을 통해 미래형 뷰티전문인을 위한 뷰티컨설턴트교육을 중점으로 합니다. 헤어디자인전공은 ㈜디이노(자끄데샹쥬/아이벨/아이벨르 팜므)의 프랑스전통 헤어기술 공유를 통해 전문화된 인재양성과 창조적인 미래 비전을 갖는 뷰티산업의 리더의 배출을 목표로 하고 있습니다. 또한 (주)디이노 자끄데샹쥬, (주)루미가넷 네일스파(롯데백화점입점), MBC뷰티아카데미, 크리스챤쇼보뷰티아카데미, KBS 미디어텍뷰티아카데미, 아틀리에뷰티아카데미/WT 메소드) 등과 산학협력을 맺고, 미용현장 실무교육 및 IPP (Industry Professional Practice)를 통한 조기 취업을 연계합니다. 2020년 7월 국제미용올림픽연합회와 해외연수 및 공동학위제 등 글로벌 교육협력을 위한 업무협약을 체결하여, K-뷰티 미용산업에 크게 기여할 것으로 기대됩니다.

개설대학

- 남서울대학교

관련학과

- K-뷰티화장품산업학부
- 건강뷰티향장학과
- 뷰티미용학과
- 뷰티케어학과 등

진출직업

- 뷰티컨설턴트
- 뷰티에디터
- 병원코디네이터
- 뷰티코디네이터
- 직업훈련강사
- 백화점문화센터 강사
- 피부관리사
- 메이크업아티스트
- 네일리스트
- 방송국분장사
- 뷰티관련 샵 창업
- 위생사
- 맞춤형화장품 전문가 등

취득가능 자격증

- 미용사면허증
- 보건교육사 3급
- 미용사(피부, 네일 국가자격증)
- 패션스타일리스트자격증
- 병원코디네이터자격증
- 맞춤형화장품 조제관리사
- 패션스타일리스트 자격증 등

진출분야

기업체	(주)에이치앤에스 아름다운사람들 및 뷰티관련 회사, 병원, 국내외 화장품회사, 에스테틱 관련업종, 뷰티 관련 샵, 방송국, 잡지사, 미용실, 웨딩관련업체, 분장관련업체, 백화점, 뷰티교육기관 등
정부 및 공공 기관	여성회관, 문화센터, 복지관, 직업전문학교 및 뷰티 관련 교육기관, 특성화 고등학교, 대학교 등
연구 기관	미용연구소, 피부연구소, 뷰티·화장품 연구소, 퍼스털컬러진단 연구소 등

학과 주요 교과목

1학년	미용문화사, 미용학개론, 보건학개론, 보건교육학, 기초네일관리실습 등
2학년	뷰피 패션 코디네이트, 미용영양학, 미용색채학, 화장품학 및 제조실습, 해부생리학, 기초메이크업실습, 기초피부관리실습, 응용메이크업실습, 두피 및 모발관리 등
3학년	보안의사소통, 미용경영, 미용사진영상학, 보건의사소통, 보건통계학, 업스타일 및 헤어연출, 응용메이크업실습, 매니 & 페디큐어, 메이컬 스킨케어 등
4학년	미용창업, 뷰티 e-유통마케팅, 헤어커트, 판타지메이크업실습, 컬러&이미지메이킹, 드라이 및 헤어연출 등

학과 인재상 및 갖추어야 할 자질

- 미에 대한 관심이 있고, 개성을 추구하는 학생
- 꼼꼼하고 세심한 성격으로 손재주가 있고 창의력이 있는 학생
- 새로운 뷰티문화를 창조하는 융합형 뷰티컨설턴트가 꿈인 학생
- 건강한 정신과 신체를 지녔으며, 뷰티산업의 리더가 되고 싶은 학생
- 끈기와 인내심이 있으며, 시간과 노력을 투자하여 자신의 특기를 만드는 학생

학과 관련 선택 과목

※ 국어, 영어 교과는 모든 학문의 기초적인 성격을 가진 도구교과로 모든 학과에 이수가 필요하여 생략함.

공통 과목		공통국어1,2, 공통수학1,2, 공통영어1,2, 한국사1,2, 통합사회1,2, 통합과학1,2, 과학탐구실험1,2
수능 필수		화법과 언어, 독서와 작문, 문학, 대수, 미적분 I, 확률과 통계, 영어 I, 영어 II, 한국사, 통합사회, 통합과학, 성공적인 직업생활(직업)
일반 선택	수학, 사회, 과학	사회와 문화, 현대사회와 윤리, 화학, 생명과학
	체육·예술	미술
	기술·가정/정보	
	제2외국어/한문	
	교양	
진로 선택	수학, 사회, 과학	인문학과 윤리
	체육·예술	미술 창작, 미술 감상과 비평
	기술·가정/정보	생활과학 탐구
	제2외국어/한문	
	교양	인간과 철학, 인간과 심리, 보건
융합 선택	수학, 사회, 과학	여행지리, 윤리문제 탐구
	체육·예술	미술과 매체
	기술·가정/정보	지식 재산 일반
	제2외국어/한문	
	교양	

추천 도서 목록

- 뷰티미용인을 위한 해부생리학, 나명석, 바이오사이언스출판
- 뷰티 서비스 경영, 곽진만 외, 구민사
- 뷰티 디자인, 허정록 외, 형설출판사
- 뷰티서비스실무론, 홍수남, 구민사
- K-뷰티메이크업, 안나현, 구민사
- 패션뷰티 스타일링, 김지연, 메디시언
- Big Data를 활용한 K-뷰티경영학, 이범식외, 구민사
- 뷰티테라피스트를 위한 인체해부생리학, 이지안 외, 다락원
- 제로 웨이스트 클래스, 이윤, 싸이프레스
- 에스테틱 경영론, 김진구, 중앙경제평론사
- 퍼스널컬러 & 골격진단 패션클래스 북, 김세련, 에듀웨이
- 운명을 열어주는 퍼스널컬러, 박선영, 북스타
- 뷰티색채, 김채희, 경춘사
- 패션뷰티 스타일링, 김지연, 메디시언
- 패션&뷰티 코디네이터를 위한 색채 15강, 배용진 외, 지구문화사

- 일곱 시선으로 들여다본 〈기생충〉의 미학, 아시아의 미 탐험대, 서해문집
- 재난과 감수성의 변화, 아시아 미 탐험대, 서해문집
- 문화다양성 시대의 문화콘텐츠, 중앙대학교 다문화콘텐츠연구소, 경진출판
- 한국 문화: 대중문화 발달과 K콘텐츠, 성균관대학교 동아시아학술원 한국학연계전공 교재편찬위원회, 성균관대학교동아시아학술원
- 다시, 문화콘텐츠, 안채린, 해남출판사
- 문화콘텐츠 스토리텔링, 정창권, 북코리아
- 강박적 아름다움, 핼 포스터, 아트북스
- 글로 빚은 꽃, 이동훈, 참글세상
- 혐오의 의미, 콜린 맥긴, 한울아카데미
- 중독된 아이들, 박정현 외, 셈퍼파이
- '좋아요'가 왜 안 좋아?: 미디어, 구본권, 나무를심는사람들
- 나이 듦과 함께하는 의료인문학, 김현수 외, 모시는사람들
- 창조적 인간으로 살아가기, 최광진, 현암사
- 나이듦에 대하여, 서울대학교 인문대학, 사회평론아카데미

학교생활 TIPS

- 뷰티보건학 전공에 기본이 되는 국어, 사회·문화, 보건, 기술·가정 등의 성적을 상위권으로 유지하고, 정규 교과 수업 시간을 통해 해당 전공에 대한 관심과 열정, 노력의 과정과 의미 있는 결과가 학교생활기록부 교과 세부능력 및 특기사항에 기록되도록 하는 것이 좋습니다.
- 학교 교육계획에 의한 행사 활동, 수련 활동 및 학년·학급 단위로 진행되는 다양한 활동(보건교육, 체육대회, 학교 축제, 학급회의, 기업가정신, 창의성 교육)에서 자발성과 자율성, 적극성, 대인 관계, 공동체 의식, 리더십 등이 드러날 수 있도록 적극적으로 참여하는 것이 중요합니다.
- 학교 정규 동아리(미술, 디자인, 메이크업, 네일아트, 헤어, 보건) 활동을

추천하고, 뷰티보건학에 대한 관심과 열정 등이 의미있는 성과물로 나타나도록 합니다. 동아리 활동을 통해 느낀 점이나 새롭게 알게 된 점을 제시하고, 그 과정에서 자신이 성장하는 모습을 드러내는 것이 중요합니다.
- 학교생활 내에서도 자신의 능력을 나누어줄 수 있는 다양한 봉사 활동(급식 도우미, 행사 도우미, 학습 멘토링, 교통 지도, 분리수거 도우미) 참여를 통해 타인을 위해 헌신하는 모습을 나타내는 것이 중요합니다.
- 에스테틱이나 병원 탐방, 병원코디네이터 직업 탐색, 관련 학과 탐방 등 전공 관련 진로 활동 참여를 통해 지원 전공에 대한 올바른 이해와 열정, 자기주도적인 진로 설정 과정, 전공 적합성 등이 기록되는 것이 좋습니다.

인문계열

사회계열

자연계열

공학계열

의약계열

예체능계열

교육계열

계약학과 & 특성화학과

304

사이버국방학과

학과소개

사이버국방학과는 사이버테러와 사이버 전쟁의 위협으로부터 대한민국을 방어할 사이버보안 전문 장교의 양성을 교육 목표로 합니다. 21세기 사이버 전장 환경에서 요구되는 기본 지식과 전문성, 기술적 능력을 고루 갖춘 사이버 공격 및 방어 전문가를 양성하는 학과입니다. 이를 위해서 군사학, 암호학, 사이버전 관련 법제 등 이론적인 부분에서부터 사이버 무기 및 방어 소프트웨어를 개발할 수 있는 프로그래밍 능력, 해킹과 같은 사이버공격 능력, 사이버공격에 대한 분석 능력 등 실무적인 부분에 이르기까지 다양한 분야를 주요 교과목으로 합니다.

고려대학교 사이버국방학과는 미래형 융합인재를 양성하기 위하여 수학, 컴퓨터, 암호학, 통신 및 공학, 법률과 정책 등 사이버보안에 필요한 과목은 물론 장교가 되기 위하여 군사학 등도 수학합니다. 주로 토론과 협업, 대학원 수준의 세미나 등과 같은 방식으로 수업이 이루어지고 있으며, 졸업을 위한 필수학점이 다른 학과보다 많아 융합인재의 전문성이 확보되고 있습니다.

개설대학

• 고려대학교에 개설된 학과로 최고의 사이버보안 전문 장교 양성을 위해 국방부와 함께 만든 채용조건형 계약학과입니다. 본 학과의 학생은, 4년간 등록금 전액과 국내외 연수 기회 제공, 해킹대회 및 컨퍼런스 참여 지원, 각종 세미나 개최 지원 등 다양한 혜택을 받습니다. 졸업 후에는 소정의 기초군사훈련을 거쳐 의무적으로 7년 동안 사이버보안 분야 장교로 근무해야 합니다.

관련학과

• 사이버경찰학과
• 사이버드론봇군사학과
• 사이버보안경찰학과
• 사이버보안공학과
• 사이버보안학과
• 인공지능사이버보안학과 등

진출직업

• 사이버보안 전문 장교
• 사이버전사
• 정보보호전문가
• 암호학자
• 소프트웨어 전문가
• 보안관제사
• 정보보호컨설턴트 등

취득가능 자격증

• 정보보호전문가(SIS)
• 정보보안관리사(ISM)
• 디지털포렌식전문가
• 해킹보안전문가
• 인터넷보안전문가
• 정보처리산업기사
• 정보처리기사
• 정보보안산업기사
• ISMS/ISMS-P 인증심사원
• 산업보안관리사
• 금융보안관리사
• CISSP(Certified Information Systems Security Professional, 국제공인 정보시스템 보안전문가)
• CCSP(Certified Cloud Security Professional, 클라우드 보안 전문가)
• SSCP(Systems Security Certified Practitioner, 보안 시스템 분석 전문가) 등

진출분야

기업체	대기업, IT기업, 벤처기업, 국내외 보안업체 등
정부 및 공공 기관	국방부, 청와대, 검찰, 군 정보 부서 및 보안 부대, 한국정보화진흥원, 금융감독원, 한국인터넷 진흥원, 국가정보원, 중앙 정부 및 지방 자치 단체 등의 정보보호 관련 부처 등
연구 기관	국방과학연구소, 한국전자통신연구원, 국가보안기술연구소, 군 관련 연구소 등

학과 주요 교과목

1학년	(예비장교로서의 기초이론과 기본 소양교육) 외국어능력, 법학, 수학, 컴퓨터공학, 군사학, 암호학, 통계학, 심리학, 정책학 등
2·3학년	(소프트웨어·정보보호 전문가로서의 기술교육) 프로그래밍 운영체제론, 네트워크 알고리즘, 데이터베이스, 암호학, 해킹학, 네트워크 보안 포렌식 등
4학년	(사이버전쟁 전문가로서의 실습위주의 교육) 소프트웨어 개발, 소프트웨어 분석, 방어 전력과 전술 등

학과 인재상 및 갖추어야 할 자질

• 수학, 컴퓨터공학, 정보 과목에 대한 관심과 지식을 갖춘 학생
• 복잡한 수식을 계산하는 능력과 논리적인 사고력을 갖춘 학생
• 윤리의식을 갖추고 보안 기술에 대한 지식을 수용할 수 있는 능력을 지닌 학생
• 올바른 가치관과 도덕적 품성을 갖추고 국가의 방위에 헌신할 수 있는 자세를 갖춘 학생
• 다양한 상황에서 발생할 수 있는 위험 요소를 대비할 수 있는 창의적 문제해결 역량을 지닌 학생

학과 관련 선택 과목

※ 국어, 영어 교과는 모든 학문의 기초적인 성격을 가진 도구교과로 모든 학과에 이수가 필요하여 생략함.

공통 과목		공통국어1,2, 공통수학1,2, 공통영어1,2, 한국사1,2, 통합사회1,2, 통합과학1,2, 과학탐구실험1,2
수능 필수		화법과 언어, 독서와 작문, 문학, 대수, 미적분Ⅰ, 확률과 통계, 영어Ⅰ, 영어Ⅱ, 한국사, 통합사회, 통합과학, 성공적인 직업생활(직업)
일반 선택	수학, 사회, 과학	대수, 미적분Ⅰ, 확률과 통계, 세계시민과 지리, 세계사, 사회와 문화, 현대사회와 윤리
	체육·예술	체육1, 체육2
	기술·가정/정보	기술·가정, 정보
	제2외국어/한문	
	교양	
진로 선택	수학, 사회, 과학	미적분Ⅱ, 정치, 법과 사회, 국제 관계의 이해
	체육·예술	운동과 건강, 스포츠 문화, 스포츠 과학
	기술·가정/정보	로봇과 공학세계, 생활과학 탐구, 인공지능 기초, 데이터 과학
	제2외국어/한문	
	교양	논리와 사고, 인간과 심리
융합 선택	수학, 사회, 과학	사회문제 탐구, 윤리문제 탐구
	체육·예술	스포츠 생활1, 스포츠 생활2
	기술·가정/정보	창의 공학 설계, 지식 재산 일반, 소프트웨어와 생활
	제2외국어/한문	
	교양	

추천 도서 목록

- 미래 법정, 곽재식, 교보문고
- 알아두면 잘난 척하기 딱 좋은 인간딜레마, 이용범, 노마드
- 역사를 바꾼 100책, EBS 독서진흥 자문위원회, EBS BOOKS
- 계몽은 계속된다, 베르너 슈나이더스, 그린비
- 인류의 삶 속에 담긴 질병 극복 이야기, 김애정, 솔과학
- 중독의 역사, 칼 에릭 피셔, 열린책들
- 매일, 더, 많은 숫자의 지배, 미카엘 달렌 외, 김영사
- 창조적 인간으로 살아가기, 최광진, 현암사
- 타인의 고통에 응답하는 공부, 김승섭, 동아시아
- 뉴턴과 마르크스, 도이 히데오, 산지니
- 나이듦에 대하여, 서울대학교 인문대학, 사회평론아카데미
- 신인류가 몰려온다, 이시형, 특별한서재
- 남과 북, 좌와 우의 경계에서, 주성하, 싱긋
- 평화시대의 전쟁론, Michael O'Hanlon, 박영사
- 누구나 한번쯤 읽어야 할 손자병법, 미리내공방, 정민미디어

- 만화로 보는 피스톨 스토리, 푸르공, 한빛비즈
- 연결된 위기, 백승욱, 생각의힘
- 사이버전의 실체, 전술 그리고 전략, 체이스 커닝엄, 책과나무
- 손자병법, 손무, 플래닛미디어
- 어른의 인성 공부, 신동기, 생각여행
- 시민의 정치학, 임춘한, 박영사
- 인권과 통일, 박한식, 열린서원
- 현대의 전쟁과 전략, 국방대학교 안보대학원 군사전략학과, 한울아카데미
- 나폴레옹 전쟁, 그레고리 프리몬-반즈, 플래닛미디어
- 러시아의 우크라이나침공 이후 1년, 권태환 외, 로얄컴퍼니
- 상두지, 이덕리, 휴머니스트
- 북한의 군사·국가 지도기관, 이수원, 경진출판
- 흰머리 소년의 생각, 박이동, 맑은샘
- 전술의 기초, 성형권, 마인드북스
- 합동성의 미래, 조한규, 북코리아

학교생활 TIPS

- 사이버국방학 전공에 기본이 되는 수학, 물리학, 화학, 정보 교과 성적을 상위권으로 유지하고, 정규 교과 수업 시간을 통해 해당 전공에 대한 관심과 열정, 노력의 과정과 의미 있는 결과가 학교생활기록부 교과 세부능력 및 특기사항에 기록되도록 하는 것이 좋습니다.
- 학교 교육계획에 의한 행사 활동, 수련 활동 및 학년·학급 단위로 진행되는 다양한 활동(기업가정신, 독서 토론, 모의 법정, 리더십, 창의성 교육, 환경 교육)에서 자발성과 자율성, 적극성, 대인 관계, 공동체 의식, 리더십 등이 드러날 수 있도록 적극적으로 참여하는 것이 중요합니다.
- 학교 정규 동아리(해킹, 코딩, 프로그래밍, 알고리즘, 로봇, 공학 등) 활동을 추천하고, 사이버국방학에 대한 관심과 열정 등이 창의적인 결과물로

나타나도록 합니다. 동아리 활동을 통해 느낀 점이나 새롭게 알게 된 점을 제시하고, 그 과정에서 자신이 성장하는 모습을 드러내는 것이 중요합니다.
- 학교생활 내에서도 자신의 능력을 나누어줄 수 있는 다양한 봉사 활동(학생자치회, 급식 도우미, 정보 교과 도우미, 학습 멘토링, 교통 지도, 교단 선진화 기자재 도우미) 참여를 통해 타인을 위해 헌신하는 모습을 나타내는 것이 중요합니다.
- 정보보안 관련 기관이나 군부대 탐방, 군인 직업 탐색, 보안 관련 학과 탐방 등 전공 관련 진로 활동 참여를 통해 지원 전공에 대한 올바른 이해와 열정, 자기주도적인 진로 설정 과정, 전공 적합성 등이 기록되는 것이 좋습니다.

305

소재부품융합공학과

학과소개

최근 세계의 산업경쟁은 완성품 위주에서 부품소재 및 재료개발 중심의 부가가치를 극대화하는 방향으로 급변하고 있어, 미래의 산업경쟁체제에서 선두권을 탈환하기 위해서는 원천기술이 포함된 첨단 소재를 국내 기업이 개발, 보급할 수 있는 산업기반 소재의 전문 인력 양성이 매우 시급한 상황입니다.

이러한 시대적 상황에 대응하기 위하여, 소재융합전공에서는 미래의 국제 기술 경쟁 시대에 적응하기 위한 글로벌 커뮤니케이션 능력과 창의적 마인드를 겸비한 기업 맞춤형 인재 양성 프로그램을 구축하여 차세대 성장 동력 산업에 필요한 고등 인력 양성을 목표로 하고 있습니다. 우수 강소기업에 원활히 인력을 공급함으로써 국가가 주력하는 첨단산업의 성공적 육성을 목적으로 하고 있습니다.

이를 위해 특히 안산 인근 지역에 집중된 표면처리, 소재 가공, 전자부품 산업에 적용할 수 있는 기술개발의 밑바탕이 되는 기초 소재 교육과 더불어 기업 현장에서 바로 적용이 가능한 실무능력을 아우르는 현장 교육을 실시하고 있습니다.

개설대학

- 성균관대학교 등

관련학과

- 기계신소재공학과
- 나노신소재공학과
- 바이오소재과학과
- 신소재시스템공학과
- 신소재에너지공학과
- 신소재에너지전공
- 재료공학전공
- 재료공학부
- 나노고분자재료공학과
- 나노재료공학전공
- 소재디자인공학과
- 인테리어재료공학과
- 유기재료공학과
- 전자재료공학과
- 항공재료공학과
- 나노소재공학부
- 금속공학과
- 신소재공학과
- 전자재료공학전공 등

진출직업

- 반도체산업(장비, 재료 화학)
- 화학철강 및 비철금속 제조기술자
- 자동차·조선용 소재/부품 기술자
- 표면처리/도금 회사 등

취득가능 자격증

- 금속재료기사
- 금속재료산업기사
- 금속기사(제련·가공 분야)
- 세라믹기술사
- 표면처리산업기사
- 반도체설계기사
- 반도체설계산업기사
- 주조산업기사
- 금속재료산업기사
- 제강기능사
- 섬유물리기사
- 섬유화학기사
- 사출금형산업기사
- 사출금형설계기사
- 프레스금형산업기사
- 프레스금형설계기사 등

진출분야

기업체	대도도금㈜, ㈜메시어테크, 삼위정공㈜, 삼위정밀, 삼일금속㈜, 세미인프라, ㈜신광테크, ㈜씨에스와이, ㈜앰트, ㈜에스케이씨, ㈜에스피텍, ㈜엠에스씨, 영우사, 유일금속, ㈜이피코리아, ㈜제이앤엘테크, ㈜진일써핀, ㈜피아트, 하이엔드테크놀로지㈜, ㈜한국R&D, ㈜한국진공야금, ㈜한국화학, ㈜호진플라텍, ㈜화백엔지니어링, ㈜써켐, ㈜영인플라켐, 한가람화학, 기양금속공업㈜, 디에스 인더스트리, ㈜파버나인, 대덕A.M.T, 대덕전자㈜, 대원인물㈜, 부성스틸㈜, 세우산전㈜, ㈜알에스피, ㈜애니캐스팅, 엔브이에이치코리아㈜, ㈜유에스티, ㈜익스톨, ㈜실리코너스 등
정부 및 공공 기관	재료·금속 관련 공무원, 한국전자통신연구원, 한국과학기술원, 한국생산기술연구원, 한국세라믹기술원, 한국산업기술시험원, 한국기계연구원부설재료연구소, 한국기계연구원 등
연구 기관	반도체·금속·신소재·섬유 관련 민간 연구소 및 국공립 연구소 등

학과 주요 교과목

1학년	미분적분학, 일반물리학, 일반화학, 재료과학, 유기화학, 물리화학, 열역학, 현대물리, 융합전기화학개론, 유기합성실험, 고분자화학, 미세조직실험, 상변태론, 강도학 등
2학년	창의융합프로젝트, 고체역학, 소재융합실험계획법, 반도체소자, 박막공정, 기구학, 표면처리실험, 프로토타이핑프로젝트 등
3학년	기업 R&D 프로젝트, 소재물성분석실험, 글로벌공학리더십, 기계설계, 전기회로, 나노소재, 소재융합경영전략, 제어공학, 반도체공정 등

학과 인재상 및 갖추어야 할 자질

- 수학, 물리학, 화학 등 기초 과학 분야 과목에 대한 흥미와 열정이 있는 학생
- 일상생활에서 접하는 다양한 소재에 관심이 많은 학생
- 창의적이고 진취적인 성격으로, 주어진 문제를 다각적으로 분석하고자 하는 자세를 가진 학생
- 실생활에서 사용하고 있는 다양한 소재에 대한 원리를 잘 이해하고 응용할 수 있는 학생
- 정교한 논리적 분석력과 탐구 능력을 지닌 학생
- 지적 호기심이 강하고, 분석적인 사고력과 혁신적인 성격을 가진 학생

학과 관련 선택 과목

※ 국어, 영어 교과는 모든 학문의 기초적인 성격을 가진 도구교과로 모든 학과에 이수가 필요하여 생략함.

공통 과목		공통국어1,2, 공통수학1,2, 공통영어1,2, 한국사1,2, 통합사회1,2, 통합과학1,2, 과학탐구실험1,2
수능 필수		화법과 언어, 독서와 작문, 문학, 대수, 미적분Ⅰ, 확률과 통계, 영어Ⅰ, 영어Ⅱ, 한국사, 통합사회, 통합과학, 성공적인 직업생활(직업)
일반 선택	수학, 사회, 과학	대수, 미적분Ⅰ, 확률과 통계, 물리학, 화학, 생명과학
	체육·예술	
	기술·가정/정보	기술·가정, 정보
	제2외국어/한문	
	교양	생태와 환경
진로 선택	수학, 사회, 과학	기하, 미적분Ⅱ, 역학과 에너지, 전자기와 양자, 물질과 에너지, 화학 반응의 세계, 세포와 물질대사, 생물의 유전
	체육·예술	
	기술·가정/정보	
	제2외국어/한문	
	교양	인간과 심리, 보건
융합 선택	수학, 사회, 과학	수학과제 탐구, 융합과학 탐구, 기후변화와 지속가능한 세계, 기후변화와 환경생태, 융합과학
	체육·예술	
	기술·가정/정보	창의 공학 설계
	제2외국어/한문	
	교양	

추천 도서 목록

- 탄소섬유강화 플라스틱의 이해 입문편: 구성소재를 중심으로, 조동환, 르네싸이
- 플라스틱 제품개발 사례 및 활용, 이국환, 구민사
- 섬유 강화 플라스틱, 이진희, 기전연구사
- 신소재 이야기, 김영근 외, 자유아카데미
- 신소재공학개론, 김수종, 동화기술
- 생물신소재공학의 이해, 최명석 외, 라이프사이언스
- 신소재공학, 서영섭 외, 기전연구사
- 신소재 열역학, 김선효, 도서출판 홍릉
- 이노베이션 로드맵 에너지 신소재, 산업통상자원부, 진한엠앤비
- 신소재 화공계열을 위한 공학수학, 정연구 외, 북스힐
- 재료공학개론, James F. Shackelford 외, 자유아카데미
- 재료공학 입문, 김형수 외, 문운당
- 최신 재료과학 및 공학, 정남용, 학진북스
- 재료과학, William D. Callister 외, 한티에듀
- 재료강도학, Norman E. Dowling, Pearson
- 금속재료공학, 조수연 외, 구민사
- 생활속의 고분자, 윤진산 외, 학연사
- 고분자공학, 장구수, 동화기술
- 알기 쉬운 고분자 이야기, 박오옥, 자유아카데미
- 삶은 고분자 예술이다, 이석현, 태학사
- 재생에너지 비즈니스 바이블, 정성민, 라온북
- 세상을 움직이는 힘, 에너지, 한귀영, 사람의무늬
- 에너지 세계사, 브라이언 블랙, 씨마스21
- 에너지가 바꾼 세상, 후루타치 고스케, 에이지21
- 오늘날 혁명은 왜 불가능한가, 한병철, 김영사
- 에너지 인문학, 강신욱, 지식과감성
- 미래에서 전해 드립니다, 태지원, 다른
- 미래 세대를 위한 인공지능 이야기, 배성호 외, 철수와영희
- 물질의 세계, 에드 콘웨이, 인플루엔셜
- 새로운 것들이 온다, 이치훈, 북트리거

학교생활 TIPS

- 소재부품융합전공에 기본이 되는 수학, 과학(물리학, 화학), 정보 교과 성적을 상위권으로 유지하고, 정규 교과 수업 활동에서 전공 적합성, 전공과 관련된 역량 발휘, 지원 전공에 대한 호기심 해결을 위해 기울인 노력, 전공 관련 활동 및 경험, 학습을 수행하는 자발적인 의지와 태도 등 자신의 장점이 학교생활기록부 교과 세부능력 및 특기사항에 기록되도록 하는 것이 좋습니다.
- 학교 교육계획에 의한 행사 활동, 수련 활동 및 학년·학급 단위로 진행되는 다양한 활동에서 문제점을 극복해 나가는 과정, 공동의 목표를 이루기 위해 기울인 노력, 자발성과 자율성, 적극성, 대인관계, 공동체 의식, 리더십 등이 발휘될 수 있도록 적극적으로 참여하는 것이 중요합니다.
- 학교 정규 동아리(과학탐구 실험, 수리 탐구 논술, 공학, 발명, 아두이노 및 코딩) 활동 참여를 통해 학문적 열정이나 지적 관심의 정도, 새로운 아이디어 제안, 특정한 결과물이나 성과로 이어지는 경험을 하고 이를 통해 배우고 느낀 점 등이 나타나는 것이 좋습니다.
- 학교생활 내에서도 자신의 능력을 나누어줄 수 있는 다양한 봉사 활동(학생 주도 프로젝트형 봉사, 사서 도우미, 학습 멘토링, 교통지도, 교단 선진화 기자재 도우미) 참여를 통해서 타인을 배려하고 존중하는 생활 태도를 보이는 것이 중요합니다.
- 소재부품융합전공 관련 기업이나 직업인 탐색, 직업인 특강, 학과 탐방 등 전공 관련 진로 활동 참여를 통해 전공에 대한 관심과 열정, 자기주도적인 진로 설정, 과정의 유의미성, 전공 적합성 등이 기록되는 것이 좋습니다.

학과소개

스마트모빌리티공학과는 4차 산업혁명에 따른 자율주행 자동차 및 전기/수소 자동차 등 스마트모빌리티 산업의 확대로 기계공학, 전기/전자공학, 2차 전지, 디스플레이 등 다양한 분야의 기술 융합이 요구됨에 따라 그에 적합한 실무자 양성을 위한 전공 융합학과입니다.

스마트모빌리티에 따른 그린카, 2차 전지, 디스플레이, 자율주행 자동차 등 스마트모빌리티 핵심 직무를 융복합한 문제해결형, 산업연계형 교육을 제공하여 실무형 전문 인재 양성을 목적으로 하고 있습니다.

순천향대학교 스마트모빌리트공학과는 입학과 취업을 동시에 가능하게 하여 창의적 실무 인재를 양성하기 위한 3년 6학기제 학사과정을 운영합니다. 취업할 기업 인사 담당자가 참여하는 면접 평가를 거쳐 최종 합격하면 1학년은 대학에서 전공 과정을 집중적으로 이수하고, 2~3학년은 선택한 기업에 취업해 실제로 근무하면서 토요일마다 심화 과정을 이수하게 됩니다. 전공과목 외에도 3D프린터, 사물인터넷, 스마트매뉴팩처링 등 4차 산업혁명 분야 교육을 별도로 이수해 4차 산업혁명 시대에 요구되는 융합형 인재 양성을 목표로 운영하고 있습니다.

개설대학

• 순천향대학교에 개설된 조기취업형 계약학과로 1학년 1학기 신입생 전원에게 교육비 전액이 지원되며, 1학기 2학기에는 직전 학기의 취득 성적이 100점 만점의 70점 이상인 학생에게 장학금이 지원됩니다. 단 학생이 졸업 전 중도 포기하거나 장학금 지원 규정(의무 종사 등)을 준수하지 않을 경우, 지원받은 장학금 전액을 반납해야 합니다. 순천향대 스마트모빌리티공학과는 3년 교육과정으로 정규 학사 학위를 수여하는 과정이며, 전 과정을 이수할 때까지 특별한 경우를 제외하고는 원칙적으로 휴학이 불가합니다.

관련학과

• 기계·자동차공학과
• 기계자동차융합공학과
• 모바일시스템공학과
• 미래자동차공학과
• 스마트자동차학과
• 스마트운행체공학과
• 자동차공학과
• 기계자동차공학부
• IT자동차학과
• 기계메카트로닉스공학부
• 기계융합시스템공학부
• 자동차IT공학과
• 자동차기계공학과
• 전자IT기계자동차공학부 등

진출분야

기업체	삼성전자, LG전자, 모비스, 만도기계, 현대 자동차, 기아 자동차, GM 등
정부 및 공공 기관	국토교통부, 정보통신정책연구원 등
연구 기관	한국기연구원, 한국자동차연구원, 한국표준과학연구원, 한국과학기술연구원, 한국기계연구원, 한국국방연구원, 산업연구원 등

진출직업

• 교통안전연구원
• 기계공학기술자
• 대체에너지개발연구원
• 메카트로닉스공학기술자
• 산업공학기술자
• 소음진동기술자
• 손해사정사
• 엔진기계공학기술자
• 자동차공학기술자
• 자동차부품기술영업원
• 자동차소재연구자
• 재료공학기술자
• 전자계측제어기술자
• 전자공학기술자
• 제품생산관련관리자
• 레이싱미캐닉
• 자동차튜닝엔지니어
• 전동차정비원
• 철도차량공학기술자 등

취득가능 자격증

• 기계설계기사
• 메카트로닉스기사
• 자동차정비기사
• 손해사정사
• 그린전동자동차기사
• 자동차정비기능장
• 기계설계산업기사
• 기계설계기사
• 건설기계산업기사
• 건설기계기사
• 농업기계산업기사
• 3D프린터개발산업기사
• 전기(산업)기사
• 도로교통사고감정사
• 자동차진단평가사
• 교통기사
• 교통산업기사
• 초경량비행장치무인멀티콥터조종자 등

학과 주요 교과목

1학년	스마트 의사소통능력, 대학수학, 대학화학, 대학 물리학, Iot입문, 스마트모빌리티개론, 대학화학실험, 대학물리학실험, 디자인씽킹, CAD 입문, 공업수학, 스마트 창의적 문제해결, 스마트 품질관리, 열역학, 스마트메뉴팩처링, 유기화학, 물리화학, 재료공학개론, 스마트에너지시스템개론, 디스플레이개발개론, 스마트 환경안전관리, 스마트모빌리티, 화학물구조분석 등
2학년	CAD 설계, 스마트생산계획 및 관리 3D 프린터, 현장기술과 실무, PLC입문, 전기화학, 3D CAD, 전기회로이론, 기초프로그래밍, 에너지생산 및 저장공학, 스마트 공정 및 설비 관리, 전력전자공학, PLC프로그래밍, 전자회로이론, 자율주행이론, 전지모듈설계 등
3학년	스마트 생산 설계 및 데이터 분석, 현상기술과 실무, 수소자동차공학, 소프트웨어 개발, 드론개발개론, 융합아이템설계, 2차전지 소재 공학, 반도체 공학, 차세대디스틀레이, 신재생에너지론, 자율주행자동차 설계, AI프로그래밍 등

학과 인재상 및 갖추어야 할 자질

• 수학과 물리학, 화학 등 기초 과학 관련 교과, 기술·가정, 정보 교과에 흥미가 있는 학생
• 기계, 항공, 전기, 전자, 디자인, 심리학 등의 주변 학문에 관심이 많은 학생
• 인문적 소양과 상상력이 풍부하고, 한번 시작한 일은 끝을 보는 성격의 학생
• 과학적 탐구 능력, 지적 호기심, 창의적 표현 능력을 지닌 학생
• 팀의 구성원으로서 팀 성과에 기여하고자 하는 팀워크 능력을 지닌 학생
• 지적 호기심, 직업 윤리, 사회적 책임에 대한 이해력을 지닌 학생

인문계열

사회계열

자연계열

공학계열

의약계열

예체능계열

교육계열

계약학과 & 특성화학과

학과 관련 선택 과목

※ 국어, 영어 교과는 모든 학문의 기초적인 성격을 가진 도구교과로 모든 학과에 이수가 필요하여 생략함.

공통 과목		공통국어1,2, 공통수학1,2, 공통영어1,2, 한국사1,2, 통합사회1,2, 통합과학1,2, 과학탐구실험1,2
수능 필수		화법과 언어, 독서와 작문, 문학, 대수, 미적분 I , 확률과 통계, 영어 I , 영어 II , 한국사, 통합사회, 통합과학, 성공적인 직업생활(직업)
일반 선택	수학, 사회, 과학	대수, 미적분 I , 확률과 통계, 물리학, 화학
	체육·예술	
	기술·가정/정보	기술·가정, 정보
	제2외국어/한문	
	교양	
진로 선택	수학, 사회, 과학	기하, 미적분 II , 인공지능 수학, 역학과 에너지, 전자기와 양자, 물질과 에너지, 화학 반응의 세계
	체육·예술	
	기술·가정/정보	로봇과 공학세계, 생활과학 탐구, 인공지능 기초, 데이터 과학
	제2외국어/한문	
	교양	
융합 선택	수학, 사회, 과학	수학과제 탐구, 융합과학 탐구
	체육·예술	
	기술·가정/정보	창의 공학 설계, 지식 재산 일반, 소프트웨어와 생활
	제2외국어/한문	
	교양	

추천 도서 목록

- 스마트모빌리티 기구학, 이흥식, 에듀컨텐츠휴피아
- 스마트 모빌리티 지금 올라타라, 모빌리티 강국 보고서, 매일경제신문사
- 포스트 코로나 시대 스마트 모빌리티 발전 전략, 신희철, 한국교통연구원
- 스마트 모빌리티 안전: K-안전모델, 민진규, 배움
- 포스트모빌리티, 차두원 외, 위즈덤하우스
- 냉각장치 냉각시스템 개발 및 활용, 이국환, 구민사
- 모빌리티, 존 어리, 앨피
- 모빌리티 이노베이션, 마상문, 박영사
- 나의 첫 모빌리티 수업, 조정희, 슬로디미디어
- 궁금해! 상상을 현실로 만드는 모빌리티 수업, 한대희, 청어람미디어
- 도시 모빌리티와 도덕성, 셰인 엡팅, 앨피
- 모빌리티 기술혁명 미래보고서 2030, 박승대, 형설EMJ
- 모빌리티와 푸코, 카타리나 만더샤이트, 앨피
- 모빌리티 존재에서 가치로, 김태희 외, 앨피
- 모빌리티 시대 기술과 인간의 공진화, 김태희 외, 앨피
- 부를 위한 기회, 에너지 전환과 모빌리티 투자, 장문수 외, 원앤원북스
- 모빌리티의 미래, 서성현, 반니
- 수소 모빌리티 입문, 김홍집 외, 충남대학교출판문화원
- 투 유 To you 당신의 방향, 김미정 외, 앨피
- 다가오는 미래, UAM 사업 시나리오,이정원, 슬로디미디어
- 오토 워, 자동차미생, 이레미디어
- UAM, 한대희, 슬로디미디어
- 코로나 시대, 임모빌리티와 우리들의 이야기, 건국대학교 모빌리티 인문 교양센터, 앨피
- 도시 모빌리티 네트워크, 말렌 프로이덴달 페데르센, 앨피
- 어메이징 모빌리티, April Madden, 골든벨
- 지금, 모빌리티에 투자하라, 유지웅, 베가북스
- 미래 모빌리티 UAM에 투자하라, 이재광, 경향BP
- 차이나 모빌리티 2030, 윤재웅, 미래의창
- 모빌리티 미래권력, 권용주, 무블출판사
- 뇌를 바꾼 공학, 공학을 바꾼 뇌,임창환, MID

학교생활 TIPS

- 스마트모빌리티공학 전공에 기본이 되는 수학, 과학(물리학, 화학), 정보 교과 성적을 상위권으로 유지하고, 정규 교과 수업 시간을 통해 스마트 모빌리티공학 전공에 대한 관심과 이해 정도, 지원 전공에 대한 관심을 충족시키기 위해 노력한 과정, 학습을 수행하는 자발적인 의지와 태도, 전공 관련 역량 발휘 경험 등 자신의 장점이 학교생활기록부 교과 세부능력 및 특기사항에 기록되도록 하는 것이 좋습니다.
- 학교 교육계획에 의한 행사 활동, 수련 활동 및 학년·학급 단위로 진행되는 활동에서 자발성과 자율성, 적극성, 대인관계, 공동체 의식, 리더십 등이 드러날 수 있도록 적극적으로 참여하는 것이 중요합니다.
- 학교 정규 동아리(공학, 융합, 자동차, 컴퓨터, 과학탐구 실험, 발명) 활동을 추천하고, 동아리 활동을 통해 전공에 대한 학문적 열정과 지적 관심,

새로운 아이디어 제안, 특정한 결과물로 이어지는 과정을 통해 배우고 느낀 점 등이 나타나도록 하는 것이 좋습니다.
- 학교생활 내에서도 자신의 능력을 나누어줄 수 있는 다양한 봉사 활동 (급식 도우미, 사서 도우미, 학습 멘토링, 교통지도, 교단 선진화 기자재 도우미) 참여를 권장하고, 사회 소외 계층(독거노인, 장애인, 다문화 가정) 대상 봉사 활동을 통해 타인을 위해 헌신하는 모습이 나타나는 것이 중요합니다.
- 자동차 및 IT 관련 기업이나 연구소 탐방, 관련 직업인 탐색 및 직업인 특강, 자동차 관련 학과 탐방 등 전공 관련 진로 활동 참여를 통해 지원 전공에 대한 올바른 이해 및 전공에 대한 관심과 열정, 자기주도적인 진로 설정 과정, 과정의 유의미성, 전공 적합성 등이 기록되는 것이 좋습니다.

307 스마트비즈니스학과

계약학과&특성화학과
CONTRACT & SPECIALIZATION MAJOR

학과소개

스마트비즈니스학과는 소통과 협력을 통한 창의적이고 전문성을 갖춘 스마트한 비즈니스 인재를 육성하는 학과입니다. 이를 위해서 4차 산업혁명 기술을 바탕으로 한 스마트 융합 설계 프로젝트를 통한 실무에 필요한 교육 프로그램을 운영합니다.

목포대학교 스마트비즈니스학과는 지역 기업의 창의 융합인재 조기 확보 및 산학협력 증진 시책에 발맞춘 교육부 지원사업인 조기취업형 계약학과로, 총 3년 대학 교육과정을 이수한 후 학사학위를 취득하는 선취업 후진학 제도를 운영하고 있습니다. 스마트비즈니스학과는 목포벤처 지원센터, 청계농공단지, 목포대양산업단지, 대불산업단지, 나주혁신도시기반 기업경영비즈니스에 대한 역량 및 전문 인력 보유를 위해 기업 수요 기반의 기술 비즈니스 경쟁력 확보를 위한 인력 양성을 목표로 합니다. 기업체와 함께 프로젝트를 수행함으로써 현장에서 적용할 수 있는 실무능력을 기릅니다. 학생 창업, 해외 현장실습, 기업 수출 상담 지원과 글로벌 셀링, 미디어커머스 관련 교육과정을 운영하면서 전자상거래 인재 양성을 추진합니다. 학생들에게 실무교육과 실습 기회를 제공하고, 공동 마케팅 등 취업과 창업을 지원하기 위해 1인 방송 진행자 양성 교육 과정도 운영하고 있습니다. ㈜크레펀, ㈜휴먼아이티솔루션, 대아산업㈜, ㈜이지시스템 등 총 46개의 기업이 협약기업으로 참여하고 있습니다.

개설대학

- 목포대학교에 개설된 조기취업형 계약학과로, 학생들은 3년만에 학사학위를 취득합니다. 1학년 때에는 학생 신분으로 기업 맞춤형 교육과정에 따라 전공 교육을 실시하고, 입학과 동시에 취업이 약정됩니다. 1학년의 경우 수혜조건 충족시 희망사다리 장학금이 전액 지원되며 2,3학년의 경우 지자체 및 산업체 등록금의 일부가 조건 충족시 지원됩니다. 단 자퇴 및 제적 등 학적 변동이 생기거나 의무종사 유예 인정 기간을 초과할 때는 장학금의 지원 중단 및 반환조치가 이루어질 수 있습니다.

관련학과

- 경영학과
- 무역학과
- 전자상거래학과
- 비즈니스학과
- 국제통상학과
- 국제물류학과
- 유통경영학과 등

진출분야

기업체	일반기업, 종합상사 및 무역회사, 금융·증권사, 정보기술회사, 유통회사, 제조회사, 경영컨설팅 회사, 호텔 등의 인사·마케팅, 재무, 생산·서비스 운영관리 부서 등
정부 및 공공 기관	무역·수출입 관련 공공기관, 중앙 정부 및 지방 자치 단체, 한국무역보험공사 등
연구 기관	각 기업체 경영연구소, 한국무역연구원, 한국무역협회 등

진출직업

- 물류관리사
- 유통관리사
- 경영컨설턴트
- 펀드매니저
- 자산관리사
- 해외사업개발 및 국제마케팅 전문가
- 시장조사전문가
- 국제무역전문가
- 국제통상직 공무원 등

취득가능 자격증

- 전자상거래운용사
- 전자상거래관리사
- 물류관리사
- 유통관리사
- 경영컨설턴트
- 국제무역 전문가
- 신용분석사
- 전산회계운용사
- 자산관리사
- 손해사정사
- 관세사 등

학과 주요 교과목

1학년	비즈니스의 이해, 4차 산업혁명과 비즈니스의 이해, 비즈니스와 법률, 컴퓨터활용, 4차 산업혁명와 마케팅, 스마트융합비즈니스전략, 무역실무, 정보통신 웹기술, 비즈니스 정보시스템, 경제활동과 세금, 전자상거래의 이해, 프로젝트 랩Ⅰ, 현장훈련Ⅰ 등
2학년	OCU교양, 전산회계실무, 기업재무론, 비즈니스와 직업윤리, 비즈니스영어, 웹기반ICT활용실무, 전자무역의 이해, 시장조사실무, 시사영어회화 등
3학년	비즈니스융합설계, 국제거래정보론, ERP의 이해, 경영실무와 세금, 생산혁신 및 기술경영, 전자상거래 사이트구축, 스마트팩토리 회계, 글로벌마케팅, 나노디그리 등

학과 인재상 및 갖추어야 할 자질

- 통계나 경제, 무역 등에 관심이 많은 학생
- 사람들과 교류, 협력을 통한 문제해결 역량을 갖춘 학생
- 신기술을 개발하고 응용할 수 있는 창의력과 끈기를 지닌 학생
- 학생 지역사회에 봉사하고 지식을 공유하는 사회적 책임감이 있는 학생
- 수출, 창업 등과 관련하여 해외 판로를 개척하고 온라인 판매의 활성에 기여하고 싶은 학생

학과 관련 선택 과목

공통 과목		공통국어1,2, 공통수학1,2, 공통영어1,2, 한국사1,2, 통합사회1,2, 통합과학1,2, 과학탐구실험1,2
수능 필수		화법과 언어, 독서와 작문, 문학, 대수, 미적분Ⅰ, 확률과 통계, 영어Ⅰ, 영어Ⅱ, 한국사, 통합사회, 통합과학, 성공적인 직업생활(직업)
일반 선택	수학, 사회, 과학	대수, 미적분Ⅰ, 확률과 통계, 세계시민과 지리, 사회와 문화, 현대사회와 윤리
	체육·예술	
	기술·가정/정보	정보
	제2외국어/한문	
	교양	
진로 선택	수학, 사회, 과학	미적분Ⅱ, 경제 수학, 인공지능 수학, 한국지리 탐구, 경제, 국제 관계의 이해
	체육·예술	
	기술·가정/정보	데이터 과학
	제2외국어/한문	
	교양	인간과 철학, 인간과 심리
융합 선택	수학, 사회, 과학	실용 통계, 수학과제 탐구, 여행지리, 사회문제 탐구, 금융과 경제생활, 윤리문제 탐구, 기후변화와 지속가능한 세계
	체육·예술	
	기술·가정/정보	지식 재산 일반
	제2외국어/한문	
	교양	인간과 경제활동

추천 도서 목록

- 공급망 불확실시대 물류의 재해석 RE: Logistics, 이상근, 아웃소싱타임스
- 물류, 기본이 중요하다, 최영호, 웰북스
- 무역실무 물류과외, 김성식, 무꿈사
- 인공지능 주요산업별 비즈니스 트렌드, 지식산업정보원 R&D정보센터, 지식산업정보원
- 아마존 리테일 리포트, 나탈리 버그, 유엑스리뷰
- 4차 산업혁명과 스마트 비즈니스, 배재권, 박영사
- 글로벌스마트비즈니스, 김병구, 한국방송통신대학교출판문화원
- 해운물류 다이제스트, 이태휘, 박영사
- POD 스마트 해운물류론, 정영석, 퍼플
- 국제물류관리론, 한낙현, 탑북스
- 4차산업혁명시대의 물류관리론, 박현성, 북넷
- 돈의 심리학, 30만 부 기념 스페셜 에디션, 모건 하우절, 인플루엔셜
- 돈의 속성, 300쇄 리커버에디션, 김승호, 스노우폭스북스
- 부자 아빠 가난한 아빠, 20주년 특별 기념판, 로버트 기요사키, 민음인
- 부의 추월차선, 10주년 스페셜 에디션, 엠제이 드마코, 토트
- 퍼스널 MBA, 10주년 기념 증보판, 조시 카우프만, 진성북스
- 지속가능 구매공급 혁신, 김대수 외, 초아출판사
- 물류관리자를 위한 네트워크와 알고리즘, 변의석, 사이버북스
- 금성에서 온 판매자, 화성에서 온 공급자, 정연태, 신조사
- 엔지니어가 알아야 할 물류시스템의 '지식'과 '기술', 이시카와 카즈유키, 성안당
- 브랜드 설계자, 러셀 브런슨, 윌북
- 당신의 가격은 틀렸습니다, 김유진, 도서담
- 알기 쉬운 구매실무 첫걸음, 목진환, 중앙경제평론사
- 공급망 불확실시대 물류의 재해석 RE: Logistics, 이상근, 아웃소싱타임스
- 더 커밍 웨이브, 무스타파 술래이만, 한스미디어
- ESG와 지속가능한 물류, 이상근, 아웃소싱타임스
- 특허로 살펴보는 아마존의 물류혁명, 차원용 외, 진한엠앤비
- 빅블러 시대, 서용구 외, 범한
- 뉴노멀시대 물류기업은 사라질까, 이상근, 아웃소싱타임스
- 나는 커피를 마실 때 물류를 함께 마신다, 이성우, 바다위의정원

학교생활 TIPS

- 스마트비즈니스 전공에 기본이 되는 수학, 경제, 영어 교과 성적을 상위권으로 유지하고, 정규 교과 수업 시간을 통해 전공에 대한 관심과 이해를 충족시키기 위해 노력한 과정, 학습을 수행하는 자발적인 의지와 태도, 전공 관련 역량 발휘 경험 등이 학교생활기록부 교과 세부능력 및 특기사항에 기록되도록 하는 것이 좋습니다.
- 학교 교육계획에 의한 행사 활동, 수련 활동 및 학년·학급 단위로 진행되는 활동(경제교육, 독서 토론, 융합 교육, 리더십, 기업가정신, 창의성 교육, 환경 교육)에서 자발성과 자율성, 적극성, 대인 관계, 공동체 의식, 리더십 등이 드러날 수 있도록 적극적으로 참여하는 것이 중요합니다.
- 학교 정규 동아리(경제탐구, 전자상거래, 창업, 시사 탐구, 토론, 영어 회화) 활동을 추천하고, 동아리 활동을 통해 전공에 대한 학문적 열정과 지적

- 관심, 새로운 아이디어 제안이 특정한 결과물로 이어지는 과정을 통해 배우고 느낀 점이 나타나는 것이 좋습니다.
- 학교생활 내에서도 자신의 능력을 나누어줄 수 있는 다양한 봉사 활동(재활용 도우미, 알뜰 장터 도우미, 학습 멘토링, 교통 지도, 교단 선진화 기자재 도우미) 참여를 통해 타인을 위해 헌신하는 모습을 나타내는 것이 중요합니다.
- 금융·증권업체나 무역회사 탐방, 유통관리사 인터뷰 및 직업인 특강, 관련 학과 탐방 등 전공 관련 진로 활동 참여를 통해 지원 전공에 대한 올바른 이해와 열정, 자기주도적인 진로 설정 과정, 전공 적합성 등이 기록되는 것이 좋습니다.

학과소개

4차 산업혁명은 전 세계의 모든 산업 분야에 있어 필수적으로 요구되는 산업의 혁신입니다. 이러한 트렌드에 맞추어 해외 유수의 국가 및 기관들은 건설산업의 4차 산업혁명을 위한 다양한 움직임을 보이고 있으며, 그 중심에는 스마트 컨스트럭션, 3D Printing 및 3D Scanning 등의 다양한 기술들이 자리 잡고 있습니다. 또한, 이러한 기술 운용을 위한 스마트 컨스트럭션 매니지먼트 기법 역시 활발하게 개발되고 있습니다. 이러한 추세에 발맞추어 국내에서도 기업이나 학계를 중심으로 건설산업의 4차 산업혁명을 위한 기술이나 교과목 도입, 연구개발 등이 이루어지고 있으나, 그 규모나 노력은 매우 미미한 실정입니다.

한양대학교 ERICA 캠퍼스는 건설산업이 요구하는 건축 IT융합 전문 인력을 배출하기 위한 최적의 교육환경을 갖추고 있으며, 이를 통해 건설산업 전반에서 활약할 수 있는 인재의 역량을 제공하기 위한 교육과정을 운영합니다. 기존 대학의 전통적인 교육방식과 현업 중심의 실무강좌 등으로 폭넓게 구성된 교육과정을 통해 건설산업의 차세대 스마트 리더 배출을 목적으로 하고 있습니다.

개설대학

- 한양대학교 ERICA 건축IT융합전공은 스마트융합공학부 안에 있는 조기취업형 계약학과로 3년 교육과정을 통해 학사학위를 수여 받을 수 있습니다. 1학년 과정은 전공기초능력과 기본 교육을 이수하게 되며 2학년 과정부터는 기업체에 근무하면서 학업을 이수하게 됩니다.

관련학과

- 건설공학부
- 건축설비공학과
- 건축설비시스템공학과
- 건축실내학과
- 건축공학전공
- 건축융복합학과
- 도시건축학부
- 건설공학부
- 융합건설시스템학과
- 건축시스템공학과
- 건축·토목·환경공학부
- 건축·해양건설융합공학
- 토목건축공학과 등

진출분야

기업체	디앤이구조엔지니어링㈜, 프리콘건축사사무소, ㈜호건코리아, ㈜드림구조, ㈜아키탑케이엘, ㈜창조종합건축사사무소, ㈜태성에스엔아이, ㈜무영씨엠건축사사무소, 씨엠알기술연구원㈜, ㈜한백에프엔씨, ABIM건축연구소, ㈜연우테크놀러지, 빔피어스, ㈜인터컨스텍, ㈜디씨알앤씨에이치엔지니어링, ㈜코스펙이노랩 등
정부 및 공공 기관	중앙 정부 및 지방 자치 단체(기술직-건축), 한국토지주택공사, 한국건설기술연구원, 한국건설생활환경연구원 등
연구 기관	한국토지주택공사 토지주택연구원, 서울시정개발연구원 등의 지자체 연구원, 한국환경건축연구원, 한국건설기술연구원, 한국건설품질연구원, 건설산업정보연구원, 국토연구원, 주거환경연구원, 한국생활환경시험연구원 등

진출직업

- 건축가
- 엔지니어(구조, 전기, 소방, 기계, 설비, 토목 등)
- 건설관리
- 연구원
- 소프트웨어개발자
- 컨설턴트
- CEO
- CTO
- 건축설계기술사
- 플랜트기계공학기술자
- 건축구조기술자
- 건축시공기술자
- 건축감리기술자
- 건축설비기술사
- 빌딩정보모델링 (BIM) 전문가
- 인테리어 디자이너
- 측량사 등

취득가능 자격증

- 건축사
- 건축기사
- 건축산업기사
- 건설안전기사
- 건설안전산업기사
- 건설재료시험기사
- 건설재료시험산업기사
- 건설기계설비기사
- 건설기계설비산업기사
- 건축설비기사
- 건축설비산업기사
- 도시계획기사
- 소방설비산업기사
- 실내건축기사
- 실내건축산업기사
- 측량 및 지형공간 정보기사
- 도시계획기사 등

학과 주요 교과목

1학년	미분적분학, 일반물리학, 건축계획 및 이론, 건축 3D 기하학, 건축도면의 이해, BIM 기초, 건축계획 및 이론, 건축 프로그래밍, 건축공학개론, 일반구조, 건축 시공계획, 건축재료 등
2학년	BIM실무(분석/활용), BIM실무(구조/토목), 건축설비, 건축적산 및 견적, 품질 및 안전관리, BIM API기초 프로토타이핑 프로젝트, BIM실무(설비) 등
3학년	3D 스캐닝 & 프린팅, BIM API 응용, 품질 및 안전관리, 기업 R&D프로젝트, 건설사업관리, BIM관리, BIM과 유지관리 BIM & IT 등

학과 인재상 및 갖추어야 할 자질

- 수학, 물리학 등 공학 기초 과목에 대한 관심과 흥미가 있는 학생
- 건축에 대해 관심이 많고 공간 지각 능력이 뛰어난 학생
- 공간 감각 및 설계도에 대한 이해도가 뛰어난 학생
- 미적 감각, 복잡한 문제의 관계성을 이해하고 적용하는 능력을 갖춘 학생
- 신기술 개발 및 응용을 위한 창조적 연구 능력을 기를 수 있는 책임감과 끈기를 지닌 학생
- 창의적인 사고와 배려심, 섬세함에 기초한 의사 결정 능력 및 의사소통 기술을 지닌 학생

학과 관련 선택 과목

※ 국어, 영어 교과는 모든 학문의 기초적인 성격을 가진 도구교과로 모든 학과에 이수가 필요하여 생략함.

공통 과목		공통국어1,2, 공통수학1,2, 공통영어1,2, 한국사1,2, 통합사회1,2, 통합과학1,2, 과학탐구실험1,2
수능 필수		화법과 언어, 독서와 작문, 문학, 대수, 미적분Ⅰ, 확률과 통계, 영어Ⅰ, 영어Ⅱ, 한국사, 통합사회, 통합과학, 성공적인 직업생활(직업)
일반 선택	수학, 사회, 과학	대수, 미적분Ⅰ,확률과 통계, 세계시민과 지리, 사회와 문화, 물리학, 화학, 지구과학
	체육·예술	
	기술·가정/정보	기술·가정, 정보
	제2외국어/한문	
	교양	생태와 환경
진로 선택	수학, 사회, 과학	기하, 미적분Ⅱ, 역학과 에너지, 전자기와 양자, 물질과 에너지, 화학 반응의 세계, 지구시스템과학
	체육·예술	
	기술·가정/정보	생활과학 탐구
	제2외국어/한문	
	교양	
융합 선택	수학, 사회, 과학	실용 통계, 수학과제 탐구, 사회문제 탐구, 기후변화와 지속가능한 세계, 기후변화와 환경생태, 융합과학 탐구
	체육·예술	
	기술·가정/정보	창의 공학 설계, 소프트웨어와 생활
	제2외국어/한문	
	교양	

추천 도서 목록

- 인공지능시대의 건축: 건축가들을 위한 AI 입문, Neil Leach, 시공문화사
- 컨트리 하우스: 일러스트로 보는 영국 귀족의 대저택, 트레버 요, 북피움
- 즐거운 남의 집, 이윤석 외, 놀
- 50개 건축물로 읽는 세계사, 정태종, 스테이블
- 도시논객, 서현, 효형출판
- 르 코르뷔지에, 콘크리트 배를 만나다, 미셸 캉탈-뒤파르, 체크포인트찰리
- 스벅 출근하다 집으로 출근합니다, 박혜란, 미다스북스
- 공공공간의 다목적 서비스 상업공간의 공익적 서비스, 정희정, 미세움
- 동서양의 전통 생활양식과 주생활 공간의 상관성, 월드해피북스 편집부, 월드해피북스
- 아시아로 떠나는 건축 도시여행, 후노슈지, 박영사
- The APT: 한국 아파트의 모든 것, 아파트멘터리, 로우프레스
- 공원주의자, 온수진, 한숲
- 건축가 이은석의 환대, 이은석, 픽셀하우스
- 건축의 무빙, 이건섭, 수류산방
- 아키텍트하다, 레이니르 더 흐라프, 스페이스타임
- 건축물의 구조 이야기, 미셸 프로보스트 외, 그린북
- 뉴욕, 기억의 도시, 이용민, 샘터사
- 작은 집을 짓다, 조광복, 황소걸음
- 좋아하는 건축가 한 명쯤, 장정제, 지식의숲
- 아파트 속 과학, 김홍재, 어바웃어북
- 차원감각, 양건, 에뜰리에
- 건축가 아빠가 들려주는 건축 이야기, 이승환, 나무를심는사람들
- 니켄세케이 미래를 짓다, 미야자와 히로시, 대가
- 유현준의 인문 건축 기행, 유현준, 을유문화사
- 행복의 건축, 알랭 드 보통, 청미래
- 인간 가우디를 만나다, 권혁상, 제이앤제이제이
- 위대한 건축가 50 세계적인 건축물을 만든 사람들, Ijeh, Ike, 시공문화사
- 건축과 기후윤리, 백진, 이유출판
- 건축을 철학한다, 이광래, 책과나무
- 건축가가 사랑한 최고의 건축물, 양용기, 크레파스북
- 건축과 자유, 잔카를로 데 카를로 외, 이유출판

학교생활 TIPS

- 건축IT융합전공과 관련이 있는 수학, 과학, 정보 교과의 높은 학업 성취를 보이도록 하고, 정규 수업 활동을 통해 학업 능력, 전공 적합성, 문제해결 능력, 창의력 등 자신의 장점이 학교생활기록부 교과 세부능력 및 특기 사항에 기록되도록 하는 것이 좋습니다.
- 과학 및 공학, 컴퓨터 관련 동아리 활동 참여를 추천합니다. 동아리 활동 과정에서 구성원의 화합과 단결을 이끌어 내는 활동이나 활동 중에 발생한 문제점을 슬기롭게 해결한 경험, 다양한 활동 경험 등이 나타나는 것이 중요합니다.
- 건축IT융합전공에 대한 흥미와 관심, 지원 전공에 대해 이해도, 자신의 경험과 지원 전공과의 연관성이 드러날 수 있는 교내 공학 프로그램이나

미디어 탐색 활동 등에 적극 참여하고, 건설 회사나 건설 현장 탐방, 건축 관련 직업 체험 및 학과 탐방 활동 참여를 통해 자신의 진로 역량을 키우는 것이 중요합니다.
- 학교 교육계획에 의한 행사 활동, 수련 활동, 학년 및 학급 단위로 진행되는 체험 활동 참여를 통해 공동체의 목표 달성을 위해 노력한 모습을 보이고, 학교생활 내에서 자신의 능력을 나누어줄 수 있는 다양한 활동(학습 멘토링, 학생 주도형 프로젝트 봉사)이나 각종 학교 행사 중에 참여하는 봉사 활동을 통해 타인을 위해 봉사하고 실천하는 모습을 보이는 것이 좋습니다.

스마트팩토리공학과

학과소개

스마트팩토리란 제품의 기획 및 설계, 생산, 유통·판매 등 전 과정을 IT 기술로 통합, 최소 비용 및 시간으로 고객 맞춤형 제품을 생산하는 공장을 말합니다. 스마트팩토리공학과는 스마트팩토리 구현을 위한 생산 공정의 제어 장비들을 중심으로 센서 및 전장품, 액츄에이터, 모터 및 전력제어, 안전 제어 등의 운영 데이터를 수집하여 네트워크 기반 상위 정보시스템으로 통합 제어할 수 있는 IT(정보기술)와 OT(제조운영기술)를 융합하는 교육을 하는 학과이며, 이를 위해 기계요소설계, 기계소프트웨어개발, 로봇 기구, 인공지능, 빅데이터 등 스마트팩토리 핵심 직무에 적합한 융합형·맞춤형·실무형 전문 인재 양성을 목적으로 하고 있습니다.

순천향대 스마트팩토리공학과는 취업할 기업 인사 담당자가 참여하는 면접 평가를 거쳐 최종 합격하면 1학년은 대학에서 전공 과정을 집중적으로 이수하고, 2~3학년은 선택한 기업에 취업해 실제로 근무하면서 토요일마다 심화 과정을 이수하게 됩니다. 전공과목 외에도 3D프린터, 사물인터넷, 스마트매뉴팩처링 등 4차 산업혁명 분야 교육을 별도로 이수할 수 있습니다.

개설대학

* 순천향대학교 개설된 조기취업형 계약학과로 1학년 1학기 신입생 전원에게 교육비 전액이 지원되며, 1학기 2학기에는 직전 학기의 취득 성적이 100점 만점의 70점 이상인 학생에게 장학금이 지원됩니다. 단 학생이 졸업 전 중도 포기하거나 장학금 지원 규정(의무 종사 등)을 준수하지 않을 경우, 지원받은 장학금 전액을 반납해야 합니다. 순천향대 스마트모팩토리공학과는 3년 교육과정으로 정규 학사 학위를 수여하는 과정이며, 전 과정을 이수할 때까지 특별한 경우를 제외하고는 원칙적으로 휴학이 불가합니다.

관련학과

* 글로벌융합산업공학과
* 산업경영시스템공학과
* 산업공학과
* 산업경영공학부
* 산업 및 기계공학부
* 산업 및 시스템공학과
* 산업시스템공학과
* 산업안전공학과
* 산업융합학과
* 산업정보경영공학과
* 산업정보시스템공학과
* 산업품질공학전공
* 생명산업공학과
* 생산경영공학과
* 생산정보기술공학전공
* 스마트경영공학부
* 스마트팩토리융합학과
* 에너지시스템경영공학전공
* 융합산업학과
* 정보산업공학전공
* 산업공학부 산업경영공학전공
* 테크노산업공학과
* 품질경영공학과 등

진출분야

기업체	시스템 통합 업체, IT 관련 업체, 통신 시스템 및 정보, 시스템 업체, 소프트웨어 개발업체, 기계 전자 제조 회사, 유통업체, 컨설팅 업체, 정보 기술 회사, 시스템, 엔지니어링 회사, 벤처 기업 창업 등
정부 및 공공 기관	산업통상자원부, 한국산업안전보건공단 등
연구 기관	산업 시스템 관련 연구 기관, 한국과학기술원, 한국표준과학연구소, 한국산업안전연구원, 한국생산기술연구원, 한국능률협회, 한국표준협회 등

진출직업

* 물류관리사
* 시스템운영관리자
* 품질관리기술자
* 품질인증심사전문가
* 산업안전 및 관리기술자
* 변리사
* 감정평가사
* 회계사무원
* 회계사 등

취득가능 자격증

* 전기(공사)기사
* 소방설비기사(전기분야)
* 산업안전기사
* 공정관리기사
* 생산자동화산업기사
* 품질관리산업기사
* 3D CAD
* 지능형 로봇 자격증
* 모바일 로보틱스 등

학과 주요 교과목

1학년	스마트 의사소통능력, 대학수학, 대학화학, 대학물리학 IoT입문, 기계공학개론, 전기전자공학개론, 스마트팩토리개론, 디자인씽킹, CAD입문, 공학수학, 정역학, 스마트 창의적 문제해결, 스마트 품질관리, 열역학, 스마트 메뉴 팩처링, 동역학, 유체역학, 고체역학, 센서공학입문, 유공압기초, 스마트 환경안전관리, 스마트모빌리티, 기계설계공학, 정보통신공학, CAD 설계 등
2학년	3D프린터, 현장기술과실무, PLC 입문, 3D CAD, ERP, 기초프로그래밍 스마트 공정 및 설비 관리, 자동화실무, 에너지공학, 스마트기계공작, PLC프로그래밍, JAVA프로그래밍실습, 창의공학설계 등
3학년	스마트 생산설계 및 데이터 분석, 로봇공학개론, 스마트생산관리실무, 사물인터넷개론, 열전달, 융합아이템설계, 빅데이터기술, 로봇제어공학, 진동학, AI프로그래밍 등

학과 인재상 및 갖추어야 할 자질

* 수학, 물리학, 화학 등 기초 과학 과목에 대한 관심과 지식을 갖춘 학생
* 공학적 소양과 인문학적 사고가 고루 풍부한 학생
* 사물의 동작 과정과 효율적인 동작을 하기 위한 방법에 호기심이 많은 학생
* 수리에 능하고, 체계적으로 일의 프로세스를 설계하는 능력이 있는 학생
* 어려운 문제에 도전하여 목적을 성취할 수 있는 능력을 갖춘 학생
* 기계 및 컴퓨터에 흥미와 관심이 높은 학생

학과 관련 선택 과목

※ 국어, 영어 교과는 모든 학문의 기초적인 성격을 가진 도구교과로 모든 학과에 이수가 필요하여 생략함.

공통 과목		공통국어1,2, 공통수학1,2, 공통영어1,2, 한국사1,2, 통합사회1,2, 통합과학1,2, 과학탐구실험1,2
수능 필수		화법과 언어, 독서와 작문, 문학, 대수, 미적분 I , 확률과 통계, 영어 I , 영어 II , 한국사, 통합사회, 통합과학, 성공적인 직업생활(직업)
일반 선택	수학, 사회, 과학	대수, 미적분 I , 확률과 통계, 사회와 문화, 현대사회와 윤리, 물리학, 화학
	체육·예술	
	기술·가정/정보	기술·가정, 정보
	제2외국어/한문	
	교양	
진로 선택	수학, 사회, 과학	기하, 미적분 II , 인공지능 수학, 역학과 에너지, 전자기와 양자, 물질과 에너지, 화학 반응의 세계
	체육·예술	
	기술·가정/정보	생활과학 탐구, 인공지능 기초, 데이터 과학
	제2외국어/한문	
	교양	
융합 선택	수학, 사회, 과학	수학과제 탐구, 기후변화와 환경생태, 융합과학 탐구
	체육·예술	
	기술·가정/정보	창의 공학 설계, 소프트웨어와 생활
	제2외국어/한문	
	교양	

추천 도서 목록

- 4차 산업혁명 시대의 EXCEL 경영과학, 강금식, 박영사
- 4차 산업혁명 시대를 위한 경영정보시스템, 윤종훈 외, 창명
- 4차 산업혁명 시대의 경영정보시스템, 노규성 외, 광문각
- 4차 산업혁명 시대, 스마트공장 구축을 위한 스마트제조&공정시스템, 김성곤 외, 광문각
- 4차 산업혁명과 공유가치창출 경영, 백삼균, 에피스테메
- 4차 산업혁명 시대의 기업경영, 유재욱 외, 박영사
- 제조기업 생존 키워드! 스마트팩토리, 정태용, 바른북스
- HMI를 활용한 스마트팜, 스마트 팩토리 DIY, 변정한 외, 생각나눔
- 스마트팩토리 구축실무, 이철우, 구민사
- 스마트 팩토리 : 미래 제조 혁신, 박준희, 율곡출판사
- 사람중심의 4차 산업혁명을 선도하는 스마트 팩토리 운영전략과 이해, 박경록 외, 한올
- 스마트팩토리 바이블, 유형근 외, 홍릉
- 스마트팩토리, 정동곤, 한울아카데미
- 돈이 보이는 스마트 팩토리, 조남식, 메이킹북스
- 직접 만들고 사용하는 스마트 팩토리와 공장 자동화, 송문재, 도서출판 홍릉
- 4차산업 철강 금속 스마트팩토리, 최정길, 에스앤엠미디어

- 스마트 팩토리제어실습, 박양수 외, 명진
- 스마트팩토리 산업분야 취업가이드, 미래기술정보리서치, 비티타임즈
- 중소·중견 제조기업을 위한 간편자동화가 스마트팩토리의 기초다, 이남은, 좋은기업위드
- 자동화와 노동의 미래, 아론 베나나브, 책세상
- 중소기업 스마트팩토리에서 검사공정의 감소와 삭제가 경쟁력이다, 이남은, 좋은기업위드
- 스마트팩토리 PLC 응용제어, 김근수, GS인터비전
- 중소기업의 스마트팩토리를 위한 조립공정의 스마트화, 이남은, 좋은기업위드
- 경영품질론, 안영진, 박영사
- 프로세스관점의 서비스 품질경영, 정승환 외, 한경사
- 전기자기학, 박기식 외, 사이버북스
- 알고 보면 재미나는 전기 자기학, 박승범 외, 전파과학사
- 자동차 전기전자공학, 이찬수 외, 복두출판사
- 기초전자실험 with PSpice, 홍순관, 한빛아카데미
- 공학도를 위한 전기자기학, 김상훈, 사이버북스

학교생활 TIPS

- 스마트팩토리 전공에 기본이 되는 수학, 과학(물리학, 화학), 사회, 영어, 기술·가정, 정보 교과 성적을 상위권으로 유지하고, 학업 능력, 전공 적합성, 문제해결 능력 등이 학교생활기록부 교과 세부능력 및 특기사항 영역에 나타나도록 합니다.
- 학교 교육계획에 의한 행사 활동, 수련 활동 및 학년·학급 단위로 진행되는 활동에서 자발성과 자율성, 대인 관계, 공동체 의식, 리더십 등이 드러날 수 있도록 적극적으로 참여하는 것이 중요합니다.
- 학교 정규 동아리(공학, 경영, 경제, 코딩 및 아두이노, 독서 토론, 발명, 사회 참여) 활동을 추천하고, 동아리 활동을 통해 학문적 열정과 지적 관심, 전공 분야에 대한 관심과 열정, 새로운 아이디어 제안이 특정 결과물로 이어지는 과정을 통해 배우고 느낀 점이 나타나는 것이 좋습니다.

- 학교생활 내에서도 자신의 능력을 나누어 줄 수 있는 다양한 봉사 활동(급식 도우미, 사서 도우미, 학습 멘토링, 교통 지도, 교단 선진화 기자재 도우미) 참여를 권장합니다.
- 공학, 경영, 경제, 인공지능, 4차 산업혁명, 로봇, 인문학, 철학, 역사, 심리학 등 다양한 분야의 독서 활동을 통해 융합적 사고를 기를 수 있도록 노력합니다.
- 스마트팩토리공학 관련 기업이나 직업 탐색, 직업인 특강, 학과 탐방 등 전공 관련 진로 활동 참여를 통해 지원 전공에 대한 올바른 이해, 전공에 대한 관심과 열정, 자기주도적인 진로 설정 과정, 과정의 유의미성, 전공 적합성 등이 기록되는 것이 좋습니다.

학과소개

스마트호스피탈리티학과는 스마트 능력을 갖춘 호텔종사자와 외식 및 식품 가공 산업을 선도할 인재를 양성하는 학과입니다. 4차산업혁명을 맞이하여 글로벌 경제 환경에서 핵심 산업 영역으로 급부상하고 있는 호스피탈리티(관광·호텔) 산업 분야를 첨단화된 교육시스템을 통하여 융복합형 서비스 실무자 양성을 목적으로 하는 스마트교육을 학생들에게 제공합니다.

동의대학교 스마트호스피탈리티학과는 최근 빅이슈가 되고 있는 언택트(비대면) 서비스의 효율적 수행 역량을 강화함과 동시에 다양한 호스피탈리티 기업과 연계한 기업 맞춤형 Project Base Learning (PBL) 교육과정을 운영합니다. 이를 통하여 기업체가 요구하는 인성(人性)과 즉시 현장 투입이 가능한 맞춤형 실무 핵심역량을 갖춘 4차 산업 시대에 적합한 호스피탈리티 인재의 양성을 교육의 목표로 합니다. 이를 위해 다양한 전공 지식과 융복합 지식 함양에 필수적인 교과과정 및 실습교육을 합니다. 기업에서 필요로 하는 인력을 양성하기 위하여, 기업은 학생 선발 및 기업 맞춤형 교육과정 개발 등에 참여하고, 대학에서는 그에 기반한 현장 실무형 인력을 양성하기 위한 교육과정을 편성·운영합니다. 이비스앰배서더부산해운대호텔, 아르반호텔, 베스트웨스턴해운대호텔 등 15개 기업이 참여하고 있습니다.

개설대학

- 동의대학교에 개설된 조기취업형 계약학과로, 학생들은 3년 만에 학사학위를 취득합니다. 1학년 때에는 학생 신분으로 기업 맞춤형 교육과정에 따라 전공 교육을 실시하고, 입학과 동시에 취업이 약정됩니다. 1학년 등록금 전액을 장학금으로 지원하며, 취업장려금도 추가로 지원됩니다. 2~3학년 때에는 재직자 신분으로 직무 역량 고도화할 수 있는 심화교육이 진행되며, 낮에는 기업에서, 평일 야간 및 주말에는 학교에서 전공 심화 교육이 실시됩니다. 등록금의 50%는 기업에서, 50%는 학생이 부담하며, 해당 기업에 10개월간 의무적으로 근무해야 합니다.

관련학과

- 관광호텔경영학부
- 글로벌호텔관광학과
- 호텔·관광·컨벤션 학부
- 호텔경영학과
- 호텔관광경영학과
- 호텔관광외식경영학부
- 호텔광광학과
- 호텔관광학부
- 호텔카지노관광학과
- 호텔외식관광프렌차이즈경영학과
- 호텔외식조리학과
- 호텔조리학과 등

진출분야

기업체	호텔, 외식산업과 호스피탈리티 서비스 관련 기업, 프렌차이즈 업체, 레스토랑, 카페 등 호텔·외식산업과 호스피탈리티 서비스 관련 기업, 프렌차이즈 업체, 레스토랑, 카페 등
정부 및 공공 기관	문화관광체육부, 외식관련 정부기관이나 교육기관, 특성화 고등학교, 대학교 등
연구 기관	한국문화관광연구원, 외식산업관련 연구소, 문화관광 관련 연구기관 등

진출직업

- 호텔관리사
- 호텔조리사
- 카페창업
- 서비스 전문가
- 외식사업기획·운영자
- 프렌차이즈 경영자
- 호텔 F&B
- 바리스타
- 소믈리에
- 외식경영 컨설턴트
- 메뉴 개발과 기획자
- 레스토랑 시설·설비 기획자 등

취득가능 자격증

- 호텔관리사
- 호텔경영사
- 호텔서비스사
- 관광통역안내사
- 국내여행안내사
- 바리스타
- 소믈리에
- 제과/제빵 기능사
- 조리기능사(한식, 양식, 일식, 중식, 제과·제빵, 복어)
- 조리산업기사
- 위생사
- 조주기능사
- 식품산업기사
- 가맹거래사 등

학과 주요 교과목

1학년	영어회화, 호텔경영학, 외식경영학, 커피이론및바리스타실무, 호텔일본어, 호스피탈리티산업의이해, 기본영어, 생애및 진로설계, 와인이론및소믈리에실무, 스마트호텔정보시스템이론및실무, 스마트식음료서비스이론및실무, 호텔서비스실무영어 등
2학년	호스피탈리티마케팅원론, 호스피탈리티구매및원가관리, 베이커리이론및실습Ⅰ, 일본문화와관광서비스, 베이커리이론및실습Ⅱ, 중국문화와역사, 서양문화와관광서비스Ⅰ, 호스피탈리티인적자원관리 등
3학년	서양문화와관광서비스Ⅱ, 스마트창업론, 주류학&실무, 호스피탈리티시장조사론, 기업연계프로젝트Ⅱ, 호스피탈리티관리회계, 호스피탈리티고객만족경영론, 관광이벤트기획론 등

학과 인재상 및 갖추어야 할 자질

- 서비스 마인드를 갖고, 새로운 아이디어의 창출 능력이 있는 학생
- 호텔, 요리 등 서비스업에 관심이 많고 타인으로부터 신뢰감을 얻을 수 있는 학생
- 서비스 분야의 리더가 되기 위하여 적극적으로 사고하고 지속적인 자기 개발을 하는 학생
- 신속하고 꾸준한 행동력을 갖추며 자신의 일에 열정을 가진 학생
- 세계 서비스 산업을 무대로 변화에 민감하게 대응하며 조직을 리드할 수 있는 학생

학과 관련 선택 과목

※ 국어, 영어 교과는 모든 학문의 기초적인 성격을 가진 도구교과로 모든 학과에 이수가 필요하여 생략함.

데이터 과학		공통국어1,2, 공통수학1,2, 공통영어1,2, 한국사1,2, 통합사회1,2, 통합과학1,2, 과학탐구실험1,2
수능 필수		화법과 언어, 독서와 작문, 문학, 대수, 미적분Ⅰ, 확률과 통계, 영어Ⅰ, 영어Ⅱ, 한국사, 통합사회, 통합과학, 성공적인 직업생활(직업)
일반 선택	수학, 사회, 과학	세계시민과 지리, 사회와 문화, 현대사회와 윤리
	체육·예술	
	기술·가정/정보	정보
	제2외국어/한문	제2외국어
	교양	생태와 환경
진로 선택	수학, 사회, 과학	경제 수학, 한국지리 탐구, 경제, 국제 관계의 이해
	체육·예술	
	기술·가정/정보	데이터 과학
	제2외국어/한문	제2외국어 회화
	교양	인간과 심리
융합 선택	수학, 사회, 과학	여행지리, 역사로 탐구하는 현대 세계, 사회문제 탐구, 금융과 경제생활, 윤리문제 탐구, 기후변화와 지속가능한 세계, 기후변화와 환경생태
	체육·예술	
	기술·가정/정보	
	제2외국어/한문	제2외국어 문화
	교양	인간과 경제활동

추천 도서 목록

- 호스피탈리티 회계원리, 김재석, 백산출판사
- 호스피탈리티 인적자원관리론, 김의근 외, 백산출판사
- 호스피탈리티 캡스톤디자인, 강선아 외, 백산출판사
- 호스피탈리티 회계원리, 김재석, 백산출판사
- 만화로 배운다! 리츠칼튼이 제공하는 최고의 호스피탈리티, 다카노 노보루, 드루
- 한권으로 끝내는 이해하기 쉬운 호스피탈리티산업 회계, 고재용 외, 대왕사
- 신개념 호스피탈리티 산업 매니지먼트 입문, 핫토리 카츠히토, 어가
- 이해하기 쉬운 호텔외식경영, 김진성 외, 백산출판사
- 호텔 외식 관광 인적자원관리, 이준혁 외, 백산출판사
- 호텔외식실무영어, 유동수, 대왕사
- 메뉴관리의 이해, 나정기, 백산출판사
- 외식산업 컨설팅과 마케팅 경영전략, 전영직, 기문사
- 알기 쉬운 메뉴관리의 이론과 실제, 김준희 외, 백산출판사
- 호텔관광 인적자원관리, 김성용, 백산출판사
- 호텔 외식 관광 인적자원관리, 이준혁, 백산출판사
- 호텔관광대학의 미래와 도전, 경희대학교 호텔관광대학, 서울경제경영
- 관광 호텔 마케팅론, 임형택, 새로미
- 호텔관광서비스, 양승훈, 이프레스
- 호텔 관광 세일즈 서비스 마케팅 실무, 신형섭, 상학당
- 실무에 기초한 관광호텔 인적자원관리, 원유석 외, 이프레스
- 4차 산업혁명과 융복합 시대의 산업관광과 체험교육, 김혜진, 한국산업관광협회
- 호텔&관광업무 필수 실용 영어, 명수진, 기문사
- 항공 · 호텔 · 관광 면접인터뷰, 이세윤 외, 새로미
- 호텔 트렌드 인사이트, 이재원, Jay Lee, 미다스북스
- 여행자의 방, 한국관광공사, 두사람
- 컬처, 문화로 쓴 세계사, 마틴 푸크너, 어크로스
- 무엇이 나를 행복하게 만드는가, 리처드 J. 라이더 외, 북플레저
- 살아가는 힘은 어디에서 나오는가, 마시 코트렐 홀 외, 웨일북
- 애매모호해서 흥미진진한 지리 이야기, 김성환, 푸른길
- 지적 대화를 위한 교양인의 서양 건축사, 이민정, 팬덤북스

학교생활 TIPS

- 스마트호스피탈리티학과 전공에 기본이 되는 국어, 영어, 사회 등의 성적을 상위권으로 유지하고, 정규 교과 수업 시간을 통해 해당 전공에 대한 관심과 열정, 노력의 과정과 의미 있는 결과가 학교생활기록부 교과 세부능력 및 특기사항에 기록되도록 하는 것이 좋습니다.
- 학교 교육계획에 의한 행사 활동, 수련 활동 및 학년·학급 단위로 진행되는 다양한 활동(체육대회, 학급회의, 기업가정신, 창의성 교육, 환경 교육, 보건 교육)에서 자발성과 자율성, 적극성, 대인 관계, 공동체 의식, 리더십 등이 드러날 수 있도록 적극적으로 참여하는 것이 중요합니다.
- 학교 정규 동아리(요리, 관광, 문화연구, 외국어 회화, 레저문화, 바리스타) 활동을 추천하고, 전공에 대한 관심과 열정 등이 의미 있는 성과물로

- 나타나도록 합니다. 동아리 활동을 통해 느낀 점이나 새롭게 알게 된 점을 제시하고, 그 과정에서 자신이 성장하는 모습을 드러내는 것이 중요합니다.
- 학교생활 내에서도 자신의 능력을 나누어줄 수 있는 다양한 봉사 활동(학교행사 도우미, 급식 도우미, 교과 도우미, 학습 멘토링, 교통 지도, 분리수거 도우미, 아나바다 도우미) 참여를 통해 타인을 위해 헌신하는 모습을 나타내는 것이 중요합니다.
- 외식 관련 기업이나 호텔 탐방, 외식경영 컨설턴트 직업 탐색, 관련 학과 탐방 등 전공 관련 진로 활동 참여를 통해 지원 전공에 대한 올바른 이해와 열정, 자기주도적인 진로 설정 과정, 전공 적합성 등이 기록되는 것이 좋습니다.

스크랜튼학부

학과소개

스크랜튼학부 학생은 특정 전공 영역 없이 자유전공으로 입학하여 강화된 기초교육 등 다양한 분야를 공부한 후 1학년 말에 자신의 주전공을 결정합니다. 주전공은 전통적 학문 분과 경계를 극복하고 교육의 차원을 다원화한다는 의미에서 사범대나 예체능계열 등 특수 몇몇 학과를 제외하고 문과나 이과의 구분 없이 선택할 수 있습니다. 즉, 문과생도 물리학을 주전공으로 선택할 수 있고, 이과생도 영문학을 주전공으로 선택할 수 있습니다.

스크랜튼학부는 동시에 최고의 인재를 양성하기 위해 Honors Program을 운영하고 있으며, 따라서 스크랜튼학부 학생들은 필수적으로 주전공 이외에 스크랜튼학부의 융합 학문 분야인 자기설계전공을 Honors Program의 일환으로 이수하여야 합니다. 이를 위해 스크랜튼학부에서는 융합적 학문 트랙인 5개의 세부 전공 트랙(통합적문화연구, 디지털인문학, 사회과학이니셔티브, 과학융합, 사회와 정의)을 설정하여 제시하고 있으며, 학생들은 이 중 하나를 자기설계전공으로 자유롭게 선택하여 이수하면 우수 인재들의 네트워크인 Honor Society에의 가입 자격이 주어지며, 졸업 후 광범위한 인적 네트워크로 활용할 수 있게 됩니다.

개설대학

- 이화여자대학교

진출직업

- 대학 1년의 기간 동안 자신의 적성을 탐색한 이후에 전공을 결정하므로 다양한 직업으로 진출함.

관련학과

- 자율전공학과
- 자유전공학부
- 인문자율전공학부
- 자율전공부
- 인문사회자율전공계열
- 글로벌자율전공공학부
- 글로벌외국어자율전공학부
- 외국어자율전공학부
- 전공자유학부(인문) 등

취득가능 자격증

- 전공을 결정한 이후 다양한 자격증 취득 가능함.

진출분야

기업체	국제기구 및 다국적 기업, 삼성전자, 포스코, LG상사, 현대 로지스틱스, 다음, 방송국, 신문사, 게임회사, 인터넷 관련 회사, CJ E&M, 대한항공, 은행, 금융권, 출판사
정부 및 공공 기관	한국전력, 한국콘텐츠 진흥원, 국민건강보험공단
연구 기관	국내외 연구소 및 기관, 한국철도기술연구원, 국내외 대학원

학과 주요 교과목

1학년	Introduction to Economics, World History, General Introduction to Korea, Introduction to International Politics, Introduction to Business
2학년	International Society and Leadership, Critical Thinking and Moral Theories, Global and Intercultural Identities, The Universe, Life and Light
3학년	리더를 위한 과학, Great Thinkers & Novel Minds, 인문학 쟁점, 사회과학의 쟁점, 과학의 쟁점, 창의적융합연구, 디지털미디어 디자인, 추론과 논증의 이해, Science and Civilization
4학년	인문과학아너스세미나, 사회과학아너스세미나, 자연과학아너스세미나

학과 인재상 및 갖추어야 할 자질

- 다양한 학문을 경험하고 싶은 학생
- 수능 성적보다는 나의 흥미와 적성에 맞게 전공을 선택하고 싶은 학생
- 여러 가지 사회 현상에 관심이 많은 학생
- 도전적이고, 무엇이든 진취적으로 활동하는 것을 즐기는 학생
- 다양한 진로를 모색하고 자율적으로 미래를 설계하고 싶은 학생
- 창의적 문제해결 능력, 비판적 사고 능력, 합리적 사고 능력을 갖춘 학생

학과 관련 선택 과목

※ 국어, 영어 교과는 모든 학문의 기초적인 성격을 가진 도구교과로 모든 학과에 이수가 필요하여 생략함.

공통 과목		공통국어1,2, 공통수학1,2, 공통영어1,2, 한국사1,2, 통합사회1,2, 통합과학1,2, 과학탐구실험1,2
수능 필수		화법과 언어, 독서와 작문, 문학, 대수, 미적분Ⅰ, 확률과 통계, 영어Ⅰ, 영어Ⅱ, 한국사, 통합사회, 통합과학, 성공적인 직업생활(직업)
일반 선택	수학, 사회, 과학	대수, 미적분Ⅰ, 확률과 통계, 세계시민과 지리, 세계사, 사회와 문화, 현대사회와 윤리
	체육·예술	음악, 미술
	기술·가정/정보	정보
	제2외국어/한문	제2외국어
	교양	생태와 환경
진로 선택	수학, 사회, 과학	한국지리 탐구, 동아시아 역사 기행, 정치, 법과 사회, 경제, 인문학과 윤리
	체육·예술	음악 감상과 비평, 미술 감상과 비평
	기술·가정/정보	생활과학 탐구
	제2외국어/한문	제2외국어 회화
	교양	인간과 철학, 논리와 사고
융합 선택	수학, 사회, 과학	여행지리, 역사로 탐구하는 현대 세계, 사회문제 탐구, 윤리문제 탐구, 기후변화와 지속가능한 세계, 기후변화와 환경생태
	체육·예술	
	기술·가정/정보	
	제2외국어/한문	
	교양	논술

추천 도서 목록

- 창조적 인간으로 살아가기, 최광진, 현암사
- 타인의 고통에 응답하는 공부, 김승섭, 동아시아
- 뉴턴과 마르크스, 도이 히데오, 산지니
- 나이듦에 대하여, 서울대학교 인문대학, 사회평론아카데미
- 신인류가 몰려온다, 이시형, 특별한서재
- 미래 법정, 곽재식, 교보문고
- 알아두면 잘난 척하기 딱 좋은 인간딜레마, 이용범, 노마드
- 역사를 바꾼 100책, EBS 독서진흥 자문위원회, EBS BOOKS
- 계몽은 계속된다, 베르너 슈나이더스, 그린비
- 인류의 삶 속에 담긴 질병 극복 이야기, 김애정, 솔과학
- 지극히 짧고도 사소한 인생 잠언, 정신과의사 Tomy, 리텍콘텐츠
- 컬처, 문화로 쓴 세계사, 마틴 푸크너, 어크로스
- 쇼펜하우어의 인생 수업, 아르투어 쇼펜하우어, 메이트북스
- 이어령의 강의, 이어령, 열림원
- 무엇이 나를 행복하게 만드는가, 리처드 J. 라이더 외, 북플레저
- 오타쿠의 욕망을 읽다, 마이너 리뷰 갤러리, 메디치미디어
- 어느 날 운명이 삶에 대해 물었다, 팀 구텐베르크, 하움출판사
- 살아가는 힘은 어디에서 나오는가, 마시 코트렐 홀 외, 웨일북
- 물질의 세계, 에드 콘웨이, 인플루엔셜
- 나는 시간을 복원하는 사람입니다, 신은주, 앤의서재
- 논리의 힘 지식의 격, 허원순, 한국경제신문
- 이어령과의 대화, 김종원, 생각의힘
- 죽음은 존재하지 않는다, 다사카 히로시, 소미미디어
- 애매모호해서 흥미진진한 지리 이야기, 김성환, 푸른길
- 노벨이 없는 나라에 미래는 없다, 조민선, 지누
- 나는 어떻게 살고 사랑할까?, 황진규, 한언
- 한 권으로 읽는 라틴아메리카 이야기, 전주람, 상상출판
- 라이프 레슨, 이창수, 사람in
- 지적 대화를 위한 교양인의 서양 건축사, 이민정, 팬덤북스
- 두뇌보완계획 100 에센스, 김명석, 학아재

학교생활 TIPS

- 국어, 영어, 사회 등 각 수업 활동에 적극적으로 참여하여 학업 역량, 문제 해결 능력, 창의성, 의사소통 능력 등이 학교생활기록부 교과 세부능력 및 특기사항에 기록될 수 있도록 합니다.
- 자신에게 적합한 다양한 진로 활동(학과 탐방, 직업인 인터뷰, 기관이나 기업체 탐방 등)에 참여하여 새롭게 알게 된 사실이나 느낀 점을 중심으로 자신의 진로 역량을 키우도록 합니다.
- 신문, 다문화, 방송, 영어 회화 등의 교내 동아리에서 다양한 주제로 탐구, 조사, 발표하는 등 주도적인 활동을 하며 의미 있는 역할을 하도록 합니다.
- 학급이나 학생회의 임원 활동, 돌봄 활동(장애인, 독거노인, 환우 대상), 학습 도우미 활동(복지관, 방과 후 학교), 봉사활동(업무 보조 활동·홍보 활동, 각종 캠페인 활동 등)과 같은, 학교 교육계획에 의해 진행되는 봉사 활동이나 행사 활동, 수련 활동, 체험 활동에 적극적으로 참여하여 인성, 발전 가능성, 나눔과 배려, 리더십, 의사소통 능력, 협동심 등을 보이는 것이 중요합니다.
- 심리학, 역사학, 철학, 정치경제학, 생물학, 수학 등 폭넓은 분야의 독서를 통해 기본적인 소양을 키우도록 합니다.

학과소개

시스템 반도체는 우리 주변에 있는 모든 IT 기기의 핵심이며, 전세계 반도체 시장의 70%를 차지하는 발전 가능성이 무궁무진한 분야입니다. 또한 4차 산업혁명 시대를 맞아 반도체 수요가 AI, 자동차, 로봇, 에너지, 바이오 등 전 산업으로 확산되면서 시스템반도체의 중요성이 더욱 커지고 있습니다.

시스템반도체공학과는 논리와 연산, 제어 기능 등을 수행하는 비메모리 반도체(시스템 반도체)의 개발과, 각각의 개별 반도체를 하나로 통합해 IT 기기 제품에 필요한 계산과 분석 등의 기능을 하나의 칩에 통합하는 것을 배우는 학과입니다.

연세대학교 반도체시스템공학과는 삼성전자와 계약을 맺은 채용조건형 계약학과로 설계(회로 설계 분야 및 아키텍처 설계)와 시스템소프트웨어, 재료/공정/소자 등을 연구하며 반도체 기술 역량을 갖춘 공학적 인재와 소통하며 협업하며 팀을 이끌 수 있는 국제적 역량을 갖춘 인재 양성을 교육목표로 합니다.

개설대학

• 연세대학교에 개설된 학과로 등록금은 회사 지원금(등록금 50%, 재학생 전원 지급)과 본인 부담금(등록금 50%)으로 지원됩니다.

관련학과

• 나노반도체전공
• 반도체기계공학전공
• 반도체전자공학전공
• 반도체장비공학과
• 반도체시스템공학부
• 반도체시스템공학과
• 반도체물리전공
• 반도체디스플레이학과
• 반도체기계공학과
• 반도체과학전공
• 반도체과학기술학과
• 응용물리전공
• 반도체공학전공
• 반도체·디스플레이학부
• 물리반도체과학
• 디스플레이·반도체물리학부
• 디스플레이·반도체물리학과 등

진출분야

기업체	삼성전자, 반도체 제조업체, 반도체 장비 및 소재 관련 기업, 전자 정보 소재 관련 업체, 벤처 업체 창업(반도체 회로 및 반도체 장비, 정보통신, 컴퓨터) 등
정부 및 공공 기관	한국과학기술원, 한국생산기술연구원, 한국세라믹기술원, 한국산업기술시험원, 한국기계연구원 등
연구 기관	반도체·세라믹·신소재 관련 기업 연구소, 대학 내 연구소 등

진출직업

• LED연구 및 개발자
• RFID시스템개발자
• 공학계열 교수
• 반도체공학기술자
• 반도체장비기술자
• 재료공학기술자
• 전기제품개발기술자
• 전자제품개발기술자
• 컴퓨터하드웨어기술자 등

취득가능 자격증

• 반도체설계기사
• 세라믹기술사
• 세라믹산업기사
• 전자산업기사
• 반도체장비유지보수기능사
• 반도체설계산업기사
• 세라믹기사
• 재료기사
• 전자기사
• 무선설비기사
• 정보처리산업기사
• 정보처리기사
• 반도체설계산업기사
• 세라믹기사 등

학과 주요 교과목

1학년	공학수학, 시스템반도체 공학개론, 공학 물리학 및 실험, 공학 화학 및 실험, 기초 프로그래밍 기법, 데이터사이언스 프로젝트, 창의적 소프트웨어 프로그래밍 등
2학년	시스템반도체 개론, 디지털 논리회로, 데이터 구조 및 알고리즘, 신호 및 시스템, 전자기학, 반도체 소자 물리 등
3학년	확률 및 랜덤 변수, 컴퓨터 구조, 양자 역학, 메모리 소자, 운영체제 및 시스템 프로그래밍, 디지털 집적회로 설계, 마이크로 프로세서, 고체 물리, 반도체 공정, 컴파일러 설계 등
4학년	아날로그 집적회로 설계, 시스템 반도체 설계, 디지털 시스템 실험, 재료 분석론, 첨단 로직 소자, 반도체 소재/공정/방비 기술, 인공지능 개론 등

학과 인재상 및 갖추어야 할 자질

• 수학, 물리학, 화학 등 기초 과학 과목에 대한 관심과 지식을 갖춘 학생
• 첨단 반도체 분야에서 새로운 가치를 창출할 수 있는 창의적인 학생
• 전기, 전자 통신, 컴퓨터 분야에 재능과 소질이 있는 학생
• 기초와 응용 기술을 연구, 개발할 수 있는 창의적인 학생

• 어려운 문제에 도전하여 목적을 성취할 수 있는 능력을 갖춘 학생
• 실험 및 실습 위주의 수업에 필요한 논리적인 사고력과 탐구 정신을 갖춘 학생
• 사람들과의 협업 능력, 세심하고 꼼꼼한 성격을 지닌 학생

인문계열

사회계열

자연계열

공학계열

의약계열

예체능계열

교육계열

계약학과 & 특성화학과

학과 관련 선택 과목

※ 국어, 영어 교과는 모든 학문의 기초적인 성격을 가진 도구교과로 모든 학과에 이수가 필요하여 생략함.

공통 과목		공통국어1,2, 공통수학1,2, 공통영어1,2, 한국사1,2, 통합사회1,2, 통합과학1,2, 과학탐구실험1,2
수능 필수		화법과 언어, 독서와 작문, 문학, 대수, 미적분 I, 확률과 통계, 영어 I, 영어 II, 한국사, 통합사회, 통합과학, 성공적인 직업생활(직업)
일반 선택	수학, 사회, 과학	대수, 미적분 I, 확률과 통계, 물리학, 화학
	체육·예술	
	기술·가정/정보	기술·가정, 정보
	제2외국어/한문	
	교양	
진로 선택	수학, 사회, 과학	기하, 미적분 II, 인공지능 수학, 역학과 에너지, 전자기와 양자
	체육·예술	
	기술·가정/정보	로봇과 공학세계, 인공지능 기초, 데이터 과학
	제2외국어/한문	
	교양	
융합 선택	수학, 사회, 과학	수학과제 탐구, 융합과학 탐구
	체육·예술	
	기술·가정/정보	창의 공학 설계, 지식 재산 일반
	제2외국어/한문	
	교양	

추천 도서 목록

- 반도체의 부가가치를 올리는 패키지와 테스트, 서민석, 한올출판사
- 반도체 주권국가, 박영선 외, 나남
- 친절한 반도체, 선호정, 한올출판사
- 반도체장비의 이해, 장인배, 에이퍼브프레스
- 차세대 반도체, 석민구 외, 플루토
- 최리노의 한 권으로 끝내는 반도체 이야기, 최리노, 양문
- 반도체의 이해, Richard, Corey, 휴먼싸이언스
- 반도체, 넥스트 시나리오, 권순용, 위즈덤하우스
- 반도체 인문학, 왕용준, 북스타
- 문과생도 알아두면 쓸모있는 반도체 지식, 이노우에 노부오 외, 동아엠앤비
- 쉽게 배우는 반도체 프로세스, 사토 준이치, 북스힐
- 한국 반도체 슈퍼 을 전략, 전병서, 경향BP
- 처음 배우는 반도체, 기쿠치 마사노리, 북스힐
- 반도체 공학 개념 핵심정리, 박재우, 홍릉
- 반도체 이야기, 주병권, 항금리문학
- 반도체 인사이트 센서 전쟁, 한국반도체산업협회, 교보문고

- SK하이닉스 25년 반도체 전문가가 들려주는 반도체 특강: 소자편, 진종문, 한빛아카데미
- 칩워, 누가 반도체 전쟁의 최후 승자가 될 것인가, 크리스 밀러, 부키
- K 반도체 대전략, 권순용, 위즈덤하우스
- 바로 써먹는 최강의 반도체 투자, 이형수, 헤리티지북스
- 교양으로 읽는 반도체 상식, 고조 마사유키, 시그마북스
- 반도체 오디세이, 이승우, 위너스북
- 반도체 구조 원리 교과서, 니시쿠보 야스히코, 보누스
- 반도체 공학, 김동명, 한빛아카데미
- 반도체 삼국지, 권석준, 뿌리와이파리
- TSMC 반도체 제국, 상업주간, 이레미디어
- 오늘날 혁명은 왜 불가능한가, 한병철, 김영사
- 에너지 인문학, 강신욱, 지식과감성
- 미래에서 전해 드립니다, 태지원, 다른
- 미래 세대를 위한 인공지능 이야기, 배성호 외, 철수와영희

학교생활 TIPS

- 시스템반도체공학 전공에 기본이 되는 수학, 물리학, 화학, 정보 교과 성적을 상위권으로 유지하고, 정규 교과 수업 시간을 통해 시스템반도체공학 전공에 대한 관심과 이해, 지원 전공에 대해 관심을 충족시키기 위해 노력한 과정, 학습을 수행하는 자발적인 의지와 태도, 시스템반도체공학 전공 관련 역량 발휘 경험 등이 학교생활기록부 교과 세부능력 및 특기 사항에 기록되도록 하는 것이 좋습니다.
- 학교 교육계획에 의한 행사 활동, 수련 활동 및 학년·학급 단위로 진행되는 활동(융합 교실, 독서 토론, 모의 법정, 리더십, 생태 체험, 창의성 교육, 환경 교육)에서 자발성과 자율성, 적극성, 대인 관계, 공동체 의식, 리더십 등이 드러날 수 있도록 적극적으로 참여하는 것이 중요합니다.
- 학교 정규 동아리(로봇, 공학, 융합, 컴퓨터, 과학 탐구 실험, 발명) 활동을

추천하고, 동아리 활동을 통해 반도체공학에 대한 학문적 열정과 지적 관심, 새로운 아이디어 제안이 특정한 결과물로 이어지는 과정을 통해 배우고 느낀 점이 나타나는 것이 좋습니다.
- 학교생활 내에서도 자신의 능력을 나누어줄 수 있는 다양한 봉사 활동(급식 도우미, 사서 도우미, 학습 멘토링, 교통 지도, 교단 선진화 기자재 도우미) 참여를 통해 타인을 위해 헌신하는 모습을 나타내는 것이 중요합니다.
- 반도체 제조 회사나 연구소 탐방, 직업 탐색 및 직업인 특강, 반도체 관련 학과 탐방, IT 기기 전시회, 전자 기기전 관람 등 전공 관련 진로 활동 참여를 통해 지원 전공에 대한 올바른 이해, 반도체시스템공학 전공에 대한 관심과 열정, 자기주도적인 진로 설정 과정, 전공 적합성 등이 기록되는 것이 좋습니다.

313

아태물류학부

학과소개

물류 혁신은 21세기 국가와 기업경쟁력의 핵심이 되었습니다.

물류학은 글로벌 경쟁 시대에 기업의 생산, 유통 활동에 수반되는 제품, 서비스, 정보 및 지식의 흐름을 최적화함으로써 비용의 절감과 고객서비스의 향상을 통해 경쟁우위를 달성하기 위한 전략과 기법을 연구하고, 나아가 국가의 경쟁력 제고를 위해 항만, 공항, 도로, 철도 등 물류체계에 대한 정책, 계획과 운영을 연구하는 학문 분야입니다.

아태물류학부(APSL : Asia Pacific School of Logistics)는 동북아의 허브인 인천국제공항과 서해안의 관문인 인천항에 가까운 전략적 위치에 자리 잡은 인하대학교의 대표 특성화 학부로 정부의 동북아경제중심지화전략 및 기업의 물류 혁신을 선도할 글로벌 물류 전문가 양성을 목표로 하고 있습니다.

또한 국내외 인턴십 및 취업과 연계한 산학협력교육을 실시하여 기업이 원하는 실용적 지식을 전달하고 있으며, 영어로 진행되는 다수의 전공강의를 통하여 외국어 구사 능력을 집중적으로 교육하고 있습니다. 그 외에도 해외 인턴십 및 물류 탐방의 기회를 통하여 학생들의 국제 감각을 키우도록 노력하고 있으며 폭넓은 장학 혜택도 지원하고 있습니다.

개설대학

- 인하대학교

관련학과

- 경제금융물류학부
- 국제무역물류학과
- 글로벌철도·교통물류학부
- 동아시아물류학부
- 무역경제학부 무역물류학전공
- 무역물류학과
- 물류비즈니스학과
- 물류학과
- 항공경영물류학과
- 항공교통물류학과
- 항공해양물류학과
- 항만물류학과
- 해운항만물류학과 등

진출분야

기업체	글로벌 제조업체, 유통업체, 물류업체, 항공사, 해운선사, 물류 컨설팅, 회사, 백화점, 대형 할인점, 국제 운송 회사, 국제 택배 회사, 다국적 기업 등
정부 및 공공 기관	한국공항공사, 각 지역 항만공사, 한국철도시설공단, 각 지역 교통공사, 한국농수산식품유통공사, 국제 경제 기구, 대학교 등
연구 기관	국공립·민간 연구소 등

진출직업

- 물류 및 경영 전문가
- 물류관리전문가
- 경영컨설턴트
- 국제경제분석가
- 물류IT시스템개발
- 관세행정사무원
- 무역사무원
- 해무사
- 출입국심사관
- 국제협력사무원 등

취득가능 자격증

- 물류관리사
- 국제공인자격인 CPL(Certified Professional Logistician)
- CPIM(Certified in Production and Inventory Management)
- CPM(Certified Purchasing Manager)
- e-비즈니스 국제자격
- 국제물류사
- 국제 무역사
- 관세사
- 무역영어
- 수입관리사
- 원산지관리사
- 검수사
- 검량사
- 보세사
- 감정평가사 등

학과 주요 교과목

1학년	인간과 문화, 자연과 과학, 생활한문, 물류학의 이해, 통계학의 이해, 물류수학, 글로벌경제와 물류, 컴퓨터프로그래밍입문, 경영학원론, 경제학, 인간의 탐색, 자연의 탐색, 프로네시스 세미나, 문제해결을 위한 글쓰기, 미래사회와 소프트웨어 등
2학년	물류관리론, 물류시스템분석, 국제물류론, 물류경제론, Business English 등
전체	구매물류, 제조물류, 물류서비스 운영, 물류회계, 글로벌소싱, 리버스물류, 전자자상거래와 물류, 글로벌 공급사슬 전략 및 사례, 물류창업경영론, 공급사슬관리, 국제통상의 이해, 해상운송론, 항공물류론, 국제철도운송론, 국제우송법, 환경물류론, 글로벌물류시장분석, 물류산업정책사례분석, 물류계량분석, 수요예측, 보관하역론, 물류비즈니스모델링, SW-AI, 물류관리론, 물류시스템분석 등

학과 인재상 및 갖추어야 할 자질

- 컴퓨터 및 인터넷에 능숙하고, 정보화 시대를 선도하고 싶은 학생
- 경영과 경제 현상을 이해하는 능력을 지닌 학생
- 논리적 탐구력과 풍부한 학문적 의사 표현 능력을 갖춘 학생
- 급변하는 국제 환경에 대한 이해와 적응력을 가진 학생
- 수학과 경제 교과에 흥미가 있고, 경제의 흐름을 잘 파악하는 학생

학과 관련 선택 과목

※ 국어, 영어 교과는 모든 학문의 기초적인 성격을 가진 도구교과로 모든 학과에 이수가 필요하여 생략함.

공통 과목		공통국어1,2, 공통수학1,2, 공통영어1,2, 한국사1,2, 통합사회1,2, 통합과학1,2, 과학탐구실험1,2
수능 필수		화법과 언어, 독서와 작문, 문학, 대수, 미적분Ⅰ, 확률과 통계, 영어Ⅰ, 영어Ⅱ, 한국사, 통합사회, 통합과학, 성공적인 직업생활(직업)
일반 선택	수학, 사회, 과학	대수, 미적분Ⅰ, 확률과 통계, 세계시민과 지리, 사회와 문화
	체육·예술	
	기술·가정/정보	기술·가정, 정보
	제2외국어/한문	제2외국어
	교양	생태와 환경
진로 선택	수학, 사회, 과학	한국지리 탐구, 동아시아 역사 기행, 경제, 국제 관계의 이해
	체육·예술	
	기술·가정/정보	데이터 과학
	제2외국어/한문	제2외국어 회화
	교양	인간과 철학, 인간과 심리
융합 선택	수학, 사회, 과학	수학과제 탐구, 여행지리, 사회문제 탐구, 금융과 경제생활, 기후변화와 지속가능한 세계, 기후변화와 환경생태
	체육·예술	
	기술·가정/정보	지식 재산 일반
	제2외국어/한문	
	교양	인간과 경제활동

추천 도서 목록

- 디지털 전환과 해운물류, 한철환 외, 박영사
- 국제물류론, 오용식 외, 피앤씨미디어
- 이커머스의 승패를 좌우하는 물류부동산 전망, 우정하 외, 성안당
- 국제물류의 이해, 하명신, 탑북스
- 물류관리론, 임석민, 삼영사
- 물류가 온다, 박철홍, 영림카디널
- 해운물류 다이제스트, 이태휘, 박영사
- POD 스마트 해운물류론, 정영석, 퍼플
- 국제물류관리론, 한낙현, 탑북스
- 4차산업혁명시대의 물류관리론, 박현성, 북넷
- 영원한 현재의 철학, 조대호, EBS BOOKS
- 물욕의 세계, 누누 칼러, 현암사
- 당신의 꿈은 무엇인가요, 방승호, 샘터
- 박학한 무지, 니콜라우스 쿠자누스, 지식을만드는지식
- 한류가 뭐길래, 심두보, 어나더북스

- 질문하는 세계, 이소임, 시공사
- 돈의 심리학, 30만 부 기념 스페셜 에디션, 모건 하우절, 인플루엔셜
- 돈의 속성, 300쇄 리커버에디션, 김승호, 스노우폭스북스
- 부자 아빠 가난한 아빠, 20주년 특별 기념판, 로버트 기요사키, 민음인
- 부의 추월차선, 10주년 스페셜 에디션, 엠제이 드마코, 토트
- 퍼스널 MBA, 10주년 기념 증보판, 조시 카우프만, 진성북스
- 창업 비즈니스 전략, 홍성호, 청람
- 사업가를 만드는 작은 책, 사업하는 허대리, 알에이치코리아
- 책 읽고 매출의 신이 되다, 고명환, 라곰
- 스타트업 자금조달 바이블, 이영보 외, 씨이오메이커
- 물류관리론, 이서영, 두남
- 컨셉 수업, 호소다 다카히로, 알에이치코리아
- 트렌드 코리아 2024, 김난도 외, 미래의창
- 맨큐의 경제학, N. Gregory Mankiw, 한티에듀
- 대한민국 돈의 역사, 홍춘욱, 상상스퀘어

학교생활 TIPS

- 아태물류학과와 관련이 깊은 영어, 제2외국어, 정치, 사회·문화 교과의 우수한 학업 성취를 올릴 수 있도록 하고, 각 수업 활동에 적극적으로 참여하여 학업 역량, 문제해결 능력, 전공 적합성 등이 학교생활기록부 교과 세부능력 및 특기 사항에 기록될 수 있도록 합니다.
- 전공과 관련 있는 다양한 진로 활동(무역 회사, 학과 탐방, 국제통상 및 유통 전문가, 직업인 인터뷰 등)에 참여하여 새롭게 알게 된 사실이나 느낀 점을 중심으로 자신의 진로 역량을 키우도록 합니다.
- 독서 토론, 시사 탐구, 영어 회화, 국제 사회 연구, 신문 등의 교내 동아리에서 국제 사회의 정치, 경제, 사회 등과 관련된 내용을 조사, 발표하는 등 전공 관련 활동을 주도적으로 하도록 합니다.

- 학급이나 학생회의 임원 활동, 멘토-멘티 활동, 돌봄 활동, 학습 도우미, 자선 봉사 활동 등과 같은, 학교 교육계획에 의해 진행되는 봉사 활동이나 행사 활동, 체험활동에 적극적으로 참여하여 자신의 능력을 보이거나, 공동체의 목표를 함께 달성해 가는 과정을 통해 의사소통 능력을 보이는 것이 중요합니다.
- 정치학, 경제학, 역사학, 인류학, 사회학 등 폭넓은 분야의 독서를 통해 기본적인 소양을 키웁니다.
- 인성, 발전 가능성, 나눔과 배려, 학업 의지, 창의성 등 자신의 강점이 학교생활기록부 행동 발달 특성 및 종합 의견에 기록될 수 있도록 학교 생활에 성실하게 임할 것을 권장합니다.

314

아트&테크놀로지학과

학과소개

2011년 신설된 지식융합학부의 아트&테크놀로지 전공(Art & Technology)은 '한국형 스티브 잡스의 탄생'을 꿈꾸며 만들어진 서강대 특성화학과입니다. 이 전공은 기존과는 달리 학문 간의 경계를 뛰어넘어 인문학 기반의 상상력과 스토리텔링으로 문화 예술적 감성을 표현하고 한 걸음 더 나아가 첨단기술과 융합되면서 혁신적이며 고유한 가치가 녹아있는 진화된 형태의 결과물을 창의적으로 만들어 내는 것을 목표로 하고 있습니다.

아트&테크놀로지 학과 교육의 키워드는 융합과 실무로 두고 창의적 기획, 스토리텔링, 가치 창출과 관련된 인문학, 감성 표현, 아트 미디어 디자인 콘텐츠와 관련된 문화예술, IT융합기술의 구현 및 IT융합 기기 신제품 개발과 관련된 공학 등 크게 3가지 영역으로 구성된 융합형 교과과정을 운영하고 있습니다.

이를 위해 디지털 아트, 실험적 애니메이션 게임, 인터렉티브 디자인 등 다양한 창작물을 공유하는 전공 최대 행사인 Art & Technology Conference 프로그램 참여를 지원하며, 3명에서 12명으로 이루어진 소규모 크리에이터 그룹을, 공모를 통해 선정한 후 1년간 Small Creater Group 프로그램을 통해 의무사항으로 1회 이상의 공연/전시 등의 성과물을 만들어 내기 위한 창작활동비를 지원하고 있습니다. 그 외에도 글로벌 경쟁력을 향상시키기 위한 영어강의와 함께 교환학생 및 공동학위제도를 통해 국제적 기획, 개발, 제작, 유통, 사업화 등의 능력 배양에 주력하고 있습니다.

개설대학

- 서강대학교

관련학과

- 광고홍보학과
- 디지털콘텐츠학과
- 문화콘텐츠학과
- 미디어영상광고학과
- 미디어커뮤니케이션학과
- 시각디자인학과
- 영상문화학과
- 영상콘텐츠융합학과
- 정보사회미디어학과
- 커뮤니케이션·미디어학과
- ICT디자인학부 등

진출분야

기업체	이동통신, 로봇 등에 관련된 첨단 영상 공학 분야, 핸드폰 및 다양한 단말기에 적용되는 영상 콘텐츠 기획/제작 분야, 영화 및 TV의 특수효과 분야, 게임 제작 분야, 3D애니메이션 제작 분야, 전시기획 분야 등
정부 및 공공 기관	문화체육관광부, 한국문화정보원, 한국영상자료원 등
연구 기관	한국영상예술교육원, 한국언론진흥재단 등

진출직업

- 크리에이티브 디렉터
- 아트 디렉터
- 크리에이티브 테크놀로지 디렉터
- 디지털 아티스트
- 소프트웨어 개발자
- 프로젝트 매니저
- 뉴미디어 아티스트
- 영화감독
- 촬영감독
- 방송국 PD
- 시나리오 작가
- 광고 등 크리에이티브 분야의 프로듀서
- 인터랙션 디자이너/ UI&UX
- 디자이너 등

취득가능 자격증

- 멀티미디어콘텐츠제작전문가
- ACA
- GTQ
- 웹디자인기능사
- 컴퓨터그래픽스운용 기능사
- 문화예술교육사
- 디지털영상편집
- 정보처리기사
- 시각디자인기사
- 인터넷 정보설계사/ 관리사
- 디지털정보활용능력
- 사진기능사
- ACA(Adobe Certified Associate) 등

학과 주요 교과목

1학년	Intro to school of media art & science, Creativity & visual expression, Citical thinking for social inquiry 컴퓨터 사고력, 미적분학 or 대학수학, The art stoytelling, Data & AI, Media technologies and arts
2학년	Humanities & creativity, Intro to creative computing, Fundamentals of programming and problem solving, 3D modeling studio, Visual design, Into to web development
3학년	Spatial dynamics, Machine learning, Data structure, Storytelling workshop, Creative algorithms, 3D animation studio, UI/UX design, Sound design, Visual story
4학년	Web studio, Visual perception & artificial vision, Immersive media studio, Creative capstone project, Cinema literacy, VFX studio, Game studio

학과 인재상 및 갖추어야 할 자질

- 열정과 의지를 두고 끊임없이 도전하는 실험 정신을 가진 학생
- 대중을 배려하고 선도할 수 있는, 적극적인 소통 능력과 영어 회화 능력을 갖춘 학생
- 미래의 미디어 영역에서 능동적으로 활약할 수 있는 학생
- 자신의 생각이나 감정을 사진이나 영상 매체를 통해 표현하기 위한 관찰력과 탐구력이 있는 학생
- 촬영 대상이나 콘텐츠에 대한 이해를 IT 활용을 통해 구현할 수 있는 창의적 사고가 있는 학생
- 공연이나 영상 예술에 대한 관심, 개성 및 창의력, 미적 감각, 예술적 감수성 등을 가진 학생

학과 관련 선택 과목

※ 국어, 영어 교과는 모든 학문의 기초적인 성격을 가진 도구교과로 모든 학과에 이수가 필요하여 생략함.

공통 과목		공통국어1,2, 공통수학1,2, 공통영어1,2, 한국사1,2, 통합사회1,2, 통합과학1,2, 과학탐구실험1,2
수능 필수		화법과 언어, 독서와 작문, 문학, 대수, 미적분Ⅰ, 확률과 통계, 영어Ⅰ, 영어Ⅱ, 한국사, 통합사회, 통합과학, 성공적인 직업생활(직업)
일반 선택	수학, 사회, 과학	세계시민과 지리, 사회와 문화, 현대사회와 윤리
	체육·예술	음악, 미술
	기술·가정/정보	정보
	제2외국어/한문	제2외국어
	교양	
진로 선택	수학, 사회, 과학	윤리와 사상, 인문학과 윤리
	체육·예술	음악 감상과 비평, 미술 감상과 비평
	기술·가정/정보	인공지능 기초, 데이터 과학
	제2외국어/한문	
	교양	논리와 사고, 인간과 심리
융합 선택	수학, 사회, 과학	사회문제 탐구, 윤리문제 탐구
	체육·예술	음악과 미디어, 미술과 매체
	기술·가정/정보	지식 재산 일반
	제2외국어/한문	
	교양	논술

추천 도서 목록

- 키스톤디자인 인문창의, 가톨릭대학교 학부대학, 가톨릭대학교출판부
- 생자소 쓱싹! 손쉽게 만드는 세상의 모든 디자인 미리캔버스 디자이너, 신현미, 해람북스
- 유저 프렌들리, 클리프 쿠앙 외, 청림출판
- 세상을 바꾸는 힘, 김상열 외, 교육과학사
- 디자인의 길, 최명식, 학고방
- 제페토와 함께 헬로, 메타버스, 창의콘텐츠연구소, 해람북스
- 아트 테크 4.0, 이보아, 북코리아
- 매체 미학, 유원준, 미진사
- 바이오디지털아트, 손숙영, 유원북스
- 시네마 테크 아트, 이선주, 박이정
- 아트테크 바이블, 이지영, 유영
- 누구나 할 수 있는 NFT 아트테크, 강희정, 아라크네
- 아트테크 큐레이션, 한혜미, 한국경제신문
- 개인의 취향을 넘어 완벽한 투자를 위한 아트테크 바이블, 이지영, 유영
- NFT 미술과 아트테크, 이규원, 북스토리지

- 시네마 테크 아트, 이선주, 박이정
- 4차산업혁명과 영상미디어 산업, 윤선희, 박영사
- 영상 미디어의 이해, 김무규, 한울아카데미
- 영상미디어와 사회, 주형일, 한울아카데미
- 방송영상미디어 새로 읽기, 강형철 외, 나남
- 인공지능 이해와 뉴스미디어 영상분석, 박노일, 북넷
- 인공지능, 디지털 플랫폼 시대 미디어 리터러시 이해, 한국방송학회 영상미디어교육연구회, 한울아카데미
- All About, 문화콘텐츠, 나송희 외, 나무자전거
- 문화다양성 시대의 문화콘텐츠, 중앙대학교 다문화콘텐츠연구소, 경진출판
- 문화콘텐츠와 저작권, 박순태, 현암사
- 문화콘텐츠 경영전략, 고정민, 커뮤니케이션북스
- 한국 문화: 대중문화 발달과 K콘텐츠, 성균관대학교 동아시아학술원 한국학연계전공 교재편찬위원회, 성균관대학교동아시아학술원
- 다시, 문화콘텐츠, 안채린, 해남출판사
- 문화콘텐츠 스토리텔링, 정창권, 북코리아

학교생활 TIPS

- 아트&테크놀로지를 전공하는데 기본이 되는 영어, 사회, 정보 성적을 상위권으로 유지하고, 교과 수업을 통하여 자신의 생각과 감정을 표현하는 방법 및 관련 지식을 확장하고, 이를 실제 생활에 적용하는 과정을 경험하도록 합니다. 학업 능력, 전공 적합성, 창의성, 의사소통 능력 등이 학교생활기록부 교과 세부능력 및 특기사항에 기록될 수 있도록 자기주도적으로 수업에 참여합니다.
- 영상 관련 학과 전공 체험이나 진로 박람회 참석 등 자신의 진로를 개척하는 활동을 꾸준히 하는 것이 좋습니다. 공익 광고 만들기, UCC 만들기, 영상공모전 등에 꾸준히 참여하여 진로 역량을 발휘할 것을 추천합니다.

- 공동 과제 수행이나 프로젝트 활동을 통하여 프로젝트 수행 능력을 함양하고, 이 과정에서 역할 분담의 배려, 나눔, 공감 등의 능력을 함양하며, 이와 같은 내용이 학교생활기록부에 기록되도록 합니다.
- 방송반, UCC 만들기 동아리 및 디자인, 편집 프로그램을 다루는 동아리 활동을 권장합니다. 디자인, 인문학, 철학, 심리학 등 다양한 분야의 독서를 통하여 진로에 관한 호기심을 채워나갈 것을 추천합니다.
- 자기주도성, 경험의 다양성, 성실성, 창의성, 의사소통 능력, 문제해결 능력, 미적 능력 및 예술적 감수성 등이 학교생활을 통해 나타나고, 이를 학교생활기록부에 기록될 수 있도록 성실히 학교생활을 할 것을 추천합니다.

315

융합바이오화학공학과

학과소개

순천향대 융합바이오화학공학과는 인류의 번영과 복지를 위해 바이오기술(BT)에 중점을 둔 미래의 융합바이오화학공학분야의 확대와 충남전략산업(바이오식품) 육성에 따른 전문 인력 양성을 위한 전공 융합학과입니다.

최근 바이오화학 제품의 개발 및 생산을 위해서는 어느 한쪽의 편중된 지식만으로는 생산기술을 총괄적으로 이해할 수 없기 때문에 기존의 화학산업에서 요구되는 생산기술에 덧붙여서 바이오 기술 또는 바이오·화학 융합기술에 대한 전문 지식이 더더욱 중요해졌습니다.

융합바이오화학공학과에서는 바이오의약품, 제약, 기능성 소재, 화장품 및 나노화학 분야의 전공 융합 교육을 제공하여 미래 시대 요구에 부응하는 창의적 전문 기술 인력 양성을 목표로 하고 있습니다.

순천향대 융합바이오화학공학과는 취업할 기업 인사 담당자가 참여하는 면접평가를 거쳐 최종 합격하면 1학년은 대학에서 전공 과정을 집중적으로 이수하고, 2~3학년은 선택한 기업에 취업해 실제로 근무하면서 토요일마다 심화 과정을 이수하게 됩니다. 전공과목 외에도 3D프린터, 사물인터넷, 스마트매뉴팩처링 등 4차 산업혁명 분야 교육을 별도로 이수해 융합형 인재 양성을 목표로 운영하고 있습니다.

개설대학

• 순천향대학교 개설된 조기취업형 계약학과로 등록금은 1학년 1학기 신입생 전원에게 교육비 전액이 지원되며, 1학기 2학기에는 직전 학기의 취득 성적이 100점 만점의 70점 이상인 학생에게 장학금이 지원됩니다. 단 학생이 졸업 전 중도 포기하거나 장학금 지원 규정(의무 종사 등)을 준수하지 않을 경우, 지원받은 장학금 전액을 반납해야 합니다. 순천향대 융합바이오화학공학는 3년 교육과정으로 정규 학사 학위를 수여하는 과정이며, 전 과정을 이수할 때까지 특별한 경우를 제외하고는 원칙적으로 휴학이 불가합니다.

관련학과

• 나노화학공학과
• 생명화학공학과
• 신소재화학공학과
• 응용화학공학과
• 화학시스템공학과
• 바이오화학공학과
• 바이오메디컬화학공학과
• 그린화학공학과
• 환경생명화학공학과
• 화공생명공학과
• 화학공학부
• 화공생명공학부
• 화공생물공학과
• 화학융합공학과
• 환경생명화학공학과 등

진출분야

기업체	제약업계, 의료업계, 바이오벤처 회사, 화장품업계, 화학분석기기 관련 외국계 회사, 컨설팅회사, 컴퓨터 관련 회사
정부 및 공공 기관	국립보건원, 식품의약품안전처, 생명공학연구원, 화학연구소, 해양연구소, KIST
연구 기관	국·공립 연구소, 화학 관련 기업체 연구소, 화학 관련대학 부설 연구소, 한국화학연구원, 한국에너지기술연구원 등

진출직업

• 화학공학기술자
• 화학제품제조원
• 화학직 공무원
• 변리사
• 대기환경기술자
• 도료 및 농약품 화학
• 공학기술자
• 비누 및 화장품 화학공학기술자
• 석유화학공학기술자
• 수질환경기술자
• 음식료품화학공학기술자
• 의약학공학기술자
• 조향사
• 폐기물처리기술자
• 플랜트기계공학기술자
• 화학공학시험원
• 환경공학기술자 등

취득가능 자격증

• 공업화학기술사
• 고분자제품기술사
• 화공기술사
• 화학공장설계기술사
• 화약류제조산업기사
• 화약류제조기
• 화학분석기능사
• 화공기사
• 화약류관리산업기사
• 화약류관리기사
• 화약류관리기술사
• 화공안전기술사
• 화공산업기사
• 화학분석기사
• 수질환경기사
• 대기환경기사
• 가스기사
• 산업안전기사 등

학과 주요 교과목

1학년	앙트레프레너십, 스마트 의사소통능력, 대학수학, 대학화학1, 대학물리학, IoT입문, 바이오화학산업개론, 화학물질관리, 융합바이오화공개론, 디자인씽킹, 일반생물학, 공업수학, 대학화학2, 스마트 창의적 문제해결, 스마트 품질관리, 열역학, 스마트매뉴팩처링, 유기화학, 물리화학, 원료전처리, 화학품질관리, 화공양론, 스마트 환경안전관리, 스마트모빌리티, 화합물구조분석, 화학공정관리, 융합바이오화공실습설계 등
2학년	스마트 생산계획 및 관리, 3D프린터, 현장기술과실무1, 분석보고기법1, 유전학, 화합물구조분석심화, 일반미생물학, 컴퓨터활용실습설계, 화학법규이해1, 고분자나노공학, 스마트 공정 및 설비관리, CO-PBL1, 현장기술과실무2, 분석보고기법2, 화합물분석계획, 화학법규이해2, 위해성평가관리, 고분자공학, 계면화학 등
3학년	스마트 생산설계 및 데이터분석, CO-PBL2, 현장기술과실무3, 밸리데이션1, 화합물특성분석1, 융합아이템설계, 현장기술과실무4, 공정품질관리, 신뢰성관리, 컴파운딩, 화장품성분학, 바이오신소재개발, 밸리데이션2, 화합물특성분석2, 품질경영혁신, 첨가제제조, 화장품제조실습, 바이오화학소재학 등

학과 인재상 및 갖추어야 할 자질

• 수학이나 화학, 생명과학 등 기초 과학에 흥미와 관심이 있는 학생
• 평소 화학적인 분석이나 실험, 생명체와 생명현상 등에 관심과 흥미가 많은 학생
• 자료를 이해하고 분석하는 능력과 실험을 계획하고 수행하는 능력을 갖춘 학생
• 팀을 이루어 업무를 수행하는 데 적합한 원만한 대인 관계를 갖춘 학생
• 새로운 것을 발견하려는 끊임없는 호기심과 창의력, 관찰력을 지닌 학생
• 각종 화학, 생명현상 관련 실험이나 실습 수행에 적합한 꼼꼼하고 주의 깊은 성격을 가진 학생

학과 관련 선택 과목

※ 국어, 영어 교과는 모든 학문의 기초적인 성격을 가진 도구교과로 모든 학과에 이수가 필요하여 생략함.

공통 과목		공통국어1,2, 공통수학1,2, 공통영어1,2, 한국사1,2, 통합사회1,2, 통합과학1,2, 과학탐구실험1,2
수능 필수		화법과 언어, 독서와 작문, 문학, 대수, 미적분 I , 확률과 통계, 영어 I , 영어 II , 한국사, 통합사회, 통합과학, 성공적인 직업생활(직업)
일반 선택	수학, 사회, 과학	대수, 미적분 I , 확률과 통계, 물리학
	체육·예술	
	기술·가정/정보	기술·가정, 정보
	제2외국어/한문	
	교양	생태와 환경
진로 선택	수학, 사회, 과학	기하, 미적분 II , 역학과 에너지, 전자기와 양자, 물질과 에너지, 화학 반응의 세계, 세포와 물질대사, 생물의 유전
	체육·예술	
	기술·가정/정보	
	제2외국어/한문	
	교양	보건
융합 선택	수학, 사회, 과학	수학과제 탐구, 기후변화와 지속가능한 세계, 기후변화와 환경생태, 융합과학 탐구
	체육·예술	
	기술·가정/정보	창의 공학 설계
	제2외국어/한문	
	교양	논술

추천 도서 목록

- 화학공학양론, 김정희 외, 동화기술
- 전기화학: 미래 에너지로 가는 길, 이충균, 사이플러스
- 앳킨스의 물리화학, Peter Atkins 외, 사이플러스
- 가볍게 읽는 유기화학, 사이토 가쓰히로, 북스힐
- 유도결합 플라즈마 질량분석, 일본분석화학회, 신일서적
- 나노소재 화학, 이광렬 외, 사이플러스
- 기화학분석, 오승호, 신일서적
- 화학의 역사, 윌리엄 H. 브록, 교유서가
- 화공 인공지능, 김지용 외, 사이플러스
- 합성 유기화학, 하현준, 자유아카데미
- 물리화학, Robert J. Silbey 외, 자유아카데미
- 나노콜로이드 화학, 유연태, 전북대학교출판문화원
- 화학의 눈으로 보면 녹색지구가 펼쳐진다, 원정현, 갈매나무
- BIG QUESTIONS 118 원소, 잭 챌리너, 지브레인
- 화학자를 위한 결정학, Phillip E. Fanwick, 사이플러스

- 장바구니에 담긴 화학, Ben Selinger 외, 자유아카데미
- 생활 속의 화학, W. 릭스너 외, 전파과학사
- 물질 문명의 명암, 장우동, 자유아카데미
- 양자화학 입문, S. M. Blinder, 사이플러스
- 알기 쉬운 고분자 이야기, 박오옥, 자유아카데미
- 분석화학, 대학화학교재연구회, 동화기술
- 생활과 환경속의 화학, American Chemical Society, 사이플러스
- 무기공학, 이진호, 북코리아
- 고마운 고분자 이야기, 박오옥 외, 자유아카데미
- 어느 화학자의 초상, 진정일, 궁리
- 일상에서 경험하는 화학, 국성근, 전남대학교출판문화원
- 화학의 세계, 대학화학교재연구회, 라이프사이언스
- 화학반응공학, H. Scott Fogler, 한티에듀
- 고분자공학, 장구수, 동화기술
- 물리화학, Peter Atkins 외, 교보문고

학교생활 TIPS

- 융합바이오화학공학 전공과 관련이 있는 수학, 과학(화학, 생명과학) 교과의 학업 성취도 향상을 위해 노력이 필요하고, 학교수업 활동을 통해 학습에 대한 의지와 열정, 수업의 집중도, 학문에 대한 열정이나 지적 관심의 정도, 지원 전공에 대한 흥미와 관심, 지원 전공과 관련한 교과 활동 여부, 지원 전공을 위해 기울인 노력 등이 학교생활기록부 교과 세부능력 및 특기사항에 기록되도록 하는 것이 좋습니다.
- 공학, 과학, 생명 탐구, 환경, 컴퓨터 관련 동아리 활동 참여를 권장하고, 동아리 활동 과정에서 구성원의 화합과 단결을 이끌어낸 리더십 경험이나 활동 중에 부딪히는 문제점을 슬기롭게 해결한 경험, 전공 관련 다양한 구체적인 활동 경험 등이 드러나면 좋습니다.

- 화학 및 생명공학 진로와 관련한 다양한 진로 활동(화학, 바이오 공업 관련 기업 및 연구소 탐방 및 직업 체험, 학과 탐방) 참여를 통해 전공에 대한 관심과 진로 설정 과정, 진로에 대한 열정, 자기주도적 참여 자세 등이 나타나는 것이 좋습니다.
- 학교 교육계획에 의해 진행되는 지속적인 봉사 활동(학습 멘토링, 급식 도우미, 교통 지도, 사서 도우미) 참여를 통해, 타인을 위해 봉사하고 헌신하는 학교생활 모습을 보이는 것이 중요합니다.
- 화학공학, 화학, 바이오, 4차 산업혁명, 인문학 등 다양한 분야의 독서 활동을 통해 융합적 사고 능력을 키우도록 합니다.

316

융합보안공학과

학과소개

융합보안공학과는 정보보호, 정보통신, 컴퓨터 공학적 지식과 실무 능력을 갖춘 기술적, 물리적, 관리적 보안 전문 인력을 양성하는 것을 목표로 합니다. 융합보안은 정보의 수집, 가공, 저장, 검색, 송신, 수신 중에 있을 수 있는 정보의 훼손, 변조, 유출 등을 방지하기 위한 기술적, 물리적, 관리적 수단입니다. IT기술과 융합 산업의 발전 속도에 맞춰 정보보호 기술, 표준, 제도를 발전시킬 수 있는 융합보안 전문가 수요가 급증하고 있습니다.

산업체와 공공기관에서는 탄탄한 기술적 이해를 토대로 사용자 환경을 고려한 융합 분야에서 기술, 법, 정책적 문제를 창의적으로 해결하는 인재를 요구하고 있습니다. 이를 위해 융합보안공학과에서는 디지털보안트랙, 산업보안트랙, 융합보안트랙의 세 가지 트랙 구조로 이론과 실무의 균형 잡힌 커리큘럼을 바탕으로, 융합 프로젝트와 문제해결형 수업을 통해 산업체에서 요구하는 인재를 양성하고 있습니다.

4차 산업혁명 시대의 융합보안 분야는 미래 핵심 성장 동력으로서 공사, 기업체, 연구소 등 폭넓은 진로 선택의 기회가 있는 유망 분야입니다. 성신여자대학교 융합보안공학과는 보안 전문성을 갖춘 융합 인재를 양성하기 위해 지원을 아끼지 않고 많은 도전의 기회를 제공하고 있습니다.

성신여자대학교 융합보안공학과는 직전 학기 성적이 3.5 이상인 모든 학생에게 4년간 수업료의 반액을 장학금으로 지원하고 있습니다.

개설대학

- 성신여자대학교

관련학과

- 스마트 보안학부
- 정보보안암호수학과
- 산업보안학과
- 융합보안공학과
- 사이버보안학과
- 사이버보안전공 등

진출분야

기업체	IT 제품 개발 기업체, 금융 계열 기업체, 백신업체, PC 보안업체, 취약성 분석 도구 등의 시스템 보안 제품 개발업체, 보안시스템 개발 업체, 전자상거래 보안 전문 컨설팅 업체
정부 및 공공 기관	정보보호기술의 개발, 보급과 국가 정보보호 정책 수립 지원 등 국가 및 민간 연구소
연구 기관	국가 보안 및 군부 관련 보안 업무 지원 및 국가 주요 인물 및 민간 경호 담당(국가정보원, 경찰, 군 관련 수사기관) 등

진출직업

- 보안제품 개발자
- 침해사고 대응 전문가
- 디지털 포렌식 전문가
- 악성코드 분석 전문가
- 보안 컨설턴트
- 보안관리자
- 최고보안관리자
- 보안전략전문가
- 전자상거래 보안 전문 컨설턴트
- 시스템 보안 제품 개발자 등

취득가능 자격증

- 정보보호전문가(SIS)
- 정보보안관리사(ISM)
- 공인정보시스템감사사(CISA)
- 국제공인정보시스템보안전문가(CISSP)
- 정보처리기능사
- 정보처리산업기사
- 정보처리기사
- 정보보안기사
- 정보보안산업기사
- 정보기기운용기능사
- 디지털포렌식전문가
- 리눅스마스터1·2급
- 전자계산기조직응용기사
- 개인정보관리사(CPPG)
- 인터넷보안전문가
- 해킹보안전문가
- 네트워크 관리사
- 리눅스마스터
- 금융보안관리사
- CCSP(Certified Cloud Security Professional, 클라우드 보안 전문가)
- SSCP(Systems Security Certified Practitioner, 보안 시스템 분석 전문가) 등

학과 주요 교과목

1학년	소프트웨어융합기술개론, 디지털컨텐츠, 웹프로그래밍기초, IT개론, 이산수학 등
2학년	정보보호경영시스템개론, 개인정보보호와 인터넷윤리, 암호응용 및 실습, 기업정보보안관리체계실습, 네트워크보안실습, 자료구조와 알고리즘, 운영체제 및 시스템보안실습, 융합보안수사론, 자바프로그래밍, 정보보호법과 보안정책, 웹 보안, 융합보안개론 등
3학년	디지털보안특강, 정보보호제품보안성평가기준설계, 민영보안 및 비즈니스 활용론, 해킹프로그램 실습, 정보보호컨설팅기법, 디지털포렌식실습, 데이터베이스보안실습, 정보보호론, 기업정보보안관리체계, 악성코드 분석, 융합보안 범죄대책론, 융합보안 포렌식, 바이버 보안관제, 보안성 평가방법론
4학년	인턴십, 융합보안캡스톤디자인, 정보보호아키텍처, 융합보안특강, 디지털포렌식, 융합보안특강, 암호응용, 웹해킹, 보안소프트웨어 분석과 개발 등

학과 인재상 및 갖추어야 할 자질

- 다양한 상황에서 발생할 수 있는 보안 위험을 예방하는 데 필요한 창의적 문제해결 능력을 지닌 학생
- 문제점을 찾고 해결하는 업무에 적합한, 분석적이고 꼼꼼한 성향의 학생
- 수학, 물리학, 화학 등 다양한 분야를 융합하는 일에 관심이 있는 학생
- 호기심이 왕성하고, 원인과 결과를 분석하여 상관관계를 찾는 데 재능이 있는 학생
- 복잡한 수식을 이용한 계산 능력, 도전 의식과 새로운 것에 대한 상상력과 창의성을 지닌 학생
- 남들이 생각하지 못한 방법으로 문제를 풀거나 대상을 바라보는 등 응용력과 창의성이 뛰어난 학생

인문계열

사회계열

자연계열

공학계열

의약계열

예체능계열

교육계열

계약학과 & 특성화학과

학과 관련 선택 과목

※ 국어, 영어 교과는 모든 학문의 기초적인 성격을 가진 도구교과로 모든 학과에 이수가 필요하여 생략함.

공통 과목		공통국어1,2, 공통수학1,2, 공통영어1,2, 한국사1,2, 통합사회1,2, 통합과학1,2, 과학탐구실험1,2
수능 필수		화법과 언어, 독서와 작문, 문학, 대수, 미적분 I , 확률과 통계, 영어 I , 영어 II , 한국사, 통합사회, 통합과학, 성공적인 직업생활(직업)
일반 선택	수학, 사회, 과학	대수, 미적분 I , 확률과 통계, 사회와 문화, 현대사회와 윤리, 물리학, 화학
	체육·예술	
	기술·가정/정보	기술·가정, 정보
	제2외국어/한문	
	교양	
진로 선택	수학, 사회, 과학	기하, 미적분 II , 인공지능 수학, 역학과 에너지, 전자기와 양자, 물질과 에너지, 화학 반응의 세계
	체육·예술	
	기술·가정/정보	로봇과 공학세계, 생활과학 탐구, 인공지능 기초, 데이터 과학
	제2외국어/한문	
	교양	논리와 사고
융합 선택	수학, 사회, 과학	실용 통계, 수학과제 탐구, 사회문제 탐구, 윤리문제 탐구, 융합과학 탐구
	체육·예술	
	기술·가정/정보	창의 공학 설계, 지식 재산 일반, 소프트웨어와 생활
	제2외국어/한문	
	교양	

추천 도서 목록

- AI의 혁신을 이끄는 데이터과학자, 김태헌, 토크쇼
- 빅데이터와 통계학, 홍종선, 탐진
- 빅데이터, 생활을 바꾸다, BC카드 빅데이터센터, 미래의창
- 데이터 품질의 비밀, 바 모세스 외, 디코딩
- 빅데이터 개론, 한국소프트웨어기술인협회 빅데이터전략연구소, 광문각
- 데이터사이언스 입문, 일본 국립 시가대학교 데이터사이언스학부, 인피니티북스
- 데이터 분석과 인공지능 활용: 인문, 데이터분석과인공지능활용편찬위원회, 노스보스
- 데이터법의 신지평, 인하대학교 법학연구소 AI·데이터법 센터, 세창출판사
- 데이터법, 인하대학교 법학연구소 AI·데이터법 센터, 세창출판사
- 데이터 프라이버시, 니혼게이자이신문 데이터경제취재반, 머스트리드북
- 데이터 과학자와 데이터 엔지니어를 위한 인터뷰 문답집, Hulu 데이터 과학팀, 제이펍
- 빅데이터 시대, 올바른 인사이트를 위한 통계 101×데이터 분석, 아베 마사토, 프리렉
- THICK data 씩 데이터, 백영재, 테라코타
- 따라하며 배우는 파이썬과 데이터 과학, 천인국 외, 생능출판

- 혼자 공부하는 데이터 분석 with 파이썬, 박해선, 한빛미디어
- 난생처음 데이터 분석 with 파이썬, 김규석 외, 한빛아카데미
- Do it! 쉽게 배우는 파이썬 데이터 분석, 김영우, 이지스퍼블리싱
- 혼자 공부하는 R 데이터 분석, 강전희 외, 한빛미디어
- 데이터 시각화와 탐색 with POWER BI, 마경근 외, 영진닷컴
- 데이터 천재들은 어떻게 기획하고 분석할까?, 조성준 외, 21세기북스
- 디지털 자산과 보안, 남상엽 외, 상학당
- 디지털 범죄예방 교육의 정석, 이종구 외, 에스엔에스소통연구소
- 디지털 포렌식 개론, 정두원, 학교법인동국대학교출판문화원
- 크립토그래피, 키스 M. 마틴, 브론스테인
- DQ 디지털 지능, 박유현, 김영사
- 디지털 세계 이야기: 정책과 법, 임규철, 동국대학교출판부
- 어느 날 운명이 삶에 대해 물었다, 팀 구텐베르크, 하움출판사
- 물질의 세계, 에드 콘웨이, 인플루엔셜
- 혐오의 의미, 콜린 맥긴, 한울아카데미
- 역사를 바꾼 100책, EBS 독서진흥 자문위원회, EBS BOOKS
- 가짜 뉴스 세계에서 살아남기, 도안 부이, 탐

학교생활 TIPS

- 융합보안학 전공과 관련이 있는 교과를 선택하고(수학, 물리학, 화학, 사회, 정보) 관련 교과의 학업 역량을 보여줄 수 있도록 관리합니다. 학교생활기록부 교과 세부능력 및 특기사항에 수업과 관련하여 수행한 과제와 과제물의 수준, 수업 태도, 수업 참여 내용 등이 나타날 수 있도록 하고, 이를 통해 전공 적합성, 문제해결 능력, 발전 가능성, 창의력 등이 나타날 수 있도록 합니다.
- 융합보안학 분야에 대한 흥미와 관심, 지원 전공에 대한 이해도, 자신의 경험과 지원 전공과의 연관성이 드러날 수 있는 교내 및 교외 활동(정보보호나 산업 보안 관련 업체나 연구소 탐방, 산업 보안 관련 직업 체험 및 특강 참여, 관련 학과 탐방) 참여를 통해 자신의 진로 역량을 키우는 것을 추천합니다.

- 자선 봉사 활동(캠페인, 불우 이웃 돕기, 기아 아동 돕기), 사회 소외 계층 대상(장애인, 독거노인, 다문화 가정 학생), 학습 도우미(복지관) 봉사 활동 참여를 추천하고, 일회성이 아닌 지속적인 봉사 활동 참여를 통해서 타인을 위해 봉사하고 헌신하는 모습이 드러나는 것이 중요합니다.
- 컴퓨터 관련 동아리(코딩, 아두이노, 정보 보안), 과학 관련 동아리(과학 탐구 실험, 수리 탐구 논술) 등의 참여를 추천합니다.
- 정보 보안, 정보 통신, 컴퓨터, 전자, 반도체, 환경, 에너지, 인공지능, 로봇, 인문학, 철학, 역사, 심리학 등 다양한 분야의 독서 활동 경험을 통해 융합적 사고 능력을 키우도록 합니다.

학과소개

모바일공학전공은 각종 모바일기기(스마트폰, 노트북, 휴대용 개인정보 단말기 등)에서 동작하는 모바일플랫폼과 앱 개발, 하드웨어와 소프트웨어, 콘텐츠 개발 및 제작은 물론, 이를 사용자에게 제공해 주는 역할까지 담당하는 학과입니다.

경북대학교 모바일공학전공은 삼성전자와 경북대학교 IT대학 전자공학부가 힘을 합쳐 전 세계를 이끌어 가는 차세대 핵심 인재 양성을 위해 2011년도에 신설한 채용조건형 계약학과로, 특성화된 교육을 시행하고 있습니다. 삼성전자 현직 임직원 강의를 수시로 마련하여 최신 모바일 기술들을 전수받고, 영어회화 수강을 지원하여, 회화 능력 향상에 도움을 주고 있습니다. 또한 실질적인 경험과 견문을 넓혀주기 위해 국내외 우수 IT 전시회 참관을 전액 지원하고, 인문학 캠프(연극, 뮤지컬, 사진전 등을 관람)를 통해 인문학과 예술적 소양을 갖춘 명품 엔지니어를 양성합니다. 모바일공학전공은 우리나라와 세계를 이끌어가고 있는 모바일 산업의 핵심 인재로서 중추적인 역할을 하고, 미래 기술의 혁신을 이끌어가는 인재의 양성을 목표로 합니다.

개설대학

- 경북대학교에 개설된 학과로 삼성전자와 함께 모바일 전문가의 양성을 위해 만든 채용조건형 계약학과입니다. 최소 채용 절차를 통과한 학생에 한해 삼성전자로의 채용이 보장되고, 4년간 등록금을 전액 지원합니다. 4학년 1학기에는 한 학기 동안 삼성전자 인턴의 기회가 제공되어 졸업 전에 실무를 미리 경험해 볼 수가 있습니다. 이 밖에도 희망자 전원기숙사 우선 입사 대상자 선정 및 기숙사비 일부 지원, 삼성전자 신제품 개발 과정 참여와 우수 학생 해외연수의 기회 제공 등의 혜택을 제공합니다.

관련학과

- 게임모바일공학전공
- 멀티미디어학부(웹모바일전공)
- 모바일소프트웨어전공
- 전자공학부모바일공학전공 등

진출분야

기업체	삼성전자, 모바일통신 기기 제조업체, IT관련 업체, 네트워크 및 통신업체, 스마트 어플리케이션 및 콘텐츠 업체, 금융기관의 전산 및 통신 관련 부서 등
정부 및 공공 기관	과학기술정보통신부, 고용노동부, 산업통상자원부, 통계청 등 정부산하기관, 통신분야 정부 및 지방 공공기관, 대학교 등
연구 기관	한국전자통신연구원, 국방과학연구소, 한국생산기술연구원, 대학 내 연구소 등

진출직업

- 시스템운영관리자
- 네트워크 프로그래머
- 응용소프트웨어개발자
- 모바일콘텐츠개발자
- 스마트폰앱개발자
- 컴퓨터시스템분석가
- 시스템엔지니어
- 시스템컨설턴트
- 통신공학기술자 등

취득가능 자격증

- 전자기사
- 정보처리기사
- 정보처리산업기사
- 정보통신기사
- 정보통신산업기사
- 전자계산기산업기사
- 전자계산기응용기사 등

학과 주요 교과목

1학년	C프로그래밍과 실습, 컴퓨터학개론, 회로공학, 이산수학, 자료구조, 자바프로그래밍, 공학수학, 논리와 비판적사고, 자연과학의이해, 수학, 한국사 등
2학년	고급프로그래밍, 알고리즘, 소프트웨어공학, 모바일앱프로그래밍, SW역량강화, 확률 및 통계, IT·영화 및 디지털아트, 고급SW역량강화, 디지털회로공학, 머신러닝응용 등
3학년	운영체제, 컴퓨터그래픽스, 신호 및 시스템, 감성공학, 머신러닝, 신호처리 및 응용, 데이터공학 및 응용, 데이터베이스, 데이터통신, 영상처리, 병렬프로그래밍, 윈도우즈프로그래밍과 실습 등
4학년	현장실습, 디지털통신, 이동통신, 설계프로젝트, 인공신경망, 딥러닝, 패턴인식 및 응용 등

학과 인재상 및 갖추어야 할 자질

- 수학, 물리학, 프로그래밍 언어 등의 교과에 관심과 소질이 있는 학생
- IT 기기, 모바일기기. 컴퓨터기기를 다루는 것에 흥미가 있는 학생
- 이동통신, 임베디드 시스템에 관심이 많은 학생
- 미래지향적이고 자기주도적으로 새로운 것에 도전하는 것을 즐기는 학생
- 다른 사람과 힘을 합쳐서 일하는 팀워크 능력을 지닌 학생

학과 관련 선택 과목

※ 국어, 영어 교과는 모든 학문의 기초적인 성격을 가진 도구교과로 모든 학과에 이수가 필요하여 생략함.

공통 과목		공통국어1,2, 공통수학1,2, 공통영어1,2, 한국사1,2, 통합사회1,2, 통합과학1,2, 과학탐구실험1,2
수능 필수		화법과 언어, 독서와 작문, 문학, 대수, 미적분 I, 확률과 통계, 영어 I, 영어 II, 한국사, 통합사회, 통합과학, 성공적인 직업생활(직업)
일반 선택	수학, 사회, 과학	대수, 미적분 I, 확률과 통계, 물리학, 화학
	체육·예술	
	기술·가정/정보	기술·가정, 정보
	제2외국어/한문	
	교양	
진로 선택	수학, 사회, 과학	기하, 미적분 II, 인공지능 수학, 전자기와 양자, 물질과 에너지, 화학 반응의 세계
	체육·예술	
	기술·가정/정보	로봇과 공학세계, 생활과학 탐구, 인공지능 기초, 데이터 과학
	제2외국어/한문	
	교양	인간과 심리
융합 선택	수학, 사회, 과학	수학과제 탐구, 융합과학 탐구
	체육·예술	
	기술·가정/정보	소프트웨어와 생활
	제2외국어/한문	
	교양	

추천 도서 목록

- 기초전자실험 with PSpice, 홍순관, 한빛아카데미
- 공학도를 위한 전기자기학, 김상훈, 사이버북스
- 기초 전기전자 디지털공학의 이해, 한기동 외, 복두성
- 전기전자물성공학, 남춘우, 문운당
- 실전전기전자기초, 지일구 외, 기전연구사
- 나의 첫 모빌리티 수업, 조정희, 슬로디미디어
- 궁금해! 상상을 현실로 만드는 모빌리티 수업, 한대희, 청어람미디어
- 도시 모빌리티와 도덕성, 셰인 엡팅, 앨피
- 모빌리티 기술혁명 미래보고서 2030, 박승대, 형설EMJ
- 모빌리티와 푸코, 카타리나 만더샤이트, 앨피
- 뇌를 바꾼 공학, 공학을 바꾼 뇌, 임창환, MID
- 공감하는 마음을 만드는 거울 뉴런 이야기, 크리스티안 케이서스, 바다출판사
- 뇌는 행복을 기억하지 않는다, 미츠쿠라 야스에, 알에이치코리아
- 뇌는 어떻게 세상을 보는가, 빌라야누르 라마찬드란, 바다출판사
- 내 머릿속에서 이 생각 좀 치워주세요, 클라우스 베른하르트, 동녘라이프

- 뇌는 윤리적인가, 마이클 S. 가자니가, 바다출판사
- 마음을 돌보는 뇌과학, 안데르스 한센, 한국경제신문
- 모빌리티 존재에서 가치로, 김태희 외, 앨피
- 모빌리티 시대 기술과 인간의 공진화, 김태희 외, 앨피
- 부를 위한 기회, 에너지 전환과 모빌리티 투자, 장문수 외, 원앤원북스
- 모빌리티의 미래, 서성현, 반니
- 수소 모빌리티 입문, 김홍집 외, 충남대학교출판문화원
- 투 유 To you 당신의 방향, 김미정 외, 앨피
- 다가오는 미래, UAM 사업 시나리오, 이정원, 슬로디미디어
- 오토 워, 자동차미생, 이레미디어
- UAM, 한대희, 슬로디미디어
- 코로나 시대 , 임모빌리티와 우리들의 이야기, 건국대학교 모빌리티 인문교양센터, 앨피
- 도시 모빌리티 네트워크, 말렌 프로이덴달 페데르센, 앨피
- 어메이징 모빌리티, April Madden, 골든벨
- 지금, 모빌리티에 투자하라, 유지웅, 베가북스

학교생활 TIPS

- 전자공학부 모바일공학전공에 기본이 되는 수학, 물리학, 정보 등의 성적을 상위권으로 유지하고, 정규 교과 수업 시간을 통해 해당 전공에 대한 관심과 열정, 노력의 과정과 의미 있는 결과가 학교생활기록부 교과 세부 능력 및 특기사항에 기록되도록 하는 것이 좋습니다.
- 학교 교육계획에 의한 행사 활동, 수련 활동 및 학년·학급 단위로 진행되는 다양한 활동(체육대회, 학급회의, 기업가정신, 창의성 교육, 환경 교육, 소프트웨어 교육)에서 자발성과 자율성, 적극성, 대인 관계, 공동체 의식, 리더십 등이 드러날 수 있도록 적극적으로 참여하는 것이 중요합니다.
- 학교 정규 동아리(컴퓨터프로그래밍, 공학, 과학탐구 실험, 발명, 소프트웨어) 활동을 추천하고, 모바일공학에 대한 관심과 열정 등이 의미 있는

성과물로 나타나도록 합니다. 동아리 활동을 통해 느낀 점이나 새롭게 알게 된 점을 제시하고, 그 과정에서 자신이 성장하는 모습을 드러내는 것이 중요합니다.
- 학교생활 내에서도 자신의 능력을 나누어줄 수 있는 다양한 봉사 활동(급식 도우미, 정보 교과 도우미, 학습 멘토링, 교통 지도, 교단 선진화 기자재 도우미) 참여를 통해 타인을 위해 헌신하는 모습을 나타내는 것이 중요합니다.
- 모바일 관련 기업이나 IT업체 탐방, 모바일콘텐츠개발자 직업 탐색, 관련 학과 탐방 등 전공 관련 진로 활동 참여를 통해 지원 전공에 대한 올바른 이해와 열정, 자기주도적인 진로 설정 과정, 전공 적합성 등이 기록되는 것이 좋습니다.

전자바이오물리학과

학과소개

전자바이오물리학과는 물리학을 기본으로 하면서 바이오학의 지식을 첨단 전자 산업기술과 바이오 산업기술에 응용 및 융합하는 것을 목표로 삼고 있습니다.

전자바이오물리학부는 전기전자공학부와 마찬가지로 전자기학을 배우지만, 전자기학의 바탕인 물리학을 바탕으로 물리학이 어떻게 반도체·디스플레이 기술에 적용되는지 살펴보는 방식으로 교육과정이 구성되어 있습니다. 이를 위해 교육 내용은 역학, 전자기학, 양자역학, 생물학과 같은 기초이론을 토대로 반도체, 플라즈마, 마이크로파 공학, 디스플레이, 태양전지, 바이오 기술 등과 같은 응용물리학 및 바이오 분야를 포함합니다.

전자학, 전산물리 그리고 첨단기술과 관련한 고급 주제에 대한 실험 교육을 특별히 강화하고 있으며 대학원생들은 주로 반도체, 디스플레이(LCD, OLED, PDP 등), 태양전지, 플라즈마 물리 및 바이오 플라즈마, 그리고 이온 접속 빔을 이용한 연구에 참여하고 있습니다.

광운대학교 전자바이오물리학부는 대기업들과 관련된 프로그램이 많아 매해 높은 취업률을 자랑하고 있으며 이 중 대기업의 입사율도 매우 높은 학과입니다.

개설대학

- 광운대학교

관련학과

- 전자전기공학과
- 융합전자공학부
- 전자통신공학과
- 전자제어공학과
- 전기전자제어공학과
- 전자컴퓨터공학과
- 컴퓨터전자시스템공학부
- 스마트전기전자공학부
- 전자재료공학과
- 전자로봇공학과
- 나노광전자학과
- 전자디스플레이공학부
- 반도체디스플레이학과 등

진출직업

- 전자제품개발기술자
- 반도체공학기술자
- 전자계측제어기술자
- 전자의료기기개발기술자
- 디스플레이연구원
- 정보공학전자기술자
- LED연구 및 개발자
- RFID시스템개발자
- 빌딩자동화설계기술자
- 공장자동화설계기술자
- 생물공학연구원
- 바이오에너지연구원
- 생명과학연구원
- 바이오벤처사업가
- 의공학엔지니어
- 공학계열 교수 등

취득가능 자격증

- 생물공학기사
- 전자산업기사
- 전자기사
- 반도체설계산업기사
- 반도체설계기사
- 전자기기기능사
- 전자기기기능장
- 전자계산기기능사
- 전자계산기기사
- 전자계산기제어산업기사
- 전자계산기조직응용기사
- 전자응용기술사
- 산업계측제어기술사 등

진출분야

기업체	삼성전자·SK하이닉스·도쿄일렉트론 같은 반도체 회사와 LG디스플레이 등의 디스플레이 업체, 의료기기·바이오 업체 등
정부 및 공공 기관	국립보건연구원, 국립환경과학원, 한국화학연구원, 한국전력공사, 국방부, 국방연구원, 한국전력공사, 한국철도공사, 특허청 등
연구 기관	바이오 의약품 기업 부설 연구소, 병원 연구소, 제약, 회사 연구소, 전자·전기 관련 기업 연구소, 한국전자통신연구원, 기초전력연구원, 한국기계전기전자시험연구원, 국립전파연구원, 한국전기연구원, 한국전자통신연구원, 정보통신정책연구원 등

학과 주요 교과목

1학년	일반물리학 및 실험, 일반화학 및 실험, 대학수학 및 실험, 영어회화 등
2학년	전자학, 전자학시험, 현대물리학, 물리수학, 고전역학 등
3학년	전자기학, 마이크로파물리학, 양자역학, 물리전자학, 디지털회로설계, 정보디스플레이개론, 광전자실험 등
4학년	열물리학, 통계물리학, 반도체물리학, 광학, 플라즈마물리학, 디스플레이반도체공정, 응용물리학통론, 반도체소자실험, 디스플레이소자실험 등

학과 인재상 및 갖추어야 할 자질

- 생명과학, 수학, 물리학, 화학 등의 과목에 흥미가 있는 학생
- 물리 및 생명현상에 대한 관심과 새로운 것에 대한 호기심과 흥미가 있는 학생
- 문제를 끝까지 해결해 보려는 끈기와 인내심이 있는 학생
- 집중력이 뛰어나고, 풍부한 독서 활동으로 다양한 분야에 지식을 갖춘 학생
- 논리적인 사고나 통찰력, 복잡한 수식을 계산할 수 있는 능력을 갖춘 학생
- 수학 문제의 답을 외우기보다는 풀이 과정을 중요시하는 자세를 가진 학생

인문계열

사회계열

자연계열

공학계열

의약계열

예체능계열

교육계열

계약학과 & 특성화학과

학과 관련 선택 과목

※ 국어, 영어 교과는 모든 학문의 기초적인 성격을 가진 도구교과로 모든 학과에 이수가 필요하여 생략함.

공통 과목		공통국어1,2, 공통수학1,2, 공통영어1,2, 한국사1,2, 통합사회1,2, 통합과학1,2, 과학탐구실험1,2
수능 필수		화법과 언어, 독서와 작문, 문학, 대수, 미적분 I, 확률과 통계, 영어 I, 영어 II, 한국사, 통합사회, 통합과학, 성공적인 직업생활(직업)
일반 선택	수학, 사회, 과학	대수, 미적분 I, 확률과 통계, 물리학, 화학, 생명과학
	체육·예술	
	기술·가정/정보	기술·가정, 정보
	제2외국어/한문	
	교양	
진로 선택	수학, 사회, 과학	기하, 미적분 II, 인공지능 수학, 역학과 에너지, 전자기와 양자, 물질과 에너지, 화학 반응의 세계, 세포와 물질대사, 생물의 유전
	체육·예술	
	기술·가정/정보	생활과학 탐구, 인공지능 기초, 데이터 과학
	제2외국어/한문	
	교양	
융합 선택	수학, 사회, 과학	실용 통계, 수학과제 탐구, 융합과학 탐구
	체육·예술	
	기술·가정/정보	창의 공학 설계, 지식 재산 일반
	제2외국어/한문	
	교양	

추천 도서 목록

- 사람은 방사선에 왜 약한가, 곤도 소헤이, 전파과학사
- 방사능을 생각한다, 모리나가 하루히코, 전파과학사
- 파동 물리학의 기초, 김무준 외, 북스힐
- 물리학 속의 첨단과학, 손종역, 교문사
- 초전도체, 김기덕, 김영사
- 첨단 센서 기술로 탐험하는 물리학 실험, 김충섭 외, 북스힐
- 상대성 이론이란 무엇인가, 제프리 베네트, 처음북스
- 세상 모든 것의 물질, 수지 시히, 까치
- 괴짜 교수 크리스 페리의 빌어먹을 양자역학, 크리스 페리, 김영사
- 양자컴퓨터의 미래, 미치오 카쿠, 김영사
- 에너지로 말하는 현대물리학, 오노 슈, 전파과학사
- 나 없이는 존재하지 않는 세상, 카를로 로벨리, 쌤앤파커스
- 세상에서 가장 쉬운 과학 수업 원자모형, 정완상, 성림원북스
- 웨이드 앨리슨의 문명을 위한 힘 원자력 에너지, 웨이드 앨리슨, 정음서원
- 세상에서 가장 쉬운 과학 수업 불확정성원리, 정완상, 성림원북스
- 과학의 과학, 다슌 왕 외, 이김
- 나우: 시간의 물리학, 리처드 뮬러, 바다출판사
- 나의 시간은 너의 시간과 같지 않다, 김찬주, 세로북스
- 이 세상 모든 곳의 방사선, 이레나 외, 지식과감성
- 양자역학, 신상진, 경문사
- 상대성이론의 결정적 순간들, 김재영, 현암사
- 초전도 제로저항의 세계를 열다, 김찬중, 하늬바람에영글다
- Morin 고전역학, David Morin, 교문사
- 복잡계 과학 이야기, 이재우, 자유아카데미
- 사이버 물리 공간의 시대, 최준균 외, 사이언스북스
- 알고 보면 재미나는 전기 자기학, 박승범 외, 전파과학사
- 양자역학을 어떻게 이해할까, 장회익, 한울아카데미
- 수식 없이 술술 양자물리, 쥘리앙 보브로프, 북스힐
- 떨림과 울림, 김상욱, 동아시아
- 고체물리학, 우종천 외, 텍스트북스

학교생활 TIPS

- 전자바이오물리학과에 기본이 되는 수학, 과학(물리학, 화학, 생명과학), 정보 교과 성적을 상위권으로 유지하고, 교과 수업 활동을 통해 전공 적합성, 지원 전공의 호기심 해결을 위해 기울인 태도, 전공 관련 활동과 경험 등이 학교생활기록부 교과 세부능력 및 특기사항에 기록되도록 하는 것이 좋습니다.
- 학교 교육계획에 의해 진행되는 학교 활동에서 공동의 목표를 이루기 위해 기울인 노력, 자발성과 자율성, 적극성, 대인 관계, 공동체 의식, 리더십 등이 발휘될 수 있도록 적극적인 활동 참여가 중요합니다.
- 학교 정규 동아리(과학 탐구 실험, 수리 탐구 논술, 공학, 환경, 발명) 활동 참여를 통해 학문적 열정이나 지적 관심의 정도, 새로운 아이디어 제안, 특정한 결과물이나 성과로 이어지는 경험을 하고 이를 통해 배우고 느낀 점이 나타나는 것이 좋습니다.
- 학교생활 내에서도 자신의 능력을 나누어줄 수 있는 다양한 봉사 활동(사서 도우미, 학습 멘토링, 교통지도, 교단 선진화 기자재 도우미) 참여를 통해서 타인을 배려하고 존중하는 생활 태도를 보이는 것이 중요합니다.
- 전자바이오물리 전공 관련 진로 활동(기업이나 연구소 탐방, 직업 체험, 직업인 특강, 학과 탐방) 참여를 통해 전공에 대한 관심과 열정, 자기주도적인 진로 설정 과정, 과정의 유의미성, 전공 적합성 등이 나타나는 것이 좋습니다.

학과소개

정보디스플레이학은 Cathode-Ray Tube(CRT), Plasma Display Panel(PDP), Liquid Crystal Display(LCD), Organic Light Emitting Diode(OLED) 등과 같이 인간과 시각 정보 교환을 행하는 모든 전자 장치를 의미하고, 현재 대한민국 산업의 현재와 미래를 이끌어 가고 있는 중요한 기술 분야입니다.

정보디스플레이학과는 물리학, 화학 등 기초 학문과 전자, 재료, 화학 공학, 경영 등 응용 학문을 융합한 혁신적인 정보디스플레이 교과 과정을 개발하여 교육하고 있습니다.

이 학과에서는 정보디스플레이의 전공 강의를 실험·실습과 함께 진행하거나 동일 학기에 개설하여 디스플레이 설계, 제작, 분석, 능력을 배양할 수 있도록 하였으며, 산업체 인턴십 프로그램을 실행하여 이론과 실무를 겸비한 전문 인력을 양성하고 있습니다. 또한 해외 인턴십 프로그램 및 외국인 교수 초빙, 해외 전문가 초청세미나 개최 등을 통하여 학부 교육의 국제화를 추진하고 있습니다.

또한 1~2학년 학부생들을 대상으로 여름방학 혹은 겨울방학 기간에 대만 Kun Shan University 인턴십 프로그램을 지원하며 3학년 학부생들을 대상으로 매년 여름방학 기간에 프랑스 파리 근교 Palaiseau에 위치한 Ecole Polytechnique 인턴십 프로그램을 지원하여 많은 학생을 참가시키고 있습니다. 그 외에도 4학년 때는 디스플레이 주력 산업체인 삼성전자, LG Display 인턴십 프로그램을 경험할 수 있도록 하고 있습니다. 경희대학교 정보디스플레이학과는 이러한 교육과정을 통하여 현재 우리나라의 국가 핵심 산업으로 발전한 정보디스플레이 관련 산업 분야에 세계적 경쟁력을 갖춘 젊은 정보디스플레이 전문인력양성을 목표로 하고 있습니다.

개설대학

- 경희대학교

진출직업

- 디스플레이연구원
- LED연구 및 개발자
- RFID시스템개발자
- 정보공학전자기술자
- 반도체공학기술자
- 전자계측제어기술자
- 전자의료기기개발기술자

관련학과

- 반도체디스플레이학과
- 정보디스플레이학과
- 전자컴퓨터공학과
- 컴퓨터전자시스템공학부
- 스마트전기전자공학부
- 전자재료공학과 등

취득가능 자격증

- 전자산업기사
- 전자기사
- 반도체설계산업기사
- 반도체설계기사
- 전자기기기능사
- 전자기기기능장

학과 주요 교과목

1학년	물리학 및 실험1, 물리학 및 실험2, 화학 및 실험1, 화학 및 실험2, 미적분학 및 연습1, 미적분학 및 연습2, 정보디스플레이개론1, 정보디스플레이개론2, 전산개론 및 실습, 디지털회로개론 등
2학년	전자회로, 전자회로실험, 디스플레이시스템, 디스플레이시스템 실험, 공학수학1, 공학수학2, 전기자기학1, 기초양자물리학, 유기화학개론, 고분자재료 등
3학년	OLED, OLED실험, 발광디스플레이, 발광디스플레이실험, 디스플레이광학, 반도체, 반도체 소자, 지적소유권법, 양자전자공학, 전기자기학2, LCD광학 등
4학년	LCD, LCD실험, 소자 및 시스템시뮬레이션, 디스플레이회로, 박막 및 소자공정기술, 유기전자공학, 정보디스플레이세미나, TFT공학, 고체물리학, 졸업논문 등

진출분야

기업체	삼성전자, LG Display, Apple, KODAK과 같은 다국적 기업, 제일모직, 현대, SK, 영풍문고, 외환은행, 서울반도체 등 다양한 분야의 산업체 등
정부 및 공공 기관	한국고등과학기술원, 국가 연구소 및 교육기관 등
연구 기관	기업의 연구소, 전자통신 연구소 등

학과 인재상 및 갖추어야 할 자질

- 평소 전기, 전자 장치에 대한 관심과 호기심이 많은 학생
- 물리학, 화학 및 전자, 재료, 화학 등의 학문에 관심이 많은 학생
- 주어진 문제를 과학적이고 논리적으로 해결할 수 있는 창의적인 능력을 지닌 학생
- 수학과 과학에 대한 관심이 많고, 특히 물리 과목에 관심이 많은 학생
- 창의적이고 진취적인 성격과, 주어진 문제를 다각적으로 분석하려는 자세를 지닌 학생
- 문제를 해결하는 데 합리적인 방향을 고수하는 경향을 지닌 학생

학과 관련 선택 과목

※ 국어, 영어 교과는 모든 학문의 기초적인 성격을 가진 도구교과로 모든 학과에 이수가 필요하여 생략함.

공통 과목		공통국어1,2, 공통수학1,2, 공통영어1,2, 한국사1,2, 통합사회1,2, 통합과학1,2, 과학탐구실험1,2
수능 필수		화법과 언어, 독서와 작문, 문학, 대수, 미적분Ⅰ, 확률과 통계, 영어Ⅰ, 영어Ⅱ, 한국사, 통합사회, 통합과학, 성공적인 직업생활(직업)
일반 선택	수학, 사회, 과학	대수, 미적분Ⅰ, 확률과 통계, 물리학, 화학, 생명과학
	체육·예술	
	기술·가정/정보	기술·가정, 정보
	제2외국어/한문	
	교양	
진로 선택	수학, 사회, 과학	기하, 미적분Ⅱ, 인공지능 수학, 역학과 에너지, 전자기와 양자
	체육·예술	
	기술·가정/정보	로봇과 공학세계, 생활과학 탐구, 인공지능 기초, 데이터 과학
	제2외국어/한문	
	교양	논리와 사고, 인간과 심리
융합 선택	수학, 사회, 과학	실용 통계, 수학과제 탐구, 융합과학 탐구
	체육·예술	
	기술·가정/정보	창의 공학 설계, 지식 재산 일반, 소프트웨어와 생활
	제2외국어/한문	
	교양	논술

추천 도서 목록

- 4차 산업혁명시대 컴퓨터 과학개론, 박재년, 21세기사
- NEW 전기를 알고 싶다, 김형술외, 골든벨
- 전기이야기 : 열정과 야망의, 김석환, 대영사
- 꿈의 물질 초전도, 김찬중, 하늬바람에영글다
- 이공계에 빠져봅시다-청소년을 위한 이공계 진로 가이드, 한국과학문화 재단, 동아시아이언스
- 불가능은 없다, 마치오 카쿠, 김영사
- 정보통신 시스템, 이상회, 복두출판사
- 데이터통신 길라잡이, 김찬환, 복두출판사
- 데이터과학자, 무엇을 배울 것인가, 사토 히로유키, 제이펍
- 일렉트릭 유니버스-전기는 세상을 어떻게 바꾸었는가, 데이비드 보더니스, 글램북스
- 니콜라 테슬라, 과학적 상상력의 비밀, 신도 마사이키, 여름언덕

- 왓! 통신 생활 속이 보인다, Yoshiaki Takasaku, 골든벨
- 뇌를 바꾼 공학, 공학을 바꾼 뇌, 임창환, MID 엠아이디
- 과학 수다, 박상준, 사이언스북스

학교생활 TIPS

- 정보디스플레이 전공과 관련이 있는 수학, 과학(물리학), 정보 교과의 학업 성취도를 상위권으로 유지하고, 정규 수업 활동을 통해 수업에 대한 열정, 지원 전공에 대한 흥미와 관심, 지원 전공을 위해 기울인 노력, 문제해결 능력, 창의력 등 자신의 장점이 학교생활기록부 교과 세부능력 및 특기 사항에 기록되도록 하는 것이 좋습니다.
- 과학 및 공학, 컴퓨터(과학 탐구 실험, 코딩, 아두이노, 프로그래밍) 관련 동아리 활동 참여를 권장하고, 다양한 동아리 활동 경험, 리더십 발휘 정도, 남을 배려하고자 하는 태도, 동아리 활동 과정에서 부딪히는 문제점을 슬기롭게 해결한 경험들이 나타나도록 하는 것이 중요합니다.
- 정보디스플레이에 대한 흥미와 관심, 지원 전공에 대해 이해, 자신의

경험과 지원 전공과의 연관성이 드러날 수 있는 진로 활동 프로그램 (디스플레이 관련 기업 및 연구소 탐방, 직업인 체험 및 특강, 학과 체험)에 참여하여 진로에 대한 관심, 진로 설정 과정, 진로에 대한 열정 등이 나타나도록 합니다.
- 학교생활 내에서 자신의 능력을 나누어줄 수 있는 다양한 활동이나 각종 학교 행사 중에 참여하는 봉사 활동 참여를 통해, 타인을 위해 봉사하고 실천하는 모습을 보이는 것이 좋습니다.
- 디스플레이, 전기, 전자, 공학, 인공지능, 경영 등 다양한 분야의 독서 활동을 통해서 융합적 사고 능력을 키우도록 합니다.

학과소개

스마트전력인프라학과는 미래사회에서 요구하는 창의 융합적 사고를 갖춘 인재와 신재생 에너지, 드론 관련 첨단기술 및 지능형 전력망 관련 공사/감리 관련 전문가를 양성하는 학과입니다.

최근 전기에 대한 많은 논란이 있으며, 지난 세기 동안 유지해 온 전력 시스템의 문제점이 대두되면서 현재 구축된 전력 시스템의 한계를 극복하고 '스마트'한 전력의 생산과 소비를 추구하는 '스마트그리드(Smart Grid)'의 세계가 열리고 있습니다. 스마트그리드는 스마트전력인프라의 대표적인 방법으로 '발전소는 전력 생산, 소비자는 전력 소비'라는 고정관념을 탈피해 모두가 전력의 생산자이면서 소비자가 되는 혁신적인 도구이며, 시간과 공간에 따라 변하는 전기의 가치를 제대로 생산자와 소비자에게 전달하는 시장으로 인식하자는 의미입니다. 스마트전력인프라학과에서는 국가 기간 산업인 전력인프라와 21세기 첨단 신재생 분야의 산업체 현장 중심의 맞춤형 인재 양성을 목표로 하고 있습니다.

개설대학

• 경일대학교에 개설된 조기취업형 계약학과로 등록금은 1학년 과정은 대학에서 학비 전액을 국가장학금으로 지원하고, 2~3학년 과정은 기업에서 등록금의 75%가 지원됩니다. 3년 만에 4년제 정규 학사학위 취득이 가능하며 지역의 우수 중견기업 및 강소기업이 채용약정 기업으로 다수 참여하여 취업이 보장됩니다.

관련학과

• 전기전자공학과
• 전기정보공학과
• 전기전자통신공학부
• 전기컴퓨터공학과
• 전기전자통신컴퓨터공학부
• 전기전자공학전공
• 전기제어계측공학부
• 제어계측공학과
• 에너지전기공학과
• 전기시스템공학과
• 스마트전기전자공학부
• 전기 및 제어공학과
• 전기정보공학부
• 전기에너지공학전공
• 전기전자제어공학부
• 철도전기시스템학과
• 철도전기융합학과 등

진출직업

• 전기공학기술자
• 발전설비기술자
• 송배전설비기술자
• 전기계측제어기술자
• 전기설비설계기술자
• 전기감리기술자
• 전기안전기술자
• 전기제품개발기술자
• 공학계열 교수
• 기술직 공무원
• 변리사
• 공장자동화전기설비기술자
• 전기콘트롤패널설계기술자
• 전기장비제조 및 수리기술자
• 전기 및 전자설비조작원 등

취득가능 자격증

• 전기(공사)기사
• 전기공사기사
• 소방설비기사(전기)
• 신재생에너지발전설비기사
• 전기·철도기사
• 산업안전기사
• 공정관리기사
• 생산자동화산업기사
• 품질관리산업기사 등

진출분야

기업체	각종 전기·전자 관련 제조업체, 통신 회사, 전력 회사, 발전소, 전기 기기 설비업체, 전기 안전 관리 업체, 중공업, 통신 회사, 자동차 업체, 건설 회사 등
정부 및 공공 기관	중앙 정부 및 지방 자치 단체, 한국전력공사, 한국전력거래소, 한국수력원자력, 한국철도공사, 한국도로공사, 각 지역 지하철 공사, 한국수자원공사, 한국전기안전공사 등
연구 기관	전기·전자 관련 기업 연구소, 한국전자통신연구원, 한국전파연구원, 기초전력연구원, 한국기계전기전자시험연구원 등

학과 주요 교과목

1학년	과학기술윤리, 산업공학의 이해, CAD, 전기회로, PLC 입문, 전기전자공학개론, 스마트전력인프라현장직무, 전기CAD설계, PLC자동화 입문, 전자기학, 컴퓨터정보처리기술 등
2학년	전자기학, 스마트그리드, 프로토타이핑프로젝트, 전기설비서례, 제어공학, IoT 입문, 과학기술과 윤리, 전기기기, 창의적 표현과 발표, 전기인프라 및 법규, 전력전자 등
3학년	빅데이터 이해, 전기계통해석, 3D BIM R&D 기획, HMI실무, 전기설비안전진단, 산업안전, 전력산업과 경영, AI 프로그래밍 응용, IoT 프로그래밍, 제어공학, 회로 이론, 전기설비실, 스마트 제어 등

학과 인재상 및 갖추어야 할 자질

• 논리적인 사고방식과 수학 및 기초 과학에 대한 기본 소양을 지닌 학생
• 복잡한 시스템의 구조를 정확하게 분석하고 잘 이해할 수 있는 학생
• 수학, 물리학, 화학 등의 과목에 관심이 많고, 수식 계산을 좋아하는 학생
• 호기심이 왕성하고, 원인과 결과를 분석하여 상관관계를 찾는 데 재능이 있는 학생
• 자연 에너지원을 전기 에너지로 변환하는 것에 관심이 있는 학생
• 집중력이 뛰어나며, 풍부한 독서 활동으로 다방면의 지식을 갖춘 학생

학과 관련 선택 과목

※ 국어, 영어 교과는 모든 학문의 기초적인 성격을 가진 도구교과로 모든 학과에 이수가 필요하여 생략함.

공통 과목		공통국어1,2, 공통수학1,2, 공통영어1,2, 한국사1,2, 통합사회1,2, 통합과학1,2, 과학탐구실험1,2
수능 필수		화법과 언어, 독서와 작문, 문학, 대수, 미적분 I, 확률과 통계, 영어 I, 영어 II, 한국사, 통합사회, 통합과학, 성공적인 직업생활(직업)
일반 선택	수학, 사회, 과학	대수, 미적분 I, 확률과 통계, 물리학, 화학
	체육·예술	
	기술·가정/정보	기술·가정, 정보
	제2외국어/한문	
	교양	생태와 환경
진로 선택	수학, 사회, 과학	기하, 미적분 II, 인공지능 수학, 역학과 에너지, 전자기와 양자, 물질과 에너지, 화학 반응의 세계
	체육·예술	
	기술·가정/정보	인공지능 기초, 데이터 과학
	제2외국어/한문	
	교양	
융합 선택	수학, 사회, 과학	수학과제 탐구, 기후변화와 지속가능한 세계, 기후변화와 환경생태, 융합과학 탐구
	체육·예술	
	기술·가정/정보	창의 공학 설계, 지식 재산 일반, 소프트웨어와 생활
	제2외국어/한문	
	교양	

추천 도서 목록

- 전기공학 기초이론, 이현옥, 예문사
- 찐초보 걸음마 전기, 전병칠, 길벗캠퍼스
- 차세대 반도체, 석민구 외, 플루토
- 알기 쉬운 전기응용, 육재호, 복두출판사
- 인물로 만나는 전기법칙과 단위, 김기식, 기다리
- 전기란 무엇인가, 무로오카 요시히로, 전파과학사
- 스마트 그리드, 이경섭 외, 동일출판사
- 기초전기 및 전력전자실험, 권보규 외, 문운당
- 전력계통 해석 및 설계, J. Duncan Glover 외, 북스힐
- 꼭 알아야 할 전력산업 밸류체인, 산업통상자원부 외, 진한엠앤비
- 꼭 알아야 할 전력산업 키워드, 산업통상자원부 외, 진한엠앤비
- 처음 만나는 전력공학, 박숭규 외, 한빛아카데미
- 전력경제의 이해, Daniel S. Kirschen 외, 한티에듀
- 전력전자공학, 원충연 외, 한빛아카데미
- 설비상태 감시를 위한 전력 IoT, 이병성 외, 홍릉

- 전력공학, 박규홍 외, 동일출판사
- 전력설비 속내 진단의 눈, 초음파, 조용상, 도서출판 홍릉
- E-MOBILITY 전력전자, 이관용, 태영문화사
- 전력계통보호, 김석일, 이에스피
- 전력전자공학, Daniel W. Hart, 퍼스트북
- 알기 쉬운 전력공학, 안창환 외, 사이버북스
- 전력계통공학, 송길영, 동일출판사
- 전기전자제어, 이경훈, 문운당
- 전자기학의 개념원리, 홍희식 외, 복두출판사
- 기초 전기전자공학, Thomas L. Floyd 외, 시그마프레스
- 설비 자동화 공학 기초, 김원종, 홍릉
- 전자기학, 장기완, 북스힐
- 경영품질론, 안영진, 박영사
- 프로세스관점의 서비스 품질경영, 정승환 외, 한경사
- 슬기로운 전기생활, 조수환, 맨투맨사이언스

학교생활 TIPS

- 스마트전력인프라에 기본이 되는 수학, 과학(물리학, 화학), 정보 교과 성적을 상위권으로 유지하고, 전공 적합성, 전공과 관련된 역량 발휘, 지원 전공의 궁금증 해결을 위해 기울인 태도, 전공 관련 활동과 경험 등이 학교생활기록부 교과 세부능력 및 특기사항에 기록되도록 하는 것이 좋습니다.
- 학교 교육계획에 의한 행사 활동, 수련 활동 및 학년 및 학급 단위로 진행되는 다양한 활동에서 문제점을 극복해 나가는 과정, 공동의 목표를 이루기 위해 기울인 노력, 자발성과 자율성, 적극성, 대인 관계, 공동체 의식, 문제해결 능력 등이 발휘될 수 있도록 적극적인 활동 참여가 중요합니다.
- 학교 정규 동아리(과학 탐구 실험, 수리 탐구 논술, 공학, 발명, 아두이노 및 코딩) 활동 참여를 통해 학문적 열정이나 지적 관심의 정도, 새로운

아이디어 제안, 특정한 결과물이나 성과로 이어지는 경험을 하고 이를 통해 배우고 느낀 점이 나타나는 것이 좋습니다.
- 학교생활 내에서도 자신의 능력을 나누어줄 수 있는 다양한 봉사 활동(급식 도우미, 사서 도우미, 학습 멘토링, 교통지도, 교단 선진화 기자재 도우미 및 학생 주도 프로젝트 봉사) 참여를 통해서 타인을 배려하고 존중하는 생활 태도를 보이는 것이 중요합니다.
- 스마트전력인프라학과 관련 진로 활동(기업이나 연구소 탐방, 직업 체험, 직업인 특강, 학과 탐방) 참여를 통해 전공에 대한 관심과 열정, 자기주도적인 진로 설정 과정, 과정의 유의미성, 전공 적합성 등이 나타나는 것이 좋습니다.

인문계열
사회계열
자연계열
공학계열
의약계열
예체능계열
교육계열
계약학과 & 특성화학과

학과소개

스마트팩토리는 4차 산업혁명이 제조업에서 가시적으로 구현되는 시스템으로 ICT 기술을 융복합화하여 설계, 개발, 제조, 유통, 물류 등의 생산 전 과정에 적용하여 생산성, 품질, 고객만족도 등의 목표를 향상할 수 있는 지능형 시스템을 의미합니다.

4차 산업혁명 시대, 저성장 시대, 고령화로 인한 숙련공 부족, 기술혁신에 대한 요구에 따라 스마트팩토리의 도입이 시급하고, 세계 스마트 팩토리 시장은 2016년 1,210억 달러에서 2020년 약 1,713억 달러로 연평균 9%로 성장하고 있습니다.

경일대학교 스마트팩토리융합학과는 전기·전자 업종의 스마트 공장 등에 대한 설비투자 확대로 스마트팩토리 관리 인력 수요가 증가할 전망으로 이에 따른 산업 수요를 만족시킬 수 있는 스마트 팩토리 전문가 양성을 목표로 하고 있습니다.

개설대학

- 경일대학교 개설된 조기취업형 계약학과로 등록금은 1학년 과정은 대학에서 학비 전액을 국가장학금으로 지원하고, 2~3학년 과정은 기업에서 등록금의 75%를 지원합니다. 3년 만에 4년제 정규 학사학위 취득이 가능하며 지역의 우수 중견기업 및 강소기업이 채용약정 기업으로 다수 참여하여 취업이 보장됩니다.

관련학과

- 글로벌융합산업공학과
- 산업경영시스템공학과
- 산업공학과
- 산업경영공학부
- 산업 및 기계공학부
- 산업 및 시스템공학과
- 산업시스템공학과
- 산업안전공학과
- 산업융합학과
- 산업정보경영공학과
- 산업정보시스템공학과
- 산업품질공학전공
- 생명산업공학과
- 생산경영공학과
- 생산정보기술공학전공
- 스마트경영공학부
- 스마트팩토리학과
- 에너지시스템경영공학전공
- 융합산업학과
- 정보산업공학전공
- 산업공학부 산업경영공학전공
- 테크노산업공학과
- 품질경영공학과 등

진출직업

- 물류관리사
- 시스템운영관리자
- 품질관리기술자
- 품질인증심사전문가
- 산업안전 및 관리기술자
- 변리사
- 감정평가사
- 회계사무원
- 회계사 등

취득가능 자격증

- 전기(공사)기사
- 소방설비기사(전기분야)
- 산업안전기사
- 공정관리기사
- 생산자동화산업기사
- 품질관리산업기사
- 3D CAD
- 지능형 로봇 자격증
- 모바일 로보틱스 등

진출분야

기업체	시스템 통합 업체, IT 관련 업체, 통신 시스템 및 정보, 시스템 업체, 소프트웨어 개발업체, 기계 전자 제조 회사, 유통업체, 컨설팅 업체, 정보 기술 회사, 시스템, 엔지니어링 회사, 벤처 기업 창업 등
정부 및 공공 기관	산업통상자원부, 한국산업안전보건공단 등
연구 기관	산업 시스템 관련 연구 기관, 한국과학기술원, 한국표준과학연구소, 한국산업안전연구원, 한국생산기술연구원, 한국능률협회, 한국표준협회 등

학과 주요 교과목

1학년	로봇운전실무, PLC 입문 전기전자공학개론, AI 프로그래밍 기초, 기계공학개론, 스마트팩토리개론, 로봇정리실무, 자동화실무, 회로이론, 전자기학, 산업공학의 이해, 최적화 개론, 컴퓨터 정보처리 기술, AI 프로그래밍기초 등
2학년	전력공학, 최적화개론, AI프로그래밍응용, 유공압공학, 전기기기, IoT 입문, 통계학개론, 빅데이터분석, 생산관리시스템, 전사적자원관리 등
3학년	생사관리, 통계학개론, R&D 기획 품질관리, 스마트팩토리설비설계, 빅테이터의 이해, 과학기술과 윤리, 스마트 그릴드, AI 프로그래밍응용, 회로이론, 종합실무 등

학과 인재상 및 갖추어야 할 자질

- 수학, 물리학, 화학 등 기초 과학 과목에 대한 관심과 지식을 갖춘 학생
- 공학적 소양과 컴퓨터 관련 사고가 고루 풍부한 학생
- 사물의 동작 과정과 효율적인 동작을 하기 위한 방법에 호기심이 많은 학생
- 수리에 능하고, 체계적으로 일의 프로세스를 설계하는 능력이 있는 학생
- 어려운 문제에 도전하여 목적을 성취할 수 있는 능력을 갖춘 학생
- 기계 및 컴퓨터에 흥미와 관심이 높은 학생

학과 관련 선택 과목

※ 국어, 영어 교과는 모든 학문의 기초적인 성격을 가진 도구교과로 모든 학과에 이수가 필요하여 생략함.

공통 과목		공통국어1,2, 공통수학1,2, 공통영어1,2, 한국사1,2, 통합사회1,2, 통합과학1,2, 과학탐구실험1,2
수능 필수		화법과 언어, 독서와 작문, 문학, 대수, 미적분 I, 확률과 통계, 영어 I, 영어 II, 한국사, 통합사회, 통합과학, 성공적인 직업생활(직업)
일반 선택	수학, 사회, 과학	대수, 미적분 I, 확률과 통계, 사회와 문화, 현대사회와 윤리, 물리학, 화학
	체육·예술	
	기술·가정/정보	기술·가정, 정보
	제2외국어/한문	
	교양	생태와 환경
진로 선택	수학, 사회, 과학	기하, 미적분 II, 인공지능 수학, 역학과 에너지, 전자기와 양자, 물질과 에너지, 화학 반응의 세계
	체육·예술	
	기술·가정/정보	생활과학 탐구, 인공지능 기초, 데이터 과학
	제2외국어/한문	
	교양	
융합 선택	수학, 사회, 과학	수학과제 탐구, 역사로 탐구하는 현대 세계, 사회문제 탐구, 기후변화와 지속가능한 세계, 기후변화와 환경생태, 융합과학 탐구
	체육·예술	
	기술·가정/정보	창의 공학 설계, 소프트웨어와 생활
	제2외국어/한문	
	교양	

추천 도서 목록

- 전기전자공학 개론, Stan Gibilisco 외, 한빛아카데미
- 오디오로 배우는 전자공학, 장병준, 홍릉
- 전기자기학, 박기식 외, 사이버북스
- 알고 보면 재미나는 전기 자기학, 박승범 외, 전파과학사
- 자동차 전기전자공학, 이찬수 외, 복두출판사
- 기초전자실험 with PSpice, 홍순관, 한빛아카데미
- 공학도를 위한 전기자기학, 김상훈, 사이버북스
- 기초 전기전자 디지털공학의 이해, 한기동 외, 복두성
- 전기전자물성공학, 남춘우, 문운당
- 실전전기전자기초, 지일구 외, 기전연구사
- 만화로 보는 산업안전보건 기준에 관한 규칙, 산업재해예방 안전보건공단, 진한엠앤비
- 이해하기 쉬운 산업안전보건법, 강만구 외, 북랩
- 산업경영공학 시스템 접근, 박용태, 생능출판
- 4차 산업혁명 시대를 위한 경영정보시스템, 윤종훈 외, 창명
- 4차 산업혁명 시대의 경영정보시스템, 노규성 외, 광문각
- 4차 산업혁명 시대, 스마트공장 구축을 위한 스마트제조&공정시스템,

- 김성곤 외, 광문각
- 4차 산업혁명과 공유가치창출 경영, 백삼균, 에피스테메
- 4차 산업혁명 시대의 기업경영, 유재욱 외, 박영사
- 제4차 산업혁명과 기술경영, 황인극 외, 청람
- 산업생태계 이해를 위한 플랫폼 경영, 강병영, 탑북스
- 전력경제의 이해, Daniel S. Kirschen 외, 한티에듀
- 전력전자공학, 원충연 외, 한빛아카데미
- 설비상태 감시를 위한 전력 IoT, 이병성 외, 홍릉
- 전력공학, 박규홍 외, 동일출판사
- 전력설비 속내 진단의 눈, 초음파, 조용상, 도서출판 홍릉
- 스마트팩토리 구축실무, 이철우, 구민사
- 스마트 팩토리 : 미래 제조 혁신, 박준희, 율곡출판사
- 사람중심의 4차 산업혁명을 선도하는 스마트 팩토리 운영전략과 이해, 박경록 외, 한올
- 스마트팩토리 바이블, 유형근 외, 홍릉
- 스마트팩토리, 정동곤, 한울아카데미

학교생활 TIPS

- 스마트팩토리융합 전공에 기본이 되는 수학, 과학(물리학, 화학), 사회, 영어, 기술·가정, 정보 교과 성적을 상위권으로 유지하고, 학업 능력, 전공 적합성, 문제해결 능력 등이 학교생활기록부 교과 세부능력 및 특기사항 영역에 나타나도록 합니다.
- 스마트팩토리융합 전공에 대한 흥미와 관심, 지원 전공에 대한 이해, 자신의 경험과 지원 전공과의 연관성이 드러날 수 있도록 각종 교내외 활동에 자기주도적으로 참여합니다.
- 학교 정규 동아리(공학, 경영, 경제, 코딩 및 아두이노, 독서 토론, 발명, 사회 참여) 활동을 추천하고, 동아리 활동을 통해 학문적 열정과 지적 관심, 전공 분야에 대한 관심과 열정, 새로운 아이디어 제안이 특정 결과물로

이어지는 과정을 통해 배우고 느낀 점이 나타나는 것이 좋습니다.
- 학교생활 내에서도 자신의 능력을 나누어 줄 수 있는 다양한 봉사 활동 (급식 도우미, 사서 도우미, 학습 멘토링, 교통 지도, 교단 선진화 기자재 도우미) 참여를 권장합니다.
- 소프트웨어, 컴퓨터, 공학 일반, 프로그래밍, 인문학, 철학, 역사 등 다양한 분야의 독서를 통해서 융합적 지식을 습득하는 것이 중요합니다.
- 스마트팩토리공학 관련 기업이나 직업 탐색, 직업인 특강, 학과 탐방 등 전공 관련 진로 활동 참여를 통해 지원 전공에 대한 올바른 이해, 전공에 대한 관심과 열정, 자기주도적인 진로 설정 과정, 과정의 유의미성, 전공 적합성 등이 기록되는 것이 좋습니다.

322

조기취업형계약학부 스마트푸드테크학과

학과소개

국내 푸드테크 산업은 기술개발에 필요한 전문 인력이 절대적으로 부족한 상황입니다. 이에 지속적인 교육과 홍보를 통해 식품 관련 지식뿐만 아니라, 정보통신기술(ICT)과 노하우를 접목할 수 있는 '융합 인재'가 필요한 상황입니다.

이를 위하여 푸드테크 인재를 키울 수 있는 관련 학과도 생겨나고 있는데, 최근 대구한의대 미래라이프융합대학에서 환자의 건강과 관련된 메뉴 개발을 돕는 메디푸드 HMR산업학과와 함께 경일대학교에 신산업분야 인력 양성을 위한 스마트푸드테크학과를 신설하게 되었습니다.

경일대학교 스마트푸드테크학과는 맛있고 건강한 식품보다 안전한 식품제조가 더 필요하며, 미래 식품산업에 기술이 접목된 Food – tech 분야로의 확대 그리고 IoT 기반 스마트식품공장화가 되고 있어 이를 관리 운영할 수 있는 전문 인력을 양성하는 데 목적을 두고 있습니다.

개설대학

• 경일대학교에 개설된 조기취업형 계약학과로 등록금은 1학년 과정은 대학에서 학비 전액을 국가장학금으로 지원하고, 2~3학년 과정은 기업에서 등록금의 75%가 지원됩니다. 3년 만에 4년제 정규학사학위 취득이 가능하며 지역의 우수 중견기업 및 강소기업이 채용약정기업으로 다수 참여하여 취업이 보장됩니다.

진출직업

• 식품품질 안전관리 전문가
• 식품분석평가 전문가
• 스마트 식품공장 관리 전문가
• 식품공학자
• 식품학연구원
• 식품위생공무원
• 영양사
• 바이오식품개발전문가
• 기능성식품관리사
• 식문화콘텐츠기획자
• 식생활전문기자
• 외식상품기획자 등

관련학과

• 메디푸드 HMR산업학과
• 식품산업외식학과
• 식품유통공학과
• 식품가공학과
• 식품영양학과
• 미생물학과
• 바이오식품공학과
• 바이오식품소재학과
• 식품의약학과
• 식물식품공학과
• 식품생물공학과
• 식품생명공학과
• 식품생명과학과 등

취득가능 자격증

• 식품가공기능사
• 식품기사
• 식품산업기사
• 수산제조기술사
• 수산제조기사
• 양식조리기능사
• 영양사
• 위생사
• 유기농업기사
• 품질관리기술사
• 수산물질관리사
• 농산물품질관리사 등

진출분야

기업체	대기업(CJ, GS 등) OEM, 유명브랜드 식품 OEM, 외식(프랜차이즈) OEM, 건강기능, 유기농 식품, 단체급식식품, 다양한 식품제조/조리, 신소재, 신제품 개발 업체 등
정부 및 공공 기관	식품의약품안전처, 한국식품연구원, 한국과학기술연구원, 농림수산식품부, 국립농산물품질관리원, 농림축산검역본부, 농촌진흥청, 한국식품안전관리인증원, 보건복지부 등
연구 기관	식품 제조업체, 한국식품연구원, 식품 회사 연구소, 한국생명공학연구원등

학과 주요 교과목

1학년	스마트식품학, 식품위생학, 식품산업과 경영, 식품분석이론, 식품분석실습, 식품플랜트디자인, HACCP적용이론, 식품미생물이론 식품기준규격 및 표시실무, 식품관능평가이론, 식품관능평가실습, 식품위생법규, 식품 미생물 실습, 식품분석이론 및 실습, 산업공학의 이해, 과학기술과 윤리 등
2학년	공정관리실무, 식품재료 및 구매론, 경영의 이해, 생산품질관리, 영양성분 분석, 프로토타이핑프로젝트, IoT입문, 조직문화의 이해 등
3학년	식품화학, 식품포뮬레이션, 빅데이터 이해, 산업안전, 클레임대응과 오디트실무, 식품공장자동화실무, 스마트이력추적 관리 등

학과 인재상 및 갖추어야 할 자질

• 일상생활 속에서 접하는 식품의 가공, 저장, 분석에 대해 관심이 많은 학생
• 새로운 분야에 도전하는 것을 즐기고, 상상력이 풍부하며 주변 환경에 대한 호기심이 많은 학생
• 건강 관련 식품에 대한 관심, 사물과 식품의 특징에 대한 호기심이 많은 학생
• 첨단 기술을 식품에 응용할 수 있는 창의력과 응용력을 갖춘 학생
• 현상의 원인에 대해 끊임없이 탐구하고 밝혀내려는 끈기를 가진 학생
• 실험에 관심이 많고 이를 통해서 문제를 해결하는 것에 관심이 많은 학생

학과 관련 선택 과목

※ 국어, 영어 교과는 모든 학문의 기초적인 성격을 가진 도구교과로 모든 학과에 이수가 필요하여 생략함.

공통 과목		공통국어1,2, 공통수학1,2, 공통영어1,2, 한국사1,2, 통합사회1,2, 통합과학1,2, 과학탐구실험1,2
수능 필수		화법과 언어, 독서와 작문, 문학, 대수, 미적분Ⅰ, 확률과 통계, 영어Ⅰ, 영어Ⅱ, 한국사, 통합사회, 통합과학, 성공적인 직업생활(직업)
일반 선택	수학, 사회, 과학	대수, 미적분Ⅰ, 사회와 문화, 현대사회와 윤리, 확률과 통계, 물리학, 화학, 생명과학
	체육·예술	
	기술·가정/정보	기술·가정, 정보
	제2외국어/한문	
	교양	생태와 환경
진로 선택	수학, 사회, 과학	정치, 법과 사회, 물질과 에너지, 화학 반응의 세계, 세포와 물질대사, 생물의 유전
	체육·예술	
	기술·가정/정보	생활과 과학, 인공지능 기초, 데이터 과학
	제2외국어/한문	
	교양	인간과 심리, 보건
융합 선택	수학, 사회, 과학	수학과제 탐구, 윤리문제 탐구, 기후변화와 지속가능한 세계, 기후변화와 환경생태, 융합과학 탐구
	체육·예술	
	기술·가정/정보	
	제2외국어/한문	
	교양	인간과 경제활동

추천 도서 목록

- 푸드테크, 정환묵, 스마트산업연구소
- 비건을 경영하다, 조은희, 매경출판
- 식품유통의 이해와 분석, 김성훈 외, 박영사
- 푸드 트렌드, 2023, 서울대학교 푸드비즈니스랩, 식품저널
- 첨단바이오의약품 제조 및 품질관리기준 가이드라인, 식품의약품안전처, 진한엠앤비
- 바텐더 메디푸드 음료, 이희수, 21세기사
- 개인맞춤 영양의 시대가 온다, 김경철 외, 클라우드나인
- 모던 키친, 박찬용, 에이치비 프레스
- 식사에 대한 생각, 비 윌슨, 어크로스
- 음식의 미래, 라리사 짐버로프, 갈라파고스
- 생활 속 식품과 영양, 김미라 외, 파워북
- 이야기로 풀어쓰는 식품과 영양, 주나미 외, 파워북
- 이해하기 쉬운 식품과 영양, 신말식 외, 파워북
- 식품과 영양, 김주현 외, 교문사
- 영양의 비밀, 프레드 프로벤자, 브론스테인

- 향신료 과학, 스튜어트 페리몬드, 북드림
- 개인맞춤 영양의 시대가 온다, 김경철 외, 클라우드나인
- 건강기능식품 약일까? 독일까?, 김승환 외, 지식과감성
- 식품위생학, 이인숙 외, 백산출판사
- 제이 리Jay Lee의 미국 식품 트렌드, 이종찬, 북랩
- 이해하기 쉬운 식품위생학, 구난숙 외, 파워북
- 식품미생물학, 이종경 외, 파워북
- 이해하기 쉬운 식품화학, 강명화 외, 파워북
- 식품가공저장학, 신성균 외, 파워북
- New 식품공학, 변유량 외, 지구문화
- 실무를 위한 식품분석학, 노봉수 외, 수학사
- 건강기능식품 A to Z, 강보혜 외, 지식과감성
- 미래 세대를 위한 채식과 동물권 이야기, 이유미, 철수와영희
- 지구를 살리는 생태 환경 활동 대백과, 엘렌 라이차크, 봄나무
- 먹방 말고 인증샷 말고 식사, 정정희, 천개의바람

학교생활 TIPS

- 스마트푸드테크 전공과 관련이 있는 수학, 과학(화학, 생명과학), 사회, 정보 교과의 학업 성취도를 높이기 위한 노력이 필요합니다. 학교 수업 참여에 대한 열정과 의지, 식품공학 전공에 대한 흥미, 관심과 기울인 노력 등 수업 시간을 통해 보인 자신의 장점이 학교생활기록부 교과 세부능력 및 특기 사항에 기록되는 것이 좋습니다.
- 과학, 식품, 공학(과학 탐구, 식품, 공학) 관련 동아리 활동 참여를 추천하고, 다양한 활동 경험, 리더십 발휘, 남을 배려하고자 하는 태도, 동아리 활동 과정에서 부딪히는 문제점을 슬기롭게 해결한 경험, 전공과 관련한 다양한 경험 및 학문적 열정, 지적 관심 정도 등이 나타나는 것이 중요합니다.

- 음식, 식품 대한 흥미와 관심, 지원 전공에 대해 이해, 자신의 경험과 지원 전공과의 연관성이 드러날 수 있는 진로 활동 프로그램(식품 관련 기업 및 연구원 탐방, 직업인 체험 및 특강, 학과 체험) 참여를 통해서 진로에 대한 열정과 관심이 기록되면 좋습니다.
- 학교 교육계획에 의한 행사 활동, 수련 활동, 학년·학급 단위로 진행되는 체험 활동 참여를 통해 공동체의 목표 달성을 위해 노력하고, 학교생활 내에서 자신의 능력을 나누어줄 수 있는 다양한 활동(교단 선진화 기자재 도우미, 학습 멘토링, 급식 도우미, 학생 주도 프로젝트 봉사) 참여를 통해 타인을 위해 봉사하고 헌신하는 모습이 드러나는 것이 좋습니다.

인문계열 / 사회계열 / 자연계열 / 공학계열 / 의약계열 / 예체능계열 / 교육계열 / 계약학과 & 특성화학과

323

조선해양공학부

학과소개

세계 최대 조선산업의 메카인 울산의 지리적 여건과 세계 최대 조선소인 현대중공업이 본 대학의 육영재단이라는 특성에 따라 설립된 학과로 조선해양공학부는 개설 초기부터 영국 Newcastle대학교의조선공학과와 자매결연을 맺고 실험기자재 및 인력 등 여러 측면에서 긴밀한 협조가 이루어져 왔으며 설계분야(Naval Architecture)이외에 건조공학분야(Shipbuilding)에도 중점을 두어 교육하는 목표를 설정하였습니다.

또한 현장감있는 교육방향 이외에 공학의 기초 분야에서도 역점을 두어서 차세대 선박설계기술, 선박건조 시스템기술, 선형과 추진기술, 내항성과 조종성 기술, 구조 진동기술, 성능평가기술 등과 같은 차세대 첨단 기술개발 선구자 육성을 교육 목표로 하고 있습니다.

조선해양공학부 전공에서는 해양자원개발(석유, 가스, 에너지, 광물, 어패류 등), 해양공간이용(예: VLFS, Artificial Steel Reefs 등), 해양을 통한 운동이나 수송기술(선박, Cable, Pipeline 등의 이용), 해양오염 방지기술, 해양탐사 및 연구를 위한 기술(예: 심해무인 탐사정, 자동항법 잠수정 등) 등에 활용될 수 있는 기초 지식의 교육에 역점을 두고 있습니다. 또한 세계 지표의 71%에 달하는 해양 개발을 위한 창의적인 역군 양성을 목표로 삼고 있습니다.

개설대학

• 울산대학교

관련학과

- 환경해양건설공학과
- 해양토목공학과
- 해양컴퓨터공학과
- 해양정보통신공학과
- 해양융합공학과
- 해양산업공학과
- 해양바이오시스템공학과
- 해양레저장비학과
- 해양기술학부
- 선박해양공학과
- 산업조선해양공학부
- 기계자동차조선해양공학부
- 조선해양공학부
- 조선시스템학과
- 조선해양시스템공학과
- 조선해양플랜트공학과
- 조선해양플랜트과
- 해양공학과 등

진출직업

- 공업교사
- 해양공학기술자
- 해양과학연구자
- 해양공학연구자
- 해양관련사업체관리자
- 해양환경기술자
- 선박교통관제사
- 선박운항관리사
- 무선항해통신장비설치원
- 해양경찰관
- 수산학연구원
- 환경 및 해양과학연구원
- 조선공학기술자
- 토목구조설계기술자
- 플랜트기계공학기술자
- 선박정비원
- 해양수산기술자
- 환경영향평가원
- 레저선박시설전문가
- 산업잠수사
- 해양설비기본설계사 등

취득가능 자격증

- 해양공학기사
- 해양자원개발기사
- 해양환경기사
- 토목기사
- 항로표지기사
- 해양조사산업기사
- 해양생산관리기
- 해양기술사
- 항만 및 해안기술사
- 수자원개발기술사
- 해양자원개발기사
- 선박기계기사
- 건축기사
- 측량및지형공간정보기사
- 수질환경기사
- 전산응용조선제도기능사
- 선체건조기능사
- 동력기계정비기능사
- 해양자원개발기사
- 중등학교 정교사 2급 등

진출분야

기업체	현대중공업, 현대미포조선, 현대건설, 현대엔지니어링, 삼성중공업, 대우조선해양, STX, 기타조선계열, 삼성전자, 손해보험사, 특성화 고등학교 등
정부 및 공공 기관	한국산업인력공단, 근로복지공단, 코레일, 한국가스안전공사, 한국수력원자력, 한국지역난방공사 등
연구 기관	해양 관련 국가 및 민간 연구소, 한국건설기술연구원, 한국해양과학기술원 부설 선박해양플랜트연구소, 국방과학연구소, 한국해양연구원, 국립해양조사원 등

학과 주요 교과목

1학년	컴퓨터이해와 응용, 조선해양공학개론, 창의성공학, 프로그래밍 및 연습, 일반화학, 일반물리학, 일반물리학실험 등
2학년	수치해석, 공업수학, 열역학, 재료역학, 유체역학, 선박해양전기전자시스템, 동역학, 부유체안정론, 응용재료역학, 응용유체역학, 조선해양용접공학 등
3학년	진동과소음, 구조역학, 선박저항추진, 건조공학, 역학실험, 해양파동역학, 설박해양플랜트시스템, 구조해석, 선박해양생산관리, 조선해양공학실험, 전산유체역학, 선박조종론 등
4학년	공업교과교육론, 해양구조물설계, 선박기본설계, 구조설계, 제품모델링, 해양구조물계류론, 해양환경공학, 금속재료가공학, 조전해양유체시스템, 연안해양공학, 해양산업언전과 환경 등

학과 인재상 및 갖추어야 할 자질

- 복잡한 구조물도 잘 이해할 수 있는 공간 지각 능력을 지닌 학생
- 수학, 물리학, 화학, 공학, 역학 등에 대한 기초적인 학습 능력이 있는 학생
- 바다와 선박을 비롯한 해양 구조물에 관해 관심과 흥미가 있는 학생
- 강인한 체력과 인내심, 높은 수준의 관찰력과 분석 능력을 지닌 학생
- 과학적 탐구 능력, 지적 호기심, 창의적 표현 능력을 지닌 학생
- 신기술 개발 및 응용을 위한 창조적 연구를 수행할 수 있는 책임감, 리더십, 창의력을 지닌 학생

학과 관련 선택 과목

※ 국어, 영어 교과는 모든 학문의 기초적인 성격을 가진 도구교과로 모든 학과에 이수가 필요하여 생략함.

공통 과목		공통국어1,2, 공통수학1,2, 공통영어1,2, 한국사1,2, 통합사회1,2, 통합과학1,2, 과학탐구실험1,2
수능 필수		화법과 언어, 독서와 작문, 문학, 대수, 미적분 I , 확률과 통계, 영어 I , 영어 II , 한국사, 통합사회, 통합과학, 성공적인 직업생활(직업)
일반 선택	수학, 사회, 과학	대수, 미적분 I , 확률과 통계, 물리학, 화학, 생명과학, 지구과학
	체육·예술	
	기술·가정/정보	기술·가정, 정보
	제2외국어/한문	
	교양	
진로 선택	수학, 사회, 과학	기하, 미적분 II , 역학과 에너지, 전자기와 양자, 물질과 에너지, 화학 반응의 세계, 지구시스템과학, 행성우주과학
	체육·예술	
	기술·가정/정보	
	제2외국어/한문	
	교양	
융합 선택	수학, 사회, 과학	수학과제 탐구, 융합과학 탐구
	체육·예술	
	기술·가정/정보	창의 공학 설계, 지식 재산 일반
	제2외국어/한문	
	교양	

추천 도서 목록

- 대해전, 최강국의 탄생, 폴 케네디, 한국경제신문
- 바다의 패권 400년사, 다케다 이사미, 에이케이커뮤니케이션즈
- 해상운송론, 김성국, 문현
- ICT융합 글로벌 조선, 해양플랜트산업 기술개발 동향과 시장 전망, 이슈 퀘스트 편집부, 이슈퀘스트
- 대한제국과 콜럼버스, 손성준, 글터
- 한국 중세시대 선박사, 김병근, 주류성
- 해양·해저플랜트 공학, 신동훈 외, 에이퍼브프레스
- 해양안보와 미국의 외교정책, 장성일, 이조출판사
- 재미있는 해양생태학, 정해진, 서울대학교출판문화원
- 고대 동아시아의 수군과 해양활동, 한국고대사탐구학회, 온샘
- 동아시아, 해양과 대륙이 맞서다, 김시덕, 메디치미디어
- 바다 인류, 주경철, 휴머니스트
- 미래 법정, 곽재식, 교보문고
- 알아두면 잘난 척하기 딱 좋은 인간딜레마, 이용범, 노마드
- 역사를 바꾼 100책, EBS 독서진흥 자문위원회, EBS BOOKS
- 계몽은 계속된다, 베르너 슈나이더스, 그린비
- 인류의 삶 속에 담긴 질병 극복 이야기, 김애정, 솔과학
- 지극히 짧고도 사소한 인생 잠언, 정신과의사 Tomy, 리텍콘텐츠
- 컬처, 문화로 쓴 세계사, 마틴 푸크너, 어크로스
- 쇼펜하우어의 인생 수업, 아르투어 쇼펜하우어, 메이트북스
- 국가정보론, 윤민우, 박영사
- Ncs기반 국가와 국가안보, 노병석, 진영사
- 21세기 국가안보의 뉴패러다임, 이강경 외, 황금소나무
- 한반도 분단과 통일 전망, 루벤 카자리안, 한국외국어대학교 지식출판콘텐츠원
- 안보에서 평화로, 박한식, 열린서원
- 과학기술, 미래 국방과 만나다, 박영욱 외, 나무와숲
- 한국군의 두 얼굴, 김태훈, 북랩
- 간첩, 밀사, 특사의 시대, 건국대학교 통일인문학연구단, 선인
- 침묵의 전쟁, 심용식, 홍익문화
- 안전보장학 개론, 문장권 외, 황금소나무

학교생활 TIPS

- 조선해양공학 전공과 관련이 있는 수학, 과학(물리학, 화학) 교과의 학업 성취도 향상을 위한 노력이 필요합니다. 학교 수업 활동을 통해 학습에 대한 의지와 열정, 수업의 집중도, 학문에 대한 열정이나 지적 관심의 정도, 지원 전공에 대한 흥미와 관심, 지원 전공과 관련한 교과 활동 여부, 지원 전공을 위해 기울인 노력 등이 학교생활기록부 교과 세부능력 및 특기사항에 나타나는 것이 좋습니다.
- 학교 교육계획에 의한 행사 활동, 수련 활동, 학년·학급 단위로 진행되는 활동(융합 교실, 리더십, 민주 시민 역량교육, 창의성 교육) 참여를 통해 공동체의 목표 달성을 위해 노력한 모습, 자신의 목표를 위해 도전한 사례,

- 창의적이고 논리적인 사고로 문제를 해결하는 능력 등이 나타나면 좋습니다.
- 조선해양공학 전공 관련 진로 활동(해양 관련 기업이나 기관탐방, 해양 관련 직업 및 학과 체험, 직업 탐색) 참여를 통해 조선해양공학에 대한 흥미와 관심, 지원 전공에 대한 이해, 자신의 경험과 지원 전공과의 연관성 등이 드러날 수 있도록 합니다.
- 학교생활 내에서 자신의 능력을 나누어줄 수 있는 다양한 활동(학습 멘토링, 급식 도우미, 교통 지도, 학생 주도 프로젝트 등)이나 각종 학교 행사 중에 참여하는 봉사 활동 참여를 통해 타인을 위해 봉사하고 실천하는 모습을 보이는 것이 좋습니다.

학과소개

철도건설시스템학부 글로벌철도학과는 철도시스템분야의 국제화를 목표로 어학과 실무능력을 합친 경쟁력과 최고의 취업모델을 제공하는 학과입니다. 글로벌 철도 시스템에 맞는 교육과정을 원어민에게 영어로 배우며, 창의적인 사고와 실무 능력을 겸비한 철도 융합 지도자를 양성하는 학과입니다. 향후 건설 및 철도시장은 외국으로의 진출이 불가피한 상황이고, 이에 따라 국내 유수의 중견 기업과 공기업에서도 해외 사업을 키우고 있으나 어학 능력과 철도 전문 지식을 겸비한 인재의 양성이 절실한 상황입니다. 높은 수준의 실무 지식과 기술력을 갖춘 인재 양성, 철도시장을 이끌어 갈 글로벌 역량을 갖춘 인재 양성, 경영, 차량, 통신, 전기, 운송 등 다양한 분야의 전공지식을 갖춘 인재를 양성합니다.

우송대학교 철도건설시스템학부 글로벌철도학과는 S.I.S(솔 인터내셔널 스쿨)와 동시에 철도물류대학 소속으로서 본 학부생은 우송대학교 철도물류대학에서 운영하고 있는 모든 프로그램에 참여가 가능합니다. 운전 교육을 하는 우송디젯철도 아카데미에서 교육을 받고 철도공사, 서울 메트로 등의 기관사로 진출이 가능하며, 우송대학교와 협약을 맺은 현대건설 인재개발원 교육에도 참여가 가능합니다. 또한 영어우수자에서는 자매결연을 맺고 있는 대학으로의 해외연수나 교환학생의 기회가 주어집니다. 중국의 소주대학, 러시아의 교통대학교 등과도 교육과정을 함께 운영하고 있습니다.

개설대학

• 우송대학교

관련학과

• 철도경영·물류·데이터사이언스
  학부
• 드론·철도·건설시스템공학과
• 철도건설안전공학과
• 철도공학부
• 철도관제정보학과
• 철도기계시스템학과
• 철도운전시스템전공
• 철도운전시스템학과
• 철도차량시스템학과 등

진출분야

기업체	건설회사, 감리회사, 설계회사 등의 해외사업분야,해외다국적 기업 등
정부 및 공공 기관	한국철도시설공단, 한국철도공사, 서울메트로, 서울철도 공기업, 지자체 도시철도 공기업 등
연구 기관	한국철도기술연구원등

진출직업

• 철도기술연구원
• 철도 공무원
• 철도관련 전문직
• 설계사 등

취득가능 자격증

• 철도운송산업기사
• 철도신호기사
• 철도차량기사
• 철도토목기사
• 철도교통안전관리자
• 전기차량운전면허
• 전기철도기사 등

학과 주요 교과목

1학년	RIEP과목, Sol-Sup1, General Managemt, Fundamentals of Railway System, Railway Terminology,SW 프로그램실습, Applied Calculus, Basic Computer Programming 등
2학년	SW 프로그램실습, Computer Aided Design(-CAD), University Physics, Fundamentals of Electrical Engineering, Railway Structures, Statics, Fundamentals of Electronics, Project management
3학년	Mechanics of Materials, Soil Mechanics for Railways, Global Supply Chain Management, Railway Construction, Global Human Resource Management, Railway Electrical Traction systems
4학년	Regulation for Urban Railway Driving, Railway Control & Signaling System, Transport Safety, Multimodal Integrated Transportation, Thesis Writing Workshop, Global Business Strategy

학과 인재상 및 갖추어야 할 자질

• 영어, 수학, 물리 등의 교과에 대한 이해도가 높고 관심이 많은 학생
• 철도 차량의 기본 구조 및 운행 방식에 관심이 많은 학생
• 국제화 시대에 적합한 개방적이고 진취적인 자세를 지닌 학생
• 전기, 통신, 제어, 운송 등의 시스템에 대한 호기심이 많은 학생
• 소프트웨어 활용 능력이 있고 주어진 문제를 논리적으로 해결하는 능력을 지닌 학생

학과 관련 선택 과목

※ 국어, 영어 교과는 모든 학문의 기초적인 성격을 가진 도구교과로 모든 학과에 이수가 필요하여 생략함.

공통 과목		공통국어1,2, 공통수학1,2, 공통영어1,2, 한국사1,2, 통합사회1,2, 통합과학1,2, 과학탐구실험1,2
수능 필수		화법과 언어, 독서와 작문, 문학, 대수, 미적분Ⅰ, 확률과 통계, 영어Ⅰ, 영어Ⅱ, 한국사, 통합사회, 통합과학, 성공적인 직업생활(직업)
일반 선택	수학, 사회, 과학	대수, 미적분Ⅰ, 확률과 통계, 세계시민과 지리, 사회와 문화, 물리학, 화학
	체육·예술	
	기술·가정/정보	기술·가정, 정보
	제2외국어/한문	
	교양	
진로 선택	수학, 사회, 과학	기하, 미적분Ⅱ, 한국지리 탐구, 경제, 역학과 에너지, 전자기와 양자, 물질과 에너지, 화학 반응의 세계
	체육·예술	
	기술·가정/정보	생활과학 탐구, 데이터 과학
	제2외국어/한문	
	교양	
융합 선택	수학, 사회, 과학	수학과제 탐구, 사회문제 탐구, 융합과학 탐구
	체육·예술	
	기술·가정/정보	창의 공학 설계, 지식 재산 일반
	제2외국어/한문	
	교양	

추천 도서 목록

- 물류트렌드 2024, 김종덕, BEYOND X
- 물류관리사를 위한 물류관리론, 이서영, 두남
- 공급망 불확실시대 물류의 재해석 RE: Logistics, 이상근, 아웃소싱타임스
- 물류, 기본이 중요하다, 최영호, 웰북스
- 무역실무 물류과외, 김성식, 무꿈사
- 4차 산업혁명 시대에 대비한 엔지니어가 알아야 할 물류시스템의 '지식'과 '기술', 이시카와 카즈유키, 성안당
- 물류의 길, 서병륜, 삼양미디어
- ESG와 지속가능한 물류, 이상근, 아웃소싱타임스
- 오늘날 혁명은 왜 불가능한가, 한병철, 김영사
- 에너지 인문학, 강신욱, 지식과감성
- 세계의 종말을 늦추기 위한 아마존의 목소리, 아이우통 크레나키, 오월의봄
- 인문학의 성격과 인문교육, 나일수, 해드림출판사
- 인간이 그리는 무늬, 최진석, 소나무
- 인간다움, 김기현, 21세기북스
- 항상 옳을 순 없어도 항상 이길 수는 있습니다, 아르투어 쇼펜하우어, 베가북스

- 돈의 심리학, 30만 부 기념 스페셜 에디션, 모건 하우절, 인플루엔셜
- 돈의 속성, 300쇄 리커버에디션, 김승호, 스노우폭스북스
- 부자 아빠 가난한 아빠, 20주년 특별 기념판, 로버트 기요사키, 민음인
- 부의 추월차선, 10주년 스페셜 에디션, 엠제이 드마코, 토트
- 퍼스널 MBA, 10주년 기념 증보판, 조시 카우프만, 진성북스
- 21세기 무역학개론, 정재완 외, 삼영사
- 비즈니스 설계자, 노마드크리스, 아라크네
- 프롬 투, 서정민, 시대의
- 디자인씽킹, 비즈니스 현장을 겪다, 손일상 외, 워터베어프레스
- ESG 경영론, 심보균 외, 이프레
- 하버드 리더십 수업, 데이비드 거건, 현대지성
- 일을 잘 맡기는 기술, 모리야 도모타카, 센시오
- 처음 시작하는 해외 셀러 나는 쇼피로 통했다, 스테비, 북샵일공칠
- 당신의 가격은 틀렸습니다, 김유진, 도서담
- 1년에 10억 버는 방구석 비즈니스, 라이언 대니얼 모런, 비즈니스북스

학교생활 TIPS

- 철도건설시스템학부 글로벌철도학과의 기본이 되는 수학, 물리학, 사회 교과의 성적을 상위권으로 유지하고, 정규 교과 수업 시간을 통해 전공에 대한 관심과 이해를 충족시키기 위해 노력한 과정, 학습을 수행하는 자발적인 의지와 태도, 전공 관련 역량 발휘 경험 등이 학교생활기록부 교과 세부능력 및 특기사항에 기록되도록 하는 것이 좋습니다.
- 학교 교육계획에 의한 행사 활동, 수련 활동 및 학년·학급 단위로 진행되는 활동(독서 토론, 모의 법정, 리더십, 창의성 교육, 기업가정신, 환경 교육)에서 자발성과 자율성, 적극성, 대인 관계, 공동체 의식, 리더십 등이 드러날 수 있도록 적극적으로 참여하는 것이 중요합니다.
- 학교 정규 동아리(공학, 컴퓨터, 융합, 과학 탐구, 철도교통, 발명) 활동을 추천하고, 동아리 활동을 통해 관련 전공에 대한 학문적 열정과 지적 관심, 새로운 아이디어 제안이 특정한 결과물로 이어지는 과정을 통해 배우고 느낀 점이 나타나는 것이 좋습니다.
- 학교생활 내에서도 자신의 능력을 나누어줄 수 있는 다양한 봉사 활동(교통지도, 급식 도우미, 재활용 도우미, 학습 멘토링, 컴퓨터 도우미 등) 참여를 통해 타인을 위해 헌신하는 모습을 나타내는 것이 중요합니다.
- 철도 관련 기업이나 연구소 탐방, 철도차량기사나 교통연구원 직업 탐색 및 직업인 특강, 관련 학과 탐방 등 전공 관련 진로 활동 참여를 통해 지원 전공에 대한 올바른 이해, 관심과 열정, 자기주도적인 진로 설정 과정, 전공 적합성 등이 기록되는 것이 좋습니다.

인문계열 / 사회계열 / 자연계열 / 공학계열 / 의약계열 / 예체능계열 / 교육계열 / 계약학과 & 특성화학과

325

첨단운송기계시스템학과

학과소개

기계공학은 일상생활에 필요불가결한 미래자동차기술, 그리고 우리 생활을 안락하고 편안하게 해주는 에너지기술과 수많은 현대식 공장의 자동화된 첨단 로봇 생산시스템기술 등의 근간을 이루는 첨단 핵심 공학 학문 분야입니다. 최근에는 학문의 복합화, 융합화 추세에 따라 신재생에너지, 조선 및 조선기자재, 의공학 등의 산업에서 핵심적인 역할을 하는 학문입니다.

첨단운송기계시스템학과는 전라남도의 주력산업인 조선해양산업과 신성장산업인 자동차튜닝산업 및 부품소재산업의 기업지원과 인력양성을 위해 설립된 학과로 현대삼호중공업, 대한조선 협력업체와 대불국가산업단지 인근 자동차 부품, 소재 중견/중소업체가 참여하고 있는 조기취업형 계약학과입니다.

목표대학교 첨단운송기계시스템학과는 조선해양공학과와 기계공학과를 기반으로 운영하고 있습니다.

조선해양공학과는 조선해양관련 산업의 다양한 목적을 달성하기 위한 각종 선박, 해양구조물, 해상풍력, 잠수정, 해양자원탐사/채굴용 장비, 해저로봇 등의 설계, 건조 및 관련 제반 기술을 연구 개발하는 응용학과입니다.

개설대학

- 목포대학교 조기취업형 계약학과로 3년 6학기제로 운영하며 등록금은 1학년의 경우 수혜 조건 충족 시 희망사다리 장학금이 전액 지원되며 2, 3학년의 경우 지자체 및 산업체 등록금의 일부가 조건 충족 시 지원됩니다. 단 자퇴 및 제적 등 학적 변동이 생기거나 의무 종사 유예 인정 기간을 초과할 때는 장학금의 지원 중단 및 반환 조치가 이루어질 수 있습니다. 첨단운송기계시스템학과의 경우 입학 시 CAD 자격증, 전산, 기계, 용접 등 관련 자격증 소지자를 우대하고 있습니다.

관련학과

- 환경해양건설공학과
- 해양토목공학과
- 해양컴퓨터공학과
- 해양정보통신공학과
- 해양융합공학과
- 해양산업공학과
- 해양바이오시스템공학과
- 해양레저장비학과
- 해양기술학부
- 선박해양공학과
- 산업조선해양공학부
- 기계자동차조선해양공학부
- 조선해양공학부
- 조선시스템학과
- 조선해양시스템공학과
- 조선해양플랜트공학과
- 조선해양플랜트과
- 해양공학과 등

진출분야

기업체	(유)노바엔지니어링, 대명엔지니어링, 대양엔지니어링, 삼호엔지니어링, 제이에스테크, (유)프라임텍, TJ선박설계, (유)대성테크, (유)대양디에스, (유)대원산업기술, (유)신양, (유)이오테크, (유)원진산업, (유)장원, (유)조양이엔지, (유)효양, ㈜대한선박기술, 신우산업, ㈜모헤닉게라지스, ㈜모헤닉모터스, ㈜메카로, ㈜부영씨앤에스, (유)블루에스피, ㈜포스포, ㈜빈센, 정수마린, 지디케이, 이즈테크, 다온기술, ㈜온누리선박기술, 서해선박기술, 바이슨엔지니어링, ㈜청진, ㈜장보고조선, (유)태양, 하나로마린엔지니어링㈜ 등
정부 및 공공 기관	중소기업진흥공단, 한국산업인력공단 등
연구 기관	조선 및 기계 관련 국가 및 민간 연구소 등

진출직업

- 해양공학기술자
- 해양과학연구자
- 해양공학연구자
- 해양관련사업체관리자
- 해양환경기술자
- 선박교통관제사
- 선박운항관리사
- 무선항해통신장비설치원
- 해양경찰관
- 수산학연구원
- 환경 및 해양과학연구원
- 조선공학기술자
- 토목구조설계기술자
- 플랜트기계공학기술자
- 선박정비원
- 해양수산기술자
- 환경영향평가원
- 레저선박시설전문가
- 산업잠수사
- 해양설비기본설계사 등

취득가능 자격증

- 일반기계기사
- 기계설계산업기사
- 기계설계기사
- 메카트로닉스기사
- 해양공학기사
- 해양자원개발기사
- 해양환경기사
- 토목기사
- 항로표지기사
- 해양조사산업기사
- 해양생산관리기사
- 해양기술사
- 항만 및 해안
- 기술사
- 수자원개발기술사
- 해양자원개발기사
- 선박기계기사
- 선체건조기능사
- 동력기계정비기능사
- 해양자원개발기사 등

학과 주요 교과목

1학년	공학입문, 기본역학, 컴퓨터활용, 기계제도, 4차 산업혁명과 미래사회, 공학수학, 선체모형제작실무, 기계공학개론, 3차원선박제품모델링 스마트융합설계프로젝트, 선박의장설계 등
2학년	공학역학, 메카트로닉스개론, 조선공학개론, 기계공작법실무, 나노디그리기초과정, 수송기계생산공학, ICT기술응용, 영화로 보는 스마트운송기계
3학년	전산해석, 생산자동화, 기계요소 설계, 계측과 시험평가, HSE 공학, 나노디그리고급과정, 캡스톤디자인 등

학과 인재상 및 갖추어야 할 자질

- 복잡한 구조물도 잘 이해할 수 있는 공간 지각 능력을 지닌 학생
- 수학, 물리학, 화학, 공학, 역학 등에 대한 기초적인 학습 능력이 있는 학생
- 바다와 선박을 비롯한 해양 구조물 및 기계에 관해 관심과 흥미가 있는 학생
- 대상이 움직이는 원리를 늘 상상하고 궁금해하는 학생
- 과학적 탐구 능력, 지적 호기심, 창의적 표현 능력을 지닌 학생
- 신기술 개발 및 응용을 위한 창조적 연구를 수행할 수 있는 책임감, 리더십, 창의력을 지닌 학생

학과 관련 선택 과목

※ 국어, 영어 교과는 모든 학문의 기초적인 성격을 가진 도구교과로 모든 학과에 이수가 필요하여 생략함.

공통 과목		공통국어1,2, 공통수학1,2, 공통영어1,2, 한국사1,2, 통합사회1,2, 통합과학1,2, 과학탐구실험1,2
수능 필수		화법과 언어, 독서와 작문, 문학, 대수, 미적분Ⅰ, 확률과 통계, 영어Ⅰ, 영어Ⅱ, 한국사, 통합사회, 통합과학, 성공적인 직업생활(직업)
일반 선택	수학, 사회, 과학	대수, 미적분Ⅰ, 확률과 통계, 물리학, 화학, 지구과학
	체육·예술	
	기술·가정/정보	기술·가정, 정보
	제2외국어/한문	
	교양	생태와 환경
진로 선택	수학, 사회, 과학	기하, 미적분Ⅱ, 한국지리 탐구, 경제, 역학과 에너지, 전자기와 양자, 물질과 에너지, 화학 반응의 세계, 지구시스템과학
	체육·예술	
	기술·가정/정보	
	제2외국어/한문	
	교양	
융합 선택	수학, 사회, 과학	수학과제 탐구, 사회문제 탐구, 기후변화와 지속가능한 세계, 기후변화와 환경생태, 융합과학 탐구
	체육·예술	
	기술·가정/정보	창의 공학 설계
	제2외국어/한문	
	교양	

추천 도서 목록

- 포워더 초보자를 위한 해상과 항공 물류 업무 개념 정리, 최주호, 생각나눔
- 항공물류와 드론물류의 서비스, 장윤석, 범한
- 무역 물류실무, 남대정, 범한
- 항공화물 물류 무역 전문용어, 홍규선, 새로미
- 스마트 물류 비즈니스를 위한 글로벌 공급사슬관리, 김종락 외, 한빛아카데미
- 물류관리사를 위한 화물운송론, 이서영, 두남문화사
- 무역실무, 무역물류연구회, 청람
- 물류로 읽는 세계사, 다마키 도시아키, 시그마북스
- 빅블러 시대, 서용구 외, 범한
- 국제운송물류, 오원석, 탑북스
- 약자의 결단, 강하단, 궁리
- 의존을 배우다, 에바 페더 키테이, 반비
- 사회적 약자와의 동행일지, 유동철, 공동체
- 삶이 괴로울 땐 공부를 시작하는 것이 좋다, 박치욱, 웨일북
- 통념에 반하다, 이동하, 보고사

- 돈의 심리학, 30만 부 기념 스페셜 에디션, 모건 하우절, 인플루엔셜
- 돈의 속성, 300쇄 리커버에디션, 김승호, 스노우폭스북스
- 부자 아빠 가난한 아빠, 20주년 특별 기념판, 로버트 기요사키, 민음인
- 부의 추월차선, 10주년 스페셜 에디션, 엠제이 드마코, 토트
- 퍼스널 MBA, 10주년 기념 증보판, 조시 카우프만, 진성북스
- 더 커밍 웨이브, 무스타파 슐레이만, 한스미디어
- 브랜드 설계자, 러셀 브런슨, 윌북
- 당신의 가격은 틀렸습니다, 김유진, 도서담
- 알기 쉬운 구매실무 첫걸음, 목진환, 중앙경제평론사
- ESG와 지속가능한 물류, 이상근, 아웃소싱타임스
- ERP 시스템 기반 비즈니스 실무, 손승희, 노스보스
- 지속가능 구매공급 혁신, 김대수 외, 초아출판사
- 물류관리자를 위한 네트워크와 알고리즘, 변의석, 사이버북스
- 금성에서 온 판매자, 화성에서 온 공급자, 정연태, 신조사
- 엔지니어가 알아야 할 물류시스템의 '지식'과 '기술', 이시카와 카즈유키, 성안당

학교생활 TIPS

- 첨단운송기계시스템학과 수학, 과학 교과 성적을 상위권으로 유지하고, 정규 교과 수업 활동 참여를 통해서 전공 적합성, 전공과 관련된 역량 발휘, 지원 전공의 궁금증 해결을 위해 기울인 태도, 전공 관련 활동과 경험, 학습을 수행하는 자발적인 의지와 태도 등 자신의 장점이 학교생활기록부 교과 세부능력 및 특기사항에 기록되는 것이 좋습니다.
- 학교 교육계획에 의한 행사 활동, 수련 활동, 학년·학급 단위로 진행되는 활동(융합 교실, 리더십, 민주 시민 역량교육, 창의성 교육) 참여를 통해 공동체의 목표 달성을 위해 노력한 모습, 자신의 목표를 위해 도전한 사례, 창의적이고 논리적인 사고로 문제를 해결하는 능력 등이 나타나면 좋습니다.

- 첨단운송기계시스템학과 관련 기업이나 직업인 탐색, 직업인 특강, 기계공학과 학과 탐방 등 전공 관련 진로 활동 참여를 통해 전공에 대한 관심과 열정, 자기주도적인 진로 설정 과정, 진로 설정 과정의 유의미성, 전공 적합성 등이 기록되는 것이 좋습니다.
- 학교생활 내에서 자신의 능력을 나누어줄 수 있는 다양한 활동(학습 멘토링, 급식 도우미, 교통 지도, 학생 주도 프로젝트 등)이나 각종 학교 행사 중에 참여하는 봉사 활동 참여를 통해 타인을 위해 봉사하고 실천하는 모습을 보이는 것이 좋습니다.

326

파이낸스경영학과

학과소개

경영학은 산업혁명이 성공하고 새로운 형태의 산업 경제가 생겨나면서부터 시작된 학문으로 경제성 원칙을 기반으로 한 경영의 효율성이 강조되면서 모든 자유경제의 기본이 되고 있습니다.

최근의 금융시장 환경 변화와 시대적 요구에 부응하면서 기업과 금융기관들로부터 금융전문가에 대한 수요가 증가하여 보다 글로벌한 금융전문가 양성을 목표로 신설하게 되었습니다.

파이낸스경영학과는 금융학과 경영학이 융합돼 재무와 금융에 특화된 커리큘럼을 이수하는 한양대의 유일한 학과로 학생들은 경영학도로서의 기본 자질을 갖추기 위해 다양한 경영학 과목을 이수함과 동시에 금융전문가로서의 특화를 위해 재무, 금융전공 교과목을 기본으로 경제학 등 연계된 교과목을 폭넓게 이수하게 됩니다.

특히 일반경영학과와 달리 파이낸스경영학과의 목적은 경영학의 여러 갈래 중에서도 재무와 금융에 특화된 인재, 즉 금융 분야의 스페셜리스트 양성을 위해 수학이나 경제학 지식이 필수이기에 1학년 때부터 특화된 커리큘럼으로 교육받게 됩니다.

파이낸스경영학과는 한양대학교가 전폭 지원하는 다이아몬드 7학과 중 하나로 등록금 전액 장학금을 지급받습니다. 또한 성적 상위자에게는 미국 대학 1년 유학의 기회를 부여하고, 국내외 주요 금융사의 다양한 인턴십 프로그램을 제공하기도 합니다. 또한 본교 동일 계열의 대학원 진학 시 장학생 우선 선발이 되는 혜택이 있습니다.

개설대학

- 한양대학교

진출직업

- 펀드매니저
- 애널리스트
- 금융공학전문가
- 신용추심원
- 투자신용분석가
- 세무사
- 회계사
- 노무사
- 경영컨설턴트
- 자산관리자
- 손해사정인 등

관련학과

- 경영정보학과
- 경영·회계학부
- 경영·통상·복지학부
- 경영경제대학
- 경영계열 IT경영학과
- 의료경영학과
- 글로벌경영학과
- 국제경영학과
- 융합경영학과
- 글로벌비즈니스학과 등

취득가능 자격증

- PA(공인회계사)
- CFA(국제공인재무분석사)
- 세무사
- 공인노무사
- 경영지도사
- 보험계리사
- 보험중개사
- 손해사정사
- 호텔경영사
- 신용위험분석사
- 국제금융역
- 자산관리사 등

진출분야

기업체	CB(Commercial bank), IB(Investment bank), 증권사, 보험사, 자산운용가, 컨설팅 회사, 무역회사, 회계법인, 노무법인, 리서치 회사 등
정부 및 공공 기관	중앙 정부 및 지방 자치 단체 공무원, 금융·무역·수출입 관련 공공기관 등
연구 기관	경영·경제 관련 국가·민간 연구원, 사회과학 관련 국가·민간 연구원 등

학과 주요 교과목

1학년	경영의 이해, 경제의 이해, 과학기술의 철학적 이해, 창의적 컴퓨팅, 금융수리통계, 금융시장의 이해, 수리경제 입문, 회계의 이해 등
2학년	마케팅관리, 미시경제이론, 비즈니스데이터분석, 재무관리, 조직행동, 거시경제이론, 글로벌리더십, 재무회계, 전문학술영어, 투자론 등
3학년	경영대연구실현장실습, 계량금융, 고급투자론, 금융기관론, 금융데이터과학, 기업가치평가, 기업재무론, 원가회계, 경영정보시스템, 시장미시구조, 재무금융시계열분석, 채권금융론 등
4학년	대체투자론, 변동성투자전략, 경영학특강, 보험과 위험관리, 재무사례연구, 전략경영론 등

학과 인재상 및 갖추어야 할 자질

- 평소 통계나 금융 등 세상 돌아가는 것에 관심이 많은 학생
- 수학과 경제학적 지식에 관심이 있으며 외국어에 자신이 있는 학생
- 리더십을 통해 공동체를 이끌어가고 창의적으로 문제를 해결하는 기업가정신을 갖춘 학생
- 지역 사회에 봉사하고 지식을 공유하는 등 사회적 책임을 다하는 태도를 지닌 학생
- 합리적인 의사 결정 능력을 갖추고 다른 사람과 어울려 일하는 것을 좋아하는 학생
- 새로운 기술 개발, 글로벌 기업 환경에 대한 지속적인 관심을 지닌 학생

학과 관련 선택 과목

※ 국어, 영어 교과는 모든 학문의 기초적인 성격을 가진 도구교과로 모든 학과에 이수가 필요하여 생략함.

공통 과목		공통국어1,2, 공통수학1,2, 공통영어1,2, 한국사1,2, 통합사회1,2, 통합과학1,2, 과학탐구실험1,2
수능 필수		화법과 언어, 독서와 작문, 문학, 대수, 미적분Ⅰ, 확률과 통계, 영어Ⅰ, 영어Ⅱ, 한국사, 통합사회, 통합과학, 성공적인 직업생활(직업)
일반 선택	수학, 사회, 과학	대수, 미적분Ⅰ, 확률과 통계, 사회와 문화, 현대사회와 윤리
	체육·예술	
	기술·가정/정보	정보
	제2외국어/한문	
	교양	
진로 선택	수학, 사회, 과학	기하, 미적분Ⅱ, 경제 수학, 정치, 법과 사회, 경제, 국제 관계의 이해
	체육·예술	
	기술·가정/정보	데이터 과학
	제2외국어/한문	
	교양	인간과 심리
융합 선택	수학, 사회, 과학	실용 통계, 수학과제 탐구, 사회문제 탐구, 금융과 경제생활, 윤리문제 탐구
	체육·예술	
	기술·가정/정보	지식 재산 일반
	제2외국어/한문	
	교양	인간과 경제활동

추천 도서 목록

- 글로벌 금융 키워드, 김신회, 갈라북스
- 글로벌 디지털금융 중심지의 개념과 추진방안, 이병윤 외, KIF
- 2020 ESG 글로벌 서밋: 복원력 강한 경제와 지속 가능한 금융의 길, 전광우, 세계경제연구원
- 글로벌 기후금융의 현황과 발전방향: 녹색채권을 중심으로, 안지연 외, 대외경제정책연구원
- 2030 글로벌 모바일 금융 서비스 트렌드, 서경대학교 MFS 연구회, 박영사
- 글로벌 금융위기 이후 중국의 지역경제구도 변화와 내수시장 진출 전략, 정지현 외, 대외경제정책연구원
- 글로벌 금융위기 이후 주요 투자은행의 변모, 최순영, 자본시장연구원
- 파이낸셜 모델링 바이블, 홍성현, WST
- 2024 세계대전망, 이코노미스트, 한국경제신문
- 세계지도를 펼치면 돈의 흐름이 보인다, 박정호, 반니
- 노벨이 없는 나라에 미래는 없다, 조민선, 지누
- 나는 어떻게 살고 사랑할까?, 황진규, 한언
- 한 권으로 읽는 라틴아메리카 이야기, 전주람, 상상출판
- 라이프 레슨, 이창수, 사람in

- 오늘날 혁명은 왜 불가능한가, 한병철, 김영사
- 에너지 인문학, 강신욱, 지식과감성
- 세계의 종말을 늦추기 위한 아마존의 목소리, 아이우통 크레나키, 오월의봄
- 화폐전쟁 1-5, 쑹훙빙, 알에이치코리아
- 머니네버슬립: 미국주식으로 제테크의 잠을 깨워라, 스노우볼랩스, 스노우볼랩스
- 글로벌 ETF, 이승원 외, 경향BP
- 글로벌 부자는 글로벌 투자를 한다, 시무라 노부히코, 시그마북스
- 한입 경제 상식사전, 장민제, 파지트
- 세계 금융 시장의 미다스 손 글로벌 국부투자기관, 정영화, 좋은땅
- 환율 비밀 노트, 최재영, 시공사
- 보이지 않는 돈, 천헌철, 책이있는마을
- 황금률을 버려라, 김병호, 한국경제신문i
- ESG 2.0, 김용섭, 퍼블리온
- 슈퍼달러 슈퍼리치, 변정규, 연합인포맥스북스
- 토론의 힘 생각의 격, 허원순, 한국경제신문
- 대한민국 0.1%만이 알고 있는 부의 비밀, ASPL, 고귀한 외, 에이엘이

학교생활 TIPS

- 파이낸스경영학과와 관련이 깊은 수학, 영어, 경제, 사회·문화 교과의 우수한 학업 성취를 올릴 수 있도록 하고, 각 수업 활동에 적극적으로 참여하여 학업 역량, 문제해결 능력, 전공 적합성 등이 학교생활기록부 교과 세부능력 및 특기사항에 기록될 수 있도록 합니다.
- 전공과 관련 있는 다양한 진로 활동(경영 관련 연구소, 학과 탐방, 경영인 인터뷰 등)에 참여하여 새롭게 알게 된 사실이나 느낀 점을 중심으로 자신의 진로 역량을 키우도록 합니다.
- 경제 연구, 독서 논술, 시사 탐구, 토론, 영어 회화, 창업 등의 교내 동아리에서 경영 분야와 관련된 내용을 조사·발표하는 등 전공 관련 활동을 주도적으로 하고 의미 있는 역할을 했음을 드러냅니다.

- 학급이나 학생회의 임원 활동, 멘토·멘티 활동, 돌봄 활동, 학습 도우미 활동, 자선 봉사 활동 등과 같은, 학교 교육계획에 의해 진행되는 봉사 활동이나 행사 활동, 수련 활동, 체험 활동에 적극적으로 참여하여 배려심, 리더십, 의사소통 능력, 협동심 등을 보이는 것이 중요합니다.
- 경제학, 정치학, 통계학, 사회학, 인문학, 컴퓨터학, 사회학 등 폭넓은 분야의 독서를 통해 기본적인 소양을 키웁니다.
- 인성, 발전 가능성, 나눔과 배려, 학업 의지, 창의성 등 자신의 강점이 학교생활기록부 행동 발달 특성 및 종합 의견에 기록될 수 있도록 학교생활에 성실하게 임할 것을 권장합니다.

327

항공시스템공학전공

학과소개

항공시스템공학은 항공기, 유도무기, 로켓 등 항공우주시스템 개발을 연구하는 학문이고, 항공시스템공학과는 항공우주공학도와 우리나라 국토 방위를 위한 공군조종사가 되기 위한 후보생을 양성하기 위해 설립된 학과입니다.

항공시스템공학과는 항공 시스템 전반에 대한 학문 및 최신 공학 분야와 군사 분야에 대한 전공을 배우는 학과로 공학 분야 전공은 첨단 항공우주과 학에 관련된 시스템공학, 제어공학, 컴퓨터공학, 통신전자공학 및 기계공학 등을 중점적으로 전공 이수하며, 군사 분야 전공은 이론학습과 실제경험 및 견학을 통해 군사전략, 작전, 운용 개념, 무기체계, 항공 전쟁사 및 리더십 이론 등을 연구합니다.

세종대학교 항공시스템공학과는 항공시스템 공학 분야의 전문 지식과 창의적 종합 설계 능력을 갖춘 인재, 우리나라 국토방위를 위한 공군조종사로 책임감과 국토애를 갖춘 인재, 협업 능력과 창조적 사고와 윤리적 책임감을 갖춘 인재 양성을 교육 목표로 합니다.

공군과 협약을 통해 장학제도로 유치한 공군조종장학생은 일반 학생과 동일하게 학과 생활을 하면서 졸업 시 공학사 학위를 받게 됩니다.

개설대학

* 세종대학교 군 관련 계약학과로 4년간 장학금 지원되며 기숙사(생활 관) 입실 희망 시 우선 배정됩니다. 졸업 후 공군소위 임관 및 비행교육 을 시작으로 병역의무를 공군 장교로 수행(장교 근무시 계급에 해당하 는 숙소 및 관사 제공)하며, 의무복무기간 만료 후 민간항공 조종사 또 는 관련 분야 중견 간부로 취업할 수 있습니다.

진출직업

* 공군 조종사
* 공군 장교
* 비행기 조종사
* 인공위성발사체기술연구원
* 우수센터발사지휘통제원
* 우주전파예보관
* 인공위성분석원
* 항공기계부품검사원
* 인공위성분석원
* 항공기계부품검사원
* 항공우주공학기술자 등

관련학과

* 항공전자공학과
* 항공우주정보시스템공학과
* 항공우주시스템공학과
* 항공우주 및 기계공학과
* 항공우주공학전공
* 항공기계학과
* 항공기계공학전공
* 항공·기계설계 전공
* 기계항공정보융합공학부
* 기계항공우주공학부
* 기계항공공학부
* 기계우주항공공학부 등

취득가능 자격증

* 자가용조종사
* 사업용조종사
* 운송용조종사
* 항공무선통신사
* 초경량비행장치조종사
* 항공기관기술사
* 항공기체기술사 항공교통관제사
* 항공기사
* 항공운항관리사
* 항공정비사 등

학과 주요 교과목

1학년	항공전사, 항공우주무기체계, 공군현장실습1, 항공우주시스템 공학개론, 공군리더십 등
2학년	공업수학, 열역학, 고체역학, 모의장비이론 및 실습, 시스템응 용SW, 항공군수산업, 관속비행, 군사교리, 항공법, 전지전자 공학개론, 기계비행이론 등
3학년	비행역학, 모의장비비행, 비행안전, 항공기구조역학, 항공전자 시스템, 항공작전, 공군리더십, 항공생리훈련, 시스템분석 및 설계, 항공우주추진공학, 제어공학, 수치해석 등
4학년	진동 공학, 신뢰도 공학, 로봇 공학, 최적화 공학. 비행일반 및 체험비행, 방위사업체계, 메카트로닉스, 인공위성시스템, 로켓 추진공학 등

진출분야

기업체	민간항공사, 항공기 제작 회사, 항공기 정비업체, 항공기 부품회 사, 기계 및 자동차 관련 업체, 국내외 비행교육 업체, 무인항공 기 관련 업체 등
정부 및 공공 기관	공군, 해군, 인천국제공항공사, 한국공항공사 등
연구 기관	한국기계연구원, 한국항공우주연구원, 국방과학연구소, 항공, 우주관련 국가 연구소 및 민간 연구소 등

학과 인재상 및 갖추어야 할 자질

* 수학, 물리학 교과에 흥미가 있고, 주변의 다양한 기계들을 작동시키는 것에 흥미가 있는 학생
* 리더십을 통해 공동체를 이끌어가고, 사회적 책임을 다하는 태도를 지닌 학생
* 자신이 가지고 있는 지식을 다른 사람에게 전달하는 능력이 뛰어난 학생
* 호국의 기상을 견지하고 군사에 정통한 국방 인재가 되고 싶은 학생
* 기계나 사물을 다루는 것을 좋아하고 진취적이며 새로운 것에 도전 하는 열정이 있는 학생
* 영어 실력이 우수하고, 다양한 정보와 기술 습득에 많은 노력을 기울이는 학생

학과 관련 선택 과목

※ 국어, 영어 교과는 모든 학문의 기초적인 성격을 가진 도구교과로 모든 학과에 이수가 필요하여 생략함.

공통 과목		공통국어1,2, 공통수학1,2, 공통영어1,2, 한국사1,2, 통합사회1,2, 통합과학1,2, 과학탐구실험1,2
수능 필수		화법과 언어, 독서와 작문, 문학, 대수, 미적분Ⅰ, 확률과 통계, 영어Ⅰ, 영어Ⅱ, 한국사, 통합사회, 통합과학, 성공적인 직업생활(직업)
일반 선택	수학, 사회, 과학	대수, 미적분Ⅰ, 확률과 통계, 물리학, 지구과학
	체육·예술	
	기술·가정/정보	기술·가정, 정보
	제2외국어/한문	
	교양	
진로 선택	수학, 사회, 과학	기하, 미적분Ⅱ, 역학과 에너지, 전자기와 양자, 지구시스템과학, 행성우주과학
	체육·예술	
	기술·가정/정보	
	제2외국어/한문	
	교양	인간과 심리
융합 선택	수학, 사회, 과학	수학과제 탐구, 융합과학 탐구
	체육·예술	
	기술·가정/정보	창의 공학 설계
	제2외국어/한문	
	교양	

추천 도서 목록

- 항공화물 물류 무역 전문용어, 홍규선, 새로미
- 스마트 물류 비즈니스를 위한 글로벌 공급사슬관리, 김종락 외, 한빛아카데미
- 물류관리사를 위한 화물운송론, 이서영, 두남문화사
- 무역실무, 무역물류연구회, 청람
- 물류로 읽는 세계사, 다마키 도시아키, 시그마북스
- 빅블러 시대, 서용구 외, 범한
- 국제운송물류, 오원석, 탑북스
- 돈의 심리학, 30만 부 기념 스페셜 에디션, 모건 하우절, 인플루엔셜
- 돈의 속성, 300쇄 리커버에디션, 김승호, 스노우폭스북스
- 부자 아빠 가난한 아빠, 20주년 특별 기념판, 로버트 기요사키, 민음인
- 부의 추월차선, 10년 스페셜 에디션, 엠제이 드마코, 토트
- 퍼스널 MBA, 10주년 기념 증보판, 조시 카우프만, 진성북스
- 더 커밍 웨이브, 무스타파 술래이만, 한스미디어
- 브랜드 설계자, 러셀 브런슨, 윌북
- 당신의 가격은 틀렸습니다, 김유진, 도서담

- 알기 쉬운 구매실무 첫걸음, 목진환, 중앙경제평론사
- ESG와 지속가능한 물류, 이상근, 아웃소싱타임스
- ERP 시스템 기반 비즈니스 실무, 손승희, 노스보스
- 지속가능 구매공급 혁신, 김대수 외, 초아출판사
- 물류관리자를 위한 네트워크와 알고리즘, 변의석, 사이버북스
- 하늘의 신호등 항공교통관제사, 유영미, 토크쇼
- 항공물류와 드론물류의 서비스, 장윤석 외, 범한
- 과학기술, 미래 국방과 만나다, 박영욱 외, 나무와숲
- 국제 안보환경의 도전과 한반도, 신범식 외, 사회평론아카데미
- 해커와 국가, 벤 뷰캐넌, 두번째테제
- 항공역학, 윤선주, 성안당
- 우주 기술의 파괴적 혁신, 김승조, 텍스트북스
- 최신 항공기 고등설계, Egbert Torenbeek, 경문사
- 드론 바이블, 강왕구, 플래닛미디어
- 액체로켓엔진, 김철웅, 경문사

학교생활 TIPS

- 항공시스템공학을 전공하는 데 기본이 되는 수학, 과학(물리학), 정보 교과 성적을 상위권으로 유지하고, 교과 활동을 통해 학업 능력, 전공 적합성, 문제해결 능력, 창의력 등이 교과 세부능력 및 특기사항에 기록될 수 있도록 자기주도적으로 수업에 참여합니다.
- 항공시스템공학에 대한 흥미와 관심, 지원 전공에 대해 이해, 자신의 경험과 지원 전공과의 연관성이 드러날 수 있는 교내 활동에 적극 참여하고, 공군 및 민간 항공사, 조종사 교육원 등 전공 관련 탐방 및 체험 활동에 참여할 것을 적극 권장합니다.
- 학교 정규 동아리(과학 탐구 실험, 수리 탐구 논술, 항공, 공학, 발명, 아두이노 및 코딩) 활동 참여를 통해 학문적 열정이나 지적 관심, 새로운 아이디어 제안, 특정한 결과물이나 성과로 이어지는 경험을 하고 이를 통해 배우고 느낀 점 등이 나타나는 것이 좋습니다.
- 학급이나 학생회의 임원 활동, 돌봄 활동, 학습 도우미 활동, 체육 대회 행사 보조 활동 등과 같은, 학교 교육계획에 의해 진행되는 봉사 활동이나 행사 활동, 수련 활동, 체험활동에 적극적으로 참여하여 배려심, 리더십, 의사소통 능력, 협동심 등을 보이는 것이 중요합니다.

328

해병대군사학과

학과소개

해병대군사학과는 해병대가 요구하는 중견 고급장교와 국가기관 및 사회기업체에서 요구하는 인력 양성을 위해 '다전공 의무화'를 명문화하고 있습니다. 장교에게 필요한 체력과 부대 조기 적응 유도를 위해 해상훈련, 동계산악훈련, 무도 등 체력 향상 및 부대 지휘/운용 관련 과목, 군사전략/전술 등 군사와 국제관계 관련 전공필수과목, 21세기 공동안보 체제하의 다국적군 및 연합작전을 고려한 대테러, 대외협상 등의 전공 심화 과목을 가르치며, 체력 측정, 무도, 영어 등은 졸업 인증제를 채택하고 있습니다.

개인의 능력과 적성에 부합하는 타 전공 복수전공에 대한 이론과 실무 교육 환경을 조성, 학과에서 요구하는 일정 학점을 이수하면 군사학 학사와 병행하여 해당 학사학위를 수여합니다. 이 제도는 학생들에게 군과 일반사회조직에서 발생할 수 있는 제반 문제 해결을 선도할 수 있는 역량을 구비시켜, 어느 조직에서나 발전을 선도하는 핵심 인재가 될 수 있는 자질을 배양해 주기 위한 것입니다.

해병대군사학과는 투철한 안보관과 리더십을 겸비한 초급장교 및 건전한 시민의식을 갖춘 교양인을 양성하는 것에 목표를 두고 있습니다.

개설대학

- 단국대학교(천안)

진출직업

- 군 장교
- 부사관
- 국방공무원
- 교수
- 안보분야 전문가 등

관련학과

- 군사학과
- 군정보사관학과
- 사이버드로봇군사학과
- 컴퓨터정보통신군사학과
- 해양수송과학부
- 해군사관학부
- 해군학전공
- 군사안보학과
- 군사행정학과
- 군사관학과
- 해사글로벌학부
- 해양군사학부 등

취득가능 자격증

- 무도단증(태권도, 유도, 검도 등)
- 라이프가드
- 생존수영 강사
- 수상구조자 등

진출분야

기업체	군 관련 산업체, 군 관련 기관, 방위 산업체, 경호 업체, 언론사, 민간기업(장교 전형) 가능
정부 및 공공 기관	국방부, 해군, 해병대 장교 임관, 군인공제회, 재향군인회 등
연구 기관	정부출연 군사학 연구소, 사설 안보 연구소, 국방과학연구소 등

학과 주요 교과목

학과 기초	법학개론, 군사학개론, 해병대역사와 문화, 사회학개론, 군사사항, 동계산악훈련, 병영체험 등
전공 필수	해양훈련, 군사전략론, 전쟁론, 군사영어, 국방정책론, 리더십, 상륙작전개론 등
전공 선택	무도, 북한학, 군사사, 군사과학기술, 사이버작전/보안, 전쟁사, 군사심리학, 위기관리론, 대테러전, 군사학방법론, 무기체계론, 국상조직론, 전장리더십훈련, 전장원리론, 국제관계론, 전쟁법, 국가안전보장론 등

학과 인재상 및 갖추어야 할 자질

- 국가 안보의 중추적 역할을 담당할 유능한 장교가 꿈인 학생
- 올바른 시민 정신을 함양하고 군사 분야에 전문성을 키우고 싶은 학생
- 리더십을 통해 공동체를 이끌어가고, 사회적 책임을 다하는 태도를 지닌 학생
- 호국의 기상을 견지하고 군사에 정통한 국방 인재가 되고 싶은 학생
- 이론과 실기를 겸비한 군사 교육, 관리 및 정보 분석 능력을 배양하고 싶은 학생

학과 관련 선택 과목

※ 국어, 영어 교과는 모든 학문의 기초적인 성격을 가진 도구교과로 모든 학과에 이수가 필요하여 생략함.

공통 과목		공통국어1,2, 공통수학1,2, 공통영어1,2, 한국사1,2, 통합사회1,2, 통합과학1,2, 과학탐구실험1,2
수능 필수		화법과 언어, 독서와 작문, 문학, 대수, 미적분Ⅰ, 확률과 통계, 영어Ⅰ, 영어Ⅱ, 한국사, 통합사회, 통합과학, 성공적인 직업생활(직업)
일반 선택	수학, 사회, 과학	세계시민과 지리, 사회와 문화, 현대사회와 윤리
	체육·예술	체육1, 체육2
	기술·가정/정보	정보
	제2외국어/한문	
	교양	
진로 선택	수학, 사회, 과학	한국지리 탐구, 경제, 윤리와 사상, 인문학과 윤리
	체육·예술	운동과 건강, 스포츠 문화, 스포츠 과학
	기술·가정/정보	데이터 과학
	제2외국어/한문	
	교양	논리와 사고, 인간과 심리
융합 선택	수학, 사회, 과학	사회문제 탐구, 윤리문제 탐구
	체육·예술	스포츠 생활1, 스포츠 생활2
	기술·가정/정보	
	제2외국어/한문	
	교양	

추천 도서 목록

- 미 해병대 이야기, 한종수 외, 미지북스
- 해병대전우 70년사 세트, 해병대전우70년사 편찬위원회, 청미디어
- 귀신도 모를 해병대 이야기, 박종상, 청미디어
- 그러나 해병대는 영원하다, 전도봉, 마음서재
- 엘리스와 미 해병대의 전쟁 방식, B. A. 프리드먼, 연경문화사
- 국제 안보환경의 도전과 한반도, 신범식 외, 사회평론아카데미
- 해커와 국가, 벤 뷰캐넌, 두번째테제
- 해양전략 지침서, James R. Holmes, 박영사
- 대해전, 최강국의 탄생, 폴 케네디, 한국경제신문
- 평화시대의 전쟁론, Michael O'Hanlon, 박영사
- 해양 대백과사전Oceanology, DK『해양』편집 위원회, 사이언스북스
- R프로그램으로 배우는 해양 통계학, 조홍연 외, 한국해양과학기술원
- 고대 동아시아의 수군과 해양활동, 한국고대사탐구학회, 온샘
- 동아시아, 해양과 대륙이 맞서다, 김시덕, 메디치미디어
- 바다 인류, 주경철, 휴머니스트
- 대해전, 최강국의 탄생, 폴 케네디, 한국경제신문

- 바다의 패권 400년사, 다케다 이사미, 에이케이커뮤니케이션즈
- 해상운송론, 김성국, 문현
- ICT융합 글로벌 조선, 해양플랜트산업 기술개발 동향과 시장 전망, 이슈퀘스트 편집부, 이슈퀘스트
- 대한제국과 콜럼버스, 손성준, 글터
- 미래 세대를 위한 건축과 국가 권력 이야기, 서윤영, 철수와영희
- 상위 1%의 가르침, 김현태, 레몬북스
- 인디아더존스, 염운옥, 사람과나무사이
- 미래 식량 전쟁, 최후의 승자는?, 나상호, 글라이더
- 국가정보론, 윤민우, 박영사
- Ncs기반 국가와 국가안보, 노병석, 진영사
- 21세기 국가안보의 뉴패러다임, 이강경 외, 황금소나무
- 한반도 분단과 통일 전망, 루벤 카자리안, 한국외국어대학교 지식출판콘텐츠원
- 북한 비핵화를 위한 전략과 추진과제, 장철운 외, 통일연구원
- 인도·태평양 지역 경제안보, 박재적 외, 대외경제정책연구원

학교생활 TIPS

- 해병대군사학과와 관련이 깊은 영어, 정치와 법, 사회·문화, 체육교과의 우수한 학업 성취를 올릴 수 있도록 하고, 각 수업 활동에 적극적으로 참여하여 학업 역량, 문제해결 능력, 전공 적합성 등이 학교생활기록부 교과 세부 능력 및 특기사항에 기록될 수 있도록 합니다.
- 전공과 관련 있는 다양한 진로 활동(해군부대, 학과 탐방, 군 장교 인터뷰 등)에 참여하여 새롭게 알게 된 사실이나 느낀 점을 중심으로 자신의 진로 역량을 키우도록 합니다.
- 국제 관계 연구, 시사 토론, 정치 연구, 태권도, 유도 등의 교내 동아리에서 군사학과 관련된 내용을 조사·발표하는 등 전공 관련 활동을 주도적으로 하고, 의미 있는 역할을 했음을 드러냅니다.

- 학급이나 학생회의 임원 활동, 돌봄 활동, 학습 도우미 활동, 체육 대회 행사 보조 활동 등과 같은, 학교 교육계획에 의해 진행되는 봉사 활동이나 행사 활동, 수련 활동, 체험활동에 적극적으로 참여하여 배려심, 리더십, 의사소통 능력, 협동심 등을 보이는 것이 중요합니다.
- 인문학, 경제학, 정치학, 경영학, 철학, 사회학 등 다양한 분야의 지식을 습득하고 융합적 사고를 기르는 독서를 권장합니다.
- 인성, 발전 가능성, 나눔과 배려, 학업 의지, 창의성 등 자신의 강점이 학교생활기록부 행동 발달 특성 및 종합 의견에 기록될 수 있도록 학교생활에 성실하게 임할 것을 권장합니다.

329

해양안보학전공

학과소개

충남대학교 군사학부는 해군본부와 협약을 체결해 2012년도부터 해군학전공, 육군본부와 협약을 체결해 2014년도부터 육군학전공을 개설함으로써 현재의 군사학부로 성장하였습니다. 2018년부터는 학부 명칭을 '군사학부'에서 '국가안보융합학부(국토안보학전공, 해양안보학전공)'로 변경해 국방과 군사학에 한정하지 않고 외교, 안보, 통일, 방위산업 등 국가 안보와 관련된 모든 영역에 필요한 우수한 장교 배출과 국가·사회의 리더 양성을 목표로 하고 있습니다.

이중 해양안보학전공을 통해 정예 해군 장교와 국가와 사회의 리더로서 필요한 전문 지식과 품성, 체력, 지휘 통솔 능력을 함양하고, 이와 더불어 다양한 복수 전공을 통해 사회 분야의 진출 준비를 지원합니다.

이를 위해 정예 군 장교로서 필요한 전문 지식과 품성, 체력, 지휘 통솔 능력을 함양하기 위한 다양한 교육과정을 운영합니다. 입학하면 우선 군사학개론, 군사학방법론, 국가안보론, 군사전략론 등 군사학에 관한 기초과목을 전공으로 배웁니다. 군사학 기초가 정립된 후엔 군대윤리론, 지휘통솔, 군사무도, 군리더십, 세계전쟁사, 관리과학 등의 과목을 통해 체계적인 군사 전문가와 리더로 성장하게 됩니다.

해양안보학전공은 해군과 협약에 따라 입학과 동시에 4년간 전액 장학금으로 대학 생활을 한 후 졸업과 동시에 해군 장교로 임관하게 됩니다.

개설대학

- 충남대학교 해양안보학전공은 4년간 등록금 전액이 국비로 지급되며 졸업과 동시에 소정의 군사교육 후 해군 소위(공무원 7급 수준)로 임관하게 됩니다. 또한 특성화 교육 프로그램을 통해 국내외 문화탐방의 기회가 주어지며 재학 중 복수전공 기회를 부여받게 됩니다.

진출직업

- 군 장교
- 부사관
- 국방공무원
- 교수
- 안보분야 전문가 등

관련학과

- 군사학과
- 군정보사관학과
- 사이버드로봇군사학과
- 컴퓨터정보통신군사학과
- 해양수송과학부
- 해군사관학부
- 해군학전공
- 군사안보학과
- 군사행정학과
- 군사관학과
- 해사글로벌학부
- 해양군사학부 등

취득가능 자격증

- 무도단증(태권도, 유도, 검도 등)
- 라이프가드
- 생존수영 강사
- 수상구조자 등

진출분야

기업체	항해사, 항공기 조종사 등
정부 및 공공 기관	대한민국 해군 소위 임관 (함정, 항공, 정보통신 등 다양한 병과 진출) 등
연구 기관	정부출연 군사학 연구소, 사설 안보 연구소, 국방과학연구소 등

학과 주요 교과목

1학년	국가안보론, 군사학개론, 해양체육, 해양학개론, 군대윤리론, 해군실습 등
2학년	충무공과 해군인물, 국장정보론, 군사사, 군사통계, 군사혁신론, 군사전략론, 군사학방법론, 민군관계론, 북한해군전략론, 해사법규, 항해학개론, 해전사 등
3학년	군범죄와 인권, 북한학, 선박조종론, 세계전쟁사, 국제해양분쟁, 군사영어, 관리과학, 동북아지역연구, 전쟁법, 군리더십, 해군무기체계 등
4학년	군비통제론, 군사사항, 미래전쟁론, 안보와 경제발전, 함정공학, 군상담심리, 잠수함공학, 항공공학, 해양안보실무연구 등

학과 인재상 및 갖추어야 할 자질

- 국가 안보의 중추적 역할을 담당할 유능한 장교가 꿈인 학생
- 올바른 시민 정신을 함양하고 군사 분야에 전문성을 키우고 싶은 학생
- 리더십을 통해 공동체를 이끌어가고, 사회적 책임을 다하는 태도를 지닌 학생
- 호국의 기상을 견지하고 군사에 정통한 국방 인재가 되고 싶은 학생
- 이론과 실기를 겸비한 군사 교육, 관리 및 정보 분석 능력을 배양하고 싶은 학생

학과 관련 선택 과목

※ 국어, 영어 교과는 모든 학문의 기초적인 성격을 가진 도구교과로 모든 학과에 이수가 필요하여 생략함.

공통 과목		공통국어1,2, 공통수학1,2, 공통영어1,2, 한국사1,2, 통합사회1,2, 통합과학1,2, 과학탐구실험1,2
수능 필수		화법과 언어, 독서와 작문, 문학, 대수, 미적분Ⅰ, 확률과 통계, 영어Ⅰ, 영어Ⅱ, 한국사, 통합사회, 통합과학, 성공적인 직업생활(직업)
일반 선택	수학, 사회, 과학	대수, 미적분Ⅰ, 확률과 통계, 세계시민과 지리, 사회와 문화, 현대사회와 윤리, 물리학, 화학, 지구과학
	체육·예술	체육1, 체육2
	기술·가정/정보	기술·가정, 정보
	제2외국어/한문	
	교양	생태와 환경
진로 선택	수학, 사회, 과학	기하, 미적분Ⅱ, 역학과 에너지, 전자기와 양자, 물질과 에너지, 화학 반응의 세계, 지구시스템과학, 행성우주과학
	체육·예술	운동과 건강
	기술·가정/정보	인공지능 기초, 데이터 과학
	제2외국어/한문	
	교양	논리와 사고, 인간과 심리, 교육의 이해
융합 선택	수학, 사회, 과학	수학과제 탐구, 사회문제 탐구, 윤리문제 탐구, 기후변화와 지속가능한 세계, 기후변화와 환경생태, 융합탐구
	체육·예술	
	기술·가정/정보	창의 공학 설계
	제2외국어/한문	
	교양	

추천 도서 목록

- 해양경찰이라서 다행이다, 윤명수, 설렘
- 해양경제학, Paul Hallwood, 피앤씨미디어
- 해양문화 산업의 이해 1,2, 김성민 외, 위즈덤플
- 안전디자인으로서 해양교통 시각물의 형태와 의미, 이가영, 창조와지식
- 북극시대 러시아의 해군과 해양기관, 정재호, 로얄컴퍼니
- 해양안보와 미국의 외교정책, 장성일, 이조출판사
- 재미있는 해양생태학, 정해진, 서울대학교출판문화원
- 고대 동아시아의 수군과 해양활동, 한국고대사탐구학회, 온샘
- 동아시아, 해양과 대륙이 맞서다, 김시덕, 메디치미디어
- 바다 인류, 주경철, 휴머니스트
- 엘리스와 미 해병대의 전쟁 방식, B. A. 프리드먼, 연경문화사
- 해양전략 지침서, James R. Holmes, 박영사
- 대해전, 최강국의 탄생, 폴 케네디, 한국경제신문
- 평화시대의 전쟁론, Michael O'Hanlon, 박영사
- 이제 지구는 망한 걸까요?: 기후 위기, 윤정훈, 글라이더
- 지구를 살리는 생태 환경 활동 대백과, 엘렌 라이차크, 봄나무

- 묻는다는 것, 정준희, 너머학교
- 뉴턴과 마르크스, 도이 히데오, 산지니
- 나이듦에 대하여, 서울대학교 인문대학, 사회평론아카데미
- 신인류가 몰려온다, 이시형, 특별한서재
- 국가정보론, 윤민우, 박영사
- Ncs기반 국가와 국가안보, 노병석, 진영사
- 21세기 국가안보의 뉴패러다임, 이강경 외, 황금소나무
- 한반도 분단과 통일 전망, 루벤 카자리안, 한국외국어대학교 지식출판 콘텐츠원
- 북한 비핵화를 위한 전략과 추진과제, 장철운 외, 통일연구원
- 인도·태평양 지역 경제안보, 박재적 외, 대외경제정책연구원
- 안보보험, 김현종, 좋은땅
- 신흥기술·사이버 안보의 국가전략, 김상배 외, 사회평론아카데미
- 사이버안보, Damien Van Puyvelde 외, 명인문화사
- 3무의 K방산, 송방원, 디자인이곳

학교생활 TIPS

- 해양안보학전공과 관련이 깊은 영어, 정치와 법, 사회·문화, 체육교과의 우수한 학업 성취를 올릴 수 있도록 하고, 각 수업 활동에 적극적으로 참여하여 학업 역량, 문제해결 능력, 전공 적합성 등이 학교생활기록부 교과 세부 능력 및 특기사항에 기록될 수 있도록 합니다.
- 전공과 관련 있는 다양한 진로 활동(해군부대, 학과 탐방, 군 장교 인터뷰 등)에 참여하여 새롭게 알게 된 사실이나 느낀 점을 중심으로 자신의 진로 역량을 키우도록 합니다.
- 국제 관계 연구, 시사 토론, 정치 연구, 태권도, 유도 등의 교내 동아리에서 군사학과 관련된 내용을 조사·발표하는 등 전공 관련 활동을 주도적으로 하고, 의미 있는 역할을 했음을 드러냅니다.

- 학급이나 학생회의 임원 활동, 멘토-멘티 활동, 돌봄 활동, 학습 도우미 활동, 자선 봉사 활동 등과 같은, 학교 교육계획에 의해 진행되는 봉사 활동이나 행사 활동, 수련 활동, 체험 활동에 적극적으로 참여하여 배려심, 리더십, 의사소통 능력, 협동심 등을 보이는 것이 중요합니다.
- 인문학, 군사학, 정치학, 철학, 사회학 등 다양한 분야의 지식을 습득하고 융합적 사고를 기르는 독서를 권장합니다.
- 인성, 발전 가능성, 나눔과 배려, 학업 의지, 창의성 등 자신의 강점이 학교생활기록부 행동 발달 특성 및 종합 의견에 기록될 수 있도록 학교 생활에 성실하게 임할 것을 권장합니다.

330

헤어디자인학과

학과소개

헤어디자인학과는 미용과학과 인체 기술을 기초로 인간의 신체적 정신적 아름다움을 추구하고 창조하기 위해 헤어, 피부 관리, 메이크업 전반의 기술과 이론을 습득하고 심화된 실기교육 과정과 공연예술 전반의 협업을 통해 전문적인 산업현장의 감각을 익히고 창의적으로 실천할 수 있도록 교육실습 연구하는 학과입니다. 또한 뷰티산업에서 능동적으로 대처할 수 있는 창의적 응용력을 갖춘 전문 미용 인재를 양성하고 있습니다.

이를 위해 서경대학교에서는 4년제 종합대학 가운데 세계 최초로 미용 예술 단과대학을 운영하고 있으며, 유럽, 아시아를 아우르는 세계적 수준의 독자적인 K-Beauty 프로그램을 개발하여 운영하고 있습니다. K-Beauty 프로그램은 국제적으로 적용할 수 있는 표준화된 교육시스템으로, 뷰티 분야에서 빠르게 변화하고 있는 트렌드를 읽고 분석적 시각을 통해 국제적 및 산업체 수요에 맞는 교과목 개발에 대한 유연성을 갖고 맞춤식 교육 시스템으로 운영하고 있습니다.

다양한 영역에서의 현장실무 능력을 강화할 수 있는 Shop in Institute Program 실습 프로그램 운영이 최대 강점으로, 교내에 뷰티샵을 운영하고 있어 기존의 교과 중심적 교육 방식에서 벗어난 실용적 실기 교육이라는 큰 틀 안에서 학생들로 하여금 뷰티산업의 전반적 분야에서 실제 적용 및 응용이 가능한 준비된 인재 양성을 목적으로 하고 있습니다.

개설대학

- 서경대학교 헤어디자인학과는 채용조건형 계약학과로 산업체에서 등록금 50%를 지원하며 현재 준오헤어, 박준헤어, 마샬헤어, 제오헤어 등과 협약이 되어 있어 현장 테크틱과 서비스마인드를 익혀 한국 미용의 밝은 미래를 위한 미용전문인을 양성합니다.

진출직업

- 미용사
- 피부관리사
- 메이크업아티스트
- 네일아티스트
- 두피관리사
- 특수분장사
- 스타일리스트
- 중등학교 교사(미용)
- 전문대학 및 직업기능대학 교수
- 미용관련학원 강사
- 메이크업 코디네이터 등

관련학과

- 미용과
- 피부미용학과
- 미용예술과
- 미용화장품학과
- 화장품·뷰티생명공학부
- 뷰티디자인전공
- 뷰티디자인경영학과
- 뷰티디자인학과
- 뷰티미용학과
- 뷰티케어학과 등

취득가능 자격증

- 미용사(일반, 피부, 메이크업, 네일)
- 두피관리사
- 무대분장사
- 가발전문가
- 전통머리공예사
- 맞춤형 화장품 조제관리사
- CIDESCO(국제자격증) 등

학과 주요 교과목

1학년	Basic hair styling, 베이직헤어컬러, 모발과 샴푸, 실전고객응대서비스, Advanced hair styling, 헤드스파, 일반펌디자인, 열펌디자인, 베이직여성커트 등
2학년	롤헤어드레싱테크닉, 디자인여성커트, 블로우드라이스타일링, 인더스트리익스피리언스, 아이론스타일링, 베이직남성커트, 현장실습 등
3학년	크리에이티브스타일링, 디자인남성커트, 트레이닝오브뷰티살롱워크, 메이크업, 베이직업스타일링, 현장실습 등
4학년	프리퍼레이션포파이널워크, 크리에이티브헤어컬러, 디자인업스타일링, 크리에이티브디자인, 현장실습 등

진출분야

기업체	미용실, 병원, 국내외 화장품 회사, 기업의 홍보·마케팅 부서, 방송국, 잡지사, 토털 케어 전문 기업, 웨딩 관련 업체, 분장 관련 업체, 백화점, 문화 센터 등
정부 및 공공 기관	특성화 고등학교 및 대학교 등
연구 기관	한국피부과학연구원, 화장품 연구소, 피부 과학(항노화, 피부 재생, 인공 피부, 피부 질환) 연구소 등

학과 인재상 및 갖추어야 할 자질

- 글로벌 시대가 요구하는 뷰티 스페셜리스트로서의 국제적 감각 능력을 갖춘 학생
- 뷰티 디자인 이론에 대한 체계적 접근과 실무 능력을 지닌 학생
- 미에 대한 관심이 남다르고, 차별화된 아름다움과 개성을 추구하는 학생
- 피부와 헤어 등을 꼼꼼하고 세심하게 다룰 수 있는 손재주가 있는 학생
- 사람들과 어울리는 것을 좋아하고, 서비스 마인드를 갖춘 학생

학과 관련 선택 과목

※ 국어, 영어 교과는 모든 학문의 기초적인 성격을 가진 도구교과로 모든 학과에 이수가 필요하여 생략함.

공통 과목		공통국어1,2, 공통수학1,2, 공통영어1,2, 한국사1,2, 통합사회1,2, 통합과학1,2, 과학탐구실험1,2
수능 필수		화법과 언어, 독서와 작문, 문학, 대수, 미적분Ⅰ, 확률과 통계, 영어Ⅰ, 영어Ⅱ, 한국사, 통합사회, 통합과학, 성공적인 직업생활(직업)
일반 선택	수학, 사회, 과학	세계사, 사회와 문화, 현대사회와 윤리, 화학, 생명과학
	체육·예술	음악, 미술
	기술·가정/정보	
	제2외국어/한문	
	교양	생태와 환경
진로 선택	수학, 사회, 과학	인문학과 윤리
	체육·예술	음악 감상과 비평, 미술 창작, 미술 감상과 비평
	기술·가정/정보	생활과학 탐구
	제2외국어/한문	
	교양	인간과 철학, 인간과 심리, 보건
융합 선택	수학, 사회, 과학	여행지리, 윤리문제 탐구, 기후변화와 지속가능한 세계, 기후변화와 환경생태
	체육·예술	미술과 매체
	기술·가정/정보	지식 재산 일반
	제2외국어/한문	
	교양	

추천 도서 목록

- 헤어&뷰티 일러스트레이션, 허정록 외, 형설출판사
- 아름다움을 꿈꾸는 '꽃줌마' 양쥐언니의 Beauty Diary, 양지혜, 북랩
- 헤어커트 라이브러리 베이직, 박제희, 퓨처뷰티
- 나는 행복한 미용사입니다, 김동하, 비엠케이
- 미용색채학, 임주이, 구민사
- NCS 네일미용, 민방경 외, 가담플러스
- 미용학개론, 이지현 외, 경춘사
- 미용과 건강, 이재남, 구민사
- 미용예술인을 위한 공감대화, 송진선, 지필미디어
- 베이직 남성 이 · 미용 커트, 박은준, 메디시언
- 기초 헤어 퍼머넌트 웨이브Basic Hair Permanent Wave, 지정훈, 청구문화사
- 알기쉬운 헤어컬러링, 양은진 외, 메디시언
- 베이직 헤어 퍼머넌트 웨이브, 박은준 외, 메디시언
- 헤어 컷 디자인 베이직, 공차숙 외, 구민사
- 변신을 통해 행복을 선물하는 헤어디자이너, 김원일, 토크쇼

- 에센스 헤어아트, 박은준 외, 메디시언
- 헤어, 카챠 슈피첸, 찰리북
- 헤어 컬러 디자인, 공차숙, 구민사
- 기초 디자인 헤어커트, 김형은 외, 메디시언
- 두피&헤어증모, 권태일 외, 메디시언
- 교육역량 강화를 위한 샴푸&헤어스타일링, 박은준, 메디시언
- 교육역량 강화를 위한 베이직 헤어커트, 박은준 외, 메디시언
- 한 권으로 끝내는 헤어샴푸 & 헤드스파, 피현길 외. 메디시언
- 헤어 워크북 How?: 베이직 헤어커트, 김별님 외, 구민사
- 헤어샵 성공 시나리오, 노장군, 해드림출판사
- 뷰티디자인 개론, 전연숙, 구민사
- 뷰티컬처와 트렌드, 박소정, 구민사
- 뷰티색채, 김채희 외, 경춘사
- 뷰티 라이프 솔루션을 판다, 이수진 외, 두드림미디어
- 이지 뷰티, 클로이 쿠퍼 존스, 한겨레출판사

학교생활 TIPS

- 헤어디자인학과와 관련이 깊은 국어, 사회·문화, 미술, 기술·가정 등의 교과에서 우수한 학업 성취를 올릴 수 있도록 하고, 각 수업 활동에 적극적으로 참여하여 학업 역량, 문제해결 능력, 전공 적합성 등이 학교생활기록부 교과 세부능력 및 특기사항에 기록될 수 있도록 합니다.
- 전공과 관련 있는 다양한 진로 활동(직업탐방, 학과 탐방, 헤어디자이너 인터뷰 등)에 참여하여 새롭게 알게 된 사실이나 느낀 점을 중심으로 자신의 진로 역량을 키우도록 합니다.
- 미술, 디자인, 메이크업, 네일 아트, 영상 등의 교내 동아리에서 뷰티 산업과 관련된 발표회, 공모전 등에 꾸준하게 참여하며 자신의 주도적인 노력과 리더십이 나타나도록 합니다.

- 학급이나 학생회의 임원, 교내 행사의 홍보 도우미, 장애인 도우미, 요양원이나 병원 등에서의 미용 봉사 등 학교 교육계획에 의해 진행되는 봉사 활동이나 행사 활동, 수련 활동, 체험 활동에 적극적으로 참여하여 리더십, 배려하는 마음, 의사소통 능력, 협동심 등을 보이는 것이 중요합니다.
- 문학, 사회학, 예술학, 심리학, 역사학, 철학 등 폭넓은 분야의 독서를 통해 기본적인 소양을 키웁니다.
- 인성, 발전 가능성, 나눔과 배려, 학업 의지, 창의성 등 자신의 강점이 학교생활기록부 행동 발달 특성 및 종합 의견에 기록될 수 있도록 학교생활에 성실하게 임합니다.

인문계열

사회계열

자연계열

공학계열

의약계열

예체능계열

교육계열

계약학과 & 특성화학과

참고 문헌 및 참고 사이트

- '2024 진로연계 과목 선택을 위한 학과안내서', 부산광역시교육청(2024)
- '2024학년도 서울대 권장 이수과목 목록', 서울대학교(2024)
- '2024 이후 학생부위주전형 모집단위별 인재상 및 권장과목', 부산대학교(2024)
- '청소년을 사로잡는 진로디자인5 ', 부산광역시교육청(2024)
- '2022 개정 고등학교 과목선택 안내자료', 경기도교육청(2024)
- '2022 개정 고등학교 교육과정 과목안내자료', 경남교육청(2024)
- '2022 개정 교육과정에 따른 고등학교 과목 선택 안내자료', 충북교육청(2024)
- '어떤 과목을 언제 배울까?', 부산광역시교육청(2024)
- '2015 개정 교육과정에 따른 선택 과목 안내서', 서울특별시교육청교육연구정보원(2024)
- '전공 적성 개발 길라잡이', 세종특별시자치교육청(2024)
- '대학 전공 선택 길라잡이', 전라남도교육청(2024)
- '고등학교 교과목 안내', 충청남도교육청(2024)
- '2015 개정 교육과정 시행에 따른 학생부종합전형 준비를 위한 선택교과목 가이드북',
  명지대학교, 국민대학교, 서울여자대학교, 숭실대학교(2019)
- '10대를 위한 직업 백과', 꿈꾸는달팽이, 한승배(2016)
- 커리어넷 http://www.career.go.kr
- 메이저맵 https://www.majormap.net
- 대입정보포털 어디가 https://www.adiga.kr
- 워크넷 https://www.work.go.kr
- 전국 각 대학 홈페이지

학과바이블 (2022 개정 교육과정 반영)

1판 3쇄 찍음	2025년 5월 2일
출판	(주)캠토
총괄기획	민하늘 (sky@camtor.co.kr)
책임편집	이사라·최미화
디자인	북커북·양채림
R&D	오승훈·박민아·강덕우·송지원·국희진·윤혜원·송나래·황건주
미디어사업	김동욱·이동준
교육사업	문태준·박흥수·정훈모·송정민·변민혜
브랜드사업	윤영재·박선경·신숙진·이동훈·김지수·김연정·서태욱
경영지원	지재우·임철규·최영혜·이석기·노경희
발행인	안광배
주소	서울시 서초구 강남대로 557(잠원동, 성한빌딩) 9F
출판등록	제2012-000207
구입문의	(02) 333-5966
팩스	(02) 3785-0901
홈페이지	www.campusmentor.co.kr (교구몰)

ISBN 979-11-92382-03-6 (43000)

ⓒ 한승배·김강석·하 희 2024